Anonymus

Averrois Cordubensis Colliget Libri VII

Anonymus

Averrois Cordubensis Colliget Libri VII

ISBN/EAN: 9783741139840

Manufactured in Europe, USA, Canada, Australia, Japa

Cover: Foto ©Thomas Meinert / pixelio.de

Manufactured and distributed by brebook publishing software
(www.brebook.com)

Anonymus

Averrois Cordubensis Colliget Libri VII

Decimum Volumen.

AVERROIS CORDVBENSIS

COLLIGET

LIBRI VII.

CANTICA ITEM AVICENNÆ CVM EIVSDEM AVERROIS COMMENTARIIS,

M. A. Zimaræ Contradictionum Solutiones,

Quarum series, & additamentum versa pagina manifestat.

VENETIIS APVD IVNCTAS
M. D. LXII.

IN HOC DECIMO VOLVMINE HÆC CONTINENTVR.

AVERROIS COLLIGET libri septem nuper diligentissime castigati.

Libri Quinti Colliget, Capita .lvij. lviij. & lviiij. à Iacob Mantino ob rei difficultatem olim translata, nunc cum antiqua trãslatione in lucem sunt ædita.

Collectaneorũ item sectiones tres, tribus Colliget libris, Secundo scilicet, Sexto, & Septimo respondentes, à Ioanne Bruyerino Campegio elegantissime latinitate donatæ, post antiquam translationem ob studiosorum commodum appositæ sunt.

Commentaria in AVICENNAE Cantica diligentissime emendata, vnà cum eiusdem Auicennæ textu in partes, tractatus, ac capita distincto, atque castigationibus Andreæ Bellunensis exornato.

Summarum & Capitum index in voluminis initio habetur, præterquam index Canticorum, qui ante librum illum præfixus est.

AVERROIS Tractatus de Theriaca nunquàm antea apud latinos visus.

M. ANT. Zim. Cont. Sol.

INDEX SVMMARVM ET CAPITVM, QVÆ IN LIBRIS COLLIGET CONTINENTVR.

Index.

Summa ac Capita Quarti Libri.

Summa ac Capita Quinti Libri.

Index

Summa, ac Capita Sexti Libri.

Summa, ac Capita Septimi Libri.

INDEX CAPITVM, quę in tribus Collectaneorum Sectionibus continentur.

Capita Primę sectionis, de sanitate.

Capita secundæ sectionis, de sanitate tuenda.

Capita Tertię sectionis de rõne curand. morb.

FINIS.

AVERROIS CORDVBENSIS

LIBER DE MEDICINA, QVI DICITVR COLLIGET.

Totius operis Proœmium, ea declarans, quæ in ipso continentur.

Quæ sit libri intentio, ac doctrinæ ordo. Cap. I

B Aliqua Hebræa exẽplaria hoc nõ hñt proœmium.

Vando reuulata fuit super me voluntas per nobile præceptum ex parte nobilis domini Audelach Sẽpse à mirelmomini de Marocho, pro consilio suorum Philosophorũ Auosait, & Auenchabi, & præcepit mihi compilare vnum librũ, in quo contineret tota scientia Medicinalis in Arabico, quæ affirmaret & iudicaret intentiones Priorũ, quæ earum essent retinendæ, & quæ dimittendæ: tunc declinaui virtutes meas ad suum præceptũ, & augmentaui eas ad suũ ser-

C uitium, & compilaui istũ librũ vniuersalem, & vocaui nomen suũ Colliget: eo quod incœpi in eo ordinem doctrinæ à rebus vniuersalibus, & ab illis procedam, quousque deueniã ad particularia, sicut fit in doctrina triũ specierum compositionũ, secundum quod est

I proœmio declaratum supra Primo Physicorũ: ita feci in isto libro, quod ego primo cõsyderaui comprehendere vniuersales regulas huius scientiæ: & postea intẽdi ire ab illis ad membra sua, & ad partes suas in vno alio libro, quẽ componam, si placebit Deo, ideo vocaui ipsum Colliget. Adhuc elegi in ordine hui⁹ libri alium ordinem quam

E elegerint aliĩ authores in suis libris. & iste est ille ordo, qui est magis cõ-

Ordo. ueniens in doctrina huius scientiæ. Et scias quod aliquis non poterit stare super finem huius libri, nec intelligere maiorem partem eius, nisi ille, qui legerit tamen in Logica, quod ipse possit ad minus cognoscere modos trium demonstrationum. Adhuc necesse est, quod ipse sit de illis, qui vsi fuerint aliquid scire in radicibus Naturaliũ scientiarum. Et si non erit de aliquibus illorum, non solum erit priuatus à certitudine intentionis huius

F libri, & ab vtilitate eius, sed eueniet ei ab eo magnum nocumentũ, eo quod eum abominabitur & despiciet. Et qui abominabitur istum, scias quod abominabitur veritatem hui⁹ scientiæ.

Diuisio. Et diuisi eum in septẽ partes: & quamlibet eius partem posui pro vno libro. Et non expectes à me, quod ego diuidam partes suas ad numerum capitulorũ, neque quod appropriem ei vnicuique capitulum per se. In illa re vanagloriati sunt sapientes Hispaniæ Andaluzij, & maior pars præteritorũ authorũ. sed pater Philosophiæ non vanagloriatus fuit in faciendo

G omnes regulas cōpositionis & necessitatē eius. & modi illarū regularū inuenimus sm sententiā Antiquorū.
Et frangā verba Iacobi Alkindi, q se voluit ostēdere sicut Philosophū, qui locutus fuit in gradibus compositionis. Et declarabo verba Galeni in hoc, in q̄ sunt multū cōfusa hic.
Sextus Liber nominatur liber Conseruationis sanitatis. In primis declarat verba Galeni in regimine illius, qui hēt tēperatam cōplexionem. Et postea narrat spēs pparationū materialiū, primas, & secūdas, q inueniūtur in indiuiduis. Et dabo cām, quare inuenit, φ in faciendo cōueniēs,
H non eueniet q̄situm: s. φ nos aliqñ regemus vno & eodē regimine in eodē tpe, & in vna ætate, & in eodē climate duo corpora, q̄ erunt ambo eq̄lia in pdictis rebus in eorū pparatione materiali sup eandē pparationē tēperantiæ, & erit istud regimen proportionatū & conueniens pparationi, q̄ inuenit in ambob' eorū: & cū hoc toto, non eueniet q̄situm æqualiter: sed in vno cōplebit, & in alio deficiet. Et sicut inuenimus corpora, q̄ regunt contrario regimine conuenientiæ pparationis eorū, & sa-
I nitas est cōpleta in eis, & diu viuunt. Et hic frangā verba dicentiū, φ illi qui regunt sm pceptum Galeni, hūt longam vitā penitus. Et narrat iuuamentū aeris, & eius nocumentū sm diuersitatē cōplexionū, & iuuamentū exercitij & spērū suarū, sm φ conuenit vnicuiq; mēbro, & iuuamentū balnei & spērū suarū, & iuuamētū somni & vigiliæ, & nocumentū suū. Et narrat conseruationē sanitatis in vnaquaq; spē cōplexionū sanitatis, q̄ est psens eis. Et incipit in regimine illius, qui hēt tēperatā complexionē, cuius mala complexio est K
in fieri. & iste sermo similat multū primo huius libri: sed ponunt in eo verba noua bona & vtilia. Et narrat regimen malæ pparationis manifestæ, s. plus laboris, qui euenit primū a se, non p accidens, nisi p p ægritudinem anticipantē. & ponā drīam, q̄ est inter hoc regimen, & regimen laboris, qui est anticipatus ab ægritudine, vel ab accidenti manifesto. Et hic procedā i regimine attractionis malorū humorū factæ a corpore ad vnū mēbrū, aut ad plura, aut intus, aut extra, qua de causa, ipm est p L
paratum ad mala apostemata. Postea loquar breuiter in conseruatione corporis, & defensione eius a corruptione aeris.
Septimus Liber nominatur liber Medicationis ægritudinū. & narrat medicationem, & remotionē accidētiū, & iste est ordo suus. In primis narrat vias medicationis ęgritudinū, q̄ superueniunt mēbris consimilibus, siue sint materiales, siue non materiales. Adhuc narrat medicationem ægritudinum, q̄ sunt in membris of M
ficialibus p eandē viā, qua narrauit in consimilibus, & facit lōgū sermonem de hoc. Et intrat sermonē tractatus remotionis malitiæ cōplexionis materialis & immaterialis, & tractatus multarū differētiarū, quas posui in regimine & medicatione malæ cōplexionis iuuenis, & malæ cōplexionis senis, qñ elongati sunt a suis gradibus naturalibus, quō debeant reduci ad ipsos cū gradibus contrarietatis, & quot sunt gradus contrarietatis proprij vnicuiq; ipsorum. & in hoc loco intelliget reprobatio sup hoc, quod dicit Ga. i hoc: Et narrat modos graduū contrarietatis,

A tatis, cũm nos faciemus regimen ꝓ-
prium in vnoquoq; membro, et re
ducendi ipsum ad propriã suam tẽ
perantiã, quando ab ea exierit. & et
hic reprobabit sententia Galeni in
hoc manifeste. Et narrat modo reua
cuationis per flebotomiam & phar
maciam, fm corpus ægrum, s. quod
corpus est ei conueniens, & qđ nõ,
& qđ tempus, & quæ ætas, & qđ est
conueniens solum vni, & qđ ambobus, & qđ est priuatum ambobus, &
alias differentias similes istis. Et hic
etiam manifestabit regimen ꝑgnã-
B tium, & modi actionũ partis opposi
tæ. & intentio huius sermonis erit
multum nobilis. Et narrat vias medicationis & in oĩbus febribus acutis & putridis breuiter. Et narrat
vias medicationis malæ complexio
nis materialis superuenientis alicui
membro ex mala materia accidẽte,
vel attracta, vel currente ad ipsum.
Et intendo in hoc sermone in medi
catione omniũ specierũ apostematum, quę generant in mẽbris interioribus & exterioribus, & in qua
nos debemus flebotomare eũ, & in
qua non: & in qua nos debemus re-
C percutere, & in qua nõ: & quibus
repercussiuis, & in qua materia, &
in quo tempore ægritudinis. Et nar
rat medicationẽ ægritudinũ dissolu
tionis continuitatis, intus & extra, ex
eã interiori & ex eã exteriori, & om
nium vulnerũ & percussionum. &
cadit in hoc loco medicatio ægritu-
dinum pulmonis, & fixuraꝝ venarũ, & arteriarũ, & apostematum neruorum, & ęgri-
tudinum disloca-
tionis.

AVERROIS COLLIGET
LIBER PRIMVS.
SVMMA LIBRI.
De Anatomia.

De definitione Medicinæ, & eius distinctione. Cap. 1.

Ntentio mea in hoc tractatu est tradere in arte Medicinæ sum- (Intentio)
E mas sufficientes per viam breuem, vt sit in
tua & introitus desyderantibus per
fici in partibus artis, & vt sit memoria oĩbus, q̃ q̃siuerunt ipsam, & sci-
uerũt cognitionẽ eius. Et studebimus loqui in pluribus verba cõcor-
dantia veritati: quãuis contrarientẽ
opinionibus Antiquorũ authorum
illius artis. Et dicimus ꝙ ars Medi- (Medicinæ definitio. Vide als, apud Hip. li. de Flatibus, apud Gal. in lib.)
cinæ est ars operatiua exiens ex prin
cipijs veris, in qua quæritur conser
uatio sanitatis corporis humani, &
remotio suæ ægritudinis, fm ꝙ possibile fuerit in quolibet corpore. qđ
est, quia finis artis istius nõ est ad sa
F nãdũ omnino, sed ad faciendum il- (Artis partes, apud Auic. pria primi ca. primo. Medicinę diuisio.)
lud, qđ põt fieri, & in quantitate con
ueniẽti, & tempore conueniẽti, &
postea expectari debet finis, sicut est
in arte nautarũ, & in regimine exercituum. Et quia artes practicæ, inquantum sunt artes, continent tria:
Primum est scire loca suorum subie
ctorum: Secundum est scire finem
quæsitum ad adducendum ipsum
in locis subiecti: Tertium est scire
instrumenta, cum quibus valeamus
ducere finem illum in locum illius
subiecti: ideo ex necessitate ars Me-

G dicinæ primo diuisa est in istas tres
partes. In prima parte, quæ est ad sciē-
dum loca subiecti, faciem^* scire mē
bra, ex quibus compositū est corpus
humanum, simplicia & composita,
& humores, & spiritus. Et quia finis
hic præintenti & quæsiti sunt duæ
spēs, s. cōseruare sanitatem, & remouere ægritudinē, est adhuc ista pars
diuisa in duas partes: vna est, in qua
faciemus scire quid est sanitas in oībus rebus sustentantibus ipsam: &
sunt quatuor causæ, s. materia, efficiens, formalis, & finalis, & in omni-
H bus eam consequentibus: altera est,
in qua faciemus scire quid est ægritudo in omnibus suis causis, & eam
consequentibus. Et quia non est suf
ficiens scire quid est sanitas, & quid
est ægritudo, ad conseruandū vnū,
& ad remouendum aliud, diuisa est
adhuc ista in duas alias partes. I vna
faciemus scire qualiter sanitas conseruatur: & in altera qualiter ægritudo remoueatur. Et quia nec sanitas nec ægritudo sunt per se notæ,
ideo in prima obuiatione fuit neces
se nobis cognoscere signa, quæ sunt
signa sanitatis & ægritudinis. & ideo
I ista pars adhuc est vna partiū istius
artis. Ergo diuisa est scientia ista in
partes septem magnas. In prima q-
dem narrabimus membra hoīs, super quæ testificatur sensus, s. simplicia, & composita, & humores, & spiritus. In secunda faciemus scire sanitatem, & suas species, & consequentia. In tertia ægritudines, & suas spēs
& accidentia sua. In quarta significationes significantes sup sanitatē,
& ægritudinem. In quinta īstrumē-
ta, quæ sunt cibi, & medicinæ. In sex
ta viam conseruationis sanitatis, In
septima ingenium remotionis ægri

tudinum. Et intendimus hoc hic or K
dinare sm̄ istam diuisionem: eo q̄
hæc diuisio est ei subiecta.^* Et quia *de principijs Medicinæ.
vna rerum, quas artes speculatiuæ re
cipiunt ab alijs, est loca subiecti &
principia, siue sint illa loca subiecti
a principijs notis per se, siue sint a re
bus, quarum declaratio fit ab alia ar
te: oportet nos cognoscere ī primis
artes, a quibus recipit hæc ars plurimum suorū principiorū: deinde redibimus ad loquendum de qualibet
supradictarum partium. Et dicam^* Medicinæ aliquid est
q̄ aliquid huius artis est speculati- speculati-
uum, & illud est eius scientia Natu- L
ralis: & aliquid eius est practicale. uū, aliquid est practicale.
Et pars practicalis est ars medicina-
rum experimentalis: & cū illius ē ars
anatomiæ. Sed theoricalis plurimū
est accepta a causis sanitatis & ægritudinis, & maxime a causis multum
remotis: sicut sunt elementa, & simi
lia. Et ab arte Medicinæ experimen
tali disces cognoscere virtutes pluriū
medicinarū: quod est, quia res, quā
comprehendimus per viam experimentalem, est pauca valde comparatione eius, quod necessarium est
nobis in hoc. Sed via artis medicina
lis ratiocinatiua est ad dandum cau M
sas rerū, quas nobis inuenit ars medicinalis experimentalis. & hæc ars
ab arte anatomiæ recipit multas par
tium sui subiecti. Et quia artifex ar
tis, inquantum est artifex illius artis, non potest cognoscere principia
recepta in illa arte, quamuis sciat illa: nescit enim ea, nisi inquantū est
artifex alteri^* artis: ideo oportet eū
recipere illa principia artis suæ ab il
lo loco, in quo sunt magis nota: &
maxime principia, quorū oēs partes
sciri non possunt sm̄ certitudinē, sicut est experientia medicinarū. Et
ideo

A ideo de parte huius actus dixit Hip. quod vita hominis est breuis, quando dixit: Vita breuis, ars vero longa. quia pars, quae est per viam experimentalem, non est in ipsa breuitas, & ita est in hoc nostro opere in pluribus membris, quae apparent per viam anatomiae, eo quod haec ars iam est amissa. Et debes scire quod artifex scientiae Naturalis communicat Medico, eo quod corpus humanum est vna partium locorum subiecti naturalis, sed diuersificantur ad inuicem in hoc: quia ille considerat sanitatem & aegritudinem, inquantum sunt entia naturalia: & Medicus

Medicus differt a Physico in modo considerandi.

B considerat ea, inquantum appetit conseruare vnum, & remouere aliud. Et ideo necessarium est Medico, postquam sciuerit summas, quae aggregatae sunt in hac arte, studium longum: & postea poterit in ipsa inuenire accidentia in materijs, quae sunt impossibilia scribi. Et Medicus, qui fuerit solicitus in operationibus istius artis, cum firmata in ipso principia experimentalia, per quae poterit inuenire in materijs istas summas: sicut est in artibus Mechanicis, & cogitatiuis. Et Arist. appropriat hanc actionem inter artes Mechanicas in virtute.

C Et ex hoc manifestum est, quod est dicta in definitione Medicinae, quae est cognitio sanitatis & aegritudinis, & rerum proportionatarum eis, quod est definitio vera, eo quod diuisit in ea differentia, per quam cognoscitur differre speculationem artificis huius artis a speculatione artificis Naturalis scientiae. Et ad hoc non attendaset, de quo dixerunt, quod non est sanitas nec aegritudo: quoniam non est inter nocumentum operationum sensibilium & innocumentum earundem medium: nec est variatio, nisi secundum plus & minus. & non est medium inter duo contraria, ita quod sit aliquid il

Contra Galen. primo techni.

Rō quod non dat corp. neutrum, in praedicamentis c. de Oppositis.

lorum in parte absque parte, in qua est aliud, nec in tempore absque tempore, in quo est aliud. & est manifestum, secundum quod dictum est in sua speculatione. Et postquam narrauimus intentionem istius artis, & partes suas, & viam speculationis in ipsas, necesse est nobis loqui super vtramque partem eius.

D

De Anatomia membrorum in vniuersali. Cap. 2.

PArticulae, quae testificantur super eas sensus in corpore humano, sunt species duae. Vna est membrorum consimilium: v. gr. haec definitio istius particulae, & definitio totius illius est definitio vna: sicut sunt ossa, caro, eo quod quaelibet pars carnis de necessitate est caro, quaelibet pars ossis est os. Et secunda est membrorum compositorum, quorum partes non assimilantur partibus: sicut manus, quae composita est ex carne, & osse, musculo, & chorda. Et membra simplicia sunt ossa, & musculi, & chordae, & nerui, & ligamenta, & caro, & axungia seu pinguedo, & cutis, & villi, & sanguis, & phlegma, & melancholia, & cholera, & spiritus. & iste est vapor proprius in corde, & in cerebro. Et nos incipimus nunc in rememoratione membrorum consimilium, seu simplicium, & postea in rememoratione compositorum.

E

Musculi & membra simplicia. Opp. apud Auic. prima primi ca. 3. capitulo

F

De ossibus Capitis. Cap. 3.

OSsa capitis absque dentibus sunt ossa. 23. ex quorum appropriatum cranco, & loca, in quibus coniunguntur ossa in craneo, vocata sunt in lingua Arabica aloan, & ossa decem in mandibulis superioribus, & in auribus duo, & ossa paris, & duo in mandibulis inferioribus, & vnum, quod nolar gerhet, & hoc est os, quod est sub craneo, quod diuidit inter ipsum & superiores mandibulas. Et omnia haec ossa coniun-

Ossa capitis. 23.

G guntur ſimul coniunctione ſerratiſi, quæ nominatur in Arabico derraſi, præter duo oſſa inferioris mandibulæ, quæ coniunguntur coniunctione nodatili.

De Dentibus, & omnibus oſſibus totius corporis. Cap. 4.

Dentes. 32 DEntes ſunt in vnaquaq; mādibula. 16. Quorum duo anteriores nominati ſunt duales: & in Arabico nominantur thomam. Et duo alij ex vtroq; latere ſuperiori & inferiori nominant̃ quadruales, & in Arabico rabiathan. Et duo ſupe-

H riores & inferiores ex vtroq; latere dicunt̃ caniculares. Et quinq; ex vtroq; latere, ſ. dextro & ſiniſtro nominantur molares. ſed aliquibus de numero molariũ deficit vn⁹, & ſunt tantũ quatuor. & radices molarium ſuperioris mandibulæ ſunt tres, & aliquibus quatuor. & radices molariũ mandibulæ inferioris ſunt duæ. & vnaquæq; radix aliorum dentiũ eſt cuiuslibet vna. ergo iam inuenimus q̃ oſſa capitis ſunt oſſa. 55. Et coniunguntur in capite apud foramen, q̃d eſt in ipſo in poſteriori parte ſpondyli colli: & ſunt ſpondyli. 7.

I & ſunt perforati ex vtroq; latere. & ſpondyli nuchæ cōiunguntur cum ipſis: & ſunt. 17. & dicitur de duodecim ipſorum, qui ſunt ſpondyli anterioris pectoris, eo q̃ ibi finitur eorum terminus: & quinq; eorũ ſunt ſpondyli nominati in lingua Græca adinisos, & in Arabico alkitan. ergo inuentum eſt q̃ numerus omnium ſpondylorum à cranco vſq; ad os nominatum hagit, ſunt ſpondyli. 24. Sed aliqui ſunt qui habent vnũ plus, hoc eſt. 25. & aliqui ſunt qui habent vnum minus, ſcilicet. 23. Et

Oſſi capi. ſunt 55. ſec. alios. 59. dimittut enim cō-miſſuras tiiod oculi, per quas enim ſ.r, & ipſe parant duo

huic ſpondylo inferiori coniungit̃ K os nominatum hagit. & iſtud cōpoſitum eſt ex particulis tribus, quæ ſunt ſimiles ſpondylis. & in hoc adhuc coniungitur, ſ. in oſſe hagit in inferiori parte ipſius os nominatũ cauda. Et ipſum compoſitũ eſt ex tribus petijs, ſiue partibus. & tertia pars iſtius eſt vera cauda, & eſt quaſi os chartilaginoſum. Et hi omnes ſpondyli coniunguntur cōiūctione nodatili, p̃ter ſpondylos duos colli primos. ſed ſpondylus primus, qui conſ͠gitur cum ipſo, ligatur duab⁹ adeptionibus vel additamentis exeũ-

L tibus à cranco, & intrant in duobus foraminibus ſpondyli primi. Et cōiunguntur ex vtroq; latere oſſis ſpōdyli hagit oſſa duo, ex vtroq; latere vnum. & in ipſis eſt planta coxæ, q̃ I Arabico uoletur zahaluecat. & ibi pendent teſticuli & hæc ſunt omnia oſſa partis poſterioris. Sed oſſa anteriora & poſteriora ex īferiori parte occipitij ſunt oſſa duo in Arabico nominata charcohatan. Et oſſa ſpatularum, & oſſa pectoris, & oſſa manuum, & oſſa vmbilicalia, quæ nominata ſunt in Arabico henina, & oſſa pedum. Sed charcoa eſt os

M gibboſum exterius, & concauum interius cuius vnum ex duobus ſuis capitibus iungitur cum humero & cũ capite brachij nominati haſeth. & alia extremitas coniungitur in latitudinem, vel in altitudinem pectoris in loco foraminis colli, & ideo, quia ſpatula eſt poſita ſupra dorsũ, eſt ampla. & in ipſa coniunctum eſt caput, quod eſt chartilaginoſum. & quãto plus appropinquatur chartox, tanto magis rotundatur. & eſt in ipſo concauitas quædam, in quã ſubintrat caput brachij nolati aſeth.

Spondili 24.

Adiutoria 2.

De ſpatu. Spatulæ 2.

Sed

A De ossib' pectoris. Septē ossa pectoris. Costę. 24.

Sed ossa pectoris cōposita sunt ex ossibus septem: & in extremitatibus inferioribus sunt chartilagines. Ossa vero costarū sunt ossa duodecim in vnoquoq; latere gibbositates, quorum longiores sunt mediæ, & ex illis sunt septē costę, quarum extremitas vniuscuiusq; coniungitur posterius in spondylis nuchæ, & in anteriori in ossibus pectoris cū capitibus chartilaginosis. & quinq; istarū non coniunguntur pectori, & nominantur costæ posteriores. & ideo quū premuntur, cedunt pręssioni. Et in parte inferiori pectoris non est aliquod os, nisi solum os vmbilicale, quod monstratur inferius.

B Os vmbilicale vnum. De ossib' manus. Ossa manus sexaginta.

Ossa manus sunt triginta ossa, s. os brachij nominatum asseth. & illud est vnū exterius gibbosum, interius vero concauum. & habet caput vnū, quod in concauitate spatulæ intrat: & alia extremitas ipsius intrat in marpec. & habet nisi spondylus vnus similis rotæ, qui in Arabico nominatur bacharā & in isto subintrat extremitas ossis nominati in Arabico zenad superius. Et ossa zenad sunt duo: longitudo quorū est à marpec vsq; ad os nominatum rasceth. sed vnū ipsorum est paruū,

C & vocatur zenad superior: & aliud est magnū, & nominatur zenad inferior. Et habent ista in duabus suis extremitatibus ex parte rascetæ additiones ædificatas & compositas cū ipso & inter rasceth & ipsa ē nodus. Et rasceth compositū est ex ossibus octo ordinatis in duobus ordinib'. & hęc ossa sunt fortia absq; medulla, & sunt cum bona curuatura, vt adueniat suæ coniunctioni pulchritudo formę ad formam rascethorum. Et quatuor ex istis ossibus, vel istorū ossium compositū est zenad man':

D & talet eum vocāt mestal manus: & ipsum coniungitur radici rascetæ ligaturis fortibus. Quinq; aūt digiti manus habent ossa quindecim, quilibet digitus tres, & nominantur in Arabico alsolemiath; quorū sem p vnus coniungitur alteri & ipsa coniunguntur ossibus solahe per viā ligaturarū fortium. & os primū pollicis cōiungitur extremitati zenach superioris ligatura ampla cōueniente motui.

De ossib' pedis. Ossa pedū 18.

Sed ossa pedis sunt. 18. principium ipsorū est os testiculorum: & est os exterius gibbosum, interius concauum. & habet extremitatem vnā rotundam & in suo

E ascensu, & nominatur pomū granatum testiculorū. & alia est extremitas inferioris partis, quæ intrat in sa carneu zenad inferioris, siue maioris duorū zenatuum cruris. Et duorum ipsorū zenatuum longitudo ē à genu vsque ad os calcanei: maior vero ipsorū zenah inferior, & minor zenah superior. & extremitas duorū zenatuum tangit simul calcaneum & ibi in pede nascuntur nodi tres, & curuatura ossis testiculorū in costa flectitur seu curuatur in parte posterioris, & in curuatura alterius ossis foramen zenad maioris

F est ligatura genu. Et supra eandem ligaturā est os circulare, & est rotundum: & est in ipsa cartilaginitas, & nominatur oculus genu. Et coniungitur in calcaneo interiori os nominatum alzochi. Et in inferiori parte ē os calcanei. & in illis duobus ossib' coniungitur rasceth. & ipsum est cōpositū ex tribus ossibus, & fabricatū & ædificatū est ædificatione sibi cōueniente. Et postea coniungit' huic scibahi pedis. & ipsum compositum est ex quinque ossibus. Et postea sequuntur

quuntur

G quuntur ossa digitorum, quæ nomi
nantur somiaht: & sunt vnicuiq; di
gito tres, præter pollicem, qui nõ ha
bet nisi duo ossa. Ergo inuentũ est
sm sensum Galeni, q ossa hominis
vel hominum sunt ducentum qua-
draginta octo, absq; ossibus paruis,
quæ replent spacia iuncturarũ, quæ
nominantur in Arabico scirsunaia:
& absq; osse epiglottidis, quod nominat in Arabico alaniath: & absq;
osse cartulaginoso, quod dicunt aliqui anatomizatores q est in corde.
Et nos non abreuiamus loqui super
compositionis formam illorum os
H sium partem parti, nisi propter hoc,
quod imaginatiua in illis per viam
æstimationis est breuis, & parua, cõ
positione earum rerum existentiũ
in ipsis.

De anatomia Venarum pulsatilium.

Cap. 5.

VEnæ sensibiles sunt duarũ specierum, scilicet pulsatiles, & nõ
pulsatiles. Sed pulsatiles compositæ
sunt ex duabus tunicis, præter vnã.
& vnaquæq; est similis alteri: nisi q
contextura interioris tunicæ tendit
in latitudinem, & istæ sunt fortiores: & contextura exterioris tunicæ
I tendit in longitudinem. Et istæ venæ apparent per viam sensus quòd
exeunt à corde: nisi quia exeunt à
concauitate sinistra: eo q propter
propinquitatem cõcauitatis dextræ
hepati necesse est, vt sit studiosum
cor, vt attrahat nutrimentum ab eo
dem, scilicet ab hepate. Et illæ, quæ
exeunt à cõcauitate sinistra, sunt arteriæ duæ. Vna quarũ est minor altera, & habet vnam tunicam tantũ:
& illa est subtilior, scilicet maiori ar
teriarum habentium tunicas duas.
& minor habens vnam tantum, habet eam tantũ, eo vt sit leuis & mol- K
lis ad extendendum & adunandum
se, & ad attrahendum aerẽ, & ad expellendum sumum vaporosum. &
est amplior, vt adueniat ab ipso ad
pulmonem sanguis subtilis, vaporo
sus, propinquus digestioni ad perficiendum se, eo q id quod nutrit pul
monem, est cor. & quia stat prope
ipsum, fert, vel præstat ei calorem di
gestiuum & suauem. & ad hoc magis, q membrum pulsans in ipso est
membrum leue, & uocatur in Arabico serint: & non curatur vt noceat ei. Et vena illa intrat pulmonẽ:
& diuisa est in ipso diuisione iam di L
cta: & vocatur arteria tauridi. Sed
alia est maior, magnitudinis maioris valde alterius. & nominat in lingua Arabica alahor. Et quando hęc
vena ascendit, ramificantur ab ipsa
duo rami. minor illorum tendit ad
concauitatem dextram duarum cõ
cauitatum cordis: maior autem cir-
culat circa cor, & postea subintrat
in ipsum, & diuiditur in eodem. Et
illud, quod remanet post ramifica-
tiones istorum duorum ramorum,
diuiditur in partes duas, maior eaq;
descendit versus inferiorem partem
corporis, & minor in superiorẽ cor M
poris. Et pars, quæ tendit in superiorem partem corporis, diuiditur ab
eadẽ, cùm ascendit in lateribus duobus in ramos tangentes membra cui
stentia ex opposito eorũdem. Et qñ
exit versus ascellam, exit ab eodem
ramus vnus cum vena quæ non pul
sat, tendens vsq; ad manum *in diui
sione eiusdem. Prima diuiditur ab
eodem: & iunguntur ab eodẽ rami
parui in lacerto exteriori, & interiori brachij nominati hasceth, &
cum hoc sunt profundati & sepulti.

Et

Arteria venalis.

*a I. & in duem.

A Et quando iungitur ad latus marpech, ascendit superius modicum, & eius pulsatio apparet in hoc loco in pluribus corporibus. & vadit de subtus ascellam, & transit eam, donec descendit aliquantulum à marpech. Et postea profundatur profunditate; & ramificantur ab eadem rami ad modum capillorum: & ipsi coniunguntur in lacertis brachij nominati cabar, donec occupent locum magnum brachij. Et postea diuiditur in duas partes, quarũ vna tendit ad rasceth vadens vsque ad zenath superius. & hęc est vena, quæ palpatur

B à Medicis. Et alia tendit adhuc vsq; ad rasceth, & vadit vsque ad zenath inferius. & hæc est minor istarum. Et hæc diuiditur in palma manus: & aliquibus apparent pulsationes in superficie palmæ manus. Et quando hæc particula superior iungitur in loco transitus, diuiditur in duas partes alias. Vna quarum transit venam profundatam, quæ nominatur in Arabico gedeng. & ascendit superius donec intret in craneo. & coniunguntur ab eodem in suo itinere rami intrantes in membrorum profunditates existẽtes ibidem. Et quan-

C do intrat craneum, diuiditur ibi in multas diuisiones: & tũc ædificatur ab eisdem res nominata tela, quę extenditur supra cerebrum. Et postq; est diuisa, coadunatur & profundatur: & tandem exeunt ab hac tela venæ duæ æquales in magnitudine, sicut erant ante diuisionem: & conueniunt ad corpus cerebri, & diuiduntur in ipso. Sed vna istarum, & est minor, ascendit supra superficiem faciei & capitis, & patitur super membra ibi existentia. Et aliquib' apparẽt pulsationes ĩ hac parte post aures, & in temporibus. sed pulsatio

D apparet prope istas duas venas: & ẽ pulsatio particulæ, quæ est apud venam profundatam: & nominatur hic ramus arteria somni. Sed particula germinata à corde ad inferiora corporis tendit primo per viam rectã, donec appodietur supra marpech quintum: eo quòd locus suæ oppositionis est ex opposito loco capitis cordis. & ibidem existit pulmo absq; appodiatione. Demum equitant supra spondilos nuchæ descendendo ad inferiora, & ramificantur rami ab eodem à laterib' vtriusq; spondilorum, dextri & sinistri, & cõ-

E iunguntur membris existẽtibus ex opposito eorundem. Et ramus primus, qui ramificatur ab ipso, est ramus veniens ad pulmonem. Et post ipsum veniunt rami venientes ad lacertum existentem intus in costis. Et post ipsum veniunt rami ad diaphragma. Et post veniunt rami ad stomachum, hepar, & splenem, & myrach, & intestina, & renes, & vuluam, & testiculos, & vesicam, & virgam. Et exeũt ab ipsis rami iungentes lacertos exeũtes ex opposito istorum duorum locorum. Et quando venit ad terminum, siue ad finem

F spondilorum, diuiduntur in partes duas. & quælibet istarum tendit versus vnũ ex pedibus per ramos duos magnos ex parte dextra & sinistra, & diuiduntur in ipsos diuisione venarum, nisi quia profundantur. Et eorum pulsationes sunt in lateribus duorum emunctoriorum, quæ in Arabico nominantur orbitan: & in latere calcanei sub duobus ossibus nominatis calcagnes: & supra dorsum pedum prope chordam magnam.

G **De anatomia Venarum non pulsatilium. Cap. 6.**

VEnæ non pulsatiles sunt vnius tunicæ præter vnam istarum. Et inuentæ sunt p viam sensus, ꝙ ramificant ab hepate. Et id quod germinat ab eis I primis, sunt venæ duę. Vna, quarū est vltra concauitatem, & illa nominat porta: & hæc est ad trahēdum nutrimentū hepati. Alia est, vel exit à gibbositate hepatis: & ista est facta ad deferendū nutrimētum, & diuidendum nutrimētum, & nominat concaua. Sed porta diuiditur in corpe hepatis in quinq; partes. Et ramificant hæ quinq; partes in ramos paruos, donec iungant gibbositati hepatis Et qñ exeunt ab hepate, diuiduntur in partes octo. Quarū duæ illarum paruæ sunt: & vna ipsarū iungitur intestino nominato duodeno: & secunda ramificat ad fundū stomachi in portanario.

De vena porta.

H

Sed vna ex sex tendit ad superficiē dorsi partis dextræ stomachi ad nutriendū ipsum. sed pars interior nutritur, inquantū obuiat stomacho.

Et secunda iungitur spleni, & tandem separat ab ipsa vena vna à latere sinistro stomachi. Et illud, quod remanet, diuidit in partes duas. vna quarū iungitur medietati superiori stomachi, & spleni ad nutriendum ea: & secunda iungit gibbositati stomachi, & ibi diuidit in partes duas. Vna ipsarū diuidit à dorso sinistro stomachi: & secunda profundatur vsq; ad orificiū stomachi: eo ꝙ projcit ad orificiū stomachi superfluū siccitatis & acetositatis melancholicę: qñ studet splen ad expellēdum ipsam cum superfluo ad prouocandum appetitū stomachi sua titillatione. Particula vero secūda diuidit

I

in partes duas. vna ipsarū tendit ad inferiora medietatis splenis: & secunda pars influit ad myrach, & diuidit in ipso. Tertia vero ex sex vadit ad latus sinistrum, & ad intestinum rectum, ad hoc vt sugat ab ipso. Et quarta tendit ad gibbositatē stomachi, & ad myrach. Et quinta tendit ad meseraicas, quæ sunt circa intestinum nominatū colon. Et sexta q̄sū circa intestinum ieiunū, & orbum. K

Sed concauæ, s. venæ radix eius separatur ex seipsa ad trahendum nutrimentum à ramis portæ. Et post ascēdit ab ipsa, vena vna magna in gibbositate hepatis. Et qñ ascendit ista vena, non vadit nec elongatur multū, donec diuidatur in duas partes. Et vna istarū est maior, & tēdit ad partes inferiores corporis: & secūda ad superiora corpis. Et hęc pars superior tendit, vsq; dum iungatur diaphragmati. Et ibi diuiditur in duas venas, quæ diuiduntur in diaphragmate: & post cōprimunt diaphragma. Et post cōpressionem diuiduntur ab eisdem venæ minutæ: & diuiduntur in panniculo diuidēte pectus in partes duas, & in panniculum cordis, & in glandulam nominatam chota, & diuiduntur in ipsa. Demum ramificatur ab ipsa ramus vnus, qui iungitur in auricula dextra ex auriculis cordis. Et hic ramus diuidit in partes tres. Vna quarum intrat in concauitatē dextram cōcauitatis cordis, & iungit pulmoni, & habet tunicas duas. & ob hoc nominatur vena artērialis. & hæc est maior omniū aliarum. Et secunda circundat circa dorsum cordis, & extendit in ipsum totum. Et tertia cōiungitur in parte inferiori pectoris, & nutrit pectora ibi existētia. Et qñ transit,

De vena concaua.

L

De concaua [illegible]

M

A transit cor, tendit per viam rectam, do
nec peruenit ad oppositionē duorū
tharcotan. (sic enim nominantur in
Arabico.) Et diuiduntur ab ea in hoc
suo itinere rami parui ad ambas sua
rum partiū, & exeunt ab eisdem rami ad lacertos existentes ex opposito membrorum interiorum. Et quū
sunt ex opposito assellæ, exit ab eis
ramus vnus extrinsecus manus veniens ad manus ex latere assellæ, &
ē vena nominata basilica. Et quū est
in opposito in medio tracheæ, in lo
co suspinetis, diuidit in ptes duas.
Vna istarū tendit ad partē dextram,
B & alia ad partē sinistram. Et quælibet istarū duarum diuiditur in par
tes duas, & tandem equitat vna ex
partibus spatulam, & venit ad manū
ex latere dextro: & hæc est vena nominata cephalica. Et adhuc secūda
diuidit in partes duas in vnoquoq;
latere. Vna quarū vadit, & profundatur, & ascendit in sua profundita
te, donec intrat craneum in suo itinere p collum, vsquequo intrat in
cerebrū. Et ramificantur ab eadem
rami parui, coniungentes se mēbris
interioribus propinquis colli. & hæc
pars nominat vena profundata. Sed
C secūda tendit in superficiem dorsi,
donec diuidit per faciem, & caput,
& oculos, & per nares, seu p nasum.
Et hæc est vena apparens, & ramificatur à vena spatulari in suo itinere
p brachium nominatū hasceth, &
diuidit in nodo marpech. Et post
suā diuisionem vena spatularis cō-
miscetur cū parte venæ assellaris, &
descendunt: & tandem exit ex istis
duabus in latere marpech vena, & ē
vena media seu cōis: & dicit in Ara
bico hachal. Et pars secunda ex par
te venæ spatularis trahit ad dorsum
brachij nominati schabat, idest adiutorium: & demū equitat supra ve D
nad superiorē, & illa nominat chor
da brachij. Et pars venæ assellaris, q
moratur inferius, vadit p latus intrinsec⁹ brachij ad caham, donec iun
gatur capiti venæ superiori: & ē ali
quid rami venæ existentis inter digitum minorē & annularem, & nominat halarcia. Sed pars tendēs ad
inferiora corporis equitat spōdilos
nuchæ, & postea descendit inferius.
Et ramificant in primis ab ipsa rami venientes ad ligaturas renum, &
nominantur in Arabico lasint alco
lieb, & eorū villos & corpora pro- E
pinqua eis. Et postea ramificant ab
eisdem rami magni duo intrātes in
concauitatibus renum. Et postea ra
mi duo tendētes ad testiculos. Et demum ramificantur ab ipsis in latere
vniuscuiusq; spondili venæ duæ, ten
dentes duobus lateribus: & iungantur membris interioribus propinquis ei, sicut vuluæ, & vesicæ: & etiā
illis existētibus extrinsecus, sicut my
rach, ventris, & lumbis. Et quū iungi
tur ad finē spondylorum, diuiditur
ad partes duas. Vna ipsarū tendit ad
pedem dextrū, & alia tendit ad sinistrum. Et tandem ramificantur ab F
eis rami iungentes lacertis testiculorum. Et aliqui istorū sunt profun
di, & aliqui sunt apparentes. Et quū
iunguntur genu, diuiduntur in partes
tres. Vna partiū vadit in medio, &
iungit ramis, qui sunt in vnoquoq;
lacerto cruris interioris & exterioris.
Et alia pars in parte interiori cruris,
donec apparet prope calcaneum: &
illa est nominata saphena. Et pars se
cunda vadit vltra apparitionē cruris: & illa profundatur ad latus exterioris calcanei. & illa est schia, quæ
scilicet

De concaua inferiori.

G scilicet nominatur schiatica. Et ra
mificantur ab vnoquoq; istorum,
quando iungũtur pedi, rami diuisi
in pede. Et rami, qui sunt pedis ex
parte digiti minoris & annularis,
sunt ex ramis schiaticæ. Et rami pol
licum, sunt ex saphena, & nominan
tur in Arabico alscafen.

De anatomia Neruorum. Cap. 7.

CApita istorum corporum videntur cõiungi in cerebro vel
in nucha: ideo imaginatur seu æstimatur ꝙ omnia ista exeant ab eis.
Et videtur ꝙ caput nuchæ coniungantur post in posteriori parte cere
H bri: & pellicula ipsius resistit nocumento illius, & durat vsq; ad os nominatum hasceth, s. cauda. & ideo
imaginat seu æstimatur ꝙ ipsa oria
tur à cerebro. Et iungũtur in nucha
in latere vniuscuiusque spondili in
vnaquaq; parte duo nerui. vnus eorum vadit in partem dextram, & alter in sinistram, donec iungantur in
fine hasceth. Et coniungitur in fun
do ipsius caput vnum vtius nerui,
& sic coniungũtur in cerebro paria
De neruis cerebri. septem capitum neruorũ. Par primum sunt nerui duo. & apparent
quasi oriantur vel exeant à cerebro
I prope ex opposito duarum carun-
cularum similium capitibus mamil
larum, in quib⁹ fit odoratus: & ipsi
coniunguntur in oculis. Et isti duo
nerui sunt concaui: & qñ elongãtur
à cerebro, tunc coniunguntur. Et fo
ramen vniuscuiusq; istorum tangit
foramen alterius: eo vt spirit⁹ adue
nientes duabus pupillis oculorũ as-
socientur, & vt sit duob⁹ oculis fons
vnus: & vt quasi oriren pope pu-
pillas oculorũ, ad hoc vt appodient
in ipsis. Et diuiduntur, donec sunt in
tus in cerebro. & demũ exeũt, & ten
dit vnusquisq; illorũ ad oculũ exi- K
stentem in latere sui. demũ coadunatur in humiditate vitrea, vt deferatur oculo sensum visus. Et par se
cundum vr, ac si nat⁹ fuisset post na
tiuitatẽ paris primi. & ipse tendit ex
eo versus partẽ dextram, & exit à crã
neo supra foramen anterioris cellu
læ secundæ. Et par tertium miscet
cum pari quarto existente post ipsum, & postea separatur ab eodem.
Et diuiditur in quatuor partes. Vna
istarũ exit ab introitu nerui nominati schabachi, & descendit ad ventrem sub diaphragmate. Et secunda
exit ex foramine ossis existentis in L
sodat, & tangit partes quinti. Et tertia exit ex foramine, à quo exit par
secundũ. Et diuidit in partes tres siue ramos. Ramus vnus ex istis tendit ad locum existentem in extremi
tate oculi, nominatum in Arabico
macb, & postea ad tẽpora, & supercilia, & frontẽ, & palpebras. Et secun
dus transit foramen existens prope
caudam oculi: & ille est locus nomi
natus in Arabico barbachi, & iungi
tur vsq; ad venerẽ nasi. Et tertius, s.
ramus descendit in concauitate barbachi prope os subtile. Et tandẽ ramificatur in ramos duos. Vnus tẽdit M
ad dentes, & alter ad cutim tpis, & ad
extremitatẽ nasi, & superioris labij.
Et quarta, s. pars, exit à foramine exi
stente in mãdibula superiori ad linguam, & transmittitur in cutem ipsius proprie ad dandum sibi sensum
suum, s. saporẽ suum. Et residuum
ipsius diuiditur in radices dentium
inferiorũ, & gingiuas, & in labium.
Et natiuitas paris quarti est post na
tiuitatẽ tertij paris. Et diuiditur in
palatum ad dandũ ei sensum appro
priatũ sibi, & est sapor. Et par quin
tum

A cum duplicatur: & exit ab ipso par vnū ad auricu: dandū eis auditū, & ipsum nascitur à parte posteriori cerebri. & par neruū mandibulæ exit à foramine nominato ostobo. & in isto neruo ē oduratus. Et partis sexti extremitas vadit ad guttū, & ad linguam. Et extremitas alia vadit ad lacertū existentē versus spatulam & circa ipsam. Et eius extremitas descēdit in collum: & ramificantur ab ipsa in suo itinere rami coniungentes se aliquibus lacertis epiglottidis. & qui deriuantur pectori diuiduntur adhuc ibidem. & tandē redeunt adhuc ex-

B tremitates suæ ad superiora, donec iungantur lacerto epiglottidis. Et diuiduntur aliquæ ipsorū extremitates in diaphragma prope cor, & pulmonem, & meri, & partes existentes circa ista. Et residuum istarū, & maior pars ipsarū vadit, donec pertranseant diaphragma. Et coniunguntur in orificio stomachi maior pars ipsarum. Et residuum coniungitur pelliculæ hepatis, & splenis, & residuitatibus intestinorū. & coniunguntur ipsis ibi aliquæ partes paris tertij. Et ipsum, scilicet par oritur à posteriori parte cerebri, & coniungitur quinto. Deinde diuiditur ab ipso: & exit à loco suturæ no-

C minatæ in Arabico aldarouallami.

Et par septimū incipit à posteriori parte cerebri à loco nominato lambdæ, & diuidit in lacertū linguæ epi-

De neruis nuchæ.

glottidis. Et vt sensibiliter quasi vt exeant seu nascantur paria ex nucha trigesimaprima neruorū. Et vnus, scilicet neruum, est absque socio sibi opposito. Et paria octo ipsorum exierunt intus ex spondilis colli. Et duodecim paria ex spondilis nuchæ ad locum oppositionis dorsi in directo pectoris. Et paria quinque ex spondilis nominatis alchatam. & ista sunt in inferiori parte dorsi. Et paria tria ex osse oggez. Et etiam ex osse *asse, scilicet caudæ. Et alterū non habens oppositū exit ex medietate extremitatis ossis nominati *assem, scilicet extremitatis caudæ. Et par primū exit ex foramine iuncturæ primæ iuncturarū colli: & ascendit vsquequo diuidatur in lacertos capitis. Et sm par exit ex foramine existente in iunctura prima & secunda. Et tandem separatur in duas partes. & iungitur extremitas ipsius in cute capitis, & extremitas alia in lacertis colli, & in lacertis spatulæ.

D *hasecah *hasecah

E Et tertium par ipsius exit ex foramine existente inter iuncturā secundam & tertiā. Et diuiditur in partes duas. vna tendit ad lacertos existentes in dorso: & alia vadit versus partem anteriorē. Et diuiditur in lacertum positū ex opposito ipsius, & in existētem supra ipsum. Et quartū exit inter iuncturā tertiā & quartā. Et diuiditur in partes tres. vna quarum tendit ad diaphragma: & alia ad extremitatem lacerti existentem in capite & in ceruice: & extremitas alia ad extremitatem lacerti spatulæ. Et quintū oritur inter spōdilum quar-

F tum & septimum. Et sextum oritur inter spondilum quintum & sextū. Et septimū inter spondilum sextū & septimū. Et octauum inter spondilum septimum & octauum. & ibi est finis nodorum colli. Et nerui descendentes ab istis, qui sunt diuisi in partes: quarum ipsorum partiū vna vadit ad lacertos pectoris & ceruicis: partes aliæ vadunt ad lacertos dorsi & diaphragmatis, præter paris octaui, cuius aliquid non tendit ad diaphragma: & reliquæ partes eius tendunt ad hasecech, & brachium, & spatulā.

Sed

G Sed paris sexti quædã pars tendit ad lacertum spatulæ, & pars alia ad hascech. Et septimi pars vadit ad lacertum existẽtẽ in hascech. & alia pars diuidit' in cutem residui hascech. Et aliquid octaui paris trãsmittitur in cutem brachij. & extremitas sui tendit ad lacertũ brachij. Et par nonũ exit inter spõdylum octauum & nonum: & illud est principiũ spondilorum dorsi. Et diuidit' vna suarũ extremitatum in lacertũ existentẽ intus in costis: & alia extremitas in lacertũ dorsi: & alia extremitas descendit ad spatulã, & extendit' in ipsam.

H Et par decimũ exit inter spondilũ nonũ & decimum. Et pars vna ipsi' vadit ad cutem hascech. Et residuũ diuidit'. & pars vna ipsius tendit versus faciem: & diuidit' in lacertũ existentem in costis, & in lacertũ inuestitum supra pect'. & alia diuiditur in lacertũ dorsi & spatulę. Et p hanc viã est exitus neruorum, & diuisio ipsorũ. s. par vnum inter iuncturas duas vsq; ad complementũ duodecimi paris, donec exeant ad par complens viginti paria ex corpore spondili, qui sunt decem & nouem. Et postea exeunt paria ex alchatini ex I corpore totius ceruicis par vnũ vsq; ad complementũ quinq; parium & partes ipsorũ tendunt ad anteriora, & diuidunt' in lacerto existente supra ventre': & aliquæ diuiduntur in lacerto existẽte supra lumbos, & miscentur in partibus tribus existentibus supra ipsum nerui descendentes à cerebro. Et à paribus duobus existentibus sub istis tribus descendũt ab ipsis rami magni ad crus, donec descendant ad extremitatem pedis.

Et demũ oriũtur paria tria ab osse haggez, ex vnoquoq; foramine par vnũ. principium eorũ est à spondilo vigesimoquinto. K Et demum exeunt paria tria ex osse caudæ, nominato in Arabico hascech. Et solus absq; socio, generatio ipsius prima est inter os tertiũ ossis haggez, & os primũ ossis hascech. s. caudæ, quod est os caudæ. Et postq̃ secundũ istũ ordinem inter duos spondilos par vnũ vsq; ad finem trium parium, & solus oritur ex fine caudæ; & etiam ista sex paria: par primum miscetur cũ paribus venientibus ad crura, & residuum ipsorũ diuiditur in lacertos ani, & vereti, & vesicæ, & uuluę, & pelliculas vẽtris, & in partem venientes ab osse vmbilicali, & à lacertis L venientib', vel orientib' ab osse haggez.

De Ligamentis. Cap. 8.

ET ligamenta, quæ sunt nominata in lingua Arabica rebathath, eius corpus est vel eorum medium inter corpus ossis & corpus musculi, & eorum ortus est inter extremitates nodositatum ossium.

De Chordis. Cap. 9.

CHordæ, quæ nominantur in Arabico bauthar, sunt mediæ inter ligamenta & neruos. Et earum ort' seu natiuitas ẽ ex neruo veniẽte ad lacertũ, & à ligamẽto orto ab osse. M

De Carne. Cap. 10.

CArnis tres sunt species. Vna est caro mixta cũ neruo & chorda. & illa nominat' lacertus siue musculus: & illa ẽ maior pars carnis totius corporis. & hęc ero memoraturus in capitulo membrorũ officialium.

Secũda species est species carnis puræ. & in hac sunt multa ligamenta: & hæc est minor species corporis.

Tertia spẽs est carnis glandulosæ. & caro pura est illa, quę est in capite membri, s. vereti: & illa quæ est in

loco

A loco occulto dorsi: & ex illa est caro existens inter dentes. Sed caro nominata glandulosa est caro testiculorum, & mammillarum. & ex illa est etiam in radice linguæ. & ex illa est caro existens in subasellis, & in duobus emunctoriis nominatis in Arabico orbitam, & quæ post aures, & in collo. & istius speciei est caro, quæ est inter intestina & neruos.

De Villis. Cap. 11.

SEd de villis ero memoratus, cum ero rememoratus membra composita ex illis quia intus in corpore: eo quia ille est locus conueniens rememorationis B ipsorum ibi.

De Humoribus. Cap. 12.

ET humores apparentes in corpore humano sunt quatuor, scilicet sanguis, phlegma, cholera, & melancholia.

De simplicibus membris. Cap. 13.

ET simplicia membra sunt cutis, vngues, & capilli. & hoc est manifestum.

De Spiritu. Cap. 14.

SPiritus duo sunt, scilicet spiritus apparens in corde, & spiritus apparens in cerebro, sed spiritus in hepate non apparet per viam sensus. Et hæc sunt verba dicta supra simplicia C membra, quæ sufficientia esse videntur in hoc loco. & qui volunt amplius addere, addant. Et nunc redibo ad loquendum supra officialia membra: & incipiam à membro simpliciori omnium ipsorum: & istud est lacertus, siue musculus.

De Lacerto. Cap. 15.

LAcertus est corpus compositum ex carne rubea, & ligamentis, & neruo, ascendentibus supra ipsum. Et ipse est induens ossa, ligans ligaturis ascendentibus ab ossibus. & istud est, quando neruus coniungitur supremæ extremitati ipsius lacerti. tandem di- D uiditur in partes: & miscetur extremitati carnis lacerti, & germinat in osse posito sub lacerto ligaturam, & miscetur cum neruo & carne: & demum ex omnibus istis exit corpus vnum nominatum lacertus. Et quando partes nerui veniunt ad extremitatem inferiorem lacerti, sic adunatæ sunt partes nerui ad partes ligamentorum solum absque alia ammixtione carnis: & tandem exit ab illis corpus nominatum chorda. & hæc chorda tendit, donec iungatur extremitati inferiori illius membri. Et omnes lacerti secundum intentionem Galeni existentes in cor- E pus sunt 519. Et dictum est, quod hæc corpora variantur in forma, in quantitate, & in compositione. & quando virtus ab illis germinatur, chordæ in forma compositionis ipsorum tandem variantur in quantitate: quoniam aliqui sunt magni & aliqui parui. magnus est sicut lacertus positus supra coxam: & paruus est sicut lacertus positus supra oculum. Et variatio ipsorum est in forma, quod tales sunt lacerti, quorum caro ipsorum non miscetur cum neruo. & variatio ipsorum est in chordis orientibus ab ipsis: quoniam tales ex ipsis sunt, quod F chorda oritur ex duobus lacertis & tales sunt, a quibus ambobus ab vnoquoque enim oritur chordæ duæ, vel tres & hoc est secundum quod conuenit eis. Sed variationes ipsorum ex parte oppositionis ipsorum sunt, quod aliqui ipsorum oppositio sua est in principio membri, & aliqui non. Et si deberemus loqui in vnoquoque lacerto lacertorum, hæc verba essent prolixa valde: nec essent huic arti multum necessaria, hoc est ad medicinandum per cibos & medicinas:

G sed chirurgicis, id est operantibus cū ferro magnum esset iuuamentum. Et dico adhuc, q̄ post terminationē istarum rerum paruum lucrum cōsequeremur. Et ego narrabo de neruis, quando ero locutus iuuamentū ipsorum in libro Sanitatis.

De forma capitis. Cap. 16.

FOrma capitis naturalis est rotūda, habēs aliquam planitiem in vtroq; latere: ac si imaginatus fueris formam ceream rotundam esse cōpressam in vtroq; latere. Habens intrinsecus concauitates coniungentes se adinuicem: & nominantur cel-
H lulæ cerebri. & sunt duæ existentes in parte anteriori cerebri, & vna in medio, & alia in posteriori parte. Et prope coniunctionem istarū cellularum, scilicet partis vniuscuiusq; alteri, sunt corpora formata formis talibus, vt sint cōuenientes in aliquo tempore ad claudendum, vel ad aperiendum. Et insunt cerebro duæ additiones germinatæ à duabus cellulis anterioribus similibus duobus capitibus mammillarum, deriuantes vsq; ad os nominatum colatorium. & istud est os perforatum foraminibus multis: sed non per viam rectā, sed obliquam. & locus istius in craneo est locus, cui coniungitur extremitas nasi. Et ex panniculis duobus cerebri, vnus ex istis ē fortis & grossus, & alius est subtilis. Subtilis coniunctus est cerebro, & nominat⁹ est capitis secundina vel secunda. & assimilatꝰ secundinæ, eo q̄ in ipso sunt nerui & venæ, ex quibus nutritur cerebrum. & ipse cōtinuatur cerebro in aliquibus locis. Et pāniculus grossus coniungitur craneo: & etiam cerebro coniungitur in aliquibus locis. Et hic panniculus fortis pforatus existit foraminibus multis in locis K
duobus. Vnus locus est in latere foraminis extremitatis nasi, & nominatus est colatorium, & alter est prope os existens in palato. & istud similiter est perforatum & sub cerebro.

Et sub panniculo grosso est retis, quæ in Arabico nominatꝰ alsegeme, quæ est ex arterijs ascendentibus caput. Sed nuchæ spondylia ipsam cooperiunt, sicut os cranei cooperit cerebrum. & ipsa circundatur a duab⁹ pelliculis exeuntibus à duobus panniculis cerebri, & ex ipsa oritur neruus, qui ei coniungitur.

De forma oculorum. Cap. 17. L

FOrma oculi composita est ex septem tunicis & trib⁹ humorib⁹. Idē. 2. huius. c. 11.

Prima ipsarum est, quæ prope craneum moratur, & est tunica pannosa. & eius ortus est ex pāniculo grosso existente in cerebro, & nominatꝰ tunica fortis, & in Arabico nominata est aluocha alsalba. Et post ipsam versus partem exteriorem est altera tunica pannosa. & eius ortus ē ex panniculo subtili existente in cerebro. & nominatur secunda, vel secundina, & arabice almissima. Et post istam est tunica retina. & ortus eius est ex anima musculi exeuntis M
à cerebro, & est concauus. Et post istam in medio istius panniculi est corpus vnum molle & humidum, nominatū humor vitreus, & in Arabico alzegia. Et i medio istius corporis est corpus vnum sphæricū habens aliquā latitudinē simile grandini in claritate & albedine. & hæc humiditas nominatꝰ grandinosa: & est corpus profundatum in humiditate vitrea vsq; ad medietatem. Et post aliam humiditatē existentem versus partem exteriorem, s. aeris ab humidi-

Prima tunica. Secunda. Tertia. Prim⁹ humor. Secundus humor. Quarta.

A humiditate grandinosa est vnũ corpus simile telæ araneæ. & illud est in vltimo claritatis & tersionis: & nominatur tela aranea, & in Arabico hanantebuthia. Et post istam versus (Tertius humor.) partem exteriorẽ existit humiditas vna, similis albugini oui: & nominatur humor albugineus. (Quinta.) Et ascendit supra istam humiditatẽ versus partem exteriorem corpus vnũ subtile asperum, nominatũ in Arabico maduaru, versus albuginẽ ex parte exteriori. & color eius variatur in corporibus: eo quod alicubi ẽ valde nigrũ, & alicui minus, & alicui est coloris B calcedonij. Et in medio versus grandinosam est foramen vnum, quod quãq; dilatatur, & quãq; constringit, vice vna post aliã, secundum quod conuenit humiditati grãdinosæ, quæ est habens lucem: quoniam constringitur in magna luce, & dilatatur in parua. (Pupilla.) Et istud foramen nominatur oculi pupilla. & hæc tunica nominatur tunica pupillina. (Sexta.) Et post istam est coopertura vna corporis vnius grossi, & fortis, & clari, scilicet coloris cœlestis, simile cœlo, factum ad modum cornu albi, & nominata est tunica cornea, & color eius existit ad mo-C dum eius tunicæ, quę existit sub ea. (Septima.) Et ascẽdit supra illud, corpus vnũ valde album nominatũ coniunctiua: præter quod non cooperit locum nigredinis oculi: & istud nominatur albedo oculi. Et eius ortus est ex pellicula, quæ ẽ versus os exterioris cranei. & ortus corneæ est ex tunica forti. & ortus vueæ est ex secundina, & ortus araneæ est ex retina.

De forma Nasi. Cap. 18.

FOrma nasi sunt duæ viæ diuidentes se in partes duas. Vna earum deriuatur ad extremitatem oris: & alia ascendit desuper, donec iungatur ossi simili colatori. quod com-D positum est versus duas adeptiones anterioris partis cerebri similiũ capitibus mammillarum, & istæ viæ circundantur ex vna pellicula grossa, orta ex pellicula oris.

De forma Auris. Cap. 19.

VIa auris est in osse petroso: & ideo nominatur in lingua arabica agati. Et in ipso sunt viæ obliquæ multæ. & tendit taliter per viã tortam, donec iungantur musculo quinto orto à cerebro, à quo oritur pellicula extensa supra os petrosum. Sed corpus chartilaginosum existẽs E exterius, est auricula nominatum, & istud est manifestum.

De forma Linguæ. Cap. 20.

LIngua est caro mollis & alba inuoluta venis multis & paruis, in quibus est sanguis. Et sunt venæ in ipsa, & arteriæ, & musculi in quantitate maiori vltra quod suæ magnitudini videtur conuenire. & ipsa cooperitur pellicula oris. Et sub ista duo existunt orificia ingeutia vsque ad carnem glandulosam ipsius, quæ est posita sub radice ipsius.

De extremitate Oris. Cap. 21.

EXtremitas oris tendit vsque ad F istas vias. Vna ex parte anteriori: & illa nominatur canna pulmonis. Et alia posita est post ipsam ex parte ceruicis supra spondylia colli: & hæc nominatur meri. & per istam transit cibus & potus. Sed per viam cannæ pulmonis transeunt spiritus, & intrant, & exeunt per viam anhelitus. Et positum est supra viã istam coopertorium vnum ad cooperiendum ipsam in hora degluttiendi, vt aliquid non possit subintrare de eo, qd deglutit. quia si aliqd subintrat,

G inobtinenti prouocatur tussis. Et iã
præparatum est in hoc loco instrumentum vnum, in quo est vox, versus orificiũ cannæ pulmonis. & istud
instrumentum est membrum nominatum epiglottum, & in arabico
haugera. & ipsum est compositum
ex tribus chartilaginibus compositione pulcra conuenienti esse vocis.
ideo vt sit ædificata & fabricata ex
istis tribus chartilaginibus zampo-
gna vna, vel fistula similis zampognæ fistulæ, s. & flaiboli. Et in conca
uitate istius zampognæ est corpus
fiste linguæ fistulæ: & in istis locis
H sũt lacerta multa, vel secreta multa.

De anatomia totius Ventris.

Cap. 22.

SCias q; concauitas totius ventris
existentis sub osse tracheæ vsq;
ad os lumbi diuisa est in duas magnas partes. Vna est superius cooperiens pulmonem & cor, & secunda
est inferius cooperiẽs stomachum,
& intestina, & hepar, & splen, & fel,
& renes, & vuluam, & vesicam. Et di
uiduntur istæ duæ concauitates mẽ
bro vno nominato diaphragma, &
istud diaphragma īcipit à capite pe
ctoris tendens per diametrum infe-
I rius ad vnumquodq; duorum laterum donec deriuetur. 12. spondylis
nuchæ. & istud est diuidens inter su
periora & inferiora. Demũ concaui
tas superior diuiditur ī partes duas,
& illæ partes diuidũtur vno medio,
quod transit per medium illarum
partium, donec iungatur spondylibus nuchæ. Et hæc concauitas superior tota nominatur pectus, & terminus ipsius est à superiori parte duorum tracheæ vsq; ad diaphragma,
quod diuidit superiora ab inferioribus. & hæc est forma pectoris.

De anatomia Pulmonis, & cannæ eius. K

Cap. 23.

CAnna pulmonis incipit ab extremitate oris, sicut diximus. &
qñ descendit sub trachea diuiditur
in duas partes. & quælibet pars ipsarũ
diuiditur in plurib' partibus: & circa ipsas ædificata & fabricata est caro pulmonis. & iterum ędificata est
ex omnibus istis cannis diuisis, & ve
nis existentibus sub ipsis caro pulmonis. & caro ędificata & fabricata
circa ipsas est corpus pulmonis. medietas vero pulmonis est in concaui
tate dextra, & medietas alia in cõcauitate sinistra. Et canna. s. ipsius pul L
monis præparata est & cõposita ex
chartilaginibus in forma annulorũ:
sed non sunt annuli completi, eo q
in quãtitate partis tertiæ annulorũ
ipsorũ extremitatibus suis cõiungit
pellicula vna tendens per viã rectã:
& coniunguntur isti annuli simul vil
lis & ligaturis multis. Sed isti annuli
proprie sunt duri & chartilaginosi,
& gibbositates istorũ annulorũ sunt
versus partẽ exteriorem corporis, &
possunt palpitari manibus. Pellicu
la cõiungens annulos p viã rectam.
Sed locus rectus ipsorũ coniunctus
est meri. Et hoc est, ac si imaginatus M
fueris in corde tuo fistulã vnã vnius
cannæ. & tertia pars incisa sit in lon
gitudinẽ, & partes duæ integræ re-
maneant, & pars tertia incisa in longitudine coniuncta sit glutine cum
charta vna cũ ambabus extremitatibus linea recta siue perpẽdiculari.
& tandẽ intelliges cannã pulmonis
per viã conuenientem & rectam.

De anatomia Cordis & forma eius.

Cap. 24.

FOrma cordis est rotunda ad mo
dum pineæ, quæ in Arabico no
minatur

A minatur seminata, sed est transuersa, eo quia cuspis cordis existit versus inferiora corporis, & radix versus superiorē partē corporis. Et habet pelliculam vnā grossam circundantem ipsum, sed nō coniungitur tota versus radicem. Et positū est in medio pectoris, sed caput eius, s. acuitas tendit magis ad partē sinistram. Et arteria magna oritur ex ista parte, s. sinistra. & ideo apparet pulsus maior in ista parte, & propter hoc imaginantur aliqui, q cor sit positum in ista parte. Et habet cor concauitates duas magnas, vnam ex parte dex-
B tra, aliam ex parte sinistra. Et versus radicem suā est res vna similis chartilagini: & ipsa est quasi fundamentum totius cordis. Et à concauitate dextra ad sinistrā sunt viæ. Et in concauitate dextra sunt orificia duo. Vnum ipsorū est orificium venę cōiunctæ hepati, quæ oritur ab hepate secundum Gal. & à corde secūdum Arist. Et supra istud orificium sunt pelliculæ tres aperientes se, seu dilatantes in ora introitus sanguinis in ipsum, & demum clauditur clausione conuenienti. Et orificium secundum est orificium venæ coniungētis
C se ex ista cōcauitate in pulmonem, & est vena vna, quæ non pulsat, eo q tunicæ ipsius sunt grossæ ad similitudinem arteriæ, & istud orificium habet pelliculas aperientes se extra,
* a.l. nunc &* non intus ex aduerso pellicularū alterius orificij. Et in cōcauitate partis sinistræ sunt duo orificia, vnum est orificium arteriæ magnæ, & habet pelliculas tres aperiētes se intrinsecus versus partem exteriorem. & secundum est orificium arteriæ cōiungentis se in pulmone & supra istud orificiū est pellicula vna, aperiens se intus & extra. Et habet cor additiones duas similes aurib*, vna ex parte dextra existit, & altera ē sinistra. Et pulmo est volatizans supra cor, & cor habet texturas multas variantes se in oppositione. D

De forma Stomachi & Meri.

Cap. 25.

IAm diximus q in extremitate oris sunt viæ duæ: vna est via animæ, scilicet aeris ad pulmonem: & secunda est via cibi & potus p meri, & hoc vocatur meri. Et istud compositū est ex duabus tunicis, vna est extrinsecus & est carnosa, & textura ipsius tendit in latitudinem. & alia est in- E
trinsecus, & est* neruosa, & textura ipsius tendit in longitudinem, & aliquid ipsius tendit per diametrum. & ipsum positum est in posteriori parte supra spondylia colli, & ipsum elongatur, & descendit inferius, donec transeat diaphragma, & ligatū est spondylib* & villis ipsum ligantibus. Et quando transit diaphragma dilatat', & fit ex ipso stomachus, & tendit aliquantulum versus partē sinistrā. & ideo dicitur q caput stomachi quiescit in parte sinistra, & fundum in parte dextra. imagina er- F
go in corde tuo cucurbitam vnam rotundam habētem collum longū, & cum ipsa iungatur collum aliud, & sic intelliges formā stomachi & meri, nisi q stomachus existit à latere versus deorsum aliquātulum longus, & vnū ex duobus capitibus ipsius stomachi superius ē meri, & inferius est principium intestinorū, & nominat' portanariū, & in Arabico albeb. Et ipse. s. stomachus est ligat* spondylibus, & ē cum aliquibus intestinorū fortibus ligamentis sustinentibus ipsum. Et corpus stomachi est

* a.l. musculosa.

G positum est ex tribus tunicis, textura vnius tendit in longitudinem, &
alia vadit per diametrũ, & illa est in
trinsecus: & est illa tunica, id est* ner
uosa, & exterior est carnosa, & textura ipsius tendit in latitudinem.

*a.l. musculosa.

De forma Intestinorum. Cap. 16.

INtestina composita sunt ex duabus tunicis, & habent texturã secu
dentem in latitudinẽ solum, & sup
tunicã interiorem adest viscositas,
nominata in Arabico lasuen. inue-
stita ex ipsa inuiscatione, siue visco-
sitate à natura. Et oĩa intestina sunt
sex: tria minuta, & sunt superiora,
H & tria grossa, & sunt ĩferiora. Et prĩ-
cipium minutorũ est intestinũ con
iunctũ fundo stomachi, nominatũ
duodenũ. Et post ipsum est intestinum nominatũ ieiunũ. & ista duo
sunt erecta in longitudine corporis,
& orificia istorũ coniunguntur in
hepate plus alijs intestinis. Et post
ieiunũ est intestinum nominatum
gracile: & ipsum reuoluitur reuolu
tionibus pluribus. & latitudo istorũ
trium intestinorũ est ad modũ vel
ad quãtitatẽ latitudinis portanarij.
Et post ista est intestinũ nominatũ
orbũ & istud intestinum est latum
I non habens transitũ nec iter, sed sicut
est fisculo vel marsupio. & quia non
habet nisi vnũ os, ideo per ipsum in
trat, & exit quicquid intrat & exit:
& ipsum est in parte dextra positũ.
Et post istud est intestinũ nominatum colon. & incipit à parte dextra
tendens per latitudinem ventris ad
partẽ sinistram. Et post istud est intestinum rectũ. & istud intestinum
rectũ habet concauitatem amplam,
in qua coadunantur feces, sicut vrina in vesica coadunatur. & super ori
ficium altius est lacertus vrinæ.

De forma Hepatis. Cap. 17. K

HEpar positum est in latere dex
tro costarum superiorum ex
costis superioribus. Et forma ipsius
est forma lunæ. & est habens conca
uitatem in parte lateris stomachi, &
additamẽta. & aliquibus insunt qua
tuor, & aliquibus quinq;. & ipsum
est cooperiens supra latus dextrum
stomachum. Et gibbositas ipsi* est
versus diaphragma. & est ligatum li
gamentis coniungentibus se pellicu
læ existẽti supra ipsum. Et oritur à
cõcauitate ipsius hepatis canale vnũ
nominatũ ianua hepatis. & forma
ipsius est forma venæ, nisi quia est L
non habens sanguinem. & illud canale est diuisum in partes: & illę par
tes sunt partes multæ in quantitate
multa. & veniũt ex ipsis, scilicet partibus partes multæ ad fundum stomachi, & ad intestinum nominatũ
duodenum. & multæ etiam partes
ad intestinum veniunt ieiunum, &
demum ad residuum aliorum intestinorum, donec iungantur intestino recto. Et istud canale, quod ẽ in
porta hepatis, diuiditur etiã in partibus interioribus ipsius hepatis ad
partes minutas, scilicet ad venas ca-
pillares similes capillis. Et à pte gib- M
bositatis hepatis apparet vena magna, à qua omnes venæ totius corporis exeunt, sicut diximus in anato
mia venarum. & radix ipsius venæ
diuiditur ab hepate ad partes minu
tas similes capillis, & obuiatẽ in partes diuisas à canali nominato porta.
Et nutrimentum chymosum intrat
in hepate per suam ianuam. & in illis venis decoquitur, donec redeat
ad sanguinem, & demum exit per
illam venam magnam existentem
in sua gibbositate.

De

A *De forma Splenis.* Cap. 28.

FOrma splenis est longa. Et positus est in parte sinistra ligatus ligamentis coniungentibus pelliculæ existentibus supra ipsum. & est continuatus stomacho ex vna parte, & ex alia parte costis posterioribus. Et oriuntur ab ipso conducta duo: vnum ex ipsis coniungitur ori stomachi, & aliud coniungitur in hepate versus concauitatem.

De forma Fellis. Cap. 29.

FEl positũ est in hepate, & habet vias duas: vna coniungitur in cõcauitate hepatis, & alia ramificatur,

B & coniungitur inferioribus intestinis, & in fundo stomachi.

De forma, & anatomia Renum. Cap. 30.

DVo renes positi sunt in latere duorũ laterum spondilorum nuchę prope hepar, & ren dexter est in altiori loco rene sinistro. Et vnũquodq; habet colla duo. vnum ipsorum coniungit̃ in vena magna ascẽdente à gibbositate hepatis, & aliud descẽdit inferius, donec coniungat̃ in vesica coniunctione mirabili. & istæ duæ viæ, scilicet ista duo colla, nominantur in Arabico alalbin.

C *De forma Vesicæ.* Cap. 31.

LOcus vesicæ est inter anũ & vmbilicum, qui locus est nominatus in Arabico ana. † Et cõposita est ex duabus tunicis: & in orificio sui est lacertus vnus. Et vrina venit à renibus ad ipsam per vias nominatas alhalbin. & istę duę vię tendũt per diametrũ, & vaduntq́; per longum, donec trãseant infra in vesicã. & oritur ab ipsis corp⁹ vnũ sicut pelliculæ, quæ aperit vesicã, & claudit eam ex parte terũ. & istud est sine dubio, vt aliqd nõ redeat de vrina ad renes.

† Vesica é cõposita ex duabus tunicis. Id est 19. tertij. c. 1. per hoc sane intellige literã Auic. 15. tertij. c. 1.

De anatomia Myrach, & Zirbi. Cap. 32. D

MYrach, quod etiã in Arabico nominat̃ Mirach, habet sub lacerto existente in vestito sub ventre pelliculã vnã, & est plana, & post istã est coopertoriũ, & post sunt intestina. Et iuuamentũ istius pelliculæ est ad obuiãdum, ne intestina simul commisceant̃, sicut fit in ægritudine in Arabico nosata fachot. Et iuuamentũ coopertorij est ad calefaciendum intestina. & de istis ero locutus largius in libro Sanitatis.

De anatomia Veretri, & Testiculorum. Cap. 33. E

ORitur ex osse vmbilicali corp⁹ neruosum, musculosum, amplum, & multarũ concauitatum. & sunt sub ipso arteriæ multę & latæ, vltra id, quod cõuenerit suæ magnitudini. & istud corp⁹ est veretrum. Et oriunt̃ à pellicula viæ duæ nominatæ in Arabico albarbach, & deinde ramificat̃ & generatur ex ipsis pelliculis, sicut bursa testiculorum, & etiam testiculi. & veniũt à latere interiori ex parte venarũ inferiorũ rami habentes inuolutiões & ligaméta multa, & circundantur carne glandulosa alba. Et habent testiculi vias duas F venientes ab ipsis ad veretrum.

De anatomia Mamillarum. Cap. 34.

MAmmilla est composita ex arterijs, venis, & musculis: & est repleta carne glandulosa albæ. & istę arteriæ & venæ diuisæ sunt in mammillis i partes multas minutas, & reuoluuntur, & torquentur reuolutionibus, & tortionibus multis.

De anatomia Vuluæ. Cap. 35.

VVlua posita est inter vesicã & intestinum rectum: sed est superius vesicã ex pte superiori, & ligata

G est ligaturis lenibus: & ipsę sunt musculosæ, vt de facili possint extẽdi, & dilatari, & coadunari, & constringi. Et habet cameras duas iungentes in vno orificio. & quælibet istarũ camerarũ habet loca cõcaua, & nominata sunt in Arabico aluech. & ista sunt orificia venarũ, vnde sanguis menstruus trãsit in uuluã. Et post illas, s. duas cameras sunt additiones, quæ testiculi duo mulieris dicunt, & sunt minores testiculis virorum. Et id, quod superat ex vulua, durat vsq; ad orificiũ ipsius, quod nominatũ est in Arabico fereg habet ad-
H ditamenta prohibentia ipsum à frigore. Et orificiũ vuluæ virginis est crispũ, & ex crispitudine illa oriunt venæ minutæ habentes pelliculam vnã cõtextam duabus texturis; vna tendit in longitudinẽ, & illa est minor, & altera vadit in latitudinem. Et quantitas huius anatomiæ membrorum sufficiat hic. & si aliqui volunt plus addere, addant.

AVERROIS COLLIGET

LIBER SECVNDVS.

I

SVMMA LIBRI. De Sanitate.

De Sanitate, & de Complexione, atque Compositione membrorum in vniuersali. Cap. I.

Definitio Sanitatis.

Anitas est bona dispositio in membris corporis humani, cũ qua ipsum operatur operationẽ, quam habet agere per sui naturã, & patitur passionẽ, quam habet pati. Et ista definitio ẽ ex definitionibus p̃ se notis. K
Et ideo, quia membrorum, fm ꝙ testificatur sensus, sunt duæ spẽs, consimilis, & officialis: debemus intelligere in vtraq; specie ipsorũ quid ipsa est, & ponere dñas earum, & postea debemus enarrare quę est actio & passio, quæ appropriat vnicuiq; membro. & qñ nos fecerimus istud, tunc cognoscemus quid ẽ sanitas vera cognitione. Et incipimus loqui sup corpus consimilium partiũ. Et dicimus ꝙ via in cognitione rei, est qua operatur membrum consimile suas operationes, & patit suas passiones, est via, per quã nos possum' cer- L
tificari in radicibus istius scientiæ: postq̃ nos reperimus hæc verba declarata in Naturali philosophia, s. ꝙ oĩa corpora similiũ partiũ, inquantum sunt similiũ partium, sunt composita ex quatuor elementis, scilicet ex igne, aere, terra, & aqua. Et est de- L. de Gen.
claratũ in libro Generationis & Cor- 1. c. 49.
ruptionis, ꝙ via generationis nõ est nisi ex parte temperãtiæ cõmixtionis, & complexionis. Et in Quarto Co. magno.
Meteororum est declaratũ, ꝙ com- & t. c. 10. & 14.
plexio & commixtio nõ fit nisi per modum decoctionis, quæ decoctio
non fit nisi p calorem. & ꝙ dñã quę M
reperit in istis corporibus consimilibus nõ euenit nisi fm dñam, & mensuram seu temperantiã calidi, frigidi, humidi, & sicci, & fm ꝙ inuenit in eis alia forma temperantiæ. & est determinatum ibi, ꝙ formę eorum non sunt aliud q̃ formæ temperantiæ complexionalis, & ꝙ accidentia, quæ sunt propria in vnaquaq; specie ipsorum, non sunt stantia per se, sed sunt sequentia formas complexionales. Et hæc est narratio, q erat multum necessaria anticipare hic: &

sunt

A sunt verba, quæ sunt declarata ī Naturali philosophia per demonstrationes proprias & ordinatas. Et qñ Medici student tractare de istis rebus in huiusmodi arte, eorũ verba non sunt super ista nec propria, nec ordinata, eo ꝙ studēt attribuere res vniuersales entibus particularibus. & ideo eorum dicta nõ sunt ꝓpria, & non sunt super viam, quam intendunt probare. & tunc cadunt in rem, quam credunt adducere per demõstrationem. Et ista res accidit Galeno in libro de Complexione, s. ꝙ doctrina eius in illo libro non incedit B fm doctrinam, quam fecit in libro de Elementis per viam demonstratiuam. & ista verba erunt multũ leuia apud illum, qui studuerit in Logica etiam paruo tẽpore. Et modo volumus reuerti ad ordinem verborum nostrorũ. & dicimus ꝙ istę res, quæ erunt secundum modũ quẽ diximus, sic erit intellectum, ꝙ res, quã diximus, ꝙ membrũ consimile agit cum ea actionẽ suam, aut passionẽ suam patitur, non est alia res ꝗ forma complexionalis, quæ prouenit à mensura commixtionis quatuor elementorum. Et qñ res miscibiles C non inueniuntur in mixto nisi duobus modis Vnus est, vt mẽsuræ sint æquales: & ista mixtio vocatur mixtio æqualis, comparando ipsam extremitatibus, eo ꝙ est in medio earũ non declinans. Secundus est, vt non sint in æqualibus mensuris, & ista est inæqualitas est multis modis. & fm istam inæqualitatem sunt diuersificatæ, & inæquales factæ complexiones specierum. Sed dabimus pro exemplo huius, ꝙ sicut complexio equi est diuersa à complexione hominis, ideo quia mensuræ elementorum sunt mixtæ in eo sup latitudinem diuersam commixtionis mẽsurarum earũ in homine. Et ideo, D ꝙ illa forma complexionalis, ꝗ est propria in vnaquaq; specie, inuenit in ipsa eadem specie in æqualitate & distemperantia media inter multũ & parum, & etiã habet latitudinẽ, quæ recipit plus & minus intra extremitates, quæ tẽperantia & æqualitas non exit de eis, nisi qñ corrumpitur forma specifica earum, necesse est ex hoc, ꝙ vna & eadem cõplexio specialis sit æqualis & exiens ab æqualitate. Et istud est aut in vna E quatuor qualitatum, aut in duabus, quarum possibilis est cõpositio adinuicem, s. actiuarum & passiuarũ, quarum vna non contradicit alteri, s. calida & humida, frigida & sicca, aut calida & sicca, frigida & humida. ergo complexiones consimiliũ partium sunt de necessitate nouem, s. æqualis calida, frigida, sicca, & humida, aut calida & humida, aut calida & sicca, aut frigida & hũida, aut frigida & sicca. Sed si inueniuntur istæ nouem in corpore hominis in fine similanti fini extremitatis elementorum in mensura qualitatũ, istud F non posset esse, si non esset possibile inuenire corpus consimilium partium, in quo mensuræ elementorũ essent æquales penitus in quantitate. & viæ speculationis multũ necessariæ sunt hic. Tamen apparet, ꝙ est impossibile esse hoc in quantitate partium eorum, s. in grauitate & leuitate. ideo dominans super corpora partium cõsimilium est aqua & terra: ideo habent congulationem & firmitudinem. & qualitates, quæ faciunt ipsa firmari & compleri, sũt illæ, quæ faciunt coctionem & digestionem.

Cõtra Medicos.

Membrũ consile agit suas operationes ꝑ formã complexionalem

Vide Gal. 1. complexio. c. 2. 3. & 8.

Contra Gal.

Idẽ 4. meteororum cõ. mag. & 23. & 2. Col. 7. & 1. de Gener. 45.

G stionem. & ideo est appropriatum generabile dominationi partis agentis & calidæ, & patientis humidæ, cum quibus fit mixtio & coctio. Et totum hoc est declaratum in 4. Meteororum, & ab illis regulis est probatum, ꝙ cōplexiones non sunt nisi quinque solū: vna scilicet æqualis, & quatuor inæquales. & ꝙ est impossibile duo corpora inuenire, quæ sint communia in caliditate, quòd vnum sit siccius alio, sicut opinatur Galenus in puero & iuuene. & iam

*a. Colli. (margin)

Cō. mag. (margin)

Id ē j. c. 4. sed 7. h[o]. c. 13. curā do concedit eā. (margin)

H declarauimus istud in alio loco melius. Et scias in summa ꝙ mensuræ duarum qualitatum actiuarum sumuntur à mensuris duarum qualitatum passiuarum, eo ꝙ formæ propriæ habent materias proprias sub eis. Et nos videmus, si nos exiremus ab intentione publica multitudinis Medicorum, esset difficile intelligere. & ideo nos loquimur de hoc nimis. Et adhuc error, qui accideret ex hoc, in hac arte est multum paruus. & ideo non facimus hic nouū præceptum. Et etiam error, quem

I diximus de temperata complexione, est paruus. Et ideo dicim[us], quòd est verum verbū Galeni de eo, quod dixit de cute volæ manus. & magis in ista pala vel palma apud Arabes, & sonat pro extrema parte palmæ versus digitos palmæ. & plus in ista, quæ est super partem, quæ vocatur formiculata. Et quando erit totum hoc, quod narrauimus, tunc res, cū qua operantur partes cōsimiles suas actiones, aut patiuntur suas passiones, est de necessitate vna illarum nouem complexionū, siue sint partes consimiles alijs, siue non. Et ideo necessarium est scire naturalem cōplexionem de istis nouem complexionibus cuiuslibet membrorū, ꝙ illa complexio est temperata, comparando ipsam actioni mēbri, aut passioni eius. Et ista tēperantia est illa, quæ est dicta temperantia specialis speciei. & ipsa est illa cōplexio, quā oportet conseruari in hac arte, aut restaurari. Et quando stabimus super complexionē cuiuslibet membrorum consimiliū, tunc stabimus super complexionem membrorum compositorum ex ipsis. & quandoque plus: ideo ꝙ complexio, quædā est, quæ appropriatur membro officiali inquātum est officiale, & quædam est appropriata ei inquantum

1. comple xio. 9. & 2. tra. 7. c. 13. & 1. theoricæ. c. 7. & vide 2. d ala 113. & pria pn. doct. 3. c. 1. (margin)

L est consimilium partiū, non ex parte vnde est officiale. Et quando nos stabimus ex hac parte super complexionem cuiuslibet membri mēbrorum officialiū, tunc poterimus stare super complexionē tēperatā appropriatam toti corpori: ideo ꝙ cōplexionem nos non appropriamus, nisi in hoc, ꝙ est inuenta membris officialibus, ex quibus est compositum, & ex membris officialibus, & ex parte consimilium. Et est necesse vt scias in primis ꝙ ex mēbris vel corporibus quædam sunt composita ex elementis prima compositione, & quædā sunt composita mediāte prima compositione. & membra consimilia, quæ sunt partes alalis, sunt huiusmodi speciei: ideo quia non generātur nisi ex sanguine solūmodo, & sanguis generatur ex cibis & potibus. Et scias ꝙ sperma nō est ex rebus, quæ sunt pars membri, aut simplex, aut aliquod aliud membrorū, sicut declaratum est in Naturali philosophia. & ego faciā longiorē sermonem in tractatu de iuuamē to membrorū. Nec etiā melancholia,

Cōtra Medicos. vid[e] I paraph. d aialib[us]. (margin)

M

Tres humores nō sū[n]t mēbrorum elnta vt sanguis. (margin)

A lia, cholera, & phlegma sunt elementa membrorũ consimiliũ per viam, secundũ quam est sanguis. Ideo quia res, quæ generantur plus quàm ex vna re, non cõplentur, nisi quando miscentur illæ res adinuicem, & faciũt vnum corpus, sicut est squinzibin, quod fit ex commixtione mellis cũ aceto & aqua, quorũ quodlibet stabat per se in actu, & in vulua non inueniuntur melancholia nec cholera in actu, quæ misceantur cum sanguine, ad hoc vt sint postea pars mẽbri: sed cholera & melancholia sunt in corpore hominis ex certis iuuamentis, quæ nos festinamus declarare. Sed phlegma est materia remota: ideo quia ex ipso non generantur membra, nisi quando fit sanguis. Et duæ choleræ non sunt materiæ mẽbri nec ꝓpinquæ, nec remotæ, ideo quia est impossibile ipsas conuerti in sanguinem: sed ipsæ sunt in eo in potentia: quia quando corrũpitur, multoties conuertitur ad eas. Et nõ fecit eos errare in hoc, nisi locus cõsequentis: ideo quia viderunt, quia ista non inuenimus in cõposito ex eis nisi in potentia, cũ in dixerunt hoc. Sed & non conuertitur, quia res, quæ inuenitur in alia re in potentia, sit eius elementũ: sed sanguis est materia transibilis, vel mutabilis ad aliã rẽ per accidens, non sicut est materia cibus illorum per accidens: sed sicut vita est materia mortis. Et ideo non dicitur quia fex & spuma sit elementũ vini: sed dicitur quia vinũ est completũ existens: b⁹ separatis istis ab eo: ideo quia sunt eius superfluitates separatæ ab eo, quando digeritur. ita sunt veræ duę choleræ cũ sanguine, eo quòd quodlibet generabile habet aliquam superfluitatem, quæ separatur ab ipso tempore digestionis.

Prĩa rõ.

B Secũda rõ.

Ratio cõtra Medicos.

C

D

De complexionibus membrorum Consimilium. Cap. 1.

ET postquã est declaratũ istud, reuertemur ad ordinẽ nostrum ad enarrandũ complexionem quorumlibet membrorũ consimiliũ, & ab illo procedem⁹ ad cognitionem eorũ actionum, & passionum. Et dicamus quòd ossa apparent ex suo esse, quòd frigiditas & siccitas dominatur super ea: & similiter chartilagines, & pili, & chordæ, & ligamenta, & nerui, & venæ, & panniculi: eo quòd calor ea coxit, & frigiditas congelauit: & ideo mollificat ea calor, aut dissoluit. Et ista qualitas est in vno eorũ plus quàm in alio. Et videtur quòd siccior omnibus sit pilus: post illum os, & post illud chartilago, & post ligamẽtum, & post illud panniculus, & post illum venæ, & post illas sunt venæ pulsatiles, & post illas nerui⁹, vel musculus. Sed superfluitas frigiditatis eorum est ista, quòd pilus est frigidior omnibus, & post illum ossa, & post illa chartilago, & post illam ligamẽtum, & post illud panniculus, & post illum lacertus, & post illum venæ pulsatiles, & non pulsatiles. Et ista membra frigida & sicca non appropriantur frigiditati nisi propter hoc quòd frigiditas est illa, quæ complet ea, & dominatur in eis: non quòd ipsa sint priuata calore, sicut ipsa sunt appropriata siccitati, ideo quòd siccitas est illa, quæ complet ea, & dominatur in eis: non quòd sint priuata humiditate, quia mixtio & digestio stant super humiditatẽ, & calor qui est in illis, est in specie specierũ accidẽtia. Sed mẽbra, super quæ dominatur calor & humor, sunt caro, sanguis, & spirit⁹.

E

Ordo, quẽ sequit̃ Aui. prima primi c. 1.

F

Sed

G Sed calidius omnibus eſt ſpiritus, &
poſt illum eſt ſanguis, & poſt illum
caro. Et per iſtam eandem viam in
cedunt humiditates: ideo ꝙ ſpiritus
eſt de genere aeris, & aer eſt humidior aqua, ſicut declaratū eſt in Naturali philoſophia. Sed inter mem
bra frigida & humida in primis eſt
adeps, & poſt illum eſt pinguedo, &
poſt illam cerebrum, ſ. ſubſtātia me
dullaris, & humiditates incedunt ſe-
cundū hanc viam. Et hic eſt pelag⁹,
in quo aliquis multum haberet nauigare, ſi tēpus adeſſet. & in alijs noſtris libris iam locuti ſum⁹ prolixe.

H Sed multum recordare, & caue ne
obliuiſcaris quod dictum eſt ſupra,
ſ. ꝙ de neceſſitate eſt, ꝙ ſint gradus
virtutum actiuarū ſuper vnā & eā-
dem complexionem ſm comparationem graduum virtutū paſſiuarū
& non intendas poſt conſiliū igno-
ratum in hoc. & conueniens eſt Me
dico recipere cōplexionem iſtorum
membrorum à Naturali.

De complexionibus membrorum Officialium. Cap. 3.

ET nunc incipiem⁹ à complexio
ne membrorū officialium, poſt
quam diximus de complexione cō-
I ſimilium. Et dicim⁹ ꝙ cor, poſtquā
eſt compoſitum ex panniculis & ligamentis & neruis, eſt de neceſſitate calidum propter multum ſpiritū
exiſtentem in eo, & propter ſanguinem exiſtentem in eo, & etiam pro
pter partem carnoſam quam habet,
& ſtat in corpore ad ſimilitudinem
vnius clibani ignis in domo. Sed ſi
eſt ſiccum, ſicut dicunt Medici, aut
temperatum, aut declinans ad humiditatem, hoc eſt ſpeculandū. Sed
mihi videtur ꝙ eſt declinans ad hu
miditatem propter ſpiritum exiſtē-
tem in eo. Sed illud, quod videtur K
ex hepate ex ſua eſſentia, eſt ꝙ ſit ca
lidum & humidū: propterea q̄a ma
ior pars ſuarum partium eſt carno-
ſa, ſanguinea, & etiam ad ipſum trāſ
mittūtur multæ arteriæ. Et hic mul
ta ſunt inquirenda. & quia Medico
non pertinent, ideo dimittamus. Et
cerebrum eſt frigidum: ideo ꝙ ma
ior pars ſuarum partiū eſt ſubſtātia
medullaris, & neruoſa, & ſiliis hoic.
Et natura medullæ, quæ eſt in ipſo,
eſt diuerſa à natura medullæ, quæ ē
in oſſibus quia tu vides, ꝙ nō eſt in
eo pars pīguoſa, aut vnctuoſa. & qñ
coquitur ad ignem, ingroſſatur & L
deſiccatur: ideo ꝙ pars aquoſa, quæ
eſt in eo, reſoluitur propter calorē,
& remanet pars terreſtris.

Et quemadmodum diximus de ce
rebro, eodem modo diximus de nu
cha. Sed ſplen, & renes ipſa & ſunt
de membris calidis & humidis: quā
uis renes ſint in hoc ſub ſplene ī gra
du, ꝓpter groſſitiem ſanguinis, qui
ſtat in ſplene, ſicut ſplen eſt in hoc
gradu ſatis inferior hepate.

De Complexione temperata, & de diſtemperatis totius corporis. Cap. 4.

ET poſtquam eſt declaratum in
complexione mēbrorū officia- M
lium & conſimilium, ab iſto poſſumus cognoſcere quid eſt temperata
complexio totius corporis. Quod ſi
inueniontur iſta membra proportionata ſuper iſtas complexiones, ip
ſum eſt temperatæ complexionis pe
nitus. & inueniuntur in eo iſtæ pro
prietates, & illa ſigna, quæ dicit Galenus ꝙ inueniuntur in temperata
complexione. Et manifeſtum eſt,
ꝙ iſta temperantia non dicitur niſi
in comparatione omnium partium
totius corporis: ideo quia īpoſſibile
eſt

A est istis membris consimilibus exeũtibus eis a sua complexione naturali, aut in vna quantitate, aut in pluribus, ꝙ nõ superueniat permutatio, aut corruptio per istum exitum. Et iste exitus habet multas causas, aut propter clima, aut ꝑ materiam, aut ꝑ agens, aut propter mutationem quatuor ætatum, eo ꝙ puer est calidus & humidus, & iuuenis calidus & siccus, & senex est frigidus & siccus. & hoc manifestum est ex eorũ operationibus, & ex propinquitate & lõgitudine generationis. & ẽt masculi complexio est calidior & siccior cõplexione fœminæ. & hoc manifestũ est ex operationibus eorũ. Et aliquã permutãtur complexiones ꝑ exercitia, & propter cibos, & propter omnia extrinseca. Et sicut potest eẽ ista permutatio in consimilibus, ita potest esse in officialibus. Et post hoc in totalitate totius corporis concordantibus nobis ipsa omnia adinuicem. Et postquam est possibile eẽ hoc, & etiam ostensum ꝙ exitus cõplexionum exeũt ad octo spẽs apud Medicos: tunc res, ꝑ quas operatur membrũ suas actiones, & patitẽ suas passiones, aut totũ corpus, sunt nouem species apud Medicum, vna tẽ-

C perata, & illa ẽ naturalis, & octo sũt distemperatæ, eo ꝙ corpus, cui dñaẽ caliditas in mẽbris & siccitas, appropriaẽ caliditati & siccitati, & sic in reliquis speciebus. Et hoc modo intelligẽ, ꝙ species complexionis sanitatis sunt nouẽ. Et temperata communicat cum ambabus spẽb⁹ mẽbrorũ: saluo ꝙ ipsa est in simplicib⁹ primo in substantia, & in compositis secundario & per accidens. Et ideo, quia Medici appropriant complexiones distẽperatas qualitati actiuæ & pas-

Complexio masculi calidior & siccior complexione fœminæ. idẽ prima pri. aui. c. 3. doc. 3. & Ga. 2. complexionũ. Intellige ergo oppositas au-

B

thoritates de differẽ. morbis 3 Hip. c. 103. & in li. de Victus rõ. ne. c. 22. & Ga. 2. de Spermate, & 25. particula Aphorismorũ Rabbi Moysi.

suæ, conueniens est appropriare cõplexionem totius corporis istis duabus qualitatibus solũ. & ꝑ hoc sunt fm rationem complexiones distemperatæ solum quatuor.

D

Cõplexiones distemperatæ sunt tñ quatuor. Idẽ supra. c. 3.

De Sanitate membrorum officialium, & eius speciebus. Cap. 5.

ET postquam est declarata sanitas consimilium partiũ ꝑ earũ complexionem temperatam, quam habent propriã, & in substantia consistentem, & per accidens mẽbrorũ officialium & toti⁹ corporis: modo redeamus ad declarandum sanitatẽ mẽbri officialis substantialiter, inquãtum est officiale, & speciebus eius. Et dicimus, ꝙ mẽbra officialia, ideo quia sunt composita, apparet ex eorũ esse ꝙ nõ operantur suas actiones, & patiuntur suas passiones, nisi qñ sunt in sua qualitate, & in qualitate quãtitatis, inquantum ipsa est quãtitas, & in positione sua fm modũ naturalẽ, & in continuatione partium suarũ, & in contiguatione terminorũ eorum in coniunctione sua, & separatione, & in qualitate coniunctionis & separationis eorum, & sit⁹ eorum, & ordinationis. Et quidã sunt, qui opinantur ꝙ istud intret in genere positionis. sed si vocaẽ positio, hoc non est nisi ꝑ æquiuocationẽ. Sed qualitas eorũ est, ꝙ sit forma eorum naturalis, & ꝙ concauitates eorũ, & viæ sint fm formam naturalẽ in eorum largitate & strictura, & ꝙ sint eorum superficies in lenitate & asperitate fm modum naturalem.

E

F

Sed quantitas est in tempore, quãdo inuenitur harum partiũ numerus naturalis, & eodem modo in suis mensuris. Sed modus eorum in cõiunctione est etiam modus ille naturalis, sicut coniunctio partis membri

officiali

G officialis, pars parti, & separatio eorum pars à parte. & qualitas coniunctionis, & separationis intrat in hoc.

Et continuatio, & contiguatio, & terminatio, & separatio, & coniunctio manifesta sunt. Sed cõtinuatio plus conuenit in membro consimili q̄ in officiali. & paruum & magnũ sunt in genere mensuræ: & sunt appropriata quantitati continuæ, sicut sunt satis, vel multum & paruum appropriata quantitati discretæ: quãuis mẽsura in hoc ꝙ appropriatur, sit conuenientius appropriare eam membro consimili q̄ officiali: ideo
H quia officiale non est super mensuram suam naturalem, nisi quando est quodlibet consimilium, ex quibus est compositum super mensurã suam naturalem. Sed positio naturalis, quæ est in membro, hoc est vt sint eorum partes oppositæ mẽbris manifestis, sicut consuetudo est mẽbri positi. & istud erit locus mẽbri naturalis in corpore, sicut est hepatis & stomachi. & sic in alijs est intelligendum. & ita est mod⁹ iste in positione partis membri in seipso, pars parti. Sed quod diximus, ꝙ erit modus ipsius ex communicatione eorũ
I partium suis partibus, est modus naturalis, hoc existit in * positione prima, quæ generalis est omnibus mẽbris corporis, sicut est communicatio omnium mẽbrorum principalium, eo ꝙ non complerentur eorũ operationes, nisi cum eis. & etiam hoc est inuentũ in membro cũ mẽbro, sicut communicatio stomachi cum cerebro in operatione sua, quæ est appetitus. Et sicut est in partibus vnius & eiusdem membri officialis cum parte, quæ dominatur plus in operatione illius rei, sicut est cõmunicatio omnium partium oculi ad
K crystallinam humiditatẽ. Sed sunt * gradus coniunctionis, & separationis, & eorum qualitatum. quoniam sunt ex membris, quę separata sunt absque ligaturis, sicut sunt digiti. Et eorum sunt, quæ associantur ligaturis vel adeptionibus, quorum partes intrant partes. & eorum sunt, quorum coniunctiones sunt nodatiles. & hoc modo potest esse ꝙ mouetur membrũ, quod est pars coniunctionis ipsius situs. Sicut est planta manus, quæ est pars coniunctionis brachij, quod est nominatum in Arabico scahar. & ipsa planta coniuncta
L est ligaturis & adeptionibus, & cum hoc est coniunctio nodatilis. Istæ sunt species dispositionum, quæ q̃n sunt in membris officialibus, tũc habent agere suas actiones naturales, & pati suas passiones, siue illas, quas habent ab * vtilitate, siue illas, quas habent a nobilitate. Et a capitolis anatomiæ, quæ ordinata sunt p multos alios authores, poteris scire istas res prolixius, & propter hoc non est mea intentio prolongare me in eis. Et si tu vidisti libros Galeni, & libros aliorum Medicorum, qui sunt
M secundum suam opinionem, & videbis istum, tunc cognosces ꝙ illud, quod diximus in diuisione specierũ sanitatis, est multũ melius, & verius q̄ illud, quod dixit homo quem scis. Et istud melius non poteris cognoscere, si tu non studueris in Naturalibus scientijs: quoniam oportet ꝙ tu teneas de via Philosophorum aliquantulum plus quàm de via Medici, & ꝙ iste liber nõ est factus p illo, qui incipit tantũmodo legere.

* a. l. compositione.

* a. l. gradus

* a. l. necessitate.

De

A *De Sanitate aliqualiter in membris consimilibus.* Cap. 6.

ET modo incipimus dicere: ideo quod inuenimus de complexionibus sanitatis appropriatis membris consimilibus, quae sunt in fine temperantiae secundum se, & quasdam, quae exeunt à temperantia, sed exitu, per quem non prouenit laesio sensibilis in actione, aut in passione. & similiter est in membris officialibus. & sic inuenimus ibi qualitatem temperatam, & quantitatem temperatam, & positionem temperatam, & coniunctionem temperatam. Et ista est bona dispositio, super quam vi- B sus fuit Galenus demonstrare in tractatu habitudinis bonae, & qui eam voluerit addere in isto libro, non reputo malum. Ideo species sanitatis, quae sunt in officialibus membris, sunt apud Medicos octo, quatuor temperatae, & quatuor distemperatae, aut augmentatae. Sed quintum genus specierum vel generum dispositionum, quidam sunt, qui opinantur, quod est vnum, in quo communicant membra consimilia & officialia, & illa est forma coniunctionis nostrae. Ideo quia coniunctio est duobus modis, sicut scis, vna est coniunctio nudali- C lis, alia est coniunctio vera, & vera est appropriata magis consimili, & alia plus officiali. Sed coniunctio vera illa est consimilium, & debet numerari in habitudine sanitatis eorum.

Amodo declarauimus omnes species habitudinum sanitatum membrorum consimilium & officialium, communes siue proprias. & declaratum est in omnibus per quem modum est eorum communicatio. Et necesse fuit illi declarationi: ideo quod operatio complexionis temperatae membri officialis non est vna & eadem D operatio cum illa consimilium: Ideo quia est consimilibus propria & in substantia, & officialibus secundaria & per accidens. & alij Medici non subtiles fuerunt in faciendo hanc diuisionem.

De Actionibus, & Passionibus, & de Virtutibus membrorum. Cap. 7.

MOdo volumus tractare de actionibus, & passionibus proprijs in quolibet membro. & illae intentiones & cognitiones sanitatis illae loco causarum finalium. & illae, de quibus hactenus locuti sumus, stant E loco causarum formalium & materialium. & hic est ponendum vnum principium naturale. Et dicimus iam esse ostensum in Naturali philosophia, quod quodlibet corpus est compositum ex materia & forma, & quod materia non est inuenta, nisi propter formam. & propter hoc collectum ex materia & forma, scilicet ens naturale, non est nisi propter operationes suas proprias in ipso. Ideo dicit Aristoteles, quod natura non facit aliquid in vanum. Et similiter inuenitur istud in rebus artificialibus. verbi gratia, quia ligna na- F uis non sunt inuenta, nisi propter formam nauis, & figuram suam, & est inuentum collectum ex his ambobus propter operationem nauis, scilicet nauigare in aqua. ergo de necessitate est inuenire in membris hominis tria, quae sit etiam hoc modo scilicet quod sit in eis res stans loco materiae, & res stans loco formae, & res tertia scilicet actio & passio, quae res ipsa erit finis collecti eorum. Et hic est necesse inquirere de primis, quae sit illa res in membris, quae stat loco formae, & quae loco materiae, & postea veniemus ad de-

G declarandũ actionem, & passionem
cuiuslibet eorũ. Et dicimus ꝙ mem
bra consimilia apparent vt in pluribus eorũ ꝙ sint loco materiæ compositi, quia ossa manuũ, & ligamenta, & chordæ, & nerui, & caro, & cutis apparent ex eorum esse ꝙ nõ sint
inuenta, nisi propter formã manus.
& forma manus, quæ est composita
ex illis, non est inuenta nisi propter
actiones & passiones, quibus ipsa ap
propriatur, s. ꝙ manus nõ posset ex
tendi, nec cõtrahi, nec colligere, nec
facere alias suas operationes nisi ꝓ-
pter hoc, ꝙ est composita. Et quã-
H uis mẽbra consimilia non sint inuẽta nisi pp cõposita, tñ habent quod-
lib et eorum per se operationem ꝓ-
priã, quæ manifestatur plus in com
posito, s. ꝙ manus non haberet firmitudinem ad sustentandũ res, nisi
propter ossa: & nõ haberet posse pli
care se, nisi ꝓpter carnem, & ꝓpter
neruos, & alia similia. Ergo postquã
diximus ꝙ mẽbra consimilia non
sunt inuenta nisi pp composita, necesse ẽ nobis videre, si hic est aliqua
res, p quam sit inuentũ compositũ
& collectũ ex eo, cum qua complea
tur operatio compositi. Et dicim⁹,
I ꝙ actiones, & passiones naturales
mẽbrorum non fiunt nisi propter
calorẽ innatũ in ipsis præter calorẽ
complexionalem, qui est in mẽbris
consimilibus. Et hoc est demõstra-
tũ per scientiam demonstratiuam,
& cognitũ per experientiam anato
miæ, ꝙ s. inuenitur in corde vnum
corpus vaporosum calidum in fine,
quod mittitur ab eo ad omnia mẽbra per viã arteriarum. & ita opina
tur ꝙ sit in cerebro. Et postquam
sic est, & coniunctũ huic, ꝙ omnes
actiones & passiones non fiunt nisi

per calorẽ intrinsecum, sicut est de- K
claratũ in Naturali philosophia, &
declarabitur adhuc in isto lib. ergo
membra non faciunt suas operationes nisi cũ formis eorum composi-
tionalibus, & cũ eo quod accidit eis
de isto calore. & coniunctũ in mem
bro de istis duobus caloribus supradictis, istud est sua forma, cum qua
agit, & patitur. Et ab hinc potes co
gnoscere dominationem cordis super omnia alia membra: quia tu vides ꝙ ipsum sufficiẽs est ex se, & alia
indigent eo. Et similiter cerebrum
est in hunc modũ super mẽbra, in
quibus dominatur. ergo mẽbra sim L
plicia non fuerunt inuenta nisi pro
pter composita, & composita sunt
inuenta propter istũ calorẽ, qui est
missus à corde, & iste calor stat in eis
loco formæ. & per istam collectionẽ
fiunt actiones & passiones, quæ sunt
propriæ in quolibet membro. Sed
si sufficit iste calor in faciendo hoc,
aut sine hoc est alia virtus stans isti
calori loco formæ, ista non est res
quam Medic⁹ habeat inquirere, sed
dimissa nobis. Et dicemus breuiter
ꝙ hic sunt aliæ virtutes præter formas complexionales, quę vocantur
animæ. Et istud est conueniens anti M
cipare in paucis verbis, antequã tractemus de actionibus & passionib⁹
cuiuslibet mẽbrorũ. & narrare quot
sunt illæ spẽs, & postea reuertamur
ad inquirendũ rem, cui appropriat
quodlibet mẽbrorum, & istud erit,
qñ cognoscetimus in primis virtutes, à quibus veniunt operationes.

Et scias ꝙ genera operationũ sunt
notiora quo ad nos q̃ virtutes, & vir
tutes apud naturã notiores. Et ideo
dicimus, ꝙ Physici & Medici, quãdo
speculanť in operationibus, & dicũt
quod

A ꝙ virtutes, quę sunt in homine, sunt
tres, aut virtus naturalis, aut vitalis,
aut aĩalis. Virtutes naturales apud
eos sunt, cũ quibus fit nutrimentũ,
augmentũ, & generatio. Et virtutes
vitales apud eos sunt virtutes pulsati
les, quæ sunt in corde, & habent dila
tare & constringere, inspirãdo & respirãdo. & virtus motiua quæ est in
corde, quæ vocaĩ electiua, per quam
mouet animal ad appetendum rem
vel fugiendũ ab ea. Et virtutes ani
males apud eos sunt quinq; virtutes
sensuum, s. tactus, & gustus, & odora
tus, & auditus, & visus, & etiã virtus
B motiua in loco, & virtus imaginatiua, & æstimatiua, & cogitatiua, & cõ
seruatiua, & reminiscibilis. Et ista est
diuisio, qua vsi sunt Medici in diui-
dendo virtutes aĩæ. & quãuis nõ sit
conueniens, parũ tibi põt nocere in
hac arte. Sed cõueniens oĩno est illa,
quæ fit sm motũ naturalem. ideo ꝙ
manifestum est ꝙ istæ operationes
nõ possũt appropriari quatuor qua
litatibus solum, sed et virtutibus ad-
ditis sup eas, quæ vocantur animæ.
Et postq̃ inuestigati sunt super istas
operationes, quæ vocantur animæ,
dicunt ꝙ quędam sunt operationes
C quæ appropriantur plantæ, quæ hñt
tres virtutes supradictas, scilicet nutritiuam: & post illam, crescitiuam,
& ista est finis nutritiuę: & post illã:
generatiuã, & ista est, quasi finis cre
scitiuæ. Et est declaratum ibi ꝙ ipsæ
sunt animæ: ideo quia sunt organi-
cę, & quia non sunt virtutes naturales. ꝙ si ipsi nõ appellauerunt eas na
turales, nisi largo modo, istud esset
veritas, si ipsi crederent ꝙ ipsa esset
anima sm relationem, aut sm operationem. Sed si ipsi credunt ꝙ ipsa
in sui essentia sit virtus propria so-

Quinq; virtutes aiales interiores, sed extra de mẽte propria pximis uentri, sed ptr erna primi doc. 4. c. 1 ponuntur quinq. & tres sũt a [illegible] [illegible].

Cõtra Medicos.

lum, istud est error. & significauit sup D
opinionem eorũ ꝙ ita est, quia nos
videmus q; Gal. in vno suorũ librorum assimulat ipsam adamanti, & ve
nit ad diuidendum eam. Sed virtus
pulsatiua est de necessitate cibatiua
virtus, & diuisiua, & princeps. quia
cum ipsa cor dat calores alijs membris: & est sicut seruiens virtuti prin
cipali cibatiuæ, quia cum ipsa cõser-
uatur. Et ideo non est cõueniens po
nere illam vnam virtutem per se ab
alijs virtutib': ideo, quia est ista virtus animæ nutritiuæ, sicut aliæ quinq;
suæ virtutes, sicut attractiua, retenti
ua, & digestiua, & expulsiua, & discretiua: quãuis virtus pulsatiua ap-
propietur plus vitæ pp multam ca E
lorẽ, qui est cum ea. Et quidã sunt,
qui appellant plantam in ista virtute haygnam, s. vegetatiuam. Et forsitan Medici non vocauerunt istam
virtutem cuentationis vitalem, nisi
propter hoc, ꝙ appropriatur plus vi
tæ, quamuis sit de genere nutritiuæ,
sicut diximus. Sed eorum diuisio,
per quam diuidunt virtutes animales ad sensum, & ad virtutem motiuam in loco, & imaginatiuam, & ra
tionalem, & conseruatiuam, & remi
niscibilẽ, est omnino vera: saluo ꝙ F
virtus motiua in loco non est aliud
plus q̃ elenosoia, s. virtus motiua vo
luntarie, quando concordatur cum
ea imaginatio, & cõsimilium. & ita
est declaratum in libro de Anima.
Et ipsi numerant virtutem motiuã
voluntarie in numero vitalium, &
ponunt motiuam in loco aliam spe
ciem. & istud non est conueniens,
quia non est nisi virtus nutritiua, &
crescitiua, & sensitiua, & generatiua
& imaginatiua, & appetitiua, & rationalis, & motiua, & lactatiua ex

Quinq; virtutes naturales, idẽ in fine secũdi capituli.

Cõtra Medicos.

G istis, sicut est æstimatio, aut cogitatiua, & cõseruatiua, & reminiscibilis.

Etiam est hic dictum ꝙ virtus rationalis est magis spiritualis q̃ imaginatiua: quia perfectio virtutis rationalis est apprehẽsio rerũ vniuersaliũ, sicut potest intelligi à Philosopho I tertia particula primæ summę Physicorum, & in Primo Posterio. quãuis intelligatur contrariũ circa finem primi libri Physi. Et qui habebit necesse soluere ista dubia, requirat in locis illis. Et quia res vles, quæ sunt apprehensiones virtutis rationalis, habẽt particularia, necesse

H est inuenire in homine virtutẽ, quæ apprehẽdat essentiã illorum particularium contentorũ sub vniuersalibus, & virtutẽ aliam recordantem ista particularia, quæ sunt cõprehensa à virtute propria eorũ apprehensioni. Et ideo, quia ista virtus apprehensiua particulariũ non apprehendit ea nisi habitudinib^9 imaginatis, fuerũt de necessitate tres virtutes, s. æstimatiua, quæ apprehendit essentiã particularium: & reminiscibilis impressionis æstimatæ: & imaginatiua, à qua apprehendit æstimatiuã

Virtutes animales interiores sũt tres. Idem clarius infra. c. 10. & 3. [illegible] c. 40.

I suã impressionẽ, sicut seruientes virtuti rõnali: ideo quia seruiens præparat seruito ea quæ sunt sibi necessaria, aut studet in aliqua re ei appropriatarũ seruito. Et manifestũ est, ꝙ virtus imaginatiua præparat virtuti rationali ea, quæ nõ sunt apprehensa, sicut est manifestũ ꝙ duæ apprehensiones, s. æstimatiua, & cõseruatiua appropriantur apprehẽsioni virtutis rationalis & quando remouentur res vles à virtute rationali, & virtus reminiscibilis facit recordari essentiæ particularis, & cognoscit illum virtus æstimatiua, & tunc inue-

K nit virtus imaginatiua habitudinẽ illius essentiæ particularis, quę est recordata à reminiscibili, & cognita ab æstimatiua, & quando imaginatiua iam venit super suam habitudinem, tunc virtus rationalis reducet ad se illud, quod erat priuatũ ab ea: ergo istæ tres virtutes ex hac parte sunt ministrantes virtuti rationali, & ministrans est lactans. ecce, quia sunt lactantes ex hac parte, sicut dictum est. Et ista verba sunt dimittenda hic, sm ꝙ stant, & recuperanda à Naturali, quamuis nõ sit necessarium arti Medicorũ scire hoc, nisi per modũ electionis melioramenti. L

Sed est sufficiens Medico in istis rebus cognoscere complexionem, cui appropriatur vnaquæq; istarũ virturum, conseruando ipsam, si esset presens, & restaurando ipsam, si esset deperdita. ideo quia sufficiẽs est ei I hac arte venire à cognitione formæ complexionalis ad formam spiritualem: sicut est sufficiẽs ei venire à cognitione materiæ ad cognitionem quatuor humorũ, & mẽbrorũ.

De iuuamentis membrorum consimilium. Cap. 8.

SEd cùm quieuit res super locum suum positum in hac arte, tunc M erit manifestum ꝙ omnia membra non sunt inuẽta, nisi propter has virtutes, & istæ virtutes ꝓpter has suas actiones. ergo non est inuentum in corpore aliquod membrorum, nisi propter aliquam actionem istarum virtutum, aut passionem earũ. Ideo est nobis necessariũ inquirere actiones & passiones membrorum, & cõplexionem cui appropriantur: & cognoscentes illud, cognoscimus sanitatem cuiuslibet membri per suas finales causas prædictas in hac arte:

ideo

A ideo quia iam cognouimus eam per causam materialem & formalem. Sed causam efficientem non est necesse nobis hic narrare: ideo quia iam est separata saluo si ibi esset res, quae staret loco efficientis in statu conseruantis.

Et incipiemus a iuuamento membrorum simplicium, & dicemus quod res, quam diximus, quae est necessaria per aliam, est duobus modis. Vnus est, vt sit essentia primae necessaria essentiae vltimae, sicut fuit intentio essentiae consimilium necessaria propter intentionem essentiae officialium. Alius est, vt non fieret necessario: sed est, quia

B meliora sunt duo quam vnum, & significat nobilitatem in agente & patiente. sicut oculus, qui non est inuentus nisi propter necessitatem videndi: sed natura duplauit eos propter melioramentum duplationis, sicut nos declarare debemus. Sed nos non recordabimur illorum iuuamentorum nisi illius, quod erit magis necessarium. De membris simplicibus quaedam sunt ossa, & similia ipsis, sicut chartilagines, & vngues, quaedam sunt nerui, lacerti, ligamenta, panniculi, chordae, cerebrum, & ossa sua, & nucha, & caro, & sepum, & his similia, & pili, & cu-

C tis, & sanguis, & phlegma, & cholera, & melancholia, & spiritus. Sed ossium maius iuuamentum ipsorum est ad fortificandum & stabiliendum, & in summa, ipsa sunt sicut fundamentum totius corporis. Et iuuamentum suum est ad defendendum & abscondendum, sicut ossa capitis, & ossa pectoris. Sed multitudo eorum in corpore fuit propter motus particulares, & meliores: quia manus non posset moueri per se, nisi esset discontinuata ab osse brachij cum contiguitate amborum ossium, scilicet manus & brachij. & ita est in quolibet membrorum nodatorum mo-

D bilium discontinuatorum. Iuuamentum tertium est, vt possit fieri resolutio superfluitatum vaporosarum, sicut sunt commissurae, quae sunt in osse capitis. Et potest esse quod sunt & alia iuuamenta: ideo quod si eueniret aliqua lesio alicui ossium, non transiret ad aliud os alterius membri, quia discontinuatum est ab illo. Iterum fuit necessitas multorum ossium propter diuersitatem figurae eorum, & qualitatem suam illud, propter quod ordinata sunt, & propter paruitatem & magnitudinem eorum. Sed diuersitas in paruitate & magnitu-

E dine est sicut ossa parua, quae sunt in digitis, & ossa cruris, & coxae. Sed diuersitas in figura est sicut os, quod de necessitate habet esse forte & graue fuit factum durum & clausum, & illud, in quo fuit intentio vt esset leue, fuit factum durum & perforatum in qualitate, & illud, quod habet de necessitate esse coniunctum cum carne, fuit factum tenerum, sicut chartilagines, & similia. & illa iuuamenta sunt nota per se. & hoc potest cognoscere maiorem partem per seipsum, vel ab eo, qui aliquantulum studuerit in cognoscendo. Sed vngues fuerunt facti propter

F duo iuuamenta. Vnum, quod est certum, & est propter conseruationem extremitatum digitorum, sicut ponitur ferrum in postremo hastae lanceae. Secundum est propter sustentamentum carnis digiti, quando tangit aliquid. Et istud iuuamentum est magis proprium in vnguibus manuum, quam in vnguibus pedum. Sed primum iuuamentum communicat homini & alijs animalibus. In iuuamentis neruorum cadunt multa dubia. Gal. fecit quod iuuamentum eorum est ad ferendum sensum, & motum voluntarium

G omnibus membris. Sed quod apparet à sententia Aristotelis est, ꝙ nõ sit factus neruus nisi ad temperãdũ calorẽ intrinsecũ, ad hoc vt det virtutem sentiendi. & hæc opinio sequitur plus iuuamento cerebri. Sed si est instrũ motus voluntarij, in hoc cadit speculatio. Et confirmatio Gal. ꝙ sensus & motus sint à neruis, est, eo ꝙ remoto neruõ remouetur sensus & motus. & hoc non est p viã demonstratiuã. & iã disputauim⁹ hoc in libris Logicalibus. Sed apparet ꝙ iuuamentũ nerui est de genere iuuamenti cerebri, & apparet manifeste ꝙ nascantur ab eo, & ꝙ non sint fixi in eo, sicut dixit Gal.

Secũdo de Parti. aïaliũ cap. 8. & 10. Para phrasi A uer. oppo. 2. de Aïa. 7. & c. 116 vide. 3. de Nã aïaliũ c. 5. quod Auer. h no mis neruus differmina nos. p. d Loris affectu 6. oppoli. 3. de Nã aïaliũ. c. 5.

H Et ligamentorũ iuuamentum, & chordarũ ad motũ voluntarium est apparens ad oculum. Et panniculi fuerũt facti propter abscõdere & defendere, & etiam vt sustineant membra, quę sunt suspensa, & retineant ea: quãuis hoc iuuamentũ sit magis proprium ligamentis. Et iuuamentum panniculi positi supra ventrẽ est de specie huius iuuamenti, eo ꝙ prohibet intestina egredi de proprijs locis, sicut accidit herniosis. Sed venarũ duæ sunt partes. Vna est arteriæ, quæ portant spiritũ, & sanguinẽ à corde. &

I istæ sine dubio fuerunt factæ ꝓpter hoc, & fuerunt ramificatæ & partitę p totum corpus, ad ferendum rem istã, aut spiritum solũ, aut spiritũ, & sanguinem simul. Alia est nõ pulsatiles, in quibus non est spiritus sensibiliter nisi nos induceret ad hoc vnum dictum simile dicto, quod dixit Galenus in hepate, quia dicit, ꝙ est fons spiritus naturalis, quem diximus non esse nisi propter virtutẽ nutritiuam. Sed quod apparet ex iuuamento istarum venarum, est, quia factę sunt ad diuidendũ sanguinem coctũ in hepate per alia membra: & propterea fuerunt ramificatę sicut arteriæ.

K

Hic scire debes ꝙ Aristoteles vult, ꝙ cibus & nutrimentũ omnium membrorum fiat ex duobus sanguinibus mixtis insimul: & sanguis qui est in venis non pulsatilibus, & in hepate est sicut materia sanguini misso p arterias cordis: & ꝙ sanguis arteriarũ est sicut forma sanguinis, & hoc est, quia dat eidem complementũ, & coctionẽ, & facit ipsum cibum propinquum actui. Et Galenus sentit ꝙ sanguis, qui prouenit ab hepate p venas ad membra, ẽ cibus propinquus p se.

Sanguis venalis, & arterial' sunt cib⁹ membrorũ. 3. de Nã aïaliũ. c. 1. & 3. de Par. c. 5. & 4. eiusdẽ. c. 4. & 1. de Gene. c. 19 & 2. eiusdem. c. 5. & Auer. in paraphra.

L Et probatio quidẽ Philosophi in hoc est hæc, ꝙ sanguis, vt est sanguis, est conueniẽs vt sit cibus membris: & omne, quod nutrit, debet euenire mẽbris: & duo sanguines, vt sit cibus membris, veniunt eis: ergo membra debent nutriri ex eis. Et propterea ꝙ vnus eorum est crudus, & alter coctus, crudus cõuenientior est vt approprięt materiæ, & coct⁹ formæ. ergo debet esse cõparatio cocti ad crudũ, sicut formæ ad materiã. & hoc est declaratũ bene in lib. de Aïalibus.

3. de Par. c. de corde. & 2. de Generatione aïaliũ. c. 5. & in fine quarti libri eius.

M Et ex verbis Gal. apparet ꝙ idẽ asserit, ꝙ mẽbra superiora cibant à sanguine arteriali, ꝗñ præcipit incidi arterias in passione hemicranea, & in epilepsia perseuerante. & vtinã ego scirem quid prohibet eũ credere, ꝙ iste sanguis arterialis nõ nutrit alias partes corporis. Sed cerebri medullę sunt duæ species. vna est, quæ stat in olla capitis & istud sine dubio est rõã spiritus, cum quo fiunt sensus. Sed medulla, quæ est in ossibus, est superflui tas cibi eorũ. Et ossa solida nõ habẽt medullam, quia non sunt pforata.

Et

A Et nomen medullæ dr̄ æquiuoce ad
hanc medullā, & ad eam, quæ est in
ośa, & nō nominamus eā medullā,
nisi quia sic à vulgo nominat. Sed
medulla, quæ est in ossibus, est supfluitas penitus, & hæc est substantia
temperata. Sed nā nuchę est de na
tura cerebri, & iuuamenta eoꝝ sunt
eadem. & adhuc exponā dr̄iam, quę
est inter ea, qn̄ narrabo iuuamenta
membrorum officialiū. Sed carnis
duæ sunt species, sicut dictum est, &
Aristo. dicit sup has duas, quia sunt
instr̄a sensus tactus, proprie stantia
eā eo, sicut stat oculus cū visu. & de-
B monstrat hoc, quia sensus simplex
nō inuenit nisi à corpore simplici,
& q̄ neruus ē seruitor carnis in hac
apprehensione ad temperandū spiritum sensus, qui mittit à corde. &
ista fundamēta necesse est vt Medicus à nobis recipiat. & nos dicimus
de sensu & motu, q̄ vna ex rebus, à
qua est eorū permanētia, sunt cerebrū & nerui. Sed vna spēs carnis,
quā Gal. vocat musculosam, est vnū
ex mēbris officialibus, & in illo est
virtus primi motoris. Propterea q̄
istud est illud, quod mouet ex se per
hanc virtutē, & non mouet p aliud
C mēbrū, quod ipsum moueat: quia, si
p aliud moueret, hoc induceret nos
ad inueniendū corpus aliud, qđ mo
ueret ex se, aliás, res duceret in infi
nitū, quia nullū corpus mouet nisi
moueat. & ē necesse, q̄ res quiescat
apud primū, quod mouet à motore
immobili. & hoc probatū est in Na
turali Philosophia. Et hæc spēs carnis apud Gal. est instr̄m motus loca
lis. & loquemur de ea, qn̄ loquemur
de membris officialibus. Sed caro
spongiosa inguinū, & subascellarū
est facta pp expulsionem superflui-

p. 11 nuchę e de nā ce rebri idē. 3. de ani. c. 9. Opp. vide c. 2. de par. c. 7. et 2. colliget 2. vide Cō cilia. diffe rentia. 12.

tatum: Et nō est multū longinquū D
ad credendū, q̄ multa ex carne non
sit facta nisi ad implendum loca va
cua, & ad defendendū. Et in summa
istud est simplex membrū, in quo
cōmunicant oīa animalia, sicut cor
est membrū officiale, in quo cōmu
nicāt oīa animalia. Et sanguis ma
nifestū est, q̄ non fuit factus nisi pp
vnā duarum rerum: aut pp dandū
nutrimentum, sicut sanguis qui est
in hepate, & in venis, quas opinātur
Medici vt nascantur ab hepate: aut
vt sit vehiculum spiritus, & caloris,
& iste est sanguis arterialis. Phlegma est sanguis indigestus: & propte E
rea debet dici superfluitas sanguinea,
hoc ē superfluitas diminuta vt fit san
guis, nō superfluitas, cuius separatio
ne à sanguine remaneat sanguis cō-
pletus, sicut à cholera, & melancholia. ergo si ita est, eē phlegmatis fuit
in corpore de necessitate: hoc est q̄
impossibile est cibum cōuerti, nisi ex eo
generent superfluitates phlegmaticæ.
Et potest ēt cum hoc, q̄ sunt in ipso
alia iuuamēta, quia humectat mem
bra, & adaptat ea ad cibandū, & q̄ s
est sicut cibus præparatus eis, qn̄ cibus tardat eis. Sed melancholia, &
cholera sunt primo & p se in corpe F
pp necessitatē: quia cibus chylosus,
qui vadit de stomacho ad hepar nō
posset digeri, nec esse sanguis, nisi se
parent ab eo istæ duæ superfluitates,
sicut mustū non potest esse vinum,
nisi separent ab eo duæ superfluitates, vna grossa & terrestris, & alia
subtilis. Et propterea ordinauit nā
eis propria membra. & non fecit sic
phlegmati: quia istæ duæ superfluitates nō habent aptitudinē, vt possit
esse ex eis aliqua pars membri aliquo
mō, q̄d in phlegmate bene pōt esse.

G Et apparet & cum hoc, q natura nõ preparauit istas, vt essent instrm̃ seruiens virtuti nutritiuæ p viam electionis boni. quia bursa fellis habet vnũ meatum ramificatũ, qui aduenit intestinis superioribus, & partibus infimis stomachi. & in aliquib⁹ hominib⁹ tangit stomachũ, & facit idem opus, quod facit in intestinis. quia bursa fellis mãdat p hunc meatum intestinis partem cholerae, quae moueat ea ad expellendũ superfluitates, & facit quasi abstersionem. Et sĩr splen habet vnũ meatũ, qui tangit os stomachi, & mittit ei partem

H paruã melancholiæ ad pungẽdum illud, & ad mouendũ appetitũ cibi: quia ista operatio prouenit à reb⁹ acetosis. & multa verba dicta sunt ĩ alijs libris: sed nõ expectes ex me, vt laborem ad narrandũ ea. Sepi vtilitas in corpe fuit, vt calefaceret, sicut zirbum, diaphragma. Et sepũ est superfluitas sanguinis cocti, à quo cibata sunt mẽbra. Et pp hoc, qñ est in corpore tẽperate, significat magnã sanitatem: quia significat super bonitatem nutrimenti. & qñ non inuenit in corpore, significat q nõ est bona digestio: quia nõ est supfluitas, quę

I venit à bona digestione, hoc est calida & humida. Et necessariũ illud est ad implendũ vacuitates eorũ membrorũ. sed qñ multiplicatur in corpore, significat sup malam dispõnẽ. quia multitudo materiæ numinosæ, quae est sanguis, est cõuersa in sepũ: & tunc infrigidantur mẽbra & moriunt, quia in hac superfluitate non est sensus, & perduntur membra sensibilia, qñ multiplicatur super ea.

· Pilorum capitis, superciliorum, & palpebrarũ iuuamentum est vt defendãt. & hoc est manifestum. quia videmus q pili capitis defendũt cerebrũ à frigore, & calore: & superciliorũ, & palpebrarũ adiuuant ad defendendũ oculos à reb⁹ extrinsecis. K

Sed pili subascellarũ, & pedũ, & multi alij, qui sunt sup superficie corporis, quod apparet ex eis plus ẽ ex necessitate materiæ: eo q generat pilus ab vno vapore fumoso adusto secundũ Gal. Et hoc indiget speculatione. Genera. Gal. quia vr̃ q pilus sit corpus extendibile, siccũ, & tale est superfluitas cibi sicci, qñ nimis coquit, durante in illo admixtione pinguedinis. ergo nõ est ille vapor, cui⁹ sit aggregatio partis supra partẽ: L sed est corpus cõtinuum fortis cõtinuationis, extẽsiuum, crescens in longitudine. Et mihi videtur q natura adducit istum vaporẽ, vt sit materia pili, ad hoc vt pilus trahat illam malam materiam ex corpore ad mundificandum ipsum per hoc, sicut tu vides q illi artificialiter faciunt laboratores terræ, qui qñ volunt vt ipsa fructificet, seminant semina, quæ habent attrahere partem terrestrem adustã. & per hũc modum potest esse vt sit iuuamentum corpori. Sed eius videtur esse pp defendere, & abscondere, & stat foris, sicut sunt coopertoræ membris intrinsecis. M

Et spiritus sunt propinqua instrumenta virtutis regitiuæ corporis. & sic dicendũ est q ministratur à quatuor virtutibus, aut quinq;, hoc est attractiua, retentiua, digestiua, & expulsiua, & discretiua. Et adhuc est inuenta alia virtus, quae communicat toti corpori, quae regitiua nuncupatur, & quae sit, & vnde sit multa dicenda sunt. & postea disputabimus. quicquid sit, ab anima est. propterea priuatio ei⁹ est subita mors necessario.

Quinq; sũt virtutes ministrantes. Idẽ. 3. hui⁹. c. 16. & c. seq. & fine. Opp. 3. trac. 2. ca. 6.

De

A *De iuuamentis membrorum officialium, quæ sunt instrumenta virtutis nutritiuæ.* Cap. 9.

ET postquàm narrauimus iuuamenta membrorum simplicium, narrandum est iuuamentum membrorum officialium, & vniuscuiusque partis ipsorum. Et hoc faciemus breuiter, exceptis casibus, in quibus prolongandi sunt sermones illis, qui nobis sunt similes. Et eligemus ex his, quod manifestum est, & quod opinatur esse magis necessarium in hac arte: & incipiemus à membris, quæ sunt instrumenta virtutis nutritiuæ: quia hæc est virtus * ne-
B cessaria prima nostro esse: & propterea fuit corruptio suarum operationum mors. Et dicimus, fm quod testificantur sensus, quod membra disposita ad faciendas operationes istius virtutis sunt stomachus, & sui ministri, sicut os, & instra eius, & œsophagus: & post hæc intestina, & hepar, & venæ, & renes, & splen, & sacculus fellis, & vesica. Primum iuuamentum oris est masticatio cibi: & propterea fuerunt positi dentes, vt faciant ad hoc conuenientem præparamentum, dentes quidem anteriores, vt incidant: maxillares, vt frangant: molares, vt molant. Et scias,
C quod in ore est aliquantula digestio: & homo, quem tu scis, appellat eam alio nomine. Oesophagus est meatus, per quem transit cibus ab ore ad os stomachi, & operatio sua non est nisi in duabus virtutibus, quæ sunt iuuantes virtutem nutritiuam, hoc est attractiua & expulsiua: quia est necesse attrahere ab ore: & expellere ad stomachum. & quando illa operatio perditur, moritur homo fame. Et instrumentum seruiens naturæ in his duabus operationibus, necesse est vt varietur. Et apparet per anatomiam,

quod œsophagus est compositus ex duabus tunicis: vna quæ est fm latitudinem & alia, quæ est fm longitudinem. D & illa, quæ procedit fm longitudinem, quando colligitur, & constringitur, & ascendit ad epiglottidem, tunc fit attractio. & illa, quæ vadit in latitudine, facit expulsionem, quando aggregatur, & amplectitur cibum: sicut vola manus aggregat se super res humidas, & constringendo eas expellit. Manifestum est, quod stomachus est locus digestionis missi cibi eidem ab ore, conuertendo illum in chylum: quia non potest conuertere ipsum in sanguinem. Et hoc apparet ab eo, quod mi-
E nistri sui in hoc opere sunt quatuor virtutes particulares supradictæ. Sed digestio est magis manifesta in tunica carnosa, propter calorem, qui est in ea plus, & propter illud, quod ei aduenit ex arterijs, & venis, quæ ei adducunt calorem: & etiam est suppositus hepati, ita quod ipsum calefacit, quia hepar est ei circa positum à latere dextro: & splen est ei circa positus in latere sinistro, qui dat calorem. Sed attractio cibi, quam facit œsophagus, & meri, fit per tunicam villorum longitudinalium, & adiuuat ipsum in hoc, quod est in eo de tunica diametrali angu-
F lari. Et * receptio, & expulsio fiunt per tunicam, quæ procedit per latitudinem, ideo quia quando recipit cibum, illa tunica aggregatur super ipsum ab omni parte, quousque compleatur digestio: & digestione facta aggregantur omnes suæ partes superiores super eam, & tremunt eam inferius, & est expulsio per hanc tunicam, quæ vadit per latitudinem: & habet duas operationes contrarias, hoc est expulsionem inferius, quando est facta digestio: vel superius per vomitum,

* a. l. retentio

G Sed operatio virtutis discretiuę nõ est multũ manifesta in stomacho: nisi diceremus quod stomachus nutriretur ex chylo, quia desyderaret cibum, & aggregaretur super ipsum, quãdo fit in eo. & opinio affirmat hoc. Quòd si nõ diceremus, quod stomach⁹ nutritur ex chylo, *quare desyderaret cibũ, & aggregaretur sup ipsum, & cessaret fames, quãdo comedimus? Et si contingat quod vnũ membrũ seruiat alteri, seipsum obliuioni nõ tradit: ergo recipit nutrimentũ, & vtilitatẽ ex eo. Et accidit vt aliqui ex nostris socijs dubitent ex hoc: quia membra ex chylo non debent nutriri, nisi postquã conuersus fuerit in sanguinẽ, & non est adhuc cõuersus in sanguinem in stomacho. Ergo dicamus quod stomachus nutrit̃ ab eo ex modica re, quę plus assimilatur qualitati quã quantitati. & testificatur ex hoc, quod subito quiescit fames, cũ comedimus, sicut subito quiescit sitis, cùm bibimus. Et adhuc non est inconueniens, quod in eo sit aliqua pars subtilis, qua nutriat̃ cito per aliquã humiditatẽ, quamuis non sit sanguinea. quia tu vides multa animalia, quę nutriuntur, licet non habeant sanguinẽ. Et digestio fit in eo per calidi-

*a.l. quãdo desideraret, & aggregaret sup ipsum, nõ esset virt⁹ discretiua, vel esset operatio multum manifesta in eo.

H Argumẽtũ contra se. Prima responsio.

Secũda responsio.

I tatem & humiditatẽ primo, & secundario fit p aggregationem, quam facit stomachus super cibũ, & quia ipsum amplectit̃. Et propterea tunc, quanto stomachus in animalibus ẽ grossior & durior, tanto fortior digestio fit. & hoc apparet in stomachis volucrum. Et propterea voluerunt quidam Antiquorum quod digestio fiat pp constrictionem aggregationis. & opinantur quod stomachi volucrum prosint stomacho, sicut sunt stomachi gallinarum & perdicum: quia hoc membrũ nõ fuit positum in eis durum & forte, nisi propterea quia non habent dentes molares. K

Sed intestina et vident̃ esse instrumenta nutrimenti: quia ipsa nõ fuerunt facta principaliter, nisi vt transeat p ea digestus cib⁹ in stomacho p foramen, quod appellatur porta. Propterea cùm facta est digestio in stomacho, aperit̃ locus iste, & mittitur cib⁹ ad intestina: & interim hepar trahit ab illis succositatẽ chyli p venas, quę attingunt istud. & quãdo cõpleuerit operationes, tunc expellũt intestina superfluitates inferius: & illa est suꝑfluitas sicca. ergo vtilitas L intestinorum est bina. Prima, quia sunt via, per quã cibus vadit ab illis ad hepar. Secunda pp expulsionem superfluitatis siccę. Et virtus in illis manifestior est expulsiua. & propterea fuerũt ambę suę tunicę contexę per latitudinẽ. Sed virtus attractiua non est manifesta in eis, propterea non habuerunt tunicam vnã in longitudine. & ipsis est virt⁹ digestiua: quia eorũ cõplexio est propinqua complexioni substantię stomachi. Sed illa intestina nõ habuerũt multam reuolutionẽ, nisi vt morareretur in eis cib⁹, donec hepar traxisset ab M eis, quod necessariũ erat. Et propterea dicit Arist. quod animalia habentia paucã reuolutionem in intestinis, sunt gulosa. Et habuerũt duas tunicas, vt essent fortia: quia sunt via superfluitatum. & etiã quia operatio virtutis expulsiuę in hoc ẽ fortior.

Manifestũ est in hepate, quod est immutatiuum cibi ad conuertendum ipsum in sanguinẽ: & postea mittit ipsum ad oĩa membra. Et pp dominationẽ, quam facit super oĩa membra nutritiua, opinabat̃ Gal. quod esset penitus

Gal. opinio de hepatis pricipatu in nutritiua virtute

A parlium? virtute nutritiua princeps, & ipse nesciuit, quod postremum nutrimentum est in corde: & in eo prima virtus nutritiua est princeps. Et apparet de hoc mēbro, quod habet quinque virtutes dictas, hoc est digestiuam, quæ facit sanguinem, retentiuam tempore digestionis, attractiuam quando trahit chylum ab intestinis, discretiuam quæ diuidit & cognoscit tres superfluitates: hoc est superfluitas aquosa, quam trahunt renes: cholerica, quam trahit bursa fellis: melancholia, quam trahit splen. Et inuenire virtutem expulsiuam aßimatam virtuti attractiuæ, magnum dubiū est,

B & hic non est locus suæ solutionis. Et debes scire quod istæ quatuor virtutes aut quinque non sunt separatæ ab inuicem, sed sunt sicut multi operarij super vnum opus: & sunt virtutes, quæ sunt sicut instrumenta vni virtuti, quæ facit nutrimentum, & facit ei cum illis quatuor virtutibus in quolibet membro, & illæ in toto corpore datæ sunt propter necessitatem vnius virtutis nutritiuæ, quæ est in vnoquoque mēbro. & hoc est virtus nutritiua principalis. Deinceps contemplandum est, si ista principalis virtus est propria in hoc membro

C ad hoc vt sit ipsum solum princeps membrorum istius virtutis: aut illic est aliud membrum, quod sit princeps ad ipsum in hoc opere: super hoc est multum necesse disputare. Et dicimus, iam apparet per hoc, quod declaratū est in Naturali philosophia, quod ista virtus non facit nisi vnā partem membri nutriti: & quod membra sunt composita ex elementis: & quod compositum ex elementis non est compositum, nisi per modum temperantiæ complexionis: & comple-

D xio fit per modū decoctionis: & decoctio per modum caloris: ergo necesse est, quod instrumentum istius virtutis sit principiū fortis caloris: quia non est differentia inter illam rem, quæ est nobis necessaria ad esse partis, vel esse totius. & si ita est, ergo de necessitate iste calor est in hepate, & in aliis instrum. istius nutritiuæ. Et si ita est, sicut dicit Gal. quod non lucrata sunt alia membra, quæ habent hanc virtutem illum calorem, cum quo agunt suas operationes, nisi à calore hepatis: ergo hepar tenet principatum

E ipsorum membrorū: quia nō completur eis hoc opus nisi per ipsum, & ipsum complet opera sua per se. & tale membrum, quale est istud, est dignius vt vocetur princeps. & ista est dominatio, quā dixerunt tñ authores ipsum per se habere. Et propterea de rectore agricolarū dixerūt quod sit princeps eorum: propterea quia seruitia eorum non complent, nisi ex regimine ipsius, & opus illius cōpletur per ipsum. & hoc est in omni specie dnationis. Dico ergo, vtinā (Cōm Ga.) ego scirem, si possibile est, à Galeno & alijs qui sequuntur suam senten-

F tiam, vt dicant quod hepar est sufficiēs per se in ista operatione, ipso concedente cum eis, quod multæ arteriæ veniant hepati à corde, quæ adducunt eidem multū calorē, quod si hepar est sufficiens sibi in hac operatione: ergo calor iste est in vanum, & sine aliqua causa. Et si dixerint quod iste calor (Respō. Replica.) non dat hepati, nisi virtutem vitalē. Dicemus, quid est virtus vitalis, quæ est in membris: est ne alia virtus, quàm virtus nutritiua aut sensibilis: & nec nomen vitæ intelligitur, nisi super has duas: licet accidat vt nomen vitæ attribuatur magis sensibili. & hoc

est

G est contrarium ei quod intelligitur ex verbis hoīs, quem scis. Nec aliud certificatum est ex istis virtutib᷒, nisi ꝑ ꝑpearũ operationes: nec sunt hic aliæ operationes, nisi illæ duæ, hoc est nutribilis, & sensitiua. Si respon-

Responsio Replica.

derent, ꝙ virtus pulsatilis in corde est tertia virtus, & illa dr̃ virtus ꝑ se: Respondemus quamuis nos concederemus vobis hoc, cor tñ dat hepati virtutem pulsatilem, quia manifestum est ꝙ venæ hepatis non sunt pulsatiles. Deinceps apparet ꝙ virtutes pulsatiles sunt propriæ cordi, &

H illa virtus est ꝓpria sua dominatio: & qñ dominationem habet cor cũ hac virtute, quia cũ hac virtute dat & partitur virtutem omnibus membris, qm̃ dat & partitur eis calorem naturalem, cũ hoc ipsum habet conseruationẽ sibi ꝑ modũ flabellationis & cùm ista virtus videlicet pulsatilis, sit illa, cum qua cor dat alijs membris primũ nutrimentum, dando & partiendo eis omnes alias virtutes: ergo ipsum debet appropriari de necessitate isti virtuti, hoc est nutritiuæ a latere, ꝙ est nutrimentum cordiale, ꝙ ipsum est instrumentũ, cum quo laborat ista virtus in dan-

I do nutrimentum. Et si esset alia vir-

Secunda replica.

tus hic præter istam virtutem nutritiuam, daret alijs membris. quia impossibile est esse in aliquo membro virtutem contrariam in specie alijs virtutibus, quæ sunt in alijs mẽbris. & non inuenitur in alio membro, nisi in ipso existente membro principe: nec Gale. nec alter medicus dicit hoc. Et si ita est, sicut diximus, & apparet ꝙ comparatio cordis ad hepar sit, sicut comparatio, quã ponit Gal. hepatis ad membra alia: ergo cor ex necessitate erit princeps sup̄ hepar

I in hac virtute. quia hepar nõ est sufficiens in faciendo per se suam operationem, nisi ꝑ calorem transmissum à corde temperatum in quantitate, & qualitate. Et est reformatus

Tertia obiectio.

iste sermo, vt cor sit de necessitate princeps virtutis nutritiuæ, qđ Gal. nec alij ex anatomicis dixerunt nec crediderunt, ꝙ cordi veniret calor ab alio membro, sed est sufficiens ꝑ se, sicut conueniens est principi. Et ego iam probaui tibi virtutem & calorem per viam doctrinæ dissolutiuæ. Et si tu videris ꝙ indiget cor

Responsio tertiæ obiectioni.

hepate propter præparationem nu-

L trimenti, non est propterea hepar dignum vocari princeps: sicut non est conueniens stomacho propter ꝑparationem cibi vt vocetur princeps hepatis: nec etiam bubulcus, qui præparat cibum alijs bubulcis, vocabitur princeps. Postquam declaratũ

Rõ primæ qđ cor est princeps virtutis nutritiuæ.

est, ꝙ cor est princeps virtutis nutritiuæ: & apparet per anatomiam ꝙ non est in corpore vnum membrũ, ad quod non veniant arteriæ a corde: ergo cor est dator virtutis nutritiuæ omnibus alijs membris ꝑ viã, quam ego superius dixi tibi. & si ita non esset, arteriæ essent in vanum.

M Et adhuc non fuit visum vnquam

Rõ secũda.

per anatomiam, vt transiret sanguis ab eo per venas ad cor. Adhuc sanguis, qui est in venis, est sanguis imperfectus, & non est creatus in vehiculum spiritus, nisi sanguis arterialis. Et si diceret aliquis homo, ꝙ medicus non habeat necessariam hãc inquisitionem: dico ꝙ habet multũ necessariam. & hoc in futuro meli᷒ explanabo. Et qñ Galenus vituperauit Archigenem, quia curabat virtutem memorialem cũ medicinis cordialibus, credendo ꝙ esset transmissa

Prima pri mi doc. 1. ca. 1. & primo ca. 11. cap. 1.

Rõ Ga. cõtra Philosophum.

A missa a corde: & dicebat, si credis quod virtus memorialis sit in corde, quare non apponis ventosam super ipsum, & sit intentio tua in medicando ipsum. Et ego dico quod hæc est vna reprehensio, quæ est magis vituperabilis, quam verba Archigenis, secundum quod declaraui hucusque, & declarabo deinceps: quia cor est princeps omnium membrorum. Et fuit locus eius in medio: quia hic est locus regis: ad hoc vt sit regimen huius proportionatum æqualiter omnibus suis circumferentiis, & etiam vt melius custodiatur.

B Et propterea fuit circumpositus panniculus grossus, vt circundaret ligamentum suum. Sed nutrimentum cordis est ex vena, quæ coniuncta est inter hepar & ipsum. Coopertorium, quod fuit positum super auriculam cordis, fuit positum vt aperiatur interius, ad hoc vt sanguis posset ingredi ad ipsum, & postea clauderetur perfecte. Sed auricula, quæ est in alio latere, hoc est auricula venæ, quæ peruenit ab ista camera ad pulmonem, secundum opinionem quorundam fert sanguinem ad nutriendum pulmonem: quia non sunt venæ continuatæ cum illo. Et coopertoria, quæ super hanc auriculam, ordinata fuerunt vt ape-

C riantur extra, & non intus, ad hoc vt sanguis posset exire per eas ad pulmonem. Sed vni duarum auricularum, videlicet quæ est in camera sinistra, hoc est os arteriæ magnæ, non fuerunt ordinata tria coopertoria, vt aperirentur ab interiori parte ad extra, nisi vt iret sanguis & spiritus ad arterias & non rediret: & alia auricula, quæ est in hoc latere, est os arteriæ venæ, quæ venit ad pulmonem. & ab hac arteria fit euentatio cordis: et propterea fuerunt ordinata coopertoria istius auriculæ, vt aperirentur de foris ab intus. D

Sed quia splen non habet nisi duos meatus: vnus qui continuatus est hepati, & alter cum stomacho: & in splene stat spissitudo sanguinis, existimatur quod sit factus ad trahendum superfluitatem melancholicam hepatis. & vt longinquum, vt sint duo hepata, quia non apparent in eo venæ missæ ad aliud membrum. Bursa fellis ordinata fuit ad trahendum superfluitatem cholericam ab hepate. Et renes etiam sunt membra seruientia hepati: quia attrahunt aquositatem, quæ est in sanguine per venam magnam, quæ venit a gibbositate hepatis. E

Sed vesica fuit ordinata ad trahendum superfluitatem aquosam a renibus, & coopertura quæ est inter ipsam & renes similis cortici, quando humiditas trahitur ad eam, aperitur, & quando remanet, clauditur, ad hoc ne reuertatur ipsa superfluitas ad renes. Et scias & non tradas obliuioni, quod vnumquodque istorum membrorum, quæ ordinata sunt ad trahendum superfluitatem sanguinis, non trahunt, nisi quia sunt sibi conuenientes in cibo: & cum eis hoc faciunt iuuamenta, quæ sunt necessaria. Et propterea in eis sunt de necessitate quinque virtutes particulares, F scilicet attractiua, & retentiua, digestiua, discretiua, & expulsiua supradictæ. Ista sunt omnia instrumenta nutrimenti. Et habes quod digestiones, quæ communicant omnibus membris, sunt duæ, videlicet digestio stomachi, & digestio hepatis: saluo quod tu non ponas sanguini vnam digestionem in venis: & si est, pauca est. Sed tertia digestio est, quæ est propria omnibus membris.

Tres sunt digestiones.

De

De instrumentis membrorum officialium; quae sunt instrumenta virtutis generatiuae. Cap. 10.

ET postquam declaratũ est, quae
sunt instrumenta virtutis nutriti
uae, volumus declarare instrumenta
virtutis generatiuae. Virtus eñ augmentatiua non habet propria mem
bra sibi: sed eadem membra, q̃ sunt
virtutis nutritiuae, sunt & istius. Mẽ
brorum generationis quędã sunt,
quae sunt propria foeminae, sicut vul
ua & mammillae, quaedam sunt pro
pria mari, sicut testiculi & virga.
Sed testiculi fuerunt ordinati ad fa-
H ciendum sperma. & ideo fuit caro
eorum alba & spongiosa, sicut caro
mammillarum. & ideo, q̃n conuertit
sanguis, cõuertitur ad similitudinẽ
eorum, & faciũt ipsum album: sicut
hepar cõuertit chylum propter suã
rubedinem ad ruborem. quia vis est
agentis assimilare sibi patiens suum.
Testiculi non sunt princeps virtutis generatiuae. Et debes scire ꝙ illud membrũ non
est sicut princeps virtutis generati-
uae: quamuis ipsa virtus sit in eo, sicut opinatur Galenus, quia illud nõ
potest agere suam operationẽ p se,
nisi per spiritũ missum eidem a cor
de temperatum in quantitate & qua
I litate. Ideo apparet ꝙ virtus cordis,
quae hunc calorem mensurat, vt pos
sit facere suas operationes, sit princi
paliter generatiua: & virtus, quę est
in hoc membro, est eius seruiens: &
si habet aliquam praedominationẽ,
illa est pticularis. Sed testiculi, quos
Sperma mulieris non ingreditur generationẽ. Idẽ in paraphrasi de Animalibus. Rõ prima ab experimento. dicit Gal. foeminam habere, apparet
ꝙ non habeant effectum in genera
tione: quia sperma mulierum, quod
generatur in mulieribus, in generatione inuentionem non habet. Et si
aliquis vellet dicere admirando: ergo facti sunt in vanum. Respondemus ꝙ nec in hoc (?) manifesti K
le habent aliquam inuẽtionẽ in generatione, & tñ habent eam. ergo de
bes scire ꝙ aliquod iuuamentũ est
in vtrisq;. Et si tu dices, vnde apparet ꝙ sperma mulieris non hẽt aliq̃
inuentionem in generatione: dicen
dũ ꝙ manifestatur sensu, & cognoscimus per argumentũ per sensum.
quia homo videt ꝙ mulier impregnatur, absq; eo ꝙ spermatizet. Et
postquam legi libros Arist. ego quę
siui a multis mulieribus de hoc, &
responderunt ꝙ plures impregnatę
fuerunt absq; spermatizatione: & et
L si displicuisset eis coitus. Et etiam
vidi q̃ plures ex istis impregnatae, q
Nota locum. fuerant a masculis violatae. Et vici
Haec pars vsq; ibi, Sed illud, in aliis quibus usi sumus pluribus Hebraeis non reperitur. na quaedam mea, de cuius sacramen
to confidere multum bene potera-
mus, iurauit in anima sua ꝙ impre
gnata fuerat subito in balneo lauel-
li aquae calidae, in quo spermatizaue
runt mali homines, cum essent bal-
neati in illo balneo. Et ego perscrutatus sui vnum librum, quem fecit
Auenzoar (?) de spermate: & inueni
eum, qui dicit ꝙ hoc possibile est es
se. & reddit de hoc rationem pluri-
M mũ mihi placentem: quia vulua tra
hit sperma propter vnam propriã
virtutem, quam habet cum eo a tota specie: & ad hoc non est necessaria delectatio. o quam bene placet
mihi. Sed illud, quod cognoscitur
argumẽto naturali, est, ꝙ si sperma
mulieris posset facere hãc operationem, quam facit hominis sperma: er
go generaret per se foemina, & homo nõ esset necessarius. in quo nec
esset opinandum, ꝙ haec operatio di
uidatur in illos in quãtitate. hoc est
vt sperma mulieris faciat aliqua mẽ
bra, & sperma viri aliqua. quia quã-
ois

A quia membra sunt multa, & illa sunt vnita in vno principio, quod est in eis: & dator istius principij, quod est cor, ipsum est dator omnium membrorum in potentia. & si esset sufficiens mulieris sperma in dando hoc principium: ergo sperma hominis non haberet etiam inuentionem in generatione, & similiter dico in spermate viri.

Responsio. Et si diceretur, quod aliquod istorum spermatum non facit hanc operationem, quousque non sunt mixta adinuicem, & accepta sunt aliam formam & aliam dispositionem: sicut non est sufficiens per se acetum, & per se

B mel, vt fiat oxymel, nisi quando sunt mixta simul. Impugnatio responsionis. Respondemus, & confitemur hoc, quod complexionem habent illa duo spermata: & illud, quod dat eis hanc formam, necesse est vt sit completens. & illa duo spermata sunt hic loco materiae, & hic non est res, quae det formam, nisi virtus generatiua. & de necessitate est, quod membrum, quod habet hanc complexionem, vel quod facit hanc complexionem, est membrum, in quo est virtus generatiua.

Impugnatio secunda. Et secundum hanc opinionem erit necesse dicere, quod virtus generatiua est in vulua. Et vtinam ego scirem, quae

C necessitas est spermatis & sanguinis ad faciendum hanc operationem: quia sanguis est sufficiens ad faciendum omnia membra, quia ipsa nutriuntur ex eo. Et postquam ita est, &

Tertia ro. ad principale. apparet impossibile, quod sit operatio spermatis mulieris, & spermatis viri vna in specie: & etiam apparet prima fronte quod mulier habet operationem in generatione: ergo conueniens est, quod operatio vnius sit sine operatione alterius, & quod sint ambo declinantes in eorum operationibus ad vnum finem, hoc est embryonis: ergo quod

D libet eorum dat embryoni partem, per quam stat, vel est. Et istae duae partes sunt materia & forma: & vnum eorum est dator materiae, & aliud est dator formae. Et impossibile est vt foemina det formam, & masculus materiam: ideo quia dator nutrimenti debet de necessitate esse dator materiae, & foemina est datrix nutrimenti. ergo debet esse datrix materiae, & masculus dator formae. & sic dixit veritas. Et postquam mulier non habet aliquid, de quo possit opinari, quod sit materia, nisi sperma & sanguis menstruus: & est manifestum, quod sperma est humiditas aquosa similis superfluitati: ne-

E que solum est sicut superfluitas, sed pro certo est superfluitas: & impossibile est, quod ex eo membra nutriri possint: quia si possibile esset, sufficientior esset sanguis: quia ex eo nutriuntur membra: quia non est differentia inter nutrimenti materiam & materiam

Idē est materia generationis & nutrimenti. essentiae: quia nutrimentum est essentia in parte, & generatio esse est in toto, & materia totius & partis est idem. Et etiam hoc testificatur, quod sperma mulieris non est materia embryonis: quia multae mulieres impregnantur absque spermatizatione, sicut di-

Quarta ro. ctum est. Et iterum vulua mulieris

F vomit suum sperma, & trahit sperma viri ad se. Quae omnes res istae ostendunt, quod sperma mulieris est superfluitas discurrens propter delectationem: sicut discurrit saliua ex ore alicuius famelici, cum videt aliquem comedentem.

Quinta ro. Et apparet manifeste quod sperma viri tenet locum agentis. quia membra non nutriuntur nisi per calorem naturalem, qui est in corde: & iste calor est primum instrumentum animae nutritiuae. Et propterea necesse est vt sit primum instrumentum virtutis completiuae.

G pletiōe. Et sūt necesse est in sperma
te viri, aut in sanguine, qui est i vul
ua, magnam partē istius naturalis ca
loris esse in actu. & impossibile est esse
hoc, nisi in spermate pp suū calorē,
& humiditatē. Et sanguis, ex quo ge
neratur embryo, est sanguis venarum
mulieris, qui est in vulua retentus.
& remotus est, vt habeat in se virtutē talē, qualis est ista: eo quia est san
guis indigestus. & adhuc remotius
est vt sit in spermate mulieris. vel ēt
non est dicendū q̄ calor naturalis
sit in embryone ex se: ideo quia nō
generatur calor naturalis, nisi à ca-
H lore, qui est in nutriente. Propter
Cōclusio. oēs ergo istas rationes non est credē
dum q̄ sperma mulieris sit materia
vel forma embryonis: sed sperma vi
ri stat loco formæ, & sanguis menstruus loco materiæ, & sperma mulieris non habet inuentionem in ge
neratione. Et non est credēdum vt
sperma præbeat iuuamentū solum
qualitate, sed confert in iuuamento
caloris quantitatiui. Et propterea
non hēt Aris. reprehēsionē ab Hip.
& Gale. q̄ in muliere, q̄ in saltando
abortiuit sexta die, & fuit inuentum
sperma inuolutū panniculo. nec ē
I q̄rendū ab Aris. quo loco erat istud
sperma. Et scio q̄ non erat necessaria in Medicina ista inquisitio: quia
magis est inquirendū in Gñatione
aīalium. sed nos narrauimus istud
hic pro maiori iuuamēto. & q̄ vult
scire q̄ōnes, quæ sunt inter Aristo. &
Gal. legat librum de Aīalibus. & ibi
inueniet illud, quod dixi. Et deinceps volumus reuerti ad illud, a quo
fuimus separati. Et dicimus q̄ primū iuuamentū virgæ est, vt inijciat
sperma in matricem, & secundū, vt
sit meatus superfluitati aquosę. Et iu-

uamentū vuluæ est, vt sit locus gña- K
tionis. & cū hoc sunt alia iuuamēta,
vt sit meatus & via superfluitati sanguinis non cocti, qui gñatur in fœminis: & est sanguis menstruus, qui pp
nimiā humiditatē, q̄ gñatur in eis ex
paucitate caloris carū intrinseci, nō
est sufficiens calor earū ad decoquē-
dū sanguinē, q̄ mittitur ad mēbra earū. & idcirco expellit ipsum natura
certis paroxismis p meatū h' membri. Et est cōpositū multis villis trās-
uersorijs pp virtutē retentiuā, q̄ est
in eis: & hēt aliquos villos longitudinales pp virtutē attractiuā, vt trahant sperma. sed virtus expulsiua, q̄ L
est in hoc mēbro, magna est: & ppea
hēt vnū villū latitudinalem. Et si tu
quæreres vtrū vulua hēt virtutē im
mutatiuā, hoc indiget speculatione.
quia nō pōt dici q̄ vulua faciat mēbra embryonis: sed virtus informatiua ipsa facit cū calore fixo in spermate. ergo virtus immutatiua, q̄ est
in vulua, non est, nisi loco conserua
tionis. & ideo cùm attingit sperma
aer, corrūpit cōplexionē eius. & per
hanc viā pōt intelligi q̄ virtus imu
tatiua est in vulua. Sed manifestum
est q̄ māmillæ sunt ad faciendū lac:
ppea q̄ caro ipsarū fuit spongiosa & M
alba: & ista mēbra habent colligan-
tiā cū vulua. Et propterea, qñ materiæ pp aliquā cām non veniunt ad
vuluā, currunt ad māmillas: sicut est
in mulieribus lactantibus, quia non
hñt menstrua: & si hñt, parū hñt. Et
sunt aliquę mulieres, q̄ non possunt
impregnari, dum lactant. & iterum
cū materiæ descendunt ad vuluam,
priuantur à mammillis. Hucusque
diximus iuuamenta menstruorum
& spermatis: deinceps volumus nar
rare iuuamēta instrumētorū sēsua.

An in vulua virtus sit immutatiua.

De

A *De iuuamentis membrorum officialium, quæ sunt instrumenta sensus in generali.* Cap. 11.

Cerebrũ creatũ fuit ꝑꝑ sensus.

ET dicimus ꝙ quinque sunt sensus, scilicet visus, auditus, gustus, odoratus, & tactus. Manifestũ est ꝙ cerebrum non fuit creatum, nisi ꝑ ipsos, & propter ꝑ visum, auditũ, gustum, & odoratũ: & quodlibet istorũ habet suũ instrm̃ proprium, videlicet visus oculum, auditus aures, odoratus nares, gustus linguam. Sed de instrumẽto proprio tactus est dubiũ.

Dubium de instrumento sensus tactus.

quia Gal. dicit ꝙ neruus, qui oritur B à cerebro, est proprium instrm̃ eius, & est dator plurĩ virtutũ aliis mẽbris. & Arist. dicit ꝙ illud instrm̃ est caro. Et hoc sequitur opinionẽ, quã habent de cerebro, quia Gal. dicit ꝙ in eo sunt quinque sensus, & dicit ꝙ est principalis illius operationis, hoc est ꝙ facit eã per se sine alicuius necessitate.

In quo mẽbro sint isti sensus, in cerebro, an in corde.

Arist. autẽ dicit ꝙ effectum suum est particulare: quia est in hoc opere seruitor dominationi cordis, posito ꝙ sensus fuerint in eo quinque, vel quatuor.

Cõtra Ga.

Et nos volumus speculari in hoc, sm̃ ꝙ speculati fuimus in dominio hepatis. Et dicimus ꝙ ma- C nifestũ est ex anatomia ꝙ multæ arteriæ à corde mittunẽ ad cerebrum & fortes & omnes anatomici, & Galenus cum eis hoc consentiunt: & ex hoc est prima ꝑbatio, ꝙ cerebrum ĩ hac operatione indiget corde. Sed si res, qua iuuatur cerebrum ꝑ cor ꝑ calorem illum, quem ei trãsmittit, est virtus nutritiua, qua cerebrũ nutritur: ergo cor de necessitate esset seruitor cerebri in hac re. ideo quia nutrimentũ & virtus nutritiua non sunt data in animali, nisi ꝑ sensus virtutẽ sensibilẽ. sed res, qua iuuaẽ cerebrũ ꝑ cor per calorem, quem ei trãsmittit, est quinq; sensus: ergo D virtus sensibilis primo & principaliter est in corde. & illa virtus est sensus communis, cuius esse probatum est in libro de Aĩa. Sed Galenus dicit ꝙ hæc virtus est ĩ cerebro, & Aristo. dicit ꝙ est in corde. Et si tu quæris, vnde apparet ꝙ cor sit dator cerebro caloris mensurati in quantitate & qualitate, & sm̃ ꝙ conuenit vnicuiq; sensui ex sensibus cerebri: Respondemus ꝙ ratione debita est, ꝙ non enim omni calore fit quilibet sensus. quia calor, cum quo operaẽ virtus nutritiua, non est ille calor, cum quo operaẽ virtus sensibilis. E Et hoc apparet in dormiente & vigilante: quia nos videmus ꝙ operatio virtutis nutritiuæ est fortior cum nos dormimus, & tunc non est sensus in actu: ergo calor, cum quo operaẽ virtus sensibilis, non est in sensibus in actu, cum homo dormit. Et hoc apparet, quia qñ homo dormit tenendo oculos apertos, nõ videt. & si nõ esset, quia reuertitur calor, ĩ quo est visus, per neruũ opticũ ad partes intrinsecas visus, nõ esset priuatus.

Secũda rõ.

Destructio secundæ rationis.

Et scias ꝙ vna & eadem virtus non potest inueniri in potentia & in actu F simul & semel. ergo postquã manifestũ est, ꝙ virtus visibilis vadit cũ spiritu visibili, & spiritus visibilis cũ calore naturali, qñ dormit hõ, non est virtus visibilis in actu, quia si esset ĩ actu, videret in actu: & non est ita: ergo calor naturalis, ꝙ viuificat virtutem sensibilẽ, non est calor virtutis nutritiuæ, qñ dormiens nutriẽ, & non videt. & qñ tu scies vbi reuertiẽ, & vnde transmittiẽ, tunc scies de necessitate locũ virtutis sensus cõmunis. Sed mihi videtur prima fronte, ꝙ à corde transmittitur ille calor,

ad

G & ad illud reuerrimur. Et propterea sunt calidiores partes eã extrinsecę, quã hõ vigilat. & operatio virtutis nutritiuæ est fortior, cùm homo dormit, & corpus est frigidum deforis. Et nemo debet dicere ꝙ ortus istius caloris, cũ quo stant sensus & vigilia, generetur primo in cerebro: quia cerebrũ est mẽbrũ frigidũ, & nerui mẽbra frigida, & in maiori parte eorũ apparet manifeste frigus: ergo incredibile est vt calefaciant corpus.

Deductio contra eiũs responsionem.

Et adhuc de ratione apparet, ꝙ calor q est materia aĩæ nutritiuæ, & calor q est materia animę sensibilis, est vnũ

Secunda deductio.

H loco subiecti, vel vnũ in situ, & non est duo loco subiecti, nec in duobus diuersis mẽbris etiã duo. Quia aĩa nutritiua, quæ est in embryone, est præparata recipere aĩam sensibilẽ, & stat cũ ea loco formæ & finis: & nutritiua est ei loco materiæ: ideo fuit receptio in illo loco de necessitate, qui præparatus est recipere. Et manifestũ est ꝙ aĩa non est præparata recipere, nisi in loco sui subiecti & sui situs, qui est calor naturalis. ergo receptio animæ ad formam sensibilem est de necessitate in hoc loco. Ideo ergo res vnita ab his duab⁹ est

I vnũ loco subiecti, vel situs: quãuis non sint vnũ in aliqua duarũ figurarũ, vnũ simpliciter, hoc est vnum numero, & vnũ definitione. & hæc est nobilis sententia, quam dedim⁹. Et postquam ita est, & etiã apparet ꝙ calor, cum quo regunt sensus, est calor cordis: ergo virtus, quæ regit sensum cõem est ibi, & cerebrũ est seruiẽs istius virtutis, sed ipsum cor est princeps istius virtutis veraciter: quia dominatur super his in hac pfecta dominatione. Et nos potuissemus probasse has res magis per viã demonstratiuã: sed nostra intẽtio

K est abbreuiare. Et postquã declaratũ est ꝙ cerebrũ est seruiens cordis, dando ei virtutes sensibiles per modũ, quẽ das camerarius regi, vt impleat voluntates suas, quãuis rex det ei illã virtutẽ, propter quã agit: necesse est deinceps scire, quæ est via, per quã seruit cerebrũ cordi: quia iã declarata est via, per quã seruit hepar cordi, hoc est, quia præparat ei suũ nutrimentũ. Et dicimus ꝙ non in qualibet mensura caloris complectur operatio cuiuslibet sensus. Et adhuc apparet ad sensum, ꝙ non indiget forti calore. quia fortis calor phibet eos apprehendere sensata extrinseca, & impedit eos, sicut videm⁹ ꝙ hoĩes, qui distemperati sunt forti calore in cerebris eorũ, in ægritudinibus acutis credunt audire, & videre ea quę non sunt. & maxime apparet hoc in sensu tactus: quia fuit intentio in eo apprehendere quatuor qualitates. & fuit impossibile vt instrumentũ illius esset vacuũ ex eis: quia ipsum est complexionatum ex eis. vnde fuit factũ in fine temperantiæ, vt habeat sensum fortiorem. Et propter hæc omnia, quia cor est in fine caloris, fuit ordinatũ contra ipsum cerebrũ ex opposito ad tẽperandũ calorem suum, vt sensus possit apprehendere perfecte. Nec fuit possibile ponere hanc frigiditatem eandẽ in corde a principio creationis: quia essent diminutæ operationes nutrimẽti diminutione manifesta. Et ꝙ dũ voluerit natura facere has duas operationes in animalibus perfectis in vltimitate perfectionis, fuit positum cerebrũ contra cor. Sed aĩalia, quę dicuntur spongia marina, & multa animalia bruta non videtur

Virtus sensitiua est in corde. Idẽ Hipp. de corde aĩalis. virtus est in cord: nisi in sinistro ventriculo. Idem Ipa raphrasũ li. 2. d partibus c. 7. ab Ari. vide primo Theisir tr. 12. cap. 1.

L

Vtilitas cerebri.

M

indigere

A indigere cerebro, & specialiter neruo magno, qui oritur à cerebro. & ppea si scinderetur aliqua pars illius animalis, posset viuere, & nutriri, & crescere, donec rediret ad id qđ erat. Et pp hãc cãm videmus multa animalia, quæ viuunt, cum sint incisa vsq; ad mediũ sui. Et istud est seruitiũ, qđ dicit Arist. & sequaces sui, & secta circuentiũ, quæ dr̃ ementium, i. vianum, ꝙ cerebrum facit cordi. Et fuit ordinatum os capitis ad defendendum cerebrum. Et fuit rotundum, quia figura rotunda est magis remota à læsione: sicut faciunt B castellani, qui faciunt turres rotundas, vt machina non possit eis nocere. Et adhuc, quia figura rotunda plura cõtinet in se: & etiam est magis apta ad motum continuum.

De iuuamento fili Spinæ. Cap. 12.

ET iuuamentum fili spinę est de genere iuuamenti cerebri, & est quasi clauus ligans spondylia. Et postquam declarata est ex hoc sermone * compositio dominationis cerebri, & similiter dominationis cordis, & declaratum est rerum ꝙ est eius iuuamentum: deinde narrandum est iuuamentum membrorũ C vniuscuiusque, quæ data sunt his quinque virtutibus.

*al. cõparatio

De proprio instrumento sensus Tactus. Cap. 13.

Caro est instrumentũ sensus tactus.

ET dicimus ꝙ caro est propriũ instrumentum sensus tactus; ppea quia illud est membrum, qđ cõmunicat omnibus animalibus, sicut tactus est sensus cõmunis omnibus animalibus. Et in carnibus per totum corpus animaliũ sunt sparsi multi nerui ad temperandum complexionem carnis. & quia nerui sunt similes complexioni cerebri, est iuuamentum eorum de genere iuuamẽti cerebri. & ppea membra, ad quę nõ D veniunt multi nerui, sunt duri sensus. Et istius virtutis quiddam est, qđ cõmunicat oĩbus partibus carnis: & hic est sensus quatuor qualitatum contrariarũ, sicut caliditas, frigiditas, siccitas, & humiditas: & quiddam est, quod est propriũ vni membro: sicut est quando os stomachi sentit resolutionem factam in eo: & iste sensus appellatur fames & sitis. Sed fames est sensus resolutionis substantiæ grossæ, calidę & siccæ: & sitis est sensus resolutionis substantiæ frigidæ & humidæ: E ergo sensus proprius est duplex. Et sensus capitis membri de titillatione, quam habet in hora coitus, isti duo sunt connumerati in genere sensus tactus.

De iuuamento Linguæ. Cap. 14.

ET linguæ iuuamentum est manifestum, ꝙ illa & nerui sui nõ fuerunt facti, nisi pp operationẽ gustus, quamuis huic adiungatur alia res pp electionẽ meliorem, hoc est ad proferendum literas locutionũ. Et in radice linguæ sunt duo orificia, quæ tangunt carnem glandulosam, quæ appellant generatrix sa- F liuæ. & iuuamentum istius saliuæ est, vt faciat manifestare gustum rerum saporatarum.

De iuuamentis Oculorum, & partium suarum. Cap. 15.

Id est primo Thesaur. tr. 3. ca. 24. Idem vbi supra.

ET manifestum est, ꝙ oculi sunt instrumenta visus, & ꝙ sunt cõpositi ex septẽ tunicis, & tribus humiditatibus: & sciendũ est iuuamẽtũ vniuscuiusq; ipsorũ. Et apparet ꝙ ꝓpriũ instrũm illius sensus sit humiditas rotunda, quę vocatur crystallina,

G vel glacialis, aut tela aranea po
sita super hanc humiditatem. Quia
declaratum est in Naturali philoso
phia, q̄ hæc apprehensio nō potest
perfici nisi ĩ corpore peruio, hoc est
aere & aqua. quia ꝓp claritatē & pu
ritatem, quæ est in eis, fuit eis possibile recipere colores. & non apparet in oculo corpus existens in vltima claritate, & lucididate natum ex
temperantia aeris & aquæ, nisi duo
corpora. & non fuit ordinata rotun
ditas istius humiditatis cū aliquan
tula deuexitate, nisi vt reciperet rerum sensibilium multā quātitatē.
H Sed aliæ humiditates, & aliæ tunicæ
non fuerunt factę, nisi ꝓp hanc humiditatem. Et cū deuexitate modi
ca non est nisi vt recipiat à grandinosa: quia vitrea humiditas fuit fa
cta ad nutriendū hanc humiditatē
p viā rorationis. & hoc fuit: ꝓpterea q̄
natura sanguinis ē remota a nā hu
ius humiditatis. vnde fuit necessarium, vt aliqua re mediante fiat trā
situs sanguinis in prīo, vt ipsa ada-
ptentur ad nutriendum hāc humiditatē. Et albuginea humiditas facta fuit iterum ad humectandum
hāc humiditatē, & ad custodiēdum
I humiditatē suam ab aere extrinseco, & ēt ne tangat vueam tunicam.
Sed tunica fortis vocata coniunctiua, fuit ad custodiendū oculū à du-
ricie nerui, & ēt ad ligandū oculum
cū osse, & ēt ꝓp aliam vtilitatē, quā
dicemus post. Sed tunica, q̄ dicitur
*al. secundina * retina, fuit facta ad nutriendū di-
ctam retinam per venas, q̄ sunt in
ea: & ēt vt iuuet ipsam ꝓp calorem
naturalem per arterias, quæ sunt in
ipsa. Sed iuuamētū telæ retinæ, pri
mū est vt det spiritū visibilē p neruos, qui sunt in ipsa, hoc est calorē
naturalē, cuius cōplexio adaptata ē K
in cerebro, & p duos neruos, qui vadunt ad oculos: & ēt nutrit crystal
linā humiditatem per viā rorratio-
nis, & dat iuuamentū caloris naturalis per arterias, quæ sunt ĩ ea. Sed
Gale. cōfitetur q̄ aranea est vltimi- Cōtra Galenum.
tate peruietatis, & lucididatis: quia
colores & formę imprimūtur in ipsam. ergo ista tela est propriū instru
mentum visus, vel per se, vel per adiutorium crystallinæ. Et tela vuea
dr̄ habere tria iuuamenta: vnū est
vt nutriat telā corneā: & ꝓpterea fuit
multū venosa: 2m vt defendat cry-
stallinā a duritie tactus corneæ: & L
ꝓpterea fuit hæc tela mollis tm̄, ne di-
sgregaretur spiritus visibilis. & hoc
facit ꝓp colorē nigrum quē habet;
quia natura est coloris nigri vt ag-
greget. Et foramē, qd̄ est in medio
istius telæ, non fuit factū, nisi vt esset forma sensati humiditatis crystallinæ, aut araneæ, aut ambarū:
quia visus, sicut scis, non fit extra-
mittēdo. Sed oculus recipit colores
per sua corpora peruia per modū,
per quem recipit speculum. & quan
do colores sunt impressi in ipsum,
tunc apprehendit eos spiritus visibi M
lis. & hoc ego bene probaui in lib.
de Sensu & sensato sex rōnibus, q̄
si aliqd̄ corporū, quibus est cōpositus oculus, est conueniens vt in eo
imprimant colores per nimiā eius
peruietatē, ipsum corpus est ꝓpriū
instrm̄ oculi. Et iuuamentum telę
corneæ ēt fuit vt defendat humorē
albugineū. & fuit facta clara & sub
tilis, vt non resistat humiditati cry-
stallinę ad recipiendū formas. Sed
2m iuuamentū coniunctiuæ fuit fa
ctū ad mouendū secum musculū;
qui mouet oculum. Ista sunt iuuamenta

A menta partium oculi sm Galen. & maior pars iuuamentorum, sm ꝙ vidisti hic, sunt iuuamenta arbitraria: sed sine dubio quodlibet ipsorū habet iuuamentū propriū ī se. & pars dominās ī eo, & sui finis nō ē, nisi vt imprimant colores ī ipsum.

De iuuamentis instrumentorum Auditus. Cap. 16.

SEd instrumentorū auditus manifestum est ꝙ sunt aures. & primum ī quo auditus est, est neruus, qui venit ad eas, qui cooperit foramen auris. Et dictū est, ꝙ foramen auris nō fuit tortuosum, nisi vt aer

B frigidus non intret tali mō, ꝙ lędat auditum. Et melius est dicere ꝙ fuit tortuosum, ne virtus auditus fuisset læsa à vocibus fortissimis. Et ī summa scias ꝙ hęc figura habuit iuuamentū in receptione vocis. & ideo factum fuit chartilaginosum, & vocatum est auris tortuosa. Et alia animalia habent hoc pro alio iuuamēto, hoc est vt recipiant voces venētes ab omni parte. & propterea plus regrediuntur foras, & mouent eas.

De iuuamentis instrumentorum Odoratus. Cap. 17.

C MAnifestū est ꝙ instrumenta odoratus sunt nasus. & fit in aīalibus olfactilibus per viā attractionis, & in nō olfactilibus sine attractione: sicut in apibus, & in alijs animalibus non habentis olfactū. Et sm Arist. iste sensus fit ī duobus meatibus, q̄ sunt in naso. & sm Gale. fit in duabus carūculis similibus capitibus mammillarū: & dicit ꝙ pp remotionē istius loci indiguit attractione. Et ego dico, ꝙ si ita esset, vt dicit Gal. ergo odoraremus, quādo nares essent oppilatę, qn̄ attraheremus aerē per os: quia palatū est apertum naso. Et sm ꝙ dicit Auenzoar nos odoramus odorē ciborū, qū incipiunt digeri in stomacho: et hoc à contrario non est probatū, ꝙ per illas duas carunculas fiat odoratus: ꝙ si ita esset, animalia nō olfactibilia nō odorarent. Et scias ꝙ non fuit data attractio odoratui, nisi pp vnam duarum rerū: aut electione

Prima rō. q̄ odor nō fit ī carūculis, cōtra Gal.

D *Secūda rō*

propter melius: aut grossicie sensus istius in animalibus olfactilibus. Quia possibile esset vaporē euenire à re odorata per se ad virtutē sensibilem pp nimiā subtilitatē substantiæ, & propter naturā suæ impulsio-

E nis. Sed ppea ꝙ operatio olfactionis est vna duarum rerum, aut trahendi, aut mittendi: & est impossibile vaporem venire ex re odorata tempore transmissionis aeris extra. Et est possibile ipsum venire tempore attractionis: qa aduentus aeris odorati fit magis per modum attractionis, q̄ per modum effusionis: sicut tu vides, cū volumus certe sentire odores, ꝙ nos conamur super attractionē. & hęc est causa, pp quā fuit data attractio. Et apparet ꝙ animalia, q̄ odorant sine attractione, habēt clariorem sensum q̄ animalia, q̄ odo-

F rant cum attractiōe, sicut videmus in formicis & apibus: propter debilitatem ipsius sensus in animalibus olfactiuis sentitur odor paucus sine attractione, & quasi videtur vt non sentiatur. Et cūm sit comparatio illius sensus inter hominem, & multa ex animalibus, est iste sensus diminutus in homine ab illis animalibus, quæ indigent in hoc sensu in venando vitam suam. & propterea dicitur in prouerbijs, ꝙ cūm ista animalia venantur vitam suam, & hoc est quasi per viā prophe-

Tertia rō.

G tiæ, vel diuinæ prouidétiæ. Et postquã narrauimus instrumenta quin
que sensuum, volumus narrare instrumenta, quæ facta sunt propter
virtutem motiuam.

De iuuamentis membrorum voluntarij
Motus. *Cap.* 18.

ET dicimus q virtus, quæ facit
mouere animal, hæc est imaginatiua vel æstimatiua, quam præcessit virtus cõcupiscibilis, & postea
ibi confirmatum est consilium, vel
nõ pp representationẽ rei imagina-
tæ aut æstimatę, fm q declaratũ est
H in lib. de Anim. Et est necesse pscru
tari I hac virtute, hoc est, vt sciamus
instrumenta, quibus oportet operari, & quot sunt. Dicamus q motus
voluntarij quidam est proprius, &
quidã est cõis. Communis est motus eundi, qui motus est totius corporis. Sed proprius est motus cutis
frontis, & motus oculorum, & man
dibularũ, & duarum nasi extremita
tũ, & labiorũ, & linguæ, & epiglotti
dis, & mandibulæ inferioris, & motus capitis & colli, & motus nasi, &
motus nodi, vel humeri spatulæ cũ
bredoue, & motus brachij á cubito
I inferius, & motus iuncturæ nominatæ in Arabico rascebt, & motus
digitorum, & vniuscuiusq; istarum
iuncturarũ, & motus membrorum
existentiũ in collo, & motus pectoris ad inspirandum, & virgæ, & vesi
cæ qñ clauditꝰ & motus extremitatis intestini recti qñ retinent ẽxcre
ne exeãt, & myrach, coxę, & cruris,
& testium, & pedum, & digitorum
pedũ. Isti sunt motus, qui dicuntꝰ vo
luntarij. Et est necesse pscrutari res,
à quibus veniunt isti motus. Et dici
mus q manifestũ est per dispõnem

Qđ sit pri mũ mot⁹ voluntarij instrum.

istorũ motuum, q fiunt à pluribus K
vno motore, v. g. motus manus fit à
chorda, & motus chordę est à musculo, & motus musculi est per se, &
musculus est primũ mobile: & nõ
est hoc corpus, qđ moueat ipsum.
Ideo quia oẽ corpus, qđ mouet corpus mobile, est a necessitate mobile. & ideo est conueniens, q corpora, quorum vnum mouet alterum,
veniant in fine ad vnum corpus, qđ
moueatur per vnã virtutẽ motiuã
missam eidem, & non pp aliud corpus, sed pp aliud principium, qđ est
in eo: sicut probatum est in Naturali philosophia, q si ita non esset, L
res protenderetur in infinitum. ergo de necessitate debemus dicere q
principium est in musculo. Et quãdo opinatꝰ Medici q motus musculi fit a neruo, opinantur falsum. nõ
quia, si ita esset, neruus moueretur
aut per se aut per aliud, hoc est pp
aliud principium, quod esset in eo,
& ideo quia declaratum est in Naturali Philosophia, q qđlibet mobi
le habet motorẽ, & q ille si est corpus, non moueat nisi moueatur, &
si motus esset à corpore, res proce-
deret in infinitũ: nõ necesse est hic
cẽ motorem, qui moueat & nõ mo
ueatur, & qui sit non corpus. Hæc M
est vna cã, per quam vĩ, q qui mouet primo animal, nõ ẽ corpus, sed
virtus est aiæ: & q hoc fit de necessi
tate i musculo. Et hęc virtus, est virtus volũtaria, quã pcedit imaginati
ua, vel æstimatiua, & cõfirmatio cõ-
silij. Et ideo quia iste motor nõ est
corpus, necesse ẽ vt primũ mobile,
qđ mouetꝰ per ipsum, sit corpus, ad
hoc vt hoc mobile sit sicut materia.
& ipsum erit ei sicut forma: qa im-
posse est primũ motorẽ I aĩali, vt sit
fine

Cõtra Medicos.

A sine materia ergo necesse est speculari quid sit hoc primum corpus: & apparet q̄ sit calor naturalis, qui est in nobis. Et tu vides, q̄ qñ infrigidantur membra, eorũ motus priuantur. Et est res nota per se, q̄ vna rerum receptarum in definitiõe istarum operationũ est calor naturalis. Sed iste calor naturalis differt proprijs differentijs in quolibet mẽbro fm operationes, quibus appropriatur illud, maxime in operationibus nutrimẽti. & de hoc nullus discordat. Sed Gale. sentit q̄ origo huius caloris istius sit cerebrum, & ad totum

B corpus p̄ neruos ab eo mittitur. Sed Arist. sentit q̄ cerebrum sit seruitor cordis in hac operatione p̄ viã, qua seruit ei in sensibus, fm q̄ dictũ est superius: & q̄ origo isti⁹ caloris est in corde. Ex hoc põt videri manifeste, q̄ ita est, vt verum est. Quia tu vides q̄ nascit̃ in corpore iter agentis, qñ vadit, qd̃ non fuerat. & illud mẽbrũ, à quo nascitur calor, & vadit ad totũ corpus, est cor. Et ppea qñ accidit homini aliqd, qd̃ ipsum terreat, redit calor ad cor, & tremũt crura & põt esse q̄ cadit hõ, aut nõ

C poterit moueri. ergo prĩa virtus regitiua in hoc motu, & illud qd̃ mensurat calorẽ in quantitate, est de necessitate in corde. Et adhuc, quod Gale. & oẽs alij medici confitentur, q̄ virtus voluntaria est in corde. & si ita est, & apparet q̄ aĩalia nõ mouent, nisi voluntarie: ergo virtus hęc est in corde, & cerebrũ eius seruiens in dando ei tẽperantiã. Et cõe erit cum diceref de hac temperantia, vt fiat p̄ neruũ, aut fiat cũ spiritu animali eũte in ipsum. & non est dña in hoc: excepto q̄ in neruis spiritus aĩalis fm Galen. non est apparens,

R.õ prima cõtra Gal.

Secũda rõ

D nisi ĩ duobus neruis opticis. Sed primũ mobile à calore naturali ẽ musculus: iõ quia conueniens est, q̄ calor naturalis operetur ĩ primo, hoc est vt primo moueatur istud corp⁹, cum quo habet similitudinem propinquiorẽ ex parte caloris, hoc est musculus pp̄ compositionẽ suam: quia est cõpositus ex prima carne simplici, & neruis, à quibus nascuntur chordæ. Sed neruus solus frigidus est multũ, & non habet partem similẽ cum calore naturali. Et vena per se nõ est digna, vt sit principiũ istius motus: ideo quia nascitur à

E membro non primo. Et de rõne nõ est q̄ instrm̃, qd̃ dat nutrimentum, sit instrumentũ motus: quia magis est conueniens vt nutrimentum fiat per instrm̃ quietis. Nec ẽt arteria conueniens erit huic motui: q̃a est operatrix operationũ pulsationũ, quę dissimiles & non conuenientes sunt motui voluntario: immo est sic vt sit contraria ei, & sit quasi disposita, sicut res, quæ vellet, & nollet aliquid simul. Ergo remanet vt sit musculus primũ instrm̃, qd̃ mouetur à calore naturali. Sed in mẽbris, quibus nõ sunt ossa, & nõ sunt

F ramificata, & sunt parua, musculi ipsi mouent ipsa sine medio: & ramificata mouent ea mediantibus cordis, quæ nascuntur ab extremitatibus eorum, ideoq; cum contrahitur, trahit illam chordã. & quia alligatus est cum extremitate ossis, mouetur os suo motu. Et qñ membrum habet duos motus cõtrarios adinuicẽ, tunc habet duo ossa, vel duos musculos in duobus locis cõtrarijs adinuicem: quorum quilibet trahit per se suo tempore, & prohibet alteri suo contrario, ne faciat

R.õ cõtra Galenũ.

G operationem ſuam illa hora. & ſi
operati eſſent ambo una hora, tunc
ſtat æqualiter membrum, & trahi
tur ſm vnum ſtatum. verbi gratia:
quando muſculus qui eſt in ſylue-
ſtri parte manus, trahit ipſam vertitur verſus partem ſylueſtrem : &
qñ muſculus, qui eſt in parte dome
ſtica, trahit ipſam verſus partem do
meſticam, vertitur verſus illam: &
qñ trahunt ambo ſimul, exiſtit æ-
qualis. & nullus eſt ipſorum per ſe,
vt tractu ſuo faciat ipſam verti intus, & extra. Et numerus muſculo-
rum ſm Galenum eſt. 529. quorũ
H in facie ſunt. 45. quorum. 24. ſunt,
vt moueant oculos, & palpebras, &
12. vt moueant mandibulam inferiorem, & 9. vt moueant alia membra faciei, quæ mouentur voluntarie. & in iſtis ſunt muſculus occultus ſubcute frontis, & prodeſt fortitudini apertionis oculorum : &
duo muſculi qui mouent extremitatem naſi, & muſculi duo qui mouent labiũ ſuperius ſurſum, & duo
qui mouent labium inferius deorſum & duo qui mouent maxillam.
Et muſculi, qui mouent caput &
collum ſunt. 23. quidam eorũ tra-
I hunt caput verſus illam partẽ ſolũ,
verſus quã poſiti ſunt. & alij ſunt, q
trahunt caput, & collum. eorũ quidã ſunt, qui trahũt caput ſuperius,
& quidã ſunt, qui trahũt ad partem
anteriorẽ, & quidã trahunt ad partẽ poſteriorem ſuperiorẽ, & quidã
trahunt ad dextrã, & quidam ad ſi-
niſtram. Et nouẽ muſculi mouent
linguam. Et. 32. muſculi ſunt propter motũ colli & epiglottidis. Et ſe
ptem muſculi vnicuiq; ſpatulæ. Et
14. vnicuiq; lateri, quibus mouetur
brachiũ. & quatuor muſculi poſiti
ſuper cubitũ: quorum duo ſunt in- K
tus, qui faciunt ipſum verti verſus
partẽ domeſticã : & duo ſtãt extra,
vt faciant ipſam verti ad partẽ ſyl-
ueſtrẽ. &. 17. ſunt in quolibet brachio. 10. extra, & ſeptẽ intus. &. 36.
poſiti ſunt ſuper manus. 18. ſuper
vnaquaq;, qui mouent manus ad
partẽ domeſticam, & partem ſylueſtrem, & ad motus pollicis, & parui
digiti, & volã manus. Et muſculi pe
ctoris ſunt. 107. eorum quidã dila-
tant, & quidã conſtringunt. Et muſculi ſpondylorum ſunt. 48. & octo
extenduntur ſuper ventrẽ ſub oſſibus pectoris vſq; ad vmbilicũ. & q- L
dam extenduntur ſm longitudinẽ,
& quidã ſm latitudinẽ, & quidam
ſm tranſuerſum, qui faciunt motũ
ventris conſtringendi & laxandi, &
iuuant omnes alios motus. & quatuor muſculos habent duo teſticuli, & quatuor muſculi mouent viri-
le membrũ. & vnus muſculus tenet
os vrinę, ne ĩdebite fundatur. & qua
tuor muſculi tenent officium inte
ſtinorũ, ne ſtercus ante tẽpus egrediatur. Et. 64. muſculi ad motũ coxarum & crurium, &. 28. ad motũ
pedũ, & aliquorũ digitorum pedũ.
&. 22. alijs motibus digitorũ pedũ, M
& poſiti ſunt ſuper pedes. Iſti omnes muſculi ſunt prima res, q̃ mouetur à calore naturali cõi, aut calo
re proprio cuiuslibet muſculi. Et
poſtquã ita eſt, ꝙ aliqđ membrum
nõ mouetur niſi per calorẽ naturalẽ, qui ſtat ei loco formæ, & propter
calorem, qui eſt in muſculo, & ille
nõ mouetur niſi per principiũ animæ : & ſciendum eſt quid eſt iſtud
principium, & vnde eſt, & vbi eſt. Et
dicimus ꝙ qñ aſſociabitur huic, qđ
declaratum eſt, ꝙ per vltem ſermo-
nem :

A membri: hoc est, q virtus, quę facit motum in loco, est anima. Et est declaratum est, q conueniens est, q motus vniuscuiusq; corporis fit per virtutē voluntariā fixam in mēbro eius, qd cōmunicat toti corpori, q sit mobile per se: & per virtutē propriā voluntarie mouet membris particularibus, quæ mouentur per se, & sunt musculi: & apparet sensui, q in corpore non est membrū, qd communicet toti corpori, & sit mobile per se nisi cor: ergo virtus voluntaria cōis est in corde, hoc est in musculo qui est in eo, & virtutes particulares

B voluntariæ sunt in quolibet musculo particularium musculorū. Sicut videmus q motus cōmunis vitalis animalium, qui est inspiratio, habet principium a corde. & iste motus est coniunctus motui expirationis pulsatilis. Et propter hoc accidit, q pulsus magnificatur per motum, & minoratur per quietem. Ergo cerebrum, & neruus non fuerunt nisi ad temperādum istum calorem, in quo est principium virtutis voluntariæ communis, & propriæ. Debes scire q non est impossibile hic esse motum voluntarium absque mu-

C sculo, sed si est, est propter calorem naturalem, aut propter rē, quæ stat loco eius in animalibus, quæ non sunt sanguinea, nec musculosa. Et sine dubio isti musculi non sunt, nisi in animalibus perfectis. Ideo grave fuit Galeno ad dandum musculos, qui moueāt linguam exterius, & motus duncici membri tempore coitus: iō quia intentio sua erat alia, vt motus non esset nisi p musculos, & non est ita.

Secūda rō.

Tertia rō. Instātio Galeni est, q motus volūtarius non fiat nisi p musculos. Vide 1. de motibus liquidis c. 2. & 4. & 1. de locis affectis c. 6. & in de motu musculorum.

De iuuamentis Anhelitus, & membrorum eius. D *Cap. 19.*

Postquam narrauimus iuuamētum membrorū motuū voluntariorum, est narrandum de anhelitu, & membris suis. Ideo quia Gal. ponit ipsum motum voluntarium. & quia vf q cerebrum operatur in hunc motū, credit q motus voluntarius sit in eo. & similiter credidit q esset in neruo, & credidit falsum, ideo quia iā probatū est, q hoc conuenit ei in membro mobili per se. & propterea ęgritudo, à qua prouenit læsio in motu, est primo & per se in musculo, & per modum colligantiæ in cerebro & neruo. Quare E Medicus debet curare læsionē istius motus, intendendo primo ad musculū, & secundario ad cerebrum & ad neruum. Instrumenta anhelitus sunt diaphragma, pulmo, cāna, trachea arteria, epiglottis, & vuula. Et priusquā nos tractemus de iuuamēto vniuscuiusq; istorū membrorū, est tractandum de iuuamēto istius operationis, hoc est de anhelitu. Et dicimus q Medici, sicut Gal. & alij, visi sunt dicere, q anhelitus est propter duo iuuamenta. Vnū ad ventilandū calorem naturalē cordis per F attractionē aeris frigidi, & expulsionem vaporis, qui resoluitur a calore naturali, qui est corp' fumosum, qui non est conueniens eidem. pro certo istud iuuamentum est verum & necessarium aīalibus calidis sanguineis. sed illis, quę non sunt calida nec sanguinea, nō est necessaria hæc operatio: sed sufficit eis motus arteriarū, qui venit à corde. & hoc reputo sicut anhelitum. Sed aliud iuuamentum, qd dicunt esse, est, vt det nutrimentum virtuti intrinsecę

De iuuamētis anhelitus.

Cōtra Medicos.

G ex aere, qui recipitur restaurando ex spiritu tantum quantū resolutū est. hoc est falsum. quia impossibile est compositum nutriri ex simplici. quū si ita esset, iam inueniretur animal esse simplex ex uno solo elemento. & Gale. negat hoc. & ꝓpterea dicit ꝙ aqua non nutrit. & ꝓpterea dico ꝙ primum verax est. Sed cui ex virtutibus animæ debeat attribui anhelitus, hoc est ꝑscrutandū. quia Gale. dicit, ꝙ dēt attribui virtuti voluntariæ. & dicit hoc. qa à nr̄a volūtate ē vt anhelemus, & nō anhelemus. Et ēt dicit ꝙ propriū instrm̄ huius virtutis est neruus. & dicit ꝙ si incide-

Cui uirtuti animæ anhelitus attribui debeat.

Gal. opin.

Prima rō cōtra Gal.

H retur neruus, qui mouet diaphragma, homo nō viueret, nisi tm̄ quantum viueret strāgulatus. Sed alij dicunt ꝙ stat virtuti, sicut motus pulsus. Et pōt questionari dictum Galeni duabus rōnibus. Vna, quia tu vides ꝙ anhelamus, qū dormimus: ergo non est voluntarius. quia operatio voluntaria non fit nisi cogitatione, & voluntate, sicut dictum est. Alia, quia videmus ꝙ anhelitus, qui fit improuise, similatur motui pulsuum: ita ꝙ Hippocr. ponit ipsum pluries loco pulsuum, s. tēpore, quo

Secunda rō

I non ægrotant membra anhelitus. & dicit ꝙ denunciat complexionē cordis, sicut denunciat pulsus, excepto ꝙ non fit ægritudo in instrumētis anhelitus. Et alij sapientes volūt ꝙ sit compositus duabus virtutib9, videlicet voluntaria, & non voluntaria, hoc est naturali, & animali. & hic inuenitur in motu plurium mēbrorū, sicut in motu palpebræ oculi, & in motu deglutionis. quia manifestum est, ꝙ ambæ virtutes istæ sunt compositæ. & ideo, qū debilitātur istæ duæ virtutes, cadit defectus in operatione deglutiendi, sicut ac-

K cidit quando cadit virtus appetitiua. Et mihi videt, quòd opinio postrema sit veracior, hoc est, ꝙ hæc operatio sit composita. Vel possibile esset dicere quòd fortior esset opinio illius, qui dicit eam esse naturalem: quia plures anhelitus, quos facimus tempore sanitatis & ægritudinis, fiunt sine intentione. quare ponitur ad denunciandum complexionem cordis. & etiam suspiria proijciuntur absque intentione. & etiā, quando magna necessitas anhelandi incumbit, desistere non possumus: si-

Tertia rō.

L cut accidit in tussi, & similibus. Et natura non inuenit hanc virtutem actione voluntaria, nisi propter necessitatem superuenientem: quando non sufficit virtus naturalis ad exigentiam cordis. Sed probano, qua probat Galenus, affirmando quòd hæc uirtus penitus est uoluntaria, est priuano istarum uirtutum, quando est incisus neruus. & dicit probando, postquam est incisus neruus, est incisum instrumentum motus uoluntarij: & inciso neruo, cessat motus uoluntarius: ergo est in neruo. Et iste syllogismus

Rñsio ad rōnē Gal.

M est falsus in principijs, & corruptus in figura. quia quando tenetur vnum prædicatum rei, quæ data est à subiecto, non debet semper remoueri prædicatum ab illa, à qua est remotum subiectum. & qui opinabuntur hoc, tenētur credere cum contradictione oppositi antecedentis in tota materia cōtradictionem oppositi consequentis. & ideo hæc uerba non sunt digna, ut hic audiantur. Et iste est unus modus, in quo est manifestum, quòd non habuit ueram radicem in Logica.

quia

A quia si per remotionem nerui remouetur aliquis motus, illud nō est ex necessitate, vt quando neruus est, vt sit ille motus, vt dicatur ꝙ neru⁹ sit propria causa in hoc motu. Etiam visi sunt homines percussi super venas & neruos dormitorios, qui vadunt ad cerebrum, & tunc in eis priuatæ sunt omnes operationes voluntariæ: & propterea hoc nomine nuncupatur. & dicit Rasis, ꝙ quādo rex Indiæ volebat interficere nobiles, interficiebat eos per hūc modum. Et vis tu dicere propter hoc, ꝙ omnes mot⁹ voluntarij sunt fixi in his duo- B bus, item, quæ res est illa, quæ habet hanc operationem in neruo, nisi vna ex rebus, propter quam complet haec operatio. & quando illa læsa est, tunc necessario læsa est illa operatio: quamuis non sit propria causa in hoc: quia corrumpitur propria operatio propter corruptionem virtutis transmissæ illuc. Et de necessitate non est propter hanc priuationem voluntarij motus, ꝙ quilibet motus, qui est in neruo, qui ingreditur suam essentiam, sit potius substantialiter voluntarius & per accidens C accidit ei vt sit & ille voluntarius. Et quomodo potest negare hoc, quia iam concedit ꝙ mot⁹ palpebrarum fit per musculos, sicut notum est per se, & cum hoc toto non est voluntarius. Et si vellet dicere ꝙ fit motus volūtarius, adhuc nihil hic lucratur eo ꝙ est in musculo, non in neruo. Et postquam declaratū est ꝙ iuuamentum sit in anhelitu, & quod sit eius virtus, necesse est narrare iuuamentum proprium vniuscuiusq; membri proprij huic operationi.

De pulmonis iuuamento.

Et dicimus ꝙ membrum, quod manifestum dat iuuamentum in hac operatione, est pulmo: sicut videm⁹ ꝙ quando dilatatur, attrahit aerem intus, & quando cōstringitur, expellit foras. D Et non est dubium, quia illud est proprium instrumentum in operatione illa. Sed quod necesse ē speculari subtiliter in hoc, est illud, vtrum ille motus, cum quo fit inspiratio & respiratio, sequatur motum pectoris, nec per se habeat aliquem motum: an sit motus pectoris in anhelitu, inde continuus semper cum motu pulmonis, vt sit eius adiutor.

Opīo Gal. ꝙ pulmo nō mouet, nisi motu pectoris.

Sed Gal. dicit ꝙ pulmo nullum habet proprium motum in se, & ꝙ motus illius sequitur motum pectoris: E & ꝙ motus anhelitus, qui sequitur motum naturalem, fit per rem musculosam magnam, quæ dicitur diaphragma, quod separat īferiora mēbra a superioribus. & dicit ꝙ magis propria res iuuamēti illius membri est hæc operatio: quia nos videmus ꝙ incontinenti cum pectus dilatat, repletur pulmo aere: sicut videmus in follibus fabrorum. Et testificatur super hoc, quando vulnus factum fuerit ibi, & intret aer pectus, tunc cessat motus pulmonis, & moritur.

Rō sīle. Vid. textū cōmē. prio Theor. tr. 11. ca. 1.

F Et posset esse ꝙ cessatio motus pulmonis, quando vulneratum est pectus, est propterea quia infrigidatur pulmo. Et in temporibus Aristo. nō cognoscebatur aliud iuuamentum huius membri, nisi propter separationem membrorum principalium a nutritiuis, ad hoc vt non accideret tempore digestionis eis aliud ex calore illo. Et non debet imputari Aristoteli hoc in defectum, quia istud, quod apprehenditur per anatomiā, est sicut res, quæ apprehenditur numero motuum circulorum, nec illa erat plena scientia completa tēpore Ari-

Excusatio Aristot. de anatomię cognitiō.

G Ariſtote. Et ſi tempore Galeni erat
ars Medicinę plene completa, tamē
dicit Galenus non eſt impoſſibile
poſt me venire, qui inuenit in arte
Medicinæ, quod per me non eſt in-
uētum. Et propterea in maiori parte rerum, de quibus opinantur homines, ꝙ Galenus contradicat Ariſtoteli, non eſt vera cōtradictio, ſed
ſicut additiones & complementa.
quia nullus deperit Ariſtote. de eo,
quod dicit in iuuamento diaphrag
matis & motu neruorum, ſecūdum
ꝙ dicit in tractatibus vniuerſalibus
de eſſe motus, & ſenſus, & iuuamen
tis cordis, & cerebri. & ſimiliter hic
H eſt ſic dicendum: & non eſt dicēdū
ꝙ illud, quod dicit Galenus in rebꝰ
particularibus, contradicat in vniuerſalibus Ariſtoteli. Et modo vo
lumus reuerti ad illud, a quo ſepara
ti ſumus: & dicimus ꝙ illud, quod
diximus ex ſententia Galeni, ꝙ mo
tus pulmonis ſequitur motum pectoris, & hoc indiget ſpeculatione.
quia Galenus non verificat hoc, niſi, ꝓpterea quia videtꝙ ceſſante mo
tu pectoris, ceſſat motus pulmonis,
& tunc moritur animal. Et ego dico ꝙ non eſt hoc ita abſolute dicen
I dum, ꝙ motus pectoris ſit cauſa pri
cipalis motus pulmonis. quia poſſibile eſt vt quilibet iſtorum, i. pulmo
& pectus, habeat hunc motum ex
ſe, ſed habeant vnam proprietatem
coniunctionis: propter quam nullꝰ
eorum mouetur ſine alio. & propte
rea cum ceſſat motus vnius, ceſſat
motus alterius, & non eſt quilibet
eorum cauſa motus alteriꝰ. Et ſi nos
poneremꝰ ꝙ quando pulmo nō mo
uetur hoc motu, tunc ceſſaret motꝰ
pectoris, ſicut dicit Galenꝰ, eſſemus
arbitrati per hoc ſecundum eum, ꝙ
pulmo eſſet id quod moueret pectꝰ, K
dicendo ꝙ ſi non moueretur, quòd
non moueretur pectus. Ecce hic videtur ꝙ Galenus prodiderit in opinione ſua ꝙ non eſt impoſſibile eſſe motum pectoris & pulmonis, vt
moueatur ſimul, ſicut i globo vno:
vt ſi vnum non moueretur, ꝙ aliud
nō moueretur: quanuis vnus nō ſit
motor alterius ſecundum modum
qui dictus eſt. Item non eſt impoſſi
bile, ſuperueniente pectori mala cō
plexione per inciſionem nerui, quę
ei aduenit, ꝙ illa malitia non penetret ad pulmonem per illam colli- L
gantiam. quia vna rerum, ex qua
ægrotant membra, eſt colligantia.
& Galenus hoc concedit. Etiam per
hanc eandem viam debemus dicere, ꝙ motus pectoris adiuuet motū
pulmonis: & maxime quando indi
get forti anhelitu. Et melior via, Opſo pro-
quam eligere poſſumus in fine no- pria.
ſtræ propoſitionis, eſt hæc, ꝙ membrum, quod læditur, cum ceſſat in-
ſpiratio & reſpiratio, eſt cor, ſicut
manifeſtum eſt. & ſi cor eſt illud,
quod recipit hanc læſionem, ꝓpter
hanc ceſſationem, & non ſolum læ
ſionem, ſed & mortem: ergo de neceſſitate eſt illud membrum, in quo M
eſt principium iſtius iuuamenti. Et
motus pulmonis ſecundum Gale.
erat violentus, per viam, vel per vio
lentiam, qua mouentur corpora ar
tificialia. Et nobis eſt dicendum ꝙ
illud principium motus eſt in ipſo
per viam, quæ eſt in corporibus na-
turalibꝰ. & adhuc ꝙ completur hic
motus per duos motus, videlicet na
turalem & voluntarium. Ergo melius, quod dicere poſſumꝰ ex his, eſt,
vt ſint ſicut duo primi mobiles. Cꝙ
muſculus ſit primus in motu volun
tario,

A tario, & cor & pulmo primi sunt motu naturali. Et Gale. tenuit in hoc tractatu viam, quam in alijs regulis suis, qui putat vt iste sit motus voluntarius, & putat quod non sit voluntarius nisi per neruum, & non apparet per anatomiam vt neruus veniat ad pulmonem, per quem possit sentire, & maxime per quem possit mouere: & potest esse, quod nostra principia non sunt sufficientia veniendi ad veritatem plurium harum inquisitionum, sed tamen conueniens est vt loquamur de his secundum aptitudinem huius temporis. quia non est impos-
B sibile vt cadant hæc verba, per quæ possumus certificare de veritate harum rerum tempore futuro, cum ad præsens spatium non habeamus. Et non fuerunt ordinatæ partes duplices pulmonis, nisi propter hoc, vt si superueniret vni parti mala dispositio, vt alia staret in iuuamento loco ipsius: sicut contingit in vulneribus quæ laniant vnam cameram pectoris, quia stat pars pulmonis, quæ est in camera non vulnerata loco iuuamenti anhelitus. sed quando vulnerantur ambæ, tunc statim moritur

De canna pulmonis

patiens. Et iuuamentum cannæ pulmonis est propter inspirationem,
C & respirationem, & cum hoc habet iuuamentum vocis. Et propter hoc fuit positum in extremitate huius membri vnum, quod habet possibilitatem generandi vocem. & assimilatur vni paruæ linguæ. Et missæ sunt eidem a musculo res, quæ dant ei diuersas dispositiones, vt possit generare diuersas voces. Et hoc iuuamentum est tantum propter bene esse, & non propter necessitatem: propterea quod vox non est necessaria in esse nostro. Et in maiori parte facit natura hoc, quia facit in vno membro duo iu-
D uamenta, aut tria, quando debet esse hoc. sicut videmus in naribus: quia sunt ordinatæ ad odorandum: & ad hoc vt fiat propter mundificationem superfluitatum cerebri. & in vna parte seruit virtuti expulsiuæ, & in alia parte seruit virtuti sensibili. Et etiam

De vulua

iuuamentum vuluæ est vt defendat, ne puluis, aut fumus, aut similes res nociuæ veniant ad guttur. & cum hoc defendit, ne aer frigidus ingrediatur ad membra anhelitus. & ideo quando muinum inciditur ab ea, fortificatur frigiditas ad pectus, & pulmonem,
E & apparet vt habeat iuuamentum in

De Epiglottide.

esse vocis. Et testificatur nobis quod epiglottis est instrumentum, quod appropriatur voci, quod est, quia cum sufflamus fortiter in cameram vel cannam pulmonis alicuius animalis, egreditur vox extra ex ea, quæ assimilatur voci illius animalis. Et fuit positum super hunc meatum coopertimentum vnum ad defendendum a rebus, quæ vadunt ad œsophagum, ne ingrediantur in ipsum, quia moriretur homo. Et propterea, quando intrat aliquid modicæ quantitatis, amouet tussim. Ista sunt, quæ sunt possibilia dici de iuuamento anhelitus.
F

De iuuamento Cerebri, & partium eius.

Cap. 10

ET virtutes cerebri, s. imaginatiua, & cogitatiua, & rememoratiua, & conseruatiua, quamuis non habeant membra vel instrumenta, ipsa tamen habent propria loca in cerebro, in quibus manifestantur operationes earum, & propterea de eis dicendum est. Et dicimus quod virtus imaginatiua stat in parte anteriori cerebri: & illa est, quæ tenet figuram rei, postquam separata est a sensu communi. Sed cogitatiua plus manifesta in media

G dia camera. Et per hanc virtutem cogitat homo in rebus, quibus pertinet cogitatio & electio, quousq; apprehenderit quod conuenientius est. Propterea non inuenitur hæc virt', nisi in homine: & animali bruto cõcessa fuit æstimatiua loco istius. Et locus virtutis reminiscibilis & conseruatiuæ est pupis, siue pars posterior capitis. Et inter conseruatiuam & reminiscibilem non est dña, nisi quia conseruatiua est conseruatio continua, & reminiscibilis est cõseruatio intercepta. Et dña, quæ est inter conseruatiuam vel reminiscibi-

H lem, & imaginatiuam, est quia imaginatiua præstat alijs formam rei sensatæ, postquam priuata est a sensibus: quare non est sensus. Et virt' conseruatiua & reminiscibilis non sunt nisi ad conseruandum, aut ad faciendum reuerti apprehẽsionem illius figuræ. Et ex hoc apparet, φ sunt magis spirituales q̃ imaginatiua. Et non est tradendum obliuioni', φ quanuis cameræ cerebri sint membra, in quibus complentur operationes istarum virtutum, tamẽ inueniuntur earum radices in corde: & φ illa loca non sunt illis, nisi sicut instrumenta, in quibus manife-

(Operationes dictarũ virtutũ complẽtur in cameris cerebri, sed earũ radices sunt in corde.)

I stantur eorum operationes. Et sicut virtus visibilis dr̃ esse in humore cristallino, quanuis sit in corde, vel in cerebro: sic istæ virtutes, & iuuamẽtum istorum locorum est ad temperandum eas sm̃ modum, qui dictus est iuuamento cerebri ad alias apprehensiones. Et hoc declarabitur per viam, qua declaratum est illud: hoc est φ virtutes istæ non laborãt, nisi cum calore intrinseco: & calor intrinsecus non aduenit eis, nisi cũ calore mensuratiuo: ergo virtus datiua & mensuratiua de necessitate est

(Prima rõ.)

K in corde: ergo radix istarum virtutũ est cor. Item, quia operatio imaginatiuæ non est, nisi ĩ signum, quod remansit ex sensatis in sensu communi, sicut declaratum est in libro de Anima: & ibi declaratum est, φ locus & radix habitationis sensus communis est cor: ergo habitatiõis locus virtutis imaginatiuæ est ĩ cor de necessario. Et iterum, quia imaginatio est, quæ mouet animal, mediante virtute motiua voluntaria, manifestum est φ motiua voluntaria est in corde. ergo imaginatiua ẽ

(Secunda rõ.)

(Tertia rõ.)

L in corde. Et in loco, in quo est imaginatiua, de necessitate est cogitatiua: quia cogitatio non est nisi compositio rerum imaginatiuarum, & dissolutio earum. Et in loco, in quo cogitatiua de necessitate est, est reminiscibilis & conseruatiua: propterea quia propter ipsam sunt inuentæ. Et non est necessarium in vidẽdo ægritudines istarum virtutum, & in ægritudinibus istarum camerarum cerebri, vt iudicetur propter hoc, φ istæ virtutes sint solum in cerebro: sicut non est dicendum in videndo virtutem visibilem ægram, qñ ęgrotat humor crystallinus, φ

(Rñsio ad rõnẽ Ga. p exemplũ.)

M virtus visibilis non sit principaliter, nisi in crystallino. Et tu vides iterum, φ ægrotant istæ virtutes apprehensiuæ propter ægritudinem diaphragmatis: & non fuit aliquis, qui crederet φ istę virtutes apprehensiuæ essent in diaphragmate, propterea quia non fuerunt ordinatę istæ camerę cerebri, nisi propter istas virtutes. Et fuit ordinata earum complexio ad faciendum illud, quod cõuenit istis virtutibus. & propterea ista virtus non manifestatur primo,

(Secundũ exemplũ.)

A nisi I duabus cameris proprie, & ab ea vadunt ad duas cameras, q sunt in parte posteriori per meatum, qui est inter vtrasq; : & sunt posita corpora in illo meatu, quæ aperiuntur, quando necesse est vt aperiantur ad intrandum calorem intrinsecum in illas: & postmodum clauditur in illis, sicut dictum est in libro Anatomiæ. Et quia cerebrum est mẽbrũ humidum liquidum, ideo ad custodiam ipsius positum fuit os cranei, & panniculi circundantes ipsum, sicut posita sunt costæ pectoris ad cõseruationem cordis. Et positum fuit B hoc rotundum: eo q hęc forma est melioris dispositionis aliarum omnium formarum, & maioris capacitatis aliarum: & quia a nocumentis remotior omnibus alijs existit. Et fuit positum cerebrum in altiori loco corporis in animalibus perfectis, ppter sensus qui sunt I eo: propterea q sensus, sm q dicit Gale. sunt custodia corporum: & rationis est, vt custodes sint in locis altis.

De Somno. Cap. 11.

ET iam declarauimus iuuamentum vniuscuiusq; membri; sm q sufficiens nobis vt. & restat vt de- C claremus aliquas operationes, quę conseruant sanitatem. Et incipiemus ab operatione dormiendi: & faciemus te scire quid sit dormire, & in quo membro fiat hæc operatio, & quæ sit eius causa: eo q est vna ex rebus necessarijs in esse animalium dormientium, & homo est vnũ ex his: & propterea priuatio huius operationis est vna ex rebus, quæ facit perdere vitam. & quando compleuerimus narrationem istius virtutis cũ modico eius, quod sequitur ad hoc, tunc erit completa ista particula, & incipiemus loqui in alia particula D de ægritudinibus, & causis earum, & accidentibus ipsarum, si Deo placuerit. Et dicimus q dormire est ligamentum, & quies sensuum, & reuersio ipsorum ab instrumentis eorum ad partem intrinsecam corporis. Et illæ res per se notę sunt: & ppterea transeunt res sensitæ super dormientes, & non sentiunt eas. & etiam videmus dormientem oculos habentem apertos, & non videbit. & si esset virtus visibilis in suo instrumento, tunc videret. Et non solum accidit hoc in hora dormiendi, sed E etiã accidit hoc, quando homo subtiliter sollicitatus est circa aliud, nã etiam transeunt super ipsum multa sensata, & non sentit ea. Et postquam dormire non est, nisi reuocatio sensuum ad partes interiores corporis, & est impossibile sensibus, vt moueantur in motu vniuersitatis corporis sine corpore vno, quod sta in loco eius propriæ materiæ: & est manifestum q illud corpus est calor naturalis: ergo dormire necessario fit per caloris naturalis reuersionem ad partes intrinsecas corporis. F Et testificabimur super hoc, q partes exteriores corporis refrigerantur, cũ homo dormit. Et etiam operatio digestionis est fortior cum homo dormit: eo q calor naturalis, cum quo operatur natura in vigilando in exterioribus, vt per sensum & motum, reuertitur dormiendo ad partes intrinsecas corporis. Et postquam trãsmissio caloris naturalis membris nõ fit nisi a corde, sicut dictum est superius: ergo reuersio ipsius tẽpore dormitionis non fit nisi ad cor: propterea quia a loco, vnde incipit motus, ad eundem reuertitur sicut est I dormitio.

Somni definitio.

Declaratio definitionis.

G mino: quia ab eo res habent initiū,
& ad ipsum reuertuntur. Et postq̃
declaratum est, q somnus est quies
sensuum, & cessatio suarum opera
tionum propter reuersionem caloris naturalis, qui est eorū subiectū
ad cor: etiam sciendum est, quae sit
causa istius reuersionis: propterea
q hæc res stat loco formę dormitionis, & loco vltimæ digestionis.
Et dicimus q dilatatio caloris natu
ralis in partibus extremis nō est nisi propter augmentum quantitatis
eius: & non fit propter augmentum
qualitatis, nisi propter augmentum
H quantitatis, quae est in eo: sed constrictio sua est diminutio quantitatis. & hoc fit necessario, dominantibus super ipsum frigiditate & humi
ditate: ergo somnus non accidit no
bis, nisi quando infrigidatur & humectatur calor naturalis: propterea
quia, quando acquirit humiditatē
& frigiditatem, & reuertitur ad suā
radicem, diminuitur a sua quantita
te. Et propterea quia iuuamentum
cerebri fuit, vt temperaret caliditatem & siccitatem cordis, necessariū
I est vt recipiat maiorem partē istius
operationis a cerebro. Et hoc accidet, quando dominabitur super cōplexionem ipsius frigidam & humi
dam. & hoc non accidet ei, nisi quā
do transmittitur eius cibus. & sic
quando accidit cibus cordi, acquirit
frigiditatem & humiditatem. Et p-
pterea q hoc non accidit cordi vt i
pluribus, nisi mediante cerebro, nos
facimus embrocationem super ce
rebrum vigilantium cum reb᷑, quę
habent humectare. Opinabantur
multi hominum, q cerebrum esset
solum proprium membrum som-
ni. & non est ita. Et rationes, quę no

bis ostenduntur q dormitio non fit ni K
si per frigiditatem & humiditatem,
sunt, quia nos videmus q maior ps
ciborum, qui faciunt dormire, sunt
frigidi & humidi, sicut lactucæ, & si
miles: & cibi qui inducunt vigilias,
sunt calidi & sicci. & causa materia
lis somni est vapor humidus, qui a-
scendit a membris inferioribus ad
cerebrum propter aliquam causam
generatus. & quando est in fine sui
ascensus, ingrossatur a frigiditate cerebri, & recipit grauitatem ab alijs
humiditatibus miscentibus se cum
eis, quę ibi sunt. & quia non possunt L
resolui, nec vlterius ascendere, descē
dunt inferius ad membra, & oppilant meatus virtutum sensibiliū. Et
somnus non aduenit multum animalibus post laborem, nisi propterea quia animalia, quando mouent
& laborant, spargitur calor suus na
turalis, & diminuitur quantitas sua
& refrigeratur. & propterea reuertit
de necessitate ad locum sui principij, & sui thesauri. Sicut sit accidis
ei res, quę impedit ipsum: quia reuertitur ad principium suum. & sicut homines exercituum, quando
accidit eis grande periculum, reuer- M
tuntur ad capitaneum. & propterea
cor est istud membrum, quod vlti
mo refrigeratur tempore mortis.
Et somnus est vna operatio naturę,
quæ regit corpus animalis. Et ppter
rea fuit somn᷑ necessari᷑ in animali
bus perfectis. quia nisi esset somn᷑,
perirent sensus propter nimium ex
ercitium. & pereuntib᷑ sensib᷑, peri-
ret vita. Et inde est, q citrinatur facies dormire non potentium, & læduntur eorum operationes, & proprie operatio virtutis nutritiuæ. &
etiam exercitium sensuum est ex re
bus,

A bus, quæ refrigerant calorem naturalem propter sparsionem suam ad
partes exteriores. Et quando refrige
ratur, assimilatur ad partes interiores,
& diminuitur quantitas sua. Et est
sciendum, quod hæc operatio, quamuis
ipsa non sit nisi propter aliquam permutationem complexionis factam
in calore naturali, quæ est augmen
tum complexionis frigidæ & humi
dæ, tamen veraciter efficiens istæ est
virtus regitiua, quæ est in corde: &
calor, qui est in corde, hoc modo est
suum instrumentum. Et propter hoc
B est hic natus locus inquisitionis, hoc
est cui virtuti animæ debet attribui
hæc operatio. & vt quod debeat attribui virtuti sensibili, ideo quia nescit, & fortificatur propter hanc ope
rationem: & non debeat attribui nu
tritiuæ, inquantum est nutritiua, pro
pterea quia vegetabilia non dormi
unt, eo quod non habent sensum. Et i-
sta virtus est ex virtutibus sensibilibus appropriatis sensui communi.
Et nos non attribuimus hanc operationem virtuti sensibili, nisi quia
est vna rerum, propter quas conseruatur esse suum: quousque cesset.
C Istæ sunt illæ res, quæ possunt dici in
operationibus omnibus, quas habet sanitas.
Et de iuuamento istorum erit decla
rata res, quæ est necessaria in esse a-
nimalium, & illa, quæ non est necessaria

De complexionibus Temporum.

Cap. 22.

Et etiam membra virtutis nutri
tiuæ, & operationes illius, sunt
necessaria in esse animalis, quod non
est generatiua, & etiam sensus tactus
est necessarius, & propterea fuit priuatio istius virtutis mors ex necessi
tate. & anhelitus est etiam operatio
necessaria. Et ex hoc apparet, quod res,
quæ stant corpori hominis loco con D
seruationis, sunt aer, aqua, cibi: quæ
non conseruant, nisi quando sunt
super suum cursum naturalem. Et
quia aer non est super formam suã
naturalem, nisi propter operationẽ
Solis & corporum cœlestium, cum
eo fuerint causæ, quæ stant corpori
humano loco conseruationis, ipsa
eadem corpora. Et nõ complet hæc
operatio in aere, nisi propter operationem Solis in suis quatuor temporibus, quæ sunt ver, æstas, autum
nus, & hyems. & hoc est ex incessu
ipsius in circulo obliquo. & propterea conueniens est Medico cogno- E
scere naturam horum quatuor tem
porum: quia propter ipsa stat sanitas plus quã per alias causas. Et dica
mus quod ver est tempus, in quo opera
tiones nutritiuæ sunt perfectiores.
& hoc non accidit nisi propter mul
tiplicationẽ caloris naturalis in cor
pore: propterea quia calor naturalis
est calidus & humidus. & dr̃ quod com
plexio istius temporis est propter
caliditatem & humiditatem: propterea quia speculatio in complexio
ne huius temporis est in comparatione ad corpus humanum: & operationes iuuenum in hoc tempore F
sunt perfectiores. *& propterea po
test dici, quod est tempus temperatum comparatum cõplexioni hominis.
Sed si tu diceres quod est temperatũ propter appor
tionẽ qualitatũ, ex quibus est vna cũ
alia, hoc erit falsum. quia vnaquæq;
rerũ, quæ appropriat cõplexiõi, appro
priat de necessitate dñationẽ vnius
qualitatis actiuæ, quæ stat loco formæ,
& dñationẽ vnius qualitatis passiuæ, quæ
stat loco materiæ. & si ita nõ esset cõ
plexionatũ, nõ esset vnũ in forma, imo
essent duo, nec etiã esset recepta vna opa
tio

*Ver est tẽperatũ in cõparatione ad humanũ corpus.

G tio in suo termino, si duæ qualitates
contrariç dominantes essent sup ip
sum ambæ æquales in potentia, vel
in actu, quia ex duab' reb' in actu
contrarijs non potest fieri vnum
in actu. & etiam de duabus non cōtrarijs, sicut non fit ex duab' lineis ĩ
actu vna linea in actu. Et hoc non
consenserũt multi ex eis, qui appro
priant sibi Philosophiam hoc tempore, nedum Medici. & de hoc habebunt manifestam declarationē:
quia nunq̃ inuenitur temperata cō
plexio in proportione quatuor qua
litatum, hoc est temperantia, quæ
H est ſm extremitates: sicut non pōt
inueniri temperata complexio appropriata vni qualitati actiuæ, propterea quia quçlibet actiua hēt gra
dum suæ operationis propter unam
qualitatem passiuam, ꝓpriã ei, quç
stat ei loco materię. Et postq̃ declaratum est hoc, reuertamur ad illd',
a quo separati sum'. Et dicim' ꝙ ut
ꝙ tempus æstiuum habeat in dispo
sitione sua dominium caliditatis, &
siccitatis. & etiam apparet ꝙ humiditas & frigiditas dominentur sup
dispositione hyemis: & hoc est com
paratione ad temp' ueris, & comple
I xionem hominis. Sed cōplexio autumni, quia est media ĩter çstatem
& hyemem, opinatur ꝙ sit quasi in
temperantia ueris. sed res est contra
ria, quia est in fine contrarietatis ue
ri: propterea quia est illud temp', ĩ
quo debilitantur uirtutes, & sunt cō
fusæ, sicut uĩ in uegetabilibus, & a-
nimalibus. & propterea dicendum
est ꝙ frigiditas & siccitas dominen
tur super ipm, quæ sunt cōtrariç ca
liditati & humiditati. & q̃uis non sit
frigidum, multum prçdominatur
& siccitas. & ulĩ dico ꝙ confusiũ est
in suis partibus: & Sol in illo est me K
dius nobis inter propinquitatem &
longitudinem. & q̃uis hæc eadem
comparatio sit ĩ uere, tñ est magna
dña inter istas duas comparationes
ex parte preparationis naturalis: ꝓ-
pterea quia uirtutes sunt in autũno
in fine declinationis: & siccitas iam
dominata est super oĩa aĩalia. & ꝓ-
pterea non inuenitur aliquod iuua
mentum in temperantia caloris ipsius temporis in reb' gñationis. Sed
temperantia, quæ est in uere, est cōueniens gñationi, & sedet super naturam, quç est conueniens gñatiōi.
& hçc est humiditas. Et hçc tempo L
ra non hñt terminum stabilē gñaliter in breuitate & longitudine, sed
diuersificatur in regionibus. & hçc
diuersificantur in latitudinibus ipsarum. Et temperatior regio est illa, quç habet tempus autumni breue, & tempus ueris longum. & tales
regiones sunt in quinto climate, &
propriç quç sunt propinquç mari.
Et autumnus in terris nostris Hi-
spaniç habet quasi duos menses, &
sedet in principio quinti climatis. &
sub lance diei non est tempus temperatum, secundum ꝙ opinant' mul
ti hominum. & hoc declaratum est M
alias. Nec etiam uerum est quod di
cunt quidam, ꝙ quartum clima sit
melius quinto. & Galenus sentit ꝙ
temperatior regio est terra Grçco-
rum. & inter alias temperatior est
terra Hispaniçis, & dicit ꝙ totum tē
pus illarum terrarum est sicut tempus ueris. Deinceps declaratum est
ex istis locis sanitas cuiuslibet mēbri ĩ omnibus quatuor causis, s. ma
teriali, efficiente, formali & finali. &
hçc fuit nostra intentio a principio
libri.

AVERROIS COLLIGET LIBER TERTIVS.

SVMMA LIBRI.

De Aegritudinibus, & Accidentibus.

De Aegritudinis definitione, & eius speciebus in generali. Cap. 1.

B Efinitio egritudinis est manifesta per definitionem sanitatis, eo quod egritudo est opposita sanitati. Et quia sanitas est vna bona dispositio in membro, cum qua agit actionem, quam habet a natura sua agere: & sibi patitur passionem, quam habet pati per suā naturam: fuit necessarium vt egritudo sit mala dispositio in membro, propter quam agit, & patitur contra naturam. Et necessarium est, vt faciamus in cognitione specierum egritudinis quod fecimus in cognitione specierum sanitatis, hoc est vt narremus in primis quot, & que sint eius species, & que sint sue cause: & C postea declarabimus que sint actiones, & passiones nō naturales: & Medici vocant passionem accidens.

Et quando nos hoc fecerimus, tunc cognouerimus egritudinem per omnes suas causas, que sunt finis cognitionis rerum, & hoc totum poterimus cognoscere a cognitione sanitatis, que a nobis prius dicta est. Quoniam numerus specierum egritudinis est sicut numerus specierum sanitatis: & a cognitione sanitatis cognoscitur egritudo: quamuis opinatum sit q notiora sint species egritudinum speciebus sanitatis: propterea quia D multe egritudines habent nomina, & sanitates opposite illis non habent nomina: & tamen impossibile est cognoscere egritudines perfecte, nisi propter cognitionem suorum oppositorum. Et propterea dictum est q contrariorum eadem est disciplina. Reuertamur igitur, & dicamus q propterea q dispositiones sanitatis membri habet duas species: vna est bonitas complexionis membri, que in membris inuenitur consimilibus: & alia est bonitas complexionis, que est in membris officialib⁹: fuit necessarium diuidere istas egri- E tudines secundum has duas species. In primis narrabimus egritudines membrorum consimilium, & dicemus earum causas efficientes, & materiales: & postea narrabimus egritudines membrorum officialium, & dicem⁹ earum causas. Et dicim⁹, propterea quod membra consimilia non agunt, nec patiuntur secundum cursum nature: nisi quando mensure caliditatis, frigiditatis, siccitatis, & humiditatis erunt in illis cum proportione conuenienti in omnibus speciebus complexionis sanitatis: sicut narrauimus in libro F Sanitatis. Similiter est necesse, vt sint egritudines istorum membrorum ipsis egredientibus ab ipsis mensuris proportionatis in vna qualitate vel duabus ex illis, que possunt combinari, ergo species egritudinis istorum membrorum sunt octo, videlicet frigida, humida, vel calida, sicca, vel calida, & humida, & calida, & sicca, aut frigida & sicca, & frigida, & humida. et non solum est intelligendum de primis qualitatibus, sicut dicit Gal. sed etiā de qua-

G habet qualitatem, cum qua operatur membrum suas operationes, sicut durities & mollities, & his similibus qualitatibus propriis membris, & improprijs. Et spēs* harum ægritudinū primo inueniuntur in membris consimilibus, secundo in compositis ꝓpter consimilia, sicut dictum est in speciebus sanitatis. Et istarum octo specierum quædam sunt materiales, & quædam non. Sed difficile est imaginari ægritudinem materialem eē simplicem: ꝓpterea quia ægritudines materiales sunt compositæ: quia nulla

*a Lisset membrorū.

H ægritudo materialis lædit operationem, nisi ꝓpter aliam nō materialem, quæ superuenit membro a calore, vl a frigore.

De causis ægritudinum in generali.

Cap. 2.

DEinceps volumus dicere causas earum. Et dicimus quod occasiones materialiū ægritudinū sunt humores quatuor, quando egrediūtur ab eorum temperantia in quantitate, aut qualitate. Et hoc accidit aut a parte materiæ, aut a parte efficientis. & hoc est, ꝓpterea quia membra non permanent super complexionem sanitatis, nisi quando san-

I guis, qui aduenit eis, est in quantitate, & qualitate in proportione temperata in caliditate & frigiditate. Et hoc accidit, quando membra, quæ efficiunt nutrimentum, stant super complexionem sanam: & cibi qui adueniunt corpori, sunt naturales, & recipiuntur in quantitate conuenienti, & ordine debito, & tempore conuenienti. Sed quando sunt secundum contrarium, tunc non sunt solum causæ materiales ad gñandum in corpore istos humores, sed etiam inducunt membra facientia nutri-

K mentum ad malam complexionē. & tunc dr̄, quod humores exiuerunt a natura a duabus partibus, videlicet a parte efficienti, & a materiali sil. Et plures erunt cibi naturales, & recipiuntur sm̄ ordinem naturalem, vt dictum est. Sed res extrinsecæ acquirent membris efficientibus malam complexionem, & gñabūt tales humores: & illæ sunt sicut aer, exercitium, & similia. & tales sunt exeuntes in quantitate, & qualitate. & tales sunt euenientes a mala complexione in radice creationis membrorum agentium in nutrimentū, & ta-

L les accidunt causa parentum, qui exiuerunt a sua complexione, & ex præparatione prima in creatione. quia plures hoīes sunt similantes se adinuicem in creatione eorum & regimine, tñ variantes se in accidentibus, quia tales sunt multarum ægritudinum, & alij paucarum ægritudinū: & tales multorum annorum, & alij paucorum annorum. Et pluries accidet hoc a mala complexione fixa in principio generationis membrorum efficientium. Et plurimum hæc talis complexio est hæreditaria: quæ ab istis primis præparationibus ac-

M cidit, quod videmus etiam de similitudine multorum hominum adinuicem in forma, consuetudine, & accidentibus ægritudinum in paucitate & longitudine annorum. Et postquam diximus causas humorum distemperatorum vniuersaliter, deinceps narrandum est, quomodo sit generatio vniuscuiusque illorum, & quot sunt ægritudines, quæ generantur ab illis.

A *De causis Aegritudinum materialium calidarum, et siccarum.*

Cap. I.

ET incipiemus ab ægritudinibꝰ calidis & siccis materialibus. Et dicimus q ægritudo calida & sicca gñaš ex cibis calidis & siccis distemperatis: vel quia recipiuntur in multa quantitate, aut nimis diminuuntur: aut quia recipiuntur super ieiunium: quia quando recipitur cibus post multum ieiunium in stomacho & hepate, permutabitur ad calorem & siccitatem fortem, & inducet stomachum, & hepar ad eandē
B complexionem: & tunc erit facta operatio eorum ab ambabus partibꝰ supradictis: & sanguis, qui generabitur ab hoc cibo, erit calidus & siccꝰ, & distemperatus: & multiplicabitur ipso cholera in multa quantitate, & distemperabitur in multa qualitate: & tunc impedietur operatio fellis, & non poterit attrahere cholerā ſm debitam quantitatem, & sic remanebit imbibitus ex ea. Et illud est, eo q, quando exit cholera a via sua naturali in quantitate, vel qualitate, aut in ambabus simul, & sic remanet cholera infusa in sangui
C ne. & quando nutriuntur membra ex illo sanguine, exibunt paulatim a sua complexione naturali ad malam complexionem calidam, & siccam, & generabuntur multæ ægritudines calidæ cholericæ, & similia accidentia venientia membris a rebus extrinsecis, sicut ab aere calido, & a multo exercitio, & vigilia, & accidentibus animæ, quæ habent calefacere, sicut ira, & furor, & cogitationes cordis, & his similia. & causa fortior, quæ est istarum causarum plus aliarum rerum, est aer, & ars, &

D aliquando erit causa istarum oppilatio pororum qui sunt in cute, per quos euaporat calor & retinetur: & cōculcabitur calor intꝰ, & faciet qdꝰ dictum est. Et aliqñ erit hoc a cōplexione naturali, vel radicali. Et cholera non naturalis, q̄ fit in corporibus supradictis, hēt quatuor spēs. Vna spēs est, q̄ assimilaš vitello oui, qdꝰ natū est in illa die. Gale. dicit in pluribꝰ locis, q hæc spēs est calidior naturali: quia pars ignea in hac spē dñatur plus. & dicit q eius grossities est pp nimiam caliditatem & ebullitionē, ob quam rem hēt ista spēs istū calorem igneum.
E Et alij medici præter ipsum, dicunt q hæc est minoris caloris naturali. & dicunt, q grossities ipsiꝰ est pp aliquam mixtionem phlegmatis. & ſm hoc debet esse rubedo ipsiꝰ infra rubedinē naturalem. & est contra illud, quod dicit Gale. & nos videmus q ita nō est, vt dicunt. Ad hoc ſm illos debet habere cum sua grossitie aliquantulum viscositatis, sicut debet habere corpus humidum mixtum cū corpore calido. & sensus visus in hoc adiuuat Gale. Et secunda spēs hēt colorē auricalchi, vel citri: & gñaš
F ab humiditate aquæ admixta cum ipsa. & sine dubio hoc infra istit in caliditate a cholera naturali & ægritudines, q̄ fiūt ex hac specie, & vitellina ſm illos, qui dicunt q sit grossa pp admixtionē phlegmatis, nō sunt enumerādę cū ægritudinibꝰ calidis & siccis simplicibꝰ, sed cū cōpositis. sed ægritudines vitellinæ ſm Gale. sunt positæ in vltimitate caliditatis & siccitatis. & pōt eē q hæc cholera est cholera, quā nofaš Gale. cholerā rubeā. Et aliæ duæ spēs sunt sicut prassina, & æruginosa. & dš q ambę

Opīo Aui. prima primi. c. de humoribus.

G gñantur in stomacho. & mihi vr ꝙ
Galẹ, non appropriet eas cholerę
simplici: quia dicit in lib. de Virtuti
bus naturalib⁹ ꝙ istę duę spēs gñan
tur a cholera vitellina mixta cũ a-
lijs humoribus: & ꝙ hæ duę species
sint compositæ. & manifestũ est ꝙ
gñantur in stomacho fm eos. Et
stomachus per suam naturam non
habet gñare choleram naturalem,
nec non naturalem, quia qđ gñat
naturalem, generat nõ naturalem,
qñ corrumpit ipsius complexio: qa
ipsius complexio intenditur aut remittitur. ergo prassina & ęruginosa
H non habent hoc nomẽ, nisi ęquiuo
ce. Et vr ꝙ cã istarum gñationũ est
ꝙ qñ cholera egreditur a sua natura in caliditate & siccitate, pp sparsionem ipsius ad stomachum, tunc
remiscetur cum alijs humoribus, &
proprie cum melancholia: & ibi recipit aliquam speciem putrefactionis, & peruenit ad talem complexio
nem: & ppea assimilatur isti humo
res veneno, & proprie ęruginosa. Et
ægritudines, quę pueniunt ab his,
sunt incurabiles, ppea quia non recipiunt digestionem, nec permutan
tur a calore naturali: imo corrum-
I punt formam specificam ipsius, sicut corrumpit venenum. Deinceps
volumus declarare, qualiter gñant
ęgritudines cholericę: & incipiem⁹
a febre cholerica sefraria. Et dicamus ꝙ, postquam dictum est ꝙ febris est calor, qui continet totũ cor
pus, qui lædit actiones & passiones
membrorum omnium, ab hac parte apparet ꝙ est calor extraneus. &
apparet ex parte, qua manifestatur
in ipsa operatio caloris intrinseci di
gerendo humores, & recipit sanatio
nem, & non est sicut calor extrane⁹
qui inuenit in corporibus mortuo- K
rum, ob hoc apparet, ꝙ etiam est na
turalis, & est veritas, quia est calor
naturalis mixtus cum aliqua quali
tate caloris putredinalis. Et adhuc,
postquam calor iste spargitur, & cõ
tinetur per totum corpus p arterias
dicimus p hoc, ꝙ subiectum propin
quum istius caloris est cor: & ppea
est impossibile ipsum esse totum ex
traneum. Et ppterea quia calor cor
dis est ille calor, cum quo membra
faciunt omnes suas opationes, neces
sarium est, qñ recipit aliquam permutationem, vt lędantur omnes eo
rum operationes. Ergo definitio L
febris est hęc, ꝙ est calor composit⁹ Febris definitio.
ex calore naturali & extraneo putre
dinali misso a corde ad totum corpus, & lædit omnes actiones, & pas
siones. Et dicimus, ꝙ iste calor est
permutatio caloris naturalis permu
tati in quantitate, & qualitate ope-
randi in corpore opationes non na
turales, aut in materia non naturali. Deinceps volumus dicere ꝙ cãæ
generationis isti⁹ caloris sunt eędẽ
cum causis generationis caloris extranei: saluo ꝙ in hoc calore sunt
ęquales. & si ita non esset, ergo esset
extrane⁹ absolute, quia res attribuit M
extraneo dominanti. Et iam declaratum est in Quarto Meteororum,
ꝙ cã efficiens putredinẽ stat duob⁹
modis. Vnus est calor extrinsecus,
ppea quia iste calor spargit, & exha
lare facit calorem intrinsecũ: & ma
xime, qñ est cũ forti qualitate. & qñ
spargit calor intrinsecus, sicut cõue
nit tpe magni caloris, qui regit materiam gñatam, i illa materia calor
extrane⁹: & maxime si sit humida,
quia humiditas de facili ꝑmutaẽ a
rebus extrinsecis: quia difficile esset
effici

A efficit p seipsam. Ali⁹ vō est efficiens
p accns, hoc est frigiditas, quia qñ
dominatur sup calore intrinsecum, ex
tinguit ipsm: & tūc gñat sup materiam loco istius caloris naturalis aliū
calorem extraneū. Et sic declaratū
est, q̄ ens naturale non pmanet in
suo esse, nisi qñ virtutes agentes do
minanť sup patiētes. Et qñ debilitā
tur istę virtutes regitiuæ, & dominā
tur virtutes extrinsecæ, tunc tendit
ens ad viam *imperfectionis. Et cāę,
que adiuuāt ad gñandum calorem
extraneum, illæ eędem sunt cum il
lis, quę adiuuant ad extinguendum
B calorem naturalem. & hoc fit, quā
do subiectum est præparatum ad re
cipiendum istam gñationem extra
neam: sicut sanguis ex quo gñatur
cholera, qui egreditur a natura in
quātitate, aut qualitate: aut pp mul
titudinē sanguinis, aut pp ipsi⁹ gros
siciem, aut viscositatem, quia p hoc
refrigerať calor intrinsec⁹, & extinguit, sicut faciunt multa ligna hūida, qñ ponunť sup ignem. Et etiam
oppilatio pororum adiuuat ad hoc:
quia resistit euētationi caloris intrinseci. & accidit hoc, sicut accidit
igni, qū non habet euentationem,
C qui cito extinguiť, vel debilitatur: si
cut tu vides q̄ carbonarij tegūt car
bones cum terra, vt ignis non transeat p omnes ptes carbonum, & faciat ex eis cinerem.

*a. l. corruptionis.

De generatione febris choleræ fistariæ.
Cap. 4.

ET postquā declaratum est vt
quid sit febris, & vl's cāe suæ
gñationis, dicendum est quomodo
gñatur febris cholerica, quę dr̄ fe-
staria. Et dicam⁹ q̄ fortior causa in
gñatione istius febris est, quādo dominať complexio sanguinis in cali
ditate & siccitate. Et hēt pparationē D
vt gñeť in eo talis calor, aut pp ppa
rationē superfluitatū tertiæ digestionis, q̄ est in mēbris: sed grossities, &
viscositas, & oppilatio venarū non
imaginanť in opationes istius febris,
nisi diceret in cholera vitellina sm
illos, qui dicunt contra Galenū: aut
pp q̄titatē suā. Et debes scire q̄ non
est in hoīe cholera absoluta, ita vt
sit ps mēbri hōis, excepta cholera, q̄
stat in sacculo fellis sm quosdam:
sed natura expellit eam a membris
sanguineis, qñ separať ab eo. sed pptea
est impossibile opinari q̄ subiectum fe- E
brium sesitariarum sit cholera abso
luta: sed est sanguis, aut hūiditas, in
qua gñatur cholera. Et pptea potest
recipe digestionem, & reuerti ad suam naturam: quia non denudať a
sua forma specifica. Sed qñ separať ab
eo cholera absoluta inconuenienti ex-
pellitť a natura. & si separať ab eo res,
q̄ habeat potētiā recipiēdi digestio
nē, nutrienť ex eo mēbra. Et nō est
possibile vt cholera recipiat aliquā dige
stionē: quia nō est possibile illi rei, q̄ trā
siuit terminū decoctionis, vt redeat
ad terminum decoctionis: sicut non
est possibile vt assum reuertať ad elixū. F
nec ēt in ea est aliqua ps, ex qua pos
sint mēbra aliquo mō nutriri. & di
co hoc de naturali. sed si sic de natu
rali, quanto plus de nō naturali. Et
illi qui solū sunt Medici, qui dicunt
q̄ cholera est cib⁹ alicui⁹ membri,
sunt q̄ dicūt q̄ quatuor hūores sunt
elementa mēbrorū cōsimiliū. Et e-
go nolo laborare plus in q̄onib⁹ cū
eis, quia ego declaraui hoc pfecte i
libro Sanitatis. Et pptea quia calor
extraneus generatur in humiditate
quę est extra naturam cum debilitate caloris intrinseci: dico q̄ nō ē cō

G excessu naturalis caloris, sicut opinat Gale. in multis locis. Sed ppterea
q humiditas est velox ad putrefactionem: ppterea quia calor intrinsec⁹
plus laborat ad ipsius corruptioné:
quia illa non hét a se ré, q eam con
sumat. Et si confiteret Gale. q omnis calor extrane⁹ eét putredinalis,
caderet piculum magnum in dictis
Aristo. ppterea quia quilibet calor extraneus fit fm ipm primo, & substá
tialr pp calorem aut frigiditatem.
& qñ debilitat calor naturalis pp
frigiditatem, tunc dñatur humiditas, & fatigatur calor intrinsecus in
H dñando super ipm, & fit putrefactio
pp calorem extraneum supuenien-
té. Sed qñ eé caloris extranei fit a ca
lore, tunc supuenit mébris assatio,
vel combustio, sed non putrefactio.
ppterea ergo non est ex necessitate vt
oís calor extrane⁹, aut oís febris sit
putredinalis, & maxime causus. &
ét, qñ calor extrane⁹ gñatur in locis, in quib⁹ fit digestio, & in locis, i
quib⁹ fit ps mébrorum in actu, & ag
gregantur ibi supfluitates existétes
in natura distemperatæ similes chole
ræ in qualitate, aut distemperatæ in
qñtitate, ét erunt illæ humiditates, q
I sunt in corpore occasione choleræ,
& inuentæ loco digestionis. Et manifestum est q locus maioris digestionis est locus digestionis secúdę,
qui est hepar, & venæ: & alter est lo
cus digestionis tertiæ, & illa est in
membris. Et propterea spés harum
febrium sunt duę: vna quę est in ve
nis, & altera quæ est in mébris, hoc
est in locis digestionis tertiæ. & in li
bro Prognosticorum declarata est
dñia istarum duarum febrium. Et
sunt ét aliæ febres, quæ sunt appropriatæ puræ choleræ: & tales etiam
appropriatæ sunt choleræ non pu- K
ræ. & ibi declarabo differentiam v-
nius ab alia.

De ægritudinibus cholericis localibus.
Cap. 5.

ET postq declarauimus vsq quo
modo fiunt febres cholericæ:
deinceps volumus loqui, & narrare
qsio fiunt ęgritudines cholericę locales, quę nominant alguase: in Latino dicunt apata cholerica: & in
Greco erysiprlata. Et dicimus q hęc
apostemata generant in membris
duob⁹ modis: vno, qñ expellit ad a-
liud membrum humor choleric⁹: L
& tunc pp eius quantitaté fit dilata
tio in mébro fm oés dimensiones.
Et ppterea dr q elmare, siue erysipelas,
& similia sunt composita ex morbis consimilibus & officialibus. Et
causa expulsionis illius humoris est
pp fortitudinem virtutis expulsiuæ
in membro mandante, & pp debili
tatem eiusdem virtutis in membro
recipiente. Et non fit, sicut dicunt
grossi, q fit pp fortitudinem retenti
uæ membri recipientis. Verum ad
hoc multum adiuuat largitas viarum cum suppositione patiétis mé
M bri: & maxime qñ membrum expel
lens est supius, & recipiens inferius:
& maxime qñ humor est grossus &
terrestris. & qñ fuerit incineratus, &
fuerit in membro, tunc pp illi⁹ quá-
titatem calor intrinsecus in eo suf-
focabitur, & generabitur calor extraneus in membro extraneo: saluo si humor non esset in vltimitate
siccitatis. Et si apostema illud gene
ratur in aliquo membro principali, aut prope ipsum, procedet ab eo
calor ad cor, & generabitur febris
fortis, & si non erit prope membrú
principale, non faciet febrem: & pos
sibile

A sibile erit vt tendat ad mortem. Et
alio modo generatur, quando mēbrū
non potest digerere cibum qui ei
mittitur, nec ipsum permutare in quā
titate aut qualitate, nec ipsum potest
expellere: tunc materia augmentatur
in membro illo taliter, vt recipiat di
latationem in omnes tres dimensio
nes: & extinguitur eius calor natu
ralis eidem mensuratus, & gñatur
in eo calor putredinalis pp necessi
tatem materiæ extraneæ. Et istæ æ-
gritudines, quę dicuntur erysipela-
ta, sunt duarum specierum. Vna est
quę dicitur erysipelas ruboris, & ap
paret ab hac specie, vt sit mixta cū
B multo sanguine propter rubedinē
quam habet: & non facit in membro magnum tumorem, & non est
dolor eius acutus. Alia species dicit'
erysipelas formicularis: & in ea plus
dominatur cholera: & propterea in
ducit pustulas, & corrosiones. Et ali
quando ista non apparent, nisi in
cute; & aliquando est fixa in substā
tia membri, & illa peior ē. & potest
esse vt fiat in concauitate alicuius
membri, sicut in stomacho, aut in
intestinis, & lędet ipsius opationes
sine apostemate manifesto.

De ægritudinibus frigidis & humidis ma
C *terialibus.* Cap. 6.

ISte ęgritudines sūt ppter phlegma, quod est extra naturam in
quantitate, & qualitate. Et causę generationis istarū sunt oppositę cau
sis, ex quibus gñantur ęgritudines
cholericę. & manifestiores istarum
ęgritudinum sunt febres phlegmaticę, & apostemata, quę dicūtur zin
nię. Quod vero plus adiuuat ad generationem harum febrium est op
pilatio, quę fit propter grossitiem
illius humoris, aut viscositatem. Et
vt sit hęc putrefactio per viam ex- D
tinctionis caloris intrinseci: sicut ex
tinguitur ignis a superpositione ligno
rum viridium. & cum extinguitur
intrinsecus, augmentatur extrane'
in materia extranea. & ista febris fit
ex hoc humore in venis, & in tertia
digestione membrorum. Et isti' hu
moris exeuntis a natura sunt quatuor spēs. Vna est salsi, & est siccior
naturali: propterea quia salsugo ei
aduenit a substantia terrestri adusta mixta cum aliqua humiditate,
sicut apparet in generatione salis.
Alia est acetosi, & quāuis sit siccū,
tamen est frigidum: propterea quia E
acetositas generatur a frigiditate.
Dulce est calidius, sicut est videre in
acetosis fructibus, qui post acetositatem acquirunt dulcedinem. Et vi
treum est deterius omnibus: quia
hēt cum frigiditate multam viscosi
tatem. Et species febrium phlegma
tis diuersificantur secundum diuer
sitatem harum specierum. & quan
do nos tractabimus de febrib', tūc
de hoc loquemur lato sermone. Et
species phlegmatis melius recipiūt
digestionem q̄ cholerę, sm q̄ quidam dicunt q̄ recipiunt spēs chole
rę digestionem. Sed febres, quę fiūt F
a phlegmate, sunt periculosiores febribus cholerę propter grossitiem
phlegmatis, & propter oppilatiões,
quę fiunt ab eo, & quia interpolla-
tio earum est valde breuis, secundū
q̄ dicam post. Sed apostematum
phlegmaticorum quędam sunt, q̄
fiunt a phlegmate subtili, & quędā
a phlegmate grosso: sicut sunt apostemata, quę nominantur scrophu
lę, & ipsę nascuntur in carne glādu
losa, sicut in collo, subascellis, & in-
guinib'. Et hęc materia, quę est in-

 clusa

G chusa in apostematibus, est dura val
de. & sunt ex apostematib' glandu-
losis, q̄ sunt grossitudinis grani pini
vel nucis. & hoc efficit' locis carno
sis. Et isti' gn̄is sunt verucæ, & claui.
& ex apostematib' malis, q̄ appropriata sunt grossitudini humorum
& exeūti a natura, q̄ nolata sunt,
adubelati in Arabico. & inuenit' in
istis apostematib' substātia similis
feci, & stercori, & luto, vel carboni.
Et maior pars istorū apatum composita est ex duobus humoribus, s.
ex phlegmate, & melancholia. Et
apata appropriata ꝓprie phlegma
H ti, sunt apata nolata in Arabico ca-
la. & dicunt φ huius spēs sunt quatuor, s. Lurosatum, mellitatū, vitrea-
rum, & pultesarum. Lurosę fiunt ex
phlegmate grosso. Mellitæ fiunt ex
phlegmate putrido hābēte int' substantiam mellis. Et aliæ duæ spēs
fiunt sīl' ex phlegmate mellito, &
ex phlegmate fiūt, & quædā a ventositate: sicut accidit in illis, q̄ fiunt
in extremitatib' hydropicorum: &
multę alię ęgritudines, quas narrabimus, cum loquemur de accñtib',
quæ superueniunt actionib', & paf
I sionibus membrorum.

Vide tres spēs libro [illegible]

De causis Aegritudinum frigidarum & siccarum materialium. Cap. 7.

IStæ ęgritudines fiunt ab humori
bus melancholicis, qui egrediun
tur a natura in q̄titate, aut qualitate, aut in ambab' simul. & q̄ faciunt
humores istos egredi a sua natura,
sunt materię, q̄ sunt similes eis, sicut
cibi frigidi & sicci, aut calidi et sicci:
aut qn̄ exeunt membra ab eorū cō
plexionib' ad frigiditatē & siccitatē,
vel ad caliditatē & siccitatē distemperatam. Et exeūt ēt a suis comple-
xionib' pp res extraneas, sicut pp ac
tem, & exercitium. Et aliquando ac K
cidit a generatione, sicut accidit leprosis. & maior pars talium fit ab
hæreditate, aut propter coitū cum
menstruata in dieb', quos dixit Za
charam: quia lepra illa a beneficio
medicinarum curam non recipit,
nisi fiant tempore crisis annorum,
quod natura ordinauit. & hoc testi
ficatur mirabilis Zacharam: & ego
expertus sum. Et quando multiplicantur isti humores in corpore, ipse
conatur eos attrahere & nequit, aut
propter quantitatem, aut malā qua
litatem, aut propter vtrunque, tunc L
remanent cum sanguine, & vadunt
ad membra. & quia membra abo-
minãt eos, correctionem eorum facere nō possunt. quare ex eis generantur ęgritudines difficilis curatio
nis. Et cholerę nigræ exeuntis ī quā
litate a natura sunt duę species. vna
est propter adustionem melancholię naturalis: & alia species est ex a-
dustione choleræ non naturalis. Et
istæ species generantur a multo calore & intensa siccitate, q̄uis rema-
neant per earum naturam frigidę,
& misceatur cum eis calor extrane'
extra naturam multum. Et φ signi M
ficat hoc, s. φ complexio earum sit
talis, est earum acetositas. quia quā
do sparguntᷓ sup terrā, fermētat ipsam. & vnaquæq; istarum spērum
inducit corrosionē in mēbris, & ali-
qn̄ fistulas, & maxime q̄ fit ab adustione choleræ. Et ęgritudines, quę
fiunt ex humorib' istis, quędā sunt
febres, quędā apata. & febrium, quę
in eis fiunt, quędam fiunt in secūda
digestione, & quędam in tertia. &
quod adiuuat generationem istarū
est oppilatio pororum cum grossitie humorū, & difficultas digestiōis.
Et

A Et apostemata, q̄ dicunť sclerotica,
fiũt ex melãcholia naturali & adusta,& aliqñ cancer. sed q̄ fiunt a naturali, semp sine vlceratione fiunt,&
q̄ fiunt ab adustiõe nõ naturali cũ
vlceratione . & aliqñ spargitur haec
materia super oĩa membra, & tunc
fit lepra. & pp̄eã dicitur, q̄ lepra est
cãcer vñis. Et istius duę sunt species.
quia quędã est cum vlceratione , &
quaedam sine. & quæ fit cum vlcera
tione,est de melãcholia,quæ est extra naturam. & phlegma salsum,&
sanguis secundum quosdam recipiunt adustionem.

B *De causis Aegritud num calidarum &*
humidarum materialium. Cap. 8.

ISTæ ęgritudines generantur propter exitum sanguinis extra naturam in quantitate,aut qualitate.
Sed exitum ipsius in qualitate debet
dici paucus : quia qñ exit multum,
debet attribui ægritudo nomini illius ægritudinis,ad quã declinauit,
& illi cui dominať manifeste : hoc
est , quia qñ inflammantur nimis,
dẽt attribui cholerae : & sic de alijs.
Et debes scire q̄ ęgritudines simplices non fiunt ex humoribus simpli
C cibus illis : & maxime ex illis , qui
non recipiunt digestionẽ , nec sunt
apti nati recipere ipsam,quia quãdo cholera, vel melãcholia simplex
dominatur singulariter & simpliciter, fiunt ægritudines ex eis,quę nul
lo mõ habent curationẽ, sed nomi
nantur simplices pp̄ humores in eis
dominantes : sicut nominanť com
positę, qñ apparent in eis, & videntur duo humores, aut plures dominantes . Et maior pars ęgritudinũ ,
quæ generantur ex sanguine , sunt
febres,& apostemata , Et ipsius febris sunt species duæ . Vna fit pro- D
pter augmentum quantitatis solũ.
& pp̄ illud augmẽtum quantitatis
clauduntur pori,& inflammať sanguis,& fit hęc species febris . & haec
febris in suo principio non est putredinalis. Sed si Medicus fuit negli
gens ĩ eius curatione, fit putredinalis. & hęc spẽs est media inter ephemeram & putridam. Et alia species
fit pp̄ aliquã putrefactionem. Et fe- Dat Syncocha. idê. 3. Theisir, tra. 1. c. 4. Vide 4. Coll. 5.
bres, quæ fiunt à sanguine, fiunt in
omnibus venis : pp̄eã quia non est
sanguis in actu in corpore,nisi ĩ venis, & non habet interpolationem
manifestam. Sed apostemata , quæ E
fiũt ex hoc humore,sunt quæ dicũtur phlegmone, & fiunt plus pp̄ter
distemperantiam in quantitate , q̄
in qualitate . Et diuersificantur ista
apostemata propter maiorem pro-
funditatẽ & minorem. & qđ est minoris profunditatis , est leuius . Sed
sanguis, qui currit ad membrum, si
distemperatus fit aliqñ in qualitate calida, fit erysipelas phlegmono-
des : eo q̄ tunc est cholericus propter inflammationẽ cholerę. & hęc
species est periculosior . Et apostemata vñr diuersificanť per diuersita
tẽ membrorũ, in quibus fiunt. quia F
qñ fiunt in aliquo ex mẽbris princi
palibus, necessario sequitur mala fe
bris. & maxime qñ apostemata est
phlegmone. Et aliqñ fit phlegmone ĩ subascellis,& in inguinibus , et
in auribus. & quæ fiunt in partibus
subascellarũ , generantur ex superfluitatibus transmissis à corde . Et
fiunt hęc apostemata pp̄ alia apostemata facta in alijs partibus corporis : quia oẽ membrũ habet virtutem expulsiuã mandantẽ alteri.
Et ẽt fiunt ex hac variolę, & morbil

G li, & ppea quia nullus euadit ab his
duobus, nisi habeat hæc. Et non po
test dici, vt fiãt à causis exterinsecis:
quia illæ non sunt necessariæ in oĩ
homine. & ista ęgritudo ẽ sicut naturalis. & pp hoc dicitur, q̃ hęc ęgri
tudo prouenit à mala materia fixa
in cibo embryonis. & ppea fiunt hę
ægritudines cũ febre sanguinis: qa
si sanguis esset nimis corruptus, patiens posset ex eo mori.

De causis Aegritudinum compositarum materialium. Cap. 9.

TV debes scire q̃ ęgritudĩes sim
plices singulares, q̃ dictę sunt,
H non fiunt ex humoribus simplicibus, nisi raro. Sed maior pars ęgritudinum supradictarum est cõposi
ta ex pluribus humoribus vno. Et
compositio ęgritudinũ aut est com
plexionis compositio, aut cõpositio
viciniatatis. Sed compositio vicinita
tis est, sicut siqs haberet ab vna par
te febrẽ cholericã, & ab alia febrem
phlegmaticam, & paroxismi harũ
duarum febrium essent in vna hora. Et febres, quæ fiunt propter cõ-
positionẽ complexionis, sunt duplices. quędam .n. sunt, quarũ cõmixtio est absoluta: & quędã conueniẽ
I nus possunt appellari compositæ q̃
mixtæ. & ppea communicãt febres
in signis & proprietatibus, quæ appropriantur humoribus simplicibus. Et hęc complexio, & cõpositio
quæ est in humoribus, inducit ad
multas commixtiones innumerabi
les. Et ppea quia hæ duę species cõpositionis sunt in febribus, possunt
tñ inueniri febres mixtę, quãuis nõ
sint duarum specierũ, sed vnius. &
hoc accidit, quando fiunt febres in
duobus locis diuersis in corpore. Et
manifestior febrium compositarũ
est hemitritæus & plurium specie- K
rum. Et omnes fiunt ex phlegmate
& cholera sed quædam est, quæ est
ex phlegmate intus, & cholera extra: & quędam est econtrario: & q̃-
dam est, quæ est cõposita ex phlegmate & cholera, aut intus, aut extra. Et febres diuersificantur sm̃ diuersitatẽ mensuræ quantitatis, aut
qualitatis, vł loci humoris, sicut cau
sus, & sicut febris, quę fit ex plegma
te vitreo, quæ dat calorem & frigus
simul in partibus extrinsecis: & sicut febris quæ habet fortissimũ calorem in partibus intrinsecis, & in
partibus exterioribus sunt econtra- L
rio. & põt esse, vt partes exteriores
sint multum frigidæ, & vocatur febris inclusa. Et quælibet istarũ ęgri
tudinum habet quatuor tempora,
principium, augmentũ, statum, &
declinationẽ. Et principium est tẽpus, in quo apparet ęgritudo ĩ actu,
& natura nihil manifeste operatur.
Et qñ humor incipit digeri, natura
incipit operari contra humorem: &
illud tempus est tempus augmẽti.
& dr̃ augmentũ, quia tunc sunt for
tia accidentia & qñ cessat digestio,
cessat tp̃s augmenti, & incipit statꝰ.
& illud est tẽpus, in quo apparet cer M
tamẽ inter naturam & humorem.
Et qñ natura est fortificata sup humorem, & ipsum vincit, dicit tũc eẽ
tempus declinatiõis. Et quędã ęgritudines sunt, quæ habẽt dissolutionẽ humorum sine euacuatione ma
nifesta, & sanãtur, & q̃dã sunt, quæ
hñt dissolutionẽ virtutũ paulatim
donec moriuntur: & quædã sunt, q̃
hñt euacuationẽ manifestã ad sani
tatẽ, vel ad mortẽ. & ista nominatᷣ
vera crisis. Et crisis salubris sũt duę
species; vna est, q̃ dicit per suã euacuationẽ

De tẽporibꝰ morbi.

A cratione ad pfectā sanitatē: & alia
est q relinquit ęgritudinis reliquias,
quę paulatim dissoluunt & liberā-
tur, & tēpore longiori salutē pstat.
Et illud idem est i crisi mala. Et ma
ior pars crisiū reperitur in febribus
acutis, i. quę finiuntur tēpore breui.
& qa crisis accidit post digestionē, si
illa digestio est integra & perfecta,
erit crisis pfecta: & si digestio ē im
pfecta, erit crisis lōgior. & digestio
cōpletur pp longitudinē tēporis fm
cōparationē agentis ad patiēs: quia
non in eo tpe, qd aduenit, patitur pa
tiens ab agente: quia qdlibet habet
B tēpus propriū cōparatione, quā habet agens cū patiente, & hoc potest
cognosci in rebus artificialibus: qa
mesurę temporū decoctionis in rebus artificialibus diuersificantur.
Et ppea quia ita est, & sunt lōgo tēpore cognitę, & sentiunt ęgritudines, & virtutes, & humores: ideo certum est p experientiā & rōnē naturę, vt sciant tpa, in quibus fit bona
digestio, aut mala, videlicet dies cri
tici. & quia digestio bona est perfecta operatio naturę, ideo tempus illud fuit pro maiori parte laudabile. sed digestio imperfecta, qa habet
C latitudinē, non verificat bonitatem
suarū crisium, sicut perfecta. Et qui
dam dicunt, q inuentio crisiū hoc
ordine est Luna. Sed tu debes scire,
q est cā remota, & Medico nō ē necessaria, & cā propinqua est illa, quā
diximus. & infra i libro nostro mō
strabimus rōnē in hoc, & dabimus
exēpla. Et aliqn accidit mors i prin
cipio ęgritudinis. & hoc fit, ppea qa
humores dominant multū sup calorē naturalē, & extinguunt ipsum
pp quātitatē, aut qualitatē, aut pp
vtrunq. Et aliqn accidit in augmē-

Tertio de dieb. cretic. Gal. & 10. Theo. c. 9. Hali. & 1. Theydr. tra. 9. c. 7. & 3. eiusdē. tra cta. 2. c. 2.

to, aut in statu, aut in declinatione. D
& declinatio in ęgritudinibus mor-
tiferis fit a debilitate virtutis, & nō
a debilitate ęgritudinis, sicut est in
salubribus ęgritudinib' declinatio
pp dominationē virtutis. Et sufficit
qd diximus hucusq de ęgritudinibus materialibus, & earū causis. &
nūc volumus facere tractatū breuē
de ęgritudinibus immaterialibus.

De causis Aegritudinum non materialiū in generali. Cap. 10.

ET dicimus, q hę ęgritudines,
quę sunt absq cā humorū, est lo
cus subiecti earū de necessitate mēbra, vel spiritus. Et efficiēs ipsarum E
sunt duę res, aut res exteriores, aut
alię ęgritudines materiales. & volumus dicere de manifestioribus ip
sarum, hoc est de calidis & siccis.

De causis Aegritudinum immaterialium, calidarum & siccarum. Cap. 11.

QVia quędā ęgritudinū calidarum & siccarū sunt in spiritu
cordis solū: & hęc est febris diei. &
hoc fit pp res extrinsecas. & est propter quatuor causas, quarū vna diuidit in quatuor partes, quarū quędam sunt per se, & quędā per accidens: & earū quę per se sunt, qdam
sunt in potētia, & quędā in actu. Et F
quę sunt in actu sunt sicut calor so
lis, & ignis, & alię res extrinsecę calidę in actu. & q sunt in potētia sunt
sicut balneū in aqua sulphuris, quę
calida est i potētia. & similiter quę
sunt potētia, sunt sicut illę, q clau-
dūt poros, ob quā rē accendit calor
i partibus intrinsecis, sicut ē balneū
aquę aluminosę, & similia. Scda cā
sunt res sumptę i corpus, sicut cibi,
& potus calidi potētia, & actu. Tertia cā est corporea, aut animata. cor
porea, sicut immoderatus motus, &

G im moderatarum exercitiū: animata,
sicut ira, tristitia, & vigilia, & similia. Quarta est pp ęgritudines mate
riales, sicut apostemata inguinis, &
titillicorum, & radicum aurium. Et
iterū est istius speciei ęgritudinis fe
bris ethica. & hęc febris ē calor extraneus fixus in substantia mēbrorū, & prohibet fieri operationē ipso
rum, & consumit eorū substantialē
humiditatē. & habet tres species. Le
uior ipsarū est, quæ accensa est à ca
lore extraneo in humiditatibus naturalibus & radicalib', quę existūt
in substātia paruarū venarū. Et se-
H cūda est, q̄ est in humiditate existēte in carne ipsa: quæ qñ dissoluta
est, pōt à cibis restaurari adhuc. Et
tertia ē oībus deterior, & est illa, cuius calor extraneus profunditas est
in membris solidis: quia imposi-
bile est in eis, quod ab eis resolutū
est restaurari. quia mēsura vitę naturalis ē fm mensurā humiditatis
radicalis in quolibet indiuiduo pro
portionato proportione duplici, fm
q̄ dictū est in libro causarū Breuitatis & Longitudinis vitę. Et prima
species istius febris vt plurimū fit ab
ephemera. Sed aliæ duæ species fiūt
I p maiori parte pp febres materiales humorosas præcedentes.

De causis Aegritudinum immaterialium, frigidarum & siccarum. Cap. 12.

ET Ægritudinum frigidarū &
siccarum quędā sunt, quæ appellātur ęgritudinis senectutis, hoc
est dominatio frigiditatis, & sicci tatis super mēbra. Et ppea quia illud,
quod dat vitā, est calor cū humiditate, ob hoc hæc ęgritudo contingi
tur cū senibus. sed non est vera ęgri
tudo, nisi qñ fit in non senibus. Sed
ęgritudinē calidam & humidā, fri- K
gidam & humidā est difficile imaginari. sed calidū simplex, frigidū,
& humidū, & siccum possunt imaginari. Et nos debemus enumerare, quando tractabimus de rebus, q̄
lędunt actiones, & passiones.

De Aegritudinibus membrorum officialium. Cap. 13.

ET postq̄ dictum est breuiter de
speciebꝰ ęgritudinū appropria
tarum membris cōsimilibus, & de
causis ipsarum, dicendū est de ęgritudinibus officialibus. Et dicimus,
q̄ iā dictum est in principio primi, L
quia sanitas membrorū officialiū
est, quæ est in quantitate, qualitate, & positione, & colligantia: quia
hęc species colligātię est inseparabi
lis, & nō reuertitur ad alias species,
quas dixerunt Medici. & intrat prę
dicamētum habitus, sicut pannicu
li, & cutis intrant prædicamentum
habere. ergo tria genera ægritudinum intrant quinq; prędicamēta,
hoc est in qualitate, quantitate con
tinua, & discreta, & habitu, & vbi, &
habere. & postea inuenitur hęc res
in quādo, hoc est in prioritate & po
sterioritate. Sed ordinatio membrorū M
officialiū, & prioritas & posteritas
plus ponenda est in sex sequētibus
pdicamentis. Et debes scire q̄ ęgritudo non superuenit vnicuiq; gene
ri sanitatis, sicut nos videmus in or
dine tunicarum oculorū, & in maiori parte membrorum officialiū.
quia in illis non superuenit
ęgritudo ordinationis,
hoc est vt prius
fiat poste
rius.

De

A *De Continuitate, & Solutione continuitatis, & suis causis aliqualiter.* Cap. 14.

SEd continuitas, & solutio, & causæ illarum secundum aliquam partem aliquã possunt ingredi in genus ęgritudinum officialiũ. sed genus colligãtię nõ intrat ægritudinibus eiusdem per se. Sed ægritudines mẽbrorum sunt hæ, quæ faciunt accidere membris ęgritudines, quibus altera cõmunicat cũ altera. & conuenientius est, vt colligantia enumeretur potius in causis ægritudinum, quam in genere ægritudinum. Sed ge- B nus ægritudinũ, quod est contrarium cõtinuitati naturali, quæ nominatur continuitatis solutio, est duobus modis. Vnus est solutio continuitatis veracis, & continuitatis partis cũ parte in consimilibus. & hoc genus debet magis attribui cõsimilibus quam officialibus membris: propterea quia hæc solutio accidit membro officiali ex parte, qua compositum est ex membris cõsimilibus, & nõ ex parte, qua est officiale. Altera est separatio cõtiguitatis termini à termino. & hæc cõtinuitatis solutio nõ veraciter appellatur: quia hęc cõtinuitas fit per C modũ contigui, & per modũ penetrationis, & per modũ societatis mẽbri cũ membro, aut ligamenti. & hoc genus solutionis posuimus in genus ęgritudinũ officialiũ. & hoc genus cõmunicat cõiunctioni & separationi. Et propterea non est solutio cõtinuitatis, vt dixerunt Medici dicentes, quia erat ægritudo, quę cõmunicat mẽbris cõsimilibus & officialibus. quia solutio est difficilis in his duobus modis, quos diximus. Et propterea quia species sanitatis, quæ est in qualitate, in figura, in meatibus, lenitate, asperitate, & grossitie, D sunt ægritudines istius speciei proportionatæ istis diuisionibus. Et ęgritudinũ, quæ sunt in quãtitate, quędam sunt in mẽsura. & hoc est in superfluitate & diminutione. & hoc primo est in consimilibus, vt dictũ est. sed Medici assueti sunt ponere in officialibus. Et quędam peccant in numero. & quæ sunt in numero et habent duas species, quæ sunt superfluitatis & diminutionis. & quędam est naturalis, & quędã non naturalis. naturalis est sicut superfluitas sexti digiti, & diminutio naturalis est diminutio quinti digiti. non E naturalis superfluitas est sicut cucurbitini, qui inueniuntur in intestinis, & similes. Et peccatũ positionis est sicut dislocatio vnius membri ab alio, vel alicuius partis mẽbri ab altera. Et ęgritudines, quas dicũt Medici ęgritudines colligantiæ, fiunt ex colligantia membri officialium cum altero pro parte vnius cõicantis cum altero, sicut communicant cor, et hepar cum omnibus mẽbris, videlicet vnum cũ arterijs, & alterũ cum venis. & aliquando est colligãtia ab vno membro ad aliud proprium membrum, sicut colligatum est os F stomachi cum cerebro per neruum euntem ab vno ad aliud.

De causis Aegritudinum membrorum officialium. Cap. 15.

LOcuti sumus breuiter de ęgritudinibus membrorũ officialiũ, nunc volumus loqui de ipsarũ causis. Et dicimus quod ęgritudines, quæ fiũt in figura, fiunt propter duas res: quia aut à natura, aut à rebus extrinsecis. Et ægritudo, quæ prouenit à natura, est propterea, quia materia est inconueniens, nec apta operationi vir-

tutis

G tutis informatiuæ, nec instrumento, cũ quo operatur virtus informa
tiua, nec initiam est aptum ei. A rebus vero extrinsecis est, sicut fit embryoni, qñ nascitur, vel qñ nutritur,
Et aliqñ fit ex errore Medici, qa ali
qñ credunt rectificare mẽbra, & dis
locant ea. & hoc debes cognoscere ĩ
figura mẽbri, & figura partiũ. & sic
debes intelligere in qualibet ęgritu
dine attributa mẽbris officialibus,
in eo q̃ sunt officialia. Et cũ stricturæ meatuum & constrictionis eorũ
est pp dñiũ frigiditatis & siccitatis
super eorũ cõplexionẽ, aut quia cõ-
H primuntur ab alijs mẽbris, aut propter oppilationem. & oppilatio fit,
aut pp apostemata, aut pp humorẽ
grossum, aut viscosum, aut pp durũ
lapidem aut pp carnositatẽ nascen-
tem in poro, aut pp fortitudinẽ virtutis retentiuę, aut debilitatem expulsiuæ virtutis: quia ob istas causas multa in eis quantitas aggregatur. Sed largitas meatuũ fit aut à ca
liditate & humiditate, aut ab humi
ditate, aut ab humore calido mordi
catiuo, aut pp medicinas vel cibos
apertiuos, aut pp debilitatem virtu
tis retentiuę. & cũ lenitatis est à cau
I sis lubricatiuis humidis, sicut ab hu
moribus mucilaginosis & similib⁹.
Et cũ asperitatis est à causis calidis
mordicatiuis, siue veniãt ab humoribus, aut à reb⁹ extrinsecis. Et ęgritudines numeri sunt s̃m hunc modũ si qd superfluit est s̃m cursum
naturę, fit à superfluitate materiæ,
q̃ est in mẽbro: & si extra cursum
naturę, est sicut cucurbitini, & eorũ
similia, quæ proueniunt ab humoribus extra naturã, aut in quãtitate,
aut in qualitate. Et diminutio prouenit ex putrefactione, sicut est casus capillorũ, aut pp corrosionẽ: & K
maxime qñ putrefactio est ab humore corrosiuo, aut ab aliqua re ex
trinseca. & cũ magnitudinis membrorum, qñ est membrũ per viam
naturæ, est pp multã materiã mem
bri, & pp dominationem virtutis i-
formatiuæ super ipsum. & qñ non
est per viã naturę, fit pp aliquã supfluitatẽ sparsam mẽbro. & paruitas
mẽbri fit pp paucitatẽ materiæ, si ẽ
s̃m cursum naturę. & quæ est præter cursum naturæ, fit ex debilitate
virtutis nutritiuę, sicut accidit ethicis. Sed causę ægritudinis malæ positionis duæ sunt. Vna est extrinse- L
ca, sicut dislocanẽ mẽbra pp immoderatũ exercitium: & sicut qñ fran-
gitur panniculus, qui separat ĩtestina à testiculis, aut pp dislocationẽ
ossis anchę. Intrinseca aũt est, sicut
humiditas superflua, q̃ mẽbra mol
lificat & lubricat, ita vt egrediañ à
loco proprio: sicut accidit in zirbo,
& intestinis pp multã humiditatẽ
aquosam aut lubricatiuã, q̃ transit
p meatum, qui tendit ad testiculos.
Et cũ separationis, & coniunctionis
membrorũ est duplex. vna pp debi
litatẽ virtutis informatiuę, aut ma- M
litiã materiæ. & hoc nocumentum
ꝓuenit tp̃e generationis, & qđ non
ꝓuenit à generatione, est sicut carnositas, quæ fit inter duas carnosi-
tates, qñ nasciẽ caro inter mẽbra ip
sa, conglutinanẽ. Sed solutio continuitatis in mẽbris officialibus est
eadẽ cũ ea, quæ fit in cõsimilibus.
& accidit hoc, aut pp res extrĩsecas
incidẽtes, aut conquassantes vel ex-
tendẽtes, aut ab intrinsecis, sicut ab
humoribus acutis corrosiuis, aut ex
tendentibus qui lacerant, aut graui
tate, aut ventositate

De

A *De Accidentibus superuenientibus virtuti Nutritiuae in generali. Cap. 18.*

Accidẽtiũ defin.

DEinceps volumus narrare de accidentibus, quę superueniunt actionibus, & passionibus, & appropriare vnicuique illorum ægritudini, a qua emergit. & hoc cognito, cognoscemus ęgritudinem vniuscuiusque membri. Et dicimus quod, accidens non sit aliud nisi læsio actionis, & passionis membrorum, aut impressionis ipsorum, & sunt genera ipsorum accidentium secundum computationem generum actionum, & passionum. Et tu scis in lib. Sanitatis quod quędam operationes sunt, quę D appropriantur animę nutritiuę, & quędam animę sensibili, & quędam appropriantur motui, & quędam appropriantur virtuti imaginatiuę, & cogitatiuę, & memoratiuę. Et est incipiendum ab accidentibus, quę superueniunt operationibus virtutis nutritiuę, quia sunt magis necessarię in essentia animalium. Et dicamus quod membra, quę ordinata sunt operationibus virtutis nutritiuę, quę dicta sunt in lib. Sanitatis, sunt sicut os, œsophagus, stomachus, hepar, renes, vesica, sacculus fellis, & splen. Et læsio, quę superuenit istorum membrorum actioni- C bus & passionibus, est tribus modis. vnus est, vt cum operatio membri cessauerit, vt sit propinqua puncto priuationis. secundus, vt sit diminuta a suis naturalibus operationibus. tertius, vt sit permutata ad malas operationes. Et debemus incipere in membris nutritiuis, secundum quod ordinantur in officijs cibi. Et dicamus quod minuitur operatio oris, vel priuatur propter vlcerationem, quę ei accidit, aut propter apostema, aut propter putrefactionem dentium, vel propter aliquas ęgritudines, quę sunt propter aliquas complexiones materiales. Et œsophagus læditur aut D ab apostematibus, quæ in eo nascuntur, & dicuntur eidalbuata, hoc est synanchia, & fiunt pro maiori parte in musculo illius. Et etiam priuatur, aut diminuuntur illius operationes, quando dislocantur spondili colli, & contrahuntur propter apostemata interna: aut propter humorem mucilaginosum, qui illuc discurrit in magna quantitate: aut propter res aduenientes ab extrinseco. & hæc species est propter causam magnæ suffocationis superuenientis pueris paruulis propter humiditatem suarum complexionum. Et generaliter accidunt eis spe- E cies omnis ęgritudinis malæ complexionis materialis. Et etiam veniunt ęgritudines propter malam complexionem non materialem, sicut testificatus Gale. de iuuene, cui Medici multum vetabant aquam, & ipse bibit multam aquam frigidam in vna hora assumpta, & perijt virtus attractiua, & etiam expulsiua œsophagi, & non potuit vlterius deglutire. De stomacho sunt manifestæ quinque virtutes videlicet digestiua, attractiua, retentiua, expulsiua differentiua, ideo fuit necessarium, vt numerus accidentium esset secundum numerum istarum virtutum. Et incipiamus a digestiua, & dicimus, quia quando deficiet virtus digestiua in stomacho, acescet cibi in stomacho, & causa acetositatis est frigiditas, quæ est inuenta, eo quod hoc accidens prouenit a mala complexione frigida, siue sit materialis, siue non materialis. Et quæ est non materialis, talis est causa intrinseca, & talis est causa extrinseca. ergo hoc accidens prouenit a mala complexione materiali. Et causę non mate-

Manifestum est quod stomacho insunt quinque virtutes. F

2. hoīa. 2. 3. Opp. c. 9. eiusdé. & c. de morbis, & symptomatis c. 8. & prin. primi doc. 6 c. 1. & 2. c. [illegible]

G materiales extrinsecæ sunt sicut res extrinsecæ actu frigidę in ipso sumptę, aut res frigidæ in potentia sumptæ, aut pp multam quantitatẽ cibi, aut pp receptionem ipsius inconuenientem in ordine & tempore. Sed causę materiales intrinsecæ sunt sicut humores frigidi. Et isti humores fiunt duobus modis, aut vt generentur in ipso, aut vt attrahãtur ab alijs membris: sicut à cerebro, qđ proprium est ad spargẽdum humorem phlegmaticũ, & splene, vt spargat humorem melancholicum. Sed sparsio, quæ prouenit à splene, qñ

H est in mensura tẽperata in quantitate & qualitate, tunc est operatio naturalis. sed qñ egreditur à temperamento in aliquo istorum tunc, fit acetositas hęc, quæ dicta est. & quãdo dominantur multum super stomachũ occasiões supradictæ, perijt ipsius operatio penitus, sicut accidit in fluxu, in quo egreditur cibus, sicut recipitur sine aliqua pmutatione, q̃ dicitur liẽteria. Et qñ steterint isti humores lõgo tẽpore in stomacho, est cã vt quæramus malam cõplexionem frigidam difficilem ad curandum in substantia stomachi.

I & si diu durauerit, ob hanc causam adueniet homini complexio senectutis. & aliqñ erunt apostemata frigida, quæ fiunt in stomacho causa istorum accidentium: & maxime, qñ apostemata erũt sicca & dura. Et Alex. dixit, q̃ acetositas prouenit à calore. Et tu debes scire q̃ hoc accidens prouenit sicut accidẽs, qđ fit ex vino, qđ acescit propter aerẽ calidum. & apparet vt sit vna actio, actio accidentalis, quæ substantialiter fit à simili, & accidentaliter à contrario, sicut in pluribus perscrutari potest, & inueniri, & ppea subtiliter Medicus has res debet perscrutari, vt cognoscat perfecte. Et humorũ, qui generant̃ in stomacho, quidam corũ imbibuntur in ipso, & q̃dam sparguntur in concauitate ipsius. Et etiã accidit stomacho propter diminutionem digestionis ventositas. & quamuis hoc accidens cõmunicet debilitati virtutis retẽtiuę, ppea quia stomachus, qñ colligitur supra cibum bona collectione, aduenit tunc bona digestio: & quando nõ bene colligitur, tunc calor naturalis non bene dominatur ibi, &

L tunc natat cibus in partibus superioribus, & tunc refrigeratur, & generant̃ vẽtositates in eo, propterea quia pars superior est neruosa, sicut dictum est. Et scias q̃ calor debilis est causa generandi ventositates, ppterea quia, calor fortis carminat, & dissoluit ipsius materiã dissolutiõe non manifesta. nec ẽt fortis frigiditas generat ventositatẽ, eo q̃ non habet à sui natura, vt generet ventositatẽ. Et ab hac mala operatione accidit ex necessitate pmutatio (Vide infra ca. 10.) ĩ cibo ad malã qualitatẽ fumosam, vel humorosam. Et manifestum est

M q̃ hoc accñs fit à calore extraneo, qui est plus extra naturã, q̃ calor q̃ cibum resoluit in fumũ, & conuertit in fumositatẽ. nã ab isto generatur humor putrefactus, & sapor corruptus fœtidus, similis odori raphani: quia ille conuertitur in stomacho ad malã cõplexionẽ. Ergo ęgritudines, quæ fiũt ab his, fiunt à mala complexiõe calida materiali, vel nõ materiali. & quæ fiunt à nõ materiali, fiũt vel pueniunt à cibis calidis, & à rebus extrinsecis. materialis fit ab humorib⁹ cholericis gene-

ratis

A ratis in ipso, vel missis ab alio membro. & mēbrū appropriatū ad hoc ē hepar, vel fel. Et quibusdā hominibus est fel tangens stomachū: eo q quidā sunt habentes meatum fellis ad stomachū, sicut splen habet: & tales homines sunt, quibus cholera in stomacho generatur. & hęc cholera nō dr̄ cholera nisi ęquiuoce. & hic humor cadit in fundo stomachi, aut sbibitus ē in corpore ipsius, ali qn̄ accidūt stomacho illa mala accidētia ab apostemantibus, quæ nascunt̄ in ipso. hęc sunt oīa accidētia, quæ veniunt virtuti digestiuæ.

B Et virtus discretiua est, quæ cognoscit omnes species cibi & nutrimenti, & cognoscit sanguinē à superfluitatibus, vt nutriat membrū ex conuenientiori, & mittat vnicuiq; mēbro quod est ei simile. Et istius virtutis non fuit memor Gal. & separatiua, de qua loquitur, nō est hæc. & est magna drĩa inter separatiuā & discretiuam, & in esse, & tempore, sed hāc habeo ab Abumazare, qui eam asserit fortiter. Et non est dubium qn̄ ipsa sit in corpore, & est necessaria, sicut sunt alię virtutes. Et ipse dicit in illo libro oīa accidētia, quæ adueniunt corpori, qn̄ impediuntur operationes illius virtutis.

Virt⁹ separatiua est alia a discretiua. p quo vide. 6. de morb. & sym. c. 1. & 14. tertij tract. 1. c. 29. & tra. 4. c. 6. qūo dest, & qd sit virt⁹ separatiua.

C & dicit q qn̄ debilitatur ī stomacho, necessariū est vt generētur mali humores in toto corpore: eo q nō est facta separatio inconuenientis à cōuenienti. vnde aliqn̄ proueniet morphea. Et etiā, ppter quia debilitata erit virtus hęc in splene, qa nō erit attracta cholera nigra ad ipsū. Sed nō manifestat Abumazar p q cōplexionē ista virtus operatur, nec q sit eius instrm̄, sicut dixit in alijs quatuor. Et hic est magnus defect⁹.

D quia qn̄ volum⁹ remouere accñtia, q superueniūt eidē, & si nō cognouerim⁹ cōplexionē qua laborat, nō cognoscemus modos curatiōis ipsius. Et nos domino cōcedente debemus suū esse declarare, & qua cā laborem infert. & qn̄ priuatur eius operatio, aut minuitur, post hęc ex necessitate sequit̄ debilitas in virtute nutritiua, quā habet stomachus in seipso, aut ab eā priuatur. quia sī dictum est, q stomachus nutrit̄ ex chylo aliquo mō nutrimēti. & si nō nutrietur à chylo, nō amplectetur ipsum. E & qn̄ debilitatur virtus ī stomacho, sequitur ex necessitate ęgritudo, q dr̄ idigestio stomachi: & cā illius sunt duæ res, aut mala cōplexio calida & sicca fixa in substantia radicali stomachi, q si prolongatur, inducit ethicā: aut mala complexio frigida & sicca, quæ inducit senectutem.

De Accidentibus superuenientibus virtuti Retentiuæ. Cap. 17.

ET virtutis retētiuæ, qn̄ diminuitur operatio, sequitur inflatio & ventositas, & aliqn̄ exit cibus indigestus. F Et cā huius est mala complexio frigida & humida: & aliqn̄ sola frigida non materialis, & materialis. & qn̄ hæc operatio appropinquabit priuationi sui, fiet ęgritudo lubricitatis intestinorum. Sed quādo hæc virtus retinebit cibum mala retētione, adueniet stomacho vt sit tremulosus: eo q virtus retentiua coniungetur cū fece cibi. Et hoc accidens apparet in stomacho plus tempore sanitatis superfluæ, qn̄ impletur stomachus, nec pōt regere cibum. & hoc accidit propter malam complexionem materialē, aut non materialem.

G *De Accidentibus virtuti Expulsiue superuenientibus.* Cap. 18.

VIrtutis expulsiuę operatio aut
diminuitur, aut priuat. Ad diminutionem vero ipsius accidit vt
remaneat & retineatur cibus in sto
macho mala retentiõe, ita vt putre-
fiat. Sed à priuatione ipsius accidit
ęgritudo, q̃ dr̃ colica. Et huius causa est, complexio mala frigida materialis, vel nõ materialis. & hęc est
substantialis cã priuationis ipsius.
Et aliqñ priuatur pp oppilationem,
quę fit in intestinis, sicut accidit in
colica. & hęc priuatio est accidenta
H lis. Sed superflua expulsio, quæ superuenit operationi istius virtutis,
facit vnã ex spẽbus lubricitatis inte
stinorũ. Et hæc est fortior illa, quæ
fit pp priuationem retentiuæ. quia
hoc fit pp aliam rẽ, quæ mouet hãc
virtutẽ ad expellendum nimis, sicut
sunt humores vlceratiui, vt cholera, aut phlegma salsum, & melancholia acetosa. Et ẽt põt fieri ꝓpter
apostema generatum in orificio vel
porta stomachi, aut pp cibos corruptos permutatos ad tales humores,
sicut accidit in fortissimo fluxu. Et
aliqñ remotis his omnibus causis,
I virtus expulsiua mouebit hoc malo motu: & fit pp aliquam leuẽ cau
sam eidem aduenientem. & hoc pp
errorẽ virtutis illius membri, ppea
quia hęc mala dispositio est reuer-
sa in habitudinẽ stabilẽ. & ppea curant Medici hanc ægritudinem cũ
medicinis, cum quibus curant verti
ginem, & melancholiam, vt remoueatur error iste, & sensibilitas mala. Et adhuc declarabo melius in libro de Ingenio sanitatis, & põt esse
vt hoc fiat pp apostema factum in
supficie stomachi. Adhuc ẽt isti virtuti attribuitur malũ accidẽs, qđ dr̃ K
singultus: qđ accidit pp retẽ, q̃ lædit pp qualitatẽ calidam aut frigidam. & quędam species fit pp malam complexionem calidam & siccam, fixam in substantia stomachi,
ita q generatur in ipso vna species
spasmi, cuius sanatio aut est difficilis, aut impossibilis. & aliqñ fit spas
mus pp multam humiditatem, quę
est in substantia neruosa stomachi,
sm q dictum est in causis spasmi.
Et vomitus appropriatur malę opé
rationi istius virtutis: sed nõ est ita
substantialis ipsi, sicut expulsio, quę
fit per inferiores partes. Et cũ vomi L
tus est pp cĩm natantem in ore stomachi, ex multa humiditate cholerica, aut phlegmatica. quia qñ isti
humores erunt in partibus superio
ribus stomachi, mouent vomitũ; &
qñ erũt in partibus inferioribus sto
machi, mouent fluxum. Et aliqñ
sparguntur ad stomachum ab aliis
mẽbris, sicut ab hæpate: vt videmus
in multis, quibus aduenit febris fri
gus, & cũ vomunt, curantũ. & hoc ac
cidit ꝓprie ab humoribus cholericis, & aliqñ à phlegmaticis. & qđ fit
à melãcholicis, signat maius malũ.

M *De accidentibus superuenientibus virtuti Attractiuæ stomachi.* Cap. 19.

CAusa impedimenti attractiuæ
stomachi eadẽ ẽ cũ causa, quæ
hoc facit in œsophago. Sed diminu
tionem appetitus, & augmentũ ipsius ĩ stomacho dicemus, qñ tracta
bimus de accidentibus, quæ adueniunt virtuti sensibili.

De Accidentibus, quæ superueniunt virtuti Nutritiuæ intestinorum. Ca. 20.

HVcusq; diximus de accidentibus, quæ fiunt in operationibus,

A bus, quæ manifestatur ĩ stomacho: deinceps volumus dicere de accidẽtibus, quæ superueniunt virtutibus nutritiuis intestinorum. Et dicimus q manifestior virtus, quæ est in eis, est virtus expulsiua, & post illam retentiua. Accidentia, quæ superueniunt ipsis, sunt secundum corruptionem istarum duarum virtutũ. Et quando priuatur operatio virtutis expulsiuæ, aut diminuitur, tunc fit ægritudo, quæ dicitur colica. Et priuationis causa istius virtutis stat propter malam complexionẽ cholericam materialem, aut non materialem.

B Et priuatio, quæ prouenit à mala complexione frigida, est pluribus manifesta, propterea quia, frigiditas est contraria calori naturali propter suam qualitatem, & impedit spiritum in omnibus suis operationibus. Sed quando prouenit à caliditate, non est admirandum: propterea quia multa mẽbra nõ agũt nec patiuntur, nisi propter calorem temperatum mẽsuratum vnicuiq; membro. & quãdo calor egreditur multum extra naturam in aliqua duarum qualitatum, tunc priuãtur eorum operationes propter calidũ,

C aut frigidum. Sed quando distemperantur parum in calore, tunc erit opatio mala, sicut calor stomachi, qui permutat cibos in fumositates. Et aliquando priuat operatio istius virtutis in intestinis propter oppilationes, quæ in eis fiunt. Et illę fiũt aut propter stercus durũ aut viscosum, aut humorem grossum & viscosum, aut propter apostema ventosum. quamuis læsio, quæ prouenit ab apostematibus in hac operatiõe, fit duabus de causis: vna, quia acquirũt intestina malam complexionem materialem: & alia propterea quia claudit vias.

D Et ventositas etiã claudit intestina propter duas res: vna, quia præponit se stercori, sicut accidit canalib' subterraneis, vnde fluunt aquæ: alia, quia torquentur intestina, donec claudantur. Item fit oppilatio propter lumbricos. & accidit in intestinis propter corruptionem istius virtutis expulsiuæ, quæ fit propter oppilationem, quod facit operationes nõ naturales: eo quod expellit superfluitatem per partem superiorem, quã debet expellere per partem inferiorem, & concomitatur stercus.

E Et aliquãdo debilitatur virtus expulsiua propter oppilationẽ viæ à cysti fellis ad intestina: quia tunc non potest peruenire ad intestina ex cholera illud, quod adiuuet ad stercoris expulsionem. Sed si hæc operatio permutata fuerit ad malum cõtrarium, tunc malam faciet operationem, & fiet aliquo modo fluxus: eo q stercus nõ trahit in intestinis moram conuenientem, propter augmẽtum istius virtutis. Et causa augmenti istius virtutis est propter humores mordicatiuos, qui sparsi sunt

F ad intestina ab hepate, & venis, & stomacho, aut felle, aut ab alijs membris: & aliquando proueniunt à capite. Et quando humores mordent intestina, multum vlcerant ea, & fit ægritudo, quæ dicitur vlceratio intestinorum, quæ dysenteria nominatur. Item accidit illud isti virtuti propter qualitatem ciborum, qui sunt extra naturam: quia aliquando stomachus expellit ad intestina cibum, antequã digeratur, & aliquando fit propter multã cibi quantitatem, q est superflua. Et

G aliqñ accidit pp oppilationẽ meatus, qui est inter hepar & intestina: & tunc non transit cibus ad hepar. & cibus aggrauat virtutem expulsiuam, & propterea ipsum expellit. Et aliqñ cã, quæ prohibet penetrationem cibi ad hepar, est grossities ciborũ, & grossities cibi est, aut propter naturã ipsius eiusdem cibi, aut pp debilẽm operationẽ stomachi ĩ ipsum, aut pp vtrunq;. Et aliqñ non transit cibus ad hepar pp debilitatẽ virtutis attractiuę in ipso, sicut accidit in ęgritudinibus hepatis. Et qñ debilitatur virtus retentiua, fit vna
H species fluxus, quę nominat̃ elicalsa. & hoc prouenit necessario propter malã complexionẽ materialẽ, non materialem. Et qñ priuat̃ ipsa operatio, fit alia species fluxus, quę dr̃ lubricitas hestinorũ. & operationes extremitatis intestini longationis impediunt̃, aut pp vlcerationẽ factam à duritie stercoris, aut propter hæmorrhoidas ibi natas. & aliqñ venis ipsius apertis, fluet ĩde sanguis. & aliqñ fluet sanguis iste p viã naturalis purgationis & laudabilis. & hoc est, quod dicit Aristo. malus sanguis discurrit à naso, & ano.

I *De Accidentibus superuenientibus virtutibus Hepatis.* Cap. 21.

QVia hepar habet quinq; virtutes, iõ accidẽtia ei aduenientia totidem sunt. quia qñ diminuit̃ in ipso virtus digestiua, sanguis suus erit phlegmaticus, & mẽbra, q̃ nutrientur longo tempore ex tali sanguine, conuertentur fm̃ suã complexionem ad naturam istius humoris, & poterit fieri ægritudo, quæ dicitur hydrops hyposarca. Et hoc accidẽs euenit propter malam complexionem frigidam materialem. Et aliquando fiet pp qualitatẽ cibi, aut malitiam sui ordinis. Et aliqñ fiet propter res extrĩsecas. & potest fieri ab omnibus causis, quę inducũt frigiditatem complexionis. Et aliqñ pp colligantiam membrorum seruientium hepati cum ipso; sicut stomachus. quia qñ diminuitur operatio stomachi in digerẽdo chylum, & mittit ipsum non coctũ hepati. & qñ in hoc fit perseuerantia, conuertitur natura hepatis ad complexionem frigidam: Et splen qñ debilitatur, & non mundificat, sicut debet, tunc remanet pars frigi- L
da & sicca in hepate, & conuertit ipsum ad complexionem frigidam. & qñ etiã intestina gracilia acquirũt malam complexionem, & sic tunc læditur hepar propter colligãtiam, quæ est inter ipsam & hepar. Et aliqñ acquirit hepar malam complexionem pp apostema: sed apostema non erit causa pro maiori parte istius ægritudinis, nisi induretur, & fiat lapideum. Et aliqñ erit cã ęgritudinis hepatis ęgritudo officialis, sicut sunt oppilationes, quæ fiunt in ipso: eo q̃ oppilatio habet extinguere calorẽ intrinsecũ: & maxime qñ M
humor faciens hoc est frigidus. Sed qñ operatio virtutis digestiuę acquisiuerit maximũ errorem, tunc accidet vnum ex duobus: quia aut hydrops tympanites, aut aliæ ægritudines calidę. Et tu debes scire q̃ mẽbra non agunt, & patiuntur nisi cũ quodam calore temperato ex frigiditate proportionata ei: ideo quia ostensum est in Naturali Philosophia q̃ frigiditas ẽ in corpore, sicut instrumentum temperans calorem naturalem, qui est primum agens &

A & substantiale, ergo quodlibet mēbrum operatur suam actionem per
istum calorem correctum cum illo
instrumento conuenienti ei. Et qñ
frigiditas aduenit membro multa,
ita q̃ calor non egreditur ad suam
formam naturalē multum, tunc di
minuitur operatio mēbri, sicut in
cibis, qui acescunt in stomacho, &
sicut in sanguine phlegmatico, qui
generatur ĩ hepate frigido. Et quādo augmentatur calor agens breui
augmento, quod tñ tunc nō trahit
calorem agentem à sua forma naturali, tunc fit mala augmētatio in
B operatione membri, sicut in stoma
cho generāte fumositatem ex cibis,
& sicut in hepate generante multā
choleram. Sed quando fit magnū
augmentum in caliditate vel frigiditate, ita q̃ calor membri exeat à
sua forma naturali, tunc faciet mēbrum operationē contrariā operationi naturali: sicut stomachus, qui
corrumpit cibos. ergo cāæ istarum
ægritudinum fiunt æque à mala cō
plexiōe calida, sicut frigida. Et post-
q̃ assignauimus causam cōem omnibus membris, volumus reuerti ad
locum, vnde separati fuimus, & assi
C gnare causas proprie in hepate. Et
dicimus, quia qñ accidit hepati ma
la complexio calida parū excedens,
sicut diximus, tunc acquiret multā
amaritudinem. Sed qñ augmentabitur hæc mala complexio calida,
ita q̃ egrediatur à sua forma naturali, tunc erit operatio ipsius hepatis operatio non naturalis, & proue
niet illa operatio solum à calore, in
eo q̃ est calor, & nō in eo q̃ talis ca
lor. ergo q̃ proueniet ab illo calore,
in eo q̃ calor simpliciter, inducet
partem aqueam, quam inueniet ad

fumum, & faciet ex eo ventositatē, D
& proueniet ex hoc tympanitis hydrops, aut simile. & si fuerit cū re-
motiōis naturalis caloris ægritudo
calida, attribuetur illa remotio ægri
tudini calidæ. & si fuerit frigida, attribuetur frigidæ. Et ꝓpterea multum
laborāt Medici, vt dent causam bene istius speciei: eo q̃ æque fit à calore, sicut à frigore. Et ꝓpterea hæc species difficilior est cæteris ad curan-
dum. Sed cū acquirendi malam cō- Tympanitis est difficilior alijs speciebus.
plexionē vitæ sunt causæ calidę ma-
teriales, & non materiales. Et causā,
quæ magis est propria in hac læsio- E
ne, est qñ cystis fellis suā operatio- Opp. a Ra. li. 9. Alma. so, & ali. Aux. 14. antij trac. 4. c. 4.
nē non facit. & hoc accidit aut ꝓp
oppilationem, quæ est in meatu, q̃
est inter cystim & hepar, aut ꝓp debi
litatē virtutis attractiuæ in ipsa cysti, aut ꝓp oppilationē meatus, qui
trāsit à cysti ad intestina, aut ꝓp debilitatem virtutis expulsiuę, quę est
in ipso felle. quod est, quia quando
clauditur ille meatus, tūc accidit e-
dem illud accidens, qđ aduenit habenti clausa intestina, hoc est, quia
non petit cibū, nec desyderat. Et accidit hoc, ꝓpterea quia virtus attractiua est in quolibet membro ꝓp nu- F
trimentū: & virtus nutritiua complet
suas operatiōes ꝓp quatuor has vir
tutes. & qñ priuatur vna istarū, pri
uantur omnes: & sic accidit hepati
propter fel. Et accidens, qđ dicitur
ictericia, fit ex necessitate propter
vnam duarum rerum, aut ꝓp priua
tionē operationis fellis, aut propter
diminutionem: quia tunc remanet
amaritudo ꝑmixta sanguini, & virtus expulsiua mittit eam ab omnibus membris, & expellit eam ad superficiem corporis per modum curationis, sicut expelluntur aliæ su-

G perfluitatis. & hæc species non est
timorosa: aut quia hepar, aut quia
membra acquisiuerunt malam cōplexionem calidā, sicut accidit, qñ
generantur apostemata calida in
eis, aut pp venena calida ebibita, qa
tūc dominatur multa quātitas cho
leræ in corpore, & spargitur ad cutim. Et hoc manifestatur pp quantitatem superfluam, & malā qualitatē, & non per viam mundificatio
nis. & ppea hæc species est periculosa. Quādo debilitatur virtus discretiua in hepate, tunc debilitantᶠ operationes ipsius, & sparguntur p to-
H tū corpus humores hi cum sanguine, & fiunt pp hoc multæ ægritudines sicut hydrops, quæ dicitur asci-
tes. quia nisi hæc virtus cognoscat
aut separet aquositatem, quæ est in
chylo, tunc spargitur in sanguine,
& natura pellit ipsam ad concauita
tem ventris. Et quidam dicūt, ꝙ nō
expellit ad hunc locum nisi per venas vmbilici: ppea qa istæ venæ cō
tinuātur cū hepate, & per istas exit
superfluitas aquosa, quę est in embryone, qñ est in corpore matris. Et
aliqñ fit hoc accidens pp debilitatē
virtutis attractiuæ, quæ est in reni-
I bus, aut pp oppilationem, aut propter stricturam illius meatus. Et qñ
debilitatur virtus* retentiua in hoc
membro, est cā, vt exeat sanguis ex
eo crudus, aut non coctus. Et qñ vir
tus expulsiua erit permutata ad ma
lum in hoc mēbro, tunc reuertitur
sanguis ad intestina per meatus, p
quos cibus transit, & fiet fluxus san
guinis. & hoc est aut pp acumē san
guinis, aut pp malitiam cōplexionis. Qñ debilitatur, aut priuatᶠ operatio virtutis attractiuę, ēt ex hac p
uenit malus fluxus. Et cā vīis lęsionis harum virtutū est pp ægritudi- K
nes appropriatas mēbris officialib⁹
aut consimilibus. sed officialis est
causa per accidēs, qa mediante ęgri
tudine complexionali, quæ est appropriata consimilibus. Et istę duæ
species ęgritudinis lędunt membrū
duobus modis, aut in eo ꝙ est in ip
so mēbro, aut in eo ꝙ est in mēbro
communicante cū eo. Et ppea, si ali
qs quæreret à nobis in hūc modū,
postq̄ vna rerum, per quam læduntur operationes membrorū, est per
communicationē vel colligātiam,
& cor est illud, qđ dat calorem hepati, per quē facit suas operationes, L
lædentᶠ operationes hepatis pp passiones cordis, aut non? Respondemus, ꝙ postq̄ cor est dominans mē
brum super oīa ex toto, impossibile
est vt ī eo generentᶠ ęgritudines sen
sibiles tales, quę possint lædere hepar, aut alia membra, stante homine viuo. & hoc si accidit, accidet p
viā extraneitatis, q̄ fit in rebus nā-
libus. & hoc fit valde raro. Sed maior pars ęgritudinum, quæ fiunt in
corde, remanēte hoīe viuo p cōpara
tionē fit ad mēbra īsensibilia: quāuis nō sit impossē vt cordi aduenīāt
ęgritudines occultę pp malā cōple- M
xionē. Et quādo sunt sensibiles læ-
siones operationū hepatis, tūc sunt
fortissimę. sicut tu vides, ꝙ pp paruum motum, vel pp paruū remum
aduenientē gubernatori magnę na
uis, fit magnus motus ī parte priori
nauis: sic ēt habet se q̄libet dispositio cordis ad oīa mēbra pīncipalia.
Propterea qñ medicabimur hepar,
nō debemus negligere cordis dispo
sitionē: immo ante oculos pręferē-
dum vel præponendū. Et adhuc me
li⁹ declarabim⁹ ī Ingenio sanitatis.

* a.l. attractiua.

A *De Accidentibus supervenientibus virtuti Digestiuæ venarum.* Cap. 12.

ACcidentia, quæ veniunt dige
stioni venarum, sequuntur ꝓ
maiori parte ægritudines hepatis:
sed habeat ægritudinem propriam
eis, hoc est fluxum sanguinis. Et in
ægritudinibus fit hoc propter fortitudinem virtutis expulsiuæ, & maximæ in crisi laudabili. Sed illud, ꝙ
est accidens absolutum, fit propter
sanguinem mordicatiuum, & acutum. & propterea dissoluit cõtinui-
tatem orificiorũ earũ, aut propter
subtilitatem, sicut videmus in ægri
B tudine, quæ dicitur clauior: & sicut
tu vides ꝙ accidit in vtribus olei:
aut accidit propter multitudinem
sanguinis, quã venæ continere non
possunt. & aliquando accidit ꝓpter
debilitatem substantiæ venarũ, quę
præparatæ sunt scissioni, aut quia
sunt subtiles nimis, aut nimis durę.
Et res, quæ scindũt venas cito, sunt
multitudo sanguinis, & res extrinse
cę, sicut casus & percussio. Propter
passiones horum membrorum, &
hepatis multa accidunt accidentia
in vijs vrinalibus. & in libro Signorum hoc declarabo.

C *De accidentibus supervenientibus virtuti nutritiuæ membrorum.* Cap. 13.

SEd accidentia, quæ accidunt vltimæ digestioni, quæ est in mẽbris, sunt tria, sicut in alijs: aut quia
priuatur operatio virtutis nutritiuę
in ipsa, sicut fit in ethicis: aut quia
diminuitur, sicut accidit in macie
appellata alchaul: aut ꝑmutatur, sicut in lepra, & morphea. Et causa
horum accidẽtium est, aut propter
malam complexionem ipsorũ mẽbrorũ: aut propter communicationem aliorum, sicut in lepra, quę fit
propter duas res: aut propter debili- D
tatem virtutis digestiuæ, quę est in
membro: aut propter malã materiã
eidem ab alio transmissam. Et ma-
licia materiæ ẽ aut ꝓꝑ seipsam, aut
ꝓꝑ debilitatem hepatis & venarũ.
Et causa morpheæ est pro maiori
parte propter debilitatẽ virtutis di-
ferentiæ hepatis, aut propter debilitatem attractiuæ in splene. Et aliqñ
accidit propter malã complexionẽ
acquisitam in substantia membrorum, & aliqñ ꝓꝑ cibos. Et tu debes
scire, ꝙ qñ enumeramus causas isto
rũ accidentium, ꝙ tunc nõ dicimus
res contrarias adinuicẽ, aut ꝙ ipsa E
ẽt accidẽtia aliqñ non possunt esse
simul. sꝫ pluries hęc accidẽtia sunt
per plures causas vna. & posset etiã
esse, vt omnes adessent.

De accidentibus impedientibus digestionẽ Cerebri. Cap. 14.

ET operatio virtutis digestiuę
in cerebro aut diminuetur, aut
corrũpetur. Et ab hoc prouenit fluxus, vel cursus superfluitatum non
coctarum à cerebro per nares, & pa
latum. & hoc accidẽs appellatꝰ naf-
sa. & accidit à rebus frigidis extrinsecis. Et aliqñ fit ꝓꝑ res calidas, & F
volumus dicere ꝙ fiat à calidis. Et
dicimus, ꝙ ꝓpterea ꝙ hęc superfluitas
est non cocta, dicimus ꝙ causa efficiens hanc ęgritudinem est debilitas virtutis digestiuæ, quę est in cerebro ꝓꝑ malam complexionẽ dominantem ex frigiditate. Et hoc be
ne potest assignari ĩ reumatibus ex
causa frigida extrinseca. Sed reuma
ta, quę fiunt à causis calidis extrinsecis recipiunt perscrutationẽ: qualiter fiant per viam debilitatis virtutis digestiuę. propterea dicimus

G ꝙ debilitas virtutis digestiuę hoc fa
cit p accidẽs, hoc est pp multã quãtitatẽ materię, & ipsius fluxũ: ppea
quia calor facit fluere res congela-
tas, dissoluendo eas. Insuper attrahit cerebrum à toto corpore ad caput. & pp istam multã malam materiam, q̃ in cerebro colligitur prouenit accñs prænarratum: quia re-
frigerabitur, & virtus digestiua impedietur, & fatigabitur circa cerebrũ
pp reparationẽ tantæ quãtitatis superfluæ. Ista est cã quantitatiua, pp
quam debilitatur virtus digestiua
cerebri pp causas extrinsecas. Cã ve
H ro qualitatiua ẽ, ꝙ calor extraneus
extrinsecus habet per sui naturã refrigerare calorem intrinsecũ, sicut
Sol refrigerat ignem. & ẽt aliæ causæ sunt, quæ non indigent prolõga-
tione sermonis. Et hæc verba habẽt
locum in omnibus tribus digestionibus, si vis eas ponere tantũ tres,
sicut fecit Gale. aut quatuor fm dictum hominis, quem tu scis. Sed mi
hi melius vr̃, vt in venis non ponatur tertia digestio, ppea qa sanguis
in eis nõ transit ad aliã formam, sicut fit in stomacho, hepate & alijs
membris: quia stomachus conuer-
I tit cibum ad chylum, hepar ad sanguinem, membra alia conuertunt
ad sperma album. Sed venę non faciunt transire ad aliam formam,
quamuis nutriantur ex eo aliquo
modo ex necessitate.

De accidentibus superuenientibus virtuti nutritiuæ Cordis. Cap. 25.

DEinceps volumus enarrare de
accidentibus superueniẽtibus
membro prĩcipi virtutis digestiuę:
& hoc est cor. & postea narrabimus
accidentia, quæ superueniunt mem
bris spermatis, & vrinæ: & postea K
erit completus sermo accidentium,
q̃ superueniunt virtuti nutritiuę. Et
dicimus ꝙ accidẽtia, q̃ superueniũt
cordi, sunt sicut syncope cardiaca,
& tremor, & vl̃r qñ exeunt virtutes
pulsatiles à sua natura. Et horũ cã
aut est intrinseca, aut extrĩseca. Extrinsecæ causæ sunt accidentia animæ, q̃ calefaciunt complexionẽ cor
dis, sicut ira, & furor & causæ, propter quas occultatur interius calor,
sicut ex ira, & his similibus quia qñ
prouocantur suæ virtutes interius,
& calefit nimis, tunc fortificatur suus L
motus pulsatilis, vt temperet suam
complexionẽ, attrahendo aerem, &
expellendo exterius. Et causę intrin
secę sunt mala complexio, aut vt sit
in eo, aut in membris sibi colliga-
tis. Et aliqñ erit complexio cordis
nõ materialis, sicut in febre ethica,
& quandoq; materialis, qñ recipit
sanguis, qui est in eo, aliquam per-
mutationẽ. Sed apostema non põt
tolerare ĩ sui substantia, eo ꝙ prius
infirmus deficit. Et Medici dicunt
ꝙ põt generari in ipsius panniculo.
& si Medicus accelerat curã ipsius, M
põt curari. & si non, moritur. Et dicit Gale. ꝙ cor sustinet ægritudinẽ
materialem, videlicet quãdam humiditatem aquosam, quæ generatur in ipsius panniculo, à qua proue
nit ægritudo, quæ vocatur ronol, &
sonat liquefactio totius corporis. Et
aliquando nascuntur super panniculo eminentiæ duræ. & vniuersaliter dico quòd non est impossibile,
vt super ipsum non adueniat omnis mala complexio, excepto vt nõ
sit cum apostemate, aut non vlci-
metur. quia quando vlcerabitur,
aut superflue fiet syncope, aut simile.

A Et sincope est reuocatio subita caloris naturalis ab omnibus partibus corporis ad cor, ita q membra regi non possunt. & hoc accidit aut propter paucitatem caloris, aut ppter ipsius nimiam dissolutionem, & propter alias causas. Et membra, quæ lędunt pp ipsius communicantiā, sunt membra principalia. Et membrum, quod maxime cum eo cōicat, est os stomachi. & ppea nominatur seguandi, quia cor nominatur segat. & propter hoc seguandi dicit parvum cor. Et accidit syncope pp dolorem stomachi plories, & accidē
B tia virtutum pulsantium, & causæ illorum. & quod potest comprehendi ab eis, melius est enarrare in lib. Signorum. & ibi dicam.

De quibusdam accidentibus splenis.
Cap. 26.

IAm diximus q membra, quę seruiunt hepati, sunt saccus fellis, splen, & vesica, & renes. Et iam diximus accidentia, quę veniunt pp priuationem fellis operationis, q̄n diximus accidentia hepati, & locuti fuimus de splene, & adhuc dicemus de eodem. Quando corrumpitur operatio virtutis attractiuæ splenis, tunc
C diffunditur cholera nigra cum sanguine. & aliquando expellit ipsam natura ad cutem, & fit morphea nigra: & vlt pp hec accn̄s fiūt omnes ægritudines melancholicæ. Et q̄n debilitatur superflue ipsius virtus expulsiua, tunc infirmat stomach⁹, ita q aliqñ ob hoc accidit fluxus melancholic⁹. Et spleni adueniūt oēs spēs ægritudinis complexionalis, officialis, & cōis, sicut s apatib⁹. Et ppea qa cib⁹, ex quo nutrit istud mēbrū, est grossus, & vt plurimū ęgritudines, q in eo fiūt, sunt grossæ substantiæ.

De accidentibus superuenientibus virtutibus Renum. Cap. 27.

D REnes habent quinq. virtutes, sicut alia membra. & q̄n primæ virtus discretiua, quæ est in renibus, aut digestiua, aut retentiua, tunc fundit sanguis in vrina: propterea quia aquositas sanguinea, quę mittitur eis ab hepate vt nutriant, tunc ab eis immutari non potest. Et quando prouenit eorum virtus attractiua, tunc fit hydrops ascite, sicut dictum est. Et quando augmentabitur multum, tunc fiet fluxus vrinę cum fortis fit. & hæc ægritudo
E dicit diabetica. Et quando dominā te virtute attractiua, debilitatur retentiua, & digestiua eorum omnino. & propterea in hac ægritudine erit vrina non cocta. Et causa huius accidētis est iterum propter malam cōplexionem, aut ęgritudinem officialem, aut communem, & conueniēs est appropriare hanc ęgritudinem malæ complexioni calidæ, propterea quia attractio fit ppter calidū. Et non est impossibile attractiuam augmentari propter debilitatem retentiuæ. quod est, quia quando debilitatur retentiua, non nutriuntur
F renes ab aquositate conuenienter, ppter paucam moram, quam habet aquositas, & tunc conatur virtus attractiua ad trahendum plusq̄ conueniens fit. & ob hoc accidit, q vrina parum manet in vesica, quamuis nō sit plena. Virt⁹ expulsiua ipedit i his mēbris pp oppilationem, quę fit in his ex corpib⁹ lapideis gñatis in humiditatib⁹ grossis cū calore desiccatiuo, & recipit duriciē, sicut lutum, & terra. Et maior ps istorū fit i substātia renū, & non in eorum cauitate. & hęc ęgritudo nominatur hasca.

G *De accidentibus impedientibus opera Vesicæ. Cap. 18.*

VIrtus expulsiua impeditur in
vesica propter oppilationem,
q̃ fit in ea, sicut ex apostemate, aut
humiditate grossa, aut a sanguine
coagulato, aut a lapide, & tunc constringitur vrina. Et aliquando constringitur vrina propter impedimẽ
tum virtutis expulsiuę. Et aliquando fluit vrina propter dominationẽ
virtutis expulsiuæ. & hoc accidit, ꝓ-
pter vlcerationem ipsius vesicę, quę
fit propter qualitatẽ mordicatiuã,
quæ est in ipsa vrina. Et aliquando
H accidit ꝙ vrina exit sine voluntate,
& sine dolore. & hoc accidit, quando paralyticatur musculus, qui est
ĩ collo vesicæ. Et de hoc loquemur,
quando narrabimus accidẽtia, quę
accidunt virtuti voluntarię mobili.
Et maior pars accidentium, quæ ad
ueniunt istis duobus membris, deuenit vltimo ad vlcerationem: & in
principio sui aduentus dominatur
scabies, quę fit propter malam cõplexionem materialem propter ma
los humores, qui sparguntur ad ipsam. Et debet hoc accidere ei, eo ꝙ
I est via & receptaculum superfluitatum corporis, & hypostasis ipsius.

De accidentibus supervenientibus membris generationis, sicut testiculis, virge, & vulue. Cap. 19

QVando virtus digestiua priua
tur in testiculis, aut diminuit̃,
tunc non faciunt sperma ap
tum ad generationem. Et hoc accidit ab vna specierum malæ complexionis. quia qñ dominatur multum in calore & siccitate, tunc com
buritur sperma. Et similiter si domi
natur in frigiditate, & siccitate, aut
humiditate per se, aut in frigiditate K
per se, non decoquitur sperma, sed
remanet subtile aqueum. Et quædam ex istis complexionibus sunt
tales a principio generationis, & nõ
recipiunt correctionem: & quædam
sunt per accñs, & corrigũtur. Et quã
doq; priuantur operationes istorũ
membrorum propter apostemata,
aut incisionem suspẽsoriorum suorum, aut propter malitiam, quę in
eis superuenit in mẽsura, aut in pas
sione, sicut est in herniosis. Et hoc
accidit propter largitatem neruorum, ad quos suspensi sunt testiculi L
propter humiditatem superfluam,
& relaxantur illi nerui, & descendũt
intestina ad bursam testium. Et po
test esse vt descendat ad bursam vẽ
tositas, aut aquositas. Et aliquando
accidit hęc ęgritudo propter rupturam, quæ aduenit huic foramini. &
hæc est deterior. & multę alię mane
ries inueniuntur in libris practico-
rum. Sed virtus expulsiua priuatur ĩ
virga propter oppilationem suorũ
meatuum, aut propter debilitatem,
aut laxitatem, aut quia accidit in e-
ius forma mala figura, qñ induratˀ,
& hoc accidit, qñ læsa est chorda, q̃ M
sustentat erectionem ipsius, aut ꝑ
multam siccitatem, aut quia ingros
sata est ex aꝑate simili lapidi. Qm̃
vulua fuit creata ꝓ gñatione, &
quia est via superfluitatum secũdę
digestionis: iõ accñtia, q̃ huic mem
bro adueniunt, istis opationibꝰ ada-
ptantur. Et in vulua sunt quatuor
virtutes, s. attractiua, retentiua, dige
stiua, & expulsiua. sed loco digestiuę
debet poni conseruatiua. & hoc est
conueniens, quia propria virtus est
conseruatio embryonis. Sed operatio virtutis discretiuæ non est mani
festa

A festa in ipsa: quia nō est credendū, vt numatur ex eo quod colligitur ī ipsa. Et quāuis hic cadat magnum dubium, hic non soluetur, sed hoc relinquetur libro de Animalibus.

Sed attractiua, & retentiua, & expulsiua sunt manifestæ in ipsa. & ꝓpterea volumus narrare accidentia, quæ superueniunt vnicuiq; earum. Et dicimus, quando debilitatur, vel priuatur virtus conseruatiua, quam diximus esse propriam sibi virtutem, tunc minuetur, aut priuabitur conceptio. & hoc accidet aut ꝓpter malam complexionem materialem,
B aut non materialem. Et quæ est nō materialis, quædā est, quæ est a principio generationis, & illa nominatur sterilitas: & quædam est, quæ est per accñs. Et quidā dixerunt ꝙ hoc fit ꝓpter dispositionem corporum coelestium. sed hoc ego nō video, nec affirmo. Sed via, qua læduntur istæ malæ complexiones sperma in vulua, est eadem cum illa, qua mala complexio testiculorum lędit sperma ī eis. quod est, quia quando ista mēbra erunt calida & sicca, tunc comburetur in eis sperma: & quando erūt frigida, tunc infrigidabitur, & fiet a-
C quosum cursibile. Et quando impeditur virtus retentiua matricis, aut debilitatur, tunc erit causa abortiēdi. & causa impedimenti illius virtutis est humiditas lubricatiua pro maiori parte. Et quando debilitatur virt⁹ expulsiua illius, habebit difficilem partum, quemadmodum superfluitas expulsiuæ est causa abortionis. Et quando virtus attractiua diminuitur, aut priuatur in ipsā, est causa diminutionis, aut priuationis conceptus. Et aliquando læduntur omnes istæ operationes in vulua propter apostema, quod fit in ea, aut ꝓpter D
ęgritudinem, quę suffocatio matricis appellatur. Et ista ęgritudo non lędit solum operationes matricis, sed etiam operationes membrorum totius corporis: eo ꝙ hęc ęgritudo fit in hoc membro ex humore simili veneno, & facit fumum, qui resistit propter malam suam formam calori naturali, sicut faciūt venena & fit ab hoc priuatio omnium priuationum vitæ, & ferè cor pulsatione priuatur. Propterea quia hoc accidens accidit vt plurimum mulieribus, quę remotę sunt a coitu, *operatur ad hoc putrefactio, quę hoc E
accidens mouet collecta in eis. & fit ꝓp corruptionem spermatis, propterea quia illarum sperma preparatū est illi corruptioni. Et ego dico, ꝙ nō est impossibile vt gñetur in malis corporib⁹, & eorū substantia vnus humor similis veneno, & maxime in hoc mēbro eo ꝙ loc⁹ est, & receptaculū superfluitatū corporis, quę preparata sunt recipere corruptionem. & aliquā incarcerantur ita, ꝙ non recipiunt correctionem, & sanationem. & si ceciderit ad manus perfecti Medici, recipiet sanationem. Et huic mēbro F
accidunt ęgritudines positionis, ita ꝙ priuantur ab eo oēs suę operationes: quia paralyticatur, aut egreditur de loco suo, & suspenditur. & aliquando est causa istius ęgritudinis saltus, aut percussio, & aliquādo est humiditas lubricatiua. Et ex reb⁹, quę resistunt matricis naturę, vt non concipiat, est ęgritudo nominata mola. & ista ęgritudo fit ꝓp defectum virtutis informatiuę in spermate. & hoc accidit aut ꝓpter corruptionem membri, aut ꝓp corruptionem materię. Et sic generatur ī vulua quoddā frustū simile frusto

* Al. opinatur ꝙ putrefactio, a qua hoc accidens mouetur, collecta in eis, fit ꝓpter. Non est īpossibile generari ī corpore humor similis veneno.

car-

G carnis. & venter mulieris similatur ventri pregnantis, donec abortit. & aliquando accidit vt natura ipsam digerat, & conuertat ipsam in hũiditatem, aut ventositatem. Sed accidentia, quę adueniunt sanguini mẽstruo, sunt eadem accidentia, quę accidunt digestioni venarum. & ꝓpterea superfluitas fluxus sanguinis fit propter vnam duarum rerũ, aut propter debilitatem virtutis retentiuæ in venis, aut propter augmentũ expulsiuę, aut propter ambo simul. Sed defectus virtutis retentiuę prouenit ab vna ex specieb⁹ malę com-
H plexionis. & augmentum virtutis expulsiuę fit aut propter mordicationem humorum, aut propter quãtitatem eorum. Et causę constrictionis sanguinis sunt opposite causis supradictis: saluo ꝙ ex rebus vna, quę debilitat virtutem expulsiuam, aut ipsam priuat, sunt oppilatiões, quę fiunt in venis propter grossiciẽ sanguinis, aut propter suam viscositatem. Et tempus naturalis purgationis menstrui breue est vnius diei, & longum est septem dierum. Et tẽpus breue interpolationis mẽstrualis est viginti dierum, longum est
I triginta dierum.

De expulsiua plurium membrorum.

Cap. 30.

ET aliquando adueniunt accidentia virtutis expulsiuę vni membro solum, & aliquando toti corpori. & quę adueniunt toti corpori, sunt sicut tremor, rigor, & alices, & similia. Et accidentia, quę adueniunt vni membro soli, sunt sicut tussis pulmoni, & sternutatio cerebro, & oscitationes ori, & ructus, & singultus stomacho. Et nos narrabimus causam vniuscuiusq; istorum.

Et nos non appropriamus hęc acci K dentia animę nutritiuę, nisi propterea ꝙ non sunt voluntaria: quis voluntas habeat in aliquibus earum aliquam inuentionem. Et dicim⁹ ꝙ tremor, & rigor sunt motus virtutis expulsiuę in musculo propter expulsionem humoris lędentis, caliditate sua, vel frigiditate. Et ꝙ ita sit, nobis ostenditur. quia tales tremores adueniunt corpori ꝓpter res extrinsecas: sicut si subito super corp⁹ spargatur aqua calidissima: quia ex hac prouenit rigor. Et aliquãdo accidit horripilatio, aut tremor. & hoc accidit propter aerem frigidum, & L aquam frigidam. & cum istę causę erunt debiles, tunc fiet rigor: & in maiori parte tunc accidit in febribus. & quando erunt fortes, tunc accidet tremor, & tamen non potest fieri tremor, nisi pręcedat rigor: & maxime qui fit ꝓpter humores calidos in febribus. Sed qui fit ex humoribus frigidis phlegmaticis, aliquando accidit, sicut dicit, tremor absq; putredine. & hoc accidit solũ in speciebus vitrei phlegmatis. Et Medici dicunt ꝙ ille, qui fit ab humoribus calidis, est fortior, quia humor est magis mordicatiuus. & qui fit a frigore, est minus mordicatiuus. Et nos videm⁹ ꝙ fit cõtrarium huius in rebus extrinsecis, quia aer frigidus dat hoc accidens vehementer, & aer calidus nihil, sed horripilationem bene facit. propterea dicit ꝙ fortis tremoris causa est cõclusio caloris naturalis in partibus intrinsecis, & infrigidatio membrorũ exteriorum: quia tunc mouetur natura ad expellendum illud, quod est suum contrarium, siue calidum, siue frigidum sed frigidum est plus

Tremoris Rigorisq; definitio.

Argumẽtũ contra Medicos. secundũ.

M

Cõtra Medicos de rigoris cã

con-

A contrarium. Sed tremor, qui fit sub hora mortis, est motus virtutis expulsiuę propter impotentiam sustentandi membra, & propterea extinguitur calor intrinsecus, & ex toto resoluitur. & assimilatur ille motus motui qui non habet principium, nec finem, nec causam, sed solum defectum: sicut videtur in motu flammę candelę, & in casu foliorum arborum propter consumptionem. Et propterea, quando aduenit aliquid naturę ab extrinseco, quod sit mortiferum, ipsa expellit tunc corporis superfluitates propter terrorem: sicut accidit

B illis, qui decapitantur. Sed tussis est motus virtutis expulsiuę in pulmone propter expulsionem rerum, quę lędunt instrumenta anhelitus cum aere, qui egreditur secum, & propter adiutorium pectoris. Et ob hoc patet, quod virtus voluntaria habeat aliquam inuentionem in hac re quamuis natura ipsa violentiam inferat. Et efficiens causa tussis est vna ex speciebus complexionis malę materialis, vel non materialis. Sed materialis fit propter humorem, qui stillat a cerebro, sicut accidit a reumatibus: aut a re, quę prouenit a pectore ad pulmonem: aut a spondilis,

C sicut propter apostemata, quę sunt in ipso pectore: aut propter rem quę generatur in ipso pulmone, sicut apostemata, aut vlcerationes: aut propter sanguinem, qui egreditur ab eo, & exit sanguis ab eo propter venam fixam in eo. & hoc est periculosum. Et aliquando exit sanguis a pulmone per viam resudationis, eo quod istud membrum est vaporosum. & aliquando currit sanguis ad pulmonem a parietibus pectoris. Et Medici dixerunt, quod cuidam homini accidit fortissima tussis, & cum tussi proiecit vnum

D lapidem, & incontinenti fuit inde liberatus. Et adhuc dicunt, quod est vna species tussis, quę fit propter mucillagines, quę nascuntur in pulmone. Et aliquando res extrinsecę mouent tussim, sicut puluis & fumus, & lana spinarum, quę dicitur lana canina, halicacabus. Et etiam complexiones non materiales mouent hoc accidens. Sed non quod virtus expulsiua non est nata laborare pro illis, sicut pro materialibus: sed mouetur hoc motu per accidens. Et propterea quia illud, quod quęritur a pulmone, est vt moueatur

E ad expellendum illud, quod ipsi nocet, concessa fuit ei a natura bona virtus sentiendi. Et quando sentit rem lędentem tangendo ipsum, tunc mouetur virtus expulsiua, quę est in illo. Et sicut mouetur pulmo ad hoc propter complexionem materialem, sic etiam mouetur propter complexionem non materialem: quia non habet a sui natura facere nisi hoc. quia res, quę fiunt a natura, fiunt duobus modis, aut necessitate, aut iuuamento. Sed accidit tamen raro, vt hoc accidens fiat a rebus extrinsecis, quę non sequuntur viam naturę. sicut

F dictum est, quod vnus homo habebat fortissimam tussim, & vnus Medicus ex experimentalibus precepit ei vt clauderet os, & incontinenti fuit liberatus. & in alio precepit vt stringeretur collum, & fecit, & liberatus fuit. Et quandoque accidit tussis propter compressionem, quę fit pulmoni ab aliis membris, sicut fit in apostemate hepatis: aut propter nimiam, vel superfluam satietatem. Et sternutatio est motus virtutis expulsiuę in cerebro propter mundificationem superfluitatum, quę fiunt in eo, propter

De tussi.

G pter hoc, aliquando mundificantur
superfluitates corporis, & pectoris,
& pulmonis. & aliquando ex sternu
tatione expelluntur aliquę ex super
fluitatibus, quę sunt in ore stomachi. & propterea fortis sternutatio
aliquando mouet vomitum. & hūc
motum aliquando facit virtus expulsiua, quando humor sui qualita
te mordet meatus narium. propter
hoc, res appositæ naribus acutæ ꝓ-
uocant sternutationem. Et si tu q̄-
reres, si hæc superfluitas prouenit a
cellulis cerebri ad nares, & mouet
sternutationem: Respōdem⁹ q̄ hoc
H raro contingere potest. Et ructus ꝓ-
pter expulsionem fit ventositatis, q̄
est in stomacho a virtute expulsiua.
Et alytes fiunt propter motum vir
tutis expulsiuæ in membris propter
expulsionem superfluitatis fumosę,
quæ est in membris. Similiter oscitatio est extensio musculorum mā
dibularum propter expulsionem su
perfluitatum fumosarum. Ista sūt
accidentia, quę superueniunt opera
tionibus virtutis nutritiuæ, & illis, q̄
appropriantur ei.

I *De accidentibus superuenientibus virtuti Sensibili.* Cap. 31.

DEinde volumus narrare accidentia, quę superueniunt virtuti sensibili. & a simpliciori incipie
mus, vt a virtute sensibili. Et dici
mus q̄, quanuis virtus sensibilis prī
ceps communis sensibilitatis sit in
corde, vt dictum est, non tamē com
pletur eius operatio manifeste nisi ī
cerebro, nucha, & neruo. Et propterea hæc mēbra, quæ dicta sunt,
sunt frigidæ complexionis, & humi
dę substantiæ, & sunt passibilia: nec
est eorum dominatio, sicut domina
tio cordis. & ideo fit, vt maior pars
accidentium, quæ superueniunt o- K
perationibus sensibilibus, suntua p-
te cerebri, nuchæ, & nerui. Sed cordi non potest accidere ęgritudo, pro
pter quam proueniat priuatio harum virtutum, eoq̄ non antecedit:
quanuis non sit impossibile vt acci
dat ipsis a corde aliqua debilitas, &
diminutio. & * ascendit hoc, q̄ si in [*a.l. eminens.]
cidatur vna ex magnis arterijs ali-
cui ex membris, diminuitur sensibi
litas illius membri. Et adhuc videmus q̄ priuatur sensus & motus, qn̄
syncopizat. & etiam fit magnus tre
mor, quando homo multum timet. L
Et nos non facimus demonstrationem istius, sicut facit Gal. de incisio
ne nerui: quanuis declaratum sit, q̄
cor habet inuentionem in operatio
nibus harum virtutum. Et adduxi-
mus probationem a loco essendi &
non essendi pro melioratione pro-
bationis. & quia ita est, dixerunt Me
dici q̄ causę aduentus accidentium
super has virtutes sunt a cerebro, &
nucha, & neruo. Et tamen cum tu
curas ista membra, caue ne obliui-
scaris curam cordis, sicut dictum est
in libro Sanitatis. Deinde volumus narrare accidentia quæ acci- M
dunt sensui tactus, & postea dabimus eorum causas. Et dicim⁹ q̄, hęc
virtus est de genere virtutum passiuarum, quia illa patitur a quatuor
qualitatibus, quæ dominātur in ea.
Ipsius accñtia tot sunt, quot sunt ac
cidentia aliarum virtutum: hoc est
quia corrumpitur penitus, sicut in
membro paralytico: aut diminuit̄,
sicut in stupore: aut permutatur in
malam qualitatem, sicut est in sensu doloris. Sed priuatio sensus in to
to corpore est mors de necessitate,
sed priuatio in vno membro, & di-
mi-

A minutio in toto corpore possibilis est. Et causæ, quæ faciunt hæc accidẽtia, sunt de necessitate mala cõplexio materialis, & non materialis. & mala complexio, quæ ipsa facit, est in cerebro, nucha, aut neruo. Et est perscrutandum, si hæc accidẽtia fiunt ab octo speciebus malæ cõplexionis, aut a parte earum. Et dicimus ꝙ quædam istorum membrorum sunt frigida & sicca, sicut nerui: & quędam frigida & humida, sicut cerebrum, & nucha. & quia ita est, ista membra patiuntur a frigiditate, aut a frigiditate & humiditate B vt plus. & propterea sunt causę istorum accidentium istæ duæ res. Sed ꝙ mala cõplexio calida hoc faciat, non est impossibile. quia iam declaratum est, ꝙ operatio alicuius mẽbri, non completur nisi per calorem mensuratum & temperatum. & nõ est dña ex qua qualitate exeat temperantia. & si accidit, est de raro cõtingentibus. Nec etiam est impossibile, vt hoc accidat propter siccitatem: quia nos videmus decrepitos; qui valde parum sentiunt. sed si ꝓuenit a siccitate, remotum est vt fiat C subito. Et postquam qualitas frigida, inquantum est frigida, est causa horum accidẽtium, pro maiori parte existens coniuncta cum humiditate, aut non coniuncta: q̃uis humiditas sit prępar ata ad hoc agẽdum; eo ꝙ facit relaxationem; propterea quando est composita cum caliditate; remotum est vt fiat hoc accidens. sed non dicimus ꝙ sit impossibile, sed difficile est inuenire complexionem materialem solum humidam, nisi sit coniuncta cum caliditate, aut frigiditate: quia quod facit hoc, non est nisi humor extra naturam. Et humor nõ est nisi aut D frigidus & humidus, aut frigidus & siccus, aut calidus & humidus, vel calidus & siccus. Et postquam dictum est, quæ species complexionis pro maiori parte est causa hm̃oi accidẽtis, dicendum est quomodo accidunt super has operationes. Et dicimus ꝙ hęc mala complexio, quãdo fit in cerebro, sequitur ex ea diminutio sensibilitatis in toto corpore. Sed quãdo fit in cerebro, fit in ipso primo & substantialiter, aut fit ꝓpter communicationem, quam hẽt cum ore stomachi. Et quando fit in vno latere cerebri, fit in latere cor- E poris hoc accñs. Et sic quando generatur aliquis malus humor dominans in aliquo neruo, tunc priuatur, aut diminuitur sensus illius mẽbri, cuius proprius est ille neruus. Et humor potest generare in neruo duobus modis. Vno, fit ab humore, a quo nutritur neruus ipse, & tandẽ paulatim nutrietur, donec acquiret malignam complexionẽ. Alio modo, vt non sit humor in neruo, sed infusus in humore ipsum circundãte. Et aliquando accidit hoc accidens neruo perforato propter oppilationem: & oppilatio fit aut ꝓpter F apostema, aut propter humorẽ grossum, aut propter compressionem. Et quamuis hæc ægritudo sit morbus officialis, tamen etiam est consimilis: quia post apostema, & grossiciem humorum, & compressionem sequitur mala complexio. Et quando istæ causę fortificantur, erit causę priuationis sensus in vno mẽbro, aut in pluribus, aut in toto corpore. & cum causę istę sunt debiles, sunt causæ diminutionis sensus. Sed qñ permutantur ad malum, hoc est vt

ex doloris est prima qualitas, a quo vide, Theisir tr. 3. c. 15.

sit

G sit mala sensibilitas, quę nominatur dolor, prouenit a mala complexione calida, aut frigida materiali, aut nõ materiali. Et dolor fit, quando non dominatur hęc mala complexio super totum membrum. & illa complexio nominatur a Medicis mala complexio diuersa. Sed quando dominatur super membrum totũ mala complexio, tunc nõ sentit ipsam aut sentit stupide. Et causa huius quare membrum non sentit ipsam aut sentit stupide, non est nisi propter complexionem suam naturalẽ. Et quando fiet in parte ipsi⁹ mala complexio extra naturam, sentit
H ipsam per remedium bonæ complexionis. Et quando bona complexio erit permutata tota, tunc non sentiet dolorem, quia non erit cum eo causa sentiens, & erit membrum sicut mortuum. Et quælibet qualitatum passiuarum potest dare accidens hoc membro. propterea quia istę qualitates pro maiori parte habent plus pati quàm agere, sicut caliditas & frigiditas plus habent agere q̃ pati. * Et solutio continuitatis non est causa doloris, sicut dicit Gale. sed solutio continuitatis est causa complexionis, quæ facit dolorẽ. quod est, quia solutio continuitatis
I est cum malo motu, & conueniens est vt talem motum sequatur mala complexio. Nec sunt etiam causæ doloris duę res simul, videlicet solutio continuitatis, & caliditas & frigiditas, sicut dicit errans Auicenna. quod est, quia declaratum est iam I lib. de Anima, quòd hic sensus sentit primo inter sensus omnes, s. quatuor qualitates, hoc est calidum, frigidũ, siccum, & humidum. ergo dolores non fient, nec sentientur ab eo sensu, nisi quando multum superabũt K sua propria sensata, sicut accidit alijs sensibus. Similiter quia oculus nõ dolet nisi propter superfluitatem colorum, quando exeunt viam temperatam vel mediam, & sic lingua cum saporibus, auditus cum sonis, & odoratus cum odoribus. Et si accideret huic sensui tactus dolor propter solutionem continuitatis, tunc esset suum proprium sensatum substantialiter solutio continuitatis solum. Et sicut oculus dolet propter superfluitatem colorum, propterea quia suum sensatum est de genere colorum; & non res, quę sit contraria colori. Sed solutio continuitatis est, propter quam accidunt qualitates
L superfluę: & anima sensibilis non est nisi ad qualitates. Et Gal. etiam hoc cõfitetur, quãdo dicit q̃ vola manus non fuit facta in fine temperantiæ, nisi ad apprehendendum contraria. Et ad hoc apparet, q̃ superfluitas contrariorum est causa doloris, qui fit in sensu, eo quod parum & multum de necessitate sunt sub eodem genere.

M Et delectatio, quę est contraria dolori, non est nisi comprehensio sensati temperati, & similium: sicut delectatur sensus tactus ex aqua calida, & visus ex coloribus viridibus, & gustus ex saporibus dulcibus, & auditus ex amenis vocib⁹, & odoratus ex odorib⁹ aromaticis. & quasdam delectationes præcedit molestatio, & illę sunt delectabiles naturę, & quędam sunt absq; molestatione precedente. Dolorum quidam fiũt in toto corpore, & quidam fiunt in vno membro, sicut dolores, qui fiũt in stomacho, vel hepate, vel capite, vel intestinis. Et nos loquemur de manifestiorib⁹, & dicemus eorum cãs.

* Contra opio Gal. opinantis causam doloris esse solutionẽ cõtinuitatis in libro de Morbis & symptomatis. Vide 1 primi doc. 2. ca. 2. c. 19. P. ò contra Gal. & Aui.

Probatio maioris per positionis similitudinem, q̃ sit ab eo, quod est in genere proprij sensibilis.

Vide 2. h⁹ c. primo. Confirmatio.

Secũda cõ a cõtrario. Nota etiã, quòd Rabi Moyses 25 partic. aph. dubio. 18. imponit Gal. opinionem q̃ sequitur Aui. de doloribus quòd vtrumque. 3. de Locis affectis.

A causæ. Et dicimus ꝙ dolores, qui fiunt in capite, qui nominantur in Arabico soda, causę eorum sunt absq; dubio, aut ex mala complexiōe calida eorū, aut frigida: & sunt, aut materiales, aut non materiales: & hęc mala complexio potest fieri primo in substantia cerebri, & aliquā-do fit propter communicationem alterius membri, sicut propter stomachum. Et horum quidam sunt, qui perseuerant longo tempore, sicut dolor oui: & fiunt paroxismaliter. & hoc fit propter malos humores, qui generantur in cerebro suc-B cessiue: & sic permutatur sua complexio ad malum ad generandum hunc humorem semper. & per eandem viam currunt omnes ęgritudines chronicæ: quia illę permutant complexionem in membris, & acquirunt dispositionem gñandi malos humores. Vnde earum curatio est difficilis, aut ĩpossibilis, sicut est dolor hemicraneę. Et materia, ex qua fiunt aliquę hmōi ęgritudinis species, aliquando est in sanguine arteriali. & conuenit hoc, quia curatur ęgritudo, quando incidit̃ arteria. Et hæc ægritudo fit propter duas ma-C las complexiones, videlicet calidam & frigidam. sed non est materialis: quia illa, quæ non est materialis, lō-go tempore durat. Et membra cō-sueta dolorosa sunt intestina, & stomachus. & hoc accidit propter digestionem, quæ est in eis manifesta multum, quia errant sępe. Et causę, quę faciunt dolorem ĩ ipsis, aut sūt cibi ventosi, aut humores grossi, aut melancholici. & dolor, qui prouenit ab eis, est multum fortis, & chronicus. & aliquando fiunt dolores fortes propter humorem cholericum.

D Sed humores, a quibus procedūt dolores chronici in intestinis, sunt aut humores grossi frigidi, sicut phlegma vitreum, & eorum similes: & humores calidi. Sed dolores, qui continent totum corpus, sunt illi, qui dicuntur labores. & sunt trium specierum secundum Medicos. vnus dr̃ vlceratiuus, alter extensiuus, & alter apostemosus. Et quidam istorū sūt a rebus intrinsecis, & quidam ab extrinsecis. & vlceratiuus fit penitus ꝓpter humores. & qui fit propter multum motum, fit propterea, quia dissoluuntur ex corpore humiditates ꝓpter ipsum motum. & illud accidit E propter causam humoris materialis, qui est in corpore malæ qualitatis. Sed aliæ duæ species lassitudinis sunt vna, nisi quia diuersificant̃ ſm magis & minus. quia quando superfluit dolor extensiuus, fit apostemosus. Et causa, quæ similiter facit hos duos dolores, est humor, aut motus magnæ lassitudinis. & ille, qui fit ꝓpter humores, fit necessario propter multitudinem humorum, si sint distemperati in qualitate, aut non. Et multitudo humorum attribuit̃ duabus rebus: aut vt sit multitudo per F accidens, hoc est propter defectū virtutis: aut vt sit multitudo ꝑ se: aut ꝓpter ambo. Et multitudo humorū quantitatiua cum sanitate virtutis nominatur repletio secūdum locū: & multitudo, quæ est cum vno malorū accidētiū, noiat̃ repletio ſm virtutē. qḋ est, q̃a virtutes ĩpediunt̃ ꝓ maiori pte pp q̃titatē, & qualitatē. sed cū illo ĩpedimēto necessario cō-iungit̃ malitia qualitatis, & illis pl⁹ appropriat̃. Et aliqñ fiūt isti dolores pp malā cōplexionē calidā, aut frigidā sine materia. Et gñalr̃ accidunt

G dolores in corpore causa apostema
tum, accidentium causa grossiorum
humorum. Et propterea quia sensus, qui dicitur desyderium, est proprius oris stomachi, videnda sunt
accidentia, quæ eidem superueniūt.

De accidentibus superuenientibus virtuti appetitiuæ. Cap. 32.

ET dicimus, ꝙ accidentia superueniunt huic operationi, secun
dum ꝙ accidunt alijs, aut ꝙ permutatur, aut diminuitur, aut corrumpi
tur. Et accidētia diminutionis sunt
sicut accidentia corruptionis. & il-
H lud, quod corrumpit appetitum, aut
diminuit, est de necessitate vna ex
speciebus malæ complexionis non
materialis, aut materialis, q̄ fit primo in membro patiente, aut per cō
munitatem, quam habet cū aliquo
membro. Et complexio, quę fit in
membro, qualis dicitur operatio i-
sta, est calor extra naturam. Sed qui
dam opinantur ꝙ frigiditas est cau
sa magis propinqua dandi appetitum quàm auferendi: propterea qa
hæc operatio, quæ est in hoc membro, iuuatur, & completur per frigiditatem, & acetositatem, quæ ei trā
smittitur a splene. sed quando hæc
I frigiditas vltimatur, est causa priua
tionis istius operationis. Nec est dicendum, ꝙ acetositas, inquantum
est frigida, adminiculetur huic ope
rationi: sed inquantum est acetositas, est causa stimulans ad bonum.
Et similiter quando dominabunť
humiditas & siccitas, impediēt hāc
operationem. quod est, quia nullū
membrum agit, & patitur naturali
ter, nisi propter complexionem tem
peratam in quatuor qualitatibus.
Sed læsio, quæ fit propter colligantiam cum alio mēbro, est sicut mala complexio, quæ prouenit a cere- K
bro propter neruum colligantem
vtrunq;. Et aliquando accidit hoc
propter repletionē corporis ex multis superfluitatibus. & propter hoc
non indigent membra cibo. quod
est, quia appetitus non fit, nisi quan
do dissoluuntur ex nostris corporibus res, quæ debent restaurari per si
mile. & non est contra Gale. vt sit v-
na causa sensus istius mēbri, quod
membra, quando carent nutrimen
to, trahūt ab hepate, & hepar ab o-
re stomachi, & tunc fit desyderium
in os stomachi, & nititur restaurare
illud, quod dissolutum est ab eo, & L
alijs membris. Et motus attractiōis
in stomacho per modum appetitus
& sensus, est contrarius motui attra
ctionis, qui fit per modum nutrimē
ti solum. quod est, quia ille, qui fit p
modum nutrimenti, est attractio o-
ris stomachi ab hepate. Sed attractio, a qua prouenit motus desyderij in stomacho, est attractio hepatis ab ore stomachi. Et nos non sumus locuti de hoc, nisi quia vnicui-
q; membro necesse est vt restaureť
per simile, quod ab eo dissoluitur: &
tamen nullum ex alijs membris sen
tit euacuationem rei, quæ dissoluiť M
ab eo. & si ita est, nullum membrū
sentit euacuationem hanc, nisi per
hoc membrum. & est eorum seruiens in hoc. Aut potest dici ꝙ disso
lutio, quę fit in ipso, quasi colligata
dissolutioni aliorum membrorum
in eo, ꝙ est membrum eorum, & ip
sa habent trahere ab eo. Sed propte
rea quia fortificatur desyderium hu
ius membri, quando dissoluuntur a
membris humores, & debilitatur,
quando non dissoluuntur: apparet
ꝙ hoc fit, propterea quia inter ipsa

A & alia membra sit similitudo, & sociens substantialiter, & non per accidens. Et est hoc membrum, quasi sit species omnium membrorum, quia ipsa debent sentire hanc resolutionem, sicut nos videmus, quod membra sentiunt per neruum etiam in locis, quę non sunt neruosa, & sicut discernit lingua cibos conuenientes ab inconuenientibus toti corpori. Et propterea quia sensus istius* membri, & desyderium illius est substantiæ calidæ & siccę, sicut est cibus, vel frigidæ & humidæ, sicut est aqua: fuit necessarium vt venirent accidentia

B istis duabus speciebus. & iam diximus causas corruptionis, & diminutionis appetitus calidi & sicci.

Sed causa corruptionis appetitus frigidi & humidi fit propter hanc complexionem in eo exuberantem. propterea dicunt Medici quod corruptio appetitus cibi, fit per calidum & siccum superfluens in membro. Et corruptio appetitus potus est, per frigidum & humidum exuberans in ipso. & vniuersaliter hoc non fit nisi propter malam complexionem frigidam & humidam, aut frigidam solum: quia difficile est imaginari,

C quod hoc fiat propter malam complexionem calidam & siccam: saluo quod opinatur quod ab hoc etiā venire possit in fine febrium ardentium, quando appropinquatur morti. Sed corruptio istius operationis, aut eius exitus a cursu naturali fit propter qualitatem, aut quantitatem. Et quod fit propter quantitatem, sicut appetitus augmentandi comedendi multum, est propter vnam duarum rerum: aut propterea quia corpus est nimis dissolutum, sicut in conualescentibus, qui habent fortiorem ap-

D petitum digestione: aut propter frigiditatem multam oris stomachi, quod est, quia istę operationes, secundum quod dictum est a Medicis, iuuantur, & complentur frigiditate temperata. & quando fortificatur, tamē non fit *vltima, quia tunc quidam appetitus falsus fit. Et aliquando accidit, vt hæc mala complexio sit nō materialis, & aliquando est materialis, sicut propter humorem acetosum, aut melancholiam. Et quod fit propter malam complexionem materialem, dicitur caninus appetitus. * a. L[illegible]

Sed causa superfluitatis appetitus frigidi & humidi est de necessitate propter malam complexionem calidam E & siccam, materialem vel non materialē. Et materialis, quæ facit hoc accidens in hoc membro, est cholera, aut phlegma salsum. Et hæc mala complexio, quę fit in hoc mēbro, aliquando est primo proprie in eo, & aliquando propter communitatē alterius membri: sicut est hepar, & pulmo, & alia, sicut diximus superius, quod sensus membrorum propter dissolutionem calidi & sicci ab eis causa est attractionis eorum. eodem modo accidit in appetitu frigidi & humidi. F Et debes scire, quod aliquā eueniunt mala accidētia virtuti expulsiuæ, aut attractiuæ propter priuationem sensus membri. quod est quia virtus non expellit pro maiori parte, nisi quando sentit rem ipsam lędentem: sicut accidit intestinis, quando diminuitur, aut priuatur eorum sensibilitas, accidit eis vna species choliçæ. & similiter quando diminuitur, aut priuatur sensibilitas oris stomachi, priuatur virtus attractiua, quę est in stomacho.

G *De accidentibus superuenientibus uirtuti Motiuae uoluntariae.* Cap. 33

ET postquam sumus locuti de
accidentibus, quę aduenirunt
sensui tactus, deinceps narrandum
est de his, quae accidunt motui voluntario. propterea quia vt plus, qñ
vnus corrumpitur & alter corrumpitur, excepto quando accidens est
vniuersale toti corpori. sed quando
est particulare in vno membro, pos
sibile est vt stupefiant, aut priuētur
ambo simul, & possibile est vt priuetur vnus, & alter remaneat. Et hęc
est sententia Gale. & hoc conuenit
H cum eo, quod dictum est in causa
sensus, & motus. quod est, quia calor, cum quo fit sensus, nō est idem
cum eo, cum quo fit motus, & diuer
sitas, quae est in eis, non est nisi mēsura temperantię in vnoquoq; ipso
rum calorum propria his duabus
operationibus. Et propterea fuit ne
cessarium, vt sit complexio neruorū motus alia a complexione neruo
rum sensus: propterea quia ipsi ner
ui habent temperatum calorem, cū
quo fiunt istae operationes. & ppter
ea priuatur sensus, quando incidit
neruus sensus, & remanet motus. &
I quādo inciditur neruus motus, aut
percutitur, priuatur motus, & rema
net sensus. & quando incidūtur am
bo, aut percutiuntur, priuantur am
bae operationes. Et quando aduenit
hoc accidens toti corpori, fit apople
xia. & quando accidit vni membro
fit tunc paralysis. Et tu scis per te-
ipsum omnia accidentia ex accidētibus accidentium supra mēbra mo
tus per ea, quae precesserunt. & sic ac
cidit, quando priuat virtus nerui vo
cis, quia tunc priuatur vox. Et quādo priuatur virtus diaphragmatis,
suffocatur homo vlt in omnibus a- K
lijs motibus volūtarijs: sicut accidit
in motu musculi vesicae, aut in musculo ani. quia tunc egrediuntur su
perfluitates humidae, & siccę sine vo
luntate. Et propterea quia tu scis ab
alio loco loca nerui, & colligantiam
quam habent cum quolibet membro, tu poteris cognoscere, quando
fuerit laesa operatio alicuius mēbri,
per quem neruum fuerit laesa. Et ac
cidentia, quae veniunt instrumentis
motus, sunt tribus modis sīr, aut vt
priuentur eorum operationes, sicut
in apoplexia, aut paralysi: aut vt di-
minuantur, sicut in stupore, & dor- L
mitione: aut vt operationes permutentur ad malas, sicut in tremore,
aut spasmo. Et nos volumus dare
causas vniuscuiusq;. Et dicimus, ꝙ
causae diminutionis motus, aut cor
ruptionis ipsius sunt illę eędem cau
sae cum causis corruptionis sensus.
Et debes hoc sīr scire, quod dictum
est superius de communicatiōe cor
dis. & sīr quod dictum est in specie
bus malae complexionis, quae facit
hoc accidens, sic debet hic intelligi.

Et scias ꝙ tremor est motus compositus, qui fit in membro: eo ꝙ vir
tus animalis motiua pugnat cū vir M
tute declinatiua, quae est ī membro
trahente membrum ad se. proptere-
a fit in his motus contrarius aliquando superius, quando fortificat
virtus motiua: & aliquando inferi⁹,
quando fortificatur virtus declinatiua. Et causa istius accidentis est v-
na ex speciebus malae complexiōis.
& vt plus accidit propter malam cō
plexionem frigidam & humidam,
quia neruus non debet laedi, nisi p
istas vt plurimum. Et spasmus, Id. 1. Theiz. tra. 9. c. 5.
qui dicitur in Arabico tasueg, est cō
tra-

A tractio nerui in se, & decurtatio suæ longitudinis, propterea quod contrahitur, & colligitur. Et illud accidens aduenit membro propter duas res, sicut accidit in rebus extrinsecis, & in chordis, & in similibus. & istæ duæ res sunt, aut mala complexio calida dominans supra membrum, propter quam colligitur, & contrahitur, sicut chorda in magno æstu: aut mala complexio humida materialis, quæ implet neruum, & distendit ipsum: & propterea crescit latitudo, & diminuitur longitudo secundum proportionem extensionis latitudinis necessario.

B Et ista repletio, & distensio, quæ fiunt in membro, fiunt propterea quod illa humiditas conuertitur in substantiam aeream, & ob hoc neruus laboriose eam continet, sicut nos videmus in vtre vini bullientis. & accidit propterea, quia partes aereæ indigent maiori capacitate partibus aqueis, aut terrestribus. & ob hoc, quando res humidæ conuertuntur ad siccitatem, tunc nerui colliguntur & contrahuntur: sicut accidit corrigiis quæ calefiunt ad ignem. & quando conuertuntur ad aereitatem, augmentatur eorum quantitas. Et scias quod hæc est

C indigentia necessaria propter superfluam humiditatem, quæ accidit in neruo, ad hoc vt extendatur, & crescat secundum omnes dimensiones, non vt contrahatur, aut colligatur. Et vtinam ego scirem, quare extenduntur in latitudinem, & non in longitudinem. Saluo quia potest dici, quod extensiones, quæ fiunt in latitudine, vincunt, quando fit collectio extensionum, quæ fiunt in longitudine: & propterea contrahitur neruus de necessitate. Et Gale. non sensit in hoc nisi contractionem, quæ est decrementum descendens versus terram, & D plurries appellat ipsum distensionem, & maxime contractionem, quæ continet corpus ante, & retro. Et plures Medici intendunt, quod extensio sit oppositi contractioni. sed hoc non accideret nisi propter humiditatem solum, & fieret longitudo. sed illis cadet idem dubium, quod accidit in distensione, quæ fit in latitudine, sicut in longitudine, quæ est secundum Gale. causa contractionis humidæ. Et scias quod verba Medicorum in hoc accidente vniuersaliter sunt propinquiora, vt sint verba Musicorum, quam vt sint demonstratiua. Et si

Vid. 2. tertij. c. de Tetano.

E Deo placuerit, ego faciam vnum ex hoc solum tractatum, qui sequetur viam demonstrationis, & poterunt intelligi ab isto res notabiliores, quam hæc. Sed quando fit hæc contractio, nascitur bellum inter duos motus, vt inter motum virtutis motiuæ, & motum contractionis. & aliquando fit in neruo vna species contractionis, quæ non accidit propter dominationem caliditatis, nec siccitatis, nec propter humorem aereum, qui distendat: immo est propter fortitudinem virtutis expulsiuæ, quæ est in

F neruo ad resistendum rei lædenti, & tunc colligitur in seipso, & contrahitur, vt fortificetur super rem, quam expellere intendit: sicut faciunt animalia, quæ volunt se mouere ad cursum, vel ad saltum, in primis colligunt, & contrahunt omnia membra, & postea complent eorum voluntatem. Et hæc species contractionis est velocis curationis, nec debet auctori ægritudinis, & dicitur expandida-

tio.

G *De Sapore, & Odore in generali. Cap. 34.*

HVcusque declarauimus acciden tia, quæ fiunt super sensum ta ctus: deinceps volumus loqui de ac cidentibus super venientibus sensui gustus. & primo dicemus de sapori bus, & postea de odore. Et dicimus, propterea ꝙ elementum non habet odorem, nec saporem, eo ꝙ ista duo non sunt nisi in composito, & corp' vegetabile, & animale declinat ad calorem & humiditatem: necessa rium fuit ꝙ sapor naturaliter decli
H naret ad has duas qualitates, quia sapor fit per admixtionem substan tiæ siccæ cum humida, quando co quuntur per calorem decoctiõe de terminata. Et propterea diuersãt species saporum secundum diuersi tatem quantitatis huius decoctiõis. Propterea temperata est calida, & humida, & facit saporem dulcem: & distemperata est calida & sicca, & facit saporem amarum. & ista duo sunt elementa saporum secundum nos, sicut album & nigrum sunt ele menta colorum. Sed media, quæ sunt inter ea, sunt secundum remis sionem vel crementum decoctiõis.
I quia propinquius dulci est vnctuo sus, & propinquius amaro est salsus & inter illos sunt acutus, stypticus, & acetosus. Sed quia odores sunt ex radice vaporum fumosorum, & ab hac parte est aer suum subiectũ, si fuerint dominantes super ipsos ca liditas & siccitas: propterea inuenies multas res, quarum odor non mani festatur, nisi quando calefiunt ab i gne, sicut lignum aloes, & similia. Et aliæ res sunt, quæ indigent frica tione manus: & tunc dant earum o dores propter caliditatem fricatio nis manus. Et propterea videtur ꝙ K
homo sit aptior ad discernẽdum in diuidua odorabilium cæteris alijs animalibus: quãuis quædam ani malia habeant fortiorem sensum odorantis a remotis.

De sensu Gustus, & de accidentibus ei super uenientibus. Cap. 35.

DEinceps volum' dicere de sen su gustus. Iste sensus non indi get medio extrinseco, quemadmo dum indigẽt tres alij: propterea qa est quidam tactus, & sentit propter humiditatem, quæ est in ore. Et pro
pterea factæ fuerunt duæ venæ in li L gua, vt continue generent hanc hu miditatem. & quando corrumpitur hæc humiditas in ore, sicut in infir mis, non possunt tunc sapores vera citer comprehendi. Deinceps volu mus dicere accidentia, quæ veniunt huic sensui. Et dicimus ꝙ accidunt illis tribus modis, quibus accidunt alijs. & hoc est, quia aut corrumpit iste sensus, aut diminuitur, aut con uertitur ad malum sensum. Corru ptio fit propter vnam ex speciebus malæ complexionis i eodem instru mento istius sensus. & illud est in li
gua, aut membro communicante M cum eo, sicut in cerebro, & neruo misso a cerebro eidem. Et diminu tio fit propter easdem causas, quan do sunt debiles. Sed accidens, quod facit ipsum sentire malo sensu, fit duobus modis, aut quia sentit ali quem saporem non discernendo qs sapor sit, aut quia sentit saporem cõ trarium ei, sicut si sentiat dulce aliud, quod est amarum: & sic de alijs. Sed si sentit aliquem saporem nul lo saporato præsente, hoc fit propter malam complexionem materialẽ,

A quod est, quia nos videmus, q̄ sentit saporem illius humiditatis, ita q̄ si sit cholera, sentit amaritudinem: & si sit acetositas, sentit acetositatē: & si est dulcis, dulcorem. Et quando fortificatur hæc mala complexio, tunc sentit omnia secundum illum saporem. & iam declaratum est in Naturali philosophia, q̄ omnia instrumēta sensuum sunt vacua a sensibilitate suarum apprehēsionum, quia si ita non esset, ipsa non apprehenderent eas, quod est, quia si pars visibilis oculi esset colorata, non reciperet omnes colores: quia in reb⁹ naturalibus recipiens non recipit B suum simile, sicut diximus. & sicut est in illo sensu, similiter est ī aliis.

Et propterea quando advenit ei hoc accidens, sentit omnes sapores, sicut unum. Et aliquando accidit, quando iste sapor nō erit multum fortis, vt sentiat sapores quasi temperatos propter hunc malum saporem, quem habet. & hoc idem accidit etiam propter res extrinsecas sicut accidit comedenti res amaras, & postea bibit aquam, & tunc sentit eam quasi dulcem.

C *De sensu Odoratus, & de accidentibus ei supervenientibus.*
Cap. 56.

Iste sensus recipit res odorabiles p medium aerem. Et in multis animalibus reperitur fortior quàm in homine, sicut in aquilis, apibus, & similibus. Et propinqua sunt individua odorabilia individuis saporib⁹: saluo q̄ nos non comprehendimus ita bene differentias odorum, sicut differentias saporum, quod est, quia iste sensus debilior est in nobis, & gustus est fortior: quia est quidam tactus, & sensus tactus est fortior in D homine, quàm in cæteris animalibus, quemadmodum quidam aliorum sensuum sunt fortiores in aliquibus aliorum animalium. Sed operatio aeris in sensu odoratus, est per hunc modum, quia aer fert illud, quod resolvitur ex substantia aerea ex rebus habentibus odorem per similitudinem, quam habet cum eo, quousq; perducat ipsum ad sensum per sequē per adiutoriū partis igneę. Et iste sensus invenitur etiam in animalibus carentibus sanguine, sicut in formicis, & apibus, & illis quę degūt in aqua. Et diversificatur E homo ab aliis animalibus ī hoc, quia homo non potest odorare, nisi cum olfactione: sed multa alia animalia odorant sine olfactione, sicut animalia, quæ carent sanguine. Sed quomodo trāsit odor per medium aerem, aut igneum, nunc dicere volumus. Et dicimus q̄ quia præparatio est in aere, vt accipiat vaporosum odorabile vel odorosum, & etiam vaporem, qui fit in aqua propter naturam, quam habent elementa, vt vnum ab alio recipiat vapores, qui generantur in eis propter similitudinem, quæ est in eis: ergo fit p hūc F modum: quia terra mittit vaporem suum aquæ, & aqua recipit ipsum propter similitudinem, quam habet cum terra in frigiditate, & humectatur in aqua: & aqua mittit vaporem suum humidum aeri, & aer recipit ipsum propter similitudinem, quam habet cum ea in humiditate. & aer mittit igni propter similitudinem, quam habet cum aere, & ignis recipit ipsum. & per hunc modum dissolutionis pervenit ad nostros sensus. Propterea dicendum

G dum est, quod sensus visus est appropriatus aquę, & odorat' parti igneę
fumosę, & auditus aeri. & propterea
fuit maior pars odorabilium sanatio ęgritudinum frigidarum cerebri. De odore vero rerum frigidarũ
hic tractare volumus. Et deinceps
volumus dicere, quod accidentia huic
sensui venientia sunt sicut aliorum:
quia aut corrumpuntur, aut diminuuntur, aut permutantur. Et corru
ptio fit propter vnam duarum rerum, aut propter dominationẽ malę complexionis, aut propter oppilationem factam in instrumento
H hoc. Et diminutio fit, quando istę
causę sunt debiles. Et permutatio
fit, quando accidit suo instrumento
mala putrefactio, & tunc sentit om
nes res odoratas fœtidas.

*De sensu Auditus, & de accidenti-
bus ei supervenientibus.*

Cap. 17

SOnus fit propter iactationẽ corporum solidorum. & quanto il-
la iactatio erit fortior, tanto erit sonus fortior, & acutior: & prodest ad
sonum faciendum forma instrumẽ
I torum recipientium, vt sint concaua, aut perforata, aut rara. & apprehendit iste sensus mediante aere, aut
aqua. Item dicitur quòd sonus est
pulsatio aeris refracti in talibus instrumentis. Et sicut aer ducit colorem ad instrumentum visus propter
peruietatem corporis, sic adducit sonum ad auditum propter velocitatem receptionis mot' istius rei: quia
aer recipit ipsum velociter, & for-
matur in ipso, & remanet hęc impressio motus. Et iam postquam se
paratus est motor, & similiter forma, quę fit ab illo, & similiter rema K
net in aere sonus tempore sufficien
ti: donec possit venire ad aurem: propterea, quia sonus est motus vel a
motu, & omnis motus est in tempo
re. & hoc est contrarium rei visus.
Et propterea audiuimus tonitrua
post visionem corruscationis, & videt homo ictum lotricis vltra aquã
antequam audiat sonum: quamuis
causa amborum sit eadem. Et hęc
est causa, quare audimus vltra murum, & non videmus vltra murum.
Et etiam figura instrumentorum
est causa istius. & quęlibet iactatio,
aut pulsatio facit reuerberationem. L
& propter hoc accidit, vt homo audiat suam propriam vocem. Et vox
fit per instrumenta anhelitus. Et propterea non potest homo facere vocem, & anhelare simul: quia cursus
nec vox nõ fit nisi propter aliquam
imaginationem. Et instrumẽtum,
cum quo operatur sensus auditus,
est aer receptus in aure, & secũdum
quòd aer est quietior & subtilior, est
operatio eius perfectior. & similiter est in odore. Et hęc operatio priuatur propter malam complexionem, aut propter oppilationem factam in instrumentis istius M
sensus, hoc est in aure. Et ab his eisdem causis fit diminutio, quando
sunt debiles. Sed auditus phantasti-
cus fit propter vnam duarum rerum: aut propter acumen auditus,
quod est in instrumento auditus,
quia sentit etiam paruum motum
qui fit in aure: aut propter ven
tositatem, quę fit in
ipso extra
natu-
ram.

De

A *De sensu Visus, & de accidentibus ei supervenientibus.* Cap. 38.

Vide cōt. Zym.

PRoprietas visus est, q recipit colores nō denudatos a materia, & propterea habet conuenientiam propriā cum materia. & pp illā conuenientiā est facilis proprii abstractum à sōne, & ab Intellectu. & si nō esset sic, ipse intellectus esset. Et hęc receptio fit mediantibus aere, vel aqua. Et ista duo elemēta sunt quasi media inter materialia & formalia: & ppea sunt dominantia super hoc instrumento aqua, & aer: quāuis hic cadat aliquid dubij: quia iā B dictum est, q quia est tertium medium, qd est inter formā & materiā. & hanc solutionem volumus relinquere alteri tēpori. Et adductio coloris, quam facit aer ad visum, fit p corpus peruium cū adiutorio lucis.

Lux quid.

Et si tu quęsieris quid sit lux: Respōdeo q est illud, in quo fit vmbra ex corpore grosso. Et scias q sensus visus recipit formas rerū in hunc modū. quia aer mediante lumine recipit formas rerum primo, & postea

*interiorē

mittit ad tunicam inferiorē, & illa dat aliis, quousq, hic motus peruenit ad tunicā postremam, post quā stat sensus communis, qui apprehē C dit formas rerum. Et in medio istarum est tunica glacialis, quę est sicut speculū, media inter naturā aeris & aquę. & ppea recipit figuram aeris, quia est sicut speculū: & miscet cum aquę, quia sua natura cōmunicat istis duabus naturis. & aqua, quā dicit Arist. q stat post humiditatem glacialem, est illa, quā appellat Gale. vitream. Et in hoc recipit sensus cōis formam. & qn ipsam recipit, mittit ipsam imaginatiuę, & ibi recipitur spirituali receptiōe. Et ppea dr q forma recepta habet tres D gradus: primus est corporeus: secundus spiritualis, qui est in sensu cōi: tertius gradus est spiritualior, qui est imaginatiuus. & ab isto gradu deueniunt ad alios gradus altiores, & nobiliores. Et qui argumentant à lineis radiosis, quę exeunt ab oculo, & vadunt vsq; ad rem visam: dico q inuentio talium linearum nō habet intentionem sm sensum, sed sm intellectū, vt intelligatur quasi exeant ab oculo. Sed vere videre, & qd accidit ab eo non completur nisi per intentionem harū linearū in figura noua: & figura noua est E verax. & ppea subiectum harū dimensionū est corpus peruium: qd ē, quia hoc corpus à sua natura habet recipere lumen, & colorē tali receptione. Et qui stare vult sup hoc, legat sm librum de Sensu & Sensato. Et scias, q visus hoc mō recipit colorem: quia aer recipit ipsum primo, & postea transmittit ipsum visui: eo q est corpus peruium luminabile. Et q hoc sit verum, q aer ipsum recipiat, est, quia videmus nebulas raras, vltra quas Sol penetrauit: quia tunc corpora, q supponuntur istis nebulis, colorantur suo colore.

Argumentū, q visus nō fit extramittendo.

F Deinceps volumus dicere de accidentibus, q superueniunt sensui visus, quę fiunt tribus modis. nam aut priuat hęc operatio, & dr cęcitas: aut debilitat, & dr offuscatio: aut permutatur in malū visum nō bene apprehēdentē. Et hoc accidit pp aliqd corporū, quę sunt ordinata ad hāc apprehensionē, vel plura. Et iam tu scis ex quot rebus compositū est instrm illius sensus. & ppea volumus dicere causas istorū accidentium per hunc modum. Et diximus

G mus q̄ causę cæcitatis sunt multæ. quia aliqñ accidit pp oppilationē, quæ fit in neruo, per quē transit spiritus visibilis à cerebro ad oculos. et non est impoſsĩe hoc accidere ꝓpter malam complexionē factam in ipso spiritu: quia tu pluries sciuisti q̄ membra nō habent agere, nec pati, nisi pp complexionē conuenientem illis in quantitate, & qualitate. Sed malitia cōplexiōis aut est frigida, aut calida. & si ē frigida, tūc ingrossat spiritum taliter, q̄ instrm̃ visus non pōt recipere ab eo. & si est calida, tūc subtiliant spirit⁹ & spar-
H guntur ita, q̄ formę non possunt figi in eo. Itē prouenit hoc à passione humoris glacialis, vel telæ araneæ, vel ab ambobus, qñ obscuratur eorum claritas pp multas causas, quæ hoc facere possunt, quia tunc cōuenienter colores non possunt figi in eis. Itē pōt accidere pp decursum aq̄ in humiditatem albugineā taliter, vt obscuretur claritas. Et ēt accidit, qñ vulneratur cornea: & tunc egreditur vuea. & hoc fit sicut granum, vel scabies, quæ nascitur ĩ oculo. Itē pōt accidere, qñ fluit humor albugineus. Itē accidit pp vngulam, q̄ na-
I scitur in coniunctiua, qñ cooperit totum foramen vueæ. & maiora & peiora accidentia, per q̄ prouenit cęcitas, sunt mala apostemata, q̄ fiunt in totalitate oculi: ita q̄ aperiuntur omnes partes oculi, aut plurimæ, & effluit oculus, aut fiunt fistulæ, quę rodunt ipsius tunicas. Et nunc dicamus de causis debilitatis ipsius visus. Et dicimus q̄ causæ debilitatis, & diminutionis visus sunt diuersæ. ꝓpterea quia accidit debilitas visus hominibus multis modis. quia quidā sunt, qui vident à remotis, & nō vident à propinquis. & quidā sunt, q vident econtra. & quidam sunt, qui debiliter vident, & longe & prope. Sed istorum, qui habent debilem à propinquo, habebūt debiliorem in remoto. & hæc species est opposita optimo visui. quia optim⁹ visus nō est, nisi qñ videmus in remotis, & ꝓpinquo, debito mō. Sed vlt̃ non dicitur q̄ virt⁹ visibilis sit fortis, nisi qñ videt remotas res. sicut dr̃ q̄ *turtur habet oculos similes colori rubini, & videt multum longe, & dr̃ q̄ habet fortem visum. & hoc accidit ei pp claritatem instri, & bonitatem
L virtutis, & subtilitatem sensus, sicut videmus ĩ vulture, & multis alijs volucribus. qd est, quia dr̃ q̄ eo existēte in Damasco, videbat carnes morticinas Babyloniç. quia, sicut dictū est superius, in hoc sensu sunt plura animalia fortiora hoĩe, & maxime q̄dā volucres. & similiter in instrumentis visus, & auditus sunt fortiora. Et postq̄ nos diximus q̄ debilitas virtutis, q̄ est opposita optimo visui, fit pp debilitatē virtutis istius sensus, aut fit pp claritatē instrumēti: ergo optimus visus fit pp bonitatem oīum istorū. Et aliqñ debilitas
M ista est naturalis, & aliqñ est accidētalis. & naturalis est pp eminentiā nimiam, quia tūc debilitatur visus pp multitudinē aeris, & multum lumen, quod colligit. Item debilitatē, qñ dilatatur foramē vueę, ꝓpterea q̄a aer dominatur super cōplexionem oculi, & ipsam permutat. Et largitas istius foraminis fit aut pp corrugationem, quæ fit in vuea versus circumferentiā pp siccitatem, aut propter multā humiditatē fluentem illuc ad ipsum dilatantem. Et aliqñ fiunt hæ debilitates pp stricturam

*a.i. vult

Optimus sensus ē, q cōprehendit plures dĩas sensibiliū, & in maiori distātia. Idē 1. de Cōna. ala luū. c.

illius

A illius foraminis. Et strictura eidē accidet aliqñ, qñ paralyticatur vuea. quia ipsa paralyticatur, aut p multam humiditatem ipsius, aut ppter defectum albuginei: quia ob illius eam paralyticatur, & cadent t partes ipsius super partes. Et est dictum, q si strictura illius foraminis sit naturalis, ipsa est laudabilis. Et aliquādo fit debilitas visus pp passiões palpebrarum oculorū, sicut diximus in alijs nostris voluminibus: & speculatores, & collectores et ipsam numerauerunt. & hoc fit pp malam complexionem naturalem. Et tu debes B dicere vt: qm causę debilitatis visus sunt sicut medietas cārū caecitatis. Et illi qui vident res propinquas & bona visione, & res non vident a remotis, visus ille non est adeo bonus, vt est visus eorū, qui vident propinqua, & remota, bona visione. Et est dicendū q debilitas visus istorū est media inter visum debilem penitus, & īter illos qui habent bonū visum penitus: ideo quia impossibile est esse visionē rerum propinquarum & remotarū aequalem, nec in debili in fine, nec in bona ī fine.

Aut possumus dicere q istę visio C nes nō habēt excessum super alias nisi in visione remotarum rerū. quod est, quia res propinque videntur a debilibus & fortibus fm vnū modū: quia sine dubio nos videmus res ppinquas, sicut vident aquilae. quia aquilae non habent excessum super nos in visu, nisi in rebus remotis. & sicut haec res inuenitur in specie, ita in indiuiduis. Et causa in illis, qui vident a remotis, & nō vident a prope, est debilitas instrumentorum ipsorum. Et ppea quia res visibiles nō videntur, nisi mediante aere lucido, indiguerunt debiles oculi pluri lu- D ce, oculis fortibus. & qñ visibile est remotum ab oculis, lux, quae est inter ipsum & oculum, est in maiori quantitate. Item quando res visibilis erit remota, erit motus, quē facit visus, debilior. & ppea oculus debilis poterit melius recipere. sed qñ visibile esset propinquum, oculus debilis pati non posset. Et quidam dicunt q hoc accidens fit pp grossitiē spiritus visibilis. quia qñ erit longa dimensio inter oculū & visibile, tūc subtiliabitur spiritus in aere, & erit aptior receptio impressionis visibilis factae in aere. Et quāuis hoc ver- E bū sit declaratum, ipsum declinat opinioni illorū, qui dicūt q radius visus defertur ab oculo ad rē visam. & illa opinio reprobata est, & nos īā reprobabim*. Et quia colores nō apparent nisi mediante aere lucido, iō pupilla non pōt videre res, quę sū perponuntur ei: ppea quia apprehensio istius sensus non fit nisi mediante aere. Et sic debes videre q debilis visus non cōprehendit bene res visibiles propinquas. Et qui vident bene propinquū, & non vident remotū, eorum oculi indigent forti motu. & hoc maxime accidit illis, qui F habent oculos eminentes. & quia oculi istorū sunt prominentes, eorū visus est debilis, & sparsus: vnde indigent forti motu ppinquo. Et ppterea qui hñt oculos profundos, remotius vident: quia spiritus visibilis in eis est magis aggregat*, & virtus visibilis tunc est fortior. & etiā lux in maiori quantitate recipitur, sicut accidit in ciuis strictis currentibus. Et pp hoc stringit sagittator oculū, qñ vult recte emittere sagittā, et carpentarius vt rectius videat lineā. &

G pp hãc debilitatẽ accidit decrepitis vt non possint legere subtiles literas nisi in Sole, & vident res remotas, & non propinquas. Et apparet vt veniat hæc debilitas in visu pp malã complexionem siccam accidentalẽ & non naturalem, aut pp humiditatẽ tenebrosam: ppea quia siccitas, sicut dictum est, difficile patitur. & hæc ægritudo est quasi obscuritas oculorũ: ppea quia iste patiens videt in die, & nõ in nocte, quia ei nõ sufficit lux Lunę & candelarum. & hoc puenit à tenebrositate, aut duritie receptionis. Istæ causę sunt, q̃

H de necessitate põt dici super ista accidentia ẽm Naturalẽ philosophiã.

Cõtra Medicos, q̃ visio nõ fiat extramittendo.

Sed causę, quas dant Medici in istis accidẽtibus, sunt fundatę supra fundamẽta corrupta. quia tu scis, q̃ nõ ẽ in oculo aliqd corpus, de quo possit aut possibile sit opinari, vt extra ipsum mittatur: sicut opinati sunt illi, qui vocabant̃ de societate Assahel Saat. & Gal. tenet eorum viam.

Prima rõ.

Quia nõ est aliquid ĩ oculo nisi calor naturalis, q aduenit ei à cerebro per duos neruos perforatos. nec calor põt separari à corpore ĩ momẽto, ẽt remanẽte calore intrinseco ipso, & hõie viuente.

I

Secũda rõ.

Et impossibilis ẽ vt extendatur vsq; ad stellas. quia antequã veniret illuc, esset corrupta sua cõplexio, & esset priuata sua forma specifica, in eo qd ẽst cã intrinsecus.

Tertia rõ.

Nec ẽt in eo est corpus cœleste, nec igneum, habens splendorẽ, vel qd sit splendidũ, qd illuminet ipsum per naturã.

Opinio ꝓpria.

Sed splẽdor est primum apparens per se. & impoſſe est vt sit recipiens aliquid de natura suscepti, inquantũ vnum est recipiẽs, & aliud receptum. & hoc probatũ ẽ in Naturali philosophia. sed est, sicut dictum est superius. quia visio K fit pp impressionem colorũ in corpore puio, hoc est in aere, & ĩ aqua: & ista corpora dant oculo, ẽm q̃ dictum est, & imprimũtur in ipsum, & postea apprehendit spiritus visibilis esse* oculorũ. & ppea fuit cõpositus oculus ex corporibus puijs, & quia iste sensus non põt apprehẽdere similitudinẽ* oculorum, nisi postq̃ sunt impressi in corpore medio.

*colorum

*colorum

Sed accidentia, q̃ ponũt extraneitatem in visu, sunt multa, & ipsa sunt declarata in arte Radiorum, & nominatur Almendabar. & q̃ dicũtur hic, sunt creata ab ęgritudinib'.

idest Prospectiua.

L

Hęc sunt, quę veniũt à mala cõplexione, vel positione: quia apparebit q̃ vnum sit duo. & hęc cã attributa est doctrinæ radiorũ. Iterũ accidit vt videatur oculus videre oẽs colores ẽm vnum modum, videlicet rubeos, aut citrinos, aut aliter dispositos. Et cã huius sunt vapores, q eueniũt ad humiditatẽ peruiam, ĩ qua est visus. qd est, quia qñ illi vapores prouenient à citrinitate, oẽs res visę tales ostendentur, & sic de alijs.

M

Et aliquibus apparẽt sicut cimices, aut muscæ volare ante oculos. & hoc ꝓuenit pp vapores mixtos, qui ascendunt superius. Et aliqui vidẽt res visibiles quasi fenestratas. & hoc accidit pp quendam vaporẽ nigrũ, qui accidit, vel qui transit per crystallinum. sed ipsum non cooperit totũ. Itẽ accidit habenti cogitatiões corruptas pp aliquã cãm intrinsecam, vel extrinsecam, vt sentiat malo sensu. qd est, quia quamuis sensatorũ motus ad sensum veniat ab extra, non est impossibile vt fiat simile ẽt per contrariũ. quia pp hanc corruptionem cogitabit vnũ & confirmabitur,

Quo pacto opposito modo in somno & in vigilia fiat sensatorum mot'.

A bitur, ita q forma illius mouebit à
latere interiori spiritum istius sensus, & tunc videbitur oculo, vt istud
sit deforis. Et est illud in vigilando simile veri somno: quia declaratum est in tractatu de Somno &
Vigilia, q somnia attributa sunt virtuti imaginatiuæ. sed ipsa facit in
somno contrarium eius, qd facit in
vigilia. quia i vigilia primo mouet
sensatum sensum cõem, & postea il
lud mouet imaginationẽ, & sm q
dictum est ordinatum superius. Sed
in somno fit mõ cõtrario. quia mo
tus incipit à virtute imaginatiua pp
B formam receptã deforis in vigilia
quoquo tpe, & illa est remota. & ideo
primo mouet sensum cõem, & cõis
mouet pticulares sensus, & tũc sentiũtur res, quasi sicut essent extra. &
sicut hoc fit in somno, sic fit in vigi
lia pp multã solicitudinẽ circa aliquã rẽ. Et pp hoc cõfirmant virtutes animę, aut pp aliquam ęgritudi
nẽ fixam in corpore, aut pp timorẽ,
aut pp tristitiã, quia tunc soluit q-
dã vapor, & ascendit cerebrũ, & im-
primitur in ipsum forma rei excogi
tatę: & ascendẽdo superius mouet
spiritũ animalẽ, & reducit iste mo-
C tus vsq; ad virtutẽ imaginatiuã, &
ipsa spiritu mediãte mouet sensum
cõem, & ille mouet particulares, &
sentiũtur res, sicut esset extra. & po-
puli credunt q hoc fiat ab Angelis,
aut à Demõib⁹. & demõones hmõi
declarata sunt ordinatim ibi. Ista
sunt accidentia, quæ superueniunt
omnibus quinque sensibus.

De Accidentibus Anhelitus. Cap. 39.

DEinceps volumus loqui de accidentibus anhelitus, & ab illis transibimus ad accidentia virtutis imaginatiuę, & cogitatiuę, & me
moratiuæ, & accidentia somni, & D
vigiliarum. & postea loquemur bre
uiter de ęgritudinibus, in qbus apparet maior pars horũ accidẽtium,
aut oĩa accidentia, quę veniunt sup
hanc virtutẽ. & cũ compleuerimus
hæc, completa erit intentio nostra.
Et ex accidentibus superueniẽtibus
huic virtuti sunt ex genere augmẽti, & diminutionis illius. Sed priuatio huius operatiõis est mors. quãuis prima fronte appareat priuatio
anhelitus in multis ęgritudinibus,
sicut in suffocatione matricis, & similibus, non tñ est priuatus, sed solũ occultatus. Et ppea quia hęc ope E
ratio fit à duobus motibus, inspirãdo & respirãdo, & inter quemlibet
duorũ motuum est una quies, sicut
probatum est: necessariũ fuit vt au
gmẽtum, & diminutio essent in his
quatuor rebus, hoc ẽ in duobus mo
tibus, & duabus quietibus. Et diminutio duarũ quietũ nominatur dio
ar, & augmentatio nominatur the-
phanes. Et augmentũ, & diminutio
adueniũt istis duobus motibus fm
duos modos. unus est velocitas &
tarditas: & alter est fortitudo in tri
bus dimensionibus, quę sunt longi
tudo, latitudo, & profunditas, & de- F
bilitas in ipsis, vt in dilatatiõe, & cõ
strictione. & augmẽtatio in hoc ap
pellatur fortitudo aut magnitudo,
& diminutio appellat paruitas aut de
bilitas. Istę sunt spẽs simplices mali
anhelitus. Sed cõpositæ sunt multę,
sed hic nolum⁹ tractare nisi de causis facientibus has simplices species:
quia hõ discretus sciet cõpositas p
simplices. Et dicimus q causa fortitudinis est fortis necessitas anhelã-
di. & hoc fit cũ sanitate virtutis effi
cientis, & pp bonam dispositionem
instru-

G instrumentorũ. Et inspiratio aeris
est pp fortem necessitatem refrigerandi, & respiratio est pp fortem ne
cessitatem expellendi corpus fumo
sum. ppea fortificatur aliqñ vnum
istorũ, & tñ nõ est necesse vt aliud
fortificetur. Et velocitas ẽ similiter
pp fortem necessitatem anhelandi.
sed non est necessariũ penitus vt sit
velocitas cũ sanitate virtutis, & bona dispõne instrumentorũ. qđ est,
quia virtus iuuat se cum velocitate,
qñ deficit fortitudo. quia forte facit
hoc, vt restauret per hoc qđ deficit
à fortitudĩe. & ppea accidit hoc, qñ
H virtus est fortis, & instruméta non
sunt conuenientia. Sed thoar etiam
fit pp paucam necessitatẽ anhelandi: sed non est necessariũ, vt sit cũ
sanitate virtutis, & bona dispõne I-
strumentorũ. quia pro maiori parte cũ natura iuuatur in hoc, facit illud, qñ perdidit fortitudinẽ, & accidit φ natura iuuet cũ hoc, qñ perdi
dit velocitatem pp penuriã virtutis.
Et si ita est, sicut diximus, ergo qñ
erit conueniens vt sit anhelitus velocior & fortior thoar, tunc erit ma
gis necessaria sanitas virtutis, & bona dispositio instrumentorum. Et
I causę diminutiõis sunt oppositę in
his rebus causis augmẽtationis. Sed
paruitas fit aut pp debilitatẽ virtutis, aut pp inobedientiã instrumentorũ. Et constrictio fit pp oppilatio
nem, quę fit in concauitate canaliũ
pulmonis. & hæc oppilatio fit ab
humoribus grossis phlegmaticis, q
à capite descendũt: & fit ẽt pp apostemata, & pp oẽs alias causas, ex q-
bus possit fieri oppilatio. Et aliqñ
accidit pp stricturã concauitatis pe
ctoris, in quo mouetur pulmo. quæ
strictura fiet propter aliquod apostema, quod illi generatur, aut pp K
malã cõplexionem: sicut accidit in
apostematibus stomachi & hepatis, & sicut accidit pp magnã sanieta
tẽ. Et aliqñ est cã malę pulsationis
anhelitus in aliquibus hoĩbus natu
ralis, eo φ pectus nõ erit proportio-
natũ pulmoni. Et aliqñ erit strictura pectoris ex culpa malę fasciatio-
nis. Et ex causis paruitatis est dolor,
qui fit in diaphragmate, aut in pectore, & in mẽbris cõicantibus cum
eo. Et cã tarditatis accidit pp duas
res, aut pp debilitatẽ virtutis, aut pp
paucã necessitatẽ spirãdi & respirã-
di. sed qñ erit cã pp aliquã paucã ne L
cessitatem, nõ erit ibi thoar. sed qñ
erit causa pp debilitatem virtutis so
lum, poterit esse thoar. Istę sunt spe
cies oẽs malæ pulsationis simplices
anhelitus, & cæ earum. Et tu scis
quia promisi tibi in multis locis ab
breuiare & nõ plõgare, quia res p-
ticulares tu inuenies in libris spica-
torũ, s. practicorũ: sed ego non sum
de ipsis. & adhuc ego idẽ tibi parti-
cularius dicam, cũ loquar de simpli
cibus in lib. Signorũ. & hoc sufficit
qđ dictum ẽ de simplici, quia ab illo poteris scire cõpositũ. & dabo tibi vnũ exemplũ de anhelitu, qui dr̃ M
anhelitus erectiõis, & est anhelitus
paruus velocior thoar. Et cã huius
est pp fortitudinẽ virtutis, vt magni
tudinẽ necessitatis, & inobedientiã
instrũ. qđ est, quia ipsa pulsatio non
fit nisi pp forte apostema, sicut i pul
mone: aut pp oppilationẽ fortẽ, &
nominatur anhelitus erectus, pp similitudinẽ eius qđ habet, quia non
põt iacere supin⁹, eo φ pars pulmonis cadit sup partẽ, & partes pectoris cadunt, vel premunt super eas.
& ppea necesse est vt sint sic disposi
tæ,

A te, & anhelitus talis fit. Et debes scire q tẽpus motus anhelitus, qui fit pp inspirationem aeris in anhelitu naturali, est breuius tẽpore motus, quem facit pp respirationem: & q motus respirationis hora somni est longior motu inspirationis pp necessitatem, quam habet vt expellat corpus fumosum. Sufficit qđ dictũ est in accidentibus anhelitus.

De accidentibus trium uirtutum, scilicet Imaginatiuæ, Cogitatiuæ, & Memoratiuæ. Cap. 40.

B APparet ab his virtutib⁹, vt nõ compleanť suę operatiões nisi in cerebro. & ppea quia cerebrũ aptum est pati, eo q est frigidum & humidũ, ob hoc maior pars causarum accidentiũ istarum virtutũ ꝓueniť à passionibus cerebri: aut q sit primũ ĩ hac causa, aut hoc sit pp communitatẽ illorũ membrorũ. Et si causa erit in toto cerebro, erunt tunc lęsę oẽs virtutes. & si fuerint in loco proprio, erit tunc læsa virtus illius loci proprij. & qñ fuerit cã in prora cerebri, tunc erit læsa imaginatio. & qñ fuerit ĩ parte media, tũc C erit læsa ratio, & cogitatio. & quando fuerit in parte posteriori, tũc erit lęsa memoria, & cõseruatio. Et istis virtutibus adueniunt accidẽtia fm modum, fm quem adueniũt alijs: hoc est vt corrumpantur, aut diminuanť, aut permuteuť ad malas operationes. & corruptio & diminutio fit à mala complexiõe frigida & humida, aut frigida solum. Ex his qđdam est materialis, & qđdã non materialis. & materialis non est inuẽta nisi sociata duabus qualitatibus, sicut est in apoplexia, & ęgritudine, quę dř subeth. & quędã est à cõplexione materiali apostemosa, quę in Arabico nominatur asirsen abberis, i. frigus: & aliqñ accidit hæc ęgritudo cerebro, mediante stomachi. D

Et causa, pp quam permutantur istæ virtutes ad malam operationẽ, est mala complexio, quæ prouenit à cholera, aut melancholia. Et quando dominatur super cerebrum mala complexio calida, tunc fiunt imaginationes corruptæ, & oscitationes, & ructus, & aliquando corruptiones cogitationis, & memoriæ. E

Et possibile esse malam complexionem hãc in cerebro solum sine apostemate. & est possibile ipsam esse propter colligationem alterius membri: sicut accidit in febribus, quando ascendit fumus à stomacho ad cerebrum, & facit apostema, aut non facit. & potest esse ex apostematibus, quę fiunt in substantia cerebri. & potest esse, vt sint in panniculo. & potest esse vt sint ex apostematibus, quæ fiunt in ore stomachi. & signa differentia horum dicentur in libro de Signis.

F Sed corruptio, quæ accidit his virtutibus propter complexionem melancholicam, est cum timore, qui fit sine causa, & cum malis cogitationibus, & tristitia, & timore rerum impossibilium. Et quando vritur melancholia, & fiunt accidentia choleræ in ipsa, tunc conuertitur homo ad ferinos mores: & omnes motus ipsius sunt praui & timorosi. & hæc impressio fit in anima propter complexionem obscuritatis melancholiæ. Sed nigredo eius non est causa huius, sicut dicunt Medici: quia color non est causa substantialis ad corrumpendas

G das uirtutes animæ: sed hęc causa
prouenit ab una specie malæ complexionis, sicut aliæ ægritudines.
Cõtra Galenũ. 3. de locis affectis ca. 6. Et tu scis, quòd habitus animę sequũtur complexionem corpoream
in hac coniunctione. & qui dicunt
ꝙ anima terretur propter humorẽ
melancholicum nigrum, sicut terretur homo in obscuro, dicunt uerba cantionum. quia aliqua læsio
non aduenit animę in obscuro, nisi
priuatio sensati sensꝰ uisibilis. quia
non uidet anima in corpore, ut possit dici, ꝙ sentiat terrorem nigredinis. & magis fœdum est dicere ut ui
H deat extra, qa aĩa nõ ẽ extra, nec ĩ-
tus. Sed est sciendum, ꝙ de natura
istius humoris melancholici est, ut
ipsum sequantur hæc accidentia:
sicut de natura sanguinis est, ut ipsum sequatur gaudium & lętitia. &
nõ dicemus propter hoc, ꝙ sanguis
det lumen animæ. & hęc res est ma
nifesta illi, qui aliquantulum de na
tura gustauit. Et in hac ęgritudine,
quæ dr̃ melancholia, cadit magna
diuisio inter Medicos de eius causa.
Quidam dicũt ꝙ possibile est ut in
ipsomet cerebro fiat, aut ꝓpter adu
stionem sanguinis cordis, aut pro-
I pter os stomachi. Et quidam dicunt
ꝙ fit ab apostemate, quod generatᷓ
in fundo stomachi. Et quidã dicũt
ꝙ fit pp̃ apostema factum in mese-
raicis. Et quidam dicunt ꝙ fit propter humorem melancholicũ, quẽ
spargit splẽ ad stomachum, qui est
extra naturam sua qualitate. Et illi
respondent uerbis priorum, & dicũt
ꝙ sunt impossibilia, ꝙ causæ istius
ægritudinis sint calidæ: eo ꝙ accidentia istius ęgritudinis sunt mani
feste frigida: quia eorum ructus est
acetosus, & plures ipsorum habent
acetositatem frigidam, non cũ mul- K
ta siti. Et adhuc dicunt, si esset causa
pp̃ apostema calidum in his membris, sequeretᷓ ex hoc ex necessitate
febris. & nos videmus ꝙ in hac ęgri
tudine nulla est febris. Et ego dico
ꝙ repręhensio istorum, qui dicũt ꝙ
si ista ęgritudo esset pp̃ apostemata
calida, sequerentur accidentia calida, sicut fortis sitis. & permutatio ci
bi ad fumositatem, & paucitatẽ inflammationis, non est necessarium
penitus. quia iam dictũ est, ꝙ calor
extraneus, ppẽa quia facit calorem
intrinsecum exhalare, & ipsum debilitat, non est impossibile vt sequã L
tur ipsum accidentia frigida, & faciant similia accidẽtia supradicta:
& maxime quando calor extraneus
lædet formam naturalẽ caloris intrinseci, aut corrũpet ipsum. & ppẽa
fit acetositas s̃m Alexandrum p calidum, sicut per frigidum: quia calor intrinsecus non fortificatur nisi
per calorẽ, qui ei formaliter non re
pugnat. Et qđ dictum est, ꝙ sequitᷓ
necessario febris, quia omne aposte
ma est calidum, qđ fit ĩ his duobus
membris, sicut experientia testifica
tur, hoc bene asserendum est: quia
impossibile est hanc ægritudinẽ eẽ M
sine febre, si propter talẽ fieret causam: excepto vno modo, ꝙ hoc apo
stema fieret post declinationẽ apostematis: quia tunc dicendum est,
ꝙ non remansit ex calore extraneo
tantum, vt sit sufficiens ad febrem
faciendam: sed est tantus, ꝙ sufficit ad læsionem faciendam stomacho, & cerebro solum, & hanc mouere passionem. Et põt esse ꝙ hæc
ægritudo proueniat solũ à splene:
& vr̃ ꝙ hęc sit una ex maioribꝰ cau
sis speciei istius ægritudinis.

De

A **De accidentibus Somni, et Vigiliarum. Cap. 41.**

Somni definitio.

DEinceps volumus loqui de accidentibus somni & vigiliarũ: & in primis volumus dicere definitionem ipsorum. Et dicimus q̃ somnus est profundatio sensus communis ex cerebro ad cor. & ppter hoc tũc ligantur sensus particulares, & constringuntur in eorũ instrumentis: eo q̃ non est necesse vt moueantur ad eorũ seruitia. Et vigilia est contrarium huius, hoc est ascẽsus istius sensus ad cerebrũ i locum suum. & ppter hoc tunc dissoluuntur oẽs sensus

Vigiliæ definitio.

B particulares in eorũ instrumẽtis, vt operent actiões ipsorũ. ergo descriptio somni est priuatio motus: & vigiliæ descriptio ẽ cõtinuatio motus. Et pñdici q̃, hic mot⁹ istius sensus est formalis causa somni & vigiliæ, & subiectũ somni & vigiliæ ẽ sensus cõis, & cor est radix, & cerebrũ ẽ ipsius primũ instrũm, cũ quo operatur. Et accidentia, q̃ superueniunt somno, est fortis ipsius profunditas. & hoc fit pp dominationem multæ frigiditatis cũ humiditate super cerebrũ, aut super mẽbrum obicẽs secum. Et accñtibus, q̃ superueniunt

C huic operationi per contrarium, est vigilia & causa eius opposita est causæ frigiditatis: hoc est, quia fit pp dominiũ caloris & siccitatis. Et aliqñ est hæc res composita à duabus causis. hæc ægritudo est ægritudo vocata nabur: quia tunc iacet sicut dormiens, & oculos tenet apertos: quia dormire est pp frigiditatẽ, & tenere oculos apertos est pp siccitatem. Et aliqñ fiunt ægritudines in cerebro, in quibus fit pars horũ accidentium, aut oĩa. & illi qui sciunt quod diximus, dabunt causas vnicuiq; accidentiũ, aut si sint præsen-

D tes, aut præteritæ. Et volumus dicere de quibusdam eorũ, quæ sunt manifestiora: & perfectius sciet p hæc quæ dicentur, postea alia, quæ non dicentur. Et dicimus q̃ quædã eorum vocantur eldaar. & quædã nominantur alchabus, i. incubus. & q̃dã nominãtur elzara, i. epilepsia. & q̃dam nominãtur lecta, i. apoplexia. Sed primũ est super humorẽ, super quem dominatur fumus. & ille fumus ascendet ad cerebrũ & mouebitur, & tũc sentiet patiens hũc motum, sicut esset extra, quia quamuis sensata habeant, q̃ moueant sensus

Scotomia.

E deforis, iam diximus q̃ non est impossibile vt moueantur ab intrinsecis humoribus. & si cerebrũ acquirit multam malã complexionẽ pp perseuerantiã harũ rerũ, tunc cadet patiens in terra, sicut cadit epilepticus. Et iste fumus aliqñ fiet in ipsomet cerebro, & proprie in suis arterijs, & aliqñ ascendet à stomacho, vel ab alijs membris. Sed alchabus, i. incubus est, qñ sentit hõ, cũm dormit, ac si premeretur, & aggrauaretur à re, quã abijcere non põt. Et mani-

Incubus.

F festũ est, q̃ hoc non est, nisi pp aliquã priuationẽ virtutis motiuæ pp aliquam malam complexionẽ materialem. Et quia cito dissoluuntur, opinantur vt fiat ab humoribus fumosis, qui ascendunt cerebrum, & lædunt ipsum sua qualitate. Epilepsia est ægritudo, quæ facit cadere in terram patientem. in primis tũc mouentur omnia mẽbra motu malo extraneo, deinde sic mouentur, donec homo cadit, & priuantur omnes sui sensus, & virtutes animales, aut diminuuntur: & contrahũtur, & colliguntur omnia ipsius mem-

Epilepsia.

G bra, & contrahuntur sicut spasmata. Et hoc est signũ manifestum, ꝙ passio est in cerebro. & collectio, et contractio membrorũ propter motum extraneũ significat ꝙ hęc species est vna ex speciebus cõtractionis, quæ fit à virtute expulsiua: quia colliguntur & contrahuntur membra in seipsis pp expulsionẽ rei lędẽtis, & maxime ĩ cerebro. & ppea iste humor est contrarius in fine cõplexionis cerebri. & hoc facit, aut sua qualitate, aut sua forma. & illd, qđ significat nobis, ꝙ non fit pp humiditatem nerui, nec pp ipsius infusio
H nẽ, est pp subitam ipsius dissolutionem. & de necessitate est ꝙ humor faciens hoc sit subtilis, eo ꝙ paroxismus ipsius cito transit, sicut fit in

Pri'a opio de cã epilepsiæ.

ęgritudinibus acutis. Sed quia nos videm' pro maiori parte ꝙ illi, qui hanc patiuntur ægritudinem, sunt frigidi & humidi, sicut pueri: aut frigidi & sicci, sicut senes: & vlt quia hæc accidentia apparent super frigidos pro maiori parte, significat ꝙ cã hui' ęgritudinis est humor grossus. Sed contradicit nobis hoc, ꝙ humor grossus non cito dissoluit, siue discurrat per strictos meatus, siue p
I latos, sicut dicit Gale. quia dissolutio non est aliud q̃ dominatio naturæ super humorem ipsum decoquẽdo, vt retineat qđ est conueniẽs nutrimẽto, & aliud expellat. & hoc nõ fit in humore grosso, ĩ eo ꝙ ẽ grossus, nisi in longo tẽpore: sicut testificatur experiẽtia in ægritudinibus. Et nos videmus, ꝙ cito dissoluitur hic humor. Et ob hoc dicẽdũ est, ꝙ hęc ægritudo non fit, nisi pp fumũ qui generatur in ipsomet cerebro, vel in alio membro, quod ipsum ei transmittit: sicut dicit Gale. de iuue

Tertio de locis affectis. ca. 7.

ne, qui sentiebat ꝙ quasi quidã fu- K
mus frigidas ascenderet ab vno mẽbro ad cerebrum: & qñ perueniebat illuc, cadebat epileptic'. Et hoc accidens est sufficiens ad probãdũ, ꝙ causa huius ægritudinis est ventositas fumosa. sed ista vẽtositas necessario communicat humoribus frigidis & humidis, aut frigidis & siccis. & isti humores sunt isti vẽto vt materia. Et ppea curat' hęc ęgritudo, euacuando illos humores. Et quamuis dicat' per nomen alicuius hominis, vt hoc accĩis fiat à cholera, non dico hoc impossibile. & cadit in hoc ratio. nã breuitas paroxis

Secunda opinio.

L mi hoc adiuuat: & veniente accidẽte hoc, aliquibus pp stomachum, videmus ꝙ hoc fit eis vt plurimum pp famem, aut pp iram. & hoc ostẽdit, vt fiat à cholera. Et Gale. curat hanc ęgritudinem cum hiera picra, in qua dominatur aloe. Et manifestũ est ꝙ aloe non purgat, nisi vnã duarum rerũ, aut cholerã, aut humorem cholericum. Et quidã dicũt ꝙ hæc ægritudo fit à complexione mala nõ materiali frigida & sicca. Et hoc est à ratione remotũ. qđ est, quia hæc ægritudo vt plurimũ habet paroxismos. Et adhuc si fieret

Tertia opinio. Prima, cõ cõtra hãc opinionẽ. Secũda.

M pp malã complexionẽ nõ materialem, non fieret nisi à rebus extrinsecis. quod est, quia mala complexio non materialis creata à mala complexione materiali est difficilis curationis: & à tali causa, qualis hæc est, impoſſe est fieri paroxismũ epilepticum. & fm hoc nõ fieret hęc species, nisi pp res extrinsecas, hoc est ab aere frigido, quod est, quia mala cõplexio, quæ fit à talibus rebus extrinsecis, est facilis dissolutionis. Sed remotum est ꝙ res extrinsecæ,

hoc

A hoc est aer frigidus possit inducere malam complexionē cerebro sufficientem inducere epilepsiam, sed si experientia hoc testificat, raro hoc esse debet. Et tu debes scire, q propter hanc scīam non pōt finaliter sciri rationabiliter de oībus ægritudinibus, quæ sint possibiles, & q̄ nō. quia ægritudines certificantur per sensum, & postea adueniunt testimonia experiētiæ pp plurimos sentire: & post hoc fit cognitio causarum. Et causa huius data est in loco alio nobiliori isto: & nos ēt ipsam narrabimus in alijs libris. Et

B apoplexia est, q̄n hō cadit ad terrā, & cessat eius vox, & priuantur omnes operationes & motus totius corporis, excepto anhelitu. nam priuato anhelitu moritur patiens. Et pp hoc anhelitus est manifestū signū super fortitudinem, vel debilitatem istius virtutis, qd est, quia q̄n anhelitus fuerit grossus & mal*, significat super fortitudinē: & q̄n fuerit quietus, significat debilitatem. Et Hipp. dixit q, quando apoplexia est debilis, non curatur de facili: sed q̄n est fortis, curam non recipit. Et cā huius ęgritudinis est de necessitate pri-

Apoplexia.

C uatio motus vlis, & particularis. Et quia declaratum est, q motus vniuersalis habet duo pncipia: primū quorum est in corde, aliud est in cerebro: & cerebrū nō facit suas operationes, nisi pp cor: ergo est necesse vt cerebro veniat vna ægritudo vlis, communicans toti corpori. Et hoc fiet necessario pp oppilationē viarum spiritus, qui peruenit à corde ad cerebrum: & istæ sunt arteriæ. aut propter fortem oppilationem ventriculorum cerebri, propterea quia quando illi clauduntur, impeditur via spiritui animali, qui dat

D membris omnibus sensum & motum: si ita est, vt dicit Gale. qui dicit q mittitur à cerebro spiritus animalis, sicut mittitur à corde spirit* vitalis intrinsecus. aut fit, quia corrumpitur complexio cerebri. quod est, quia quando illa corrumpitur, corrumpitur temperātia, cū qua temperatur calor intrinsecus cordis, ad hoc vt possit operari sensum & motum: sicut declaratum est in Naturali philosophia. Sed in cameris cordis non pōt euenire hoc accidens: quod hanc ægritudinem faciat. qd

E est, quia prius perueniremus ad mortem. Et postquam probatum est q causa ægritudinis in his duobus locis est: ergo causa, quam dat Hippocrates est verax: & etiam illa, quā dat Galen. Et Hippocrates dicit, q quando homo subito sine voce fit, & cadit in terram, tunc factæ sunt oppilationes in vijs, quæ sunt inter cor & cerebrum, hoc est in arterijs. Et Gale. hoc cōsitetur in lib. de Accidenti & Morbo. & in lib. de Membris dolorosis dicit, q hęc ęgritudo fit pp oppilationem in ventriculis cerebri: ergo intendit Galen. vt fiat

F à duabus causis. Et signū est, vt fiat ex oppilatione arteriarum, cum apparent signa dominationis sanguinis super patientem. & hęc curatur cum flebotomia. Et signum oppilationis fortis ventriculorum cerebri est, q̄n apparent signa dominationis humorum frigidorum in corpore. Et curatio huius fit cum permutatione cōplexionis illius mali humoris cū euacuatione cum medicinis purgantibus humores illos frigidos, & cū clysterijs conuenientibus: quia illa sunt mirabilia: hac cura.

G Et hęc ægritudo, quæ dicitur pro-
De subeth fundamento somni, est propinquior vt
sit pp oppilationem arteriarum, q̄
vt sit propter oppilationem nerno-
rum; propterea non est in hac paſ-
sione difficultas anhelitus, nec etiā
conuertitur ad paralysim, sicut apo-
Catalepsis plexia. Et illa, quæ fit ab humoribus siccis, facit stare patientem oculis apertis, & nominatur alcasia. et si
fiat ab humoribꝰ humidis, stat oculis clausis. & hanc speciē nominant
Medici subeth. Hucusque locuti
sumus de ægritudinibus, & acciden
tibus breuiter, secundum ꝙ nobis
H visum est sufficere: eo ꝙ mea inten
tio in hoc libro non est nisi in dando regulas, quæ sint principia artis
Medicinæ oībus volentibus in hac
scientia ire via nobiliori, & illis, qui
& volunt postea abundare in particularibus istius artis ſm hunc ordinem, & diuisionem. Et scias quòd
comparatio istius libri ad totalitatem istius scientiæ est, sicut comparatio elementorum artificij ad ar-
tificium. Et sicut Pictores primo de
pingunt circuitum figuræ, quam
facere intendunt, & postea replent
hoc continens particularibus rebus
I ex diuersis coloribus, donec sit figu
ra illa conuenienter impleta. sic &
nos intendimus facere in nostro libro. Et si Deus nobis longitudinem
concesserit vitæ, & nos præcauerit ab
accidentibus temporis, alium faciemus librum in practica huic nobili ordini respondentem, secundum
quòd factus est iste liber Colliget,
qui omnia continentia istius scientiæ replebit.

AVERROIS COLLIGET

LIBER QVARTVS.

SVMMA LIBRI.

De Signis Sanitatum, & Aegritudinis.

De Signis Sanitatis et Aegritudinis in generali. Cap. I.

Sta pars diuiditur in Diuisio
duas partes. Pria nar-
rat signa significātia
sanitatem actualē in
qualibet operatione L
corporis in quolibet membro. Secū
da narrat signa significantia super
ægritudines, & causas ipsarum. Et
hæc pars iterū partitur in duas partes: eo ꝙ hæc signa, aut significant
super ægritudines præsentes, quæ
plurimum inueniuntur in hac arte; aut significant tempore sanitatis & ęgritudinis super ægritudinē
futuram. sed signa, quæ significāt
super ęgritudines præsentes, parum
sunt ī hac arte vtilia. Et incipiemus Ordo
narrare signa significantia ægritudinem præsentem in toto corpore, M
& in quolibet membro: & postea
dicemus signa significantia ægritu
dines futuras: & postea dicemus signa significantia super ęgritudines
præsentes. Sed signa significantia in
ægritudinibus ꝑſentibus sup ęgritu
dines futuras adiungam istis signis
ægritudinū ꝑſentiū. Et similiter vł,
vt ponā signa significantia sanitatē
futurā in ęgritudinibus in hac eadē
parte: quāuis pertineant sanitatis pti.
Propterea quia sunt una ex rebus,
qbus procedit, & trāsit Medicus ad
Medicinā: sicut ī rebus, q̄ artificialiter fiunt. qđ est, quia nomen maioris

A ioris potestatis earũ deriuat egressa,
q̃ siũt artificialiter in pmutatiõe ip
sarũ à re, à qua fit pmutatio, & fit at
tributũ rei, ad quã permutat. & hoc
est cõtrariũ reb' naturalibus: hoc ẽ,
quia solum fiunt p naturã. Et eã m
modũ ostẽdi in nobiliori loco isto.
qđ est, quia pmutatio est genus rei,
ad quã permutat virtus: & hæc est
contrariũ plusquã gen' rei ad quã
permutatur. virtus aũt est in eis ma
nifesta, magis q̃ in ea, à qua fit pmu
tatio. Et ppea conuenientius est signa coniungere sanitatis futuræ cũ
signis ægritudinis præsentis: quia
B Medicus transit ab illis ad sanitatẽ,
& appellant illi eã sitas medicina,
& nõ sanitas. Et adhuc quamuis ip
sa sint sanitatis signa, sunt aliquo
mõ partes ægritudinis: eo q̃ significãt super remotionẽ ægritudinis.
Sanitatis definitio. Et ego incipio narrare signa signifi
cantia super sanitatẽ. & dico q̃ sani
tas, sicut dictum est in definitiõe ip
sius, est bona habitudo in mẽbro, p
quam habet pati, aut agere suam
actionẽ, aut passionem naturalem.
Et hæc bona habitudo diuisa est in
duas partes: quarum vna est appro
priata membris consimilibus, in q-
C bus sunt nouem cõplexiones: alia
officialibus membris, quæ est quatuor generũ, q̃ superius dicta sunt.
Et quia pars maior istius dispositio
nis in membris non est manifesta
prima fronte, & maxime in mẽbris
non apparentibus, ob hoc necesse
fuit narrare signa significantia sup
quamlibet dispositionẽ cuiuslibet
membri, videlicet nouem complexiones, quę primo sunt in consimilibus, & secundario cõpositis. Et similiter narrabimus signa, quę signi
ficant super temperatam comple-

xionem, & nõ temperatam, & sani- D
tatẽ appropriatã membris officiali
bus. & via, qua poterimus oĩa hæc
cognoscere primo, non est nisi ab
actione & à passione horũ mẽbrorum, aut rebus, quæ proueniunt à
virtutibus ipsorum. Quod est, quia
actiones, & passiões ipsorum, & res,
quæ ab eis proueniunt, sunt apud
nos notiores: & à rebus notioribus
pcedere debemus ad minus nota.
& res prouenientes ab operibus sunt
sicut calor, macies, pinguedo, & acci
dentia, q̃ apparent ab excrementibus à
corpore. Et debet scire q̃ Medici p
maiori parte non sunt vsi loqui, ni- E
si de signis significantibus super sanitatem membrorũ consimilium,
sed de signis significantibus super
sanitatem membrorũ officialium
nõ sunt locuti nisi per accidens. Sed
tales quales sumus, volumus loqui
de vtrisq;. & incipiemus loqui à signis significantibus super cõplexio
nem æqualem, i. temperatã: quia
prior est natura: & ẽt quia extrema
non cognoscunt, nisi p cõparationẽ eorum ad media. Et dicimus q̃
ex nouem cõplexionibus, quædam ap
propriatur vnicuiq; mẽbro, & quadam, q̃ appropriatur vni corpori cõ F
positione mẽbrorũ adinuicẽ. Et ce-
piendũ primo, signa significantia
cõplexionẽ vniuscuiusq; mẽbri in
nouem cõplexionibus: & cognitis
illis poterimus iudicare super cõm-
plexionẽ toti' corporis, & maxime
membrorũ principalium. & incipie
mus narrare cõplexionẽ cordis: q̃a
eor est mẽbrũ, cuius complexio cõmunicat mẽbris omnibus. quia q̃ñ
hoc membrum est temperatũ, sunt
membra pro maiori parte tempera
ta in caliditate: quia est dans om-

G omnibus mẽbris cõplexionis, quæ agũt & patiuntur. Et adhuc, quñ erit complexio aliorũ membrorũ distẽperata, sicut complexio hepatis, possibile est complexionẽ cordis non esse temperatam pp colligãtiam ipsius ad membra. & pp hoc narrabimus signa cordis, quñ sunt temperata, & intemperata: eo q illa sunt signa omnium membrorum.

De signis complexionum, & sanitatis Cordis. Cap. 2.

Primum signum. H ET inter signa significantia sup complexionem cordis, signum, quod proprium est in significando super cõplexionẽ cordis, est pulsus: & post illum anhelitus. Ergo quando pulsus nõ est magnus, neq; paruus, neq; tardus, neq; velox, neq; rarus, neq; spissus, necessario significat temperantiã complexionis cordis inter calidũ & frigidum, & siccũ, & humidũ. & talis pulsus, qualis est iste, reperit in his qui nascuntur, & stant in climate temperato vt plurimum: sicut in terra Hippocratis, & in plurib^9 terris Græciæ: nisi eueniant accidẽtia extrinseca. & ppea dicit Gale. q homines terrarum calidarum non põt dare nobis temperatam complexionẽ. I Et nõ est dicẽdũ, q pulsus fortis sit naturalis: eo q in aliis, quamuis non sint tẽperata, plurimũ inueniatur in climatibus non temperatis: sicut non dicendũ, q color niger in homine sit naturalis, quãuis non inueniatur in Secundũ. Aethiopia ẽ albus. Et temperantia anhelitus similiter significat super temperatã complexionẽ cordis: sed uo vt comparatio anhelitus ad cor, non sit maior debito. q si hoc esset, nõ solum esset tunc anhelitus tem-

peratus, proportionãdo cordi solũ, K sed esset adhuc maior. quia non est impossibile complexionem cordis esse calidam, & q pectus & pulmo sint maiores debito, comparatione ad ipsum cor, vt faciat tunc anhelitus, qui non est magnus nisi pp largitatẽ viarũ pectoris & pulmonis, & illud idẽ, qd facit anhelitus magnus per se: eo q si pulmo & pectus essent fm comparationẽ creationis cordis, tunc pulmo & pectus multiplicarentur in caliditate cordis. Sed Tertium signum, qd significat super complexionẽ cordis pp dispositionem aliorum mẽbrorũ, est, vt sit pectus me- L diocre inter magnitudinẽ & paruitatem. Et sicut temperantiã suæ complexionis significant, significãtia signa temperantiã complexionis hepatis, aut temperantiã cerebri, aut vtrunq;. Et hoc iõ, quia in hepate, & cerebro nõ est calor, qui sit proprius in eorũ esse: nisi calor partiũ cõsimiliũ, in quibus sunt composita. Sed calor, cũ quo vnusquisq; operatur actiones suas, est de necessitate calor, qui venit eis à corde: & iste calor est in eis sicut forma, sed calor, qui est in eis proprie, est sicut mate- M ria. Et quia temperantia rei, & perfectio suæ operationis non stat nisi pp formam, est necessarium, vt qñ ista duo membra sunt temperata, sit eorum temperantia pp formam ipsorum: & temperantia suarũ formarum est necessario pp temperantiã datoris istarũ formarũ: & illud est cor. Et non est dicendũ, q possibile sit, q calor cordis qui mittitur, mittat eis caliditatẽ superfluã: & q cõplexio illorũ duorum membrorũ, veniens ad eam à partibus consimilibus hepatis, & cerebro, resistat calo

A ri, qui prouenire: a temperantia cordis, vt per istam contrarietatem resultet in cerebro & hepate temperantia cõplexionis, quia talis temperantia, qualis est hęc, dicitur ęquiuoce, & non veraciter, vt faciat operationes. Itẽ

Quartum signum.

significat super cõplexionẽ cordis, tactus, & carnositas pectoris, nam si temperata est, significat tẽperantiã complexionis cordis. Sed tẽperantia carnis pro maiori parte sequitur tẽperantiam complexionis cordis: & propria caro existẽs in hoc loco. & pp hoc caro habẽs temperatã complexionẽ cordis, non erit macilenta,

B nec pinguis superflue. Itẽ significat

Quintum

super tẽperantiã cordis tẽperãtia virtutum animę: securitas, planicies: * manifesta ea confidentia, & pusillanimitas, & similia his. Itẽ sup temperantiã cordis significat cõpositio

*a. l. mamiaca.

Sextum.

ipsius, hoc est in positiõe sua, & sua mensura, & figura qd est, quia quãdo sua cõplexio erit tẽperata, sunt res prędictę vt plurimũ sm viã na-

Septimum.

turalem. Et similiter qñ suę operationes sunt conuenientes suę cõplexioni, significant super suã temperantiam. qd est, quia non est impossibile esse aliquẽ pulsum velocem pro-

C pter strictura suarũ arteriarũ, cũ nõ sit hoc pp calorem ipsius: sicut accidit hominibus pinguibus. Et vlterius difficile est dare signa significantia super compositionem membrorũ intrinsecorum, & super species eorũ, & super colligãtiã eorum. ppea reliquerunt Medici hanc speciẽ latitans, & non sunt locuti de ea, & p cesserunt solum de signis cõplexionalibus. sed medico non sunt hęc multũ necessaria illis. & ppea volumus loqui de hac specie breuiter, sicut sumus consueti. Et dicimus q

D in rebus significantibus super temperatam complexionem cordis, & equalem, est temperantia compositionis membrorum extrinsecorũ, & maxime pectoris, & membrorum propinquorum eidem, & bona proportio cuiuslibet istorũ membrorũ ad alia. & hęc vocatur pulchritudo: quia pulchritudo magis attribuit compositioni, sicut virtus, & fortitudo magis attribuitur complexioni. Et nos non dicimus q temperantia compositionis istorum membrorum significet super temperantiam cordis, nisi propterea quia vir-

E tus informatiua nõ format alia mẽbra, nisi mediante calore cordis: sicut virtus nutritiua non facit suas operationes, nisi mediante complexione sua. Et tu debes scire q hęc significatio non conuertitur: quia possibile esset cor esse temperatę cõplexionis, & bonę compositionis, & tamen compositio aliquorũ mẽbrorum esset lęsa. & hoc prouenit a materia. Et hoc raro cõtingit. sicut raro cõtingit ex alijs rebus nocituris, quę proueniunt ab alijs membris; * & sic cõuertuntur, & corrumpuntur complexione cordis propter aliquam colligantiam. Sed signa significantia super distemperantiam cordis in quatuor qualitatibus sunt cõtraria illis. Hoc est, qñ pulsus fuerit fortis, velox, altus spissus, significat excessum caloris: nisi contingeret propter stricturã naturalem in ipsa arteriarum: quamuis hoc raro accidat in complexione calida: propterea quia natura caloris est aperire & extendere partes, nisi forte hoc esset q resistit egressioni. Et si cum siccitate fuerit durities eius, significat vicinitatem siccitatis. Et si fuerit anhe-

*a. l. q. ista cõuertuntur, & corrumpunt cõplexionẽ cordis.

De signis distemperantia.

G nibus mẽbris cõplexiõis, quæ agũt & patiuntur. Et adhuc, qñ erit complexio aliorũ membrorũ distẽperata, sicut complexio hepatis, possibile est complexionẽ cordis non esse temperatam pp colligãtiam ipsius ad membra. & pp hoc narrabimus signa cordis, qñ sunt temperata, & intemperata: eo q illa sunt signa omnium membrorum.

De signis complexionum, & sanitatis Cordis. Cap. 2.

Primum signum. ET inter signa significantia sup complexionem cordis, signum, H quod proprium est in significando super cõplexionẽ cordis, est pulsus: & post illum anhelitus. Ergo quando pulsus nõ est magnus, neq; paruus, neq; tardus, neq; velox, neq; rarus, neq; spissus, necessario significat temperantiã complexionis cordis scđ calidũ & frigidum, & siccũ, & humidũ. & talis pulsus, qualis est iste, reperitũ in his qui nascuntur, & stant in climate temperato vt plurimum: sicut in terra Hippocratis, & in plurib' terris Græciæ: nisi eueniant accidẽtia extrinseca. & ppea dicit Gale. q homines terrarum ca- I lidarum non pñt dare nobis temperatam complexionẽ. Et nõ est dicẽdũ, q pulsus fortis sit naturalis: eo q in aliis, quamuis non sint tẽperata, plurimũ inueniatur in climatibus non temperatis: sicut non dicendũ, q color niger in homine sit naturalis, quãuis non inueniatur in Secundũ. Aethiopia & albus. Et temperantia anhelitus similiter significat super temperatã complexionẽ cordis: saluo vt comparatio anhelitus ad cor, non sit maior debito. q si hoc esset, nõ solum esset tunc anhelitus tem-

peratus, proportionãdo cordi solũ, K sed esset adhuc maior. quia non est impossibile complexionem cordis esse calidam, & q pectus & pulmo sint maiores debito, comparatione ad ipsum cor, vt faciat tunc anhelitus, qui non est magnus nisi pp largitatẽ viarũ pectoris & pulmonis, & illud idẽ, qđ facit anhelitus magnus per se: eo q si pulmo & pectus essent scđm comparationẽ creationis cordis, tunc pulmo & pectus multiplicarentur in caliditate cordis. Sed Tertium signum, qđ significat super complexionẽ cordis pp dispositionem aliorum mẽbrorũ, est, vt sit pectus me- L diocre inter magnitudinẽ & paruitatem. Et sicut temperantiã suæ complexionis significant significantia signa temperantiã complexionis hepatis, aut temperantiã cerebri, aut vtrunq;. Et hoc iđ, quia in hepate, & cerebro nõ est calor, qui sit proprius in eorũ esse: nisi calor paruũ cõsimiliũ, in quibus sunt cõposita. Sed calor, cũ quo vnusquisq; operatur artes suas, est de necessitate calor, qui trãsmittitur eis à corde: & iste calor est ĩ eis sicut forma, sed calor, qui est in eis proprie, est sicut materia. Et quia tẽperantia rei, & perfe- M ctio suæ operationis non stat nisi pp formam, est necessarium, vt qñ ista duo membra sunt temperata, sit eorum temperantia pp formam ipsorum: & temperantia suarũ formarum est necessario pp temperantiã datoris istarũ formarũ: & istud est cor. Et non est dicendũ, q possibile sit, q calor cordis qui mittitur, mittat eis caliditatẽ superfluã: & q cõplexio istorũ duorum membrorũ, veniens ad eam à partibus consimilibus hepati, & cerebro, resistat calo-

A ri, qui prouenit et à temperãtia cordis, vt per istã contrarietatẽ resultet in cerebro & hepate temperantia cõplexionis quia talis tẽperantia, qualis est hęc, dicitur ęquiuoce, & non veraciter, vt faciat operationes. Itẽ

Quartum signum. significat super cõplexionẽ cordis, tactus, & carnositas pectoris. nam si temperata est, significat tẽperantiã complexionis cordis. Sed tẽperãtia carnis pro maiori parte sequitur tẽperantiam complexionis cordis: & propria caro existẽs in hoc loco. & pp hoc caro habẽs temperatã complexionẽ cordis, non erit macilenta,

B nec pinguis superflue. Itẽ significat

Quintum. super tẽperãtiã cordis tẽperãtia virtutum animę: sicut ira, planicies:

*a. l. maniaca. * manifesta cu confidentia, & pusil

Sextum. lanimitas, & similia his. Itẽ sup temperantiã cordis significat cõpositio ipsius, hoc est in positiõe sua, & sua mensura, & figura. qd est, quia quãdo sua cõplexio erit tẽperata, sunt res predictę vt plurimũ fm viã na-

Septimum. turalem. Et similiter qñ suę operationes sunt conuenientes suę cõplexioni, significant super suã temperãtiam. qd est, quia non est impossibile esse aliquẽ pulsum velocem pro-

C pter strictura suarũ arteriarũ, cũ nõ sit hoc pp calorem ipsius sicut accidit hominibus pinguibus. Et vltter difficile est dare signa significantia super compositionem membrorũ intrinsecorum, & super species eorũ, & super colligãtiã eorum. ppea reliquerunt Medici hanc speciẽ sanitatis, & non sunt locuti de ea, & pcesserunt solum de signis cõplexionalibus. sed medico non sunt hæc minus necessaria illis. & ppea volumus loqui de hac specie breuiter, sicut sumus consueti. Et dicimus q

D ex rebus significantibus super temperatam complexionem cordis, & equalem, est temperantia compositionis membrorum extrinsecorũ, & maxime pectoris, & membrorum propinquorum eidem. & bona proportio cuiuslibet istorũ membrorũ ad alia. & hęc vocatur pulchritudo. quia pulchritudo magis attribuit compositioni, sicut virtus, & fortitudo magis attribuitur complexioni. Et nos non dicimus q temperantia compositionis istorum mẽbrorum significet super temperantiam cordis, nisi propterea quia vir-

E tus informatiua nõ format alia mẽbra, nisi medi ante calore cordis: sicut virtus nutritiua non facit suas operationes, nisi mediante complexione sua. Et tu debes scire q hæc significatio non conuertitur: quia possibile esset cor esse temperatę cõplexionis, & bonæ compositionis, & tamen compositio aliquorũ mẽbrorum esset lęsa. & hoc prouenit à materia. Et hoc raro cõtingit. sicut raro cõtingit ex aliis rebus nociuis, quæ proueniunt ab aliis membris:

*a. l. q. illa cõuertuntur, & corrumpuntur complexione cordis. * & ille cõuertuntur, & corrumpuntur complexione cordis propter aliquam colligantiam. Sed signa si-

De signis distẽperantię. gnificantia super distemperantiam cordis I quatuor qualitatibus sunt cõtraria illis. Hoc est, qñ pulsus fuerit fortis, velox, aut spissus, significat excessum caloris: nisi contingeret propter stricturã naturalem in vijs arteriarum: quamuis hoc raro accidat in complexione calida: propterea quia natura caloris est aperire & extendere partes, nisi fuerit siccitas q resistit egressioni. Et si cum siccitate fuerit duricies tactus, significat vltimitatem siccitatis. Et siit anhe-

G situs contrarius naturali significat super idẽ: dummodo non sint pectus, pulmo, aut eorũ viæ minores cõpetentibus. Itẽ ortus pilorum, & tactus calidus habent super eandẽ cõplexionẽ significare. Et vt scias q̃ ad calorem cordis sequitur calor omnium membrorum: excepto q̃ non sit resistẽtia accidentalis à mẽbris habentibus dominantiã in corpore, sicut sunt hepar, & cerebrum. quia possẽ est, q̃ cõplexio istorũ duorum membrorũ ex parte mẽbrorũ consimilium, ex quibus sunt cõposita, sint frigidiora debito: & tunc H erit cor calidũ, & cerebrũ dicet̃ frigidum. Sed in homine habente talem complexionẽ refrigetabitur in fine cor: & maxime q̃n dominatur frigiditas: quia hoc mẽbrũ non est datum nisi ad tẽperandum caliditatẽ cordis. Item significant super caliditatem & siccitatem cordis accidentia animæ: sicut ira: ita q̃ qui cito irascitur, habet complexionẽ calidam cordis: & si seruauerit, habet ẽt siccam. Et similiter significat siccitatem cordis macies pectoris, et siccitas corporis. Sed cõplexio cordis dominans in caliditate & humi- I ditate significatur à fortitudine cordis, & mollicie pulsus. Et si habuerit molliciem cum sua fortitudine, significat solam humiditatẽ. Et similiter signa caliditatis & humiditatis cordis sunt magnitudo pectoris, & aliorum mẽbrorũ. & ideo animalia, quæ sunt calida & humida sunt maioris cordis cæterorum: velut animalia nascentia in locis humidis. Sed signa frigiditatis & siccitatis cordis, sunt composita ex oppositis signorũ caliditatis: tñ seruant signa siccitatis. Et ꝓpter pulsus talium ẽ paruus, rarus, tardus, durus: K & anhelitus eorum est similis: & tactus pectorum eorum est frigidus. Et similiter est in complexione aliorum membrorum ipsorum: nisi sit in eis resistentia accidentalis. Et pectus istorum est nudum pilis. Et illi sunt in vltima timiditate. Et vniuersaliter ipsorum iuuentus assimilatur ſm plus senectuti: & si perueniunt ad senectutem, senectus eorum assimilatur morti.

De signis complexionum, & sanitatis Cerebri. Cap. 3.

L ET postq̃ locuti sumus super sanitatem cordis appropriatam membris consimilibus, & super sanitatem appropriatam mẽbris officialibus, deinceps volum' loqui de signis significantibus super tẽperantiã, & sanitatem cerebri. Et dicemus q̃ tẽperãtia debet recipi in cerebro, sicut in alijs membris: hoc est, vt sit appropriata suis membris consimilibus, aut suæ cõpositioni. Et incipiemus à temperãtia, & dicemus q̃ signorum, quę significant super temperatam cõplexionem cerebri, q̃dã M sumuntur ab operationibus. & operatiões ipsius aut appropriatæ sunt sensui communi, aut imaginationi, aut cogitationi, aut memoriæ; aut virtuti nutritiuæ. hoc est, quod apparet ex superfluitatibus, q̃ egrediuntur à naribus, palato, oculis, & similibus. Et quædam sumuntur ab alijs, sicut à tactu, & ortu capillorum, & ab eorum forma, & superfluitatibus, quæ ab ipso ægrediuntur: ita q̃ si sint temperatæ in quantitate & qualitate, significant super temperantiam ipsius.

Et

A Et similiter quãdo operationes somni & vigiliarum sunt temperatę, & q̃ sit mediocritas inter pigritiam & velocitatem, & iudicia sua sunt recta, & sensus sunt clari & boni, & tactus sit temperatus, ita vt non sit calidus, vel frigidus. Et capilli qui oriuntur, non sunt omnino extensi seu plani, vel tortuosi seu crispi, albi, vel nigri. Et demonstratio suę formę est vt sit figura eius similis figurę cerebri temperati: & tunc significatur super temperantiam complexionis. & significatio temperantię suę figurę est, sicut dicit Galenus, q̃ sit sicut figura sphærica ceres, leuiter ab
B vtraq; parte pressa, & vt non sit magnum vel paruum. Et q̃ superfluitates discurrentes a cerebro sunt paucę, & competenter digestę. & si fuerit cum hoc aliqua spissitudo, signũ est siccitatis. & si fuerint multę & digestę, significant super caliditatem & humiditatem. & si cum hoc fuerint crudę, & in quantitate multa, significant super frigiditatem, & si cum hoc fuerint aquosę, significant super frigiditatem & humiditatẽ. Et dicit Hippocra. de hac complexione, q̃ eius sanitas est propinquior ęgritudini q̃ sanitati. Sed operatio-
C nes cerebri calidi sunt vigilię, & breuitas somni. Sed si caliditati associabitur aliquantula humiditas, tunc tales in somno aliquantulum augmentabuntur. & si siccitas dominabitur, dominabuntur vigilię. Et qui hanc habent complexionem, veloces erunt ad actiones & actiones suas faciunt sine discretione: & accipiunt ex membris solum similitudinem, & non diuisionem. & errores eorum sunt multi, & cogitationes eorum malę. Et qui habent signa

D contraria istis, & sunt dormitores, & pigri, & tardi intellectus, & non possunt recipere diuisiones rerum. necessario tales frigidę complexionis sunt. tamen & ipsi assumunt prędictas res confuse. Sed complexio cerebri frigida & sicca abundat min' in somno, q̃ frigida sola. Et frigida sola minoris est somni q̃ frigida & humida. Et tactus etiam significat super istas complexiones. Et capilli etiam habent significationes: eo q̃ capilli sunt ex superfluitate fumosa. Quare, capilli nigri significãt super adustionem: eo q̃ igneitas hẽt album denigrare. Et si cum hoc fuerint
E tortuosi, significant super hoc siccitatem: sicut accidit eis, quando tanguntur ab igne. Et capilli albi significant super materiam crudam & indigestam. & si cum hoc fuerint extensi & plani, significant super superfluitatem humiditatis. Et eodẽ modo capilli, qui cito oriuntur, significant super caliditatem: & qui tarde, econtra. Et qui sunt mediocres in colore, & tortuositate, & in planicie, & in ortu veloci, & tardo significãt super complexionem temperatam. Et forma tortuosa etiam habet significare super malam complexionem.
F Et etiam caput magnum, vel paruũ habet significare hoc. Et ista sępe inueniuntur in libris spicatorum & ego nõ recordor omnia eorum verba, nisi quorundã, ad hoc vt noster intellectus non sit diminutus in radicibus rerum. & illi, qui solum sunt Medici, indigent illis: & ego nõ sum ex illis. Item oculus significat forti significatione super complexionem cerebri: quia oculus rubeus habens venas rubeas, significat super complexionem cerebri calidam: &

si-

G signa contraria istis significant sup complexionem frigidam cerebri. Et velocitas motus oculorum significat super caliditatem cerebri, sicut tarditas super frigiditatem, & mediocritas in istis significat super temperantiam. Et subalbedo oculi significat frigiditatem cerebri, sicut nigredo significat caliditatem, & color medius inter subalbedinem & nigredinem, qui dicitur vari', significat temperantiam. Et hoc est, quia subalbedo fit propter paucitatē digestiōis. ob hoc iste color est propinquus colori aquæ simpliciter. Et ni-
H gredo fit propter excessum decoctionis. propter hoc dominatur in ipso nigredo: quia nigredo significat adustionem partium terrestrium dominantium in re. Et quod facit varietatem, quæ est color mediocris, est vltima temperantia decoctiōis. quod est, quia est minor q̄ illa, quæ facit nigredinem: & est maior quā illa, quæ facit subalbedinem. Et scias quòd non solum causæ qualitatiuæ faciunt nigredinem, aut subalbedinem: sed & aliæ res sunt multæ, quæ adiuuant ad hos colores faciendos, quæ non sunt qualitates, vel
I complexiones, sed sunt res quantitatiuæ, vel locales. quod est, quia nigredo pluries fit propter multam quātitatem humiditatis oculi: aut quia posita est in profundo multum: sicut tu vides in riuis profundis. quia propter profunditatem apparent velut nigri: eo q̄ non recipiunt tantum splendorem, sicut si essent largi & pauci. Et oculus subalbidus est secundum contrarium. *Et Galenus dicit, q̄ multa humiditas glacialis adiuuat ad faciendum subalbedinem: eo quòd color illius humoris est sicut color glaciei. & ideo multi-
K tudo ipsius adiuuat ad faciendum subalbedinem: sicut paucitas adiuuat ad faciendum nigredinem, & hoc est contrarium nostræ opinioni: & mediocritas omnium significat temperantiam. Ista sunt signa significantia super complexionem cerebri. Sed signa significantia super ipsius compositionem similiter sumuntur a complexione, & operationibus ipsius. Et iam diximus de figura naturali, quam habere debet. & colligantia sua apparet visui: quia quędam capita habent col-
L lum conueniens eidem, & quędam non: sicut dicit Galenus. Sed largitas, & strictura suarum viarum, & suarum concauitatum sumuntur ab ipsius complexione, quod est, quia vię cerebri calidi & humidi sunt in vltimitate largitatis: frigidi vero & sicci secundum contrarium ipsius: & mediocres istarum significant super calidum & siccum, vel super frigidum & humidum: & sua temperata compositio cognoscitur, quando suæ vię & suæ concauitates sunt in vltima temperantia. Et quando
M viæ & concauitates cerebri sunt nimis strictæ, tunc habens eas paratus est vertigini, & scotomiæ, & epilepsię, & alijs ęgritudinibus similibus. Item, quando substantia cerebri est minor debita, tunc accidet intellectui corruptio intellectus, & stultitia, sicut decrepitis. & vniuersaliter, quando corrumpitur olla cerebri exterius, corrumpitur cerebrum interius.

Nigredo fit ppter multitudinem humiditatis oculi, vel pfundationem eius. Idē 1. m. Cātic. tr. 52. & 5. de Gñone aīaliū ca 5. in paraphrasi.

*In lib. Artiū paruæ. c. 17. Idē Aui. tertia tertij tr. 1. c. 14. Vnde nostra est contrarietas. Gale. vult paruitatē crystallinæ operari nigredinē: Auerr. vero albedinem.

De

A *De signis complexionum, & sanitatis hepatis. Cap. 4.*

DEinceps volumus loqui de signis significantibus temperantiam, & sanitatem hepatis. Et dicemus quòd quædam eorum significant super temperantiam suæ complexionis, & quædam super temperantiam suæ compositionis. Et ego incipio a signis complexionis. & dico quòd quædam ipsorum sumuntur ab operationibus, & quædam sumunt a quantitate venarum, & a tactu. Et scias quòd hepar temperatum generat B sanguinem purpureum, & dat colorem albedinis mistum cum rubedine. & corpus debet esse medium inter maciem, & grassitiem: & venæ debent esse mediocres inter largitatem, & stricturam. Sed complexio calida hepatis cognoscitur per hoc, quod generant multam choleram rubeam, & maxime in ætate iuuentutis: & color talium declinat ad citrinitatem. & ideo cum augmentatur calor, & siccitas multum, generatur cholera adusta, & tunc declinabit color ad fuscedinem. & quibusdam denigrantur palpebræ inferiores oculorum, C & labia etiam inferiora. Sed hepar frigidum cognoscitur, quia generat multum phlegma, & sanguinem crudum, & aliquando ex fortitudine albedinis conuertitur in calcem. & si cum hoc coniungitur siccitas, tunc generabitur cholera nigra non naturalis. Et complexio humida hepatis cognoscitur a multa præparatione putrefactionis, & dominatione humiditatis, & sanguinis. & si multum, excedit transit ad hyposarcam. Item venæ largæ significant super hepatis caliditatem: & magis, si cum hoc adiungitur humiditas. D & strictæ significant contrarium, in calido vero & sicco hepate est mediocris. Item significat pilositas super complexionem hepatis, quod est, quando hypocundria sunt multum pilosa, caliditatem significant. Adhuc diuersificatur hęc significatio secundum diuersitatem pilorum, quia, si sunt grossi, tortuosi, & nigri, significant super caliditatem & siccitatem: & si sunt subtiles, & plani, significant super humiditatem. Et si venter sit nudus pilis, significat frigiditatem: & si sit mollis venter, significat humiditatem: & si sit durus, E significat super siccitatem. Et signa significantia super suam compositionem similiter sumuntur a complexione, & operationibus, quia quando erunt temperatæ, erit hepar temperatum in figura, & positione, & quantitate magnitudinis & paruitatis, & strictura, & largitate venarum. & complexio calida & humida significat fortitudinem hepatis, & largitatem venarum: sicut frigiditas & siccitas significat contrarium: & mediocritas earum significat mediocritatem inter calidam & humidam, frigidam & siccam. Et debes scire quòd complexiones F significantes super complexiones istorum membrorum, sunt complexiones innatę, quæ fiunt a prima essentia. Et hoc dico: quia inueniuntur complexiones acquisitæ calidæ & frigidę a consuetudine, & vsu a rebus extrinsecis. Et simile est huic, quia inuenitur aliquis habens colorem significantem super frigiditatem, & signa significantia complexionem sui hepatis significabunt caliditatem, hoc est, quia habebit venas latas, tunc debemus iudicare quòd complexio sua naturalis est diuersa

ab

G ab accidentali. & quando erit contrarium, debemus iudicare contrarium: hoc est, quia complexio sui hepatis erit frigida & sicca, & habitudo sua erit grossa & pinguis, & grossities significat caliditatem & humiditatem, & strictura venarum frigiditatem, & siccitatem. Sed significatio compositionis sumpta ab operationib^9^ est hec: quia hepati illius, qui habet venas strictas, eueniet oppilatio, ipso non vtente cibis oppilatiuis. Item quando hepar erit paruum comparatum stomacho, & non superuenerit aliquod accidens, necessarium erit vt

H habeat mollem ventrem. nam hæc est perfecta significatio super paruitatem hepatis. quod est, quia quando hepar est paruum, non potest attrahere chylum a stomacho, & tunc oportet vt exeant superfluitates molles. Et homo, quem tu scis dicit q breuitas digitorum significat paruitatem hepatis. & hic apparet q nesciuit bene, vbi esset virtus informatiua, & non consyderauit nisi in materiebus, & dimittamus istud cum alijs. Dicit Aristo. q hepar in quibusdam hominibus inuenitur in latere sinistro, & splen in latere dextro: & quando superueniunt illis

I ægritudines hepatis, apparent signa in latere sinistro. Ista sunt signa significantia super complexionem, & sanitatem membrorum principalium.

Secta primi Doct. tertia. c. primo, & 14. tertij. tr. 1. ca. 3. Primo de Natura animalium

De signis complexionum, & sanitatis pulmonis, Cap. 5.

Deinceps volumus loqui de signis significantibus super complexionem, & sanitatem membrorum seruientium illis. Et incipiem^9^ a pulmone. & dicemus q complexio pulmonis erit temperata tunc, quando erit anhelitus temperatus in magnitudine paruitate, & non recipiet

K læsionem ab aere calido, aut frigido: & vox sit temperata inter fortitudinem & debilitatem. Sed quando pulmo erit calidus, anhelitus erit magnus, & lædetur ab aere calido, & iuuabitur a frigido. & habens talem pulmonem habebit vocem fortem: & contrarium operabitur contrarium. Et pulmo siccus cognoscitur ex parte vocis claritatis, & ex paruitate sputi. Et pulmo humidus contraria habet signa pulmoni sicco, scilicet grossitudinem vocis, & sputi multitudinem. Sed compositio habetur a

L complexione, & operationibus similiter: eo quod complexio temperata de necessitate habet compositionem temperatam, scilicet inter paruitatem & magnitudinem, & inter amplitudinem & stricturam viarum: & quando erit calida, erunt viæ largæ. Et latitudo pectoris significat super latitudinem viarum: sicut dictum est in alijs. quia diximus, quod fortitudo vocis sequitur largitatem viarum: & largitas significat caliditatem complexionis. & causa est, quia fortitudo vocis necessario significat caliditatem. Sed comple-

M xio frigida significat stricturam viarum, & debilitatem: & maxime si huic coniungatur siccitas. Velocitas vero anhelitus significat paruitatem pulmonis, & stricturam suarum viarum, nisi complexio cordis sit in causa. Pectus autem spinosum significat malam pulmonis positionem. & propterea dicunt Medici, quod plurimi talium veniunt ad vlcerationem pulmonis, & ad hecticam.

De

A

De signis complexionum, & sanitatis Stomachi.

Cap. 6.

DEinceps volumus loqui de signis significantibus super cōplexionem stomachi. Et dicimus q ipsa cognoscitur a suis operationibus: eo q stomacho temperato conuenit maior ciborum pars, nisi nimis modum excedant naturę. & nō accidunt eidem accidentia, quę eueniunt stomacho distemperato: & suus appetitus est naturalis. Et in stomacho calido subtiles cibi conuertuntur in fumum, & eidem grossi conueniunt, & suus appetitus est diminutus. B Sed in stomacho frigido signa sunt contraria prędictis: eo quia, ei conueniunt cibaria subtilia, & grossa in acetositatem conuertuntur in eo, & eius appetitus est excedens. Et stomachus siccus cognoscitur propter multam sitim, & eidem paucus sufficit potus: & quando nimium recipit potum, & tunc in eo fiunt fluctuationes. Sed humidus significatur a pauca siti: & desyderat talis stomachus humida, sicut stomachus siccus desyderat res siccas, C & hoc est, quando humiditas, & siccitas inest per naturam. sed si inest accidentaliter, hoc fit per contrarium: eo quòd qui habet stomachū siccum, appetit humida: & qui habet humidum, appetit sicca. Sed æqualis stomachus in paruitate, & magnitudine cognoscitur, eo quòd tolerat quantitatem cibi conueniētis. & si paruus fuerit, noscitur ex tolerantia pauci cibi: & si partitur cibus in paucas partes, melius tolerat. Et stomachus magnus tolerat cōtrarium.

D

De signis complexionum, & sanitatis Testiculorum.

Cap. 7

SIgna temperantię, & sanitatis testiculorum sumuntur ab operationibus ipsorū, & ab accidētibus. Et dicimus q, qui est temperatus in coitu, naturaliter hēt temperantiam cōplexionis testiculorum. Et si multum affectat, naturaliter hēt calidam cōplexionem testiculorum. Et si cum hoc desyderio coniungitur sufficientia in faciendo, significat humiditatem coniunctam isti caliditati. Et quidam dicunt q, quando complexio testiculorum est calida, q tunc E est generatrix masculorum plus q̄ fœminarum. & qn̄ complexio istorum est frigida, tunc operatur contrarium, s. quia piger erit in coitu, & generabit filias, si cum frigiditate coniungatur siccitas, quasi priuatur ab hac operatione. Sed qui appetitū habet magnum, & debilis existit in tali operatione, eius complexio ad siccitatem pertinere videtur. Sed significatio complexionis horū membrorum ex parte accidētium apparentium in spermate est, quia in temperata complexione ipsorum est sperma temperatum in quantitate, & F qualitate. Sed si testiculi fuerint calidiores debito, erit sperma plus in quantitate, & spissius conueniens. Et qn̄ complexio eorum erit frigida, erit contrarium huius: hoc est, quia sperma erit paucum, & non coctum. Et humiditas magis conuenit huic operationi quàm siccitas. Et pili etiā significāt super complexionem horum membrorum, secundum q significant super alias cōplexiones, vt dictū est supra.

De

G *De ſignis complexionum, & ſanitatis totius Corporis.*

Cap. 8.

ISta ſunt ſigna ſignificãtia ſuper
complexionem vniuſcuiuſq; mẽ
brorum principalium, & ſeruientiũ
eis. Et cognoſcendo iſta, & compara
tionem vnius ad alterum faciendo,
cognoſcemus totius corporis complexionem temperatam & diſtem-
peratam. Eo ꝙ corpus, cuius cõplexio erit temperata, erit de neceſſitate mediocre inter maciem & graſſi-
tiem. & color erit albus mixtus ru-
bedini. & capilli eorũ ſunt flaui ten
H dẽtes ad rubedinem in tempore ſuę
pueritiæ: & cum ſunt facti iuuenes
erunt capilli eorum nigri. & tactus
temperatus inter caliditatem & frigiditatem, & inter aſperitatem & le
nitatem. & ſenſus eorum erit in vlti
mo temperantiæ. & intellectus eorum mediocris inter velocem & tar
dum. & hæc eſt via cognoſcendi cõ
plexionem temperatam. Sed complexionem, quę exit a temperantia,
iudicabimus ſecundum multitudinem ſignorum. quia illa iudicabun
tur ex aggregatione iſtorum ſigno
rum, hoc eſt ab accidentibus, & ope
I rationibus, ſicut a graſſitie & macie, & a colore, pilis, & alijs ſimilib⁹.
Sed eſt ſciendum, ꝙ ſignificatio co
loris pilorum non verificatur ꝓ ma
iori parte niſi in temperatis climati
bus: quãuis in quolibet climate poſ
ſit aliquid comprehendi, comparan
do homines illius climatis ſibiipſis.
Verbi gratia, in Theutonicis, & Aethiopibus, qñ Aethiopes ſunt nigri,
eorum capilli ſunt in tortuoſitate vl
tima, non propter hoc eorum complexio erit calida: immo melius eſt
attribuere hæc ſigna calori extrinſe
co, & dices quaſi ꝙ ſint frigidi. Et K
Theutonici, & Sclaui, qui ſtant in
terris frigidis ſunt albi, & eorum ca
pilli ſunt flaui, & plani. nec propter
hoc dicendum eſt in iſtis, vt eorum
complexio ſit frigida. quod eſt, quia
eorum complexio eſt in vltima cali
ditate. quia calor clauditur in parti
bus intrinſecis eorum corporum, ſi
cut accidit in hyeme. & hoc ſufficit
in ſignis ſanitatis ſecundum intentionem noſtram.

De ſignis ſignificantibus ſuper Aegritudines in generali.

Cap. 9.

DEinceps volumus loqui de ſi- L
gnis ſignificantibus ſuper æ-
gritudines. Et rememoretis ſemper
eorum, quę ſuperius diximus: hoc
eſt, quia intentio mea in hoc libro
non eſt vt multum loquar de rebus
particularibus. quia iſte liber non
fuit factus pro illo, qui eſt ſolũ medicus: ſed vt nõ inueniatur diminutus in radicibus ſcientiæ, ſecut⁹ ſum
etiam de ipſis. Et ſi inuenis hic illd,
quod inuenis in alijs libris, non ob
hoc ipſum deſpicias: quia pluries
cribrat homo modium vnum ſabu
li ad hoc, vt inueniat vnam marga-
ritam. Dicemus ꝙ ſigna ſignifican M
tia ſuper ęgritudinem ſunt gña, quo
rum quędam ſumuntur ab acciden
tibus, quę accidunt poſt diminutio
nem humorum in corpore: & quædam ſumuntur a complexione cor
poris ab eius præparatione ad ſuſci
piendas ęgritudines: & quædam ſumuntur a regimine antecedenti. Et
quatuor tempora anni dant ꝓgno
ſticationem in ęgritudinib⁹ futuris
ſiſt: & maxime permutationes, quę
fiunt in eis præter naturam. Et iſta
ſigna diuerſificant̃ ſm̃ fortitudinẽ
&

A & debilitatem. & ego volo ipsa narrare per ordinem. Iam dixi in his quę præcesserunt, q̄ qñ quãtitas sanguinis crescit in corpore, ita q̄ noceat in quantitate solum, in eo q̄ quantitas est sm̃ dimẽsionem, hęc est nominata repletio sm̃ vasa. & qñ crescit cum malitia qualitatis vt acuatur, aut vt permutetur ad qualitatẽ illius, s. vni᷒ aliorum humorum, aut plurium, hęc nolat̃ rep̃letio sm̃ virtutem: eo q̄ hęc repletio habet euacuare vel euaporare, & dissoluere, & debilitare virtutem, quod est propter malitiã suę qualitatis. Et ppea hoc B sequit̃ casus appetitus, & difficultas motus. Et vl̃r pp hoc debilitant̃, & lędunt̃ oẽs opationes aĩales, & naturales: quod non accidit primæ repletioni. Et signa primæ repletionis sunt signa dominij sanguinis solũ. & signa secundæ repletionis sunt signa dominij vnius trium humorũ, aut plurium. Et propterea debem᷒ enumerare signa significantia sup excessum vniuscuiusq; humorum istorum: & cognoscendo simplicia, cognoscemus composita.

De signis abundantiæ Sanguinis.

Cap. 10

C ET incipiemus a signis significãtibus multitudinem sanguinis, & ab accñtibus, q̄ eueniunt corpori pp illud. Et dicem᷒ q̄ hoc significat fortitudo pulsus, & repletio vasorũ: siue sint venæ, siue arteriæ: & grauitas capitis, & oculorum, & impedimenta virtutum animæ, & sensuũ. Et vl̃r mala dispõ, quę aduenit corpori hæc patienti, assimilat̃ malę dispositioni lassitudinis, quę puenit ex labore extrinseco cum rubedine oculorum, & calore actuali in toto corpore: nisi hõ habuerit exercitiũ D in aere calido, & somnum profundum, & somnia terribilia, & videntia res rubeas. sicut dicit Gale. de illo, qui somniabat balneari in dolio pleno sanguine: quia signa sanguinis in eo erant manifesta. & Galen᷒ præcepit vt phlebotomaretur: sed Medici, qui erant de secta Erasistrati, præceperunt ne phlebotomaret̃, & iniunxerunt ei exercitium. & qñ facere cœpit, humores dissoluti discurrerũt p corp᷒, & mortuus fuit. Itẽ in hora repletiõis sanguinis fluit aliqñ sanguis ex naribus, aut gingiuis. Et Arist. dicit q̄ sanguis cor-E ruptus fluit a narib᷒ & ano, & pustulę quę fiunt in corpore, & vrina spissa, & dulcedo saliuę, & omnia hęc significant superabundantiam sanguinis. Et qui vsus est phlebotomiã sentit pruritum in loco phlebotomãdo, ppea sumunt̃ signa dominij sanguinis a complexione, & regimine ciborum, & potuum, & similiũ, & ab ætate, & tpe anni: tñ hęc signa necessario significant abundãtiam sanguinis quod est, quia aliquando complexio generat sanguinem: & si tempus, & ętas adiuuent, aut nõ. F Et similiter hoc facit regimen absentibus omnibus alijs. & si regimẽ fortius erit in omnibus istis causis, tunc erunt signa significantia dominium sanguinis accidentia, quæ hic sequuntur.

De signis choleræ dominantis.

Cap. 11

SEd signa significantia dominiũ choleræ sunt velocitas pulsus, & disruptio ipsius, & vrina subtilis ignea, & vomitus cholericus, & egestiones mordicatiuæ, & amaritudo oris, sitis fortis, & siccitas linguę

G quæ cum asperitate, & citrinitas coloris, & oculorum: sicut accidit in vitio ictericī. Et si his coniungetur tempus æstiuum, & ætas iuuentutis, & dieta calida & sicca, & multum exercitium, sicut artium calefacientium vt sunt ferrarij, & eorum similes: & tunc debemus sine dubio iudicare q̄ iste humor dominatur multum in corpore

De signis dominij melancholiæ.

Cap. 12

ET signa, quæ significant dominium melancholiæ, sunt nigredo vrinæ, aut rubedo declinans ad
H obscuritatem, aut ad viriditatem. Et aliquando hoc sequitur incendium in stomacho, & habet appetitum caninum & nigredinem coloris, & maxime sub palpebra oculi. & sanguis phlebotomatus est niger, & multū coagulatus. & maior pars talia patientium est splenetica. Et si particularia signa iungantur istis, sine dubio iudicabimus q̄ multum dominabitur in corpore humor talis. Et complexio, quæ magis apta est ad generandum hunc humorem, est complexio frigida & sicca, aut calida & sicca. & propterea raro inueni-
I tur iste humor in corporibus albis, & pinguibus. Et morphea nigra est signum fortissimum istius humoris: & et variolæ nigræ, seu morbilli.

De signis dominij phlegmatis.

Cap. 13

ET signum dominii phlegmatis sunt vrina alba, & vt color corporis sit albus, & pulsus paruus & rarus, & squaliditas totius corporis, & pigritia, & somnus, & tarditas digestionis, pauca sitis cum multo sputo viscoso. Et si cum his iunguntur res particulares, erit sicut dictum est K ante: velut est ætas senectutis, & tempus hyemis, & regimen multæ quietis, & cibaria frigida & humida, & superfluitas comestiōis. Et somnia similiter significant super dominiū istorum humorum. quoniam ille, cui superabundat cholera, somniat videre adustionem ignis: & cui sanguis abundat, somniat videre res rubeas: & cui melancholia, videntur in suis somnijs ea, quæ ipsum terrere faciunt. & qui videt dormiendo maria, & pluuias, & sentit aerem frigidum, vel aquam frigidam, omnia L ista significant abundātiam phlegmatis. Ista sunt significantia super dominium vniuscuiusq; humorū, & vlr super ęgritudines, quæ accidunt propter hos humores. Sed lassitudo, quæ prouenit absq; occasione manifesta antecedente, fit necessario propter dominium istorum humorum, aut plurium. sed lassitudo the tayca, & apostemosa fit ab abundantia sanguinis. sed vlcerosa est ex malitia qualitatis.

De signis prognosticis Aegritudinum futurarum per aerem, & tempora. M

Cap. 14

ET postquam locuti sumus de signis significātibus super dominium humorum, deinceps volum⁹ loqui de dispositionibus, quę fiunt ab aliqua permutatione extra naturali: sicut illæ, quæ fiunt ex aere, quę significant ęgritudines futuras. Et via, qua possumus cognoscere has permutationes est experientia: sed scire ipsas per viam demonstratiuam est difficile, aut impossibile, & propterea in hoc sunt recipienda testimonia Antiquorum, & memorari

A rari eorũ breuiter, quæ dixerunt: & postea conabimur dare causas. Dixit Hippo. ꝙ quã fuerit hyems septẽtrionalis & inaquosa, & ver fuerit meridionale & aquosum, sequunt ex hoc in æstate febres acutæ, ophthalmiæ, & dysenteriæ: maxime vero mulieribus, & humidis natura.

Tertia Aphorismo rũ apho. 11.

Et huius causa ẽ quia si hyems fuerit sicca, generabit humores siccos, & generaliter humores adusti, qui facti fuerint in autumno, non conuertẽtur simili tempore huic ad frigiditatem & humiditatem, sed remanebunt secundum medietatem

B illius, quod superuenit ei in autumno: & postea veniente vere calido & humido, aggregabuntur in corpore humores contrarij adinuicem. veniente postea calore æstiuo, putrefaciet ipsos humores propter humiditatem accidentalem, quam habebunt: & propter actum ipsorum erit calor putredinalis, qui generabitur, nociuor, & acutior. Vnde tunc propter hanc maliciam complexionis fient febres acutæ, & accidet fluxus ventris sanguineus, & ophthalmia. Et hoc accidet plus complexionib⁹

C humidis: quia sunt aptæ citius permutari propter talem aeris dispositionem. Et Hippo. adaptat siccitatẽ vento septentrionali, & humiditatẽ meridionali: eo ꝙ natura istorum duorum ventorum est has duas facere dispositiones. & causam istorũ ostendam in loco nobiliori isto.

Secundo Aphẽ.

Item Hippo. dicit, si in eodem anno post ortum caniculæ fient pluuiæ frigidæ, & venti flauerint septentrionales, tunc fient ægritudines terminabiles, & quietæ. & hoc erit propter temperantiam aeris calidi: quia pluuia aerem refrigerat, & similiter ventus

D septentrio, quamuis sit siccus, & manifestum est ꝙ frigidus aer putrefactionem diminuit. Et vniuersaliter scias ꝙ causa ægritudinũ, quas Hippo. his temporibus fieri dicit, est propter permutationem naturæ aeris. quod est, quia non fuit ordinata diuersitas naturæ temporum, nisi vt humores digerantur, & temperentur. quia humiditas hyemis temperat siccitatem autumni, & caliditas æstatis temperat hyemis frigiditatem. Sed quando hyems fuerit sicca, tunc remanebit humores, sicut

E fuerant prius, & humiditas veris cor non temperabit eo ꝙ ipsa erit humoribus his extranea: quæ omnes non adueniunt tempore competenti, & ob hoc, quando superuenerit eis calor æstiuus sine medio, tunc istæ ægritudines generabuntur. Sed si hyems fuerit humida, & superuenerit calor æstiuus eidem cum medio, & istud medium est calor veris temperatus, & tunc non veniet tempus caloris antequam ipsa humiditas sit consumpta, & corpora receperint defensionem, vt propter calorem non

F permutentur. Et vniuersaliter scias ꝙ quatuor tempora sunt cum quatuor humoribus, sicut cum quatuor elementis, quia si tpa resistũt, vt vnũ elementum aliud non vincat, vel superet, sic resistunt vt vnus humor aliũ nõ vincat. quia nisi esset cõparatio, quam hẽt tps cum quolibet hũore, vnus humor a suo contrario corrũperet. Itẽ Hipp. qñ hyems fuerit calida meridionalis & pluuiosa, & ver septẽtrionale inaquosũ, fiet flux⁹ sanguinis, & ophthalmiæ siccæ, & senibus reumata, epilepsiæ, & paralysis, & apoplexiæ, & pgnãtes abortiẽt. Et eã hui⁹ est, vt in tali dispõne ipsę

Tertia Aphorismo rũ apho. 12.

G ægritudines fiant: quia cerebrum in tali dispositione superflue humectatur: veniente vero vere frigido, cum sui natura habeat humores dissolutos movere, tunc frigiditas resistet suæ complexioni naturali, & tunc humores a frigiditate compressi distillabunt. & ob hoc, istæ ægritudines movebuntur. Et si hyemis dispositio erit similis dispositioni veris prædictæ, aptius, & citius ægritudines istæ fient: quia humores tunc temporis erunt congelati & immobiles, & ipsi tamen non sunt penitus denudati ab humiditate naturali. Et fluxum sanguinis hic intendit Hippo. propter vlcerationem

H intestinorum, quæ fit propter reumata acuta, quæ fiunt ab hac permutatione. Et mulieres non abortiunt isto tempore, nisi quia vulvæ ipsarum tali tempore nimis humectantur, & debilitatur, quæ in eis est virtus retentiva. & poterit esse vt in hac permutatione embrio lædatur, eo quod propter humiditatem debilitatur. Et dixit Hippo. quando æstas erit parum pluviosa, & autumnus calidus multum meridionalis & pluviosus, tunc erunt hyeme fortes dolores capitis, tusses, & raucedines, & in aliquibus fiet phthisis. Et causa huius

Tertia Aphoris. 13.

I est manifesta: eo quod in tali autumno replentur capita multis superfluitatibus; & cum supervenerit hyems, comprimet cerebrum, & stillabunt ab eo superfluitates, nec poterunt digeri: & ob hoc istæ ægritudines fient. nam si remanebunt in capite, facient dolorem prædictum: & si fluxerint ab eo, facient ægritudines supradictas: & si fluxerit ad pulmonem, fiet *tusses. Adhuc dixit quod, si fuerit autumnus septentrionalis & siccus, fiet in complexionibus siccis ophthalmia sicca, febres acutæ, & cardiaca melancolia. quia manifestum est, quod quando

a. l. phthisis.

Tertia Aphoris. 14.

K istud tempus in siccitate fortificatur, faciet ægritudines melancholicas. & febres hæ dictæ sunt ex humore melancholico: quamvis humor ille non sit velocis motus. Item dixit quod ægritudines, quæ fiunt tempore multum pluvioso, pro maiori parte sunt febres longæ, & fluxus ventris, & epilepsia, & apoplexia, & synanchia. Et dixit Hippoc. quod paucitas pluviæ salubrior est corporibus. & causa est, quia superfluis humiditatibus calor naturalis non bene dominatur. Et

Tertia Aphori. 15.

L non est intelligendum ab Hippoc. vt laudet aerem siccum ex toto: quia aer nimis siccus inducet ægritudines eisdem similes. Et propterea dixit alibi, quod quando est privatio pluviæ, fiunt febres acutæ: quia aer temperatus secundum Hippocratem est mediocris inter multam & paucam pluviam. Et tu debes scire quod, aer distemperatus in vna qualitatum, distemperantia superflua generat ægritudines eisdem similes. Sed aer pestilentialis fit corruptione suæ substantiæ. Et hoc accidit sæpe propter multam

M pluviam tempore æstivo, sicut dicit Hippo. quod accidit in civitate Acaon: quia tota æstate fuit fortis pluvia: & propterea accidit habitantibus malas pruritus, & pustulæ maliciosæ: ita quod aliquibus cadebant brachia, & pedes. Item corrumpitur substantia aeris ex vaporibus corruptis mixtis cum eo, sicut a vaporibus resolutis a cadaveribus, & a stagnis, quibus linum maceratur. Et sic fiunt ægritudines pestilentiales a corruptione aeris, & ciborum, sicut accidit tempore famis. Item ægritudines pestilentiales, quæ fiunt a corruptione aeris, cum sunt ægritudines mor-

In Cranone secunda Epidi. vel Thaso, vt in tertio eiusdem.

a-

A tisere: quia aer putrefactus, vel corruptus velocius attingit cor, & propterea accidentia illarum febrium sunt mala propter malitiam anhelitus, quae hoc operatur. & non apparet in illis febribus fortitudo, nec leantur in eis magna lesio manifeste, eo quod mala complexio dominatur in illis communiter in omnibus virtutibus corporis: sed illud, quod facit laesionem manifestam sensibilem, est mala complexio particularis vel diversa. & scias quod non omnis homo egrotat propter permutationem aeris: sed illi, qui ad hoc apti sunt. Et quando tempora anni sequentur eorum
B naturam, quam non erunt causae aegritudinum, quamuis nos videamus contrarium, quia egritudines, quaedam sunt magis propriae vni tempori quam alteri, sicut sunt egritudines, quae fiunt ex humore simili illi tempori: quia sanguineae in vere, cholericae in estate, melancholicae in autumno, phlegmaticae in hyeme: quamuis in vere plures accidunt egritudines melancholicae. & hoc accidit propter motum humorum, & eorum dissolutionem, & ebullitionem: quia in his temporibus adueniunt pluribus omnium similia accidentia, quae adueniunt humiditatibus
C terrae nascentium. Quod dictum est de signis significantibus egritudines ex parte aeris, sufficiat compendiose secundum nostram intentionem loquendo. Sed inueniuntur egritudines paruae, velut accidentia significantia super egritudines magnas futuras: & nos dicemus de aliquibus earum hic, & postea dicemus de signis significantibus super easdem egritudines, & casum earum: quia multum necessarium est in hac arte. Et non expectes, vt dicam tibi res nouas, quae non sunt dictae ab Antiquis.

D *De signis prognosticis Aegritudinum futurarum per egritudines paruas.*

Cap. 15

ET dixerunt quidam quod, dolor extremitatis capitis fixus, qui in Arabico nominatur soda, & hemicrania, quae in Arabico nominatur sethica, perseuerans denunciat decursum aquae ad oculum in fine, aut dilatationem pupillae, quae in Arabico nominatur azabar. Et saltus faciei nominatur hachala: tortura vero nominatur lachota. & spasmus nominatur rasnec: & priuatio motus nominatur eadat, paralysis vero felec. Saltus faciei perseuerans multum denunciat torturam oris.
E saltus vero totius corporis significat spasmum humidum, priuatio motus significat paralysim. Rubedo faciei, oculorum, & venarum, quae sunt in eis, cum fluxu lachrymarum, & fuga a lumine cum forti dolore capitis, denunciant apostema calidum in cerebro. Incubus (thebus dicitur) & vertigo (hahasta nominatur) perseuerans denunciant epilepsiam. epilepsia vero vocatur chisson. Tristitia perseuerans sine causa denuntiat melancholiam. Apparitio corpusculorum, velut muscarum & capillorum ante oculos denuntiat decursum aquae ad oculos:
F nisi hoc accidat a stomacho, proueniat. Reumata continua sine interpolatione faciunt timorem phthisis. Sudor multus perseuerans significat repletionem. Fortis syncopis crebra sine manifesta occasione perseuerans diu, mortem subitam nunciat. Repletionem superfluam habentes timemus ne ad spasmum deueniant. Signum, qui in Arabico nominatur vestadis: & etiam est signum apoplexiae, & subitae mortis. Et stupefactio sensuum, & relaxatio motuum significant apoplexiam. Grauitas lateris dextri circa hypocundria egritudinem he-

G patis significat. Stercus multum tinctum timorem ægritudinis ictericię significat. Squaliditas faciei, & tũor palpebrarum, & digitorum, manuũ & pedum futuram hyposarcam significant. Fœtor stercoris significat super nauseam, quæ in Arabico nominatur tacura. Vrinę fœtor putrefactionem, & febrem nuntiat. Lassitas, & mẽbrorum confractio sine cã manifesta cum casu appetitus febrẽ denuntiat. Vrina vstiua perseuerans vlcerationem in vesica & virga significat. Priuatio appetit* cum syncopi* colicam significat. Grauitas & extensio, quæ est sub ventre & in renibus, significat super ęgritudinem renum. Stercus adustum in orificio ani vlcerationem intestinorum significat. Pruritus in ano perseuerãs hemorrhoidas denuntiat, nisi in intestinis sint vermes nati. Multæ pustulæ in corpore apostema magnũ significant. Multa noda apparentia faciunt timere de nodo magno nominato dubellet. Morphea, & fortis rubedo faciei, & strictura anhelit*, & vocis lęsio lepram significat. Et vniuersaliter dico, q quãdo permutatur aliquid ex consuetis, significat futuram ęgritudinem: sicut est appetitus superfluus, aut diminut*, aut augmentum, vel diminutio in superfluitatibus, vel multus somnus, vel paucus, vel alia accñtia præter ista.

Ex 7a Aph. aphor. 5.

* a.l. colicā vel cholerā.

H

I

De pulsu, & vrina in generali.

Cap. 16

ET postquam locuti sumus de hoc genere signorum sufficiẽter, volumus nunc loqui de signis ipsarum ęgritudinum, quæ significant necessario vnam trium rerum videlicet aut super quiditatẽ ęgritudinum, aut super cãs ipsarum, aut super membrum, in quo est ægritudo. Et multotiens significat super theoriã, quemadmodum de signis ægritudinum, quę sunt in membris interioribus. Sed ægritudines apparẽtes in superficie corporis, non indigent signis, nisi significantibus causas ipsarum, ob hoc, quia illæ patent sensui visus. Et vt scias q signa non sunt aliud, nisi illud quod apparet in actionibus, & passionibus animalibus, & naturalibus, cum accidentibus quę proueniunt ab eis. ppea quã inueniuntur duo genera signorum communicantium pluribus ægritudinibus. Et debemus primo tractare de eis, & postea narrabim* signa vniuscuiusq; ęgritudinis ppria. Et ista duo genera signorum sunt pulsus, & vrina. & significatio pulsus sumitur a communicatione omnium membrorum cum corde. sed vrina sumitur a mensura digestionis hepatis, & venis. & propterea significatio ipsius non est pauca in significãdo ęgritudines membrorum virtutis nutritiuæ. Et incipiendum est a pulsu: quia eius est cognitio melior.

K

L

De pulsu, & de generibus, & speciebus eius. Cap. 17.

M

ET dicimus, q pulsus est compositus ex duob* motibus, hoc est motu dilatationis & motu constrictionis, & ex duabus quietibus, quę sunt inter duos motus, sicut declaratum est. quia inter quoslibet duos motus necessario sunt duę quietes. & etiam quia sapientes huius artis dicũt q ipsi comprehendunt has duas quietes: & maxime quietem, q est post constrictionem. quia quies, quę est post dilatationem, est manifesta etiam illi, qui non est perfect*.

Quies post cõstrictionẽ difficilioris ẽ cognitionis quam quies post dilatationem.

A ppea accñtia, quæ essentialit hoc co
mitant, continent vna istarum, hoc
est aut in motibus, aut in quietib⁹.
Et ppea apparet quod prima genera
pulsuum sunt septem. Vnum est, qđ
sumitur a quantitate dilatationis.
Secundum sumitur a quantitate tẽ
poris motus. Tertium a quantitate
virtutis mouentis. Quartum a tem
pore quietis. Quintum a proportio
ne duorum motuum, & duarum qe
tum. Sextum a permutatione pulsus, & sua assimilatione suæ tempe
riei. Septimum ab ordinatione motus & quietis, & inordinatione. Sed
tria sunt genera, quę consueuerunt
B iungere Medici istis septem. Vnum
est, quod sumitur ab arterijs. Secun
dum a qualitate ipsius arteriæ. Tertium sumitur a dispositione substã
tiæ arterię. Sed ista tria nõ sunt pro
pria in pulsu, inquãtum est pulsus:
quia pulsus, inquantum est pulsus,
non stat nisi per motum, & quietẽ.
Et primo volumus narrare species,
quæ continentur sub vnoquoq; ge
nere, & postea dicemus causas vniuscuiusq; generis, & speciei, quod
est, quia qñ nos cognouerim⁹ eorũ
causas efficientes, tunc poterim⁹ sumere plura signa ęgritudinum: eo
C q ipsæ eædem sunt causæ diuersita
tis pulsuum. Et propterea quando
inuenietur genus, aut species ppriæ
causę, tunc erit signum fixum sup
istud gen⁹, aut speciem ęgritudinis.
Et pulsus, qui fuerit plurium causa
rum, nõ significat super illam ęgritudinem tñ ipsam efficientem,
nisi secum alia significatio adiũga-
tur. Et deinceps volumus incipere
narrare species pulsuum, & subse-
quenter eorum causas assignare, qa
cum sciuerimus eorum causas efficientes, tũc possibile erit q poterim⁹ D
eas signa super ęgritudines: eo q ip
sæ eædem sunt causę efficientes earundem. Et ideo qñ erunt ex eis genus, vel species propriæ causæ, tunc
erit signum continuum super inuẽ
tionem illius speciei ęgritudinis, vel
generis. & qñ erit ei plus vna cã, nõ
significabit super ęgritudinem agẽ
tem, nisi qñ cum eo fuerit significatio alia. V. g. quia pulsus formicans,
qui est in hectica, est accidens conti
nuum super inuentionem illius spe
ciei ęgritudinis. & quando erit vna
causa tantum ex pluribus, nõ signi
ficabit super ęgritudinẽ: vt pulsus E
diuersus, qui non significat super fe
brem putredinis: eo q pulsus diuer
sus est inuentus in febrib⁹ putridis,
& in dolore stomachi. ergo hoc nõ
est signum declarans febrem putre
dinis proprie, nisi ei associetur aliud
signum. & possibile est q aliud signum sit ex speciebus pulsuum, &
q nõ. Et postquam data sunt signa
significantia a Medicis causas pulsuum, tenẽtur determinare pulsum
appropriatum vnicuiq; ęgritudini:
eo q maior pars pulsuum est cõposita, sicut pulsus significans super a-
postemata calida, quia est paruus, F
velox, inordinatus, & variatus multis variationibus. & in hac ęgritudi
ne pulsus ei ppri⁹ est cõposit⁹ semp.
Et qdã pulsuũ sunt, quorũ est signũ
definitiuũ sup aliq̃ ęgritudinem, qñ
associat̃ ei aliđ signũ. v. g. qñ pulsus
inordinat⁹, qñ erit cũ calore manife
sto ĩ corpe, & nõ erit ĩ ore stõchi pũ
ctio aliqua, seu dolor, ẽ signũ certũ
sup febrẽ putridã. Et postq̃ declara
uim⁹ quo ẽ significatio pulsus ꝑnalis, re
dibim⁹ ad numerãdũ spẽs, deinde di
cem⁹ cãs vniuscuiusq;. Et dicam⁹ q

G genus, quod sumitur a quātitate di
latationis, diuiditur in pulsum magnum & paruum & mediocrem, &
in longum breuem & mediocrem,
& in largum strictum & mediocrē,
& in eminentem profundum & me
dium. Et magnitudo est, qn̄ arteria
extenditur superflua dimensione in
omnibus dimensionibus, s. in profū
ditatem, latitudinem, & longitudinem. paruus est contrarius illi. & me
dius mediocritatem horum retinet.
Longus est, qui extenditur in longi
tudinalem dimēsionem plusquam
in latitudinalem vel pfundam: hoc
H est, qui transit quatuor tangentis di
gitos. breuis autem est contrari⁹ hu
ic. sed medius horum mediocritatē
seruat. Largus est ille, qui fm latitu
dinem vltra alias extenditur dimē-
siones. strictus illi est cōtrarius. sed
medius medium tenet. Eminens est
ille, qui in altitudine vltra alias dimensiones extendit. profundus vero est ei contrarius. medius vero me
diocritatem seruat. Et istæ species
ad inuicem componi possunt. sed difficile est hanc compositionem cognoscere tactu. istę sunt species sum
ptæ a genere quantitatis dilatatio-
I nis. Sed genus, quod sumitur a tēpo
re motus, diuiditur in velocem, tardum, & medium. Et genus, quod su
mitur a quantitate virtutis, diuidit
in fortem, debilem, & medium. Et
fortis est ille, qui extrema digitorū
fortiter percutit. Et qui sumitur a tē
pore quietis, diuiditur in spissum, ra
rum, & medium. Et dicit Gal. q spis
sus est ille, in quo temp⁹ quietis post
suā constrictionem est paruum. sed
rarus est contrarius illi. sed medius
medium seruat. Sed hoc non percipit, nisi ille qui comprehendit quan
titatem quietis, quę est post constri K
ctionem. Et qui hoc non nescit, cognoscit differentiam inter pulsum
velocem & spissum. sed hoc graue
est inueniri. tamen non vr̄ impossē
multum perfectis, qui sunt optimi
sensus: quoniā omnes homines nō
sunt ęquales in solicitudine, & boni
tate intellectus. Sed gen⁹ sumptum
a proportione quatuor temporum
pulsuum, diuiditur in pulsum ęqui
ponderis, & non æqui ponderis. Et
æqui ponderis est ęqualis, & habet
compositionem duorum motuum
ad inuicem compositione naturali,
& per viam naturę. & similiter ha- L
bet compositionem vni⁹ quietis ad
aliam, & etiam illam, quæ est mot⁹
ad quietem. Et istæ compositiones
diuersificantur secundum diuersita
tem ętatum, temporum, & complexionum. Galenus dicit q, istæ compositiones naturales non inueniun
tur nisi secundum vnam compositionum notarum musicarum proportionatarum & ordinatarū, quæ
est compositio dupli, aut partis. &
dicit q minor pportionum sensata
rum in pulsu, est illa, quę multiplicat quartū multiplicatū cōparatiōe
vnius partis multiplicatæ quartū par- M
tis. Et si ita est, vt dicit, mirabile est.
Sed cōparatiōes istas cōprehendere
difficile est, q multi hoīes in Mu
sica eas cōprehēdūt ppea quia notę
musicę habēt superfluā extēsionē, ita
q minor dimēsio illarū exēplo pōt
cōprehēdi, & est illa, q multiplicat
ex 36. partib⁹ vni⁹ partē vnā. Et ista

> Et di^r extrema maio ris pfectõ.

verba sunt alterius sciæ, q huic per
accīns est necessaria hic parū. Sed in
pulsu sunt tpa breuia ad inueniēdū
hāc cōparationē i eo adhuc magis:
quia gēs exñs post spissitudinē diffi
cile

A esse est inuenire: eo quod arteria est sub carne. Et propter hoc elegerunt tangere hanc arteriam: eo quod illa est latior, & propinquior loci principii. & has arterias tangunt Medici. Sed genus sumptum a sua similatione, & a sua diuersitate omnia praeterita genera continet. quod est, quia assimilatio pulsus est, ut omnia genera secundum unum modum concurrant. hoc est, quia si est magnus, ut sit perseuerans in sua magnitudine: & si fuerit velox, tardus, aut ex aliis. Et pulsus diuersus habet duas species, aut in omnibus generibus, aut in uno, aut pluribus fit diuersitas aut in multis pulsationibus, aut solum in una. B Item diuersorum pulsuum quidam est ordinatus: & est ille, qui multis reuolutionibus suam diuersitatem conseruat. Et quidam est non ordinatus: & est ille, qui suam diuersitatem non seruat. Et conuenientius est ut species pulsuum diuersorum cum speciebus compositis computentur. & ego ex eis manifestiores dicam. Et genus sumptum a qualitate arteriae, diuiditur in tres species, hoc est in frigidum, calidum, & temperatum. Et quod sumitur a substantia arteriae, diuiditur in durum, mollem, & medium. Et quod sumitur a contento in arteriis, diuiditur in plenum, vacuum, & medium. C Istae sunt species simplices pulsuum. Et inueniuntur pulsus compositi, qui habent nomina, quae dicenda sunt. Quia quidam eorum dicitur pulsus caprizans, & est qui variatur in una pulsatione, in tarditate & velocitate, & accidit huic pulsui ut festinet, & stet, & cito redit, & suum motum complet. & appellatur caprizans, eo quod suus motus assimilatur saltui capreoli. Et quidam nominatur cauda soriaina, qui semper variatur. quia aliquando variatur ab augmento ad diminutionem, & aliquando a diminutione ad D augmentum. & istud augmentum & diminutio aliquando sunt proportionata, aliquando non. Et quidam dicitur vndosus. & ille est, qui variatur in magnitudine & paruitate partium organi in eminentia & profunditate, in strictura, & largitate cum mollitie substantiae organi: & declinat parum ad paruitatem, sed non multum. & vnde suus motus assimilatur vndis maris, & ab eisdem nomen suscepit. Et quidam dicitur vermiculosus, qui vndoso assimilatur: & est eo minor, & spissior. Et quidam dicitur formicans, & est minor istis duobus, sed est spissior. Et quidam dicitur E serrinus, qui vndoso in diuersitate partium similatur, nisi eis rigidior est. Et quidam dicitur bis pulsans. & potest esse ut iste sic denominetur per diuersitatem, quam in una habet pulsatione, quia in eadem interpolat, & reuertitur. & potest esse, ut dicatur quod duae pulsationes sunt una: quia quies, quae est inter eas, non habet tempus, quod mereatur dici tempus quietis. Et quidam dicitur tremulus. Et quidam dicitur tortuosus, qui percipitur talis, sicut si organum torqueretur. Et quidam dicitur arcuatus. quod est, qui est eminens in medio, & in extremitatibus profundus. F Istae sunt omnes simplices species, & manifestiores, quae sunt in compositis.

De causis pulsuum. Cap. 18.

Deinceps incipiemus narrare causas omnium. Et dicimus quod causa magnitudinis pulsus est sanitas virtutis, & etiam sanitas instrumenti, & multa necessitas pulsationis. & propterea est iste pulsus signum dominationis sanguinis in toto corpore, & maxime si cum hoc iungantur velocitas, & frequentia, quae haec sunt testimonia multae necessi-

G tatis cum sanitate virtutis, & instru
menti. Et causæ parui pulsus sunt
istis contrariæ: hoc est, si sint ꝓpter
debilitatem solum; aut inobedien-
tiam instrumenti, aut propter neces
sitatis paruitatem. Et propterea, qñ
erit iste pulsus causa debilitas virtu
tis, necessario significabit complexionem malam materialem dominantem super virtutem ipsam debi
litantem: aut significat euacuationem superfluam, propter quam intrinseca virtus est dissoluta. Et quādo fuerit causa ex inobediētia orga
ni, necessario significat malam cō-
H plexionem siccam materialem: sicut accidit quando dominatur cho
lera, aut melancholia, aut dominat
in toto corpore complexio mala sic
ca non materialis, sicut est febris he
ctica: aut significat super cōgelationem, quæ fit propter frigiditatem
multam, aut propter extensionem
arteriarum, quæ fit propter apostema. Sed qui fit propter paucam necessitatem, significat paucitatem ca
loris. & aliquando aggregantur hęc
omnia tria. & significat super ista
tria. Et causa mediocritatis est temperantia rerum supradictarum. Et
I causa longi pulsus est paucitas virtutis: eo ꝙ non potest extendere arteriam in latitudinem, & profunditatem fm proportionem extensiōis
longitudinis. & hoc est pro maiori
parte propter ineptitudinem instru
menti, sicut est propter rigiditatē, &
obturationem cutis. Et causæ curti
pulsus sunt oppositæ causis longi.
& hoc fit ꝓp virtutis debilitatem. &
potest esse vt sit propter instrumen
ti rigiditatem, aut propter hæc ambo. Sed largi pulsus causa fortitudo virtutis est cum aptitudine Istru
menti. Et causę stricti sunt istis op- K
positę. Sed causæ eminentis sunt
propinquæ causis longi: excepto ꝙ
virtus fortior est, q̄ in illo vel alio:
aut quia instrumentū ē magis obe
diēs. Et cāę ꝓfundi istis sunt opposi
tę. Et cā velocis est multa pulsatiōis
necessitas. tñ nō est necessariū vt cū
hoc adiūgat fortitudo: eo ꝙ plerumque
natura laborat cum velocitate loco
fortitudinis, qñ fortitudinē nō hēt,
& hoc fit ꝓp debilitatē virtutis, aut
ineptitudinē īstrumēti. Et cāę tardi
istis sunt cōtrarię. i. nō necessitas an
helit⁹, aut debilitas virtutis, aut ambo. & ꝓpterea est hoc genus pulsus si- L
gnū malę cōplexiōis frigidę, materialis vel īmaterialis, proprię vel cōmunis: aut debilitas virtutis ꝓpter
euacuationem prętermissibilem, aut ꝓ-
pter multos malos humores, qui dis
soluunt virtutem ꝓpter malā corū
complexionem, vel qualitatem. Et
causę generis recepti a virtute sunt
manifestę. Et causę pulsus fortis, &
debilis, quę sunt sumptę a virtute,
manifestę sunt. Et cāę spissitudinis
eędem sunt cū causis velocitatis. &
natura illorum operatur, qñ non pōt
facere fortē, vel velocē. Sed causa ra
ri est ꝓp paucam necessitatem cum M
abundantia frigiditatis. Sed genus
sumptum a ꝓportione quatuor tēporum pulsus est, quia eorum a via
naturali exit⁹ est, vt mot⁹ dilatatiōis
sit maioris comparationis ad motū
cōstrictiōis q̄ debeat: & est vt maior
sit necessitas inspirationis q̄ respira
tionis. Et quando motus constri-
ctiōis erit maioris comparatiōis ad
motum dilatationis debito, tūc erit
fortis necessitas ad euaporandū vaporem fumosum. Et qñ quies erit
maioris cōparationis debito ad mo

A tum, tunc erit hoc pp debilitatē virtutis cum multa inspirandi necessitate. Et similiter permutatio cōparationis duarum adinuicē quietū ē,
sicut permutatio cōparationis duorum motuum, hoc est motus dilata
tionis, & constrictionis. Sed genus
sumptum à similitudine, & diuersitate pulsus est manifestū: quia assi
milatio non fit, nisi bonitate virtutis, & ordinatione ipsius. vt cā permutationis est euaporatio virtutis,
& ipsius debilitas. Et causa talis p-
mutationis est vna duarum rerum:
aut pp aliquam rē, quę virtutē debi
B litauit & aggrauauit, sicut dominiū
humorū malorum: aut pp aliquā
causam calorem intrinsecū cordis
lædentem, quia dissēdit, sicut dolor
oris stomachi. & pōt esse, q fit hoc
pp debilitatē virtutis ipsius de motu instrumenti: sicut contingit in fi
ne ægritudinū nocentiū, ideo quia
debilitas semper dicitur in cōparatione. quia sicut contingit pp cām
multorū humorum, sic non est im
possibile vt fit cā motus instrumēti
ipsius. Et qui diuersificatur in multis pulsationibus, minus malus est,
sicut ē ordinat⁹ l diuersitate pulsus.
C Similiter est malus minus nō ordi
nato: ppea quia ordinatus conseruat suum circuitum in hac diuersitate: & conseruatio non fit nisi dominio virtutis pp aliquem motum.
Et cāę specierū in diuersitate compositarum hæ sunt. qm cāę capriza
tis pulsus, aliqñ proueniunt ex ine-
ptitudine instrumenti. Et similis cā
est pulsus sorrini: excepto q quādo permutatur ab augmento ad di
minutionē, est signū diminutionis
virtutis: & si redit ad suū principiū,
significat vigorē virtutis: & si a diminutione ad augmentū deuenit, D
fortiorem virtutē significat. Sed vn-
dosi pulsus causa est virtutis debilitas cū organi mollitie. & frequētia
sua est sicut si virtus partē membri
sup aliā aggregat: ita vt iste motus
motui vndarū maris assimilet, qui
ex multis compositus est motibus.
Et vermiculosi pulsus causę istis similes sunt, tñ sunt debiliores, & iō
formicās tñ & ipse vermiculoso debilior est. & ppea dictū est, q nō sit
formicans, nisi vermiculosus pręcedat. Causę debilitatis virtutis sunt
manifestę: aut pp euacuationē superfluā, ex qua euenit syncopis: aut E
destructionē caloris intrinseci: eo
q causę, quę faciunt ægritudinem,
sunt contrarię ei, & nocent illi. Sed
serrini pulsus causę sūt virtutis debilitas. & est cōpositus ex debili &
paruo. & in ipso sunt partes antici-
pantes & postponentes, sicut in vndoso: excepto q in isto siccitas ma
gna ē manifesta. & quia siccitas fit
et ab extensione, est serrinus pulsus
signum calidi apostematis: & maxi
me, qn est in mēbris neruosis, qd ē,
quia rigiditas plus fit ibi ppter ner
uū. Sed bis pulsantis cā, hoc est mar
tellini, est organi duricies. qa agit, F
sicut malleus super incudem percu
tiens bis percutit. & scda pulsatio p
se est, hoc est pp rigiditatē nerui. Et
cā tremuli debilitas est uirtutis. Et
tortuosus significat super spasmū.
Et arcuati cā similiter debilitas est
virtutis: quia equaliter organi partes ferre non pōt. Istę sunt causæ septem generū pulsuū breuiter dictæ. Sed de pulsibus apostematum
dicemus, cū loquemur de signis cuiuslibet ægritudinū. Sed causę triū
generum pulsus istius commutatarū
mani-

G manifestæ sunt à rebus antedictis,
hoc est à causis malę complexiõis.
Et quia istæ species pulsuum non
possunt cõprehendi in aliquo indiuiduo, nisi cõparato ad pulsum sani, qui in corpore tẽperatę complexiõis inuenitur, aut ad aliquã octo
complexionũ secundum Gale. aut ad quatuor, secundum quod apparet à radicibus naturæ. & iterum sanorũ pulsus alter
ab altero diuersificatur & propterea
eorũ diuersificationem oportet nos
cognoscere: quia si hęc ignoramus,
ęgrotantiũ pulsus minime cognoscemus. quod est, quia pulsus ægri nõ
H cognoscitur, nisi propter comparationẽ
corporis sani, vt cognoscat diuersita
tẽ complexionis ipsius. Et propterea necesse est ei, qui vult in hac scientia per-
fectus esse, vt se exerceat in cognitione pulsus sani, vt cognoscat diuersitatem complexionis ipsius, & vt cognoscat causas permutãtes pulsum.
quia nisi hoc cognouerit, posset errare, & opinari, quod pulsus sanorum
est pulsus ægrorum.

*De diuersitatibus Pulsuum per res intrin-
secas.* Cap. 19.

ET dicemus diuersitatẽ pulsus
complexionum. Pulsus natura
I lis calidę complexionis maior est, &
velocior pulsu temperatę. & potest
esse vt sit frequentior. Et frigidę est
contrarius paruior, & tardior tẽperata. & posse est vt sit magis submer
sus. Et pulsus siccæ complexiõis est
cum paruitate durus: propterea quia du
rities non est obediens extensioni.
Et pulsus humidæ mollis declinans
ad fortitudinẽ, & magnitudinem:
quia in hoc humiditas obediẽs est.
Et pinguedo, & macies habẽt signi-
ficationẽ in actu pulsus. quia pulsus
in corporibus macilentis euidẽtior
apparet quam in pinguibus. eo quod in cor K
poribus pinguibus est pulsus quasi
sepultus, & habet spissitudinem, &
propterea habet fortitudinis diminutionem. Et ætates sunt ex rebus, quæ ponũt diuersitatem in pulsu propter diuersitatem datam à cõplexione. quia
pulsus puerorum ex parte caloris est
velox, & ex parte debilitatis virtutis
est spissius. & pulsus iuuenũ est fortis
propter eorũ calorẽ & fortitudinẽ, & est
rarior pulsu puerorum. & pulsus se
num debilis est, rarus, & tardus. Et
sexus similiter est ex rebus, quæ diuersitatem ponunt in pulsu. quod est,
quia pulsus marium est fortior, & L
maior pulsu fœminarum: & pulsus
mulierum minor est, & debilior, sed
est velocior, eo quod velocitas eis est lo
co fortitudinis. Istæ sunt causę mu
tantes pulsum. Et somnus, & vigilia similiter habent operationes in
pulsus permutatione.

*De causis permutantibus Pulsum ab ex-
trinseco.* Cap. 20.

SEd rerum extrinsecarum, quæ pulsum permutãt, quædam sunt in
quatuor temporibus anni, & quædam
in cibis & potibus, & in balneis aquę
calidæ. Similiter & accidentia animæ
sunt ex his, quæ permutant pulsum. M
Et ex his, quæ permutant, antedicta sunt
in cognitiõe pulsus. Et à rebus, quæ
superueniunt corpori à quatuor qualitatibus, poteris pulsuum diuersita
tem cognoscere. v. g. quia cibus, quando
est nouiter in stomacho susceptus,
pulsum ponit paruum, & debilem,
& occultum. & quando digeritur, ponit
contrarium. Et hoc est, quia cibus
antequã digeratur, calor naturalis
ab eo est sepultus, quemadmodum
ignis à multis sepelitur lignis. & quando
digeritur, tũc calor inualescit naturalis.

A calia. Et ppea in nostris diximus ra-
dicib⁹, q cibus ex parte ei⁹ ē similis,
& ex parte est contrarius. Et simile
est in somno, & in vigilia. quod est,
quia somnus factus pp cibum non
fit, nisi quia calor naturalis à cibo
est oppressus, & vigilia pro maiori
parte fit, facta digestiōe. Sed permu
tatio pp tempus anni à se non est
multu occulta. quia pulsus veris est
calidus & humidus, sicut est in habentibus complexionē candē. & similiter alia tria tēpora se habēt. Et
qui opinātur q pulsus autumni est
similis pulsui veris in fortitudine,
B frequentia, aut temperie, penitus er
rat. ppea quia in illo tēpore virtutes
sunt diminute pp paucum calorem
spirituū. immo illo tēpore est quasi
similis senum virtuti: quia illud tē
pus tempori senectutis assimilatur.
Et ppea tunc plurima terræ nascen
tia lcacefcūt. & ēt virtus generatiua
in isto tempore in vegetabilibus, &
animalibus debilitatur. Et sili regiones habent operationē in pmutatione pulsus, & complexionē permutant. Iam dictū est sufficienter
de pulsibus. & qui petierit vltimio-
rem particularitatem in sciētia pul-
C sus, perquirat ipsam in libris Spicatorum.

De Vrinis generaliter. Cap. 21.

ET deīceps volumus loqui de vri
nis. Et dicimus q accidentia, q
apparent de vrina, sicut superius dictum est, quędam significant digestionē hepatis, venarum, & mēbrorum: & quędam significant egritu
dinem renum, & vesicæ. Sed primo
volumus narrare signa apparentia
in vrina, sicut superius dictum est,
q significāt digestionē hepatis, venarum, & membrorū: & postea dicemus vniuscuiusq; significationē D
speciē. Et res, p quas significat vrina, sūt
triū speciē. prima est vrinæ color,
secunda est substantia, tertia est cō-
tentum. Et color vrinæ diuiditur in
quinq; partes, quas diximus quinque genera. Primum est color citrinus. & habet multas spēs, sicut pa-
learis, & citrin⁹, & post assar, & post
illum vacaninus, qui croco assimilatur, & post illum, qui assimilat' croco rubeo. Secūdū genus est coloris
rubei. & illud habet gradus, sicut co
lor, qui nominat' asaab, i. color ru- E
beus mixt⁹ cū quadam albedine, sicut est in rosa: & qui nominatur
chymos, qui est vt sanguis & rube⁹,
qui in superficie habet nigredinē,
& dr atima. Et tertiū genus ē color
viridis. & habet gradus, sicut fistic⁹,
& sicut ginzar, & sicut cœlestis, qui
in Arabico dr elsemet mizz: & sicut nigellinus, & sicut porrinus. Et
quartum genus continet colorē nigrū. & habet gradus, videlicet quēdam qui declinat ad obscuritatem
quandā, & quēdam qui declinat ad
citrinitatem, & quendam qui decli
nat ad melanzanum. Et quintū ge- F
nus dr albū æquiuoce de vrina, vel
de aqua. sed albus est ille, qui vere
color albus est. & quidam est q sper
mati assimilatur, quidam assimilatur lacti. Isti sunt simplices colores
vrinæ. Et sunt alij multi compositi
colores, de quibus dicere hoc nō est
necessarium: sicut color oleagin⁹,
& qui assimilatur loturæ recētis car
nis, & similes. Et sm significatū sumitur à substantia. & substātia q-
dam est subtilis, quędam grossa, &
quędam mediocris. Et hoc fiunt
quatuor modis. Vn⁹ est, vt vrina fit
subtilis, & postea ingrossetur. Secūdus

G dus est, vt fit grossa, & postea subtilietur. Tertiũ ẽ, vt fiat subtilis, & re
maneat subtilis. Quartũ est, vt fiat
grossa, & remaneat grossa. Itẽ quędã substãtia est clara, & qdã obscura. & clara naturaliter substantiæ
subtili coniungitur. Tertiũ signifi-
catũ est contentorũ. & contẽta vri-
narũ sumuntur à colore, substãtia,
loco, & dispositione. nã quoddã est
album, spissum, & coctum, & stat in
profundo vasis, & ipsius partes sunt
æquales, vt figuram habeat pinea-
tam: & istud est naturale, qd appellat in Arabico, & dicitur atenorũ. &
H quoddã surfuri assimilat, & quoddã
sanici assimilatur, & quoddam est
sanguineũ coagulatũ, & quoddam
assimilatur pilis, & quoddã arenu-
lis, quoddam assimilatur partibus
ferramenti, & quoddã assimilat fer
ri squammis. Et hęc oĩa sunt pręter
naturã: sicut color rubeus, niger, &
obscurus sunt pręter naturã. & qd-
dã est in parte superiori, & quoddã
in media, & quoddã in infima. Et
quoddam est naturale, cuius totũ
ẽ ęquale in omnibus partibus suis:
& etiam à quo partes grossæ à subtilibus diuiduntur.

I *De significationibus Vrinæ sumptis ex eius Colore.* Cap. 22.

ET postquã breuiter dicta sunt
signa, quę ab vrina sumuntur,
deinceps dicemus eorũ significata,
& incipiemus à colore. Et dicimus
ꝙ vl'iter colores citrini cũ eorũ gra
dibus significant admixtionẽ cholerę cum vrina. Sed eorũ naturalior
color est citrinus. & alij qui sunt à
cholera, oẽs excessum caloris significant: tñ sm ꝙ propinquiores sunt
igneo colori, sicut color cholerę vi-
tellinę, qui assimilatur colori vitelli
ouorũ de die natorũ, quã dicit Gale K
nus calidiorẽ oĩbus speciebus chole
rę eẽ. Sed colores rubei vlr signant
dominiũ sanguinis, & virtutis debilitatem: & maxime illa, q̃ declinat
ad rubedinẽ, super quã est nigredo:
sicut significat illa, quę declinat ad
igneitatẽ, plus q̃ super choleram. Et
dicitur ꝙ aliqui in febribus acutis
fundunt sanguinẽ per vrinã: quãuis in eis non sit vena fracta. & hoc
significat periculosam crisim, aut
dominiũ sanguinis quãtitatiuum.
Et nigra vrina significat adustionẽ,
& super dominiũ frigiditatis. qd ẽ,
quia calor, & frigus hęc duo faciũt. L
Sed qd à caliditate prouenit, habet
signa pręambula caliditatẽ significãtia. sed qd à frigiditate prouenit,
viriditas, aut fuscedo pcedit, & vniuersaliter alij colores frigiditatẽ significantes. Et aliqñ fit vrina nigra
pp admixtionẽ cholerę nigrę, ppter
expulsionẽ cholerę nigrę, quę a natura fit, sicut I spleneticis fit. Et om
nis viriditas significat frigiditatẽ,
excepta illa, quę zinaria nominat,
& porrina: nam illę fortẽ adustionẽ significant. Et non est dubium,
quin fisticina, & Idica, seu cœlestis,
significent super caliditatem, quia M
videmus vrinas cholericorum mix
tas viriditati cũ citrinitate. & qa viriditas est pncipium nigredinis, ob
hoc causæ, q̃ faciunt nigredinem,
eędẽ sunt cũ causis, quæ viriditatẽ
operantur: excepto quia in viriditate sunt debiliores. Et vrina alba &
clara, sicut aqua, significat digestio
nis defectum, & virtutis nutritiuæ
debilitatẽ, aut oppilationẽ, aut virẽ
que. Et vrina, q̃ spermati assimilat,
significat humorũ phlegmaticorũ
frigidorum crudorum abundãtiã:
&

A & vt plurimum apoplexiam, aut similem ęgritudinē significat. & pueri hanc habent vrinā, qñ epileptici fiunt. Et possibile est vt hæc vrina sit signū crisis ī ęgritudinib^9 phlegmaticis. & possibile est vt sit color albus in ægritudinibus acutis. Sed est plurimū perditis signum: quia significat ascensum cholerę ad superiores partes, & ibi facit apostema. Et aliqñ vrina erit rubea, & ęgritudo erit frigida. & hoc accidit pp fortem dolorē, vt in colica: aut pp oppilationē viarū, q̃ currunt a felle ad intestina: quia tūc est necesse vt il-
B le humor exeat p vrinā. & alię causę assignantur: sed istę sufficiant. Sed colores compositi, sicut lotura carnis, significāt debilitatē virtutis hepatis, aut renum. Et vrina, q̃ oleo assimilatur solū ī colore, ossium febrem significat: eo q̄ pinguedinē liquefieri ī membris significat: excepto q̄ hāc nigredo nō procedat. q̄ si hoc esset, casum virtutis significaret. & qdā dicūt q̄ hęc vrina ī acutis febribus apparet: & sm illos materierum pinguium signum est creticum, sed hæc accidit raro.

De significationibus Vrinæ simplicis ex substantia eius. Cap. 23.

C SVbtilis vrina defectum digestionis significat: eo q̄ digestio necessario materiā ingrossare debet: & defectus digestionis fit pp humorum cruditatem, aut pp defectū virtutum, aut pp cibi & potus multitudinē. Et ex rebus multum adiuuantibus subtilitatē vrinæ est viarū oppilatio. & ppea vrinæ calculosorum subtiles sunt. & si post subtilitatem apparet grossa substantia, signū est q̄ natura incipit digerere. Sed si ab ipso principio appareat grossa: & in eadem grossitie manserit, significat multam humorū ebullitionē á calore extraneo factā. & pp hoc ē malum signū. Sed vrina grossa, q̃ post subtiliatur, & iterū ingrossatur: quāuis hęc operatio à natura procedat, pigritiam naturę significat post incepti operis principium. Et si grossities propter motū humorum fuerit, hoc est bonum signū. quod est, qa significat q̄ natura digerere incepit. Et qdā hoc reprehēdere volētes dixerūt q̄ nō sunt aliqua signa tenenda in vrina, nisi ex opere naturæ interioris. Sed si ab aere extrinseco fuerint, tenenda non erunt. Sed E isti ignorant q̄ aer non operatur in vrina res diuersas, nisi pp præparationem, quam ab interiori natura capit. Et vrina, q̃ in principio ęgritudinis à pte natura: apparet grossa, & postea subtiliatur, longitudinē ægritudinis significat. Et iam dictum ē, q̄ puerorū vrina naturaliter est grossa, & iuuenum subtilis.

De Hypostasi Vrinæ, et de eius significationibus. Cap. 24.

HYpostasis sanitatē denūtians debet esse in fundo, & esse alba, lenis, & equalis, & ī forma pineata in fundo: eo q̄ est superfluitas tertiæ digestionis, & de natura superfluitatū ē vt sint graues. Alba: quia mēbra nō nutriuntur ex sanguine, nisi postquā est dealbatus, & eis assimilatus. & ppea erit color superfluitatis sicut color nutrimenti, qn virtus nutritiua sequitur suū cursum naturalē. Lenis, & æqualis pp digestionis temperiem. Et quia hæc cōpories æqualis est in omnibus suis partibus, debet eē pineata, ppterea q̄ hæc figura proportionis æqualitatem omnium suarū partiū in leuitate

Hypostasis ē superfluitas tertiæ digestionis. [illegible] 4. de diffe febr. ca. 6. sed i. Prognost. vlt. [illegible] hepate.

G uitate & grauitate ostendit. & quia actio caloris in hac forma dominatur, & ex corpora grauia naturaliter extendunt & dilatantur: sed leuia ī seipsis aggregant, & petunt ascensum, quousq; acuantur, sicut accidit flammę ignis. Sed significatio, quę a loco sumit, ē hæc: videlicet, quia illud, qđ stat in parte superiori, qđ nebula appellat, significat principium aparitionis digestionis, dūmodo sit alba. Et pp hoc dicit Hippocrates, q si vrina nubē albā quarta die fecerit, crisim in septima indicabit. sed q stat in medio, significat

H digestionis cremētū. & q est in fundo, pfectā digestionē significat absolute, dummodo ī hoc perseueret conuenientibus diebus. Sed si nūc apparet, modo vero non, significat naturę debilitatem, & illius impedimentum. Et est sciendum q aliqñ ī vrina apparet hypostasis alba, qñ materia est phlegmatica, nō cocta. & hæc differt a naturali, eo q ipsius partes sunt diuersę. Sed color citrinus hypostasis significat citrinę cholerę dominiū, qđ virtutem impedit digestiuā. & ob hoc signum est malum. Sed rubea solū significat materiā multam, & pigritiā naturæ, q

Nebula dicit, qđ ē ī superiori parte. Ras. ad Alman. cap. 10. nephilis, q significat eneorema, q est ī media hypostasis ī fundo. Et hoc corrige li-

I ipsam pp sui multitudinem permutare non pōt pp hoc, hæc hypostasis longitudinē ęgritudinis significat sed ē salubris, nisi malum aliqđ appatuerit signū. quod si apparuerit, significat mortem longo tempore* precedente, qđ est, quia hoc malum signum adductum significat q hęc materię multitudo virtutibus ī fine dominabit, & ipsas vltimo prosternet. Et si eidem bonū signū copulabitur, contrarium significabit. Sed malum, qđ hęc hypostasis significat, non est nisi ex parte quantitatis. & ob hoc, p maiori parte est signum salutis. Sed color niger in febribus acutis, est vstionis signum, & pp hoc mortē significat. Sed differentia, quæ est inter hāc hypostasim & humorem nigrū, quē expellit natura p viam crisis, est q hæc hypostasis ē in vasis fundo. Sed humor expulsus in vrina est dispersus, & pp hoc diuersitas loci diuersam ponit intentionē, hoc est, quia qñ hypostasis nigra est suspensa, minus est mala hypostasi in fundo decumbēte. qđ est,

K

ςrū Auic. li. 1. Fen. 2. doct. 3. ca. 8. Vide 3. Theiasir tract. 1. ca. 7.

*a. l. procedentem.

L quia significat alicuius digestionis principiū, quamuis sit mala, & minoris est grauitatis. Sed q est in fundo, malā digestionē complete significat. Et qñ hypostasis est obscura, frigiditatē naturę, vel caloris naturalis extinctionem significat. Et hypostasis alba ginatia multitudinē motus humorum, & defectū digestionis significat. Sed corpora hypostasium extra naturā multarū manerierum sunt, quia quędam sunt, q tritico fracto assimilantur: & quędam quę orobo assimilantur. & significant hæ membrorum liquefactionem, aut humorū vstionē, & ppea

M in ęgritudinibus acutis sunt malæ, & si habuerint colorē rubeum, humorem sanguineū vstū significant, aut partium hepatis, aut lumborū significant adustionē. Et dicitur, q citrinum in lumbis magis fit, oppositum sed laminosum est pessimū, qđ est, quia membrorū radicalium liquefactionem, & incisionem significat. Sed furfureum aliqñ fit pp scabiem vesicæ, & aliqñ fit pp liquefactionē mēbrorū, & qđ differre facit illud, qđ ex scabie vesicæ, aut ab alio, est q in ipso pruritus in partibus virgę sentitur.

A sequitur. & vt quæcunq; hæc accidentia passioni, vesicę adiunguntur. Et arenosum significat, aut lapidem coagulatum, aut incipientem coagulari. & si fuerit rubeum, lapidem in renibus significat: & si fuerit album, lapidem in vesica demonstrat. Et saniosum apostematis rupturam significat in vrinę mēbris locati. Et sedimen habens pilos similes capillis, humiditatē grossam i renibus à calore extraneo generatam significat. Et sanguineum coagulatum apertionem venæ, aut apostema in vrinę vijs significat. Et B quod dictū est ad præsens de significatis vrinæ, sufficiens est quantū ad nostram opinionem.

De signis Aegritudinum membrorum intrinsecorum, & extrinsecorum in generali. Cap. 25.

DEinceps nos dicemus de signis cuiuslibet ægritudinis in mēbris manifestis, & occultis. Et sm q dictum est, quędam ægritudinum sunt in membris extrinsecis, & sunt manifestæ per se. & significatio in istis nō est necessaria nisi in causis. C Sed ægritudines, quę sunt in partibus intrinsecis, tribus modis significatione indigent. vnus est ex parte membri patientis. secūdus est significatio qualitatis ægritudinis. tertius est significatio ægritudinis causæ. Et incipiemus à significationibus ægritudinum intrinsecarum. Et dicemus q iam dictum est, q ægritudines complexionales habent duas species, videlicet materialem, & nō materialē. Et hæ duæ species aut toti corpori cōmunicant, aut parti. Et qn materialis ægritudo est in vno mēbro, aut fixa est in vijs suis, aut i D eius essentia, sicut apostemata, & vlcerationes. Et significatio illius, q est in vijs, est de genere significationum extrinsecarū, vel intrinsecarū ægritudinum. Sed apostemata Intus, & extra fieri possunt. Sed ægritudinum officialium quædam fiunt in partibus extrinsecis corporis, sicut dilatatio, & dissolutio, quæ fiūt manifestæ sensui: & quædam fiunt in partibus Intrinsecis corporis, sicut oppilatio, lenitas, & asperitas mēbrorū.

De signis febris Ephemeræ. Ca. 26.

ET incipiemus à mala complexione vt totum corpus ambiē- E te, quæ febris nuncupatur. & incipiemus à febre diei. Et dicimus q ipsam semp præcedit aliqua ex extrinsecis causis efficientibus: excepto q, hæc in ipsa non est ex signis proprijs, qd est, quia cum febre diei semper hoc inuenitur. sed non conuertitur, vt semp talibus causis stantib⁹, necessario febris adsit. Et ppea instādū est, vt signa propria cognoscamus, & ēt communia ad credulitatem fortificādā adducamus, & ēt quia valent ad contrarium remouēdum. Et huius febris signa propria F sunt duo. Vnum est, q pulsus in hac febre varius non est, quod est, quia varietas non fit in putridis febribus, nisi propter humorum multitudinem, aut malitiam. Secundū est, q vrina suum naturale sedimē non mutat: quia in hac febre vrina non mutat nisi colorem, & hypostasis non egreditur à solito, nisi propter humorum putredinem. & ob hoc, necesse ē vt in hac febre hypostasis à solito non mutetur. Et ex significationibus aliqn etiā, vt in hac

G hac febre accidentia sordida nō sint,
& est leuis caloris nō inflammatis.
& vt plurimū semel accidit, vel forte ter aduenire potest. & dicitur ꝙ
quando patiens intrat balneum, &
horripilationem non sentit, ꝙ tunc
est ephemera. Et hæ sufficiunt significationes in febre dici.

De febribus Putridis, & de earum signis in vniuersali. Cap. 17.

ET dicamus de putridis. Harū
febrium vſt duæ sunt species:
vna in omnibus venis fit, & alia fit
in humoribus digestionis mēbrorum Et dr̄ia, quæ est in his duabus
H speciebus, talis existit. qd̄ est, quia
febris, quæ fit ex materia existente
intra venas, interpolationē non habet, neq; typum: quamuis paroxismus aliqñ plus fortificetur alijs diei
temporibus. sed febres, quarū mate
ria est extra venas, habent interpolationē, circuitus, & typos. Et causa,
pp quam habent circuitus, est, quia
humor, qui putrefieri debet, nō putrefit simul & semel qd̄ est, quia in
eo præparatio putrefactionis nō est
completa, sed paulatim in putrefa-
ctiōe procedit. & hic sequit modus
ordinationis. qd̄ est, quia hæc ope-
I ratio ſm aliquem modum est natu
ralis. quod est, quia natura ī hoc rē
gimē habet, eo ꝙ est putrefactio cū
digestione & propterea varietas or
dinatiōis in circuitibus signum est
malum. Et non est hæc operatio at
tribuenda calori putredinali simpli
citer, sed calori naturali; eo ꝙ ī ma
teria non naturali operatur, sicut in
multis vijs naturæ reperitur. Et rationes Galeni, quibus conatur attri
buere ordinem circuitum substantialiter calori putredinali, hic infrin
guntur, & nostras radices naturales
non sequuntur, quæ super Philoso- K
phiam & Metaphysicam inscribun
tur. & qui illas non intelligit, hoc
non confitebitur. Et ppea mea sula
penitus est, ꝙ natura istos circuitus
cū calore intrinseco operatur: quō-
nis superuenerit huic calori aliquid
extra naturā in quantitate, aut qua
litate, in eo ꝙ est agens in materia
non naturali, videlicet in humore
ægritudinem faciente. Et accidens,
quod cū humore aduenit, est simile
in hoc accidēti, quod ei aduenit cū
cibo. qd̄ est, quia incontinenti sumpto cibo infrigidamur. Et non est
inter hæc duo differentia, nisi ꝙ ac- L
cidens, quod aduenit propter cibū,
est naturale, quia cibus est naturalis. sed quod aduenit cum humore,
est præter naturam: quia calor, cū
materiæ primo obuiat, sepelitur, &
postmodum assumit victoriam super ipsam, & augmentando ad suū
reuertitur esse, quando ipsius digestio fuerit perfecta. Et iā bene expo
suimus omnia in tractatu, quem fe
cimus super lib. de febribus Gale.
Et illæ ordinationes circuitum diuersificantur ſm naturam humorum, & quantitatis facientis febrē,
ſm ꝙ infra dicemus. Et causa, qua- M
re febres, quæ sunt intra venas, interpolationem nō habent, est, quia
quādo in parte humoris putridi ca
lor accenditur, non pōt ipsum natu
ra dissoluere, donec alia particula
accendatur. & hoc pp solidationē
vasorum contingit. & pp eandē cau
sam ēt typus non fit: & etiam quia
illud ex eo, quod dissoluitur a mem
bris sensibilibus, non sentitur. Sed
putrefactio, quæ in humore fit, qui
extra venas est, huic contraria existit, propter euaporationē, quę per

porositatem

A pomositatem membrorū fit. & ppea
sunt in istis circuitibus typi ,pper
spassionem humoris pungitiui super mēbra sensibilia, aut humoris
ventosi: ppea quia typus magis ap
propriandus est humori mobili ve-
toso q̃ fixo. Et signa propria febriū
putridarum sunt duo. vnum est, q
vrina in principio hypostasim non
habet: ppea quia calor est impedi-
tus pp humoris digestionem. aliud
est, q pulsus est varius & diuersus.
Item alia sunt signa istarū febrium
à signis significātibus duas species
repletionis,hoc est fm vasa, & secū-
B dum virtutem. Ista sunt propria si-
gnā vl̃tatis febrium putridarum.

Di signis febris Cholericæ. Cap. 28.

SEd signa propria vniciuq; febris
sunt hęc. Scias q signa febris, q
fit ab humore extra venas, & in febre cholerica, sunt typus fortis pungitiuus. Et pulsus i principio istius
febris est paruus, rarus, & debilis. &
hoc est pp humorem, qui calorem
obruit naturalem. & ppea refrigera
tur corpus in principio paroxismorum, ex eo q calor naturalis ab humore opprimitur putrido. Et qñ ca
C lor extraneus generatus in humore putrido calori naturali admiscē-
tur, sic crescit, & per totum corpus
augmentat. & pp hoc pulsus in eodem statu non pmanet, sed propter
caloris crementū crescit, & fortifica
tur. Et vrina in hac febre pro maio
ri parte est ignea: & patiens penitus
affligitur siti: & aliqñ his iungitur
amaritudo oris. Et dicitur, q quando hęc febris dicitur pura, q ipsius
paroxismi ad plus vsq; ad duodecim
horas prolongātur. Et circuitus hu
ius febris est tertianus sed tñ nō cō
uertitur, quia nō est necessarium q
D omnes febres, quæ habent circuitū
hunc, sint de cholera, sed posse est vt
sint duæ quartanę, aut duæ quinta-
nę. & hoc non accidit nisi in princi
pio ęgritudinis. Ista sunt signa propria huius febris. Et aliqñ significa
tiones istæ rebus cōibus fortificantur, hoc est quia cōplexio, aer, ętas,
& aliud regimen huic humori cōpa
rant. Et aer est hoc humore cōpara
tionē habet modis duob⁹; vnus est
fm suum tēpus naturale, vtē ęstas,
quæ est calida & sicca: alius est, qñ
egreditur suum cursum naturalem
E ad caliditatē & siccitatem: quamuis
tps per suā naturā debeat esse frigidū. Sed febres, q paroxismos nō ha
bent, illis cōmunicant, exceptis circuitibus, & typo. Et in hoc genere
ingreditur febris, quæ causis nūcu-
patur, cuius materia ītra venas est:
& maxime circa os stomachi, & hepar posita est. ppea in hac febre nō
est rigor. Et sitis fortis huius febris
propriū signum est. Et peior specierum causi est illa, quæ fit à cholera
zinaria, aut prassina. Et illius paroxismus longus est propter inobe-
dientiam humoris illius ad digestio-
F nem recipiendam.

De signis febris Phlegmaticæ. Ca. 29.

ACcidentia magis propria huius febris sunt, quia in princi
pio extrema infrigidātur, & est tem
pus frigoris longum, sed paulatim
inualescit, & qñ incipit calor appa
rere, redit frig⁹, & fortificatur super
eum. Et tempus paroxismi istius fe
bris decem, octo occupat horas. Et
calor istius febris non est mordicatiuus, nec furiosus, & ppea primitus
tactus non manifestatur. Et huius
febris pulsus rarior, & minor ē pul-

G su febris tertianę in quolibet quatuor suorũ temporum. Et vrina in
hac febre ẽ subtilis & alba, aut spissa & obscura. & si calor putredinalis
est fortis, & phlegma purũ non est,
tunc possibile est vt vrina sit rubea,
& palpebrę patientis tumidę erunt.
Et in pluribus horum patientiũ os
stomachi est frigidũ. & si vomitus
euenict, phlegmaticum euometur.
Et aduentus ipsius paroxismi omni
die signũ propriũ non ẽ: quia duæ
tertianæ hunc eundem faciunt paroxismum. Paroxismus longus est
propter ipsius humoris tarditatem.
H & paroxismi ipsius plus continuan
tur q̃ cholericæ paroxismi: quia iste
humor putrefactioni magis est appropriatus. Et adhuc pp longitudinẽ paroxismi aduenit humori non
corrupto pręparatio putrefactionis
pp lõgam moram caloris extranei
in corpore diu permanentis. & hoc
ppea accidit, quia calor febris hui⁹
est temperatus, & subiectum habet
humiditatis. Sed in febre cholerica,
quia calor extraneus cũ ea accẽsus
cito transit, non est tẽpus pręparans
ad putredinẽ ĩ parte nõ putrefacta.
Et vł'iter in hac febre calor intrinse
I cus est valde sepultus. hæc n. est cã
ad plus continuandos in hac febre
paroxismos. Et deterior harum febrium est illa, quę ex phlegmate fit
vitreo. Et similiter ẽt aliqñ cognoscitur hæc febris, aere, ætate, & cõsuetudine, & complexiõe, quia hæc
comparationem habẽt cum humo
re hanc faciente febrem.

De *signis febris Quartanæ.* Cap. 30.

HAEc incipit cũ rigore graui,
ita q̧ ctiã accidit patienti stri-
dor dentium. Et patiens tunc sentit

membrorũ constrictionẽ. & hoc fit K
pp frigiditatem ipsius humoris, &
grauitatem. Et pulsus istius febris
est tardus, tatus, & paruus, plusquã
sit ĩ phlegmatica: hoc dico ĩ princi
cio paroxismi. & dr̃ q̧ in augmento
maior est q̃ ĩ phlegmatica. quia ca
lor ĩ hac febre manifestat, & febris
fortior existit. Et colores vrinæ in
hac febre variantur, nam aliqñ est
alba, & subtilis ad viriditatẽ declinans: & aliqñ nigra & grossa, ad ru
bedinem declinans. Et vt plurimũ
hæc febris alias sequitur febres. Et
tempus huius febris est longum. &
tẽpus reuolutionis ipsius est dimit- L
tens duos dies, & inualescit tertiũ.
Et quartanæ circuit⁹ est quasi sicut
proprium signum ĩ hac febre: ppea
quia non inuenitur talis circuitus
ĩ aliqua alia febre simplici, vel com
posita. Et maior pars hanc patientium sunt splenetici. Et fortificatur
significatio in hac à rebus cõibus,
sm q̧ in aliis dictum est, vt ab aere,
& ab ætatibus, & à complexione, &
à signis significantibus dominium
istorum humorum.

De *signis febris, quæ in Arabico nominatur Michalbecha, & est febris Sanguinea.* Cap. 31. M

HÆc febris typum non habet,
eo q̧ sanguis cã faciens est in
venis: excepto si fieret pp apostema
nominatũ phlegmone, qd ĩ aliquo
membrorũ principaliũ est generatũ, sicut ĩ hepate, & ẽt diaphragmate: quia tunc in hac febre essent paroxismi tertianarij, similes cholerę
paroxismis: quia sanguis qñ supca-
lescit, ad naturam declinat choleræ. Et ppea in hac febre nõ est dña
inter febrem cholericã, quæ habet
mate-

Nō posse fieri febrē de cholera pura.

A materiam intra venas & istam, nisi in magis & minus: quia nō potest in corpore fieri febris de cholera pura solū, qa talis febris de cholera de necessitate mortifera esset. qđ ē, qa cholera nō est apta recipere aliquā digestionem, nisi in hoc, φ cū sanguine est admixta, aut cū materia, qua nutriuntur membra radicalia, hoc est sanguis dealbatus. Et signa, quæ significant hanc febrē, sunt signa diuturni sanguinis significātia. & iā nos narrauim⁹ ipsa. Et pulsus hanc patientis est in vltimo magnitudinis, & fortitudinis. Vrina est ru-

B bea, & grossa. Et suspiria, & inquietudines sunt propria in hac ægritudine, & in cholerica, excepto φ in ægritudine illa fortiora existunt. Et alienatio mētis propria est in febribus acutis. Et verba Galeni varia sunt in hac febre. quia aliqñ dicit φ est cholerica cōtinua: & aliqñ dicit φ est aliud à cholerica, & φ nō debet attribui cholericæ, nisi quia nō habet putrefactionē perfectam: quia natura istius febris est media inter febrem dici & febrē putridā, & sententiam meā tu iam nouisti. Itē febris ista nō habet nisi vnā periodū, & in illo aut soluitur, aut occidit. Et

C aliqñ incipit lenta, & semper ad vltimum fortitudinis crescit. & aliqñ est contrarium. & aliqñ in vno permanet statu. & causa hui⁹ paroxismi aliàs per alios multoties dicta ē. Ista sunt signa cognitionis febrium simplicium. & qui simplices cognouerit, compositas cognoscere poterit. & ista exempla nō fuerunt data nisi per modū similitudinis, quia raro inueniūtur. Et adhuc quia maior pars accidentium, quæ in his febribus tibi narraui, non verifican-

D tur nisi in febribus, quę sunt de materia humorū naturalibus propinquorum. v. g. quia paroxismus febris cholericæ maior duodecim occupat horas, quando cholera naturalis est putrefacta, sed qñ vitellina, aut prasina putrescit, tunc longior erit paroxismus, & accidentia erunt pessima. & pauci euadunt, & maximè ex prasina: eo φ aptitudinē digestionis non habet. quod est, quia quicunq; humor adeo cōtrarius est, vt cōplexio corporis non possit agere digerendo super eum, tunc febris deteriorem exitum habet. & quan-

E documque potētiæ propinquior est, tunc febris salubrior est.

a de diff. feb. c. 1. & penul. & 9. Metho. med. 3. & 3. Progno. 7. 51 pri. aphor. 12. vt eā negare. φ quo vide Aui. 1. quarti tra. 1. c. 45 & Ras. 36. cōtra. tra. 2. & 17. eius dē c. 4. vbi vult ei sponere diuersa. & 3. Colliger. 8. & 8. Theori. 4. cōcordiā & Rabbi Moyses 10. aphor. particu. in ponit ei diuersa.

De compositione febrium. Cap. 12.

ET scias φ cōpositio febris est à causa locali, aut à cā materiali. Item causæ materiales tres habent modos. Vnus est, qñ duo miscētur humores. & tunc materia febris fit inter illos duos humores simplices, qui singulas pñt facere febres, & ēt accidentia ēēt ex his mixta erunt. Item alius modus est, vt vna sit putrida, & alia sit hectica. Tertius modus est, vt vnus modus faciens febrē sit cum apostemate, & alius sine. Et

F aliquando componuntur duæ febres, & miscētur earum paroxismi, absq; eo φ materię misceantur. & hoc pp causas locales accidit: sicut possibile esset vt vna esset intra venas, & alia esset extra. & in hoc genere locatur febris, quæ hemitritæus nuncupatur. Et aliquando humores febrem facientes erunt vicini, sed non mixti. Et possibile est etiam vt omnes istæ species adinuicem componantur. Et etiam potest vnus modus compositionis dici, vt secundum magnitudinem & par-

 uitatem,

G uitatem, & ſm fortitudinem & debilitatem, hoc eſt vt cauſarum efficientium vna ſit fortis, alia debilis.

De ſignis febris Hecticæ. Cap. 33.

HÆc febris tres habet ſpẽs, ſm q̃ ab alijs dr̃. & accñtia ĩ hac ſm plus & minus diuerſant̃. & accidẽtia eius occulta ſunt in pͥcipio. Et qñcunq; videbis corpus cũ calore continuo lento vltra dies tres, qñ non in corpore incipit manifeſtari, tũc vni lentę continuæ aſſimilatur. Et ſi patiens eã quaſi nõ ſentit, nec habet putridarũ febriũ ſignationẽ, opinandũ eſt ipſam eſſe hecticã. Itẽ

H poſt horas tres ab aſſumptiõe cibi, patiẽtis pulſum conſyderare debes, & caloris quantitatẽ. & ſi calorẽ inueneris augmẽtatũ, & pulsũ velocẽ, aut in aliqua dimẽſione magnificatũ, tunc iſtã febrẽ hecticã iudicabis. qd̃ eſt, ppea quia mẽbra malã complexionẽ acquirunt calidam, & de natura nutribilis eſt ſibi nutriens aſſimilare, neceſſe eſt vt cib⁹ corpori adueniẽs calorẽ extraneũ debeat adipiſci: quãuis cibus ille frigidus ſit, aut non. & ppea tunc febris fortificatur, & accñtia augmentant̃. qđ in putridis nõ conuenit: ppea quia

I calor extraneus in illis radicaliter nõ eſt fixus ĩ mẽbris, q̃ in cibũ agere debet. Et cãe, quæ ab alijs Medicis dant̃, accidentales ſunt, ſicut fabulæ cantatorũ. quia dicunt q̃ cib⁹ in talibus patiẽtibus & corporibus eſt ſm ſimilitudinẽ aquę ſuper calcẽ proiectę: quia impoſſẽ eſt vt virtus nutribilis à nutriente tñ ſit elõgata, vt ipſum eidẽ ſit contrariũ, ſicut aqua calci. reperitur.n. q̃ vnũquodq; iſtorũ alterũ corrumpit. Et raro hęc febris accidit, niſi poſt alias febres, ſicut poſt ephemerã in corporibus ad hãc paratis, aut poſt ali-

Cõtra nõnullos Medicos de ... febris hecticæ.

K quam ex febribus putridis. Et quãdo fortificatur hęc febris, marceſcit corpus infirmi, & ſiccatur pellis ei⁹, & deformatur facies, & profundantur oculi. Et cũ venerit ad vltimum gradum hecticæ, videbis oculos ei⁹ quaſi aſperſos cinere, ſicut vr̃ ĩ oculis eorũ, qui tangunt puluerẽ. & cõtrahũtur palpebrę inferius, ſicut accidit patienti ſubeth. & pellis frontis eſt tenſa & ſicca, quaſi coriũ pręparatũ. & tẽpora habet tenſa, auriculæ, & palpebre citrini fiunt coloris. & pellis myrach ventris fit ſicca

L & rugoſa. & pulſus eius eſt tẽſus, ſicut chorda, velox, & debilis. & vrina ẽ oleaginia. Alia vero ſigna iſti⁹ febris manifeſta ſunt, & ĩ libris Spicatorum plene enarrata. vnde non eſt neceſſarium ea reiterarę.

De ſignis apoſtematum Sanguineorum. Cap. 34.

DEinceps volumus loqui de ſignis apoſtematum. Et dicim⁹ q̃ ſigna apoſtematum ſanguineorũ ſunt rubedo coloris cũ forti calore, & rubore, & dolore magno: ſal-

M uo q̃ membrum nõ ſit inſenſibile, & cum hoc extenſionem habeat. & hæc ſanguinis apoſtemata diuerſificãtur ſm magis & minus. Et ſcias quòd in apoſtematib⁹ iſtis, ſanguis mundus eſt à putredine: ſed quando putreſcit, generatur puſtula. Et ſignum iſtius apoſtematis eſt, quoniam eſt maioris* inſtammationis valde phlegmone. & in his apoſtematibus febris eſt fixa. & in hoc genere ſunt apoſtemata, quæ fiunt in ſubaſcellis, & inguinibus.

*inflãmatiõis

A *De signis apostematum Cholericorum.* Cap. 35.

ET signa cholericorum apostematum sunt coloris citrinitas, & humorum subtilitas & dolor, fortissimus sine extensione. & formica deambulatiua huius generis est.

De signis apostematum Phlegmaticorum. Cap. 36.

ET signa phlegmatici apostematis sunt coloris albedo cum priuatione doloris, et si comprimitur. & vltra ista apostemata sunt i apparentia, & oculis discreta, & simplicia sunt. Et in cognitione non indi-
B gent forti perscrutatione, composita uero indigent fortiori. & illa per comparationem simplicium accidentium cognoscentur.

De signis apostematum Melancholicorum. Cap. 37.

SEd apostemata melancholica cum phlegmaticis communicant in doloris priuatione; saluo quod in tactu duriora, & in colore obscura. Et cancri etiam in hoc genere existunt. & sic denominantur, eo quod cancrorum pedibus assimilantur: eo quia venae, quae eos circundant, sunt sanguine nigro repletae. Ista sunt signa apostema-
C tum, quae in partibus exterioribus corporis apparent. sed de his, quae in interioribus partibus corporis sunt, dicam, cum aegritudines membrorum interiorum enarrabo. Aegritudinis vero, quae in superficie cutis apparent, sunt sicut variolae, & morbilli, scabies, lepra, & morphea, & similes his. & quidam inflatio signa sunt pronostica, antequam fiant. quod est, quia signum prognosticum leprae est raucedo vocis, & grossities eius, & anhelitus strictura, & rubedo faciei aliquantulum ad obscuritatem tendentis, cum faciei inflatione, & albedinis oculorum obscuritate. & D
rotunditas et oculorum signum est maximum denotans lepram. Sed variolarum signa prognostica sunt febris continua, & faciei * inflatio, & temporum, & grossicies venarum cum rubedine, & nasi pruritus, & gulae, ac colli grossities. & haec aegritudo solum semel aduenit patienti. Et scias quod omnis pustula, quae in superficie corporis fit cum febre, est signum expertum, quod ex genere aegritudinum pestilentialium manant: & maxime quae ex melancholico fiunt humore; & cum aperiuntur, adueniunt eis escara similis ignis combustioni. E

> * inflammatio. Omnis pustula in superficie corporis, quae fit cum febre, est ex universa: ghe pestilenti.

De Crisi in generali. Cap. 38.

ET quia febres, & vltra acutae aegritudines non sanantur nisi per crisim, deinceps narranda sunt signa, crisim laudabilem, & inlaudabilem significantia. Et dicimus quod crisis cognitio quinque rebus habetur. Vna est cognitio, siue discretio aegritudinum, quae crisi sanantur, ab his, quae sine crisi sanantur. Secunda est cognitio signorum significantium quatuor aegritudinum tempora: quia non in quolibet istorum temporum fit crisis laudabilis. Tertia est cognitio speciei euacuationis illius rei, quae aegritudinem facit, quod est quia res, quae euacuatur, quando aegritudini sunt inconuenientes, tunc sunt inlaudabiles: & quando sunt conuenientes aegritudini, sunt laudabiles. Quarta res est proprie in essentia crisis, aut in ipsius prognosticatione. Quinta est cognitio dierum, in quibus crisis fit laudabilis, aut inlaudabilis. Et post hoc eueniet commemoratio bonorum & malorum signorum in aegritudine qualibet, quae consumitur per crisim, vel sine cri- F

G si, & signorum bonorũ significantiũ super liberatione. Et dicimus ꝙ discretiones ægritudinũ, q̃ crisi terminantur, ab illis que sine crisi terminãtur, sunt he, que finiunt dissolutiõe occulta aut manifesta, & habent a longitudine ęgritudinis, aut ipsius breuitate. Quod est, quia crises non fiunt manifestę nisi in ęgritudinib⁹, que breui tẽpore finiunt. Et lõgitudo ęgritudinis, atq; breuitas a nã essentiæ ęgritudinis cognoscit, & fiũt a reb⁹ extrĩsecis, q̃ illis similes aut dissiles iudicant: sicut aer, clima, dieta, & exercitiũ, & similiter
H cõplexio, & ętas. Et aliqñ breuitatẽ & lõgitudinẽ ęgritudinis cognoscimus a natura mẽbri patientis, sicut apostemata, quę in mẽbris pricipalib⁹ generant. Et multoties ab accidentibus cognoscimus. qđ est, quia quędã accidentia breuitatem, & quędã longitudinẽ significant. Itẽ maior pars accidentium, q̃ in superfluitatibus corporũ apparẽt ex signis digestionis & priuatiõis eiusdẽ, similiter nõ significãt sup ęgritudinũ tẽpora in longitudine & breuitate: & nõ solũ ex parte qualitatis, verũ etiã ex parte quãtitatis: ita ꝙ qñ erũt mul-
I ta, citam cõsumptionẽ ægritudinũ significabunt, & qñ erunt pauca, cõtrarium denotabũt. Et ęgritudines, q̃ naturaliter sunt breues, sunt cholericæ, aut sanguineæ, siue cũ apostemate membrorũ principalium sint, aut nõ. qđ est, quia tertiana pura terminũ quatuordecim dierum nõ excedit, & aliqñ per spatiũ septimanę vnius cõsumit. & si fuerit intra venas, acutior erit. & sic istũ modũ est in sanguinis febre: eo ꝙ est ĩ vltimo acuitatis. Et scias ꝙ Antiqui nõ dixerunt ista nisi in ægritudinibus acutis, q̃ terminant in quatuor-
K decim diebus, vel infra. & hoc non inuenitur nisi in istis duobus generibus febrium, & in apostematibus sanguineis, & cholericis. Sed phlegmaticarum febriũ tempus est longum. & digestionis signa in eis ante tres septimanas non apparent: & aliquãdo ad spacium plurium mensium extenduntur. Et quæ ex compositione ex phlegmate & cholera sunt, inter has mediæ existunt. Et melancholicæ spatio septem mensium extenduntur. Et quãtitates extrinsecæ ęgritudini proportionãtur, vt
complexio, ætas, & regimen, & hæ L
sunt causę longitudinis & breuitatis ęgritudinis. Et adhuc sunt ęgritudines habentes proprietatẽ ex sui natura longitudinis & breuitatis. v. g. vt iuuenis habens cholericam febrem ex pura cholera, & in regione calida, & tempore calido, & cũ regimine calido; & complexiõe calida, dico ꝙ hęc ægritudo finietur omnino ante septimũ diẽ. Et ẽ contrario in sene habente febrẽ ex melãcholia, & in hyeme, & regione frigida, & melancholicę complexiõis, & regimẽ ei simile, dico ꝙ hęc febris nõ
eradicabitur vsq; ad sex menses. Et, M
qñ non conueniunt hæc cum ægritudine, erit lõgitudo & breuitas fm proportionẽ multitudinis & paucitatis ab eadem. Sed accidentia significantia breuitatẽ ęgritudinis sunt fortitudo caloris, & pulsus magnitudo & velocitas: & vſt omnis fortis ęgritudinis motus a forti prouenit calore: & coloris corporis subita permutatio ad citrinitatem, vel ad rubedinem subito, vel ad maciẽ. Sed accidentia significantia super longitudinem, sunt his contraria. & mediocria

A dentia significant mediocritatem inter longitudinem & breuitatem. Sed signa significantia super quatuor ægritudinum tempora, quæ perueniunt ad crisim, aut non, hæc sunt. Scias quòd signa principij ægritudinis sunt, quando accidentia secundum vnum modum inueniuntur, & non fortia, verbi gratia, tempora afflictionũ tunc erunt æqualia, quemadmodum tempora tunc quietis talia erunt. & de huius temporis proprietate est, vt nullum digestionis signum in vrina ostendatur, vel in sputo, nisi ægri-
B tudo grauior efficiatur. Et signum augmenti est, quando ægritudinis accidentia accrescunt, & tunc tempus afflictionis prolongatur, & tempus quietis breuiatur. Sed anticipatio paroxismi augmentum ægritudinis non significat, si cum hoc longitudo temporis, aut fortitudo non adiungeretur, quod est, quia quando anticipatio paroxismi à fortitudine, & velocitate ægritudinis causatur, tunc necessariò sequitur longitudo paroxismi, & fortitudo. Sed quando causa anticipationis est digestionis aptitudo, & humorũ sub-
C tiliatio, tunc paroxismus fortior nõ erit: ergo anticipatio sola augmenti signum non est. Et signum, quod augmento proprium existit, est digestionis manifestatio: hoc ẽ vt nebula suspensa ĩ medio vrinę videat, aut in superficie ipsius. Et signa status sunt quasi similia principij signis secundum tempus, quamuis secundum patientis vires diuersificentur. & tunc in digerendo complet suam actionem natura, cùm in vrina completa digestio reperitur. Et scias quòd non est necessarium,
D vt in hoc tempore accidentia fortia sint. Et si quæsieris quæ sit causa, quare tempore status natura debilitata digestionem ostendat, & in tempore principij virtus fortis digestionem occultet, & his cõtrarium sequi debet, quia fortitudo naturę debet opponi inobedientiæ materiæ: Respondemus, quòd est semper vna comparatio temporis inter agens & patiens. & sicut forma, & efficiens proprium, & ordinatũ tempus habet sibi ad agendum, similiter materia habet sibi propriũ & determinatum tempus ad patien-
E dum. & quamuis formæ veraciter tempus non attribuatur, sed materiæ, tamen hoc est dictum in formis abstractis, verumetiam in formis relatiuis hoc potest dici, quod dictum est. Et declinationis temporis signa sunt, quando accidentia alleuiantur, & natura ægritudini dominatur, & paroxismi abinuicem elongantur, & breuiores efficiuntur. Et sicut anticipatio sola paroxismi non est signum augmenti, sic postpositio sola non est signum declinationis. quod est, quia postpositio à paucitate materiæ fieri potest, & à naturæ debi-
F litate.

De speciebus Euacuationum, quæ fiunt in Crisi. Cap. 19.

ET species euacuationum, quæ in crisi fiunt, secundum hunc modum sunt, videlicet per fluxum ventris, per vomitum, sudorem, vrinam, & sanguinis per nares fluxum, & fluxum hæmorrhoidarum, & in mulieribus per menstrua,

G & aliqñ crisis fit per apostemata: tñ illa crisis laudabilis nõ est, nisi fiant apostemata in ignobilibus membris. & aliqñ fit per pustulas iuncturarum. Et vnaquæq; species istarũ euacuationum in aliqua ægritudine propria est vt plus: & maxime qñ crisis laudabilis est. Crisis febriũ cholericarũ per vomitũ, aut fluxũ ventris, aut sudorem, aut p vrinã fit. Et sanguinearum per modũ alicuius exitus sanguinis fiet. & ẽt aliqñ à communicatiõe, quam membrũ patiẽs cum alio habet, iuuatur euacuatio. Sicut apostema cerebri cri-
H ticat plures per fluxũ sanguinis narium, q̃ per hæmorrhoidarum fluxũ. & qđ in gibbositate hepatis, criticat per vrinã & qđ in concauitate est, per fluxũ ventris terminatur: saluo φ ægritudo sanguinea non sit: aut p hæmorrhoidas, aut per menstrua, si sanguinea sit. Sed crises, q̃ fiunt per apostemata, aut per pustulas, vt plurimum in ægritudinibus longis fiunt. quæ quidem mortiferæ crises in fine sunt pp apostemata, quæ in membris p̃ncipalibus fiunt. & ppea præcipit Hipp. in aliquibus istarum ægritudinũ euacua-
I tionem in principijs fieri, sed nõ digestionem expectare.

De diebus Criticis. Cap. 40.

De diuersitate assignationis huius. vide Gal. lib. de dieb⁹ Decretorijs 1. [illegible] & Hip. 4. de Mor. & lib. de Decret. & lib. de Humorib⁹. &

ET dies manifesti laudabilis crisis, sunt dies, qui à p̃ncipio ægritudinis per quaternariã enumerantur cõputationem. horũ prim⁹ est. iiij. & secundus est. vij. eo φ. iiij. hic vtrisq; cõmunicat. & post hunc. xj. non cõicans. & post hunc. xiiij. & post hunc. xvij. cõicans est. & post hunc. xx. cõicat. & post hos xxiiij. xxvij. xxxj. xxxiiij. xxxvij. & xl. & vltra. xl. sunt ægritudines cronicæ. & quasi nõ vltra apparent crises ma-
K nifestæ. Et ante vigesimũ fiunt per quartanariã computationẽ. & hoc fit, quia fiunt in quartis, & in quartis antecedentibus iudicantur. sicut crisis, quę fit in septimo, quę iudicatur in quarto, bono signo ĩ quarto apparente, sicut nebula alba suspensa. & vndecimus quartũ decimum indicat, & decimusquartus decimũ septimum indicat, & decimusseptimus vigesimum indicat. sed post vigesimum non fit indicatio nisi per septimanas. & isti dies oẽs pro maiori parte laudabiles sunt, & in eis
L maior pars crisium fit. Sed sunt alij, qui in bonitate istis propinqui existũt, & similiter laudabiles existũt, qui non criticant pp longos circuitus, sicut tertius, quartus, & nonus, & decimustertius, & decimusnon⁹, & vigesimusprimus. oẽs. n. hi dies nullam hñt vim indicationis crisis. sed nonus pro maiori parte indicat vndecimũ. Sed dies, in quibus plurimum fit mala crisis, est sicut sextus. & hic est peior omnium: & vt
M plurimum in eo fit mala crisis. Sed quartus est indicatiuus huius, hoc est quãdo malum apparet signum, sicut est nebula nigra. & post illum ĩ malitia existit. xij. & post hũc. viij. & post hunc. x. & post hunc. xv. & post hũc. xvj. & post hunc. xviij. sed raro in. xij. fit crisis. Et debes scire φ istæ crises à principio ægritudinis computantur: & est quando manifeste in operatiõibus læsio apparet: excepto in pariẽte, quia ab ipso partu incipere debemus, quamuis ægritudo post partum per. xxx. dies sensibiliter extitisset. & breuiter hę regulæ dicta Hippocrat. sequuntur.

in de crisibus prædi. Chartibus. & in li. de Carnibus. & in 1. Epidimiarum in fine tertij partis. & 2. aphor. 24. & 24. & 4. aph. 29. & 36. & 59. & 61. te. & co. & 7. apho. 28. & 3. Prognost. te. & c. 8. 9. & 10. & 1. de dieb⁹ Criticis. 4. & 5. & 10. & 2. eiusdem c. 5. 6. & 19. co. & Ras. 10. ad Almãs. cap. 29. & Auenz. 3. Theisir trac. 2. c. 1.

A Et cecidit diuiſio inter Antiquos in
his diebus in malitia, & bonitate.
Sed iſti dies approbati ſunt a duob*
viris, qui priores in hac arte extiterunt: & ſunt Hippo. & Ga. & credit
quod veritatem dicant propter experiē
tiam eorum multam, & cauſa horum per plurimos dicta eſt. Et quod
nobis videtur ex hoc, declaratū eſt
a nobis ſuper* Accuſam Auicē.* quā
commentati ſumus. Et ſcias quod dies iſti, quāuis verificentur in criſi, ne
ceſſitatem non habent, ſed veritatē
habēt ſm plus, quia Raſis dicit quod ex
pertus fuit in infirmaria Relenſon
in plurib* decem milium hominū:
B & in multis ipſorum verificati ſunt
iſti dies laudati, & in aliquibus dies
reprobati liberationem habuerunt.
& ſic cecidit in perichitatiōe, & hoc
pro parte eſt cum Gale. & pro parte
contra. Et Auenzoar ſiſr, vt Raſis ē
teſtificatus: cui in hac ſcientia debet
concedi corona, qui vixit centum
& viginti quinque annis, & in qua
dragesimo anno in hac arte operari cœpit, & in bono obijt ſtatu, & in
habitu ſcientię vidit quanta videre,
& cognoſcere potuit. ergo ſui huiuſ
credendi ſunt, & ipſi* teſtimonia. Et
res, quas iam ſcire poſſumus, quia
C criſis eſt propinqua, ſeu velocitas mo
tus ægritudinis, & furioſitas ipſius.
Et ſigna, quę in vrina apparent, & in
ſputo, & pulſus fortitudo, & ęgritudinis natura, & contrariā harum re
rum, tarditatem criſis ſignificant:
quemadmodum ſi mediocres exti-
terint, mediocritatem ſignificant.

De ſignis ſignificātibus præſentē Criſim.

Cap. 41

ET ſigna præſentem criſim ſigni
ficantia ſunt accidentia fortia,
quę precedūt, ſicut horripilatio ſortis, & oſcitatio fortis, inquietudo, & D
alienatio, & doloris capitis fortitudo, oculorum & faciei rubedo, & an
helitus ſtrictura, & tremor cordis, &
pulſus, & colli dolor, & ventris, & labij inferioris motus, & mordicatio
oris ſtomachi, & tremoris typ*, & vri
nę cōſtrictio, & ſtertoris, & ſortis ſitis, & his ſimilia. Et hęc ſigna ſi i no
cte appareant, ſignificant criſim in
matutinis futuram: & ſi in die appa
reant, in nocte proxima criſim futu
ram ſignificant. Et ſpecies criſis, co-
gnoſcuntur propter humorem, aut
ſecundum partem, ad quam mouebitur humor, quemadmodum labij E
citatio ſignificat vomitum, & rubedo faciei, & naſi prurit* ſanguinis
fluxum ſignificabit. Adhuc ſpecies
criſis ab indicationis ſpecie cogno-
ſcetur, quia ſpecies criſis ſpeciei indi
cationis ſimilabitur, & cognoſcet,
vtrum per ſanguinis fluxum, aut per
vomitum, aut per ſudorem, aut per
ſimilia. His ergo quinque bona cri
ſis cognoſcitur cauſis. vna eſt, vt in
ſtatu ęgritudinis fiat. item poſt digeſtionem bonam. & vt humor, qui
euacuat, ſimilis ſit humori ęgritudi
nem facienti. & in die laudabili fiat. F
& vt ſit bonis diebus indicata.

De ſignis prognoſticantibus Salutem.

Cap. 42

ET poſtquam locuti ſum* de cri-
ſib* bonis, & malis, & de reb*, quę
pro maiori parte ſignificant in acu
tis ęgritudinib* ſalutem vel mortē:
deinceps loqui volum* de alijs ſignis
prognoſticis, & incipiem* a ſignis p
gnoſticantib* ſalutem. Et iſta ſigna
ſunt ſigna, quę ab operationib* ſumuntur, & ab accidētib*, quę ab ope
rationib* proueniunt. Et aliquando
hęc ſigna ſumuntur ab ęgritudinibus,

*Cantica. *quę. Auenzoar commendatio.

G bus, quæ alias ægritudines sequunt. Prognosticationes, quæ ab accidentibus sumuntur, sunt sicut quando facies infirmi propinqua est sanorũ faciebus, & maxime faciei similis sibi sano existenti: eo q sanorum facies diuersificantur multum. & si ita sit, signum est salutis. Et quando calor æqualis est ĩ toto corpore, signũ est salutis. Et extensio intestinorum absq; apostematibus. Et venter mediocris inter crassiciem, & maciem. Et superfluitates ab eo manãtes colorem naturalem & substãtiam habentes significant salutem, & q in

H partibus ventris non sit apostema, & q bene se contineant virtutes nutritiuæ. velut stercus, vt sit æquale inter grossiciem & subtilitatem, & vt sit coloris aurei. quia tunc est signũ salutis illius ægritudinis: eo q stercus significat super bonitatem istiꝰ virtutis. Et si vrina sit citrina, & hypostasim in fundo habens albam, & continuam, aut suspensam, signũ est salutis: & maxime quando residet in fundo: quoniam talis vrina significat salutem in febribus, & in apostematibus intrinsecis. Sputum album mediũ inter grossum & sub

I tile, malo carens odore, & quod facile expuitur, in pleuresi, & ĩ peripneumonia salutem significat. Sudor in acutis febribus in die critico in calore temperatus, in toto æqualiter existẽs corpore, albi coloris, & malo carens odore, salutem significat. Fluxꝰ sanguinis narũ in febribus sanguineis, in apostemate cerebri, & intestinorum in die critico salutem significat. Et signa, quæ ab operationibus sumuntur, sunt in ægritudinibus acutis bonitas rationis, & sensuũ claritas: bonitas decubitus, & motꝰ:

anhelitus temperatus, non rarꝰ, nec spissus, nec interpolatus: & pulsus fortis, & paucam habens permutationem: & bonus appetitus sunt signa salutis, quia bonitatem omniũ virtutum significant. Sed signa salutis, quæ ab ægritudine sumuntur superuenienti, sunt vt superueniens sit contraria causis antecedẽtis, aut vt ipsa moueat causam ægritudinis præambulæ ad partem diuersam. Exemplum primæ est febris spasmo repletionis superueniẽs: ꝓpterea quia cã faciẽs febrẽ, vel ipsa febris cãæ faciẽ

L ti spasmum resistit. Similiter febris superueniens dolori ventris, & stomachi, aut hepatis, aut splenis, a vẽtoso a frigida complexione generato. Exempla membri secundi multa in Antiquorum libris inueniunt.

Et dixerunt, quando superuenerit causo in die critico rigor, est tunc signum declinationis illius febris: eo q natura expellit ipsum humorem a partibus intrinsecis ad extrinsecas partes. Et quando superueniunt varices podagricis, & arthriticis, & ægritudinibꝰ renum, vt nefriticis, tũc liberantur. Et quando hæmorrhoides melancholicis superueniunt, si-

M gnum est liberationis. & qui subtiliter has res perscrutat, a seipso ex his multa inueniet. Et aliquando accidit, vt vna ægritudo alteri superueniat, & primam alleuiabit: puta q̃uis perfectam curationem non faciat. & hoc fiet, quando causa ægritudinis secundæ erit ex genere cãrum primæ: excepto q sunt minores, & debiliores. Exemplum huius est, quod dicit Hippoc. acetosa in dysenteria eructuatio laudabilis est.

De

A De signis prognosticis Malis.

Cap. 41.

ET postquam locuti sumus de signis salubribus, deinde volum' loqui de signis malis. Ista signa in prognosticatione habent gradum secundum plus & minus. & sumuntur ab operationibus, & ab accidentib', quae ab ipsis operationibus veniunt, & aliquando sumuntur ab egritudine praecedenti. Ea quae sumuntur ab accidentib', sunt hec, vt facies, quam dixit Hippo. significans mortẽ, i. quia nasus est acutus, oculi concaui, & aures dependentes, & cutis faciei tensa, & color faciei viridis, vl' B obscur', & oculi quasi cinericij, hec perditionem prognosticãtur: eo quod ista accidunt in egritudinibus acutis, quoniam spargitur, & perditur calor naturalis ab egritudine, & fortificatur contrarium ipsius, hoc est calor extraneus. & generaliter haec sunt signa in egritudinibus acutis a fortitudine aegritudinis. Et aliquando accidunt haec signa in egritudinibus chronicis, vt in hectica, & et post multam euacuationem a fluxu ventris, vel a vigilia immoderata. quod est, quia dissolutus est calor naturalis & humiditas, & calor C extraneus est fortificatus: excepto vt non precesserit ventris fluxus immoderatus, aut immoderata vigilia: quia tunc in malo leuius significaret. Et quando album oculi rubeũ fuerit, & ipsius venae obscurę, aut nigrae fuerint, signum mortis est procul dubio, & maxime in egritudinibus acutis. quod est, quia nigredo extinctionem naturalis caloris significat & albi rubedo repletionem cerebri ex humoribus inflammatis significat. Eminentia oculi in aegritudinibus acutis malum est, nisi forte pro- D pter oculi ophthalmiam, aut propter vomitum. Quando superciliũ, aut labium, aut nasus colorem luteum habent, & obscurum, mortem proximam significat. Frigiditas extremitatum in acutis signum malum est valde: eo quod suffocationem caloris naturalis in partibus interioribus, aut propter apostema significat, aut propter humorum frigidorum abũdantia. & proprium signum est extinctionis caloris naturalis. Et eodem modo, quando habens febrem corpus intrinsecus fuerit calidum, & extrinse- E cus frigidum, mortem significat eo quod apostema calidum denunciat in interioribus esse. & ideo calor extrinsecus vertitur intus. Et vlt. quando calor equalis non est in toto corpore, malum est. quod est, quia significat in membris principalibus apostema, sicut in cerebro, stomacho, & hepate. Quando lingua pustula borthoralia habet cum extremitatum frigiditate, mors proxima est, quod est, quia significat in cerebro, aut in ventre calidum apostema, & malũ. Si digiti, & vngues ad obscuritatem sunt decliues, & ad viriditatem, stan- F te pulsu debili, mors vicina est. Et si nigredo adsit cum fortitudine pulsus in die critico, salutem significat.

Et sic quando sanies in illis locis fuerit, aut apostema, salutem significat. Et quando in carne primo apparuerit pustula rubea, deinde ad viriditatẽ, vel nigredinem conuertitur, signum est malum: quoniam iam extinctionem caloris innati vult significare. Et si in egritudinibus acutis apparent in superficie carnis minutae pustulae ad similitudinem granorum milij, signũ est malum: quia si-

gnum

G gnum est, ꝙ materia paucam digestionem recipit. Et dicit Hippo. icte
ritia veniens ante septimum diem ī
acutis febrib', malum est. Reproba-
tum est experientia in omnib' nostris terris. & si veniat in quinto die,
laudabile multum est viua ratiõe,
& maxime in temporib' calidis, &
corporib' calidis. Et hęc est sententia collegiorum Medicorum oĩum
Persarum, & Indiæ maioris, & pro
maiori parte illorum de Andal'. &
possibile est, ꝙ istud quod dixit, locum in Gręcia habuit: quia terra il
la hac frigidior existit. Et istud, qđ
H dixit Hipp. ꝙ erat signum malum,
est ideo, quia hęc est vna ex reb', ex
qua prouenit crisis. & omnis crisis
veniens ante digestionem, est malũ. & possibile est ꝙ vident in terris
suis crises, venientes per icteritiam
ante septimum esse malas, & sine di
gestione. Et significatio, quæ sumi
tur a reb' exeuntib' a corpore, hęc
est: sicut sterc' nigrum, & viride, &
fœtens, & cum pinguedine in febribus acutis: quia hæc mortem significant. quod est, quia nigrum adustionem, pingue membrorũ liquefactionem, fœtẽs corruptionem hu
I morum significat. Et in acutis stercus album & liquidum malum est:
eo ꝙ significat digestionis debilitatem: & quia cholera ad partes supe
riores ascendit. & similiter est in vri
nis in hac febre. item album sterc'
futuram icteritiam significat. Sed
sterc' habens colores varios super
longitudinem ægritudinis habet si
gnificare, & super abundantiam diuersorum humorum. & si causa me
dicinæ fuerit, salutem pronunciat ī
qualibet ęgritudine. Et si in principio exierit cholera nigra, siue superius vel inferi', mortem significat: K
eo ꝙ cum talis humor apparuerit a
principio ęgritudinis, significat aut
super abundantiam ipsi' humoris,
aut super debilitatem virtutis, aut
vtrunq;. Et dysenteria proueniens a
melancholia, aut acetositate mortẽ
denunciat. Quando sterc' cholerę
purę assimilatur, malum est cum ap
petitus defectu. Similiter casus appe
tit' cum sanguinis fluxu malum.
Nigra hypostasis in acutis febrib'
mortem significat. Eodem modo
vrina aquosa & subtilis perseuerans
in pueris, mala est. quod est, quia eo
rum naturalis vrina debet esse gros L
sa. Vrina aquosa in ęgritudinib' a-
cutis mortem denunciat. & vrina
turbida, quæ non clarescit, mala ẽ:
eo ꝙ significat supra fortitudinem
extranei caloris, aut vigiliarum. Vri Ex progn.
na furfurea, & laminosa in acutis fe lib. 2.
brib' mala est, si vitium renum, aut
vesicę non affuerit: quia membrorum liquefactionem significat. Et
signum discretiuum inter vtrunq;
est renum, aut vesicę dolor, & vomi
tus niger, & feceat' existit mal'. & si
cum hoc fuerit fœtens, mortem hẽt
significare. Sudor in die non critico
apparens, ex quo febris alleuationẽ M
nõ habet, malum est. & si cum hoc
est frigid' in ceruice, & capite, malũ
est. & sĩ in capite solo peior: quia lõ
gitudinem ęgritudinis significat in
lenta, & ĩ acuta significat mortem.

Sanguis guttatim exiens de naribus, pauc', & niger in causo mortẽ
significat. quod est, quia magnitudinem apostematis dicit esse in cerebro. Hæc sunt signa accepta ab
operatione. Quando oculi lumen
effugient, & inuoluntarie lachryma
uerint, signum malum erit. Et si ve

A locci fuerint, & rubicundi, & vn' altero minor apparuerit, signum est mortis. Et rubedo oculorum tertii super spasmum cerebri habet significare. Et eodem modo, quando labia astringuntur. Et quando infirmus a capite ad pedes se iactauerit, mortis est signum: quoniam intolerantiam virtutis denunciat. & vltra quandocunq; infirm' non steterit ad modum sani, signum est malũ. & similiter quando vult sedere, saltando sedet. Et eodem modo, quando se adhæret, capiendo, seu sustentando se vbiq;, signum est mortis. Et quando infirm' non audit, nec videt, cũ debilitate virtutis, signum est mortis proximæ. Et quando anhelit' interdum fortis, & quandoq; occult' fuerit, malum est: quoniam perturbationem mẽtis significat, quia eorum consuetudo est. & cum fuerit anhelit' ei' intercisus, est signũ malum: quoniam spasmum in musculis pectoris esse denunciat. Et somnus, qui læsionem, vel dolorem inducit, signum est malum. Et signa, quæ ab egritudinib' precedentib' sumũtur, sunt sic sumenda. quia quando

Ex aph. 4. par. apho. 45.

Ex aph. 2. par. aph. 2.

B

C nova egritudo præcedente fortior erit, aut in membro nobiliori, signũ est malum. sicut si in synanchia in quarto die humor ad pulmonem descendat, patiẽs in septimo morietur. Et similiter omnis egritudo, significans egritudinem, vel fortitudinem causæ efficientis egritudinem, mala est: sicut repletio reumatis in capitibus phthisicorum mala est, & singult' in egritudinibus acutis, quia spasmum significat, & aliquando accidens superueniens opponitur egritudini præcedenti, sicut hydrops febricitantibus post febres acutas.

De signis vniuersalibus egritudinum membrorum intrinsecorum. D

Cap. 44.

DEinceps volum' loqui de signis egritudinum membrorum intrinsecorum. Et dicem' quod iã dictum est superi', quod hic tria requirũtur, vt membrum egrum, & quiditas egritudinis, & causa egritudinis. & causa hic intelligitur differentia egritudinis, hoc est ipsi' proprietas. Et ea, quæ istas res significant pro maiori parte sunt accidentia, quæ actionib', & passionib' membrorum superueniunt. & hæc apparent aut in corpore, aut in superfluitatib' corporis. Sed accidẽtia quæ dicta sunt, E pro maiori parte super egrum mẽbrum significant solum, quando illa actio, aut passio membro, cui superueniunt, est illi propria: sicut casus appetit' egritudinẽ oris stomachi significat. Sed si illa accidentia illi membro non sunt propria, illud membrum egrum non significãt. sicut priuatio mot' digiti non significat propriæ egritudinem solum in digito esse. quod est, quia potest esse propter egritudinem nerui ad aliud membrum venientis. Item possibile est, vt accidẽs actioni membri F superueniens membrum egrum, & egritudinem significat. & hoc accidit, quia hoc accidẽs proprium ambob' existit. sicut dolor acut' pungitiuus panniculosum membrum egrotare faciens, significat quod hũc dolorem efficit humor choleric'. Et eructuatio, quæ cum magna ventositate egreditur, significatq; egritudo in ore stomachi existit, & humor frigid' huius causa existit. Et membrũ existens supra dorsum corporis membri, in cuius opposito sentitur egri-

ægritudo, signum est supra membrum læsum in tempore, quo erit
passio membri læsi. sicut dolor, qui
est super hypocundrijs, significat q
ægritudo est in stomacho. Et illud,
quod non est proprium signum, est
sicut dolor ilij, qui potest esse vt sit
ægritudo colica, aut ęgritudo renū.
Vide. 2. de 3. ociis affe. Et exeuntia a corpore sunt super ę-
grum membrum habent significa-
re a parte quantitatis, & forma ipso
rum. A forma, sicut corpuscula, pil^{9},
& similia super ægritudinem renū,
& squammosum super ægritudinē
vesicæ, sine febre corpore existente.
H Et significant a parte quantitatis, si
cut magni annuli exputi cum tussi
a pulmone prouenire significant: &
parui a fistulis ipsi^{9} oriri significant.
Item exeuntia a corpore significant
ex parte loci, aut a modo exitus ipsorum. sicut a sanguine ab ano existente, quia significat q ęgritudo
est, aut in intestinis, aut in hepatis
concauitate, & si per viam vrinæ e-
greditur, ægritudinem in gibbo hepatis, aut in renibus, aut in vesica significat. Et significatio quæ a mo
do exitus sumitur, est sicut sanguis
exiens cum tussi, qui a pulmone co
I gnoscitur venire. & si cum rascatiōe
egreditur, a colatorio venire signifi
ficat. Adhuc sunt dolor, & pulsus sup
membrum ægrum significant, qui
uis hæc sint ex genere accidentium
actionum superuenientium saluo
q illorum actiones diuersificantur
sm diuersitatem regularum vniuer
salium, & particularium. Et serrin^{9}
pulsus significat q ægritudo in mē
bro est neruoso. & vndosus significat ipsam in membro carnoso. Sed
quando dolor pungitiuus, & a late
re mouetur, significat morbum esse
in membro panniculoso. & si est si- K
tus, significat ipsum i membro carnoso. & si est pulsatiuus, tunc in mē
bro arterioso ipsum esse significat.
& si est latitudinalis, sine punctibe,
significat ipsum esse i membro nō
ossuoso, nec in neruoso, sicut est in
splene & hepate. & si extenditur in
latitudinem, significat ipsum in ner
uo, aut vena esse. & si assimilatur fixio
ni corporis grossi fixi, significat q ē
in lumbis, aut grosso intestino. & si
sit frangitiuus, in membro ossuoso
esse significat. Isti sunt modi, quibus membrum ægrum potest cognosci. Actiones vero proprias ali- L
cuius iterare hic non oportet, quia
tu hoc scis in libro Sanitatis. Sed qđ
hic est optimum, sunt aliquantę di
stinctiones eorum, quæ ex corpore
egrediuntur. & dicimus q exeuntiū
a corpore sunt duæ species. vna est,
cuius exitus ē naturalis: sicut vrinę,
stercoris, & sputi. & alia est, cuius exi
tus naturalis non est: sicut sanguis,
& quorūdā membrorum partium.

De his, quæ egrediuntur a corpore, quæ ægritudines significant.

Cap. 45.

ACcidentia vero exitus eius, qđ M
exitum habet naturalem, nō
significant pro maiori parte nisi q-
ditatem ægritudinis, vel causam. &
iam de illis secuti sum^{9}. Sed res, quæ
exitum non habent naturalem, significant membrum ęgrum p maiori parte. & quod hic dicere volumus, est signum exitus sanguinis.
Et dicimus q sanguis exiens, aut e-
xit a superiorib^{9} partibus corporis,
aut a partibus inferioribus. Et qui
a partibus exit superioribus, aut exit
per os, & cum sputo: aut cum rasca-
tione,

A tione, & a colatorio prouenit: aut a
stomacho, & fit cum vomitu: aut a
pectore, vel pulmone, & fit cum tus
si. Sed qui a pulmone prouenit, est
quantitate multus, & simul & semel
proijcitur, & sine dolore, & est arterialis: sed qui a pectore prouenit, est
cum dolore, & est paucus, & simul
& semel non exit, & colorem sangui
nis pulmonis non habet, excepto q
ab aliqua eius arteria: & ideo sunt
guttae coagulatae. Et aliquando a
capite descendit, & mouet tussim, &
aestimant aliqui, vt a pulmone descendat: sed ab eo diuersificatur in
B substantia & colore, quia pro maio
ri parte est sanguis coagulat⁹. & adhuc significatio sumitur a signis re
pletionis cerebri. Et aliquando a
gutture prouenit, & cognoscitur p
dolorem spatulaium. Sed sanguis,
qui a partibus inferioribus corporis
egreditur, aliqn ab orificijs venarū
ani egreditur. & natura hoc vtitur p
viam euacuationis, quando nimia
quantitate, aut qualitate exuberat.
& hoc cognoscitur ab accidentib⁹
officiorum ani euenientibus. & hoc
idem si superfluat, non est laudabilis. Et aliquando per eandem viam
C egreditur sanguis, ppter apostemata, aut intestinorum vlcerationem,
aut pp virtutis hepatis debilitatem,
aut pp malam sanguinis qualitatē,
quam natura beneficio mundifica-
tionis expellit. Et communicat sanguis exiens ab intestinis, & propter
debilitatem hepatis i hoc, quia am
bo lotura carnis assimilantur. Et p
prium signum in intestinorum vlceratione est dolor sensibilis in mē
bro egrotāte, & q paulatim sanguis
egreditur, quia superfluitatibus est
admixtus. Item qui ab hepate prouenit, ab accidentibus proprie debi D
litatem hepatis significantibus cognoscitur, & sine dolore est. sed qd'
expellit hepar pp malitiam ipsius,
cognoscitur per colorē, quia est san
guis niger adustus. Sed sanguis, qui
ex vijs vrinae egreditur, aliquando a
vesica prouenit, aliquando a renib⁹
& aliquando ab hepatis gibbositate. Et qui ex renibus exit, egreditur
pp duas causas, aut propter venę ap
tionem, aut propter ipsorum renū
scissuram: sicut accidit propter lapides in eis generatos: quia multoties
in eorum substātia generantur, sicut
dicit Gale. & postea lacerant lapides E
ipsorum carnes, & egrediuntur. &
quando hoc accidit, dolor incipit in
loco ipso, & durat quousq; virtutes
pulsiua expellit ipsos. & vt plurimū
generatur in concauitatibus ipsorū
propter separatiuae virtutis debilita
tem, quae separare non potest aquo
sam partem, ex qua renes nutriūtur
a parte terrestri. Et aliquando gene
ratur propter virtutis assimilatiuae
debilitatem, quę partem, ex qua mē
brum nutriri debet, non potest assi
milare, & sic ad lapidem conuertit,
& non ad partem renum: aut vesicę F
conuersionem habet. Et hoc accidit
propter fortem caliditatem & siccitatem, aut propter frigiditatē & siccitatem: sicut accidit in superfluita
tibus, quae in aquae canalibus colliguntur. & aliquando accidit ppter
grossorum ciborum, & terrestrium
vsum. & aliquando hę causę omnes
insimul aggregant̄. Itē adhuc sanguis ex renib⁹ egredit̄ pp virtutis nu
tritiuae debilitatē, qd' est, qa nutriri
nō possūt ex bn̄ditate sanguinea i
eis existēte. Sed harū passionū diffe
rētiae sunt, quia quę a debilitate renū
cae-

G causatur, ab accidentib' renib' sup-
uenientib' cognoscitur: sicut a colo
re, qui eis accidit propter malam cō
plexionem, & totius corporis maciē
& cor' debilitatem. Et differentia
illi' sanguinis, qui fit propter apertionem venæ, ab eo, qui propter virtutis nutritiuæ fit debilitatem, est,
quia qui egreditur propter venę a-
pertionem, ponit vrinam talē, qualis fit sanguis ab ipso rei principio.
sed qui a debilitate prouenit rentū,
loturæ carnis assimilatur. & hoc idē
in principio valet, neq; subito appa
ret. Et differentia inter sanguinem
H ex scissura venæ prouenientem, &
sanguinem ex orificijs exeuntem, est,
quia qui ex orificijs egreditur, sine
dolore est, quemadmodum sanguis
ex narib' exiens. & qui ex scissura,
exitum cum dolore habet. Item q
ex vesica prouenit, semper cum dolore egreditur. quod est, quia sanguis ex hoc membro vt plurimum
egreditur propter humores acutos
ipsum lacerantes. Et qui a gibbositate hepatis egreditur, ab accidentibus debilitatem hepatis denotanti-
bus cognoscitur. Sed accidēs, quod
I flux' ventris nominatur, quāquam
de eo Gale. sufficienter non sit locutus: declaratum tamen est I Aegritu
dinum libro, q̄ fit ab intestinorum,
hepatis, & stomachi debilitate, & ali
quando a debilitate membrorum
toti' corporis. & cum hic dico debili
tatem, malam membrorū sine materia complexionem intendo. Et
fit propter malam complexionem
materialem hęc accidentia fieri pos
sunt: hoc est, propter materiam in
quolibet istorum membrorum, aut
in plurib' collectā. & nunc hæc ma
la complexio solum membrū ęgrū

non significabit, sed etiam ipsi' cau K
sam denotabit. Et incipiendum est
a signis, quę quando huic euacuationi coniunguntur, membrum hoc
ęgrum significant propter ipsorum
drias. Et dicim' q̄ dria, quę est inter
fluxum ventris, qui ab ægritudine
materiali fit in aliquo membro, vel
in plurib', & inter fluxum, qui ab
ęgritudine fit non materiali, est, q̄a
ille, qui ab ęgritudine fit materiali,
habet manifestum exitum humoris ipsum facientis cum egestione.
& si fit sine materia, non sic manifestatur. Et debes scire, q̄ si a sto- L
macho prouenerit, ab accntib' stomacho superuenientib', q̄ manifestatur stomacho habente complexionē malam materialem, aut non
materialem. & cum hoc penit' coniungit' mora cibi in stomacho pau
ca. quod est, quia qui a stomacho p̄
uenit, est propter vnam duarum re
rum: aut propter virtutis expulsiuę
festinationem, vt cit' expellat: aut
propter retentiuę debilitatem, vt nō
retineat. & quodcunq; horum fuerit, necesse est vt pauca cibi in stomacho fiat mora. Et aliquādo acci
dit, vt flux' ab intestinis proueniat, M
sicut dictum est: & hoc ab accntib'
intestinis superuenientib' cognosci
tur. & quia in stomacho causa festi
nantię supradictę non est, sed in ipso cib' tempore naturali moratur.
Et qui ab hepate aut venis prouenit, aut ab aliquib' alijs membris p̄
uenit, vt a capite, & his similib', cognoscit' si materialis est. simili a signis significātib' dominium humoris in membro, & ab accntibus
illi membro propr ijs, aut ab ipsius
operationib'. Auenzoar enim testi
ficatur de illo, qui fluxum chronicū

pa-

A patiebatur, q fluxus iste † hora somni fortificabatur, & in hora vigiliarum alleuiabatur. & per hoc arguebat, q humor hoc faciens esset in cerebro: & suam intentionem in curando cerebrum adhibuit, & curatus est. Et ego eandem rem illi similem feci in quodam fluxum ventris patiente: quia medicatus a multis Medicis, & a me longo tempore fuit, & nihil proficui habebat, ita q de ipsius salute desperaui, sed ipsum visitabã sicut amicum, & quia magnus erat, tandem percepi vnum ex suis brachijs, alio frigidius, & macrius: & aus-
B timaui ob hoc, q fluxus ab illo brachio ortum habuit: eo q virtutes ipsius membri, attractiua, & digestiua deperditæ essent propter malam cõplexionem frigidam non materialẽ super ipsum dominantem. Et ego intentionem meam ad illud membrum calefaciendum appo sui: cum fricationibus, balneis, & similibus localibus reducere bonam & naturalem humiditatem conatus fui: & postea mentem apposui, vt calorem naturalem, atq; humiditatem hanc cum rebus conuenientibus conseruarem, donec ipsum ad omnes suas
C virtutes naturales reduxi, nec medicinam propriam aliquam fluxui ppriam facere curaui. & propter hãc rem breui tempore curatus est. Sed fluxus, qui fit propter oppilationẽ, quæ fit in mesaraicis venientib⁹ ab hepate ad intestina, significatur per chylum exeuntem cum egestione: quãuis tardet in stomacho, & intestinis tempore naturali, aut propinquo eidem, & quando hoc accidit alicui, fit ei macies tempore breui, ita q breuiori quam alijs fluxib⁹ accidat. Sed quando ęgritudines istę cõ-

ponuntur, difficile est eas cognoscere. D Et scias q maior pars illorum signorum coniecturabilis est. & propterea volens illa cognoscere indiget acuto ingenio cum perseuerantia perscrutationis, & quando æstimaueris vnum, incipe eleuare cũ medicina leui sm ægritudinem, quam opinatus fueris. & si lucratus fueris ex hoc, continua medicinam: quia tunc scies q opinatus es verum, & si non, dimitte. Sicut q̃n credideris q causa flux⁹ sit oppilatio, dabis res apertiuas. & si lucrat⁹ fueris, teneas hanc medicinam, & credas q hęc
opinio est vera, & si non, incipe iterato restaurare illud, quod fecisti cum E medicina illa. Et opinatur quidam Medicorum q hęc oppilatio sit de genere suppositorum ęgritudinibus, & causis ęgritudinum. Et si credideris q causa ęgritudinis sit caliditas, sto debis curare cum reb⁹ parum frigidis. & si videris, q prosunt, credas pro certo tuam opinionem, & scire ægritudinem leuare. Hæc sunt illa, propter quæ cognosces membra læsa. Et quædam cognosces per accidentia membrorum communicantia cum membro læso, sicut tussis, q
accidit cũ pleuresis, aut cũ apostematis he F patis aut tractione ossis tracheæ tractũ cũ apostematis hepatis. sed hæc signa nõ sunt pprie signa lęsionis mẽbri, nisi coniungant alia signa cũ eis: sicut tussis, & raucatio, q nõ significat sup pleuresim, nisi fit ibi dolor pungitiu⁹ lateris, & febris continua. Adhoc scias, q in quibusdã mẽbrorum ęgrorum est ęgritudo p se primo, & i quibusdam pp aliorum membrorum communicationem fit. & cognitio ægritudinis, quæ pp colligantiam fit membrorum, est q mem-

G bium compatiens propter augmen
tum, vel diminutionem ęgritudinis
membri per se ęgri aggrauatur, aut
alleuiatur. v.g. quia vertigo, & aliæ
capitis ęgritudines, quę augmentã-
tur, quãdo stomachus nauseat, aut
quando corruptos in se continet hu
mores, aut quando a cibus vacuus
non est: tunc dicere debemus, ꝙ hoc
non accidit capiti, nisi propter cerebri ad stomachum colligantiam.
Et adhuc hoc indiget perscrutatione, quia possibile est, vt alicuius mẽ
bri ęgritudo propter alterius mem
bri ęgritudinem accrescat. aut esse
H potest, vt in vno membro sint ęgritudines plures: quarum vna est sibi
propria, & prima, & altera propter
alterius membri colligantiam. Et
aliquãdo ęgritudo, quę propter col
ligantiam fit, propter propriæ ægritudinis augmentum recipiet incremẽ
tum: & aestimabit forte quis quod
propter colligantiam solam hoc ꝓ-
uenire possit. Item adhuc esse potest, vt duæ ęgritudines propter col
ligantiam esse possint: vt ęgritudo
cerebri propter stomachum, & ægri
tudo stomachi propter aliud membrum. Et ne in hunc errorem deci-
I dat speculator, oportet vt circa hoc
pluries perscrutetur. & quando eius
opinio super aliquam istarum fuerit firmata, tunc remotionem ipsius
cum medicina ęqualitati propinqua attẽdet, hoc est cum medicina
ad aliquam extremitatum, nõ mul
tum declinante. Et si experientia
hoc ipsum inuenerit, & per-
pendat, in ipso perseue-
ret. & si non, ad a-
liam opinio-
nem
se conuertat.

De signis Aegritudinum, & causarum ipsarum in generali. K

Cap. 46

ET postq̃ nos de reb' vlĩbus fuimus locuti, ꝑ quas membra æ-
gra cognoscere possumus, deinceps
loqui volumus de rebus, per quas ę-
gritudines, & ipsarũ ęgritudinum
cãs cognoscamus. Et dicimus ꝙ re-
rerum, sup quas nos oportet adduce
re signa vlr, sunt aut mala complexio materialis, aut non materialis.
Et signa, quæ malam complexionẽ
materialẽ significant, vt dictũ est,
sunt illa, quę dominationem humo
ris significant, aut in toto corpore, L
aut in vno membro ęgro. Et adhuc
sũt, vt dictum est, ea quę ex corpore
egrediuntur, humorem facientem
malam complexionem materialẽ si
gnificant: sicut vomitus, & egestio;
aut sputum. & hæc sunt signa cõue
nientia super genus cãæ operatiuæ.
& de his iam locuti fuimus. Et rasca
tio rubea sigñat ẽt sup cãm, & spẽm
operantem: sicut rascatio rubea significat fortitudinẽ sanguinis, & vi
ridis fortitudinem humoris combu
sti. & iũ significat in ęgritudinib' pe
ctoris mortem. Et rascatio bona est
alba, plana, æqualis, & quæ cum fa- M
cilitate expuitur. Et apata signant
densationem super humores ope-
rãtes ea ꝑ signa sigñantia super for
titudinem humorũ. Et dolor sigñat
super cãm, q̃ operat̃: iõ ꝙ dolor acu
tus sigñat ꝙ, humores sunt calidi:
sed dolor martellin', & dolor similis pũctioni acus grossę, non sunt ni
si ex humorib' frigidis, sicut dolor
colicę: aut cũ humoris lapideam, sicut accidit in renib' cũ arenularum.
Et apata sũt ex signis cãrum facien
tiũ manifestanĉ & quia pulsus I re
apo-

A apām signum hēt ppriū, ob hoc
de ipso nunc loqui disposuimus.
Et dicimus q̄ apatum calidorū pul
sus tensus est paruus, velox, spissus,
vari⁹ varietate serrina. Et tensio vero fit ppter materiam organum exten-
dentem. paruitas vero propter duri
ciem, & organi asperitatē fit velocitas, & spissitudo propter recompen-
sationem fortis magnitudinis suę,
quam amisit. serrinitas vero fit, quia
virtus organum extēdit: quia & nō
est organum obediens, & ipsius par
tes non equalr̄ extenduntur. & ob
hoc vna alteri succedit: & propterea
B ille motus serrę motui assimilatur.
Sed apostematum cholericorum
pulsus spissior sanguineorum pulsu
est, ppter ipsorum fortitudinem caloris: & magis ad serrinitatem declinat, eo q̄ cholerę siccitas indurat
membrum. Sed apostematū phlegmaticorum pulsus paruus, & rarus,
& tardus est, propter fortitudinem
frigiditatis, & virtutis debilitatem. &
dispositio serrina omnino non exi
stit propter humoris facientis humiditatem. Sed humorum melancholicorum apostematum pulsus dur⁹
est, & asper propter humorum sicci
C tatem, & est tardus, & rarus, & ad ser
rinitatem manifeste declinat, & cū
his omnib⁹ est occultus, & rarus. Et
de reb⁹, per quas cognoscuntur apo
stemata, quæ fiunt in principalibus
membris, est febris. & iō hæc est v-
na de rebus, quę ostendunt de apostematibus, quæ consueuerunt face
re saniem: quia apostema, quod nō
facit saniem, non habet calorem ex
tranceuntē, sicut apostemata, quæ sūt
causā ventositatis, aut duriciei. Sed
membra, in quibus visibiliter manife
stantur, sunt cerebrum, hepar, stomachus, & intestina gracilia, & splē D
& renes, & vulua, & vesica. Ista sunt
genera signorum, per quę species ę-
gritudinum cognoscuntur fm regu-
lam huius artis vniuersalem. Et si
ego non recolerem signa, & cursum
qui currit in hac arte, hoc est dicere
si ego non cōsyderarem in vnoquo
que membro considerationem p-
priam, tunc consyderatio vniuersalis sufficere videretur: sed volo sequi
vestigium Gal. ad maiorem caute-
lam, scilicet ad loquendum de rebus parti
cularibus: eo q̄ hæc est via quæsita
in hac arte. Et nos narrabimus ęgri
tudines membrorum manifestorū, E
& narrabimus signa significatiua ea
per ipsa cum cautela, & complemen
to verborum particularium, quę esse
vniuersalibus dici non possent. Et
etiam, quia multa signa ex his cum
accipiuntur particulariter, non sunt
signa: eo q̄ plus apprehēdūt quàm
ęgritudo ipsa, vel quàm membrum
infirmum. Et propter hoc necessarium est loqui super omnia accidentia, quę sunt propria vnicuique ęgri
tudini, v. g. quia dolor pungitiu⁹ in
latere cū febre, & tussi, & pulsu serri-
no signū est apatis diaphragmatis.
Sed maior pars ęgritudinum mem F
brorū interiorū, q̄ indigent denifa-
tione, sunt apam, vel mala cōplexio
materialis, vel nō materialis. Sed fm
Gal. consyderationē in res particula
res narrare oportet. Sed de his breui
ter dicem⁹, ęgritudines mēbrorū p-
prias narrātes signa sup eas signan-
tia ostendemus, a cerebro incipientes.
Dicimus q̄ oēs malę complexiōes
eidem superuenire possunt, vt calidę, frigidę, siccę, & humidę. & vniuf
cuiusq; istarū signa significātia dispositionē plenr̄ ostendentur: sicut

¶ oculorũ rubedo, & faciei, & actualis calor dominium sanguinis, aut humoris calidi significat. Et proprietas malæ complexionis calidæ aut frigidæ est, vt eidem dolor coniungat, tamẽ in complexione calida fortior existit. sed humida vel sicca dolorẽ non efficit, nisi parum. Sed quando est sola humiditas, tunc sola grauitas sentitur. & humida complexio cerebri cognoscitur a capitis grauitate, & a multo somno, & a sensuum capitis hebetudie. Et siccitatis signa his existunt contraria. Et possibile est, vt complexio adueniẽs capitĩ sit
H principaliter adueniens ex capite. Et possibile est, vt ab alio veniat mẽbro: sed pro maiori parte accidit cũ stomachi. & signum huius est, quoniam soda promouetur, quando angustiatur stomachus ad vomendũ, vel quãdo a cibis vacuus existit, aut quando cibaria corrupta sunt ĩ stomacho. & istud est generale. quoniam dolor capitis augmentatur, quando augetur stomachi ægritudo: & minuitur, quando minuitur. Et possibile est, ꝙ accidat ex colligãtia duarum venarum, quæ nomina
I tę sunt in Arabico guidez, & sunt venæ somni: quoniam accidit in capite dolor, qui dicitur hemicrania. & signum huius est signa significantia repletionem occipitij. Et possibile est vt accidat ex colligantia toti⁹ corporis. & signum huius est signa significantia repletionem vniuersalem. Et cerebro aduenire possunt omnes species apostematum calidorum, & frigidorum. Et aliquando membrum ęgrum cognoscitur, & ęgritudo a proprijs ipsius operationibus in ipso: sicut in ægritudine fixa in cerebro concomitantur alienationes, quæ diu continuantur cũ ¶ eo. ꝙ si propter colligantiam alteri⁹ membri existant, sicut accidit ꝓpter apostema diaphtragmatis, concomitantur alienationes, quæ non continuantur cum eo. Item accidentia, quę sensibus adueniunt, sunt cognitionis species ægritudinis membri propriæ: sicut apostema cholericũ in cerebro factum malas præbet cogitationes, & quasi festucarum de pannis euulsionem adducit, & vigiliarum multitudinem, & cum mala dispositione de somno excitantur. Et qđ ex sanguine fit, minus vigilare facit, q̃ illud, quod de cholera fit: L
& habet risum, & lętitiam. sed qđ a cholera fit, sequetur ira, & furor. Sed quod de melancholia fit, & illud alienationem sensuum promouet exceptο ꝙ timor, & planctus hoc concomitantur. Sed quod ex phlegmate fit, corruptionem animalium virtutum præbet, & non intendit facere malum. Sed signa propria dominij humoris apostema facientis in cerebro sunt sicut rubedo faciei & oculorum, & caliditas tactus, & fortitudo pulsus. quoniam ista significant abũdantiam sanguinis: & maxime quando associabitur eis regimen conueniens, sicut ætates, complexiones, & tempora. Et non quæras vt rememorem tibi signa multotiens: quoniam rememorari debes eorum, quæ tibi dixi. Et pulsus sup apostemata significans habet a sua proprietate varietatem tremoris. qđ est, quia est in membro panniculoso pp certamen, qđ est inter virtutẽ & organi extensionẽ. Et hoc accñs ĩ apatibus calidis plus manifestatur. In apostematib⁹ vero phlegmaticis & melancholicis mollicies. & humiditas

A ditas, quę est in apostematib' phlegmaticis, quasi vincit ferrnam dispositionem, quam a parte membri cõsequi debet. Et panniculi, qui in cerebro apostemantur, sunt pia mater, & dura mater, & aliquando ipsa substantia cerebri apostematur. & hoc maioris est periculi, & fortiora hēt accidentia. quod est, quia ex hoc cõsequitur paralysis, aut apoplexia. Et dicitur q aliquando cerebri rete apostematur, & hoc sequitur dolor pulsatiuus propter arteriarum multitudinē. & ipsius ꝓpria signa sunt albido oculi, fortis rubedo, & palpebrarum grossicies, & motus difficultas.
B & febris, vt dictum est, propria in istis apostematibus existit: sed tamē in apostematibus calidis est acuta, & in mollibus est lenta. Hę sunt ægritudines, in quibus necesse est inducere demonstrationem, & ęprie in ęgritudinibus cerebri. Sed epilepsia, & apoplexia, & similes ęgritudines neruorum, omnes illę ægritudines sunt manifestæ sensui. & iam diximus earum causas in libris Aegritudinum. Et quæ remanent loqui, sunt signa, quæ sunt propria cuiusque cāæ causarum ęgritudinum. Et
C hoc inuentum est in eis plurib' ex causis. & est inuentum in eis ex colligātia aliorum membrorum, sicut est relaxatio, quia iam declaratum est in libro Aegritudinū, q humor qui factus est causa phlegmatis: & potest esse q sit causa melancholiæ. Sed si est ex aquositate, aut ventositate, in hoc est differentia inter Medicos: & si potest esse, vt sit in cerebro principaliter, & ex colligantia aliorum membrorum. Sed cognoscere ista signa maxime potest sciri ꝑ pręterita: quia istę ęgritudines eueniunt pluribus de causis. Ecce quæ D significant super ipsa, sunt signa, q significant super abundantiam humoris, & q eius, quod inuenitur ex colligantia alterius membri' dicta sunt, iam sit via, per quam demonstratur. & hoc est, q ægritudo multiplicatur in membro ex colligantia, & minuitur ex minoratione. & iterum quia membro læso non stat fixa ægritudo. & ideo, quia omnia ista accidentia manifestant, q hæ ægritudines non sunt in membro principali. Et scias q differētia, quę inter ęgritudines materiales & non materiales existit, est, quia materia- E lis dominium illius humoris ostendit. & quæ prima essentia, a non materiali existit, si causa hoc efficiens a rebus exterioribus causetur, hæc etiā malitia pauca, & perseuerantia erit breuis: sicut dolor capitis, qui a calore prouenit Solis, & sicut ægritudo, quæ nominatur terabi, quæ ab aere serenissimo, qui membra nutritiua læsit, contingit, & quę mala cõplexiō a secunda existit essentia, est sicut spasmus, aut & hectica, quæ a nimia siccitate fit. & hęc spasmi species ab aliis spasmi specieb' diuersificatur quia paulatim aduenit, & ei' F timor est magnus. Hæc sunt signa ęgritudinis.

De signis ęgritudinum Oculorum.

Cap. 47

INcipiamus nunc signa ęgritudinis oculorum. Dicamus q, hę ęgritudines sensui visus manifestantur. & in hoc non indigemus nisi cognitione causę. & hunc meum sermonem complebo, cum de oculorum medicatione sermonem ordinabo. sed hic dicā signa, quę cognitionem ægritudinum oculorū manifeste

G nifestant. Hęc lęsio est, quę aduenit
neruo, per quem ad oculum spirit⁹
currit animalis, aut quę eidem acci
dit spiritui. Et neruus, qui ad oculū
dirigitur, leditur aut mala comple
xione materiali cum apostemate, vel
oppilatione: aut propter malā com
plexionem sine apostemate, vel op
pilatione. Et signa malę complexio
nis cum apostemate in oculis sunt
manifesta: sicut pulsatio, rubedo, &
calor. & signa oppilationis sunt sola grauitas. Et signa malę complexionis oculorum manifestantur, se
cundum quod omnis mala comple
H xio manifestatur. Et oppilationes,
quę in eo sunt, fiunt sicut egritudo,
quę nominatur abinnafal: & est op
pilatio facta inter corneam & humorem crystallinum. & hęc oppila
tio apparens est. Hanc vero egritudinem precedit vaporum eleuatio
ad partes superiores. Et potest esse
vt isti vapores propter colligātiam
stomachi ascendant, quos stomachus transmittit cerebro: & etiam
possunt a solo cerebro eleuari. Et
differentia inter istos est, quia vapo
res a stomacho venientes crescunt,
& decrescunt propter bonitatem di
I gestionis stomachi, & malitiam ipsius, Sed quando a cerebro fiunt, in
sua fixione firmantur. tamen & in
eis, qui a cerebro fiunt, aliqua additur malitia propter stomachi malitiam. Et dicunt q̇ vapores a stoma
cho ascēdētes ambos oculos ęqua
liter turbant. Sed oppilatio, quę
propter decursum aquę superioris
aduenit, vt plurimum vni soli oculo accidit.

De signis egritudinum Aurium.
Cap. 48.

ET auribus etiam fit egritudo, p
pter duas species malę complexio- K
nis, vt materialem, & non materialem. & fiunt in ipsis apostemata, &
oppilationes, & dolores, & generali
ter egritudines, quę sunt omnibus
aliis membris generales, dolorum,
& apostematum, & pustularum, &
similium. & hęc signa sunt signa p
pria egritudinum ipsarum. Et signa
calidi apostematis auricularū sunt
dolor infixiuus grauis: quia membrum est neruosum, & chartilagino
sum: & pulsus lentus⁹. Et scias q̇ ma
ior pars humorum facientium talia apostemata est humorum subti L
lium propter obtusitatem, vel duri
ciem substantię ipsorum membrorum. & aliquando cum his apostematibus fit febris continua: & maxi
me quando apostema est in radice
loci nominati sumach. Et maior pa
egritudinum, quę fiunt in aure, est
exufflatio, & tinnitus, propter totius
ventositatis expulsionem & inclu-
sionem. & dicitur q̇ hoc esse, potest
acuitate sentiendi. & demonstratio
super hoc est, q̇ ibi non est signum
superabundantię humorum.

De signis egritudinum Nasi. M
Cap. 49

NAso superueniunt oppilationes, & apostemata cum complexione mala materiali, & non ma
teriali. Et propria apostemata in ipso sunt, quę deriuata sunt a nomine
illius vermis, qui ramisse nominatur. hic est ille, qui multos habet
pedes. & signa istius egritudinis
ab eisdem, quibus & alię egritudines, cogno-
scuntur si-
gnis.

De

A

De Aegritudinibus Oris. Cap. 50

AEgritudines vero oris oculis manifestantur: & ob hoc per scrutatione signorum ipsorum non indigemus.

De signis egritudinum Gulae. Cap. 51

ET gulę fiunt apostemata, & egritudines, quę etiam eldaucha dicuntur, idest strangulator, & Persę appellant ascheam. Et cognoscuntur a dolore ibi existente, & cum constrictione deglutionis. & quando crescit, constrictionem facit anhelitus. &

B

potest fieri, vt hic exunguat spiritum. Et causa huius a signis humorum ibi dominantium cognoscitur. Et pulsus in hoc apostemate est vndosus: & est, quia hoc apostema in membro est musculoso. & diuersificatur hoc apostema secundum magnitudinem, & paruitatem: & secundum hoc eorum* terminationes iudicantur. Et hoc ex signis bonis est, vt apostema in partibus exterioribus manifestetur, aut propter tumorem, aut aliud signū, aut propter dolorem per tactum. Et ipsorum species secundum Gal. sunt

C

quinque. Vna est, quae fit in meatu gulę, quę extremitatem epiglottidis attingit. Secunda est, quę nec foris manifestatur, & in gula non apparet: sed ex hoc patiens quasi strangulationem percipit. Tertia est, quando gula exterior est inflata. Quarta, quando intus, & extra tumet. Quinta, quando later[...]i colli appodiantur; ita quod spondili in[...]s contra[...] hun[...]tur.

* a.l. particularis.

Quarto de Locis affe. c. 5. ad finē. & in Aph. Si a scilicet.

D

De Signis egritudinum pulmonis. Cap. 52

ET pulmonis multę egritudines fiunt, quarum quędam sunt cōmunes, & quędam ppriē. cōmunes sunt sicut apa̅ta, vlcerationes, & cōtinuitatis solutio: ppriē vero, sicut tussis, & egritudo, q̄ dr̄ berlis horra, i. difficultas anhelit᷒. Et apa̅ pulmōis cognoscit᷑ a forti anhelit᷒ strictura, & a cōcussiōe fixa cū ipso pp̄ illius mēbri ad cor ppinquitatē, & pectoris grauitatē, & a forti tinctura pomorū maxillarum, & ab oib᷒ signis dn̄atiōis sanguinis cognoscitur. Et

E

ppea quia vt plurimū ī hoc mēbro apa̅ a sanguine cōcreat᷑ q[...] est, q[...] cholere sparsio in eo pp̄ sue substantię mollicie eē nō pōt, & ēt pp̄ multā humiditatē ad ipm trāsmissam: & cū nec ēt pp̄ hoc apostema phlegmaticū nisi raro in ipso cōfieri. Et dolor in apa̅te isti᷒ mēbri signū nō est; quia hoc mēbrū insensibile est. Et pulsus necessario est talis, qualis apa̅rū calidorū: excepto quia in eo vndositas est manifesta pp̄ molliciē mēbri. Et solutiōis cōtinuitatis isti᷒ mēbri signū ē: quia simul & semel

F

sanguis egredit᷑ mult᷒, rube᷒, arenosus, & cū tussi. & hęc fiūt aut pp̄ cās extrinsecas, aut pp̄ reuma descēdēs, aut pp̄ percussiōes in pectore factas. Et sputū sit apostema pulmōis manifestat, dummodo contingat cum signis predictis. quod est, quia posset fieri etiam in apostematib᷒, quę fiunt in* panniculis costarum. Et ex signis laudabilibus in apostemate pulmonis est sputum album, & equale, & quod suauiter egreditur: quemadmodum illaudabile est signum, in quo dominium aliquorū humorum manifestatur, & maxime

* a.l. pelliculis.

G spurum nigrum,& post illud est citrinum,& post illud rubeum. Et spu
tum rotundum, quod Hippo. dixit
esse summum malum in pulmõis
ægritudine, est, quia significat perdi
tionem super humiditatem natura
lem: sed tussis non est signum nisi
causæ efficientis. Et causas ipsius tu
ex alijs libris nouisti.

De signis ægritudinum pectoris.
Cap. 53

ET ęgritudines, quæ manifestio
res sunt in pectore, sunt aposte
mata,& oppilationes. Et apostema
H ta vt plurimum fiunt in pellicula in
teriori tegente costas, quæ ægritudo
nominatur sarisbera, quæ in lingua
nostra pleuresis nominatur. Et i his
apostematibus propria signa sunt
dolor fixus extensiuus, febris acuta,
& tussis cum sputo,& pulsus serrin'.
Et aliquando hæc apostemata fiũt
in musculis, qui sub pãniculo sunt.
& tunc hæc passio apostema lateris
dicitur,& tunc hæc signa sunt poste
riora dictis signis. Similia tamen ip
sius accidentia sunt debiliora,& mi
nus timorosa. nec dolor adeo fixus
I est, quia non est in membro panniculoso, nec i pulsu serrinitas sic ma
nifestatur. Et aliquando apostema
fit in panniculo pectus dividente.
Et aliquando diaphragma apatur,
& sequitur hic sensus alienatio, &
inquietudo magna.

De signis ægritudinum Stomachi.
Cap. 54

ET stomacho adueniunt species
complexionis malę, vt materia
lis,& non materialis: & adueniunt
apostemata,& vlcerationes. Sed spe
cies malæ complexionis non mate
rialis, quando remissa est, a rebus ex K
trinsecis est creata: & illę sunt illius
signa demonstratiua, sicut aduent'
aeris, vel cibi frigidi. Sed si fuerit intensa, erit aut mala complexio calida & sicca, quæ hecticam inducit
aut erit frigida & sicca,& senectutis
erit hectica. Et signum ambarum
ęgritudinum est, q in hoc membro
illa signa manifestantur, quę in am
babus ægritudinib' his manifestari
solent. quod est, quia membrum
hoc fortiter demacratur.& quando
patiens supinus iacet, tunc percipit
stomachi dispositionem foueę ali- L
cui similem esse.& stercus molle e-
greditur & indigestum,& vniuersaliter ipsius virtutes omnes debilitan
tur. Sed mala ipsius materialis com
plexio huiusmodi esse potest, aut vt
ipsa sit imbibita, vel in concauitate
ipsius fixa, aut ab alio membro trãs
missa & potest esse vt res ambę adinuicem componãtur.& hoc potest
aut ab vna, aut a duabus materieb'
esse, v.gra. sicut si in ipso sit humor
cholericus,& ipsi humor phlegmaticus transmittatur. Et si ipse fuerit
phlegmaticus humor, ab eo ructus
proiciet acetosus,& si fuerit chole M
ricus, fiet fumosus. Et differentia, q
est inter humorem fixum & transmissum, est: quia transmissus per se
cessum, aut vomitum exit: sed imbibitus & infixus neutrum horum
attentat, sed conatur ad vomendũ,
& nihil proijcit. Et signum appropriatum cholerę est tremor labij.
Et humoris melancholici in stoma
cho signa sunt virtutis visibilis ĩpe-
dimentũ,& acetositas acerba ĩ ore.
Differentia vero, quæ est inter com
plexionem materialem & non materialẽ, est ꝑp humorem per vomitum,

A tum, vel secessum exeuntem. Et in
passione stomachi vrina grossa ma
terialem complexionẽ peccantẽ significat. Sed apostemata fiunt aut
in fundo stomachi, aut ĩ ipsius ore.
& horũ quędam sunt calida, quędã
frigida, & quędã ex genere cancri,
& quędã sunt ventosa. Et oẽ aposte
ma, qđ in stomacho soporat, sequit̃
febris, & dolor fixuus: & maxime,
qñ in ore stomachi oritur. qđ est,
qa illa pars magis neruosa existit,
& est colligantię p̃ceps. & ob hoc
periculosior est, q̃ in fundo existit. &
eidẽ syncopis, & sensus alienatio se-
B quitur. & frigida apostemata sequñ
tur dolores debiles, & febris lẽta. Et
apostemata, q̃ in stomacho cancerosa fiunt, sine dolore, & febre fiũt.
& si esset, hecticę assimilaretur, aut
mixtę febribus. Et proprium signo
rũ horũ apostematũ est ructus putridus corruptus cum operationũ
debilitate: hoc est, quia cibus egreditur indigestus, & alia accidentia
his similia. Et vſr signa, quę dominiũ humorũ significãt, illa eadẽ sũt
signa, quę significant illum humorem, qui hoc facit. & vt plurimum
attestantur ei cõplexio, ętas, & regi
C men. & alia his similia iuuante ad
hoc cognoscendum. Sed vlceratio,
quę in eo fit, cognoscitur ab ardore
vel combustione, quę in eo fit, & p
pauitam mordicationẽ. raro tñ fit,
vt vlceretur stomachus, nisi fuerit
vlceratio in gula, autore.

De signis ęgritudinum Hepatis. Ca. 55.

ET hepati accidunt oppilatiões,
& apostemata, & spẽs malę cõplexionis omnes. Signũ apostematis hepatis, nõ tñ propriũ, est febris,
atq; tussis, & illius loci dolor. & q
quasi proprium est grauitas loci, q
trachea nominatur: & maxime qñ D
ĩ gibbositate hepatis apostema existit. Et sępe signa apostematis costarum cũ signis apostematis hepa
tis commiscentur: quia sępe dolor
apostematis hepatis puenit ad eundem locũ, ad quẽ dolor apostematis pelliculę costas tegẽtis reperitur.
et tunc hic nullũ proprium signum
reperitur. & cum his oĩbus accidit
tussis: tñ in hepatis apostemate nõ
fit multũ sputum. Et aliqñ erit spu
tum in apostemate panniculi: maxime qñ apostema saniẽ facere inceperit. & ppea sputũ in principio
signum sufficiens non erit. Nec est E
dĩa propria inter apostemata hepatis, & pleuretica, nisi in qualitate do
loris. quia in pleuresi est dolor fixus, & extensiuus; & qui in hepate,
est aggrauatiuus. Et ĩ pulsu etiam
dĩa existit: quia in pleuresi est serrinus, in hepate vero vndosus. Et dr
q aliqñ apostema fit in hepatis lacerto, & figura apostematis hepatis est lunaris, sed figura apostematis lacerti est oblonga, vel quadra-
ta, & vnus angulus ipsius est grossus, & alter subtilis.

De signis ęgritudinum Splenis. Cap. 56. F

ET spleni oẽs species malę com
plexionis accidũt, & oppilationes, & apostemata, & ventositas inflatiua. Et signa apostematis splenis
sunt dolor grauis, & febris, & accidentia, quę corpori aduenjunt propter huiusmodi membri ęgritudines. Et oppilationis signa sola grauitas existit. Et signa ventositatis
inflatiuę solus dolor est extensiuus.
Et ex apostemate & oppilatiõe sple
nis sequitur macies totius corporis.
Et ideo dicit Hippoc. quando splen
crescit,

G uescit, tunc corpus attenuatur: & quando decrescit, tunc corpus inspissatur.

De signis ægritudinum Renum. Cap. 57.

ET renibus accidunt species malæ cōplexionis, & oppilatiões, & apostemata. Et discernūtur à vesicę ægritudinibus, pp lapidis & arenę generationē. Et magis propria species malę complexionis, quæ renibus conuenit, est ægritudo ꝙ bolbarabris nominatur, quæ in Latino diabetica dicit̃, & cū forti siti, & vrinę fluxu, & febre. Et apostematis ca-
H lidi sunt signa, dolor aggrauatiuus in renibus sentitus, & dolor in alcatim factus cum febre, vrinæ constrictione: & qn̄ patiens super latus sanū decumbit, vr̃ vt alius res sup ipsum suspendat̃. & hoc prouenit, qn̄ est ĩ statu, aut declinatiõe. & in maiori parte in his apostematibus fiũt febres errantes, aut iunctę in apostematib⁹ frigidis & lentis: ideo quia febris nõ aduenit apostematib⁹ mē brorū prĩcipaliū, nisi qn̄ apostemata erunt parata saniē facere. Sed signū generationis lapidis in renibus est dolor fixus ab ipsius generatio-
I nis principio, quousq; natura illos abijcit extra, s̃m illos, qui dicunt ꝙ lapides isti in substantia renū generantur. & ideo aliqñ cū istis sanguinis exitus adest. Et qđ verius apparet, est ꝙ ĩ cōcauitate renū generantur. & dolor, qui est in hac ægritudine, & accidentia doloris accidētib⁹, ꝗ in colica inueniuntur, similãtur: ppea quia stomachi dissẽperātia & vomitus his duabus ęgritudinibus communiter accidũt. & casus similiter appetitus. Et differentia istarum difficilis est maxime in ægritudinum principio: sed in fine mani- K
feste diuersificantur pp in colica vẽtris esse constrictionem, & humorum cogitationem, & multam ventositatem. & ẽt lapides generati in renibus arenã ostendunt in vrina. Et signum discretiuum in hoc est operatio clysteriorum. quia si patiens pp clystere requiem inueniet, sicut accidit Gal. sine dubio hic dolor colicus erit: & si pp clysteria aggrauatur, & proculdubio renalis ẽ. causa est, quia clysteria intestina replent, & distensionẽ in eis operant̃, & tunc opprimũtur renes, & dolor L
fortificatur. Sed signa, ꝗ vlcerationes significãt, est dolor vlceratiuus sine grauitate, & extensione, cũ exitu sanguinis, aut saniei. Et aliquando egrediunt̃ cum vrina frusta frustis carniũ similia. & hoc accidit, qñ in substãtia renum corrosio fit.

De signis ægritudinum Vesicæ. Cap. 58.

ET in vesica manifestiores ęgritudines, quę in ipsa generãtur, sunt lapides, qui in ipsa generãtur, & apostemata, & vlceratiões, & stiãguria, & sine voluntate vrinæ exit⁹. Sed signū lapidis in vesica ẽ dolor, M
qui in vesica sentitur cũ virgę prurītu, & virgę erectione, & relaxatiões sine cã manifesta, & vrinę cruditas, & albedo ipsius cū subtilitate, & difficultas exitus vrinæ, & arenarum apparentia in ipsa. Sed constrictio vrinę fit aut propter membrũ mandans ipsãm, aut pp meatum, qui à renibus ad vesicam tendit. Et his duobus vnum est cõe accidens. & hoc est vrinæ difficultas. Sed diuersificatur in ipsis: vt si à renibus, ibi dolor sentitur: si autem a meatu, ibi dolor adest. Et aliquando constrictio

A fluxio fit vrinæ ab ipsa vesica, aut à meatu qui ad ipsam progreditur vesicam. & ista duo similiter in vno accidente communicant: hoc est, quia vesica repletionē recipit, similiter & meatus. sed diuersificantur in hoc. quia quđ à vesica prouenit, quando vesica premitur, & vrina exit. sed quod à meatu prouenit, nō emittit vrinam, cum vesica exprimatur. Et oppilatio istius meatus fit à lapide, aut ab humorib⁹ grossis sanguineis, vel sanguine coagulato, aut pp complexionem frigidā dominantem, aut pp apostema, aut furunculos. B Et signa harum ægritudinum sunt: quoniā, si fuerit ex lapillulis, significantur ex arenalis ponderibus. & si est ex coagulatiōe sanguinis, signū est sanguis anticipatus. & si ex sanie fuerit, signū est apostema, quđ præcessit. & si ex humoribus grossis fuerit, significatur ex exitu præcedētis humiditatis. & cognoscuntur istę dispositiones per signa eadē conuenientia. & si adinuicem istę dispositiones coniungant, difficile cognoscuntur a Medico. quare quære debet medicinare, considerando primā intentionem. & si ex illa lucratus fuerit, sequatur illam. & si non, C dimittat. Et si pustula, aut vlceratio est in vesica, quod ab ea egreditur, furfuribus, aut laminibus assimilatur. sed si hæ ægritudines fiūt in renibus, quod ab eis exierit, frustis carnium assimilabitur.

De signis ægritudinū intestinorū Ca. 19.

ET intestinis vt plurimū fit ęgritudo, quę dr̄ colica, apostemata, vlcerationes, & sanguinis fluxus. Sed sanguinis fluxus vlcerationem concomitatur. & iste sanguis cum fecibus egreditur à principio mixtus: & aliqñ ex substātia intestinorū egreditur. & signum huius est dolor, qñ euacuantur humores, & feces. Et qñ apostema est in intestinis grossis, hoc modo cognoscitur: quia cum patiēs mordicationē sentit, cogitur assellare, sed quđ ab apostemate exit, cum fecibus non est admixtū. Et si fuerit in subtilibus, pp dolorē assellare non cogetur. & quđ ab eis egredietur, cū stercore erit admixtum pp viæ longitudinē. E Similiter si apostema in subtilib⁹ fuerit, dolor circa vmbilicū sentietur: & cū in intestinis fuerit grossis, dolorem sentiet inferius. Et signa colicæ calidæ manifesta sunt, & vltra ea, q̄ significant dñium humorū in oēm patientem. Et q̄ pp ventositatē fiunt, sunt dolor extensiuus, & tortuo intestinorū. & si tortio fuerit cū rugitu, grossam ventositatē significat. & q̄ fit pp apostema, cognoscit à fortitudine doloris, à febre, à siti, & ab accidentibus ostendentibus dñationē humoris apostema facientis. Et ægritudo fortissima, quæ iliaca nominatur, fortiora habet accidētia & F mala, ita q̄ patiens cogitur vomere stercus. Et vt plurimū hoc accidens est pp apostemata in subtilibus intestinis factum. & potest fieri propter stercus putrefactum in eis, aut pp humorem grossum viscosum, aut propter herniā factam ex descensu intestinorum, aut pp venenum receptum. Et vlt hæc ęgritudo intestinis subtilib⁹ est propria. & hęc ęgritudo attribuit virtuti expulsiuę, cū suum naturalē motū non habeat, aut debet attribui vlt oppilationi. & aliqñ propter priuationem chole

G ta, q ad intestina consueuerat trans
mitti: quia per modū abstersionis
adiuuat ad foecum debitam expulsionem. Et oppilationēs fiunt in illis
ppter humores, aut apostemata, aut ppter
malā complexionē frigidam & siccam, quę vias constringit: aut propter alias res positionem eorū cor-
rumpentes, sicut ventositas, quę ea
facit tortuosa, & herniam.

De signis ægritudinum Vuluæ. Cap. 60

ET vuluæ ęgritudines fiunt, quibus oēs species malę cōplexionis cōicant: sicut ab his, quæ pręces-
H serunt tibi manifestum est. & sæpe
ipsi accidunt apostemata. Et horū
signū est dolor fixus, & pulsus serri
nus: eo q mēbrum est neruosum.
& febris accidit eidem: eo q sit mē
brum principale aliquo mō princi-
palitans. Et ex ægritudinibus, q ma
gis i ipsa proprie sunt, est ęgritudo,
quæ mola nuncupatur, quę difficile à prægnatione cognoscitur: eo
q ablatio menstrui, & grossicies vē
tris communicant ambabus. Et signum discretiuum est, quia transit
terminum mot' embryonis absq;
motu. & hoc accidit multis annis,
I quia portari potest, donec ab ea mo
natur, aut absoluat'. & hoc sm virtutis tenorem. Et aliqn ei accidit, vt
eam ferat pluribus annis, demū parit frustum carnis: & aliq moriuntur. Itē propria est ęgritudo vuluæ
illa, quæ suffocatio dr matricis, quæ
fit pp mēstrui sanguinis corruptionem in vulua, & euenit ei syncopis,
& difficultas i anhelitu, & priuatio
sensus & motus, & debiliter sentitur
pulsus ei'. & accidit eidem duricies,
& ipsius oris oppilatio. Et hoc accidit ex reliquijs apostematis diu īdu-
ratis in orificio matricis. Et species K
malę complexionis matricis, si materiales sint, ab his, quę ab ipsa ęgre
diuntur, cognoscuntur. & si nō sint
materiales, à siccitate ipsius percipiuntur. Et generaliter signa, quę significāt complexionem sunt signa
significatoria cōplexionē matricis:
& de cætero instabimus super causas, quæ operantur putredinem. Et
completus est tractatus iuxta nostram intentionem.

AVERROIS COLLIGET L

LIBER QVINTVS.

SVMMA LIBRI, De Cibis, & Medicinis.

Quæ sit huius Quinti libri intentio. Cap. 1

IN primis sciendū est
quid sit cib', & quid
medicina: & quot sint
eorum operationes,
& qualiter operātur
& proprie medicinæ: eo q habent
multas operatiōes, quas Medici appellant virtutes primas, secundas, &
tertias, & proprietates. & cum hoc M
dabimus cognitionem harū istarū
medicinarum, q operātur qualibet
istarū operationū: & postea specula
bimur in operationibus earū: hoc
est, verum via, qua apprehendimus,
est per viā syllī solum, aut per viam
experientię solum, aut per viā conti
nētē vtrunq;. & hoc totū erit, postquam receperimus à Naturalibus
qd erit recipiendum. Et qn comple
uerimus hoc, recordabimur pprio-
rum ciborum & medicinarū, quorum multiplicata est scīa, & experiē
tia

A tia in terminis naturalibus, & testificata sunt à communitate Medicorum, aut à maiori parte. Et postea narrabimus modos cōpositionis, & recordabimur eorū, quę manifestiora sunt factæ componentiū. & narrabimus naturam complexionū sm viam, quam nobis ostenderunt regulæ illæ. & quando compleuerimus hæc, tunc completa erit nostra intentio in hac particula.

De quidditate Cibi, & Medicinæ. Cap. 2.

DIcamus q̄ cibus ē illud, quod ponit naturales partes cibati.
B & hæc pars est in specie partis dissolutæ. Sed medicina diuersificatur ab hoc; ideo quia quamuis ipsa fit ex rebus, quę ponunt naturales partes cibati, illa pars non est in specie partis dissolutæ, sed habet in se rem actiuam, & alteratiuā. Et ꝓpterea, q̄n superuenit hæc dispō super dispositionem ęgritudinalē, quę est cōtraria, vocatur illa operatio curatio. Et hæc est intentio definitiōis, qua Galenus definiuit cibū & medicinam: dicens q̄ cibus est illud, qd patitur à corpore, & medicina est illud, à quo patitur corpus. Sed si nos non intel-
C ligeremus ex verbis hoc, qd dictum est, non esset intellecta certitudo cibi, & medicinę. Et iam opinatus est vnus ex nostris socijs, qui nominaē Abubetri Auensufu, q̄ illud, qd diximus in hac definitiōe, esset quasi cōtrariū verbis Galeni, & super hoc eidem multas transmisi epistolas, quousq; hoc plene intellexit.

De Operationibus primis, quas operantur medicinæ in corpore humano. Cap. 3.

ET operationū, quas operantur medicinę in corporibus humanis, quędam sunt primę, sicut est ca- D
liditas, frigiditas, siccitas, & humiditas. Et quędam earū sunt secundæ, sicut maturatio, digestio, mollificatio, resolutio, & apertio, & multa alia similia istis, quę enarrare debemus, q̄n declarabimus naturam medicinarum, q̄ faciunt hoc, & fuerunt vocatæ secundariæ: quia sequunē mēsurā mixtionis primarū virtutū. Et quędam earū sunt tertię, quæ sunt propriæ in certis membris, & sunt quasi consequentes secundarū. Et est conueniens ī primis narrare q̄uo hę habeant agere in corporibus has
operationes, & quomodo habēt pa- E
ti à corporibus earū passiōes. & hoc sciemus, q̄n sciuerimus per quē modum nutritur nutritum. Et dicamus, iam declaratum est ī Naturali philosophia q̄ membra, quę primo nutriuntur, sunt mēbra similia: ideo quia cibus primo cōuertitur sm ordinē, quem habet ī corpore cibati, in humiditatem similē humiditati fixæ in membris cōsimilibus, & miscetur cū eis per eūdem modū, quo miscentur adinuicem res liquidæ: ꝓpterea quia non est alter modus, per quem natura possit restaurare rem
dissolutā omnibus partibus mēbri F
nisi per modū mixtionis. & q̄n erit permixtū sm hunc modū, tunc habebit essentiā in ipso: & post hoc assimilabitur illi mēbro, hoc est quia dat eidem vnā congulationē stabilitatis similem stabilitati mēbri. Et est ibi declaratū q̄ hoc fit p decoctionem, & decoctio fit per calorem qui est in cibato: non q̄ calor sit primus motor in hac re, sed est anima nutritiua: ꝓpterea quia operationes caloris non sunt determinatæ, nec ordinatæ ad vnū finem manifestū.

G manifestum. Et postq̃ ita est. videndum est qũo dicitur cibus esse temperatus, aut medicina: & qũo dicitur super quẽlibet eorũ vt sint distẽperati: quamuis melius sit appropriare tẽperantiam cibo, sicut est melius appropriare distemperantiã medicinæ. ppter ea quia cibus habet ppter suam virtutẽ, & suam preparationẽ vt conuertatur ad humiditatẽ similem humiditati radicali, quæ est in mẽbro consimili, & calori intrinseco simili calori, qui est in cibato, ita vt sint idem ſm oẽm modũ. & hoc est solũ in eo, qui est tẽperatę com-
H plexionis, vel propinquus ei. & per hunc modũ dicitur ꝙ cibus sit temperatus, sicut erat panis grani, & carnes gallinarum iuuenum, & similia istis. quia quantitas partiũ prestitarum corpori ab istis cibis est idẽ cũ partibus, quæ fuerunt dissolutę. Sed tẽperantia medicinę est propinqua huic: sed diuersificantur inquantũ non habet virtutẽ restaurandi partem ęqualẽ quantitati rei, quę dissoluta est ex corpore. & ppter ea non potest hõ nutriri ex temperata medicina, & si comedat ex ea tantũ, quantum comeditur ex cibo. Sed qñ dici-
I mus ꝙ medicina sit temperata. Intelligitur eius tẽperantia, ꝙ qñ comeditur ex ea quantitas, quæ non est sensibilis, comparando eam quãtitati partium dissolutarũ à corpore: ꝙ tunc non inducit in corpus rẽ extraneã. quia si hõ comederet ex ea quantitatẽ sensibilẽ ſm ꝙ comedisset de cibo, induceret in corpus ex necessitate rẽ extraneã: quãuis difficile sit inuenire medicinam tẽperatã in operationibus oĩbus. Et ſm hoc debes intelligere, ꝙ qñ dicim⁹ ꝙ medicina ẽ calida, & frigida, humida,

vel sicca, & dicimus ẽt de cibo, no- K
stra intẽtio nõ est nisi ęquiuoca: sicut tu scis ꝙ, qñ dicimus de vino ꝙ est calidũ in secundo gradu, & similiter cinccũ, nõ intendimus vt sit idẽ calor. Et postq̃ declaratũ est qd sit cibus temperatus, & medicina temperata, & qualiter operentur in corpore, ex hoc potes intelligere viam, per quã dicimus eẽ distemperatam. & hoc dicimus in qualitatibus primis. i. qũo calefacit medicina, refrigerat, & humectat, & exiccat. Quia medicina, q̃ conuertitur in chylum calidiorem temperato chylo, aut in calidiorem q̃ est pars corporis, hoc L
est ad partem calidam: illam medicinam dicimus calidam. quia calor dr̃ ꝙ sit vna rerũ, quæ calefacit hominem plus debito, & qd̃ generatur ex hoc chylo, est calidius debito, & sanguis, qui est materia caloris naturalis, est calidior debito. Similiter humiditas radicalis, in quã conuertitur sanguis, est calidior suo mõ, & sic de necessitate calefiunt omnes corporis partes. Et sic dr̃ de medicina frigida, quia non refrigerat, nisi quia conuertitur in locis digestionis ad diminutum calorem, magis q̃ calor corporis sit, ita ꝙ chylus, qui M
ex ea generatur, est diminutus à calore corporis. & non dr̃ veraciter vt refrigeret, quia calor naturalis nõ habet aliquã viã generandi frigiditatẽ. & sic debes dicere in sanguine & humiditatibus, quę sunt in mẽbris, & in humiditate & siccitate oĩum partium corporis. Et qñ Medici speculantur operatiões medicinarum in corpus, facile est eis dicere qualiter calefaciunt: sed difficile est eis dicere qualiter refrigerant. ita ꝙ Gale. dicit sicut fugitiuus, ꝙ non sit ni-

si

A si per diuisionē medicinā actū in paruas partes. Et si nō refrigeraret medicina, nisi per diuisionem ipsius in partes minutas: ergo necessariū est nobis dicere quod esset frigida in actu. sed hæc medicina frigida, nō est frigida in actu, neque sic calida est calida in actu. sed hęc res quæ bene cōpetit medicinæ calidæ, sicut medicinæ frigidę, quia res conuertibiles, qñ conuertunt in partes minimas, facilius conuersionē recipiunt. Et quamuis medicina sit passibilis à corpore per viā quam diximus: nō .i. est impossibile vt patiatur ab ea per B alium modū. Nam vides quod cibus est passibilis à corpore: & tñ inuenis cibum, qui mutat corpus s̄m aliquem modū, & s̄m aliquam latitudinem. Et si hoc inuenitur in cibo, qui est appropriatus passioni, & tñ vincit aliquo modorum: ergo hoc maxime debet inueniri in medicina, q̄ victorię appropriatur, & mutationi. quia veraciter debemus dicere quod quamuis aliquā vincatur, tñ nō deserit propriam suam virtutē, hoc est substantialem. Sicut dr̄ quod arbor Ægypti occidebat, dū erat in Ægypto, & qñ remota fuit abinde, nu-C triebat. Et dicit Arist. quod in terra Latinorū sunt duo flumina, ex quorū vno si oues biberent, generabūt masculos, & ex alio fœminas. Et hoc nō est, nisi ppter quia cibus ex vna parte est similis, & ex alia dissimilis: & ex parte similitudinis est patiēs, & ex parte dissimilitudinis est agēs. Et hic est modus medicinarū, quæ dicuntur calidæ aut frigidæ in potētia, & hoc ppter præparationem, quam habent. quia non est in aliquo cōpositorum calor in actu, nisi in animalibus ppter eorum perfectionem, & indigēt calore extrinseco magis. D & ppter non inuenitur in eis temperantia elementorū, sicut in animalibus. Sed res simplices, quę nō nutriunt, sicut quatuor elementa, nō dant corpori, qñ adueniunt ei intus vel extra nisi qualitatem: ideo, qñ obuiant nostris corporibus, mouēt corpora: sed non mouentur à nostris corporibus. ppter quia qualitates, cum quibus operantur elementa in corporibus, sunt in actu, sicut est calor in igne, & frigus in niue. Et qñ elementa mouent corpora, ipsa non mouentur, i. non conuertuntur. Et qñ Medici volunt de men- E suris præparationum narrare, quæ sunt in medicinis, quia indigēt hoc in medicatione, ordinauerunt gradus per modū comparationis corpori temperato, & posuerunt quālibet qualitatem in quatuor gradibus, s. calidum in primo, secundo, tertio, & q̄rto. & sic de frigido, sicco, & humido. & de humido nō videtur quod possit transire tertium gradū. Et qđ pertransit quartum gradū est res venenosa, q̄ corrūpit corpus. & istæ sunt viæ primarū actionum, & passionum medicinarum. F

De operationibus Secundis, & Tertijs, in generali, quas operantur medicinæ in corpore humano. Cap. 4.

ET nos volumus incipere narrare de virtutibus secundis, & tertijs, & dicere naturas medicinarum, quibus hoc operantur, & qualiter operantur. Et dicimus quod medicinę, * quæ sunt compositæ ex elementis, quando alterantur à corpore, aut alterant corpus, quædam eorum sunt, quæ assimilatur ei, q̄d est *a. l. quia.

ta

G in eis ex virtutibus elementorũ, sicut sunt illæ, quæ dant caliditatem,
frigiditaté, siccitatem & humiditatem similem in qualitatibus, q́ sunt
in illis: & q́dam actionũ aut passio
num, q́ non assimilant̃ ei, q́d est ex
virtutibus elementorũ, sed sunt ope
rationes consequentes primas virtu
tes elementorũ. & hoc est pp locum
subiecti, in quo operantur: sicut illæ, quæ habent indurare, mollifica
re, denigrare, rubificare, & similia.
Et locus subiecti, in quo manifestã-
tur istæ operationes circa q́lcunq;
membrum, si ĩ determinatũ fuerit,
H appellabunt̃ istę virtutes secundæ.
Et qñ operabuntur in propriũ mẽbrum, tunc dicentur virtutes tertię:
sicut sunt medicinę, quę prouocant
vrinã, & q́ mundificãt pulmoné, &
quæ generant sperma, & q́ frangũt
lapidem, & similes istis. Et postq̃ di
ctum est de virtutibus secundis, &
tertijs, dicendũ est de natura operationũ istarum medicinarum mani
festiorum. & incipiamus á secũdis.
Et dicamus q́ istarum medicinarũ
quædã sunt maturatiuæ, hoc est q́
faciunt saniem, & q́dã earum sunt
mollificatiuę, quędã induratiuæ, &
I quędã aperitiuę, & quędã oppilatiuæ, & q́dã euaporatiuę, & quędam
petrificatiuæ, & quædã stypticæ, &
quędã lenitiuæ, & similes his. Et debes scire q́ medicina, q́ é appropriata alicui operationi, non dr̃ habere il
lã proprietaté, nisi cõparatione ad
corpus tẽperatũ, vel ad propinquũ
temperãtię. & Medicus expertus in
hac arte. qñ cadit ad manus ipsius
aliud corpus distemperatum, debet
arbitrari medicinã ſm mensuram,
quã videt ei esse magis iustã, & ma
gis cõuenienté in virtute medicinę,
quæ habet facere operationé istam K
in tali corpore. & experientię habét
hic locum magnũ. v. g. postq̃ sciuerimus q́ medicina maturatiua est
illa, cuius calor est ęqualis calori cor
poris, debemus intelligere hãc pro-
portioné propriã vnicuiq; corpori
per se, & facere cõparationem propriam tali corpori. Et hoc non fiet
solum in cõplexione propria vnius
indiuidui, sed ẽt in vnoquoq; mem
bro per se: ppea quia medicina, q́
facit sanié in testiculis, non facit sa
niem in aure. & non oportet q́ Medicus has res tradat obliuioni. & ex- L
perientia habet in istis vijs, & arbi-
trijs magnum posse.

De medicinis Maturatiuis. Cap. 5.

DEinceps narranda est natura
illius medicinæ, quæ operatur
operationes supradictas: & incipié-
dum est á maturatiuis. Et dicamus
q́ maturatio est operatio caloris na
turalis in substantia materię, sicut
dictum est in alio loco. Et maturatio
no est ordinata ſm ordiné, qué habet digestio in cibo, hoc est ĩ tribus
digestionibus. Et qñ spargitur ad
aliud membrũ materia, quę egredi M
tur á natura in quantitate, aut qualitate, aut ĩ vtrisq. simul, & putrefit
illa materia, tunc generatur in illo
mẽbro de necessitate vnus calor mi
xtus ex naturali & extraneo. Et si
materia illa est apta recipere digestioné, fit ibi sanies, & maturatur.
ideo quia alba sanies est media inter digestionem perfectã & diminu
tam: eo q́ est alba, quia materię nõ
sunt aptæ ad recipiendum digestioné pro maiori pte, nisi qñ egrediun
tur á sua natura in quantitate. sed
qñ egrediuntur á natura ẽt in qualitate,

A litate, tunc est in eis digestio difficilis: hoc est qñ tendũt ad malã qualitatem, sicut ad humores adustos, & similes illis. ergo ars conueniens in simili re est cõfortare virtutẽ mẽbri. quia calor naturalis est quasi sepultus in membro, sup qd est sparsa hęc materia. & ppea est necesse vt medicina habeat ex sui natura, vt faciat digestionẽ: sicut medicina q̃ assimilatur calori intrinseco, q̃ debet esse tẽperata in calidirate & humiditate: vel sit declinans aliquantulũ ad calorem, & ppea quia calor intrinsecus, qui est in mẽbro, põt esse B refrigeratus pp multam materiam sparsam in eo, aut pp qualitatẽ. Et qñ cõparamus talẽ medicinã, qualis est hęc, corpori humano, dicim⁹ ipsam esse temperatã. & qñ cõparat parti dñanti in ipsa ex elemẽtorũ, dicimus q̃ est talis, aut talis. Et de medicinis tẽperatis est aqua calida tẽperati caloris, & oleum dulcæ oliuæ, qñ guttatim cadit super apostema: & sicut cataplasma factũ de farina tritici coctũ cũ aqua & oleo dulci. Et debes scire q̃ medicina, q̃ facit saniem in vna cõplexione, nõ facit in alia. & similiter in quolibet C mẽbro corporis, sicut dictum est superius. & ppea Medicus expertus debet ex se ponere gradus istis medicinis. v. g. quia medicina, q̃ inducit saniem, quasi in primo gradu est calida, vt cataplasma supradictũ: & supra illam in gradu est quę facta est ex pane pp salem, qui ibi est. & sup hãc illa, q̃ facta ẽ ex fermento. Et quidam dicũt q̃ medicinæ oppilatiuæ sunt maturatiuę: sed hoc est p accidẽs, sicut cerotum factum ex cera & oleo rosato, ppea q̃ qñ pori claudũtur, calefit membrũ, & mã maturatur. Et quidã dicũt q̃ medicinę ma- D turatiuę maturãt, ppea quia faciũt in materia rẽ, pp quã est facile naturę diuidere ipsam materiã tẽperando qualitatẽ materię, aut subtiliando ipsam. Et põt esse vt in vna medicinarũ inueniatur maturatio cũ omnibus istis modis, & erit in cõposito per artificiũ: in simplici vero p naturã. Et et dr̃ q̃ medicina maturat: ppea quia rectificat in qualitate caloris naturalis illud, qđ permutatũ est per calorẽ extraneũ. & per hanc viam dr̃ q̃ psyllium maturat apostemata calida. & sm̃ hũc modum q̃ res frigidæ maturãt aposte- E mata calida. Et definitio, qua definiuit Gal. maturationẽ, non verificat nisi in apostematibus, quę sunt difficilia ad maturandũ pp nimiã debilitatẽ caloris nãlis, aut pp quantitatem, aut pp frigiditatem.

De medicinis Mollificatiuis. Cap. 6.

Istæ medicinæ approprianť in ultũ in hac arte medicinis, quę dissoluunt apostemata dura, densata, lapidea, quasi habentia insensibilitatem. Et ista apostemata generabiter sũt ab humoribus grossis, qui sunt, aut melãcholici, aut phlegma- F tici grossi, aut cõpositi ex ambobus. Et quia hęc apostemata sunt indurata pp frigiditatẽ, necesse est vt res, q̃ ea mollificãt, sint calidę. quia res, q̃ sunt cõgelatæ per frigiditatẽ, dissoluuntur per caliditatẽ, si sunt resolubiles, sicut plumbũ, & stannũ. q̃a ista apostemata cum maturantur, humectantur: & de necessitate est vt medicinę, quę hñt permutare, quãuis sint calidæ, vt habeant aliquam siccitatẽ, vt vincant illã humiditatẽ frigidam. Et medicinæ, quæ pro-

G barę sunt per experimētū in hoc opere, sunt calidę in secundo vel tertio
gradu, & siccę in primo: sicut ammoniacum, bdellium, styrax, & medulla cruris vituli, & sepum hirci-
nū, & bouinū. Et est necesse vt sint
mensurę harū medicinarū fm mē-
suram, quā hñt caloris & siccitatis:
ideo quia medicinę, q̄ sunt fortes in
calore & siccitate, nimis hñt dissoluere, & posset remanere pars grossa
ex materia, q̄ conuerteretur in natu
ram lapidis. Et est necesse, sicut dixi
mus, vt per te ponas gradū in fortitudine harum medicinarū: propte-
H rea quia pinguedo est debilior ammoniaco, & bdellio. Et pinguedo
gallinę debilior existit pinguedine
anseris, & anatis: quia res istę diuer
sificantur fm aliquā complexionē,
aut ad aliquod membrum.

De medicinis induratiuis. Cap. 7.

DE necessitate est vt medicinę
induratę sint frigidę: propterea quia induratio cum grossitudine non est nisi congelatio, & conge
latio non fit nisi à frigiditate. Sed il
lud, qd̄ dicit Gale. de humiditate in
his medicinis, nihil est: ppea quia
I humiditas non habet nisi solū humectare, & non indurare. & melius
esset vt poneret siccitatē cum frigiditate: quia de illa frigiditate fit du
rities cruditatis. Sed istę duę qualitates sunt vt plurimū passiuę, & nō
actiuę. quia duę actiuę sunt caliditas & frigiditas: quamuis earū ope
rationes diuersificentur fm humiditatem & siccitatem. & hoc declaratum est in Quarto Meteororum.
Et istę medicinę habent latitudinē.
& istę medicinę sunt sicut sempet-
uiuum, psyllium, & portulaca. & si
infrigidant & incrudant, non faciūt K
hoc nisi per frigiditatem.

De medicinis Oppilatiuis. Cap. 8.

ISte medicinę sunt ex his, q̄ claudunt poros, & natura sunt terrestres sine mordicatione: quia mordicatio est vna ex rebus, quę cito fa
ciunt medicinam egredi ex poris:
aut vt sint conglutinatiuę vt gummi, & terrestre, qn̄ non est conglut
natiuum, sicut amylum. Et est necesse vt istę medicinę sint multū remotę à mordicatione: & ppea debent esse temperatę complexionis, L
vel declinantes ad frigiditatem parum. Et si quęsieris qūo oppilant
istę medicinę corpus interius, quan
do assumuntur: Respondemus q̄
hoc potes scire per hoc, qd̄ est dictū
superius: quia claudunt intestina
pp chylū factum ex eis, & similiter
hepar, & venas, & membra ipsa. Et
istę medicinę oppilatiuę diuersificā
tur fm diuersitatem complexionis
membrorum: sicut dicitur q̄ dacty
li oppilant hepar, & aperiunt oppilationem pulmonis.

De medicinis Aperitiuis, & Abstersi- M
uis. Cap. 9.

ISte medicinę sunt vni⁹ generis,
& inter ipsas est parua diuersitas.
quia medicinę, quę abstergūt sordiciem ex mēbro, & lauant ipsum,
neq; habent posse penetrandi in po
ris, dicuntur abstersiuę, sicut aqua
mellis, & aqua melonum, & farina
ordei, & fabarum. & quę habēt vir
tutem penetrandi propter partem
igneam, quę est in eis, dicuntur ape
ritiuę. Et quędam istarum medicinarum plus operantur extra corpus, quàm intra: & quędam plus
intra,

A intra quam extra: & quędam operantur ęqualiter. Et quę plus operantur extra, sunt quę habent aliquantulam bauracitatem, nec in eis est multa grossities. & pp paruitatem subtilem, quę est in eis, penetrant intus: & propter largitatem intrancarum viarum, penetrant cito. Et res visco sę mundificare nō pōt, & si cum eis iungeretur corpus stypticū aliquantulum grossum, tunc mundificarent: ppea quia sunt mixtā naturę aperitiuę, quę est ī eis, quia hęc stypticitas cōiuncta retinet eas in meatibus, donec compleuerint suas opeB rationes. Sed extra corpus non possunt ita operari propter stricturam pororum, & propter stypticitatem. Et ppea absinthiū aperit oppilationes hepatis, & non pōt poros exteriores aperire pp stypticitatem, quę est in eo. Et istę medicinę debēt eē amari saporis cum stypticitate. Sed medicinę, quę ambas operationes faciunt, sunt inter harum naturam medię, videlicet illę, quę habēt aliquantulam amaritudinem cū bauracitate sine stypticitate: sicut radix lilij cœlestis, & similia eis. Et tu iam sciuisti q̄ medicinę, quę sunt aperiC tiuę vnius membri, non sunt aperitiuę alterius. Et propter hoc dare debes vnicuiq; harum rerum gradus: quemadmodum facis reliquis medicinis, & virtutibus.

De medicinis Euaporatiuis. Cap. 10.

QVia autem euaporatio non fit nisi in quantitate mēbri euaporati, & augmentum ipsius quantitatis non fit nisi propter calefactionem mēbri, necesse est vt medicinę euaporatiuę sint calidę. Sed earum calor debet esse temperatus: D quia medicinæ, quę habent distemperatum calorem, euacuant & desiccant, nec debent habere substantiam grossam. & istæ medicinæ sunt sicut chamæmilla, malua, & oleum. Et debes scire quód euaporatiuæ sunt contrariæ oppilatiuis; hoc est, quia sunt frigidę, scilicet oppilatiuæ, de quo dictum est superius. quia quando membrum refrigeratur, diminuitur quantitas sua propter quantitatem sui ad frigiditatem, & terrestreitatem: quēadmodum augmentatur quantitas eius propter propinquitatem ad E caliditatem ipsius naturæ aeris. Et scias quód non fit augmentū quantitatis ex his, quæ apponuntur, vel eueniunt extra, nec fit diminutio propter aliquid, quod resoluatur ex eo. & hoc probatum est in Naturali philosophia. Et medicinæ facientes hanc operationem sunt hæ eædem his, quæ indurant, sed primo liniuntur. & si diu permanent in membro, indurant ipsum. & possibile est vt mortificent ipsum, cūm diu permaneant super illud.

De medicinis Aperientibus ora venarum. Cap. 11. F

IStæ medicinæ sunt calidæ complexionis, & habent grossam substantiam, & sunt de genere medicinarum aperitiuarum: tamen sunt fortiores eis. Et habent quasi tres gradus operationum, primus est abstergendi: secundus est aperiendi: tertius est elargandi ora venarum. tamen calor istarum medicinarum aperitiuarum non est conueniens vt sit calor corrosiuus, quia

G corroſio claudit. & iſtę medicinæ
ſunt ſicut allium, & fella, & proprie fel bouũ.

De medicinis Stypticis. Cap. 12.

Vide cõt. Zym.
STypticæ medicinę, quę ſtringũt
orificia venarũ, ſunt natura frigidæ & terreſtres, & fortis ſiccitatis.
& ppea fuit ſapor earũ ſtypticus. &
ppea claudunt orificia venarũ, quia
frigiditas, quę nõ ẽ terreſtris, ẽ debi
lis operationis. Et hęc eſt dĩa, quę
eſt inter ſtypticum & oppilatiuum.
quia oppilatiuum eſt in materia, q
eſt tenet ſubtilitatem, & ſtypticũ eſt
H in materia groſſa. & hęc ſunt ſicut
galla, balauſtia, acacia, & ſimilia.

De medicinis Mitigatiuis dolorum. Cap. 13.

DIcitur q̃ prima via mitigandi
dolorẽ eſt, vt remoueatur cau
ſa doloris. Et ſecũda eſt, vt ſtupeſiat
membrũ, ita vt non ſentiat dolorẽ,
ſicut fit cum opio. Tertia eſt medicina, quæ facit in membro illud, qđ
repugnat rei, quę inducit dolorem.
& iſtud eſt verax mitigatiuũ. quia
in primo modo cadunt multa genera medicinarũ: ſicut medicinarũ
I purgãtiũ ĩ eis, & medicinarũ digeſti
uarũ. & ſedus non mitigat niſi p ac
cidens, qñ priuat ſenſum membri,
aut ipſum indurat. quæ res non eſt
facienda, niſi qñ vitare non poſſumus: ſicut dictum eſt in lib. de Ingenio ſanitatis. ſed tertius eſt verax
mitigatiuus: ppea quia præſtat ſine
medio illud, qđ reſiſtit cauſæ doloris. ergo neceſſe eſt q̃ medicinę, quę
hoc faciunt, ſint tẽperatæ, ſimiles
calori naturali, aut parũ calidiores
intẽrũ, inquantũ calor naturalis eſt
refrigeratus à calore naturali debito membri pp reſolutionem factã K
in ipſo. Et ppea poſſunt iſtæ medicinæ mitigare dolorem, qui eſt ex
cauſis calidis, & frigidis per eundẽ
modum: eo q̃ augmentant calorẽ
naturalem, qui eſt inſtrumentum
naturæ, qui eſt medicinalis per om
nem partem: & tunc dominantur
natura ſuper malam complexionẽ,
quę facit dolorem, & ipſum remouet. Et quamuis iſtę medicinæ ſint
in hoc gradu, neceſſe eſt vt ſint ſubtilis ſubſtantię, penetrantes, & velociter permutabiles ad calorem naturalem, & tunc adiuuabunt dige-
ſtiões propter earum ſubtilitatem. L
Et propterea appropriantur iſtę me
dicinæ duabus virtutibus ad remouendum dolorem: vna eſt ad mul-
tiplicandum calorem naturalẽ: &
alia ad præparãdum humorem ad
digeſtionem, qui eſt cauſa doloris,
ad hoc vt ſit facile permutabilis à
natura. Et res magis conuenientes
in hoc ſunt pinguedines, & olea. &
pinguedinum, ſicut pinguedo galli
næ, & anatis, & pinguedo anſeris eſt
melior ſm Gal. de oleis oleum vitel
li ouorum, & oleum dulce oliuę calidum parum. Et generaliter, quan
do dolor eſt mordicatiuus, res quæ M
mitigant, debent eſſe dulcoratiuæ.
vnde medicinæ, quæ habent qualitatem mordicatiuam, & proprie ſty
pticæ, multum ſunt remotæ à mi-
tigatione doloris. Et medicinæ frigidæ, & oppilatiuæ habent augmẽ
tare dolorem: eo q̃ reſiſtunt diſſo-
lutioni humoris. Sed medicinę, quę
in Arabico nominantur muſcabe-
cha, variantur ab iſtis: eo q̃ ſubſtantia earum aliquantulum groſſi
or exiſtit: & cum hoc ſunt aperitiuæ pororum cum euaporatione

membri

A membri. Sed generaliter natura earum est propinqua naturę ipsarum medicinarum prædictarum, quæ indigent pauca abstersione.

De medicinis generantibus Carnem. Cap. 14.

Istæ medicinæ indigẽt pauca abstersione cum pauca exiccatiõe, sed abstersio est, vt auferatur sordities, quæ ẽ in vulnere, & siccatio est ad siccandum humiditatem: quia in digestione vniuscuiusque membri inueniuntur istæ duæ humiditates, hoc est subtilis, & grossa.

B *De medicinis Cicatrizantibus.* Cap. 15.

Istæ medicinæ debent esse stypticæ, & fortiter siccæ: propterea quia cutis est illud, quod fit à natura post generationem carnis, & cutis est siccior carne. propterea necesse est vt exsiccatio illarũ medicinarũ sit fortis: sicut gallę, & balaustia.

De medicinis Causticis. Cap. 16.

Istæ medicinę debent esse in fine caliditatis cum grossitie substantiæ: & tunc faciunt opus, quod facit pruna, idest carbo.

C

De medicinis Corrosiuis, & facientibus Carnem cadere. Cap. 17.

Istæ medicinæ consumunt carnem, non tñ faciunt quod faciũt causticæ. & hoc accidit, quia habẽt caliditatis minus, & subtiliorem substantiam. Et quæ faciunt cadere carnem, sunt debilioris putrefactionis. & non dicuntur putrefactiuæ, nisi propterea quia corrosio, & casus carnis non sunt nisi propter calorem extraneum. & in calore extraneo, est aliqua putrefactio de necessitate. D & medicinæ putrefactiuæ sunt sicut auripigmentum rubeum, vel citrinum. Et vtimur medicinis facientibus cadere carnem in vulneribus, qñ volumus q̃ caro bona in eis nascatur: sicut putrefactiuis in locis corrosiuis.

De medicinis Attractiuis. Cap. 18.

Quædam earum operantur prima qualitate, & quędam proprietate. Quę operantur per primam qualitatem, trahunt quodlibet adueniens. Sed q̃ trahunt proprietate, E trahunt rem propriam, sicut adamas ferrum. & generaliter omnis attractio, quocunq; modo fiat, nõ fiet nisi per calorem. Et ego debeo declarare operationes, quæ à proprietate fiunt completæ. Et medicinæ, quæ trahunt propter primam qualitatem, in eo q̃ est qualitas absolute, hoc est illud, quod facit caliditas, inquãtum caliditas, sunt duarum specierum. vna est, quę trahit per calorem naturalem, qui est in ea, sicut res quæ vocatur moschec almesia, idest putredo facta circa orificium foraminũ apũ: F & alia trahit per calorem putredinalem, sicut fermentum, & stercus columborum. Sed medicinæ, quę vocantur bezahar, quæ curant à venenis, quædam faciunt hoc à tota substantia, & quędam faciunt propter primam qualitatem, quę est in eis: hoc est quando resistunt qualitati generatæ à veneno. propterea quia venenum ingreditur hanc diuisionem: hoc est, quia venenorũ quoddam est venenum per primã qualitatem, & quoddam est à tota

G substantia. & hanc diuisionem postea declarabo. Et medicinę preser
uatiuæ dicuntur medicinæ, quę resistunt putrefactioni, aut ppea quia
tenent aperta loca, quæ parata sunt
oppilari: aut quia resistunt putredini, aut propter vtrunq;.

De medicinis Confortantibus. Cap. 19.

IStæ medicinæ sunt, quę assimilā-
tur complexioni membri in tota
substantia. Et ppea dicunt quidam
φ quodlibet membrū comestū cōfortat simile membrū comedentis.
H Sed medicinæ, quæ confortant, inquantū sunt medicinæ confortatiuę, necessario calor earū debet esse
fortior parumper calore membri, &
sīr siccior: ppea quia mēbra nō ter
rent, neq; debilitantur, nisi pp qualitatē frigidā, & humidā. & hoc secūdū plurimum accidit proprie in
mēbris pncipalibus. Et generaliter
nō debilitatur operatio membri vt
plurimū nisi pp frigiditatē, quæ est
conuenientior ad inducendā læsionem: hoc est quia assimilatur virtu
tibus dominātibus super ipsum ex
virtutibus elementorū, sicut est cere
I brum: quia ideo φ super ipsum do
minatur frigiditas & humiditas, lęsio, quæ superuenit ei pp has duas
qualitates, est maior. Et ppea est ne
cesse φ natura medicinæ, quę cōfor
tat membrū, resistat parti, à qua p-
uenit læsio mēbri, v.g. quia medicinæ, quę cōfortant hepar, necessario
debent habere manifestam siccitatem, è contrario in medicinis cordialibus. & quędam sunt, quę confortant à tota substātia, sicut aurū,
& margarita cor. Et quędam sunt,
q̄ confortant pp qualitates primas,
& secūdas: sicut stypticitas, & ama- K
ritudo, quę sunt in rosa. Et medicinę odoriferę sunt supremę omnib⁹
medicinis, quę confortant principa
lia membra: & maxime in rebus te
stificatis ab experientia, & proprie
corde. Et ppea muscus plus confortat inter cętera odorifera: nā ei⁹ aro
maticitas pualet oībus aromaticis.

De operationibus Tertiarum virtutum. Cap. 20.

IAm dixim⁹ naturā medicinarū,
à quibus proueniunt operatiōes
secundę: deinceps debemus narrare naturam medicinarū, quę faciūt L
tertiam operationē. Et dicamus φ
istarum medicinarum quędā sunt
quæ frangunt lapidem, & quædam
quę prouocant menstrua, & quędā
quæ generant lac, & quędā quę generant sperma, & quędā quę dimi-
nuūt lac & sperma, & qdam mundificant pectus. Sed medicinæ, quæ
frangunt lapidē, non sunt multū ca
lidę, sm φ Medici dicunt: ppea q2
calor, q indurat, & petrificat, est fortissimus. & pp hanc viam calor extraneus indurauit lapides. & ppea
est necessarius in earū fractione calor suauis, & nō fortis, in quo sit ali- M
quantula humiditas, comparādo ca
lori, qui īdurauit lapides, & cū subtilitate: eo φ scis, φ res, quę indu-
ratæ sunt propter calorem & siccitatem, non dissoluūtur nisi per frigiditatem & humiditatem. Et cum
dico frigiditatem, intelligo diminu
tum calorem à calore, qui coagula
uit lapidem. & sic intelligo cum dico humiditatem: ideo quia nō ope
rantur istæ medicinæ in lapidibus,
nisi per operationem similem operationi alicuius decoctionis, & per
viam

A viam istã diuidit eum calor nãlis,
& expellit. Et tales medicinę sunt si
cut asparagus, cicer rubeũ, & amyg
dalæ, quæ tendunt ad amaritudinem. Et non est remotum, vt hæc
operatio non fiat à tota substantia.
Sed medicinæ, quæ prouocant vrinam, debent necessario habere cali
ditatem cum subtilitate, quia caliditas cum subtilitate adiuuat virtutem actiuam, quæ est in renibus, vi
delicet ad trahendum illam aquositatem: & differentiam, quæ est in
hepate, etiam adiuuat in cognitione illius aquositatis caloris. & dici-
B tur q medicinę, quæ faciũt hoc, ha
bent conuenientiam cum membris
vrinæ à tota substantia: sicut sunt
apium, fœniculum, daucus, & simi
lia illis. Sed medicinę, quæ lac gene
rant, sunt quæ habẽt calefacere humores phlegmaticos, & habent iuuare virtutem digestiuam, quæ est
in membris, vt conuertatur ad sanguinem. Et ex generãtibus lac sunt
quædam, quæ sunt cibi: & illa sunt
conuenientiora in hoc opere. & sunt
cibi, ex quibus fiunt humores temperati in caliditate & humiditate
æqualibus humiditati & caliditati
C sanguinis. Et medicinæ, quæ prouocant mẽstrua per os sumptę, sunt
de genere medicinarum, quę generant lac: sed necesse est vt sint calidiores eis: eo q habent aperire orificia venarum, & subtiliare sanguinem. Et quũ hoc accidens est par
uum, tunc sufficiunt solum medici
næ, quæ generant lac. sed si ex toto cessaret menstruum, non sufficiunt illæ: sed sunt necessaria ea,
quæ sunt similia pulegio, & men-
tastro, & opopanaco, & costo, &
schœnantho, & cassiæ ligneæ, & ari
stolochiæ, & similia his. Sed medi- D
cinæ, & cibi qui generant sperma
sunt calidi & humidi & ventosi: sicut faseoli rubei, cæpe, & nuclei pi
neati. Sed medicinæ, q mũdificãt pectus & pulmonem, & adiuuant ad
excreãdum materias inclusas in ipsis, sunt quæ habent virtutem dige
stionis, & incisionis sine forti calore, vt non indurent. Et quandoque
adiuuant ad excreandum sputa me
dicinæ, quæ habent lenitatem & vi
scositatẽ, quando difficultas spuen-
di erit propter subtilitatẽ materiæ:
quia spargitur, & circumfluit ante
aerem, & educi non potest. Et me- E
dicinæ digestiuæ, & huius materiæ
abstersiuæ sunt sicut nuclei pinea-
rum recentes, & butyrum cum mel
le cannæ & amygdalis. Et semper
sis memor eorum, quę diximus superius: hoc est, quia diuersificãtur
operationes istarum medicinarum
per diuersitatem complexionis alicuius membri etiam plus & minus.
& à te pone gradus & via cognitionis harum rerum vt plurimum est
experientia.

De medicinis operantibus à forma specifica: & de differentia inter eas, & illas, quæ operantur per primã, secundã, & tertiam virtutem. Cap. xi. F

DEinceps volumus dare differentiam, quę est inter medicinas, quę operantur per primam,
secundam, & tertiam virtutem, &
illas, quę operantur per proprietatem, quam appellãt Medici totam
substantiam, & qualiter operantur.
Et dicamus q operationes medicinarũ sumunt duobus modis. Vnus

G est operationes, quę appropriantur proprijs virtutibus elementorum: sicut est calefacere calori, & refrigerare frigori: quia hmôi sunt substantialia, & sequunt eorũ substãtiã. & similiter incisio, subtiliatio, & aliæ operationes secundę, & tertiæ, sicut dictum est. Et ppea possumus apprehendere occasiones harũ operationum bono arbitrio. Sed alium modũ medicinarũ operationis appropriare non possumus primis virtutibus elementorum substantialiter: v.g. attractio, quam facit magnes in ferro: propterea quia attra-

Medicina solutiua attrahit p ꝓprietatẽ q̃ est ꝓpor tio mixtionis elementorũ.

H ctio, inquantũ est attractio, quãuis sit appropriata calori, nõ propterea vt trahat, absolute accidit vt trahat ferrum, sed propterea quia trahit tali attractione propria. & hoc accidit propter proportionem, & cõuenientiam, quæ est inter ipsum & ferrũ. Et hæc proportio, & conuenientia non est nisi in mensuris mixtionis elementorum in eis, hoc est in trahente & attracto. Et propterea est possibile inueniri in vna re proprietates infinitas. & hoc est comparãdo entibus quasi Ĩfinitis. Et hęc operatio est, quasi sicut accidens in ipsis virtutibus elementorũ, quæ sunt

Mesue in de consolidatiõe medicinarũ, in sectione prima. & ca. de Rem barbaro p ꝓprietatẽ coelestem. Gal. 5. de simpl. me. à similitudine. Auic. 4. primi. ca. 4. q̃d à virtute. & in de Vir.

I infusæ in re, quæ habet hanc proprietatem, & non insunt substantialiter. Et ꝓpterea ẽ impossibile scire per arbitrium mensuram mixtionis, pp quã fit hæc operatio in ipso ente, sicut sciuntur operationes, q̃ proueniunt à materia, quæ non sciunt nisi per arbitrium. Istud est esse ꝓprietatis, & totius substantiæ. Sed complexio non q̃ritur, nec arbitratur in hac specie, sed in alijs. Et qui quærunt in qua specie harum operationum operent medicinæ laxatiuæ: eis cõdendum est, quia habẽt hanc operationem per modũ attractionis, inquantũ est attractio, & p proprietatem. Propterea quia nos vidi demus, q qñ reperitur vna ex istis medicinis purgantibus, ipsa attrahit humorem proprium ei, & à quacunq; parte sit in corpore, vel q sit in partibus infimis corporis, aut in partibus supremis: sicut scãmonia, quæ curat ægritudinẽ formicæ pedis: eo q mouet hunc humorẽ cholericum, qui est in pede, ad educendũ extra cum medicina. & hoc non fit nisi per viam attractionis. Et me-

cor. ca. 10 virt⁹ illa ẽ ꝓprietas resultãs ex mixtione elemtorũ, & influentia superiorũ.

K

L dicinæ purgatiuæ non hñt hãc solam virtutem, hoc est attrahẽdi humorem proprium eis, sicut turbith phlegma trahit, & scammonia choleram, & lapis lazuli melancholiã: sed etiam trahunt proprium humorẽ, & ex proprio membro, sicut faciunt gummi, & propriè* serapinũ, quod trahit à neruis, & à iuncturis humores phlegmaticos grossos & viscosos. Et apparet q medicina cũ hac operatione attractionis habeat operationẽ cognoscendi humores: ꝓpea quia humores, sicut scitur, sũt in maiori parte in sanguine in potẽ-

* sagapenum.

M tia: & ipsa cognoscit eos, & ipsos attrahit. Et qñ trahũtur humores ab instrumentis ciborum ad intestina, & ventrem, tunc mouet virtus expulsiua ad expellendum eos. necesse est temotum, vt virtus expulsiua, q̃ est in hoc membro, in quo est humor, fit iuuatrix oꝑationis medicinæ in illo humore: hoc est, quia cũ medicina incipit attrahere, & nã incipit expellere. Et propterea, qñ virtus expulsiua est multum fortis, fit ꝓpter hoc magna euacuatio: quãuis medicina non fuerit multum fortis.

Et

A Et manifestum est, ꝙ attractio non potest fieri nisi cum apertione orificiorum venarum: & illa apertio non habetur nisi per calorem: & sic fit similiter attractio. Et propter hoc totum apparet ꝙ medicinæ purgatiuæ non operantur nisi per vnum calorem proprium, qui est in eis, qui habet proprietatem trahendi talem humorem. Sed quærendum est, & dicamus per exemplum. Ponamus ꝙ scāmonia habet proprietate sua trahere choleram solum, sicut habet magnes trahere ferrum solum: ergo quando bibitur ex ea plusquā B sit eius dosis, non debet alium purgare humorem. & iam certificatū est per omnes Medicos, & experientia scitur, ꝙ si fuerit quantitas maior debito, purgata cholera fortiter, postea purgat phlegma, post melancholiam, & sanguinem. & sic apparet ꝙ alia virtus hoc faciat a proprietate. Ad hoc respondere debes, ꝙ iste calor proprius, quem habet medicina purgatiua, per quem attrahit, non habet ipsum solum in se & in actu, sicut habet magnes, qui trahit ferrum propter suam formam specificam, quia medicina non ac- C quirit illum calorē nisi a corpore: & calor non dat illum calorem nisi in quantitate determinata in illa. & propterea, quando recipitur aliqua quantitas indeterminata, nō stabit ī hac proprietate. ergo attractio medicinę non est propria alicui humori, nisi per viam comparationis, & proportionis determinatæ ī illa medicina, & non omni quātitate accidente, quia quando egreditur ab illa quantitate, tunc trahit solum illud, quod trahit per attractionem. Et non oportet vt hęc omnia dicantur, nisi in medicina, quæ inuenta D est per experientiam, vt non trahat nisi vnum humorem proprium: eo ꝙ inueniuntur medicinæ, quę trahunt diuersos humores: sicut dicit de agarico. Et non est remotum: quia omnes humores habent propīquitatem in vno genere. Et hoc est etiam causa, si duplicaretur quantitas medicinæ, quæ est propria vni humori, vt purgaret alium humorem, sicut dicitur ꝙ medicinę, quę trahunt melancholiam, trahūt humores phlegmaticos: quia conueniunt cum ea in vna qualitate.

De Venenis. Cap. 21. E

VEnena operantur in corpore quatuor operationibus virtutum, sicut tu vides ꝙ plura operantur qualitatibus primis, sicut opiū, quod priuat sensum, & motum sua frigiditate. vnde si sumeretur pauca quantitas, postquam esset refrenata aliqua medicina contraria, esset medicina. Et quædam operantur a tota substantia: hoc est quia permutant corpus penitus ex toto, sicut aurum conuersum in calcem, quod non potest aliquo modo esse medicina. Et quædam interficiunt fortitudine attractionis: sicut dicitur de F helleboro albo. Et quædam occidūt remouendo calorē vitæ. & hęc sunt, quæ purgant sanguinem.

De medicinis Bezahar. Cap. 23

MEdicinæ, quæ vocātur bezahar, quę curant a venenis, operantur has passiones conuersim: hoc est quia quædam permutāt sua qualitate venenum, quando sunt contrariæ: & quædam hoc operant̄ a tota substantia: & quædam hoc faciunt sua attractione. Et istæ medici-

*Forte melius leges bezahar, & sic semper I hoc capite.

G dicinæ* bedezaricæ non curant nisi recipiantur, cum est in corpore dispositio venenosa facta a veneno, & tunc dant corpori vnam virtutem, quæ est contraria virtuti veneni. & sic curatur venenum quasi per accidens. propterea quando illas comedit homo sanus, sunt sicut venenū, exceptis granis citri, & similibus illis. Propterea dicunt Medici, q̄ medicinę bedazar sunt mediæ Iter medicinas & venenum. Et nos sic non Intendimus: quia medium & extrema sunt vnius generis: & quæ sunt generis, sunt similia: & sic non est I bedazaris cum veneno. & propterea

H melius est dicere q̄ bedazar sit in fine contrarietatis cum veneno: quia medicatio contrarietatis semper debet attribui contrarietati. Sed causa, quare bedazar occidit sanū, non est nisi quia non habet prodesse, nisi quando in corpore est dispositio venenosa. Et est, vt istæ medicinæ faciant duas operationes in corpore humano. Vna est, vt venenosa, quando recipitur, non existente in corpore dispositione venenosa. Et alia est iuuatrix, quando in corpore est dispositio venenosa. & sunt sicut

I venenum ex vna parte, & medicinę ex alia: non q̄ sint medicinæ ex parte, ex qua sunt venenum. quia non est extraneum, vt dicatur q̄ diuersificantur actiones vnius agentis diuersificatis dispositionibus subiecti locorum. Hoc est, quod potest dici bono arbitrio de operationib⁹ medicinarum, qualiter operantur.

Vide cibu. Riim.

De modo cognoscendi virtutes Medicinarum, & Ciborum.

Cap. 24

DEinceps habemus perscrutari, si possumus comprehendi argumento operationes medicinarum, K quæ non sunt expertę: aut sit cognitio inuentionis earum per experientiam: aut si in hac inuentione cadit res, quæ contineat argumentum & experientiam: & si ceciderint, vtrum sufficiant modi, qui dicti sunt a Medicis. Sed dicamus q̄ operatiões medicinarū, sm̄ q̄ dictū est, sunt quatuor, primæ, & secundæ, & tertiæ, & propriæ. Sed cibus non habet nisi vnam operationem, hoc est, q̄ nutrit. Et cibi naturales non conueniunt nobis nisi in tota substantia. ꝓpterea quando perscrutati erim⁹ de L hoc, si poterit comprehendi per modum argumenti demonstratiui in hac perscrutatione, cadet perscrutatio inquisitionis proprietatis, si pōt assignari aliqua ratio, vel non. Et dicamus q̄ iam dictum est I primo Posteriorum, q̄ cognitio rerum est duob⁹ modis. Vnus, vt habeatur cognitio sui esse solum: & hæc vocat demonstratio esse. Et secundus dat nobis cognitionem causæ illius esse: & hęc vocatur demonstratio causę. Et quando sunt in vna & eadem scientia, differūt sm̄ hunc modum. quia quod dat esse, non stat nisi p M primam cām ꝓpinquam sine medio. v. g. si tu quæreres quæ sit cā dei, responderemus, quia est propter lumen Solis. sed quod dat esse rei solum, non stat per primam cām, sed stat per principia mediata. & si nō sint mediata, nō sunt ipsa & eadem cā. sed hoc scitur per conuersionem æqualē, aut per res magis notas apd nos. V. g. ponam⁹ vt velimus rationē assignare, q̄ Luna sit rotunda: eo q̄ ipsius lumen paulatim augmentatur in figura rotunda, sicut arcus. quia hoc principium, hoc est aug-

ment

A mentatio sui luminis paulatim, nō est mediatum ppea hoc idē non est cā rotunditatis Lunæ: ppea ꝙ rotunditas Lunæ non est propter hoc, ꝙ augmentatur paulatim in hac figura rotunda, sed augmentatur in hac figura, quia rotunda. & est conuersiue: ppea ꝙ cuius rei lumen augmentatur paulatim in hac figura, est eius forma rotunda: & oīs res rotunda luminosa augmentat lumen suum in hac figura. Et etiam inuenimus principia, quę dant esse rei solum I hoc, ꝙ nota sunt per se, & non ppea vt sint prima causa in re: sicut dicit
B ꝙ stellæ, quæ non scintillant, sunt nobis propinquiores. & hoc principium est notum apud nos per sensum: ppea ꝓdest dicere ꝙ stellę erratę sunt propinquiores fixis. Et debes scire ꝙ hęc principia, quę nos iuuāt ad sciendum esse rei solum, sunt posteriora in esse & cognitione causa, & sunt priora ea in cognitione comparatione ad nos: ppea quia priuatio scintillationis erratium est propter earum propinquitatem ad nos: & propinquitas earum ad nos est prior in natura & cognitione. Et principium conuersiuum potest no
C bis dare cognitionem cāæ rei, quando probat per medium terminum. quod fit in vero syllogismo, quia in hoc probatur terminus maior, & minor virtute medij. quia quando inuenitur terminus maior in toto medio, & medius ī toto minori, tūc probatum est esse maioris in minori. Et hęc demōstratio pōt dare cām esse, & noīatur demōstratio cāæ. Sed qđ dat solum esse, est inductio: hoc est quia scitur ex inquisitiōe partium, quæ sunt sub illo vlī. quia qñ fuerit quęsitum prędicatum, cuius esse vo

lumus habere certitudinem vlē, tūc quæruntur omnes partes vlīs. Et si inueniantur, tunc constituetur, ꝙ hoc prædicatum est in toto vniuersali. & hæc species nolatur declaratio esse maioris ī medio virtute minoris. quia qñ inuenitur maior in toto minori, hoc est in omnib⁹ partibus, & totus minor est totus medius, tunc argumentatur maiorem esse in toto medio. Ergo quādo quęruntur multa ex particularibus in vna specie: & inueniatur vnum prędicatum in omnibus, non opinādo vt sit aliqua pars in subiecto, in qua non inueniatur hoc prædicatum: & E est certificatum, ꝙ non videbitur p hoc, quod videtur a partib⁹, per hūc modum declarationis cognoscitur esse verius prædicati in tota illa specie a parte experientiæ in omnibus suis partibus. Et per hanc viam habemus cognitionem maioris partis specierum principiorū artis Medicinæ. Et principium, quod nobis dat esse rei solum, est post conclusionem, vt non sit conuersiuum super medium terminum. & in hoc mō cadit demonstratio esse. v. gra. sicut volumus declarare esse virtutem nutritiuam homini per vnum princi- F pium, quod dicet, omne animal est nutribile. & fiet argumentum hoc sic. omnis homo est animal: omne animal ē nutribile: ergo oīs homo est nutribilis. ppterea quia hoc principium non prodest nobis, nisi ad tribuendum virtutem nutritiuā homini, sed non vt virtus nutritiua sit causa propinqua homini. Et quare non iuuat nos in dando cām rei? quia non conuertitur maior super medium: quia omne nutribile non est aīal. Et in summa dico, ꝙ demō stra-

G ſtrationes, quæ naſcuntur a cauſis
remotis, vel ſunt affirmatiuæ, vel ne
gatiuæ, ſunt demonſtrationes eſſe,
& non demſtationes cauſę: quia de-
monſtratio cauſę eſt prima & propinqua. Et omnes iſtæ res faciles ſūt
ei, qui ſtuduit in Logica per aliqd'
tempus, & perfectius cognoſcet iuuamentum, quod faciunt in hoc lo
co, & etiam neceſſitatem. Et poſtquam ita eſt, ſicut dictum eſt, debemus perſcrutari de proprietatibus.
Et dicamus, videndum eſt, ſi poſſit
inueniri via, qua poſſimus cognoſcere ꝙ proprietates ſint per compa
H rationem alicuius alterius rei, ſicut
eſt ad comparationem corporis ho
minis. Et dicimus ꝙ hoc non poteſt
ſciri, niſi vno duorum modorum.
Vnus eſt, vt ſit natura, propter quā
prouenit hęc operatio, manifeſta a-
pud nos perfecte, aut per primos intellectus, aut per demonſtrationē.
Alter eſt, vt inueniātur res propriæ
poſteriores illi naturæ. & ad hæc vt
ſint illę res, & proprietates æquales
in vno prædicato. & etiam vt ſint il
læ eædem res poſteriores magis no
tæ apud nos q̄ proprietates. & vt ſint
illæ res, propter quas poſſint ſciri ꝓ
I prietates abſq; medio. Quoniam
ſpecies harum demonſtrationum,
quamuis ſint ex reb⁹, quæ ſunt qua
ſi per accidens, ſunt tamen veraces.
& nos vellemus, ſi poſſet eſſe, inueni
re hoc quæſitum virtute illarum de
monſtrationum. Sed videtur ꝙ iam
ſit ſententiatum, ꝙ natura, quæ ope
ratur proprietas, non poſſit ſciri per
fecte: quia proprietas non eſt niſi v-
na operatio exiſtens per ſe, tranſiēs
ab vno ente ad aliud propter ꝓpor
tionem menſurarum elementorū,
quam habet vnum ens cum alio.

Et hęc menſura comprehendi non K
poteſt per modum arbitrij: neq; e-
tiam poteſt ſciri hoc plus quàm ſit
hæc cognitio, quæ non eſt perfecta.
Neq; etiam inuenitur hic aliud accidens poſterius, quod ſignificat ſu
per hanc naturam veraci ſignificatione. Etiam neq; eſt aliqua, niſi ꝓ
prietas eadem, * quando ſentitur: *a.L. quas
quia tunc ſignificat ſuper hanc naturam. & ſi eſt impoſſibile hoc ſcire, eodem modo eſt impoſſibile inuenire in eo, quod habet proprietatem, vnum accidens æquale ꝓprie-
tati ad hoc, vt ſignificet ſuper proprietatem, & ſit manifeſtius apud L
nos q̄ ipſa. quia non eſt conueniens
inuenire hoc, niſi quando inueniretur vnum accidens magis notum,
quod ſignificaret perfecta ſignifica
tione ſuper naturam, propter quam
ſit hæc proprietas. Et propterea qa
proprietas ſequitur proportionem
menſurarum entium, poſſibile fuit
inueniri in vna re proprietates qua
ſi infinitas. & res, quæ eſt propinqua
infinito, non poteſt ſciri perfecte p
arbitrium: neq; etiam poſſumus in
uenire ſigna ſignificantia ſubſtan-
tialiter ſuper hanc naturam. Et poſt
quam ita eſt, debemus perſcrutari, M
ſi poſſibile eſt apprehēdere primas
operationes per viam demonſtrati-
uam, aut nō. Et dicamus ꝙ via, qua
perſcrutati ſumus ſuper proprietates, erit eadem cum via, qua hic erimus ſcrutati. quia ſi poſſet apprehē
di arbitrio medicina temperata, aut
diſtemperata l ſine ęqualitatis, hoc
non eſſet niſi cum cognoſceremus
naturam, quę hoc operatur perfecta cognitione. Quia quando nos
tractamus de medicina, ſi eſt calida
aut frigida, aut temperata, nos non
in-

A intelligimus hoc, nisi quia habet per
sui naturam & preparationem, per-
mutando se a corpore humano, vel
vt permutetur a corpore humano:
& corpus postmodum ab ea recipit
vnam qualitatem permutatam cō-
paratam, proportionatam qualitati
bus naturalibus, quę sunt in corpore: quam proportionem dicim' tem
perantiam esse, aut distemperantiā.
Ergo vtinam ego scirem, quę natura est hæc, propter quam preparatum est corpus humanum pati has
passiones: & quæ est illa, quæ præparata est ad agēdum: & cui rei has
B debemus comparare, hoc est cui rei
debemus comparare mensuras elementorum, quę sunt in illa. Propte
rea quia hęc operatio non dicitur,
nisi comparatiue ad corpus humanum. Et propterea apparet prima
fronte, q debet fieri comparatio inter complexionem ciborum & medicinarum, & complexionem homi
nis, ita q mensurę elementorum, q
inueniuntur in cibo & medicina, in
qualitate ęquales sint his, quæ in
homine, inueniuntur. & hoc est, qđ
dicitur cibus temperatus, & medicina temperata. Et quod egreditur a
C temperantia ad vnam extremitatē,
est illud, quod est augmētatum aut
diminutum in illo extremo. Hęc
est melior ratio, quę possit assignari
proportioni & comparationi ciborum, & medicinarum corpori humano, & operationibus ipsius. Sed
vnum nobis obuiat, q si ita est, nullus cibus debet dici temperatus homini, nisi caro humana. Et forte
posset esse q carnes gallinarum per
modum similitudinis remotę, essēt
temperatæ complexioni hominis:
aut complexio carnium hœdi simi

liter. Sed de terræ nascentibus nul- D
lum temperatum poterit inueniri.
& minus debet esse calida corpore
humano: quia corpora animalium
sunt calidiora nascentibus terræ: &
propterea non inuenitur in terrę na
scentibus calor in actu. Et postquā
non est via cognoscendi hanc natu
ram perfecta cognitione ab hac par
te comparationis, quę est inter naturam corporis & complexionem,
qua operantur medicinę has opera
tiones, fortasse poterit cognosci a
parte comparationis, & proportiōis
mensurarum elementorum, quam
habet medicina a seipsa: hoc est qđ E
medicina, in qua dominabit' calor
in seipsa, illa dicitur calida: & illa, i
qua dominabitur frigus, dicitur frigida. & sic de secco & humido. quia
medicina, in cuius partib' dominabitur pars ignea, illa erit conueniēs,
vt ex ea generetur calor magis: sicut
videtur in sulphure, & in similibus.
Hæc est vna via, quę posset sustine-
ri in parte. Sed etiam illa est corrupta in pluribus suis partibus, ideo
quia inuenimus multas res, q sunt
in suis complexionibus calidiores,
& quando nos comparam' eas cor- F
pori humano, hoc est, quando eas
comedit homo, inueniuntur frigidiores, sicut mustum & vinum anti
quum: quia in eo, s. musto apparet
calor manifestior, postquam tu vides, quia bullit, & comparando ipsa
corpori humano, est frigidius. Et vi
demus res, in quibus frigiditas est
magis manifesta, & comparatione
ad corpus nostrum sunt calidiores:
sicut vetus vinum. Et si tu dicis, hoc
prouenit a virtute corporis: ergo sumus in eo quod prius eramus, & nō
sumus egressi. Et quare volo in hoc
co-

A ſtratiuas, vt ꝓbarent operationes harum medicinarum in corporib' hu
manis: quãuis non ſint niſi ſigna o-
pinaria, ſicut oſtenſum eſt ſuperius.
& vt ipſum honoremus, dicimus ꝙ
habent veritatem pro maiori parte
ſed nõ neceſſario: & etiam quia mo
uent hominem ad experientiam. Et
ꝓpterea dicit Galenus, ꝙ duo inſtrumẽ
ta, quibus hęc ars fuit inuenta, fuerunt ratio, & experientia. & etiam
conferunt ad habendam cognitionem rerum expertarum, vtrum ſint
cibales, aut medicinales. verbi gra
tia ſint duo cibi: vnus ſit facilis vel
leuis, alter vero grauis & durus: nos
B dicimus ꝙ facilis & leuis citius alte
rabitur, eo ꝙ citius recipiet diuiſio-
nem a calore naturali, & citius patitur. Et adhuc plus, ſi conati eſſemus
in his rebus ad accipiendum per v-
nam viam cauſam & eſſe ſimul, eſſet valde difficile. & quando habebi
mus experientiam eſſe, facile erit nobis dare cauſam per hunc modum
ſpeculationis. & erit hęc ars ratiocinatiua. Et quando vna medicina nõ
complebit intentionem noſtrã hac
ratione, poterimus ad aliam tranſi-
re, ſed qui non haberet niſi experiẽ-
tiam, non poſſet hoc obtinere. Et iã
C dilatatus eſt Galenus in diuiſiõe ha
rum duarum rerum: niſi quia demonſtrationes, & ſententię datæ a
Galeno, & quibuſdam Medicis venientibus poſt eum, ſunt breues re-
ſpectu illarum, quę hic dici poſſunt
eo ꝙ intenderunt ad loquendum ſu
per naturam medicinarum ex par
te ſaporum, & odorum, & velocitate
conuertendi ab igne. & ſi poneremꝰ
omnia hæc eſſe ſigna, erunt ꝓprio-
ra naturarum, quę tenentur has o-
perationes facere in corpore huma

no. Sed ſigna ſubſtantialia neceſſe D
eſt vt ſint æqualis naturis, quæ ma-
nifeſtant ſuper eas: & tunc poteris
ire a nouiſſimo ad primum, & a pri
mo ad nouiſſimum. Et ſi non fueris
perſcrutatus ſpeculationes huius ar
tis per hanc viam, ignorabis naturã
medicinę calidę, inquantum abſolute calida exiſtit, & frigidæ inquan
tum frigida. nec etiam ſcies naturã
medicinę calidæ in eo ꝙ eſt calida
perfecte, nec frigidæ in eo ꝙ frigida
eſt. Verbi gratia, ſi cognitio Medici
in medicina calida non eſſet, niſi ꝓ
pterea ꝙ habet ſaporem acutum, E
aut amarum, aut ſalſum: & ꝙ natu
ra, quę habet calefacere, facit hoc:
tunc eſt eius ſpeculatio in hac arte
multum diminuta: propterea quia
multæ res ſunt calidæ, & non habẽt
ſaporem amarum, neq; acutum: ſicut carnes paſſerum, & columbarũ
iuuenum, & ſimilium. Quia cibi, &
medicinæ vel ſunt terrę naſcentia,
aut animalia, aut mineralia: & ſapo
res non dominãtur niſi in terra na
ſcentibus, aut animalibus. Et nobis
neceſſe eſt vt iſtarum rerum arbitrium ſit rationale ad affirmãdam
naturam medicinarum calidarum, F
frigidarum, ſiccarum, & humidarũ:
& poſtea ſtudebimus in rebus, quæ
ſignificãt has naturas. Ergo primo
conſyderanda ſunt ſigna, quibꝰ poſ
ſimus cognoſcere quantitatem harum menſurarum a complexionibus medicinarum. Et dicimꝰ ꝙ res,
quibus poſſunt ſciri, ſunt res ſuper-
uenientes vnicuiq; qualitati rei cõ-
plexionatæ: propterea quia comple
xionatum eſt corpus conſimile in
partibus: & iſta ſuperuenientia ſunt
differentię, quę adueniunt ei a men
ſura mixtionem illarum. Et quedã
illæ

G istarum differentiarum sunt, quę continent omnia corpora consimilia, & sunt omnes enucleatę in Quarto Meteororum: quarum quędam sunt quę congelantur, & quędam non: & quędam dissoluuntur, & quędam nō: & quędam sunt lenes, & quędam asperæ: & quędam sunt, quę sunt extensibiles, & quędam non. Et quędam sunt quę sunt propriç quibusdam corporibus consimilibus: sicut odores, & sapores, & colores. Et quędam quibus est dominatio manifesta vnius elementorum per se, quando sentiuntur per tactum cali-
H dę, frigidę, humidę, aut siccę. & hoc non inuenitur nisi in rebus, in quibus est caliditas, frigiditas, humiditas, aut siccitas in actu. Sed cum nos perscrutati fuerimus cibos & medicinas, nos tentabimus eos, in eo quod sunt partes rei compositę. & hoc est proprium in medicinis, & cibis, quę sunt partes terrę nascentium, & animalium. Et quędam illarum sunt, quę iudicantur per earum operationes, & loca. & si sunt partes animalium, iudicantur a regimine illorū animalium, & a specie illorum ciborum. & generaliter necesse est vti in animalibus comparatis rebus, qui-
I bus vsi sumus in cognitione complexionis hominis in operatione, regione, & loco. Et cum dico hic opeoperationem, intēdo operationem animę: hoc est nutrimentum, sensibilitatem, & concupiscibilitatem, & alias operationes animę, quę dictę sunt. Istę sunt vię, quibus possumus per hanc artem iudicare. & quamuis non sint fortes, sine eis nō possum⁹ esse, nec ipsas diminuere. Sed dicendum est de vnaquaque istarum, sm quod melius esse poterit, nec petendum est vltra illud, quod dictum est, sicut K
dicit Aristo. quia non debemus quęrere a traulo sermocinari, nec a muto loqui. & in his non est aliud, nisi vt recipiantur a Naturali, & ab eo quod videmus, quod facit natura: quia demonstratio non habet veracem viam in hac arte.

Quo pacto cognosci possint complexiones Ciborum, & Medicinarum per generales differentias corporum mixtorum.

Cap. 16

ET dicamus quod res, quę sunt manifestiores, a quibus possumus L
habere certitudinem complexionis corporum consimilium, est congelatio, & spissitudo, humectatio, resolutio, dissolutio, facilitas, viscositas, subtilitas, grossities, mollificatio, durities, combustibilitas, & non combustibilitas, oppilatio, & apertio: & quędam congelatio a calido, & quędam a frigido. Eorum, quę congelātur a frigore, quædam sunt, quę inspissantur primo a calore: & quędā, quę non sunt inspissata primo a calore: & quędam, quę īspissantur ab vtroq;. Et eorum, quę dissoluuntur, M
quędam dissoluuntur a calido, & quędam a frigido. Et eorum, quę humectantur, quędam humectantur a calido, & quędam a frigido. Sed quę congelatę sunt a calore, calor & siccitas super eas dominatur, vt est sal, & species eius. Sed quę congelata sunt a frigore, si in primis essent inspissata a calore: & ista spissitudo esset propinqua spissitudini, quę fit a natura aerea, aut aquea, sicut spissitudo butyri, hęc erunt necessario calida. & idem est de oleis, gummis, & similibus. Et quę congelatę sunt a fri-

A frigore, & natura terrestris super eas
dominatur, si calor prius eas inspis-
sauerit: ergo frigiditas & siccitas do
minabuntur in eis: sicut sunt ossa,
cornua, panniculi, & similia. Sed quę
sunt congelatę a frigore, nec sunt
prius inspissatę a calido naturali,
hęc spissitudo erit frigida & humida: sicut est argētum viuum, & simi
lia. Et quæ res sunt inspissatæ a calo
re, & coagulatæ a frigore, sunt propinquę æqualitati: sicut est cachi-
mia. Et res quę dissoluuntur a calore, semper coagulantur a frigore: &
quę coagulantur a frigore, dissoluū
B tur a calore. Ideo cum nos videmus
res, quæ sunt dissolutę a calore, debe
mus īspicere, si coagulatę sunt a frigore, nec inspissatæ sunt a calore, iu
dicamus ipsas esse frigidas & humi
das. Et si sunt īspissatę a calore cum
dominio partium terrestrium, iudicamus ipsas esse frigidas & siccas: sicut ferrum, & multa metalla. Et si
cum hac spissitudine dominantur
partes aereę, tunc eas iudicamus hu
midas declinantes ad caliditatem: si
cut est pinguedo intestinorum, &
sunt res, quæ dissoluuntur a frigiditate & humiditate, vt sunt species sa
C lis. Sed res, quæ sunt inspissatę a ca
lore, pro maiori parte sunt calidæ &
siccæ: excepto ꝙ illa spissitudo non
sit fundata in substantia aerea, sicut
sperma, quia tunc illa substantia e-
rit humida, aut temperata, sicut lac
eoctum. Sed res, quæ sunt inspissatę
a frigiditate & humiditate, si calor
est in primis operatus aliquam coagu
lationem, debet dici ꝙ sint calidæ &
humidæ, vt est ius pingue. Et si sint
inspissatæ, ita ꝙ calor in primis nul
lam fecerit coagulationem, debent
dici vt sint frigidę & humidæ, sicut
lac, quod coagulatur multa frigidi- D
tate. Et debes scire, ꝙ potest esse, ꝙ
operationes, quas faciunt caliditas
& frigiditas in rebus istis, possunt es
se naturales, aut accidentales. ideo
debemus iudicare super generato il
larum, si est naturale, quia complexio, propter quam medicina hoc facit, erit naturalis: sicut est spissitudo
spermatis, & complexio, quæ facit
non naturale, est non naturalis. sed
accidentalis: sicut spissitudo, quæ fit in
musto, quando ad ignem decoquitur.
Sed res, quæ inspissantur a calore &
frigore æqualiter, sunt aereæ & a-
queæ, & earum partes sunt conglu- E
tinatæ simul: sicut oleum oliuæ, &
alia olea, quæ possunt recipere has
operationes, quia oleum inspissatur
& congelatur a frigiditate: propterea
quia partes aereæ, quæ sunt in ipso,
conuertuntur ad aquam, & iterum
inspissantur a calore: propterea quia re-
soluuntur partes aqueæ, & remanēt
aereę cum terrestribus in eo dominantibus. Et res, quæ non inspissantur
a calore, vel a frigore, sunt aqueæ cū
pauca terrestreitate: & calor eas cō-
sumit, antequam inspissentur. Nec etiam
frigus potest eas inspissare propter
paucam terrestreitatem, quę est in F
eis: eo quia non inspissat frigus, nisi
quando extrahit caliditatem existē
tem in eis, & spargit humiditatem,
& tunc aduenit siccitas, & illa de cā
erit coagulatio, & inspissatio. Et quā
duę res recipiunt congelationem, &
inspissationem æquali tempore, aut
per vnum motorem ęqualem in subtilitate & grossitudine, sunt in vno
gradu ęquales in caliditate & frigiditate. Sed si vna earū plus īspissatur, co
agulatio ipsius ē velocior. & cū motor
ipsius ē fortior, hēt inæqualitatē sim

G hoc Sed res lenes, & viscosę habent
dominium aquæ & terræ: & ppter-
rea sunt frigidæ, & grossæ. sed lenes
habent dominium aereitatis cum
pauca terrestreitate: & propter hoc
de facili diuiduntur, eo quia aereitas, quæ admixta est ei, est elementum humidum. & ideo leuiter ab
alio diuiditur: & modica siccitas, q
est admixta ei, leuiter recipit passionem. Et res humidæ recipiunt extē
sionem propter partem humidam
aqueam, quæ est in ipsis. & propter
dominationem partis terrestris cū
aquosa, sunt difficiles diuidi ī duas
H partes. ppterea res lenes sunt propī
quæ, vel faciles, vt permutentur digestione propter facilem diuisionē
earum: quia calor in eis plus dominatur, quia hæc est vna ex reb⁹, quę
adiuuant ad velocitatem digestionis: quia difficultas diuisionis partium fatigat naturam. Et sciasq vi
scositas, & spissitudo significant siccitatem propter dominationem par
tium terrestrium, si est medicinalis,
& si est cibalis, est difficilis digestio
nis: ideo quia forma corporis diffici
le suam deserit naturam. Et subtilis
substātia, si est aerea, significat cali-
I ditatem & humiditatē: & si ignea,
significat calorem & siccitatem. Et
mollicies significat corp⁹ humidū,
& propterea res molles facile pmu-
tantur, sicut fructus recentes, & humidi. & duræ significant contrariū.
Et spissitudo & mollicies, & subtilitas & duricies non significant nisi
super virtutes patiētes in re: hoc est
humiditatem & siccitatem, & non
super agentes. Et oppilatio & euapo
ratio dicitur secūdum duos modos.
vnus, qui debet sic veraciter appella
ri: & est talis operatio, hoc est augmentum vel diminutio quātitatis. K
sicut nos videm⁹ mustum facere ex
seipso euaporationem in vase clau-
so, & crescit quantitas sua vltra mē-
suram primam, non existente additione substantiæ in ipso, & aliquā
do frangit vasem. & sicut videmus ī
nebulis, quæ constringuntur, & op-
pilantur in seipsis, & redeūt ad pau
cam mensuram, nihilo ex eis exeun
te: & elargantur, & crescunt, nullam
additionem recipientibus. Et causa
in hoc est, quia aer est maior aqua,
& terra. & quando res appropīquat
naturæ aeris, eius quantitas plus cre
scit: & qñ appropīquat plus naturę L
terræ, & aquæ, diminuitur plus. &
propterea res vaporabiles sunt aereæ, & sunt calidę & humidę: & quę
sunt clausæ, & oppilatæ in seipsis,
sunt frigidæ & humidæ. ppea quia
euaporatio nō est nisi dilatatio sub
stantiæ aereæ, & non est augmentū
rei venientis ab extra, & sic est oppi
latio per contrarium. Et propterea
ponitur fermentum in pane, ad hoc
vt faciat ipsum spongiosum, & in
eo dominetur aereitas, & sit facilis
ad digerendum. propterea quia cor
pus aereum leuius est ad permutan
dum propter suam humiditatem: M
quia substantia sicca est dura ad p-
mutandum, & digerendum. Alter
vero modus est, qui dicitur vapora-
tio, vel oppilatio propter dispositionem corporis, quod habet foramina larga, vel stricta. quia quod hēt
largos poros, dicimus esse vaporosum: & quod habet strictos, dicim⁹
esse oppilatum. quūa naturalis intel
lectus est intelligere istas res in substātia corporea earum, & non pp lar
gitatem, aut stricturam foraminū.
quia hæc sunt verba vulgarium.q̄-
uis

A uis etiam illud adiuuet digestionē propter facilitatem digestionis. Sed res combustibiles sunt de necessitate igneę, sicut sulphur: aut aereę, sicut lignum. & propterea velociter permutantur ab igne. Et si diceretur sic in digestione, hoc non conueniret nisi rebus, quæ comeduntur: sed si nos intelligeremus, q̇ hoc esset verax secundum Galenum, non esset necesse attribuere medicinæ oppilationem & subtilitatem: quia possibile esset vt res essent grossæ substantiæ, & de facili permutarentur: quia haberēt foramina magna, per quę

B posset ignis de facili transire. & propterea super eas dominabitur ignis, & comburentur subito. quod facere non potest calor naturalis: propterea quia est humidus, & est debilioris caloris q̄ ignis. quia res supradictæ non sunt faciles ad comburendum, nisi propter accidentia largitatis suorum foraminum, sicut arundines. Sed res, quę intenduntur habere vaporationem, & oppilationē a substantia sui corporis, hoc est, propter raritatem suam, aut spissitudinem suam a partibus substantię suę:

C & illę habent comparationem cum calore naturali, qui operatur in corpus nostrum. Sed res, quę non recipiunt combustionem, sunt res terrestres, & aqueæ. Hoc est, quod potest dici in significationibus vniuersalibus superuenientibus naturis corporum consimilium,

De cognitione medicinarum, & ciborum per rationem sumptam a sapore,

Cap. 27

DEinceps volumus narrare de saporibus, odoribus, & coloribus. Et dicimus q̇ species saporum, quæ sunt manifestiores, sunt dulcis, D vnctuosus, salsus, amarus, acutus, ponticus, stypticus, acetosus, & insipid^9. Dulcis significat complexionem calidam, sed calor ipsius est temperatus æqualiter ad comparationē complexionis humanæ secundum Galenum. Sed vnctuosus dictus est: quia pars aerea dominatur super ipsum cum modica aquositate. & propterea calor ipsius est minor, quam calor dulcis. Super complexionem salsi dominatur pars sicca adusta, in qua mista est pauca humiditas: & calor suus maior est calore vnctuosi. Et super naturam amari do- E minatur complexio sicca terrestris. & hoc potest nasci a calido, & frigido. & significatio, quę separat vnū ab alio, est q̇ significatio eius, quod fit a frigore, est vt sit dulce, postquā fuit amarum: sicut sunt glandes, xylocaracta, & aliqua ex cucurbitis. Et amaritudo, quę fit a calore & terrestreitate, reuertitur ad amarū, postquam fuit dulce. Et hoc fit, propterea q̇ amaritudo sequitur duas species complexionis, aut calidam & siccam, aut frigidam & siccam: quēadmodum inuenitur color niger per F calorem, & frigus. Et hoc, quod diximus breuiter de amaro, non senserunt Medici, qui nos precesserunt: & etiam Galenus non appropriauit ipsum nisi calido seorsum. Sed quomodo non cogitant hoc, quòd opium est in fine amaritudinis, & inducit paralysim propter suam frigiditatem? Et quamuis possent dicere quòd non prouenit amaritudo a parte frigida. Nos dicemus iam est amaritudo dominans in suo sapore: & sapor fortis est in iudicio super naturam ibi r, vnde debet

Cōtra Medicos de sapore amaro.

Nota scientiam de Opio.

G indicari, quod sit magis calidum quam frigidum: propterea istae res accipiendae sunt
a Naturali. Et quod nos diximus de
amaro, inuenitur in libro nostro, qui
dicitur liber de Plantis. & amaritudo, quae prouenit a calore, est calidior
salsedine: quia admiscetur salsugini
aliquanta humiditas. Et significat
hoc aqua maris maioris. quia est ni
mis salsa, & est multum amara, &
non potest in ea viuere aliquod ani
mal propter multam amaritudinem:
propterea quia amaritudo est in vltimitate contrarietatis nutrimento
animalium, & est contrarium dulci
H propter siccitatem solum. & propterea interficit infantes. quando mul
tum ea vtuntur: propterea quia sunt
in vltimo humiditatis. & vltra non ingreditur natura amaritudinis in re
cibali, propterea quia non est nisi
medicinalis: & dulcis ingreditur in
cibos, & medicinas. Et quod dominatur super acutum est multus calor cum multa siccitate & subtilitate: & propterea calor illius est fortior
omnibus alijs. Isti sunt sapores significantes super species rerum cali
darum. Et vnusquisque eorum habet
in sua specie gradus. quia quoddam
I dulce est calidum in gradu primo,
& quoddam calidum in secundo,
aut vltra. & sic de salso. Et sapores,
qui significant in medicinis super com
plexionem frigidam, sunt pontici,
styptici, acetosi, & insipidi. Sed insipidi magis debent attribui insapo-
rabili quam saporabili. sed dicitur vt sit
sapor propter sensum gustus: propterea quia quilibet sensus sentit sensa
tum proprium, & priuationem illius.
Et stypticus, & ponticus sunt vnius
speciei, & non diuersificantur, nisi
secundum magis & minus: & illi significant
super complexione fortis siccitatis, K
& frigiditatis. & ponticus in hoc est
fortior styptico. Et acetosus fit cum
frigiditate mixta in parte humidita
tis, & non est remotus a calore: &
propterea incidit, & subtiliat: & propterea subsistit pontico, & styptico in
frigiditate. Et insipidus est aquosus,
& frigidus. & hoc est, quod potest
dici in significationibus saporum.
Et quidam sapores sunt, qui non significant perfecta significatione su
per naturam rei. & hoc potest esse in
vna medicina composita ex pluribus
partibus: quarum quaedam sunt sa- L
porabiles, quaedam insaporabiles:
propterea quia non est necesse, vt
vnumquodque mixtum sit saporificum.
vt probatum est in Naturali philosophia. Et si homo vellet iudicare
totalitatem medicinae, non posset iu
dicare per saporem super ipsam totam: sicut videmus multa ex gummi, quia sunt insipida, & tamen calida.

De cognitione medicinarum, & Ciborum per rationem sumptam ab odore.
Cap. 28

ET differentiae odorum non sunt M
manifestae nobis, sicut differentiae saporum. vnde non proprium ha
bent nomen, sicut habent sapores:
sed dicitur odor foetidus, & odor a-
romaticus. Sed nos ordinamus nomina accommodata a nominibus
saporum, sicut diceretur odor aceto
sus, & odor acutus, & odor amarus.
& propterea significatio complexio
nis odorum istorum specialiter est
aequalis significationi complexionis
saporis dominantis super ipsum.
Sed odores aromatici non sunt nisi
a complexione calida ex necessitate.

A re. Et fetidi fiunt a complexione frigida ab humiditate extranea cū calore putrefactionis. Sed scias cum hoc toto, ꝙ significatio odorum est multum debilis: propterea quia, sicut dictum est superius, possibile est esse medicinam compositā ex partibus aliquibus odoriferis, & aliquibus non odoriferis. & si iudicarem' super totalitatem medicinę per odorem, posset esse iudicium ignorantię, ideo quia de hac re non debem' iudicare de toto propter partem: sicut ille qui opinatus est ꝙ rosā est calida, eo ꝙ esset aromatica.

B

De cognitione Ciborum & medicinarum per rationem sumptam a colore.

Cap. 29.

Significatio colorum est multū debilior significatione istorum: propterea quia colores non sunt nisi in superficie colorati: & propterea inuenies secundum plus ꝙ complexio partis, in qua est color, est alia quam complexio totius colorati. & propterea vides ꝙ idem est color in re calida & in re frigida: sicut albedo, quę est in sale, & camphora. Sed

C videtur ꝙ color verificetur plus in operatione eorum, quę sunt in vna specie: sicut est in gallinis albis & nigris, & in cygnis albis & nigris. Sed colores sunt multiformes: sed generaliter fiunt albi, aut nigri, aut compositi ex his, sicut azurus, citrinus, & alij. Sed viriditas, & nigredo fiunt ex necessitate ex partibus siccis terrestribus, quandoque fit ex multo calore, sicut nigredo in Aethiopibus. & quandoquę fit propter frigiditatem, sicut vinum nigrum. & hęc differentia iudicatur ex eo quod prę-cessit, sicut alibi dictum est. Sed albedo, quando prouenit a dominatione mixtionis partium terrestriū

D cum aereis, significat calorem, aut temperantiam: sicut tu vides homines habētes pulchram albedinem. Sed quę fit propter admixtionem partium aquearum cum terrestribus, quando est in rebus humidis, significabit complexionem frigidā & humidam. Ex iam dictum est in libro nostro ꝙ albedo fit ex admixtione partis igneę clarę cum corpore peruio & nigredo fit a parte ignea tenebrosa cum corpore nō peruio.

E Sed colores rubei omnes significāt super calorem propter partem igneam, quę in eis manifestatur, & citrinus est medius inter eos. Sed viriditas declinat magis ad nigredinem, sicut citrinus magis ad aliud extremum. Sed natura colorum mediorum est composita ex natura extremorum. Hoc est, quod potest dici super significatione virtutum medicinarum ex parte colorum superuenientium corporib' cō similib'.

De cognitione ciborum & medicinarum per proprietates eorum, prout sunt partes terra nascentium, & animalium: & sunt Locus, Tempus, Regio, & Operatio. F

Cap. 30

Deinceps narrandę sunt proprię significationes in illis, in eo ꝙ sunt partes terrę nascentium, vel partes animalium. Natura terrę nascētium cognoscitur quatuor rebus: vna a loco, alia a regione, alia a tempore, quarta ab operationibus. & non fortificantur hę operationes nisi propter significationes rerum

G prætentitarum. & quādo nos cogno
scimus ab istis complexionem medicinæ, nos debemus cognoscere &
per viam operationis duarum medi
cinarum, quę sunt in vna specie, sicut dictum est. Et dicimus ꝙ terræ
nascentium quędam sunt perfecta,
& quędam sunt diminuta. Et dimi
nutum est illud, in quo manifestat
dominium vnius elementi solum:
aut elementi aquæ, sicut terræ nascentia, quę nascuntur ex aqua: aut
elementi terræ, sicut terræ nascētia,
quæ nascuntur in locis petrosis, &
lutibus. & propterea ista terræ na-
H scentia sunt diminuta: hoc est, quia
non habent flores, & folia. & manifestum est ꝙ dominans super complexionem istorum est aut frigiditas, aut humiditas: sicut folium her
bæ, quæ stat super faciem aquę, quę
dicitur chaholeb: aut frigiditas, &
humiditas, sicut fungi. Et terræ nascentia perfecta sunt illa, quę nascū
tur in montibus: quia apparet ab e-
minentia montium, vt debeat gene
rare plura terrę nascētia quàm alia
loca, dummodo sint temperata cū
bona euaporatione, & cū bona mix
tione caloris cum humiditate. & de
I bet esse hoc in eis, quia habent ascē
sum in aere. & sunt propinquiores
influentiæ corporum superiorum:
& illa terræ nascentia habent complementum fructuum, florum, & fo
liorum. Et sunt terrę nascentia, quę
nascuntur in deserto, & sunt quæ
nascuntur in viridarijs, nam illa ha
bent plus frigiditatis & humiditatis
de necessitate: vt sunt sicla nascētes
in desertis, & viridarijs. Et significatio, quę prouenit a regione, est ꝙ
quędam terræ nascentia sunt, quæ
nascunt plus in terris calidis: & q̄dā
sunt, quę nascuntur plus in terris fri K
gidis. & quę nascuntur in calidis, ꝓ
maiori parte sunt calida, sicut quę
veniunt ab India. & quę nascuntur
in frigidis, vt plus sunt frigida. Et
potest esse aliquando per accidens,
vt nascantur calida in terris frigidis, sicut pinee, quę nascuntur I Scla
uonia: & frigidę in terris calidis, sicut sunt tamarindi, qui nascuntur
in terra Arabum. Et hoc accidit pro
pter duas res: aut ꝓpterea quia cor
tex illorum terrę nascētium est for
tis & densus: aut vt sint submersa
sub terra. quia istę duę res possunt
dare calorem, & frigus in omni re- L
gione: eo ꝙ calor naturalis existens
in eis contrahitur intus propter frigiditatem. & sic accidit de rebus fri
gidis in terris calidis. Et significatio
temporis accipitur fm ordinem regionis: quia tu videbis multa terrę
nascentia calida nasci in hyeme, sicut rapa, & napones. Et quandoque
medicina frigida nascitur in tempo
ribus calidis. & hoc accidit propter
paucitatem sui caloris: quia propter
paucam frigiditatem aeris cōsumi-
tur: sicut sunt olera multa tempore
caloris. Et demšationes vegetabiliū
sunt magnę valde de eo: quoniam
quędam ex vegetabilibus sunt, quę
cito mouentur ad augmentum, & M
quędam tardius crescunt. Sed veloces gn̄aliť significant caliditatē vel
subtilitatem, vel super vtrunq;: & q̄
tardius crescunt, significant sup con
trarium. Et sunt etiam alię significationes significantes super vegetabilia in velocitate & tarditate fructi
ficādi. Et debes scire ꝙ velocitas na
tiuitatis terrę nascētium signat aut
calorem magnū, aut frigiditatem.
Et quędam sunt ex terrę nascentib⁹

que

A quę habent folia, flores, & fruct⁹: & quędam sunt, quę non habent fructum, nec folia, nec flores. & illa sunt gnosa, terrestria, aut aquea: & quod hēt florem, & folia, est perfecte temperatum. Et terrę nascentia, q̄ sunt spinosa, & globosa, vt̄ sunt terrestria. & quę hęc non habent, sunt e conuerso. Et dīę significantes sup naturam animalium sunt multæ: quia quędam crescunt in aqua, quędam in deserto, quę in aqua crescūt sunt frigida & humida: quę vero in deserto, sunt calida & sicca. Et quędam sunt volatilia, & quędam de-
B ambulantia. & volatilia sunt magis aerea ambulatiuis. Et quędam sunt sanguinea, & quędam exanguia. & quę non habent sanguinem, sunt frigida & sicca: & quę habent sanguinem, sunt calida & humida. Et quędam sunt ouatilia, & quędā nō. & quę sunt ouatilia, sunt calida & humida: & quę non, frigida & sicca. Et quędam anhelant, & quędā nō. & quę anhelant, sunt calida: & quę non anhelant, sunt frigida. Et quędam nascuntur in locis calidis, & quędam non. & quę nascuntur in locis calidis, pro maiori parte sunt calida
C & sicca: sicut cameli, & capreoli. Et diuersificantur complexiones animalium in vna specie, ppter pascua & propter aquam. quia pisces, qui nascuntur in loco petroso, sunt subtilioris substantię, & minoris superfluitatis aliis, & tales sunt, qui velociter mouentur, & multum laborāt. & complexio istorum est minoris humiditatis, & qui parum laborāt, sunt frigidioris, & humidioris complexionis. Et quędam animalia sūt, quę incedunt, sicut nascuntur: & quędam non. Et quędam sunt facientia multos filios, & illa sunt calida,
D & humida: & quędam quę non faciunt nisi vnum. Et diuersificantur etiam animalia sm diuersitatem ciborum, quoniam animalia comedentia carnes sunt calida & sicca. & complexio animalium comedentium terrę nascentia sunt temperatę complexionis, vt sunt pecudes, boues, & his similia: & vt sunt de volatilibus gallinę, & columbæ. Item diuersificantur animalia sm magnitudinem & paruitatem suorum corporum. quia quę sunt magni corporis, sunt terrestria: & quę sunt parui
E corporis, sunt e conuerso. & hoc est in animalibus, quę nascuntur ī terra. Sed eorum, quę nascuntur in aqua, magnitudo corporis significat multam humiditatem. & propterea laudat̄ in piscibus paruitas: & ī aliis animalibus vituperat̄ durities ossiū & multitudo corporis terrestrium: sicut vngues, claui, & squamę, & similia his. quia hęc significāt q̄ multa est ī eis terrestreitas, & propterea multę squamę laudātur in piscib⁹. quia significant rem cōtrariam eorum cōplexionibus: & etiam multę
F spinę. Et sic audacia cordis, & pusillanimitas significāt super cōplexionē aīalium, quia aīalia audacia sūt calida, & pusillanima sunt frigida. Et dīę, p quas cognoscunt̄ complexiones aīalium, sunt multę. & nīa intentio nō fuit nisi rememorari eorum breuiter ad mouendū illū, qui diligitenitare, ad hoc vt perscrutet̄ oēs alias dīas, & sciat causas istarum ī libris naturalibus. Et scias q̄ omnia hęc signa sunt accidentia, quę adueniunt corporibus consimilibus, & sup ea significant: & non sunt signa illa, quę non sunt consimilia, nisi

G quando aggregantur omnia, & fit vna compositio inter contraria, & iudicatur propter dominans, & illud potest esse verum iudicium. Hęc sunt genera rerum, quibus nos possumus cognoscere operationes medicinarum, & ciborum. Et dicimus quod possibile est cognoscere operationes secundas medicinarum tunc, quando cognoscemus complexionem medicinarum in caliditate, & siccitate: quanuis hoc non verificet in omnibus, quia inuenitur in quibusdam medicinis quod earum operationes secundę non sequuntur primas, hoc est complexionem medici- H narum. Verbi gratia subtilitas, & incisio non sunt attribuenda nisi corpori multi caloris: & nos inuenimus medicinas temperatas cum suis complexionibus, tamen sunt subtiliatiuę, & incisiuę, sicut capillus veneris, schoenanthum, & similia his. & acetum est in vltimitate subtilitatis, & incisionis, & est tamen frigidum. & hoc accidit: quia calor, qui in eo est, sustentatur frigiditate, quę est in eo: quia frigiditas sua compingit ipsum, & comprimit ipsum ad partes intrinsecas membri. & sic videtur, quod I alię medicinę faciant, hoc est vt habeant superfluam subtilitatem in seipsis, aut vt eis superuenerit aliqua res, propter quam faciant hoc. & potest esse vt hęc res sit aliquantulum similis ei, quod habet aliquid a tota substantia. Sed operatio per comparationem tertiarum virtutum est debilis iudicij, eo quod est valde propinqua operationi, quę fit a tota substantia. Hęc autem, quę dicta sunt, necessaria fuerunt secundum intentiones vniuersales in modo ciborum, & medicinarum.

De complexionibus ciborum quorundam, & medicinarum specialiter, secundum quod certificatum fuit Galeno: pręcipue vero de granis, ex quibus panis conficitur. K

Cap. 31.

NVnc autem memorati etiam vniuscuiusque earum specialiter secundum consuetudinem Medicorum deinceps volumus narrare de simplicibus medicinis magis manifestis, quę a Galeno sunt testificatę: propterea quia fuit verax, & legalis experimentator in hac arte: & nullus est, qui possit ei comparari, nisi is qui, cum clamat, non intelligit id quod clamat. Item volo incipere a cibis, qui sunt cibi absolute: & post illos dicam de illis, qui sunt medij inter cibos & medicinas: & post illos dicam de medicinis absolute. Concordati sunt Medici, quod melior ex cibis terrę nascentibus hominibus naturalibus, hoc est illis, qui stant in quinto climate, aut quarto, est triticum artificialiter preparatum. & hoc fit multis modis. Fit enim panis fermentatus, & azimus, & crustella, & bucella & sorbitiones quędam sunt, quę franguntur ipsum, postquam est vstulatum, & postea infunduntur in aquam, & postea coquunt ipsum sine fractione, & hoc nominatur sauich. Et melius ex tritico est illud, quod est frangibile, & graue. Et melior cęteris est panis factus ex farina tritici in hunc modum: hoc est vt sit custoditum a malis accidentibus eidem venire potentibus, & vt non sint nimis furfures ab eo remotę: sicut sunt remotę ab aemach. & hoc appellatur apud nos madechuni: & Latini appellant panem grossum. & iste est velocius ad digerendum quam darmach, & minoris viscositatis, quia darmach plus nutriat, neque est citę siccitatis sicut furfureus, neque ad melancholiam adeo cito conuertitur, vt ipsum, quia cortex vniuscuiusque vegeta

Nota de Galeno.

L

De pane.

M

A getabilis est terrestris sicc⁹ quis fur-
furę citius digeratur ipsõ stomach
pp abstersionẽ existentẽ in suo cortice. & qñ conficitur, ponitur de sale
conuenienter: & conficitur cũ mul
ta aqua, ad hoc vt sit spongiosus, &
sit fermentatus competenter, & coctus. Sed panis azymus est grossus,
& viscosus. Eodem modo nõ est bo
nus, qui est nimis fermẽtatus: quia
transmutatur ad humores putridos
pp calorem extraneũ generatum i
co. Et post bonitatem cibi ex pane
est panata, quę vocatur thausis: ex- Panata.
cepto quia declinat ad frigiditatem
B & humiditatem pp aquam, cũ qua
fit. & qñ bulliũt frustula panis pluries in aqua feruenti, tunc fit iste ci
bus in velocitate digestionis, & leui
tate: & maxime ęgris ex cõplexione calida. Sed sauich est ẽt bonus
cibus. Et qñ distemperatur cũ multa aqua, refrigerat, & est iuuatiuus:
eo q vstulatio, & infusio vaporaue-
runt, & subtiliauerunt, & remoue-
runt viscositatem. Confectum cum
melle, & coctum datum sanis, calefacit, & nutrit multũ. Et frumentũ
coctum in aqua est grossum, visco-
C sum, oppilatiuũ, & durũ digeri plus
alia re, & est valde malũ. Et pultes
sunt grossi. & qui fiunt ex frumento, sunt peiores, & refrigerãt pp suã
acetositatem, & sunt propinqui cor
ruptioni. & ppea sunt abijciendi ab
illis, qui sunt parati ægritudinibus
putridis. Sed panis, qui fit ex ordeo
sm modum, qui fit ex frumento, se
quitur bonitatem panis tritici: nisi
quia parum declinat ad frigus. Et
sauich ordei bene digeritur. & quãdo bibitur distemperatum in aqua
refrigerat: & est frigiditas sua qua- Laudes aq ordei.
si in prio gradu. Et aqua ordei plus

ingreditur opus medicinarũ q̃ cibo- D
rum: & est laudabilis in ægritudinibus calidis & siccis, laude, quæ non
occultatur ei, q in hac arte studuit.
quia refrigerat, humectat, tẽperat,
abstergit, generat laudabilẽ humorem mirabiliter, non inflat, nõ mo
ratur ad descendendũ à stomacho.
& hoc nobis totum experientia de-
dit. Et sic debet fieri aqua ordei. In- Mod⁹ conficiendi aquã ordei id est ptisanam.
fundantur grana ordei in aqua in-
tegra nõ contusa: & in vna parte or
dei debent poni viginti aquæ frigidæ partes: & debent sic dimitti in
aqua quatuor horis: & postea co- E
quatur in hac aqua, donec adipisca
tur rubedinẽ quasi vinum. & si fiat
hoc modo, non inflat. & qui frãgũt,
vel terunt ipsum prius, peccãt: quia
nõ est ab eo priuata inflatio nisi, p-
pter infusionem, & grana non trahunt aquam, nec recipiunt infusionem, nisi pp virtutum attractiuam
quæ est in eis. & virtus attractiua
non est in granis, qñ seminantur,
& nascuntur, nisi qñ seminant̃ inte
gra. & si frangerẽtur prius q̃ essent
seminata, non nascerentũ: quia hæc
virtus attractiua est in eis, sicut forma specifica in totalitate totius gra F
ni fixa, hoc est, qñ partes sunt conti
nuæ coniunctæ simul. & hoc est simile calori smaragdi, vel alterius la
pidis pretiosi, qd ẽ, quia qñ partes
suæ sunt simul cõiunctę, in eis sunt
virtutes: & qñ separatæ sunt, priuãtur ab eis. Et sic testificatũ est à mi-
rabili Auẽmarua Abynzoar in lib. Lib. 1. medicam. c. 6. Laudes Abynzoar, per quem vide l libro 4. c. 40.
suo, qui dr̃ Theisir. quia iste fuit su-
premus in scia Medicinæ à Galeno
vsq; ad nostra tẽpora. & hoc ab eo
habui. & rememorat errorẽ Medicorum frangentium ipsum. Et panis, qui factus est ex alijs granis, ha
bet

G bet illam virtutem, quam habent il
la grana, ex quibus factus est. Et infra conuenit rememorari de aqua
plusquam hic: quia incidenter sum
de ea locutus.

De Carnibus. Cap. [illegible]

MElior caro ex volatilibus est
caro gallinæ iuuenis, sanæ, &
pinguis. & habet mirabilē proprietatē tēperando cōplexionē. & ppea
brodiū suū est optima medicina leprosis. Et dr ꝙ cerebrū gallinę augmentat substātiā nostri cerebri, &
acuit ingeniū. Et post illius bonita-
H tē ex ambulatiuis est caro hœdi, &
post has est caro arietum. Et hęc est
opinio maioris partis Medicorum,
præter Gal. qui abominatur carnes
arietū, & videt sibi ꝙ caro vitulorū
est melioris nutrimēti arietina. Et
Auic. dicit ꝙ melior carniū est caro
porcina: & sentit ꝙ ista caro quasi
sit naturalior hominibus, q̄ alia caro animaliū ambulātiū. & experiā-
tia hoc docet. Et maior ps Medicoꝶ
abominat carnes agnorū: ppea qa
dominat multa humiditas sup eas,
& laudāt carnes arietū iuuenū. sed
cōueniēs ē dicere, ꝙ carnes agnorū
I sunt post bonitatē carniū hœdulo-
rū. & sic sentit Rasis. Et qđ mihi vr
ex agnis est, quia sunt multarū sup-
fluitatū: excepto ꝙ in terris calidis
recipiunt tēperiem pp earū calorē.
Et qđ hoc sit verū, est, quia videm'
ꝙ pili agnorū stantiū in terris meri
dionalibus sunt tortuosi, sicci, & cur
ti: & q sunt in nostris, nō excedunt
tm̄ in hoc. Et carnes vitulinæ sunt
bonæ carnes: ppea qa non habent
illā viscositatem, frigiditatē, & sicci
tatē, quā habent carnes bouinę ve-
teres. & eorū carnes sunt magis odo
riferæ alijs carnibus. & quantū est K
in hoc, meliores sunt carnibus hœ-
dulinis: ppea quia in carnibus hœ-
dulinis manifestatur quędā muci-
lago, qn̄ coquitur. Sed carnes hœdu
linæ sunt meliores vitulinis, qa generant meliores humores. Et ex lau
dabilioribus carnib' volatiliū sunt
carnes perdicū: sed declinant parū
ad frigiditatem, & siccitatē. & sunt
sicut gallinę deserti: & habent proprietatē stringēdi ventrē, alię, & eli-
xæ. Sed turtures sunt sicut volatilia
reliqua, & declinant plus ad caliditatē, & hn̄t mirabilē proprietatē in
acuendo ingeniū. Sed colūbæ sunt L
calidę & siccæ, grossioris substantiæ
q̄ turtures. & pulli ipsarū habēt humiditatē superfluā. Et significat su-
p hoc grauitas suorū motuū: sicut
significat calor eorū actualis, & velocitas digestionis in stomachis eorum super ipsorum calorem. Et
ppea qui volunt abstergere marga-
ritas, & clarificare eas, dāt eis ad co-
medendū. & incōtinenti debēt occi
di, & extrahunt purificatę. & si cito
nō interficerēnt, multum minueret
quantitas margaritarū. Et caro veteris colūbi masculi mirabilem habet ppriet atē in epilepticis, & para- M
lyticis. Et carnes volucrū, q assimilā
tur colūbis, & dicunt rudonea, & in
ligna Arabica Alchamari, sunt sicciores pdictis, & grossioris substantię, & hn̄t aliquantulā aromaticita
tē. Passeres sunt oēs calidi, & sicci in
fine caloris. Coturnices temperatæ
sunt, aliquātulū declinātes ad calorē. & sunt subtilis substātię, generā-
tes bonos humores. & bonę sunt sa
nis, & cōualescentibus. Et sturnelli,
q dicunt azuri, sunt calidi & sicci, &
graues ad digerēdū, & grossę nāæ.

De

A De Piscibus. Cap. 33.

MEliores eorum sunt pisces, q deprehẽdũt in locis petrosis, & qui multas habẽt squamas, & quorum corpus est medium inter magnum & paruum, & qui sunt velocis motus, & paucæ viscositatis. Et melior apud nos est piscis, qui dicit cubrina: & post illum ille, qui dicitur trilia: & quidam dicunt ipsum resulum. Et piscis, qui captus est in fluminibus remotis à mari, necessário bonus est, & paucæ superfluitatis: propterea quia hic piscis propter sui naturã habet, vt petat aquam dul-
B cem & frigidam: & ad hoc multum laborat.

De Lacte. Cap. 34.

ET melius lac est fœmineum: & post illud lac asinæ: & post illud lac capræ. & istæ species lactis sunt subtilis substãtiæ. Sed lac ouis est grossius: & propterea citius in stomacho caseatur. Sed vaccinum grossius est, & cum hoc butyrosius, & pinguius.

De Caseo. Cap. 35.

CAseus recens est frigidus & humidus, grossæ substantiæ. Ve-
C tus est calidus & siccus propter sal, & tendit ad vstionem. Et aliquis caseus est bonus medius inter nouũ & veterem est bonus, dũmodo sit factus rationabiliter ex bono lacte.

De Ouis. Cap. 36.

OVa gallinarũ sunt meliora cæteris. & vitellum est melius albo. nec album est nimis malũ, nisi nimis sit coagulatũ. Et ppea qñ cõquassatur cum oleo & aceto, & fiat tremulum, est valde bonũ: quia res, q coquitur cũ oleo, est multũ nutritiua: dummodo oleum nouũ sit, & D
dulce, & oleũ oliuæ, quia natura illius est temperata, declinans parũ ad calorẽ, & impinguat hepar, & augmentat ipsius substantiã. Et generaliter dico q est cõueniens hoĩ multum sm totam sui substantiam. Et ppea in terris nostris nõ coquimus carnes, nisi cũ eo: quia melior modus & temperatior comedendi carnes est ille, qui dr sthafes, hoc ẽ vt sic fiat. Accipe oleum, & parũ ex cepa, & ponantur carnes frustatim in eo, addendo paulatim aquã calidã, donec sint coctę. Sed panis, qui decoquitur cum oleo, est malus, & im- E
pastatus cum oleo: qm̃ tẽpore decoctionis comburitur oleum, & tendit ad sulphurem.

De Fructibus. Cap. 37.

MEliores eorum sunt ficus, & vuę. Et complexio ficuum est calida & humida: mundificant stomachum, laxant ventrem.

Vuę calidę sunt ex pauco calore, & humidę temperatę, & subito impinguant corpus: sed inducũt ventositatẽ in oibus digestionibus. & succus non dant ventositatẽ, nisi in stomacho, & intestinis.

Vuæ passæ calidæ sunt, & humi- F
dæ, & digestibiles, prosunt hepati à tota substantia. Et operationes vini ipsarum sunt debiliores operationibus aliorũ vinorũ: sed potest poni loco alterius vini.

De Aquis. Cap. 38.

MElior aquarum sm Hippocr. est aqua fontium orientalium, quę scaturit ex terra, quę non habet nimis grossam substantiam, nec nimis mollem, vel luteam, sed sit mediocris inter has, & propter

G ea hæc aqua est suauior, & citius pmutatur à calido & frigido. Sed Rasis sentit q melior aqua sit fluminum magnorum. Et Hippoc. dicit q istę aquę sunt diuersarũ substantiarum: eo q transeunt per diuersas terras: & ppea quia ingrediuntur eas multi riui. Et mihi videt q Rasis non laudauit flumina magis grossa, nisi ppea, quia Sol operatur in eis vnam operationem, pp quam separantur partes grossæ à subtilibus. Et ppea coquunt Medici aquã illis, qui habẽt debilem stomachũ, & hepar. ergo opus, qd fit in aqua, H ẽ diuersum ab aqua. Sed qd ẽ inspiciendum in aqua, est diuersitas terrarum. quia non põt esse, vt in ęstate non defluant ad flumina aquæ multitudo, & aquæ pluuiæ. Et ppea quanto plus elongatur flumẽ à suo ortu, est deterius. Et ppea nostrum flumen melius est in Corduba, q̃ in Sibilia: & est deterius in Sibilia, ppter crementum & decrementũ, & pp admixtionem aquæ salsę in eo: quamuis illud non sentiatur. Et impossibile est, vt aquæ magnorũ fluminum nõ sint turbidæ. & ppterea inuenimus ĩ fundo pitaliorum, qñ I ponimus in eis aquam fluminum, multum de sabulo, & terra. & sic accidit in terra nostra: quod non accidit de aquis fontium.

De Granis, quæ sunt cibi medicinales.

Cap. 39.

DEinceps volumus dicere de cibis medicinalibus: quia quidam eorum sunt terræ nascentia, & quidam animalia, & quidã superfluitates animalium. Et ex terrę nascentibus quędam sunt grana, & quędam fructus, & quædam herbæ.

Faba est temperata inter frigiditatem & humiditatem, aut parum K declinat ad calorem. Et ppea habet dissoluere apostemata pp suam abstersionẽ, & maturat, & est multæ humiditatis. ppea accidit ei multa inflatio, & ventositas, & ipsam non perdit pp aliquam decoctionem. Et dicitur q habet malam proprietatẽ cum virtute cogitatiua: & qui ea vtuntur, multa habent somnia horribilia, & falsa.

Cicera sunt temperate calida & humida, & hñt inflationem. & propter tertiam eorum operationẽ habent generare sperma, & prouocare L vrinã, & sanguinem menstruum, & frangunt lapidem. sed hoc faciunt plus nigra q̃ alba. Et si comedũtur recentia, generant in stomacho, & intestinis multas superfluitates. & si assentur (ũt fabæ) habẽt minus ex superfluitatibus. sed sunt duriora ad digerẽdũ nisi primo essent infusa. & habent proprietatẽ faciendi bonum colorem. & hoc faciunt, quia acuunt calorem, ita vt generetur spiritus ventosus. & per hanc viam valent coitui.

Lentes sunt temperatæ in calo- M re, & sunt siccæ, & generant sanguinẽ melancholicũ, & extinguunt inflammationẽ sanguinis, & magis, qñ coquuntur in aceto. Et earũ virtutes tertię sunt: quia priuant coitum, & offuscant visum: & quando coquuntur in aqua pluries, stringunt ventrem.

Lupini sunt sicci, terrestres, & amari. & qñ coquunt in aqua, donec auferatur ipsorũ amaritudo, est cibus tñ durus. & qñ comedunt amari, occidunt pueros, & occidunt vermes, qui sunt in stomacho, & intestinis, & prouocant vrinam, & aperiunt

A riant orificia hæmorrhoidarum.

Leughi, i. Faseoli, declinant ad calorē & humiditatem, & impinguāt corpus, & prouocant vrinā, & sanguinē menstruum, & laxant ventrē: & propriè rubei, & inducūt somnia, & faciunt vertiginem.

Milium frigidum est & siccum, ventrē constipat, & est pauci nutrimenti. Et hoc idem facit Panicū.

Et Spelta est propinqua huic.

Oriza. Risi sunt grossæ substantiæ in caliditate & frigiditate prope temperantiam, ventrem stringunt, & sunt boni nutrimenti, quando coquun-

B tur cum lacte.

De Fructibus arborum. Cap. 42.

POmum dulce est temperatę humiditatis, & acetosum est frigidum & siccū. Et habet proprietatē confortandi membra principalia, & sunt distemperata in calore, & maxime cor, confortat cerebrū, odorādo pp suam aromaticitatem: & generat grossam ventositatē in secunda digestione, & tertia. Ita q dictū est à sapientibus q potest generare phthisim, & hecticā: eo q venti, q generantur ex eis, habent malā proprietatē ad exardendas arterias pul-

C monis. & sic testificatus est mirabilis Auenmaruam Abumeron Auēzoar in Theisir. Sed vinum suū nō habet hanc intentionem.

Pyra cruda sunt frigida & sicca: sed matura temperata sunt, aut declinant ad paucam frigiditatem, & hoc est, quia composita sunt ex acetositate, dulcedine, & ponticitate. Propterea est eorum virtus ventrē constipare. & eorum proprietas est remouere sitim.

Cotonea sunt grossioris substantiæ q̄ pyra, & maioris stypticitatis: & ppea sunt frigidiora. & in eorum D odoratu est proprietas contra omnes passiones cordiales.

Malorū granatorū quædā sunt dulcia, & qdam acetosa. Et oīa humectant, verum dulcia sunt calidiora & humidiora: & generat ex eis modica ventositas, non mala. Et habent etiam nobilem proprietatem: quia mirabiliter resistunt cibis, ne corrumpantur in stomacho.

Persica sunt frigida & humida: & habent generare humores corruptos, & putridos, & aliqū cholericos. Et hīt mirabilem proprietatē resistendi fœtori, qui prouenit à stomacho, & odor suus valet cōtra cardiacam passionem. & oleū, qd fit ex eorū ossibus, abstergit faciē dominarum, & valet contra difficultatē vrinæ, & occidit vermes.

Idē tertij tertij tract. ca. 16. & E Auerh. ca. 171. Serapionis tertij th... c. 70. exhibent iīs repleus cholera putrida.

Sed Antipersica, quæ Nusmus dicunt, sunt eiusdem naturæ cū persicis, sed non habent illā proprietatē, & in Arabico dicuntur Aium.

Prunorū duæ sunt species, videlicet album, & nigrum. & ambo, qū sunt matura, sunt frigida & humida, mitigant calorē cholerę, & laxāt F ventrē, s; debilitāt parū os stomachi.

Nuces calidę sunt & siccę, & prouocant vomitū, & laxant ventrem. Et dr q habēt malā proprietatem, ita q qui vtuntur eis nimis, faciunt eis in lingua paralysim. Et comestę cum ficubus, obstant veneno loco bezahar, & multum valēt senibus: & nocēt illis, qui patiunt passionem caloris, & tempore magni frigoris non sunt nociuæ.

Auellanę in nullo differūt ab illis, nisi quia nō prouocant vomitum.

Amygdalę temperatę sunt in calore, & humidę suauis saporis, & habent

G bent multas bonas proprietates. Et
dr̃ q̃ habent augmentare substantiam cerebri,& faciunt suauiter dor
mire,& abstergunt,& mundificant
vias vrinæ, & sunt valde conueniẽ-
tes macris. Et earũ oleum ẽ melius,
quod possit esse spasmo sicco. & ẽt
melius q̃ oleũ sesaminũ pp aliquã-
tulam stypticitatẽ, quę est in eo: q̃
oleum sesaminũ est nimis calidũ,
& habet malã proprietatẽ in dando
fœtorem ori. & qui vtuntur sesami
no loco olei amygdalarũ, peccant.

Pineæ calidæ sunt & siccæ. & earum oleum curat paralysim.

H Fistici calidi sunt & sicci temperate. confortant stomachum, & he
par à tota substantia,& sunt ex illis
medicinis, quę habent multa iuuamenta, & magna.

Fistica. Pistacia.

De Herbis, & Oleribus. Cap. 41.

OMnes herbæ per suã naturã de
clinant ad humores melãcho-
licos. & hoc ẽt faciunt à tota substã
tia: excepta lactuca,& buglossa.

Caules sunt * frigidi & sicci. necessario generant humorem melan
cholicum. & succus eorũ habet pro
prietatem clarificandi vocem.

*q. Lasalidi

Cucurbitę,quę in Arabico dicũ-
I tur Vlla,sunt frigidæ & humidæ, a-
quosæ,& talẽ humorem generãt. &
dicitur q̃ sunt aptę recipere corruptionem in stomacho. & habẽt ma
lam alterationem: sicut fit in rebus
humidis non habentibus stypticitatem, terrestreitatẽ, nec ponticitatem: quia sunt solum aquę. & assi-
milamus eas moris. Nec cucurbitę
istius regiõis sunt tales, sed sunt du
rę digestionis,& grossioris naturæ:
ita q̃ non possunt rectificari, nisi cũ
multa decoctione. & cum hoc sunt
multi mali chymi, & adhuc infrigi
dant,& humectant: eo q̃ non ha- K
bent virtutem cito exeundi, cũ nullam habeant abstersionem.

Melones sunt frigidi, multę humiditatis. & hñt abstersionẽ,& prouocant vrinã: ita q̃ dicitur q̃ qui
vtitur multum brodio eorum, est
cautus ab ægritudine arenarum.

Cucumeres sunt frigidiores,& mi
nus humidi, & minus prouocãt vri
nam melonibus: sed non corrumpuntur ita cito, vt melones.

Portulaca est frigida ĩ tertio gradu,& humida in secundo. & est lubricatiua, viscosa. aufert sitim,cõsti
pat vẽtrem,& aufert dẽtiũ stuporẽ. L

Attriplices sunt frigidæ & humi
dæ, ventrem humectant, prosunt
ictericis. paratæ tamen sunt corruptioni.

Spinachiæ valde sunt bonæ. & tẽ
peratæ. valent gutturi,& pulmoni,
& stomacho calido, & humectant
ventrem. & sunt in secundo gradu
frigidę, & humidæ.

Bletæ ꝓpinquę atriplicibus,sunt
calidiores,& minus humidę. humo
res gñant grossos,& phlegmaticos.

Rapæ calidę sunt & humidę. generant ventositatem, mouẽt coitũ,
eo q̃ senes calefaciunt. & habẽt mi- M
rabilem proprietatem ad illuminã-
dum oculos.

Melongiæ sunt ex his, ex quibus
nos facimus in terra nostra multa
cibaria delicata. & postquã proiecta est prima aqua suarũ decoctio-
num,& coquuntur cũ carnibus pin
guibus, sunt multum delectabiles.
Et ego reputo ipsum tẽperatum in cibis, postquã sic factus est. ppea quia
pars acuta, quę est in eo, remouetur
per primã decoctionẽ: & sua siccitas,& stypticitas remouentur ꝓpter

car-

A carnes decoctas I eo. Et quāuis Medici dicant q generant humorem melancholicū similem humori generato ex caulibus, tñ consyderare debemus in cibis duas res, vna est res, quę secum miscetur, quę pōt remouere malitiam, si est. & delectatio cibi, hæc est secunda. & quando est multū delectabilis. læsio, q̄ prouenit ex eo, nō ē multū manifesta. & hic est vnus ex delectabilibus cibis. Isti sunt cibi manifesti apd nos, I qbus ē virtus aliqua medicinalis.

De varietate virtutum medicinarum Simplicium. Cap. 42.

B ET nunc habemus loqui de medicinis absolute.

Alchison, quę in Latino dr̄ Betonica, & in Persica lingua Beragines. Eius primę virtutes in calore & siccitate sunt in quarto gradu: ppea quia est de substantia terrestri adusta, & manifestat hoc, quia est in fine amaritudinis. Et operatiões eius secundę sunt incisiuę, dissolutiuæ, & aperitiuæ fortiter. Et est in hac virtute fortior absinthio pp stypticitatem, q̄ est I absinthio. Et virtutes eius tertię sunt, q nocet ori stomachi pp amaritudinē, q̄ ē sine stypti-C citate: & vomitur ex eo extremitate & stipite. Cinis suus est calidior & siccior eo. valet contra alopeciam; qñ miscetur cum aliquibus vnguētis calidis. Et est ēt calidior suus cinis cinere cucumerū agrestium, & cinere radicis anethi. Et ēt isti cineres prosunt ventri, qñ est vlceratio in eo sine apostemate.

Pentafiles dicitur à Persis arbor Abraam, & in Latino dr̄ Agnus castus. Sua prima virtus in caliditate & siccitate ē I tertio gradu. & hoc ē, ppea quia in sua complexione dominatur substātia terrestris adusta D mixta cū substantia terrestri & frigida. & significat hoc, qa sapor sūs est acutus cū aliquantula ponticitate. Et manifestū est q sedę operationes talium cōplexionū: qualis ista est, sunt cū incisione, & apertione. Et ponticitas est vna ex rebus, q̄ adiuuant ad hoc, & in mēbris intrinsecis, vt I* spleno, & hepate. Et tertia operatio est, vt remoueat coitum. & propterea nuncupatur in Arabico granum sterilitatis, & est sicut agn* castus. Athenienses dominæ decumbūt super ipsum in magnis festiuitatibus. E

* a. l. pulmone.

Et Ruta est similis ei: excepto q plus calefacit, & desiccat: nec habet stypticitatem, neq; ponticitatem.

Altich, & alij dicūt Vigil. Virtus suarū radicum est tēperata in caliditate & siccitate, quia cōpositū est ex substantia aquea & terrestri cū pauca igneitate. & manifestat hoc, quia est insipidū cum modico stypticitatis, & acuitatis, sed herba ei* ē solū insipida. Propterea ipsius prima virtus est frigida & sicca, & operatur siccitatē. Et secūda est solidare vulnera sordida breui tpe. Et tertia est, vt frangat lapides. & signum F huius est, quia nascitur in vallibus, & locis humidis.

Eluegat, i. Pes colūbinus, est quatuor specierū: & parum diuersificatur vna ab alia. & Gale. non posuit ipsum in gradu. Et qd nobis vr̄ de eius cōplexione est, q est frigidū in primo, & siccū in secundo. & hoc ē, quia dominatur sup partē ipsi* substātia terrestris cū substātia adusta. & ppea est sapor eius stypticus cum modica amaritudine. & si amaritudo esset æqualis cū stypticitate, dice

G remus ipsum temperatū in siccitate. sed quia videmus ꝙ dominatur amaritudo parum cū stypticitate, iudicamus ꝙ siccum est in secundo gradu. Et ppea valet doloribus renum, & doloribus splenis pp ipsius amaritudinem, & lenoginibus faciei, & morpheę, quando pistatum miscetur cum aceto.

Agaricum. Nec hanc radicē posuit Gale. in gradu. Et qđ nobis videtur ex eo de eius cōplexione est, ꝙ est calidum in primo, & siccū in fine secundi: quia cōpositum est ex partibus frigidis & terrestribus, & H calidis & igneis, & calidis & humidis. Et significat sup hoc, quia cùm nos gustamus, primo inuenimus in eo dulcedinē, & post hanc amaritudinē, & post illam acuitatē cū pauca stypticitate. & oēs isti sapores significant super caliditatē: excepta parte, q̄ superata, & sepulta est à stypticitate: sicut significant sup siccitatem, excepta parte, q̄ superata & sepulta est à dulcedine pp temperātiam, quā ei tribuit: excepto ꝙ plus superat stypticitas cum frigiditate, q̄ dulcedo cum humiditate. & ppea ponim⁹ siccitatē maiorē caliditate. I Et ppea quia hæc plāta assimilatur radici arboris, apparet ꝙ terrestreitas dominetur sup eā. Et quāuis sit leue, & porosum, frangibile, & albū, q̄ omnia significant vt habeat partē multā aeream, ppea posuimus ipsum calidū ī primo. quāuis habeat tres sapores significantes sup ipsum calorē, posuimus ipsum calidum in primo: quia nō sunt fortes, neque manifesti in ipso. & qđ conueniens est ī fiducia suorū graduum, est experientia. Sed ipsius operationes, q̄ non sunt primę, sunt ad dissoluendū, & incidēdum humores grossos, K & exoppilandū venas splenis, hepatis, & renum. Et habet sua proprietate valere contra morsum venenosorū animalium. Et nos dicimus ꝙ hoc non fit, nisi qñ apparent ex illo veneno accidētia frigida. Dosis ipsius est drag. i. & hoc non pōt sic nocere, sicut nocēt alię medicinæ, quæ attrahunt ab extremitatibus corporis. Et habet magnā proprietatem in mundificādo cerebrum. & ppea curat epilepsiam, & prodest cursui nouæ aquę ad oculum. Et quantitas, q̄ de eo debet sumi, ad hoc est à drag. i. vsq; ad. ij. nec est necesse ipsum refrenare nisi pp siccitatem. L Et nō credas ꝙ subtiliatio humorum grossorū, & incisio significēt super multū calorē, sicut crediderunt errantes multi nouorum Medicorū.

Custaralber, i. Capillus veneris. Dicit Gale. ꝙ hic tēperatus ē in suis virtutibus primis, quamuis habeat multas operatiōes secundas, & tertias: quarū quędam sunt confortatiuę, & repercussiuæ, quędā dissolutiuæ, & quędā faciūt nasci capillos, & quędam q̄ dissoluūt scrophulas, & quędam q̄ frangunt lapides, & q̄dā quę adiuuant ad trahendū sputum grossum ex pectore, & pulmone. M Et Gale. dicit ꝙ stringit ventrē. & Noui dicūt ꝙ purgat. & talis medicina, qualis est hæc, quę habet tot operationes secūdas, & tertias, est retinenda. quia cum hoc toto est temperata pp ea, quæ adhuc dicam.

Caylem, i. Semperuiua. Hæc est multarum specierum. & omnes in tertio gradu frigidę sunt: quia sunt insipidæ cum multa aquositate: & quia nascuntur in locis frigidis, & tempore frigido.

Semperuiuum.

Acacia

A Acacia est succus arboris spinosæ. Quando abluitur est frigida in secundo gradu, & sicca in tertio: & cùm non lauatur, est frigida in primo. & hoc accidit, quia suū dominans est substantia terrestris, & frigida: & propterea est styptica. & est eo toto est in ea aliquid ex partibus subtilibus, quæ remouentur, quando abluitur.

Carinch, i. Vrtica. Dicit Gale. q fructus huius plantę, & folia calefaciunt calore nō forti. Et habet multas operationes secundas, & tertias. Dissoluit apostemata, q fiunt in radicibus auriū: & adiuuat super sputum, quod fit ex humoribus grossis in pectore, & pulmone: & curat cancrum: & in summa valet oībus vulneribus, quę indigent exiccatione, vel exuccatiōe, siue subtiliatiōe. Et hoc ē magnū signū sup debilitatē sui caloris. Sed cum hoc toto prouocat vrinā, & mouet coitum. & hoc significatur per ventositatem. Et proprietas sui seminis ē, purgare phlegma, & in hac similitudine est virtus siccitatis, sed fortius est aliquantulum semen vrticæ. Et dosis eius est * à drag. iij. vsq; ad. iiij. Et qui opinātur q sit igneum propter acumen suæ punctionis, errant. quia hæc pars ignea, quæ est in eius folijs, est subtilis, & remouetur pp ipsam fricationem, & maxime pp lotionem.

(Margin note: * a.1.a drachmis. p. C vsq; ad.2.)

Albadudarmel, Isaray. Istæ duæ plantę sunt frigidæ & siccæ: sed siccitas plus dominatur q frigiditas, & maxime in elsaray. Et valent cōtra fluxum vētris pp earum stypticitatem, & contra passionē vuluę, & cōtra hæmorrhoidas, & apostematibus, quæ fiunt in ano. & albadudarmel operatur radix: & elsaray fructus, & radix.

D Ligon, i. Acorus. Quod accipitur ex hac planta est radix. & est calida & sicca i tertio gradu, ppea quia dominans in ea est substantia ignea subtilis, & potest esse vt sit cum ea admixta pars vna terrestris adusta, & significat hoc, q sapor suus ē acutus cum aliquantula amaritudine. Operationes eius secundæ sunt hę, quia abstergit, incidit, subtiliat, & aperit oppilationes. Tertię sunt, quia prouocat vrinam, & valet ad duritiem splenis, & subtiliat grossitiem, quæ prouenit in cornea, & proprię succus radicis. E

Cauar, i. Aloe. Caliditas sua extēditur à primo gradu vsq; ad fin., & attingit paruum ex secūdo. & sic est in siccitate. & hoc est, quia est compositū ex substātia terrestri adusta mixta cū terrestri frigida: & illud diminuit aliquantulū de calore ei*, & ambæ substantiæ concordant in siccitate. & significat hoc, q sapor eius est amarissimus cū stypticitate, & supra suam caliditatē significat q nascitur in terris calidis, aut i terra Arabū, vel i India. & qd nascitur in terris non calidis, est debile. Secūdæ suæ virtutes sunt, quia est stypticum repercussiuū, & abstersiuū. F & hæc est medicina iuuatiua ad generandā carnē. Tertię virtutes sunt ad curandas fistulas: & maxime q sunt in virga, & in ano. & ad repercutiendum apostemata, q generantur in ore, naribus, & oculis. & purgat choleram, & substantiā subtilē, & grossam. Et est ex medicinis, quę nullum habent periculū: eo q non ledit os stomachi pp suam stypticitatem. Et virtus sua purgatiua est propinqua virtuti agarici: excepto

G quia est debilioris attractionis: eo
φ agaricum attrahit ab extremitatibus corporis, sed aloe nõ attrahit
nisi quod est in extremitate stomachi, & venis hepatis, & in illo habet
proprietatẽ. Et dosis eius est à drag.
i. vsq; ad. ij. Eluoxar. Calor & siccitas ipsius extenditur à primo gradu
vsq; ad secũdum. & significat hoc,
quia facit aliquantulam abstersionem, & mundificat tenes, & aufert
lontiginem. Et manifestior eius proprietas est, quia valet contra morsum canis rabidi.

* alias Ameos.

Nauoca, i. * Carui. Quod plus
H quæritur in hoc, est semen eius. Sua
prima virtus in calore & siccitate ẽ
in gradu tertio. & hoc est, quia est
compositũ ex substantia ignea terrestri adusta. & significat hoc, quia
habet saporem acutum mixtũ cũ
aliquantula amaritudine. Scda virtus eius est apertio, & dissolutio. &
tertia est prouocatio vrinæ.

Amygdalæ amaræ sunt calidæ,
& siccæ in secundo gradu: excepto
eo, quia plus declinant ad calorem,
& minus ad siccitatẽ, & in hoc sunt
quasi in primo gradu: quia earum
vnctuositas manifestat humidita-
I tem. Et scias, φ complexio, quæ hãc
facit operationem, quæ est complexio calida, habet aliquam terrestreitatem: & sapor earum significat super hoc. Et operationes earum terriæ
sunt ad aperiendũ oppilationes hepatis, & remouent dolores qui sunt
in hypocundriis, splene, & renibus:
& adiuuant super sputum humorũ
grossorũ viscosorum qui sunt in pectore, & pulmone. Et dico φ maior
pars operationũ harum non fit pp
superfluum calorẽ, qui est in eis, sed
fit pp temperatã apertionẽ, quã operatur in his materijs pp humiditatẽ K
vnctuosam, quã habent. Et propterea valent plus alijs rebus omnibus
in aperiendo oppilationem pectoris, & pulmonis: propterea quia hæc
membra læduntur vt plus propter
grossos humores.

Ammoniacum est calidũ et siccũ, sm φ apparet ex terrijs suis operationibus: excepto quia tenet parum caloris in tertio gradu, et ẽ siccũ in primo. Sed suus calor est i hoc,
qd est gummi. quia tu scis φ gummi sunt ingrossata, et inspissata à calore: quia sunt superfluitates terræ
nascentium. Et vr in hoc gradu ca- L
loris esse, eo φ mundificat. et sic est
gradus suus in siccitate: ppea quia
siccitas est pp viscositatem suã paucam, quæ est in eo. et hoc est in om
nibus gummi. Et virtutes suæ sunt
vt mollificent, et dissoluant duritẽ,
quæ est in iũcturis, & splene, et dissoluant scrophulas.

Alcanna, & inuenitur in frumento in campis. Virtus eius est sicut vir
tus sumach. magis desiccat, et plus
digerit.

Shaachilecloeemaz, et dr Rosa
regis. et dicitur calida et sicca in ter
tio gradu. Ei⁹ proprietas est, qñ ma M
sticatur, vt trahat phlegma. et succus suus mundificat caput per nares. Et tertia eius virtus est, vt remo
ueat ex oculo ęgritudinẽ caducam. et
valet morpheę, et prouocat mẽstrua.

Anberom calidum est in primo
gradu, qd i Arabico dicitur secnat,
et attingit parum ex secundo: et est
siccum in principio secũdi, et in fine primi. Idcirco qñ coquitur cum
oleo, hẽt dissoluere et mitigare dolorẽ. et maturat apostemata leuia.
et inducit somnum: eo φ qñ decoquitur

A quitur cum oleo, reddit cōplexionē ipsius ad similitudinem medicinarum maturantiū: nisi quia est aliquantulū magis calidum est subtile. et hac de causa dissolutiuum est. Et qñ comburitur, est in tertio gradu caloris et siccitatis. Et ideo valet vulneribus saniosis: et plus in illis, quæ fiūt in membris spermatis. Et recēs est minus calidum, et plus humidum. et ideo istud inducit somnum, et maturat plus sicco: et siccū dissoluit plus. ppea dicit Gale φ qui intrabant ad potationes, faciebant
B ex eo coronas.

Chamæ- midum.

Camomilla, quæ in Arabico dicitur Habonog, calida est et sicca I primo gradu. Secundę virtutes ipsius sunt, vt aperiat, et dissoluat vapores cutis, et maturet. et habet proprietatē in mitigādo dolorē vētris.

. Anisum calidum est et siccum I tertio gradu: ideo quia substantia ignea super ipsum dominatur. et significat super hoc acuitas sui saporis cum aliquantula dulcedine. Operationes suæ secundæ, et tertię sunt ad carminandum ventositatem, et prouocat vrinam, et aperit oppilationes.

C Zarabunt, idest Aristolochia. Non vtimur nisi radice. Et est quædam longa, et qdam rotunda. rotūda fortior est in incisione, et subtiliatione. et longa plus valet abstersioni, et generationi carnis. Ambæ calidæ et siccæ sunt in secundo gradu, quia sunt compositæ ex substantia aliquantulum ignea, et terrestri adusta. et significat hoc amaritudo quā habent cū moderata acuitate. Secundę earum operatiōes sunt, quia subtiliāt mirabiliter humores grossos, ppea remouent oppilatiōes, q̃ proueniunt ab istis humoribus. et D [illegible] spinas, et remouent putrefactionē, et mūdificant sordiciē, et faciunt generari bonā carnem. et illę sunt magis propriè in rotunda. Et tertię operationes sunt abstergēre, et curāt epilepticos, et podagrā, et arthriticos.

¶ Lingua agni, i. plātago, frigida ē et sicca in secundo gradu. Radix eius minus est frigida, et plus sicca. et essiccatur folium eius, est sicut radix. Et habet duas qualitates: quia cōposita est ex substantia aquea, et terrestri. et significat hoc insipiditas, quam habet cum stypticitate. Secūdæ E ipsius operationes sunt, quia siccat et repercutit, et valet cōtra mala apostemata, et materiales putridas, et curat fistulas. Tertię proprietates siue operationes sunt contra vulnera [illegible], et stringit sanguinem eorum, et vlcerationes, quę proueniunt ex dysenteria. Et radix eius contra dolorem dētium valet, et aperit oppilationes hepatis, et renum, et hoc est, quia omnis plantæ radix calidior est suis folijs. nec illa sunt priuata calore, cū videamus q abstergunt, et mundificant.

Asara bacchara. Quod ex ea valet, est radix. et virtus eius est similis F virtuti acori: sed est fortior hoc.

Asarum. Radix.

Ebdarfian, i. Cortex mali granati syluestris, est calidum in primo gradu, et siccum in secundo vel tertio: quia compositum est ex substantia ignea, et terrestri, et propterea est acutum, et stypticum. Valet sordicibus, et materijs discurrentibus ab vno membro ad aliud.

Asparagus temperatus est, aut parū declinans ad caliditatē. et hoc significat, quia habet aliquātulū ama-

G titudinem, quę elixatione remouetur. Tertiæ eius operatiões sunt ad
aperiendū oppilationes, q̄ sunt in re
nibus: & proprie radices, & semē. &
multū valent ad dolorem dentiū.

Polium montanum, qđ in Arabico dicitur Andriazabiera, habet
duas spēs, vel plures, & oēs sunt cali
dæ & siccæ. & prouocant vrinam, &
menstrua. Et dictum est q̄ valēt cō
tra morsum scorpionis, qñ bibitur
drag. i. cum vino calido.

Scolopēdria temperata est in calore & siccitate. Et manifestū est q̄
dissoluit duriciem splenis, & aperit
H oppilationes ipsius, sicut bacca lauri in oppilatione hepatis. & habet
à sua proprietate frangere lapides.

Alcanti, & eam vocatur Hispani
*al. cog. Abuz. Ex ea * operatur radix, & est
abstersiua, & dissolutiua. & qñ com
buritur, cinis eius magis calefacit,
subtiliat, & dissoluit. & propter hoc
curat alopeciam.

*al. Carta- * Elcratis, id est semen psittacorū.
mus Ex eo vtimur semine. & est ex medi
cinis manifestis in purgando phleg
ma sine aliquo timore. & eius nobi
litas est quasi super nobilitatē omnium medicinarū purgantium. Do
sis ei* ēa drag. x. vsq; ad. xij. & mul-
I tum senibus cū ficubus ante cibum
comestū valet. Gal. dicit. l. de Sim
plici medicina q̄ calefacit & exiccat
temperate. & in Secūdo lib. dicit q̄ est
calidum in secūdo gradu, qñ applicatur hoī per modum emplastri. Et
distinguēdum est, quia in primo di
xit de radice, in secundo de semine,
& in alio de folio.

Absinthium calidū est in primo
gradu, & siccum in secundo: quia
compositū est ex substātia terrestri
& frigida, & terrestri ignea adusta.
& significat hoc stypticitas sua cum K
amaritudine, & acumine. succus ip-
sius est amarior suis folijs. Et tertiæ Idē. 3. ad
suæ virtutes sunt, quia habet con- A lmā. 25.
fortare stomachū, & trahere qđ est & 3. tertij
in eo amarum per modū purgatio ca. 1. c. 35.
nis, & hoc facit per virtutē attracti- Sed 1. cō.
uam, & pp amaritudinem lauatiuā. trac. 2. c. 2.
Et aperit oppilationes hepatis, & p- & secū & tertia no-
uocat vrinam. Et si est phlegma in mine fit.
stō, non prodest pp stypticitatē suā.
Et habet multas species. sed melius
omnium est aromaticū. & pp hoc
confortat stomachum. & hepar. Et
in summa manifestum est, q̄ habet
hæc medicina proprietatem in sto- L
macho, & hepate.

Laurus. Quod ex eo vtimur, est
succus, & oleum. & est calidū in primo, & tangit parum de secundo: iđ
quia est compositum ex substantia
terrestri adusta cum substantia terrestri & frigida. & significat hoc sapor amarus cum stypticitate. Et idcirco, quia coniunctæ sunt cū ama
ritudine aromaticitas, & stypticitas,
fit ex succo ipsius melius oleum,
qđ possit esse stomacho frigido, &
hepati. & nos non damus eius succum, nec grana: quia dicitur q̄ qñ
comedit, mouet vomitū, & fluxū. M

Elzunecat, i. Balaustium, est frigi
dum in secundo gradu, & tangit ali
quid de tertio: & sine dubio est siccum in tertio. Et dicimus q̄ hoc est,
quia eius substantia est frigida: &
siccitas in ea est fortior frigiditate.
Eius operationes sunt stypticitas &
siccitas. & stringit sanguinem, &
consolidat. propter hoc ponit hæc
medicina habentibus fluxum sanguinis, & habētibus excoriationem
intestinorum, & mulieribus habentibus fluxum mēstruorum, & aliarum

rum humiditatum. Et dicit Gale. quod nullus author fuit, qui huius medicinæ non recordaretur.

Bahalbels, & in Arabico dicitur chiensem. Folia istius plantæ, & cimæ, & flores, & fructus eius sunt frigidi & sicci. Et folia sunt humidiora prædictis propter aquositatem existentem in ipsis, & propter hoc habet proprietatem ad curandam ægritudinem aleolæ, & similiter alias ægritudines oris. Sed fructus eius, cum est immaturus, frigiditas & siccitas in eo dominatur propter stypticitatem inuentam in ipso, sed quando dictus fructus habet completam digestionem, tunc est propinquus æqualitati propter dulcedinem inuentam in ipso. Et florum virtus existit ipsius fructus: & omnia prædicta conferunt.

Syaachilie. Vtimur folijs, & floribus, & fructibus. Quamuis folia sint humidiora, valent multum ægritudinibus oris, & vulneribus intestinorum, & fluxui ventris, & debilitati stomachi, & sputo sanguinis. Sed radix eius habet substantiam calidam & subtilem, & ideo frangit lapidem, qui est in renibus.

Bdellium duas habet species, fortiter mollificat, quod in Arabico dicitur Mocle. Ex eo sunt species duæ, vna Siciliæ: & illa est, siue bdellium illud est magnum: & alia species, siue aliud bdellium inuenitur hic, & est Arabicum. Virtus illius secunda est mollificare: & est fortissima virtus illius in hoc, & hoc potest cognosci per primam suam virtutem. Et aliud, scilicet Arabicum est suauius, & est clarius alio, & hoc vocatur bdellium Arabicum, & est fortius alio: sed recens bdellium Arabicum habet virtutem Siculi. Et hoc Arabicum frangit lapides, qui sunt in renibus. & quando bibitur, prouocat vrinam, & prouocat ventositates grossas, & crudas, & valet contra dolores laterum, & hypocundriorum: & in summa est ex medicinis, quæ purgant phlegma grossum. Et habet proprietatem trahendi à neruis, & iuncturis. & ipsum est melius inter medicinas laxatiuas. Et dosis eius est drag. I.

Elgarzaria, quod Hispani vocant Panicaldi, & in Arabico Alchartama, & alij Secacul, & in Latino Eryngium dicitur, Gal. sentit quod est compositum ex diuersis naturis, sicut natura rosæ: excepto quia non habet stypticitatem. & significat hoc, quia habet insipiditatem cum aliquantula dulcedine, & modico acumine. & hoc habet plus in cortice. & videtur quod sit temperatum, aut parum declinans ad frigiditatem. & quod est talis complexionis, est multi iuuamenti. Operationes suæ sunt repercussiuæ & dissolutiuæ. Sed eius manifesta proprietas est, vt dissoluat apostemata, superpositum: & etiam si suspendatur super ipsum. Et noui Medici dicunt quod habet hanc proprietatem in omnibus apostematibus. & etiam dicunt quod vtuntur eo in potu aquæ decoctionis eius. ipsa ministratur, vt defendat ne generetur aposte-ma in partibus interioribus.

Idē in primo Thaisir.

Balsamus calidus est & siccus in secundo gradu. & oleum suum est multum subtile, nec habet vllum calorem, quia ab omnibus creditur, qui vident, quod est subtile penetratiuum. Et virtus fructus istius, est istius generis: sed minus est subtilis suo oleo. Et illud oleum habet multas proprietates, & mirabiles operationes. Suæ secundæ operationes sunt, quia dissoluit omnes ægritudines phlegmaticas, quæ dictæ sunt, & confert ad dissoluendum, &

G eradicat dolores, qui sunt ex humoribus grossis & * ventosis. Et suæ tertiæ operationes sunt, quia frangit lapides. & mulier impregnatur, quæ defert ipsum super se, quæ non poterat impregnari propter oppilationem matricis. Et eius proprietas est, quia est magna theriaca venenis. & valet contra opium bibitum, & valet contra adamantem bibitum, & contra fungos venenosos, & contra aquam ferri distillati. Et dosis ei * est à tribus partibus drac. vsque ad .i. drach.

*a. l. viscosis.

Iuniperus calidus est & siccus in tertio gradu. & est multum subtilis: H quia quod magis dominatur super ipsum, est substantia ignea, & post ipsam substantia terrestris adusta, & aliquantulum substantia terrestris frigida. Et significat hoc sapor, quem habet cum forti acumine, & amaritudine, & aliquantula stypticitate. Operationes suæ secundæ sunt, vt consumat putrefactionem, quæ est in vulneribus & apostematibus: quod locus, in quo non est putrefactio, non sustinet talem medicinam: sed quando ponitur super putrefactionem, & saniem cum melle, mundificat ipsam. Operationes suæ tertiæ sunt, quia habet I prouocare vrinam, & prouocat menstrua fortius alia re, donec facit mingere sanguinem & facit abortum, & extrahit fœtum mortuum. Et propter suam subtilitatem & aromaticitatem ponitur quandoque loco cuiusdam speciei cinnamomi dorsini. & est etiam cinnamomum cum multa dulcedine, & forti acumine: & debet poni duplum illius loco dorsini.

Intelliga hoc de Sauina, vt Ras. 11. cõt. cap. 18. & 2. can. ca. de Abhel & non est Deiode.

Albahac. Hæc planta habet florem, qui assimilatur rosæ: & est fortior rosa bahanach. & propter hoc magis dissoluit illa, donec liberet dunsima K apata, quando miscetur cum cera & oleo.

Ossa vuarum passarum sunt sicca in * secundo gradu, vel accedunt parum ad frigidum: ideo quia composita sunt ex substantia terrestri frigida. & significat hoc stypticitas. & hoc vltimum iuuamen in fluxu ventris.

* a. l. tertio

Alasnee in lingua Hispaniæ dicitur Mulsa. Hæc nascitur super quercus, & nuces. Et est in tertio gradu frigida. & hoc significat stypticitas quam habet. & cum hoc habet virtutem dissoluendi, & mollificandi. Et magis valet, quæ inuenitur in quercu propter caliditatem, quæ est in ipsa arbore, eo L quod ex superfluitate ipsius nutritur.

Sagirares vel quod sit calidum in primo gradu, vel accedit paruum ad secundum: ideo quod compositum est ex substantia terrestri adusta cum substantia terrestri frigida & significat hoc stypticitas sua cum amaritudine. Primæ operationes suæ, & secundæ sunt ad subtiliandum, aperiendum, & prouocandum vrinam, & similia. Et aliqui dicunt, quod habet virtutem purgandi: & est vltima medicina stomachi propter stypticitatem suam, & etiam mundificat propter suam amaritudinem. & talis medicina, qualis est hæc, est magis pro- M pria stomacho, quam alia medicina: & longe plus, quando associatur secum aromaticitas, sicut in absinthio.

Gentiana. Ponitur hæc medicina in gradu tertio calida & sicca, & hoc manifestatur ex fortitudine suæ amaritudinis. Et radix ipsius fortissima est ad subtiliandum, & aperiendum oppilationes.

Memithe. Ponimus ipsam in primo gradu frigiditatis, eo quod curat multoties oculorum rubedines, quando non sunt fortes, & eius substantia composita est ex substantia aquo- N

A sti & terrestri, quæ ossa frigidã sunt: excepto q frigiditas fm Gale. non est fortis, sed est eius frigiditas similis aquæ paludum.

Alsocenç, i. Mentastrũ, calidũ est & siccum ĩ tertio gradu: propterea quia dominatur super ipsum substantia ignea cum substantia terrestri adusta. & habentis talem complexionẽ opationes sunt manifestę.

Glycyrrhiza. Liquiritia est humida in primo gradu, & excedit parũ in calore tẽperatam complexionẽ. Gale. dixit q assimilatur complexioni huma-

B næ. & significat hoc dulcedo sui saporis cum aliquantula stypticitate: eo quia dulcedo temperata significat caliditatem & humiditatem, & stypticitas sua detruncat aliquid ex suo calore & sua humiditate: excepto q ex humiditate remouet plus. & lenit asperitatem, quę est in trachea arteria, & vesica, & aliorũ mẽbrorum, quę recipiunt asperitatem. Tertię operationes ipsius sunt, quia puluerizata & posita super oculum delet maculam, quę est in oculo, & carnem superfluã, quę est in radicibus vnguium. & hoc significat, quia ra-

C dix est calidior succo, & cõplexiones, quas diximus, prio sunt in succo. & qñ radix est vetus, est amara, sicut est illa, quæ nobis apportatur. generaliter succus eius humidior est sua radice

Pęonia, i. Rosa asinorum, est radix calida in primo gradu, & sicca in tertio: quia est cõposita ex substantia terrestri frigida, & terrestri adusta, & substãtia ignea, & aliquãtulum aerea. Et significat hoc, quia quando masticamus ipsam, primo sentimus stypticitatem cum dulcedine: & quando diu masticamus ipsam, sentimus acumen cũ ama-

D ritudine. Secundæ suæ operationes à complexione ipsius sciuntur, & tertiæ sciuntur secundum exopilationes hepatis, & renum. & hoc accidit propter acumen, & amaritudinem. sed propter stypticitatẽ, quã habet, stringit ventrem. Propterea sua testificata est à Gale. quod suspensa ad collum curat epilepsiam in pueris. sed ab aliquibus dicitur q non sit verum. & hoc iam expertum est, & non sic inuenitur.

Pastinaca duas habet species, syluestrem, & domesticam. syluestris

E fortior est domestica in omnibus. Et in ambabus est virtus calefaciendi, & subtiliandi. Et in radice est virtus, quæ mouet coitum. & hoc etiam habet semen domesticę. Sed semen syluestris est calidius & siccius. & ideo prouocat menstrua, & vrinam. Et syluestris dicitur daucus, & est calidus & siccus in tertio gradu.

Aquarel chaar, i. lignum Lauri, & fructus eius Baccalauri dicitur. Hęc arbor cũ fructu suo calefacit, & exiccat multũ. Sed cortex arboris est debilioris caloris, & fortioris amaritudinis, & habet stypticitatem. &

F ideo frangit lapidem, & valet cõtra passionẽ frigidam hepatis, * ebibitis quatuor danich & medio cũ vino aromatico. Suę radices sunt calidæ in secũdo gradu, & siccę in tertio.

*a. l. ebibitus cũ vino aromatico.

Almostramesia est ex speciebus chasor. Et operationes ipsius sunt eædem cum operationibus ipsius ex rebus iachosor syluestris; sed ẽ subtilior ipso. Et operationes suæ tertiæ sunt attractio.

Glandes oẽs sunt frigidę & siccę. & hoc cognoscitur pp multam sty-

G pticitatẽ : quam habent. sed cortex
suæ arboris maiorẽ hẽt stypticitatẽ.
& ĩ ambab⁹ ẽ cõiũcta subtilitas cũ
stypticitate. Et ppea hęc ẽ vna ex re
bus, q̃ valet multũ fluxui mẽstruo
rum, & fluxui sanguinis vndecũq;.
Acathemi,i. Althęa. Suę secundæ
operationes sunt, quia dissoluit, rela
xat, & mitigat dolorem, & maturat
apostemata dura. Et radix & semina faciunt, qđ faciũt folia, & flos, do
nec est recẽs. sed maiorẽ habẽt subtilitatẽ, & minorem siccitatem radi
cibus, & seminibus. & sic debet esse
in omnibus radicibus, & seminibus
H terrę nascentium. & iccirco maiorẽ
habẽt abstersionẽ, ita q̃ curãt morpheam. & semẽ frangit lapides, qui
fiunt in renibus. & tñ in radicibus
ẽ virtus styptica. & ppea valet aqua
decoctionis eius excoriationi intestinorum ex dysenteria, & sputo sanguinis. Ego pono folia, & flores calidos & siccos in primo gradu, & ra
dicem in principio secundi.
Alzabit,i. oleum, qđ trahitur ex
oliuis maturis & non salitis, & quarum cõplexiones nõ sunt artificialiter mutatę, assimilatur cõplexioni
humanæ. & iam rememorauimus
I hoc in cibis. Sed oleũ factum ex oli
uis nõ maturis habet aliquã stypticitatem, & retinet ex frigiditate, frm
q̃ habet ex stypticitate. Et oleum
vetus est calidius, & subtilius tẽpera
to : & pp hoc maiorem habet virtu
tem dissoluendi, & mitigandi dolorem. Sed alia olea, quæ trahũtur ab
alijs medicinis, tenent naturam illarũ medicinarũ : sicut oleum de li
lio, & oleum sesaminum, & oleum
amygdalarum, & oleum nucum, &
oleum lauri, & oleum de cymino, &
oleum de sinapi, & oleum de myrtillis : & est stypticum, & oleum de K
mastice. & oleum de oliuis ponitur
loco olei de lilio, & è contra. & oleũ
de myrtillis est frigidum & stypticum. & oleum sesaminum est calidum & humidum. eodem modo &
oleum amygdalarum dulcium. sed
hoc temperatius est in calore : aut
q̃ habet calorem cum humiditate
mixta cum aliquãtula stypticitate:
& ideo habet humectare, sine calefacere, & mollificare. & in hoc exce
dit oleum sesaminum, & de schœ-
nãtho, & oleũ de mastice. Et oleum
granorum viridium est cõpositum L
ex virtutibus stypticis, & dissolutiuis. & ppea prodest stomacho, & he
pati plus oĩ alia re. Sed ista olea fiũt
in Babylonia. sed ĩ nostris terris nõ
trahuntur ex istis rebus proprie.
Sed Gal. dicit in libro suo q̃ consue
tum est trahere oleum myrteum, &
oleum masticinum, & oleum schœ
nanthi ex seipsis. & bonitas istorũ
excedit multum bonitatem facto-
rum cum oleo oliuarum in operationibus & virtutibus. Sed olea, quę
consueta sunt fieri cum oleo oliuarum dulcium, quibus assuescũt Antiqui & Moderni, sunt sicut oleum M
rosatum, & oleum cydoniorum, &
oleum liliorum, & oleum violarũ,
& oleum nenufarinũ, & de alcheiri. Et virtutes eorum oleorum sunt
manifestæ ex virtutibus ipsarũ medicinarum. Et scire debes quòd
oleum oliuæ, cum quo facimus dicta olea, debet esse absque alia ma
la qualitate. sed eorum virtus, quę
trahitur cum oleo oliuæ, nulla
sunt virtuosiora nostris. Oleum, in
quo infunduntur pdictę medicinę,
debet eẽ suaue, vt nõ manifestetẽ ali
qua fortis qualitas dominãs ĩ ipso.
&

A & talis est ratio medicinæ: quia debet esse patiens, & non agens: exceptis duobus modis. vnus est, quando intentio nostra est, vt fortificemus operationem illius medicinæ, est qua miscetur prius & accipiemus oleum, in quo dominetur qualitas similis qualitati medicinæ. secundus est, quando intendimus facere contrarium illius medicinæ: & hoc est, quando volumus facere fugere ex illius virtute, v. g. quando volumus quod oleum rosatum dissoluat, nos ponimus oleum vetus. & quando volumus minuere ex ea, ponimus immaturum. B & quando volumus, vt assimilet virtutem rosarum, infundimus rosas in oleum dulce, & suaue.

Alsatan, i. Enula. Ponimus ipsam in secundo gradu calidam & siccam. & manifestatur hoc, quia ponimus ipsam in loco hujus, quod confert phlegmati grosso infixo in pectore, & pulmone. & hoc facit sua siccitate. Operationes suæ secundæ sunt, quia rubificat membra in humiditate a frigore.

Barbacus, i. Helleborus habet duas species, album videlicet, & nigrum, & ambo sunt calida, & sicca in tertio gradu. C Secunda eorum virtus est abstersiua: & ideo valet contra scabiem, ignem sacrum, & similia. & non est tutum vti eo bibito vel comesto: quia est ex genere venenorum. Sed Antiqui vtebantur nigro ad euacuandam melancholiam. sed est fortius in lædendo hepar, & pulmonem. sed Noui ponunt loco eius lapidem lazuli. Sed quamuis epithymum laudetur in euacuando melancholiam, non tamen habet tantam virtutem. Et magnes habet similem virtutem purgandi cum helleboro: D excepto quia est fortioris attractionis, eo quia est lapis, & propter siccitatem quę est in eo. & lapis lazuli suauior est eo.

Fua, i. Rubia tinctorum, calida est in secundo, & sicca in tertio gradu, ideo quia est composita ex substantia terrestri adusta, & substantia terrestri frigida. & significat hoc sua amaritudo cum ponticitate. Operationes suę secundæ, & tertię habent aperire oppilationem splenis, & hepatis, & prouocare vrinam, & sanguinem menstruum. & possibile est vt facias mingere sanguinem. & abstergit temperate: & ideo valet E contra tineas, quando distemperatur cum aceto, & superponitur. & quidam dixerunt bibere *sciaticis cum hydromelle.

Olibarda, i. Eupatorium. Valde manifesta est in fortificando virtutem hepatis, & aperiendo oppilationes eius, quia composita est ex substantia styptica, & amara. & ideo debemus ponere eam in primo gradu: quia amaritudo est manifestior in ea stypticitate sua.

Zingiber calidum est in tertio gradu cum multa stypticitate vel humiditate. & ideo tardat in calefaciendo F corpus: quod non facit piper. quia calefactio zingiberis est a calore corporis: & permutatio piperis ab eodem est sicut permutatio lignorum viridium & siccorum ab igne. Et piper longum est simile zingiberi. & propterea debet poni zingiber in primo gradu humiditatis.

Epithymum est calidum & siccum in tertio gradu: & est laudabile, vt dictum est in euacuando melancholiam. Et dosis eius est a drach. ij. vsque ad iij. & in decoctionibus a v. vsque ad vij. Et indiget retinentibus:

G tibus: quia contristāt propter suam
siccitatem. & ideo nenufar est vltimum suum iuuamentum: eo ꝙ propter
aromaticitatem suam remouet ipsius malitiam, & propter humiditatem suam remouet ipsius siccitaté:
excepto quia cum hoc diminuit su
um calorem. Et medicina non indi
get refrenatiõe ab omnib' suis qua
litatibus vł partib', nisi a parte, qua
purgat hoc a calore, aut a parte suæ
euacuationis. Et si refrenaretur epithymum cum pomis, hoc plus acce
ptarent, excepto in febricitantib'. &
sił potest refrenari cum amygdalis
H vel cum semine melonis.

Menta calida est, & sicca in secũdo gradu, & attingit ex tertio: & ha
bet amaritudinem cum stypticitate. confortat stomachum, & mouet
coitum.

Haama, i. Menta. Hæc herba est
hortiua. & propter hoc habet super
fluam humiditatem. & propter hoc
prouocat coitum. & ipsa est res, quę
associatur rebus non bene digesti-
uis. & sapor ipsius amarus est cum
stypticitate. & ex hoc apparet, ꝙ mi
norẽ hẽt caliditatem deliachacos. &
ꝓpterea ipsam ponimus in caliditate,
I & siccitate in secundo, extendẽtem
se vsq; ad tertium.

Thapsia est gummi rutæ syluestris secundum quosdam Medicos.
Virtus eius est acutæ virtutis, & cale
facit caliditate forti: & propter hoc
est in tertio gradu calidit ans, & humida in primo. Et significatur eius
humiditas ex hoc, quia cito corrum
pitur, & non recipit passionem a cor
pore, nisi post aliquantulam horã,
quemadmodum facit zingiber. Et
proprietas eius est attractio ex profundo corporis, & resoluit quod ab
ipsa trahitur. K

Tormos, i. Lupini quando elixã-
tur I aqua tandiu ꝙ ipsorum remoueatur amaritudo, sunt medicina
nutritiua. Et quando sunt amari, fa
ciunt quod consueuerũt facere medicinæ amaræ ex abstersiõe, & exic
catione, & resolutione, & ex apertio
ne oppilationum hepatis, & splenis,
& prouocatione menstruorum, &
interfectione lumbricorum, & in ex
tractione fœt'. & remouent morpheam, & purgant choleram, & remouent offuscationes membrorũ,
& dissoluunt scrophulas. & propter L
hoc ponimus ipsos in caliditate &
siccitate in principio tertij gradus,
vel in fine secundi.

Lactuca. Dicit Galenus ꝙ sua fri
giditas est similis frigiditati riuulo
rum. & significat hoc, quia nõ curat
forte erysipelas, sed curat debilem.
ideo debemus ipsam ponere frigidam in primo, vel in principio secũ
di gradus. Et vsus sui semper consu
mit sperma.

Alasce, quod quidam vocant cor
ruthã, calefacit & desiccat in tertio
gradu. Et operationes eius ꝓuocãt
menstrua, & vrinã. & extrahunt fœ- M
tus a corpore, & aperiunt oppilationes, & mũdificãt pect', & pulmoné.

Hele, i. Viscus. Operationes eędẽ
sunt cum thapsia in operationibus
primis, & secundis. & est calidissim'
cum superflua humiditate. & extra
hit a ꝓfunditate corporis. & hoc a-
git cum multa tarditate ꝓp superfluã
humiditatem in ipso existentem.

Viola frigida est, & humida. & ic
circo debet poni in secundo gradu.
Iuuamenta sua manifesta sunt apđ
vulgares.

Cenapal cail, i. Cauda equina, & I

La-

A **Lasloō dī Centinodia.** Virtus ipsius est stiptica cum amaritudine, & ideo desiccat in ultimo absq; perforatione, & pp hoc sigillat vulnera magna, & confert ulceribus intestinorum, ac sputo sanguinis, & fluxui menstruorum: & maxime illa, quæ est rubea: & terrasimoni. & dicunt aliqui homines quod curauerunt cum ea ulcera vesicæ.

Calsiraf, i. Castrat⁹. Huius vegetabilis flores, & folia desiccant desiccatione forti absq; mordicatione. Et est manifeste plurimi iuuamenti, quoniam sigillat vulnera, & quoniam adurit cortex istius arboris cinis eius desiccat desiccatione B vehementi, & pp hoc confert porris seu verrucis: & maxime habentibus capita clauorum, qui sunt in cute. quia quando recipitur cinis eius, & miscetur cum forti aceto, & superponitur eis, eradicat eos. Et gummi istius arboris remouet omnia, quæ sunt, vel fiunt supra pupillam oculi vnde obscuratur visus: eo quod illud gummi subtiliat, & mundificat.

Indicum, cum quo tingitur, multum desiccat sine subtilitate: quia amarum est, & stypticum. Et est duarum manerierum, i. sylvestre, & domesticum. & sylvestre est fortius do C mestico. Operationes sue sunt, ut consolidet vulnera, quæ sunt in duris membris, & etiam si sunt in extremitatibus musculorum. & abscidit fluxum sanguinis, & valet multum vulneribus fistulantibus. Sed sylvestre est fortius in vulneribus putridis pp fortitudinem suæ desiccationis. & domesticum est vtilius in apostematibus domesticis, vel in medicis apostematibus, quæ ulcerata. & sylvestre valet multum contra oppilationem spleenis. adeo debemus ipsum ponere calidum in secundo, & siccum in tertio: & domesticum calidum in primo, & siccum in secundo. D

Pulegium montanorum calidum est & siccum in tertio gradu, quia est compositum ex substantia ignea cum aliquantula parte terrestri adusta. & significat hoc acumen ipsius cum aliquantula amaritudine. Operationes ipsius secundæ sunt dissolutiuæ, subtiliatiuæ, & desiccatiuæ. Tertiæ ad prouocandum urinam. & dictum est, quod valet multum leprosis, & morsibus animalibus venenosis: & maxime quando superponitur. & occidit vermes, qui nascuntur in auriculis. & montanum fortius est, & plus valet.

Recapalderecca, i. Canella vel Cinnamomum, calidum est & siccum in secundo gradu. & in siccitate plus extendit. & hoc est, quia compositum est ex substantia terrestri cum substantia aerea æqualiter. & hoc testificatur Gal. & cum hoc habet naturam subtilem igneam, a qua habet suam amaricitatem. & stypticitas sua cum modico acumine significat terrestrem substantiam, & cinnamomi sua significat substantiam aeream super ipsam dominantem. & hoc scitur pp naturam cinnamomi. Iuuamenta sua manifesta sunt in stomacho, & hepate: quia illa est ex medicinis, in quibus inueniuntur aromaticitas, & stypticitas, & acumen: & quod habet tam nobilem complexionem, roborat omnia membra. Et dicit Gal. quod pars subtilior, quæ est in eo, est maior alijs secundarijs in eo in iuuamento. F

Cappares calidus est in secundo, & siccus in tertio. quia compositus est ex substantia terrestri & frigida, & terrestri adusta, & ignea & subtili. & significat hoc amaritudo dominans. Et post hoc habet proprietatem contra vitia spleenis: propterea quod illud, quod facit extra cum stercore, est sanguineum, & sic remouet dolorem spleenis.

Habet saporem acutum cum stypticitate, & aliquantula dulcedine. & nõ debemus vti ea nisi radice. Et de minori vtimur folijs, & stipite. & ideo composita est ex substantia terrestri, adusta, & frigida Et aperit oppilationes, & Icidit humores grossos: & cum hoc habet virtutem purgandi eos. & ideo clysterizantur cum ea schiatici, & podagrici. & abstrahit humores cholericos, & grossos. & aliquando tãtum purgat, vt trahat sanguinolentos humores. & ille fortius prodest, & prouocat menstrua fortiter, & abortire facit. & cum hoc
B habet virtutem cõsolidatiuam vulnerum propter suam stypticitatem.

Gummi cerasorum habet ꝓprietatem frangendi lapidem. & potest esse hoc ideo, quia est gummi: quia dominans super complexionem gũmi est calor, quãuis quędam sint, q non sunt talia, nisi comparatiõe ad corpus humanum, sicut gummi, qđ nominatur charabe.

Cestron, i. Betonica. Complexio istius est calida & sicca. & hoc attestatur sapor, quia in ipsa est amaritudo cum acuitate Et ideo incidit humores grossos. & frangit lapidẽ,
C qui generatur in renibus, & mundificat pulmonem, & pectus, & aperit oppilationes hepatis, & prouocat menstrua. & confert epilepticis, & schiaticis. & quando ponitur super morsum animalium venenosorum confert. & valet schiaticis etiam, qñ bibitur, & eructuationi acetosę. & ꝓpterea ponimus ipsam in gradu tertio calidam & siccam.

Hasas, i. Galla, est frigida in primo, & sicca in tertio. & acerbæ sunt frigidæ in secundo gradu, & siccæ i tertio. & significat hoc stypticitas, quæ est in ea cum modica ponticitate, & est repercussiua. & quando D comburitur, est acutior, & siccior, & subtilior. & est necesse, quando vis sedare sanguinis fluxum, assare ipsum, & postmodum extinguere ipsam in aceto, aut fortissimo vino.

Almum, i. Cera citrina, est temperata inter quatuor qualitates. & qa potest applicari carni, posuerunt ipsam Medici materiam omnibus cataplasmatibus, & vnctionibus calidis & frigidis, sicut sunt illi, qui nominant cerotum. Hanc ceram * citrinam, quassatam, vel malaxatam in aqua Gal. laudauit in ęgritudinibus acutis, & nominatur cera lota. Et cera habet virtutem maturatiuã per modum oppilationis. & non est ex medicinis, quas ponimus in corpore. & habet aliquantulam virtutẽ dissolutiuam, quã acquisiuit a melle. & quando remouetur citrinitas, quæ est in ea, tunc est proprie materia. & cera pura.

a.l. masticam. E

Halbeca, i. Catapucia. Eius grana habent virtutem purgandi: & cum hoc habent virtutem abstersiuam, & dissolutiuam. & ideo est calida in secundo gradu, & ponitur in gñe calidorum, & siccorum. F

Darseni, i. Canella subtilis, dulcis, aromatica, calida est & sicca in tertio gradu, & est supremum I omnibus medicinis aromaticis, quę resistunt putrefactioni: nec habet parem in his operationibus.

Alteradit, i. Barba hircina est frigida in tertio gradu, & sicca in secundo quia dominans in ea est substãtia terrestris styptica & radix eiꝰ fortior est folijs. Et consolidat vulnera & valet sordidis vulneribus propter suam desiccationem, & ad intestinorum

A Alcostah, idest, Lilium album, calidum est & siccum in secundo gradu. & hoc dicimus, quia est amarũ. & habet aquositatem temperatam. Et ideo oleum ipsius est absq; aliqua mordicatione. & est surtemum omnium rerum, quę dissoluunt res in matrice. Et folia sua cocta, & posita super carnem combustam ab igne, & cum aqua feruenti, cum oleo rosato mixta, inconuenienti liberãt. Et radix est fortior folijs. & propterea prouocat menstrua, & mollificat duriciem omnium membrorum, & proprie matricis.

B Crocus calidus est in secũdo gradu & siccus in primo. Et digestiuus, & confortatiuus cordis, & habet substantiam calidam stypticam. & stypticitas sua est ex rebus, quæ adiuuãt ad digestionem, quam facit: eo quod propter illam moratur in poris, & stat in illis.

Halbasal, idest, Cepa. Est calidũ in quarto gradu, & habet grossam substantiam. Et ideo, quando ponitur in ano, aperit orificia venarum, & prouocat sanguinem hemorrhoidalem, & menstruum. Et succus eius valet aquæ, quę defluit ad oculum: sed obscurat oculos, quãdo sunt im-

C peditι ab humoribus grossis. Et hẽt humiditatem superfluam, propter quam mouet coitum.

Halcedes frigidus in primo gradu est vel temperatus: eo quia stypticitas in suo sapore est, sed in ipso non est aliquid caliditatis, vel acuitatis nisi modicum. tamen in eius operatione inuenitur multi iuuamẽti: eo quia caliditas existens in eo facit profundare stypticitatem in profundo corporis absq; amaritudine, vel mordicatione. Et ob hoc eius

D operatiões sunt ad remouẽdum ea, quæ retenta sunt in profundo corporis ægritudine impuritatum, & eradicantes ea omnino absq; impedimento. Et est in fine tutum, nocumentum eo quia natura calidarum medicinarum et siccarum, quamuis habeant naturam remouẽdi, attrahunt tamen ad locum alios humores. Et propter hoc hęc res confert omnib^9 maculis, et vestigijs cutis, et caliditas, quæ est in ipso, est latrix virtutis stypticę.

Sciadi, i. Cyperi. Id quod operatur

E ex hac herba, est eius radix. & ponimus ipsum in caliditate & siccitate in secundo gradu: eo quia in suo sapore non inuenitur acuitas, nisi modicum stypticitatis. Et eius operationes secundæ sunt, quia conferunt mirabiliter vulnerib^9 difficilis cõsolidationis causa multarum humiditatum: & etiam conferunt vlcerib^9 oris. & frangunt lapides, & prouocant vrinam, & menstrua.

Alchãna. Quæ operantur ex ista, sunt folia, & rami. & virtus ei^9 composita est ex substãtia frigida & calida. & propter hoc desiccat absque

F mordicatione. Et confert vlceribus, quę veniũt in ore ex gñe alcolæ. & valet et alcolæ & decoctio illi^9 valet adustiõi, & et apostematibus ardentibus.

Elloc, i. Iusquiam^9, manifestũ est, quod est^9 maximæ frigiditatis.

Hyoscia- mus. *a Lmol- ex humi- ditate.

Magdenc, i. Catapucia. Ipsi^9 grana purgãt cholerã, qñ deglutiuntur à decẽ vsq; ad quindecĩ. & q̃ habẽt ventrẽ fortẽ, masticẽt illa grana: & qui habent debilem, deglutiant integra.

Acetosa. Virt^9 ipsi^9 est cõposita: eo quia semẽ ei^9 hẽt stypticitatẽ cũ acetositate. & ꝑ hoc valet cõtra fluxũ ventris cũ vlceratione intestinorũ.

Al-

G Alzuraz est in quarto gradu caliditatis. Odor eius, & sapor, & virtus assimilantur odori nasturtij, & suo sapori: excepto quia est maioris desiccationis nasturtio.

Alcheiri, i. Viola de Romania. Sunt enim in secundo gradu caliditatis. & hoc significatur ex amaritudine sui saporis. Et extrahunt secundinam, & faciunt abortum. & semē eius est fortius flore. & aperiunt oppilationes cerebri, quando odorantur. & propter hoc, quando suspenduntur ad colla epilepticorū, liberant.

H Halausam, i. Lycium. Hoc est cōpositum ex substantia grossa, & resolutiua, & pertinet siccitati. Et est ex medicinis appropriatis oculis, & auribus. & habet multas operatiōes sm modum medicinarum, q sunt illius complexionis.

Lausemacanium, Hoc est manifestum nobis. Eius proprietas est sanguinem stringere, vndecūq; exeat. & est complexionis frigidæ, & siccę. & oritur in ripis fluminum valde currentium.

I Thus calidum est in secūdo gradu, & siccum in primo: quia habet amaritudinem cum stypticitate. & facit nasci carnem in corporib⁹ humidis: & habet aliquantulam virtutem maturatiuam. Sed cortex ipsi⁹ habet manifestiorem stypticitatē: ita q ponitur in quarto gradu I medicinis exiccatiuis. nec habet superfluum calorem, vel acumē. ideo ponitur in medicinis quæ valēt contra fluxum, & sanguinis sputum, & vlcerationem intestinorum.

Macis. Besbese, i. Macis. Dicitur quod sit cortex cuiusdam fructus, qui apportatur de India. Compositus est ex diuersis substantijs. magis dominans est substantia terrestris, & mini⁹ est substantia subtilis calida. & est multæ stypticitatis cum aromaticitate. Sua prima virtus est sicca in primo gradu: sed caliditas vel frigiditas nō sunt manifesta in eo. Sua secunda virtus est confortare & retinere. & valet contra passionem cordis, & contra fluxum ventris. Et bene testificabitur per Gale. q valet propter suam stypticitatem contra vlcerationem intestinorum. K

Scedes, i. Po'rum. Virtus eius similatur virtuti spicæ.

L Albeczi virtutem habet dissoluēdi, & maturandi.

Lephaa, i. Mādragora, frigida est in tertio gradu, & etiam est habens aliquantulam caliditatem. & poma ipsius habent humiditatem, & propter hoc, puocant somnum. & cortices suarum radicum sunt siccę: sed eius radix debilior existit.

Halcasmeg, i, Fœniculum, calidū est in tertio gradu, & siccum in secūdo. Et propter hoc prouocat lac, & vrinam, & menstrua, & confert descēsui aquę ad oculum. Et sunt duarum specierum, domesticum, & syluestre. & domesticum est humidius syluestri. & quia habet aliquam horribilitatem, habet proprietatem confortandi membra vrinæ. M

Masliche foeminini generis. Mastix calidus est in secūdo gradu, & siccus in tertio. & habet stypticitatem, & dissolutionem. & manifestatio sui iuuamēti specialiter est in stomacho, & generaliter in alijs membris.

Sezunix, i. Nigella, calida est & sicca in tertio gradu. & significat hoc, quia est in vltimitate amaritudinis cum subtilitate. & ligata in panno lineo valet odorata ad reuma frigidū.

A gidam & occidit vermes, & dissoluit inflationem, & eradicat verrucas, & producit cum posse menstrua, & facit erigere membrum.

Alchelilamelech, i. Mellilotum, vel corona regia, habet virtutem dissoluendi, digerendi, & repercutiendi, ideo debet poni calida & sicca in primo gradu.

Alces, i. Mel, calidum est & siccū in secūdo gradu, & est multę abstersionis, & est cibus medicinalis, & ꝓprie in senib⁹: quia cibus est in ipso multum iuuatiuus, quia in eis conuertitur in sanguinem bonum. Sed

B mel cannæ, quod etiam est mel, est minoris caloris alio melle, & minoris abstersionis, nec habet illā mordicationem, quā hēt mel, idcirco est maioris iuuamenti alio melle mēbris, quæ nocentur a nimia abstersione, sicut stomach⁹, pulmo, & vesica. Et istæ duæ medicinę factæ sunt a Medicis materiæ electuariorum & syruporum: eo quia natura amplectit eas, & in eis delectatur. & qn̄ lauatur, est ei⁹ operatio propinqua operationi mellis cannæ.

Mel cānæ

Cascaſi, i. Papauer, frigidum est & humidum. Album est frigidum

C in tertio gradu, & nigrū in quarto. Album valet contra tussim, quę fit a materijs calidis, & defendit pulmonem ab vlcerationib⁹ ipsarū, & facit suauiter dormire. & nigrum est malum, quia facit somnum stupidum.

Heliog, i. Pomum citrinū. Cortex ipsius habet maximum iuuamētum stomacho, & hepati. & est temperatus, aut calidus in primo gradu & siccus in secundo. sed acumē, qd' habet, non significat multum calorem. quia paucus calor, quando est cum stypticitate, inducit acumen, & mordicationem. Et dicit Gal. quan-

D do dominatur siccitas terrea, adipiscitur acumen. Sed semen est calidū cum forti siccitate, & est supremum beizaarijs venenis, quę occidunt a tota specie. Sed pulpa ipsius est frigida & humida, & generat grossos humores.

Alcarfarā. Tamariscus composit⁹ est ex substantijs compositis: quia habet stypticitatem cum dissolutione, ꝓp quam multum valet spleni. Et ideo dicitur q̄ qui bibit cum vase facto ex eo, non incurrit passionē splenis. Et suus fructus habet stypticitatem, fortem propinquam stypticitati gallæ.

E

Hes, idest, Myrtilla multum supipsā dominatur substātia terrestris & frigida. & significat sup hoc stypticitas, quam habet, & constrictio, quam facit.

Halmu. Quod operatur ex ista est radix. & est calida in tertio, & sicca in secunda. vrinam prouocat, & menstrua. & habet superfluam humiditatem, & qui de ea comederit multum, dolorem capitis patiat.

Harlarmel, i. * Cicuta, calida est & sicca in tertio gradu. incidit humores grossos, & ꝓuocat vrinam, & mēstrua, & valet dolori spatularum, & purgat phlegma.

Hoc post* ē Harmel Aui. & Serap. nō. n. potest esse cicuta.

F

Sobol, i. Spica. & sunt ex ea multę species. & melior ea est ea, quæ venit ex India. Cali. est in primo gradu, & sicca in secundo. & hoc est ex eo, quia est composita ex substātia terrestri, & frigida multum, & aliquantula ignea, & aliquantula terrestri adusta. Et quia est composita ex his virtutibus cum aromaticitate sua est ex melioribus rebus hepati, & stomacho, vel superposita, vel bibita: propterea quia confortat mē-

bris,

G brū, & desiccat materiā, q̄ ibi fluit.

Halcal, i. Acetum. Quod videtur ex eo, est vt dominans super ipsum, sit substantia frigida propter acetositatem, quę est in eo: quamuis habeat partem vnam igneam, quę indicatur propter ipsius acumen. & iā dictum est φ acumen prouenit propter fortem siccitatem cum modico calore. & multa ipsius morsio nō significat super multam caliditatē: quia hoc prouenit a subtilitate. & etiam acetositas, in eo φ est acetositas, incidit: & maxime quando associatur calori. Et ideo debemus ipm

H ponere frigidum in secūdo, & siccū in tertio, & maxime vetustum.

Berberis. Fructus eius stypticę virtutis est, & incidit, & subtiliat, & stringit omnem fluxum omnium ęgritudinum.

Lac erpitid Lac arborum eltifit, i. Asa fœtida calidius est omni alio lacte arborū, & subtilius. & propter hoc dissoluit plus cęteris. Et eius proprietas est, φ confert vuluę, quando suspenditur collo.

Irum. Halcarsena, i. Orobus, siccus est in secundo gradu, & calidus in [illegible] mo. Et est medicina incisiua [illegible] oppilationes, & si ni [illegible]

I ex eo faceret mi [illegible] & generat in co [illegible] & membra [illegible]

Ihanli [illegible] tertio [illegible] & h [illegible] ctu [illegible] ne [illegible] fi [illegible]

pipere. Et aliud piper, qđ nō est maturum, est album: & qđ est maturū, est nigrum. Et ambæ spēs sunt calidæ & siccæ in tertio gradu. & quidā dicunt in quarto.

K Besbeg, i. Polypodium, est quasi temperatum in primis qualitatib⁹. & signat hoc, quia super ipm dominat dulcedo cum stypticitate, & desiccat sine mordicatione. Eius ppietas est purgare melancholiam, & est secura medicina. & ē melior epithymo, quia non habet qualitatem exeuntem ab equalitate. Dosis sua est drach. x.

L Prassium calidum est in secūdo gradu versus finem, & siccum in tertio, prope medium, aut in fine. Aperit oppilationes splenis, & hepatis, & mundificat pectus, & pulmonē, & prouocat menstrua, & vrinam & facit oia, quę faciunt medicinæ amaræ. Et succus ipsius mixtus cum melle multum valet passionibus oculorū. & positum in narib⁹ valet ictericię. & valet contra antiquum dol [illegible] auris, quia mundificat [illegible] rum aurium.

Succus, qui [illegible] pum, cali [illegible] dus [illegible] d [illegible]

[illegible] , vi [illegible] les [illegible] tempo [illegible] , calidus est [illegible] in secundo, [illegible] valet contra ice [illegible] causat citrinita [illegible] tatem.

A tatem quibuslibet membris corporis. Et sylvestris est fortior domestico, & eius succus deglutit⁹ subtiliat viscositatem, quæ est in fistulis pulmonis, & clarificat vocem.

e. l. & sue-ud.

Raued, i. Rheubarbarum, compositum est ex diversis substantiis ex substantia terrestri, & frigida, q significatur per stypticitatem: & ex substantia ignea, quæ significatur per coctionem: & ex substantia aerea, quę datur per raritatem, & spongiositatem. & est vna ex manifestioribus rebus in iuvamēto hepatis ad aperiendas oppilationes, & confortandum ipsum. & similiter prodest stomacho. Et Gale. & alij Medici di-

B cunt, q constringit ventrem. & nos videmus q purgat. Et est mirabilior alijs medicinis purgatiuis, quia stratum suum est cum eo. quoniā nulla medicinarum purgatiuarum est sine veneno aliquo i aliqua parte sui, ista excepta: eo quia confortat omnia membra corporis: ideo possumus dando ipsum pro purgatione, refrenare alias p ipsum medicinas.

Akarfas, i. Apium montanum, [illegible] dum est & [illegible] um in tertio gra- [illegible] eo q [illegible] amarus, & a- [illegible] Et [illegible] & sangui- [illegible] dissoluit rumo [illegible] Et [illegible] debilium est eo. A [illegible] tura, in lingua [illegible]. Quod ex hac [illegible] radix, & est calida [illegible] prope finem, & desic [illegible] confert ægritudinib⁹ [illegible] passionibus pectoris, [illegible] quando fiunt ex hu- [illegible] sis, & quando suffumi [illegible] eam, reprimunt hu- [illegible] descendentes a cerebro, & a- [illegible] oppilationes: & quando

ponitur super dentem dolentem, & D corrosum, sanat illum. & succus ei⁹ in omnibus prędictis fortior existit. & adhuc lac ipsius fortius existit.

Halsedeb, i. Rota sylvestris, calida est & sicca in quarto gradu. sed hortulana est i tertio: ppterea quia sapor suus est acutissimus, & amar⁹. & est iuvantior in soluendo tumorem, & carminando ventositatem: & priuat coitum.

Cesfet, i. Pix, est calida & sicca in tertio gradu. plus desiccat q calefaciat. sed liquida, & recens plus cale- E facit q desiccet. Valet contra asthma, & empyema. Dosis eius est quātitas vnius drach. & ½. cum melle. & valet contra albedinem vnguiū, & morpheam. & maturat apostemata dura. & fortior in maturādo est, cū est recens, & humida.

Alpelep, i. Castanea, frigida est & humida in primo gradu. Folia sua pistata, & posita super apostemata, quæ nascuntur in genibus, curat. Et cortex ipsi⁹ arboris, & ipsę castaneę habent virtutem desiccandi. & ideo quando sunt cocta in aceto, valent contra dolorem dentium. Et fruct⁹ F combustus superpositus valet tynię. Et est necesse, vt custodiatur quislibet a puluere, qui adhæret folijs illius arboris, quoniam multum nocet cannę pulmonis, & visui, & auditui.

Virga pastoris est in secundo gradu medicinarū infrigidātium: quia composita est ex substātia terrestri frigida, & aquea. Valet contra incensionē stomachi, & reprimit materias adustas. & idcirco intercipit fluxum menstruorum, & curat oppilationē intestinorum, & intercipit fluxū sanguinis a quacunq; parte venat.

G Rosa composita est ex substantia terrestri frigida, subtili, & aerea calida, & aquea. & significat hoc sapor, vel odor, & aquositas. Et semen ipsi⁹ stypticu⁹ est ea. Et est frigida & sicca in primo gradu. & confortat stomachum, & hepar, & alia mēbra.

Sumach est forte in stypticitate & siccitate frigidum in secundo, siccũ in tertio gradu. operatiões suę sunt manifestæ.

Sagapenũ *a. I. Asphaltum

*Serapinum, & ĩ Arabico Cobconeg, & interpretatur expellens ventositatem. Illud gummi calefacit, & subtiliat, secundum ꝙ faciunt alia
H gummi. & est abstersiuum. & est ex ex melioribˀ medicinis, quę possint esse ad aquam descendentem ad oculos, & ad fuscedinem visus, quæ fit ab humoribˀ grossis. Et est ex medicinis purgatiuis, quę trahũt phlegma a neruis & iuncturis, sicut bdellium opopanacum, & anzarot. q̃a hoc est proprium in gummi. & bdellium est in hac re, quasi in primo gradu purgatiõis. & post ipsum est asphaltum, & opopanacum, & post ipsum anzarot. Et dosis asphalti est a drach. ʒ. vsq; ad vnam.

I Et anzarot desiccat sine mordicatione. ideo consolidat vulnera facta propter percussionem.

Satyrum, i. Testiculus canis. & in Arabico Haldaalzahalep. Calidum est cum multa humiditate. & ppterea mouet coitum. & nomina sapientum Enulsalic, & Eusofalic iuuamentũ in eorum animabus, quod curat spasmum posteriorẽ partis, quando bibitur eius succus cum vino nigro styptico.

Alcarsfas, i. Apium, est tantæ caliditatis, ꝙ prouocat menstrua, & vrinam, & dissoluit ventositatem, & inflationem, & proprie semen eius.
K Huiusmodi est multarum spẽrum. & fortior omnium est, quę nominatur Betarcalion.

Seris. Intubum.

Et Endiuia quædã est syluestris, & quędam domestica. Syluestris est frigida & sicca in primo gradu: domestica est frigidior & humidior. & significat hoc eius stypticitas cum amaritudie. & stypticitas maior est amaritudine. Iuuamen ipsius maximum est: quia confert hepati a tota substantia. quia dictum est ꝙ sanat hepar calidum & frigidũ æqualiter. Sed mihi videtur ꝙ plus conferat calido q̃ frigido. quia amaritudo, quæ est in ea, abstergit, & aperit
L sine multa calefactione.

Halanchat, i. Capa Scilla, calida est in secundo gradu. & virtutem habet incisiuam. sed non minus calefacit. & non vtimur ea nisi assata, & cocta.

Halscia, i. Abrotonum, est herba multę amaritudinis. & nocet stomacho, & interficit vermes sua amaritudine. & calefacit in fine secũdi gradus, & desiccat in tertio.

Seseli.

Asicelios, i. Seseleos. Hæc herba, & ipsius semen habet proprietatem
M calefaciendi tantum, donec prouocat vrinam valida prouocatione. & cum hoc subtiliat. & pp hoc cõfert epilepticis, & cuidam ęgritudini nominatæ † orthomiæ.

† orthopnϾ. † a. I. Sesamum.

Scenscani, i. † Sesiminũ calefacit I fine primi gradus, & in principio secundi, & humectat in tertio. Eius oleum eiusdem proprietatis existit.

Halgazar, i. Pastinaca. Ipsiˀ sunt duæ species, scilicet domestica, & syluestris. Syluestris fortior existit in ꝓuocando menstrua, & vrinam. Et folia harũ ipsarũ pistata, & supposi

ta

A ta vulnerib⁹ corrosiuis, sanant ipsa.

Harcasf, i. Carduus, aleht, est calidum in secundo, & siccum in tertio. Mundificat putredinem per vrinā, si in corpore adsit, quando coquit̄ i vino, & datur ad bibēdum. Et remouet fœtorem subascellarum, & q̄d dissoluitur ex toto corpore. Et generaliter habet resistere a tota substātia quasi putrefactioni: & est medicina cibalis, quę dat saporem carnibus. & iccirco vtuntur eo nobiles loco melongiarum.

Allium calidum est, & siccum in tertio gradu.

B Elmaat calidum est, & siccum in tertio gradu. occidit lūbricos in pueris, & habet abstersionem. Et ꝓpterea ponitur in collyrijs, quę habent remouere vngulam. & miscetur cū medicinis, quæ dantur contra antiquam tussim, & asthma, & est medicina manifesta in maturādo. Et potest esse ꝙ bonitas suæ maturatiōis est, ideo quia subtiliat materiam eo modo, quo nō relinquit siccitatem, grossitiem, nec duritiem parti remanenti. Et hęc maturatio est laudabilior cęteris omnibus. quia ī hac medicina nō potest dici ꝙ maturet op-
C pilādo poros, eo quia abstergit, nec potest dici ꝙ hoc faciat per similitudinem complexionis cum corpore humano: quia calidum est & siccū in tertio gradu.

Sticados Stœcas. Sticados compositum est ex stypticitate cum amaritudine, & aromaticitate. & ideo debet poni in primo gradu rerum, quę calefaciunt, & in secundo earum, quæ desiccant. Operationes suæ secundæ, & tertiæ sunt aperitiuæ, & abstersiuæ, & confortatiuæ omnium membrorum interiorum, & exteriorum. & ideo valtior

D medicina est hęc contra lassitudinē oībus alijs medicinis. iccirco q̄a lassitudo non est nisi defectus virtutis propter onus humorum.

Condisi, i. Hellebor⁹ alb⁹, calid⁹ est in quarto gradu, & siccus in eodem. & commouet sternutationem. & est venenum. quare non debet poni in corpore.

Styrax calamita. Storax calamita calida est in secundo gradu, & sicca in primo. & signum huius est, quia mollificat, & curat tussim, & valet reumāti, & asperitati gutturis, & pectoris. & ꝓuocat menstrua, quando bibitur, aut
E ex ea fit pessarium.

Ficus. Nos fuimus locuti de eis ī eo ꝙ sunt cib⁹: sed nunc dicemus in eo ꝙ sunt medicinæ. Virtutem habent maturatiuam, quādo fit ex eis emplastrum, & ꝓpriè siccæ. Et siccæ & virides habent laxare ventrem. Et decoctio ipsarum, quando multum coquuntur, assimilatur melli. Sed complexio suæ arboris est calida & subtilis, & propriè lac. & ideo dixit ꝙ euellit verrucas, & laxat ventrem. & syluestres sunt fortiores in hac re domesticis.

Selec, i. Bleta, habet virtutem baurachiam, & decoctio eam remouet.
F & est abstersiua, & mollificatiua. Et eius succus suppositus in narib⁹ dissoluit superfluitates cerebri. & in albis pl⁹ manifestatur hęc virt⁹, q̄ i nigris: quia nigræ habent aliquantulam stypticitatem.

Halcuba, id est, Fœnum græcum, & est calidum in secundo, & siccum in primo. & propterea habet ꝓpriā virtutem mollificādi duritiē vulnę.

Tithymall⁹ est in fine caloris: & ꝓprie eius lac, & post illud semen, & post illud folia, & post illa radix.

G Radix cocta in aceto remouet incoginienti dolorem dentium, & maxime si est dens corrosus. & quando cadit in aliqua parte oris, comburit illā. Et propterea necesse est, qñ volum⁹ ipsam ponere super dentes, vt alij dētes circumtegantur, quia facit cadere dentem corruptum. Lac scidit pilos, qñ superponitur, & si multoties supponatur, euellit, & priuat. Valet etiam contra omnes verrucas, & oēs fistulas. & hoc totum faciunt semina, & folia, sed debilius.

Tragacantha. Cathira, i. Dragagantum, virtutē habet conglutinatiuam. frāgit acu- H mē rerum acutarum: neq; desiccat, vt alia gummi.

Alchaor, i. Lactuca. Haec herba substantiae est humidae cum modica frigiditate, & substantiae siccae est syluestris, sed domestica habet substantiam aquosam. Et propter hoc maturat apostemata calida, sed nō frangit lapides existētes in renib⁹. Et ob hoc ponim⁹ ipsam in primo gradu frigiditatis, & temperatam inter humiditatem & siccitatem.

Hupuephatahalep, i. Vua vulpis, quae in Latino nota, Vua canina, vel Maurella, frigida est & sicca in I secundo gradu.

Haltuclep, i. Muscus in lingua Hispana, & est viriditas innatans super aquam. frigida & humida est in gradu tertio.

Halduchal, i. Dactylarium. Oēs partes ipsius dactylarij stypticitatē habent manifestam. sed fruct⁹ eius, cum est maturus, aliquam habet caliditatem. cortices vero arboris maiorem habēt stypticitatem alijs partibus ipsius.

† al. melissicon. Heust ricon, i. Hypericon † melissicon. & quidam appellant hanc herbam cordialem, eo quia assimilatur K cordi. Calida est cum subtili substātia. iō prouocat vrinam: sed debem⁹ vti folijs, & nō semine. facto emplastro super combustionem ignis, sanat. Siccata vero & puluerizata posita super sordiciem sanat. Et quidā dant ipsam contra † schiaticam. † Ischiam

Halcusa, i. Hyssopum, calida est & sicca in tertio gradu, cum subtili substantia. & est ex reb⁹ magis iuuatiuis ad aperiendas oppilationes, & ad subtiliandum humores.

Lens habet frigiditatem non fortem, & est temperata inter caliditatem & frigiditatem, & est sicca in se- L cundo gradu. Decoctio ipsius laxat, & medulla ipsius stringit. & idcirco qui vult stringere vētrem, debet coquere lētes pluries in aqua: et, piecta ea, postmodū ponere aliā, et stringūt.

Valeriana, vel Phu, quae bene aromatica est, aequalis est virtuti spicae, sed melius valet ea in reb⁹ plurib⁹, quia plus prouocat vrinam spica.

Halcherna, i. Galbanum, calidū in principio tertij grad⁹ est, siccum ī principio secundi. Hēt virtutē dissolutiuam, et mollificatiuam.

Chamaedrys calida est et sicca in secundo gradu. et signat hoc amari- M tudo cum acumine, et prouocat mēstrua, et incidit humores grossos, et exoppilat membra interiora.

Bescarcoson, i. psyllium, frigidū est in secundo gradu, et medium inter siccum et humidum.

Chamaepithys calida est in secūdo, et sicca in tertio dominans in sapore ipsius est amaritudo cum acumine. Valet ictericiae, q̄ fit ex oppilatiōe, et prouocat mēstrua, et vrinam.

Cinis rerū cōbustarum ē cōpositus ex contrarijs rebus, hoc ē ex partibus

A ſibus terreſtrib⁹, et partibus propin quis naturæ ſumus: quę louone re mouẽtur, et remanet pars terreſtris deſiccatiua ſine mordicatione. Et ci neres diuerſificant ſm diuerſitatem rerum, ex quibus fiunt.

Fumus omnis eſt calidus deſicca tiuus. Et q̃uis fumus habeat hanc complexionem, tamẽ ſemp perma net in eo virtus rei, ex qua eſt fum⁹. Propterea vtimur ī medicatiõe pal pebrarum inuerſarum fumo thuris ad generandum bonam carnem, et ad faciendum naſci pilos palpebra rum et vtimur in medicatione ocu

B lorum apoſtematorum propter de curſum humorum. Et fumus myr rhæ eſt ſimilis fumo thuris, ſed fu mus thuris eſt aliquantulum for tior. Fumus terebinthinæ eſt † for tior fumo picis.

† a.l. ſtr̃is.

De medicinis, quæ ex mineris ſiunt.

Cap. 43

HVcuſq; locuti ſumus de vna parte medicinarum terrę naſcentium, quę magis vſitatę ſunt in arte medicinę, ſm q̃ teſtificatum ẽ a Gal. et alijs. et compendioſe locuti ſum⁹, ideo quia poluim⁹ ea, quaſi exempla alijs, quæ aſſimilantur eis

C in qualitatibus ſupradictis, excepto in proprietatibus. Deinceps volu mus loqui de medicinis, quę appro priantur mineris.

Tichinacrum, i. Terra ſigillata, ẽ frigida et ſicca, cum ſtypticitate tẽ perata. Valet cõtra venenum, abſci dit ſputum ſanguinis, et dyſenteriã, quę prouenit ab inteſtinis, et hepa te, et deſiccat parua apoſtemata, qñ ſuperponitur eis.

Bolus armenus.

Thinarmin, i. Bolus armenus, fri gidus eſt et ſiccus, fortis ſtypticita tis. Valet contra fluxum ventris, et ſputũ ſanguinis. deſiccat apoſtema

D ta pulmonis, ita q; indurat aſpata, et ſic præſeruat infirmum ne moriat. maxime, qñ incedit ad habitandũ regiones calidas. & valet contra ęgri tudines peſtilentiales.

Sedeneg, i. Lapis Hęmatides, et dr̃ lapis ſanguinis, frigidæ et ſiccæ complexionis exiſtit. & confert groſ ſitudini palpebrarum, qñ eſt ablu tus, deſiccat vlcerationes oculorum.

Terra ſtellę, i. Talch, frigida ẽ et ſicca temperate, et ẽ minoris ſiccita tis aliarũ ſuis, i. terrarũ, ſeu lutorũ.

Halmogra, i. Bolus, cum quo tin guint murũ, ſeu parietem, frigidę, et ſiccæ complexionis exiſtit necat lũ bricos ſeu vermes inteſtinorum.

Algetin, i. Gypſum, deſiccat, et cõ ſolidat, et confert inciſiõi arteriarũ, qñ miſcetur cum albugine oui, et puluere molendini, et cum pilis le poris minutiſſime inciſis, et ponitur ſuper inciſionem.

Harſinegairoſcar, ideſt Calx plũ bi, et in Latino Ceruſſa nominat. fri gida ẽ et ſicca deſiccat vlcera abſq; mordicatione.

Almura, i. Calx viua dicitur, et ẽ calx lapidis fortis. Exiſtit multæ ca

F lefactionis, et mordificat carnem. Et quando abluitur pluribus vicibus cum aqua, deſiccat vlcera ſine mor dicatione. ſed hęc terra hic apũ nos non inuenitur. Sed tamen illa, cum qua nos ſigillamus chartas noſtras, quando abluimus ipſam, non eſt lõ ginqua ab operationibus dictarum terrarum.

Sanguis draconis frigidus ẽ, et ſicc⁹. Valet cõtra groſſitiem palpebrarũ: et lotus remouet maculam oculi.

Lapislazuli purgat melancholi am, et valet melancholicis et eſt ve

G hementis purgationis, & timorosæ.
Et dosis a drach. ß. vsq; ad .i. cũ mul
tis refrenantibus. Et puluerizat⁹ sup
palpebras facit nasci pilos. quia mi
nuit humores calidos: eo quia abstergit, & cum eadem habet stypoci
tatem. & iõ facit oriri pilos, quia remouet hũores calidos, & reddit mẽ
brum ad pristinam complexionẽ.

Lapis spongiæ frãgit lapidem so
lum in renibus.

Antimonium frigiditatẽ habet
stypticitate. & confert caliditati &
humiditati, quę existit in oculo, &
desiccat lachrymas, & mundificat
H vlcerationes oculorum, & est habẽs
ppꝛietatem conforandi oculum ĩ
omnibus suis qualitatibus.

Lithargyrium, & in Arabico dici
Lithargyrium. tur Merdasengi, temperatum est in
ter caliditatem, & frigiditatem, & de
siccat. & est in eo aliqua corrosio, &
facit in eo generare carnem in vlceribus humidis.

Tutia fit in fornace, in qua depu
ratur ęs. Desiccat sine mordicatiõe:
& maxime, qñ abluitur. & desiccat
lachrymas, & abscindit materias, q̃
discurrunt ad oculos.

Climia auri, & argẽti, ambæ sũt
I frigidæ & siccæ. sed auri siccior est,
& magis abstersiua. Et qñ combuti
tur, & extinguitur, est sine mordica
tione. & generat carnem immacula
tam oculorũ. & illa generaliter est
laudabilis, quæ ascẽdit ex fumo, qñ
dissoluitur aurum, vel argentum.

Vessas, i. Ferrum, est vehementis
siccitatis. Quando multum teritur,
& infunditur in aceto pluries, vel in
lacte caprino acetoso, valet contra
limositatem stomachi, & contra do
lorem splenis, & passionem ani, & fa
cit nasci carnẽ in auribus vlceratis.

Sal fm oẽm spẽm calid⁹ & sicc⁹. K
stypticitatẽ hẽt cũ abstersiõe. & bau
rach maiorem habet abstersionẽ:
propterea plus laxat ventrem.

Carnid, i. Arsenicum, vel auripig
mentũ, vstiuũ est. & qñ combustũ
est subtili⁹. & ex eo fit compositio,
quæ remouet pilos.

Albufat, i. Sulphur hẽt virtutẽ at
tractiuam cum complexiõe calida,
& substantia subtili. & eo resistit ve
nenis animalium, qñ puluerizatur,
& spargitur loco morso, aut ĩcorpo-
ratur cum sputo, oleo, melle, aut visco. & curat scabiem.

Alceg, i. Vitriolum. Omnes tres L
suæ spẽs habẽt virtutẽ constrictiuã
cum stypticitate, & diuersificantur
in subtilitate & grossicie: quia grossius est rubeum, post illud cholcotar, & post illud viride. & rubeũ, & vi
ride ẽ quasi materia cholcotar: & ta
lis ẽ cõparatio cholcotar ad viride.
Et dicit Gal. ꝙ qñ iuit ad insulã Cã-
diæ, i. Romanorum, intrauit quãdã
mineram, & inuenit tres venas. ĩ in
fima vena inuenit vitriolũ rubeũ, &
post illam cholcotar, & post illam
erat viride. & hęc ordinatio locorũ
signat super hoc, qđ diximus. Et ru
beum est minoris mordicatiõis vi- M
ridi pp grossiciem suæ subtilitatis. Et
rubeum, & viride non dissoluũtur:
quia rubeũ est indutatum indura-
tione lapidea, & viride est nimis co
ctum. Sed cholcotar liquefit.

Plumbum. Quod dominatur
in suis partibus, est substantia frigida & humida: propterea quia frigiditas est, quæ ipsum congelauit. &
ideo, quando pistatur in mortario
cum aliquibus liquoribus, vel aliquibus oleis, vt oleo rosato, refrigerat. Et valet contra apostemata
testi

A testiculorum, & ani, & contra cancrum: & facit cessare materias discurrentes ad aures, & pedes. Et quando fit ex eo lamina, & ponitur super femur, priuat coitum. sed multum leduntur instrumenta spermatis. & laminatum subtiliter, & superpositum neruo torto, & grosso dissoluit, & rectificat. Et hoc, quod dissoluit, significat quod habet virtutem dissolutiuam, comparando ipsum carni hominis: quamuis dominetur super ipsius complexionem frigiditas.

Testa virtutem habet abstersiuam, & desiccatiuam, & proprie testa furni.

B Arsenicum rubeum, vel Auripigmentum rubeum est eiusdem virtutis alterius auripigmenti: eo quod habet virtutem mollificandi.

Alsep, i. Alumen. Hęc medicina est maxime stypticitatis. & propter hoc denominata est in lingua Græca ab hoc. Et sunt ipsius multę species. & omnes sunt multæ grossitudinis. & quod subtilius est, est illud de Turchia.

Chalcoseccaumenos, i. Æs vstum, habet intensum acumen cum stypticitate. ideo quia lauatur per remotionem partis fumosę, tunc fiunt medicinę cicatrizatiuæ. in corporibus
C & membris duris non est necessaria lotio.

Tubel, i. Lamina æris subtilis, est subtilioris substantię ęre vsto. & propter hoc ipsum in collyrijs ponimus: quia habet maiorem abstersionem & siccitatem, quàm galla.

Chrysocolla. Lazacaleap, i. Cōsolidatora auri, & in Arabico dicitur Cumbar, & sunt duarum specierum: Vna est ipsius venę, vel minerę: & alia fit in mortario æris, & pistello æris cum vrina pueri, tempore caloris, terendo, vel conquassando. & illud est melius, quod fit
D in mortario ęris rubei. Et eius virtus est dissolutiua absq; graui mordicatione, & desiccat. & quod factum est, maioris est desiccationis illo, quod est ex vena, & minoris mordicationis. & quando comburitur quod est ex minera, est subtilius.

Zamar, i. Viride æris magnum habet acumen, & corrodit carnem: propterea non debemus vti eo nisi in indigentia diminutionis carnis. Sed in vulneribus simplicibus non est vtendum, eo quia non consolidat, nec carnem generat.

Hucusq; diximus de mineris compendiose. Sed deinceps volumus di-
E cere de carne, & eius humiditate.

De Lacte, & varijs eius operationibus, secundum diuersas eius partes.

Cap. 44.

Lac dulce, quod est boni saporis, inquantum est medicina, valet contra discursum humorum acutorum mordentium, quia lauando membra, & adhęrendo eis, prohibet malorum humorum contagium, sicut facit etiam albumen oui. Et non valet lac in his, quę diximus, nisi recenter trahatur ex mammillis, si esse potest:
F ideo quia recipit citius immutationem omnibus alijs rebus ab aere. Similiter permutatur in distemperatis corporibus ex malis humoribus, & acescit, vel caseatur in stomacho frigido, aut fit fumosum in stomacho calido, & replet cerebrum. Sed si corpus est mundum, nihil est conuenientius eo ad restaurandum, quod dissolutum est ex membris radicalibus; & proprie lac mulierum, secundo lac asinarum, & post lac caprarum. Et ideo est lac magis iuuatiuum omnibus alijs reb9, hecticis. & hoc est, propterea quia est materia

G Alzuraz est in quarto gradu cali
ditatis. Odor eius, & sapor, & virtus
assimilantur odori nasturtij, & suo
sapori: excepto quia est maioris desiccationis nasturtio.

Alcheiri, i. Viola de Romania.
sunt enim in secundo gradu caliditatis. & hoc significatur ex amaritu
dine sui saporis. Et extrahunt secun
dinam, & faciunt aborsum. & semē
eius est fortius flore. & aperiunt op
pilationes cerebri, quando odorantur. & propter hoc, quando suspenduntur ad colla epilepticorū, liberant

Halausam, i. Lycium. Hoc est cō
H positum ex substantia grossa, & resolutiua, & pertinet siccitati. Et est
ex medicinis appropriatis oculis, &
auribus. & habet multas operatiōes
sm modum mediciuarum, q sunt
illius complexionis.

Lauscemacaniunm, Hoc est manifestum nobis. Eius proprietas est
sanguinem stringere, vndecūq; exeat. & est complexionis frigidæ, &
siccæ. & oritur in ripis fluminum val
de currentium.

Thus calidum est in secūdo gradu, & siccum in primo: quia habet
amaritudinem cum stypticitate. &
I facit nasci carnem in corporib' humidis: & habet aliquantulam virtu
tem maturatiuam. Sed cortex ipsi'
habet manifestiorem stypticitatē:
ita q ponitur in quarto gradu I me
dicinis exiccatiuis. nec habet superfluum calorem, vel acumē. ideo ponitur in medicinis quæ valēt contra
fluxum, & sanguinis sputum, & vlce
rationem intestinorum.

Macis. Besbese, i. Macis. Dicitur quod sit
cortex cuiusdam fructus, qui appor
tatur de India. Compositus est ex di
uersis substantijs. magis dominans
est substantia terrestris, & mini' est K
substantia subtilis calida. & est mul
tæ stypticitatis cum aromaticitate.
Sua prima virtus est sicca in primo
gradu: sed caliditas vel frigiditas nō
sunt manifesta in eo. Sua secunda virtus est confortare & retinere.
& valet contra passionem cordis, &
contra fluxum ventris. Et bene testi
ficabitur per Gale. q valet propter
suam stypticitatem contra vlcerationem intestinorum.

Scedes, i. Po'ium. Virtus eius simi
latur virtuti spicæ.

Albeczi virtutem habet dissoluē
di, & maturandi. L

Lephaa, i. Mādragora, frigida est
in tertio gradu, & etiam est habens
aliquantulam caliditatem. & poma
ipsius habent humiditatem, & propter hoc, prouocant somnum. & corti
ces suarum radicum sunt siccæ: sed
eius radix debilior existit.

Halcasmeg, i. Fœniculum, calidū
est in tertio gradu, & siccum in secū
do. Et propter hoc prouocat lac, &
vrinam, & menstrua, & confert descēsui aquæ ad oculum. Et sunt dua
rum specierum, domesticum, & syl
uestre. & domesticum est humidius
syluestri. & quia habet aliquam hor M
ribilitatem, habet proprietatem con
fortandi membra vrinæ.

Mastix calidus est in secūdo gra- Mastiche ferm[illegible] genera.
du, & siccus in tertio. & habet stypti
citatem, & dissolutionem. & manifestatio sui iuuamēti specialiter est
in stomacho, & generaliter in alijs
membris.

Scunis, i. Nigella, calida est &
sicca in tertio gradu. & significat
hoc, quia est in vltimitate amaritudinis cum subtilitate. & ligata in pā
no lineo valet odorata ad reuma fri
gidū.

A gidum & occidit vermes,& dissoluit inflationem,& eradicat verrucas,& producit cum posse menstruum,& facit erigere membrum.

Alchelilamelech,i. Mellilotum, vel corona regia,habet virtutem dissoluendi,digerendi, & repercutiendi.ideo debet poni calida & sicca in primo gradu.

Alcer,i.Mel, calidum est & siccū in secūdo gradu,& est multę abstersionis.& est cibus medicinalis,& ꝓprie in senib⁹: quia cibus est in ipsis multum iuuatiuus,quia in eis conuertitur in sanguinem bonum. Sed

B mel cannæ, quod etiam est mel,est

Mel cānæ minoris caloris alio melle,& minoris abstersionis, nec habet illā mordicationem,quā hēt mel.idcirco est maioris iuuamenti alio melle mēbris,quæ nocentur a nimia abstersione,sicut stomach⁹,pulmo,& vesica. Et istæ duæ medicinę factæ sunt a Medicis materiæ electuariorum & syruporum : eo quia natura amplectit eas,& in eis delectatur.& qñ lauatur,est ei⁹ operatio propinqua operationi mellis cannæ.

Cascasi,i.Papauer, frigidum est & humidum. Album est frigidum

C in tertio gradu, & nigrū in quarto. Album valet contra tussim, quę fit a materijs calidis,& defendit pulmonem ab vlcerationib⁹ ipsarū,& facit suauiter dormire.& nigrum est malum,quia facit somnum stupidum.

Heitrog,i. Pomum citrinū. Cortex ipsius habet maximum iuuamē cum stomacho,& hepati.& est temperatus,aut calidus in primo gradu & siccus in secundo. sed acumē, qđ habet,non significat multum calorem, quia paucus calor,quando est cum stypticitate,inducit acumen,&

D mordicationem. Et dicit Gal. quando dominatur siccitas terrea,adipiscitur acumen. Sed semen est calidū cum forti siccitate,& est supremum bezaarijs venenis,quę occidunt a tota specie. Sed pulpa ipsius est frigida & humida, & gñat grossos hūores.

Alcarfaça. Tamariscus cōposit⁹ est ex substantijs compositis: quia habet stypticitatem cum dissolutione, ꝓp quam multum valet spleni. Et ideo dicitur qꝫ qui bibit cum vase facto ex eo,non incurrit passionē splenis. Et suus fructus habet stypticitatem fortem propinquam stypticitati gallæ.

E

Hes,idest, Myrtilla multum sup ipsa dominatur substātia terrestris & frigida.& significat sup hoc stypticitas,quam habet, & constrictio, quam facit.

Halmu. Quod operatur ex ista est radix.& est calida in tertio,& sicca in secundo. vrinam prouocat, & menstrua. & habet superfluam humiditatem. & qui de ea comederit multum,dolorem capitis,patitur.

Harlarmel,i. * Cicuta,calida est & sicca in tertio gradu, incidit hūores grossos,& ꝓuocat vrinam,& mēstrua, & valet dolori spatularum,& purgat phlegma.

Hoc post Harmel Aui. & Serap. nō. a. posuit illa cicuta.

F

Subol,i. Spica.& sunt ex ea multę species & melior ea est ea,quæ venit ex India. Cali. est in primo gradu,& sicca in secundo.& hoc est ex eo, quia est composita ex substātia terrestri, & frigida multum,& aliquantula ignea, & aliquantula terrestri adusta. Et quia est composita ex his virtutibus cum aromaticitate sua est ex melioribus rebus hepati,& stomacho, vel superposita, vel bibita:propterea quia confortat mē

G brũ, & desiccat materiã, q̃ ibi fluit.

Halcal, i. Acetum. Quod videtur ex eo, est vt dominans super ipsum, sit substantia frigida propter acetositatem, quę est in eo: quamuis habeat partem vnam igneam, quę indicatur propter ipsius acumen. & iã dictum est q̃ acumen prouenit propter fortem siccitatem cum modico calore. & multa ipsius morsio nõ significat super multam caliditatẽ: quia hoc prouenit a subtilitate. & etiam acetositas, in eo q̃ est acetositas, incidit: & maxime quando associatur calori. Et ideo debemus ipsũ H ponere frigidum in secũdo, & siccũ in tertio, & maxime vetustum.

Berberis. Fructus eius stypticę virtutis est, & incidit, & subtiliat, & stringit omnem fluxum omnium ægritudinum.

Laserpicii Lac arborum eltifit, i. Asa fœtida calidius est omni alio lacte arborũ, & subtilius. & propter hoc dissoluit plus cæteris. Et eius proprietas est, q̃ confert vuluæ, quando suspenditur collo.

Eruum. Halcarsena, i. Orobus, siccus est in secundo gradu, & calidus in primo. Et est medicina incisiua: & apit oppilationes. & si nimis comederet I ex eo faceret mingere sanguinem, & generat in corpore carnem durã, & membra dura.

Ihansir, i. Opopanax, est calidũ ĩ tertio gradu, & siccum in secundo. & habet attrahere phlegma ex iuncturis. & quasi hęc proprietas continet omnia gummi, quę purgãt. Dosis est drach. i.

Piper. Radix eius assimilatur costo. & arbor eius in principio sui ortus nominatur darfufel. & hoc est piper longum, & est humidius alio pipere. Et aliud piper, q̃d nõ est maturum, est album: & q̃d est maturũ, est nigrum. Et ambæ spẽs sunt calidæ & siccæ in tertio gradu. & quidã dicunt in quarto. K

Besbeg, i. Polypodium, est quasi temperatum in primis qualitatib'. & significat hoc, quia super ipsũ dominat dulcedo cum stypticitate, & desiccat sine mordicatione. Eius proprietas est purgare melancholiam, & est secura medicina. & ẽ melior epithymo, quia non habet qualitatem exeuntem ab ęqualitate. Dosis sua est drach. x.

Prassium calidum est in secũdo gradu versus finem, & siccum in tertio, prope medium, aut in fine. Aperit oppilationes splenis, & hepatis, & mundificat pectus, & pulmonẽ, & prouocat menstrua, & vrinam. & facit oĩa, quę faciunt medicinæ amaræ. Et succus ipsius mixtus cum melle multum valet passionibus oculorũ. & positum in narib' valet ictericis. & valet contra antiquum dolorem auris, quia mundificat vias neruorum aurium. L

Succus, qui inuenitur in alueis apum, calidus est in fine secundi gradus, vel in principio tertij. Sua secunda virtus est mirabilis attractio. M

Halacharta, i. Pyrethrum. Ex eo vtimur solum radice. Et habet vnam virtutem vstiuam. & ideo est calidum ĩ quarto gradu. & ideo mitigat dolorem dentium. & valet, vt dicitur contra epilepsiam, & similes ægritudines ei, & rigoribus interpolatarum febrium.

Alfagel, i. Raphanus, calidus est in tertio gradu, & siccus in secundo. semen fortius est: & valet contra serpiginem, & similes. & aufert citrinitatem

A uentrem quibuslibet membris corporis. Et sylvestris est fortior domestico, & eius succus degluti⁹ subtiliat viscositatem, quæ est in fistulis pulmonis, & clarificat vocem.

[illegible] Raued, i. Rheubarbarum, compositum est ex diuersis substantijs ex substantia terrestri, & frigida, q significatur per stypticitatem: & ex substantia ignea, quæ significatur per coctionem: & ex substantia aerea, quę datur per raritatem, & spongiositatem. & est vna ex manifestioribus rebus in iuuamēto hepatis ad aperiendas oppilationes, & confortandum ipsum. & similiter prodest

B stomacho. Et Gale. & alij Medici dicunt, ꝙ constringit ventrem. & nos videmus ꝙ purgat. Et est mirabilior alijs medicinis purgatiuis, quia stiptum suum est cum eo. quoniā nulla medicinarum purgatiuarum est sine veneno aliquo ĩ aliqua parte sui, ista excepta: eo quia confortat omnia membra corporis: ideo possumus dando ipsum pro purgatiuo, refrenare alias p ipm medicīas

Alcarsas, i. Apium montanum, calidum est & siccum in tertio gradu: eo ꝙ sapor eius est amarus, & a-

C cutus. Et prouocat vrinā, & sanguinem menstruum, & dissoluit tumores. Et hortulanum debilius est eo.

Andraton, i. Herbatura, in līgua Hispana Andration. Quod ex hac operatur, est eius radix. & est calida in tertio gradu prope finem, & desiccat in ipso. Et confert ægritudinib⁹ neruorum, & passionibus pectoris, & pulmonis, quando fiunt ex humoribus grossis. & quando suffumigantur homines ea, reprimunt humores descendentes a cerebro, & aperit eius oppilationes: & quando

ponitur super dentem dolentem, & D corrosum, sanat illum. & succus ei⁹ in omnibus prędictis fortior existit. & adhuc lac ipsius fortius existit.

Halfedeb, i. Ruta syluestris, calida est & sicca in quarto gradu. sed hortulana est ĩ tertio: ꝓpterea quia sapor suus est acutissimus, & amar⁹ & est iuuatior in soluendo tumorem, & carminando ventositatem: & priuat coitum.

Cesfen, i. Pix, est calida & sicca in tertio gradu. plus desiccat q̄ calefacit. sed liquida, & recens plus cale- E facit q̄ desiccet. Valet contra asthma, & empyema. Dosis eius est quātitas vnius drach. & v. cum melle. & valet contra albedinem vnguiū, & morpheam. & maturat apostemata dura & fortior in maturādo est, cū est recens, & humida.

Alpelep, i. Castanea, frigida est & humida in primo gradu. Folia sua pistata, & posita super apostemata, quæ nascuntur in genibus, curat. Et cortex ipsi⁹ arboris, & ipsę castaneę habent virtutem desiccandi. & ideo quando sunt cocta in aceto, valent contra dolorem dentium. Et fruct⁹ F combustus superpositus valet tyniæ. Et est necesse, vt custodiatur quilibet a puluere, qui adhæret folijs illius arboris, quoniam multum nocet cannę pulmonis, & visui, & auditui.

Virga pastoris est in secundo gradu medicinarū infrigidātium: quia composita est ex substātia terrestri frigida, & aquea. Valet contra incensionē stomachi, & repercutit materias adustas. & idcirco ĩtercipit fluxum menstruorum, & curat oppilationē intestinorum, & intercipit fluxū sanguinis a quacunq; parte veniat.

G Rosa composita est ex substantia terrestri frigida, subtili, & aerea calida, & aquea. & significat hoc sapor, vel odor, & aquositas. Et semen ipsi' stypticu' est ea. Et est frigida & sicca in primo gradu. & confortat stomachum, & hepar, & alia mẽbra

Sumach est forte in stypicitate & siccitate. frigidum in secundo, siccũ in tertio gradu. operatiões suę sunt manifestę.

Sagapeni *a. l. Asphaltum

*Serapinum, & I Arabico Cebeoneg, & interpretatur expellens ventositatem. Illud gummi calefacit, & subtiliat, secundum ꝙ faciunt alia gummi. & est abstersiuum. & est ex melior b' medicinis, quę possint esse ad aquam descendentem ad oculos, & ad fuscedinem visus, quę fit ab humorib' grossis. Et est ex medicinis purgatiuis, quę trahũt phlegma a neruis & iuncturis, sicut bdellium opopanacum, & anazarat. qa hoc est proprium in gummi. & bdellum est in hac re, quasi in primo gradu purgatiõis. & post ipsum est asphaltum, & opopanacum, & post ipsum anzarat. Et dosis asphalti est a drach. ʒ. vsq; ad vnam.

I Et anzarat desiccat sine mordicatione. ideo consolidat vulnera facta propter percussionem.

Satyrium, i. Testiculus canis. & in Arabico Haldaalzahalep. Calidum est cum multa humiditate. & ꝑpterea mouet coitum. & nomina sapiẽtum Enilsalic, & Euosalic iurauerũt in eorum animabus, quòd curat spasmum posterioris partis, quando bibitur eius succus cum vino nigro styptico.

Alcarsfas, i. Apium, est tantę caliditatis, ꝙ prouocat menstrua, & vrinam, & dissoluit ventositatem, & inflationem, & proprie semen eius. K Huiusmodi est multarum spẽrum. & fortior omnium est, quę nominatur Becarcalion.

Et Endiuia quędã est syluestris, & quędam domestica. Syluestris est frigida & sicca in primo gradu: domestica est frigidior & humidior. & significat hoc eius stypticitas cum amaritudĩe. & stypticitas maior est amaritudine. Iuuamen ipsius maximum est: quia confert hepati a tota substantia. quia dictum est ꝙ sanat hepar calidum & frigidũ ęqualiter. Sed mihi videtur ꝙ plus confert calido q̃ frigido. quia amaritudo, quę est in ea, abstergit, & aperit sine multa calefactione. L

Halanchat, i. Cepa Scilla, calida est in secundo gradu. & virtutem habet incisiuam. sed non minus calefacit. & non vtimur ea nisi assata, & cocta.

Halscia, i. Abrotonum, est herba multę amaritudinis. & nocet stomacho, & interficit vermes sua amaritudine. & calefacit in fine secũdi gradus, & desiccat in tertio.

Ascicelios, i. Sesceleos. Hęc herba, & ipsius semen habet proprietatem calefaciendi tantum, donec prouocat vrinam valida prouocatione. & cum hoc subtiliat. & ꝑꝑ hoc cõfert epilepticis, & cuidam ęgritudini nominatę † orthomię. M

Scenscani, i. † Sesaminũ calefacit I fine primi gradus, & in principio secundi, & humectat in tertio. Eius oleum eiusdem proprietatis existit.

Halgazar, i. Pastinaca. Ipsi' sunt duę species, scilicet domestica, & syluestris. Syluestris fortior existit in ꝓuocando menstrua, & vrinam. Et folia harũ ipsarũ pistata, & supposita

Sarc. lumbus.

Seseli.

† orthopnoeę. † a. l. Sesamum.

A ta vulnerib' corrosiuis, sanant ipsa.

Harcaf, i. Cardnus, alchi, est calidum in secundo, & siccum in tertio. Mundificat putredinem per vrinā, si in corpore adsit, quando coquit' ī vino, & datur ad bibēdum. Et remouet fœtorem subascellarum, & qđ dissoluitur ex toto corpore. Et generaliter habet resistere a tota substātia quasi putrefactioni: & est medicina cibalis, quę dat saporem carnibus. & iccirco vtuntur eo nobiles loco melongiarum.

Allium calidum est, & siccum in tertio gradu.

B Elmaar calidum est, & siccum in tertio gradu. occidit lūbricos in pueris, & habet abstersionem. Et ꝓpterea ponitur in collyrijs, quę habent remouere vngulam. & miscetur cū medicinis, quæ dantur contra antiquam tussim, & asthma, & est medicina manifesta in maturādo. Et potest esse ꝙ bonitas suæ maturatiōis est, ideo quia subtiliat materiam eo modo, quo nō relinquit siccitatem, grossitiem, nec duritiem parti remanenti. Et hęc maturatio est laudabilior ceteris omnibus. quia ī hac medicina nō potest dici ꝙ maturet op-

C pilādo poros, eo quia abstergit, nec potest dici ꝙ hoc faciat per similitudinem complexionis cum corpore humano: quia calidum est & siccū in tertio gradu.

Sticas Sticas. Sticados compositum est ex stypticitate cum amaritudine, & aromaticitate. & ideo debet poni in primo gradu rerum, quę calefaciunt, & in secundo earum, quæ desiccant. Operationes suæ secundæ, & tertiæ sunt aperitiuæ, & abstersiuæ, & confortatiuæ omnium membrorum interiorum, & exteriorum. & ideo vtilior

medicina est hęc contra lassitudinē D omnibus alijs medicinis. icirco qa lassitudo non est nisi defectus virtutis propter onus humorum.

Condisi, i. Hellebor' alb', calid' est in quarto gradu, & siccus in eodem. & commouet sternutationem. & est venenum. quare non debet poni in corpore.

Storax calamita calida est in secundo gradu, & sicca in primo. & signum huius est, quia mollificat, & curat tussim, & valet reumati, & asperitati gutturis, & pectoris. & ꝓuocat menstrua, quando bibitur, aut ex ea fit pessarium. — Styrax calamita.

E Ficus. Nos fuimus locuti de eis eō ꝙ sunt cib': sed nunc dicemus in eo ꝙ sunt medicinæ. Virtutem habent maturatiuam, quādo fit ex eis emplastrum, & ꝓprie siccæ. Et siccæ & virides habent laxare ventrem. Et decoctio ipsarum, quando multum coquuntur, assimilatur melli. Sed complexio suæ arboris est calida & subtilis, & proprie lac. & ideo dixit ꝙ euellit verrucas, & laxat ventrem. & syluestres sunt fortiores in hac re domesticis.

F Selec, i. Bleta, habet virtutem baurachiam, & decoctio eam remouet: & est abstersiua, & mollificatiua. Et eius succus suppositus in narib' dissoluit superfluitates cerebri. & in albis pl' manifestatur hęc virt', q̄ ī nigris: quia nigræ habēnt aliquantulam stypticitatem.

Halcoba, idest, Fœnum græcum, & est calidum in secundo, & siccum in primo. Et propterea habet ꝓpriā virtutem mollificādi duritiē vulnę.

Tithymall' est in fine caloris: & ꝓprie eius lac, & post illud semen, & post illud folia, & post illd radix.

G Radix cocta in aceto remouet incōtinenti dolorem dentium, & maxime si est dens corrosus: & quando cadit in aliqua parte oris, comburit illā. Et propterea necesse est, q̄ñ volum⁹ ipsam ponere super dentes, vt alij dētes circumtegantur, quia facit cadere dentem corruptum. Lac scindit pilos, q̄ñ superponitur, & si multones supponantur, euellit, & priuat. Valet etiam contra omnes verrucas, & oēs fistulas, & hoc totum faciunt semina, & folia, sed debilius.

Tragacantha. Cathira, i. Dragagantum, virtutē habet conglutinatiuam. Frangit acumē rerum acutarum, neq; desiccat, vt alia gummi. H

Alchaac, i. Lactuca. Hæc herba substantiæ est humidæ cum modica frigiditate, & substantię siccæ est syluestris, sed domestica habet substantiam aquosam. Et propter hoc maturat apostemata calida, sed nō frangit lapides existētes in renib⁹. Et ob hoc ponim⁹ ipsam in primo gradu frigiditatis, & temperatam inter humiditatem & siccitatem.

Hupacpharahalep, i. Vua vulpis, quæ in Latino noīat, Vua canina, vel Marocella; frigida est & sicca in

I secundo gradu.

Haltuclep, i. Mulsa in lingua Hispana, & est viriditas inuenta super aquam, frigida & humida est in gradu tertio.

Haldochal, i. Dactylarium. Oēs partes ipsius dactylarij stypticitatē habent manifestam, sed fruct⁹ eius, cum est maturus, aliquam habet caliditatem. cortices vero arboris maiorem habēt stypticitatem alijs partibus ipsius.

Heufaricon, i. Hypericon † melisficon. & quidam appellant hanc herbam cordialem, eo quia assimilat (K) cordi. Calida est cum subtili substātia. iō prouocat vrinam: sed debem⁹ vti folijs, & nō semine. facto emplastro super combustionem ignis, sanat. Siccata vero & puluerizata posita super sordiciem sanat. Et quidā dant ipsam contra † schiaticam.

† a.l. melisficum.

† Ischiam

Halcusa, i. Hyssopum, calida est & sicca in tertio gradu, cum subtili substantia. & est ex reb⁹ magis iuuatiuis ad aperiendas oppilationes, & ad subtiliandum humores.

Lens habet frigiditatem non fortem, & est temperata inter caliditatem & frigiditatem, & est sicca in se- L cundo gradu. Decoctio ipsius laxat, & medulla ipsius stringit. & idcirco qui vult stringere vētrem, debet coquere lētes pluries in aqua: et, proiecta ea, postmodū ponere aliā, et stringūt.

Valeriana, vel Phu, quæ bene aromatica est, æqualis est virtuti spicæ. sed melius valet ea in reb⁹ plurib⁹, quia plus prouocat vrinam spica.

Halcherma, i. Galbanum, calidū in principio tertij grad⁹ est, siccum ī principio secundi. Hēt virtutē dissolutiuam, et mollificatiuam.

Chamædrys calida est et sicca in secundo gradu. et signat hoc amaritudo cum acumine, et prouocat mēstrua, et incidit humores grossos, et exoppilat membra interiora. M

Bescarcoton, i. psyllium, frigidū est in secundo gradu, et medium inter siccum et humidum.

Chamæpithys calida est in secūdo, et sicca in tertio. dominans in sapore ipsius est amaritudo cum acumine. Valet ictericiæ, q̄ fit ex oppilatione, et prouocat mēstrua, et vrinam.

Cinis rerū cōbustarum ē cōpositus ex contrarijs rebus, hoc ē ex partibus

A siibus terrestrib*, et partibus propin quis naturæ fluxus: quę lotione remouētur, et remanet pars terrestris desiccatiua sine mordicatione. Et cineres diuersificant̄ sm̄ diuersitatem rerum, ex quibus fiunt.

Fumus omnis est calidus desiccatiuus. Et q̄uis fumus habeat hanc complexionem, tam̄ semp p permanet in eo virtus rei, ex qua est fum*. Propterea vtimur i medicam̄e palpebrarum incisarum fumo thuris ad generandum bonam carnem, et ad faciendum nasci pilos palpebrarum, et vtimur in medicatione oculorum apostematorum propter de-

B cursum humorum. Et fumus myrrhæ est similis fumo thuris, sed fumus thuris est aliquantulum fortior. Fumus terebinthinæ est ‡ fortior fumo picis.

a. l. [illegible]

De medicinis, quæ ex mineris fiunt.

Cap. 41

HVcusq; locuti sumus de vna parte medicinarum terrę nascentium, quę magis vsitatę sunt in arte medicinę, sm̄ q̄ testificatum ē a Gal. et aliis. et compendiosè locuti sum*, ideo quia posuim* ea, quasi exempla aliis, quæ assimilantur eis

C in qualitatibus supradictis, excepto in proprietatibus. Deinceps volumus loqui de medicinis, quę appropriantur mineris.

Tinhinactum, i. Terra sigillata, ē frigida et sicca, cum stypticitate tēperata. Valet cōtra venenum, abscidit sputum sanguinis, et dysenteriā, quę prouenit ab intestinis, et hepate, et desiccat parua apostemata, q̄n superponuntur eis.

Bolus armenus.

Thinaurin, i. Bolus armenus, frigidus est et siccus, fortis stypticitatis. Valet contra fluxum ventris, et sputū sanguinis. desiccat apostemata pulmonis, ita q̄ indurat aparata, et

D sic præseruat infirmum ne moriatur maxime, q̄n incedit ad habitandū regiones calidas. & valet contra egritudines pestilentiales.

Sedeneg, i. Lapis Hematithes, et dr̄ lapis sanguinis, frigidæ et siccæ complexionis existit. & confert grossitudini palpebrarum, q̄n est ablutus, desiccat vlcerationes oculorum.

Terra stellę, i. Talch, frigida ē et sicca temperate, et ē minoris siccitatis aliarū mīr, i. terrarū, seu lutorū.

Haimogra, i. Bolus, cum quo tinguunt̄ muri, seu parietes, frigidę, et

E siccæ complexionis existit. necat lū bricos seu vermes intestinorum.

Algetia, i. Gypsum, desiccat, et cōsolidat, et confert incisiōi arteriarū, q̄n miscetur cum albugine oui, et puluere molendini, et cum pilis leporis minutissime incisis, et ponitur super incisionem.

Harsinegalcoscar, idest Calx plūbi, et in Latino Cerusā nominat̄, frigida ē et sicca desiccat vlcera absq; mordicatione.

Alnura, i. Calx viua dicitur, et ē calx lapidis factis. Existit multæ ca-

F lefactionis, et mortificat carnem. Et quando abluitur pluribus vicibus cum aqua, desiccat vlcera sine mordicatione, sed hęc terra hic apud nos non inuenitur. Sed tamen illa, cum qua nos sigillamus chartas nostras, quando abluimus ipsam, non est lōginqua ab operationibus dictarum terrarum.

Sanguis draconis frigidus ē, et sicc*. Valet cōtra grossitiem palpebrarū: et lotus remouet maculam oculi.

Lapislazuli purgat melancholiam, et valet melancholicis et est ve

G hementis purgationis,& timorosæ.
Et dosis a drach. ſ. vſq; ad. i. eſt mul
tis refrenantibus. Et pulueriżat⁹ ſup
palpebras facit naſci pilos. quia mi
nuit humores calidos : eo quia ab-
ſtergit,& cum eadem habet ſtyptici
tatem. & iõ facit oriri pilos, quia remouet hũores calidos, & reddit mẽ
brum ad priſtinam complexionẽ.

Lapis ſpongiæ frãgit lapidem ſo
lum in renibus.

Antimonium frigiditatẽ habet
ſtypticitate. & confert caliditati &
humiditati, quę exiſtit in oculo, &
deſiccat lachrymas, & mundificat
H vlcerationes oculorum,& eſt habẽs
ꝓprietatem confortandi oculum ĩ
omnibus ſuis qualitatibus.

Lithargyrium,& in Arabico dici
Litharg[illegible] tur Merdaſengi, temperatum eſt in
ter caliditatem,& frigiditatem,& de
ſiccat.& eſt in eo aliqua corroſio,&
facit in eo generare carnem in vlceribus humidis.

Tutia fit in fornace, in qua depu
ratur ęs. Deſiccat ſine mordicatiõe:
& maxime, qñ abluitur.& deſiccat
lachrymas, & abſcindit materias, q̃
diſcurrunt ad oculos.

Climia auri,& argẽti, ambæ ſũt
I frigidæ & ſiccæ. ſed auri ſiccior eſt,
& magis abſterſiua. Et qñ combuři
tur,& extinguitur, eſt ſine mordica
tione.& generat carnem in macula
tam oculorũ, & illa generaliter eſt
laudabilis, quæ aſcẽdit ex fumo, qñ
diſſoluitur aurum, vel argentum.

Veſſas, i. Ferrum, eſt vehementis
ſiccitatis. Quando multum teritur,
& infunditur in aceto pluries, vel in
lacte caprino acetoſo, valet contra
limoſitatem ſtomachi,& contra do
lorem ſplenis,& paſſionem ani,& fa
cit naſci carnẽ in auribus vlceratis.

Sal ſm oẽm ſpẽm calid⁹ & ſicc⁹. K
ſtypticitatẽ hẽt cũ abſterſiõe,& bau
rach maiorem habet abſterſionẽ:
propterea plus laxat ventrem.

Carnid, i. Arſenicum, vel auripig
mentũ, viſtiuũ eſt. & qñ comburitʳ,
eſt ſubtili⁹. & ex eo fit compoſitio,
quæ remouet pilos.

Albuſar, i. Sulphur hẽt virtutẽ at
tractiuam cum complexiõe calida,
& ſubſtantia ſubtili. & eo reſiſtit ve
nenis animalium, qñ pulueriżatur,
& ſpargitur loco morſo, aut ĩcorpo-
ratur cum ſputo, oleo, melle, aut vi-
ſco.& curat ſcabiem.

Alceg, i. Vitriolum. Omnes tres L
ſuæ ſpẽs habẽt virtutẽ conſtrictiuã
cum ſtypticitate, & diuerſificantur
in ſubtilitate & groſſicie: quia groſ-
ſius eſt rubeum, poſt illud cholcotar,& poſt illud viride.& rubeũ,& vi
ride ẽ quaſi materia cholcotar: & ta
lis ẽ cõparatio cholcotar ad viride.
Et dicit Gal. ꝙ qñ iuit ad inſulã Cã-
diæ, i. Romanorum, intrauit quãdã
mineram,& inuenit tres venas. ĩ in
ſima vena inuenit vitrolũ rubeũ,&
poſt illam cholcotar, & poſt illam
erat viride. & hęc ordinatio locorũ
ſigñat ſuper hoc, qđ diximus. Et ru
beum eſt minoris mordicatiõis vi- M
ridi ꝓp groſſiciem ſuæ ſubſtãtiæ. Et
rubeum, & viride non diſſoluunť:
quia rubeũ eſt induratum indura-
tione lapidea, & viride eſt nimis co
ctum. Sed cholcotar liqueſit.

Plumbum. Quod dominatur
in ſuis partibus, eſt ſubſtantia frigida & humida: propterea quia frigiditas eſt, quæ ipſum congelauit. &
ideo, quando piſtatur in mortario
cum aliquibus liquoribus, vel aliquibus oleis, vt oleo roſato, refrigerat. Et valet contra apoſtemata
[illegible]

A testiculorum, & ani, & contra cancrum: & facit cessare materias discurrētes ad aures, & pedes. Et qū fit ex eo lamina, & ponitur sup femur, priuat coitum. sed multum lęduntur instrumenta spermatis. & laminatum subtiliter, & superpositū neruo torto, & grosso dissoluit, & rectificat. Et hoc, quod dissoluit, significat ꝙ habet virtutem dissolutiuā, comparādo ipsum carni hominis: quāuis dominetur super ipsius cōplexionem frigiditas.

Testa virtutem habet abstersiuā, & desiccatiuā, & proprie testa furni.

B Arsenicum rubeum, vel Auripigmentum rubeum est eiusdem virtutis alterius auripigmenti: eo ꝙ habet virtutem mollificandi.

Alseep, i. Alumen. Hęc medicina est maxime stypticitatis. & pp hoc denominata est ī lingua Græca ab hoc. Et sunt ipsius multę species, & omnes sunt multæ grossitudinis. & qđ subtili⁹ est, est illud de Turchia.

Chalcoscecaumenos, i. Æs vstū, habet intensum acumen cū stypticitate. ideo quia lauatur per remotionem partis fumosę, tunc fiūt medicinę cicatrizatiuæ. in corporibus

C & membris duris non est necessaria lotio.

Tubel, i. Lamina æris subtilis, est subtilioris substantię ęre vsto. & pp hoc ipsum in collyrijs ponimus: qa habet maiorem abstersionē & siccitatem, quām galla.

Chrysocolla.

Lazacalaap, i. Cōsolidatura auri, & in Arabico dicit̄ Cumbar, & sunt duarū specierū. Vna est ipsius venę, vel minerę: & alia fit in mortario æris, & pistello æris cum vrina pueri, tempore caloris, terendo, vel conquassando. & illud est melius, qđ fit in mortario ęris rubei. Et eius virtus est dissolutiua absq; graui mor- D dicatione, & desiccat. & quod factū est, maioris est desiccationis illo, qđ est ex vena, & minoris mordicationis. & qū comburitur quod est ex minera, est subtilius.

Zimar, i. Viride æris magnū hēt acumen, & corrodit carnem: ppea non debemus vti eo nisi in indigētia diminutionis carnis. Sed in vulneribus simplicibus non est vtendū, eo quia non consolidat, nec carnem generat.

Hucusq; diximus de mineris cōpendiose. Sed deinceps volumus di- E cere de carne, & eius humiditate.

De Lacte, & varijs eius operationibus, secundum diuersas eius partes,
Cap. 44.

LAc dulce, quod ē boni saporis, inquantum est medicina, valet cōtra discursum humorū acutorū mordentium, quia lauando membra, & adhęrendo eis, prohibet malorum humorum contagium, sicut facit ētiā albumen oui. Et non valet lac in his, quę diximus, nisi recenter trahatur ex mammillis, si esse pōt: ideo quia recipit citius immutatio- F nem oībus alijs rebus ab aere. Similiter permutatur in distēperatis corporibus ex malis humoribus, & acescit, vel caseatur in stomacho frigido, aut fit fumosum ī stomacho calido, & replet cerebrū. Sed si corpus est mundū, nihil est conuenientius eo ad restaurandū, qđ dissolutū est ex membris radicalibus; & proprie lac mulierū, secundo lac asinarum, & post lac caprarum. Et ideo est lac magis iuuatiuū oībus alijs reb⁹, hecticis, & hoc est, ppea quia est materia

G teria similis primę materię, ex qua est humiditas radicalis. & ideo nutrimentũ bonum corpori existit. Et melius est illud, qđ est prope partũ, i. post duos menses. Et nõ habet in se operationẽ nutriendi, humectandi, & abstergendi: nisi quia est cõpositum ex diuersis substantijs, hoc est substantia terrestri caseata, & propter hanc stat: & substantia aerea, propter quam humectat, & nutrit: & substantia aquea declinante aliquantulũ ad subtilitatem, pp quam abstergit naturam. & non solũ abstergit, verum ẽt laxat ventrẽ bona H laxatione: quia mundificat lauando superfluitates putridas, & apostemata interiora, quæ sunt sanieosa. Et quando extinguitur ferrum candens mundum ab ærugine, vel lapides marmorei in ipsum multoties, valet contra fluxum ventris. sed ferrum est melius propter suam stypticitatem. Et ĩ summa omnes species lactis valẽt ophthalmię oculorum, quę accidit ex reumate calido. & cõfert etiam apostematibus matricis, & ani, quæ generantur ab humoribus calidis mordentibus. Et qñ miscemus ipsum cum medicinis miti- I gatiuis, sicut est medicina, quę recepta est à fornace, vbi effunditur æs, confert vlceribus cancrosis. Et nocet lac vlcerationi, vel canceratiõi oris. Et gargarizatum, & retentũ ĩ ore confert, & mitigat dolores ibi existentes, quia dolorem mitigat. & valet passioni amygdalarum, & vuluæ: quia eius substantia est mũda ab omni acumine, & mordicatiõe. & est supremũ iuuamẽtum ei, qui bibit cantharidas.

De operationibus Casei. Cap. 45. K

CAseus vetus est calidus & sic⁹, propter salem & coagulum. Et multum valet contra dolorem iuncturarum. Et emplastrum ex eo factum mirabilem habet virtutẽ maturandi apostemata dura.

De virtutibus Butyri. Cap. 46.

BVtyrum habet virtutem maturandi. Et qđ est coctũ habet maiorem virtutẽ sm maturatẽ, & caliditatẽ in corporibus duris. & hoc est pp salem, qui ponitur in eo, qñ coquitur. Et qđ nõ est coctum, plus maturat apostemata, quę sunt ĩ radicibus auriũ, & in locis mollibus. L Et qñ miscetur cum melle, fit inde lohoc: & confert screantibus cum sputo sanguinis in pectore, & pulmone.

De operationibus Coaguli. Cap. 47.

COagulum vr̃r est calidũ & siccũ, & subtile. Dissoluit sanguinẽ, & pinguedinem quę coagulata sunt in stomacho. & bibitum cõstipat ventrem. & debet dari fluxui propter suam proprietatẽ, cui sunt occultæ suæ causæ, ideo quia hęc proprietas est certificata. si superponatur coagulum calidum super ven- M trem puerorum, sanat. & põt eẽ q hęc operatio fit, ppea quia coagulat humores, & indurat.

De operationibus Ouorum. Cap. 48.

QVia locuti sum⁹ de his, inquãtũ sunt cibi, loqui volum⁹ modo de eis, inquantũ sunt medicinæ. Et dicim⁹ q albugo oui gallinę ẽ magis mitigans alia re ĩ mordicationibus. Et iõ vtimur ea in doloribus oculorũ, in apostematibus ani, in apostematibus inguinum. & admiscetur cũ medicinis, q abscindunt

A dant sanguinẽ, qui superfluit à panniculis cerebri. Et vitellũ est substantię albuginis simile. Et ideo facim⁹ ex toto ouo medicinã, postq̃ admiscetur oleũ rosarum ad medicationẽ rerum supradictarũ, & maxime in medicatione membrorũ neruosorũ, & musculorũ, sicut cubitorũ, & iuncturarum, digitorũ manuũ, & pedũ, & apostematũ aurĩũ. Et Noui ponunt in hac medicatione vitellũ sine albugine: quia nõ intendũt mitigare dolorẽ, nisi cũ aliquantula maturatione. Et oleũ vitelli est supremũ iuuamen super pinguedi-
B nẽ anseris, & gallinę in mitigatiõe dolorũ neruorũ, & similiũ. Et qñ coquitur ouũ ſm sui totalitatẽ, cõfert multũ contra materias putridas, q̃ discurrunt ad stomachũ, & ad intestina. Et si coquitur ouũ cum alijs medicinis constrictiuis ventris, multum fortificat eas. Et ouũ positũ super locũ combustum ab aqua feruenti, multum valet. Et oua recentia cocta in aqua valent asperitati pectoris, & pulmonis. Et cortex oui tritus, & combustus subtiliter puluerizatus, & superspassus valet contra albuginem oculi.

C *De Fellibus.* Cap. 49.

OMnia fella calida sunt & sicca. & eorũ magnitudo sequit̃ calorẽ, & siccitatem. & eorũ paucitas sequitur bonã temperantiã, & longitudinẽ vitæ. Et ponuntur in collyrijs, q̃ faciunt abstersionẽ: & proprie volucrũ fella. Et est necesse eligere fella aĩaliũ, quę non sunt infirma: & fella mariũ. & qđ plus q̃ritur in medicinis, est fel galli veteris.

De vrinis. Cap. 50.

VRinę omnes habent acumen bauracbium cum abstersiõe. & ideo soluunt sordicies antiquas. D

De proprietatibus Stercorum. Cap. 51.

STerc⁹ albũ canis habet proprietatẽ in synanchia. Stercus muris masculi in suppositorijs, q̃ mouent vẽtrẽ puerorũ. Stercus bouinũ cõfert hydropicis in modũ emplastri. Stercus gallinaceũ valet ad suffocationẽ, quæ prouenit à malis fungis comestis: ideo quia facit eos euomi & debet propinari distemperatũ cũ aceto & aqua. Stercus lupi valet & confert passioni colicę bibitum, aut emplastratũ, vel suspensum resticulis. Stercus columbinũ valet frigidis E passionibus membrorũ: sicut podagræ, & dolori hemicranio, & dolori oui, & dolori laterũ, & hypochondriorum, & spatularũ, & iuncturarũ.

De carne Tyri. Cap. 52.

TEstificatur Gal. & alij, q̃ caro tyri curat lepram: & id ponitũ theriaca. Et prima virtus illius carnis est calefacere, & desiccare, & curat hãc ægritudinem, ppterea quia pellit hanc materiam venenosam ad cutem corporis. & propterea bibentes cadunt in passionem tyriæ, hoc est excoriationem cutis primo, postea solidantur. F

De Pinguedine. Cap. 53.

QVod manifestius est in ipsa est calor cum multa humiditate: quamuis diuersificetur ſm diuersitatem animalium. Et calidior & siccior est pinguedo leonis. Et post illam in siccitate est pinguedo bouis. Et pinguedo vituli est temperata. Et pinguedo capræ bona est, & ẽ humidior bouina. Et pĩguedo anseris, et gallinę ẽ subtilior alijs pĩguedinibus: & ppterea magis mitigantia.

De

G **De Medullis. Cap. 54.**

OMnes habent virtutem mollificandi, & dissoluendi duriciẽ lapideam, quę fit in membris duris. & melior omnibus est medulla ossis azal: & post illã medullã vituli.

De proprietatibus plurium aliarum Medicinarum. Cap. 55.

BRodium gallorũ veterum ventrem laxat: & brodium iuuenis gallinæ temperat complexionem.

Cancri vsti valent morsui rabidi canis pp eorum proprietatem.

Vsus carnium passerum frangit
H lapidem.

Spuma marina habet virtutem absterſiuam, & mundificatiuam, cum qualitate calida.

Istæ sunt medicinæ testificatæ à Gal. dicente ꝙ expertus fuit ipsarũ virtutes. Sed inueniũtur manifestæ aliæ medicinæ apud Medicos, quæ nõ sunt testificatę à Gal. sicut sunt myrobalanorũ. v. species: vt sunt citrini, chebuli, Idi, belirici, & emblici. Eorum primę virtutes sunt frigidæ Ï primo gradu, & siccę in tertio, quia cõpositi sunt ex substantia ter restri frigida, & substantia terrestri
I adusta. Sed plus attinent terrestreitati & adustioni, q̃ terrestreitati & frigiditati. & signãt hoc stypticitas, quã habent cum amaritudine. Proprietates Kebulorũ est purgare melãcholiã suauiter, & desiccare phlegma sui qualitate: & sunt in principio medicinarum, quæ purgãt hos humores. Et talis proprietas est indorum. sed dicitur ꝙ sunt magis ꝓprij in purgando melancholiã adustã. & ꝓpterea ponũtur in passionibus capitis, quæ veniunt à stomacho. & ideo qñ propinant vsu longo, bonificant sensus, & clarificãt cogitationem, & tardant canitiẽ. Et proprietas citrinorum est purgare cholerã
K suauiter. Et dosis vniuscuiusq; substantię illorum est à drach. iij. vsq; ad. vj. & in decoctionibus à. vij. vsq; ad. x. Et Medici miscent eos cũ cassia fistula, & turbith, sed nesciunt modum medendi. sed dr̃ ꝙ belirici suauiter purgant cholerã: sed non dr̃ ab aliquo ꝙ purgẽt embilici. Sed verum est ꝙ confortãt appetitum, & sedant cõsuetudinem sputi, & valent vomitui, & bonificant mentẽ, & curant hæmorrhoidas, & auferunt sitim, & augmentant coitũ.
L ergo videtur ꝙ habeant aliquantulam humiditatem.

Cheisir, i. Absinthiũ minus, vel absinthiolium. Hoc est de genere virtutis absinthij, & est compositũ ex substantia styptica, & amara. valet in febribus post digestionem factam, sicut valet absinthium.

Balador, i. Anacardi, calidi sunt Ï fine quarti gradus, & sicci Ï fine tertij. Et valent contra epilepsiam, & apoplexiam. restaurat virtutẽ conseruatiuam, & memoratiuam cerebri, etiam qñ prostratę sunt propter multam humiditatem (*Anacardium.*)

M Behenlum, i. Behen, calidũ est & humidum stomachum calefacit, & instrumẽta spermatis temperat. & fortificat virtutẽ concupiscibilẽ coitus, & prestat sperma, & valet cõtra humores melancholicos. (*Glans unguentaria.*)

Terrengebim, i. Manna, est ex speciebus antiquę mannę, q̃ prouenit à partibus superiorib⁹ Syrię, vel Indiæ. Et est similis zucchero in suis virtutibus, calida & humida in primo gradu. Et eius proprietas ẽ purgare suauiter choleram. & est debilio- (*Terrenia-bin. Trugibin.*)

lio

A lior alijs purgatiuis. ideo datur in passionibus calidis, antequam etiã appareant signa digestionis.

Tamarindi frigidi sunt in tertio, & sicci in secundo gradu: quia cõpositi sunt ex substãtia aquea mixta cum aliquantulo calore, & rãro, ꝙ subtiliat partem aqueam: & ẽ sicut instrũm, vt ipsam penetrare faciat. ppea sunt ĩ fine acetositatis. Purgant suauiter choleram. Dosis eius est à drach. x. vsq; ad. xv. & idcirco quia habent aliquantulum stypticitatis, valent stomacho cholerico.

Geozhoa, i. Nux muscata, calida B est & sicca in secundo gradu. mũdificat stomachũ ab humoribus putridis, & fortificat ipsum. & valet cõtra frigiditatem hepatis, & splenis.

Lapis de Becahant est valde manifesti iuuamenti oĩbus specieb^9 venenorũ, & proprie morsui scorpionis. Et eius dosis est quarta pars aurei vnius.

Lapis de zaduargar confert omni fluxui sanguinis, vndecunq; procedat. & q̃ñcunq; propinatur venenatis ad bibendũ, antequam venenum veniat ad cor, liberat. Et eius dosis est hexagium vnum.

C Smaragdus dr̃ ꝙ valet cõtra oĩa venena, & specialiter cõtra venenũ serpentum. Et eius dosis est pondus nouem granorum ordei, tritum super lapidem, & mixtum cum lacte amygdalino, & aqua violarũ, & modico aceto. Et scias ꝙ illis, qui biberint in principio, superueniunt multa mala accidentia, non minora accidentibus veneni. sed subito sanabuntur postea, taliter ꝙ in eis non remanebit aliqua debilitas, nec aliqua dyscrasia. Et abscindit fluxum antiquum, cuius causa est occulta.

Et non facit tunc tam fortia accidẽ D tia, sicut facit venenatis. & ẽt suspensum supra stomachum valet.

Lapis bacthic, i. Corniola, tẽperatus est. abscindit sanguinem menstruum, & facit redire dẽtes ad propria loca in ore trementus. & hoc totum est à proprietate.

Margaritæ frigidæ sunt, & siccę, & valent multum contra passionẽ cordis. remouent tristitiam, & rectificãt visum impeditum propter humiditatem.

Chiarzabar, i. Cassia fistula, vel Charabe de India, purgat choleram adustam, extinguit acumẽ san E guinis, dissoluit apostemata, & sperma purgat suauiter, sicut tamarindi, aut parum fortius. Dosis eius ẽ, sicut de tamarindis.

Auis, quę dicitur in Arabico Canabir, & est Alauda capellura, q̃ñ coquitur, & comeditur continue, confert passioni colicæ.

Vermis nominatus Bratim, & q̃dam nominant Tarama, pistatus, & positus neruo inciso, confert illi mirabili iuuamento.

De rebus Marinis. Cap. 56.

DE rebus nascentibus in mari, F quarum iuuamenta sunt manifesta, sunt hęc, Camphora Indica, quæ in Arabico nominatur Colfor algenr. Calefacit & desiccat in secundo gradu, & consolidat vulnera ignita. Caphura

Spongia marina. In ea inuenitur virtus desiccatiua: & ipsa est medicina bona humiditatibus exterius extractis.

Benlenizan, idest Belẽzan, vel Petrozam, calidum est & siccum in secũdo gradu. Valet stomacho humido,

G mido, aromatizat odorem oris, confortat digestionem, fortificat neruos, ingerit coitum.

Lapis de Bezedar, quãdo de ipso fit collyrium, confortat visum, & cõseruat ipsum, & remouet offuscationem, vel tenebrositatem oculorum.

Caniabar calidũ est in secundo gradu, & siccum in primo. Abstersiuum exiltit, & resoluit grossas ventositates, & confert morsui animalium venenosorum. & eius proprietas est resoluere ventositates matricis, & abscindit vomitum, & folia ipsius aromatica existunt, & ponitur loco * dedarseni. * darseni.

H Sebesten calidum est in primo gradu, & humidũ in secundo. Purgat suauiter superfluitates cholericas, & mitigat acumen sanguinis, lenit asperitatem pulmonis, confert strictura anhelitus. & qñ coquitur, donec inspissetur, & ex aqua decoctionis fiat embrocatio super tyriã & alopeciam, facit nasci pilos.

Sarudores calidũ & siccum est in secundo gradu. Recepto fumo suo dissoluit superfluitates cerebri, & valet contra reumata frigida. appositũ super ophthalmiã, oculũ abstergit mirabili abstersione. & valet cõ

I tra dolorem dentium, & cõtra corrosionem gingiuarum.

Seme. Sene calidum est & siccum in secundo gradu. Eius virtus est purgatiua: purgat.n. humores adustos, & & humidos suauiter, & non est potẽs trahere humores viscosos. Et ei⁹ virtus est propinqua virtuti agarici, hoc est in attractione. sed agaricum habet proprietatem trahẽdi. humores grossos, & sene humores adustos. Dosis eius ẽ a drach.i. vsq; ad.ij. in decoctione ã. v. vsq; ad. vij.

Sccalmesẽ, i. Gallia muscata, calida est & sicca, styptica, & confortat membra, & stringit ventrem, & curat vomitum. K

Secacul, idest Eringium, calidũ est & humidum, auget sperma, & prouocat coitum.

Sandala. Quod est frigidioris cõplexionis oĩum speciérũ est rubeũ, eo ꝙ frigidũ in tertio gradu, & siccũ in secundo. sed maioris aromaticitatis est citrinum, & est frigidũ in secundo gradu, & siccum in primo. & cõfert bibitũ magnę caliditati, & cardiacę calidę. & ꝓdest ẽplastratũ stõ calido, & apostematibus calidis. Sandala.

L Tabaisis, i. spodium, carbo est nodorũ arundinũ adustarũ Indię. Frigidum est & siccũ in tertio gradu. & eius proprietas est remouere caliditatem, & inflammationẽ cholerę, & confortat stomachum, & confert cardiacæ calidæ.

Lignum aloes calidum est & siccũ in secundo gradu. Gal. dixit in libris expertis, ꝙ habet virtutẽ darsenicam, sed aliquantulum plus, quia habet proprietatem exiccandi humiditatẽ stomachi, & propter amaritudinem, & stypticitatẽ cũ ipsius magna aromaticitate. Valet super M omnes medicinas alias mẽbris principalibus, & remouet tristitiã, & cardiacam humidã. & valet cõtra omnia venena, eo ꝙ confortat omnes virtutes. & valet contra omnia reumata frigida.

Ambra est vna ex speciebus camphorę, q oritur ĩ fontibus maris, & natat sup aquã maris. & melior omnium est illa, quæ in Arabico dicit̃ Ascap. Calida est & sicca in secũdo gradu. cõfortat cerebrũ, stomachũ, & cor, & oẽs sensus. valet senibus, & in

A in frigiditatibus. valet contra ventositatem itestinorum. superposita neruis eos fortificat. resistit magnę pestilētię aeris bibita, & ēt odorata.

Iuiubę, & in Arabico nominatur Auep. Hanc medicinam nominat Gale. tñ de ea nullam sciuit proprietatem. sed Medici de Baldac dicunt ꝙ reprimunt acuitatem sanguinis, & cholerę, & cōferunt asperitati pectoris, & pulmonis à tota substātia. Cōplexio ipsarum est frigida in primo, & humida in secundo: & propter hoc reprimunt acuitatem.

Cauffer. Eius virtus est virtus san-
B dalorum: excepto ꝙ quando de eo potatur ab. i. aureo vsq, ad. ij. lazac.

Caryophylla. Gariofili calidi sunt & sicci in secundo gradu, & attingunt tertiū. Et isti confortāt omnia membra principalia. valent contra passiones frigidas, & constipant ventrem. Et dicit Gal. ꝙ eorum proprietas est confortare virtutem digestiuam.

Halhabat, i. Basilicum gariofilatum, calidū est & siccum in secūdo gradu. Aperit oppilationē cerebri. valet contra cardiacam humidam, & contra melancholiam, & contra hoemorrhoidas.

C Cardamomū calidum est & sic-
Caphura. cum in secundo gradu. Valet contra oppilationes hepatis, cōtra lapides renum, & lassitudinem mēbrorum, & contra frigidos dolores. & confortat stomachum multum, & remouet syncopam, & vomitū, qñ bibitur cū vino malorū granatorū.

Camphora frigida est & sicca in tertio gradu, & est subtilis substantiæ, & resistit putrefactioni, q̄ fit ex materia calida. stringit fluxū cholericum; priuat coitū potenter, lędit stomachum nō calidum multum. D

Lacca calida est & sicca in principio secundi gradus. Valde est manifestum ipsius iuuamentum in cōfortatione hepatis, & in apertione suarum oppilationum. & valet contra dolorē renum, & vesicæ, & augmentat coitum. Dosis eius est drac. j. vsque ad. i.

Muscus calidus est & siccus in fine secundi gradus. Mirabilē habet proprietatem in confortando cor. & valet contra surditatem aurium, & stupefactionem corporis, & contra omnes ægritudines syncopes. & E
confert grossæ ventositati intestinorum, & suffocationi matricis, & contra melancholiam, & auget coitū.

Linzehalafor, idest lingua auis, confert cardiacæ, & mouet coitum.

Gesemini, idest Viola vltramarina, calida est & sicca in fine secundi. Prodest senibus, & refrigeratis. valet contra dolorem capitis, qui fit ex humoribus frigidis & grossis.

Iacob Mantinus vir egregius sequentem Quinti libri Colliget Auerrois partem, ob rei diffi- F
cultatem, nuper latinitate donauit. Nos autem, vt res ipsa, de qua hoc in loco agitur, clarior redderetur, ipsius translationem, vnà cum antiqua imprimendam esse, operæpretium esse duximus.

De

G ANTIQVA TRANSLATIO.

De modo compositionis Medicinarum: Primum autem de compositionis necessitatibus. Cap. 57.

Necessitas cõpõnẽdi medicinas est triplex

HVcusq, locuti sumus breuiter de cibis, & medicinis simpliciter manifestis: deinceps volumus narrare modos cõpositionis. Et dicimus φ necessitas, q̃ nos īducit ad compositionẽ medicinarũ simpliciũ, prouenit à tribus rebus. Vna ẽ, quia multoties non inueniũtur in vna medicina simplici oĩa, quę nobis sunt necessaria à virtutibus, pp
H quas cõpletur medicina, aut conseruatio. Secunda est, quia quãuis nos inueniremus ipsam, forte non indigemus ea sm eandem virtutem, sed sm plus aut minus. Tertia est, quia erunt in illa simplici virtutes, q̃ non sunt nobis necessariæ sm intentionem nostrã, neq; per medicinã, neque per conseruationem. vel forte erunt virtutes, quę non intrant aliquam medicinã, vel conseruationẽ.

Prima istarum triũ consyderanda est in illis locis, qui non possent curari nisi qualitatibus contrarijs, vel diuersis. & hoc accidit, aut pp di
I uersitatẽ causę ab ægritudine: aut pp diuersitatem naturę ęgritudinis ab accidente: aut pp diuersitatem ægritudinum inter se: aut pp diuersitatem complexionis causarũ compositarum: aut pp diuersitatẽ ægritudinis à natura membri, pp suam cõplexionem, aut pp suum principatum, aut propter suum locũ, aut propter suam colligantiam.

Exemplum diuersitatis causę ab ægritudine est, sicut febris putrida ex humoribus grossis. quia illa ex parte malæ qualitatis calidæ & sic-

cæ

MANTINI TRANSLATIO. K

Sermo in modis componendorum Medicaminum.

TRia sunt, quæ principaliter cogunt componere medicamina simplicia. Primum quidem est, quia vt plurimum non reperiuntur in vno simplici medicamine omnes vires requisitæ ad perfectam curationem, aut conseruationem sanitatis. Secundum est, quia licet reperiantur illæ vires in ipso simplici medicamine, non tamẽ indigemus maiori vel minori portione earum. L
Tertium vero est, quia in eo simplici medicamine sunt aliquæ vires, quibus non indigemus ad propositam curationem, neque ad conseruationem.

Horum autem primum fit, vbi aliqua loca affecta non curantur perfecte, nisi qualitatibus contrarijs, vel diuersis, connexisq;. & hoc quidem euenit, vel propter morbũ M
& causam: vel propter naturã morbi & accidẽtis, cum fuerint contraria: vel ob naturas ægritudinum, cùm sunt compositæ: vel causarũ, cùm fuerint quoque compositę: vel propter naturam morbi & mẽbri, tum in suo temperamento, tum ẽt in sua nobilitate, vel situ, vel consensu.

Diuersitas autem, quæ inter causam & morbũ reperitur, gratia exẽpli, vt in febribus fit biliosis. q̃ quidem propterea φ sunt calidæ & sic-

cæ,

A cæ indiget medicina infrigidatiua & humectatiua: & ex parte humoris putridi grossi indiget re subtiliante, vt exiccet, & maturet. Et in hoc eodem genere ingreditur repercussio, & dissolutio, quæ necessaria est tempore augmẽti in apostematibus. & ꝓpterea indiget Medicus in talib' locis, vt sciat vti istis medicinis mixtis, & repercussiuis, & resolutiuis.

Dubium. Et cadit dubium in operatiõibus medicinarum compositarum ex diuersis virtutibus: hoc est quõ possunt inueniri istæ duæ operationes contrariæ simul in corpore humano.
B Quia si istæ virtutes sint in eis æquales, tunc non vincet vna alteram, sed ęqualiter erunt temperatę, & nõ facient actionẽ quęsitã in corpore humano. & si vna erit fortior altera, fortior faciet actionẽ, & actio illi debet attribui, & alia erit frustra.

Cõtra Medicos. Et hoc dubium nõ senserunt Medici nisi in secundis virtutibus, non in primis. quia ipsi opinantur ꝙ si misceatur drach. i. chamęmillæ cũ drach. i. rosarũ, ꝙ medicina, quę erit cõposita ex his, erit tẽperata in primis qualitatibus: & cũ eo toto opinantur ꝙ habeant virtutẽ repercus-
i. siuam, & dissolutiuam.

C Et non opinantur verũ. quia necesse est vt virtutes ambarum sint vna, sicut dictum est. quia si diceretur, ꝙ medicina esset temperata in primis qualitatibus, hoc est, quia facit in corpore vnum calorem temperatum, qui erit medius inter calorem & frigiditatem primi gradus, similiter debet intelligi in secundis virtutibus: hoc est vt in drac. i. chamæmillæ, & drach. i. rosarũ habeãt virtutem vnã mediam inter repercussionem & dissolutionem.

Et

cæ, & humectantia exposcunt medicamina: sed ꝓpterea ꝙ ex humore putrido sunt orta, requirunt quę exiccent, & attenuent eum. Et sub hoc genere continetur repulsio, & resolutio, quę tempore incremẽti apostematis administrãtur. in similib. n. oportet, vt Medicus admisceat repellens medicamen cum resoluenti. D

Dubium tñ oritur de actionibus medicaminum cõpositorum, quę ex virtutibus inter se contrariis cõstãt, quo nã vel pacto possit simul habere in corpore humano illas duas actiones. Nam si illæ virtutes fuerint * æquales, tunc altera alteri resistet, & nullũ in humano corpore efficient actũ, & sic erunt æquales, sed si altera validior fuerit altera, tunc quæ validior est, fungetur suo officio: imbecillioris vero nullus percipietur actus. E

* a. i. æquidistantes.

Huius autem dubij ratio nõ fuit excogitata ab his qui sic dubitant, nisi in secundis viribus, non in primis. putant n. ipsi, ꝙ si drachmam vnam chamæmeli cum alia rosarum admiscuerimus, ꝙ tale medicamen erit suis primis qualitatibus æquale: & ꝙ adhuc in eo erit repercussio, & resolutio. F

In vtroq; n. tñ debet esse eadẽ, vt diximus. nã quẽadmodũ dicimus aliqđ medicamen esse æquale ĩ suis primis qualitatibus, ita vt in corpore humano efficiat calorem moderatũ medium inter calorem primi ordinis, & frigus eiusdẽ ordinis, idẽ de secundis virtutibus intelligendũ est: ita vt gratia exempli vna drachma chamęmeli, admixta cũ alia rosarũ, producens repulsionẽ, & resolutionẽ mediã inter resolutionẽ chamęmeli & repercussionem rosarum.

G Et non errauerunt in hoc Medici, niſi quia non poſuerunt gradus
ſecũdis virtutibus. quia ſi feciſſent,
tunc ſciuiſſent quę eſſet temperata,
& non temperata.

Et debes ſcire ꝙ operatio, quam
medicina habet compoſita, eſt vnũ
in commixtione artificiali, ſicut in
commixtiõe naturali,& nũ eſt plura: ita vt ſit tibi neceſſe dicere,quã-
do quęſitum fuerit à te, quomodo
facit vna medicina duas operatiões
contrarias in vno ſubiecto: Reſpon
deas, ꝙ hęc res eſt ſicut ſenſus & ſen
ſata eorum,qui patiuntur à duobus
H cõtrarijs ſimul in eodem ſubiecto.
v.g. ſicut apprehendimus album &
nigrum ſimul & ſemel in humiditate cryſtallina: & ſicut ſentimus
calidum & frigidum ſimul & ſemel
ex commixtione aquæ feruentis, &
frigidæ: ſicut dicit Gale. Quia hoc
non eſſet ſufficiens in ſolutiõe huius dubij nobis ponentibus ꝙ medi
cinæ compoſitæ habẽt duas operatiões,quarum vna eſſet oppoſita alteri. qa hoc nõ accidit virtutib' ſen
ſibilibus cum ſenſatis, niſi ꝓpterea
quia non ſunt materiales permuta
biles, alterabiles, paſſibiles in ſeip-
I ſis à ſenſatis paſſione manifeſta: eo
ꝙ illæ non ſunt coniunctę cum ma
teria forti cõiunctione. Et cauſa hu
ius redditur in alia ſcientia nobiliori iſta (hoc eſt in tertio de Anima.)

Sed paſſiones, quas recipit corpus
à medicinis, ſunt neceſſario paſſiones materiales, permutabiles in ſe-
ipſis permutatione manifeſta. Et
ideo non eſt cõueniens,vt inuenian
tur eorum contraria ſimul & ſemel
in iſtis, vno tempore, in vno ſubiecto, ſicut inueniuntur in ſenſibus &
ſenſatis. Sed ſi debet dari exẽplum
propter

In medicina cõpoſita nõ ſunt virtutes cõtrarię, ſicut eſt virt' media.

Cauſa autem dubij fuit, quia nõ K
poſuerunt ſecundas virtutes ſub ali
quo ordine. nã ſi id feciſſent, fuiſſet
nobis notum. quodnã medicamen
eſſet æquale, & quod inæquale.

Huiuſcemodi autem actus, quẽ
agit illud medicamen compoſitũ,
eſt quidem vnus, ſiue artificiali tẽperatura, ſiue naturali, & non eſt
plures: ita vt cogaris dicere medicamen vnum efficere duas qualitates contrarias in eodem ſubiecto, &
dicamus id eẽ veluti res ſe habet in
ſenſibus & ſenſibilibus eorum. patiũtur enim à duobus contrarijs, ſimul per vnum ſubiectum. vt gratia L
exempli, cum nos percipimus albũ
& nigrum ſimul per humorem cry
ſtallinum: caloremq́; & frigiditatem in inſtanti per vniuerſum corpus noſtrum, ſi contingat vt particulę noſtri corporis partim frigida,
partim calida aqua abluantur, vt di
cit Galenus. Hoc enim non ſufficit
ad ſolutionem dubij, ſi ſupponam'
ipſum medicamẽ compoſitum habere duo officia inter ſe inuicẽ contraria. nam etſi ſenſibus illud accidat, profecto non accidit, niſi quia
non ſunt materiales. Cuius rei cauſa iam in alia ſcientia tradita eſt. M

Sed affectiones, quas recipit corpus à medicaminibus, ſunt neceſſario materiales. quæ quidem ſi fue
rint contrariæ, non poſſunt eſſe vni
co tempore in eodem ſubiecto, niſi
eo modo, quo reperitur mediũ inter

A propter aliquam similitudinē non multum propinquā, non debet dari nisi fm φ inuenitur medium inter extremitates: hoc est fm φ inuenitur albuм & nigrum in colore citrino. Et si aliter diceretur, vnum vinceret alterū necessario, si duo essent: aut dominans faceret suā operationem, & ei attribueretur. Et quidam dicunt φ natura cognoscit, & trahit ad se illam partem, quæ est in eis magis necessaria. Scias tamē φ impossē est trahere quod inueniri non pōt. & forte hoc secretum eidē in somnio fuit reuelatum. & ideo non sum ille, qui cum eis litigare velim.

Gal. 5. de Tēp. ca. 4. & Sera. in pract. c. 1. Vide. 3. de Simp. medic. & 1. de

B

Locis affe. ca. 2. et prima quarti tract. 4. c. 19. impugnationē huius opinionis, q fuit prius Alex.

Deinceps volumus reuerti ad illud, à quo separati fuimus, vt demus exemplū membrorū diuisiōis, quā pmisimus.* Et dicamus φ exēplū diuersitatis ægritudinis ab accidēte est, sicut febris acuta cū syncope, qa putrida īdiget euacuatiōe, & refrigeratiōe, & syncope īdiget è cōuerso.

* Secūdus modus.

† Tertius modus.

† Exemplum diuersitatis ęgritudinum est sicut febris diuersarū specierum & diuersarum materierum, & diuersorum locorū: sicut febris, quæ dicit hemitritæus, quia est cō- C posita ex cholera & phlegmate diuersitate compositionis.

Quartus modus.

Causa harum est, quando sunt composita in vna & eadem ęgritudine, sicut sunt ægritudines, q fiunt ex pluribus humoribus. & ideo necesse fuit cōponere medicinā ex rebus, q respondeant pluribus humoribus. & hęc fuit pria necessitas cōpositiōis medicinarum cōpositarū purgantium aliis duabus, videlicet compositarū causarum, & accidentiū cum ęgritudinibus. Et huic mēbro diuisiōis corrīspōdet cōpositio theriacæ:

ter extrema, ac si dicas, ea ratione, D qua in croceo colore reperiuntur album & nigrum Alias enim de necessitate* resistent inter se, si fuerint æqualia, vel prædominans aget actionem suam.

* al. cōtra opabunt.

E

Et postq̄ declarauim' quo nam pacto operetur medicamen cōpositorum, reliquum est vt ad aliarū partium exempla me transferam. Exēplum igitur sumptum ex morbo & accidenti est, vt febris ex putredine orta & animi deliquium. nā febris euacuationem, & refrigerationē desyderat: animi vero defectus contrarium vacuationi, & refrigerationi exposcit. Exemplum vero compositionis ęgritudinum est, vt febres, quæ ex diuersis constant substātijs: vt est ea febris, q semitertiana voca- F tur, quę ex bilioso ac pituitoso constat humore. At exemplum necessitatis huius rei in compositione causarum est, vt cum fiunt ęgritudines à pluribus humoribus, vbi quidem erimus coacti componere medicamen ex his, quæ plures quàm vnū euacuent humorem. & hæc quidem est prima necessitas, quę cogit componere solutiua medicamina. Sub his igitur duobus generibus, videlicet compositionis ęgritudinum & causarum, ingreditur cōpositio

G theriacæ: quia intentio in illa fuit curare multas ægritudines, & præseruare ab eis. & ideo fuit cōposita ex medicinis, quæ habent multas virtutes ramificatas diuersas, & vt à multis partibus possent vincere venenum.

Quōd modi prima pa. Exemplū necessitatis cōpositionis ꝑp diuersitatē naturæ ęgritudinis, & naturę membri ꝑp suam cōplexionē, est, sicut stomachus hecticus. quia à parte, qua est febris hectica, indiget frigiditate & humiditate: & a parte, qua est stomach', indiget caliditate & siccitate. Et est

H simile in tussi, quę fit ex materia viscosa ī fistulis pulmonis. quia à parte, quæ est materia grossa & viscosa, indiget subtiliatiuis, & incisiuis: & à parte, qua est pulmo, indiget rebus lenitiuis.

Quōd modi secūda pars. Exemplum necessitatis cōpōnis medicinarū ꝑp diuersitatem naturæ ægritudinis à membro ꝑp principalitatem membri est, sicut ægritudo calida, q̄ fit in aliquo membro principali: sicut in cerebro, ꝙ necesse est vt non multiplicemus multū medicinas frigidas, ideo vt non extinguamus calorē naturalem, & vt

I nō priuetur à sensibus, & motibus. Et ꝓpterea est necesse miscere cū illis medicinis res, quę ad aromaticitatem sint declinantes, & ad calorem, & cōfortent. Et in passione frigida, q̄ accidit hepati, necesse est euacuare: sicut declaratum est in libro Ingenij sanitatis: & possibile est vt sit hoc contrarium: eo ꝙ sicut est nobis necesse cognoscere virtutes medicinarum necessariarum tempore necessitatis, eodem mō indigemus cognoscere modum cōpositiōis. & si non est possibile nobis medicinari,

K medicaminis ex viperis cōfecti, quā theriacen vocant: cuius propositū fuit resistere multis morbis, ab eisq́; præcauere. & ideo composuerunt illud ex medicaminibus habentibus varias virtutes, variosq́; modos resistendi ipsi veneno.

Exemplū vero necessitatis huius rei sumptū à diuersitate nāę morbi ac mēbri nāę, est, vt si ventriculus febre laboret hectica. nam ea rōne, qua laborat febre hectica, refrigerationē & humectationē desyderat: sed ea rōne, qua est ventriculus, calefactionē & astrictionē expostulat.

L Identidem de tussi genita ab humore glutinoso, īhęrēti asperę arterię, dicendū est. nā humor ipse requirit attenuationē, & incisionē, quę quidē non fiunt nisi ꝑ ea, q̄ exasperāt: pulmo uō, vt pulmo, q̄ leniant desyderat. Exēplū quoq; hui' rei sumptū ex diuersitate naturę morbi, ac mēbri, quo ad eius pricipatū, ē apostema hepatis iā ad suū vigorē ꝑductū. nā quatenus est apostema ī suo vigore existēs, indiget euacuatiōe, vt in lib. de Tuēda valetudine mōstratū est. Multa.n. hic citant, q̄ nō probant hic, sed supponunt tanq̄ approbata, donec in ea parte quæ * de

M tuēda valetudine ꝑtractat, ostēdantur. & nō dixit Gal. ꝙ notitia cōponendorum medicaminū debet omnino sequi post notitiam Tuendæ valetudinis. Fortasse uō res opposito modo se habet. nam quēadmodū vires medicaminum debent esse nobis cognitæ pro tempore necessitatis, ita res se habet in modo componendi. aliàs.n. non possemus curare. sed si poneremus artem componendi esse partem artis † Tuendæ valetudinis, esset tunc impossibile,

* a. l. de Curatione

† a. l. Curatiua

A ri, nisi veniamus ad partem Ingenij sanitatis: ergo incipiamus hoc scire primo à libro Ingenij sanitatis, postquam ibi declaratum est.

Et quia hucusq; exiuim* ab intentione nrã, redeamus nunc ad ipsam: & dicamus q, qñ apostema est in mẽbro principali & maximi iuuamenti, necesse est vt suę medicinę misceamus q̃ fortificent virtutẽ, & substantiã ipsius, & caueamus ne virtutes suæ dissoluantur: sicut sunt sandali, & rosę. Et similiter qñ erit membrũ maximi iuuamenti, tunc necesse est nobis cõseruare ip-

B sum cum medicina stypica.

Quintũ modi tertia pars.

Et exemplũ necessitatis pp locum membri est, qñ volumus q medicina stypica vadat ad pfunditatem corporis, debemus sibi admiscere rem, quę habeat subtilem substãtiam pp longitudinem sui loci, ad hoc, q sit vehiculum stypticitatis: quãuis sit contra intẽtionem nostrũ in aliquo. Sicut admiscemus canthari des in medicinis vesicæ, & crocũ in medicinis cordis calidis. Et simili modo nos miscemus ceram in emplastris: propterea vt sit materia faciens ea melius applicari membro.

Quintũ modi 3a pars.

Sed exemplũ necessitatis compõnis medicinarũ ex parte colligãtiæ

C est, sicut ęgritudo calida, quæ fit in ore stomachi: quia in ea non debemus multiplicare medicinas frigidas, eo q cõnectat cũ mẽbro frigido.

Ista sunt quinq; mẽbra necessitatis compositionis, pp quæ componuntur medicinæ, quæ sunt ex diuersis virtutibus, quando non inuenimus in vna simplici, quo ex virtutibus indigemus.

Secũda cõpõnis medicinarũ necessitas.

Sed secũda particula necessitatis cõpositionis est, quia aliqñ nos inuenimus le, nisi postquam antepostuerimus

D notitiam eorũ, quibus indigemus, præponamus primo, iuxta illud, qđ probabit' in pte de Tuẽda valetudine.

Nunc autem iam deuiauimus à nostro pposito. reuertamur igitur ad illud: & dicamus q, propterea q̃ apostema est in mẽbro principe, à quo multa proueniunt iuuamenta, oportet custodire eius robur medicamine astrictiuo. & hoc redit ad id quod se tenet ex parte varietatis naturæ morbi, ac membri naturę.

Exemplũ vero huius necessitatis sumptũ ex positu ipsius mẽbri est,

E vt si cupimus, vt substantiã astrictiuã faciamus pertingere ad intimã partem corporis, tunc admiscemus cũ ea aliquid attenuatiuum pp distantiã ipsius loci, vt sit illi substantiæ astrictiuæ velut ala. Et ad hoc genus tendet admiscere minimum quid cantharidũ in medicaminib* vesicę, & crocũ in medicamine cordiali. Huius quoq; generis est admiscere cerã in vnguentis, q̃ extrinsecis particulis corporis applicant'. situs. n. illorũ mẽbrorũ non retineret medicamen nisi esset in huiusce

F modi materia. Exemplũ adhuc ipsius necessitatis componendi tractũ ex affinitate membri, est vt si morbus calidus sit in ore ventriculi, nõ debemus vti magna refrigeratiõe, cũ cõnectet cum membro frigido, qđ est cerebrum. Hæ igitur sunt octo consyderationes, quibus vtimur ad componenda medicamina, habentia varias ac diuersas vires, si in vnico medicamine simplici non reperiant' illæ vires, quibus indigemus.

Pars aũt secunda illarum primarum partium, q̃ est videlicet cũ illæ

G aimus vnam simplicẽ medicinam, quę habet fortiorẽ virtutẽ, aut debiliorem eo, quod quærimus.

Et hæc particula diuiditur in plura membra. Vnum est, quia erit nobis necessaria vna ex primis operationibus medicinæ: & hæc simplex quidem habet plus aut minus, quã quæramus. quare tunc necesse est nobis habere aliam medicinam, vt debilitemus suam operationẽ, aut vt eam fortificemus.

H Et si tu vis eam debilitare. hoc fit duobus modis. Vnus est, vt misceamus cum forti medicina aliã, quæ sit contraria suæ virtuti. v.g. quando habemus vnam medicinã, quæ sit calida in tertio gradu, & non indigemus nisi ea, quæ sit calida in secundo, miscebimus cum ea illam, quæ sit frigida in primo.

Alter modus debilitandi est, vt misceamus cũ forti medicina aliã, quæ non sit contraria in qualitatibus & virtutibus, sed similis in virtutibus, sed minus habeat altera ex eis. v.g. si habuerimus medicinã ca-
I lidã in tertio gradu, & nos velimus declinare ab illo, miscebimus cũ ea vnã, quę sit calida in primo gradu solũ, & hebeat pparationẽ, quã diximus, vt debilitet medicina cum suo simili in qualitate. Et q sit minoris virtutis probat Gal. per cõmixtionẽ aquæ tepidæ cum aqua bulliente: quia necessario videmus feruentis calorem declinare.

Contra Gal.

Et hoc est contradicendũ. quia si videmus q hõ habeat ęgritudinem calidã in quarto gradu, vel ẽt in tertio, & dederimus ei rem calidã in secũdo gradu, multoties lędet ipsum. Et propterea verba Gal. debẽt refragari ex dieta tali min' calida, vt supra.

Dicat

vires, qbus indigemus, Nunc illi me- K
dicamini, sed indigemus maiori vel minori portione earum, in duas quoq; diuiditur partes. Prima est, q aliqñ nos quærimus aliquã ex actionibus primis medicaminum, & habemus apud nos medicamen, cui insit illa potẽtia: verũ plus vel minus eo qđ requirimus, habet. tunc. n. oportebit nos admiscere cũ eo aliud medicamen, vt illa actio validior, vel imbecillior reddatur.

Redditur aũt imbecillior potentia medicaminis bifariã. Primo quidẽ adijciendo illi medicamini forti aliud, qđ sit contrariũ uirtuti illi'. L
ut gratia exempli, si habeamus medicamen, qđ sit in tertio numero caliditans, & nos indigeamus medicamine, qđ sit in secundo, tunc admiscebimus illi medicamini, qđ est in tertio ordine, aliud medicamen, qđ sit frigidum in primo ordine.

Secundo uero fit, addẽdo illi medicamini aliđ sibi simile nõ cõtrariũ, sed eius uis sit imbecillior potẽtia illius primi. ut exẽpli cã, si habeamus medicamẽ calidũ ĩ tertio ordine, & uelimus minorare illã caliditatem, tũc immiscebim' illi aliud medicamẽ calidũ ĩ primo. Quã qdẽ corre- M
ctionẽ, uidelicet qđ medicamẽ mina' calidũ minuit calorẽ medicaminis calidioris, uerificauit Gal. & pbauit p exẽplũ ductũ de calida aq & tepida. nã si simul tẽperentur, tũc calidę aq calor minor reddet procul dubio. At cõtra hoc dubitare contingit, cũ uideamus aliquos patientes morbos calidos ĩ quarto, uel tertio numero, qbus si propinem' medicamẽ calidũ in scđo numero, profecto nocebit eis, cum tñ iuxta hãc rationem deberet eos refrigerare.

In proœmio lib. 8 Compẽdij medi. per genera.

Dubiũ cõ(tra) Gal.

Vt

A Dicas si dederimus mel habẽti causum, nonne lędetur incõtinẽti magna lęsione? Et siñr si quis haberet magnã lęsionẽ frigidissimã in capite, & tu inungas ipsum oleo rosato, nonne multũ lędet? Et q sustinent Gal. prouideãt sup hoc. Sed dicim⁹, q si ita est, sicut dicit Gal. erit p hãc uiã, quia medicina, quã dicimus calidiorẽ esse, est illa, q habet maiorẽ cõparationẽ caloris ad frigiditatẽ, q̃ illa, q est minus calida: ergo erit frigiditas in ambabus per cõtrariũ: hoc est, quia in calidiori erit frigiditas minoris cõparationis, & in frigi B diori erit maioris cõparationis, uerbi gratia, quia cõparatio caloris ad frigus in drach. i. piperis est maior q̃ in drac. i. spicę: & si in drac. i. piperis sint .v. partes caliditatis, & una frigiditatis: & in drac. i. spice sint duæ partes caliditatis, & una frigiditatis miretis .ii. drac. siñr erit cõparatio caliditatis ad frigiditatẽ in hoc mixto * maior, q̃ esset in pipere solo: & qñ eris bene speculatus in hoc, uidebis hoc fieri per hanc uiã. Et istę partes medicinę, quas diximus calidas aut frigidas, quamuis non sint in actu, non nocent in hoc documento: qa C sunt quasi media inter illũ rem, q est inter actũ & potentiã. Et iõ est posse in multis corporibus cõsimilibus, ut dissoluantur artificaliter ptes, ex quibus cõponuntur, sicut est lac.

* a. l. minor.

Et fortificat hęc opinio eo q medicina, quę habet plures partes calidas in se, sine dubio ẽ pręparata ut inflammet' a calore naturali, plus q̃ medicina, q tñ non habet. Sed accidit aliquibus corporibus, ppter fortitudinem caloris illorum, & propter pręparationem corporum ipsorum, ut conuertant omnia, quæ ea

Verũ exempli, si exhibuerim⁹ mel D patiẽti febrẽ urentẽ, statim quidem inferet' ei magna lęsio. Inde & si patiens uehementẽ frigiditatẽ in capite, ungat' rosaceo oleo, maxĩe lędet'. Dicimus itaq; nos, q si illud aliud medicamen, cuius proportio partis calidæ eius ad frigidã est maior q̃ proportio partis calidæ ad frigidam in illo medicamine minus calido, tũc frigiditas in utroq; horũ contrario mõ se habet: uidelicet q in calidiori est in minori proportione, in frigidiori uero est ĩ maiori proportione. ut exempli cã, in una drac. piperis proportio caliditatis ad frigidita E tem est maior, q̃ in una spicæ nerden. ac si dixeris, q in una drach. piperis sint quinque partes calidę, & una frigida, & in una spicæ nerden. sunt duę partes calidę, & una frigida. & si tẽperauerimus drach. ipsius spicæ nerden cum drac. piperis, tũc in aggregato ex his erit maior proportio frigiditatis, q̃ sit in pipere. & si recte id considerauetis, iudicabis ita res se habere. Porro eę ptes, quas diximus eẽ calidas & frigidas in aliquo medicamine, licet nõ sint in eo in actu, nõ ppterea impedit hoc hanc doctrinã. nã licet nõ reperiantur in F eo actu puro, sunt tñ ueluti mediæ inter actũ & potentiam. Hinc fit q in multis corporibus similaribus pñt segregari partes, ex quibus constãt ipsa arte, vt in lacte perspicuũ est. Quę ratio est euidentissima: eo qđ medicamen illud, ĩ quo sunt plures partes caloris, prõpius est quidẽ ut a calore natiuo inflãmetur, q̃ illud, qđ habet min⁹ de partibus calidis. Verũ accidit nonnũq̃ ĩ qbusdã corporibus, pp eorũ uehementẽ calorẽ, & membrorum promptitudinem,

G eis adueniunt, ad substantiam
ignea, & si esset minoris caliditatis
q̃ illa. & potest esse ꝙ hæc est occa-
sio læsionis mellis in causo. & quõ
nõ debet hoc facere? quia videmus
ꝙ aqua etiam cucumerum conuertitur in his febribus ad choleram.
Iste est modus debilitandi virtutes
medicinarum per comparationẽ.

Sed quando volumus fortificare,
non fiet hoc nisi vna via, hoc est vt
misceatur cum ea medicina suę spe
ciei, & sit fortior ea. & adhuc loque
mur de his.

H Et de rebus, q̃ intrant in secunda
particula partiũ primarũ sunt, qñ
volumus sĩr fortificare secũdas vir
tutes, & tertias medicinarũ simplicium, aut debilitare. Et hoc etiã fit
duobus modis. Vnus est, vt misceatur cum forti medicina vna, quę ha
beat contrariam virtutem. v.g. quãdo habebimus medicinam aperitiuam, & incisiuam in tertio gradu,
& volumus declinare ab illo, miscebimus cum ista medicinam oppila
tiuam ingrossatiuam in primo gradu: & tunc redibit prima ad aperiẽ
dum in secundo gradu.

I Alter modus est, vt misceamus
cum ea similem, sed minoris virtutis: quia etiam ex ea deueniet primæ diminutio actionis, sicut dictũ est in primis qualitatibus. quia
comparatio oppilationis ad subtilitatem in hoc est maior quã in prima. Sed secunda via fortificandi
virtutes secũdas & tertias est, vt misceatur cum ea similis, & sit fortior.
Et

vt transmutent quicquid ad ea of- K
fert, in igneam substantiam: & si ea
ingrediatur aliqd minus calidũ illis, transmutatur fer oĩs eius partes
in igneas partes. & ita se habet mel
cũ patienti febrẽ vrentẽ (quã vocãt
causon) & non iniuria, cũ videam⁹
† succum cucumerũ in his conuerti † a. l. aqua
in flauã bilem. Hoc igitur ordine p
cedendũ est in ipsis medicaminib⁹.

Atq; si vim medicaminis augere
cupimus, id quidẽ nõ nisi vno modo potest fieri, videlicet admiscẽdo
illi medicamini imbecilliori aliud
medicamen vehemẽtius illo eiusdẽ
generis. Secũda aũt pars harum L
partiũ est, cũ volumus † excitare ali † a. l. adiu-
quã secundã virtutem ex virtutibus uare.
medicaminũ simpliciũ, vel tertiã,
aut eam hebetare. Id n. diuersimo
de quoq; fit. Primo quidem modo
consyderando illud medicamẽ, cuius virtutẽ secundã intendimus hebetare, & admiscere secũ aliud medicamẽ, cui⁹ virtus sit illi virtuti cõtraria. vt exẽpli cã, si medicamẽ aliqd fuerit aperitiuũ, & incisiuũ ĩ tertio ordine, sic admiscebimus secũ
aliud medicamẽ obstructiuũ ĩ primo: & sic illud medicamen reddet
aperitiuũ in scdo gradu. Secundo M
modo, vt si accipiamus medicamẽ
aliud, qd min⁹ aperiat illo, & simul
ea cõmisceamus, sic oĩno ex eo mi
nor resultabit apertio, vt in primis
fit qualitatibus. ppea quia proportio substantiæ eius obstruentis ad
attenuantem est maior, q̃ sit in medicamine fortioris attenuationis.
At modus, quo excitent virtutes secũdę & tertię, est admiscẽdo in illo
medicamine, cuius & actionẽ vigorare intẽdimus, aliud medicamẽ, cuius vis sit vehemẽtior illis alterius.
Aliqui

A Et quidam dicunt, quod virtutes secundę fortificantur miscendo medicinam cum medicina alia simili in eodem gradu, ita ut non sit fortior. & dicunt quod experientia testificatur, quod duae medicinae aequales in virtute coniunctae habebunt fortiorem operationem, quam vna illarum singularis & per se. & hoc accidit, quando erit quantitas vnius aequalis quantitati alterius. Et potest esse quod causa huius est, ideo quia hae duae medicinae coniunctae, quamuis videntur ab eis ut sint aequales in virtutibus secundis & tertijs, non potest esse ut B sint aequales penitus veraciter, nisi largo arbitrio: eo quia impossibile est ut non diuersificentur in subtilitate substantiae & grossitie, & spissitudine & raritate, & similibus: ergo per eis difficile erit inaequaliter permutare propter diuersionem earum substantiarum: quia ipsa, in quibus recipiunt permutationem, non erunt aequalia. Et propterea manifestabitur permutatio earum corpori plus quam manifestetur permutatio corporis eis: hoc est, quia corpus erit ab eis magis permutatum. & idcirco illud, quod tardat permutari exire C a corpore, retinet illud, quod est velox ad exeundum: vnde fortius operatur in corpore. & per hanc viam potest esse, quod similia adinuicem fortificantur, & similiter dicimus in primis virtutibus.

Et propterea videtur quod Antiqui ponunt in eorum confectionibus medicinas aequales omnibus virtutibus tribus.

Isti

D Aliqui tamen putant inueniri alium modum * excitandi secundas, ac tertias potentias, videlicet admiscendo illi medicamini aliud sibi simile in ordine secundatum, ac tertiarum virtutum, dicunt enim ipsi, quod experientia comprobatum est, vehementius esse officium, quod ex aggregato ex illis medicaminibus resultat in humano corpore, quam quod resultat ex singulo eorum seorsum, dummodo sit eadem quantitas illius singularis, & aggregati ex vtroque. Et huius rei causa fortasse est, propterea quia illa duo medicamina, licet videantur esse aequalia in suis virtutibus secundis, & tertijs, E impossibile tamen est ut sint omnino aequalia, nisi quadam coniectura: quoniam impossibile est, quin differant inter sese in substantiae tenuitate & crassitie, densitate raritateque, caeterisque alijs, per quae differt illud ab alio. quare difficile ipsae naturae potentia ea transmutare, propter implicationem substantiarum illorum, ac eorum multitudinem cum tempora, quibus possunt transmutari a natura, non sint aequalia. Et propterea eorum actio in corpore est notior actione, quam facit corpus in ea, immo corpus plus patitur ab eis, quoniam illud, quod tardius transmutatur, & egreditur F a corpore, tardare facit illud, quod velocius egreditur, eiusque actio in corporibus erit validior. aliud vero, quod celerius transmutatur, facit penetrare ad membra illud, quod tardius transmutatur, incoctum. & sic erit actio in corpore est vehementior, quia est medicamen. Si igitur hoc sit verum in secundis, & tertijs virtutibus, erit etiam verum procul dubio in primis.

* al. Vigorandi.

Id autem fortasse est verum, propterea quia nos videmus plures Antiquorum componere confectiones ex medicaminibus, quorum virtutes primae, secundae,

&

G

Isti duo sunt modi primarũ partium,quæ fuerunt cãæ compositio-
nis.Et in secũda particula ĩgreditur
adhuc alia res:hoc est, quia potest
esse vt non indigeamus omnib' vir
tutibus medicinæ numero, sed quibusdam . & hoc est duobus modis.
Vnus est,quia non indigebim' om-
H nibus qualitatibus primis medicię,
nisi vna.v.g.habebimus vnam medicinam calidam & humidam sim
plicem,& nõ indigemus ea nisi pp
humiditatem: quare tunc debemus
miscere cum ea medicinam frigidã
& humidam:tñ necesse vt sit frigidi
tas illius ęqualis in comparatiõe ca
loris alterius,ad hoc vt sint ꝑparę in
caliditate & frigiditate,& vt humidi
tas sola dominetur.& sic debes intel
ligere vnãquãq; istarũ qualitatũ.
Alter est,vt ponam' ꝙ ĩdigeam'
ex vna medicina secũdis virtutibus,
aut tertijs,& non primis.v . g . sicut
I necessarium est semen apij in febri
bus,quę fiunt propter oppilationẽ,
solum vt aperiantur oppilationes,
& vt subtilient' humores grossi,& ꝑ
uocetur vrina : & non est necessari'
su' calor,nec sua siccitas. quare tũc
cum eo debemus miscere rem frigi
dam & humidam,quæ remittat suum calorem & suam siccitatẽ,sem-
per considerãdo,vt secunda virt' ip
sius nõ resistat secũdę virtuti primę
qua indigemus, hoc est apertione.
v.g.si necesse est nobis miscere nenufar cum semine apij, aut suum
si-

& tertiæ sunt eędem. Verum est ĉcn K
sendum,eas nõ esse omnino easdẽ,
sed fere easdẽ. nam impossibile est,quin
differãt inter se oĩno ĩ multo et pau
co. sed id sensum fugit, cũ seorsum
illa singularia accipiantur : verũ cũ
componuntur,id satis apparet ĩ eis.
Si igit' sunt modi duarum partiũ
illarum primarum partiũ, quas diximus esse cãs compositionis medicaminum : pars quoq; tertia illarũ
partium,in qua non oportet nos vti
oĩbus virtutib' medicaminis,sed q-
busdam tñ,multipl'r etiam fit. Primo quidẽ,quia non oportet nos vti
vbiq; oĩbus qualitatib' primis,quę L
in illo simplici medicamine reperiũ
tur,sed tñ vna. vt gr̃a exẽpli, si fuerit illud medicamẽ calidũ & humidum,& nõ indigeam' nisi eius humiditate tñ. tũc.n.admiscendũ est
secum medicamẽ frigidum & hũi-
dum:verum eius frigiditas debet eẽ
æqualis caliditati illius medicaminis,vt sit in calido & frigido ęquale,
sed sit tñtum humidum . idẽqȝ dẽ de
cæteris primis qualitatib' dicẽdũ ẽ.
Secundo vero fit, cum indigem'
virtutib' secũdis,vel tertijs,aut vtris-
que simul ipsorum medicaminũ,
nõ aũt primis. vt exempli grã,si in- M
digem' exhibere in potu alicui fe-
bricti semen apij,profecto illud nõ
dam' nisi ad aperiendas oppilationes,incidendosq; humores,eosq; ꝑ
vrinam educere . non indigem' tñ
eius caliditate & siccitate.ideoq; o-
portet admiscere secum aliquid,qđ
infringat eius siccitatẽ & caliditatẽ,
pręter hoc ꝙ eius secũda virtus oppo
natur illi virtuti ꝓpositæ nobis: vt si
admisceam' cum apio nympheam
herbam,(quã nenufar vocãt) & quia
nos indigem' medicamine, cui' potentia

A simile, debemus ponere loco nenu-farisseme melonis, aut citrulorum, ad hoc vt secūda virt⁹ illorū fortificet secūdā virtutem apij. quia q̄uis ista duo semina sint frigida, habent tñ virtutem diureticam. q̄uis Galē. dicat q̄ si misceat res debilioris virtutis cum re, quæ est fortis virtutis, & est vnius generis, q̄ ipsa eam debilitat. Nec est impoſſ., vt q̄n coniūguntur duæ res, quæ sunt vnius virtutis, q̄uãuis vna sit debilior altera, q̄ coniunctum istarum nō sit forti⁹ singulari. Sicut tu vides q̄ nos miscemus medicinis calidis acetum, p̄ B pter iuuamentum apertionis: q̄uis videatur esse frigidum. quia si nos separaremus partem calidam ab aceto, non faceret id quod facit, s. frangēdo lapidem. & est remotum vt faceret hoc propter partem frigidam solum: sed facit hoc propter calidā partem, quę est in tali substantia. & ideo miscem⁹ ipsum cum medicinis calidis, quãuis sit debilioris caloris illis. sed cum hoc tñ est aliquid in aceto, quod hãc operationem adiuuat, sicut stypticitas sua.

Et idcirco dicimus, q̄ medicina C debilis mixta cū forti, prodest fortificationi fortitis. quia operationes medicinarum in corporibus humanis non sunt nisi per viam comparationis, & assimilationis corporibus humanis, & nō sunt nisi ex parte ipsiusmet medicinæ. quia tu vides multas medicinas, in quib⁹ est pauca caliditas, & comparatæ humanis corporib⁹ inueniunt calidiores illis, q̄ videnť illis calidiores. Et sic pōt esse semen apij cōiunctum cum semine melonis: & sit fortius in operatione q̄ apium solum in corpore humano, &

petra⁹ corrigat illam, quam nos desyderam⁹, iō admiscebim⁹ cū semine apij semē melonum, vel cucumerū. nã licet hęc duo semina sint frigida hñt adhuc vim aptiuã ciēdi vrinã, q̄uis fuerit dictū q̄ debilis potentia admixta validæ eiusdē gñis debilitat eã. Debet aũt Medic⁹ nō ignorare hoc vllo pacto, & opari debet per illud. nam nihil boni operabitur sine cognitiõe vni⁹ tei. Nã duorũ alterum est necessarium, s. vel q̄ curabit gr̃a exēpli, ægrū seminib⁹ mellonum & cucumerum, & tūc non erit compos voti: vel curabit semine apij, & tūc officiet egroto: cū tñ non sit impoſſ., vt resultet ex aggregatione E illarū duarū virtutū p̄ ipsa operatiõ actio validior: q̄uis illarum duarū seorsum singularum acceptarum altera sit altera imbecillior. Si. n. ab aceto remoueremus partem calidã, quam hēt, non opatet illas operationes, quas efficit, videlicet infringere lapides, incidereq; cutim. & irrationabile vī, q̄ faceret illud pars ei⁹ frigida tantum. nam huiuscemodi actio aceti non fit nisi coniunctis simul illis duabus virtutibus.

Idcirco non est dissonū dicere aliquod medicamē imbecille mixtū cū validiori, resultare ex eis actionē F validiorem, q̄m actiones medicaminũ in corporib⁹ nō fiunt nisi in relatione ad aliud, nō rõne ipsorum medicaminũ ex seipsis. tñ multa sunt medicamina, q̄ ex se sunt parũ calida, & si ad corp⁹ humanum referantur, erunt calidiora⁹ alijs medicaminib⁹ ex se calidiorib⁹ illis. Sic igiť nō sobuenit, vt actio resultãs ex semine melonū, & apij semine sit gr̃a exēpli, sit validior actiõe seminis apij tñ ī corpe humano: licet pōt, q̄b⁹ sit apertio,

[1] * a. l. saecausas.

G

Et quando Medic' subtiliter consyderauerit hoc, non medicabitur cum simplici medicina.

Et hæc preparatio inuenitur in compositionib' Antiquorum, sicut in oxymelle seminum: quia consyderauerunt cum aceto fortificare se-
H cundam operationem mellis, idcirco laudauerunt illas medicinas simplices, quarum secundę virtutes adiuuant se adinuicem, quãuis in primis sunt contrarię, sicut de iride, & de alijs simplicibus medicinis. Et in summa iuuamentum istius preparationis non est nisi in secundis virtutibus & tertijs. Et quamuis inueniatur scriptum in dictis Antiquorum, non tamen ostenderunt rationem. Sed nobiles viri filij Auenzoar testificati sunt hoc. & illi sunt, quibus debet attribui scientia Medicinæ.
I

Tertia cõpositionis medicinarum necessitas. Tertia necessitas compositionis est, vt ponaſ I medicinis purgatiuis aliquid ad refrenãdum, vt nõ lędãt membra principalia. Sed aliqñ ponuntur medicinæ ad dulcorandum medicinam, quę hẽt malum saporẽ

&

tio, & incisio in solo apio, sint plures, q̃ cum est cõtemperatum cum semine melonum. & hoc totum est manifestum apud eũ, qui percepit ea, quę scripsimus antea de ipsis medicaminibus. & huiuscemodi mollificatio est magis necessaria ad curationem, eaq; plus vtimur. K

Quare si recte consyderet Medicus hoc, non medebitur, vnico tantum medicamine simplici.

Et huiuscemodi * modificationẽ repies in compositionib' Antiquorum, vt in aceto mulso seminco (qđ oxymel vocatur compositum) quãnis non correxerint eius siccitatem in compositione sua, sed tñ caliditati eius succurrerũt p̃ acetum. sed quid oportet dicere de oxymelite ex seminibus, cum oxymel, quod non est ex seminib' cõfectum, correxerit hoc est calorem mellis per ipsum acetum: quãuis acetum vigoret virtutem mellis secũdam. Hinc est, q̃ laudantur simplicia medicamina, quorum primæ virtutes sunt cõtrariæ, & secũdæ excellũt, vt est adiãtũ, & alia simplicia medicamina. Et vt summatim dicam, vtilitas hui' modificatiõis nõ est nisi in secundis & tertijs virtutibus, & est modificatio vtilis, vt dixim'. Et licet repiatur apud Antiquos, non tñ rõnabili oratione, neque excitati sunt ad illud. Sed filij Zohar maxime fuerunt excitati ad huiuscemodi animaduersionem: immo hercle & in arte Medica multa bona obtinuerunt.

* Compositionem.

L

M

Quandoq; tñ virt', quã intendimus corrigere, nõ ingrediſ penit' artem medicam: vt est corrigere medicamina solutiua, ne lædãt membra principalia. Porrò aliquando volumus prouidere sapori insuaui ipsi'

me-

A & ad hoc vt sit amicabilior naturę,
sicut sunt confectiones, quæ fiunt
cum melle & zuccharo: quamuis in
multis locis sint contrariæ nostrę in
tentioni, sicut in medicina, a qua q̃-
rimus frigiditatem, & stypticitatem.
Hucusq; diximꝰ modos necessitatis
compõnis simplicium medicinarũ.

De mensura, & proportione medicinarũ simplicium, compositas ingredientium. Cap. 58

DEinceps volumus dicere præparationem quantitatis simplicis medicinæ, quæ ponitur ĩ com
B positione medicinæ. Et hoc duobꝰ
modis fit. Vnus est, propterea quia
nos non damus ex medicina simpli
ci quãcunq; quantitatem, sed quan
titatem determinatam. quod facimus propter fortitudinem medicinę, aut eius debilitatem. Et debemꝰ
hanc eandem viam inspicere & in
cõpositis: hoc est, quia debemꝰ po
nere ex forti paucam quantitatem,
& ex debili multam quantitatem,
secundum quod ordinatum fuit in
theriaca.

Alter est, quando in vna medicina composita simplex medicina ha
C bet vltimum iuuamen quæsitum,
& alię, quę ponuntur, non ponũtur
nisi propter ipsam: sicut sunt trochi
sci de lacca, & alia cõposita, quę ab
vna rerum intrantium nominanť,
& ponitur plus de illa.

Et potest esse, vt non ponatur in
vna compositione alicuius medicinę simplicis multa quantitas, nisi ꝓ
pter iuuamentum multũ, quod est
in ea. Et potest esse, vt nos ponamus
multũ ex medicina cõposita ꝓpter
re-

medicaminis. & hæc fuit causa, ob D
quam electuaria, & confectiones cõ
diantur melle & zaccharo: q̃uis nõ-
nunq̃ horum virtus sit cõtraria vir
tuti medicaminis, quo intendimus
curare, vt est astrictio, & ĩfrigidatio.
Hæc igitur sunt commoda, ob quę
medicamina componuntur.

COmmoditates autem, ob quas
ponimus aliquam certam quã
titatem simplicis medicaminis, ĩ cõ
positione medicamẽtorum, sunt di- E
uersæ. Prima est, quia non est propinanda quælibet quantitas indeterminata ipsius simplicis medicaminis, sed quædam certa & terminata. & id fit ob vehementiam medicaminis, & eius imbecillitatem.
Oportet ergo animaduertere quoque idem in composito medicamine, & ponere de validiori medicami
ne minorem, & de imbecilliori maiorem quantitatem, vt obseruatũm
fuit in theriaca.

Secũda est, vt insit illi medicamĩ
ni composito aliquod medicamen, F
quod sit maximi iuuamenti ad id,
quod quęrimus de medicamine cõ
posito, & ꝙ reliqua medicamina in
grediantur compositum propter illud: vt est confectio de lacca, & reli-
quę alię compositiones, quę assu-
mũt denominationem ab vno illorum medicaminum, quę sunt ĩ eo.

Ponitur autem ĩ ipso medicamine composito magna portio illius
medicaminis simplicis propter eius
maximum iuuamentum, vel ꝓpter
distantiam membri. & hoc reduci-
tur ad rationem debilitatis virtutis
illiꝰ

G remotionem membri.& hoc fit ꝓpter debilitatem medicinæ comparatione illi membro.

Et potest esse vt illę cãę fortificẽtur adinuicem,& potest esse vt vna resistat alteri: sicut qñ coniunguntur in vna medicina res multi iuuamẽti cum debilitate earum,& remotione loci.ꝓpea si sunt ex illis,quę sunt multi iuuamenti, debemus ponere multam quantitatem:& si sint pauci iuuamenti, debemus ponere exiguam quantitatem,& maxime quã do coniũgitur cum pauco iuuamẽto multum nocumentum.& quan-
H do est media inter paucum iuuamẽtum & multum, erit media inter multum & paucum.

Sed ideo quia quantitas medicinarum laxatiuarum non põt ferre multam quantitatem augmenti & diminutionis,sicut ferũt alię,est nobis necesse in compositionibus earum vti duab⁹ reb⁹. Vna,quia debes accipere de vnaquaq; illarũ vnam dosim.& postea dabis ex illo operationem vnius illarum ad totũ: hoc est,si erũt quatuor medicinæ,dabis quartam partem.

I

Altera est,quia tu debes accipere ex dosi integra vniuscuiusq; medicinæ aliquid secundum operationẽ vnius medicinarum compositarũ. Et ideo,quia vna ex rebus,quæ magis necessaria est Medico in compositione medicinarum,est vt sciat in quo gradu est medicina composita in primis virtutibus,secundis,& tertijs, si sciri posset, de hoc volumus loqui.

Et

illius medicaminis in relatione ad K
illud membrum.

Hæ aũt cãæ qñq; se adiuuãt mutuo,qñq; vero sunt cõtrariæ. vt gratia exempli,ꝙ q̃uis illud medicamẽ præstet maximum iuuamẽtum ad id,quod nos desyderamus,tñ ꝓpter eius imbecillitatem, & distantiam membri oportet augere ei⁹ q̃titatẽ: sed si res contrario mõ se habuerit, tunc ponenda est minima portio eius: pcipue si cũ hoc,ꝙ illd medicamen parum iuuet, sequatur adhuc ex eo aliqd' nocumẽti.& qñ hę cãæ
fuerint æquales,tunc ponẽda est de L
eo medicamine portio media inter multum & paucum.

At solutiua medicamina cũ non sustineat maiorem vel minorẽ quãtitatẽ, vt alia medicamina, ideo oportet in eorum compositiõe vti altera duarum rationum. Vna est, vt ponatur de singulo medicaminum ingredieñtium portio integra. vt gratia exempli,si sint quatuor medicamina,ponatur de singulo eorũ portio ĩtegra. mox ex aggregato ex his propinabim⁹ quantitatem proportionis vnius illorum ad totum aggregatum. vt exempli causa, si fue-
M rint quatuor medicamina, exhibebimus quartam partem ipsorum.

Secũda ratio est, vt accipiatur ex integra portione singuli medicaminis proportio vnius illorum medicaminum aggregatorum ad totũ. Hi ergo sunt omnes modi & regulæ, quibus vtimur ad quantitatem medicaminis.Et,quoniam id,qd' maxime debet cognosci a Medico in cõponendis medicamentis,est scire ordinem,seu gradum virtutum primarum,& secundarum, tertiarumq; ip-

sius

A Et dicimus, q qñ homo vult scire gradum medicinę compositę ex qualitatibus medicinarum simpliciū, primo dēt facere hāc distinctionem: hoc est, quia impossĕ est vt euadat medicina composita ab vna duarum rerum, aut vt sint medicinæ simplices, ex quib' est cōposita, vni' gnīs, i. vt sint oēs calidę, aut frigidæ, aut humidę, aut siccę: aut sint ex virtutibus contrarijs, hoc est, vt quędā sint calidæ, quædam frigidæ, quædam humidę, quędam siccę.

B Et ēt prima particula non euadit ab vna duarum rerum: hoc est aut vt sint illæ medicinæ, quas diximus esse vnius generis, in vno gradu virtutis, quæ est sub vno gñe, hoc est ver. g. vt sint in vno gradu calidi & sicci: aut vna habeat egressum sup alteram, ita vt vna sit temperata, & altera sit calida in primo gradu, & alia in secundo, & alia in tertio, & alia in quarto.

Et pars secunda etiam nō euadit ab una duarum rerū: aut vt illę medicinæ, quę sunt contrarię, sint in vno

C gradu contrarietatis: aut una habeat egressum super aliam in illa contrarietate, uerbi g. q una sit calida in tertio gradu, & alia frigida ĩ primo, & alia sicca in secundo, & alia humida in primo. Et aliquando accidit ut coniungantur omnia hęc quatuor in una medicina. Et cognitio simplicis dabit tibi cognitionē compositi.

Et uia speculatiōis in prima particula, quam diximus, q uirtutes me-

sius medicaminis, si sciri id potest: D

ideo de ea re sermonem faciemus. Et dicamus q, cum aliquis voluerit cognoscere gradū medicaminis compositi, quo ad primas qualitates, debet animaduertere ordiēs medicaminum simplicium ipsum ingredientium. Necesse enim est ea simplicia eiusdem esse generis, s. vel omnia sint calida, vel frigida, vł humida, vel sicca: vel vt ex contrarijs facultatibus cōsistant: hoc est, vt sint & calida, & frigida, & humida, & sicca.

Primum adhuc membrum bifa- E

riā subdiuiditur: nempe vel q illa medicamina, quæ eiusdem sunt generis facultatis, eiusdem sint ordinis virium eis attributarum, vt gratia exempli, sint in primo ordine caloris vel siccitatis: vel aliud, aliud in eo superet, vt gratia exempli, quod ĩ huiuscemodi composito sit unum simplex temperatura æquale, aliud calidum in primo ordine, aliud in secūdo, aliud in tertio, & aliud ĩ quarto.

Secunda adhuc sectio bifariam subdiuiditur: videlicet, uel q ea medicamina, quę inter se sunt contra-

ria, sint in eodem gradu contrarie- F

tatis ĩter se: uel ut alterum alterum excedat in gradu, ut gratia exempli sit ibi unum medicamen calidum ĩ secundo ordine, & aliud frigidum ĩ primo, aliud siccum in secundo, & aliud humidum in primo. Possunt tamen qñq; hęc quatuor simul omnia in vno medicamento componi. Verum, si ordinem ipsius simplicis nouens, profecto & ipsius compositi non ignorabis.

Si igit illud primū membrū cōsyderem', uidelicet ĩ quo medicamīa eius-

G medicinarum fuerit in ea in vno genere, & in vno gradu, est, vt appareat vt esse debeat gradus conueniendi totius in vno & eodem gradu, quare est vna singularium per se saluo vt eis acquirat admixtionem, & etiam formam, quae efficit comparatione corporis humani calidior, aut frigidior vnaquaque simplicium per se: & maxime in medicinis, quae diu stant confectę, antequā eis vtamur. & forte ero contentus in fine, ꝙ hoc accidat in pluribus compositionib⁹.

Sed quando erunt medicinae contrariae in vno gradu contrarietatis, H tunc de necessitate vna vincet alteram, & erit medicina temperata, saluo ꝙ earum quantitates sint illa quātitas, in qua possit esse ille grad⁹ virtutis. Quia nulla medicina, quę est calida in primo gradu, aut secundo non est sic in omni quantitate accidenti. quod est, quia cum mel sit calidum in secundo gradu, & sandali sint frigidi in secundo, mel vincet sandalum, si ex melle comedantur duę vnciae & ex sādalis drach. ij. sed duę drach. mellis nō vincēt duas drach. sandalorum.

I

Sed si medicinae non sunt contrariae in eodem gradu contrarietatis, sed erit gratia exempli, vna frigida in primo gradu, altera calida in tertio, & alia frigida in secundo, & alia calida in quarto: manifestum est ꝙ frigida remittet ex calida, secūdum ꝙ est in gradu frigiditatis ĩ vno gradu, aut in duobus: hoc est, quia res, quę

K eiusdem sunt generis, eiusdemq; ordinis facultatis, videbitur quidē verisimile, vt gradus ipsius aggregati ex illis sit idem cum gradu simplicium: nisi forte contingat, accidatq; illis ex huiusmodi mixtura quędā forma, quę relata ad corpus humanum sit calidior ipsis simplicib⁹, aut frigidior: & pręsertim in his medicaminibus, quae fermentari solent (vt aiunt.) immo vt plurimum res ita se habet.

At si medicamina illa fuerint inter se contraria in vno gradu cōtrarietatis, L tunc necesse est, vt inter se fiat cōtra operatio seu resistētia, ita vt ęquale & moderatū reddatur tale medicamē: cum hac tñ conditione, s. vt ipsa habeant talem quantitatem, qualem habere debeant pro illo gradu facultatis. Nam nō ĩ quauis quantitate contigerit, existere aliquod medicamen calidum ĩ primo vel secūdo ordine. mel nāq; & si calidum sit in secundo ordine, & sandalum frigidum in secundo, non propterea si binę vncię mellis sumant, & sandali vna drachma & semis, vel duae drachmę sumantur, erit inferioris M resistentiae ipsum sandalum ipsi melli: immo illę duę drachmę sandali resistent illis duabus vncijs mellis, sed duae drach. mellis nō resistēt duabus drach. sandali.

At si illa medicamina, quae cōtrarias habent vires inter se, nō sint eiusdem ordinis facultatis in ipso cōposito, sed aliud sit gratia exempli frigidum in primo ordine, aliud calidum in secundo, aliud frigidum ĩ tertio, & aliud in quarto calidū, tūc nō ambiget ipsum frigidum medicamen tantum remittere de calido, quan-

A que est frigida in primo, deducet calidam in tertio ad calidam in secundo: & eodem modo que est frigida in secundo reducet calidam, i quarto ad calidam in secundo, & semper erit uictoria secundum unum gradum. quia illa, que est frigida in secundo, reducet illam, que est calida in tertio, ad illam, que est calida in primo. & totum hoc est, quando quantitas medicinarum est equalis. Et non intendas equale in pondere, sed aequale in uirtutibus. & hoc quantitas est in primo gradu graduum, in quibus manifestantur operationes
B medicinarum in corpore humano,

Et si diuersificantur uirtutes contrarie secundum magis & minus, & diuersificantur quantitates earum secundum plus & minus: hoc est si quantitas medicinae debilis erit multa, hoc est duplum quantitatis fortis, tunc remouebitur ex forti gradum unum ultra gradum, quem remisit propter qualitatem. V. g. si haberemus unam medicinam calidam in tertio gradu & aliam frigidam i primo,
C & que erit frigida in primo, erit duplum quantitatis eius, que est calida in tertio gradu, ex gradibus, in quibus manifestatur operatio illius medicinae in corpore, tunc remittet secundum q dictum est. sed si erit tripla in quantitate gradus operationis, reducet ipsam ad temperamentum. Et si medicina calida, aut frigida erit minoris quantitatis quantitate prima, non curamus de ea. Et

quantū ipsum hēt de frigiditate, si- D
ue id fuerit unius gradus, siue duo, & sic medicamē frigidū in primo gradu reddet quod calidū est in tertio calidum, in secundo: & frigidum in secundo reddet calidum in quarto, calidum in secundo. resistit n. semp iuxta numerū graduum eius, si fuerint ergo & calidum & frigidū eiusdem ordinis, tunc eque inter se inuicem resistent. uerum frigidum in secundo reddet calidum in tertio calidum in primo. id tñ intelligi debet, si utrunque medicamen eandem obtinuerit mensuram. Neq; intelligo ea habere aequale pondus, sed aequa- E
lem uim. illa enim mensura est primus gradus, quo actio medicaminum in corpore se offert.

At si uires ille contrariae inter se discrepent sm plus uel minus, quantitates quoq; differant secundū magis & minus, tunc si quantitas medicaminis imbecillioris fuerit maior, ut gratia exempli sit dupla illi9 minoris quantitatis, remittet profecto ex calidiori medicamine alium gradum, praeter eum, quem iam remisit per suā qualitatē. Vt exempli cā, si aliquod medicamen habeamus, quod sit calidum in tertio, & aliqd9 F
aliud frigidum in primo, fuerit tñ hoc frigidum duplum quātitate ei9 qd in primo gradu, quo, s. gradu actio illius medicaminis appeat, sit tñ ipsm calidū in minori quātitate, tunc ipsm medicamen frigidum nō mō ad sm gradum reducet illū calidum, uerum etiam ad primū. q si in tripla quātitate id fuerit, tunc ad equalitatē illū reducet. Ita ēt, si illud medicamē, siue calidū siue frigidū, minoris fuerit q̄titatis q̄ sit illū primum. sed uni. calidum, seu frigi-

G

Et ſi fuerit contrarium, hoc eſt ſi medicina fortis erit ipſa, quę multa eſt in quantitate, plus q̃ ſua quantitas prima in gradu operationis, & debilis remanebit in ſua quantitate prima, tunc debilis non remittet ex forti niſi ſecundum comparationẽ illius quantitatis. uer. g. ſi erit quantitas ex forti dupla ſuę quantitatis primę in gradu operationis, & debilis remanebit in ſua prima quantitate: hoc eſt, quia debilis erit calida in primo gradu, & fortis erit frigida

H in tertio, tunc calida non reducet frigidam in tertio uſq; ad ſecundum, ſed reducet a tertio media menſura a tertia ad ſecundam.

Et cauſa huius eſt. quia qñ duplicatur prima quantitas medicinæ, ſic duplicatur etiam qualitas. & regredietur ex gradu ſuo in caliditate aut frigiditate ad alium gradum. Ideo qñ tu inuenis unam medicinã quę erit frigida, aut calida in tertio gradu, & erit duplicata eius prima quantitas in gradu operationis, ipſa interficiet de neceſſitate, ſicut interficit

I ficit uenenum.

Sed medicinę, quę ſunt ĩ uno gradu, ſiue in uno genere uirtutum, & illarum gradus diuerſificantur, hac re illarum præparatio iterum eſt, ut medicina, quę eſt debilis uirtutis, remittat ex forti. & iam dedimus cauſam huius.

Sed adhuc neceſſe eſt, ut intelligas hoc ſecundum uiam, quam docemus. hoc eſt, quia medicinarum, quę ſunt contrariarum uirtutum; una non remittit, uel alterat aliam, niſi ſm q᷑ hẽt de qualitate cõtrariarum.

dum eſt) tunc nullam ad id adhibemus curam. K

Quid ſi res contra ſe habeat, uidelicet ut medicamen ualidi᷒ maioris ſit quantitatis ipſo imbecilliori ui, ac minori in quantitate, tunc illũ imbecillũ non remittet de illo ualidiori, niſi quantum ratio quantitatis eius permittet. ut ſi gratia exempli, quãtitas ipſius ualidi medicaminis ſit in duplo maior illius prioris imbecillioris, ac minoris in quantitate: ut ſi exempli cauſa illud imbecille ſit calidum in primo, & ualidi᷒ ſit frigidũ in tertio, tunc illũ calidũ

non remittet ipſum frigidum, quod L eſt in tertio gradu frigidum, ad ſecũdũ, ſed remittet ipſum de tertio gradu ad medium, quod eſt inter tertium, & ſecundum gradum.

Et huius rei cauſa eſt. quia ſi primam quãtitatem medicaminis duplicaueris, duplicabitur etiam eius qualitas, & egredie᷑ limites ſui gradus, ſiue in calido, ſiue in frigido, & in alium tranſibit gradum. Quo fit ut ſi quis aliquod potauerit medicamen, quod ſit in tertio gradu calidum, uel frigidum in dupla quantitate quam eſſet prius, interimet ipſum omnino, ac ſi eſſet uenenum. M

Medicaminũ quoq;, quorũ uires eiuſdem ſunt generis, ordines uero eorum ſunt uarij, eadem quidem ratio eſt, uidelicet ut quod ui imbecillius eſt, remittat uim ipſius medicaminis ualidi. cuius rei cauſa iam a nobis tradita eſt.

Verũ ad uberiorem huius negocij notitiã ita rem intelligas uelim: uidelicet ne te lateat, medicaminũ; quorum uires inuicem ſunt contrarię, alterũ alterius uim remittere, niſi quantum pōt contrarietatem illã

ęqua-

A ratem, quod est, quia medicina, quę est frigida ĩ primo, non remittit eã, quæ est calida in secundo, nisi secũdum superfluitatem, quam habet, hoc est vnum gradum.

Et ideirco de necessitate est, q̃ ex medicinis, quæ sunt in vno genere virtutũ, debilis remittat ex forti fm̃ comparationẽ in medicina debili ad suũ contrarium de maiore illa, quę est in medicina forti. V. g. frigiditas, quæ est in medicina calida in primo gradu, est maior cõparata in calore, qui est in ea, q̃ illa, quę est calida in secundo gradu. & frigiditas, B quæ est in medicina, quæ est calida in tertio gradu, est minoris comparationis suo calori, q̃ frigiditas, quæ est in calida in secundo gradu. ergo medicina quæ in medicinis, quæ sunt in vno genere virtutum, est ꝓpinquior ad remittendum eã, quæ est frigidior ex. propterea quia compositio contrarietatum in ea est propinquior compositioni temperantiæ. & post illam illa, quæ est in primo gradu: ideo quia vnum contrariorum est debilius in illa. & post illam illa, quæ est in secundo: eo q̃ vnum C contrariorum est debilius eo, quod est ĩ illa, quę est in primo gradu, & minoris compositionis. & post illam illa, quę est in tertio gradu: ꝓpterea quia contrarium, quod est ĩ illa, ẽ minoris cõpõnis cęteris aliis.

V. g. si miscuerim⁹ vnã medicinã tẽperatam cum alia, quæ sit calida in secundo gradu, non hẽt virtutem fm̃ naturam reducẽdi ipsam ad primum gradum: ideo quia illa, quæ hoc debet facere, necessario erit frigida in primo gradu: sed hoc reducit eam ad tẽ, quę non attingit hũc gradum. Et si miscuerimus cum illa

D æquare. vt gratiã exẽpli medicamẽ frigidum in primo ordine non remittet de calido in secũdo, nisi quã tum superat ĩ eo frigiditas, quæ est vnus gradus frigiditatis.

Quo fit, vt medicaminũ, quorũ vires sunt eiusdem generis, oporteat vt quod imbecillius est, tantũ remittat de validiori, quantum ratio contrarietatis, quæ in imbecillo est, ad suum contrariũ maior est, q̃ ipsius validioris. Vt exempli causa ratio, comparatioq̃ frigiditatis, quæ ĩ me- E dicamine calido ĩ primo gradu existit, ad calidtatẽ maior quidem est, q̃ sit in medicamine calido in secundo gradu. itidem & quę in medicamine calido in tertio gradu, longe minor erit quam quæ in secundo, & ob hoc temperatum medicamen inter cętera medicamina, quæ eiusdem sunt generis virium, magis ꝓximũ est vt remittat quod supra illud est, quũ ratio contrarietatis eius propinquior est ipsi æqualitati. mox secundo loco, quod in primo existit gradu, tertio quod in secundo, mox quod in tertio est ordine.

F Vt exempli causa, si aliquod medicamẽ temperatum cũ alio calido in secundo gradu admiscueris, profecto non poterit illud ad primum gradum remittere: quũ solum qđ in primo gradu est frigidum, id efficere valebit: verum quod de illo remittet, non attinget huiuscemodi gradum. At si pro temperato medi-

G la, quæ est calida in secūdo gradu, medicinam calidā in primo gradu, remittet & ipsam, sed minus etiā q̄ tēperata propterea quia compositio frigiditatis ad caliditatem calidæ ī primo gradu est minor compositione, quę est ad temperatā: sicut est in tēperata minor compositio q̄ in illa, quæ est frigida in primo gradu.

Propterea impossibile est medicinę tēperatæ vt remittat ex ea, quę est calida in secundo gradu, tantū, quantum remittit illa, quæ est frigida in primo gradu. Et etiam est impossibile calidę in primo gradu, vt remittat H ex calida in secundo tantum, quantum remittit tēperata. Et sic est impossibile, vt remittat calida in secundo gradu, ex calida in tertio gradu tantum, quantum calida in primo: & adhuc plus temperata, aut frigida in primo gradu.

Contra Medicos.

Sed quia Medici non viderūt, neque consyderauerunt in his, dicunt, q̄ qū nos miscemus vnā medicinā calidam in primo gradu cum alia calida in tertio gradu, ipsā reducit ipsam ad caliditatem in secundo. I O vtinam ego scirē de ista, quæ est calida in tertio gradu, vnam, quę esset frigida in primo, ad quem gradū reduceretur. Si diceret q̄ reducatur ad secundum gradū: Responde, ergo calida in primo, & frigida ī primo reducent calidā ī tertio ad vnū gradū. & hoc est vanum. Et si dixerint q̄ frigida in primo gradu reducet calidam in tertio ad calidam in primo: Ergo, respōdemus q̄ frigida in secundo reducet calidā in tertio ad temperatā. & hoc est ita impossibile sicut aliud. & iste error prouenit a priuatione scientiæ.

K camine calidū in primo cū illo admiscueris, remittet quidem & illud ex illo, sed minus certe quàm illud moderatum, qm̄ in calido in primo gradu rō frigiditatis ad caliditatem minor erit, q̄ in tēperato: quēadmodum & in temperato minor est, q̄ ī frigido in primo gradu.

Quocirca medicamē æquale nō pōt remittere ī calido ī secūdo, quātum remittet frigidum in primo. Identidem calidū ī primo haudquaquam poterit remittere de calido in secundo, quantum remittet tempe- L ratum. Pariq; rōne calidū in secundo nequit remittere de calido in tertio, quantum remittet calidū in primo: & longe minus q̄ temperatum: & minus adhuc q̄ frigidum in primo. verum id nunquam fiet, nisi seruata quantitatis ęquitate, cum ęquitate facultatis & vis.

Et quia Medici recentiores non animaduerterūt hęc, ideo ausi sunt dicere medicamen calidum in primo, si misceatur cum calido in tertio, reddere ipsum calidum in secūdo. Ego autem vellem eos interrogare, si pro calido ī primo admisceamus frigidum in primo illi calido ī M tertio, ad quemnam gradum illud reducet? Quòd si dixerint ad secundum, tunc sequetur vt calidum ī primo, & frigidum in primo reducent ipsum calidum in tertio ad secūdū gradum. Quòd si dixerint frigidū in primo reddere calidum in tertio calidum in primo: ergo frigidum ī secundo reddet calidum in tertio tēperatum. quod totum est erroneū.

A Alchindi error.

Et posuit hunc errorem homo, qui dicitur Alchindus: quia ipse fecit vnam compilationē tractatuū, & in illis credidit dare cognosci naturam medicinarum compositarū, & voluit hoc demonstrare per partem Algorismi, & Musicæ: sicut fecit ille, qui speculatur res p accidēs. Et dicit, ꝙ compositio quatuor graduum medicinarum est compositio duplex: ita ꝙ quartus gradus deueniet adquadruplicatus. ppea quia ponit primum gradum duplum tēperantiæ, & secundum duplum pri B mi, & tertium duplū secūdi, & quartum duplum tertij. & erat ei sufficiens dicere ꝙ secundus esset duplum primi, & tertius triplum, & quartus quadruplum.

Et sic intellexerunt Medici in ordine graduum, ad hoc vt essent æquales. Quia caliditatem sensibilē corpori posuerunt in primo gradu. & ab hac deuenerunt a medicina, quæ est remota ab illa tantum, quātum fuit remota illa a temperata, & posuerunt illam in secundo gradu: & istud sine dubio est duplum primi. & post hunc deuenerunt a me C dicina, quę est remota a secunda tātum, quantum est remota secunda a prima, & hanc posuerunt in tertio gradu, quia triplicata est. & sic fecerunt in quarto gradu.

Sed secundum Alexandrū est necesse vt ponant secundum gradum in excessu super primum, duplū excessus, quem habet primus super tē peratum: & tertius super secundū, duplum excessus, quem hēt secundus super primum. Ergo medicinę, quæ erunt in tertio gradu caliditatis, necessario interficient, & magis quę erunt in quarto. Et quomodo pos-

Cuius erroris causa fuit ipse Al- D chindus, qui edidit librum, in quo apposuit tractare de regulis, quibus natura medicaminis compositi dignoscitur, ibiq; nititur tractare de Arithmetica arte, ac de Musica, ut speculantibus ex casu quodam accidere solet contemplatio, in quo cōmentario multa delicta & mendosa attulit. Inquit.n. ipse proportionem quatuor graduum medicaminum esse duplam, ita vt quartū gradum esse sexdecuplum affirmet. ponit.n. primū gradum esse duplum ꝑati, secundū aūt duplū primi, tertiumq; duplum secundi, quartum vero ter- E tij duplū. sat.n. erat dicere secundum esse duplum primi, & tertiū triplū, & quartum quadruplum.

Hoc.n. est, quod desyderatur i ordinandis gradibus, vt equales redderentur. Capiunt.n. Medici primo medicamē, ex quo sensibiliter percipitur in corpore caliditas sensibilis, illudq; in primo collocant gradu. mox quod ab illo distat, quantū illud a temperato, in secundo locant ordine: tale.n. duplum est primi. dei de qđ a secundo, quantum secundū a primo distat, in tertio reponunt F gradu: habet siquidem triplum primi, eademq; est & quarti ratio.

At Alchindi sentētia cogit ponere secundum ordinem excedere primum in dupla proportiōe eius, qđ excedit primus temperatum: & tertium excedere secundum in duplo eius, quod excedit secundus primū. Neq; video quid coegerit huiuscemodi Medicos seruare tales propor tiones: sic enim medicamina tertij ordinis omnino interficerent, lon-

G possunt tolerare corpora medicinas quę sunt in xvi. gradu? Et adhuc ponamus ꝙ ita sit, latitudo quarti ad tertium non est proportionalis latitudini secundi ad temperantiam. & tales latitudines deberent poni in gradu, & similiter latitudo, quę est a secundo ad tertium. & secundum illos, ordines graduum non sunt ęquales.

Et non posset esse maior error in hac arte: ꝗ iste: ideo quia res, ī qua intelleximus in primis conserua-

H re ordinem excessuum virtutis vniꝰ super alteram, esset occulta nobis, nec ipsam cognosceremus.

Et error Alchindi fuit, quādo posuit rem, quę est in primo gradu duplam temperata in qualitate calida aut frigida. & hęc fuit causa, quia secutus fuit comparationem dupli.

I

Et est dicendum, ꝙ illud, quod intelligit Gale. in primo gradu, est ꝙ habet excessum super tēperamento in vna parte vltra ipsum: & frn hoc quādo componetur compositio dupli in excessum graduum, non erit necessarium, ꝙ medicina, quæ est ī quarto gradu, sit dupla super medicinam, quę est temperata sexdecim duplis vicibꝰ: & ꝙ dictum Gale. significat hoc, quando dixit: Et mea intentio est in primo gradu, illa res, quę

geq; magis quę quarti sunt gradꝰ. K

Nam medicamina, quę temperamentum per sexdecim gradus transeūt, satis poteris iudicare quomodo se habeant cum ipso corpore. Sed & si id concesserimus, adhuc non erit eadem distantia secundi ad medium; qualis est quarti ad tertium.* & sic debebant talem latitudinem ordinare, & latitudinem quæ inter secūdum & tertium intercedit gradum. hac. n. ratiōe ordines graduū haudquaquam reperientur æquales.

*a.c. ad. si erit quarti, ad tertiū, qualis tertij ad tēperatū.

Nullusq; esset error in hac arte maior isto, cum nihil aliud in primis proposuerimus, ꝗ seruare ordi- L nes excessus virium inter se. quod quidem esset nobis occultum. quoniam ille gradus, cuius ꝓportio in æqualitate ad primum, est proportio gratia exempli, primi ad temperatum, esset profecto nobis ignotus: & longe ignotior, qui inter alios gradus intercipitur.

Nam, vt Alchindus censet, quotiens gradus crescunt, crescit & ipsa latitudo, quę inter ipsos interuenit: ita vt si daretur quintus gradus, tunc triginta duas obtineret partes, quoniam quartum per sexdecim partes superaret, quę omnia figmenta quę- M dam impossibilia sunt.

Ma

A que manifestatur sensui, & permutatione corporis. quia si esset intentio Gale. q primus gradus esset duplum ipsius, permutatio, que manifestatur in corpore a medicina, nó esset principium permutationis. Et cótemplare bene hæc verba, si sunt veracia, & non consequeris consuetudinem populorum, qui sequuntur consuetudines Medicorum nouorú

Hucusq; diximus præparatióes, quib' homo potest cognoscere naturam medicinarum compositarú, & componere eas per viam cognitióis primarum virtutum: quia etiá B secundas & tertias graduauim'. qd non fecerunt alij Medici.

D Habes igit oés regulas, quib' poteris naturas medicaminum cognoscere, eaq; cóponere, si libuerit. Via aút qua medicamé cópositum, quo ad secúdas & tertias vires cognosci possit, eadé quidem est, quæ & primarum. si apud nos ipsæ secundę & tertiæ ordinatę iam sunt. de hoc tñ nullus Medicorum mentioné fecit. E

De cognitione medicinarum compositarum per experimentum.

Cap. 39

ET est quęrendú, postq compositio medicinarum est inuenta secundum rónem, & virtus prima, secunda, & tertia medicinæ compositæ scitur fm rationem: quærimus si experientia habet aliquam inuentionem in virtutibus medicinarum compositarum, sicut habet in virtutibus medicinarum simplicium. Et C dicimus q primæ virtutes, secundę, & tertię non indigent experientia I compositio, eo q sunt inuentæ ratione demóstratiua. Sed si possibile est in medicina composita facere aliquam proprietatem pp commixtionem, in hoc habet experientia magnam inuentionem: ppea quia quędam proprietas est, quę habet conuenientiam cum compositione medicinæ, & quędam non. Et illa, quæ non habet conuenientiam, inuenit in maiori parte in complexione naturali, non artificiali. quis non sit remo-

ET si quis quęrat, cú compó medicaminum róne fiat, ipsiusq; medicaminis cóposiri facultas, tum prima, tú secúda, & tertia nó nisi róne dignoscatur: nunquid experimentum ipsum opituletur nobis in cognitionem operationum ei'. quemadmodum in facultatibus simplicium considere solemus. Respondendum quidem est, primas, secun- F das, ac tertias vires ipsius compositi non indigere experimento, cum ratione notæ sint. At vero si oriri possit in medicamine composito aliqua proprietas pecularis ex huiusmodi mixtura & compositione, ac temperatura, tunc quidem ipsa experientia ad id multum potest, & valet, quoniam illa proprietas quandoque correspondebit proposito compositionis illius medicaminis, qñq; vero non conueniet. Verú ppietatem, quę téperaturę sunt con-

G monum inuenire proprietates i medicinis, quarũ complexio facta fuit
tempore longo: ꝓpterea quia complexio magis est in illis confirmata. Et
ideo dixit homo, quẽ tu scis, ꝙ maior pars operationis theriacę prouę
nit a proprietate consequẽte totam
substantiam, & dixit ꝙ nos non debemus mutare aliquid ex receptione, quam facit Andromachus. Sed
nolo ei credere, sed volo addere ad
theriacam multas medicinas, quę
non erant notę illo tempore, vt de
vnaquaq; faciam probationẽ, quã-
te ipsa addidero, sicut est lignũ alo-
H es, & ambra, & caryophylla. Et post
quam bene declarauimus præpara-
tiones compositionis, loquendum
erit de manifestiorib' medicinis cõ
positis, et ponenda est causa illarum
compositionum. & hoc faciem' in
libro futuro. Et quis hoc non sit no
bis multum necessarium, nascitur
tñ inde aliqua perfectio. Et quemad
modum Musici, qñ dederint princi
pia vocum & tonorum, & species cõ
positionis illorum, loquuntur postea
de instrumentis Musicæ magis ma
nifestis, ad hoc vt eorum scientia sit
magis manifesta, ita & nos faciemus. Et Deus nobis consentiat per-
I uenire ad perfectionem vltimã, quę
beatitudo sempiterna appellatur.

tatię, non solent vt plurimum repe K
riri nisi in naturali temperatura, nõ
in artificiali. Quis non sit inconueniens aliquam proprietatem reperi
ri in medicaminib' compositis, quę
fermentari (vt aiunt) solent: ꝓpterea ꝙ
mixtura maior quidem in illis sit.
Ob quod opinatus est Auic. maiorẽ
partem operationum theriacę esse
ꝓprietates insequentes substãtiam
in theriaca: quarum causam reddere nequimus, propter quod etiam iu-
dicauit non debere quicquam mutari ex descriptione prima, quã Andromachus confecit. Ego tñ censeo
ac spero multa addere medicamẽta L
in ipsa, quę eo tpe incognita erant,
vel si erant cognita, non fecerunt de
eis memoriã, vt est lignũ aloes, &
ambra, & caryophylla, & alia. Postq̃
ergo de regulis compositionis medicaminũ sermonẽ fecimus, conse-
taneũ nunc est mentionẽ facere de
compositis medicamẽtis, præsertim
quæ omnibus publica sunt, eisq;
ob quas composita fuerint tradere,
& in vniuersum procedemus in ea
iuxta regulas præfatas, ꝙ si in aliquo defecerint, id quidem experie-
mur. q si inter ista aliquod medicamen recte cõfectũ fuerit, eius cãm quoq; M
reddemus. Et si id quidẽ haud neces
sarium sit, vsum tñ aliquem nobis
pstabit. Quemadmodum n. Musicę
ꝓfessores, postq̃ fundamenta ac pri
cipia concentuũ & consonantiarũ
tradiderint, modosq; compositionis
illorum dederint, de instrumentis
musicis omnibus notis ac publicis
sermonem faciunt, vt maior habea
tur ex hoc vsus, ac diligentia, sic nos
oportet hic facere.

AVERROIS COLLIGET

LIBER SEXTVS.

SVMMA LIBRI.

De Regimine sanitatis.

De fine artis Medicinæ; ac de causis, quæ per accidens in nos corruptionem inducunt. Cap. 1.

Scias quòd finis penes Philosophum dicitur tribus modis. Vnus est, ad quẽ res necessariò B tendit: & hic absolute dr finis. Secundus est, sicut forma dr esse finis materiæ: & hic appellatur finis perfectionis entis inseparabilis. Tertius est, vt eo existente, stet res per ipsum ordinatè: & hic finis causarum appellatur: sicut dr exẽplariter ꝙ serra est finis vasorũ, quę per eam fiunt. Et finis artis Medicinæ veraciter in primo mõ, & tertio dicitur: in secundo vero largo dicitur mõ. Sed hæc particula, quã incipimus modo, est nobilior duorum C finiũ, qui iterum in hac arte requiruntur. Et hæc adhuc in duas diuiditur partes. vna est, qualiter sanitas debet conseruari. secunda est, qualiter remoueãtur preparationes, quæ inducũt in corporibus ægritudines futuras. & hæc est pars media inter conseruationẽ sanitatis, & ægritudinis remotionem. Et scias ꝙ hæc sententia non valent nisi corpora tueri, nisi à corruptione, quæ eis ꝑ accidens fit. Et hoc plurimũ accidit ꝑ superfluitates ciborum, quæ in nostris corporibus aggregantur. qđ ẽ, quia manifestum est, ꝙ * non quolibet regimine, aut cibo quilibet hõ D vtatur, corpus sanũ remanebit semper. Et hoc est vnũ electuariũ, qđ in hac reperitur arte. & si hoc nõ esset, hæc ars sufficiens non diceretur. Et idcirco bene definiuit ille, ꝗ ipsam in ꝑgressum definiuit, dicens ꝙ Medicina est ars operatrix, quæ inuenta est experimento & ratione, conseruans quidem sanitatẽ, & remouens ægritudinem. & hæc est verior definitio, quę in aliquo libro alicuius authoris sit inuẽta. Et quamuis definitio Galeni sit completa, non tñ est declarata, & est quasi diminuta. q̄ ille nõ manifestauit ex quõ genere esset, E quia oẽs artes ministrantes, quæ super naturã dominantur, aut quæ ipsam manifestant, tribus sunt modis. aut erunt sicut superstites absolute, qui formam, vel materiam non faciunt, sed ꝑcipiũt. aut efficientes absolute, qui nõ precipiunt, sed faciunt formã in materia existente preparata. aut sunt medij, hoc est vt sint in parte efficiẽtes, & in parte superstites: efficientes in eo ꝙ faciunt formam: superstites in eo ꝙ manifestant materiã, & precipiunt super illam. Exemplũ horum trium. primus est patronus, qui regit nauim. & magister, qui ligna F mina incidit, & nauim facit: & secundus est & tertius, qui cõstruit ipsam, & ordinat, & precipit. Et hæc verba optime declaraui modo ĩ cõmento super Secundo Physicorũ. Et scias ꝙ ars Medicinæ est de genere earum, quę sunt efficientes absolute qđ est, quia dat formã, qua complentur nostrę operationes naturales, materia existente preparata. & hanc formã dare nõ potest, nisi fm aptitudinem materiæ, aut naturæ: &

Definitio Medicinę. Tu quo vide p̃io huiꝰ. ca. 1.

In. 1. si mõderato regimine.

Cõmẽtũ.

G & hic est finis quęsitus, qui est vocādum artē vt plurimū loco cōuenienti suo subiecto. Et hic assimilatur regimini Galeni, quo regi debet homo temperatę complexionis, quo hō peruenit ad finē naturalem suæ vitę, & ad mortem peruenit naturalem, quę pp dominationē fit frigiditatis, & siccitatis super mēbra principalia. Sed hęc ars non debet hunc finem transire. q si hunc finem doceret transire, possibile esset hominibus viuere semper. & huius impossibilitas est manifesta. Et causa, quę prohibet, vt hęc ars circa suū subie-
H ctum sanabilem finē non cōsequatur, est similis causę, quare ēt alię artes circa sua subiecta aliqñ finē laudabilem non habent: sicut in regimine exercitantium, & transferentiū, & agriculturę. Et Rasis assignat causam in vno librorū suorū. & est, q istę res supradictę multis indigēt medijs ad hunc finē, quē nobis impossibile dare existit. & bene dixit, tñ dictum ipsius fuit diminutū, & indiget additione, vt melius declaretur. Et est hoc verū, q hæc ars aliqñ deficit ī indiuiduis pp materiales pręparationes, q̄ sunt in ipsis. qđ
I est, quia non est impossibile, vt sint duo hoīes vnius eiusdem temperatę complexionis æqualiter, & vtentur vno regimine, & vnus istorū deueniet ad meliorem finē, quē consequi potest per ipsius naturā, in alio vero in eodem regimine existente mali generabuntur humores, qui mortem inducent. Et cā huius est, quia in eius complexione, est mala pręparatio fixa, q̄ est causa, vt in ipso hæc malina generetur: quamuis hanc pręparationem ignoremus. Et cā huius ignorantię est: quia in naturis tot sunt pręparationes fixæ, vt
K eas p signa cognoscere nequeamus. & hoc accidit pp pręparationū infinitatem: sicut in Naturali philosophia est declaratū. quia ibi dicitur q quælibet materia habet accidentia ꝓpria & fixa in ipsa, sine accidentibus, quę manant a forma. Et hæc accidentia, q̄ sunt in materia, sunt causę multitudinis varietatum, quę in naturis indiuiduorū inueniunť: quēadmodū accidentia propria formæ sunt causę multitudinis varietatum, quę in moralitatibus indiuiduorū hominum cognoscuntur. Et
L totū hoc est, quia in homine multę species indiuiduorū, vel cōpositionum inueniuntur, quia est vltimū compositum. & ob hoc prouenit occultatio varietatis proprietatū, quæ in naturis & moralitatibus indiuiduorum inueniuntur: quamuis in sensibilibus particularibus indiuiduorū manifestis quo ad nos communicent. Ecce aliquantulū egressi sumus ordinē libri nostri: non tñ pp hoc minus sequetur iuuamētū, quia hic remouimus vnum dubiū, qđ multi sapientes scire affectant. Deinceps ad nostrum reuertemur
M propositū. Et dicemus q illi, qui dicunt q illi, qui reguntur ſm qđ Gale. dicit in regimine sanitatis, penitꝰ ad bonū finem terminanť, nesciūt qūo cognoscit finis huius artis aptę suorum passiuorum. Et isti viam Medicorum ignorantium sequuntur. sicut illi, qui dicunt q dies hominū sunt numerati: quia non est impossibile vt homo temperatę cōplexionis bono regimine regatur: & pp hoc diutius nō viuet alio, qui malo regimine potietur. Tñ hoc rarissime accidit, & ab accidēti remo-

A ro hanc artẽ in corruptionem non
adducet, nec ipsi⁹ nobilitatẽ aliquo
modo prosternit quia hoc acciđs
propter sui raritatẽ ferè annihilatur.
Et qui appropriat ægritudines reb⁹
voluntarijs, & rebus extrinsecis, solũ ipsas appropriat medietati suarũ
causarum, & ẽt minori parti, q̃ł est,
quia gradus harũ rerum nõ est nisi gradus causarum efficientium so
lum. Sed quia istæ causę manifesti⁹
cernuntur, & Medici quasi oẽs ęgri
tudines ipsis adaptant: & si aliqua
accidat ęgritudo, quam nõ processe
rint hæ causæ, dicunt, ꝙ hæc à diui
B na voluntate procedat: & quia hęc
verba vulgaribus placent, nolumus
ea vituperare. Et postquã sufficiẽter locuti sumus de iuuamento huius artis, deinceps volum⁹ loqui de
causis, quæ nobis per accidens corruptionẽ adducũt, quibus repugnare possumus per hãc artẽ: & solum
sunt causæ efficientes. Sed illarum
quædam tales sunt, ꝙ ipsarum cu-
stodiẽdi modus per se manifeste pa
tet: sicut combustio, incisio, percussio, & similia: quia ab illis vt plurí-
mũ possumus abstinere. Sed de illis,
quę de necessitate nos immutãt, &
C sine nostro velle, de his est dicẽdũ.
Et dicimus ꝙ causę, quę accidentaliter corrumpunt, sunt aeris permu
tatio, & inconueniẽs exercitium, sicut artium laboriosarum, & cibi &
potus, & accidẽtia animę, & vniuersaliter omnia, q̃ adducunt malã cõplexionem materialem, vel nõ materialem. Et quia ab his per dictum
cauere possumus, aut medium cũ
tenendo, sicut in conseruatione sanitatis mediũ reperitur, ob hoc dici
mus ꝙ impossibile est sanitatẽ aliquo mõ conseruari, nisi per cibos
temperatũ chymi, & quantitatis, & D
sñm tempus receptos, & per motum
& quietem, & per superfluitatũ euacuationem, & per aptum aerem cũ
accidentiũ remotione, quæ ad malam complexionem adueniunt. Et
melior modus ciborum est, vt comedatur secundum modum medi-
cinalem. Et scias quod superfluitates per modum fricationis, exercitij, balnei, & medicinæ euacuant:
quæ omnia ingrediuntur in genere differentiæ perseruatiuæ ab ęgri
tudinibus futuris. Et quamuis hoc
mirabile videatur, incipiamus à fri
cationis specie, & ipsius iuuamenta E
dicemus: & de speciebus exercitij,
& eius iuuamentis, & aliorum: &
postea reuertemur, & dicemus qua
liter vnaquęq; maneries cõplexionum debeat conseruari. Et scias in
eo quod præterijt, de virtutibus ciborum sumus locuti, sed in hoc libro dicemus qualiter eis debemus
vti: & qualiter cum eis debet sanitas conseruari. Et similiter etiam
de virtutibus medicinarum sumus
locuti: & deinceps dicemus qualiter cum ipsis sanitas debeat effici, &
conseruari.
F

De Exercitio, & modis eius. Cap. 2.

**ET ab exercitio incipiemus, & di
cemus ꝙ exercitiũ est vsi mem
brorum motus aliqua voluntate:
& hoc fit propriè in membris motum voluntarium habentibus: & se
cundario in membris animalibus
habentibus motum, sicut sunt venæ, & instrumenta nutrimenti. Et
quia exercitium est membrorũ mo
tus: ergo exercitium quoddam est
proprium, quoddam est cõmune.
Commu-**

G Commune quidē est illud, quod to
tum continet corpus: & iste est mo
tus vl'is abstractionis, cui omnia cō
municant animalia. Et exercitium
propriū est, quod certis appropriatur membris: quemadmodū vox,
quæ exercitium est pulmonis: & se
dere, & sup pedes stare est dorsi exercitiū. Et docetur in motu mēbrorum nouiter q̄ exercitium sit proprium omni mēbro. Hæc est diuisio, quæ fit à parte membrorū. Sed
alia fit diuisio exercitij, in eo q̄ exercitiū est. quę est, quia quoddā est
exercitium forte, & quoddā debile,
H & quoddā est temperatum. Forte
vero, & debile, quoddā aduenit pp
abstractionem illius, qui solum sua
membra fatigat. & in hoc ingreditur exercitium velox, & tardum. Et
aliqñ ex repugnantia, quę inter ipsum & alium motorem fit, vt vnus
premotur ab alio: aut sicut esset in
eleuatione magni ponderis lapidei.
& in hoc exercitio velocitas vel tarditas nō intrat. Et aliqñ in vno exercitio velocitas & fortitudo consi-
guntur, sicut in iocantibus cū spa-
this. Et iuuamentum exercitij temperati vl'e est, quia spiritum intrin-
I secum augmentat: & superfluitates membrorum nutrimenti expellit, aut resoluit: & substantiā mem
brorum mollificat. Et ideo in omnibus alijs rebus corporis est magis
iuuatiuum. Quod est, quia calor, &
spiritus augmentati per ipsum sunt
similes naturali calori extrinseco:
sed calor augmentatus ab alijs extrinsecis rebus, quemadmodum per
medicinas, aut per alias res, quę cale
faciunt actu, est sicut calor per acci
dens. Et qñ fit exercitium post dige
stionē, iuuamenta facit supradicta.
Sed si ante digestionem inchoetur, K
& fiat, credendū est vt membra tra
hant ad se cibū indigestū: & q̄ iste
motus lædet retentiuam membrorum virtutē, & expelletur cibus indigestus. Et vl'r operatio virtutis dige
stiuę nō completur nisi p quietē, sicut
operatio expulsiuę nō nisi motu com
pletur. Et ideirco hoc, quod dictum
est tempus exercitio attribuimus.
& huius tēporis signum est, qñ vrina colorata ē colore citrino, vel sub
citrino. Quantitas vero exercitij ē,
quousq; homo sudare incipiat, &
anhelitus augeatur, & color corporis incipiat rubificari, & venę ingros- L
sari. & quando ad hunc peruenerit
terminum, tūc debet sedari. Quod
est, quia forte exercitium corpus ni
mis euacuat, & debilitatem īducit.
& hoc manifestatur in forti exercitio exercitantis. Exercitiū vero debi
le, qd euacuandum est, non euacuat: nec per ipsum potest consu-
mi, qd ab ipso est dissolutum. Sed
temperatū proportionabiliter dissoluit, & consumit: & ob hoc substantiā membrorū augmentat, &
corpus impinguat. Et vniuersaliter temperatum exercitium conseruandæ sanitatis mirabilis causa exi
stit. Et mala, quæ propter pri- M
uationem exercitij accidūt in carce-
ratis manifestatur: quia illorum fa
cies cachecticæ fiunt, & eorum color est impurus & omnes ipsius ope
rationes sunt læsæ. Et hoc non solum homini accidit, verum etiam
alijs animalibus * fouentibus con- *a.l. calci-tibus
tingit: sicut volucribus in ca-
uernis detentis. & hoc
sufficiat de ex-
ercitio.

✠

A

De Fricatione, & modis eius. Cap. 3.

FRicatio sistr habet inuentionem in superfluitatum euacuatione tertiæ digestionis. Et illius species simplices sunt sex. videlicet tres fm qualitatem, & tres fm quantitaté. fm qualitaté, vt sit aspera lenis, aut téperata: aut si vis dicere, fortis, debilis aut media. fm vero quantitatem vt multa, pauca, aut media. Sed operatio fortis Ī corporibus est obturatio pororum, & durities corporū. Sed debilis operatio est pororū apertio, & mollities corporū. Et ope-

B ratio media Ĩter has duas medium obtinet. Operatio vero multa est cō maciei corporis: & temperatę operatio est temperare carné augmentare. sed pauca in augmento operationé nó habet, nisi quia aliquātulum calefacit. Istæ sunt operationes specierum fricatiōis simpliciū: & per sciam simplicium sciam cōpositarum cognoscemus. Tempora vero fricationi cōuenientia sunt eadé cum téporib⁹ exercitij. Et ego in eo qđ futurum est, species exercitij cū spēbus fricationis ordinabo.

C

De iuuamentis Balnei. Cap. 4.

ET quia balneum est vnū ex his similiter, quę superfluitates euacuant, debemus loqui de virtutibus partium balnei. Et dicimus φ balneū in nobis diuersas imprimit operationes, primas videlicet, secūdas, & tertias. Nam ipsum humectat, & exiccat, infrigidat, & calefacit: superfluitates q̃ sunt in poris, & sub cute euacuat, & aliqñ oppilat: ventositatem dissoluit inflationé remouet: & corpora nutrimento preparat: & aliqñ commouet appetitū: & materiam de vno membro ad aliud spar- D git: & humores fluxibiles facit: & et dolores mitigat: & aliqñ ipsos remouet. Et harū contrarietatū causa vna ex tribus reb⁹ existit. Vna est diuersitas partium balnei. Alia est diuersitas corporum patientiū. Tertia est diuersitas morę in balneo. Partes vero balnei sunt aqua frigida, calida, domus balnei, & aer ipsi⁹ & istę eędem habent gradus. quod est, quia aqua calida inter calidum & frigidū temperata corpus refrigerat & humectat, & pauca dissolutionē operatur & in hac pauca dissolu- E tiōe abstergit sordiciem, quę in cute requirit. Et aer, qui naturā huius aquę retinet, ad paucū sudorem corpus inducit, pp quem euacuantē ā corpore superfluitates subtiles, & hæc est natura primæ domus. Et quāuis aer humidior sit aqua, sicut alibi declaratum est, tñ non humectat corpus sicut aqua: eo φ nō applicatur corpori, sicut aqua: immo desiccat corpora, & fm φ calidior est, plus desiccat. Aqua vero, & aer calidissima calefaciunt corpora, & aliqñ desiccat, & superfluitates euacuant, & has superfluitates euacuā- F do ventositates dissoluūt, & aer eius desiccat, quēadmodum dictum est. Et hæ actiones non fiunt nisi in corporibus mundis, sed in corporibus superfluitatib⁹ plenis pori cutis oppilat, qđ est, quia pp maliciā superfluitatum & multitudinē pori clauduntur: & ob hoc superfluitates egredi non pñt. & tunc fiunt patienti horripilationes, & discurrunt humores, & mouentur de vno mēbro ad aliud membrum. Et propterea, non est vtile balneum habentibus repletionem corporis, aut vnius membri.

G membri. Tertia causa mediana in
bis rebus adhuc fortior existit. Et
balneum dolores non remouet, nisi illos, qui sunt aspersione materię
causati: sicut apostemata, & his similia. Et infrigidatio ex balneo ali
quando fit per se, aliqñ per accidēs.
Sed quæ per accidens fit, est cū balneum poros aperit, & cū superfluitatibus calorem & spiritū euacuat.
& quæ per se infrigidatio fit, ipsa ꝓ
pter aquam frigidam, quę ī balneo
est, frigiditatem operatur. Et appo-
nitur aqua frigida corpori, vt calidi
tatem calidę aquę reprimat, & mol
H lificationem membrorū rectificet,
& calorem naturalem corripiat ſm
modū correctionis fabrorum, & eo
quorum, qui vtuntur frigiditate in
fine pp intētionem suam. Sed scias
ꝙ non debemus cum aqua frigida
balneare nisi post superfluitatū eua
cuationē. Et scias ꝙ oēs partes balnei in corporibus puris bonas actio
nes operantur, vna alteri nō resistē-
te, quia dissoluunt superfluitates, &
euacuant sine læsione virtutum, &
membra mollificant sine neruorū
relaxatione, & humectant sine cale
factione, & sine oppilatione refrige
I rant absq; mustcatione. Et hęc om
nia non nisi cum partibus calidi &
frigidi complentur. & si aliquid in
eis damni percipitur, istud est ī corporibus impuris: quia in puris nullum damnum euenire potest.

*De operationibus Somni, & Vigi-
liæ.* Cap. 5.

OPerationes somni in corporibus sunt digestio, & humectatio. Et vigilię operatiōes sunt dissolutio, & consumptio, & attractio ca
loris intrinseci ad partes extrīsecas.
Et causas somni, & vigiliæ dixi ſm K
modum Philosophiæ in his, quæ
pręcesserunt. Sed qñ superfluit som
nus, calorem extinguit naturalem,
& corpus inducit ad tumidā disposi
tionem. Et qñ vigiliæ exuberant,
corpus desiccant, & calorem dissoluunt naturalem, & calorem accidē-
talem incenduut. Sufficit illud, qđ
diximus de rebus, quarum memoria præcedere debeat.

*De regimine corporum: & primo corpo-
ris Temperati.* Cap. 6.

DEinceps narrandum est de cō
seruatione sanitatis vniuscu- L
iusq; nouē complexionū. & vt nobis vt à temperata incipiamus. Et
dicamus ꝙ in illa quasi non est necesse nisi arbitrari temperamentū
ciborum, exercitiorum, fricationū,
balneorum somni & vigiliarum, &
accidentiū aīæ, & circunstantiarū,
vel aerem temperatū. & hoc in corpore operatio appellatˀ per modū
doctrinæ, & operationis. Et hic erra
uerunt illi, qui non credebant artē
Medicinę in conseruatiōe sanitatis
cōplexionis temperatæ habere ingressum: eo ꝙ credebant ipsam eē M
operationē solum in parte curatiua. Et vere pars curatiua in comple
xione temperata necessaria nō est:
& si casu contingeret, raro tñ esset.
Et quamuis dicat Gale. ꝙ in conser
uatione sanitatis optimę cōplexionis medicinalibus non indigeamˀ,
tñ in conseruatione eiusdem in lon
go tpe post natiuitatem indiuidui
talis īdigere vr, eo qđ ea quę ſm ipsum necessaria sunt, videlicet exerci
tium, balneū, & alia similia difficil-
lima esse videntur: & ēt apud illū,
qui opinatur, ꝙ finis hoīs sit sanitas

A pp sollicitudinē tēporalium gerendorum, & penes istum hoc difficile esse vr: quanto magis erit difficile penes illum, qui opinatur q̄ hominis sanitas est ipsius finis pp animæ perfectionem, aut vt aliquam insensibilem beatitudinem cōsequatur. tū hoc certū non est nisi penes paucos. Sed multi opinantur, non tamē sunt ex hoc certi, nec curare videntur pp victoriam partis materialis. Sed quamuis hoc regimen difficile inueniatur, tū volumus ab eo separari: quā de eo breuiter loquemur, quia Auic. multum de hoc dixit, & B sufficienter determinauit. Dicimus q̄ Gale. sensisse videtur in regimine complexionis temperatæ, qui indiuidua nascuntur, vt sal tritus super corpus eorū spargatur, vt eorū corpora pp extrinsecus aduenientia indurentur. Sed quā mihi melius videtur, est q̄ sup eorū corpora ponatur res non mordicatiua, sicut oleū de glandibus: sicut dicit Auenzoar: & quasi eandē operationē facit quam Gal. dicit facere salem: & ē melius, quia mordicationem nō habet. Et præcipit vt alio non cibetur nisi lacte, donec eius dentes oriantur, quia C dictum est q̄ necesse est cibum esse similem cibato: & natura lactis naturæ pueri est similis, & ē quia iste ē cibus, quem eidē natura præparauit, & post dentium ortum præcipit vt grossiori cibo vtātur, & humido. Tamen vt nutrix à malis abstineat cibis, & vt exercitio vtatur temperato, & à coitu elongetur, quia coitus sanguinem prouocat menstruum, & saporem, & odorem lactis permutat. Et vt omni die in aqua tepida balneetur, & in aere temperato, vt horripilatio tempore balnei nō adueniat. Et Gale. sentit, vt hoc in do- D mo balnei fiat, & ego dico q̄ si aer est temperatus, non oportet vt hoc in casa balnei fiat. Et non balneetur, nisi cum venter à lacte vacuus extiterit, ad hoc vt cibus ad mēbra indigestus non attrahatur, & fiat post lōgum somnum. Et tunc motus loco exercitij exhibeatur. Et à rebus eis terrorem, & tristitiam inferentibus cōseruentur, vt eorum naturæ ad pigritiam non conuertantur. Et vt calor ipsorum naturalis in ipsis non suffocetur, & dulces cantus, & dulces soni, & omnia quæ ipsos lætificant, sunt congrua: vt eorum naturalis E calor accrescat, & ipsorum animales virtutes cōfortentur. Et similiter indigent pulchris formis, & figuris. Et maior lesionum pars, quæ pueris accidit, est aut pp calorem aut frig9, aut terrorem, aut alia extrinseca. & hoc modo pueri regi debent, donec deambulare cœperint, hoc est vsq; ad annum tertiū. Et abinde exercitio omni die vtantur, & post exercitiū fricatione, & post ipsam balneo. Et plus dīr cibari cibo in quātitate, & qualitate tēperato. Et iterū cum cibari voluerint, ista eadē sibi ordinētur. Exercitium tū eorum excessum F non debet habere, vt per ipsum eorum corpora non deficerentur, & ne per hoc eis augmentum prohibeatur. Et in aqua frigida balneari non debent quia aqua frigida crementō resistit. Et hoc regimen tribus septimanis annorum seruetur. Et scias q̄ vinū, & ceruisia sunt mala: quia eorum capita replent, & malo calore calefaciunt eos, & mentem ipsorum perturbant. In tempore vero iuuentutis bonum eis & vtile existit: eo q̄ tunc in eis dne

cholerę

G cholerae manifestantur, videlicet rubea, & nigra: vna per naturam, alia vero per accidens. & vinum atque ceruisia illis duabus resistunt choleris, & eas a corpore expellunt. melancholiae vero a tota specie resistunt. Sed choleram rubeam per vrinam educunt, & membra humectant, in quibus siccitas superuenit. Vnde cibi iuuenum subtiles esse non debent. Et ex melioribus carnibus, quas comedere debent, vel possint, sunt carnes perdicum cum medulla panis praeparatae. Et ab herbis omnibus, & fructibus humidis abstinere debent. Et

H videtur mihi quod homines talis complexionis, & qui tali regimine reguntur, sunt parati Physicam scientiam recipere per naturam; & vnam ex tribus perfectionibus, quas dixit Alexander necessarias esse Philosopho videntur habere. Post vero tres septimanas eodem regimine regantur. Sed post digestionem panis exuant, & cum oleo fricentur dulci: & fricatio sit mollis & lenta, vt duritiem non operetur. & haec fricatio est necessaria, vt corpus bono exercitio praeparet. Et si ante fricationem exercitium inchoaret, possibile esset vt ex hoc po-

I ri oppilarentur per superfluitates, quae exitum praepararet. Et oleum oliuae calidum necessarium est: quia duritiem remollit, & superfluitates dissoluit. Manutia mollia esse debet: ne contagio carnium illam laesionem possint inferre. Et fricatio quidem a superiori fieri debet ad inferius, & ab inferiori ad superius, & ex latere ad latus, & ex transuerso ad transuersum. & hoc agendo, ab omni parte pori aperiuntur. Et aer in quo panno exuet, debet esse similis aeri veris: ad hoc, vt superfluitatum eua-

K cuationes mensuratae efficiantur. quod est, quia frigidus aer euacuationi resistit, & calidus superfluam operationem operatur. et ideo temperatus aer ab omnibus, vel a pluribus postulatur. Et post fricationem supradictam debet aggredi exercitium mediocre inter debile & forte, & velox & tardum: quemadmodum est ludus paruae pilae: sicut dicit Gale. in lib. quem de pila composuit. quod est, quia ludus grossae pilae, qui cum pedibus perficitur, non laudatur: quia fortis est, & efficitur cum timore. Et hoc

L exercitium perseuerare debet, donec anhelitus eleuetur, & corpus rotari incipiat, & tumor ipsius diminui incipiat. Item dicit Gale. quod haec quantitas exercitij ab exercitantibus non cognoscitur, nisi sexto aut septimo die; ita quod exercitante cognito ab ipso conuenienti corrigere, si exercitium superfluum fuerit vna die, sequenti diminuerit. Post haec vero anhelitus retineatur, secundum quod possibile est. quod est, quia retinendo anhelitum, naturalis calor fortificatur, & poros aperit, & per eosdem superfluitates expellit: quemadmodum illi faciunt, qui forami-

M na dilatare intendunt, quia exsufflando foramen aperitur. & debet constrictio esse cum extensione musculi pectoris, ac diaphragmatis. Sed extensio musculi ventris parua debet esse. quod est, quia per hanc extensionem superfluitates pectoris, & pulmonis ad membra nutritiua expelluntur: & per extensionem musculi ventris, superfluitates, quae in ipsis sunt, & quae ab illis transmissae sunt, inferius expelluntur. Et qui habet diaphragma debile, a constrictione anhelitus penitus abstineat: quia sic superfluitates ad cerebrum mittuntur:

A cor: sicut videmus in sussantibus
in instrumentis, quia ipsorum venæ
inflantur in facie, & ipsæ facies rubedinem adipiscũtur. et hoc accidit
propter humorum, & spirituum af-
cessum ad caput. Hoc facto, fricatio
fieri debet, quæ eldalich dicitur. Et
hæc fricatio multa debet esse, & ad
asperitatem declinans propter duas
intentiones. Vna est, vt superfluitates subcutaneæ euaniscentur, quæ ab
exercitio sunt transmissæ. Et alia ẽ,
vt corpus solidetur, & vapores boni
retineantur, vt ab his, quæ ab exercitio accidunt, non alterentur. Istæ
B quidẽ operationes, quæ circa corpus
exercẽtur, interpolationẽ requirũt,
& quietem. Sed fricatio simul ac ve
lociter fieri debet, sicut dicit Galen.
quia si totum corpus manibus simul & semel fricari posset, vtilius esset, vt superfluitates simul & semel
à corpore exhalarent. & hæc fricatio, vt dictum est, cum oleo dulci de
bet fieri. Iuuenes autem, qui hanc
habent complexionem, quando p-
uenerint ad quartam septimanã annorum, in aqua frigida balneari de
bent, pp solidationem earumdem in
eorum membris ab exercitio dereli
C ctæ: vt calor propter exercitiũ sparsus aggregetur, & ad suum propriũ
tenorẽ reuertatur, operationes suas
integra adimplendo. & eodem mõ
hic aqua quæritur frigida, quẽadmodum in exeuntibus à balneo po
stulatur. Aqua vero ista nimiã frigiditatem non habeat, nec ẽt in ipsa temperantia adesse debet. quod
est, quia frigida vt nix, membra lædit: & temalle frigida nostram intentionẽ non habet. & hæc balneatio subita debet esse. Sed in balneatione vel ablutione capitis aqua fri
gida, indigemus speculatione. Et D
quã Gal. fuit de ea locutus, nõ posuit
sufficientes cõditiones: nec de ea ego
dubito, nisi quia caput est membrũ
frigidum p naturam, & in summa verũ
debeat balneari, aut nõ, dico q nõ.

Et post hæc oĩa cibari debet laudabili cibo, sicut carnibus gallinæ,
& pane perfecto, vt dictũ est pręparato,
& carnibus hœdinis, & annua
lis agni, & vituli lactentis. Hora vero cibandi erit, cũ omnes digestiões
fuerint celebratæ. Et sm sistam di-
ctionis q homo bis in die cibet, erit
necessarium, vt hæc seruetur, & bis
balneetur. Et Galen. dicit q quidam E
Medici dicunt q hæc debent ter in Cõtra Galenum.
die celebrari. & hoc eidem placere
videtur. de quo non modicum ad-
miror, quod est, quia si hoc fiat ter, &
horæ cibi tertiam sectionem habebunt, quod est, quia cũ corpus iuuenis hoc regimine vtentis sit fortis
naturæ, & bonæ digestionis, non indiget vt ipsius cibus tertia digestione diuidatur. & hæc partitio nõ cõuenit nisi senibus, & debilibus natura. vt idẽ ipse Gale. refert. Et si aliquis diceret q huius partitionis ne- F
cessitas propriã necessitatem seque-
retur, inde error prouenit, quia con
trarium habet verũ, quod est, quia
necessitas partitionis horarum exercitij, & balneorũ sequit necessitatẽ partitionis horarũ ciborum. Tũ
noui Medici sentiunt q cõuenien- Rasis.
tia tẽpora comedendi tẽperatis cõplexionibus sunt, vt tribus vicibus
duobus celebrẽt diebus, & sic exercitium, & balneũ debent fieri trib'
vicibus duobus diebus. & isti mihi
vident' veritati magis appropinqua
re, & etiã mirabilis Auenzoar huic
assentire videtur.

G *De regimine corporis temperati, per Coitum.* Cap. 7.

ET coitus huic moderato vsu cõueniens existit, ita vt per hoc ei dẽ nihil accidat ex eis, quę pter naturam sunt. Et hoc non cõcedimus, nisi quia sperma est vna superfluitas pparata à natura, vt expellatur, sicut alię superfluitates: excepto ꝙ in se bona est. & iõ pp paruum errorem euacuationis ipsius fit magnũ nocumentũ. & plurimi sapientum prohibent vsum coitus in conseruatione sanitatis. Itẽ si exercitium est H aliquo modorũ cõueniens post coitum, illud est nocumentũ coitui repugnãs. Et quia coitus desiccat corpora, & virtutes debilitat, & euaporat corpus, necesse est vt fricatio, q̃ post coitũ fit, hæc nocumenta coitus recompenset. Et necesse est, vt hæc fricatio habeat asperitatem, vt poros constipet, & membra confortet, & fiat cum oleo multo.

De regimine eiusdem per Somnũ & Vigiliam. De Excrementorum euacuatione: ac Lassitudinibus ab immodico exercitio prouenientibus. Cap. 8.

I ET somnus ipsius necesse est &c vt sit tẽperatus ẽm exigentiam naturę: & vltra hoc in somno vel vigilia non cogat naturã. Et hæc omnia obseruari debẽt, nisi in ipsius regimine cõmiserit peccatũ, aut aliđ extrinsecũ ei non superuenerit. Sed si in ipsis regimine peccauerit, indiget correctione, vt repugnet huic p cõtrariũ: v. g. si comedat aliqua styprica, & ex hoc ventrẽ habeat cõstipatũ, necesse est vt rebus pinguibus vtatur. Et si hoc accidat cibi paucitate, & temporis longitudine, p contrariũ corrigatur. quia plurimũ & K causa constrictionis superfluitatum est pp rerum extrinsecatum malã complexionẽ, hoc est caliditatis & frigiditatis: ob hoc, quia conseruari ab istis difficile est. Et cũ dico hic superfluitatũ constrictionẽ, non solum stercoris & vrinæ intendo, sed totius corporis superfluitates, quæ ex eo manant: sicut ex meatu, qui inter hepar & fel existit, & inter hepar & splenẽ, & qui prouenit ad palatũ & nasum. & vt quũdo hæc mẽbra regimen diminuunt, indigẽt medicinis has superfluitates euacuantibus. Et scias ꝙ exercitium est vna L ex rebus, q̃ indigent correctiõe, si in ipso delinquitur. & peccatũ, qđ maxime in exercitio cõmittitur, est illud, qđ nominatur labagi, i. sicut pigritia, aut lassitudo, quę post exercitiũ accidit. Et iã diximus in his quę præterierũt, q: labagi, qđ prouenit à rebus extrinsecis, sunt tres species simplices: vna est vlceratiua: secũda est extensiua: tertia est apostemosa. Et vlceratiua est illa, quæ fit ab humore calido: & fit ẽt pp retentas superfluitates nõ dissolutas per exercitiũ, aut pp humiditates liquefactas ex pinguedine & carne pp im- M moderatũ exercitiũ, vnde necesse ẽ vt medicinæ adhibeantẽ, vt has superfluitates euacuent, & dissoluãt, & hoc fiat fricatione leui & multa: quia hęc fricatio pp sui leuitatẽ nõ oppilat, immo dissoluit: & qa multa euacuat. & debet ẽt fieri cũ oleo calido veteri stypticitate carẽte. Ex balneo vero magis necessarium est aereum, deinde tepidũ aqueum. Et cibentur cibis subtilioribus, humidioribus, atq; frigidioribus solito, & paucioribus quantitate. Et correctio

A ctio extensiuè debet fieri mollificatione. & idcirco debet fricatio lenis cum oleo calefacto in Sole: cũ oleo anethino, & cũ oleo chamemillino inutile non est. & est necesse morari in balneo temperato, & moram in ipso trahere. Correctio apostemosę, quę cum extensione fit, & lęsionis sensibilitate, & quantitatis membri augmentatione, tribus efficitur modis, euacuatione videlicet, infrigidatione, & mollificatione: ppterea indiget fricatione subtili leui & multa, & debet multam attrahere moram in aqua calida, vel tepida, & inungi

Idẽ ad literã Gal. 3. de tuenda sanitate.

B multo oleo tepido, sed ĩ aestate olei de besafegi, i. violaceũ vtilius existit. Et cibus paucitatis istius speciei paucior debet esse cibo aliarum specierũ paucitatis, & frigidior. Hoc ẽ regimen temperatę complexionis in aetate iuuentutis vsque ad trigesimum quintum annum.

De regimine senilis aetatis. Cap. 9.

POst haec vero exercitium diminui, & cibus subtiliari est necesse, & cibi fiãt humidi aliquantulũ ad calorem declinantes. Et in senij aetate exercitiũ fiat aequale, sicut le-

C nem suauis & calidis & humidis ĩdigent cibis, & hoc regimen latitudinẽ habet sm magis & min' ĩ pluralitate & diminutione annorũ. & tales ĩ vnoquoq; die cibentur & supra dictũ exercitiũ eisdem praecipiatur, & balneũ, & fricatio. Et quia in corporibus senũ sępiusculũ superfluitates generantur, & non sufficit exercitatio illa superfluitates euacuare potenter, necessario oportet in conseruatione sanitatis, vt cibis medicinalibus, aut medicinis ponãtur. Et propter hoc in principio singulorum

D comestionum oportet, vt rebus humidis reficiantur, vt bletis elixis paratis cum almuri, oleo, & sale: ãut alijs similiter praeparatis. clystere vero leniente vtilitatem eis existit. & vti debent ficubus cum semine vrticae, & croco, & similibus ante cibũ. Et aqua mellis existit vtilis maxime istis, qui neq; vinum, neq; ceruisiã bibunt. sed vinum vtilius ptr ceruisiã existere inter alia potus. Ceruisiarũ, quae fiunt ex pallolis, meliores illę existunt, quae ex pastulis carentibus nucleis fiunt. & hoc ideo, quia res,

E quę nobiliores sunt senibus, sunt illę, in quibus virtus styptica non reperitur: eo q resistunt ambabus spaqualitatibus ei, quod quaeritur in eis. & debet eẽ vetus ceruisia vsq; ad finẽ suę perfectionis: & color suus sicut color vini. Et ceruisia, quę in nostra fit terra, vetus non appellatur, nisi spatiũ sex mensiuũ transcendat. & in minori tẽpore non est conueniẽs conseruationi sanitatis. & et vinum terrae nostrę non appellatur vinum vetus, nisi consequatur spatiũ vnius anni, aut medij. Et si ĩ senibus sunt membra lęsa per naturã, exercitiũ

F eis conueniens non erit. quia senex cui exercitiũ ordinatur, est ille, ĩ quo naturalis lęsio membrorũ non est. Et senibus necessarium est balneũ ter in mense, aut quater. Et iam diximus q iuuenes istius complexionis non indigent balneo ad regimẽ sanitatis, sed senes indigent eo propter eorum exercitiorum paucitatem: quia regimen senum compositum est ex conseruatiuo & praeseruatiuo. Et differentia istorum duorum regiminum est in hoc, quod vnũ per simile, aliud p dissimile fit.

G Et est necessariũ senibus vitare cibos grossos inter alias res. Et si con
tingat eos aliquid comedere, associes
eis rebus subtiliatiuis. Sed lac bonũ
est senibus venas habẽtibus largas:
sed necessarium est, vt cũ melle vtã
tur. Senes vero frigidæ cõplexionis
per naturam, & venas habẽtes strictas, lacti nõ approximent. Hucusque locuti sumus de regimine tem
peratę complexionis, qualiter regẽ-
da sunt corpora ab infantia vsq; ad
senectutẽ. Et quãuis ista regimina
sint longinqua à possibilitate ilbus
conseruationis, tñ regulę sunt ordi-
H natę volenti suã sanitatẽ conseruare. & si in hoc deficit, corrigere debet cũ euacuantibus superfluitates,
& cũ medicinis oppilationes aperiẽ
tibus, & putrefactioni, & apostematibus resistentibus.

*De corporibus varias habentibus distem-
peratas complexiones.* Cap. 10.

DEhinc volumus loqui de regimine aliarum complexionũ.
Et dicimus quod istorum corporũ duę
sunt species. vna est, sup cuius membra oĩa dominatur mala cõplexio
distemperata ex loco, & cõplexioni
I bus distemperatis: & alia est, super
cuius mẽbra mala cõplexio dominatur, quę in ipsis recipit diuersitatem: v.g. sicut cerebrũ calidum, &
stomachus frigidus. & hæc spẽs sm
Gal. est deterior prima: & maxime
qñ talis cõplexio in mẽbris radicalibus sita est. Et regimen istorũ ma
gis est propinquũ præseruatiuæ q̃
conseruatiuæ: maxime in illis, quibus mẽbra principalia in suis cõple
xionibus sunt distemperata. & hoc
regimen est quasi mediũ inter regimen corporũ, q̃ non sunt læsa, & cõ
K ditionem aptitudinis, q̃ ægritudinẽ
adducit: sicut in corporibus sanis
existentibus, in quibus est vnũ signum, aut plura, q̃ ægritudinẽ pro-
nosticantur. & ego narrabo in hac
parte, in eo quod futurum est.

*De regimine corporum omnium distem-
peratorum, tum simpliciter, tum
compositè.* Cap. 11.

DEinceps volumus narrare de
mala cõplexione simplici: &
incipiemus à calida. Et dicimus q̃ i
complexione istorũ non apparet in
principio multa lęsio: sed cũ inue-
L teratur, ipsam siccitas comitatur. &
sup corpora talium cholera citrina
dominat. & iõ oportet vt eorũ exercitiũ sit facile, & suaue cum suaui de
ambulatione, & quietatiõe. Sed qđ
dicit Hippoc. quod corpora calida
debent quiescere & non exercitari,
non debet intelligi, nisi remisse, qđ
est, quia omnimoda quies corporis
non ingreditur viã sanitatis. Et ob
hoc necesse est vt exercitium sit cũ
suaui fricatione temperata: quę q;-
dem fricatio crementũ efficit in car
ne. & ipsi fricationi associet aliqua
ex oleis inunctio, ex oleis frigidis, vt
M oleo violato, & similib⁹. Et balneen
tur in aqua tepida ad hoc, vt ex cor
poribus eorum superfluitates fumo
sæ resoluãtur. sed aer balnei eis vti
lis nõ est. & si postea balneantur in
aqua frigida, prodest vt corrigatur
damnũ, si qđ aqua calida facit. Et
eorũ refectio sit bina in die. & si siccitas in eis multum manifestaret,
tertia refectiõe vtant. Sed spẽs cibo
rũ, sm quod dicũt Medici, debet eẽ sm
similitudinẽ in sanitate p̃sentis cõ-
seruationis. & illi cibi debẽt esse calidi, aut calidi & sicci. & si volũt eorũ

A vũ cõplexiones alterare, debet fieri per contrariũ: tñ paulatim ad hoc regimen accedant. Sed dico q̃ istę cõplexiones, q̃ exeunt à tẽperamẽto ad vnã extremitatũ, ipsę sunt proximę illi parti, vt incidant in ægritudines ex genere illius cõplexionis: & hoc fit cũ superuenit aliqua causa extrinseca. Et propter hanc aptitudinem, quæ in eis est inuenta, dico quod eorum regimen per simile ex toto fieri non debet: propterea quia tales complexiones, quales istę sunt, sm vnum modum non perseuerant: immo sunt mobiles versus B ægritudinem complexionalẽ. Et propter hanc cãm intelligere non debemus in regimine suorũ ciborũ conseruationẽ, immo & preseruationẽ, ad resistẽdũ ei, qd accidere eis posset ex parte suæ p̄parationis malarum. Et pp hoc totũ est necesse vt in cibis sit aliqd contrariũ cõplexionibus eorũ, & hoc est pp timorẽ occasionũ extrinsecarũ: nã ex parte cõplexionis solius non est timendum vti similibus in toto, & hęc est sña illorũ, qui sñiam istã seruãt: quãuis hoc nõ declarent. Tñ istud regimen nõ sufficit nisi euacuet' hu-

ex toto

C mor, qui hãc fouet complexionem p vomitũ, aut p fluxũ ventris. Et debes intendere euacuare illũ humorẽ p locũ consuetũ à natura: ita q̃ si p vomitũ, p vomitũ: & si p fluxũ vẽtris, p fluxũ, & melius est p fluxũ: quia talis euacuatio est magis naturę manifesta. Et mihi vr̃ sufficere, vt habẽs hãc cõplexionẽ calidã, vel calidã & siccã, purget' cũ tamarindis, violis, & myrabolanis citrinis, & alublebi, i. cotogniola, & similibus. Et istæ cõplexiões calidę, aut calidę & siccę sm plurimũ sunt vaporosę & fumosę, & ob hoc balneatiõe indigẽt, ne cito ephemerã incidãt. & sũt si tenui dieta lõgo vsi fuerint tpe. Et bonũ ẽ istis aliqñ post cibũ balneari, vt eorũ corpora impinguent. sed qui in dextro latere sentiet grauitatẽ, hoc vitare debet: & est necesse vt rebus vtat' exoppilatiuis. neq; istis est cõueniens potatio vini: & si bibãt vinũ bibere debẽt aquosum. Et vlterius dico, q̃ regimẽ cõplexionũ calidarũ & siccarũ, & calidarũ simpliciũ non diuersificatur in fine, nisi sm plus & minus: quia impossibile est vt caliditas in fine non deueniat ad D

E siccitatẽ. Et vtile est istis oxyzaccharata in tẽporibus calidis frigida, cum aliquibus seminibus & herbis, q̃ hñt virtutẽ apertiuã, & prouocatiuã sine caliditate: sicut est semen scariolæ, & capill⁹ veneris, & et semẽ apij: cuius sit sita virtus tepida in quãtitate cũ seminibus melonis, & cucumeris, aut cũ alia re, q̃ habeat tẽperare caliditatẽ & siccitatẽ materiarũ dictarũ: quẽadmodũ est stipes scariolę, & violę. Et mirabilis Auẽzoar dicit q̃ in oĩbus locis, in q̃bus vtimur oxyzacchara, debemus vti flore nenufaris: & maxime calido tpe. Et di-

F cit p experientiã q̃ nenufar habet sua proprietate p̄seruare talẽ a febre. sed dicit q̃ semp cũ oxyzaccharata debem⁹ vti rebus, q̃ os stomachi fortificãt, sicut aqua masticheg, aut cinnamomũ aut spica: quia acetũ inquantũ est acetũ, os stomachi lędit. Et mihi vr̃ q̃ aqua ordei tpe calido sit regimẽ cõueniens: dũmodo cũ ipsa sit aliqd, qd reprimat nocumẽtũ oris stomachi ex ea. Et q̃ hñt cõplexionẽ siccã, necesse habẽt corpora humectare, ne in eis accideret senectus, & hoc debẽt facere cũ

G cibis humidis laudabilis chymi, sicut est caro pullorũ iuuenũ: & vti baloneo aquę dulcis tepidę: & fugere laborẽ, & vigiliã, & oĩa accidẽtia alę, q̃ corpori faciunt acquirere caliditatẽ: sicut furor, & ira, & eorũ similia: & assuefacere ea, q̃ corpori adducũt delectationẽ, & gaudiũ: & vt extrinseca, q̃ eis intendimus facere, sint contraria suę cõplexioni, vt folia salicis, & vitis, & aquę frigidę: excepto gaudio tẽperato, aere tẽperato, & mobilib' lactis. & audire sonos amenos eis cõueniens est. Sed
H cõplexionibus calidis & humidis superueniunt ęgritudines putridæ, & discursus superfluitatũ, & maxime tpe iuuentutis. Et idcirco necesse est vt exercitẽtur forti exercitio & veloci, & vtantur fricatione multa & forti, & q̧ & balneent ante cibũ. & opꝫ vt stomachũ taliũ intueri, nã si ipsius cõplexio ad malã cõplexionẽ conuerteretur, humores totius corporis ad idẽ declinarent: & tunc cibus eorũ declinaret ad frigiditatẽ et siccitatẽ. Et ista cõplexio nõ est tẽperata, sicut opinatus est Gal. Et Antiqui dixerũt q̧ cõplexio naturalis est calida & humida. quia cũ cõpa-
I ramus cõplexionẽ naturalẽ, in qua nũ ẽ media, extremitatibus, tũc dicimus q̧ est tẽperata ęqualis, & extremitates intelligunt hic octo cõplexiones. Et qñ ipsam cõparam' dominio superfluitatis elementorũ, q̃ sunt ĩ ipsa, nos dicimus q̧ sit calida & humida: eo q̧ caliditas & humiditas plus dominant in ipsa, q̃ frigiditas & siccitas. & nõ dicim' hic cõplexionẽ temperatã hanc, de qua loquimur hic, q̧ sit calida & humida, nisi cõparatiõe ad naturalẽ. ergo cũ dicimus calidã & humidã esse tẽperatã, nisi ęquiuoce dr. Et Gale. met
K dicit q̧ naturalis dr respectu extremorũ, & calida & humida comparatione tẽperantię dr. & ideo dubitatur fm hoc tẽpus, q̧ hęc temperata cõplexio nõ ĩueniatur. Deinceps reuertamur ad id, à quo separati fuimus. Et dicamus q̧ nõ oportet appropriare cõseruationem sanitatis solũ super exercitiũ, balneationem, & cibos habẽtibus hanc cõplexionẽ: verum oportet cũ hoc euacuare superfluitates cũ medicinis laxatiuis à capite per viã sternutatiõis; & gargarizando ore mastichen, &
L grana staphidagriæ: & ẽt prouocãdo vrinã. & medicinæ cõuenientes ad purgandũ habentes hanc complexionẽ sunt medicinæ leues, sicut agaricũ, turbith, & cartamus. Et opꝫ q̧ isti multũ ab oppilationibus sibi cauere debeant. & inter cęteras causas putrefactionis huic resistere debẽt, euacuãdo humorẽ, qui putrefieri consueuerat, & cũ medicinis resistẽtibus putrefactioni suis qualitatibus, & suis proprietatibus. q̧, quia natura putrefactiõis stat p extraneum calorẽ cũ humiditate superflua fœtida: sicut sunt ei medicinę odoriferę in vltimo contrarietatis. Et si
M tu feceris vnã cõpõnẽ, ĩ qua oẽs istę virtutes aggregent, erit vltima medicina ad cõseruatiõnẽ sanitatis ipsorum, dũmodo repressę sint in illis eius virtutes qbus nõ indigent. Sed cõplexio frigida debet cõseruari cũ rebus calidis sine humectatione, videlicet exercitio, balneis siccis, cibis, & his similibus. Sed cõplexio frigida & humida debet regimine calefaciẽte & exiccãte, & cũ multiplicatione exercitij: & indiget euacuatione pp superfluitates, q̃ à tali cõplexione

Vide tertia Apho. 2. & 3. & 18. cõ. & Technis, & Ras. 17. cõti. ca. 6.

A xione generant. Sed cōplexiōes frigidæ & siccę cęteris sunt deteriores, & indigent in earū regimine calefacientibus & humectantibus, & leui fricatione, & dulcis aquę balneo, & exercitio temperato, & somno longo. Et vl'r cōplexiones humidę indigent inter refectionē & refectionē mora longa: quēadmodū siccę indigent breui. & cōplexiōes frigidæ & siccæ indigent superfluitatū euacuatione, vt humoris melācholici. Et medicinæ ad hoc valentes sunt myrobalani īdi, & polypodiū. Et vina aromatica sūt cōuenientia valde

B huic cōplexiōi. Et coitus nocet plus cæteris oībus cōplexionibus, maxime frigidis & siccis. Et inter cōplexiones calida & humida superfluū tolerare pōt leui⁹: & q̄ peiores sunt frigidæ & siccæ existunt: humidæ vero medio mō se habent circa illud. Ista sunt regimina cōplexionū distemperatarū in qualitatib⁹ actiuis & passiuis. Sed complexiones distēperatæ solum in passiuis tantam non recipiunt læsionem, quantam distēperatæ in vtrisq;, aut ī actiuis.

De resumptione Extenuatorum, & Pinguium extenuatione. Cap. 12.

C Sed regimen corporū extenuatorū debet esse per contrariū causarū extenuationis: vt si fuerit huius causa caliditas cū siccitate membrorū, valebit frigida & humida dięta. Et si cā extenuationis fuerit pp debilitatē attractiuę, quę est in mēbris, inūctio olei oliuę affert iuuamētū: dummodo solū stet sup mēbra, donec trahāt cibū, & nō plus. & si morā cōtraxerit nimiū, dissoluet, & alterabit. Et si cā exiccationis erit sup virtutē digestiuā frigiditas, administrentur ea, quæ confortent digestiuā, D sicut vinum, & ea quæ scis. & vl'iter extenuatio siccitati associatur. Sed siccitas aliqñ prouenit propter dissolutionem multam, & aliqñ propter paucitatem digestiōis, & aliqñ propter vsum ciborum siccorum. & rectificatio istorum est facilis. Et extenuatio corporum pinguium fit p contrarium, sm q̄ tu scis.

De regimine Corporis distemperati in singulis membris. Cap. 13.

Hucusq; narrauimus regimen distēperatę cōplexiōis vl'iter: deinceps narrare volum⁹ de regimine E distēperatæ ī singulis mēbris. Et dicimus q̄ regimen istarū cōplexionum plus ingreditur genus p̄seruationis q̄ regimen cōplexionis distēperatæ cōis. Et intentio nostra in tali cōplexiōe, qualis est ista, est vt virtus illius mēbri fortificet suā cōplexionē, temperando, & euacuando superfluitates, q̄ in eo generant', & remouere cām, quæ illam generat superfluitatē, consyderando vtrum sit læsum in se, aut per alterius mēbri compassionē: quēadmodū stomachus in aliqbus hoībus est lęsus per se, & ī alijs p cōpassionē cerebri. F & mēbra, q̄ magis dānificant' alijs, sunt mēbra principalia, cū cōplexio eius alteri cōtraria. v.g. cū hepar est calidū, & stomach⁹ frigidus, & corpus est extenuatum, & renes arenis abundant, vel vt ī corpore extenuato testiculi multū generant spma: ī talibus indigem⁹ regimine mixto, & plus instare distēperantię periculosiori, ita q̄ aliud obliuioni nō tradatur. & hoc ingreditur doctrinā de Ingenio sanitatis. & ob hoc nō plura his dicemus. sed regimen præser-

G uatiuum est de genere curatiui, sicut dicemus postea. Et scias ꝙ deterior harũ complexionũ est illa, quę
est in cerebro declinante multũ ad
caliditatẽ aut frigiditatem: ideo ꝙ,
qñ cõplexio cerebri est ad malitiã
conuersa, est cã aduentus mali mul
ti & magni: quẽadmodũ sunt apo
stemata colli, & synãchia, & oris pu
stulationes, & apostemata vuulę, vt
raucedo, & phthisis, & tussis, & dysenteria, & alia illis similia. Et aliqñ
currũt superfluitates illę ad stomachum, & corrumpunt ipsum: ita ꝙ
si fluxus fuerit frigidus, cõuertet ip-
H sum ad frigiditatẽ, & complexio to
tius corporis corrũpetur: & cũ hoc
patiens eructuationes emittit aceto
sas, vt mihi tempore iuuentutis accidit: quia meus stomachus ꝓpter
malitiam regiminis malã acquisiuit complexionẽ: & Medicus meus
ignorãs eam, dixit ꝙ taliter fuit cõ-
firmata, ꝙ ipsam remouere non po
tuit. & ego ignorans oĩno erã scientiæ Medicinæ, & ab hac oẽ distẽperantię meę ortum habent. Et qñ di
stemperantia fuerit calida, fluxus
humorũ in aliquibus erit calidus.
rememoratio vero oĩum harum in
I capitulo de Ingenio sanitatis continetur. Sed conseruatio cõplexionis
cerebri vt non distẽperetur, est vt si
ẽ frigidũ, superponanẽ ei res exic-
catiuæ habentes caliditatem cũ aro
maticitate: sicut macis, & caryophylla puluerizata, postquã cũ vino fuerit ablutũ. Et euacuentur superfluitates, q̃ in ipso cõtinue generantur, cũ sternutatione & fricatione, quę fiunt cum radice nucis. Et ẽt
gingiuarum fricatio confert. Et cre
bra masticatio masticheſ: & vti me
dicinis, q̃ euacuant humores in eo
abundantes tẽporibus congruis: & K
maxime in vere, & autũno. Sed cere
brũ distemperatum in caliditate, in
quo superfluitates calidę generanẽ,
per contrariũ huius conseruatur. &
hoc fit inungendo caput eius oleo
rosato, & euacuando humorẽ con-
tristantẽ, ſm ꝙ melius vẽ conuenire. Et vlr cerebrum magis alteratur
frigiditate q̃ caliditate. & pp hoc
oportet ipsum à frigore conseruare
cõseruatione vltima. Sed regimẽ illorum, quorũ impossibile est regere ipsos isto regimine, necesse est cõ
seruare eorum qualitates. qm sicut
est æqualis complexionis à sua na- L
tiuitate, vẽ mihi vt ægritudines eiſ-
dem superuenĩẽtes sint ex repletione. & ob hoc indigent euacuatione
vlr, videlicet phlebotomia: & maxi
me, si in eo apparuerint signa replẽ
tionis. & oportet cum hoc, vt abstineant à cibis multi nutrimenti. Sed
qui non habet complexionẽ tẽperatam, maior pars suarum ęgritudi
num à malis humoribus habet ꝓ-
uenire. & ob hoc oportet ipsos absti
nere, & scire illos euacuare, consyde
rando semper quantitatem euacua
tionis, vt nõ sit superflua nec diminuta: eo ꝙ tales sunt, quibus vna M
euacuatio sufficiete videtur in vere:
& tales sunt, qui indigent duabus,
vna. s. in vere, & alia in autumno.
Et ego dico ꝙ illi, qui vtuntur po-
tionibus in septimanis annorũ, aut
in medietatibus eorum, rectius faciunt, q̃ illi, qui omni anno purgationes exercent. quia nos videmus
ꝙ ęgritudines vt plurimũ non acci
dunt hoĩbus, nisi circuitibus termi
natis, aut circa ipsos. Et ideo circa
vnumquodq; indiuiduum hoc est
consyderandum: quoniã spero ꝙ

cum

A cum hoc regimine multi potuerũt euadere ab ęgritudinibus eis accidentaliter euenientibus. & conuenit etiam, vt qui volunt mutare consuetudinem malam, mutent ipsam suo posse paulatim, ne terreant subito.

De præseruatione corporum, quæ præparata sunt in ægritudines cadere.

Cap. 14

DEinceps volumus tractare de corporibus, quę propinqua sunt, vt in ęgritudinem cadãt, vt eorum malis aptitudinibus obuiem⁹. Et vniuersali dicimus, ꝙ genus præseruationis futurarum ęgritudinũ

B fieri debet, qñ aliquod signum manifestatur, tunc recte est ex gñe curæ ægrotantis in præsenti. verbi gr. resistere lepræ, vt non fiat, est idem cum rebus, quibus curatur, qñ est. illud idem dicimus in alijs ęgritudinibus. Malarum vero aptitudinũ & manifestior est illa, quæ dicit spõtaneus labor. nam qñ hic corporibus adest, præparata sunt infirmitatibus multis. & ob hoc de isto vniuersalem sermonem faciem⁹, ꝙ nõ erit simile alijs malis aptitudinibus proprijs in omni ęgritudine: eo ꝙ modus obuiandi illis aptitudinib⁹

C malis est vnus & idem modus cum cura ęgritudinũ ipsarum. & idcirco hic non est recitandum. Et scias ꝙ non obliti sumus de conseruationibus corporum tpe corruptionis aeris: sed in posterum dicemus. Sed incipiemus loqui de labore. & dicemus quod iam dictum est in libro Aegritudinum, ꝙ potest esse tribus modis. Vnus est labor vlceratiuus: & hęc species fit ab humorib⁹ cholericis, qui hoc mouent: & de hac specie ad præsens intendimus loqui. Alia species dicitur extensiu⁹: & hęc ex sanguinis multitudine fit: & sm D aliquos dicitur ventosus. Tertia species dr̃ apostemosus, & compositus ex extensiuo & vlceratiuo: & de eius ppꝛietate est vt superueniat omnibus membris apparitio tremẽti circa omnia extrema. Et volumus incipere a cura omnes has species continente: postea vero de vnaquaq; specie loquemur per se. Et dicimus, ꝙ cũ efficiens est mala complexio materialis: ergo medicina cõmunicans istis spẽbus erit, aut alteratiua, aut euacuatiua. Et alterationem, & euacuationem facit natura cum cibis, E & medicinis, quæ habent disponere humores ad hunc finem & aliquando adiuuant ad hoc somnus, quies, & fames. Et euacuatio fit cum medicinis, quę prouocant vrinam, & sudorem, & ventum: & est cum exercitio, & hęc fiunt, quia ars sequitur cursum naturæ. & istæ sunt medicinæ communicantes oĩbus spẽb⁹ supradictis. verum de propria vniuscuiusq; istarum volumus dicere: eo ꝙ non euacuatur vnaquæq; istarũ specierum vna specie euacuationis, nec alteratur vnaquęq; istarum specierum vna specie alterationis. F

De remotione, & præseruatione corporum a labore vlceratiuo.

Cap. 15

INcipiamus nunc a labore vlceratiuo. Et dicamus quod causa efficiens istius est humor acutus mordicatiuus. Et tu scis ꝙ humor mordicatiuus est cholericus, aut melancholicus, aut phlegmaticus, salsus: ideo quia vnusquisque istorum est mordicatiuus. sed cholera est acuta ꝓp suum acumen, & melancholia ꝓpter suam acetositatem, & phlegma salsum propter suam salsugineẽ. Et hic

G hic accidunt aliquæ distinctiones.
quod est,quia isti humores non ef-
fugiunt, qm̄ aut sub cute solum sūt
locati, aut profundati in musculo,
aut sunt in musculo & venis,ex via,
qua inueniuntur in sanguine,* pa- * a. l. pater
terno propinquo. Adhuc non est lō- nitati.
ginquum,quin sint cum istis humoribus alij humores mucillaginosi,
& forte non sunt. & si sunt,non effu
giunt quin aut sint in spongiositate
carnis,aut in venis. & si sunt ī venis,
aut sunt cum paucitate sanguinis,
aut cum eius multitudine. Et non
H est multꝰ sanguis in venis,nisi cum
isti humores sunt pauci, & nō sunt
multū elongati a cōplexione sanguinis: eo ꝙ inuenio quorundam ī
actu nō fit nisi ante conuersionem
ipsorum in sanguinē, & aliqui post
conuersionē in eundē: vt est cholera,& melancholia. & aliqui cito cō-
uertuntur,& aliqui tarde: quoniam
quando multum elōgati sunt a san
guine,longa indiget cōuersione: &
qui propinqui sunt, in breui cōuer-
tuntur. & hoc est, quod potest dici
de hoc labore. & vnusquisq; istorū
ꝓpriam habet medicinam. Et dici-
I mus ꝙ qn̄ isti humores efficiunt la
borem,& sub cute sunt locati, forte
exercitiū, & fortis fricatio erit sufficiēs medicina,cū balneo,& cibo sub
tili,aut aqua ordei,& squinzibin,& si- oxymelle,
milibꝰ. Et qn̄ isti hūores ī poris sūt
locati,nō indigēt exercitio, sed quie
& somno,& abstinere a cibo: eo ꝙ
ista adducūt digestionē. & sero bal-
neent̄ ī aqua tepida: & cibis subtilibus cibent̄ post assūptionē squinzibī:
eo ꝙ squinzibī euacuat p vrinā & sudorē illū hūorē,q pōt moueri a natura. Et si hoc accñs sedabit̄, p hoc
tūc plene cām huiꝰ cognoscimꝰ. &
si nō sedat̄, & somnꝰ patientis fuerit K
debilis & variꝰ, tūc nō ē hūor in car
ne,& musculus solū, sed etiā ī venis.
Et tūc cōsyderādū est si cū istis hūo
ribus,qui faciūt hūc laborē, sunt hu
mores mucillaginosi,aut nō. & dici
musq; si nō sunt hūores mucillagi
nosi, & hūores facientes laborē sunt
ī porositatibꝰ aut venis,& tūc atten-
dēdū est si cū eis est sanguis multꝰ,
aut paucꝰ: aut si illi hūores sunt remoti a subā sanguinis,aut ꝓpīqui.
Et si paucꝰ ē sanguis,& hūores sunt
remoti a subā ipsiꝰ,tūc hūor iste fa
ciēs laborē dēt euacuari p pharma-
ciā, & nō p phlebotomiā fm spēm L
illiꝰ hūoris faciētis laborē: siue fuerit cholericꝰ, siue melācholicꝰ, siue
phlegmaticꝰ salsus. qm̄, qn̄ isti hūo
res exeūt a natura ī qualitate,tūc in
digēt euacuatiōe cū medicina attra
ctiua, q̄ ꝓprie habeat respicere illū
humorē: eo ꝙ qualitate peccat. Sed
si peccāt quātitate, tunc faciēda est
phlebotomia: sicut diximꝰ in libro
de Ingenio sanitatis. Et si isti hūores sint cū multo sanguie,& nō mul
tū remoti a sanguinis substātia,tūc
in primis debent euacuari per phlebotomiam, & postmodū p pharma
ciā: hoc est si nō adsint hūores mu- M
cillaginosi. Quod est,quia si cū istis
appareāt hūores mucillaginosi,tunc
cōsyderādū est si hūores fuerint in
venis cū multo sanguine, & non e-
runt multū ab ipsiꝰ substātia remo-
ti,tūc sift debēt euacuari cū phlebo Co. ve. le.
tomia:*qm̄ cum pharmacia diffici & cū phar
le esset. Et si hūores mucillaginosi macia dif
fuerint in venis multi cum sanguie ficilius esse
pauco,& humores laborē inferētes debet.
a substātia sanguinis fuerit remoti,
tunc non est phlebotomādum, nec
pharmacādum: eo ꝙ phlebotomia
per-

A permeabilis esset: nec ĩ pharmacia propositum assecuti essemus: quia pp eorum grossitiem humores obedientes non essent, sed plus fluerent, & etiam venae clauderentur. Et hic interponenda est quies medicinalis: & subtiles cibi & incisiui sine multa caliditate, ad hoc vt multa in membris illorum sparsio non fiat. & conuenientius in hoc casu est squinzebin de seminibus, cuius siccitas sit repressa cum radice lilij, & violarum. Et aqua hordei conueniens hic est, & maxime in iuuenibus cum radice foeniculi: & hydromel etiam. Et B quia in corporibus istorum ventositas grossa, & inflatiua generatur, pcipit Gal. dari diatrium pipereon, & diacyminum. Sed in nostro climate hoc est vitandum: quia posset febrem incitare. & ipse Gale. his non vtebatur nisi in tempore frigido, & frigida complexione. Et medicinae subtiles membra intrinseca confortantes cũ remisso calore vtiles sunt: sicut darseni, & assari, & cinnamomum, & ambra, & cassia lignea: & ĩ Arabico tchalicha: & caryophylla, & similia aromatica. Et si Galaliq istarum tepidet, faciet hoc ppter C suam stypticitatem & si etiam aliquis composuerit, bona erit cõfectio, ob hoc, quia membra principalia sunt in vltimo debilitatis. & maxime os stomachi. in hac compositione mastiche non obmittatur. Sed rosa nõ est hic commendanda pp sui frigiditatẽ & siccitatem: quamuis sit cõfortatiua. Sed theriaca est vltimum in hac compositione, qualitate, & proprietate. Et quemadmodum in hoc casu phlebotomia inhibetur, & vomitus ratione mod. Sed quando humores mucillaginosi sunt in musculis, & sanguis venarum est mund⁹, D tunc non timendae sunt res multum calidae, & vrinam prouocantes: ppterea quia tunc non est timendum, vt humor in membris spargatur. Et Gal. hac vtit̃ medicina ex pulegio facta. & mihi multum placet illa, aut ei similis. Et scias, ꝙ mihi non fuit necesse narrare haec signa significãtia dominium humorum istorum, nec signa significantia quantitatẽ, nec locum: ideo quia omnia sunt tibi nota in libro Signorum. Et tu debes considerare in vrina in cognitione generum humorum, qui inter musculos sunt: quantitatem debes sumere E a regimine antecedente, a complexione, a tempore, & aetate, & alijs rebus in libro Signorum dictis.

De reuolutione, & praeseruatione corporũ a labore apostemoso & extensiuo.

Cap. 16.

SEd labor apostemosus, & extensiuus de necessitate proueniunt a sanguine multo: ideo conueniens est patientem primitus phlebotomare: & attenuando quãtitates sm tempus, & aetatẽ, & complexionem, sicut ĩ libro de Ingenio sanitatis docetur. Et sunt distinguenda mẽbra in enumeratione illius laboris: ita F ꝙ si ĩ capite grauitas affuerit, cephalicam phlebotomare debes: & si in membris medijs basilicam: & cum ambas continuerit partes, mediana erit phlebotomanda.

De praeseruatione corporum tempore aeris praeter naturam. Cap. 17.

IN hac particula adhuc narrare restat nobis corporum praeseruationem ab egritudinib⁹ ab aere praeter naturã. Et dicimus breuiter ꝙ aer, vt alibi dictum est, permutatur aliqñ ĩ qualitate, & aliqñ in subã sua.

sed

G sed cum fit in vno aut alio, tunc pręparata sunt corpora recipere ægritudines similes illi complexioni. tamen omnia corpora ab istis dispositionibus non læduntur, sed solum nocentur corpora præparata. nam si esset hoc omnibus commune, ægrotarét omnes in aere supradicto. Idcirco considerare debemus in regimine vniuersali omnes has continenti permutationes: hoc est in apertione oppilationum, & in resisté do causis putrefactionis ex toto. Et cum dico quòd omnes has permutationes contineant, intendo permu
H tationes, quę in substantia sunt. Sed permutatio, quæ i qualitate existit, in vna videlicet, aut in pluribus, regimen ipsis qualitatibus contrariũ esse debet. & hoc regimen particulare est. verbi gratia, si est distemperatus in caliditate, & siccitate, cum frigidis & humidis regi debet, & degere in septentrionalibus locis, in quibus adhuc aer reprimatur rotatione aquæ, & folijs aromaticis humidis. sic omnibus alijs qualitatibus excedentibus contrarium apponatur. Et si magna caliditas non obstaret, leuiter euacuandæ essent super-
I fluitates, quæ in temporibus illis essent generatę. Sed aeri corrupto in substantia similiter resistendum est euacuationibus vniuersalibus, & cum resistentibus epidimię a tota specie. & vtantur cibis frigidis & siccis a putrefactione remotis, sicut aceto, & lentibus: & aromatizare aerem cum rebus resistentibus putrefactioni, sicut cum costo, & styrace, & galbano. Et terebenthinæ inest proprietas in hoc casu. Et theriaca maior isti tempori epidimiali multum resistit, sumendo ab vno characte vsque ad drach. i. & post non debet comedere nisi celebrata i omnibus membris digestione. & hoc fit spatio sex horarum. Bolus armenus, & terra sigillata in aere pestilentiali magnum præstant iuuamẽ tum. Et per nomen Auenzoar odor vrinæ hircorum confert multum. Et dicitur quod, medicamen ex aloes duabus partis, croci, & myrrhæ parte vna, de quo sumatur omni die pondus. xij. caractorum, cum vrina vna vini aqua mixti, iuuat mul- L
tum. & non est inuentus adhuc aliquis, qui hac medicina sit vsus, qui a pestilentia non securetur. Sed in corruptione temporis calidi debent eligi loca alta, in quibus regnet ventus septentrionalis, aerem mundificans. Sed si sit corruptio in substãtia tota, habitandum est in domibus terraneis, & cauernosis, loca alta vitare, & vitare omnes fructus humidos, & tunc necesse est vt omnes pisces tũc temporis penitus sint nociui, ob hoc, quia sanguis ex istis rebus generatus est citæ corruptionis. Et similiter omnes carnes, exceptis M
volucribus montanis, sicut perdices & similes istis, & vniuersaliter res ventrem lenificantes hoc tempore optimę sunt: quemadmodum tamarindi, violæ, cassia, & manna. Et quod dictum est in hac particula secundum nostram intentionem sufficiens est.

AVERROIS COLLIGET

LIBER SEPTIMVS.

SVMMA LIBRI.

De ægritudinum Curatione, seu Ingenio sanitatis.

De modo Curationis malæ complexionis materialis, & non materialis. Cap. 1.

Liber medicationis, quæ Ingenio sanitatis intitulatur. Dicimus ꝙ B ob hoc, ꝙ rerum cõtra naturã sunt duæ spẽs, videlicet ægritudines, & accidẽtia consequentia ęgritudines: & iterum ęgritudinum sunt duæ species, videlicet ęgritudines proprię & primæ, consimiles & compositæ secundario, vt sunt a malitia octo specierum malæ complexionis materialis & non materialis, & sunt ægritudines proprię membris officialib⁹: videtur nobis, vt narremus, incipiẽdo prius a via de ingenio sanitatis, a remotione ęgritudinum propriarum membrorum consimilium, si C sint materiales, aut non materiales: & postea ingenium remotionis ęgritudinum membrorum officialium: & vltimo curationem accidentium percurremus: quãuis in medicatione ęgritudinum contineatur, quia per remotionem ęgritudinis accidẽtia remouentur. Et volumus primo narrare ęgritudinum membrorum consimilium curationem, materialium, & non materialium: & postea vnamquãq; speciem intendim⁹ pertractare. & hæc nobis videtur ordinata distinctio. Et dicimus ꝙ intentio in mala complexione non ma- D teriali est vnica sola, hoc est vt ad suam reuertatur naturã, & hoc nõ fit primo, & substantialiter nisi per contrarium, per quod malæ cõplexionis remouentur species: & sunt cibi & medicinę secũdum plus malæ complexiõi ęgritudinali sua prima virtute resistentes, ver. g. si mala complexio sit calida & sicca, remouetur per cibos frigidos humidos, & medicinas. Et quia diximus ꝙ remotio malæ complexionis non materialis primo & substãtialiter a cõtrario remouetur, dicimus ꝙ conue- E nit aliqñ, vt a simili per accidens similiter remoueatur: sicut aqua frigida malam remouet complexionẽ frigidam, eo ꝙ claudit poros, & inspissat cutim, & sic calorem intrinsecũ fortificat & hæc medicina multum est timenda: & non debet fieri nisi i necessitatis tempore, & maior pars Medicorum, qui ea vtuntur, errant, vt postea ostendemus. Sed intẽtio remotionis malę complexionis materialis duabus rebus existit: vna est vt malus humor euacuetur: alia est, vt mala complexio membri rectificetur, quę relicta est a mala mate- F riæ sparsione in membris. Euacuatio duobus fit modis, vnus fit cum phlebotomia: & alius fit per pharmaciam solutiuam, aut vomitiuã, aut vrinæ prouocatiuam: & per clysteria, & sudorem. quas omnes operationes operantur medicinæ cum suis virtutib⁹ secundis, & tertiis, & proprietatibus: quemadmodum mala complexio prima remouetur virtutibus primis, & aliquando fit euacuatio per ieiunium, exercitium, balneum, & fricationem. Sed euacuationem per phlebotomiam ratione

&

G & experimento cognoscere possumus: & iuuamentum ab experiētia
cognitum manifestum est. Sed iuua
mentum ratione cognitum duob⁹
existit modis. Vnus modus est, quia
ostensum est, q̄ Medicus semper se
qui debet viam naturæ: sed dicim⁹
q̄ natura sanat per fluxum sanguinis ægritudines sanguineas multas,
& eadem ratione inuenimus iuuamentum medicinarum laxatiuarū.
Secundus modus est, q̄ impossē est,
vt aliquando cibus & potus superflue
non sumantur, ita q̄ in corpore san
guis superfluus aggregetur, aut alter
H humor, & superflua indiget euacua
tione. ergo necessaria est phlebotomia, aut pharmacia, aut euacuatio
alia. Sed ieiunium, & exercitium in
hoc casu sufficientiam non habēt:
quia nimis minuunt paulatim, cōparatione habita ad hanc repletionem, quæ est fm vasa. Nam accide
re posset, sicut accidit illi, qui som
niabat in balneo sanguineo balnea
Li.4.c.19. ri, vt dictum est superius in libro Si
gnorum, sicut dicit Ga. vnde cogno
uit sanguinem in sua complexione
abundare: & ideo phlebotomiam si
bi fieri imperauit. & consilium ha-
I bens ab alijs medicis sequentib⁹ viā
Erasistrati, et prohibuerāt minutionem, & iniunxerunt sibi abstinen-
tiam: & abstinendo facta fuit dissolutio humorum, & inde duplicatus
fuit calor, & extinctus fuit, sicut extinguitur lampas ex multitudine o-
lei, quando superabundat. Sed quan
do debet quælibet istarum euacuationum fieri, aut vna pl⁹ altera, hoc
volumus determinare in primis: &
postea redibimus ad curationem v-
niuscuiusq; speciei singulariter ma
læ complexionis post narrationem
rerum significantium manifeste fa- K
ciendi, vel non faciendi secūdū quā
titatem euacuationis, & rectificatio
nem malæ cōplexionis, & hæc sunt
natura ægritudinis, & virtus, & com
plexio, & ætas, & tempus, & alia quæ
rememorari debent. Et dicimus vtr
q̄ euacuatio non debet fieri nisi cū
humores cursum naturæ egrediun
tur in toto corpore, aut in vno mēbro: & hoc aut qualitate, aut quanti
tate, aut ambabus. A quantitate vero prouenit species laboris extensi-
ui, quæ est repletio fm vasa. Sed repletio secundum virtutem a quanti
tate, & qualitate prouenit, ita q̄ vir- L
tutes nutritiuæ, & motiuæ aggregā
tur, & vtr omnes virtutes operantur,
nam quando debilitantur virtutes,
tunc operationes in humoribus na
turales non fiunt. & fm plus hāc repletionem sequitur labor vlceratiu⁹
ꝑpter humorum malitiam, qui in
hac specie repletionis existunt. Isti
sunt euacuationis modi superfluita
tum, quę in toto corpore, aut in vno
membro. Sed locus, in quo phlebotomia debet anticipare in quantita
te, est qñ oēs humores in quantitate extra cursum naturalem augmē-
tantur. & hoc non prouenit nisi cū M
augmento sanguinis quantitatiuo,
ob hoc q̄ humores in ipso sunt in
potentia. & ista augmētatio fm pl⁹
laborem præstat extensiuum Sed
locus, cui minus necessaria est euacuatio phlebotomiæ, est qñ humores extra cursum naturæ in quantitate, & qualitate egrediūtur. Et ma
xime hic conceditur phlebotomia,
quando humorum qualitates qualitati sanguinis non repugnāt, neq;
etiam a substantia sanguinis elongantur: hoc est quia non sunt crudi

A & mucillaginosi. Et aliquãdo phlebotomia per accidens fit, sicut fit p fluxum sanguinis uarium, & fluxũ hęmorrhoidarum, & simile. sed hoc quarum possumus, uitare debem⁹. Et aliquando hęc species euacuationis fit pp attractionem materię de membro ad membrum, sine intentione euacuationis ipsius ex corpore. & vt plurimum hoc fit, quando sanguis est paucus, sed tamen malignus existit. Et aliquãdo i hoc ambę intentiones aggregantur, hoc est ut euacuetur, & substrahatur & nunc B propter hoc illud facim⁹, vt euacuemus materiam ęgritudinem facientem, & præseruemus ne augmentet.

Et scias, q quando intendimus solam euacuationem, tunc a propinqua parte membri euacuamus: sed quãdo subtractionem ad diuersam intendimus partem, tunc a remotiori trahimus parte. sed quãdo ad ambas partes intẽdere debemus, aut ad vnam magis q̃ ad aliam, hoc in subsequentibus dicetur. Et propter hãc diuersitatem intẽtiõis diuersa sunt loca venarum in phlebotomia. Et ppterea in quibusdam ęgritudinibus C intendimus phlebotomare basilicam, & aliquando cephalicam, & in quibusdam medianam. & aliqñ phlebotomamus dextram, & aliquando sinistram, sicut declarabimus. & hæc sunt loca, ex quib⁹ euacuatur sanguis. Sed locus, in quo pharmacare cõuenit, in primis est, quando humores exuberant sola quantitate: hoc consiruato ne sint de natura prius dicta, vt non sint crudi, aut mucillaginosi. nam tunc incisio, & digestio præcedere debent. Et propter hoc in anticipatione phlebotomię, & pharmaciæ est consyderandum. D Rasis dicit q experientia multoties vidit in marastrum, i. in hospitali, pleureticos phlebotomatos ante pharmaciam, & mortui fuerunt. & mihi videtur q hoc fuit, propterea quia mala materia in profundo corporis in multa erat quantitate: & qñ detecta fuit, ad actum producta perdidit patientem. Et aliquãdo necesse est anticipare phlebotomiam propter multam necessitatẽ, eo q incontinenti liberantur. Et est sciendum q debem⁹ incipere ab eo, quod, s. magis necessarium esse videt. Et noster carissimus Abumeron Auenzoar dixit q, nõ debet fieri phle E botomia nisi post corporis mundificationem. Et hoc est, quia quando venæ a sanguine sunt euacuatę, sugunt superfluitates malas ad nutriẽdum inceperit, & ab his malam acquirunt complexionem. & tantum erit phlebotomia causa maioris constipationis uentris. quia membra euacuata, sugendo superfluitates feculentas, magis exiccant. Et scias q est differẽtia inter medicinam mollificatiuam & laxatiuam: eo q attractiua est cum attractione, & mollitiua cum mollificatione. & similia F huius sunt, quę expellunt fęces solum. Sed quando humores qualitate peccant, s. vt sint grossi vel viscosi, tunc non est conueniens phlebotomia, neq; pharmacia. de phlebotomia manifestum est. sed de purgatione, quia humores si sunt viscosi & grossi, sunt inobedientes. & ideo medicina trahet bonos, mali autem remanebunt. Et Gale. quando euacuare volebat ante aduentum febris, cum medicinis calefactiuis, & incisiuis euacuabat. & quando febricitabat, faciebat hoc cum siccatione,

G & medicinis subtiliatiuis habentib⁹
calorem modicum. & hoc iam declaratum est in libro Conseruationis
sanitatis & quod fit cum febre, declarabitur in libro Febrium. Preterea, pharmacia per accidens fit aliquando, quemadmodum phleboto
mia: sicut quando damus pharmaciam, vt humorem trahamus, qui
causa fluxus existit. & hoc quamuis
resistat causae, aegritudinem tamen
augmentat. & ego in sequentib⁹ ex
plicabo, verum per simile fit, aut per
contrarium. Clysterijs vtimur, qñ
superfluitates solum ex intestinis tra
H here intendimus, aut per viam trahendi materiam ad oppositam par
tem. & sicut aliqui laudant vomitũ
egritudinibus partium inferiorum,
sic & pharmacia in egritudinibus
partium superiorum laudatur. Et
aliqui sunt facientes clysteria, quan
do nõ possunt recipere medicinam
laxatiuam, vel quando ipsam infirmus deglutire non potest, aut ꝓpter
laesionem ipsius hepatis, vel stomachi, quia leduntur ex transitu eorũ.
Et balneum vt plurimum humores subtiles euacuat. & propterea in
passionibus ex grossis humorib⁹ fie
I ri non debet, nisi precedat digestio.
quia ex hoc inflammatio toti⁹ corporis sequetur, & forsan principalium membrorum. Et fames est vna
ex speciebus euacuationis: & maxime in egritudinibus, in quibus status, & initiũ sunt propinqui. Isti sunt
modi euacuationis malae complexionis materialis, & nõ materialis.

De modo, & quando fieri debet euacuatio & curatio. Cap. 2.

DEinceps dicendum est qualiter
supradictis agendum sit secũdum magis & minus: aut quando K
nihil fieri debet, & maxime in euacuationibus & curationibus, quae
fiunt per contrarium. nam in pluri
bus locis euacuatio, & aliae contra-
rietates non competunt: quamuis
natura aegritudinis illud requirat.
Et dicimus q̃ nostra intentio in remotione male complexionis non
materialis est vt rectificetur. & hoc
fieri non potest nisi per contrarieta
tem curantis in gradu exitus illius
contrarietatis a temperamẽto. Scië-
dum est, q̃ vt cognoscatur mensura distemperantiae illius corporis o-
portet. & hoc cognosci non potest, L
nisi quando illius corporis complexio cognita fuerit sana, aetas, clima,
tempus anni, regimen, & consuetudo, sic virtus, causa, & accidens. pro
pterea quia in multis locis non attẽ
ditur causae, nec virtuti, nisi quando
causa male complexionis materialis existit. Sed quando mala comple
xio non materialis est in aliquo sin
gulari membro, tunc mensura cura
tionis per contrariũ sumitur a mẽbri complexione, & ab ipsius situa-
mento, & a colligantia ipsius, & a si
tu ipsius, & ab ipsius sensibilitate, &
alijs cognitis rebus. Sed modi cura- M
tionis malae complexionis materia
lis ob hoc, quia intentio sola est in
superflui euacuatione, & in alio nõ,
vt recte procedat, sciendae sunt causae, quae illas generãt superfluitates.
& si a natura complexionis corporis proueniunt, aut non. quia in aliquibus corporibus humores super-
fluunt ab eorum natura, & in quibusdam ab aetate, tempore anni, ae
re, & nutrimento, & regimine, & a
purgatione eorum quae ex corpore
purgari solebant, vt sunt sanguis he
mor-

A morrhoidarum, & mẽstruus, & priuatio consueti exercitij, & negligentia euacuationum. & etiam virtus operatur in hoc genere multum: eo ꝙ in maiori parte natura ægritudinis cõtrariatur euacuationi. Per virtutem intelligo virtutes operatiuas, sicut virtus expulsiua, et virt^9 nutritiua, & uirtus motiua. Et aliquando motus euacuationis vniuersalis accipitur a membris infirmis, & maxime a principalibus, & operationes habentibus principales, sicut ab illo qui phlebotomia indiget, & oris stomachi debilitatem habet. Et etiam

B quando intẽdimus euacuare aliud membrum ex membris corporis, aliqua sunt recipientia demonstrationem a locis suorum subiectorũ, & suarum communicationum, & iuuamentorum. & suarum sensibilitatum, & formæ dispositionis, & modi membrorum totius corporis: eo quia possibile est, vt corpus demonstret super euacuatione, & forsan ꝙ non. & hoc, quando in corpore non inuenitur repletio vniuersalis, nisi ĩ vno membro solum. Et impregnatio in mulieribus est ex rebus significantibus euacuationem, vel ipsius

C priuationem. & hæc sunt, quę significant in contrarietate faciẽdi medicinam, vel nõ: & si purgatio fieri debet, vel non. Et nũc dicẽda est significatio, quæ sumitur a duabus reb^9 supradictis, i. ab euacuatione, & curatione siue attractione per contrarium, qualiter debent fieri. Et incipiamus a curatione per contrarium. Et dicamus ꝙ a Medicis dictum est, ꝙ quando complexio, aer, tempus anni, & similia cum ęgritudine conueniunt, tunc non est egressa complexio a natura propria nimio exitu.

Opinio Gal. & curatio caus. si in iuuene & sene.

D v. g. iuuenis calidę complexionis, in regione calida, & tempore anni calido, & dieta calida, cui superuenerit causon, nõ erit iste a suo naturali ordine multũ permutatus: curãdus tñ est cum rebus in frigiditate remissis. Et qñ huius contrarium accidit, tunc multa facta est elõgatio: & iõ huic resistendum erit maiori cõtrarietate. v. g. sit homo senex frigidæ complexionis, in regiõe frigida, cui superueniat causus, ẽm illos indigebit re multum infrigidante dissperata. Et ego dico, ꝙ maxime apparet, ꝙ non verum dicunt. quod manifeste videmus per sensibile argu-

Cõtra Galenum.

E mentum: quia iuuenis supradictus, qui causon patitur, curari non poterit nisi cum rebus habentibus in fine, vel ineffam frigiditatem, sicut cum aqua cucumerum, & camphoræ. & seni supradicto si talia proponentur, calor naturalis ipsius extinguetur, & morietur. Et dico ꝙ illud, quod ad hunc errorem deducit eos, est vna regula generalis, quam posuerunt sine discretione præcisa in gradu elongationis senis a suo calore naturali ad extraneum calorem, cum ęqualem portionem posuerũt in

F elõgatione caloris iuuenis a suo calore naturali ad extraneum. & maxime, quando dixerunt ꝙ, maior est elongatio. nam hoc impossibile est. nam tu scis ꝙ calor extraneus a naturali ramificatus est. & si possibile esset vt æqualis esset elongatio, tunc vere necessario ẽm viam curationis per complexionem essent refrigerantia multum fortiora ĩ corpore senis quasi ad tertium gradum. sed hoc ĩ seipso veritatem nõ habet. Ob hoc ponamus iuuenem cholericum calidę complexionis in primo gradu,

G & superueniat ei febris, quę ipsum
transferat ad secundum gradum ca
loris: tunc ille non est elongat' a p
prio calore, vel complexione, nisi ad
vnum gradum: tñ cum rebus in secundo gradu frigidis curari non po
terit. & hoc est propter fortem pmu
tationem, quam medicinę percipiũt
in corpore iunioris ad substantiam
igneam: eo φ elongatus est a suo tẽ
peramento pp fortitudinem caloris
extranei. Sed si seni supradicto frigi
do in primo gradu superuenerit æ-
gritudo ipsum perducens ad secundum gradum caloris, iam elongat'
H est a sua complexione naturali magis q̃ iuuenis prenominat'. quia iuuenis est elongatus per vnũ gradũ,
sed senis elongatio est duorum gra
duum, aut plurium. Et pp hoc, si pos
sibile esset, cõcederem' fm elonga-
tionem fieri cõtrarium nociuum re
spectu consyderationis finis fm diuersitatem subiecti: ppea quia quasi impoſſe est senem ad illum gradũ
peruenire. & si peruenire inchoaret,
antequam ad terminum illum atti
geret, moreretur. & si sanaret' fm e-
longationem supra dictam, bonum
finem non consequeretur, q̃uis ali-
I quantulum viuere posset. quia medicinæ eidem conuenientes comple
xionem membrorum suorum radi
calium pp ipsarum frigiditatem læ
derent. & sic a tpantia magis elon-
garent. & multa elongatio tpantiæ
causa mortis est, aut ægritudinis.
Præterea fm eorum dictum medici
næ iuuenis & senis frigidę debent es
se in eodem. quia si vnũ corpus cali
dum est supercalefactum vsq; ad se
cundum gradum, & corpus frigidũ
est supercalefactũ vsq; ad secũdum
gradum, vnum corpus calidius alio
non est. Sed scire debes, φ si iuueni K
medicinæ frigidæ adhibeantur vltra suam complexionem naturalẽ,
ei non nocent, immo prosunt. eo φ
ipsius virtus fortis existit ad eas per
mutandas, ob hoc ad gradum cor-
rumpendi naturam non perueniũt,
sed ipsam ad temperantiã reducũt:
quod seni non accidit pp ipsius mẽ
brorum radicalium frigiditatem. p
pter hoc sufficit seni, qui febrem ca
lidissimam habet, medicina frigida
in secundo gradu per ratiões supradictas: & etiam, quia corp' senis po
tentiã non habet conuertendi me- L
dicinas ad substãtiam igneam, quẽ
admodum iuuenis corpus. Et si quę
ratur quomodo possit seni tanta febris caliditas aduenire: Respõdem'
φ fieri potest pp dietæ suæ inordina
tionem. Nam si dieta conueniẽti v-
teretur, impoſſe esset vt talem incide
ret febrẽ: ob hoc, quia ægritudĩes, vt
dictũ est in libro Aegritudinum, nõ
nisi duab' fiunt causis, aut a propria
cõplexione mẽbri mala, aut a rebus
aduenientib' ab extrinseco. Et qñ
cõplexio, & aer, & regio, & ætas con
traria erunt ęgritudini senis, tũc nõ
remanebit eius causa, nisi regimen, M
& dieta. & quod ex parte temporis
anni consyderatur, intelligitur a na
tura partium temporis anni. Et vl'r,
quando aer contrarius est ęgritudi
ni, tunc bonum est infirmo, & gaudium Medico. & si aer p se talis nõ
existit, tunc Medicus artificialem fa
cere debet. Et modus medicatiõis,
qui sumitur a consuetudine in re, v-
trum fieri debeat aut non, aut quan
tum fieri debet, est sicut potus aquę
frigidæ in igne ardẽti. Nam si infirmus assueuerat potum aquę frigidę
in tempore suæ sanitatis fine læsione,

A ne, secure possumus dare tempore
ægritudinis: quāuis hepar, & os stomachi habeat frigidum. & si huic
assuetus non fuerit, aqua frigida eidem nullo modo propinetur. q̄si ne
ccuili tas nos ad hoc cogeret ad hanc
dandam, tunc minorem dabimus
quantitatem & minus frigidam: eo
ꝙ consuetudo complexionem in simile conuertit paulatim, & lōgo tē
pore hanc consuetudinem acquirē-
do. sed quando contrarium subito
fit, & secundum multum, naturam
corrumpit. Et hęc est vna virtus, ꝑ
quam natura intellexit gradatim ꝑ
B tempora anni de vno contrario ad
contrarium transire. quia si subito
de calido ad frigidum, vel de frigido ad calidum transiret, natura tole
rare non posset. Et ꝑ consuetudinē
dictum est a quibusdam, ꝙ quidam
paulatim sumpserunt venenum ac
gradatim, & conuersum fuit in eis
ad cibum, & in habitu sine nocumē
to. Quamuis ita dicant, tamen ego
non concedo. immo argumento de
monstratiuo, & in epistola Theriacę & veneni reprobaui, quam ad
Glauconem transmisi. Sed quod di
cunt cōcedo, ꝙ Medicus de vna me
C dicina ad aliam permutare debet.
quia si solum vna vteretur medicina, possibile esset ꝙ natura in habitum conuerteretur, & in corpore de
bitam non faceret operationē. sed
virtus consyderanda est in eo, quod
fieri debet in euacuatione, & in medicatione, quę per contrarium fit.
Sed in euacuatione manifestum est
ꝙ tenor virtutis debet attendi: sed
in alteratione est, sicut balneatio a-
quæ frigidæ in hecticis, ꝙ prodest.
Sed si diu assuefiant, membra lædet
principalia, & mortem inducet: sicut dicit Galenus ꝙ vni accidit in- D
ueni malam complexionē non ma
terialem habenti in stomacho, cuī
Medici aquam vitabant: & ipse ꝑ
nimiam aquæ auiditatem magis e-
legit mortem q̄ vitam: & multam
aquam frigidā bibens subito a mala complexiōe stomachi euasit. sed
propter aquæ frigiditatem remāsit
ei insensibilitas quędam, ipsum in
transglutiendo impediēs: & sic mor
tuus fuit. Sed malæ complexioni,
quæ est cum materia, necesse est du
as species medicationis aggregare,
& aliquādo significatio sumitur ab
alteratione malæ complexionis cō E
traria significationi, quę sumitur a
materia. verbi gratia febres putridę
& maxime quę de materia cruda, &
grossa, inquantum sunt de mala cō
plexione calida & sicca, indigent hu
mectatione & refrigeratione. sed cō
syderatione coctionis malum nocu
mentum importabunt. Et hic bona
Medici discretio necessaria existit,
circa quam plus insistere debet. ver
bi gratia, quoniam illud, quod plus
necessarium febri phlegmaticę existit, est euacuatio materiei: & in febribus cholericis est accidentib' ob
uiare. & qñ ambo ęquales in dubi- F
tatione existunt, tunc ambo ęqualr
curare debes. Sed quando accns nō
timetur, tunc studeas cām totaliter
remouere: quoniam taliter ipsam
curabis complete simili ratione in
ægritudine', & accidentibus ęgritudini cōtrarijs: sicut est febris, & syncope. qa tu scis qualr curari debēt
eo ꝙ in febre necesse est infrigidare
& in syncopa calefacere: & syncope
indiget nutritione, & febris euacuatione indiget: sicut dicturi sum'. Et
hic scire debes ꝙ accns, qd' æ

G dini contrariatur, non sequitur nisi
ægritudinem, quæ contraria est pri
mæ ægritudini, vt est syncope ex i-
nanitione, quæ contraria existit. Sed
quando causa malæ complexionis
nõ est materialis, hæc manifestatio
ibidem non reperitur, vt in epheme
ra. & etiam, quãdo accidit mala cõplexio ab extrĩseco: quia tu scis qua
liter curari debet. Hæ sunt significa
tiones, quæ sumũtur a mala cõplexione totius corporis. Sed quando
in vno membro ægritudo singularis existit, tunc significatio sumitur,
vt dictum est, a membri complexio
H ne. v.g. quando cerebro euenit mala complexio frigida, signum est ꝙ
hæc ægritudo est leuis: quia pauca
& leuis facta est elongatio a sua cõ
plexione naturali. & tunc debet curari cum medicinis debilem calorẽ
habentibus: quia tũc alia membra
sunt infrigidanda, & non ipsum cerebrum. & hæc est comparatio iuue
nis & senis, quemadmodum supra
diximus. & quando indiges calefactione cerebri, tunc calefac ipsum si
ne timore. & si vis infrigidare, illud
facias cũ timore. Sed alia membra
frigida, sicut sunt nerui, & similia, si
infrigidãtur, calefac ipsa sine timo-
I re. & quã sunt calefacta, non refrige-
res iterum, nisi cum timore, ad hoc
vt nõ trahas ipsa de sua complexio
ne. Et sicut diximus de his, eodem
modo facias de siccis & hũidis: qa
corporibus non accidit nocumentũ, nisi ex parte elementi dominantis super ipsa. Et quando sciueris ꝙ
iuuamẽtum membri magnum est
in corpore, & erat. s. membrum ex
principalibus, quæ magnam habẽt
operationem, arguas augere virtutẽ
ipsius super omnia. & hoc non dico
nisi propter communicationẽ mem K
brorum principalium, quam habẽt
cum corde, quod est fons caloris, &
minera vitæ. & idõ non oportet mul
tiplicari contrarietatem in talibus
membris, & propter qualitatem frigi
dam. Et propter hoc est timendum,
quãdo accidit hepati complexio ca
lida, refrigerare ipsum cum rebus,
quæ sunt in vltima frigiditate: quã
uis manifestetur necessitas refrige-
rationis vltimæ. & hoc dico propter
principalitatem huius membri. Sed
verum dicimus, ex colligantia istorum membrorum recipitur demon
stratio ipsorum. v. gr. non debemus L
refrigerare os stomachi maxima re
frigeratione, quia est colligatum cũ
cerebro frigido: & quamuis sit calidæ complexionis, quod est colligatum membro frigido. Et non debemus iterum refrigerare multum he
par, quia est colligatum cum corde.
Et summa huius est, ꝙ quando volumus facere contradictionẽ membrorum principalium in calore, ad-
hibeas curam de corde eo ꝙ ipsum
est colligatum cum his membris, s.
principalibus. ideo quia cor est om
nibus his in potentia, quamuis sit
vnum in actu: sicut declaratum est M
in libro Sensatus. & tempore, quo
erit hepar malæ complexionis cali
dæ, intendas in refrigerando cor cũ
medicinis facientibus hoc: quia pos
sibile esset ꝙ cor esset cã malę com
plexionis hepatis, & tunc rediret ad
malignandum cor. & ꝓp hoc non
oportet relinquere cor sicut alia mẽbra. Et non oportet solum curare su
per hoc, s. in refrigerando, & calefaciendo, & exiccando, & humectando: sed etiam in oĩbus operationibꝰ
fortibus, s. in operationibus secũdis,
&

A & tertijs. Sed demonstratio huius
loci subiecti, & hic est manifesta. qa
quando erit mala complexio super
corpus, s. in fine superficiei corporis
non eges medicinis fortis qualitatis, sed quando est l corpus, oportet
te vti medicinis fortibus: eo q debi
liatur virtus ipsarum, propter tran
situm, quem faciunt per alia membra, v. g. sicut est pulmo.

De euacuatione per phlebotomiam.

Cap. 3.

HVcusque diximus de demonstratione medicinarum per
viam contrarietatis: nunc vero loque
B mur de demonstratione specierum
euacuationis, & proprie duarum specierum, s. phlebotomiae, & pharma-
ciae. Dico itaq; q qn natura egritu
dinis significat super necessitatem
phlebotomiae, necesse est vt praeui-
deatur aetas, & virtus, & aer, & regi
men, & consuetudo. & si omnia ista
significant super necessitatem phle
botomię, tunc secure minuas sine ti
more. Et attendas q non sit in corpore aliquod membrum lęsum, qd
denegat phlebotomiam. ver. g. sicut
est os stomachi frigidum, quod patitur nauseam: & etiam q eget non
C diu egrotauerit, propter quod perdi
derit virtutem. Aetas autem, quę est
conueniens minutioni, est iuuent9,
& aetas, in qua minuitur praeter iu-
uentutem, est principium septima-
nae sextae vsq; ad septuagesimũ annum. Verum minuere debemus de
quantitate sanguinis, i. minus extra
here de sanguine: quamuis sint homines qui tolerent phlebotomiam
vsq; ad octuaginta annos. Sed non
debemus minuere vsq; ad duas annorum septimanas sm Gal. quãuis
natura egritudinis hoc requirat ma
nifeste. Et dixit Abumeron Auen-
D zoar, ego minui vnum meũ filium
trium annorum, & euasit a morte.
Sed virtus, quando est multum debi
lis, non sufficit vt solum minuamus
de quantitate sanguinis: sed etiam
oportet vt prohibeamus phlebotomiam omnino. & si videtim9 q patiens non potest viuere sine minutione, sicut accidit in egritudinibus
senum, facias cum timore tamen.
Tempus autem conueniens phlebo
tomiae est ver. & tempus ęstatis pro
hibet phlebotomiam, propter debilitatem virtutis in illo tempore, & p
E pter resolutionem spirituum. Verũ
si requirat natura egritudinis, facias
euacuationem, sed in parua quanti
tate. Tempus vero hyemis prohibet
phlebotomiam propter coagulatio
nem sanguinis, & propter grossitiẽ,
quam habet illo tempore. Tempus
autem autumni, quia est propinquũ
ęstati in sua temperantia siccitatis
& caliditatis, non est conueniens ad
phlebotomiam propter siccitatẽ ip
sius, & propter turbationem vento-
rũ, & propter debilitatem operationum, & propter tempus calidum,
quod praecessit. Nec ita priuat phle-
F botomia omnino, s. quando natura
aegritudinis requirat, sed minuendũ
est ex quantitate. Et quando intendimus phlebotomare aliquod mẽbrum corporis, & repletio solum fue
rit in illo membro, tunc significat
super diminutione quantitatis sanguinis. & ideo necesse est vt trahamus secundum quantitatem illius
loci in duabus vicibus, aut tribus, ad
hoc vt non reciperet damnum
illud membrum, si egre-
deretur totum si-
mul.

G *De euacuatione per pharmaciam.*

Cap. 4.

Bibere vero medicinas laxatiuas, etiam hoc significat super quãtitatem euacuationis. Et infans nõ debet euacuari aliquo modo, neq; decrepitus etiam. Neq; debet euacuari tempore æstatis, nisi ducat ad hoc necessitas magna, propter siccitatem magnam temporis, & caliditatem ipsius: & quia acquisiuit ægritudini complexionem similem cõplexioni eius. Neq; sumenda est medicina tempore hyemis: eo ꝙ humores sunt duri illo tempore. Et Medi-
H ci laudauerũt pharmaciam vere & autumno: quia humores non egrediuntur vt plurimum tempore autumni a natura, nisi in qualitate solum. Homines vero, quos non cogit ad sumendam medicinam nisi conseruatio sanitatis, sumere debẽt postq̃ pluerit: eo ꝙ pluuiæ frãgunt siccitatem illius temporis. Verũ est, si commotio complexionis sup euacuationem medicinæ est tempore, in quo est humor in comparatione complexionis, tunc non debet euacuari nisi cum timore. sed cum erit contrarium, minuas ex quantitate,
I i. quñ aliquis humor superabundauerit. Et consuetudo quidem operatur in hoc, quemadmodum ĩ alijs. Qñ autem erit intentio euacuãdi aliqd membrorum corporis, significat super euacuationem ipsius: sicut diximus, locus subiecti, & colligãtia mẽbri. v.g. quãdo voluerimus euacuare cerebrum per viã phlebotomiæ, minuemus cephalicam: quia ꝓpter maiorem colligãtiam cerebri cum cephalica q̃ cum basilica: & etiam quia colligantia adiuuat in euacuatione. & cum intendimus trahere
ad contraria, v.g. cum nimis abun- K
dant menstrua, apponimus vẽtosas ad mamillas. & cum erit decursus superfluus ex parte sinistra nasi, apponemus ventosam super splenem: quando vero erit ex parte dextera, apponemus hepati. De loco vero appositionis, si est membrum, quod intẽdimus euacuare in alto corporis, fiat euacuatio in infimo corporis, & hoc est melius, eo ꝙ coadunatur hic euacuatio, & attractio. Et ideo laudatur vomitus in ægritudinibus existentibus in inferioribus corporis, & pharmacia in superioribus. Forma vero membri, & creatio ipsius demõ- L
strant iterum super euacuationem ipsius. v.gr. nos scimus de curatione stomachi, ꝙ possumus euacuare ipsum per vomitum, & solutionẽ ventris. & scimus etiam de curatione hepatis, ꝙ euacuamus ex gibbositate per prouocationem vrinæ, & ex concauitate per egestionem. Et propterea figura membri est consyderãda in transitu medicinæ: eo ꝙ nõ est conueniens apostemata ipsorũ per ipsa euacuare per transitum medicinæ fortis per membra ipsa: nec gulæ apostemata p gargarisma. Itẽ nobilitas membri, & ipsius iuuamẽ- M
tum similiter ad conseruãdã suam naturam nos inducit: propterea quia tale membrum cum corde maiorẽ colligantiam habet. v.g. quando hepatis apostema in statu fuerit, & tũc de iure res resolutiuæ essent propinandæ, inquantũ apostema existit: sed inquantum est in membro tali, medicina a rebus habentibus aromaticitatem, non debet denudari: propterea quia membrũ multæ sensibilitatis fortes non sustinet medicinas. Sed de mala complexione in

seip-

A seipsa a quibusdam creditur, q̃ & ipsa neget euacuationem materiei facientis ipsam. & hoc non est nisi ĩ euacuatione, quę fit per medicinam laxatiuam solum: eo q̃ facit malã complexionem abundare. Et iterũ dicunt Medici q̃ non debemus eua cuare cum medicina laxatiua ĩ prin cipio febrium, propter duritiem hu morum in illo tempore. & ego de clarabo hoc inferius. Dicit Hippo. mulier pregnans non debet phlebo tomari, nisi quando embryonis vir tus fuerit fortis, hoc est, a quarto mẽ se vsq; ad septimum: nisi humores
B fuerint furiosi, & pharmaciam con cedit tunc. Ego autem dico q̃ phle botomia, quãdo adest repletio, qua embryo non indiget, non est mala: sed pharmaciam non credo ad bo num peruenire finem: immo neces sario lędit embryonem: eo q̃ in se substantiam habet venenosam, & fortasse faciet malos humores flue re ad embryonem, vt ipsum lędãt. propterea quia medicinę purgantes sunt medicinæ prouocantes vrinã: & quod prouocat vrinam, est de ge nere prouocantium mẽstrua: & qđ menstrua prouocat, abortire facit.
C Et istæ regulæ vniuersales medica tiones malæ complexionis materia lis, & non materiales sunt sicut prin cipia & elementa ad illud, quod bre uiter dicere volumus ĩ qualibet ista rum specierum. Et nunc incipiam ĩ cura vniuscuiusq; specierum istarũ & diuidam hoc modo: quãuis isto modo non processerim in libro Ae gritudinum, eo q̃ hæc via hic vtilis existit. Et dicamus q̃ mala comple xio materialis, aut non materialis, aut est vniuersalis toti corpori, & q̃ magis est manifesta, est febris: aut existit particularis vni membro so D
lum. Et quæ materialis existit, sunt duæ species: quoniam aut in conca uitate membri existens, aut in ipsi᷒ substãtia imbibita reperietur absq; aliqua grossitudine vel tumore ĩ na turali membro eueniente: aut acci det membro grossities mala, quę a postema nominatur. Et incipiemus in mala complexione vniuersali: & post hoc de mala complexione lo quemur particulari in quolibet mẽ bro: & post illud de apostematib᷒, q̃ illa sequuntur: & principium in fe bribus ad ephemera faciemus. E

De cura febris ephemeræ in generali.

Cap. 5.

ET dicimus q̃ intentio medica tionis in illa duæ res existunt. Vna ad remouendum calidam, & sic cam malam complexionẽ, quæ est in ipsius substantia. & hoc fieri de bet infrigidando, & humectando. Et alia, vt causæ extrinsecæ febrem facienti resistatur: ob hoc, quia hæc febris nihil aliud est, nisi mala com plexio non materialis, quę vt plus a causis extrinsecis causatur. Et mẽsu ra infrigidationis & humectationis in hac febre est secundum mensurã F
rerum particularium, sicut est com plexio, aer, ętas, consuetudo, & regio & causę ipsam facientes. Et scias q̃ refrigeratio in febribus per se & per accidens fit. per se, sicut per medici nas, & cibos frigidos: per accidẽs ve ro sicut balneari in aqua calida, aut tepida. & maxime ĩ hac febre fit, eo q̃ per ipsam in spiritualib᷒ vapores dissoluuntur: qui nisi resoluerentur, corpus nimis inflammaretur, & for tasse ad putridam conuerteretur. & propter hoc balneum est om nibus cura vniuersalis. Sed inter

G aquæ existit diversificatio secundū diversitatem causarum facientium febrem. & hæc febris secundum plurimum accidit propter cutis densationem: quod plures accidit propter frigus, aut propter in aquis stypticis balneationem, aut propter necessariam balnei negligentiam, aut propter totius corporis siccitatem: sicut illis accidit, qui in aere calidissimo degūt. Et vere plurimum hæc febris accidit habentibus complexionem calidam & siccam.

De cura febris Ephemeræ in speciali.
Cap. 6.

H ET de hac prima loqui volum*, & postea de complexione calida & humida, & ultimo de calida solum. Et dicimus quod quæ accidit propter cutis inspissationem, aut propter aquarum stypticarum balneationē, medicatio per contrarium illis erit balneatio in calida, aut tepida aqua post declinationem paroxismi. & fricatio utilis existit in exitu balnei cum oleo tepido, in quo nulla stypticitas reperiatur. Non est* necessarium balneū reiterare ultra semel, sicut Gal. faciebat, qui infirmum faciebat intrare bis & ter: eo quod hoc re-

I gimen non convenit, nisi hominibus assuetis multum balneari: sed embrocatio post balneum est aqua frigida, ut mihi videtur, iterata, conclusionem faceret pororum: nisi pori nimium forent aperti, aut corpus esset nimis calefactum. Et melior cibus, qui post balneum est propinandus, si erit complexionis calidæ & siccæ, & tempus fuerit calidum, est ptisana ordei: eo quod infrigidat & humectat, & adiuvat ad expellendum superfluitates per omnes suas vias. & post huius digestionē dandi sunt pisces petrosi, carnes perdicum, & si-

K militum. Et si alium fecerit paroxismum, balneum, & dietam hanc reiterare debes. Et aliquando propter nimiam tristitiam, & multam iram fit, & propter multam in Sole morā. Et quę propter iram accidit maiori indiget refrigeratione quam illa, quæ propter vigilias, aut propter tristitiam provenit, & nulla istarum indiget fricatione, sed balneo solum. Et quę propter vigilias, & tristitiam fit, maiori īdiget humectatione, somno, & gaudio. Et quæ propter moram plurimam in Sole accidit, indiget refrigeratione: & ut

L longā in aqua calida contrahat moram. & facta fricatiōe, cum oleis frigidis inungatur, ut oleo violato, & similibus. Et quando propter multā accidit frigiditatem, balneum fiat et calidum, & balnei calid* aer utilior existit balneo aquę. Et cibi temperati esse debent, aut ad caliditatem declinantes, ut turtures, coturnices, & similes & aqua mellis valde utilis ē. caput vero talium oleo rosato inungatur, & aliis actu calidis: quemadmodum aliis frigidis in actu inungi debēt. Et scias quod ultima medicina om-

M nibus patientibus ephemeram, existit balneum, exceptis patiētib* reumata propter frigus. Et in ephemera ab apostematibus inguinum, aut subascellarum causata, & si causa reumatis calida fuerit, Dicit Gal. quod balneum intrare debet. & hoc non dicit, nisi quia sufficiens est in humorum subtilium digestione, sed grossos dispergeret per totum corpus, nec balneari debet, nisi post digestionis cōplementum. Et vina aquosa alba aromatica omnib* istis utilia sunt, si bibere assueti fuerint: ita quod post digestionem bibantur. nā plura habēt

Ex tristitia, & vigiliis.

Ex mora in Sole.

Ephemeræ curatio ex cutis inspissatione.

Gal. benè

A frigiditate.

Ab apostematibus inguinum.

A bēiuuamēta q̃ aqua. nam vinū natationem cibi in stomacho vetat, ventositatem resoluit, vrinam ꝓuocat & sudorem, animam lenificat, & adiuuat naturam ad expellendum superfluitates, quando patiētes hāc febrem debilitatem incurrunt digestionis, & maxime habentes ipsam ex vigilia, vel tristitia.

A fessitudine.

Sed quę a fessitudine est tantum, in sua curatione indiget dieta versus frigiditatem tendente: & vt cibetur quantitate tali, quę nauseam non inducat.

Ex fame.

Sed illi, qui hanc febrem patitur ex fame, propinanda sunt cibaria valde, B & cito digestibilia, tendentia ad frigiditatem & humiditatem. & ꝓpter hoc si cibaueris tales in pricipio paroxismi, non febricitabunt.

Ex cutis constrictione.

Sed si ꝓpter cutis fuerit constrictionem, I primis tribus diebus erit sufficiens fricatio, sicut cum semine melonū, milij, aut ordei farina, aut fabae, vel orobi. & quae appropriantur propina, sicut squinzibin cum aqua iridis, & capillorum vene. & violarum.

Et si hęc sufficere non videntur, & febres tertium transierit diem, aut tu arbitratus fueris a principio, vt ea fuerit I corpore repleto, vt ꝑ fricationem, C & apertionem sine vlla euacuatione ęgrum ledere posses, ob hoc, quia tale medicamen in corporibus plenis plus oppilat q̃ aperiat: tunc medicatio talium media inter ephemeram & putridam esse debet hoc est in phlebotomia & corporis mollificatione. & hoc facias sm excessum a signis consyderatum, & secundum q̃ ab experientia & bonitate aestimatiuę poteris perscrutari. quia ꝑ solam doctrinam certificari non posses, quod in vnoquoq; individuo faciendum sit in quantitate, & qualitate in hac arte. Et neces- D sarium est in hac arte praeter vniuersalium rerum cognitionem experientia, propter quam particularia prin cipia habeantur in eo, quod in vnoquoq; indiuiduo fieri debet. Et scias q̃ ista principia scribi non possunt omnia, quia sunt infinita. & ista ps scientię Medicinalis nobis vetat per fectionem habere in hac arte: eo q̃ magis est appropriata experientię, q̃ rationi & ꝑ hoc dixit Hipp. Ars longa. & vita breuis. Et egomet nō studui, in hac scientia, vt videatur E mihi, vt sim sufficiens, sicut videtur multis Medicis nostri temporis, qui multum elongati sunt ab eorum intentione: exceptis filijs Auenzoar, & maxime Aboali, & filio eius Abumariam, cui Deus conseruet vitam. nam isti veri magistri sunt in scientia Medicinali. Reuertamur ad dictum nostrum, & dicamus, quod maior pars istius febris a stypticitate prouenit, & siccitate, & maxime in complexionibus calidis, & complexiones siccas habentibus. Et hac eis non prouenit, nisi quia cibi permutantur in eorum stoma- F chis ad fumositatem, & quibus superuenit eis fluxus ventris. Et pluribus eorum, quibus hoc accidit, accidit propter corruptionem ciborum, & ipsorum mordicationem. Et aliquando accidit illis ventris cōstipatio: quod prauum existit. Et constipatio hęc accidit propter caliditatem, & siccitatem, & virtutis expulsiuae debilitatem. & sic dicendum est de medicatione vniuscuiusq; istorum per se.

De

De cura febris ephemeræ, quando est cum fluxu ventris.
Cap. 7.

ET dico ꝙ illi, cui accidit fluxus
ventris, in ipsius curatione consyderatio est habenda: ita ꝙ si hũor
eductus est, & fluxus cessauit, fac ip
sum ingredi balneum, & ipsum ciba cum confortantibus stomachũ,
& ipsum stomachum cum vnguen
tis confortãtibus vnge. sed cum fluxus est in statu, melius est vt in balneum ipsos ire non permittas. hoc
Gal. dicit. Sed noui Medici medicã
tur fortem fluxum cũ balneo: quia
H dicunt ꝙ attractionem facit ad oppositam partem. & quamuis ita sit,
non est propria medicina, sed est p
accidens: & ideo quia est per simili
tudinis viam: & tu scis ꝙ contrariũ
debet expelli per suum cõtrarium.
vnde hoc, quando possumus, est dimittendum. Sed patiens est ciband⁹
absq; positione ipsius in balneo: im
mo debes conseruare, vt rectifices ip
sius stomachum sua curatione cessã
te cum lana infusa ĩ oleo absinthij
& oleo rosato, & si masticem contri
tam acceperis, & cum oleo rosato
miscueris, & prædictæ lanæ infude-
I ris, multo fortius operabitur. Et vlt
scias ꝙ in membris principalib⁹ nõ
est superponenda medicina actuali
ter frigida: quamuis potentialiter
frigida existat. Et si fuerit multa inflammatio ĩ ore stomachi, misceas
cum istis oleis succum extremorũ
vitium, & succum cydoniorum. &
aliqui apponunt ceram, & faciunt
inde ceroturum. Et aliqui ex hac medicina mirantur, & dicunt, cũ æger
os stomachi habeat mala complexione calida vitiatum, cur Ga. ponit
masticem cum oleo rosato? Et nos
respondemus, ꝙ significatio hęc re- K
cepta a mala complexione sola est
alia a significatione recepta a complexione membri: ob hoc, quia inten
tio medicationis istius membri est
vt fortificetur cum medicinis habẽtibus aliquid stypticitatis, cum ama
ritudine & aromaticitate. Et ꝓpter
hoc primi experimentatores nõ cu
rabant debilitatem stomachi, nisi
cum his supradictis. Et possibile est
vt multis hominibus nocerent, eo
ꝙ malam complexionem non con-
syderabant: sicut dicit Gale. vni acci
dit, quia malam complexionem ha
bebat in stomacho calidam, & sic- L
ca. Multum ergo considerandum
est, si mala complexio est tanta, vt
ipsam nimium timeamus, studebimus solum in oris stomachi cõfor-
tatione. Et si non admiscebimus cũ
his frigidas medicinas, obseruato vt
sint illis similes in stypticitate: & tales medicinæ sunt multæ. Sed si flu
xus non cessauerit, non desistas ipsum cibare cum rebus stypticitatẽ
habentibus: & sm quantitatem flu
xus ipsum rege. Nam si paucus sit
fluxus, sufficit panis biscoctus cum
zucchARO, vel succo rosato confect⁹,
aut cydoniorum succo. Et si multus M
sit, fortioribus vtere, vel pane bisco-
cto ordei cum succo cydoniorum.
& vinum pomorum granatorũ est
bonus cibus sm Gal. Sed si cessauerit fluxus, mica panis conueniẽs est.
Et si superuenerit casus appetitus, su
mat electuarium cydoniorum cum
aliquãtula mastiche, cum succo extremorum vitis. Et Gale. vtitur hoc
electuario cydoniorum, quod composuit ĩ fine Regiminis Sanitatis.
Sed medicina, in qua intrat pix, aut
res calidæ, tũc est vitãda: & maxime

in

A in climate nostro tempore calido,
& calida complexione. Et quando
istis accidit ventris constipatio, tūc
considerandum est, in quo loco sit
cibi retentio, utrum in stomacho,
aut in intestinis. Si est in stomacho
Gal. praecipit dari cōfectionem triū
piperum: sed non de forti, in qua in
trant medicinae, sed de debili, quam
posuit in libro de Ingenio sanitatis.
Et hęc medicina non est conueniēs
nisi illi, in quo cibus permutatur in
stomacho ad acetositatē: quia stomachis calidis, & nauseam ex cali-
B ditate habentibus, hęc non erit utilis medicina. Et est dictum Gal. qđ
iam declaratum est I. Aegritudinū
libro, q̄ virtus membrorum q̄que
debilitatur per complexionem cali
dam malam, sicut per frigidam: q̄a
aliquod membrorum non hēt sua
accidentia nisi per mensuratum ca
lorem. Et si debilitatur per complexionem frigidam, est hoc substantiale, eo q̄ est ei necessarium. Et ꝓpter
complexionem calidam erit per accidens, sicut Sol fortis, qui extinguit
ignem, & calor fortis fornacis extin
guit candelam. Similiter potest dici
C sm Gal. de debilitate stomachi, quę
fit propter causas calidas, & nauseas
calidas. ergo Gale. non respondit nisi
ad frigiditatem, quę stomacho acci
dit per accidens in hac arte. & hoc
curare intendebat. Sed prouidēdū
est super complexionem malam, &
sic medicinae misceri debēt. Sed cre
do q̄ clima suum ipsum ad hoc su-
stentauit. Et mihi videtur, q̄ electuarium cydoniorum mistū cum
ligno aloes, mastiche, caryophyllis
multum valet, si sit taliter compositum, vt frigiditas cydoniorum vincat ipsorum caliditatem. Et non est

D tradendum obliuioni de modis cōpositionis harum compositionum,
quoniam si voluerimus frāgere vir
tutes ipsarum medicinarum absq;
cydonijs, potes **hoc** facere cum extremitatibus vitium, **vel** cum alijs
rebus frigidis & stypticis. & Medic9
in hoc prouisor esse debet, **vt** resistat
ei, quod plus est timendum. Et me
lius est, q̄ calor, qui ex hac prouenit
mixtiōe, sit in primo gradu. Et quā
do fuerit necesse frigiditatē stomachi remouere, diminuas res frigidas sicut nos diminuimus in aliqui
bus quantitatem calidarum, quan-
E do non oportet complexionem calidam procurare. Et Gale. praecepit
embrocari ventrem istorum cum
aqua calida, & intendit per hoc ven
trem mollificare. sed quia mollifica
tio nocet stomacho, oportet q̄ fiat
cum timore. & quamuis mollificatio sit huic congrua, ęgritudini **naturę** membri contraria existit. **ob**
hoc est necesse has duas res **miscere**
aut semper rem conuenientem ordinare. Sed cum cibus ex stomacho descendit, tunc embrocatio val
de vtilis existit: hoc obseruato, ne ci
bus indigestus ad membra trahatur
F embrocatio. & hic clystere meli9 est
omnibus, quę fieri possunt. & si nō
est mordicatio, aut ventositas, tunc
sufficit clystere factum ex melle, o-
leo, & aliquantulo sale. & si mordicatio fuerit, tunc admisceantur pin
guedines anseris, & gallinae. Et si vē
tositas affuerit, necesse est vt in oleo
coquatur parum rutae, & semina re
soluentia ventositatem, sicut semen
apij, & cymini, & fœniculi. Et vēto
sitas cum nausea in hoc loco signifi
cat q̄ naturalis calor debilis est. &
ꝓpter hoc nō est calefaciēdum, nec
ro-

G refrigerandum, sed vtrisq; vtendum
erit. fit aliquando hæc febris tribus
diebus perdurat: sed non timeas, &
rege ipsos post exitum paroxismi, &
post euacuationem ventris, ponendo ipsos i balneo, & ciba ipsos cibis
conuenientibus. Sed ex nausea acetosa hæc febris non fit, ob hoc, quia
ex illis substantia fumosa non gene
ratur, quæ spiritum inflammet. Et
scias q in complexionibus frigidis
& humidis raro hæc febris accidit.
similr neq; i frigidis & siccis. sed ca
lida & sicca oibus paratior ad hoc
existit. & propter hoc, illud, quod
H plus nocet corporibus sic dispositis,
est fames, & exercitium temperamé
tum excedens, & negligétia balnei.
Sed qui febricitant febre, quę fit ꝓ-
pter bubonicum apostema, quod
fit in subascellis, & inguinibus, vltimum medicamen illius apostematis est curatio. Et si propter reuma
hoc accidit, medicinæ purgantes ne
cessariæ existunt. Et si fuerit propter
sanguinis abundantiam minutióe
indiget: quia hæc preseruat, ne in ul
teriores ægritudines cadat. Et Gale.
præcipit vt has febres patientes ponantur in balneum: sed mihi non
I placet vt fiat, nisi in declinatióe. Et
hoc sufficit in medicatione ephеme
rarum coniunctio tñ hoc causis ex-
terminatis in libro Aegritudinum.

Febrium medicamé ex bubonico apostemate.

De curatione febrium acutarũ ardentiũ.
Cap. 8.

DEinceps volumus loqui de febrib' ardentib', vel acutis, quę
dicuntur ardentes: ideo quia istę febres sunt mediæ inter putridas & e-
phemeras. Et dicimus q iam dictũ
est in libro Aegritudinum, q hęc fe
bris fit ex multo sanguine. & sunt
species duę: vna est, dũ sanguis non K
est putrefactus: & alia est, dum sanguis iam putrefieri incipit. Et vnaquęq; istarum trino disponet modo. Vn' est, vt homotonos continue
affligat a principio vsque ad finem
æqualiter. & hoc fit, propterea quia
id, quod dissoluitur, est ęquale ei, qđ
resoluitur. Secundus mod' est, vt a
principio augmentetur, vsq; ad finem. & hoc accidit, ppea quia illud,
quod dissoluitur, est plus eo quod re
soluitur. Tertius mod' est, vt a prin
cipio vsq; ad finem decrescat. & hoc
fit, ideo quia illud, quod dissoluitur
minus est eo, quod resoluitur. Et qa L
hæc febris fit propter oppilationem
fm vasa, medicatio ipsi' erit p phlebotomiam: & maxime cum nõ est
sanguis putrefactus. Et Gale. hic di
cit q quando natura fortis est, extra
hamus vsq; ad syncopam. & dicit,
q propter hoc corpus refrigerationem habebit, & possibile erit vt cho
lera abijciatur per partem superiorem, aut inferiorem. & dicit hãc me
dicationẽ in hac febre esse necessariam. Et ego dico q hęc q̃ntitas eua
cuationis artificialr non existit, immo valde est erronea: eo q hęc ars
imitat naturam: & nunquã fit crisis M
laudabilis per euacuationẽ sanguinis vsq; ad syncopam perducentẽ:
immo hęc puenit a crisib' malis, in
quibus virtus expulsiua plus q̃ conueniens est, expellit. Adhuc nõ est
intentio euacuationis, inquantũ est
euacuatio, nisi ad remotionem superflui sanguinis peccantis quantitate,
& ad conseruationem quantitatis
naturalis: ergo quomodo põt sanguis euacuari vsq; ad syncopam, ni
si cum detrimento sanguinis natu
ralis? hoc impõle eẽ videtur. & Gal.

Nono Metho. med. c. 4.

Prima rõ cõtra Gal.

Scda rõ.

non

A non intellexit per hoc nisi subitam corporis refrigerationem: ergo hęc medicina accidentalis est periculosa. vnde melius est vt aliquantulum ex calore remaneat extraneo, q̄ calor naturalis diminuat̄. Adhuc non est credendū vt in tali corpore, quale est istud, non sit putrefactibilis alicuius humoris præparatio. ergo si diminuis calorem naturalē, corrumpetur humor, & virtus diminuetur, & non erit qui huius erroris faciat correctionē. Signa ergo, per quę cognoscimus febrē esse a putrefactione exemptam, sunt signa commutatiua, & non fixa.

(Tertia 16.)

B Consydera ergo quot in hoc loco eminent pericula. Et cum in hac febre apparent signa putrefactionis per vrinam, aut pulsum, phlebotomia non fiat vsq; ad syncopam perducens, quia impossē est vt post minutionē non remaneat putrefactio vsq; ad septimū diē. & pp hoc ē necesse vt remaneat virtus sufficiens digestioni. Et dicit Gale. q̄ qñ medicabis hanc febrem sanguinis cum putredine, tunc non est expectādum vsq; ad digestionē materię. Et ex hoc intelligere debemus q̄ in principio phlebotomare debemus.

(Vide Ras. in li. diuisionum. 14 5. & Auic. prima quarti tra. 2. ca. 47. & Abynz. tertio Theisir tra. 1. c. 4.)

C Et deinde potare aquā frigidam in niue frigidatam tandiu, donec corpus ipsius ad frigiditatem deueniat. Et hoc fieri debet consyderatis certis consyderationibus. Prima est, vt ęgritudo sit digesta, & vt in visceribus non sit apostema, & vt in ore stomachi nō sit debilitas neque frigiditas, nec qñ infirmus non est assuetus aquam frigidam bibere. Et sic esse debet: qm̄ illud, qd̄ hic inducit ad malam complexionē, cōtrarium existit eiusdem rei, quę causam habet remouere: qm̄ aqua frigida humorem incrudat, & impedit digestionem.

(De exhibitione aquæ frigidæ.)

D Et impossibile est hanc febrē integre remouere, donec causa ipsam faciens in corpore reponatur: ergo qū̄o potabit aquā frigidam habens stomachum debilē & frigidum, quin ei accidat timor, & stupefactio, & consimiles ægritudines ex mala complexiōe frigida. Etiam inuenti sunt hoīes, qui biberunt aquam frigidā semel in quantitate multa, & inde ad constrictionē anhelitus deuenerūt pp frigiditatē musculi, vel neruı, & diaphragmatis, & taliter q̄ non potuerunt aliqd deglutire.

E Et qui ipsam bibunt iam facta digestione, tunc naturam optime adiuuant: eo q̄ tunc ibi iā aliud non remanēt, nisi mala complexio calida: & illa tūc remouetur ab aq̄ frigidę bibitione. & sic natura meliorem facit operationē in humore tali, s. perficiendo digestionē, & malam materiā expellendo: qm̄ ipsa mala cōplexio hoc facere ꝓhibebat. & hic est tractatus Gal. in potatione aquę frigidę in hac ægritudine. Et debes scire q̄ hęc febris latitudinem habet magnam in suo calore sm magis & minus: & pp hoc, quę fortioris caloris ē, dr̄ causus, i. ardēs.

F Et hæc latitudo diuersificatur sm climata. Et qñ omnia particularia concordant cum febre, quæ est ardēs, & infirmus multum desyderat aquam frigidā, non in hac est digestio expectanda, quia ęger ante digestionem consumit̄. & si feceris ipsum pati vsq; ad digestionis apertionē, tunc erit ipsius digestio mala: quemadmodū est nebula nigra, aut hypostasis nigra pp nimietatē combustionis, & tunc aquę frigidę exhibitio nō valebit. Et ꝓpterea melius est

in

G in principio hoc etiam digestionis
signorum apparitione exhibere, &
nõ curare ex dictis aliquorum: quõ
hæc res est veracissime probata. Nã
materia, quæ talem facit febrem,
qualis ista est, cum sit in vltimo caliditatis, non est priuata digestiõe
nisi propter malam qualitatẽ acu-
tam, non propter grossitiem, nec pp
viscositatem. & quando hanc infri-
gidabis, tunc statim erit materia di
gesta. & melius est vt conuertas ea-
lem febrem ad febrem lentã & longam, quæ curari potest, q̃ æger subi
to moriatur. nam error, qui fit in
H alteratione complexionis febrium,
facilior est q̃ mors. Et ego credo ꝙ
illi, quibus digestio debet expectari,
si detur aqua frigida, citius curaren
tur, si eius virtus extiut fortis, quãuis ægritudo fuerit longa. Dicit n.
Aphori. Rasis ꝙ duo iuuenes in diebus cani
cularibus iter agebant: quorũ vnus
erat dominus, & alter seruus: & am
bo hanc inciderunt febrem: & Medicus dño aquam præbuit frigidã,
& seruo non propinauit: dominus
euasit, & seruus mortuus fuit. Et ter
ræ istæ nostræ mediæ sunt inter ter
ras Gale. & Rasis in temperamẽto.
I Et egressi sumus ex eo qđ nostrę intentionis erat. & ppea quia tractatus curationis istius febris est vna
partium tractatus febriũ putridarum, & propter hoc bonũ fuit narrare medicamentum, quod vtrisq;
commune existat.

De cura febrium Putridarum, & primo de eis in generali. Cap. 9.

SEd dico ꝙ febriũ, q̃ sunt ex mala complexiõe materiali, prima
illarũ intentio duas cõsyderat res:
hoc est vt malã remoueat cõplexio
nẽ, & malam euacuet materiam. Et K
quia materia est cum calore putredinali, accidit hic tertia intẽtio, hoc
est vt remoueantur causę iuuantes ad
faciendũ putrefactionem: & est superflui diminutio, & pororum aper
tio oppilatiõis. Et pororũ oppilatio
accidit pp res stypticas, aut frigidas,
aut desiccatiuas, aut pp humorum
grossitiem, aut viscositatem. & aliqñ hæc omnia aggregantur. ergo
tertio intentio est, vt vnumquodq;
illorum remoueatur per ipsius con
trarium. Ergo vt plurimum accidit
vt contrarientur hæc accidẽtia me- L
dicationi: & maxime qñ superuenit
accidens, qđ est contrarium signifi
cationi medicationis febris. Sed qñ
fuerit significatio recepta ab essentia febris, & causis ipsius, & vnum
erit contrarium alteri, tunc oportet
Medicum consyderare super accidẽ
tia, si fortissima sint. Et si non coga
tur Medicus à febre, vel accidentibus, tunc instare debet remotioni
causæ. & per hanc viam remouebitur febris, sicut est in febribus de fri
gida cã, vt est febri melancholiæ, &
phlegmatis. Et si febris fortior eã
fuerit, tunc opponat se febri: saluo M
vt cãę nõ obliuiscatur. & possibile erit
vt cogatur ambo cõsyderare æqualiter. Et nos volumus in primis narrare febres, q̃ non hñt accidentia re
sistentia eorũ medicatiõi, & postea
narrabimus illas, quę hñt accidẽtia
contraria: eo ꝙ tractatus resistẽtiæ
accidẽtium est alius à medicatione
ęgritudinũ, & ẽt alius à medicatione accidentiũ. qđ est, quia eorũ medicatio est per remotionẽ cãrum, sicut ĩ ęgritudinibus. Sed resistere accidentibus fit cũ rebus, quæ cito ea
remouent, & subito per cõtrarium:
quæuis

A quãuis vt aliqñ augmentant accidentiũ causas, sicut opium in summis doloribus. Dicim⁹ q̈ frigiditas & humiditas in oĩbus febribus ingressum hñt p modũ medicinę, et cibi. & hoc in rebus assumptis ĩ corpus fit per primas ipsarũ virtutes solum. & aliqñ fit, vt aerem infrigidem⁹, & aliqñ vt ipsum calefaciam⁹: & aliqñ ægrũ remoueamus de vno climate ad aliud, sicut fit ĩ peripneumonico, cui pręstamus vt vadat in Æthiopiã, vel ad Arabiam. Sed euacuationes in febribus per phlebotomiam, vel pharmaciã fiunt per vir-
B tutes secundas, aut tertias, aut p proprietates: & aliqñ fiunt per balnea, aut fricationes. Sed euacuationes p exercitium in febribus non fiunt. & est consyderandum in quo sit vnũquodq; istorũ faciendum, aut plus vno, & in quo tẽpore: eo q̈ tempus est vna ex rebus valde necessarijs ĩ hac arte. & ppea dixit Hippo. q̈ tẽpus sit acutum: hoc est q̈ tẽpus medicinæ latitudinem paucam habet. Et dicimus q̈ phlebotomia fieri nõ debet, nisi signa multi sanguinis apparebunt: sed melius est vt fiat, qñ non est malitia nisi quantitatiua,
C sicut superius dictum est. Et tẽps faciendi sequitur virtutis fortitudo: quia ſm plurimum fortitudo virtutis plus est in principijs ęgritudinũ. Propter hoc, ordinauerunt quidam fieri phlebotomiã in principijs ęgritudinum. & multi sunt ęgrotũ, qui phlebotomiam patiũtur vsq; ad vltra septimũ diem. Et ad remouendum illorũ errorẽ dicit Gal. q̈ debilitatẽ virtutis, aut fortitudinem nõ sequitur numerus dierũ. Et quantitas phlebotomatiõis recipitur à fortitudine ęgritudinis, & à complexio-

D ne, & ab ętate, & tempore anni, consuetudine, dięta, & cõdõnibus alijs. Sed bonitas virtutis, & eius malitia sequitur malitiã complexionis, & eius bonitatem. & pp hoc ponitur à Medico in vno genere. Sed euacuatio, quę fit aperiendo oppilationes, fit incidendo humores, & subtiliando ipsos, & digerendo ipsos, & rectificando illud, qđ põt rectificationẽ accipere, & expellendo illud qđ non potest rectificari. & hoc fit in omnibus febribus, & maxime in illis, q̃ non sunt incensiuæ: & etiã in omnibus horis, seu tẽporibus ęgritudi-
E nis: eo q̈ materia putrida nõ rectificatur, nisi his duabus rebus, s. expellendo illud, qđ rectificari nõ potest, & rectificando quod põt rectificari, quemadmodum fit ab hominibus volentibus putrefactioni obuiare. Et necesse est regere naturã continue in prouocando vrinam Sed quia maior pars harum medicinarum est calidæ & siccæ complexiõis, vt est semen apij, & fœniculi, & similium: & possibile est vt ex tali operatione febris augmentetur: & pp hoc necesse est vt frangant earum virtutes primæ cum rebus fri-
F gidis ex natura sui adiuuantibus illam operationem: & talia sunt semina melonum, cucumerum, & horũ similium. & sunt etiam ex medicinis harum operationum, quæ sunt temperatæ, vel paucæ caliditatis, quas damus febricitãtibus, sicut capillus veneris, & endiuia, & similia. Et in summa intelligere debemus q̈ quãdo operari volumus medicinas calidas, q̈ frãgere debemus earum virtutes, & in his prædictis medicinis inueniunt̃ duę res, s. incisio, & subtiliatio. Et scias q̈ euacua-

tio

tio per vrinam est ex medicinis ma
gis manifestis in febribus. Et hę me
dicinæ aliqñ inducunt angustiam,
& inquietudiné, & corruptioné stomachi, & hepatis, & proprie in fine
febrium chronicarũ, & pp hoc conuenit vt eis admisceãtur, ea quę habent confortare mébra principalia,
sicut bulliendo in aqua prędictarũ
aliquid mastiches: vel vt bibant a-
quam illam cum zuccharo rosato.
& in his conuenit nobis magna exercere, s. in confortando, subtiliando, & incidédo. Et si materia huius
febris fuerit humor frigid' & siccus,
H oportet vt abstineat ab his, s. calidis
& siccis: eo ꝙ ista sicca non debes
quartanarijs exhibere. & si vis ei ꝓ
pinare, debes hoc facere, frangendo
siccitatem earũ cum radice liquiritiæ, & zuccharo violato. Sed qa zuc
charum violatum habeat virtutem
relaxatiuã, prohibere poteris cum
passulis: qm optime existunt ĩ hoc
casu, & sunt necessariæ, s. passulæ in
remouendo siccitatem superfluam
squinzibin, s. syrupi acetosi: eo ꝙ ha
bet mordicare membra neruosa, s.
œsophagũ seu meri, & stomachũ,
& cannam pulmonis. & aqua cice-
I ris cõfert in maiori parte febrium.
Et quamuis aqua ordei sit frigida
& humida, habet mundificare vias à superfluitatibus, & abstergit,
& lauat vias absq; inflammatione,
& est ex medicinis laudabilis valde
ĩ hoc casu. Et pp hoc squinzibin, &
ordei aq̃ laudata sunt ĩ curis febriũ.
Sed aqua ordei interdum ori stoma
chi habet inducere nocumentũ, &
pp hoc indiget rectificatione, s. po-
nédo in cotulo dimidio aquę ordei
characterem vnum ex mastiche, s. põ
dus quatuor granorũ ordei. & hæc
omnia indigent consyderatione, s. K
opponendo se periculosiori, & fortiori fm plus & minus. Medicinæ
.n. laudatæ in relaxatione naturæ
sunt, quæ habent has secundas virtutes, s. relaxare, & qualitati febrili
obuiare. & tales sunt tamarindi, &
benefeg, i. violæ, & tereniabin seu
manna, & medulla batheç. Sed opꝫ
vt vitemus dare myrobalanos ante
digestioné propter stypticitatem ip
sorum. sed alubleb, i. corrigiola optima est in principio febris: quamuis aliquam habeat caliditaté. Ordo auté medicinarũ in mollifican- L
do naturam est, quã dicturus sum,
s. tereniabin in primo: secundo benefeg, i. viola: tertio tamarindi, postea alubleb, post medulla cucumeris sarracenici, s. anguini, & postea
Karsabar, s. cassia fistula, deinde my
robalani. & cõueniens est omnibus
febribus vti contrarijs à tota specie
putredinis febrilis. Sed quia hę medicinæ pro maiori parte calidæ existunt, sicut sunt species, ideo ĩ modica quãtitate de ipsis ponere debe
m', & frãgere debem' earũ virtutes
primas. Sed medicinam, quæ hãc exerceat operationé absq; calefactio- M
ne, vti debemus in hoc loco, sicut
est vinum pomorũ granatorum, &
sãdali albi, & rubei, & tabazir, i. spo
diũ. Sed ĩ sandalis aliqua existit oppilatio, & cùm rectificata fuerit me
dicina, materia vtilis existit. Sed me
dicinæ, quæ habent infrigidare &
humectare sunt diuersæ vel variæ,
vel multæ fm diuersitaté & multitudinem febrium in quãtitate cali
darum, & paucitate earundé. Et ordo harum medicinarũ ẽ talis: quia
primo danda est aqua ordei, & postea syrupus iulep: & ẽ syrupus fm
quosdã

A quosdam factus ex aqua rosę & zucchato solum, sicut laudauerunt aliqui noui. Sed propter siccitatem aquę rosatæ ponendum est tantundem aquæ simplicis, & plus & min⁹, secundum q videtur conuenire. & qui magis fortis existit, est syrup⁹ factus ex succis frigidis & humidis, sicut est succus cucurbitæ, & cucumeris saraceni, & citrulorum, & melonum: & sunt exterius coloris cittini, & iteri⁹ sunt continui & albi, sed quod fortius existit, est bibere succum prædictorum absq; zucchato: & maxime succum cucumeris saraceni, san- B guini: eo q contrariatur choleræ a tota substantia sua. Sed tempus, in quo de necessitate debemus purgare materiam peccantem cum medicina attractiua, est hora, in qua exuberat malitia humoris excuntis in qualitate. & iam declarauimus superius. & hoc facere debemus forti existente virtute. & tunc est certum, quando signa digestiõis apparent: qm̃ eo tẽpore collaudatur euacuatio facta a natura, eo q virtus expulsiua non mouetur ad expellendum superfluitates per viam naturalem, nisi facta digestione. & in hac arte C imitari debemus opera naturę toto posse. Et scire debes q facta digestione, fit descensio, & expulsio absque aliquo impedimento grossitudinis, vel viscositatis, vel oppilationis. Sed quando non apparet digestio, tunc dissensio inter Medicos reperitur: eo q Gale. & maior pars Medicorum dicunt q minime purgare debem⁹, nisi materia sit digesta, nisi ægritudo fuerit in vltimo acuitatis. Et hoc intelligere possumus ex dictis Hip. qm̃ quando ęgritudo est in vltimo acuitatis, tunc humores sunt in vl-

Difficultas de euacuatione materiæ ante digẽ tionem.

tima furiositate, & non est securitas D quin descendant ad quædam membra principalia, & lædant ipsa, nisi sint euacuati in principio ęgritudinis: eo quia humores, qui acutissimi existunt, sunt subtiles: & quia ibi non est grossities, nec viscositas, quę prohibeat operationem medicinæ laxatiuæ. Et non potest inde prouenire nisi vnum solum nocumentum, quod est, quia medicinæ laxatiuæ suis qualitatibus primis augmentãt febrem. & illud potest remoueri miscendo cum eis frigida & humida, secundum q conuenit. Sed quando ægritu- E do nõ est peracuta valde, sed est quieta, tunc expectanda est digestio. Et scire debes q ægritudines, quæ acutæ sunt in terris Hippo. in terris nostris peracutę sunt. & hoc manifestatur, quia Hippo. non curabat ęgritudines acutas, nisi cum aqua ordei, & melicrato. Et postq̃ ita est, ægritudines acutæ nostræ regionis, & aliarũ calidarum terrarũ, medicandæ sunt cum medicinis attractiuis, vel laxatiuis in principio ęgritudinis. Et in ægritudinibus peracutis pro maiori parte humores corrumpuntur circa orificiũ stomachi. & pp hoc, qñ ap- F paret abundãtia sanguinis, licet nõ sit superflua, euacuare debem⁹: qm̃ inde magnum puenit iuuamentũ, & incontinenti quiescit valetudo ęgritudinis, nisi sit qđ phibeat ex rebus supradictis. Sed qñ ægritudines non sunt acutæ, sed sunt ex humoribus mucillaginosis & viscosis & indigestis, ipsas euacuare & purgare debemus post subtiliationẽ, & incisionẽ, & hęc est digestio eorum: aloquin non oportet eã medicina purgari. Sed ęgritudines, q̃ non sunt acutę, & sunt ex humorib⁹ subtilib⁹, sicut

Tertiana nõ est acuta, prima quarta tr. 2. c. 7.

G est vera tertiana, quæ non transit vltra septem periodos, dicit Auic. ꝙ expectare debem⁹ digestionem: eo ꝙ digestio humoris subtilis est eius ingrossatio, & grossi est eius subtiliatio. & sicut difficile est virtuti expulsiuæ expellere humores grossos pp sui grossitiem, sic difficile est virtuti expulsiuæ expellere subtilem: quia disrumpitur, & dispergit̃ pp sui subtilitatem. quare difficile existit naturæ expellere humores grossos, eo ꝙ oppilant meat⁹, & trãsitus: & subtiles, quia disrumpuntur, & sparguntur, & imbibuntur. tñ medicinæ laxatiuæ citius expellunt, & facili⁹ humores subtiles q̃ grossos.

H Et ppea q̃dam Medici dixerunt ꝙ nunquam dederunt aliquam medicinam laxatiuam ad purgandum aliquem humorem, quin cholera prius purgaretur pp sui leuitatem & subtilitatẽ. & adhuc magis ꝙ qñ dantur medicinæ laxatiuæ, quæ trahere, & purgare debent melãcholiã, aut phlegma grossum & viscosum a proprietate & sui natura, prius illæ eædem trahunt choleram, & expellunt. Et hoc idem manifestat intellectus, ꝙ subtiles humores habiliores sunt ad purgandum, & expellẽdum grossis:

I quis hoc non sit ex operæ naturæ. qm̃ si sic faceret natura, illud quod prius exiret in ægritudinib⁹ acutis, esset cholera: eo ꝙ tales ęgritudines ꝑ maiori parte fiunt ex humorib⁹ subtilibus. & quanto sunt subtiliores, tanto difficilius a natura expelluntur. Et pp hoc dicimus ꝙ minime tardare debem⁹ in peracutis exhibere purgationes, neq; expectare ad perfectam digestionem: quia nõ est tutum, quin mala qualitas prædominetur naturæ: & tunc erit mala digestio expectanda cum diffidẽtia liberationis.

K Et postq̃ ita est, ꝙ purgare debes, non facias illud, nisi primo frangas suam caliditatem & siccitatem. Sed in febribus phlegmaticis, & melancholicis Rasis ĩ prĩcipio earum purgabat. & hæc erat eius opinio omnino, s. purgare ĩ prĩcipio febris. tñ Gale. dicit contrariũ manifeste, s. ꝙ minime debemus in principio febrium melãcholicarũ. & illud idem dicit in epist. ad Glauconem. Et illud est, quia finis harũ ægritudinum est securus, nec expectatur digestio mala: sed phlegmatica est malæ determinationis.

L & pp hoc necessarium existit, vt infirm⁹ euacuetur: præterq̃ expectetur digestio perfecta. & propter hoc Medic⁹ prius ĩcipere debet a medicinis subtiliatiuis, & incisiuis per hebdomadam vnam, quia non timemus calorem huius febris, cum sit debilis, vt magnum inferat nocumentũ: & cum hoc fecerit, tunc Medicus purgare incipere debet. Et demonstratio huius est illud, quod vides fieri ĩ apoplexia, & etiam in similib⁹ ęgritudinibus timorosis frigidis: quia in

M cipim⁹ in talib⁹ ab euacuatione, ponendo in medicinis laxatiuis incisiua, & subtiliatiua. Et mihi vr̃ ĩpolẽ recipiendo syrupum squinzibin per hebdomadam vnam factũ ex decoctiõe radicũ lilij cœlestis, & seminis apij, & liquiritiæ, quin ꝑparet hũores, & digerat, & leuiorem faciat exitum a corpore. & q̃uis tot⁹ hũor nõ euacuet̃ a corpore, tñ natura inde alleuiationẽ suscipiet oĩno. Et inde redire debes ad ĩcidẽdũ, & subtiliãdũ ꝑ aliã hebdomadã, quẽadmodũ diximus: & postea purgare. quia tañ operãdo, hũores habiles reperiunt̃

ad

Contra Gal in aph. cō-cta medicati pro quo Ras. 10. ad Alma. ca. 4. hic vero extẽditur sermo ad acutas, qa loquit̃ cõtra Auic. 10 ad Alman. c. 7. & 8. & 1. diui. c. 152 & 153. vide tres rõnes Ras. cõtra Gal. 36. c. c. 2. Opinionẽ Gale. uide 1. aph. 22. & 22. cõ. & 12. Met. med. ca. 5. & in ll. de Curat. per sang. mis. & 4. de rõne uictus i acutis & 1. de Febri b. ad Glauco. & Hali. quarto Tegn. ca. 30. Idẽ intellige ab hic de euacuatiõe febris a materia subtili nõ furiosa. Op. tñ vt secũda anhor. 19. 1. de prima quartita.

2. cap. 41. ibi. Ea do solutiuis ĩ principio eius. & c. 19. ibi. Ego vero nõ diligo. 6 op. paru post vt velle ibi. Et multoties qdẽ cõcedimus.

A ad expellendū. Et simile hoc est homini ferenti graue pondus. quoniā quando ferre non potest ipsum, & diuidit ipsum in partes, facilius tolerat ipsas. & postq̄ natura fuerit alleuiata, tunc digestio laudabilis apparebit, & rectificabitur domino cōcedente. Et hoc melius existit valde, q̄ infirmum dimittere ęgritudini, & naturæ. Cū videbis naturā ęgritudini præualere, tunc diætam, & regimen infirmo iubebis. & hoc in arte minime collaudatur: quoniam nisi naturæ violentiam feceris, vel adiuuando ipsam, nihil boni ei feceris, B nisi ꝙ verba ei dederis, retinendo ipsum. Et istud idem regimen facere poteris in febribus melancholicis. & sic facimus hominibus sanis, quādo volumus ipsos purgare, s. quia ipsis digestiuum propinamus primo, ad subtiliandum humores, & vias aperiendo. sic & in ægritudinibus oportet facere. tñ in ægritudinibus maior diligentia est adhibenda, eo ꝙ earum humores difficilius recipiunt digestionem. Et hoc manifestatur in opere Gale. in labore spontaneo febri propinquo. quoniam ipse purgabat omnes humores facientes C hunc laborem, præter humores viscosos mucillaginosos eo, ꝙ omnes concordare videtur, ꝙ tales nō sunt

12. Meth. purgandi. Gal. autem videtur ꝙ euacuare debemus habentes hāc febrē per fricationem solum. Ego autem affirmo ꝙ climata in hoc multum sunt consideranda propter hoc nō est danda regula generalis: quoniā mihi uidetur ꝙ etiam humores viscosi, & mucillaginosi purgari possunt in his nostris regionibus: facta tamen incisiōe, & subtiliatione per longum tempus: & tunc tempus digestionis abbreuiabis, & natura inde alleuiabitur, & ex tunc videbis digestionem laudabilem. Et te oportet has res multoties experiri: quia D experientia in his rebus non modicam virtutem habere videt. Quod scripsim⁹ de hoc ī hoc loco sufficiat.

De cibatione, & fricatione, & lauatione febricitantium.

Cap. 10

Dico ꝙ cibus dari non deberet febricitantibus vsq; ad statū ægritudinis. & hoc, vt natura temp⁹ habeat digerendi humores faciētes ægritudinem, & ipsos expellēdi. Sed E quia virtus non est sufficiens omnibus, te oportet considerare ęgritudines. Quoniam, si fuerit ex ęgritudinibus peracutis, cuius status est propinquus, & crisis debet esse in septimo, & natura fortis existit, tunc illud facere debes. Et si virtus debilis fuerit, nullaten⁹ facere debes. Sed si virtus mediocris fuerit, & ętas fuerit iuuentutis, cibabis ipsum aqua ordei, & mica panis, lota etiam cum aqua calida ad quātitatem vnc. ij. vel iij. ponderis. & istud est subtilius regimen in nostro climate sm consuetudinem nostram. Sed regimen an F tiquum subtilius erat, nihil dare p hebdomadam vnam. & quando volebant ingrossare, dabant aquā mellis solum. Sed hoc ferre non possunt illi, qui sunt nostri climatis propter complexionem aeris, & consuetudinem. Sed in climate illorum corpora habent minorem resolutionem: & cum hoc bibunt vinum non in multa quantitate, & comedunt carnes porcinas, quæ duo sunt plurimi nutrimēti. Et gñalr considerāda est cōsuetudo, qm̄ qui cōsueti sunt

G comedere ter in die, non possunt ꝓdicta sustinere, & maxime habẽtes complexiones calidas, & resolubiles. Et si cognoueris statum egritudinis esse longum, & virtus infirmi fuerit debilis, cibandus est plus q̃ diximus in principio. & cum status appropinquabit, minuẽdus erit. & totum hoc est intelligendum, forti existẽte virtute. & fortitudo virtutis existit ĩ cõplexione forti. Sed qui habent complexiones calidas & siccas, pauci ex his famem possunt sustinere: & maxime in egritudinibus sibi consimilibus, & in temporibus calidis: eo ꝙ,
H quando talibus pati famem fecerimus, febres eorum ad incensiuas declinare faciem⁹: q̃uis debiles existãt in radice: vel ad hecticam, quia ĩ cõplexionibus consimilibus multiplicantur qualitates malæ sui natura, & magis, qñ eis faciẽm⁹ sustinere famem multiplicantur, & aduruntur humores. Et hora cibandi eos est in declinatione paroxismi primi, & ante principium secundi, vt natura habeat spatium digerendi humorem in tempore paroxismi. & hoc meli⁹ existit, s. confortare virtutem, ne ei accidat accñs periculosum, cui ne-
I cessarium sit cibum propinare, vt ĩ syncope ex resolutione. Sed si timuerimus aliquod ex his, cibabim⁹ eos in principio paroxismorum: qñ inde eos a syncope taliter liberabim⁹: quemadmodum recitat Gal. de puero, qui precepto Medicorum sustinuerat famem tribus diebus. Et aliqñ conamur cibare ipsos in medio paroxismorum. In febribus autem continuis horam cibãdi eligere debemus, in qua maioris existit quietis: consyderando tñ consuetudinẽ. Et ex horis diei meliores sunt frigi-

10. Meth. med.

dæ, s. mane, & sero. Et scias ꝙ balne K
um in declinatione febrium collau Balneum
datur, quoniam superfluitates euacuat subtiles. In principijs vero minime, quia rigores habet prouocare, & dissoluit humores, & multiplicat oppilationes, & spargit superfluitates per corpus totum: & non est tantum quin inde proueniat apostema in aliquo principali membro. & q̃uis hũores euacuet, multiplicat m̃ calíditatẽ & siccitatem febrilem, siue fuerit ex aqua calida factũ, siue ex aere calido. Et necesse est vt corpora talium non tangantur aqua L
frigida, qm̃ humores efficit crudos. & ꝓpter hoc balneum fieri non debet nisi post factam declinationem, & ĩ febribus, quæ non sunt acutæ. Vina quoq; aromatica leuia, q̃ modicam aquam sostinere possunt, phlegmaticæ & melancholicæ exhibere possumus: sed in incensiuis a vino omnino elongare debemus. Gale. 12. Meth.
quoq; curabat febres, quæ erant ex humoribus mucillaginosis cũ fricatione. & hoc indiget cõsyderatione. qm̃ nõ est tutũ, qui hũores spargantur ex fricatione p totũ corp⁹. Et ipsemet ꝓcipit in lib. de Conseruatiõe M
sanitatis ꝙ ille, qui hẽt lassitudinẽ, Lib. 4.
& corp⁹ ei⁹ fuerit plethoricũ, vel plenũ hũorib⁹ mucillaginosis, vt minime moueaẽ vel exerciteẽ: neq; balneũ intret, neq; faciat fricationẽ, & similia: eo ꝙ fricatio nõ euacuat ex hũorib⁹, nisi qui sunt subcutanei, & inter musculos: qui aũt sunt ĩ venis nullaten⁹ euacuari possunt, nisi cũ medicinis laxatiuis. Et ẽt vides ꝙ, si san⁹ faceret fricationẽ ꝓceptã ab ipso in lassitudine, s. ita magnã, de necessitate cutis apareẽ: eo ꝙ fricatio hæc in vltimo grauitatis existit, &

illis

A illis maxime, qui hãc patiunt̃ ęgritudinem, cũ in lassitudine semp̃ vi-
deant̃ eẽ. Iam ergo sufficiẽter scripsimus, sicut nobis vr̃ gñalr̃ curas
febriũ putridarũ: nũc aũt redibim᷒
ad curã vniuscuiusq; particulariter.

Hic d̃finit noua trãdatio.

De cura febrium cholericarum, & primo de cura tertiana.
Cap. II

HAec febris si fuerit pura tertiana, erit secura absq; periculo:
& scimus certissime φ natura habe
bit dominium super hunc humorem. Et propter hoc non debemus
B eum mouere cum medicinis attractiuis, sicut est scammonia: eo φ re
ctificando eam quantum plus possumus, semper membris principalibus habet inducere nocumentum.
& propter hoc virtutem debilitat, &
auget etiam caliditatem febrilem,
& siccitatem suam. & si aliud nõ in
duceret nocumentum, nisi conamẽ
surgendi & decumbendi, modicum
non inueniretur, quia complexio i-
de supercalefit, & debilitatur. Sed ap
C parente signo digestionis non est
malum dare aliquam medicinã attractiuam in hunc modum, s. quia
primo dare debes ea, quæ primo ha
bent lenire materiam & humectare
sicut syrupum violatum, & tamari-
dos: & ad reprimendum nocumentum stomachi adde aliquid ex mastiche. Et rheubarbarum in hoc loco optimum existit: qm̃ reprimen-
do nocumentum prędictarũ laxat.
Et quantitas, quam dare debes ex
rheubarbaro, est a duab᷒ drach. vsq;
ad tres, miscendo ei syrupum iuleb,
& squinzibin, ana vnc. j. cum. v. partibus aquę frigidę: & infra diem po
tabis cum aqua ordei. & hoc facien

Dosis rheu barbari.

dum est oĩ die, nisi natura moueret D
bis in die ad assellã, sicut conuenit.
& si natura moueretur ex hac medi
cina vltra quantitatem, minue sm̃
portionem ex ea. Et sumus contẽti
in hac febre ex infrigidatiõe & humectatione cũ aqua ordei & syrupo
iulep: eo φ hęc febris non existit in-
tẽsæ caliditatis, cum sit ex cholera
naturali. Et sumus contenti oppila
tiões ipsius remouere cum aqua or
dei & squinzabin solũ, cũ modica ĩ
ea reperiatur oppilatio, & forsitan
nihil. Et facta digestione si sufficit E
dare myrobalanos citrinos, bene q-
dẽ: sin aũt, ppina infirmo ex scam
monia charactes ij. cũ tãntũdẽ mastiches, & cum vnc. j. syrupi de nenu
fare, & vnc. 5. syrupi malorum. Syru
pus de nenufare, quia frangit quali
tates ipsius scãmoniæ primas, s. eius
caliditatem & siccitatem: & cũ hoc
confortat aromaticitate suam mẽbra principalia. Et syrup᷒ pomorũ,
eo quia frangit eius siccitatẽ, & remouet nocumẽtũ principalium mẽ
brorũ ab ipsa. Et mastiche quia cõfortat & remouet nocumẽtũ princi
paliũ mẽbrorũ. & Medici iã ipsis vsi F
fuerũt ad occultãdũ malitiã scãmo
nię. Et si timebis debilitatẽ infirmi,
cibabis ipm̃ mica panis lota. Etiam
testificatus est Hippoc. φ nisi fuerit
ex errore, φ hęc febris nõ trãsit quar
tã decimã diẽ, et si fortissima fuerit.
Sed si hęc febris nõ fuerit ex pura
cholera, sed erit ex vitellina, vel pras
sina, vel æruginosa, non euadit hic
absq; piculo magno: & maxime qñ
fuerit ex prassina, vel ęruginosa, &
mihi vr̃ impoẽ φ aliqs ab ęrugino
sa euadere posset. Et hę febres lõgos
habẽt paroxismos, & pessima accĩ-
tia. & pp̃ hoc ĩdigẽt purgatiõe cum

G medicina attractiua, quam supra scripsimus, prius ablata caliditate & siccitate ipsius. Et non est malũ, vt misceas ipsi medicinæ aliquid de polypodio, quod Arabice dicitur bel bebieo ꝙ purgat choleram adustã, & grossam, & melancholiam, postq̃ fregeris siccitatem eius cum oleo amygdalarum dulcium. Et aperire oppilationes in hac febre proprium existit, nisi fuerit excedentis caliditatis. quòd si fuerit, tunc intendere debes solum ad infrigidandum, & humectandum.

H De cura causi. Cap. 12.

Haec febris est intensi caloris, & prauorum accidentium, & dicitur incensiua, & impossibile est ꝙ hæc ex cholera naturali generet. Et in ista conueniens existit purgare cum medicina attractiua a principio ipsius, & minuere ex sanguine si signa sanguinis apparebunt, dando ei omni die .x. aureos tamarindorum infusorum in aqua simplici absq; syrupo & aliqua alia re dulci. & post dabis ei bibere aquam ordei: & postea per totum diem potabis
I cum aqua anguriæ. & hoc regimen proprium existit omnibus febrib' quæ sunt in vltima caliditate. Et nõ dimittas aquam anguriæ, & aquam super niuem infrigidatam: quũ si cõuerteris hanc febrem in lentam, & chronicam, melius longe existit, q̃ vt æger moriatur. Et hoc etiã dixit Abumeron Auenzoar de quodam puero, quem ipse medicauit, cui dabat omni die aquã anguriæ, & quotidie choleram vomebat. & tamen taliter fuit operat', donec illa febris conuersa fuit ad chronicam, & inde liberatus fuit. Et mihi videtur ꝙ aqua K
anguriæ longe melior existit q̃ aqua in niue infrigidata in hoc casu: eo ꝙ aqua in niue infrigidata, q̃uis sit in vltima frigiditate, velociter tamen recipit caliditatem. & adhuc magis: quia aqua cum sit simplex, nihil restaurat, neq; præstat corpori, nisi frigidam qualitatem solum: sed aqua anguriæ restaurat, & addit in sanguinem faciendo frigidã substantiam, & qualitatem. Sed quando febres erunt lentæ, & longi erunt paroxismi, & certus eris, ꝙ non ex cholera pura erunt, sed erit ex vitellina, quæ naturali frigidior existit, L
tunc studere debes plus in aperiẽdo oppilationes quàm in infrigidãdo, contrarium eius, quod fieri debet in illa, quæ fuerit ex cholera pura: quãuis raro tales inueniantur. Et laudabiles medicinæ in hac parte sunt, quæ habent virtutem aperitiuam absque forti caliditate, sicut capillus veneris, & radix apij, & semen fœniculi, frangendo siccitatem eorum cum radice liquiritiæ, & caliditatem cum violis, & flore nenufaris, & seminibus communibus. Et studeas ponere in medicinis res, quæ habent membra principalia M
confortare, sicut est mastiche, & spica nardi, componendo ista cum syrupo squinzibin. Et esto studiosus ponere in medicinis solutiuis, quæ habent cholerã euacuare cum quantitate phlegmatis: sicut est semen bruscandoli, idest, semen cartami, frangendo tamen caliditatem & siccitatem eorum. Et hęc est cura omnium febrium cholericarum.

A *De cura febris phlegmatica.*

C.ap. 13

HAec febris cū fuerit ex phlegmate simplici & naturali, & de
hoc fueris certus, tunc studiosus esse
debes in incidendo humores, & in
subtiliando, & oppilationes aperien
do, plusquam in infrigidando & hu
mectando. & sufficit tibi in hac intentione squinzibin cum iure cicerum, occultando siccitatem eorum
cum radice liquiritię. & adde huic
compositioni aliquid ex spica & ma
stiche, quoniam in hac febre stoma
chus debilis reperitur. Et conuenien
B tior operatio in principio huius febris est lenire naturam cum semine
cartami, & semine vrticarum, fracta
siccitate eorum prius cum tereniā-
bin. Et seruato hoc regimine per heb
domadam vnam, ꝓpinabis eis medicinam laxatiuam, quæ habeat illum humorem euacuare. Et melior
illarum medicinarum est turbith:
quia a proprietate habet trahere, &
expellere humiditatem, quæ in ore
stomachi est. & agaricum etiam cū
eo: quia eradicat humorē grossum,
& aperit oppilationes. & si addideris
aliud ex hiera picra, nō est malum,
C confidendo magis in agarico, & tur
bith: & aliquando occultando, & frā
gendo siccitatem eorum cum oleo
amygdalarum dulcium. Collocyn-
thidem autem in tuis medicinis eui
tabis ponere quantum plus poteris.
Et si apparuerit tibi ꝙ humor sit tā
tæ duritiei, ꝙ non possit euacuari
absq; ea, adde ex ea aliquid in prædicta compositione, occultando ma
litiam eius cum cachina (& credo ꝙ
sit tragacantha) & cum amygdalis.
& dosis eius est media pars aurei. Et
tales purgandi sunt bis: qm̄ in vna
vice non possunt purgari ꝓp grossi- D
tiem humoris. Et hoc nō facias, nisi virt⁹ fuerit fortis, cōsyderans alijs
cōditionibus supradictis. Medicina
vero facta ex turbith in pricipio hu
ius febris nō est mala. Cibus vero
in principio hui⁹ febris sit pulla par
ua secure: eo ꝙ status eius non est
minor trium septimanarum: & est
possibile vt ipsa duret vsq; ad qua-
draginta dies, & vltra. Rasis autem
dicit ꝙ transacta septimana quarta
non est malū infirmo exhibere trochiscos de rosis completos cū aqua
cicerum: eo ꝙ hāc febrem patientes
in fine leuiter deueniunt ad debili- E
tem stomachi & hepatis, & cadunt
de facili in hydropem. Et ego meo
tempore vidi quosdam habentes fe
bres chronicas, quib⁹ Medici nostri
propinabāt eis syrupum squīzibin
solum, & ceciderunt in hydropem,
& mortui sunt. Et quod dico de tro-
chiscis de rosis in hoc loco, non dico nisi cā exempli & similitudinis.
tn̄ tu debes dare ex similibus medicinis s̄m plus & minus, prout tibi
melius videbitur conuenire. Etiam
qd' simile huic itētioni repit, est zuc
charū rosatū, ꝓterq̄ frigiditati magis vt ponere q̄ trochisci dicti. Et si F
videbit' tibi cōueniēs miscere cū iu
re cicerū syrupū squīzibī facit illā.
Et si īflatio ī pedib⁹, aut ī palpebris
apparebit tibi; caueas a syrupo squī
zibin: qm̄ hēt pducere ad hydropē,
quēadmodū dixim⁹. In febrib⁹ vero
phlematicis, nō recipiētib⁹ digestio
nē, quorū facies & vēter tumescūt,
& calores eorum plūbei videbunt',
Gale. vt ꝙ tales sunt euacuandi per
fricationem, donec vigilant, diuidē
do tempus eorum, ita ꝙ dimidium
tempus eorum sit fricando, & dimi

 dium

G dium sit dormiendo. Et dabim⁹ ei
bibere aquam mellis cū hyssopo, &
liquiritia. Sed Gal. potabat eos aqua
ordei. sed eam ego non laudo i hoc
casu: eo quia nocet stomacho, & facit hompilationem, nisi cum ea fue
rit parū mastiches, & piperis, & radi
cum fœniculi. Et non debemus eos
diu dimittere absq; cibo, quia inde
recipiunt nocumentum: quis leuiter pati famem possint. qm̄ qn̄ iste
humor mucillaginosus multiplicat
in corpore, talis humor cum difficultate maxima potest ad sanguinē
conuerti. & propter hoc virtutes eo-
H rum debilitātur, donec ad syncopē
habent peruenire. & ideo eis dare d-
bemus micam panis lotam cum a-
qua mellis, vel cum vino aromatico. Et hic est modus fricationis, qui
pceptus est a Gal. in hoc casu. s. φ
habere debes gausapia aliquantulū
grossa & vetusta. & in primis incipe
re debes a superiori crurium, descen
dēdo inferius ad pedes. & postea fri
ca genua, & postea superiora coxarum, descendendo ad genua. & postea incipies fricationem ab hume-
ris, vel spatulis, descendendo per bra
I chia ad manus. deinde fricabis dor
sum, incipiendo a summitate eius,
veniendo vsq; ad pedes. & sic fiat p
totum diem. Et si infirmus senserit
lassitudinē, inunge cum oleo nō ha
bēte stypticitatē, sicut oleum chamę
millinum, & anethinum, qm̄ est bo
num. Et dicit Gale. φ postea abstergere debes oleum, eo φ angustiam
præstat. & hoc est, quod Gal. vł dice
re de hui⁹ ægritudinis regimine. Et
quia i hac febre accn̄s syncope consueuit puenire, iō memorat⁹ ero ei⁹
curam, vbi tractabo de curis accī-
tium, obmittendo eorum causas.

De cura febris Quartanæ.
Cap. 14

K Illud autem, quo plus indigem⁹
in hac febre, est aperire, incidere,
& subtiliare. & modicum in ipsa in
digemus fricatione, infrigidatione,
humectatione, quasi nihil. Et cura
huius febris quasi contraria existit
curę causi: eo quòd in causis atten-
dimus ad febrem solum, & in hac
causæ. Et propter hoc eligere debe
mus medicinas incisiuas, subtiliati-
uas, & spleni appropriatas, sicut radix cappatis, & scolopendrium, &
L tamarix: eo quòd istud membrum
potens est ferre medicinas fortes, &
aperitiuas absque nocumento. Et
potes conficere has medicinas cum
syrupo squinzabin facto ex vua pas
sa. Et oportet in principio te euacuare materiam cum helbeg, idest
polypodio, extracta virtute eius in
iure galli veteris, & oleo amygdalarum. Et si vis digestionem expecta
re in hac febre, potes facere propter
ipsius modicum periculum, quod
ferre potest. Et si vis purgare ante
perfectam digestionem, poteris facere, facta incisiōe cum syrupo prę-
M dicto per duas septimanas, vel tres.
Et medicinę, quę habent trahere
hunc humorem, & purgare, sunt
iam manifestę, & etiam habent gra
dus. & quę in primo gradu reperiū
tur sunt myrobalani indi, & emblici, & postea polypodium. & tales
sunt, qui dimittunt myrobalanos
propter eorum stypticitatem. Et
post polypodium est epithymum.
Et operatio istius fortior est operatione polypodij, & maiorem corpori infert angustiam. & hac de
causa indiget occultatione illarum
dua-

A duarum rerum, scilicet remittendo
ipsius qualitates primas, & eius remittendo malitiam. Et pp hoc non
est malũ miscere illi medicinę medicinam, quæ faciat ipsam velociter festinare, sicut ponendo cũ prędicta medicina Karacta duo scammoniæ vel tria cũ tertia parte vnius
aurei de maiorana. & hoc non faci
mus cũ expellendi ipsum humorẽ,
sed pp debilitatem & tarditatẽ ipsa
rum medicinarũ ordinamus dictã
additionem, vt recipiat inde princi
piũ expellendi. Post epithymum est
B lapis lazuli. Sed ab elleboro nigro
cauere debes toto posse. Completa
autẽ digestione huius febris, à Gal.
theriaca collaudatur. & ante digestionẽ recepta, posset ipsam ad causam conuertere. Sed si tempus fuerit frigidum, & ætas senectutis exi-
steret, dia trion piperion facta dige
stione mirabiliter confert: & maxime in frigidis regiõibus. Et indiges
in hac febre circa splenem studere,
s. emplastrando ipsum cum rebus
remouentibus ipsius tumorẽ et9, &
duritiem resoluentibus: quemadmodum in cholerica solliciti eẽ debemus circa hepar, & in phlegmati
C cis in orificio stomachi. qm̃ membrum istud, ĩ quo maxime talis hu
mor putrefit, & ardet, sicut ignis, in
hac febre melancholica est splen:
& in cholericis est hepar: maxime
continuas ex cholera patientibus:
& in phlegmaticis circa stomachũ
existit, quare in istis tribus generibus febriũ conueniens est dicta mẽ
bra cõfortare, & humorẽ digerere,
& rectificare. Et si cognoueris in p̃-
dictis sanguinẽ exuberare in princi
pio, eos minuere debes. In phlegma
tica vero mihi videtur φ cum timo

re magno phlebotomia sit faciẽda, D
quia in ea multa quantitas humorũ crudorum reperitur. In febre autem acuta, quę dr̃ murabecca, & in
latino synocha vocatur, scire debes
φ qñ putredo pręualuerit, tunc pur
gatio existit melior phlebotomia.
& si quãtitas sanguinis plus ipsa pu
tredine reperitur, tũc melius ẽ phlebotomare, q̃ purgare. Et sic iam fini
tus est tractatus omnium febrium
putridarum, generaliter & specialiter. Et postquam curas simplicium
cognoueris perfecte, ex ipsis scire de
bes leuiter curas cõpositarũ, velut
hemitritæorum, & suarum similiũ. E

De cura febris Hectica. Cap. 15.

NVnc aũt mihi remanet de hectica determinare. Hęc febris
cũ sit de mala complexiõe sine materia calida & sicca, ideo intentio cu
rationis vna existit, s. infrigidare &
humectare: & plus indigemus ĩ hac
humectatiõe q̃ infrigidatione. quare infrigidare debes & humectare
cum oĩbus rebus, quibus potes. Et
hoc dupliciter fieri potest: vno mõ
cum rebus intrinsecis: & alio cũ extrinsecis, sicut cũ balneo, vnctionibus, & emplastris. Hæc quidem fe- F
bris tres gradus habere vr̃, qui variã
tur fm plus & minus. quorũ quidẽ
primus leuiter curari põt secundus
difficilis existit: tertius vero minime curari potest. Et cura quidẽ primi gradus, & secundi eadẽ existit, ni
si quia diuersificatur fm plus & mi
nus. Cibus aũt, qui maxime conuenit in hac ęgritudine, est lac. & melius ex eo est lac mulieris. & post ip
sum est lac asinæ. & post illud ẽ lac
caprę. Et est necesse ea, à quibus re
cipitur lac, nutrire cibis optimis fm
suam

G suá naturá, & facientibus digestionem laudabilẽ. Et ipsum in ieiunio dare debemus in ea quantitate, qua digeri possit. Et conuenit tibi studere, vt bene digeratur eo q̃ laci ī stomacho de facili caseari cõsueuit, quare incipere debes à modico, dando ei primo vnz. i. & sic addendo, donec deuenias ad dimidiũ rotulũ. Aqua quidẽ ordei eis magnam habet necessitatẽ. & quamuis corpora eorũ maiori indigent nutrimento cæteris corporibus, ideo quia virtus eorum nutritiua debilis existit, conueniens est, studium adhibere in præ-
H bendo eis cibaria digestibilia, & boni chymi. Quare de carnibus laudabiliores, quę eis existunt, sunt pullę gallinarũ, quæ nutritæ sunt ex frumento. & vitellum oui similiter eis est optimũ nutrimentum. capones nutriti ex amygdalis & frumẽto eis collaudantur optime. Et si in corporibus eorũ calor fortis reperitur, nõ est malum eis propinare aliquid ex olerib' aliquibus frigidis. & quę ex eis magis laudabiliores existũt, sunt lactucæ, quia somnum prouocant: & ipsi indigent ipso plus cæteris hominibus. & quia virtutes eorũ sunt
I debiles, ideo cibaria eorũ debemus diuidere in vicibus pluribus, sicut ī sequenti dicturi sumus. Sed in balneando eos debemus magnã habere consyderationem: eo q̃ isti non videntur habere necessitatẽ calefaciendi, resoluendi, nec euacuandi. quid.n. proficies ex infrigidatione accidẽtali acquisita ex balneo, cum humores inde euacuent? & hoc nõ confert nisi in mala cõplexione materiali. Et postq̃ ita est, mihi vr̃ q̃ ipsi nõ indigeant aliquo ex aere balnei. & quãuis aqua calida hẽat hu-

Opinio Aue. d̃ balnei administratione.

mectare, cũ hoc tñ facit resolutionem. Sed balneũ aquę frigidę mihi vr̃ esse melius, si possit ipsum cõuenienter sustinere. Et scias q̃ Galen. manifeste dicit q̃ ipsi non indigent balneo, nisi cũ præparationis suorũ corporum, vt aquam frigidã valeãt sustinere, cum qua balneari debent in fine balnei. Et balneũ s̃m ipsum taliter debet præparari, s. q̃ infirmũ ferre debemus cum lecto suo ibi. & cũ fuerit ī camera prima ipsius balnei, extẽdere debemus plumarium paruũ, & eum superponere ibi debemus. & si illa prima camera tepida esse reperitur, ibi eũ à pannis expo- K 10. Meth.
L liare debes. & ordinare debes q̃ à quatuor hoĩbus capiẽdo à quatuor angulis plumarij feratur ad cameram secundam, & ibi ipsum reponant nudũ. sed tẽperantia camerarũ balnei vna alteri comparari debet, s. q̃ eadem proportio esse debet secũdæ ad tertiã, quæ primæ ad secundam. Et cũ fuerit in camera secũda, inungi debet o'eo tepido. & postea ponẽdus est in camera tertia: & ibi ponẽdus est in balneo, vel tina, aut pila: qđ idem est. Et in vnaquaq; camerarũ tantũ morari debet, quantum
M ipse infirmus posset incedere suauiter ab vno capite earum ad aliud. Et ex tunc ipse infirmus debet poni in balneo, vel tina seu pila aquę tepidæ plena, & illic morari debet tẽperate. & postea balneandus ẽ aqua frigida. & istud est regimen, qđ aperuit Gal. in hoc casu de balneo. Sed Rasis sentire vr̃, q̃ tales infirmi non indigeant nisi balneatione aquę tepidæ. Sed quia impossibile est vt tales, qñ expoliantur, vt eis non eueniant horripilationes, & specialiter in exitu ab aqua calida: ideo necesse

A le est vt tina vel balneum eorum sit in camera temperata, q̃ nõ excedat in caliditate vel frigiditate. & aqua similiter temperata esse debet. & sic videtur ei, vt inde aliquod iuuamentũ recipere debeant. Sed iuuamẽtum appositionis fectis picis est, eo q̃ virtus istorũ attractiua debilis esse reperitur. & propter hoc ponẽdi sunt primo in aquam calidã: eo q̃ in illa principiũ attractionis esse reperitur: & in eadem tñ morari debẽt, quousq; mẽbra eorũ vndiq; tumescere videant, & pori per totum aperiantur: & deinde pix est apponẽda.
B & hęc omnia recitat Gal. vbi loquitur de cura malitię complexiõis calidę & siccæ stomachi. Abumeron
7. Meth. Auenzoar aũt velle vĩ q̃, nos eis in tina aquę tepidæ solum ponere debemus absq; intratione stuphæ. & in exitu tinæ propinãdũ est eis lac. & cũ digestum fuerit, iterum ponẽdi sunt in tina: & postea dabis eis aquam ordei. & facta digestione ipsius dabis eis micã panis lotam cũ rebus prædictis. Sed ex rebus, quæ exterius fiunt, sunt balneum, & balneatio sm̃ q̃ diximus, & etiam aer. Quòd si fuerit calidus, debemus eũ
C infrigidare, abstergendo domũ, & substernendo in ipsa folia frigida, sicut sunt rosæ, & folia salicis, & flores neanufaris, & folia vitis cum suis floribus: studendo vel ingeniando, vt aqua frigida à superioribus ad inferiora descendat: Et vt domus septentrionalis existat. Et q̃ illæ fenestræ sint apertæ, vnde Sol minime possit penetrare: & illæ claudantur, vnde potest intrare. Et quando aer fuerit frigidus, non indigebunt prædictis, nisi vt ipsum trahant, sicut est: & maxime quando princi-
D pium malæ complexionis fuerit à stomacho, vel à pectore, vel ab intestino ieiuno, vel à renibus, & ab istis ipsa mala complexio deinde deriuatur. & possibile est etiam q̃ illa mala complexio incipiat à corde, & inde ad prædicta, & ad totum corpus deriuetur. Quare studere debes ad sciendũ, vnde habeat prouenire febris ipsa. & cũ scíueris membrum, à quo primo procedit hæc mala qualitas febrilis, studeas ipsum infrigidare, & humectare absq; trahendo ipsum à sua naturali complexione: & specialiter, si membrũ fuerit maximi iuuamenti. Et emplastra con-
E uenientia his membris sunt emplastra facta cũ rosis, & sandalis, & herbis frigidis aromaticis, vel cum cera, sicut dicit Gal. Et cum infrigidare volueris pricipalia, addas aromatica, & stypica. Et istud est regimen hecticæ, cum fuerit in vltimo. sed quando fuerit in principio, cum lenioribus curari poterit.

De Syncope, eius causis, & curatione.
Cap. **16.**

ET postq̃ locuti sumus de febribus absq; accidentibus, prohibentibus curatiões earũ, nũc tracta-
F re volumus de febribus secũ hñtib⁹ accñtia. Dicam⁹ ergo q̃ ista accidẽtia gñaliter proueniunt ex omni re dissoluente virtutẽ: & hæc resolutio syncope nominatur. & ꝓuenit necessario à mala cõplexiõe cordis calida, vel frigida. Complexio aũt mala calida aut ꝓuenit ex rebus extrinsecis, sicut ex aere calido, vt sępe cõtingit diu moranti in balneo calido: aut ex rebus intrinsecis, sicut ex mala cõplexiõe totius calida corporis, vt cõtingit in causo. Frigida vero cõtingit aut ex rebus extrinsecis, sicut

G sicut accidit ambulantibus per loca
frigidissima: aut ex cōplexione frigida membrorū intrinseca plurimi
iuuamenti, sicut accidit ex ore stomachi, & ex suffocatione matricis:
aut ex mala cōplexione totius corporis frigida, vt contingit in febribus putridis, quæ fiunt ex humoribus grossis & viscosis & mucillaginosis. Et hæc cōplexio frigida quā-
doq; acquirit̃ ex superflua euacuatione diminuente calorē naturalē.
qm̃ qñ calor naturalis superflue diminuitur, impoßē est vt possit regere corpus: & omnes operationes fri
H gidiores debito existunt. quare pro
uenit syncope. Non dico ġn, φ ipsa-
met diminutio quantitatis inducat
syncopen: sed inæqualitas qualitatum, eo φ cuiuslibet generabilis &
corruptibilis cā est proportio quatuor qualitatum, s. caliditatis, frigiditatis, humiditatis, & siccitatis:
quemadmodum in libris naturalibus declarauimus. Species aũt euacuationum, quę aliqñ præabunda-
re consueuerunt, sunt sicut sup̃fluus
fluxus ventris, & vomitus, & superfluus fluxus sanguinis narīū, & hę-
morrhoidarū, & aliorum membro-
I rū, & in mulieribus superfluus fluxus menstruorum, & ẽt qñ in partu superflue exuberant. Et potest ẽt
syncope prouenire ex ruptura seu
crepatura, vel ex apertura magni
apostematis subito. Et vigiliæ similiter hoc facere possunt. Et ẽt accidē
tia animæ, sicut excedens gaudiū,
& tristitia. qm̃ hæc faciunt spiritus
exhalare, superflue dilatādo, & constringendo: & inde in substātia mē
brorū anhelitus spiritus malam ac
quirit complexionē. Et ẽt fortis dolor est vna ex rebus, quæ ducunt ad

syncopen. & hoc accidit aut ex ma- K
la complexiōe acquisita ex dolore,
aut superfluitate motus virtutis expulsiuæ facientis dolorē, sicut dicit
Gale. Hæc autem, quæ dicta sunt,
sunt omnia accidentia, quę habent
syncopen facere, & promouere. Et
summarie scire debes, φ qñ syncope
fuerit cum febre, studendū est tunc
in remouendo, & rectificando, seu
curando syncopen: quamuis contrariū febris videatur. Et nos dicturi
sumus modum eius, cum ipsius curam tractabimus. Et nunc incipere intendimus tractare de syncope
procedente ex cā humorū crudorū. L
Dicimus itaq; φ curatio huius est
regimen prædictum in curatiōe ha
rum febrium. quare si ex negligentia, vel defectu ipsius in syncopen in
ciderint, iuuabimus eos in primis, p
pinando cibum, et si in medio fuerint paroxismi: quamuis nostrę intentioni contrariū videatur, cū in-
tendamus φ natura ægritudini debeat præualere. & in hoc casu nihil
vino melius reperitur. Quare dico
φ quãuis vinum Sarracenis bibere
licitū non sit, tñ in hoc loco ita lici-
tum esse vr̃ vinum bibere, quemad
modū eis licitū ē comedere carnes M
morticinas, s. q per se moriūtur, vel
suffocantur habētibus necessitatē.
quare īcipere debemus eis dare micam panis infusam vino. Et vinū,
quod melius reperitur, est aromaticū: cuius caliditas penetrare potest
p totum corpus, qd sit sine amaritu
dine, & stypticitate: & est illud vinū, qd est vinosum, pungitiuum in
prīcipio, & post delectabile sine aliqua amaritudine, & ponticitate. Et
mihi nō placent vina in nostris par
tibus assueta, sicut sunt vina picis:
ideo

A ideo quia sunt vina medicinalia, &
non nutritiua, & nocent principalibus membris sua siccitate, & acuita
te. Diamuscũ autem in talibus pro
pinatum cũ vino non nocet. Et in
principio syncopes rorare faciem,&
aspergere cũ aqua rosata, vel saltẽ
cõueniens est cum frigida. Et si syn
copizans habuerit apostema hepatis,vel stomachi,vel similium mem
brorũ, non speres cũ curare cũ exhi
bitione cibi: quia cibus plus multiplicat apostema,q̃ fortificet virtutẽ.
Et fricare extrema I hora syncopes
conueniens existit. Illis vero, q̃bus
B prouenit syncope ex caliditate vel
acumine renum, qd scire poteris ex
signis dictis ab Hipp. quæ sunt nares acutæ,oculi concaui,tẽpora plana,& similia : cura illorũ est cõtraria supradictę: quia ad cõseruationem illorũ non indigemus abstinẽ
tia cibi, nec respicere diem criticã,
neq; statũ ægritudinis aliquo mõ.
Et ex cibis conuenientioribus omnibus est mica panis, vel ptis ordei
cum granis granatorum : quia in
granis granatorũ proprietas reperitur resistendi putrefactioni,& vt cibus in fumositates malas conuerti
C minime possit.& ex cibis ẽt, qui ipsos habent confortare, sunt vitella
ouorum,& testiculi gallorũ, & pul-
læ paruæ. Et si syncope fuerit ex errore cibi, cibandus est ex pane infu
so in vino:& sit vinum aquosum,le
ne, odoriferum ,album : sicut dicit
Hipp. & lymphatum sit cum aqua
frigida. Quod si syncope prouenit
ex humoribus viscosis mucillagino
sis, vinum lymphatum eẽ debet cũ
aqua calida : qm̃ aqua frigida illis
magnum infert nocumentũ. Et tu
scis q; syrupus pomorum, & cydoniorum cũ medicinis muscatis cõ- D
ferunt syncopę,sed non iuuamento
vini : quia natura necessario domi
nari debet super ipsas ad ipsarũ con
uersionem. Vinum aũt digestiõi ci
tius præparatur omnibus alijs cibis
& medicinis : ita q dicitur q in sto
macho non moratur ad digerendũ
nisi in hepate solũ, & in talibus tan
tum indigemus restauratione & nu
tritione, q si inuenim posset aliqd,
qd nutrire posset absq; digestione,
illud melius cæteris diceretur,& vti
lius pp eorum debilitatem, & quia
intendimus ipsos citius iuuare, q̃
esse põt. Aer autẽ, in quo infirmus E
iuuari debet, frigidus est stypticus
debet esse. & generaliter tibi necessariũ existit, vt talibus ordines omnia, q̃ habent resolutioni obuiate :
& emplastrando sup ventres eorũ,
& stomachos res stypticas & aroma
ticas. & si calor in talibus esse fortis
reperitur, propinabis eis res stypticas,& aromaticas. Et habentes synco
pen cũ apostematis aliquorũ mem
brorũ principalium, nullatenus de
ipsius liberatione cõfidere debem'.

De syncope proueniente causa Stomachi. Cap. 17.

F

Syncope quidẽ ex stomacho p-
cedens,si ex cholera, quę in ore
stomachi abundauerit,fuerit, I primis vomitum prouocare debemus,
ponendo pennã eis in ore.& si cum
hoc eijcere non poterit, naturã eũe
mollificare debes. Et Gal. vr̃ vt talibus in hoc casu oleum tepidũ dare
debeamus. qm̃ si vomitum nõ habuerit ab eo, saltem natura mollifi
cabitur inde. Sed quia hę medicinę,
quæ habent vomitũ prouocare, de
sui natura est,& proprietate stimu-
lare

G lare virtutem plus eo, qđ facit humor efficiens ſyncopen, & addit in
eadem ægritudine: & pp hoc dico
ꝙ longe melius eſt confortare corũ
ſtomachos cum maſtiche, & ſpica
nardi, & ſucco cydonioꝝ, & ſoborũ
vini. quia taliter virtus eorũ expul
ſiua confortatur, & humorem expellit. & ſi vomitus à ſe prouenerit
in hoc caſu, valde laudabilis exiſtit.
In ſyncope quidem facta ab humo
rib' frigidis dabis de electuario dia
trion pipereon, ſtudendo extrahere
humores, quemadmodũ dicturus
ſum in curis cuiuſq; membri.

H *De ſyncope accidẽte cũ Doloris.* Ca. 18.

Dico ꝙ ſi potes remouere dolorem remouẽdo cauſas ipſius,
non intendas curare cum rebus exi
ſtentibus contrarijs ægritudini. &
hanc curã inuenies ĩ curis malę cõplexionis, quę accidit in vnoquoq;
membro: eo ꝙ dolor aliqñ procedit à mala cõplexione calida vel fri
gida, materiali vel non materiali:
& accidit aliqñ à mala complexiõe
ſicca abſq; materia, ſicut accidit do
lor in ſpaſmo ſicco. Sed qñ dolor in
tantũ fortificatur, ꝙ nõ eſt tempus
expectandi, tũc curare debemus ẽt
cum rebus augmentantibus cãm,
I ſ. ſtupefaciendo membrum doloro
ſum. & hæc cura non confert niſi p
accidens, ſ. priuando ſenſum illius
membri, ĩ quo mala complexio reperitur cauſa humoris ibi exiſtẽtis.
& inde diminuitur motus eius ex-
pulſiuus, ſ. eius virtus expulſiua, ab-
ſque tñ reſolutione ſpirituũ aliqua.
Qñ aũt ſenſus ſuperfluus mẽbri eẽ
reperitur, tũc certiſſime ſuperfluitas
reſolutionis ſpirituum reperitur. Et
qñ facimus hãc ſpeciem curationis
in doloribus cã frigida prouenientibus in fine, tunc ſequitur magnũ K
nocumentum. Sed ſi cã fuerit calida, tunc non tñ ſequitur nocumen
tũ. Neq; operari debes illam curam
in cã frigida, niſi cum infirmus ĩ ar-
ticulo mortis eſſe reperitur cã dolo
ris. Et ex hmõi medicinis, quę ĩ hoc
caſu magnam habent proprietatẽ,
eſt philonium. & eſt rationabile pp
opium receptum in ipſo. Et hęc cu
ra gñaliter in oĩbus doloribus acu-
tiſſimis operatur. & in quibus magis neceſſaria exiſtit, eſt in dolorib'
oculorum, auris, & dentium, & inte
ſtinorũ. Et Gal. præcipit ꝙ minime
exercere debes hanc curã, niſi poſtꝗ L
prognoſticatus fueris infirmo, ꝙ in
fine ex ea læſionem habere debet.
tñ conari debes in remittendo nocumentũ, qđ ex eo cognoueris eſſe
futurum. & in partibus noſtris, qñ
volunt opium operari, non faciunt
niſi miſcendo cum alijs medicinis,
ſicut eſt in philonio. Et melius philonium eſt illud, quod non eſt vetu
ſtũ ſuperflue: quia in eo virtus opij
ẽ cõſumpta: nõ recẽs nimis, qa ĩ eo
virtus opij ſupflue abũdare reperit.
Cura vero cũ theriaca ĩ dolorib' re-
mouẽdis eſt cura cauſæ remotiõis:
quemadmodum faciunt illa, q̃ ha- M
bent remouere malã complexionẽ
facientem dolorẽ. & propter hoc in
illo caſu opus theriacæ laudabilius
exiſtit opere philonij. Et cũ volueris remouere dolorem, remouendo
cãm ipſius, conſyderare ꝑius debes
quis humor eſt in cauſa. quñ ſi ex
humore calido fuerit: ſicut dicit Ga
le. de illo, qui patiebatur dolorẽ ven
tris, & extimabatur ꝙ cã illius eſſet
ex humoribus frigidis, ſicut pro ma
iori parte accidere cõſueuit: & qñcunq; dabantur ei calida per os, aut
clyſteria

A clysteria ponebantur, dolor in eo sp
augmentabatur: & sic cognitum q
dolor erat ex humore calido cholerico imbibito i pelliculis intestinorum, & tunc cibatus fuit cibis nō fa
cilis conuersionis, & bis eidem pro-
pinata fuit medicina facta cū oleo,
& sic fuit liberat᷒ ab ipso. Sed si fue
rit dolor ex humoribus frigidis, tūc
curabis eum euacuando humorem
dictū, sicut fecit Gal. in seipso cum
clysteri, cum extraxit humorem vitreum, & ide liberatus fuit. Et qñq;
ēt fit dolor causa ventositatis fumo
sæ, quæ resoluitur ex corpore ipsius
B humoris. & talis dolor nō est curan
dus cū medicinis vltimę caliditatis:
eo q quamuis resoluant ipsam, faciunt oriri iterum ex ipso humore
aliam fumositatē. quare cura istius
doloris esse debet cū medicinis mo
dicæ caliditatis, & q cū hoc habeāt
virtutem digerendi. & theriaca etiā
in hoc casu magni existit iuuamen
ti. Hucusq; iam elongatus sum ab
intentione materię: eo q curam re
motionis causę memoratus ero, cū
tractabo de curis remotionum acci
dentium: & nunc redire intēdo ad
illud, qd prætermisi de mea prescri
C pta intentione superius. Dico ergo
q in doloribus aliqñ fiunt localia
remedia: sicut cum pinguedine an
seris, & gallinæ, & anatis. & aliquādo fiunt cum embrocatione aquæ
calidæ, & olei, & ponendo eos i bal
neo, & cum his similibus. In doloribus vero factis ex vaporibus calidis
solum apponim᷒ ventosas cū igne.
& hoc tandiu est faciendum, donec
Medicus tempus vel spatium hēat
causam remouendi: eo q maior
pars illorū dolorum, qui ex ventosis remouentur, redire cōsueuerūt:
nisi Medic᷒ tēporis spatij fuerit stu D
diosus ad remotionē ipsius cāę. gra
vix esse poterit, quin error cadat in
regimine ipsius infirmi: & inde videbitur recidiuare. & sic rōnabiliter
esse debet, quoniam vapores istius
humoris semp faciunt paroxismū,
donec ex toto sit resolutus, vel ex to
to euacuatus.

De syncope prouenient ex superflua Euacuatione. Cap. 19.

SCias q cura isti᷒ syncopes fit plu
ribus modis. Primus est vel fit,
trahendo materiam ad partē oppo
sitā. Secundus fit, confortādo illud
membrum, vnde fluit materia, ne E
ipsam superflue spargere possit. Ter
tius modus fit, stringendo vias, vnde fluūt humores ad locum. Quartus modus fit, impediēdo virtutem
expulsiuam, qñ superflue expellit:
sicut fit in illa passione, quæ cholerica nominatur, & in Arabico dicit
almayda, iu qua vomitus & seces-
sus simul fiunt, quæ curatur stringē
do, & ligando crura, & brachia, &
ponēdo eos in balneo: & cum hoc
ēt in eadē necessitatē habemus ponendi styptica intus, & extra. Sed qa
balneū superflue habet soluere, &
euacuare, iō cum timore magno ta F
les in balneo ponendi sunt, ēt exhibendo eis styptica. & ēt de istis adhuc locuti erimus, qñ tractabimus
de cura malę cōplexionis materialis, dum euacuatur de membro ad
membrum.

De syncope superueniente ex superfluo fluxu Sanguinis narium, vel aliorum membrorum. Cap. 20.

CVra sanguinis narium, si fuerit ex nare dextra, ponēdæ sunt
ventosæ hypochondrio dextro sup
hepar. & si fuerit ex sinistra, ponen
dæ

G dæ sunt super splenem. & similiter si ex menstruis superflue fluxerit, ponimus ventosas super mam-
millas: & cum hoc propinãda sunt
styptica, quæ habent constringere
orificia venarum.

De syncope prouenienti ex superflua Vigilia. Cap. 21.

VIgiliis subuenimus cum cibis,
quorũ proprietates sunt indu
cere somnũ: & cũ vnctionibus prouocantibus somnũ, sicut est oleum
nenufarinum, & violatũ, & oleũ de
seminibus cucurbitarum: & cũ odo
H ratiuis inducentibus somnum. & ẽt
debemus dare eis vinum lymphatum, si fuerit sine febre. Hęc autem
omnia supradicta diximus ad recti
ficationem, seu curationẽ prauorũ
& periculosorum accidẽtium febribus superuenientium. Curam autẽ remotionis causæ rememorabo,
qñ tractabo de curis accidentium,
& malorum apostematum.

De curatione malæ complexionis particu-larum membrorum. Cap. 22.

ET postq̃ narrauimus breuiter
curationẽ malæ complexionis
I vl'is, narranda est curatio malæ cõplexionis particularis. Sed qñ mala
cõplexio est immaterialis, cura esse
debet p cõtrariũ: & qñ fuerit materialis, cura esse debet per euacuationẽ, & per contrarium simul. Sed in
euacuatione, & in resistẽdo per con
trarium consyderanda est ætas, &
complexio, & consuetudo, & tẽpus.
& etiã attendere debes complexionem membri, & formã ipsius, & po
sitionem eius, & colligantiam suã,
& sensibilitatem, & suum iuuamen
tũ: hoc est quia alicui membro superuenit solutio sine apostemate: K
& postea de apostematibus loquemur. Et dicamus q modus, vel vsus
medicaminis malæ complexionis
particularis est vnus, sed diuersifica
tur in aliqua proprietate, quemadmodum conseruatio propriç cõple
xionis illius mẽbri, & figuræ ipsius,
& positionis, & cõpassionis, vel colli
gantiæ, sensibilitatis, & iuuamenti. &
hoc dictum est in his, quę præcesserunt: sed est necesse vt hanc consy
derationẽ semper habeamus pp illa, quæ hic narrare intendimus.

De cura malæ complexionis siccæ Stoma-chi sine materia. Cap. 23. L

SI stomacho mala accidat complexio sicca solum, nõ materialis, dicimus q modus medendi illã
est vnus & idem modus cum modo
medendi malam complexionẽ totius corporis siccam, sed diuersificatur in hoc, quia dissimilis est cõplexio naturalis stomachi a cõplexione totius corporis. Ergo incipere debemus ponendo ipsum in balneo tẽperato, & post balneum lac
bibat temperatum asinæ, aut capræ
cum aliquantulo zucharo, & quãdo cognoscemus eum digessisse lac
per signa ructus, & tumoris stoma- M
chi, iterum ipsum in balneo ponemus: spatio tñ interueniente inter
vnã & aliam balneationẽ quatuor
horarum aut quinq;, & semp in exi
tu balnei debet inungi cũ oleo violato vel communi eo q ipsum hu-
mectabit, & cauebit ei a multa dissolutione, & in quolibet exitu balnei propinetur lac supradictum, si
ipsum affectauerit: sin autem aqua
ordei propinetur. Et hora prandij
detur panis mundus bene coctus, &
bene

A bene fermentatus cum pullis gallinarum, & caponibus pinguans cũ lacte amygdalino. & pisces petrosi ad hoc sunt vtiles: carnes perdicũ, & phasianarum, coturnicum ẽt vtiles sunt. Et cibus conuenientior est ille, q velocis digestionis est & multi nutrimenti: quãuis tales cibi aliquã videantur contrarii. Et vinũ talium debet esse aromaticũ cũ aqua mixtum. & talis quãtitas vt cibum in stomacho natare non faciat, nec extẽsionẽ, aut grauedinẽ inferat. Et cum hęc passio fuerit sedata, paula- B tim ad illius consueta parumper deducemus.

De cura caliditatis & siccitatis Stomachi. Cap. 24.

SEd qñ cum siccitate coniungetur caliditas, tunc cum hoc regimine res frigidę sunt admiscendę, sicut aqua ordei, syrupus de nenufare, & syrupus de violis. & vinũ magis temperetur cũ aqua frigida. & istis aqua frigida cõueniens existit. Et si siccitas multũ fortis fuerit, tũc aqua frigida est timorosa, ne os stomachi lędat. & vngendus est cum oleo amygdalino. & inquantũ ęgri- C tudo ĩ caliditate & siccitate excedit, intantũ indiget rebus infrigidantibus & humectantibus: sed in eo q est stomatica, indiget rebus habentibus aliquid caliditatis cum stypticitate, & aromaticitate. & ppea non est malum cum his addere aliquantulum mastiches.

De cura frigiditatis, & siccitatis Stomachi. Cap. 25.

SEd qñ cũ frigiditate siccitas cõiungetur, tunc cũ lacte aliquantulum mellis est ponendũ, cum boni sit odoris atq; saporis. & aqua ordei dimittat, si fortis frigiditas affue- D rit. & tali stomacho superponatur puluis mastiches cũ oleo rosato extensus super lanã. & oleum amygdalinũ est cum istis iuuatiuum valde. & emplastrum picis inter cętera iuuatiuum existit, qñ rationabiliter fit: hoc est vt ponatur super membrũ. & non ibi diutius immoretur, nisi vt poros aperiat, & postea auferatur. Et scias q siccitas difficilior est ad humectãdũ, q̃ humiditas ad exiccandũ: quemadmodũ frigidę difficiliores sunt ad recipiendũ caliditatem, q̃ calidę ad recipiendũ frigiditatem: ob hoc quia difficilius E quod in his esse possit, est curare frigiditatem, & siccitatẽ, quia est ęgritudo senilis. calida namq; corpora debent custodiri, ne ad habitum veniant senectutis.

De cura malę complexionis calidę Stomachi. Cap. 26.

MAla autẽ complexio calida sola vt vt curari debeat cum rebus frigidis solum. Sed tñ hoc mẽbrum infrigidari nõ debet ex toto: ppea qa sup hoc mẽbrũ dñinat frigiditas: qa fm plurimũ vnaqq; res, q alterationẽ recipit, potius illã reci- F pit ad quã sua complexio declinat naturaliter. & ideo ęgritudines istiꝰ mẽbri a frigiditate causant vt plurimum. Et experimentatores nostri tẽporis ĩ passionibus stomachi multũ errant: eo q non intendunt calidũ stomachum alterare, nisi cũ frigidissimis rebus: & tñ cum Medicus percipit q aqua sit danda, & hoc vetat, erit magnus error, sicut recitat Gal. de quodã, qui in stomacho suo habebat cõplexionẽ malam calidã fortem, & Medicus eidem aquam

G frigidam bibere inhibebant: & Gale. ei aquam frigidam præbuit, & euasit. Et propter aliam causam infrigidationem istius membri timere debemus: eo quod habet operationem toti corpori communicantem: vnde princeps cõicans appellatur. & mẽbra, quæ tale officiũ habent, infrigidari nimis nõ debẽt, vt virtutes eorũ non lędantur. Et propter hoc præceptum habemus, vt supra stomachũ oleum nõ ponamus actu frigidum, & si sit frigidum in potentia. & hoc est simile ei, quod facimus in euacuatione: quia cũ celeriter purgãtibus miscemus stypticas medicinas, aliter processus

H conueniens non esset. Et quod Gale. dicit quod in læsione operationis mẽbri maior cadit timor in euacuando quam in alterando, nõ sanè loquitur, sed errat: quia sicut timẽda est euacuatio, vt virtutem nõ lædamus, sic in alteratione, & maxime in alteratione frigiditatis. nã ille modus est maioris damni in membris nutritiuis. Et regula medicationis in principalibus membris non accipitur nisi à colligantia cordis cum ipsis. Et quare vituperat Gal. Archigenem, qui dicit

Tertio de Locis affectis.

quod virtus regitiua in corde existit, & ipse medicatur cor, & licet ægrotet

I cerebrum? & propterea quia Archigenes cordi non subueniebat, Gale. ipsum vituperabat: ergo fm Archigenẽ in medicando procedebat, & causam medicationis ignorabat.

De cura *frigiditatis, & humiditatis Stomachi.* Cap. 27.

SEd mala cõplexio frigida & humida est calefacienda & exiccanda, sicut cum electuario trium piperum. Et quod dicimus in medicatione malæ complexionis non materialis in stomacho, illud idem debet intelligi in alijs membris: & maxime quando fuerint causa dandi malam complexionem toti corpori, sicut aliquibus membris. Quod K si mala cõplexio calida & sicca aduenerit, erit causa dandi toti corpori ipsam, & in hecticam poterit prouenire. & hoc erit, quando illa mala cõplexio vsque ad cor deducetur.

De ægritudinibus Stomachi, & aliorum membrorum principalium cum materia. Cap. 28.

ET postquam sumus locuti de mala cõplexione non materiali, loquimur deinceps de mala complexiõe L materiali, quę põt alicui superuenire membro. Et dicimus quod intentiones sunt duæ res, & sunt vt euacuetur superfluitas, & rectificetur mala complexio relicta à superfluitate. & significatio harũ rerum habetur ex operationibus, & ex positione mẽbri, & eius forma, & ex colligantia eiusdẽ, & ex suo iuuamento, & ex sua sensibilitate, & ex demonstratione naturæ ægritudinis, & eius causæ, & accidentis. Et tu scis, quod superfluitatũ quædam sunt, quę generantur in membro quędã sunt, quę ab alijs fluunt M mẽbris, quod est, quia consuetudo est, quod forte membrũ suas superfluitates ad debile expellat: & maxime si ad hoc adiuuant locus, & viæ, quæ confluunt ad ipsum, sicut est cerebrum cum stomacho. & hoc in medicatione membrorum est sicut efficiens causa. Et est perscrutandum in rectificatione illius membri, & in rectificatione suæ complexionis, si est sufficiens, aut si necesse est totum euacuare corpus. & in hoc est necesse anticipare in fortificando membrum

Mẽbra fortia expellũt superfluitates ad mẽbra debilia, & maxĩe si loca & viæ ad hoc iuuãt. idẽ c. sequẽti, & apud Auic. prima primi c. de membris.

A brum cum ſtypticis medicinis, vt
materia ad illud nõ trahatur, ſi cor
pus non ſit plenum, vt attrahimus
materiam ad cõtrariam partem ad
ignobilius membrum, & poſtmo-
dum medicamen conueniens adhi
bemus. Et viam medicationis mẽ
brorum accipimus à forma membri, & à loco, ſicut ſtomachus vt plu
rimum per vomitum debet euacua
ri, & per pharmaciam vt minus. &
hepar cum ambobus euacuari poteſt, quibus etiam prouocatio iungitur vrinæ. ſed inteſtina ſolũ phar-
B macia, & clyſteriis. Sed ſi humor
fuerit fixus in ſubſtantia membri,
tunc eſt neceſſaria fortior medicina, vt trahatur. Et aliquando erit
compoſitio in eo, quia in ipſo eſt humor proprius, & eſt alter tranſmiſ-
ſus. & hic eſt neceſſe duobus modis
prouidere: Vnus eſt in periculoſio-
ri. Alius eſt in euacuatione alterius,
ſine cuius remotione curatio fieri
non poſſet. ſicut verbi gratia, vt in
eſſentia ſtomachi ſit humor vnus
acutus, & in concauitate alter humor ſit locatus, tunc non eſt pur-
gandus, vel non poterimus ipſum
humorem purgare qui eſt in eſſen-
C tia, donec non trahatur qui in con
cauitate exiſtit. ſed ſi humor, qui
eſt in eſſentia, eſſet ſyncopen inducens, tunc prouidẽdum eſt. ſed ſi res
non exiſtat periculoſa, tunc in medicatione ordo eſt ſeruandus, hoc
eſt vt prouideatur ægritudini, quæ
currit per viam cauſæ, & poſtmo-
dum occaſionem remouere. Et ſimiliter ægritudo, quæ non curatur
niſi per euacuationem alterius, quę
non eſt ipſius. v. gra. quando in ſtomacho vnus humor eſt fixus in ei9
ſubſtantia, & alter eſt in concauitate, qui ſparſus eſt à cerebro: dicimus D
q̃ primitus prouidendum eſt cerebro: & poſtea de humore, qui effu-
ſus eſt in ſtomacho: vltimo vero de
illo, qui in ſubſtantia eſt imbibitus.
Et hic inueniuntur medicinæ propriæ in euacuatione proprii mẽbri,
& propriæ in fortificatione membri, ad hoc vt ſuperfluitates recipere
non poſſit. v. g. quando in ſubſtantia ſtomachi fix9 fuerit humor acu
tus, tunc hiera aloes vtilior eſt ad ip
ſum extrahendum, q̃ aliæ medicinæ
eo q̃ aloe non niſi à ſtomacho trahit. Sed aliæ medicinæ, quæ etiam
trahunt humorem, quãuis trahant E
à ſtomacho pp ſuam fortitudinem,
tñ ad ſtomachum trahunt. Sed qñ
humor eſt in cõcauitate, ſufficit in
abſtractione ipſius abſinthium cũ
melle, & myrobalani citrini. Sed ſi
iſte humor eſt phlegmaticus, aut
ſubtilis, aliqñ ſufficit vomitus cum
aqua calida, & melle, qñ fuerit diui-
ſus cum oxymelle compoſito: & po
ſtea ſtudere debes in extrahẽdo ipſum cum medicinis propriis huic,
ſicut eſt agaricum, & coloquyntis,
& cum gummi laxatiuis, ſi neceſſe
fuerit. Et ſimiliter humor melãcho
licus eſt euacuandus poſt ipſius in- F
ciſionem cum medicinis ſibi propriis. Et ſtudioſus eſſe debes in operationibus earum ex proprietatibus
medicinarum in vnoquoq; membro: vero q̃ vnicuique membro ſibi
propriæ medicinæ à tota ſpecie reperiuntur. Sed inciſio hęc eſt neceſſaria, ſi humor fuerit groſſ9, & poſt
ipſam ſm conueniẽtiam purgatio.
Vniuerſaliter hic ſunt conſyderan-
dæ tertiæ virtutes medicinarum: eo
q̃ ſunt propriæ vnicuiq; membro,
& idcirco videt mihi q̃ narratio me

G dicinarũ valentium vnicuiq; mem
bro cum narratione egritudinũ est
via completiua in hac summa. Et
ppea vna ex conditionibus, quę dr̃
in hominibus pfectis in artibus est,
vt sit dominus artis ex se, ita vt cognoscat res necessarias perfecte, cũ
conspexerit rerum diuersitatem.

De inflatione membrorum, & Apostema-
tibus in generali. *Cap.* 59.

DEinceps volumus narrare egri
tudines, quæ sunt cum aposte
mate. Et dicimus q̃ prima intentio
apostematis, in eo q̃ est apostema,
H diuiditur in duas partes: vna est eua
cuatio materiei faciẽtis apostema:
alia est remotio malæ complexionis. Et aliqñ minor cadit consydera
tio in vna istarũ q̃ in alia. & aliqñ
cõsyderatio in vtraq; æqualiter cur
rit. Euacuatio plus consyderari debet in apostemate sanguineo, sed al
teratio plus in erysipelate est consyderanda, q̃ euacuatio. Sed compositio istorũ duorum humorum æqua
liter consyderationẽ præbet. & istæ
duæ intentiones non consyderantᷣ,
nisi facto apostemate. Sed qñ est in
fieri, tertia adiungitur intentio. &
I hoc est ad remotionẽ causæ. & hoc
fit resistendo sparsioni materiæ ad
membrũ, quæ prouenit aut pp totius corporis repletionẽ, aut propter
alicuius membri repulsionẽ, aut plu
rium: eo q̃ fortius membrũ ad debile expellit superfluitates suas. &
ad hoc adiuuat communicatio mẽ
brorum, & habilitatio viarum. Et
aliqñ causa illius attractiõis est ma
la complexio calida illius eiusdem
mẽbri, & aliqñ existit cã dolor fortissimus mẽbri. nã manifestum est
q̃ complexio calida trahit, nam ca
loris propriũ ẽ attrahere. Sed dolor K
hoc facit, aut pp malam complexio
nem, quæ generat dolorem: aut pp
malam cõplexionẽ, quę fit pp sup-
fluitatem motus virtutis expulsiuę,
cum superfluitates expellit: aut pp
istas res ambas. Sed mala complexio calida, quæ cã existit attractionis, aliqñ accidit pp extrinsecas cau
sas, sicut pp morsuram, percussionẽ,
& similia. & aliqñ pp intrinsecas ac
cidit causas, sicut pp humorẽ mordicatiuum, & similia, aut ventosita
tatem extensiuam, aut pp superfluã
repletionem, quę grauat membrũ.
Et hę tres intentiões curationis apo L
stematũ sunt, quarũ quædam sunt,
quæ sic se habent, q̃ vna aliqñ con
trariatur alteri: & quędã non, & iã
diximus cui magis intendere debemus. Et deinceps narranda sunt illa, quibus cõplentur hę tres intentio
nes in medicatione apostematum,
& incipiemus a resistentia causę efficientis. Et dicamus, si cã attractionis ad membrũ propter resolutionẽ existit, est facienda tunc euacuatio vñis: sicut phlebotomia, si propter multitudinẽ fuerit sanguinis:
aut per pharmaciam, & vomitum, M
si ppter maliciã fuerit humorum:
aut cum vtrisq;, si adest vtrunq;. Et
est necesse vt ista euacuatio fiat, sicut dictum est, p attractionẽ materiæ ad partẽ oppositã per vias apostematis propinquas, sicut facedit na
tura, quia apostema hepatis vt plurimum criticat per fluxum sanguinis narium. Et ista eadem via intel-
ligenda est in euacuatione humorum. nam si materia fuerit in supe
rioribus, tunc pharmacare & clyste
rizare debemus: & si ĩ inferioribus,
educere debemus per vomitum. Et

A si causa, quæ facit effusionem materię, erit in vno membro, tunc illud euacuandum erit, sicut est cum frictione. v.g. si materia, quæ ophthalmiã habet inducere, effunditur per oculos, & prouenit à cerebro solum, tunc vẽtosę ĩ fontanella colli vtiles sunt: propterea quia hæc euacuatio duas aggregat intentiones conuenientes in hoc casu, quia euacuat membrũ apostematum, & materiã trahit ad oppositam partẽ. Euacuatio vero, quæ fit ex mẽbro apostemato, corpore existẽte pleno, est ex rebus ledentibus multũ. vnde si hoc pecca-
B tum effugere voluerimus, oportet nos totum euacuare corpus, & postea redire habemus ad primũ mẽbrum euacuãdum. Et quia vnũquodque membrum pro maiori parte reperitur habere proprias vias, p quas euacuationem recipere põt, ideo p easdem vnũqdq, cũ indiguerit, debemus euacuare: sicut cerebrum, qđ põt euacuari per sternutationẽ, & gargarismũ. Et si feceris ista, corpore existẽte plethorico, lęsionẽ inde habebit infirmus. Et aliquando huic intentioni euacuandi materiã ante dictam alia adiungitur inten-
C tio, sẽm q ante dictum est, vt est fortificare mẽbrũ cum stypticis & frigidis, vt superfluitates non recipiat. & hoc fiat corpore vacuo existẽte. & si hoc nõ feceris, non erit tutum, qm materia nõ redeat mẽbro ignobili ad nobile. & hæc est vna ex rebus, ex quibus apostemata curãtur in principio. Et si causa infusionis membri sint ipsius caliditas, intendendũ est tunc vt remoueantur mala complexio ipsius. remota vero cõplexione mala, membrũ debet confortari. & si remota non fuerit causa, quemadmodũ illa, quæ propter D morsuram alicuius animalis venenosi fit, tunc prius euacuandum est illud venenum cũ medicinis attractiuis, aut vẽtosis. & si humor affluerit, euacuetur. Et aliqñ significatio sumpta ab istis est secundę intentioni contraria, hoc est apostematis euacuatio: & qñq; non est contraria. Exemplum contrariæ est, videlicet, qñ remotio complexionis calidę fit cũ medicinis frigidis: quia euacuatio non fit nisi cũ medicinis resolutiuis. Exemplum non contrarię est, vt qñ causa fuerit humor grossus ĩ
E membro, tunc duæ intentiones fiẽt vna: eo q fient solum cũ medicinis resolutiuis. Sed medicatio doloris, sẽm q dictũ est, aut fit pp remotionẽ suę cãę: aut dando mẽbro complexionẽ contrariam dolorosę. & hæc fiunt cum medicinis, q̃ propriè sunt in mitigando dolorem, sicut est pinguedo anatis, & gallinæ, & oleũ vitelli ouorum, & similia. Et aliqñ remouetur dolor p membri stupefactionẽ. Hæc est regula istarum triũ intentionũ superius narratarũ. Sed fit sẽm ordinem temporũ apostema-
F tũ, qa sẽm plurimũ medicatio apostematis in primis fit euacuatiõe, & repercussione, supponendo frigidas & stypticas medicinas super apostema. & illud, qđ magis necesse est vt causa efficiens remoueatur, est in apostematibus eius aduenẽ, sicut ĩ apostematib' acutis, quæ ex cholera & sanguine proueniunt. Sed secunda intentio est, q ipsi' apostematis post statũ euacuatio fieri debet. & principiũ debet esse cum medicinis maturatiuis. Et si euacuatio nõ est sufficiens cum rebus resolutiuis, tunc aperiatur cũ medicinis corrosiuis,

G tur cum ferro. Et manifestum est quod,
si euacuatio fiet cum medicinis dissolutiuis, dum materia est in cursu,
plus ad membrum apostematum
traheretur, quam posset euacuari. propterea necesse est ut post euacuatio
nem apponantur medicinæ repercussiuæ mixtæ cum paucis resolutī
uis: eo quod stypticæ committent dolorem. Et quando fuerit in statu,
esse medicari debet cum medicinis
resolutiuis solum. & intra ista duo
tempora utendum est medicinis ex
his duobus mixtis. & istę medicinę
scientur in libro Simplicis medici-
H næ. Regimen vero in apostemate
calido malæ complexionis in primis
est refrigeratio: eo quod cum infrigidatione est etiam repercussio: & ex
quia propter mitigationem caloris
cursus materiæ destruitur. Apostemata vero frigida curari non debēt
cum rebus frigidis, nisi transacto
tempore augmenti: quia caliditas
non resistit resolutioni. hæc est intentio medicationis apostematum,
inquantum sunt apostemata. Deinceps loquemur de apostematib*,
secundum quod sunt alicui membro
appropriata. Et ab apostematibus
I calidis principium faciemus, quæ
in membris fiunt intrinsecis, & extrinsecis. & cum dico calida, intelli
go etiam illa, quæ ad saniem dedu-
cuntur. Et quando fiunt in principalibus membris, febris cum ipsis ori
tur, siue apostema fuerit sanguineū,
vel cholericum, vel phlegmaticum,
vel melancholicum. Sed phlegmatica, quæ ad saniem non peruenisse,
sunt sicut tumores, qui dicuntur na
scentiæ. Et melancholica, quæ ad
saniem non perueniunt, dicunt scir
rhosica & cancrosa. & raro fiunt in

membris intrinsecis. & quando fiūt, K
incurabilia sunt: eo quod indigent for
tibus medicinis, quas intrinseca mē
bra tolerare non possunt: eo quod
horum cura non fit nisi cum ferro:
quoniam talia apostemata non re-
soluuntur, nisi post longitudinem
temporis: & tunc virtus infirmi iā
defecta esse reperitur. & propter hoc
hæ curationes non fiunt, nisi cum
fuerint in membris extrinsecis. Et
dicamus quod apostemata, inquantū
sunt apostemata, requirūt cum suis
medelis intentiones eas supradictas. Sed diuersificantur in suis tribus suis speciebus fm magis & mi- L
nus. Nam apostemata cholerica in
primis egent refrigeratione multa
cū viridi, & cum viriditate illa quæ
supra aquas reperitur, & cum vua
canina, & cum cera infusa & mala-
xata cum frigidis siccis, & humidis,
& his similibus. Sed sanguinea cū
refrigeratione stypticis egent, nisi
adsit dolor. & si dolor adest, sunt mi
scenda mitigantia. Sed phlegmatica, & melancholica modica indigēt
refrigeratione, & repercussiōe, quia
debilem motum habent. Intentiones cōnexæ in apostematibus gra
tia membrorū, in quibus sunt, sunt
hic narrandæ: eo quod in his maxime M
cadit prouisio: & maxime si fuerit
in membro principali. Et dicimus
quod euacuatio, quæ per phlebotomiam fit propter apostema alicu
ius membri intrinseci, debet recipi
a colligātia membri, & a loco suo:
eo quod quando non poterit fieri euacuatio in membro læso, tunc debet
fieri per membrum communicans
ei, & magis propinquum. & sint
meatus de vno ad aliud recti, aut re
ctitudini propinqui. sicut in membris

A bus inferioribus phlebotomia basilicæ valet, & in apostematibus capitis, pectoris, & pulmonis cephalicę valet. phlebotomia medianę omnibus valet membris. Et si indiget phlebotomia propter hepatis apostema, in apertione basilicæ dextrę cadit consyderatio. quia Gal. dicit in libro de Ingenio sanitatis, quod dextra in apostemate hepatis phlebotometur, & sinistra in apostemate splenis. & in sermonibus suis vniuersalibus contrarium ponit. Et tu scis, quod in euacuatione apostematum duæ res intenduntur. Vna est euacuatio materiei mēbrorum cū ipso communicantium. Alia est, vt fiat declinatio humorum ad partē oppositam, sicut natura facit, quando criticat apostema hepatis p fluxum sanguinis ex nare dextra: eo q̄ illa euacuatio comprehendit oppositionē, & communicationē. Sed in phlebotomia basilicæ in apostemate hepatis ex dextro latere non est nisi vna intētio, hoc est communicantium euacuatio: propterea quia est secundum dimensionē corporis, quæ secundum latitudinem existit: eo q̄ dimensiones oppositę

C sunt sex, videlicet duæ latitudinales, & est secundum dextrum & sinistrum: & duæ longitudinales, vt superius & inferius: & duæ profunditatis, vt ante & retro. Et hoc idem fatiēdum est in apostematibus splenis, & pectoris. quoniam quando apostema fuerit ī parte dextra, phlebotomamus basilicam ex parte sinistra, & si fuerit in sinistra, phlebotomamus econtrario. Hepar vero cum sit in vna dimensione, vel extremitate dimensionis latitudinalis: ergo necessarium esset vt phle-

Tertio Meth. & quarto, c. 6. & 5. ca. 5. & 3 lib. de Reuulsione, & 2. de Febr. ad Glauconē ca. 3. & 8. opio Gal. de phlebotomia ē diuersa. Vide, 4. e. c. 3. marte & c. 11. & 15. pōcits

B

In aphor. Rabbi Moysi in principio, & annotationes. in 3. tract. c. 15. a. 3.

D botomia fieret per aliam partem: & hæc basilicæ lateris sinistri, quia in ea continuetur communicatio, & oppositio. Et quando nos intendimus facere euacuationem, communicationem, & oppositionem conuenientem, tunc iuuatiuus est per oppositum trahere materiam, quam quando vnum intendimus solum. ergo cum fuerit necesse totum euacuare corpus, propter huius necessitatem nos est necesse habere ambas intentiones. Sed quando nobis sufficiet solum membrū

E apostematum euacuare, tunc nobis vna sola sufficiet intentio. ideo in maiori parte, quando intentionem habuimus in talibus locis, faciemus attractionem sine euacuatione remouentem: & tunc poterit fieri cum membrum euacuatione indiget, & non totum corpus. Et potest aliquando esse, vt prima intentio sufficiens sit similiter in aliquo loco. & fiet hoc solum tempore status apostematis, sicut minuitur ex vena linguæ in synanchia facta. nā si possemus membrum proprium phlebotomare, conueniens esset: eo q̄ non sit timendus materię cursus.

F Sed tempus augmenti aggregat res ambas. quia si non curaremus nisi communicationem, & non oppositionem, plus traheremus ad apostemata, quam euacuaretur: sicut in eo qui medicinis vtitur dissolutiuis aperitiuis ante euacuationem: quia trahitur de sanguine ad membrū, plusquam dissoluatur. Et similiter duæ consyderantur intentiones in passione vuluæ, quando diminuimus de saphena: quamuis ibi non sit oppositio nisi per longitudinem, leui dimensione.

G Et similiter cum ventosis in ægritu
dinibus oculorum in fontanella col
li, & in fronte in passionibus occipitij capitis. Sed minutio venç, quæ
vocatur scylos, in ægritudine splenis à parte sinistra non comprehendit nisi communicationem. &
si volumus materiam deriuare ad
partem oppositam, fit illud in apostematibus pectoris, & stomachi, &
occipitij capitis, ligando extremitates pedum, & manuum. Et propterea prohibetur in apostematibus
vuluæ omnino euacuare cum prouocantibus menstrua. Et similiter
H in apostematibus hepatis cum prouocantibus vrinam, & cum medicinis laxatiuis: quoniam cum talibus non fit deriuatio ad opposita:
& quia impossibile videtur esse, quod
quando tales medicinæ transeunt
super apostematibus, quin eis relin
quant læsionem: & iam diximus
quòd hęc est vna ex rebus augmen
tantibus apostemata. Et similiter
prohibitum est euacuare apostema
stomachi cum medicinis laxatiuis,
& gargarismum in apostematibus
gulæ, oris, & palati. Et eodem modo omnino prohibitum est prouo-
I care vrinam in apostematibus renum, & vesicæ. Et hæc omnia non
sunt prohibita, nisi donec ipsa apostemata fuerint in augmento. sed
quando fuerint in statu, non est ma
lum vti talibus, quoniam habent
vigorare euacuationem mēbri apo
stemati: quamuis noui practici faciant talia absque alia prouisione,
& deliberatione. Propterea consyderandum est in apostematibus au
rium partis dextræ, & sinistræ, in
quo latere phlebotomia sit facienda: quia manifestum est quòd cephalica in primo isto apostemate K
phlebotomari debet. Et videtur quod
si est apostema in aure sinistra, non
debet minui de manu sinistra: quia
cephalica dextra aggregat cōicatio
nē cum attractione ad cōtrariā par
tem, quia est infra longitudinis extremitatem. nam medium non est
extremitas. quia non est creden-
dum, & maxime in corporibus ple
nis, vt sanguis non ab aure sinistra
trahatur ab extremitate dimensionis latitudinis oppositæ. & quando
euacuamus cephalicam, ob hoc esset melius vt phlebotomia fieret in L
parte dextra. quia hæ duæ res aggregantur. vna est communicatio,
alia oppositio secundum duas dimensiones: eo quòd istæ operationes opponuntur secundum longitu
dinem & latitudinem. & si possibile esset, desyderaremus vt quando
attrahere volumus, vt ibi omnes
existerent operationes: & maxime,
quādo est repletio secundum vasa.

*De euacuatione Apostematum membro-
rum principalium. Cap. 10.*

M

ET debes scire quòd in euacuatione membrorum principaliū
penitus necessariæ sunt duæ euacua
tiones: vna est phlebotomia: alia
est pharmacia: ob hoc, quia illa
apostemata secundum plurimum
non sunt vnius humoris, sed in illis aggregatur malitia quantitatis
cum malitia qualitatis. Sed tamen
in euacuatione tu debes super humorem dominantem præuidere. Et
Rasis testificatus est, quod Medici sui
temporis faciebant pleureticis solum minutionem, & moriebantur.

Sed

A Sed significatio secundæ intentionis ex apostematibus habita secundum membra, in quibus sunt, facilis non est: & maxime quando refrigeratione indiguerit: propterea quia apostemata hepatis, & oris stomachi non conveniunt cum medicinas actu frigidas recipiunt: immo necesse est ut actu sint calidæ, quamvis frigidæ potentia existant, sicut oleum cydoniorum, & oleum myrtinum. & aliquando eis potentia calidis utimur, sicut oleo mastiches, & absinthii. & hoc facimus, ut virtutem conservemus istorum membrorum propter necessitatem corporis ex istis membris.

B Et cerebrum etiam non sustinet medicinam multum actu frigidam, & quando inducit necessitas rei ad utendum ea, miscendum est cum ea medicina, ut ipsam ad profundum ducat: sicut facimus miscendo acetum cum oleo rosato. & hoc non fit quia cerebrum sit frigidum: sed ut facilius per craneum, & suas commissuras ad medullam cerebri pervenire possit. & hoc non requiritur propter primam qualitatem, sed propter secundam. Similiter & oculi propter sensibilitatem multam, quam habent, debent præservari a rebus fortissimis,

C & mordicativis. & albumen ovi superponitur, eo quod res multas bonas in se habet aggregatas. nam remotum est ab omni mordicatione, & lippitudinem abstergit, & quia frigidum existit, & figitur supra propter ipsius viscositatem. & lac mulieris a mamillis mulsum aliquas ex istis virtutibus habet, & super hoc habet virtutem digestivam. Et aliquando consyderantur apostemata ex parte membri, in quo sunt, per alium modum, ut nihil repercussivum, vel refrigerativum super membrum ponatur, hoc est quando apostemata

D sunt in locis membrorum principalium purgativis: ut quando fit post aures, aut sub ascellis, aut inguinibus, quoniam quando ista apostemata generantur in his locis, & ipsa refrigerabis, timendum est ne ad membrum redeant principale: quemadmodum illud, quod fit post aures, ad cerebrum: & illud, quod sub ascellis, ad cor. & maxime illa apostemata, quæ procedunt per viam crisis omnino ab infrigidatione ipsius abstinere debemus: eo quod propter has actiones materia redire posset ad membra principalia, quemadmodum fugimus repercussionem apostematis

E pulmonis: eo quod cordi vicinus existit. Istæ autem sunt demonstrationes receptæ a membris secundum prædictas duas intentiones in curatione apostematum, scilicet removere causam, & infrigidare malam complexionem provenientem ab eadem: quamvis intentio secunda colligantiam habeat cum prima, eo quod frigida sunt repercussiva. Et quod dictum est semper meminisse oportet, hoc est ut apostematibus membrorum principalium, quæ sunt sicut hepar, stomachus, cerebrum, & splen: eo quod ista membra

F operationem faciunt communem toti corpori, & habent colligantiam cum corde: & propter hoc eorum virtutes conservare debemus, miscendo semper styptica, & aromatica cum resolutivis. Et dissolutiva sunt sicut emplastra, quæ fiunt cum medulla panis, oleo olivæ, & melle. styptica vero cum aromaticitate sunt, sicut absinthium, mastiche, & cydonia. Et dictum est, quamvis a me non sit bene concessum, quod quando apostema in gibbositate hepatis existit, quod evacuari debet per pro-

G prouocantia vrinam:& quando in
concauitate existit, per pharmaciã.
& ista medicamenta a cõicatione
membrorum accipiuntur. Et scias
q medicinæ vrina prouocantes for
tes esse debent: & propter loci remo
tionem inueniendo,debilitantur,eo
q in hepate alterantur:sed quæ eua
cuant per concauitatem, posse tantum non oportet q habeant. Et iste
modus credendus est in omnibᵒ mẽ
bris,ad quæ veniunt medicinæ cum
multa digestione, sicut est pulmo,
cui casus iste seruatur. ista significatio est sumpta a loco mẽbri. Et me-
H dicinæ prouocantes vrinam in ægritudinibus hepatis, oppilationes ape
riunt,sicut est absinthium, & eupatorium,nam illæ duæ proprietatem
habent in hepate, quemadmodum
scolopendria in splene,& cortex cap
paris. Medicinæ vero, quæ faciliter
soluunt ventrem in apostematibus
cõcauitatis hepatis,sunt sicut aqua
aliubleb,& cartami. Sed euacuatio
splenis per pharmaciam existit. Et
si apostemata ista inueterantur, tunc
fortioribus indigemus medicinis so
lutiuis:eo q membrorum istorũ na
I tura est, vt in fine indurentur in eis
apostemata, & maxime calida, &
hoc maxime accidit hepati propter
viscosam & spissam substantiam. &
etiam in multis apostemata indu-
rantur propter duritiem suæ substã
tiæ,& in splene propter grossitiẽ sui
nutrimenti: sed splen ipse raræ substantiæ est. Sed medicinæ, quæ sunt
fortis resolutionis in prædictis apostematibus,sunt sicut radix lilij cæ-
lestis,hyssopum,centaurea, & aristo
lochia rotunda,& his similia.& hoc
fieri debet post fractionem eorum
siccitatis cum radice liquiritiæ, &
his similibus. Et scias q necesse est, K
vt quãtum esse potest, vires ne istorum membrorum apostema ad saniem perducas: & maxime apostema pulmonis:ob hoc,quia si perdu
cis ipsum ad saniem perfectam,cu-
rationem non habebit:quia aut in-
durabitur,aut æger perdetur, & me
dicatio apostematum,quando cum
sanie aperiuntur, ingreditur ordinẽ
medicationis vlcerum. Propterea
scias vnum,q proprium est mẽbris
apostematis subtilem cutem habẽtibus, q ab ipsorum principio peni
tus saniem resudat ex eis.&propterea
conueniens est ab ipsorum pricipio L
in suis medicationibus adhibere ab
stersiua, vt mundificentur meatus.
& si i sanie ipsa grossicies fuerit,mi
scendæ sunt res incisiuæ, & talia mẽ
bra sunt sicut pectus,& pulmo, hepar,stomachus. propterea necesse ẽ
vt ista abstersiua ab omni mordica
tione sint exempta & istæ res sunt si
cut aqua ordei,& pultes furfurũ cõ-
dita cum amygdalis amaris,& semi
ne melonis. & electuarium acripli-
cis cum oxyzaccare in apostemate
hepatis proprium existit.scariolæ q
dem loco atriplicis poni possunt. In
apostematibus vero pectoris & pul M
monis res,in quibus ponitur acetũ,
sunt fugiendæ, vt multum nociuæ.
& medicinæ, quæ eis conuenientes
existunt,sunt capilli veneris,& liqui
ritia,& syrupus violarũ. & etiam se
mina melonis sunt optima in isto
casu. sed medicatio apostematum,
quæ i istis sunt membris, est magis
alia,inquantum sunt in talibᵒ mem
bris,q̃ inquãtũ apata existũt: ppᵗ hoc
quia ẽt declinatiõis tpe eorũ medicinæ ab aliqua stypticitate nõ denu
dant,& in principio abstersiuis. Et

A qñ apata fiunt in inferiorib' intesti
nis fin nostram intẽtioné, dysteria
sunt meliora: quemadmodum si in
partibus superioribus fuerint, exhi-
bitæ res per os conuenientes esse videntur. & hęc significatio sumitur
ab intentione loci. Sed in apostematibus gulę omnino vtimur medicinis resolutiuis, & conglutinati-
uis, vt adhæreant locis in suo transitu & etiam ponenda sunt narcotica
transglutiendo ea paulatim, vt diu
in transitu habeant permanere. In
apostemanbus vero cerebri in decli
natione necessariæ sunt fortes medi
B cinæ: & maxime, quando sunt de
natura decliuantes ad frigiditatem,
quemadmodum sunt phlegmati-
ca. & tales medicinæ sunt, sicut oleũ
de castoreo, & similia. & hoc non re
quiritur nisi propter regimen mem
bri: quia est per se humidum, & pas
siuum. Et quidam euacant materiã
huius apostematis cum ventosis po
sitis in parte cerebri posteriori sed
talis euacuatio est timẽda: eo φ forsitan in corpore existit superfluitas, q
per ventosam ad membrum aposte
matum poterit peruenire. ppter hoc ta
C lis cura non est facienda nisi cum se
curitatem habebimus, φ humores
nullatenus ad locum discurrere pos
sint inde. Sed hęc medicatio in prin
cipalibus membris est periculosa.
Hucusq; docui breuiter medicationem membrorum apostematũ, inquantum apostemata sunt in talib'
membris, adiuncta cum medicatio
ne, inquantum sunt apostemata: ob
hoc quia medicatio apostematum,
inquantum in membris officialib'
existunt, non nisi istis modis completur: quia medicatio, quę in carne
simplici existit, non est necessarium
vt agat, nisi inquantum sunt aposte D
mata. Sed in multis istorum aposte
matum non indigemus considera-
tione in causis efficientibus ipsa: sicut sunt apostemata facta in carne
molli causa rerum extrinsecarum.
Et si corpus mundum extiterit, suffi
cit in cura ipsorum apostematum
oleum calidum solum.

De cura apostematum frigidorum, & aliorum apostematum specialium. Cap. 11.

ET deinceps volum' loqui de apa- E
tib' frigidis, q saniẽ nõ faciũt, &
de formica deambulatiua, & de car
bunculis, quæ fiũt in aere pestilẽtia
li. Et dicam' φ apata mollia, q fiunt
a phlegmate nõ multũ grosso, mul
toties ex hepatis errore fiũt: sicut illa, q fiũt in extremis in hyposarca.
Et horũ medicatio ꝓcedit fm modũ molificationis ei', a quo gñantũ: &
sufficit vt vngant oleo rosato, cũ a-
ceto, & sale. Et si multa illic spargat
materia, ꝓdest euacuare mẽbrum
ab illa materia, & vti reb' calefactiuis & desiccatiuis, & euacuatiõe cũ
expressiõe mẽbri. horum medicatio F
non facilis est. Et sufficit spõgia Isu
sa ĩ aceto & aqua salsã. qa spongia
hẽt siccare, & stypticitatẽ facere, eo
φ sapit naturã maris: & acetũ desic-
catiuũ, & incisiuũ existit. Quæ vero
sunt de grosso phlegmate embroca
ri debẽt cũ spõgia ĩ aceto ĩfusa, mix
to cũ alumine, cinere, & sale. & dẽt
spõgia ligari sup mẽbrũ, quẽadmodũ hũc ligatur; sup mẽbrũ fractũ;
Sed apata dura, q ex hũore fiũt gros
so, debẽt emplastrari cũ medicinis
mollificantibus: sicut cum medulla
cruris arietũ, aut vituli, cũ modico
ammoniaco. & ista, & similia vtilia

G lia sunt: quia medicinæ multum re
solutiuæ resoluunt subtile, & grossū
petrificant. & quæritur hæc compositio, in qua sunt resolutiua, & præ-
paratiua ad resoluendum: eo φ om
nes partes apostematis non recipiūt
resolutionem equaliter sm vnū mo
dum. & aliquando cum istis medici
nis miscentur medicinæ fortis reso
lutionis. & melius omnium est acetum, quādo cum istis medicinis mi
scetur. & hoc fit raro, quia indurant
apostemata. Et Gal. hic laudat su-
migationem lapidis marchasitæ, vl
molaris, superspar so aceto: & maxi-
H me in apostematibus, quæ fiunt per
neruos, & chordas ad mēbra princi
palia. Ego vero dico φ Gale. hāc me
dicinam non laudat, nisi quādo vir
tus aceti æqualiter perdat calorem
in ipsum mēbrum: eo φ est in substantia aerea, & mēbra recipiunt ab
ea, quemadmodum recipiunt res, q
maturantur in medio aere, quæ æ-
qualem habēt maturationē. Si aūt
quæratur a Gal. vapor iste fit a calo
re impresso in lapidibus istis, & qua
re pp naturam lapidis eidem cōuer
tatur: ergo, quare lapides non teran
tur, & ponuntur cum aceto calido
I super apostema īduratum? Et quia
cum fuerit in splene acetum suppo
situm in omnibus suis medicinis,
semp laudabile existit. ppea quia
hoc membrum est rarum: & non
accidit ei durities nisi gratia grossi
nutrimenti, ex quo nutritur. & acetum assimilatur huic mēbro in tota sui substantia: eo φ suum nutrimētum complexioni aceti assimila
tur. & hæc est melancholia. & ideo
potiones, quæ in purgatione splenis
dantur, non debēt ab aceto priuari:
quia ipsum est ei cibus, & medicina.

Et non sufficit in apostematib^9 du- K
ris, quæ fiunt in splene, emplastrare
deforis solum, sed indigēt et p os re
cipere, quæ habent resoluere duritiē eius, & ipsius oppilationem a-
perire: sicut est radix capparis, & scolopēdria, cum aliquibus spēbus aromaticis. Sed apostematib^9 in hepa
te duris acetum propinari non dēt:
eo φ paratum est duritiē magnam
recipe. sed cura eius est cum rheubarbaro, spica nardi, & assaro, costo
& schœnantho, & similibus. Et dura apostemata hepatis ad curandū
multum difficilia sunt, & maxime L
si fuerint multum inueterata: & vlt
in hydropem inducūt. Sed scrophu
læ sunt apostemata dura in carne
molli gñata. q ex eis fiunt ex phleg
mate subtili, curari debēt cum medicinis dissolutiuis, & mollificatiuis.
& quæ fiunt ex phlegmate grosso,
cum medicinis purgatiuis, & cum
apertiuis, & cum ferro incidi. sed hoc
fieri dēt magna præmeditatione, &
timore. Et illi verucæ, & nodosita
tes tribus curantur modis: aut disso
lutione, aut putrefactione, aut incisione. & quibusdam necessariæ sunt
omnes tres, & quibusdā vna, & qui- M
busdam duæ. Sed quæ intus in corpore oriuntur, curantur cum medicinis aromaticis mixtis cum apertiti
uis & mollificatiuis: & sunt omnino
difficilis curationis. Formicæ vero
duæ sunt species ambulatiuæ. vna
cutem corrodit, & incedit interius.
& alia vesiculas hēt paruas, quæ mi-
lio assimilantur: & ppea miliaris ap
pellatur. Sed ambulatiua, quæ fit ex
humore cholerico subtili, dēt curari cum medicinis illum humorem
euacuantibus, sicut scamonia cū
sero caprino: & superponendæ sunt
su-

A sæpius medicinæ, quæ desiccãt sine
mordicatione & refrigeratione, sicut
solatrum, & memithe, & similia. Sed
miliaris, eo quòd fit ex admixtione
phlegmatis cum cholera, & ppea e-
ius materia deberet euacuari cum
medicinis illos humores purgantibus. Carbunculus vero, eo q pro
maiori parte fit in aere pestilentiali,
ebullit sanguis, & putrefit. & ppea
de necessitate inducit febres pestilẽ-
tiales. Medicatio vero illarum fieri
dẽt cum ambabus spẽb' euacuatio
nis, vt phlebotomia, & pharmacia.
Et in hac febre non sufficit medici-
B na, vnum tantum purgans humorem: sed medicina omnes purgans
humores, sicut pilulæ cochiæ Rasis,
in quibus intrant sticchas, & masti
che, & scammonia præparata: & col
locynthis etiam ppata eẽ dẽt, eo
q corpora talium recipiunt putredinem in omnibus humoribus & talia in hac ęgritudine multum vtilia
existunt. Et supponendæ sunt omnes res, quę sine mordicatione exic
cent, & vt corrosioni resistant quẽadmodum est emplastrum factum
ex farina ordei, & indico, & lingua
arietis, quæ plantago nominatur.
C Et dabis ei etiã aliquantulum de the
riaca magna, quæ Arabice dicitur
alferuch. Et omnia emplastra, quæ
supponuntur, debent confici cum
aqua rosata. Et Gale. commendat
*andronis trochiscos * andarachoron sup ip-
sos more emplastri: & sibi omnes
trochiscos habentes stypticitatem.
Et hic non sunt res repercussiuæ su-
pponendę, ne materia reuertatur ad
mẽbra principalia: nec apertiuæ, ne
putrefactionem inducant. Sed can
cerositates multoties euacuari debẽt ex humore ipso gñante, & supponendæ sunt medicinæ desiccati- D
uę sine mordicatione, quemadmodum mineralia existunt: vt est calx,
plumbum, & cechime auri. & horũ
similia, propterea quia propter malam qualitatem, quam habent, pp
paucam mordicationem cito corru
ptionem recipiunt, ob hoc quia fiũt
ex cholera adusta, quę super terram
sparsa ad modum aceti bullit. Et
hęc passio sanationem non recipit,
nisi a principio: sed si inueterabitur,
incurabilis efficietur. ppea quia me
dicinę locales sufficientes non sunt.
& incisio possibilis non est, quia neruos E
continet, & arterias. & si inciduntur
ista membra, non est tutum, quin
corpus perdatur. & impossibile est ex-
stir ista apostemata cum corrosiuis
remouere. Et si fuerit tale apostema
in membris principalib', eius cura
impossibilis existit. Hæ sunt curationes
malę complexionis materialis, & nõ
materialis. Et scias q apostemata,
quę fiunt in membris principalib',
& febris aliquando sine medicatiõe
sanantur: & sufficit in hoc opus naturę. Et propterea multos inuenire
complexiones habentes densas, qui
ex fortibus ęgritudinibus euadunt F
sine medico, & medicina: sicut Barbari, & Arabes, & qui in deserto habitant. & hoc fit, quia aliquãtulum
cum brutis assimilationem habent.
& pro maiori parte hoc accidit illis,
qui complexionem habent effrenẽ.
Sed quando medicinę componunt
secundum authorum dicta, tunc ad
iuuant naturam tempore breui, &
bonum finem consequuntur: quia
bonam habent determinationem,
& minime violentam. Sed qui solũ
per naturam ex fortibus ęgritudini
bus curantur, in fine remanent in

ęgri-

G ægritudinibus, quæ temporianeę di
cuntur: sicut mihi accidit, quãdo æ-
grotaui cum febre fortissima, & cre
ncaui ex illa per apostema in articu
lis, eo q mihi necessaria administra
ta non fuerunt: quare remansi ar-
thriticus, & podagric⁹, & adhuc sũ.
Et sunt ęgritudines, quarũ correctio non sufficit a natura, nisi p medicinas iuuentur. & in hoc medicinæ
potentia declaratur. Et sunt aliquæ
ęgritudines, sicut sunt febres, & apostemata, quibus natura & medicinę
sufficientes non existunt: sed si euadunt, per accidens euadunt, sicut in
H rebus naturalibus aliquando extremitates fiunt. tamen de raro contin
gentibus hoc existit: sicut vlceratio
pulmonis, & similes. Sic ergo finis
istius scientiæ in proposito habẽd⁹
est secundum plus, hoc est secũdum
ægritudines plurimas, & plura Indiui
dua, & plura tempora. sicut hoc idẽ
accidit hominibus I Mechanicis ar
tibus: quia aliquando assequitur ar
tifex intentionem, & aliquando ab
ea priuatur. & causa illorũ sunt me
dia, quæ in illa arte cadunt: sicut est
mare nauigium, agricultura. Et pro
pterea dixi in definitione, q medici
I na est ars Mechanica. & multi ex
hoc mirabantur: & ipsi ignorauerũt
quid dixerim super secundo Physicorum de Mechanicis artibus. Hic
completus est sermo de mala cõple
xione materiali, & non materiali.

De curatione solutionis continuitatis. Cap. 32

DEinceps volumus loqui de ęgri
tudine solutionis continuitatis. Et dicimus q continuitatis solu
tio potest accidere vnicuiq, cõsimili membro quando vero fit in carne, dicitur incisio: & quando in of- K
se, dicitur fractura: in neruo, punctu
ra: & quę in arteria, dicitur scissura.
Et indicatio istius speciei ęgritudinis significationem habet vniuersa
lem & particularem, scdm membrorũ
conditiones: & nos ab vniuersali intentione sermonem incipiemus. Et
dicimus q continuitatis solutio, in
eo q solutio cõtinuitatis existit, sim
plex absq; alicuius alterius ęgritudi
nis societate, eget solum vna intentione. Et in pluribus hęc solum liga
tura curatur. & aliqñ cum ligatura,
& alijs sustentamentis: sicut in fractura ossium fit, & in multis mem- L
bris. Et quędam fractura indiget su
tura: sicut in laceratione myrach fit
quando zirbus est egressus. nam ne
cesse est vt zirbus reducatur, nisi sit
corruptus. q si fit corruptus, oportet
vt incidatur: ob hoc quia non est
membrum necessarium, sed iuuati
uum. sed quia hẽt neruos, & arterias, ob hoc ipsas primo ligare debemus radicitus, & postea quod corru
ptum est incidere debes. & aliquando inflat propter frigiditatem aeris,
ita q tunc intus reuerti non potest.
& tunc spongia in aqua calida infu M
sa in manibus expressa, & optime
temperata est superponenda. Et Ga
le. dicit q qñ feceris hoc, & non pro
feceris, tunc de cute aliquid Incidere
debes. sed maior pars huius artis p-
dita est in hoc nostro tpe. Sed ali
quib⁹ vulneribus non sufficit labio
rũ vulneris aggregatio, vel sutura,
sed est necesse vt ponant medicinæ
desiccatiuę, quę desiccent vel stringãt
sanguinẽ. In partib⁹ vulneris est lo-
cata. Sed si coniunctę fuerint partes,
hac non indigemus: sed tunc medicinę styptice & exsiccatiuę sunt ne-
ces-

A cessatię desiccatiuę u. pp exiccationem labiorum vulneris. Et scire de
bes q multa membra reperiuntur,
quorum solutiones cõtinuitatis mi
nime consolidationem recipere pos
sunt: sicut sunt intestina gracilia, &
diaphragma, & omnia membra, q
sunt in vltima siccitate. Quādo ve
ro substantię carnis facta est deper
ditio, duę cadunt intentiones: vna
est diminutę carnis restauratio: &
alia est cicatricis creatio. Prima intentio cõpletur, qñ materia ad mēbrum veniens in quantitate & qua
litate exsistit perfecta, hoc est sangui
B nis: & in ipso membro complexio
sit secundum suam conuenientiam
temperata, & natura suo beneficio
sufficiens est ad hoc perficiendum
absq; medicinarum adminiculo.
Sed quia circa horam finis digestio
nis ad quodlibet membrum currunt
duę superfluitates, quarum vna est
subtilis, & alia grossa: & fluxus harum superfluitatum sępe gñationi
carnis resistit: ob hoc indiget natura auxilio medicinarum ad illā humiditatem desiccandam, ad hoc vt
noua caro in vulnere nõ liquefiat.
& tales medicinę sunt carnis gñati
C uę & harum numerus est multus, si
cut thus, farina orobi, & fabę, & iridis, opopanacum, & tutia. Et istis
medicinis vtimur sm magis & minus. nam thus, & farina orobi, & fabę sunt in gradu primo gñationis
carnis: & post ista farina orobi, & i-
ridis: & post ista aristolochia, & opo
panacum, nam ista in tertio gradu
quasi existunt. Et harum medicina
rum quantitas, & modus a complexione membri, loco, sensibilitate, &
ipsius nobilitate sumitur. quia mē
bro humido medicina carnis gña-
tiua est thus, & complexioni fœmi- D
narum & puerorum. qñ vero sicca
complexio est, thus sufficiēs nõ est,
sed necesse est vt fortior apponat, &
aristolochia, & alia. quia in mēbris fortis
siccitatis caro non gñatur, nisi multum per siccas medicinas. nam autē vulnera, cū parua existūt, sanan
tur cum mellicrato & aceto. & si ma
gna fuerit, tūc nocibilis* andaracha *androsaces
ton vtiles existūt. & si nõ sufficiūt,
tūc necessaria est scoria ferri cum
aceto. & simile est vulneribus gulę.
Et Gale. propter hoc dicit, q cum
membrum naturaliter siccū ad humiditatem peruenit membri, a sua E
natura multum est elongatum. &
ppea eget rebus exiccantibus i eo gra
du, ad quem peruenit mēbrū illud
versus humiditatem. nam medicinę non sanant, nisi quando sunt in
contrario distemperatę, in eodē gra
du, in quo membrum est distempe
ratum: ita q si distemperatum fuerit in secūdo gradu humiditatis, ne
cesse est vt medicina distemperata
sit in secundo gradu siccitatis. Et nõ
sunt humectanda vulnera, quę sunt
in membris siccis, ęquali humectatione ei*, qđ in membris humidis
existit: sed necesse secundum pluri- F
mum, vt per comparationē existat.
ppea quia corruptio, & putrefactio
siccis membris accidit, antequam
humectationem humidis mēbris ę-
qualē recipiāt. ergo sm Naturalem
philosophiam dicimus q causa hu
ius non est, nisi difficultas membri
sicci, & grossa superfluitas quę in eo
existit: sicut q dictum est, q siccitas est difficile passibilis. Et huius
ratio similis est rationi iuuenis & se
nis, sicut superius determinauimus.
Et vlt., quia cognoscit Medicus, q
me-

G medicina in mundificatione vlceris
debilis existit, est multæ sordiciei in
vlcere abundãtia : quemadmodum
cognoscit q medicina nimis est ab
stersiua ꝑ rubedinem vulneris labiorum, & ipsius profunditatem. Et
aliquando medicina corrosiua auget in vulnere sordiciem. Et in hoc
errare potest Medicus, quia si ꝓpter
medicinam hæc accidit, rubedo, &
caliditas in labijs vulneris existit, &
in vulnere profunditat. & si hoc a
loco prouenit, hoc est manifestum.
Nam si vulnera fuerint in membro
exposito contactui medicinarum,
H aut in superficie posito, ita q in suo
situ mutationem non recipiant me
dicinæ, tunc necessariæ sunt debiles
sicut in vlcerationib° sufficit stoma
chi. & si in grossis intestinis vlcera
fuerint, debent clysterizari : & si in
subtilibus pharmacari. In membris
vero profundis medicinæ exigũtur
fortiores : sicut in vlceribus pulmonis, & in membris musculosis, quæ
profunditate corporis sunt remota.
Et ꝑ hanc loci cõsyderationem ha
bẽti sit in gutture vlcerationem, in
positione medicinæ ipsum stare ꝓ-
cipimus erectum: & paulatim medi
I cinam oportet solutiuam transglu-
tire. Et habentibus passionem meri
medicinam lambitiuam dari pręci
pimus, & ei admiscemus viscosam
medicinam ipsam in meatibus mo
rari facientem, ꝓpterea vulnerum diuer
sa est medicatio. nam quædam ore
tenus curantur, & quædam cum lo
calibus medicantur, & quædã cum
ambobus. Adhuc ordinata sunt ꝑ
pter locum & figuram conuenientia
instrumenta, vt medicamina in ipsis debite proiciantur: sicut syringa,
pessaria, & similia. Quod vero a sen
sibilitate sumitur membri, manife- K
stum est. nam membrum valde sen
sibile medicinas fortissimas sustine
re non potest. sit & membri mali
iuuamenti. Sed vulneribus, quæ in
superficie corporis sunt, in concaui
tatibus quorum carnis generatio
existit necessaria, & in quibus cica-
trix similis cuti fieri oportet, necessa
riæ his sunt medicinæ desiccatiuæ
similiter: sicut galla, balaustia, & similia. & est necesse vt carum exicca
tio conglutinatiuam operationem
excedat. Et in quibus caro superflua
generatur, necessariæ sunt medicinæ
corrosiuæ, quæ fortiores generantibus L
existunt: & sunt vt colcotar, & viride
æs, & similia. Et ꝓpterea non est impos
sibile, vt in aliquibus corporibus videas iam sit carnis generatiuum.
Et scias q corrosio carnis superfluę o-
perantibus naturę appropriata nõ
est, sicut est carnis generatio: sed est res
quę appropriata est operationibus ar
tis. Sufficit quod breuiter dictũ est
de vulneribus, quæ intus & extra in
carne fiunt, cum quibus mala com
plexio non est associata : Sed si ma
la complexio est appropriata, est sicut causa vulneris & curari non potest, nisi remoueatur : sicut accidit, M
quando euenit apostema. Et quia
medicationem malę complexionis
iam nouisti, cum hoc etiam hic rei
terare expedit. Et dicimus q malę
complexio, quę in vulneribus fit, est
propter sanguinem, qui illuc currit:
qui in qualitate, aut quantitate distemperatus existit, aut in ambob°.
Et hæc aut a toto corpore prouenit,
aut a mẽbro vulnerato, aut ab ambobus. Et si a toto prouenit corpore
aut a membro vulnerato, aut ambobus, perscrutandum est vtrũ per
quam

A quantitatem, aut qualitatem proueniat. si ꝓpter quātitatem solummodo competit phlebotomia. & si solū ꝓp qualitatem, tunc necessaria est pharmacia. si autem ab vtrisq; ꝓuenit, & vtrunq; faciendum est. Et si fuerit in singulari membro ex mēbris corporis, tunc ipsum oportet euacuare. Et si fuerit ipsum membrū vulneratum, sicut renes, & similia, tunc totum corpus euacuādum est. Et si a toto prouenit corpore, repercussiua necessaria sunt omnib⁹ repcussionis modis, secundum ꝙ diximus: & deinde membrum conforta- B re debes, & trahere materiam toto posse ad opposita. Et si mala complexio fuerit in membro vlcerato, tunc prouidendum erit in suis qualitatibus malis. quoniam, si vulnus fuerit siccum, ipsum humectare debes cum aqua calida: & si fuerit humidum, ipsum debes exiccare cum fortibus exiccatiuis. Et sic facere debes in distemperantia caliditatis & frigiditatis. Et si in vulnere caro addita fuerit & indurata valde, incidēda est cum ferro: & postea apponere debes ea, quę habent generare, & consolidare. Et si ibi fuerit apostema, C non est via sanationis membri, nisi apostemate remoto: quoniam medicinę, quę curant apostemata, contrarię vulneribus existunt. Et si duę aggregantur res in membro, velut mala complexio propria mēbri & corruptio sanguinis illuc aduenientis, in his consyderandum est. Et scias ꝙ quando vlcera nō sanantur ꝓp adhibitas medicinas, illud fit vna triū rerum. vna est ꝓp medicinas, quę cōplexioni membri conuenientes nō existunt: aut quia materia transmissa non est conueniens: aut quia in D membro complexio lęsa est per naturam, eo ꝙ ibi vna species malę cōplexionis, aut plures sunt. ergo scire debes ꝙ sanatio vulneris fit, aut propter corporis euacuationem, & cum temperantia complexionis, & cum plagę desiccatione. & aliquando vtimur theriaca, & similibus. Sufficit quod dictum est in cura solutionis continuitatis simpliciter, materialis & non materialis.

De curatione solutionis continuitatis Venarum, & arteriarum. E

Cap. 33

DEinceps volumus loqui de cura solutionis continuitatis in venis, & arterijs. Et dicimus ꝙ solutio continuitatis in venis facilis est consolidationis: sed quę est in arterijs, illa est difficilis, exceptis corporibus puerorum. & propterea ꝙ solutio continuitatis illorum nos adducit in aliam rem multum timendā, hoc est sanguinis fluxū, necesse est vt in hoc sermonem faciamus. Fluxus vero sanguinis multis fit modis. aliquando fit propter venę incisionem, vel vlcerationem. & hoc fit F aut propter causam intrinsecā, aut extrinsecam. si propter extrinsecam aut incisione, aut extensione, aut pcussione, ꝓp intrinsecam, aut ꝓpter humores acutos corrosiuos, aut extensiuos, ita vt aperiant venas. & aliquando currit sanguis ex orificijs venarum, & aliquando stillat. Et incipiemus a sanguine decurrēte propter venarum lacerationem, eo ꝙ periculosior existit. Et dicimus ꝙ, quando dilaceratur vena in corpo-

ris superficie, sanguis duobus modis potest restringi, uno modo ut sub
trahatur illius membri materia, quã
propter multam sit quantitatem: a-
lio modo ut digito oppiletur, si fuerit parua, nam propter hoc coagula
bitur in orificio sanguis, & stabit: aut
propter ligamentũ, aut propter cauterium: eo quod cauterium crustã pre
parat sup plagam: aut propter medicinas stypticas corrugatiuas: sicut
medicina facta de visco cocto, & tri
tici farina, & similibus. Et Galenus
commendat contra fluxum sanguinis arteriæ aleon, & thus, & albumẽ
H oui, & pilos leporis: & hæc medicina
retinet sanguinem, & generat carnem. Sed cauteriũ sufficiens nõ est,
quia crusta cadere potest, & sanguis
iterum fluet. Preterea cauterium
minuit de substantia membri, & no
bis non est necesse minuere de substantia membri, sed potius laborare
vt crescat. Et non laudatur cauteriũ
nisi quando fluxus fuerit propter
venæ corrosionem: quia tũc cauteriũ
superpositum est loco rei, quę remo
uet causam facientem corrosionẽ.
Et aliquando ponimus frigida repercussiua super membrum, quando
I fluxus fuerit ex caliditate. Sed aliquando prædicta omnia debilia esse dicuntur, & insufficientia: quare
tunc necessarium existit venam vel
arteriam finaliter incidere: habita
tamen hac cautela, vt prius liges, strĩ
gendo fortiter caput ipsius venæ, quæ
est versus cor, & postea incide. Sed
subtractio sanguinis ex loco illo fit,
vt præparetur membrum, & erigat,
vt orificium apertum superius adap-
tetur. Sed debet tunc materiam
trahere ad oppositam partem, vnde
sanguis tunc fluebat: aut ad proxi- K
miorem locum, sicut de ore ad nasum, & de vesica ad matricem. Et at
tractio ad partem oppositam fit, sicut quando propter fluxum sangui
nis narium ventosas super hepar poni iubemus: aut super splenẽ, si fuerit ex parte sinistra. Et ventosę etiam
positæ super occipitium stringunt
sanguinem narium, trahẽdo ad op
posita: aut super mamillarum radices propter menstruum. Et aliquã
do fit attractio ad partem oppositã
propter ligationem membri, aut p-
pter medicinas menstruorum sanguinem prouocantes. Sed phleboto L
mia in sanguinis mẽstrui fluxu est
medicina per accidens: propterea
quia hęc medicatio in suo genere
solum exhibit, vnde emenda est. Et
aliquando est naturalis, quando flu
xus propter multitudinem sanguinis fuerit.

De fluxu sanguinis, qui a membris prouenit intrinsecis.

Cap. 34

SEd sanguinis fluxus, qui in partibus intrinsecis existit, non ha
bet viam, vt retineatur nisi a medicinis stypticis, aut cibis grossis. Et
medicinę stypticæ in hoc sunt sicut M
balaustia, & succus rubi, & galla, &
similia. Et quę sunt nimis styptica,
sunt sicut bolus armenus, & tegula
pistata, & plantago, & solatrum. Et
Gale. multum succum plantaginis
commendat in passionibus vuluę,
propter corrosionẽ ibi fientẽ. Et ex
fortibus lacerationibus venarũ, quę
in membris fiunt, sunt illę, quę in
pectore fiunt, & fortiores illis sunt, q
in venis fiunt pulmonis: & ita quod ali
qui dixerunt quod nunquam consoli
danẽ

A dantur: sed quando ad finiem deducunt, perfecte non curant: sed cũ
bono regimine, si inuenitur pot, corũ
plongabit vita. Et sunt aliqui, q ex
hac infirmitate minime moriunt.
& hoc dico, qđ p animã meã proba
ri potest ex dictis Galeni; quãuis illud non dicat manifeste, sed multi
ex modernis hoc testificati fuerunt.
& dicit Auic. q vidit mulierem, quę
vixit viginti annis post lacerationẽ
venarum pulmonis: sed illa semper
comedebat zuccharum rosatum cũ
pane facto cum coriandro. Et ego
assentio ei quod dixit, eo q filij Auẽ
B zoar mihi simile retulerunt, & q in
pluribus hominibus hocidem vide
runt. In principio vero huius dispo
sitionis si sit propter percussionem,
aut propter aliam ex rebus extrinse
cis, debet phlebotomari ex vena cõ
muni, si multa fuerit repletio: & si
non fuerit multa repletio, de basilica minuendus erit: & sanguis duabus vicibus extrahatur. & tempore
phlebotomiæ testiculi, & brachia li
gentur: & a tussi abstineat quãtum
plus potest. Galenus præcepit dare
acetum cum aqua mixtum, si medi
cus viderit, q in pulmone sanguis
C fuerit coagulatus. & hęc medicina
est contraria iuuamento causæ, &
accidẽti: propterea quia aceto inest
per naturam vt moueat tussim, &
tussis prauum est accidens: & hoc ti
mendum, & acetum cum sit pungi
tiuum, vulnera nocet, & sanguinem
subtiliat, & aperit, & fluere facit. &
propter hoc acetum dimittendum
est. Et medicinæ dandæ sunt haben
tes repercussionem, & stypticitatem.
& eligenda sunt styptica, quib⁹ subtilitas sit admixta, propter membri
profundationem. & quod mihi vi- D
detur hic melius omnibus alijs reb⁹
est zuccharum rosatum cum aqua,
in qua coctæ sunt glandes, & nuces
æquales. Et cauda caballina, & mi
rabilis Abumeron. Auenzoar mihi
indicat q hæc aqua debet esse illa, i
qua ferrum multum sit extinctum;
ita q propter hoc a sua quantitate
decrescat, & postea in ea res bulliãt.
& per hanc viam possibile est gluti
nationem sanguinis fieri, & consoli
dari plagam. Et quod multum necessarium hic existit, est cibi diminutio. & sufficit aqua ordei cum nu
cleis assis granorum mali granati s E
prãdio, aut pultes granorum ordei:
& sero vnc. ij. panis cũ testiculis gal
lorum. Et si cũ fractura venæ fuerit
reuma, quod illuc concurrerit, & cõ
mouerit tussim, et pp hoc vena sit a-
perta: aut pp humorẽ acutũ, qui sub
stãtiã corrosit pulmonis: tunc phar
macia phlebotomiæ est admiscen-
da, & superponere capiti res desicca
tiuas, sed si causa reumatis frigida
fuerit, superponamus capiti pulu. ẽ
caryophyllorũ, pipis, pulegij. & si cã
remissę calida fuerit, sufficit puluis
macis, & nucis muscatæ, & corticis
pomorũ cydoniorum, & omnia quę F
habẽt virtutẽ calefaciendi modicũ,
& est modica sicciorte sunt cũ solida
tionis vulneris. Et quia in breui tpe
vuln⁹ ad finem potest peruenire, ið
studere debem⁹ in remouendo cãm
quantum possumus. & hoc fit exic-
cãdo corpus modis oib⁹, quib⁹ pos
sumus. Et pp hoc theriaca in hoc lo
co iuuatiua existit, & maxime noui
ter confecta: & ppietatẽ hẽt retinen
di sanguinẽ, quẽadmodum hẽt in-
hibendi fluxum, & postq̃ ita est, hic

Y ij ca-

G cura conueniens existit duabus speciebus sputi sanguinis, siue fuerit ex causa intrinseca, vel extrinseca: & Galen' commendat hic trochiscos andaracharon. Quando vero factum fuerit vulnus saniosum, Galenus dicit quod causa suae incurabilitatis est, quoniam sine tussi mundificari non potest; & tussis tumorem augmentat, & apit vuln', & grossities tumoris augmentat saniem. Adhuc mihi videtur quod causa suae incurabilitatis sit: quia cum hoc membrum apostematur, vulnus ipsius induratur, & sanationem recipere non potest, sed tamen longo tempore viue
H re potest. Et habenti saniem in pulmone debemus propinare medicinas & cibos, qui habent aliquid absterfionis cum aspersione & confortatione: sicut capill' veneris, & cortex citri, & masliche, & radix lilij. & panem comedat cum zucharo rosato, & vuas passas pingues & bibere lac, hoc laudabile existit: & bibere aquã ordei & terras habitare siccas, & simile huic faciat, qui toto tempore in reumate frigido perseuerat. Et si vlceratio est in canna, mels' curari potest. & hoc fit cum rebus exic
I catiuis desiccantibus vlcera pulmonis, & praecipiẽdo infirmo vt in ore teneat medicinas desiccatiuas & abstersiuas mixtas cum lenitiuis: & vt iaceat supinus, vt facilius medicamina transire possint, discurrendo per vulnera, quemadmodum ros discurrendo per parietes, & muros, per terram. Quòd si causa fluxus sanguinis fuerit ex aperitione orificiorum venarum, cura eius erit cum medicinis leuibus stypticis. Sed si causa apertionis venę subtilitas sanguinis fuerit, ipsius sanatio est cum cibis gros- K
sis cõglutinatiuis. Sufficit nobis husque dixisse de solutione continuitatis arteriarum, & venarum.

De cura solutionis continuitatis in Neruis, & Lacertis.

Cap. 15

NVnc vero volumus dicere de solutione continuitatis, quę ĩ neruis, & lacertis accidit. Et dicim' quod quando solutio continuitatis in his mẽbris accidit, tunc necesse est corpus cum phlebotomia, & pharmacia euacuare: & studiose pspicere vt in vulnere aliquid saniei non L
fiat, ne dolorem spasmosum inducat. & ideo quia neruus est mẽbrum profundum viscosum, non sufficit in mundificatione saniei medicina consolidatiua: sed necessaria est medicina, quę cum calefactiõe habeat suctionem, vt saniem trahat sine mordicatione. & ideo in principio necesse est hoc vulnus apire. Et medicinę hę vtiles sunt, sicut viscus alboan. & quod fortius existit est, quãdo aliquid addimus de euphorbio & maxime si corpora humida fuerit, confert valde. Sed in corporib' durę M
complexiõis & siccis, valet opopanacum, & assa fœtida, & sulphur crudum oleo oliuę mixtum in his multum valet, & gummi pini in his virtuti vicini, & glandium proximũ est. Et quando inciditur, vel scinditur neruus, & cum desuper fuerit eleuata, tunc has nõ posset medicinas sustinere, sed erit sufficiens abluere ipsum cum oleo oliuæ, & ponere desuper tutiam ablutam. Et si corpus durum extiterit, trochisci andaracha-

A non erunt sufficiẽtes. Et si neruus ex
transuerso, & ex toto non est incisus, tunc vulnus periculosius est, q̃ si incisus in longitudine traheretur. &
hic est timor spasmi, & ob hoc regi
men istud totaliter est adhibendũ,
vt prouidus sis in resistẽdo spasmo.
Sed res, quę mitigant dolorem nerui, ipso non existẽte discooperto, est
oleum oliuę calidum: propterea q̃a
resistit omnibus passionibus nerui.
sed quando discoopertum est, tunc
contrarium existit: & non est ponẽ
dum nisi doloris fortitudo nos im-
pellat. Et necesse est vt medicinæ,
B quæ neruo superponuntur, sint actu
calidæ: ideo quia hoc membrum
pro maiori parte a frigore læditur.
Et quando apostematur neruus,
& ex eo timendus est spasmus, tunc
ex toto incidendus est: quia ex hoc
securabitur a morte: quamuis mem
brum adducamus ad priuationem
sensus, & motus. Ligamenta vero
fortiores medicinas patiuntur quam
nerui, & similiter chordæ: quamuis
viciniores sint neruis. Sed ligamenta, quæ cum lacertis sunt coniũcta,
medicationem similem medicatio-
C ni neruorum recipiunt. Sed quæ ossibus continuantur, fortiores recipiunt medicinas.

De cura fracturæ Ossium.
Cap. 36

DEinceps loqui volumus de solutione facta continuitatis in
ossibus, quæ ruptura nuncupatur.
Et dicimus q̃, quando ruptura fuerit in osse ex transuerso, tunc necesse est, vt partes ad sua propria loca
reducamus: & ad hoc vnamquanq;
D partem trahere cum instrumento
ad hoc solito, aut manu, donec suo
musculo vniatur, & æquare quod
sit æquandum: & postea ligatur, secundum quod præcipit Hippocra.
Et est vt duæ fasciæ accipiantur, &
cum vna incipere a loco fracturę su
perius ascendendo. Et Hippocrates
hoc laudat ligamentum: quia per
hoc cursui materiei resistitur ne sa-
nietur. quod non accideret, si superius ligando ibi inciperet, & vsq; ad
rupturæ locum perueniret. & præce
pit Hippocrates, vt sic ligatum stet
vsq; ad septem dies propter aposte-
E matis metum, propterea præcipit, si
dolor membro superuenerit, vt super membrum ponantur medicinę
mitigatiuæ. & si pruritus adfuerit,
embrocetur aqua calida, ad hoc vt
pustulæ non oriantur. & hoc prima
septimana, propterea si securi sum*
ab apostemate, tunc non solum nõ
sufficiunt fasciæ, immo astellæ erũt
adiungendæ. Dicit Rasis: qui medẽ
tur hoc nostro tempore fracturis in
prima septimana, astellas ponunt:
& Hippocrates hoc apostematis me
tu vetat. Et etiam, quia prima septi-
F mana non timemus, quod membrum fiat tortum, sed apostemata
tantum timemus. Item Rasis dicit,
quod fractis ossibus, nostri temporis Medici in principio ponunt astel
las in extremitatibus medicinarum, quibus membra ligantur cum
farina ordei, & albumine oui, & sic
dimittunt donec * consolidentur. *coalescat
Et mihi videtur quod ille, qui per
hunc modum curatur, ille casuali-
ter euadit. & melius est dissoluere fa
sciam, & sic fiat omni septimana, &
videre positum situm eiusdem: (& est il

G llud, quod dicimus in Latino supra os) qui si nimis fuerit grossus, super ponendæ sunt medicinæ multum desiccatiuæ, & fascia bene constringatur. & si nimis fuerit subtilis, embrocetur spongia, & aqua calida, & fascia elargetur. Et si fuerit repletio, medicetur phlebotomia, & pharmacia, & ipsius cibus subtilietur multum. & quando transiuit primam septimanam, debet cibari cibis similibus illi substantiæ, quam volumus generare, vt cibis grossis & viscosis.

Et si fractura cum vulnere carnis extiterit, necesse est vt orificium vul-
H neris remaneat apertum. Et si os in longitudinem scissuram patiatur, ligatura sola cum bono regimine sanat. Et si fractura sit in osse cranei, vt penetret vsque ad telam, tunc necesse est vt circa scissuram os remoueatur, vt mundificari possit a sanie tela, ne telam corrumpat. & si sic non fieret, sanari non posset. sed hoc in loco nostro non inuenitur, qui hoc facere sciat. Et sufficiat hoc in omnibus speciebus malæ complexionis, & solutionis continuitatis, & primo in membris consimilibus.

I *De cura ægritudinum Officialium membrorum: & Primum autem de cura ægritudinum in numero.*

Cap. 37

ET dicamus quod ægritudines membris officialib9 appropriatæ, quædam sunt, quæ sunt ægritudines secundum numerum magis & minus: & quędam sunt, quæ sunt ægritudines creationis, sicut figura, oppilatio & apertio, asperitas & lenitas: & quædam sunt ęgritudines positionis. Sed ęgritudines numeri, K
quędam sunt naturales, sicut digitus sextus: & quasi ars Medicinæ hoc non considerat: & quędam sunt non naturales, sicut lapis qui nascitur in vesica, & lumbrici qui in corpore nascuntur, & verrucæ, & aqua in oculum descendens. & vngula. & antecedens causa istorum est materia distemperata in quantitate, & qualitate. Et si istæ ægritudines sint in fieri, causa efficiens remoueri debet cum euacuatione vniuersali, & postmodum membra superflua erunt remouenda. & si facta fuerit, quod factum est, erit re- L
mouendum. Et medicinas proprias vniuscuiusq; istarum rerum tu scis in multis particularibus libris. Sed quę lapidem expellunt, & arenam, sunt medicinæ appropriatę illi operationi, sicut diximus. Lumbrici vero & ascarides occiduntur cum medicinis amaris: sicut est absinthium & * centonicum. sed cucurbitini fortioribus indigent medicinis. Verrucas vero eradicamus cum ferro, vel cum penna, ponendo verrucam in concauitate pennæ, & circumgirando violenter extirpare. & quæ huic operationi valescunt, sunt pennæ aquilarum, & gallorum. De aquis, & fumibus, quę in oculis aggregantur, dicit Gale. de quibusdam Medicis oculorum, qui infirmum ponebant super scamnum, & & caput inferius quassabant, donec videbant saniem ab oculo descendentem: & hoc in aqua oculi fieri non posset, eo ꝙ nebulæ assimilantur: ita quod quando ipsam descendere facimus, reuertitur superius. propterea non valet aliter, nisi infe-

* santonicum. Oppo. vel 3a. tertij. tract. 4. c. 4 in fine, vbi dicit ꝙ ascarides indigēt fortioribus medicinis. Et isto textu ꝙ aliter accipit cucurbitinos: nam vermiculi sunt ipsi quandoꝗ. M

rius

A riter cum instrumento trahatur.
Et collyria fellium senibus valens,
& aquis quæ ad oculum descendũt.
Et aliqui sunt, qui curant eas aperiẽ
do. Vngula autem, quando est
magna, curatur cum ferro: & si parua fuerit, curatur cum medicinis.
Sed mollam remouemus cum medicinis prouocantibus menstrua, &
cum aborsum facientibus. Sed æ-
gritudines diminutiõis nũeri sunt,
sicut caluitium propter alopeciam.
Et tu scis, quod pilorum generatio ex superfluitatibus fit laudabilibus, & inlaudabilibus. ergo casus eo-
B rum est propter defectus illarum su
perfluitatum: aut ex corruptione di
ctarum superfluitatum, quę egressę
sont a sui natura in qualitatib⁹ ma
lis. & propter hoc necesse est, vt ex-
pellam⁹ ipsas superfluitates p pharmaciam. Diminutio vero carnis di
ctum est, qualiter debeat restaurari.

De cura ægritudinum in creatione.
Cap. 38

SEd ęgritudines in creatione, ex
quibus vna in figura existit, vt
plurimum sunt naturales. & ideo
C in curatione medicina ingressum
non habet. Et si etiam tempore par
tus vsque ad finem augmẽti ad bonas conuertantur formas, rectificari possunt. Et etiam lenitas, & asperi
tas ęgritudines formę existunt. Et
asperitatis causa est humor choleri
cus acutus, aut phlegmaticus salsus.
& sanatio istius est superfluitatis i-
stius euacuatio, & membrorum con
fortatio cum rebus stypticis, ne huiusmodi materia vlteri⁹ spargatur:
& postmodum cum medicinis leni
tiuis asperitas remoueatur. Sed leni- D
tas ab humore fit leui, & lubricati-
uo: & huius sanatio est illum humo
rem remouere. & secundum quod
dictum est in alio, hoc erit faciendum. Et sub hoc genere oppilationis ęgritudines continentur. Et si in
fieri fuerit, humorem facientem e-
uacuamus cum vsu medicinarum
aperitiuarum, quæ illas aperiant op
pilationes. Et si factę fuerint, & non
adsit repletio, aperitiuę medicinę
sufficientiam habent. Et aperitioni
viarum, quę clausę sunt, medicatio
erit per contrarium: sicut sunt medicinę stypticę, & confortatiuę. Et E
aliquando curatur hęc passio cum
medicinis stypticis, & stupefactiuis.
& hoc fit, quando virtus superat ex
pulsiua.

De cura ægritudinum in positione: & operis peroratio.
Cap. 39

ET positionis ægritudo hernia
manifestior existit: sicut quę i
ventre, & testiculis fit. Et quę in vẽtre fit, sanatur vt æger super cerui-
cem ponatur, & quod egressum fue
rat, reducatur. Et fractura stypticis
sanatur, sicut cum nucibus cupres-
si, & gummi glandium, & simili- F
bus. Et si tumor fuerit, qui redu-
ctioni resistit, remouere illum debe
mus cum rebus remouentibus ven
tositatem. Hernię vero, quę in intestinis descendit, curatio est, vt qd'
egressum fuerit reducatur, & exerci
tium inhibeatur. & hęc ęgritudo
difficilis est ad sanandum. Ex ęgritudinibus positionis gibbositas exi
stit. & huius curatio est humorem
grossum viscosum euacuare, & exhi
bere medicias vaporabiles, q vẽtosi

G tatem diminutionem grossam. Et hu
iusmodi ęgritudinum est dislocatio. & haec per reductionem membri ad proprium locum curatur, an
tequam apostemetur. Et scias, quod
quodlibet membrum, quod dislo-
catur, eius positio laesionem recipit,
excepta brachij, & spatulae dislocatione: tamen huius scientiae artifices cognoscunt eam. Sufficit tibi
& illis, qui tibi assimilantur, quod
breuiter de generibus ęgritudinum
dictum est. Quia hunc librum nō
composui, nisi propter illos, qui tibi
in perfectione assimilantur. quia il
H li comprehendent quod * dictum
est, ab eo quod est dictum, propter
fundamenta & principia, quę habe
bunt. Nam tu scis quod omnes scientiae
principium sumunt duobus mo-
dis, aut a rebus per se notis, aut ab
alia scientia. Et maxime tibi sufficit
quòd in hac scientia multas habes
doctrinas, & principia. Et scias quòd
ille, qui a te elongabitur, hunc librum vitabit. Sed debuissem com A
pleuisse sermonem meum in sana-
tione accidentium vnicuique mem
bro superuenientium: propterea
quia etiam accidentia secundum
aliquem modum aegritudines dicuntur: & melius in declaratione re
rum vniuersalium extitit, vt ipsa v-
niuersalia ad particularia reducantur. sed ad praesens mihi commodi-
tas non respondet: quia in alta re,
vel arte hac nobiliore studere inten
do. Vnicuique volenti ad huiusmodi praeclaritatis scientiam perue
nire, bonum est vt libros Abumeron Auenzoar studiose legat. nam B
illic medicinae thesaurus patet manifeste. Et Deus nos ab errore eru
at: & ex ipsius lumine nostros oculos illuminare dignetur.

* dicendū

Librorum Septem Colliget finis.

MAR-

MARCI ANTONII ZIMARAE SOLVTIONES CONTRADICTIONVM IN DICTIS AVERROIS.

Super Secundo Colliget.

1. Colliget cap. 1.

Otanda est contradictio in secundo colliget, capi. primo. Dicit Auerro. quod res, quae generantur ex pluribus vna re, nō complentur, nisi quando miscentur illae res ad inuicem, & faciūt vnum corpus, sicut est sequinabin, quod fit ex commistione mellis & aceti & B aquae, quarum quaelibet stabat per se in actu. Sed huic propositioni statim aduersatur dictum suum in eodem capitulo, vbi dicit quòd membrorum quaedam sunt cō posita ex elementis prima compositione, quaedam vero secunda compositione mediante prima. & declarando primum membrum dicit, quòd membra consimilia sunt huius speciei. patet autem quòd membra consimilia, quae à Graecis homiomera appellantur, non componuntur immediate ex quatuor elementis actu existentibus in matrice, quae postea misceantur ad eorum generationem: nam generantur immediate ex sanguine menstruo, qui fuit generatus ex cibis & potibus, sicut ipsemet fatetur in eodem loco. Amplius generatio cōpositi ex materia & forma est generatio corporis ex pluribus vna re, quia materia C est primo diuersa à forma, & tamen materia & forma non sunt duae res in actu ante generationem compositi corporis. nam, vt dicit Comment. in 7. primae Philosophiae commen. 26. agens non facit in alio aliud, sed ex alio aliud: quia non facit in materia formam, sed facit ex materia formatum. & eandem sententiam tenet Aristote. ibi, & Commen. diffuse in 12. meta. com. 18. vbi recitat tres opiniones de generatione rerum.

Solutio. Dicimus nos cum Peripateticis, & praesertim cum Alexandro in Paraphrasi de anima cap. primo, & in libello de mistione, & cum Themist. in Paraphrasi super. 2. de anima cap. 3. triplicem esse compositionem. Prima est, quando aliquid ex rebus corporalibus componitur, vt domus ex lapidibus, & lignis, ex carne & ossibus generatur animal. Secundum genus compositionis est permistionem, vt mulsum ex aqua & melle, & hoc secundum genus differt à priore, quia in priore totum & partes adiuncta & diffusa sunt loci: in hoc autem quicquid loco distinguitur non venit in mistionem, quia totum & partes in eodem loco esse videntur, re vera autem abolitae sunt partes, & seruatur integritas. Tertius modus est, quo ex aere & figura cō- E stare statuam dicimus, & vniuersaliter ex materia & forma corpus. Dicimus igitur propositionem Auerro. veritatem habere de generatione rei ex pluribus vna re in actu, sicut est generatio misti, quod de nouo dicitur generari ex pluribus in actu immediate, quod tunc oportet quòd elementa veniant in locum mistionis, & alterentur, & contemperentur vsque ad medietatem, vt ipse tenuit in. 3. celi com. 67. sed, si mistum debet generari ex alio misto, non est necessarium; quia tunc generationis eius vnum est actu, puta sanguis menstruus est subiectum generationis membrorum consimilium, vnde membra consimilia ideo dicuntur fieri ex elementis prima compositione, non quia immediate ex elementis tanquam ex materia proxima generentur, quia hoc est contra sensum, sed hoc est re- F spectu membrorum organicorum. vnde sensus Auerro. talis est, vt illa dicantur generari ex elementis prima compositione, quae non generantur per tot media, per quot generantur organica. nam iste est ordo, ex elementis generantur cibi & potus, ex cibis & potibus generatur sanguis menstruus, ex sanguine menstruo membra consimilia, ex consimilibus organica. patet autem quòd plura mediant inter generationem organicorum ex elementis, quàm in generatione consimilium. si elementa igitur de nouo debent venire ad generationē alicuius misti immediate, oportet vt prius sint separata in actu, & ab agente moueantur ad locum mistionis, in quo simul congregata alterantur, & diuiduntur ad partes mi-

G minima, vt dicit Auerr. & sic resultat complexio & per consequens forma misti. Sed non est vera semper in generatione cuiuslibet misti ex alio misto, in quo elementa erant refracta & vnita, quia tunc non sunt in locis diuersis, vt patet. Intelligitur etiam Auerr. propositio de generatione ex pluribus compositis ex materia & forma. & hoc dicitur, quia fallit de generatione composita ex materia & forma simplici. nam quae sunt praeter materiam simplicem & formam simplicem sunt formae compositae & materiae compositae. In tali enim generatione agens non congregat inter duo diuersa actu, sed extrahit illud, quod erat in potentia ad actum. Aut dic quod propositio Auer non habet locum de generatione, quae definitur in primo de generatione, vbi dicitur, Generatio est transmutatio totius in totum, nullo sensibili remanente,

H vt subiecto, sed habet locum de generatione mistorum modo nominato. [illegible] di[illegible] varias esse definitiones generationis ab Aristote. [illegible] & tu bene intelliges, si videris quae scripserim in quaestione de [illegible].

2. collige cap. 8.

Secunda contradictio est in. 2. collige. cap. 8. Tenet quod neruus nascuntur in cerebro, & quod non sunt infixi in eo, vt dicit Gale. Sed huius oppositum tenet in. 3. de partibus animalium cap. 4. vbi Aristo. tenet cor esse principium neruorum. Re-

Solutio.

spondetur, loquitur hic ex mente Galeni, & adducit eius apparentiam, sed non probat propter hoc opinionem eius.

2. collige cap. 9.

Contradict. est in super capit. 9. Dicit quod membra quae ordinata sunt ad attrahendas superfluitates sanguinis, non faciunt hoc,

I nisi quia sunt sibi conuenientes in cibo. ex quo sequitur quod cystis fellis, cum sit ordinata ad attrahendum choleram, & splen melancholicam, & renes & vesica ad attrahendum aquositatem sanguinis, talia membra nutriuntur ex illis superfluitatibus. Sed hoc contradicit magistro suo Aristo. & in libris de partibus, & de generatione animalium, volentis in habentibus sanguinem, sanguinem esse vltimum nutrimentum. Ibi probat primo de generatione animalium cholera non potest nutrire aliquod membrum, quia habet qualitates oppositas nutrimento, quia nutrimentum est dulce, & cholera est amara. Item contradicit iste vir sibi ipsi in. 1. Collige capit. primo vbi tenet contra Medicos, quod membra consimilia non possunt generari ex cholera & alijs superfluitatibus, quia in vulua

K non reperitur in actu nisi sanguis tantum, & non alij humores a Medicis nuncupati. sed eadem est materia generationis & nutritionis. Quod si dicatur quod sermo eius hic de membris officialibus & non de simplicibus. Contra, quia officialia augentur, & nutriuntur, quia simplicia augentur, & nutriuntur, vt patet ex primo de generatione & corruptione [illegible]. Nisi esset quod hoc dictum est secundum Medicorum. Sed ista solutio [illegible] quia sermo eius [illegible] propria [illegible] ne loquar [illegible] & [illegible] obiectionem. Amplius, cum sermo eius esset in illo libro, sicut sermo Auicen. qui semper [illegible] Hippocrates, & Lo[illegible] ipse dicit in. 1. physicorum [illegible] & ita

L [illegible] in contrario [illegible] eius [illegible] Physicus [illegible]

Solutio.

[illegible] ipse dicit in [illegible] de [illegible] in eodem cap. dum [illegible] ex cholera, & dicit quod illa nutritio potius videtur [illegible] quam [illegible], ac si diceret quod non est vera nutritio, sed quaedam operationis & obiectum proprium [illegible] qui in eisdem conueniunt, sicut cessat famis sumpto cibo, sicut cessat sitis semper potu [illegible] in illa cystis [illegible] dici de bursa [illegible] a natura destinata ad attrahendum humorem superfluitatem, quod voluptuose [illegible] a [illegible] ino & [illegible] est per viam qualitatis, & non [illegible]. Ad hoc vide, vt ipse dicit [illegible] qui [illegible] multis alijs naturalibus [illegible] phlegmatica, & [illegible] & nutrimentum choleram [illegible] melancholiae [illegible]. Nisi [illegible] Arist. multa sunt animalia,

M quae non [illegible] sanguinem, sed aliqua humiditate [illegible], & ita dixit Aristo. in habentibus sanguinem sanguis est vltimum nutrimentum, vel aliquod sanguinis [illegible] in aliquibus membris, vt in [illegible], & in illis iam allegatis.

2. collige cap. 13.

Quinta contradict. est in capit. 13. Dicit Auer. carnem esse organum tactus, & quod nerui non oriuntur nisi ad [illegible] complementum carnis, quia sit in sua complexione [illegible] complementum cerebri. & ideo in animalibus perfectis in carne [illegible] sunt disseminati multi nerui, & [illegible] nerui multi isti non peruenientes [illegible] sensum durum, & obtusum tactum. Sed huius oppositũ ipse tenet in 2. de aia in cõ.113. Etiam contra hãc opinionem vt esse Aristo. ibidẽ, & Themist. Vide Cõciliatorẽ in ꝓpria dria de hac materia.

Solutio.

Secundũ sniam Auer. in isto loco videt̃ ẽẽ dicendũ carnẽ esse organũ & neruum esse ad cõperandũ cõplexionem carnis. & ideo caro, vbi sunt multi nerui disseminati, est magis sensitiua. Sed tunc, qñ dr ꝙ caro est medium. 2. de aia. hoc intelligendũ est de carne pura. cogita, qa Arist. in. 2. de aia dicit ꝙ organũ est intus, & Græci exponunt illud pro corde ibi, & Auerro. pro veritate contradicit sibi in hoc loco, & ibi, vt vides.

Discrepantia de organo sensus tactus.

Videt̃ mihi ꝙ ad euitandũ istam discordiã, ꝙ aliud est loqui de tactu vt cõparat̃ mẽbris simplicibus, aliud vt cõparatur mẽbris organicis. partes. n. nři corporis sunt duplices ex primo de historia aialium capit. 1. & de partibus, similares, & dissimilares. & itẽ ũ operationes aię, quędam sunt actiones, & quędã passiones, cũ virtutem aię quędam actiuę quędã passiuę sint ex 2. de aia. & Arist. iudiciũ facit cõparando actiuas passiuis, ꝙ virtutes actiuę simpliciter attribuunt̃ mẽbris organicis, & virtutes passiuę principalr̃ attribuunt̃ mẽbris consimilibus, vt 1. de hist. aialiũ ca. 4. & ẽ in cap. de carne, & de ijs, q̃ vice carnis habentur. & tũc cũ tact⁹ sit de virtutibus sensitiuis q̃ enumerant̃ inter passiuas virtutes aię. 2 de aia. 52. & 3 de aia cõ. 18. auctoritate Alexan. vt principalr̃ illa virtutẽ attribui mẽbro cõsimili. mẽbra aũt cõsimilia, vt Arist. dicit, sunt caro, sanguis, vena, arteria, neruus, pilus, pinguedo, os, vnguis, & id genus.

B

Quare aię aũt vel aiã per sensum tactus op3 ex istis mẽbris illi principalr̃ tactũ attribui, cuius cõplexio est magis tẽpata, quia operatio tact⁹ max tẽpamẽtũ requirit. Discurrẽdo aũt ꝑ singula ex mẽbris cõsimilib⁹, quę superius enũerata sunt, nullũ ẽ magis aptũ vt sit organũ, nisi caro. sanguis. n. est ꝓp carnem, & ẽ mã eı⁹, & carnis complexio ẽ calida & humida in suo tẽpamẽto, in quo cõsistit vita, & sensus. neruus vero, venę, arterię habẽt cõplexionẽ frigidã & siccã. & ꝓ derunt ꝓp illã rõnẽ carnẽ ẽẽ organũ. isto mõ Arist. loquit̃ in 1. de historia, vbi tradit doctrinã qa, & ita determinat i lib de ptibus aliũ, vbi tradit ꝓp qd. Sed, si nos decide attribuatur sensum istũ mẽbris organicis, dic sine dubio illud ẽ primũ organũ tactus, i quo primo appet inter organa ista opatio, & virtute carnis ista opatio alijs or-

C

ganis cõmunicat, quia cor ẽ primũ, qd' vita & sensus, & alijs sensibus est ꝑ cor cõmunicat⁹. & ꝓ argumẽto isto Arist. posuit cor in 3. de partib⁹, qñ loquit̃ de organicis, ẽẽ principium ois sensus. Qñ igit̃ in lib. de aia loquit̃ de medio, loquit̃ vt ẽ in habitudine aię, q̃ est actus corporis instrumẽtalis seu organici actus, & ita dicit illud, qd' ẽ organũ tactus, ẽ intus. s. cor. & caro dicit extrinseca, cui ad veniũt sensibilia, cõuenit in rõne medij. sed, qñ dicit carnẽ ẽẽ organũ, cõsyderauit cõparãdo partes similares. Vñ, si ptes similares in cõi, aut saltem partes similares cordis, in quib⁹ cor cõponit̃, inhęrent & cõparent̃ inter se, earũ, illa ẽ organũ tact⁹. Cor .n. sm Aristo, est principiũ etiam venarũ & neruorũ, & ẽ i eo sanguis & adeps. hęc sm Arist. dicendũ ẽ carnẽ esse organũ. & null⁹ neq; Græcorũ, neq; Arabũ, nec Latinorum vidit istã cõciliationẽ in Aristo. ante nos. quia Auer loquit̃ in 2. de partib⁹ & i 1. de historia, qñ dicit carnẽ, aũt in 3. de ptib⁹, qñ dicit cor. quia ibi loquit̃ comparãdo tactũ ad partes similares, sed in 3. ad partes dissimilares. & sic dr i 2. de aia qa aia ẽ actus prim⁹ corporis organici. & iõ tact⁹, vt ẽ de virtutib⁹ aię, i lib. de aia hẽt primo cõsyderari, vt attribuat̃ mẽbro organico ꝓp̃ aię definitionẽ. Caro igit̃ sm Ari. aię & aię ẽ organũ, & ẽ mediũ. Vide ꝓ cõplemẽto Albertũ 12. de aialibus tractatu 2. cap. 8.

D

E

Quinta cõtradi. ẽ 1. cap. 17. Scribit Auer. ꝙ sensus olfactus i aialib⁹, q̃ odorant sine attractione, vt est i apib⁹ & formicis, ille sensus ẽ clarior, q̃ i his, q̃ odorãt ꝑ attractionẽ. Sed huius oppositũ legimus in 5. de gñatiõe aialiũ cap. 4. ꝙ sensus claritas prouenit ex organi synceritate, q̃ attestat̃ cõplexiõi magis tẽpatę. Cũ igit̃ multa aialia sẽtiunt hõ, q ꝑ attractionẽ odorat, habeat complexionẽ magis tẽpatã. igit̃ organũ eius est syncer⁹, & ꝑ cõsequẽs sensus olfact⁹ est clarior.

2. Colliget cap. 17.

F

Solutio.

Nisi esset ꝙ dictum eius est intelligendum, quo ad manifestationem actus sentiendi, quia animalia ista, vt apes ad longam distantiã insequunt̃ nutrimẽtũ ex odore sine attractione. sed aialia, nisi attrahant, debilr̃ immutantur. vnde, qñ volumus bene pcipe approximamus, & attrahimus odores, & ita faciunt canes & alia. sed, quo ad distincte cognoscere drias odorum nos excedimus alia. & ista est sententia Aristote. ibi, licet animalia quo ad distantiam excedãt nos in hoc actu.

G SVPER TERTIO LIBRO COLLIGET.

3. Colliget cap. 12. Contradictio est in 3. Colliget ca. 38. Loquens de sensu visus, & tactus, ubi dicit quod species visus est, quod est susceptiva colorum, qui non sunt denudati a materia. Sed hoc contradicit philosopho 2. de anima, qui dicit cuiuslibet sensus, proprium esse susceptivum specierum sine materia. Solutio, quod intelligitur Solutio. de abstractione a materia & conditionibus eius. hoc n. intellectus est proprium. & ideo infert quod illa est, cum ipse est intellectus, verba n. sequentia hunc sensum praeseferunt ibidem.

SVPER QVINTO LIBRO COLLIGET.

5. Colliget cap. 11. AVerroes in 12. ca. ubi de medicinis stipticis loquitur, inquit quod frigiditas, quae non est terrestrium, est debilis operationis. Videtur igitur quod terra sit frigidior aqua, cuius oppositum habetur in 2. de generatione & corrup. te. co. 21.

H Solutio. Solutio: intentio eius est ponere differentiam inter medicinas oppilativas, & stipticas. nam licet ambae frigidae sint, tamen differunt, quia oppilativae fundantur in materia subtili, sed stipticae in materia grossa. & ideo est materia terrestris, quia frigiditas iuncta siccitati inducit grossitiem, sed iuncta humiditati inducit subtilitatem. & ideo dicit, quod istae stipticae medicinae sunt natura frigidae, & terrestres, & fortis siccitatis, quia terra est principium siccorum. Sed ista solutio stare non potest quia ipse in cap. de medicinis oppilantibus dicit quod sunt naturae frigidae, & terrestres, & remotae a mordicatione. Nam ratio quod est laminado in mistis, quia terrestreitas magis durat in stipticis. ubi ibidem dicit quod oppilativae aut sunt aequatae complexionis, aut declinant ad parvam frigiditatem, ubi complexio mistorum distat a complexione simplicium, & habet latitudinem magnam, &

I diversitatem etiam in ipsis multam.

5. Colliget cap. 23. Secunda contradictio est in ca. 23. Dicit Auer. quod non est inconveniens unum agens actiones diversificari diversis dispositionibus subiecti. Huius oppositum habetur in 2. de anima co. 60. Solutio: non est contradictio. Solutio. nam sermo eius in 2. de anima est sermo comparativus, videlicet quod melius est dicere materiam diversificari per formam quam econtra, quia ut dicit in 2. phy. in hoc Arist. consistit Antiquis contra ipsos, n. opinabantur quod formae sequuntur materiam, & diversificantur per illas. & ipse opinatur econtrario. cum hoc tamen stat dictum eius in hoc loco. quia actus activorum sunt in patiente & disposito, & ideo non inconvenit ab uno agente ex diversis dispositionibus subiecti provenire diversos actus. sicut ibi dicitur

K exemplum, quod medicinae, quae Bezahar a Medicis dicuntur, i. quae sunt appropriatae contra aliqua venena, corpus sanum interficiunt, & corpus affectum dispositione venenosa, cui illa medicina contrariatur, sanat illud.

5. Colliget cap. 24. Tertia contradictio est in cap. 24. Dicit quod corpora animalium sunt calidiora terrae nascentibus, & ideo in terrae nascentibus non invenitur calor in actu. Sed huic adversatur dictum Aristo. in lib. de morte & vita, ubi definit generationem & mortem, dicens quod generatio est prima participatio animae in calido naturali, & vita est eius permissio. Amplius in 2. de anima, & in lib. de longitudine & brevitate vitae, ubi omnia medicina igne operatur, & ita in vegetabilibus est calor in actu. Solutio: non est in actu sensibili, vel

Solutio. sensibiliter a nobis sensatus, sicut est in animalibus,

L nam, ut inquit Gal. si quis poneret manum in cordis vivi cuiuslibet, sentiret manifestam & notabilem caliditatem, qualem non sentimus in partibus intimis, aut extrinsecis plantarum. & sic intelligitur dictum eius. Et sic sit finis solutionum ad contradictiones Arist. & Auer. super tota Philosophia Naturali, & super tota Metaphy. & super lib. de Substantia orbis, & super lib. Colliget. Ad laudem omnipotentis Dei & gloriosissimae virginis Mariae in quibus si quid dictum est, quod a veritate fidei nostrae dissonare videatur, illud ex Philosophorum mente, & Auer. cuius nos interpretes fuimus, dictum sit. Ego autem in omnibus Romanae ecclesiae me submitto, & veritati fidei nostrae, pro qua beatus pater meus, & pro qua hos mori non libens.

M *Solutionum Contradictionum in dictis Aristo. & Auerrois finis.*

Ioannes Bruyerinus Campegius, vir doctus, ac in doctis perpolitus, tres Collectaneorum Auer. sectiones, tribus Colliget lib. Secundo, s. Sexto, ac Septimo respondentes, latinitate donavit, easque in lucem prodire, Nos autem studiosorum commodo eas post antiquam librorum Colliget translationem, una cum ipsis imprimendas curavimus.

IOAN.

IOANNIS BRVYERINI CAMPEGII IN SECTIONES TRES COLLECTANEORVM DE RE MEDICA

AVERROHI PRAEFATIO,

Ad Illustrissimi potentissimiq; Principis Lotharingorum Medicum Ioannem Galfredum doctissimum: atque Hieronymum Montuum Allobrogum medicorum praestantissimum.

NON desunt, scio, viri clarissimi, apud quos nostra haec Collectaneorum rei medicae Auerrohi interpretatio calumniam pro gratia habitura sit. Quippe plerique omnes iuniores medici tam intolerabile in Arabum Mauritanorumq; dogmata odium conceperunt, vt ne nominandi, citandiue locus relinquatur: principes etenim Hippocratem, atq; Galenum habere nos praedicant, quos in primis sectari, summaq; veneratione, simul ac diligentia obseruare debeamus, qui vniuersa, quae ad medicinam pertinent, tam doctè, tam copiosè, tamq; accuratè posteritati tradiderunt, vt à caeteris nihil addi possit, quod rem medicam adiuuet. Quae opinio, vt nobis omnino haudquaquam probatur, ita non vsquequaq; improbabitur. Sanè summus fuit Hippocrates, summus deniq; Galenus, verum numeris omnibus minime absoluti: quod de Hippocrate identidem ingenue fatetur Galenus: atque iis de Galeno tum Graeci, tum Latini, tum Mauritani, inter quos primas sibi vendicat Auerrhoes, qui multis in locis omni studio conatur conciliare Arist. Galeno: interdum vero ab ipso mutatur Galenus: quod quàm rectè, viderint docti. Ego quidem in ea sum haeresi, Arabum pariter ac Maurorum de medicina commentarios, prorsus haud esse negligendos, maiorum nostrorum vestigiis insistens, qui etsi eloquentiae viribus minus valerent, ingenij tamen subtilitate, sententiarumq; omni genere minime destituebantur: quod me aliquando docuit noster ille Dionysius Coronaeus, triplici lingua ornatissimus, Latina, Graeca, atque Hebraea, mihiq; olim in literis Graecis praeceptor: quippe inter euoluendum Gentilis in Auicennam monumenta, deprehendit illum multa esse quantum iudicij acrimonia, quae oportuit abs eo, qui linguam Arabum, Hebraeorumq; calleret, explicari. Vbi etenim locus occurrebat, in quo varia essent controuersia, codicem Auicennae Hebraeum (quem secum Romam aduexerit, postremo Clementis septimi Pontificis anno) statim consulebat, illicq; perspiciebat Fulginatem, Arabicam linguarum omnino expertem, codici Hebraeo planè assentiri. Quamobrē apud me plus sanè valebit veritatis amor, quàm timor calumniae, quam vel doctissimi, sapien-

tissimiq;

tissimiq; defugere vix potuerunt. Sic varia sunt hominum suffragia: multis namq; recondita doctrina, impolita, incultaq; placet: alijs eloquentia sola arridet: nonnulli linguarum peritia, scientiarum tamen cognitione destituti, commendantur: quod prudentissime Erasmus vno libello declarauit. Ab Hippoc. Galeno, atq; alijs medicis Graecis neminem sanae mentis negabit optimum medendi exemplar peti; nec inficiabimur è Graecia medicinam profectam, & eam elegantissimam, atque incorruptissimam: non tamen ab his solis pendebo, in ipsorumque verba tam sancte iurabo, vt non interdum melioribus, commodioribusque remedijs inuentis, ab ijs discedam, admittamq; si quid recentiores vel insigniter barbari, incultique, porrexerint melius. Nempe exempli gratia, si variolis morbillisq; adhibenda sit curatio, (Graeci [illegible]) quae exigua ab antiquis prodita reperitur, num ex Auicenna, Auerhoe, caeterisque id genus mutuo sumere verebor? Atqui Galenus vir elegantia styli incomparabilis ex Scribonio Largo, & alio quodam Lugdunensi medico quaedam decerpsit, minime veritus ne ineditior fieret oratio; Plato item eloquentissimus ab Hebraeis, Aegyptijsque non paucissima, rarissimaque didicit. Quinetiam Aristoteles ille eloquentiae princeps à Iudaeo quodam viro egregio multa hausit, Clearcho Peripatetico teste: Theophrastus insuper (scribente Eusebio) ex Hebraeorum libris non pauca laudauit, desumpsitq; : id tamen non obstitit, quò minus elegantissime placita sua posteritati mandarent. Nam quid opus est commemorare aliorum philosophorum, & virorum litteratorum pene infinitorum peregrinationes susceptas? qui tamen vniuersi stylo elegantissimo, excultissimoque commentarios conscripserunt, nullamque barbariem ex barbarorum consuetudine imbiberunt: quin potius sese politiores, venustioresque effecerunt. Facessant igitur, qui hoc nostrum qualecunque negocium vitio nobis vertere volunt. Atq; haud secus, ac Carneades, qui scripturus aduersus Stoicos prius veratro superiora expurgaret, faciant, dum Auerhoi nouam interpretationem legere aggredientur. sic enim continget res, vt qui in ipsis continenter vitiosissimi fuere, vacuati, depulsique, nulla absurda, nulla tumultuosa, nulla denique distorta visa ipsis pariant. Verum enimuero Criticorum huiusmodi calculos, censuramue nihil moror: Vos mihi sanctissimi viri nunquam satis laudati, vestra sententia, vnum vestrum iudicium pro lapide Heraclio. Cur vero conuertendi in Latinum Collectanea de re medica Auerhois prouinciam susceperim, in caussa fuit ocium, quo ab Aulae Gallicae tumultibus liber, aliquot iam menses fruimur Lugduni Mecaenate nostro charissimo, prudentissimoq; Cardinali Turnonio, Regis Christianissimi vices gerente. Considerans namque multa Galeni principis nostri vniuersa pene opera Latinitate donata, simul ac Graecorum aliorum posteriorum, diligentia virorum doctorum, venit in mentem, me quoque posse medicinam adiuuare, si hanc, quam aggredior materiam, alijs vel intentatam, vel corruptissime deprauatam, quam possem diligentissime tractarem. Laborabam equidem hac in re vehementer, quoniam codices, quos typis excusos habemus, deprauatissimi essent, vnde aut nihil, aut parum adiumenti ab ijs capere potuimus: verum ab hinc menses aliquot inciderat in manus nostras Codex vetustissimus, qui tres quatuorue sectiones horum Collectaneorum complectebatur, quique referebat eam tempestatem, qua in Gallias immigrarunt Arabum, atque Mauritanorum, tum Philosophia, tum medicina. Porrò mei officij esse puto, eadem opera docere, quo modo harum gentium barbararū doctrina ad nos deuenerit. Postquam itaque Athenarum flovastissimum studium terruit, Romanumque imperium Gothica barbaries inuasit, migrarunt ad Arabas, Mauritanosque, adde & Hispanos (qui sub Arabum iugo vincti tenebantur, atque eorum lingua, ac legibus vtebantur) Graeci aliquot tum Philosophorum, tum medicorum libri, potissimumque Aristotelis, simul ac Galeni, quinetiam Platonem legisse videtur Auicenna) quo factum est, vt complura vtriusque volumina è Graeco in suam linguam conuerterent: constat namque eam gentem bonarum scientiarum fuisse studiosissimam: quamobrem Auerrhoes, Alpharabius, Auicenna, aliique innumeri eodem saeculo, iis philosophati sunt libris, quos solos veritati indagandae sufficere arbitrati sunt: in hocque negocium toti incumbentes, viresque omnem ingenii effundentes, vtriusque interpretationes, atque expositiones susceperunt. Cum vero in Hispania imperaret Alphonsus literarum, & maximè mathematicarum scientissimus, Mauris adhuc Betthicam obtinentibus, facile fuit vt partim ob viciniam, partim ob frequens populorum commercium comperirentur in Hispaniam citeriorem Auerrhoi aliorumque Maurorum lingua conscripti libri, vbi ab Hispano quopiam Latinitate vtcunque donati sunt: ac florentibus iam in Lutetia Parisiorum philosophiae medicinaeque studiis, ex Hispania in Gallias deportati, illic transferri potuerunt; quemadmodum imperium tenente Carlo Magno, Ioannes Scotus monachus Dionysii opera conuerterat in Latinum. Praeterea Hebraei horum placitorum expertes minime esse voluerunt, quorum primus (quantum intelligo) Moses AEgyptius acerrimus Aristotelis sectator, & Auerrhoi saeculo philosophatus, negocium tale est aggressus; quem postea alii imitati, multa in lucem extulerunt in omni doctrinae genere monumenta. Sanè quantum autoritatis semper habuerit apud antiquos recentioresque Graecos Aristoteles, tam clarum, vt explicatione haudquaquam indigeat. Apud Latinos verò paucos reperias, qui tam ardenter illum sint sectati, nisi si postquam ex Italia terra, in Gallias nostras philosophi quidam conuolarunt, magna cum laude pariter & frequenti auditorio commentaria Auerrhoi in Aristotelis volumina interpretantes: inde factum esse nemo sanae mentis dubitabit, vt vel parum fida eius aliàque tralatio magnum aestimationis incrementum, tum in Hispania, tum in Gallia, tum in Italia traxerit. Cum vero nostra memoria philosophia omnis Iacobo Fabro Stapulensi duce coepisset primum caput attollere, atque politior, Latinior, elegantiorque fieri, medicina quoque Leoniceni auspiciis liberatam spem non exiguam cepit. Ab his elaboratum in hac re, & id felicissimè, aliquot clarissimi viri, non eloquentia tantum freti, verumetiam scientia omnigena refertissimi. Deinde alii bona quidem indole instructi, ac spei: sed doctrina (cum libros interpretandos susceperunt) penè destituti. Horum ego errores perspiciens, diu quidem dubitaui num prelo committerem tres sectiones Collectaneorum Auerrhoi, quae de sanitate tractant, videbam, quam difficile esset calumniam vitare. Sed tandem vici, impulitque ardens veritatis indagatio, quam anteponendam rebus omnibus identidem praedicare soleo: vicit item Hieronymi Montui, philosophorum simul ac medicorum sua aetate facile principis, adhortatio: quare in hunc maxima culpa atque calumniae pars (si modo sit) reiicienda erit: frequentissimè etenim ingenueque confessus est, se plus per Auerrhoi nostri lectionem profecisse (alioqui Galeni operum maximus helluo) quàm per vllum alium posteriorum Graecorum. Cuius sententiae audacter subscribere possum, qui in eiusmodi commentariis diligentissimè sim versatus.

Quippe

Quippe liquidò perspicies, non eo animo scripsisse Auerrhoem, vt Galenum (cui tantum sit addictus, quemq; tam egregiè laudet) taxaret, calumniareturque: verum id omni studio, modisque omnibus satagere, vt Aristotelem (cui etiam summopere fauebat) si fieri posset, ab erroris insigni nota liberaret, huncque cum illo conciliaret. Nam quod ad controuersiam, de principe animae sede, ac domicilio pertinet, quae sanè cum inter philosophos, tum inter medicos acerrima est: alijs: vt Democritus, Hippocrates, Plato, in cerebro collocantibus: alijs, in quorum numero Erasistratus, circa cerebri ventriculum, quod vocat [illegible]: alijs in cerebri cuncam, quae & basis est, inter quos Herophilus: quidam verò, vt Strato, in frontis parte interiori posuit: Parmenides atque Epicurus in toto pectore suam putauere: Diogeni placuit eã esse in arteria cordis concaua: Stoici in corde, vel spiritu, qui circa cor est: Aristoteles verò philosophorum maximus, in corde habitare censuit: à quo si dissentiat Galenus, medicorum omnium facile princeps, non mirum videri debet. Non mirum denique, si ab hoc Alexander Aphrodiseus discrepet, qui eadem tempestate floruit, quia Galenus, in libro suo enarrationis de anima pro cordis principatu multa discutiens, vel ad anatomicam dissectionem prouocans, vt oculata fide sardius quispiam sumus à vero non esse alienum iudicium, dignoscat. Quod animaduertens Auerrhoes, post Aristotelem summum Philosophum, atque post Galenum medicum summum, tantamq; controuersiam dirimere cupiens, totque saeculis agitatam, partem huic, partem illi concedens, & ita dissidium componens, vt ab alterutro non staret, & secundum alterum litem non daret: functionum videlicet principia cordi attribuens: sensus verò cerebro dilargiens. Hoc testatissimum cuiuis potest fieri, quàm difficile illi fuerit ab altero discedere, quae sua in vtrumque ardentissima erat voluntas. Afferrem hoc loco mille alias controuersias, inter philosophos simul, ac medicos exortas, vt est de somno, ac vigilia: de sensu: denique de semine, ex quibus fiat, quid nam sit, à quonam depromatur, itemque num ab vno tantum mare, an etiam à foemina: quae sanè his duobus, & eo amplius, annorum millibus, sub doctissimis, eloquentissimis, grauissimisque conscriptoribus versata, hactenus sine fine perseuerat. Non desunt, qui seminam quoque projicere statuant: è quibus Pythagoras, Democritus, Epicurus. Aristoteli verò diuersa fuerunt placita, quanquam Firmianus velit eundem idem sensisse. Posterior autem Galenus Aristotelem reliquit, atque veteribus subscripsit: quem postea Auerrhoes non omnino sequi videtur, verùm potius Aristoteli adhaerere. Quamobrem omnis quoque posteriorum schola super hac re decertauit, & adhuc sub iudice lis est. Cùm igitur medicinae candidati à lectione horum Collectaneorum, ob tam incultum, tanq; horridum sermonem abhorrerent, vnde Auerrhoi ingenium eruditionemque intelligere minime poterant, officium meum esse putaui, vt si quid virium in nobis esset, quibus efficere, ac praestare haec multa valerem, hunc materiae campum ingrederer, & pro dignitate excultiorem faceremus: in quo gloriari non verebimur, nos primos esse, qui huius secundi barbarorum interpretationem suscepimus: quae (vt speramus) ad eloquendum aptior, & ad medicandum commodior vtiliorque iudicabitur: modo lector mentem sanam habeat, in corpore sano. Sed illud repetendum, me multum laboris insumpsisse, multumque vigiliarum collocasse in his conuertendis, & instaurandis: cum à nullo, praeterquam à codicis mei vetustate, quae fideliùs scripturam reddidit, quàm sermo caeteri libri, iuuarer. Legendus mihi

hi

G is profecto sunt tum Galen. tum Aristo. opera euoluenda, & notanda: quae quam sit negociosum, operosumque, vel semel diligenter legisse, nedum ad transferendum accommodasse, lector eruditus facillime peruidebit. Verum enim, nisi is qui & naturalis philosophiae, & medicinae sit peritissimus, tale quid audebit. Nullus denique, qui Latinae simul, ac Graecae linguae expers fuerit: quod si Hebraeam adiunxisset ad utramque, fuisset interpres, summopere commendaretur. Sequi vero ordinem videtur, quem Aristoteles in libris suis de historia animalium vsurpauit: causam namque materialem primo tradidit: sub hac finalem, ac formam (quas esse easdem prope opinantur) postremo eam quae efficientis nomen praecipue obtinet, ut quod superioribus collectum esset: unde disputatione rationibus vallata stabilitaque, in vsum veniret. Cogitanti alias mihi, quos huius mei laboris defensores pararem: & vos quam possem doctissimos peritissimosque, soli occurristis, viri literatissimi, & qui, quorum felicibus auspiciis primus ingenii nostri foetura in lucem prodire intrepide debeat. Ad haec vobis dicanda quaecunque nostra opella optimum esse duxi, ut officia aliqua, & perspicuis beneuolentiae signis, egregia illa vestra erga me voluntas, vesterque amor ardentissimus roboraretur. Quod (ita me Deus amet) praestare alio pacto haud poteram, quam re, qua vos minerua, possessam, expertam exploratumque haberem. Vobis itaque literarum studiosissimis atque scientissimis, aliquid de meorum studiorum officina depromere: quod si aptum ac iucundum esse contigerit, propediem alia e multa quae habeo, in lucem emittam. Valete igitur, & candide nostras vigilias in nominatissimum Auerrhoem interpretationes. Lugduni ex aedibus vestri Symphoriani Campegii libertatis medicae assertoris. K H L

M. D. XXXVII.

Idibus Ianuarij.

AVERROIS CORDVBENSIS

COLLECTANEORVM DE RE MEDICA SECTIONES TRES.

A Ioanne Bruyerino Campegio latinitate donatæ.

DE SANITATE SECTIO PRIMA.

De sanitatis definitione, temperamentis, atque partium uniuersarum corporis structura.
Cap. 1.

H
[illegible] 2.Coll. li. [illegible]

Anitas est cō-
moda partiū
corporis hūa-
ni affectio,con
stitutioq;, cui⁹
ope functiones
sm naturā edi
mus,& patimur illipsum, quod natura pari comparatum est. Hæc autem definitio est ex his, quæ per se
notæ sunt. Cum itaq; partium, quā
tum sensu deprehenditur, duplex sit
compositio : similarium videlicet,
I ac dissimilarium : primum in vnaquaq; harum quid ipsa sit, consyde
randum: Deinde in dīias secabim⁹:
Postremo actiones, atq; passiōes sin
gulis attributas perdiscere oportet:
quod cum effecerimus, quid sit sani
tas vere, atq; absolute tenebim⁹. Sū-
pto igitur ab incompositis similari
busve partibus initio, asserimus, me
thodum, qua exploramus id, quo
cum actiones, passionesq; suas hę
perficiūt, certissima nobis, ac firmis
sima medicinę fundamenta adferre posse. Est nanq; naturalis philo-
sophię interpretibus docte abūdeq;

L
dictum, Similaria, quatenus similaria, ex quatuor elementis constare:
terram dico, aquam, aerem, & ignē.
Quinetiam libro de generatione &
corruptiōe ostensum est, generationem a moderamina mixturæ ac tem
peramenti proficisci: commistionē
vero temperaturamq; modo elixa-
tionis confici: & hanc ipsam a calo
re tātum, libro meteorologicorum
quarto explicatum. Ad hęc dīiarū
varietatem, quę similaribus adest,
a quatuor qualitatum, calidæ videlicet, ac frigidæ, humentis, ac siccæ M
differentia modo, mensurave haud
quaquam contingere: quandoquidem ipsarum alia est temperatura.
Præterea, eodem commentario pro
ditum est, similarium formas easdē
esse cum temperamēti formis, quas
consequūtur accidentia, quę in singulis harum dīijs spectantur. Hæc
quidem, vtpote maxime necessaria,
& ab indicationibus naturalis phi-
losophię doctis, atq; ordine optimo
dispositis orta, præcessisse oportuit:
qua in re, medicorum nō pauci gra
uiter aberrant, qui de hac scientia
scri-

A Nihil habere quippiam aggressi, sermones absurdos, nulloq; ordine dige-
stos reliquerunt: cuiusmodi est vide
licet, q; vniuersalia particularib' assi
gnant entibus: quo fit vt longissi-
mè absint ab his, quæ probare, & ex
planare nituntur, demonstrationi-
bus. In quorum album Gale. quoq;
referendus erit, qui in commẽtarijs
de temperamentis indicationũ me
thodum aliam ab ea, quam I libris
de elementis vsurpantt: quare vel a-
pud illum, qui dialecticа a limine
tantum salutauerit, huius dicta minimi erunt ponderis. Verum vnde
B nostra defluxit oratio reuertamur,
atq; eo ordine, quo cœptum est, pro
uehamur. Si igitur quæ nuper a nobis asserta sunt probè intellexeris:
hoc est, id, cuius ope similaria & a-
gere & pati, quod secundum naturã
debent, dicuntur, nihil aliud te asse-
quutum putes, q̃ temperaturæ formam, quę a quatuor elementorum
moderata mẽsura, atq; commistione procedit. Porro mistilia I mixto
bifariam temperata consyderam':
Primo, vbi mensuræ pares adsunt,
vocaturq; illa mistio æqualis, colla
C tione extremorum, inter quę media
est: Secundo ac postremo, quando
mensuræ impares. Atq; hmõi inæqualitas sanè varia est, ſm quã specierum quoq; temperamenta varia
efficiuntur. Exempli gratia: Equi tẽ
peratura, longe alia est ab ea quæ
homini contigit: quippe elementorum moles in ipso aliter se habet, q̃
in homine. Forma igitur illa tempe
raturæ, quæ vnicuiq; speciei ꝓpria
est, in ipsa eademq; specie: tum æ-
qualitate, tum intẽperantia, media,
ſm multitudinem, atq; paucitatem
reperitur: habetq; latitudinem, quę
maius minusq; inter extrema ad- D
mittat. Hęc vero temperies, atq; æ-
qualitas ipsis non deperit, nisi si for
ma earum (vt ita dixerim) specifica
intereat. Necessario itaq; vnũ, idẽq;
tẽperamentum spẽi par atq; impar ꝓ-
ducitur: idq; in vna, duabusve quatuor qualitatũ, quarum mutua con
iugatio fieri possit, actiuarum, s. ac
passiuarum, quæq; sibi inuicem nõ
repugnent, cuiusmodi calida & humida, frigida ac sicca, calida & sicca
frigida & humida. Quamobrem si
milarium partium nouem esse tem E
peramenta necessario fatebimur,
videlicet calidum, humidum, frigidũ, & siccũ: atq; ex his mutuę coniu
gationes quatuor, & temperatum.
Quæret vero quispiam, Vtrum istæ
omnes temperaturę ita extremè in
hoĩe exuperent, quemadmodum in
elementis qualitatũ modus ac men
sura? Cui sanè respõdebimus, id mi
nime posse contingere, nisi ẽt subij-
ciatur corpus similare, in quo par
elementorũ commixtorum moles
spectet. Quod neq; in q̃titate ptiũ
ipsarum, grauitate, s. ac leuitate fieri
potest. Elemẽta vero, q̃ in similari- F
bus pręspollẽt, sunt, aqua & terra: vñ
cõcretionẽ, soliditatemq; nanciscũ
tur. Quin ẽt eędẽ qualitates coctionẽ, cõcoctionẽq; cõficiunt. Quare
corporũ q̃ gignunt, quoddã attribu
tũ est partis exuperantię quæ agit, &
calida est, atq; patiẽtis q̃ hũida: qui
bus tũ cõmixtio, tũ coctio pficitur.
Cęterũ libro Meteorologicorũ quar
to, q̃ nunc dicunt, copiose explicata
sunt: vbi quoque Idicationũ sempts
cõsimilib', quinq; tm̃ tẽperaturas cõstitui debere ꝓbauim': ęqualẽ vnã,
Ipares vero quatuor. Ad hęc, haud-
quaq̃ spectari posse duo corpora in

 cali-

G calidítate paria, quorum alterum al
tero siccius euadat. Qua in re hallu
cinatur Gal. de calore pueri, ac iuue
nis differens: sicuti a nobis alias dili
gentissime ostensum est. Sūmatim
vero te memoria tenere maxime ve
lim, duarum actiuarum qualitatū
mēsuras a duabus passiuis desumi:
quippe formæ ꝓpriæ materias sub
ditas ac subiectas continent. Sed de
his fortè plus iusto: cauēdū etenim
nobis summopꝫ, ne a publica medi
corum schola abeamus: quāuis error qui inde emergeret in medicina
exiguus foret, quēadmodum & is,
H qui de natura ꝑata nuper dictus.
Porrò Gale. de cute volæ manꝰ sententiam veram esse ingenue fate-
mur: prætera id, cuius auxilio & a-
gunt & patiuntur similares partes,
erit necessario vnum nuper scripto-
rum ꝑamentorum. Quare te nosse
oportet, & exploratam habere eam
ꝑaturam, quæ fm naturam est horum oīum ꝑamentorum particulę
cuiuslibet: quę quidem actioni pas-
sionive partis collata, ꝑata indica-
bitur: & est quæ specifica (vt quis di
xerit) speciei temperatura vocitatur
quamq; ab arte medica tueri institu-
I tariq; conuenit. Cæterum postq̄ in
compositarum similiumve partiū
ꝑaturas accuratius tradiderimꝰ, ad
compositas ex ipsis dissimilares, in-
strumentariasq; appellatas veniemus. Quarū quoddam est ꝑamen-
tum quatenus sunt officiales: quod
dam vero quatenus ex similaribus
constitutæ. Quinetiam his expositis, de natura ꝑata, ac structura mo
derata totius corporis differemus:
quam sanè quidē minime assigna-
remus, nisi si in instrumentarijs inue
niretur: ex quibus & similaribus cō
positū cōstat. Porrò ignorare haud- K
quaq̄ debes, partium alias ex essen-
tis primaria structura constare: alias
autē cōpositas statui ex prima illa cō
stitutione: cuiusmodi sunt simplices similaresq; particulæ, quæ ab ip
so gignunt sanguine: hic vero ab a-
limentis, potionibusq;. At qui semē
genitale membrorū nullā esse partē vel simplicē, aliquidve aliud partis philosophiæ naturalis commen
tarij satis superq, te docuerūt: & nos
vbi de partium vsu tractabimus, co
piose, ac diligenter super hoc scribe
mus. Præterea neq; flaua bilis, neq; L
atra, neq; etiā pituita esnta statuun
tur partium similariū, eo ipso modo quo sanguis: quod ideo contigit;
qm̄ ea quæ gignuntur, haudquaq̄
dicunt pfecta, absolutave, nisi si mu
tua ipsorum sit mixtura: tunc nāq;
exoritur corpus vnum: quod videre
est i oxymelite, ꝑato videlicet aqua
melle, acetoq;, quæ singula per se
actu spectabant. Ad hęc i vtero nec
tā bilē flauam atramve actu com-
misceri sanguini cernimus. atqui i
hominis corpore ad vsus nōnullos
nihilominus cōsyderant, qui mox
nobis ostendentur. Pituita quidem M
hinc longe abest: qñquidē ex ea p-
tes minime constituuntur coniiciē
turve priusq̄ in sanguinē trāseat, ac
cōmutet. Vtraq; vero bilis lōgissime
hinc remota: quippe nulliꝰ materiæ
locum obtinet in particulis, quoniā
in sanguinem verti, ac mutari nusq̄
possunt: verū ipsas potestate in eo
esse haud dubium est: dū nanq; pu
trescit in vtrāq; commutat. Hæc au
tē consequētia quibusdā erroris an
sam præbuit, qui esnta in eo quod
ex ipsis conflatur, conflatq;, potesta
te inesse perspiciebant. Etenim protinus

A tinm id verum non erit, si quippiā
aliqua in re potestate spectetur, eius
quoq; fore elutum. Sāguis quidem
in aliud per accidēs materia est mu
tationi obnoxia: verum non eo ipso pacto, quo alimētum ipsis esse di
citur: sed eo, quo vita materia secutus mortisq; nominatur. Quamob
rem fecem, atq; spumam vini, elementa huius nemo dixerit: quippe
non nisi ab his purgatum plane ac
defecatum, perfectum, absolutūq;
appellabitur: quod dum coquitur,
ac conficitur, excremēta ista produ
cit, atque secernit: eoq; modo bilē
B vtrāq; sanguini adesse asserimus.
Nāq; eorum quę fiunt, ac gignunt,
vnumquodq; excrementa cōtinet,
quę dum coquuntur, perficiūturq;,
abijci secerniq; oporteat.

De partium similarium temperamentis.

Cap. 2.

HIs itaq; expositis, ad nobis ꝓ-
positum ordinem recurrem⁹:
atq; singularum particularum similarium temperamēta docebim⁹:
quibus earum functiones, affectionesq;, & passiones nobis clare inno-
tescent. Ossium itaq; essentia frigi-
C dam ac siccam ipsorum temperatu
ram indicat: quod & de pilis, cartila
gine, tendonibus, neruis, syndesmis,
.i. ligamentis, venis, membranisq;
censendū est: vtpote a calore cocta,
atq; a frigore concreta: atq; eadem
a caliditate emolliuntur, dissipan-
turq;. Harum vero altera qualitas
in vno magis q̄ altera prępollet: pilus quidem omnium siccissim⁹, ab
illo ossa, deinde cartilago, post quā
ligamenta, a quibus mēbranę, exin
de venę, post has arterię, postremo
nerui, atque musculi. Frigiditatis
quoq; victoriam pili primum indicant, frigidissimi nāq; omnium: ab D
illis ossa, deinde cartilago, post hāc
syndesmi, exinde membranę, a qui
bus musculi, postremo vasa, venę s.
& arterię. Caeterum frigida siccaq;
sic nominantur, non ꝙ penitus caloris sint expertia, verum qm̄ a frigore perficiuntur, in ipsisq; exuperet. Quo iidem modo sicca vocitā-
tur, non ꝙ omnimoda vacent humi
ditate, (absurdum id .n. foret: quippe concoctio, mistioq; in ipso hūi-
do consistunt) at qm̄ siccitas ipsa ꝑ
ficit, vincitq; i ipsis. Calor vero, qui
his adest, per accidentis differentias
collocatur. Partes item, quę humi- E
ditate caloreq; sunt praeditae, caro,
sanguis, ac spiritus: quorum calidis
simum spiritum asserimus: deinde
sanguinem: postremo carnem ipsam, qua ratione humida quoq; no
minabuntur. Nempe spiritus est ge
neris aerei, atq; essentię: aerem autē
aqua humidiorem in commentariis de philosophia naturali cōscrip
simus. Quinetiam frigidarum hūi-
darumq; partiū adeps primas obtinet: post quā cerebri medulla. Hic
locus ociū abundantissimū postula
ret, vt de iis copiosissime accuratissi F
meq; traderem⁹: verū alias nobis af
fatim proditum est. Pręterea id te la
tere non oportet, qđ nuper dicebamus: gradus videlicet functionū fa
ctiuarum in vno eodemq; quamen
so necessario spectari sm̄ actionum
patientium collationem: quę oīa a
philosophis, qui naturę sunt interpretes, perdiscenda sunt.

De instrumentariarum, dissimilariumve partium temperamentis.

Cap. 3.

IAm vero ad dissimilariū ꝓportio-
nes tēpestiue veniem⁹: & in pri-

G mis de corde ſequetur tractatio. Id
viſcus ex membranis, ligamẽtis, ner
uiſq; compoſitũ eſt, calidũq;, tum
ob multã ſpiritus copiã in eo conten
tã, tũ ob ſanguinẽ, tum ẽt ob ei⁹ car
noſas partes: eſtq; in aĩantis corpo
re inſtar foci luculẽti, ac camini. An
vero ſiccũ (vt cẽſent medici) an hũi-
dũ, an tẽpatum, diligenter examinã-
dũ vobis relinquo: at mea ſententia
ad humiditatẽ inclinare, ob ſpiritũ,
qui in ipſo habetur, dicere non erit
alienum. Iecur, vtpote ſummè car-
noſum, ac ſanguineum, & ob arterias, quæ non paucæ ad ipſum per-
H tingũt, caliditate, humiditateq; prę
ditum. Cerebrũ oĩno frigore pollet,
quia partiũ ei⁹ maior moles ac por
tio ex eſſentia medulloſa ac neruoſa conſtat. Medulla vero eius haudquaquã eiuſdem gñis eſt cum ea, q̃
in oſſibus continetur: quippe nihil
in eo quod ſit pingue, ſeuoſum, o-
leoſumve cernitur: ſed id commune eſſe aquæ terræq; conſtat ex eo,
quod ei accidit. Cum enim coquitur, indureſcit, atq; ſiccesſit, vt hũore depopulato, exactoq; a calore, ter
rena portio relinquatur. At quę de
hoc viſcere docuimus, eadem nos
de ſpinę dorſi medulla dixiſſe puta-
I to: ſunt etenim eiuſdem & generis,
& naturæ. Porrò lienis, ac renum
temperatura calore humoreq; con
ſtat: ea tamen lege, vt renes ſplene
vno abſceſſu ſint inferiores, propter
ſanguinis huius viſceris craſſitudi-
nem: quo etiam ordine lien ab iecĩ
nore ſuperatur.

De natura temperata.

Cap. 4.

PRoximum eſt, vt de natura tẽpa
ta aliquid diſſeramus: quã quidẽ ex ijs, quę de ſimilarium, diſſimi
lariumq; temperatione ſcripta reli K
quimus, quis facile poſſit coniectare. Nempe ſi par ſupradictarum ꝓ-
portio temperaturarum in homine
ſpectetur, hunc plane temperatum
eſſe cenſebimus: atq; deprehende-
mus in ipſo notas, quæ de temperata natura a Gal. literis traditę ſunt.
Verum hanc ipſam tẽperaturæ mo
derantiam dici debere patet, collatione partium totius corporis: quan
doquidem fieri nequit, ſimilaribus
particulis ab ea, quæ ſm naturam
eſt mediocritate, ac temperatione,
abeuntibus, vna vel pluribus qualitatibus, quin protin⁹ commutatio, L
corruptiove accidat. Atqui receſſus
hic varias cauſſas obtinebit: Interdũ nãq; a regione, interdum ab a-
gẽte, alias à materia, alias ab ætatũ
commutatione: Quippe pueri calo
re, humiditateq; ſunt prædit: iuuenes calidi, ſicciq;: ſenum vero ætas
frigida: ac ſicca: cuius rei nobis ma
nifeſtiſſimum atq; locupletiſſimũ
teſtimoniũ præbent horum oĩnium
functiones: tũ ẽt, ꝙ alij quidẽ recen-
tius editi ſunt, alij vero lõgius ab or
tu abſunt, & iã ætate ꝓceſſerũt: preterea exercitia, ſtudiaq;, victus ratio,
& q̃dã alia externa tẽpamẽtũ Immu- M
tant. Atq; hęc vniuerſa inſtrumẽta
rijs partibus vſuuenire poſſe eadem
rõne nemo ibit inficias: quinetiã to
tius corporis cõpoſitioni, ac ſtructu
ræ. Iam vero octo eſſe apud medicos temperierũ receſſus docuimus:
nouẽq; d'rias, quib⁹ ptes, vel ipſum to
tũ corp⁹ functiones ſuas pagũt, atq;
id qđ ſm naturã oportet patiunt: v-
nã videlicet tẽpatã, q̃ & naturalis ap
pellat: octo vero intẽpatarũ. Res etenĩ, ĩ qua calidũ ac ſiccũ ꝑpollẽt, cali
da ac ſicca dicet: idẽ quoq; de cæteris

A ris sentiēdum. Qua rōne intelligen
dū tibi erit noue ꝑaturę sanitatis
drias, quarū ꝑatura vniuersis corporū ꝑtib⁹ tū similarib⁹, tū dissimilari
bus cōis ē. Hoc tñ interest, φ in illis
primo, & (vt sic dixerim) essentialr: i
his vero secūdario, atq; ꝑ accns. Cū
itaq; medici inꝑantias qualitatib⁹
agētib⁹ atq; patiētib⁹ acceptas refe-
rāt, haud absurde toti⁹ corporis ꝑa
mētum ijsdem assignabimus. Qua
re sequetur, vt quatuor in totum e-
mergant intemperantię.

De compositarum, dissimilarium ve par-
tium salubritate. Ca. 5.

B POstq̄ igit̄ sanitatē particularū
similariū, q̄ ab earū moderata
ꝑatura ipsis adest, quęq; primaria,
ꝓpria, ac in substātia consistit, latius
superq; explicauim⁹: atq; itē ꝑ acci
dens instrumentariarum, totiusq;
structuræ corporis: ꝓximū ē, vt de
ea, q̄ est officialiū (quaten⁹ officiales
sunt) essentialis dissera m⁹: eiusq; oēs
drias ꝑcurram⁹. Dissimilares itaq; vt
pote cōpositas neq; agere, neq; pati
i cōfesso est: nisi si in qualitate, qu-
tate, (quatenus q̄titas) positura, par
tiū continua serie, terminorum cō-
C tiguitate, (dū mutuo iungunt̄) vni-
tate, separatiōeq, modū seruauerit.
Erit igit̄ qualitas in figura cōcinna
ac naturali in meatuū atq; cōcaui-
tatū symmetria: ne s. ampliores sint
angustiores ve q̄ par sit. In supficie
mediocriter tum læui, tum aspera.
Quantitas vero, vbi adest ipsarum
numerus naturalis, mod⁹, atq; men
sura. Cōiunctio, q̄n pars parti apte
coniungit̄. Separatio, qū pars à parte ſm naturam abscedit. Cętera qui
dem nota sunt. At vnitio similari q̄
dissimilari cōmodior. Porrò magni
tudo ac paruitas mensuræ sunt vo- D
cabula, quantitati continuę attribu
ta, multum atque paucum discretę.
Mensura autem aptius similibus, q̄
dissimilibus partibus assignabitur:
quippe hæc modum naturalem mi
nime obtinebunt, nisi si prius similares, è quibus componuntur, ac cō
stituuntur, moderatam quoque mē
suratā sortitę sint. Ad hęc positura
tantum dicetur partis, visceris ve in
corpore locus: quemadmodum ven
triculi, iocinoris, cordis, lienis quoq;
positum nominamus. Consensum
vero instrumentariarum intelliga-
mus oportet eum, qui a natura pri- E
ma statum corporis strue communis donatus membris omnibus: cuiusmodi est consensus ille principū
partium, quę profecto functiones
suas haudquaquam perficerent, si
is abesset: vnde priuatum viscus cū
viscere consentire spectamus, atque
id manifestissime in cerebri cum vē
triculo consensu, potissimum in ap
petentia. Alium insuper consentien
di genus, cum a particulis vnius e-
iusdemq; membri officialis fit con
sensus, cum eo, quod est in ipso maioris, præstantiorisq; dignitatis. Hu
iusmodi autem videmus particula- F
rum omnium oculi cum crystalloi
de. Cęterum hęc breuiter perstrin
go, vtpote quę a dissectorię artis
magistris facile discere possis, quorum multi de ea commentarios cō
scripserunt, ad quos, si non graueris
abeundum erit. Quod si in libris
Galeni, aliorumque eius sectatorū
versatus fueris, atq; ad man⁹ tuas hi
nostri commentarij venerint, eosq;
perlegeris, ingenue fateberis, nos su
per sectione differentiarum sanitatis verius, exactiusq; disseruisse, q̄ fe

G cessit ille, quem nosti, mihi non no-
minandus. At id iudicium recte fer
re haudquaquam poteris, nisi si na
turalem philosophiam studiosissi-
me attigeris: te nanq; hic philosophum, q medicum magis postulo.

Quaedam adhuc superioribus adiicienda. Cap. 6.

VErum vt cuncta a nobis abso-
lutius explicentur, quędā hic
adhuc adscribemus: Temperamen
ta f. salubria partibus attributa simi
laribus nos inuenisse: alia quidem
s'm se in temperationis extremo: a-
lia vero ab ea recedentia: qui tñ re-
H cessus lęsionem sensibilem neq; in
actionibus, neq; affectionibus pas-
sionibusve operat': quod etiam instrumentarijs vsuuenit: vnde quali
tatem, quantitatem, posituram, ac
consensum tēperata dicere par est.
Quę sane constitutio ea erit, quam
Gal. libello de bono habitu nos do
cuit: a quo tu quoq;, si voles, ipsam
perdiscito. Sunt igitur officialiū par
tium salubritatis octo differentię:
quarum quatuor temperatę, atque
item intemperatę quatuor. Atqui
nonnulli genus differentiarum quī
tum arbitrantur, commune tum si
I milaribus, tum dissimilarib': aiūtq;
esse formam coniunctionis nostrę:
quę quidem dupliciter intelligit: v-
no modo nodosa, altero vera: atque
illa compositis, atq; officialibus ma
gis propria. Hęc aūt similibus parti
bus, quę in habitum salubritatis ea
rum referēda est. Iam vero vtrarūq;
partium salubritatis drię tum cōes,
tum ꝓprię nobis dictae sunt, & quo
modo in omnibus communicēt: q
huic nostro negocio summe erant
necessaria. Similarium temperamē
tum moderatum aliud est ab eo, qđ
inest officialibus: illud quidem pro K
prium & essentiale: hoc secundariū
atq; per accidens. Quam sectionem
qui ante nos, nostraq; scripserunt
ętate medici, ingenij subtilitate parum valentes, pręterm isere. Hactenus de his.

De actionibus, affectionibusq; siue passionibus. Cap. 7.

NVnc ad singularum partium
actiones, affectionesve deueni
endum: qui quidem cognitionis scopus instar finalium caussarum col-
locandus est. Qui vero nuper expositus est instar caussarum tum formalium, tū materialium nobis con L
syderabitur. Verum enimuero priusquam longius progrediamur, v-
num naturale principium statue-
mus, videlicet quodlibet corpus ex
materia formaq; constari, ac cōsta-
re: at materiam formę quoq; gratia
consistere: vnde colligendū, ipsum
ens naturale propter actiones suas
proprias tantum esse. Quare Arist.
pulchre ac docte sentit, naturā frus
stra, incassum, ac temere nihil esse
molitam: quod in his quae ab arte
prodeunt, conspicitur: quippe ligna
nauis, formę, ac figurę nauis gratia
adinuenta sunt: & sic è duobus istis M
constat, ꝓp nauis actionem, quę erit
nauigatio. Hinc etiā i hominis cor
pore esse quippiā oportet, qđ sit lo
co tum formę, tum materię: atq; ēt
postremo actionem affectionēq;, q
ambę absolutionem partium indicant. Quęrendum itaq;, quid sit vice formę: quid demum vice materię: inde ad actiones, affectionesq;
transibimus. Simplices quidem ac
similares partes in composito maxi
ma ex parte locum materię habere
spectantur: ossa nanque, ac syndesmi,

A mi, hoc est ligamenta, tẽdones, ner
ui, caro ipsa, cutis deniq; formæ ma
nus gratia confecta indicantur: quę
sanè forma ad agendũ, afficiẽdũq;,
siue patiendum erit idonea. Nempe manus fungi suis muneribus cõ
strictionis, intẽsionisve non posset,
atq; expansionis, siue relaxationis,
& alijs huiusmodi, nisi si composita
foret. præterea & si compositorum
caussa ĩcompositæ, similaresve par
tes adsint tantum: habet nihilominus harum qualibet functionem,
ac munus peculiare, quod manifestius in ipsa structura, ac composi-
B tura euadit, emergitq;: idq; in mani
bus videre est, quæ ab ossib' robur
attollendi onera obtinent, atque a
carne, neruis, & similibus sese expã-
dendi, explicandiq; modum. Post
quæ discutiendum inuestigandũq;
an sit quippiam cuius gratia compositum sit, cum quo deniq; mune
ra functionesq; suas obeat. Hinc ve
ro exordiemur: Partes natura quidẽ & agunt, & afficiuntur in totum,
ab ipsis calore innato: qui alius est
ab eo, quẽ a temperamẽto adipiscũ
tur: id quod indicationum methodo docuimus. Experimento quippe
C anatomices, (i. artus dissecandi corpora) compertum, exploratumq;, in
corde quoddam corpusculum contineri vaporosum, exquisiteq; calidũ, quod ab ipso per arteriarum canales in vniuersum deriuatur animantis corpus, atque transmittitur.
idem quoq; de cerebro censendũ.
Quę vniuersa cum ita cadant, s. neque agere, neq; affici partes, ꝓterq̃ a
calore interno: sequitur quoq; functiones suas a formis absolui, perfi-
ciq;, & ab eo ipso quod a caliditate
innata sortiuntur. Atqui ipsarũ for
ma constituitur ex vtriusq; caloris D
(natiui s. ac eius, qui a temperatura
acquiritur) mixtura, qua agunt, affi
ciuntur: vnde perspicuo liquet cordis in animantis corpore excellẽtia,
atq; principatus, quo cæteræ partes
omnes indigent, ipsum verò nulli'
adminiculo eget. Porro de cerebri
dignitate, atq; præstantia idẽ quoq;
sentiẽdũ, in pib' videlicet, ac visceri
bus, quibus preesse fertur. Incompo
sita itaq; ꝓp cõposita: hæc vero ob
calorem a corde deriuatum, qui æ-
quidẽ his formæ loco adest: qua ra-
tiocinatiõe patebit, singulorũ mẽbrorũ functiones affectionesq; sic E
ꝓficisci. Verum enim vero an solus
hic calor ista efficiat: an sit aliud qp
piam, quod sit huic caliditati vice
formæ medici considerationẽ tran
scendit. Iam vero alias esse facultates, ꝓter eas formas, quę a tpatura ꝓ
uenisse, asserimus: quas alas vocitã:
de quib' ante actiões, affectionesq;,
paucis agemus, harumq; quot sint
dñæ explicabimus: mox ad ea quibus vnaquæq; pars attribuit, addi-
citq;, reuertemur: qd' sanè fiet cognitis potẽtijs q̃ functiões pagũt. Illud vero te in primis latere nõ velĩ, F
functionũ gña, quatenus ad nos pti
net, notiora ẽẽ earũ facultatib': naturæ aũt potẽtias notiones. Cũ itaq;
philosophi, atq; medici functiones
speculant, tres tñ potestates hoĩ ad
esse affirmãt: naturalẽ, vitalẽ, aĩalẽ.
Naturalis quidẽ ẽ, qua alimur, ĩcre-
mẽtũ sumim', atq; gignimur. Vitalis pulsum efficit ac ĩ corde sedẽ hẽt
cui' quoq; respirãdo apire, ac dilata
re ẽ: expirãdo occludere, ac constrin
gere. Cui' quoq; comes est vis illa ĩ-
pulsoria motrixq;, qua cũ qd expe-
tim', ad id apprehẽdẽdũ ĩpellimur,
mo-

G mouemurq;, aut auertimur vt id
declinem^9, ac fugiamus: hanc q; oẽs
in corde sitam testant. Porrò aĩalis
in quinq; est distincta modos, ac dif
ferentias sẽsiles: videndi, olfaciẽdi,
gustãdi, audiẽdi, atq; tãgẽdi: quibus
& accedit motio secus locum (dela-
tionẽ latioẽm ve vocãt). Ad hæc in
phantasticã, quã imaginatricem ap
pellamus, cogitatricẽ, æstimatricẽ,
recordatricem, conseruatricẽq; dis-
secatur. Quam quidem sectionẽ me
dici in diuidendis aĩæ facultatibus
vsurparunt: quæ & si parũ apta sit,
nihilominus in hac arte parum
H erit incommoda. Quamobrem, aptior oĩno illa erit, quæ s̃m motionẽ
naturalẽ efficit partitio: qñquidem
in confesso est, istas functiones non
tm̃ attribui qualitatib^9 quatuor, ve
rum etiam facultatibus, quas aĩas
appellitant: Super quibus dum fusi^9
accuratiusq; disserunt, atq; dispu-
tant, alias stirpibus adscribunt, nutricationem s. incrementũ, ac gñationẽ retro nobis dictas: quarũ au-
gẽdi functionẽ altricis finem recte
quis dixerit: gignendi vero quasi au
ctricis potẽtiæ absolutionẽ, atque p
fectionẽ. Præterea aĩarum nomẽ ha
I buerunt, tum quia organicæ, tũ q̃a
ex facultatum naturalium minime
sint. Ilo vero ꝙ quis inter naturales referat largiori (vt dr̃) loquendi
mõ: is haudquaq̃ aberrabit, potissimum si aĩa a relatiõe vel functione
intelligat. ꝙ si ab essentia tm̃ pote-
statem ꝓpriã ipsam censet, is absut
de labit: id^r nobis testatissimum re
liquit Gale. noster, in quodam suorum commentariorum, vbi illã ma
gneti comparat. Cæterum vis, a qua
pulsus efficiunt, altrix quoq; est, diuidens ac princeps: vtpote quæ vnã
cum corde calorem membris spar- K
tiat, atq; præcipuæ, primæq; altrici
potentiæ famuletur, pariterq; cũ ea
seruetur. Quare absurdũ foret, hãc
ab alijs diuersam, seorsumq; collocare. Ergo ad nutricationem referẽ
da, quẽadmodum cæteræ quinque
facultates, attractrix, retentrix, alteratrix, expultrix, & q̃ discernẽs noĩa
tur: quãq̃ ea ipsa maioris in vita sit
momẽti, ac põderis p̃dictis, ob calorẽ, qui multus ab ipsa emanat: qua
rõne medici impulsi, nomẽ vitalis
huic dedere: & si sub altricis gñe cõ-
prehendat. Quidam insup plãtas,
stirpesve ab huius potestatis functio- L
ne vegetales appellitãt. Verũ ensue-
ro medicorũ partitio, q̃ potẽtiã aĩalẽ dictã, in quinq; modos diuiasq; se
cat, sentiẽdi, mouendi, imaginãdi, re
miniscendi (recordãdi ve) cõseruãdi,
ac deniq; rõnis ipsi^9, vsquequaq; ve
ra est, vno excepto, & prætermisso,
ꝙ s. nihil interest, an vim mouendi
secus locum, (lationem vocant) an
vim mouendi a voluntatis imperio
atq; impetu noĩaueris: vbi in consimilibus eum ea conuenit imagina
tio: id quod in commentario de ani
ma exposuimus. Qui autẽ vim mo M
tus voluntarij, illi quæ a vita nomẽ
retinet, potẽtiæ assignant, atq; illã,
quę motrix secus locũ dr̃, alterius
speciei esse censent, perperam facere mihi videntur. Sunt etenim hę
tm̃ facultates, altrix, auctrix, sensitrix, genitrix, imaginatrix, appetitrix, rõcinatrix, auctrix: & quæ æstimatrix, cogitatrix, cõseruatrix, atq;
recordatrix. Est aũt (quẽadmodũ re
tro iã dictum est) super imaginatio
nem constituta rationalis vis, vtpo
te quæ vniuersalia cõplectẽdo perti
ciat: quod ab Aristo. primo auscul-

ta-

A rationis naturalis, & posteriorũ pri
mo discere potes: cuius nihilominus contrarium in calce primi cõ-
mẽtarij auscultationũ scribit. quæ
dubia siquis diluere ac soluere cõ-
cupiscit, ab eo ipso Arist. petat. Cũ
itaq; vsia, quę vi apprehenduntur
rationali, particularia habeant, in
homine sit oportet facultas, qua cõ
plectat essẽtiã horũ particulariũ
sub vsibus cõtentorũ: atq; alia vis,
quę eorũ recordetur. Quare cũ potentia ista vsium cõplectrix, ea ipsa
tm̃ imaginatis habitudinib⁹ appre
hendat, sequentur deniq; tres aliæ
B potestates, æstimatrix s. quę ẽẽntiã
particularium cõprehendit: recordatrix, quę ęstimatorũ est ĩpressio:
tertio ac postrema imaginatrix, q̃
æstimatricis impressiones suscipit,
atq; amplectitur: atq; hę sunt tanquã virtutis rationalis ancillæ: qppe haud secus, ac serui dominis he-
risue suis morigeri sunt, parãtq; ac
curant qd facto opus est, ita & cæte
rę potentię rationali famulant. Pa-
tere item arbitror vim imaginatricem rõnali adducere ea, q̃ minime
sint comprehensa. Quinetiã, duas
apprehendendi dñas, æstimatricẽ
C s. ac conseruatricẽ rationalis cõpre
hẽsioni attribui. Quare cũ à rationali abscedũt vsia, atq; recordatrix
vniuersalium reminiscitur, æstima
trix vero iudicat, ac dignoscit, tunc
imaginatrix essẽtiã illam particularem à recordatrice simul & æsti-
matrice cognitã exploratamq. habebit: qua habitudine ab imagina
tione accepta consequutaq; vis rationalis, quo prius carebat, id adipiscitur. Inde fit, vt tres à nobis retro
scriptę potentię illi, quę à rõne nomen obtinet, famulentur, ac mini-
strent. Eatenus aũt medicinæ pro- D
fessori vtilia, ac necessaria, q̃ de his
disseruimus, non ignores: quatenus
liberalius ac perfectius doceri velit:
eruntq; à naturę interpretibus quæ
rẽda. Verũ enimuero qđ in hoc ne
gocio ex vsu medicinæ studiosi can
didatiq; vsu venit, id præcipuũ erit
temperamentũ, qđ singulis faculta
tibus inest, tribuiturq;, compertum
habere, atq. si præsens sit, tueri: si
deperditũ, instaurare, ac restituere.
Satis itãq, superq; satis frugis referet
ex hac disciplina, si à formę tempe
rationis notitia, & exploratione for
mam quoq; spiritalẽ intellectiuãq; E
consequatur: quẽadmodum si ma
teria cognita, quatuor succorũ corporis, partiumq; vniuersalium cognitionem assequatur.

*De vsu partium incompositarum quæ si-
miles, ac similares appellantur.*
Cap. 8.

SEquitur vt manifestũ faciamus,
parteis omneis animãtis esse ob
prædictas facultates constitutas, atque potentias ob suas functiones:
nullamq, in homine partẽ, quę nõ
sit actionis cuiusdam, atq, affectio-
nis gratia: quas vbi exploratas vnà F
cum temperamento singularũ habuerimus, salubritatem quoq; cuiuslibet partis per caussas, quę à fine appellantur, percognitã tenebi-
mus. Iam.n.per caussas, quę tum à
materia, tum à forma nominãtur,
nobis innotuit. Atq; effectrices huc
adferre (vtpote iam separatas) mini
me oportet, nisi si quippiã, qđ effe-
ctricis causę locũ obtineret, in mõ
conseruandi maneret. Principio igi
tur facto ab vsu similarium, dicemus,
rem quę pp aliã necessaria est, id bi
fariam

G fariã esse: Primũ, vt sit essentia prima essentię postremę necessaria: sicuti substantia simplicium ac similarũ ob instrumentaliũ substantiã
fuit necessaria: Secundò nõ quidẽ à
necessitate: verũ qm̃ duo vno sunt
pręstãtiora, idq́; nobilitatẽ indicat:
vti de oculo dicendũ, qui sanè quidẽ homini datus est ob visionẽ ei
necessariã: binos verò natura crea-
uit, pręstititq́; illi, qm̃ cõmodiores
vtilioresq́;. Nos verò nõ paucos vsꝰ
pręter mittemus, qui parũ huic nostro negocio sunt idonei. Similarũ
itaq; partium q̃dã sunt vt ossa, car-
H tilago: vngues: quędam vt nerui,
musculi, ligamenta, mẽbranę, ten-
dines, cerebrũ, huiusq́; ossa, spinæ
medulla, caro, adeps, cutis, pili, succi quatuor, atq; spiritꝰ. Atqui ossiũ
vsus præcipuus ad roborandũ, sta-
biliendumq́; : nempe tanquã fundamenta q̃dam ad vniuersam corporis substantiã sustentandã subij-
ciuntur: Ad hæc ad munimentũ, tu
telãq́;, cuiusmodi capitis atq; thoracis ossa. Horũ verò multitudo ad
motus varios particularesq́; : manus quippe per se moueri non posset, nisi si ab ossibus brachij seiun-
I cta foret. Alius insup occurrit vsus,
qui est, vt facilius exhalationũ, va-
porumq; copia discuatiaẽ, dissipeẽ,
ac transpiret. Hmõi aũt sunt suturę
quę in caluaria conspiciũtur. Quin
ẽt alij adijci pñt, vt est ille: ne, vbi
os vnũ læderetur afficereturue, ita
facilis esset ad alterum læsionis, affe
ctusq́; transitus: qm̃ alterum ab al
tero seiunctum. Multa quoq, esse
oportuit tum ob figurę ipsorũ eua-
riationẽ, tum ob qualitatem, cuius
gratia fabricata, tum denq; ob ma
gnitudinẽ, ac paruitatem: quę variatio in ossibus digitorũ, cruris, ac K
coxæ spectatur. Verũ figuræ, for-
mæq́; diuersi modi adsunt, qm̃ quę
valida, grandia, grauiaq́; esse oportuit: dura quoq;, solida, ac minime
concaua constituta sunt: quæ aũt
leuia, dura quidẽ, sed caua. Porrò q̃
carni adhærere iungiq́; natura voluit, teneriuscula, ac mollia fabrica
ta sunt, cuiusmodi cartilagines, &
q̃ eiusdem sunt generis: ista verò
vel mediocriter eruditus tẽ docere
põt. Genus quidẽ vnguium factũ
est duarum vtilitatũ gratia: primę
ac cõis, ad summitatis digitorũ mu
nimentũ, ac conseruationẽ: quo pa L
cto basię summitati ferturn quoq;
affigitur: postremę vt eius loci carnẽ firmarent, indeq́; manꝰ facilius,
& melius apprehenderet: nihilq́; il
li effugeret, excideretq́;. Functio ve
ro apprehẽsoria vnguibus manuũ
magis, q̃ pedum propria. Primus ve
rò vsus cæteris animantibus cõmu
nis quoq; est. Nerui insup nõ paucas nobis afferunt dubitationes: qp
pe Gal. constãtissimè asserit, neruorum vtilitatẽ esse, virtutem sensus
ac motus à principio in parteis om
neis transmittere: Arist. verò con-
stituros insitosq́; ad calorẽ internũ M
temperandũ sensumq́; inde pręstã-
dum: quę snĩa proxima est illi, quę
de cerebro fertur. Gale. ad fulcien-
dam suã opinionẽ, & firmandã, argumẽto vtitur, q̄ videlicet lęso, aut
ĩ totũ ablato neruo, afficitur, & adi
mitur sensus, atq; motus: verũ id
haudquaquã à methodo demõstratio
num procedere, satis patet ex his q̃
in dialecticis discussimus. Vsus igiť
neruorũ eiusdem generis cum cere
bri vtilitate, ab eoq; oẽs planè ortũ
habent: nec est qđ in cerebro fixos
(vt

A vt sensit Gal. (dicas. an vero motũ
voluntariũ efficiant, dignum accu-
ta cõsyderatiõe. Syndesmorũ, id est
ligamentorum, atq; tendonũ vsum
nemo scit: motionis. q ab imperio
voluntatis prodit, gratia institutũ.
Membranę pro tegmine impositę,
atq; vt tueanť, suspendãtq; parteis
quę suspendi aptę sunt, ac retineãt:
qđ ad syndesmos magis ꝑtinere videtur. At quæ ventrẽ integit, hmõi
vtilitatẽ obtinet: nempe arcet, pro
hibetq;, ne intestina prolabanť, lo
coq; dimoueantur: quo lapsu her-
niosi efficiuntur hoĩes. Venosum
B genus duplex est: primũ arteriarũ,
quæ spiritum ac sanguinem à corde accipiũt, in omneisq; parteis expanduntur, aliãs quidẽ sanguinẽ tñ,
aliãs spiritũ ac sanguinẽ simul. Al-
terũ verò venarũ quæ non feriunt,
in quibus spiritus vix sensu **deprehenditur**, nisi si Gale. opinio **diuer-**
sa nos sentire cogat, qui **in iocinore**
spiritus naturalis sedem collocauit,
quem ab altrice facultate confici te
stati sumus. Venarum aũt tum per-
multi ĩ omneis parteis corporis expanduntur (sicuti & arteriarum) vt
sanguinem planè elaboratum con
C coctumq;, ab hepate in totum corpus fundant. Meminisse hic te velim, Aristotelẽ sentire, partium omnium nutricationem ab vtriusque
sanguine, venæ. s. atq; arteriæ, mutuo simulq; commixto, ac tempera
to perfici. Quinetiã iocinoris, atque
venarum sanguinẽ, vice materię illi esse, qui per arterias à corde deferatur: qui quidẽ loco formæ est,
vtpote alterum tum cõcoquens, tũ
perficiẽs, alimentumq; actu **proxi**
mum reddens. Atqui Gal. eum, **qui**
per venas à iocinore discurrit, nutri
mẽtũ per se proximum arbitratur.
D Verum Arist. ratiocinatio super his
est hmõi: Sanguis (inquit) quatenus sanguis, partiũ haud dubiè est
alimentũ: quicquid vero alit, parti
bus accedere debet, assimilariq;: **at**
qui vterq; sanguis, tum arteriarum,
tum venarum, per omnia funditur,
adestq; osibus, vt sit partium nutrimentũ, ex eoq; consistunt necessario. Cum vero in crudum & coctũ
secetur sanguis, ille quidẽ vicẽ materiæ, hic vero formæ pręstabit: vn
de erit crudi, coctiq; collatio, sicuti
formæ atq; materiæ: Hoc vero in
E libris de animalium historia Arist.
doctè explicuit. Cæterum si quis dicta Galeni probè diligenterq; per-
pendat, inueniet eũ sensisse, parteis
corporis superas à sanguine, qui
in arterijs continetť, nutrimentum
suscipere: iubet nanq; in hemicra
nico dolore, comitialiq; morbo diu
turno secari arterias. Summopere
aũt cuperẽ discere, cur non putarit
alias quoq; eodẽ ali sanguine. **Me-**
dullarũ duæ sunt differentiæ: **Vna**
cerebri, quæ sub caluaria includiť,
haud dubiè materia spiritus, vnde
sensus exoriuntur: Altera verò, q
F in ossibus habetur alimenti sangui
nei, quod in ipsa distribuitur, con-
coctũ excrementũ, hancq; non cõ-
tinent solida, ac minime concaua.
Æquiuocã itaq; appellationẽ eius
quę in cerebro, atq; alterius quę in
ossibus contenta est, dicere oportet:
illa etenim à vulgo cũ medulla no
minatur: hæc aũt omnino prope
dixerim, vera est: Atq; ossium con-
coctũ verumq; excrementum: idq;
essentia temperata: verũ spinę dorsi medulla eiusdẽ generis est cũ cerebro, habetq; eosdem vsus cũ ipso:
At

G At in quo mutuo discrepet, vbi de
partibus dissimilaribus differemus,
discere poteris. Porro caro duabus
continet differentiis (vti retro iã do
cuimus) quas ambas tactionis instrumenta scriptum reliquit Arist.
eodem mõ rationeq; se habentia,
quo oculus ad visionẽ: cuius rei indicium, ꝙ simplex corpus sensum
deprehẽdit simplicẽ: quo in officio
neruus carnẽ famulatur, vt tẽperet
videlicet spirituũ sensus qui à corde
transmittuntur: quas rões à nobis
medicum necesse est accipere. Atq
sensionẽ atq; motionem à cerebro
H neruis ortum essentiamq; habere li
quet. Genus insuper carnis musculosum à Galeno vocatum, inter offi
cialia ascribitur: à quo mouendi
prima vis efficit: quippe nullius adminiculo, nulloue intercedente, sed
per se tũ mouetur: q̃n quidẽ si aliũ-
de motũ haberet, aliud scrutaremur,
qđ ex se motionẽ haberet, mouere-
turq;: quo mõ res in infinitũ pro-
cederet: nihil etenim mouet, nisi
idẽ quoq; moueatur. Hinc necessario rẽ quiescere necesse est apud pri
mum a mouente immobili agitatum. Verũ ista in naturali philoso-
I phia amplius ĩterpretari sumus. Idẽ
quoq; carnis genus musculosum,
motus secus locũ (lationẽ vocant)
Galeno ĩstrumẽtũ scribitur: & nos
quoq; alias differemus de eo. Iã vero corpus illud spongiosum, qđ in
inguinibus axillisq; positũ est, hu⁹
uũ gratia fabricatũ, vt exacta ꝓpul
sataq; à cęteris partibus excrementa exciperet: facileq; possumus nobis persuadere, adeo corpulentum,
& bene carnosum eẽ factum, vt im
pleret qđ in medio vasorũ, in diuersas parteis diductorũ habetur: eiusdemq; diductionis firmamentũ ac K
tutela foret. Qđ quidẽ & simplex ẽ,
animantibusq; oĩbus cõe: haud se
cus ac cor vnũ dissimilariũ ac com
positorũ omni animantium generi
cõe datum. Nũc de succis quatuor
quędã pertractanda sunt, in primisq;
de sanguine ipso, quẽ duplici prędi-
tum vtilitate spectamus: Vna, vt nu
triat, quã functionẽ efficit is qui in
iecinore ac venis, q̃ (vt medici sentiunt) ab eo viscere originẽ habent:
Altera, vt cõtrahat atq; deferat vnà
spiritum caloremq;, & is in arteriis
contentus est. Pituita sanguis incoctus est, vel (vt quis dixerit) sangui- L
nea superfluitas, quę parum abest,
quin sit sanguis: qua absente absce
denteq;, & secreta, sanguis absolutionẽ nanciscitur, qđ de vtraq; bile,
tum flaua, tũ atra, velim existimes.
Necessario itaq; pituita corporibus
insita: fieri etenim nequit alimenta alterari immutariue, atq; conco
qui, quin & pituitosa excremẽta gi
gnantur: Ad hæc alij quoque vsus
pituitę inuestigari possunt: humectat nanq; parteis, & nutritioni aptas
efficit, vicẽq; alimenti in longa inedia pręstat. Flaua vero, atraq; bilis
primo, ac per se in corpore continẽ I
tur, habenturq;. Etenim cibaria cõ
cocta, q̃ à ventriculo ad iecur trahũ
tur, in sanguinẽ haudquaquã tran
sirent, mutarenturue, nisi si ab eis il
la duo excrementa secernerentur:
quemadmodũ vinum dulce nõ nisi duobus excrementis abiicatis, altero crasso terrosoq;, altero tenui le
ui aereoq;, oĩbus suis numeris partibusq; absolutũ dici debet. Quãob
rem natura amarę bili atq; atrę instrumẽta ac conceptacula instituit,
pituitę vero denegauit: q̃nquidem

A vt ex hac partes cõstitui ac nutriri voluit natura: ex alijs vero retro dictis
succis nequaquam: patet autẽ q̃ na
tura hos succos instrumenta facultatis altricis noluerit boni electiõe.
Nempe vesica bilis meatum habet
geminum: at vt plurimũ vnicus is
est in intestinum, hoc est exitũ fun
di ventriculi & ieiuni mediũ infer-
tus, q̃ intestina sunt gracilia, ac sub-
limia: vel si geminus meatus sit in
ecphysim illam maior īseritur, hoc
est pyloron: minor in fundo vẽtris
paulò suprà pyloron inuenitur, vbi
eodẽ quo in intestinis fungitur mu
B nere: vesica etenim illa portionẽ bi
lis quãdam per hunc meatum qui
vnicus est, ad itestina effundit, vt il
la excitentur irritenturq; ad excre-
tionẽ, q̃ siq; abstergant. Lienis quoque meatus geminos habet, vnum
quidem qui os vẽtriculi pertingit,
quo exiguum atræ bilis in ipsum
euomit, effunditq;, tum vt expurge
tur, tum vt citetur appetentia: quæ
profecto ab acidis excitari cõsueuit:
quorum alijs in commentarijs copiosius mentionem faciemus. Proximum est, vt de adipe pauca anno
temus: cuius vtilitas prima, vt calo-
C rem moueat atq; accersat omento
atq; septo transuerso: estq; excrementum, superfluitasue cõcocti sanguinis, quo partes animantis nutritæ sunt. quare adipe moderatè ade-
pta, summam eximiãq; ex eo sanitatem conijcimus: probè nanq; atque inculpatè facultatẽ altricẽ suas
peragere functiões testatur. Inde si
corpori nõ accrescat, aĩal haudqua
quã exactè concoquere significat:
in quo excremẽtũ, qđ necessario ꝓ
baui cõcoctionẽ cõsequit, minimè
fiat: id verò ẽ calidũ, humidũq;: qđ
ẽt ad implẽda q̃ in animantẽ vacua
D habent nã constituit. vbi verò im
moderatius pinguescũt adipe aĩan-
tia, prorsus ac vitiosę affectiõis cõsti
tutionisq; nota ẽ: multã quipp ali
mentorũ mãm (sanguinẽ dico) in
adipẽ verti, ob quã refrigeret corp',
animalq; mortẽ obeat. Adhęc sensu prædita nõ ẽ, partesq; sensus cõ-
potes insensiles efficit, si immodicè
augeat. Pilorũ capitis, superciliorũ,
palpebrarũq; vsus ad munimentũ
tutelãq; : q nanq; in capite nascun
tur, cerebrũ à frigoris, caloris q; noxa, & incõmodo tutantur: q supercí
E liorũ, palpebrarũq; oculos ab exter
norũ lapsu tutos faciũt: qui sub axil
lis, atq; in pectine, alijsq; particulis
exoriunt, ex copia, exuperãtiaq; ma
teriç originẽ trahũt. Galeni aũt opi
nio, qua pilos à vapore quodã cali-
ginoso, fumido, atq; exusto produ-
ci asserit, nõ oscitãter est ꝑpẽdẽda:
pilus nãq; corpus ẽ intẽdi, aptũ, siccũ, cuiusmodi est alimẽti sicci supfluitas, qđ plus iusto aduriť, manẽ-
te in ipso exigua pinguitudinis por
tiuncula. Quãobrẽ, nõ erit vapor il
le, cui' sit appositio partis ad partẽ:
quinimmo corpus ẽ valde cõtinuũ
F & intendi, aptũ, atq, in longitudinẽ
auctum. Natura verò (vt ego quidẽ
sentio) hunc vaporẽ machinata est
generationis pilorũ gratia: atq; vt
alienum materię superabundansq;
excrementorum ab internis ad externa euocaretur, expurgareturq; animantis corpus. Quod imitant agri
colæ, qui vt fecũdior, feraciorq; ter
ra fiat, semina illi cõmittunt, atque
inijciunt, quæ eliciant, attrahantq;
qđ in ea exustum terreũq; cõsistit.
At cutis omnium tegumentum commune, Spiritus proxima sunt facultatis

G tatis instrumenta, q animal regit atque gubernat: cui quinq; potestates
ancillantur, attractrix, retentrix,
alteratrix, expultrix, quibus discer-
nentes adiqemus. Verum enimuero
alia quoq; inest facultas, quę absolute gubernatrix nominatur, toti corpori communis, de qua aliqñ plenius disputabimus. Nunc tantum
id dixisse satis sit, ab anima esse ac
prodire, qua abeunte, animal quoque interire necesse est

De dissimilaribus nutritiuae facultati ud dictis partibus. Cap. 9.

H NVnc de partium officialium
vsu paucis pertractabimus, q
facultati altrici famulantur, necessaria in totum, ac manifesta explicantes: principiũ facientes à nutri
catione, quę ad vitam eximium in
primis vsũ obtinet. Quippe ad fun
ctionē huius abolitionem mors sequitur Sunt vero, quarũ sensu vsur
pare possumus, hæ: Ventriculus, at
que os, & qdã oris particulæ, gula, I-
testina, iecur, venæ, renes, lien, vtraque vesica, tum bilis, tum lotij. Cęte
rum oris præcipua vtilitas commã-
ducatio est, in quod munus dentes
I instituti: anteriores quidē ad secã-
dum: (incisorios vocãt) maxillares,
qui & molares, ex translatiõe, q his
cibi veluti molis cereales fruges te-
nuantur, & atterũtur. atq in ore fit
aliqua concoctio, patet, quamuis ea,
quę probè nostri, alio vtatur nomine. Gula meatus, quo in ventriculũ
cibaria ingeruntur: cuius functio
duabus constat facultatibus, attractrice, ac propultrice: primo nanq;
ab ore trahimus cibos, deinde in
ventriculũ deuorãtur, pelluntur q, :
quibus actionibus abolitis, animal
simul, inedia, fameq; occumbere ne- K
cesse est. Variari vero partem, quæ
potentijs naturalibus famulatur,
oportet: id qđ ex arte secandi corpora patebit. Cõstat igitur gula tunicis duabus, interna atq; externa:
quarum prima, cui rectę sunt fibrę,
quo ab ore in se attrahat, instituta
est: altera vero, cui transuersę sunt
fibrę, quo constringat ea que conti
net ac protrudat, talis facta est. propellit aũt cibos haud secus, q manu
coacta ac compressa, fluida humidaq;. Sequitur ventriculus alimen-
torũ per gulam ad se delatorum co
ctionis instrũm: ea nanq; in chylũ L
mutat, atq; alterat, at nõ in sanguinē: qđ confirmant indicantq; super dictę potentię, quibus ad hanc
functionem vtitur. Concoctio vero
manifestior est in tunica eius cras-
siore, ac carnosiore, quę plurimi ca
loris copiam tum à venis, cũ ab arterijs deriuatam continet. Postremo
viscera calidiora adiacentia ventri
habet: iecur à dextris, lienem à sinistris. Duas quoq; habet tunicas,
quæ pertinent vsque ad ipsum os:
Vna quę interior est, qualis ē in vētre, talis persistens: Altera ad carno
siorem speciē in gula conuersa, qua M
rum fibræ cõtrariam inter se dispositionem obtinēt. Quę interna est,
in rectum porrectas habet fibras, vt
quę trahendi cã sit instituta: exter
na transuersas, quò circulo contrahat. Hinc est q attractoria, & expul
soria facultates euidentissimę ĩ hoc
viscere fiũt. Nēpe vbi alimēta inge-
sta sunt, arcte statim vndiq, cõple-
ctit' suis tunicis, quod vbi cibos ad
perfectionē concoxit, vniuersę partes supernè insurgunt ad inferna p-
mēdo. Habet vero expultrix actiones

A nes duas omnino contrarias: vnam
q̄ peracta concoctione deorſum, alteram quę ſurſum expellit. At vis il
la, quę nobis diſcernẽs nominatur,
non ita euidens eſt in ventre, niſi ſi
ex cremore (chylum vocant) ali ipſum diceremus, & ob id cibũ appete
re, & tam arcte vndiq; conſtringere
premere, atq; amplecti, q̄ equidem
noſtra eſt opinio. Quare ſi aliter
ſentiremus, hoc eſt, ex hac conuer-
ſione cibi in cremorem haud nutri
ri ventrem: cur igitur alimenta expeteret eaq̃, accepta tam valide cõ-
ſtringeret, fameſq; & eſuritio ceſſa
B rent, vbi ea ingeſſimus? alioqui neque in appetentia, neque in comple
xu illo diſcernentis potentię fũctio
obſcura foret in eo. Quod ſi ita ſit,
vt pars parti famuletur, ſuiipſius nõ
obliuiſcatur, oportet: vnde tum alimentum, tum vtilitatem ob id ipſum venter ſuſcipiet, atq; conſeque
tur: in quo collegarum noſtrorũ nõ
paucos dubitare audio: aiunt etenĩ,
alimentum prius non poſſe eſſe cre
moris illius conuerſionem, quàm i
ſanguinem alteret, immutetq;. Atqui nondum cibi in ventre ſangui-
ficationem adepti ſunt. Dicemus i-
C taq;, ex eo exiguum quiddam ali-
monię trahere qualitate magis, q̃
quantitate ac copia inſigne: mox
nanq; deuoratis cibis remittit, quie
ſcitq; fames: haud ſecus q̃ vbi potio
nem ingeſſerim⁹, tollit ſtatim ſitis.
Atque abſurdum erit minime, exi-
ſtimare portiunculam quandam te
nuem humore prędιtam aliquantu
lo, non ſanguineam adeſſe, quæ ali
mentum pręſtet: quod nobis indicant animantia quędam exanguia
quę nihilo minus nutriuntur. Cęte
rum concoctio in primis a caliditate humiditateq; fit: deinde ab arcto D
illo ventriculi complexu. Quamob
rem animantia quibus ventres craſ
ſiores, corpulentiores, durioreſq; ſpe
ctantur, eadem validius meliuſque
concoquunt: huiuſmodi vero ſunt
ventres auium. Verum antiquorum
nonnulli in hac fuerunt hęreſi, vt a
ſola illa cõſtrictoria facultate & am
plexu, quibus venter circa cibos vtit
concoctionem perfici putarent: atque ob id ventres quarundam volu
crum, quales gallinarum, atq; perdi
cum, hominis ventriculo nonnihil
opis ſuppeditare. Pars vero hęc craſ
ſior duriorq; in his facta eſt, quæ de E
tibus molaribus carerent. Proxima
huic ſunt inteſtina, alterius quoque
potentiæ inſtrumenta: primum atque per pyloron ea quę in vẽtre cõ-
cocta ſunt, ad ipſa deferuntur, perfe
cta quippe concoctione, tum aperit
inferius os ventriculi, exciditq; per
ipſum quod concoctum eſt: inde ie
cur per venas cremoris ſucculentũ
trahit: poſtremo ſicca ſuperfluitas,
excrementaq; deorſum ad inteſtina delabunt, ac pellunt: quorũ duos
vſus conſpicimus: alterum quõ ab
ipſis ad iecur alimentum tranſmit-
tit: alterum propter excrementorũ F
expulſionem. Conſtant uero duab⁹
tunicis, vt ſint validiora: atque harũ
vtraq; ex tranſuerſis conſtituta fibris eſt: quare in his propulſoria facultas euidentior eſt, attractoria au
tem imbecilla. Ad hęc vim concoquendi his adeſſe patet, ob tempera
mentum, quod proximum tẽpera-
mento ventriculi ſortita ſunt. Mul
tos vero inteſtinis anfractus, mul-
taſq; reuolutiones natura commẽ
ta eſt, vt materiæ in his contentæ p
fecte concoquerent, atque vt tãdiu

G manerent, donec iecur, quod sibi es
set necessarium, assumpsisset. Quare Aristoteles animantia, quibus re
uolutiones intestinorum paucæ essent, gulosa prodidit. Denique in io
cinore alimentum in sanguinē cō-
mutari, inde ad parteis omneis trā-
smitti, in confesso est: quamobrem
pricipem altricis potestatis esse Galenus censuit, ob excellentiam, qua
cęteras nutritioni addictas parteis
anteit: qui equidem ignorauit, alimentum in corde exquisitū, ac postremum confici: altricemq; in eo
primam ac pręcipuam vim sitam.
H Sūt vero in nuper dicto viscere quaque naturales facultates: concoctri
cem dico, dum s. sanguis conficitur:
retentricem, vbi cibaria coquuntur:
attractricem, dum ab intestinis suc
cum trahit: discernentem, quando
secernit, dignoscitq; tria excremen
ta: serosum aquosumq;: quod a renib⁹ trahitur: biliosum, quod a vesi
cula huic innexa: atribiliarium, ac
crassum, feculentumq;, quod a liene. propulsoriam vero facultatem
attractoriæ proximam esse merito
dubitatur: cuius solutionem hic lo-
I cus haudquaq̄ postulat. Meminisse
vero te oportet, omnes has facultates mutuam quandam concordiā,
atq; concentum inter se habere in
corpore, quemadmodum circa mu
nus vnum operę multę, & circa arti
ficium aliquod, multi artifices. Nu-
trienti vero potentię vniuersę famu
lantur, quę sanè est omnib⁹ animā
tis partibus necessario indita: verū
enimuero accuratius consyderabi-
mus, an altrix ista potestas ī iocino
re principem sedem obtineat, an a-
liud sit viscus ipso pręstantius, cui il
la assignanda sit. Nosquidem satis
liquere ex his, quę in naturali philo K
sophia scripta reliquimus, arbitra-
mur, hanc ipsam nutriendi potētiā
vnam tantum portiunculam partis
alitę efficere: partes vero ex elemētis
cōstitutas, ac cōpositas: quod vero
ex elemētis cōstat, mō quodā tpantiæ
id esse: q̄ sanè tpatio a quadam decoctione prouenit: decoctio vero a
calore, inde facultatis hmōi instrumentum, fontem ac principium ve
hementioris caliditatis: parum enī
aut penè nihil interest, necessarium
quippiam dicamus partibus, an toti ipsi. Erit igitur scaturigo caloris
istius iecur, aliæve nutritioni addi- L
ctæ partes. Quod si vera sit Gal. sen
tentia, qua cętera membra huic po
tentiæ ministrantia calorem, dum
suas functiones peragunt, aliūde nō
habere, q̄ ab iocinore, asserit, inter
ipsa principatum quoq; tenebit id
viscus, cuius auxilio sua obeūt munera: ipsum vero ad suas functiōes
nullius ope indigeat: q̄ excellentia
ac dignitas non immerito principem efficit: quemadmodum inter
agricolas is princeps, ac domin⁹ appellatur, cuius imperio opera nego
ciaq; curātur: is vero nulli subdit⁹,
munere suo fungitur. Discerem ve- M
ro libentissime ex Gal. cęterisq; ei⁹
sectatorib⁹, cur solum iecur ad hāc
potētiā perficiendam sufficiat: cum
ipsi fateantur, nō paucas a corde ar
terias in ipsum deriuari, q̄ non pau
cam caloris copiam deferant, quę
sanè incassum ac temere a natura
commentæ sunt, si iecur ad hāc fun
ctionem sufficiat. At forte responde
bunt, ab isto calore vim vitalem iocinori infundi. Nos vero iterum ro
gabimus, q̄ sit vitalis facultas in ani
mantis partibus? an alia sit ab altri

A ce, atque sensibili, quibus vita constat: sed magis sensibili acceptá refe
rimus: q̄ opinio aduersatur isti, quē
probe nosti. Quęcunq; vero de his
potentijs conscripsimus, id ob earū
functiōes actum putam, quas duas
tantum, sentiendi s. & nutriendi ar-
bitramur. At si obijciant tertiam a-
liam virtutem a corde profectam, q̄
s. pulsus gignit, ipsamq; solam per
se dici virtutem: Nos, & si id fatebimur, cor tamen iocinori eam transmittere dicemus: venæ etenim, q̄ ab
hepate sunt, minime feriūt. Pulsuū
vero effectrix facultas illa vitalis a
B corde emanās: quę caloris ac vitiū
in quaque parte corporis custodien
darum causa est, itemq; vna cum ip
sa cor partibus alijs primarium alimentum exhibet, cæterasq; omnes
virtutes impartitur. Quamobrē, cor
princeps viscus erit potentię altricis
conditor, hoc est, eius alimenti, qđ
est instrumentum, quo cum agit fa
cultas nutrimentum exhibendo. q̄
si hic alia esset vis pręter istam altri
cem, alia quoq; membra haberent:
fieri etenim non potest, vt sit vlla in
particula potentia specie contraria
alijs, quę sunt i cęteris membris po
C tentijs. Hęc vero in solo principe vi
scere sedem obtinet: quod neq; Ga
le. neq; alij medici vsquam censuerunt. Collatio itaque cordis ad iecur eadem erit, cum ea quam facit
Galen' iocinoris ad partes cęteras:
quare cor in hac facultate iocinore
pręstantius superiusq;. Iecur nāque
suum munus haudquaq̄ probè obi
ret, nisi si a principe calor tum qualitate tum quantitate moderat' trāf
mitteretur ad ipsum. Satis igitur, su
perq; probatum, Cor principē esse,
& effectorem præcipuum potentiæ
nutritorię: quod a Galeno & cęteris D
anatomices magistris omissum est.
Non est præterea q̄ censeas iecur
princeps viscus vocandum, quia eo
indigeat cor ad alimēti tum elabo-
rationem, tum confecturam: quem
admodum ventriculus, & si cibum
iocinori apparet, pricęps nihilo minus nō appellabit': Neq; bubulcus
cęteris bubulcis edulia parans, corū
princeps, protinus censebit. Postq̄ igit'
cordis principat' discussus est, & ex
arte secandi corpora liquet arterias
i omnis ptēs corporis dispgi, & ob
id a corde alimentum quoque exhi
beri eo modo quo nuper diximus, E
nō ita ssum temereq; factas arterias
opinabimur. Cæterū hactenus per
anatomicē spectatum non est, ab
hepate p venas ad cor sanguinē de
ferri: is etenim qui in venis habetur
imperfectior est: qui in vero in arte
rijs continetur, vt vehiculum spirit'
esset, infusus est. Dicet vero quispiā,
hāc considerationem ad medicum
nō pertinere. Ego vero maxime ne
cessariam ingenue fateor, qđ alias
diffusius explicabitur. Cæterū non
possum non demirari Galenū com
mentario de locis affectis iii. imme F
rito Archigenem reprehendentē, in
curatione memorię deperditę: quip
pe hic memoriam a corde proficisci existimās, remedia cordi idonea
afferebat: ad quem Galenus ridens
inquit, postq̄ ô Archigene tu in ea
es opinione: memoriam in corde si
tam, cur cucurbitulam cordi non af
figis, omnemq; medicationis scopū
ad id non vertis? Ego vero Galeni,
q̄ Archigenis sententiam digniorem
reprehensione censeo: qđ ex his
quę retro iam disseruimus, & post-
hac disseremus, patebit apertè. Cor

G omnium corporis partium princeps:
atque eius situs sedem obtinet prin
cipalem: in medio.n. positum est,
(qui loc⁹ est regű, ac nobiliorű) vt
vndiq; attingi vel eque vel proxime
posset, & tutius conseruari: quare in
uolutum & circundatum membra
na crassa (pericardion vocant). Nutrimentum illi aduenit ex vena, q̃
inter ipsum atq; iecur iacet: tegumé
tum vero atque operimentum qđ
auri eius impositum est, eius gratia
factum est, vt reclusum, sanguini ꝑ
beret ingressum: occlusum vero, retineret. Altera vero auris, quæ a ve-
H na (vt nonnulli sentiunt) ad pulmonem sanguinem deferente alimenti gratia (venę nãq; nullę pulmoni
sunt continuę) operimentum hẽt
ad hoc commentum, vt extrorsum
apertum sanguini exitum i pulmo
nes pręstaret: verum alteri harum
aurium terna instituta sunt tegumenta, vt aperta introrsum sanguis
atque spiritus in arterias dimanarét
ac fluerent: nec postea refluerent, se
currerentve. Hęc autem vena est in
cordis ventre sinistro, est vero arterię maioris os. Altera vero auris, q̃
I alia in parte est, arterię os est, quę
ad pulmones tendit, a qua ventila-
tio cordi contingit, quare vt extrorsum aperirent, tegumenta huius facta sunt. Sequitur vt de liene nonnulla dicamus, qui duos meatus ha
bet, vnum iocinori, alterum ventri
culo continuum. in hoc viscere cras
situdo sanguinis spectatur, quare vt
a melancholico succo iecur expurgaret, constitutum arbitrant. Abest
autem non parum a veritate, si duo
esse hepata in corpore existimem⁹:
nullas.n. ab hoc venas ad alias par
tes deriuari cernimus. Vesica vero
quæ iocinori subest, vt biliosum tra K
heret excrementorum. Renes quoque
iocinori ancillant: trahűt nãque id
quod est in sanguine aqueum ac se
rosum per venã, q̃ a gibbis iocinoris exorit. Vesica altera, vt a renibus
serosum, aqueamq; superfluitatem
traheret ac reciperet: habet vero op
culum quoddam cortici non absimile (musculum alij vocant) quod
dum trahitur lotium, reseratũ: attracto vero & defluxo, occluditur, ne
ad renes recurrat. Id vero maxime
meminisse te velim, vnumquodq.
instrumentorum institutorum ad
sanguinis expurgationem, attrahe- L
re excrementorum illud oñ, vt ex eo
alimentum suscipiat: præstant vero
& alios vsus necessarios, vnde facultatibus nuper scriptis singula prędi
ta sunt, attractrice videlicet, altera-
trice, retentrice, discernente, atq; ex-
pultrice. Hæ sunt omnes altricis po
tentię partes. Caterum duas tñ cõ-
coctiones omnibus particulis communes memineris, ventriculi, atque
iocinoris. Atqui si placet in venis ali
quam collocare, ea sit exigua. Tertia vero ac postrema singulis membris propria ac peculiaris.

De partibus dissimilaribus, quæ sunt geni M
tiuæ potentiæ instrumenta.

Cap. 10

QVoniam de partibus nutritiuã
dicatis sermo nobis retro plu
rimus fuit, tam de his, quę ge
nerationis sunt instrumenta, disserẽ
dum: Auctrix nãq; potentia eadem
hẽt cum altrice organa, nulla vero
sibi propria. Partium genitalium a-
lię sunt fœminarum, vterus, vuluæ,
mammæ: maris, testes, & coles. Testes ad genitale semen efficiendum
emo-

A emolita est natura, quorum caro al
ba, fungosa, spongiosaq; est, cuiusmodi quoq; mammas habere spectamus. quare sanguinem sibi simi
lem faciunt, hoc est, albicantē: quēadmodum & iecur chylum in rubrum mutat, hoc est, suū colorem:
agens quippe quod ab eo afficitur,
sibi consimile reddit. Illud vero te
latere non debet, ipsos in generatio
ne principatum nō obtinere, vt sen
tit Galenus: & si facultas ista in his
sita sit: quandoquidem functiones
suas nequaq̄ possunt peragere, nisi
si per spiritum qualitate ac quanti-
B tate moderatum a corde trāsmissū:
quare in confesso est, vim illam cor
dis, quæ tam probè calorem temperat, vt inculpatè sua munera obeant
testiculi, præcipue genitalem appel
landam. Quæ vero facultas ipsis ad
est, prædictę ministra erit: atque si
excellentiam quandam obtinere vi
deť, particularis censebiť. Quos aūt
Gale. in fœminis constitutos esse p
didit, nullius in generatione momē
ti esse existimes: quippe semen qđ
in venere ab ipsis emittiť, ad genera
tionem nihil vtilitatis habet. Atqui
aliquis dicet: Frustra ergo horū te-
C stium cōstitutio a natura facta est?
Huic protinus respōdebimus, ī ma
ribus mammas nihil conferre ad
genitricem potentiam: in illis tamē
nonnullos vsus insitos. Rogabit iterum quispiam, Vnde semen fœmi-
neū geniture nihil opis suppeditare
exploratum habeam? Dicam ingenue, id tum sensu, tum argumento
deprehendi: Nempe fœminam non
emisso semine concipere non igno
ramus. Ego igiť postq̄ Aristo. de ea
re commentarios perlegissem, non
paucas obstetrices rogitans, an id ve
rum esset, comperi creberrime vsu- D
uenire, vel si inuitę coeāt. Harumq;
multas vidimus quę vi venerem essent passę, concepisse. Porrò matro
na quędam quę e regiōe ędium no
strarum habitabat, iurauit nobis vē
conceptis verbis, cum balneum in-
trasset, in quo improbi quidam homines antea dum lauarent, semen
genitale profudissent, statim conce
pisse: quod & si incredibile videreť,
fecit nihilo minus vitæ illius antea-
ctæ integra, atq; inculpata castimo
nia, vt fidem verbis suis adhiberē.
Quamobrē protinus ad cōmenta- E
riū quendam Auenciadis, quem de
semine genitali edidit, euoluendum
accessi: vbi id posse contingere inue
nimus. Cuius rationē mire nobis ar
ridentem huiusmodi afferebat: videlicet ipsi utero inesse uim quādā
propriam abditam, ac caecam cum
semine genitali, qua ipsum trahit:
ad quod nulla opus esse delectatione uoluptateq; scribit. Eximię quidem, & doctæ hominis rationes. Illud autem, quod naturali argumen
to exploramus, est, q̄ si fœmineum
semen easdem in generatione, & ea F
eximias vires obtineret, q̄ maris semen: posse fœminam ex se nullius
ope generare, quare mare minime
opus esset. Non est insuper censen-
dum partes quasdam a semine ma
ris, alias uero a fœmineo constitui:
quoniam q̄uis numerosę sint, in u-
no tamē (quod ipsis inest principio)
unum fœmineum quidem principiū
largitur, atq; opifex cor erit, partiū
quoq; omniū auctor potestate: quē
si a fœmineo semine dimanaret, non
utiq; maris semen ad generationē
nihil conferre recte arbitraremur.
uerum eadem est ratio de hominis

G genitura. Dicet vero aliquis, neutrũ
horum suas functiones agere: nisi si
prius sit mutua commixtio, atque
temperatura, aliamq; formam ac
constitutioné sint consequuta: qué
admodum mel solum, aut acetum
solum oxymel non conficit, verum
opus est mixtura & temperatione
mutua. Fatebimur vtrunq; habere
temperamentum, quod a perficien-
di facultate prædito venit: atque v-
trunq; vice materiæ hic est, nullãq;
formam q̃ a vi genitrice consequit.
Quamobrem pars quæ talem tem-
peraturã obtinet ac facit, generatio
H nis facultaté quoq; habebit: in qua
opinione qui versantur, vterum vi
præditum generandi fatebuntur.
Ego vero libentissime discerem, in
quo necessaria sunt sanguis, ac semen ad hanc functionem peragen-
dam. Sanguis etenim membra vniuersa nutrit ac conficit: patet item
semen maris ac fœminæ non posse
operari omni specie: sed & fœminã
ad generationem functiones habere quispiam dixerit, quamobrem a-
ctionem vnius sine alterius actione
consistere absurdum foret. Ambo i-
gitur scopum vnum obtinent sua-
I rum functionum: fœtum s. cui ab
vtroq; portio essentiæ inseritur: ab
vno quidem forma, ab altero mate
ria. verum nusq̃ præstat formam fę
mina: nusquam mas materiam: qđ
enim alimentum exhibet, materiã
quoq; præbet: at fœmina alimentũ
suppeditat, suggerit igitur & materiam: formam vero mas, quæ est A-
risto. sententia. Verum enimuero
quoniam fœmina in se nihil contineat, quod materiam existimare va
leamus, præter semen atque sangui
nem menstruum: at semen aquosa
est humiditas excremento similis: K
nec aberrauis si vere excrementum
nominaueris, quo membra ali haudquaquam possunt: a sanguine e-
tenim potius nutrimentum suscipe
rent, qui vere alit. Nihil vero Interest
inter alimenti materiam, & inter es
sentiæ materiam: alimentum partim essẽtia est: generatio vero essen
tiæ est in toto: totius vero materia
eadem est cum illa partium. Ad hęc
fœmineum semen materiam fœtus
non esse, indicio sunt mulieres, quę
citra emissionem seminis grandæ
fiunt: vterus quidem propellit, euo- L
mitq; suum semen: maris vero attrahit ac retinet: quibus liquet sup-
fluitatem esse fœminę semen, a vo-
luptate concitatam huc illucq; di-
uagantem, haud secus, ac saliua in
ore esurientis atq; famelici prouocatur, dum alium edentem conspi-
cit. Maris quidem semen agentis vi
ces implet: partes item a calore naturali, qui sedem in corde obtinet,
aliuntur, hicq; primum est animę po
tentię altricis instrumentum: atque
ob id quoq; facultatis perficientis
absoluentisq;. Porrò in maris semine, atq; sanguine qui in vtero conti M
netur, præcipuam caliditatis huius
portionem actu adesse oportet: in se
mine illo quidé, quia calidũ humidũq; est. Sanguis aũt, ex quo consistit ac gignitur fœtus ex venis corporis fœminę, qui in vtero retent⁹,
lõgè abest a facultate nuper dicta:
incoctus nanq; hic existit: quinetiã
lõgissimè abest ab eadé potẽtia fœmineum semen: præterea fœtum in
se caliditaté habere nõ erit dicẽdũ:
qñquidem calor ille naturalis a calore alentis tñ nascit. Quãobré sic
colligem⁹, semen quod est fœminę,
neque

A neq; materiā,neq; formā fœtui sug
gerere:quippe illa a sanguine menstruo, hæc vero a fœmineo semine
suppeditatur.Item semen non solū
qualitate, verum etiā quantitate v-
sum vtilitatéq; præstat. Aristoteles
itaq; Galeni calumniā vitabit, qui
ancillā,quę saltauerat apud Hippocratem,abortiuisse sexto die,contra
Aristotelem adducit:postquem saltum semen mēbranula inuolutū vi
sum est:neq; ab Aristotele rogādū,
vbi semen illud haberetur, vtpote i
re medica parum necessarium.perti
net vero hęc disputatio ad genera-
B tionē animaliū: quare qui controuersiam explicatam ac solutā habe
re volet,ad commentarios de generatione aīaliū Aristo.confugiat.No
stra igitur oratio vnde egressa erat,
reuertatur. Coles tum vt semen in
vterum immittat, atq; infundat, tū
vt per eum reddatur lotiū,constitu-
tū fuit: Vteri, vt contineatur in eis
quod gignitur,atq; vt per eos deflu
at excrementū sanguinis incocti fę
minarū(menstruū vocant:) cui⁹ ortus est ab immodico earū humore
ob penuriam interni caloris nō pro
bè cōcocto,inq; parteis omneis trās
C missio. Quare natura meatus instituit,quibus menstruum illud excre
mentū vicibus quibusdam ac circuitibus propelleret: construit vul-
uas natura ex multis fibris transuer
sis, vt retentrix facultas valida esset:
nonnullis vero oblongis, vt semen
geniale attraherent:atq; vis expul-
soria eximia eis inesset,vnde & fibras
in latum protensas nactę sunt. Quę
ret vero quispiā:an vteri immutan-
di potestate sint præditi? Dicam cō
syderatione ampliori id esse speculā
dū: quāquidē absurdū esset asserere,
vterū partes fœtus fingere, cū à vi il D
la(quā informatricē nomināt) vna
cum calore semini innato fingant.
Quin potius quæ in vulua est im-
mutandi potentia,conseruatricis tā
tum vicē occupat:semen etenim cū
ab aere nos ambiente attingitur,sta
tim vitiatū vnde videre est, quā im-
mutandi vim vuluæ cōtineāt. Post
hęc mammæ explicandæ, quæ, vt
lac progignerent,factæ sunt:caro e-
tenim ipsarū fungosa albidaq;,atq;
insignem cum vtero consensum ha
bent:quare vbi quæ ad vteros pro-
fluere debuerunt, ab aliqua caussa
impediuntur, statim ad mamas re- E
currunt:quod lactantes aperte indi
cant,quibus nulla, aut pauca erum
punt menstrua:quarū nonnullæ dū
infantibus lac præbent,cōcipere mi
nimè possunt. Hacten⁹ de mēstruis,
ac semine genitali.

De instrumētis sensibus dicatis generatim.
Cap. II

Sentiendi potentia quinq; omni
no modis explicat: vidēdi, audiē
di,gustādi, olfaciendi, & postremo
tangēdi:quorū gratia cerebrū a na
tura factū est,præcipue propter qua
tuor primas differētias sensuū,quo- F
rum quilibet suo duntaxat instrumento contentus est: visus,oculo: ol
factus,naribus: gustus,lingua: audi
tus,auribus. Tactionis vero instrumentū non paruā dubitationē adfert. Quippe Galenus neruos,qui a
cerebro oriūtur,instrumenta sensio
nis esse censet,ab illisq; omnib⁹ par
tib⁹ sentiendi vim suppeditari. Aristoteles autem sedē sensuum cordi
tribuit,opinioni inhęrens,quam de
cerebro concepit: ille nāque sensus
in cerebro esse, tanquā eorū principe,

G hoc est, citra alterius opem functio
nes sentiẽdi a cerebro præstari. Hic
vero cor principium esse sensuum,
cui hac facultate ancilletur ac sub
iaceat cerebrũ, vel quouq; ipsos sensus obtinere: id quod eadem metho
do contemplari volumus, qua nup
memoriæ excellentiam excussimus.
Primo quidem Gale. cæteriq; anato
mices peritissimi ingenuè fatentur,
arterias nõ paucas, magnasq;, ac va
lidas a corde ad cerebrum tendere:
vnde facile innotescet, in his functio
nibus cerebrum cordis auxilio indi
gere. At dicet aliquis: Si a corde cere
H brum calorem delatũ accipiat, quo
alitur, ac fouetur: necessario sequet,
cor ipsum cerebro famulari: aliment
tum namque & altrix ipsa potestas
non aliam ob caussam a natura exhibita sunt animanti, q̃ ob sensus &
sentiendi facultatem: quod vero a
cordis calore cerebro accedit ac sug
geritur, sensus sunt omnes, quina-
rio complexi numero: quamobrem
dicet alius vim sentiendi in corde p
cipue sitam: quæ quidem sensus est
communis vocat': cuius essentiam
in commentarijs de anima satis su-
perque explicauimus. Hac itaque ĩ
I re Aristot. atq; Gale. mutuo discrepant, illo in corde, hoc ĩ cerebro sen
sitricem vim collocante. At si roges,
quomodo compertum habeamus,
a corde cerebrum ita moderatũ calorem tum qualitate, tum quantita
te obtinere, vt sensib' oĩbus efficien
dis sit satis: Hic tibi libere, ac vere re
spõdebim': haudquaq̃ a quouis ca
lore sensus quoslibet gigni: qñ quidẽ is, quo cũ alẽdi potẽtia agit, alius
est ab eo, cũ quo suas functiões pa-
git vis sensitrix: quod ipsum in dor
miẽtib', atq; vigilãtib' videre est: nã

pe in somno nutritoria facultas va- K
lidior est, quo tempore sensus actu
non sunt. Quare caliditas, cui' ope
functiones suas sentiẽdi vis pficit, ĩ
somno delibutis, actu in sensib' minime spectabit: quidã etenĩ oculis
patẽtib' dormiũt: atq; hi tñ haud-
quaq̃ vident: id vero cõmitit, calore, in quo cõsistit visio, p neruos vi-
sorios (opticos Græci vocant) recur-
rente ad interna: alioqui cernendi
mun' haud quiesceret. Ad hæc meminisse oportet, vnã eandẽq; vim,
actu atq; potestate simul & eodẽ tẽ
pore inueniri haud posse. facultas i-
taq; cernẽdi vna cũ spiritu visorio L
emanat: hic vero cũ naturali calore: vis vero illa, vbi quis dormit, a-
ctu nõ inest, quippe ĩ somno videret. Porrò calor naturalis, qui vim
sensitricem roborat nõ is est, qui al
tricẽ fouet: dormiẽs etenĩ aliq̃ a m-i
nime videt. Quãdo vero vũ trãsmit
tat, & quo recurrat calor ĩ se didice
ris, sedem quoq; sensus cõis explora
tã habebis. Verũ enĩuero a corde p
ficiscit ac defert, illucq; redit, ac re-
uocat: quare vigilãs planè calidior
est circa exteriora, dormiẽs vero frigidior, qui inde altricẽ vim validiorem hẽt. Absurde igit quis asserue- M
rit, calorẽ illũ, a quo sensus oẽs. ac vi
gilia cõsistũt, primũ a cerebro exorĩ
ri, ac fieri: viscus etenim. i. frigidũ, &
qui inde nascunt nerui frigidi: quip
pe maior horũ nũerus frigus eundẽ
tius cõtinere cõspiciunt: quãobrem
ĩcredibile quippiã foret, si calorẽ ab
his ĩ corpis ptẽis deferri ac delegari
cẽserem'. Præterea & qui altr. altricis materia est calor, & qui sensitri-
cis, vnũ quidẽ sunt, tũ subiecti loco,
tum situ: potẽtia nãq; alẽdi, q ĩ sensu ẽ, ad sensilẽ admittẽdã & excipiẽ
dam

A datur idonea est. Hæc aũt fœtui formã sinẽq;, illa materiã pbet. Atqui receptio in loco maxime apto fit: aĩa vero recipit in sui tũ subiecti loco, suiq; situs, qui sane calor est naturalis: quare sedes, in quã aĩam sentiendi vim admittere necessario oportet, illic erit. Quod igitur ex vita que constatum, ac ꝑpatum est, vnũ loco subiecti ac positurę dicemus: quis in neutra duarum figurarum possit vnum esse: simpliciter quidẽ vnum, hoc est numero: atq; vnum definitione: certaq; de his nostra est præclara sententia. Verũ enimuero

B postq̃ apertissime declarauimus calorem, à quo gubernantur, moderanturq;, sensus, sedem in corde obtinere: eam que sensum communem regit potentiam, hic quoque sitam esse scribimus, cui cerebrum ipsum famuletur, & quę principem eminentissimum cor habeat. nos id indicatiua methodo fusius exposuissemus: sed breuitati studẽtes, in alium differemus commentarium. Cerebrum itaq; cordis minister facultatẽ sensitricem illi suggerẽs, eo spacio, quo rex a cubiculariis sui potestate, quã

C nihilominus a rege acceperit, aliqd facere impellit. Quærendũ deinceps, quo modo cerebrum cordi deseruiat, quẽadmodum de ministerio iocinoris retro diximus, quod alimentum videlicet cordi apparat. Nunc vero haud dubie asseremus, functiones sensuum in quauis caliditatis mensura ac modo non pfici. Patet quidem vehementiori non opus esse, ne externẽ sensilia pcipi impediat. Spectamus enim acutis affectos morbis, & ob id cerebri plerunque calidiori intemperie laborantes, sese videre, audireq; multa, quæ nusq̃ sunt, existimantes. Id quoque D

in tactione precipue innotescit, q in primis ad qualitates pcipiẽdas instituta est, quib' carere suũ instrumentum, vtpote commoderatum ex eis, haudquaq̃ potuit; atq; idẽ et cpatissimum factum, vt exquisitius exactiusq; sentiret. Cęterũ cor cum sit calidissimum, idcirco aduersus cordis sedem & calorem cerebrum natura molita est, vt feruorem illius moderaretur, & ꝓpetiẽ afferret, qua sensilia perfectius sentiremus, ac deprehenderemus. Atqui si frigidũ cordi ꝓpamentum indidisset natura, alteris potentiæ functiões imbecillime E

forent. Cerebrum vero ac cor sic aduersa posuit, vt nuper dictas potestates animalia pfecta exquisitissimas absolutissimasq; obtinerent. Spõgia quidem q inter aĩalia adscribitur, & multa id genus, cerebro indiguisse non videntur, potissimumq; eo neruo grandi, spinæ dorsi medullã intelligit, qui a cerebro ortum habet: quare si forte aliquando pars nonnulla huiuscemodi animantium secetur, abrumpatur, aut euellatur, illa & viuet, & nutrietur, & incrementum suscipiet: hoc est, residuo animal illud F

reintegrabitur, & complebitur. Hic spectari potest, in quo cerebrum cordi famuletur: quod doctẽ & sapienter Aristoteli, eiusque sequacibus, atq; sectæ viatoriæ scriptũ est. Caluaria ad cerebri defensionẽ ac munimentum constituta, figurę rotundę, ne tam facile lęsioni pateret: quod imitati duces, iubent turres rotũdas cõstrui, ad vix patiendum aptissimas. Ad hæc sphęrica tum capaciora, tũ assiduæ motioni ac vertigini promptiora sunt.

De

G De spinæ dorsi medulla.

Cap. 12.

SPinæ dorsi medulla eiusdem ge
neris est cum cerebro, vertebras
affixas sibi continens.

De tactionis instrumento.

Cap. 13

TActionis proprium instrumen
tum caro est, vtpote animanti
bus omnibus communis: quin & ip
se tactus ipsis communis est: quorũ
perfectiora carnem obtinent neruis
numerosis refertam, quibus eius tẽperamentum moderetur. Cũ itaq;
H nerui eiusdem sint cum cerebro tẽ-
peraturę, qui ab eis vsus expectant,
cerebri vsibus respondebunt: verũ
enimuero partes in quas pauci inse
runtur, sparguntur ve nerui, hebe-
tiori, atq; obtusiori sensu praeditæ
sunt. Porrò huius sensus quippiam
partibus vniuersis carnosis commu
ne est, quatuor s. qualitates: caliditas, frigiditas, siccitas, humiditas.
Quippiam vero vni tantum parti
proprium: quemadmodum vbi os
ventriculi inanitionem quandam
persenuiscit, hoc est, famẽ, ac sitim:
illa quidem sensus erit resolutionis
I crassioris essentiæ calidæ ac siccæ:
hęc vero frigidæ & humidę: duplex
igitur sensus proprius constituitur.
At titillationis sensum, qui in glan-
de colis, pudendi ve percipitur, dum
veneri indulgemus, tactui acceptum
referimus.

De lingua. Cap. 14.

SEquitur lingua, quæ ad sapores
percipiendos vnà cum suis neruis accommodata est: alij vero, vt
pręstantius, adiiciunt, ad literas etiã
exprimendas, & explanandas, & ad
sermonis expressionem factã esse: s K
cuius radice duo meatus visuntur,
glandulosum illud, quod saliuam ꝑ
licit, attingentes: vsus vero id genus
saliuæ est, vt sapores gustui reddat.

De oculis. Cap. 15.

OCulos visionis gratia constitutos nemo nescit. hi septem'q; con
stant tunicis, atq; tribus humorib':
quorum chrystalloides primum visus instrumentum, vel etiam tunica, telæ aranearum similis (arachnoides Græcis dicta) supra hunc hu
morem posita. Quippe ex naturali L
philosophia didicisti, hanc compre
hensionem in re perlucida, peruiaq;
cuiusmodi sunt aer, atque aqua, he
ri: quorum perluciditas facit, vt colores admittant. Sunt vero duo tantum in oculo ex mixtura ac temperatura aeris atque aquę exquisitissi
mæ luciditatis. Ad hęc globosam fi
guram chrystalloides habuit paula
tim depressam ad sensilia numero-
siora complectenda: huiusque gratia alij omnes humores atq; tunicę
conditæ fuerunt. Depressio vero illa moderata, vt quippiam a grandi M
nosa assumeret: Humor nẽpe, qui
uitri fusi colorem refert, hyaloides
Græcis, rore quodam hunc alit:
quandoquidem longè abest à sanguine: oportuit medio intercedente
aliquo sanguinem transire ac deri
uari, ut cætera ad alimentum huius
essent idonea: Qui uero albus nominatur, aquosus ac tenuis Galeno, ut ipsum primarium humecta
ret, arceretque ab eo aeris nos ambientis noxas: atque prohiberet, ne
contactu uueæ (rhagoides Gręcis)
lęderetur. Quę uero tunica coniun-
ctura

A ctura, quam adnatam alij appellãt,
fortis ac ualida, ut a duritie nerui
defenderet oculum, condita est: liga
mentum & ipsa existens toti oculo
ad ossa circumiacentia: cuius alij
quoq; usus mox explicabuntur. Por
ro quæ secunda dicitur, Galeno cho
roides, alii reticularem, amphibli-
stroides Græcis, per uenas, quę per
ipsam feruntur: illi quoque suppedi
tat calorem per arterias, quę in ipsa
sunt. At retiformis spiritum præstat
uisorium per neruos, qui in ea diffu
si sunt: hoc est, naturalem caliditatem. Iam autem & chrystalloidi ad
B uehit, & defert nutrimentum rori-
dum: atq; calorem fouet ob arterias, quę in ipsa sunt. Galenus illam,
quę telis aranearum persimilis est,
arachnoides Græcis, lucidissimam,
splendidissimamq; esset: quoniam
idola formæq; in ea imprimuntur:
unde uisus proprium esse instrumé
tum per se, uel intercedéte chrystal
loide. Vuę, rhagoidisue usus triplex:
Prim⁹ ut ceratoidi alimentum sug
gerat, atq; ideo plena: Alter ut a du-
ritate ceratoidis chrystalloidem tu-
tam reddat, ob id mollior facta: Ité
ne spiritus uisorius dissiparetur di-
C spergereturq;, nigra: quippe nigrũ
cogit: atq; etiam media parte, qua
pupilla est, modico foramine conca
ua: quod foramentum iccirco factũ
est, ut foret chrystalloidis arachnoi
disue, aut utriusque forma sensiliũ.
Nempe, sicuti bene nosti, non fit ex
tra mittendo uisus: oculus etenim
admitit colores per splendidas suas
partes, ac lucidas, eo pacto quo speculum, qui mox ubi admissi impres
siq; sunt, a uisorio spiritu comprehenduntur: quod nos sex ualidis ar
gumentis discussimus in commentario de sensu & sensili. Quare si p̃ D
quæpiam oculi idonea est, & apta p̃
per suum eximium splendorem ad
colorum impressionem, erit p̃fecto
proprium uisionis instrumentum
Ceratoides ut propugnaculũ foret
aquei illius humoris, quem album
uocitant, condita, atq; itẽ subalis
pariter, & splendida, ne chrystalloidi impedimento sit ad formas reci-
piẽdas, simul ne uisio ab extrorsum
occurrentibus aliquãtulo lædatur.
Adhæc adnata tunica sertũ mouet
musculum oculum mouentem. Ha
ctenus de partiũ oculi usibus, ex Ga
leno: qui maxima ex parte, ut patet, E
a coniectura proficiscunt. partes ue
ro oẽs sic natura instituit, ut ocul⁹
colores susciperet.

De auditu eiusq; sensilibus, ac partibus. Cap. 16

NVnc de aure, auditionis quidẽ
instrumento, nonnihil disserẽ
dũ. Est igitur, quod sensum gignit
auditionũ, neruus qui a cerebro ad
ipsam deriuatur, ut foramenti auris
sit operimentum. Ambagiosis autẽ
anfractibus, obliquisq; circuitioni-
bus præditę aures, ut frigidi spi
ritus rationem ac uiolentiã exolue-
rent, paulatim obliquationis uarieta F
te. Atq; et, quod est commodius, ne
ualidę uoces, sinnæ graues tam facile lęsionẽ inferrent, fuerunt quoq;
chartilaginosę, ut unà cum figura
hmõi ad uoces percipiẽdas aptissi-
mę forẽt. Cętera uero animãtia ali
ter constructas obtinent, pluraq; in
prominent, ac maiores sunt, ut eas
circunducere, & obuertere semper
sonis, ac uocibus possint: quare rationabiliter homini non mouẽtur,
illis autem crebrò mo-
uentur.

G *De olfactorijs instrumentis.* Cap. 17

OLfactus instrumentum nasus est: qui sensus in his quæ odoratu prædita sunt animantibus attractione, spirationeve, in his vero quæ huius sunt expertia, minime fit. Id genus sunt apes, muscę, & alia insecta. Aristote. hunc effici in nasi duobus meatibus, hoc est, naribus censuit: at Gale. in duobus illis meatibus ossium, quæ ethmoidæa Gręcis appellantur, ob quorum remotiorem situm spiratione animās indiguisse ad olfaciendum. Quæ opi-
H nio a veritate aliena est: alioqui naribus obstructis odoraremus, vbi aerem ore inspiraremus, attraheremusq́: neque foramentum palam inest his proximum. Quamobrem Auenzoarus nō inepte scripsit, nos posse odores percipere eduliorum, dum in ventre concoquuntur, si Galeno astipulemur: quinetiam quę illis ossium meatibus carent animalia, haudquaq̃ olfacerent. Porrò attractionem olfactui donatā ob duarum caussarum alteram meminisse te velim: aut vt melius s. eligerēt: aut propter huius sensus in his quę
I odorant animantibus crassitudinē, atque hebetudinem Fieri nāque potest ab odoratis & olfactilibus, quæ tenuioris sunt essentiæ, vaporem ad sensorium impelli. Verum enimuero quia olfactus, aut trahendo, aut impellendo efficitur, vapor ab olfactibili pellendo aerem foras haudquaq̃ ascendet: qui potest trahendo id facere: aer nāq; odoratum attrahendo q̃ fundendo magis sentitur ac percipitur: quod ex eo liquet, cū quippiam olfacere volumus, nos et in attractionem incumbimus, quæ sane huius gratia instituta fuit. Quę K
igitur animantia trahendo odorāt, olfactus sensorio exquisitiori prędita sint, oportet, quàm quę contra. Id vero in formicis apibusq́; spectatur: præterea in his quæ odorāt animalibus paucus, vel pene nullus odor sentiscitur citra attractionē, ꝓpter imbecillitatē atque hebetudinem sensus. Equidem homo multis animantibus odoratum obtusiorem obtinet, quę pręcipue sagacitate odorandi victum venantur, quòd prouidentia quadam diuina ac pręscientia fieri prouerbiorum libri testantur. L

De partibus, a quibus motus efficitur voluntarius. Cap. 18.

FAcultas, quę motum animantibus præstat imaginatrix est, ęstimatrixve, quam appetitrix, atque concupiscibilis præcesserunt: deinde firmata deliberatio, simul & ratio, ob pręsentiam illius, quod est imaginatione æstimationeve complexum: sicuti in commentario de Anima explicauimus. Instrumenta vero huius potentię quot sint, quibus suas functiones peragat, exploranda sunt. Primò igitur motio- M
nem voluntariam in propriam atque communem secabimus. Hęc erit, qua secus locum, delato dicitur, mouetur animal: illa verò cutis quæ in fronte est, oculorum, maxillarum, primarum nasi, labri, linguę epiglottidis, capitis, ceruicis, humerorum, cubiti, radij, digitorum, articulorum, thoracis quando respirat, vesicæ vbi clauditur, colis, intestini recti vbi excrementa retinentur, peritonei, coxarum, crurum, testium, denique pedū, & eorum digitorum.

Hæ

A Hæ quidem sunt partes, quæ voluntario motu agitantur. Verum vnde fiant motiones istę perscrutandum: nam à pluribus q̃ ab vno efficiuntur. Exempli gratia: manus à tendone motum habet, tendo à musculo, muscul⁹ ex seipso, isq; primò mouet, nec ab alio motionem obtinet: constat nanq; oẽ qđ mouet, ab alio moueri: iccirco ea quorum vnũ aliud mouet, tandẽ ad id veniant necesse est, vt à nescio qua potentia motrice motũ habeant, & non ab alio corpore. principiũ ergo huic inest aliud, vti in naturali B philosophia diffusè explicauimus: sed si non admittamus, negociũ ad infinitum dilabetur. Motionis igitur initium in ipso musculo. Quãobrem medici, q à neruo musculis motum prę́stari censent, absurdè faciunt: quippe neruus aut ex se, aut ab alio principio, qđ illi adesset, motioné pberet. Aliàs verò docuimus, qđlibet mobile motorẽ habere, qui deniq; si corporis expers non sit minimè mouebit, nisi idẽ moueat. q si à corporeo motio emanare, res in infinitũ caderet. quare hic esse necessario oportet qđ moueat, nec mo C ueatur, atq; sit corporis expers. Hoc est argumentũ vnum, quo patet id, qđ primò animal mouet, non esse corporeũ, sed animę potentiã, quæ sita sit in musculo necessario. Estq; facultas, quę ab voluntatis imperio pendet, quã tum imaginatrix, ęstimatrixue, tũ deliberationis certitudo præcedunt. Prætereà cùm id qđ mouet, sit corporis expers, sequetur necessariò, qđ primò ab ipso mouebitur corporeum esse, & tanquam materiã: illud verò formam: fieri etenim haud põt, qđ primũ mouet in animante sine materia cõsistere. D Quale igitur erit corpus huiõi? nęmpe calor naturalis, qui in nobis est: partes etenim refrigeratæ motiões deperdunt: calorem quidem illum natiuum in talium functionũ definitione complecti nemo nescit: qui differentias proprias in singulis partibus pro functionũ nã sortitur: cui denniores verò sunt in nutriendi facultate, qđ ab omnibus admittitur, approbaturq;. At Gal. sedem huius caliditatis ĩ cerebro esse prodidit literis: q̃ per neruos in vniuersum deferatur corpus. Arist. contra in corde sitam censuit, cerebrumq; eadẽ E ratione illi famulari, qua nuper dicebamus in sensuum functiõibus. Cor igitur caloris principium atq; fons. Quare in timore calor homini ad cor confugit recurritq;, ob idq; crura tremunt, interdumq; homo sternitur, moueriq; non potest. Vnde vis illa prima gubernatrix in hac motione, & id quo caloris modum ac mẽsuram temperat ac moderatur, à corde proficiscuntur. Gale. pręterea cæteriq; omnes medici vim illã voluntariam in corde fatẽtur positam, vnde animantia tantũ à voluntatis impetu mouebuntur, F & cor principium erit, quod à cerebro teperabitur: parum vero interest id genus temperamenti aut per neruũ perfici, aut p spiritũ animalẽ in ipsum defluentẽ, quẽ spiritum in nullis neruis, exceptis visorijs (opticos vocant) Gale. manifestè conspici negat. Cęterũ qđ primario à calore illo naturali motũ habet, musculus est, ob quandã similitudinẽ, quę illi est cũ calore: cõponitur etenim ex carne simplici & neruis, à qbus tendones exoriuntur. Neruus quidem

G dem ſolus natura frigidus eſt, nullius caloris particeps. Quineciã vena immeritò principiũ huius motionis nominaretur, quæ à viſcere
non primo ortũ trahat. qđ item argumẽto alio indicari poteſt, ſi q̃ ali
mentum ſuggeres pars quieſcere q̃
moueri debeat. Arteria itẽ nõ erit:
ab ipſa nanq; agitatiões pulſuum,
omnino diſſimiles motui, qui à vo
luntatis imperio prodit, & penè cõtrariæ efficiuntur: quorum diuerſi-
tas, ac cõtrarietas, haud ſecus q̃ velle, ac nolle ſimul exiſtit. Muſculum
igitur fontẽ & initiũ motionis calo
H ris natiui dicemus. Quamobrẽ par
tes oſſium expertes, non duplices, et
exiguę, à muſculis, nullo intercedẽ-
te, accipiunt motionẽ: duplices verò
in ramos diuaricatæ tendonũ ope,
qui ab extremo ipſarũ fini enaſcũ-
tur, motũ habent: ob id cùm cogitur contrahiq; pars vna ex his, ten
dones illi velluntur, atq; ob vincu-
lũ, quo cũ oſſis extremo ligatur, os
iſtud motu illius mouebitur. Atq;
ẽt pars q̃ mutuò contrarios motus
obtinet, duobus quoq; oſſibus vel
muſculis conſtabit, quæ diuerſum
inuicem locũ ſortientur, quorũ qđ-
I libet ſuo tẽpore trahit, prohibetq;
ne à ſuo contrario eodem momento motus efficiatur. q̃ ſi vtrunq; ſimul ageret, pars equidem mõ vno,
ęquabiliq; velletur. Exẽpli gratia:
ſi muſculus, qui in externa manus
parte ſitus eſt, trahat, in illam partẽ
declinabit: ſi verò qui in interna,
ad hãc vertetur: qñ autem vtrunq;
agit, manus neque introrſum, neq;
extrorſum ĩclinabit. Iã verò de mu
ſculorum numero diſſeram⁹, quos
Galenus D X X I X. in corpore hominis prodidit: faciei quidẽ X L V.
quorum X X I I I I. oculos atq; pal K
pebras mouent: maxillam inferiorem X V I I. reliquum faciei mouẽ:
in hisq; ſub frontis cute deliteſcũt
nonnulli, oculorum apertioni magnopere conferentes. Sunt itẽ duo
naſi extremum mouentes: duo qui
labrum ſurſum, alij duo qui deorſum trahunt: duo pręterea qui ma
xillam. Capitis atq; ceruicis XXIIII.
quorũ alij illuc, vbi eorũ eſt poſitu-
ra, trahunt: alij caput ceruicemq;
ſimul: horumq; alij ſurſum, alij an
trorſum, quidã retrorſum, alij dex-
trorſum, quidã ſiniſtrorſum. Linguam mouentes nouem ſunt: cer- L
uicis verò atque epiglottidis gratia
X X X I I. Humerorum ſingulorum
ſeptem: vtriſq; partis brachij X X I I.
quatuor ſupra cubitum: intus duo,
quibus ad internam manus partẽ
flectitur: duo foris, qui extrorſum,
hoc eſt, internam partem. Brachio-
rũ quodlibet XXXVII. obtinet: quorum alij extra, ſeptem verò intus po
ſiti. Manus item XXXVI. habẽt, quęlibet X V I I I. qui ad externa, inter-
naque mouent, & ad motum polli
cis, minimi digiti, atque volæ. Tho
raci denique C V I I. quorum alij re-
laxant, alij extendũt. Vertebrarum M
X L V I I I. In ventre ſub thoracis oſſe ad vmbilicum octo perueniunt:
quorum alij recti, atque in longitu
dinem ſeſe agunt, quidam in latitu
dinem extenduntur, nõnulli p trãſ-
uerſum deferuntur, qui alijs & laxã
di, & tenſionis vim cæteris ſuppedi-
tant. Teſticulis inſunt quatuor: co-
li item quatuor. At in ceruice veſicę
muſculus eſt, qui arcet, ne nobis inuitis reddatur vrina. Præterea in recti inteſtini extremo quatuor appo
ſiti, ne videlicet importunè excre-

menta

A mentu deijciantur. Coxæ, ac crura
XLVI. constant: pedes verò XXVII.
ad motionẽ indiguerunt, atq; eorũ
articuli quidam: nam cæteri digiti
pedum XXII. habent. Cæterum musculorũ omnium motus, aut à caliditate innata, & cõi: aut à calore,
qui vnicuiq; adest musculo, prodit.
Cùm itaq; ita sit comparatum, vt
pars nulla motionẽ obtineat, præ-
terq̃ à naturali calido, qđ est instar
formæ: vel à calore, qui musculo
est insitus: hic verò ab animę prin
cipio: id icirco quid sit, vnde, & vbi
scrutari debemus: facultas equidẽ,
B quæ motum secus locũ præbet, ani
ma est. Atqui motio huiuscemodi
partium singularũ à potentia volũ
taria inserta mẽbro communi particulæ, quæ ex se moueatur, profici
scitur: atq, etiã à vi propria, à voluntatis imperio prodeũte, quæ innata est partibus quibusdã particu
laribus, quę per se motũ obtinent.
hæ verò sunt musculi. Nunc verò
sensui satis superq; vsurpatur nullã
in animãte partem (excepto corde)
communẽ toti corpori, quę per se
moueatur. Quare potestas commu
nis, quæ à voluntate est, in corde,
C hoc est, eius musculo, sedem habebit: atq; ea quę voluntaria particu
laris nominant͛, in quolibet musculo continebitur. Quinetiam motio
communis animantium, vitalis respiratio appellata, cor ꝓ fonte obtinet, cui᷒ propè dixerim germana
est ea, q̃ per arterias fit, agitatio, quę
dum quiescit aĩal, obscurior est. Cerebrũ igit͛ neruosq;, vt calorem, qui
est scaturigo motricis facultatis vo
luntariæ tum cõis, tũ proprię, tem-
perarent, natura condidit. Ad hæc
id te scire velim, motionẽ, quę à uo-
luntatis arbitrio pẽdet, citra muscu D
lum posse fieri: idq;, à caliditate innata, aut eo ipso, qđ illi proportiona
tur in exanguibus musculorũ expti
bus, præstari: æquidem in animã-
tibus perfectis solum musculi spectantur. Quamobrem Gale. uix po
tuit musculos linguã extrorsum mo
uentes tradere: quinetiã nec motũ
colis, penisue intenti in coitu: id ue
ro in caussa fuit, ꝙ motũ oĩno citra
musculum nõ posse consistere sibi
ꝑsuaserat: uerũ à ueritate alien᷒ ẽ.

*De respirationis vsu, atque eius instru-
mentis. Cap. 19.* E

PRoximum est, ut de respiratione, partibusq; à quibus efficit͛,
dissertamus. Hanc Gale. à uolunta-
tis impetu prodire existimauit: qm̃
cerebri auxilio is motus peragatur:
itẽq; neruis inesse motionẽ uolun-
tariã: qđ q̃ sit à ueritate remotũ, nuper cũ de motibus ageremus, copio
sè ostensum est. Quamobrem affectus, q motioni contingunt, primario ac per se musculis assignabim᷒:
per consensum uerò ac colligantiã
cerebro, ac neruis: atq; curationem
primò & remedia musculis adhibe
bit: deinde ad cerebrũ neruosq; uer F
tetur medicationis scopus. Respira-
tioni autẽ partes deseruientes, septũ
transuersum, pulmones, aspera arte
ria, epiglottis, columella: quorum
usus prius non explicabimus, q̃ spirationis utilitatẽ exactè discussseri-
mus. Hanc Galen. aliiq; oẽs medicinæ professores, duos usus obtinere literis mandauerunt: Vnũ, ut cor
dis naturalem caliditatẽ aeris nos
ambientis algidi ingressu refrigera
ret, atq, excremẽta fumida caligino
saq; à calorẽ natiuo dissipata diuapo
rataq;

G rataq; expelleret : quę animātibus
calidioribus, ac sanguine praditis,
eximiè necessarium esse cōstat : his
uerò qui tum caloris, tū sanguinis
sunt expertia, haudquaq̄ : quippe
nō pō ullū arteriarum pulsum
in his respirationis uicem implere.
Alterum deceps, ut aere respirato,
id qd de spiritu defluxit, instauretur,
alanturq; uires internę. Verum absurdum, falsumq; id deprehēditur ;
compositū nanq, nullum à simplici alitur : alioquin animans ex elemento uno conflatum reperietur :
qd penitus à Galeno reijcitur, q ob
H id aquā non nutrire asserit. Cæterū
cui potentiarum animę spirationis
munus ascribatur, accuratè cōsyde-
remus. Galę. à motione à uolūtatis
impetu prodeunte perfici testatur,
ob id, q integrum sit nobis spirare,
ac non spirare : qdq; neruus huius
sit proprium, ac primariū instrumē
tum. Quare dissecto cuipiā neruo,
qui septo trāsuerso motū suggerit,
is profectò diutius non uiuet, q qui
strangulatur. Verum enimuero Ga
leni opinio duobus argumentis re-
felli potest : primo, quia dormiētes
spiramus; uoluntaria aūt motio co
I gitatione ac deliberatione fit: hę au
tē in somno functiones nō peragū-
tur : postremò, qm̄ spiratio, quę in-
tempestiua est, ac præpostera, arteriarum pulsui respōdet. quare Hippocrates hanc crebrò pro pulsibus
usurpat, quoties uidelicet partes re-
spirationi addictę minimè affectæ
sunt : quinetiā cordis temperaturā
æquè atq; arterias indicare docuit.
Quidā pręterea philosophi ex uolū
taria, atq, nō uoluntaria facultate,
hoc est, naturali, animaliq;, respira-
tionē constitui censuerunt : idq; in

nō paucis animantis partibus spe- K
ctatur, ut in motu palpebrarū oculi, ac deglutitiōis, quas sanè cōpositas esse constat : unde imbecillioři-
bus effectis, cadit quoq;, ac debilita
tur deglutitio, haud sec' atq; appetentia : quæ quidem sn̄ia præstan-
tior esse uidetur. Quanq̄ quis obij-
ciat, illum prudētius ac doctius sen
tire, qui naturalem eā uī asserit facultatem, ob hoc. s. q dum sani de-
gimus, dumq; morbis laboramus,
crebrò citra deliberationem respi-
ramus, cordis temperaturam pro-
dentes : quinetiam suspiria multa fiunt. Ad hæc ubi respirandi L
munere necessario indigemus, spirationem sistere, ac compescere, integrum nobis minime erit, quēadmodū nec tussim, aliaq;, id genus.
Natura iccirco hanc uoluntariam
functionē molita est, ut auxilio eēt
naturali potentię, qn̄ uidelicet cordi satisfacere nō ualet. Præterea Ga
leni pbatio, qua illā omnino à uo-
luntatis arbitrio pendere docet, est
imbēi, q. s. dissecto neruo functiones harum facultatū, id est, motuū
uoluntariorū, aboleri asserit : q mehercle ratiocinatio à ueritate aliena est, tū in principijs, tū in figura. M
Nempe qn̄ prædicatū rei quę a sub
iecto data est, aufertur, non debet
semper auferri prędicatum ab illa,
à qua est ablatū subiectū : alioqui
repugnantiā antecedentis opposita
in tota materia unà cum repugnā-
tia oppositi consequentis tutari ac
defendere oportet. Hoc autem te-
statissimū facit, quantū in dialecticis Gal. claudicauerit: quippe si ablato neruo, sectoue, quępiam quoq;
auferat motio, illud tn̄ necessariò
non sequetur, neruo illo existente

motus

A motus gratia, q̃ neruo propriã motionis caussam acceptam feramus.
Atqui si quispiam venas carotidas,
neruosq; soporiferos, q̃ ad cerebrũ
pertingunt vulneratos habuerit, sta
tim omni functione voluntaria de-
stituetur, vnde particulæ illæ appel
lationem nactæ sunt. Quare Rasis
memoriæ dedit, rege in India, vbi in
quempiam nobili genere clarũ ani
maduertere vellet, sectionem harũ
partium imperasse: quod animad-
uersionis genus ac supplicij mortem
afferebat. Quis autem sanę mentis
illico omnes motiones voluntarias
B propterea infertas dicet? Porrò nihil actionem huiusmodi in neruo
efficit, q̃ id quod talem potentiam
complere, atq; perficere potest: quo
affecto afficiatur quoq; actio neces
se est, & si huius propria nõ sit caussa: quandoquidem vitiatur, deperdi
turq; propria functio, abolita facultate, quę illuc defluebat, ac transmit
tebatur: quamobrem volũtarij motus deperditio non testatur motum
quemlibet in neruorum essentia vo
luntarium adesse, qui tamen per ac
cidens potest a voluntate prodire.
C Quòd si obstinatè repugnas, volun
i tarium penitus affirmando, nihil ꝓ
pterea promoues: quippe musculorum erit, non neruorum. Verum e-
nimuero ad partium spirationi fa-
mulantium vsus accedamus, quandoquidem de ipsa abunde disputa-
uimus. Pulmo igitur spirationis officio delegatus, aditum spiritui pate
facit: cum. n. attollitur, influit spiritus: cum contrahitur, effluit: vnde I-
strumentum respirationis propriũ
esse in confesso est. Verum hic subti
litate ingenij considerandum erit,
nunquid respirationis, expirationisq;

motio thoracem sequatur, nec pri- D
uatum motum aliquem obtineat:
an vero sit thoracis motus spirãdo,
quem pulmones sequantur, tanquã
auxilium afferentem. Galenus pulmonem priuatim nullum motum
habere scriptũ reliquit, sed vnà cũ
thorace attolli, agitariq;: quinimo
spirationem, quæ naturalem motio
nem sequitur, à septo transuerso fie
ri: est autem id musculosum quippiam, atq; carnosum, inferna a sup
nis dirimens: hoc est, partes nobilio
res ab ignobilioribus distinguẽs, ac E
separans. Dilatato itaq; thorace, aere impletur pulmo. Existimare au- .I
tem oportet huius constitutionem
similem esse follibus qui i ferrarijs
habentur: quod tibi manifestius fiet, si vulnerato thorace, ac confosso,
aer introrumpat: quiescit etenim ꝓ
tinus pulmo, interitq; eius motio:
idq; fortè ob refrigeratos pulmões.
Aristoteles (cincturam vocat) septi
transuersi nullam aliam vtilitatem
scripto reliquit, q̃ vt separarentur inter se partes principes, ac nobiliores
à nutritorijs, & ignobilioribus: vt vi
delicet animæ principis origo inof- F
fensa seruetur, nec facilè occupetur
exhalatione cibi, & caloris aduenti-
tij copia. Atqui minus philosophus
calumnia dignus non est, neq; im-
peritię crimine notandus: quandoquidem quæ arte secandi corpora
discuntur, haud absimilia sunt his,
quę numero motionum circulorũ
comprehenduntur. Ars verò anatomices ætate Aristotelis planè haud
quaq̃ erat absoluta. Porrò Galen⁹,
cuius seculo medicina omnibus nu
meris, vt dicitur, perfecta erat, scripsit. Erunt, inquit, posteriorum, qui i
medicina quędam a nobis non in-

G uenta, neq; cognita in lucem emit-
tent. Quamobrem non tam crebrò
(vt multi censent) Galenus Aristoteli refragatur, quin potius illius inuentis aliquid adijcere, atq; implere
nititur: cuiusmodi sunt, quæ de septo, de motu neruorum, de sensu &
motu, de cordis ac cerebri principatu: quę nãq; ille de particularib⁹
disserit, haudquaq̃ in viribus huic re
luctãtur. Verum ad id, vnde nostra
digressa est oratio, redeamus. Gale.
igitur de pulmonibus sententia dili
genter perpendenda: quippe nullo
alio argumento, rationeve probare
H studet, dilatato thorace pulmonem
quoq; attolli, q̃ ꝙ eodem quiescente, pulmones quiescant, intereatque
animal. Nos verò non adeò absolu
tè ac simpliciter pronunciãdũ cense
mus, thoracem videlicet præcipuã
motionum pulmonis caussam esse:
fieri etenĩ potest, vt pars vtraq; priuatim moueatur, habeãtq́; mutuũ
quendam consensum, ac proprium,
vt alterũ absq; altero minime moueatur: ob id vno quiescente, alterũ
quoq; cesset, atq; neutrũ alteri caus
sam motionis suggerat, prębeatq́;.
I Quòd si assereremus, pulmone non
moto, nec thoracẽ moueri, quæ est
Galeni opinio: nos mehercle cense-
remus pulmones thoraci motũ sup
peditare. Quare videtur Galen⁹ sen
sisse thoracem ac pulmonem simul
posse moueri, ac si in sphæra, globo
ve forent: immotoq́, altero existẽte
alterum quoque minime agitari: q̃
uis (vti retro diximus) vnum alteri
non sit motor. porrò id quoq; vsuuenire potest, ꝙ dissecto thoracis
neruo, affect⁹ ad pulmones per consensum pertingat, quo modo Gale.
multas ægrotare partes literis pro-

didit. Nunc igitur thoracem dilata K
tum pulmonis motionem adiutare,
eadem indicatione dicendum, potis
simũ, vbi vehementiori indigueri-
mus respiratione. Verum consueto
vt in pauca rẽ conferamus, Cor est,
quod abolita respiratione expiratio
neq; afficitur, ob idq́, animalis in-
teritus contingit. Hinc necessariò
ab ipso spirationem emanare ingenue fatebimur. Cæterum pulmonis
agitatio (vt sentit Gal.) violenta est,
eadem ratione ac vi, qua sunt, quæ
ab arte machinata, agitant. Mouet
id viscus modo quo naturalia, atq;
bifariam: nãq; tum ab electione, tũ L
a natura. Atqui duos in motu principes collocare non erit absurdum:
musculũ motionis ab arbitrio volũ
tatis prodeuntis: cor ad pulmonem
huius, quę a natura est. Galenus hic
eadẽ methodo nixus est, qua in cæteris suis indicationibus consueuit.
Haud enim aliunde motũ pulmoni, quàm a neruo adesse putat, quã-
quàm per artem dissectionis corpo
rum nullus ad id viscus deriuari ner
uus spectetur, quo sentiat, nedũ mo
tum obtineat. Verũ ingenij nostri
hebetudo fortè obstat, quo min⁹ ve
ritatem perspiciamus, horum videli M
cet quæ in hoc commentario a nobis considerantur: attamen vt tem
pus feret, atque suadet, ociumq́; permittit, in hoc negocium toti incum
bimus: aliquando verò ista futura
sunt exploratiora. Pulmo in duas fi
bras diducitur, vt si fortè vna aliquã
do afficeretur, altera vicem eius sup
pleret: quemadmodum in thorace
vulneribus videre est, in quibus si fi
bra altera lędatur, spirationi alterã
deseruire necesse est: quippe vtraq;
affecta animali interitum affert.

G Sequitur vt de aspera arteria (quæ nonnullis spiritalis fistula dicitur) nonnihil disseramus: quæ spiritus caussa data est: hac enim spiritū trahimus, reddimusq; respirando, expirandoq;: sed nec solum spirādi caussa, sed etiam vocis: quare natura emolita est particulam quandam in eius summitate, quæ munus efficiendæ vocis contineat, minoris linguæ formam referentem: deinde a musculo quippiam ei aduenit, quod variè arteriam afficiat, & ob id variæ gignantur voces: sed is quidem vsus minimè necessarius, verum vt me-
H lius ac felicius vitæ curriculum trāsigeremus: idq; in alijs quoque partibus prudens natura instituit, quæ non vnius tantum gratia, verum et plurium conditæ fuerūt: quippe nares tum vt odoraremus, tum vt cerebri excrementa expurgarem⁹: illud ad sensoriam facultatem, hoc ad expulsoriam referendum. Vua (columella alijs nominata) facit ne puluis, fumusq;, & id genus multa, ad spiritalem fistulam non irrumpant.

Quinetiam spiritum primum temperat, ne tam frigidus, ac incoctus ad spirationis instrumenta descen-
I dat, quæ dissecta, distillationib⁹ obnoxium reddit hominem, refrigerādo partes omnes spiritales, vociq; gratiam adimit, nam & hæc ad hanc functionē necessaria. Epiglottidem vocis particulam esse nō est dubiū, qm̄ vbi in arteriā glandis validè insufflamus, vox redditur haud absimilis illi, quā dū viueret, sonabat. Huic & aliud operimētū annexū: ne in arteriā cib⁹, aliudve decurrēs, aial strangulet: nāq; crebrò videm⁹, dū aliqd in ipsam dilabitur, tusses stati excitari. S; de spiratiōe, ei⁹q; instris dictū iā ē.

K De cerebro, eiusq; partibus, ac functionibus Cap. 20

Quanquam imaginatio, cogitatio, recordatio, conseruatioq;, neq; partes, neq; mēbra sint, habent nihilo minus in cerebro sedes, in quibus earum functiōes sint euidentiores. Phantasia igitur, siue imaginatio in cerebri anteriori parte sita est, quæ rerum species, postq̄ à sensu communi relictæ sunt, concipit, ac retinet. Cogitatio vero manifestior est in medio cerebri sinu specuve: hic quas assertiones, & con-
L silia vocamus, fieri traduntur: discernimusq; quid in his nobis sit eligendum, vitandumq;: hic intellecta recognoscuntur: quare in animantiū genere homini soli tributa est: bruta vero istius loco æstimatiuē vim obtinēt: in posteriori cerebro cauerna ampliori vis illa reminiscentiæ sedem habet, atq; etiam conseruatrix potētia: quæ in nullo alio inter se discrepant, quàm quòd recordatio per interualla fit, conseruatio verò assidua est. Verum ab imaginatiōe quoq; differunt, q̄ hæc formā exhibet sensilis, vel sensibus priua-
M ta: illæ verò ad custodiam, & refricationem rei conceptæ, magisq; ad intellectū, prudentiamve referendæ, quàm phantasia. Atq; illud meminisse oportet, q̄ & si in ventriculis cerebri harum potentiarum functiones peraguntur, tamen a corde, eiusq̄ solum principio prouenire, sedesq; tm̄ in cerebro tanq̄ instrumēto obtinere, quare quēadmodū visoria facultas in crystalloide sita esse fertur, cū tn̄ sit in corde vel cerebro, sic virtutes istæ, harumq; sediū vtilitas ad temperandum eas instituta est, eo

G modo, quo cerebrum diximus opẽ
ferre alijs cõceptionibus, atq; appre
henſionibus. Alia igitur probatiõe
non indigemus, quam ea qua ſupe-
riora diſcuſſimus, quę eſt huiuſmo
di, facultates nihil agere citra calorem natiuum, qui ad ipſas non per
uenit, niſi cum quadam moderatio
ne, ac menſura: viſq; illa quę tranſ-
mittit, temperatq; calidum naturale, in corde poſita eſt: tanq̃ fonte ac
principio. Ad hęc imaginatricis fun
ctio teſtatur ſenſilium aliquid i ſen
ſu cõi hærere, cuius ſedem in corde
libro de anima ſcripſimus: atq; ibi
H illa quoq; principium cor habebit,
quę vna cum facultate motrice voluntaria, animanti motionem ſug-
gerit, quam in corde habitare nup
diximus. Præterea vbi imaginatio,
illic quoq; cogitatio collocabitur,
quæ ab imaginatione concepta cõponimus, reſoluimusq;. Hãc etiam
neceſſario conſequuntur recordatrix, atq; conſeruatrix facultates, vtpote propter ipſam inſtitutæ. Cęte
rum vbi affici has ipſas potẽtias ce
rebri ipſius ventriculis affectis con-
ſpiciemus, non erit ſtatim ferendũ
iudicium, fontem ipſarum ſolum
eſſe cerebrum: haud aliter q̃ affecto
I cryſtalloide viſionem vitiari cernẽs
nihilo minus ipſum viſoriæ faculta
tis primariam eſſe ſcaturiginẽ. Nã
& ſepto tranſuerſo affecto, nuper di
ctas potentias lædi ſpectamus: non
tñ ſanæ mentis homo harum ſedẽ
in hac parte putauerit. Cerebri etenim ventriculi harum gratia condi
ti a natura, quorum tẽperatura fun
ctiones ipſarum conficit. Atqui retro ſcriptæ virtutes in duobus prio-
ribus cerebri ſpecubus euidentiores
ſunt: à quibus per viam, tramitẽve,
qui inter ipſos conſiſtit, deferũtur: K
in qua via meatuve quędam corpu
ſcula conſtituta ſunt, quæ dum calorem internum ad cerebri ſinus in
gredi oportet, aperiri credũtur, clau
diq;, vbi ſubierit. Horum vero men
tionem fecimus in commẽtario a-
natomices. Cerebro humido mol-
liq; conſtituto, ſuper impoſitũ eſt
os, quod calua nominatur, pro tute
la ac munimento: duę item mẽbra-
næ (quarum altera tenuis atq; ſbe-
cilla: altera craſſa ac valida) cerebrũ
vallant ac veſtiunt. Quinetiã glo-
boſa, vt quę ſit omnium figurarum
tum perfectiſſima, rotunda, atque L
ſphærica: tum capaciſſima, tum ab
incõmodo & lęſione remotiſſima.
Prętera ſedem eminentiorem in a-
nimantibus perfectis cerebrum ob-
tinuit ſenſuum gratia, qui cuſtodes
totius corporis (teſte Galeno) ſunt:
quod etiam in rebus externis vſune
nit, quippe qui cuſtodię excubijsve
præſunt, in arce ſublimiori q; loco
collocantur.

De ſomno. Cap. 21.

PRoximum ab his paruũ vſibus
quos diximus, eſt, vt de quibuſdã, quę ad ſanitatẽ conferant diſſe- M
ramus, initio quidẽ ſumpto a ſomno: de quo primũ quid ſit, & cui par
ti creditus: tũ quę eius ſit cauſſa, cõ
ſyderemus oportet. Eſt quippe ani-
mantiũ generi apprime neceſſari9,
atq; vtilis, ſub quo homo quoq; cõ
tinetur, qui ſomno deſtitutus vitæ
non exiguam iacturã facit. Sõnus
igitur (mea quidẽ ſententia) nexus
quidam & quies ſenſuum, atq; eorũ
dẽ recurſus receſſusq; a ſuis inſtru-
mẽtis ad intima: idq; ſomno ſepul-
ti, dormientesq; apertè teſtant, qui
ſen-

A sensilia, & si proxima, minimè perci
piunt: tū qui patentibus oculis dor-
mitant, nequaq̄ vident: atqui si facultas visoria instrumentis adesset,
continuò hi quoq; viderent. Verū
enim vero id non tantum in sopora
tis conspicimus, verùm etiā in his qui
studiosissimè, attentissimeq; in aliquam rem incumbunt: etenim nō
pauca sensilia prætereuntia nō ani
maduertunt. Cum itaq; somnus tā
tum sit sensuum ad intima recessus:
sensus vero haudquaq̄ moueri possunt illa, quæ per vniuersum corp^
fit, motione, absq; auxilio alterius,
B quod illis materię loco adsit, erit ve
rò id calidum naturale: quare somnum esse coitum quendā caloris ad
intima refugientis asserimus. Quin
etiā partes extimæ refrigeratę somno pressi hominis hui^ testimoniū
locupletissimum exhibent. Atque
item concoctio, quæ in dormitanti
bus validior cōsistit: nempe calidū
id, quod in vigilantibus functiones
concinnat (prębet etenim motū sen
sumq; extimis) in somno sopitis ad
ima subterfugit: illud vero a corde
tantum animantium partib^ trans-
C mittitur, ad quod ceu ad fontem atque principium in somno refluat,
atq; reuertatur, necesse est: quēadmodum in motu consyderatū, quē
ad id, vnde incœpit, redire oportet:
quale in Deo spectamus, a quo oīa
dimanant, & ad quem cuncta reuo
lant. Postq̄ igitur explicauim^ som
num, sensus quietem, ociumq; suarum functionum, atq; intermissio-
nem, quæ a caliditatis subterfugien
tis recessu confit: proximum est, vt
scrutemur, quę sit caussa huiusce cō
fugij in somno sopitis: quod in primis coctionē adiutat. Caloris equidem ad extima sparsio a quantita- D
te, non a qualitate eiusdem inaucta
prouenit: at coactio quantitatis im
minutio est: idq; contingit, quoniā
a frigiditate humiditateq; superatū.
Somnus ergo calore interno refrige
rato, atq; humectato fiet: tunc nanque copia minuitur calidi, dum ad
suum fontem recurrit. Pręterea cū
cerebri vsus sit, vt cordis caliditatē,
siccitatemq; moderaretur, necesse
cor ab illo maiorem huius functio
nis cumulum consequi, atq; alimētum cordi transmissum refrigerari
humectariq;: proinde irrigationib^,
quę vim frigidam humidamq; ob- E
tinent, perfundimus capita vigilijs
affectorum creberrime: etenim cere
bri consensu, cor quoq; affici cōspi
cimus. Quamobrem qui a solo cere
bro somnum effici putauerunt, gra
uissime lapsi sunt. Ad hæc argumē-
tum a frigiditate humiditateq; som
num conciliari tale est, q̀ alimenta
pleraq; omnia soporem appellātia,
vi frigida humidaq; prędita sunt,
cuiusmodi lactuca, & id permutat vi
gilias accersentia calida siccaq;. Sō
ni autem caussa, quæ a materia nomen habet, vapor est humectus ab F
infernis, intimisq;, ad cerebrum ela
tus, vbi a frigore consistit, grauisq;
effectus, dum, quę illic sunt, ceteris
miscetur humiditatibus, dumq; ad
altiora penetrare non valeat, neque discuti dissipative, ad ima de-
nuo defluat necesse est, atque inde
meatus facultatū sensiliū obstruat.
Quinetiam somnus animāti ab fatigatione laboribusq; confit, calore
natiuo inter mouendum, opusq; fa
ciendum disperso, imminutaq; eius
quantitate, refrigerato: proinde coa
ctus ad suam confugit scaturiginē,

G fonteq; haud secus ac milites, qui
grauu imminente periculo ad du-
cem recurrunt. Cor vero in animante princeps: quod postremum
animali mortuo refrigeratur. Somnus item naturæ est functio corpus
gubernantis, ideirco necessaria animantibus perfectis, quoniam absq;
eo immodicis laboribus frangeren-
tur sensus, atque interirent: quibus
pereuntibus actum de vita esset.
Quamobrem, qui minus probè dor
miunt, pallore afficiũtur, atque mu
nia sua potissimũ nutritiõis, dteri'
abesit. Quin & exercitio ac fatiga
H tione sensuum calor ille internus re
frigeratur, vtpote ad extima expan-
sus: tum usq; ad intima subterfugit,
vbi eius minuitur quantitas. Illud
vero te latere nolim, somnum conuersionem tantum esse temperaturæ caloris innati ad frigidum & hu
midum, efficique, quę hũc facit facultas gubernans, quæ in corde posita
est, cuius calor hac ratiõe huius est
instrumentum. Propterea exoritur hic questio, cui potissimum po
tentię animæ commissus sit sopor:
Cui ingenuè responsum volumus,
facultati sensitrici illum esse credi-
I tum, quę roboratur, & incrementum suscipit huius functionibus;
neque nutritorię potestati attribu-
endum, quatenus est nutritoria,
quoniam vegetalia non soporan-
tur, sensus nanque sunt expertia: illa verò vis sentiendi ascribitur sensui communi. Somnum tribuimus
sensitrici potentię, vtpote quæ
ab eo tueatur, conserue-
turq;: quamuis fe-
rietur tunc
tempo-
ris.

De temperamento anni temperantia. K
Cap. 22

ALtricis facultatis functiones,
partesq;, quę illas perficiunt,
aïantibus necessariæ: sed maximè
tactio, qua pereunte, aïal interit. Spiratio item necessaria. Porrò liquet
ea, quę sanitatem corporis humani
tuentur, ac conseruant, esse aquã, ae
rẽ, alimenta, quibus secũdũ naturã
se habentibus corporis sanitas consequatur. Aer verò naturaliter se ha
bet propter solis astrorumq; fũctio
nes: sol vero id facit, signiferum per
errans per anni quatuor tẽpora, ver L
ęstatem, autumnum, atq; hyemem,
quorum constitutionem exploratis
simã medicũ habere oportet, quippe tum dignitate, excellentiaq;, tũ
vtilitate longe superet alia sanitatis
tuendę pręsidia. Vere quidem nutri
tionis functiones validiores atque
perfectiores, calido s. interno copio
siore existente, quod temperatura
est tum calidum, tum humidũ: proin
de ver calore, humoreq; moderatũ
asserimus, collatione ad hominis tẽ
perationem facta: quinetiam adole
scentes iunioresq; vere actiones vi-
uidiores obtinent. Vocabitur itẽ nõ M
absurdè temperatum, hominis tem
peramento collatum: quandoquidẽ
non a quatuor qualitatibus p se to-
tis mixtis ea tẽperatura constituitẽ:
cuiuslibet nanq; corporis tẽperatio
alteri qualitatũ agentiũ exuperanti
(quæ instar formę erit) atque alteri
patientiũ (quæ loco materię) ascribi
tur: alioqui non vnum specie, verũ
duo constarentur: functio itẽ vna i
suo termino minime collocarentẽ, si
duę qualitates oppositę simul ppol
lentes inessent æquabiles actu pote
stateq;. Quippe ex duobus contrariis

A tiis actu haudquaquam unum actu componitur: neq; etiam ex non cōtrariis, quēadmodū duę lineę actu unam actu non conficiunt. Quam opinionem pauci admodum, qui se naturæ interpretes iactitant, medicinæq; professores nostrę memoriæ admiserunt: verū iā illis explicabit. Tēperata natura, ex quatuor qualitatum pari mole moderata, hoc est, temperatissima, nusquā spectari potest. Quinetiam temperamentum uni qualitatum agentium attribui moderatum non conspicimus, propterea φ singulę actiuæ modum na- B ctæ sunt functionum suarum ab altera patientium, quę illi adest loco materiæ. Sed unde nostra fluxerat oratio reuertatur. Æstas calida & sicca: hyems tum frigida, tū humida, collocata ad ver, hominisq; temperamentū. Quidam autumnum (ut qui esset inter ęstatē hyememq; medius) ęquè temperatum atq; ver collocarunt, largissime quidem peccantes: veri nāq; in totum quis dixerit cōtrarium, à quo vires omnes imbecilliores euadunt, cuius exēplū experimētūq; vegetalia animātiaq; suppeditabunt. Proinde siccitatē at- C que frigiditatē illi assignabimus: at validior erit siccitas: verùm ut summatim dicam, inæqualē oīno naturam habere pleriq; omnes peritiores scripserunt. Sol autumno perinde nobis est proximus, atq; abest a nobis: quod de vere dici quoq; merito debet. Sed hoc tantū interest, φ autumno vires infirmiores debilioresq; fiunt, siccitasq; exuperat in animantibus, quare nullam in generatione caloris sui temperantia utilitatem præstat. Vere si quod aliud generationi in primis aptum atque idoneum: humidum nāq; tali functioni familiarissimum. D Porrò breuitatis, diuturnitatisq; certum finē, ac scopum anni tempora non obtinent, sed pro regionum natura, atq; longitudine variantur. Quarum equidem temperatior erit, in qua breuis autumnus, ver uerò longum: cuiusmodi sunt quę sub quinto climate iacent, præcipueq; maritimæ. Autumnus in nostra Hispania duorū est mensium, quæ est in quinti climatis principio. Sub libra item temperatam horam asserere (ut nō pauci) absurdum est: quoniam quartum quinto præstantius climate exi- E stimare. Galenus Græciam etiam temperatissimam tradidit literis, potissimumque Hippocratis patriam, Coum, atq; huius tempora anni veri similia. Nos quatuor causis, materiali s. formali, effectiua, atque finali salubritatem partis cuiuslibet cōplexi sumus.

AVERRHOI

COLLECTANEORUM SECTIO II.

DE SANITATE TUENDA. F

De artis medicæ fine. Cap. I.

Finis philosopho trifariam dicitur. Primo quidē, ad quē res necessario tēdit: isq; absolute finis noīatur. Secūdo vero, quēadmodū formam materiei finē appellam⁹, q perfectio̅ēs entis, finis inseparabilis dī. Tertiò, ac postremò, quo adepto ac consequuto, q hu⁹ gratia sunt illa, cōsistant necesse est, atq; hic caussarū

Sectio hæc 6. Coll. respondet.

G finis vocitatur, vt serram finem ar-
tificiorum, quę per ipsam elaboran
tur, appellabimus. Verum enimuero artis medicę finis rationabilis ac
vere, primo, postremoq; modo pro-
nunciabitur: At secundo nō ita sim
plr: verum (vt quispiam dixerit) in
latitudine. Pars autem medicinę, q
nobis nunc scribitur, cęteris ei⁹ partibus longe anteferēda est. Quę rur
sus bifariam secabitur: in partem vi
delicet, quę sanitatem conseruat, ac
tuetur: deinde in eam, quę docet,
quemadmodum auferri debeant ea,
quę hominibus morbos accersunt:
H quę sanè quidem media erit inter
sanitatis tuitionem, & ęgritudinis
abolitionem. Porrò id te memoria
tenere velim, nostra corpora à vitijs
tantum posse vindicari, quę nobis
ex accidenti contingunt: idq; potissimum ab excrementorum immoderata copia, quę ab alimentis puenit. Quippe si ratio victus moderata omnibus vsurparetur, a nullo vs
quam sanitas abesset. Atq; hoc ora
culum in hac arte diuinissimum, fir
missimumq; esse tibi persuadeas: a-
lioqui manca, ac mutila esset, clau-
I dicasq; medicina. Quamobrem nō
possumus non mirifice laudare atque probare definitionem medicinę, quam hic mox subscribim⁹. Me
dicina est ars factiua, ratione experi
mentoq; inuenta, quę tum sanitatē
tuetur, tum morbos depellit. Qua
definitione nullus maiorum poste
riorumve nostrorum aliam veriorē
scripto reliquit. Nempe etsi illa, quā
Galen⁹ tradidit, multis videatur exquisitè perfecta, nihilo minus parū
explicata, declarataq; est, & propè di
xerim manca: quandoquidem cuius esset gn̄is, non explicuit. vniuersę nā-

que artes operatrices, naturę domi- K
nę, cognoscentesq;, tribus sumūtur
modis. Aut n. pręsunt faciendorum
operum facultati, & neq; formā, ma
teriam ve faciunt, sed iubēt: Aut mi
nimè pręcipiunt, sed faciunt formā
in materia apta: Aut medię īter has
quę videlicet partim faciūt, partim
pręsunt ac iubent: primo quidē for
mam elaborantes, altero materiam
cognoscentes, atq; explicantes. Horum primi exemplum gubernator
nauis erit: atq; architectus, qui nauē
extruit, secundi: & tertij, is qui in na
ui cuncta probè disponit, ordinat,
atq; iubet. Nos vero de his exquisi L
tissime scripsimus in commētario,
quem in secundum auscultationis
naturalis librū posteris reliquimus.
Cęterum medicina ex his artib⁹ est,
quę absolutè factiuę vocitantur: pr-
stat etenim formam, qua functiōes
suas naturales homo perficit, idq;
natura materiave apta & idonea ad
opus existente: alioqui. n. non posset formam prębere. Est aūt hic finis, qui artis locum sui subiecti conuenientissimum suggerit. Atq; haud
quaq̄ absimilis rationi victus, quā
Galenus homini quadrato, tempe- M
ratoq; pręscribit, vt s. vitę naturale
curriculum transigat, senectutemq;
attingat, quę me hercle ob insigniter refrigeratas, exsiccatasque
partes corporis principes contingit.
Quare hunc finem, atque scopum
ars medica nequaq̄ debet transcen
dere: q si id faceret, immortalitatē
hominibus afferret, quam nō posse ab ipsa pręstari in confesso est.
Caussa vero, cur interdum medicinalis ars finem probum non conse
quatur, eadem est cum illa, quę cęteris artibus impedimētum inijcit,
ne

A ne circa materiam suam, atq; subie
ctum finem optatum adipiscantur:
quod in athletarum, nautarum, atque agricolarum victus ratione ma
nifestissimè conspicitur. Atqui Rasius noster huius caussam in quodã
suo commẽtario tradidit huiusmodi, videlicet, ꝙ ea quę retro iam a no
bis exposita sunt, non paucis inter-
cedentibus medijs indigeant, vt hũc
ipsum finem obtineant, quem a no
bis suppeditari, fieri minime potest.
Cuius equidem opinio proba est, ve
rum non vsquequaq; perfecta: qua
re adijcere quędã nos oportet, quo
B dilucidior euadat. Est igitur verum,
hanc artem in indiuiduorum corporibus peccare, ob materiei ipsorũ
idoneam præparationem. fieri nãq;
potest, duos esse homines eiusdem
æquabilis, temperatæq; naturę: vna
eademq; tõne victus vtentes: quorũ
alter ad senectutem finemq; suo tẽ
peramento conuenientiorem perue
niet: alteri vero (& si eodẽ diætæ genere vtatur) praui ingenerabuntur
succi, qui mortem accersent celerio
rem. idq; profecto contingit ob quã
dam huius temperaturæ insitam in
natamq; aptitudinem ad vitiosos
C humores gignendos, quæ nos lateat, & hanc ignorantiam nobis parit
naturarum tam multiplex innata ꝑ
paratio, aptitudoq;, vt nullis notis
nullisq; indicijs comprehendi valeat: quod a nobis in commentarijs
philosophiæ abunde expositũ est:
vbi id quoque proditur, materias s.
singulas accidentia obtinere peculiaria, insitaq;, prætereà quoq;, quę
a forma suppeditantur, Quamobrẽ
accidẽtia, quæ materiei adsunt, mul
tifariam illam naturarum indiuiduorum variationem procreãt, haud secus, ac ea, quæ peculiaria for- D
mæ insunt, mores tam varios in ho
minibus singulis indiuiduisve con-
cinnant. Quippe homo postremũ
compositũ existens, non paucas indiuiduorum differentias speciesve
habebit: quod facit, vt multiplicitas
proprietatum naturarum (ac morum indiuiduorum, non ita pateat.
Verum enimuero longius fortè, ꝙ
par sit, nostra est expatiata oratio:
quanq; ingenuè affirmare ausim, id
quod nuper nobis scriptum est, ma
ximam afferre vtilitatem his, qui
exploratum habere concupiscunt,
in quo philosophorum doctorũq; E
virorũ non pauci olim dubitarunt.
Nunc ad institutum negocium re
uertimur, dicimusq; illos, qui in ea
sunt sententia, ꝙ videlicet is qui tali educatione regitur, qualem in libro de sanitate tuenda Galenus ꝑ-
cepit, finem optimum consequetur
ignorare, quomodo dignoscatur finis artis medicę a parte suorum pas
siuorum: hiq; hallucinantium medicorum & indoctorum opinionibus astipulari videntur, quemadmo
dum & illi, qui dies hominum an-
nosq; certo numero astringi cẽsue-
runt: quandoquidem vsq; ad senium po F
test quempiam naturæ temperatæ
inculpata educatione vti: veruntа-
men ęque breuem vitam viuere, atque is qui rationem victus impro-
bã vsurparit. Sed hoc rarissime contingit: quare ab accidẽti tam remo
to ac longinquo medica ars neque
subibit calumniam, neq; subuersio
nem: absit etenim, vt tam insignis
artis nobilitas hoc tam exiguo scru
pulo obscuretur. Porrò qui tantum
rebus externis, atq; ab electione vo-
luntateq; prodeuntibus morbos at-
tri-

G tribuit, is nosse caussarum minorē
cumulum videtur: quippe effectri-
cium tantum gradus quidam (quæ
dixerunt) sunt: Hæ vero vt potè ma
nifestiores à plerisq; omnibus medi
cis ægritudinibusq; assignantur.
Huic si fortè (vt fit interdum) morbi accidant, quos id genus caussæ
non præcesserint, diuinit', cœlitusq;
immissos protinus aiunt: quam opi
nionem, quoniam popularibus vul
goq; arrideat, minime improbabi-
mus. Iam verò satis superq; exposita artis medicę commoditate, atq;
vtilitate, proximum erit, vt de cau-
H sis disseramus, quę ex accidenti cor
poribus nostris vitia aduehunt, qui
busq; medicinæ auxilio occurrere
valeamus: sunt autem hę caussæ effectrices: quarum aliæ huiusmodi
sunt, vt facile caueri vitariq; possint
vt combustio, sectio, percussus, & id
gen' mille, quæ fugere omnino pos
sum'. Alię vero, quæ necessario nos
alterant, atq; immutant, vel nobis
inuitis nolentibusq;, de quibus agēdum mihi nūc est. Sunt igitur quæ
nostra afficiunt corpora ex acciden
ti caussæ, aeris nos ambientis consti
I tutio, immutatioq;: exercitiū immo
deratum (quale est artium quarun
dam) deinde alimenta, potiones, ani
mæ affectus, atq; vt summatim per
stringam, quæcunq; intemperiem
& cum succis, & citra succos pariūt.
Ab his itaq; quandoquidem vindi-
care nos possumus, aut ratione vict'
aut mediocritatem (quę in sanitatis
tuitione collocatur) amplectendo,
asserimus sanitatem posse cōseruā-
ri tū alimētis, tum boni succi, tum
q̄titatis moderatæ, tum opportunè
assumptis: item motu ac quiete me
diocribus, excrementorumq; expur

gatione: deniq; aeris boni inspira- K
tione, & cęterorum accidentiū præcautione, quę intēperiē euocare nata sunt. Sumendi verò cibos modus
melior medicinalis est. Excrementa
purgabunt frictione, lauacro, exerci
tio moderato, atq; medicamenti as
sumptione: q̄ vniuersa præcautioni
ab ęgritudinibus accepta referen-
da sunt.

De exercitio, eiusq; modis.

Cap. 1.

EXercitatio motus est partiū ab
aliqua electione, atq; voluntate
procedens: qui primum quidem a
membris efficitur, motionem volū L
tariam obtinentibus: secundo vero
ab ijs quę motu sunt prędita anima
li, cuiusmodi sunt venæ, partesq; nutritionis officia exequentes. Cum i-
taq; exercitatio motus sit, quædam
propria, quędam autem communis
constituetur. Atq; hæc toti corpori
attributa, qua vtuntur cuncta animalia: illa priuatim singulis membris peculiaris: quemadmodū vox,
thoracis, atq; pulmonis: sedere, ac
stare, dorsi exercitatio. Quinetiam
alia est exercitationis sectio, quatenus exercitatio: (prima nanq; a par
tibus desumpta est) vehementem e- M
tenim quandam, remissiorem ac le
uiorem, alteram & tertiam temperatam collocamus. Atqui valida &
imbecilla fatigatis interdū ac laborantibus cuiusdam partibus fiant,
quibus pariter accedent, tum conci
tata, tum tarda: interdum vero cum
in mouendo alterum alteri reluctā-
tur, atq; ab eo opprimitur, vt in gra
uioris oneris sublatione contingit:
verum huic differentiæ neq; citata
neq; tarda iunguntur. Atqui nōnū
quam celeritatem pariter, & vehe-
men-

A mentiū exercitatio habebit, qualis est illa gladiatorū. Caeterum exercitij modici vtilitas eximia est. Spiritum etenim internū citationē facit, atq; auget: caloris quoq; genuini augmentum praebet, custoditq;: excrementa partiū altrici facultati deseruientium expurgat, & expellit, pariter & discutit: membrorū essentiam emollit: quare corpori, caeterorum nullum magis erit cōmodū, quàm hoc ipsum. Quippe caloris, atq; spiritus augmentum, quod ab eo conficitur, nō absimile est caliditati naturali externae. Atqui haec quae ab ex-
B ternis excitatur, veluti a medicamentis aliisve rebus, energia & actu calefacientibus, ex accidenti contigit. Quae commoda nuper dicta homo consequetur, si a concoctione exercitationi sese dedat. quod si prius exercitio vtatur, periculum est, ne crudos, inconcoctosq; cibos, ac succos partes ad se rapiant: quo simul afficietur facultas retentrix, expellenturq; incocta alimenta: quandoquidem (vt rē paucis absoluam) quiete concoctio exquisitè conficitur: potentia autē propulsoria motu, agitationeque. Quamobrem tempus eius vtendae
C illud esse statuimus. Sane huiusce tēporis nota, color est vrinae mediocriter rufus ac suppallens. Inhibenda vero exercitatio tum primum est, cū sudorem calidum admixtum spectabis, atq; spirationem alterari immutariq;, colorem rubrum ac floridū apparere, simul ac venas intumescere. Diligenter itaq; curabis, vt cū dictorum iam indiciorū quodlibet apparebit, protinus exercitium sistatur. Quippe valido digeritur, exhauritq; corpus: quod patet in his, qui eo genere delectant exercentúrq;. Remissiori vero & imbecillo, quod expurgari debet, minimè expurgatur: D
nec quod ab eo fusum ac liquatum dissipare valet. At mediocre ac temperatum excrementa corporis tum discutit, tum absumit: quinetiam & corpus implet, & carnosiorem obesioremve reddit exercitatum. Quare ad sanitatis tutelam supra quam cuiquam credibile sit, moderatum exercitium confert. Verum enimuero quot incommoda ocium, exercitijq; negligentia pariant, clarum nobis testimoniū exhibent, qui in vinculis, atq; custodia vitam agunt: facies etenim horum nō dissimilis est E
hecticorum faciei: color foedus atq; ipsorum omnes functiones affectę, imbecillaeq;. Sed animantiū quoq; caeterū idē est inuenire, maximeq; auium gñis caueis detento & saginato, ceruinus [?].

De frictione, eiusq; multiplici ratione.

Cap. 3.

EXcrementorū cōcoctiōis tertiae frictio quoq; euacuationē exequit: cuius dfie [?] simplices quidē sex numero statuimus, qualitati ternas ascribētes, asperā, leuē, mediā: vel (vt quispiā cēsuerit) vehementē, remissā, ac mediocrē: quantitati vero multā, pau- F
cā, mediocrē. Atq; vehementes frictiones tū densant, tū durant immodicè corpa: Remissę vero & imbecille rarefacere, ilr [?] ac mollire valēt: Mediocrū frictionū opus vniuersa iā dicta mediocriter efficit, mediūq; inter priam [?] postremamq; [?] hētur. Praeterea validiores carnē minuūt, gracileq; corpus reddūt: mediocres contra carnis incremētū adijciūt: paucę vero nullū opus euidēs cōficiūt, nisi quod parū calfaciunt. Hactenus de simplicibus frictionū differentijs, quibus coniugationes ipsarū, ac complicationes exploratas habebis.

G bis, si diligenter in id incumbas. Tē
pus verò nullum aliud ipsis statue-
mus, q̃ quod exercitationi nuper at
tribuimus: Atq; in sequentibus per-
frictionum differentias exercitij dif
ferentijs commiscebimus.

De lauacro. Cap. 4.

NVnc de balneo nobis disserendum, vtpote quo & vacuentur
corporis superfluitates, atq; excre-
mentā: cuius varias esse facultates,
quæ corpora nostra afficiant, asserimus: primo nãq; tum humectat, tū
siccat, refrigerat simul, ac calefacit:
H excrementa, quæ sub cute adhærēt,
& meatus obturant, expurgat: inter
dum verò eosdem obstruit, & cutē
dēsat: flatus discutit, ac tumores: cor
pora vt probè alimentum suscipiāt,
idonea aptaq; concinnat: est etiam
vbi appositionem incitet: dolores
demulcet, ac lenit, & aliqñ prorsus
tollit: humores fluidos facit, eosq; a
particula in particulam aliam trans
mittit. Harum verò adeo contraria
rum, & sibi pugnantium functionū
caussam esse dicimus vnam ex his,
quæ ternario numero continentur:
Aut enim ab ipsius lauacri natura,
I & constitutione: aut a laborantium
corporum affectu: aut deniq; a tem
pore, quo in ipso detinentur. Cum
vero naturā balnei, atq; partes scripsimus, intelligas velim aquam tū
calidam, tum frigidam, deinde domum, in qua præparatur, aeremq;.
Atq; ista rursus in gradus partiunt:
quippe aqua inter calidum frigidūq;
media refrigerat, humectatq;. quin
etiam nonnihil discutientis potesta
tis obtinet, quo sordes, quæ cuti ad-
hærescunt, abstergit. Aer quoq;, qui
eandem cum illa temperaturam habet, exiguum sudorē eliciēs, tenues K
è corpore succos euocat, simul ac e-
uacuat. Is vero, & si aqua (vt alias do
cuimus) humidior sit, tñ non æque
humectat perinde atq; aqua, ut quę
corpori applicatur: quinimo vi desiccante aerem prædictum meminis
se te velim: qui quo calidior, eo plus
ariditatis infert. Porro aqua, aerq;
insigniter calida & calefaciunt, & I-
terdum siccantur, excrementa va-
cuant, quibus eductis flatus eadem
opera discutiuntur: idq; tantum in
corporibus puris, & non excrementosis prestant: quippe in illis, quib⁹
superfluitates exuberant, immodice L
meatus obturant, euocatis ad cutē
vitiosis, ac copiosis succis, quibus liber exitus nō patet, ob copiam cras-
sitiemq;: vnde corpora huiuscemodi habentibus horrores, rigoresque
contingunt, vaganturq;, succi p vni
uersum corpus, ac deferuntur ex loco vno ad alterum. Quamobrem il
lud tibi persuasissimum habeto, ho
mini plethorico malisq; referto hu
morib⁹ lauacri vsum a nobis inhi-
beri. Quinetiam si pars quæuis tali
plenitudine affecta sit, nequaq̃ con
sulimus. Atqui caussa, quę media
collocata est, maioris est momenti M
cæteris. Porrò lauacrum dolores tātum leuat, quos fluxiones concita-
runt, cuius generis abscessus, & huius generis morbi. Item interdū per
se, interdum ex accidenti refrigerat.
Hoc vero fit meatus reserando, & e-
ductis vnà cum superfluitatibus ca
lore ac spiritu: illud autem quoniā
aquæ lauacri frigidæ vis suppeditat
adhiberturq;, vt calidæ intēperiē mo
deretur, & partes emollitas corrigat:
atq; vt mitiget calorem naturalem,
eo modo quo fabri ferrarij ac coci,
qui

A qui frigidam vsurpant, vt scopũ sui
ꝓpositi attingant. Insuper lauacro,
natationeue frigidæ vti haudquaq̃
debemus, nisi prius excrementa ex-
pulsa fuerint. Balneũ autẽ (vt summatim perstringam) in his qui cor
pora pura obtinent (si modo oĩum
eius partium fuerit concinna assen-
sio) eximia præbet, & singularia cõ
moda: etenim superfluitates discutit, & citra virium noxam expurgationes efficit: partes emollit, ita tamẽ, vt neruosum genus minime re-
soluat: humectat citra caloris sensum: quinetiã refrigerat, nec tamẽ
B obstructiones ob viscididatem ac-
cersit. Quæ vniuersa nobis iam scri
pta à calido frigidoq; perficiuntur:
neq; puris, sed nõ puris corporibus
incommodum afferunt.

De somno, atq; vigiliæ. Cap. 5.

SOmni in hoĩe functiones sunt
cõcoctio simul, ac humectatio:
Vigiliæ discutiunt, liquant, corpus
exhauriunt, caloremq; genuinũ &
internũ ad exteriora detrahũt. Horum caussas in commentarijs qui
præcesserũt, tradidimus, desumptas
a Philosophia. Atqui vbi somnus
C immodicus est, natiuum illum calo
rẽ adobruit, atq; extinguit, corpusq;
in tumorẽ sordium attollit. Vigiliæ,
si modum excesserint, arefaciunt,
calorem dissipant naturalem, & eũ
qui ex accidenti prouenit, accẽdũt.
Hactenus de his, quę ꝓdixisse opor
tuit: iam ad cætera veniendum.

De ratione victus hominis temperati a natura. Cap. 6.

PRoximum est, vt de cuiuslibet
nouẽ temperamentorum sanitate tuenda agamus, initio sumpto
à natura tẽperata. Primũ igitur alimenta, exercitationes, frictiões, bal- D
nea, somnos, ac vigilias, animi affectus, aerem nos ambientẽ, atq; externa omnia mediocria eẽ oportet:
qui modus docẽdi, tum à doctrina,
tum à functiõe proficiscitur. Quãobrem, grauissimè hallucinati sunt,
qui nullũ locum medicinæ in conseruatiõe sanitatis hominis temperati reliquerunt, putantes illã methodum curandi solum suppeditare, quę sanè quidem temperatę minime necessaria est: qđ si ita fortè
vsuuenmet, id rarissimũ momento.
Pręterea etsi Galenus in tuenda va- E
letudine optimi temperamenti, me
dicamentis opus non esse prodiderit, nihilo minus in eius educatione
(modo diutius vixerit huiusmõi indiui
duum) quæ fm naturam, & apprime illi vtilia sunt (cuius generis exercitium, lauacrum, & cætera) difficultatis ac negocij non parum habere videntur: potissimumq; apud
illum, qui hominis finẽ sanitatem
collocarit, externarum rerũ & fluxa
rum gratia dubitationẽ haud paruam obtinet: verũ multo maiorẽ
difficultatem excitari rationabili- F
ter fatebimur alteri, qui sanitatem
hominis finẽ, aut ob animæ perfectionem, aut vt ineffabilem quandam & sensu incomprehensibilem
felicitatem consequatur, censuit: q̃
sententia paucissimis cognita com-
pertaue est, at multis disputationi-
bus, opinionibusq; excussa, ideoq;
neglecta ac ꝓ nihilo habita, abdu-
cente animum ab huiusmodi con-
templatione crassitie materiei. Porrò ratio victus temperati hominis
difficilior, ab Auicenna abundè exposita est: quare rem in pauca con
feremus. Galenus nuperrimè nati
pueri

G pueili sale minutissimo corpus con
spergi præcipit, vt externorum iniu
rias non ita facile admittat, sed du-
retur. Verum enimuero mea quidē
sola, & Auenzoarij, vtilius oleum,
quod ex glandibus præparatur, illi-
niatur, vtpote efficacius præstans qđ
à sale expectamus : neq; etenim, sicuti sal, mordet. Præ omni verò cibo lac præbendū iubet vsq; ad den
titionē : alimentū quippe, vti alias
diximus, alito simile eē oportet: lac
autem infantis temperamento familiare, ac consimile, ob idq; à pru
dente natura institutum : á denti-
H tione solidioribus cibis nutriendus,
atq; humidioribus. Nutrix à mali
succi alimentis abstineat, tempera-
toque exerceatur exercitio : veneri
non indulgeat, quæ menses elicit,
vnde lactis vitiantur tum sapor, tū
odor: infans quotidie lauet in aqua
potabili tepida, aereq; tēperato, ne
rigor excitetur inter lauandum: qđ
quidem in domo balnei Galen. sen
tit esse præparandum, verū aere tēperato nos ambiente, ego id nihil
moror. Tempus verò lauādi statuimus à lactis concoctione, ne in corpus incoctum alimētum trahatur :
I atq; item diuturnū præcessisse som
num oportet. Exercitationis vices
occupabit cunarum motio. Quinetiam quæ terrorem mœstitiamq;
inuehunt, procul abigenda: his nan
que pigrescere, atq; hebescere consueuerunt naturæ. Deinde ne calor
ipsius obruatur, atq; extinguatur,
sed incremētū suscipiat, viresq; ani
males roborentur, cantilenis, melo-
diisq; sonitibus infantem oblectabi
mus : modisq; omnibus tentandū,
vt hilarior permaneat: quinetiā for
mosis ac venustis, tum hominibus,
tū picturis assuescant. Incommoda K
sūt quæ infantibus accidunt, aut à
frigore, aut ab æstu, aut terroribus,
& huiusmodi multis alijs externis
proficiscuntur: quæ educatio ad an
num tertium deducetur, hoc est, cū
iā ambulare cœperint. Ab his annis quotidie exercebuntur, deinde
frictione vtetur, à qua lauacro sunt
committendi: alimenta quantitate
qualitateq;, sint mediocria : verum
priusq̄ rursus cibum ingerant, eadem præcipienda sunt. Quinetiam
exercitationes moderatæ sint : im-
modicæ namq; ipsorū corpora arefaciunt, exhauriuntq;, simul ac in- L
crementū remorantur. Frigidæ lauacro abstineant, quippe eo pacto
auctus quoq; inhiberetur. Educabi
tur autē sic puer, traditamq; victus
rationem obseruabit ad expletum
tertiū septennium. Sanè vinum, atque ceruisiam ne gustare quidem
puero suaserim : nempe hausta caput replent, ac suprà q̄ par sit calfaciunt : ipsiusq; animum feriunt, tur
bidumq; efficiunt. Adultis uerò atque iuuenibus potiones huiusmodi
tm̄ abest ut incommodum afferāt,
ut etiam insigniter utiles sint, modi
cè exhibitę : utranq; etenim bilem M
tum flauā, tum atrā iam manifestò
colligunt : illam quidē naturaliter,
hanc uerò secundariò, & ex accidēti. Summatim bilis amaræ acrimo-
niā demulcent, ac mitigant : atq; p
urinam ac sudores expellunt. Atræ
uerò bili omnino aduersantur, ac,
ut quispiam dixerit, tota specie. Denique humectant quicquid immodice siccatū est. Porrò cibi adultorū
temulenti esse non debent : carnes
qbus uesci assuescendi sunt, optimę
perdicum, unà cum panis iuniore
præparatę.

A præparatę. Ab oleribus, fructibusq́;,
ut I torum scripserim, temperatura
humidioribus abstinebunt. Atqui
einsmodi ætas sic producta educa-
taq́; ad sapientiã naturalemq́; scié-
tiam inclinare, & idonea esse sm na
turam uidetur: quinetiam alteram
ex pfectionibus, quas Alexan. putat
philosopho summe necessarias, obtinent. Præterea tertio superato se-
ptennio, eadem ratiõe uiuendi utan
tur. uerum & id efficient, ut scilicet
à concoctione sudẽtur, frictionẽq;
ex oleo dulci adhibeant: mollem
inquam ac tardam, quæ corpus nõ
B condensat, durat ue: frictio uerò ta
lis ob hoc pcipitur, ut aptiores sint
exercitationibus obeundis, q̃ si exer
citium frictiones præcederet, meatus cutis densarent, obstruerenturq́;,
ab euocans ad ipsam labore excrementis. Oleum calens esto, durata
nanq; emollit, ac superfluitates dis-
sipat, simul & discutit. Lintea qbus
perfrictio peragitur, leuia esse opor
tet, ne asperitate carnẽ offendãt. Va
rię autẽ erunt frictiones, ut supernè
deorsum, atq; infernè sursum: tum
in subiectum, tũ in obliquum, tum
in transuersum, tum subtransuer-
C uersum adhibitæ: quibus omnibus
cutis meat⁹ exactè recludunt. Quin
etiam aer, in quo nudus fricatur,
aeris uerni temperiem referet, ut mo
deratæ excrementorũ uacuationes
fiant. Quippe frigiditas immodica
expurgationes cohibet: caliditas ue
rò immoderatiores facit. quare ut
mediocritatem seruet, opera danda
est. Præterea ab his frictionibus exercitium capesset, quod inter uehe-
mens ac remissum, citatum ac tardum, mediũ teneat: cuiusmodi est
paruæ pilæ, cui libellum priuatim
dicauit Galen. Nam eius, quę paga D
nica appellatur, & pedibus propellı
tur, exercitatio minime probatur:
tum quia immodice ualida ac ue-
hemens, tum quia non citra pericu
lum perficitur. Huius uerò exercitij modus ac quantitas tibi significabitur, ubi anhelitus alteratı cœperit, hoc est, attolli & intendi, atq;
sudore corpus perfundi, ac detume-
scere. Cæterum exercitationis mensuram, teſtante Galeno, nullus põt
ad unguem primo statim die definire: sequentibus uidelicet, secũdo,
ac tertio, & quarto exactius poterit,
experimento facto: nam si qui ex- E
ercitio incumbit: sese peccasse agno
scat, & immoderatius laborasse, sequenti die nimirum qd fuit nimiũ,
corriget, ac detrahet. Ab his spiratio
cohibebitur quantũ fieri poterit: su
scipit etenim incrementum, atque
roboratur hoc pacto natiuus calor:
meatus reserantur, ut facilis pateat
excrementis exitus: cui non absimi
le faciunt, qui insufflantes, foramẽ
ta atq; spiracula recludunt: cohibẽ
do uero thoracis musculi septumq;
transuersum expanduntur, & inten
duntur: uerũ qui sunt uentris, parũ
intendi debebunt, alioquin excre- F
mentosæ superfluitates tum pectoris, tum pulmonis, ad partes nutri-
cationi deseruientis, exprimerent,
atq; deferrentur. At qui sepeũ imbe
cillius obtinet, ab huius generis co-
hibitione prorsus abstineat: excrementa etenim cerebrum peterent:
cuius rei exẽplũ nobis pbent fistula
tores, ac tymbaulę, quorũ uenæ faciei ac ceruicis in tumorẽ attollun-
tur, & uultus rubore coloratẽ, ac tingitur. nẽpe humoribus spiritibusq́;
ad caput raptis, ac delatis, secũ hæc

frictio

G frictio, quæ apotherapiæ debetur:
quam & multam, & asperam exhi-
bendam duo nobis indicant scopi:
Primus, vt quæ sub cute delitescunt
superfluitates, & ab exercitatiõe in
hunc locum euocatæ expurgẽtur:
Alter, vt firmetur corpus, atq; vt ꝓ-
bi vapores vindicentur ab exercitationis immutatione. Qui etiã frictio toti corpori, ac celerrimè adhi-
beri postulat, iubente Galeno. Qua
re si minis vniuersum corpus vno
tempore perfricaretur, id esset commodius: quippe vniuersim, ac simul
excrementa è corpore decuderent.
H Hanc frictionem ex oleo dulci perficiendam semper memineris, sed
& quæ circa corpus efficiuntur aliquo interiecto spatio ac relaxatione debere exhiberi. Cæterum postq̃
quartũ septennium attigerint, qui
optimum statum habent, & abunde aucti fuerint, aquæ frigidæ balneum intrepidè vsurpabũt, tum vt
densentur quæ ab exercitio rarefa-
ctæ partes, simul ac roborentur: tũ
vt calor diffusus cogatur, & ad pri-
stinũ statũ redeat, functionesq; con
stactas ritè peragat: eadem porrò ra
tione hic aqua frigida vtimur, qua
I ĩ exitu à lauacro. Ista verò nec plane glacialis, nec tepida: altera nan
que ferit afficitq; partes insuetas: al
tera verò ꝓ expetimus, non efficit:
quin ipsum immorãdi in lauatione tempus breue sit. Verum enimuero num caput frigida lauari debeat, inquisitione accuratiori indiget. Galenus quippe de hoc scribẽs,
non pauca prætermisit. Atqui (vt
breuiter quod sentio aperiam) caput omnino lauandum nõ erit, frigida etenim pars est. Post hæc alimenta probi boniq; succi assumet,
cuiusmodi gallinacea, hœdina, vi- K
tulina, & agnina: at vitulus nondũ
sit ablactatus, agnus verò anniculus:
panis insuper optime (vti alias docuimus) præparatus. Porrò cibos
assumendi tempus optimè præscribitur, quando videlicet omnes con
coctiones peractæ fuerint. Quòd si
quis (vt nonnulli censent) bis in die
cibos ingerat, his quoq; exercitatio
nem adhibeat necesse est, bisq; lauacrum subeat. Galenus quorundam medicorum sententiæ accedere videtur, asserẽtium ter in die vniuersa hæc debere vsurpari: id quod
non possum non magnopere demi- L
rari. cũ etenim iuuenis corpus hac
ratione victus vtentis, robustæ, op-
timæq; sit naturæ, probeq; conco-
quat, tam frequenti alimentorum
ingestione minimè indigere arbitror. Quin potius ista ciborum par
titio senioribus imbecillioribusq;
statuẽda: in qua opiniõe ipse quoque Galenus versatur: secamus q-
dem ac partimur exercitij lauacriq;
tempora, ob ciborum necessariam
partitionem. Sanè recentiores medici duorum dierum ternas cibi as-
sumptiões esse debere censent: eademq; ratione lauationis atque ex- M
ercitij ternam administrationem.
Quorum opinioni admirabilis ille
Auenzoarus subscripsisse videtur,
cui planè ego quoque assentior, vtpote veriora sentienti.

De vsu venereorum. Cap. 7.

VEnus si moderate adhibeatur,
huic qui optima & temperata
natura est, commodum vtilitatẽq;
afferet: cauendum tñ, ne quid ex
his quæ sunt præter naturam, contingat. venereis etenim tantum in-
dulgendũ

dulgendum esse censemus ob hoc, quod semen excrementum est, quod vacuari, quemadmodum cætera, postulet. Atqui sane alienum haudquaquam est, sed naturæ bonum & familiare: quare exiguo in his commisso errore, atq; peccato, ingens sequitur noxa. Vnde iuxta non paucorum sententiam philosophorum, ac prudentium virorum, eorum null' est vsus salubris. Exercitatio autẽ, quę a coitu præscribitur, si aliquatenus vtilis fit, eatenus sanè erit, quatenus peccatum corrigit. Ven'(vt paucis dicam) hæc mala affert, siccitatẽ corporũ, effœminationem, ac imbecillitatem, viriumq́, exhaustionẽ, simul ac dissolutionem: quamobrẽ quæ post coitum perfrictio adhibebitur, quæ ille attulit incommoda, hæc resarciat oportet. Erit autem ex oleo, copiosa simul, & aspera, vt cutem denset, partesque confirmet ac roboret.

De excrementorum euacuatione, atque lassitudinibus, quæ ab immodico exercitio proueniunt.

Cap. 8.

PRædictæ naturę somn' mediocritas, quantũ videlicet optima natura appetit, statuitur: mediũ etenim neq; etiam in vigilia illa transcendet. quæ vniuersa ad vnguẽ obseruabuntur, nisi si aberratum sit in victus ratione, aut externorũ quippiam illam læserit: tunc nanq; errorem corrigemus his, quæ aduersantur, & contraria sunt efficienti. Exẽpli gratia: si adstringẽtibus vtatur, aluusq; illi ob hoc sistatur, ad pinguia erit concurrendum: si vero a cibi parcitate, & ex longiori tempore alui fiat compressio, contrarijs indẽ erit pugnandum: porrò vt plurimũ excrementa non reddantur ob intẽperaturam externorum, caliditatẽ inquam, atque frigiditatẽ, quas euitare perdifficile est. Cum verò excrementa cohiberi dixerim, non tantũ alui vesicæq; intelligere te velim, verum etiã corporis vniuersi, vt meatus illius, qui iecur, & bilis vesiculã, pariter ac illius, qui iecur splenẽq; interiacet, ad hæc palati ac narium. Hęc igitur vbi probè officio suo nõ funguntur, remedio indigent, quæ vacuationes huiusmodi promouẽt. Cæterum id te potissimũ latere nolo, exercitationis errorem castigandum est vero is lassitudo nominata, cuius (quãdo ab externis fit) tres simplices differentias in superioribus prodidimus, vlcerosam, tensiuã, inflammatoriam. Prima itaq; contingit tum a succo calidiori, tenuiori, atq; acriori, tum ab excrementis retentis, quæ exercitio discuti & euaporari non potuerunt, tum ob carnis & adipis particulas immoderata agitatione fusas atq; colliquatas. Curatio verò commodior est affectui contraria: discutienda .n. sunt, simul & per halitum digerenda excrementa. digerentur vero, & vacuabuntur multa, leuiq; frictione ex oleo calido veteri nihil adstrictionis obtinente: hęc nãq; frictio quia leuis, non densat cutis meatus, obturatve: quin potius rarefacit, ac recludit: ad hæc quia multa, vacuat. lauacrum autem primo aereum, deinde ex aqua tepida conuenientius. cibis humidioribus, frigidioribus, tenuioribusq; consuetis vtetur, at parcioribus. Eius vero, quæ tensionis sensum infert, medicatio relaxatione perficitur. Conferet itaq; leuis frictio cũ oleo ad solem calefacto, facta vel cum

G anethino vel chamæmalino nõ inu
tilis. Quinetiam lauacro qui sic laborant, commutendi mediocritatẽ
non excedenti, plurimamq; in ipso
moram trahere debent. Tertia verò
lassitudo, quæ phlegmonosa infla-
matiue vocitatur, tum intendit par
tes, tum plus iusto attollit, tum sensi
bilem læsionem adfert. Atq; ea etia
pro remedio postulat, superuacanei
expurgationem, exactiq; partis remis
sionem, ac relaxationem, & postremo inflammationis accensæ refri-
gerium: ergo & oleum copiosum ac
tepidum cũ frictione molli & mul-
H ta: æstate vero cũ oleo quod ex vio
la purpurea conficitur, efficacius
fricabitur. Atq; longiorem morã in
aqua medij temperamenti trahet.
Cibos etiam probi succi assumat,
parcioresq; ac frigidiora, quàm cæteræ
lassitudines expetunt. Hactenus de
ratione victus, & educatiõe optimæ
constitutionis producta ad annum
quintum & vigesimum.

De ratione victus ætatum sequentium.
Cap. 5.

CVm explicuerimus quomodo
I a primo statim ortu, primisq;
annis, conseruandus siris, qui mediocrem nactus sit corporis structu
ram, vsq; ad annum quintum & vi
cesimum, proximum est, vt transea-
mus ad eas, quæ sequuntur ætates.
Exercitationes itaq; parciores quàm antea, victusq; tenuior, cibi humidi, a-
liquantuloq; calorẽ præditi. Senes
exercitio vtentur temperato, cuiusmodi est ambulatio lenta ac suauis
alimenta calida, humectantiaque:
quę quotidie ingerantur, sed hęc vi
ctus ratio latitudinem non paruam
obtinet maioris minorisq; secundũ

annorum multitudinem ac paucita K
tem. Quinetiam supradicta, exercitium, lauatio, atq; perfrictio adhibẽ
da. Porrò quũ senectus vt plurimũ
excrementis abundat, exercitatioq;
quam vsurpant senes, ad vnguẽ nõ
vacuat, apprime necessariũ erit huic
ętati conseruandæ, cibos medicatu-
lam vim habentes, vel etiam medicamenta præscribere. Quamobrem
prima mensa apponenda sunt hæc
stantia, qualis est beta elixa, vel o-
leo saleq; apparata, & id genus aliæ:
clysterem deinde, qui aluũ molliat,
vtilissime iniiciemus: ficubus cum
semine vrticæ & croci titulo primo L
cibo vtentur. Mulsa his qui sunt ab
stemij, aut quibus vinum inhibent
quibusq; aliæ potiones, qualis est
ceruisia, non bibuntur, eximiè prodest. Inter autem ceruisias illa præstat
quæ ex passa vua acinis experte, con
ficitur. Caussa verò in promptu est,
quia nihil quod astrictionem conti
net, senibus congruat: vtraq; enim
sua qualitate adstringentia senibus
inimica sunt, obstantq; quo minus
finem, in quem incumbunt, conse-
quantur. Atqui ceruisias vetustas no
bilitat color, vini colorem repręsen M
tãs. Verum apud nostrates vetustas
nisi post semestre intelligitur: nec
sanitati tuendę idonea. Iam verò in
ter potus vniuersos vinum primas
tenebit, commodissimeq; bibetur:
quod neq; apud nos vetus nomina
tur, nisi si anniculum sit, aut saltem
semestre. Quòd si senum partes im
becilliores natura sint, & sensibiliter affectę, ab exercitatione abstine
bunt: oportet etenim illos qui exer-
centur, inculpatas illęsasq; particulas corporis habere. Ad hęc lauandi
[illegible] quaterq; in mense, vt id exercitij
defer-

A desertionem resarciat: nempe senū educatio ex conseruante, atq; pręcauente ratione constituitur: quarum differentia hoc ipso tibi innotescet, q illa consimilibus, hęc vero contrarijs perficitur. Illud deniq; animaduertere oportet, alimēta omnia sicci crassi, potusq;, in primis esse fugiēda senibus. q si quis forte (vt non raro fit) in huiusmodi ciborum vsum inciderit, confestim extenuantibus, ac dissecantibus vtetur medicamentis, qualia sunt piper, & quod ex tribus piperis generibus conficitur. lac senibus, quibus latiores sunt venę, si B mei adijciatur, bonum: qui vero tēperatura sunt frigidiori, ventrisq; angustionibus ipsum (caue peius & angue) vitare debent. Hactenus de optimę naturę victus ratione disseruimus, vsq; ad senectutem. At dicet aliquis, quę à nobis pręcipiuntur, nō parum abesse ab ea, quam quęrim' temperamenti medij conseruatiōe. Esto, quilibet nihilo minus hinc uenari poterit scopum, atq; finē, quo sua secunda valetudo conseruetur: I qua si deliquerit, varijs modis id emendabitur, tum vacuātibus excrementa, tum obstructiones aperien- C tibus, tum putredini, atq; abscessuū generationi occurrentibus.

De his, qui intemperiem cōpositā obtinēt.
Cap. 10

SEquitur vt iam de cęteris temperamentis aliquid attingamus. Intēperatarum igitur compositionum duę sunt omnino differentię. Prima, quę partes vniuersas corporis ęqualiter distemperatas habet. Altera inęqualiter, vt sępe spectamus, quibusdam cerebrum esse calidum ventriculum vero frigidum. quam D Galenus hanc prima deteriorem indicauit: idq; potissimum, cum in partibus principibus affigitur. Atq; horum victus ratio pręcauenti, quā in conseruāti generi proxime accedit: mediaq; est inter eam, quę est nōdum affectorum corporum: & illā, quę paratur, aptisque in ęgritudines delabi, tribuitur: quod vna pluribusve notis significatur, vel sanitate fruentibus.

De intemperiebus [illegible], tum simplicibus, tum compositis.
Cap. 11.

E ERgo initio sumpto ab his, qui calidius temperamentum sortiti sunt, dicemus talium corporum naturam statim a principio minus apparere affectam: cum tamen longius procedit, siccitas comes illi accedit. Quinetiam bile flaua abundat, facileq; ab eius morbis capitur. Quamobrem exercitationem pręter leuem ac facilem minime postulat, quales sunt lentę deambulationes, atque equitationes. Quod verò ab Hippocrate proditur, calidas naturas quiete indigere, neque exercitari debere: non de omnimodo, ac torpido ocio intelligendum: verum F mediocres labores pręscribit: quippe nullatenus ignauia sanitati tuendę confert. Frictiones adhibeantur leues, ac temperatę, cum oleo aliquo, eorum quę refrigerandi facultatem habens, quale quod ex viola purpurea paratur: carnis etenim incrementū adijciunt. Lauacro aquę tepidę committatur, vt quod in ipsa est fumidi, ac fuliginosi excrementi uacuetur, ac per halitum digeratur. Sanè aer ipsius balnei non cōueniat. At si quod ex calida lauatione in-

G incommodum percipiant, atque frigidæ ablutio emendabit. Porrò bis in die cibos assumant, atque etiam, si plus iusto siccitas præpolleat, ter. Ciborum verò temperatura talis esse debet, qualem in sanitate tuenda observamus: hoc est, similis. Et sic igitur calida, aut calida ac sicca. Quare si intemperiem calidam corrigere quis volet, contraria adferet, atque sensim is fiet transitus. Cæterum temperamenta, quæ a modo suo mediocritateque abscedunt longius, facillimè à morbis eiusdem generis corripiuntur, aliquo extrinsecus incidente, at-
H que etiam quæ ad excipiendum iam sint idonea. Quare mea quidem sententia non usquequaque similibus educandi sunt tali temperatura præditi: quandoquidem miro vario distinguntur modo, ac procedunt: inclinant etenim in ægritudines, quæ ab intemperie illa oriuntur. Nos itaque non solum conservationi cibis curam impendemus, verum etiam præcautione studebimus, ne quid ex illa tam prompta promptitudine vitij contrahant. unde cibis admiscebimus, quod contrariam temperationem illi naturæ obtineat: sic evitabimus, quod ab exter-
I nis impendet, periculum. Quippe quod ab intemperie timetur, non vetat, quo minus in totum similibus utantur: qui vero huius sententiæ autores extiterunt, id quod orationi adijcitur in totum non expoluerunt. Ad hæc victus ratio, quam præscribimus, sola non sufficit: nisi quoque is qui intemperaturæ fomentum suggerit humor, vacuetur. Vacuabitur verò, quò natura repet: nam si sursum, vomitione educetur: sin deorsum, per alvum expurgabitur: quæ mehercle utilior est, naturæque ma-

gis consueta, atque idonea expurga- **K**
tio. Oxyphœnicia igitur, viola purpurea, & citrinæ myrobalani intemperiei calidæ, aut calidæ & siccæ purgationem perficient. Hæc autem intemperatura, ut plurimum vaporosis, fumidisque, ac fuliginosis excrementis abundat: quare lavandi sunt, ne diaria febre capiantur: quæ etiam, si diutius victu tenuante usi sunt, facile supervenire solet. Efficacius item aliquando lavatio ipsis a cibo proderit, qua nonnulli pinguescunt: qui vero dextri lateris gravitatem sentiunt, ab hoc abstinere debent: atque his quæ obstructiones aperiunt, uti. **L**
vinum si bibere velint, id aquosum esto. Insuper (ut summatim colligam) educatio temperaturarum calidarum simplicium, & calidarum ac siccarum simul, maioris, minorisque, tantum ratione differt: semper etenim procedente tempore caliditati siccitas comitans adiungitur. Quibus, constitutione aëris calidiori, utiliter bibetur oxysacchara frigida, cui vel herbæ vel semina ipsarum adijcienda sunt, quæ tum obstructiones recludant, tum urinam cieant: id genus verò habet adianton, & cichorij semen, atque et- **M**
apij, quod tamen temperabitur cum seminibus peponum, cucumerumque, vel cum alijs, quæ caliditatem, siccitatemque moderandi facultatem obtinent: inter quæ non inferiorem usum habent cichorium, atque viola purpurea. Noster autem minus Avenzoar iubet nymphex flores una cum oxysacchara semper exhiberi, idque potissimum tempore calidiori: nempe nympheam tales temperaturas a febre tutos reddere, sese experimento comprobasse scribit. Quinetiam cum oxysacchara aliquid

A quid semper admiscendum, quod ventriculi corroboret, cuiusmodi ma
stiche, cinnamomum, nardus: acetũ
nanq; (vt est acetum) huic insigniter incommodat. Ego verò aquam
ordei tunc vtilissime bibi censeo, si
aliqua erunt iniecta, quę noxam o-
ris ventriculi resarciant. Corporum
siccorum (vt paucis absoluã) ratio
viuendi vniuersa humectandi vires
habeat, necesse est, ne derepente senectus obrepat. cibis autem id prę-
cauebimus probi succi, humidioribus, cuius generis pullorum gallina
ceorum caro: lauacro item frequen
B tiori aquę temperatę: labores, vigilias, solicitudinem animi, curas, om
nesq; animi affectus, qui caliditatẽ
accendunt, qualis ira, arcere quàm
longissime studebimus. Deniq; mo
dis omnibus, qui sic afficiuntur ex-
hilarandi, atq; oblectandi. Quare
exteriora quę adhibemus, prorsus
cõtraria sint huic naturę, vt sunt so
lia salicũ, vitis, & aquę frigidę, gaudium temperatum: aer quoque tẽperatus, lecti pensiles, atq; vt in totũ
dixerim, musices suauiores soni, ac
cantilenę amœniores. Calida & hu
mida temperies facillime ab ęgritu
C dinibus, quę a putredine proueniũt
corripitur: excrementosis etenim su
perfluitantibus abundant, pręcipue
cum ętate sunt florenti. Quamobrem vehementer sic affectos exerci
tari oportet: frictionibus vtantur mul
tis, ac validis: balneum cibos pręce
dat. Verum ad ventriculum horum
animum diligẽter applicabimus: quip
pe si a naturali tẽperatura recedat,
vniuersi corporis supervacaneę sup
fluitates in hunc pręcipitabuntur
quare tunc esse victus immutandus,
hoc est, frigidi sicciq; cibi apponẽ-
tur. Hanc naturam, quãuis ita Gale D
nus censuerit, temperatam minime
dixerim: maiores quidem, priscíq;
medici, quod a natura primum con
sequimur temperamentum, calidũ
humidumq; testati sunt: quod collatum, quatenus mediocre est, cęteris temperaturis, ęquabiliter tempe
ratum nominatur: vbi verò prępol-
lentibus elementorum qualitatibus,
quę sunt in ipso, confertur, calidum
statim & humidum asserimus: calidum nanq;, atq; frigidum eminentio-
ra sunt frigiditate, atque siccitate.
Inde naturali tantum collatum, id
quod mediocre hic vocitamus) hu- E
midum, calidumq; dicitur. Quamobrem cum temperatũ esse calidũ,
humidumq; naturam ex nobis au-
dies, ęquiuocam appellationem ac-
cipito: Quam ipse Galenus naturalem vocat, collatam cęteris temperaturis: pariter & calidam, & humidam collatiõe mediocris ac medię.
Hinc exoritur dubitatio, num tẽpe
rata occurrat natura. Verum enimuero propositę temperaturę conseruationem ad calcem perducemus, re
deuntes ad id, vnde digressi fueramus.
Non solum igitur huc cõsilium dirigetur, vt exerceat, lauet, cibis succi F
boni vtatur, verumetiam excremen
tis, quę in ipsa gignuntur, prospiciet
is, qui sanitati huius corporis pręficitur, tum ijs, quę per aluum, tum
ijs, quę per vesicam redduntur: quo
rum numero agaricum, & cnicus,
atq; adianton sunt. Quinetiam apo
phlegmatismis ex staphidagria, &
id genus aliquando vtetur: sternuta
tiões item citabit: gargarismate col
lutioneve ex mastiche vtetur: atque
in primis dabit operam, ne obstru-
ctionibus teneatur: pugnabitq; con

G tra putredinem modis oibus, tum purgatione, tum medicamentorum aliorum auxilio, quę & qualitatib⁹, & cęteris proprietatibus opponuntur. Est autem putrefactio proprij, naturalisq; caloris in vnoquoq; humido existentis, ab extraria caliditate sordida corruptio, cui sanè maxime sit contraria aromatum genera. Quare si concinnaueris medicamentū, quod præscripsis vniuersis facultatibus constet, remittendo videlicet in ipsis, & cohibendo id, quo minime indigemus, præstantissimum ad sanitatem tuendam huius tempera-

H menti præsidium effeceris. Quicunque autem natura sunt frigidiores, sanitatem suam conseruabunt, si, q̃ citra humectationem calefaciunt lauacro, exercitio, & victus ratione tota. Temperamento verò, quod cū frigiditate humiditatem coniūctā habet, succurritur calefacientibus arefacientibusq; exercitatione valida, ac frequentiori purgatione excrementorum, quę id fluxionū morbis obnoxium faciunt. Eę frigidiores item atq; sicciores naturę egent [illegible] quibus opitulabimur ca-

I lore, humoreq; prędicta remediū leui frictione, atque temperatę balneo exercitio moderato, simul ac somno diuturniori, purgatione insuper excrementi atrabiliarij, quo abūdat, quę myrobalanorum indicarum simul, & filiculę exhibitione vtilissime peragitur. Porrò vina odora his accommodatissima erunt. At uenerea stupra, q̃ cuiquam credibile sit, inimica huiusmodi temperie affectis. verum, vt summatim dicam, calidiores, humidioresq; ex longiori cibabuntur interuallo: contra uero sicciores breuiori. Atqui calidiores, atque humidiores venere immode- K

ratiori minus afficiuntur: qui vero humidiores tantum, mediocriter circa hanc se habent. Hactenus de tēperamētis a medio remotis vtrisq; qualitatibus quarum quidem, quę patientes dicuntur solę, minus officiunt, q̃ agentes solę vel vtrarumq; coniugationes.

Quomodo graciliores facti obesiores efficiantur, & contra obesiores graciles.
Cap. II.

SAnè horum victus ratio extenuati penitus aduersari debet: q p-

pe si ob calidam, siccamq; intempe- L

riem cōtigerit, frigidioribus, humidioribusq; succurremus. Sin autem ab imbecillitate facultatis attractionis, & distributionis alimenti, proderit illinire corpus oleo. verum talis illitionis meta erit, ut tandiu permaneat, quandiu alimenta partes attraxerint: alioqui si longior esset mora, plus iusto per halitum digeret, viresq; exhauriret, simul ac corp⁹ immutaret, afficeretq;. Ad hęc si a frigiditate concoctionem vitiosę euenerit gracilitas corporis, statim adferenda erunt, q̃ concoquendi vi ad-

iuuant, in quorum numero vinum M

postremum non erit. Sunt & nō pauca alia auxilia, quę non te latere debent: gracilitas vero propè dixerim semper siccitatem comitem habet. Atqui siccitas aliàs proficiscitur a multa per halitum vacuatiōe: alias a debili infirmaq; cōcoctione: alias a ciborum arefacientium assumptione, cuius instauratio perfacilis est. Cęterū contraria ratione, quę obesiora sunt corpora, gracilia redduntur, quod te ignorare minimè arbitror.

De

A *De singularum partium intemperatura.*
Cap. 14

EXposita ratione uictus, quę totius corporis intemperaturis debetur: proximum est, ut de singulis partibus intemperie affectis disseramus. Hę autem intemperaturę ratione magis præcautionem, quam ea quę intemperiei communi occurrit, indigent. Caput uero nostri consilij, ut pars intemperata firmetur, ac corroboretur, id fiet, intemperiem moderando, simul ac excrementa expurgando, quę in parte gignuntur, ac continentur. Quinetiam ablationi B causę, quæ illa peperit, accurate studendum. Illud quoq; considerato, num pars quę sic afficitur, per se ac primario, num per consensum intemperiem habeat. Quippe uentriculus interdum propria laborat affectione, interdum uero per consensum cerebri uitiatur. Quę autem partium, ut plurimum homini noxam adferunt, principes sunt, quando uidelicet contrarijs temperamentis sunt affectę. Exempli gratia: si fuerit calidum, uentriculus uero frigidius, corpusq; sit gracile, tenui calculo tentetur, ac copiosum exuberet semen: cui C taliter afflicto, tamen mistis compositis, atq; mixta opitulabimur: magisq; animaduertemus id, quod magis urget, non tamen altero neglecto. uerum ad methodum medendi ista pertinent, quibus supersedebimus: præcautio quidem, ut alias dicemus, sub curationis genere comprehenditur. Iam meminisse te uelim uitiosissimam esse cerebri intemperiem, quę uel a frigiditate uel caliditate immodice auctis, exoritur. Cerebrum itaq; sic intemperatum, hęc mala adfert insigniter perniciosa, abscessus qui in ceruice erumpunt, D anginas, oris ulcera, pustulasq;, oculorum inflammationes, raucedines, tabem quam phthisim uocitant, tussim pariter, ac dysenteriam, & huius generis alia non pauca. Ad hęc frequentissime excrementa cerebri in uentriculum defluunt: quę si frigida fuerint, uentrem refrigerabunt, totiusq; corporis temperatura uitiabit: quod tum maxime indicabunt ructus acidi. Quibus ego iuuenis abundabam, ob uentriculi intemperaturam, quam ex uitiosa uiuendi ratione contraxeram: cum opem ab indocto & imperito medico efflagitassem, morbum ita profunde E radices egisse dixit, ut nunquam tolli posset. Atq; huius ignorantia, mihi intemperies omnes, morbosque quibus afficior, peperit: nondum enim medicinę artem perdidiceram. Porro si intemperies cerebri sit calidior, fluxio quoq;, quam progenuit caliditatem, obtinebit: de quibus in methodo curandi copiosius sermo fiet. Cum igitur cerebrum frigidum existens, obseruareq; uelimus, ne a temperie sua discedat, capiti superponemus desiccantia cum caliditate aromata, qualia macis, ac charyo F phylli in tenuissimum puluisculum trita, primum uero cum uino abluetur. Ad hęc cerebri excrementa assidue ab eo genita, sternutationibus educentur. Quinetiam gargarismum cum radice nucis iuglandis frictio efficax est: commanducatio item frequens mastiches: medicamenta insuper purgantia succum noxium tempestiue exhibita, uere s. & autumno, utilissime assumentur. Calidioris cerebri intemperies excrementa calidiora parit: cui contraria nuper dictę ratione succurrendum: primum quidem humoris in-

G infestantis purgatione, deinde olei
rosacei rigatione. Generatim autē
dixerim, cerebrum frequentius a fri
gore lędi, q̃ a caliditate: quamobrē
diligentiori cura obseruandum, ne
a frigoris iniuria quid patiatur. Cę
terū qui sic educari ac regi non pos
sunt, conseruentur tantum suarum
temperaturarum qualitates. Quòd
si ęquale fuerit ab ipso ortu temperamentum, ęgritudines quę supue-
nient, a plenitudine exorientur, quā
obrem opitulabimur totius corporis euacuatione, hoc est, sanguinis
detractione: notę vero plenitudinis
H tibi indicabunt. Abstineant insuper
a cibis, qui multam alimoniam sug
gerunt: pręterea iis, quib⁹ natura tē
perata non est, plerique omnes morbi, quibus capiuntur, improborum
succorum soboles sunt: eos itaq; cō
tinentes esse oportet. Modū vero, ac
mensuram euacuationum teneat is
qui sanitati conseruandę huius naturę pręficit, vt neq; immodicę sint
neq; itē plus iusto exiguę. Alij nāq;
semel tantum euacuari postulāt, re
re sic non nulli bis, vere & autumno.
Ego quidem non possum non magis commendare illos, qui septimo
I quoq; anno purgantur, vacuantve,
q̃ alios qui quotannis: q̃ñquidē raro nisi certis circuitib⁹ accidūt mor
bi, aut non longe ab ipsis. Hoc igit
circa singula indiuidua consyderā-
dum accurate: maximam nāq; spē
concepi hac nobis scripta ratiōe ob
seruata, non paucissimos ęgritudīes
curaturos, quibus ex accidenti capi
consueuerunt. Cęterum si quis cō
suetudinem mutare vel improbam
desyderat, sensim id faciendum est:
omnis etenim subita mu-
tatio periculosa.

De precautione futurarum ęgritudinum K
atque spontaneis lassitudinibus.
Cap. 14

QVędam naturę, vt in morbos
facile labant, paratissimę sunt
quare eędem summa obserua
tione indigēt: quę fiet abigēdo causam, & vitando, quę afficere potest:
pręcedunt vero notę innumerę, ęgri
tudines pręnunciantes, simul ac ma-
nifestissimę. Vnum vero genus pre
seruationis totum ad curationem p
tinet iam ęgrotantis hominis: quale est cum elephātem morbum, ne
fiat, cauere volumus. quippe eadem
afferuntur adhibenturq; remedia, L
quę iam facto solent: quod simili
ratione in cęteris affectibus intelligas. Eorum vero, quę morbos futu
ros nunciant, clarissime patent lassi
tudines spontaneę, vitiosissimęque
sunt. Corpora nāq;, quibus accidūt,
obnoxia esse non paucis malis mor
bis scito, quorū pręseruatio alia est,
ab his, quæ cęteris ęgritudinib⁹ pro
prie peculiariterq; debetur. Hæc etē
nim sub genere modoq; curatiōis
ipsarum tota continetur: de qua im
pręsentiarum nullus fiet sermo. Atqui non putes me oblitum esse illi⁹
pręcautionis, quam pestilens corru M
ptio aeris postulat: nempe de ipsa i
sequentibus disseremus. Nunc verò
consilium nostrum est, lassitudines
tractare: quarum triplicem differē-
tiam in commentario, quem morbis dicauimus, prodidimus: vnā vlcerosam: alteram, in qua tensio sen
titur: tertiam, quę phlegmones sensum affert. Prima quidem ex bilioso succo, acri, ac stimulante oritur.
Altera, tensionis s. a multitudine hū
morum potissimum sanguinis ortum trahit: quidam flatibus acceptam

A piam retulerunt, nomenque illi flammosæ indiderunt. Tertium uero lassitudinis genus, inflammationis sensum præbens, ex duobus primis constat, hoc est nascitur, tum ex nimia boni succi copia, tum prædicto pungente, ac erodente, biliosoq; humore. Hęc autem peculiare id obtinet, vt partes omneis in superficie positas, atq; musculos in tumorem attollat. Porrò generatim primo, atq; vniuersim curationem harum docebimus, speciatim verò, ac priuatim in sequentibus, initio sumpto a caussa effectrice, quę est intemperies cũ

B humoribus coniuncta. Commune itaque remedium, vel alterabit, vel vacuabit: quorum vtrumque natura facit cum cibis medicamentisq; aptis, idoneisq, ad humorum vitia corrigenda: quinetiam somn', quiesque interdum præsidium afferũt:

Euacuantur autem purgationib' sudorem, vrinamq; appellantibus, flatum discutientibus, & dissipantibus: quod exercitationes præstant.

Atque in his omnibus ars naturã imitatur: quo etenim repit, medici quoq; munus est, cursum humorũ dirigere, vacuationesq; promouere.

C Sunt autem hæc remedia omnibus communia lassitudinibus: proprias vero osic singularum medicationes docebimus, quandoquidẽ alia est, tum vacuatio, tum alteratio vlcerosę, alia eius quæ tensionem infert, alia vero inflammantis.

De vlcerosa, tensiua, ac inflammatoria lassitudinis, tum præcautione, tum curatione. Cap. 15.

LAssitudo quæ vlceris sensum affert, caussam efficientem habet succum acriorem, erodentem, ac pũ

D gentem: hic verò vel flauæ bilis, vel atræ, vel pituitæ salsæ est soboles. At qui humores isti mordaces omnino sunt, ac stimulantes, amara quidem bilis ob acredinem, atra ob aciditatem, pituita verò propter salsedinem. verum in hoc negocio considerandum, num sub cute tantũ: num sub intima carne musculis vel: num verò in musculis ac sanguine, qui intra venas concluditur, humores isti contineantur. Nihil etiam prohibet, quin interdum succos lentos accumulari sentiamus, alias sub carne, alias in venis: quorum postre-

E mum si contigerit, vel cum sanguinis paucitate, vel multitudine fiet: venæ vero multo minime abũdant sanguine, nisi cæteri succi pauciores fuerint, itq; a sanguinis natura non procul abscedẽtes: quorum alij energia actu ve prius spectantur, q̃ in sanguinem commutentur alij autem cum mutationem in eundem nacti sint, quemadmodum vtraque bilis, tum flaua, tum atra deinde ex his nonnulli facile alterantur, nonnulli difficulter. quippe cum longius ab-

F sunt a sanguinis natura, tardius immutantur, vertunturq; in ipsum: qui verò non ita procul abscesserunt, celerius ocyusq;. Quare priuatim vnicuiq; curatio dicabitur. Cum itaq; sub cute impacti tantum sint, exercitationibus vehementioribus, simul ac frictionibus, lauacro item, ac victu tenuiori opitulabimur: insuper aqua orde pariter & oxymel exhibebuntur, & id genus cætera. Quando vero meatibus adhærent, abstineant ab exercitio: quieti ac somno indulgeant: inedia præcipiatur, quę vniuersa concoquendi hos succos vim obtinent: vespere insuper lauabant

G biuetur aqua temperata: & post assumptum oxymel extenuantes cibos
ingerant: oxymel quippe per vrinas,
atq; sudorem expurgat succos quéli
bet a natura motum. Quòd si sym
ptoma id, morbusq; cesset: tunc sci
to caussam exploratissimam te habere. Sin autem cõtra, exiguusq; ac
in multosus fuerit ipsorũ somnus:
non tantum in carne musculisq; ve
rumetiam in venis deprauatos succos contineri non dubitabis. Adhęc
considerabis, vtrum cum istis misceantur humores lenti, ac tenaces:
quandoquidem si non adsint, sed a-
H lij in meatibus venisq; concludant,
animaduertendũ, num paucus, mul
tusve abundet sanguis: an ab sanguinis substantia remouores, proxi
mioresve cernantur. Nam vbi pau-
ciorem sanguinẽ spectabimus, ali-
osq; succos ab eodem longius remo
tos, statim medicamẽto, quod vim
purgandi talem succum habeat, e-
ducemus, missioni sanguinis parcẽ-
tes. Quippe flaua bile morbum cõ-
mittente, aut atra, aut ipsa pituita
salsa, a naturali suo statu qualitate
tantum discedũt. Quamobrem pur
gante medicina, quæ humorẽ mor
bum efficiẽtem vacuet, vtemur. At-
I qui si quantitate succi illi vitiantur,
detractio sanguinis in auxilium ad
hibebitur, vt in methodo curandi
docuimus. Præterea si multo cũ san
guine misceãtur humores, nec sint
ab eius essentia longe alieni, primũ
quidem venam secabimus, deinde
purgatorium medicamentum affe
remus. Semper autem intelligere te
puto, succis lentis minime præsenti
bus id præceptum locum habere:
quippe si adsint l. venis cum sangui
nis copia, nec absint a sanguinis na
tura longius, venam quoque in hoc K
affectu secabis: purgatio vero vix ad
hibeatur. Quãdo autem copiosi tenaces succi in venis pauco cum san
guine mixti continentur, quiq; affe
ctum lassitudinis pepererunt, humo
res a sanguine parum remouentur:
sectioni venæ, atq; purgationi in to
tum parcemus: illa nanq; exitialem
pernitiem afferret: hæc vero spẽ ac
scopum nostri consilij haudquaq̃
assequeretur: crassi nãq; succi contu
macitas facit, ne prompta, facilisq;
nedum vtilis purgatio: quippe tra-
cti & agitati humores vberi' deflue
rent, venasq; obstruerent. Victus i- L
taq; citra insignem calorem attenu
ans, dissecansq; omnino præcipien
dus: ne a caliditate immoderata in
partes omneis dissolui deferantur.
Atq; hic vtilissime assumetur oxy-
meli cum seminibus confectum, cu
ius siccitatem viola purpurea probè
emendat: ptisana item, pręcipuè iuuenibus cum fœniculi radicibus, in
terdum verò & mulsa dabitur. At
quoniam frequentissime his omni
bus naturis flatus crassiores, ac co-
piosiores ingenerantur, Galenus iu
bet dari medicamentum dia trion
pipereon, atq; etiam dia cyminum. M
verum nostrę regionis homines nõ
tolerant, periculum enim, ne febres illa accersant: quinetiam Gale
nus tantum frigidiore, tum constitutione aeris, tũ temperamento cen
suit offerenda. Pręsidia aũt attenuã
tia, quæ & moderate calfaciunt, &
internas roborant parteis, nõ in po
stremis opitulabuntur, qualia videlicet sunt cinnamomũ, casia lignea,
ambar, cariophilli, & quæ eius gñis
sunt aromata. q si Gale. ex his qdã
non probaret, id astrictioni impută
dum

A dum esti: quare cum cæteris admixta, eximiè commodam constabunt medicinam: partes namque princeps (potissimumque os ventriculi) imbecillimæ spectantur. mastiche igitur non prętermittenda: sed rosa, quia refrigerat arefacitque, vitanda. stœchas insuper, tum qualitate, tum peculiari proprietate, insigniter commendatur. Cæterum missio sanguinis atque vomitio iisdem sanè indicationibus vitanda sunt. Vbi verò crassi lentique succi in musculis fuerint, & probus in venis sanguis contineatur, atque synceros, auxilia calidiora tunc mi- B nime verebimur, quæ vrinam appellant: etenim nullum à sparsione delationeque in totum corpus succorum subest periculum. Quamobrem hoc præsidio ex pulegio Gale. vtitur: quod maximopere mihi arridet, aut aliquod aliud huiusmodi. Porrò notas gnaue horum omnium vitiosorum humorum hic omisimus, quandoquidem in eo commentario, quem de signis conscripsimus, ad vnguem exposuimus. Sed vt obiter aliquid de his tradam, memento vrinam posse te docere, qui sint exuberantes in ve- C narum finibus succi: quorum tum copiam, tum paucitatem, a ratione viuendi antecacta, a temperamento, ab ætate, a tempore, aliisque supradicto commentario explicatis, cognitam habebis. Præterea lassitudo spontanea, quæ tensionis sensum affert, cum nulla præeunte vehementi exercitatione, atque motione contingat, succorum exuberantem copiam testatur, quæ cum reliquas corporis partes, tum præcipue musculos infestat: quare grauitas tantum ac tensio sentitur: quandoquidem solius sit sanguinis abundantia: quæ tem- D ctissimè vtilissimeque vena cubiti dissecta euacuabitur: aut malleolorum venis scarificatis: inde toto corpore vacuato, ad relaxationem tensionis veniendum, idque fiet vnctione, frictione molli, quiete, lauacro temperatæ aquæ, cibis abstergendi vim aliquantulum, citra tamen mordacitatem, obtinentibus: quo in numero ptisana, & apomeli sunt: nos verò de his breuiter disseruimus, vtpote a Galeno tam copiose explicatis.

Sed & de postrema, quæ phlegmones sensum præbet, non nihil præcipiendum. Ea igitur vtpote a sanguine potissimum proueniente, disse- E ctione venæ curabitur: tantumque detrahetur sanguinis, quantum ætas, tum temporis constitutio, tum temperatura laborantis suadebunt. Atque etiam loci discrimen habebimus hoc in negocio lassitudinis: capite namque, ceruiceque grauitatem, doloremque sentientibus, humeralem venam incides: sin autem quæ sunt mediæ partes, cuiusmodi thorax, ac dorsum dolore afficiantur, internam cubiti venam secabimus: quod si æqualiter vniuersum corpus grauitate doloreque crucietur, mediam. Si- F gna, caussasque in superioribus libris accuratius exposuimus.

De aeris in vniuersum præcautione. Cap. 16

AEr (vt alias declarauimus) essentia interdum sua, interdum qualitate tantum alteratur, atque prauatur: verum cum sæpius alterutrum contingat, corpora simul afficiuntur intemperie: verum non omnia, at quæ in tales dispositiones præparata sunt: alioqui qui sub eodem versarentur aere, vniuersi morbis cor-

ripe-

G ripe rentur: quemadmodum sub ca-
nicula ardentibus febribus caperen
tur, atque in pestilentia omnes peri
rent. Quamobrem non oscitanter
adhibenda est ambienti nos aeri di
ligentia: obstructionum videlicet
apertione, humidorum desiccatione, & excrementosorum expurga-
tione: summatim omnibus modis
putrefactioni repugnando: & hæ
sunt, quas aereæ substantiæ altera-
tiones retro iam diximus. Quando
vero qualitatibus permutatur, præsi
dia ipsis contraria afferenda: quippe aliquando admodum calidus se
H exhibet: interdum admodum frigi
dus: interdum coniunctim calidus,
ac siccus. Pro calido igitur contrarius inducendus, subterraneis domi
bus inuentis: quæ & frigidissimę, &
maxime perflatę, & ad septentriões
versę: tum aqua prorsus gelida domo assiduè aspersa, herbisq́, suauibus, ac refrigerantibus, aliisq́ eius ge
neris, quales sunt rosæ, humi fusis:
quod in cæteris qualitatibus, tú sim
plicibus, tum cõiugatis facere oportet. Quinetiam caliditate ad intem
periem notabilem haudquaquam
inclinante, leuissima vtemur medi-
I cina, quæ vitiosos succos tunc gene
ratos expurget. Verum enimuero to
ta aeris essentia corrupta vitiataq́,
euacuationibus corporis vniuersi ꝓ
spiciemus, atq; etiam his, quę in totum pestilentiæ aduersantur. victu
refrigerante simul, & siccante vtemur, qualis qui ex aceto, & lentibus
parabitur: putredini si quis alius, cõ
trarius: proderit pariter aromatum
suffitus costi, styracis, galbani, terebinthinæ resinæ, quę peculiariter
potest aerem purgare: præterea the K
riacæ illa, quam magnam vocitant,
drachmę vnius pondere mirificè o-
pitulabitur aeri pestifero: sumetur
verò omnibus ritè peractis conco-
ctionibus: qua assumpta, sex horarum interuallo cibos nequaquam
ingerat. Bolus item Armenius: terra
quoq; Lemnia eximiè conferunt.
Auenzoarus noster hircorum vrinæ
olfactu prodesse scripsit. Catapotia
insuper, quę aloes portiones duas,
myrrhæ, ac croci vnam capiunt, ex
vino diluto liquefacta, ac bibita, vti
litatem summam præstabunt. Nul
L lum quippe vsquam vidimus, qui
hoc medicamento periculum pesti
lentiæ non euaserit. Porrò abstinen
dum a piscibus vniuersis, fructibus
humidioribus, habitationibus mõ-
tosis, sublimibusq́,: facillime enim
qui ex his paritur sanguis, putrescit.
Carnes item vitandæ, exceptis quæ
a montanarum auium genere expe
tuntur: sub quo perdices, turdi, me-
rulæq́; continentur, & passeres mõ-
tani. Cæterum aluum deiicientibus
commodissime vtemur: oxypheni-
cibus scilicet, casia, melle aereo, viola purpurea, & id genus cæteris, quæ
M alias nobis copiose dicta sunt. Sed
iam tempus appetit, vt finem
huic sectioni imponamus, atque ad rationem curandi veniamus.

AVER-

AVERRHOI COLLECTANEORVM SECTIO III, DE RATIONE CVRANDORVM MORBORVM.

De intēperaturarū curatione, quæ cum humoribus, & quæ citra humores consistunt. Cap. I.

Sectio hæc 7. Coll. H. respōdet.

Orū quę præter naturā cōtingunt, duplex dr̄ia cōstituitur: Vna quidē ęgritudinum: B Altera (quę eas comitantur) symptomatū. Atq; itē morborum duæ sunt drię: Alij nanque simplices, similaresq; ptes afficiūt, vt qui ab intemperaturarū aliqua oriuntur, quæ interdum cum humoribus, interdum verò citra humores euenit: Alij autem dissimilares, instrumentalesq; partes infestant. Verum enimuero operępretium me facturū videor, si hoc nostrum negociū eo digesserimus ordine, vt primò quidē similariū ęgritudinum medicationē doceamus, deinde instrumentalium, postremò C symptomatum ipsorum: quę tamē morbo sublato abire quoque consueuerunt: quare frustra quis dixerit, à nobis seorsum traditā eorū curationem, verū dilucidioris doctrinæ grā, id nos fecisse existimet. Initio igitur sumpto à morbis similarium, vnicū curationis intemperaturæ citra humores scopum esse testamur: videlicet, vt ad pristinam, naturalemq; constitutionem, ac statum pars ipsa reducat: idq; fiet cōtraria adhibendo, quibus intemperierū curatio perficitur. Sūt autē id generis alimenta, atq; medicamenta, D quæ primis suis facultatibus intemperaturæ, quæ morbum creat, aduersantur. Esto etenim vt qs ęgritudine ab intēperie orta calida siccaq; laboret, profectò ratiōe victus frigida, atq; humente, quinetiā medicaminibus vim refrigerandi, humectandiq; obtinētibus probè opitulabimur. Hęc est adeò illa, quā primo, & essentialiter (vt sic dicā) p cōtraria fieri medicationem dixim⁹. Ea verò quæ similibus peragit, hoc est ex accidenti, summoperè verenda est: vt cùm, aquæ frigidę perfusio affectum ab intemperie frigida E profectū sanat: meatus etenim cōstipantur, densanturq; cutis, atq; calor internus fit cumulatior pariter, & validior. Quamobrē ea nobis minime vsurpabitur, nisi ad hanc nos traxerit necessitas: ne in eundem labamur errorē, in quē non paucissimi (vt postea docebimus) medicinę professorū demersi sunt, eo curationis genere vtentes. Rursus ægritudinis, quę ab intēperie succorū exoritur, medēdi methodus duas indicationes habebit: primā humoris noxij euacuationem: alterā partis intemperatura affectæ, videlicet, dum F vitiatus succus i ipsam decubuisset, correctio. Porrò euacuatio multis conficitur modis: interdum .n. sanguinis missione: interdum medicamentorum purgatione: interdum vomitibus: est et vbi & clysteribus, sudoribus, atq; vrinā cientibus fiat: quę quidē vniuersa, medicamina secundis suis facultatibus, atq; tertijs, adde et proprietatibus concinnāt: quippe similaris corporis alteratio, qñ a naturalis tēperamenti alteratione morbū ortum habuerit, potestatibus

G ſtatibus medicamentorum prima-
rijs efficitur. Quinetiã euacuãtur,
q̃ ſunt in corpore humores, inedia,
exercitatione, lauacro, atq; frictioni
bus. verũ quæ ſanguinis detractione fit euacuatio, rõne, experimẽtoq;
ſatis ſuperq; cognita eſt. Sed potiſſi
mum, q̃d ab experientia proficiſcit,
auxilium in confeſſo eſt: q̃d aũt ab
ipſa rõne eſt, bifariã cõſtituitur. Pri
mò quidẽ (vt identidẽ oſtẽſum eſt)
q̃m medicus naturæ morũ idoneũ,
atq; conuenientẽ ſemp imitatur, na
tura verò multas ægritudines à ſan
guine exortas, profuſiõe ſanguinis
H ſanat: atq; eadẽ erit via, methodus
inueniendi vſus medicinarũ purgã
tiũ. Secũdò, q̃nquidem crebèrrime
euenit, vt alimenta immoderatius
ingeramus, quò fiet, vt ſanguinis co
pia immodica accumulet, aliusue
humor exuperet: quæ ſanè corpus,
aut venæ ſectione, aut purgatione,
aut alia qualibet euacuatione, ſum
mopere indigere teſtantur. Nempe
ad inediã, exercitiumue ſolũ medẽtis conſiliũ dirigi minime ſufficit:
dum. ſ. affectus, qui à plenitudine, q̃
eſt ſm vaſa, originem trahunt, curare ſtudemus: illa nanq; lentius,
I tardiusq; euacuãt. Præterea tale q̃d
poſſet vſuuenire, q̃d illi contingit, q
per inſomnium putabat ſanguineo
lauacro ĩmergi, atq; lauari, q̃d nos
in ſectione, quã de ſignis conſcripſi
mus, aliàs recenſuimus. Hic igitur
conſilij gratia ad Galenum quoq;
adit, illiq; affectum omnẽ recẽſens,
tandẽ inſomnij hiſtoriã adijcit: qui
bus perſuaſit ſibi Galen. & probe ve
req; ſanguinem in homine auctũ
immodice: ideoq; venæ ſectionem
fieri præcipit. verum Galeni conſi-
lio haudquaquam parẽs, Eraſiſtra-
tios quoſdã medicos adijt, qui miſ- K
ſione ſanguinis (ut ſolent) neglecta,
inediam ſolã præcipiunt: qua obſer
uata fuſi liquatiq; humores, calorẽ
immodice ſuccenderunt, & tandem
extinctus eo. ſ. pacto, quo ab infuſo
præter modum oleo lucernæ lumen
ſtrangulatur. Q̃n vero ſingulæ nup
dictarum euacuationum vſurpãdæ
ſint, & hanc, an illã multum inter-
ſit adhibere, in primis definire aggredior. Sunt itaq;, quæ ſuadeãt, ac
diſſuadeãt euacuationem, affectio,
vires, laborantis temperamentum,
ætas, anni tẽpus, atq; ipſa regio. Vni
uerſim autem ac ſummatim aſſeri- L
mus minimè euacuationes moliẽ-
das, niſi vbi à mõ, habituq; naturali humores diſceſſerint, ſiue in toto
corpore, ſiue in partibus quibuſdã
corporis, idq; vel quãtitate, vel qualitate, vel vtraq; vitiati. At quantita
tẽ quidem ſatis indicat tenſionis q̃-
dã ſenſus, haud abſimilis huic, qui
poſt labores, exercitiaq; percipitur.
Eſtq; plenitudo illa vocata ſm vaſa, hoc eſt, q̃ conſiſtit fuſis p vaſa hu
moribus. Altera autẽ, quæ eſt vt ad
vires plenitudo, tũ à quãtitate, tum
à qualitate prouenit: ab eaq; facul
tates, q̃ & alẽdi & mouendi munus M
obeunt, grauantur, atq; (vt paucis ab-
ſoluã) poteſtates oẽs, quæ functiões
corpori ſuppeditãt, quibus imbecillioribus, infirmioribusq; factis, ſuc-
corum quoq;, qui in corpore ſunt,
temperamẽtum naturale, ſimul ac
modus vitiantur. Quamobrẽ vt pla
rimum, poſtremò dicta plenitudo
laborem vlceris ſenſum referentem
parit, quem ſanè improbi, vitiatiq;
ſucci, qui ab hac plenitudine proce
dit, eſſe ſobolem nemo neſcit. Cæte
rum miſſionem ſanguinis faciendã
eſſe

A esse potissimum censemus, vbi omnes ex æquo succi, qui i corpore habẽtur, immodice succreuerint, hoc est, quantitatem, q̃ sm naturã illis debetur, prætergrediunt: qđ fit sanguine plus iusto adaucto, qui cæteros humores potestate in se continet, cuius incrementi immoderati nota non exigua est labor tensiõis sensuum adferens. Verũ qđ nobis suadet venæ sectionẽ, est vbi in quali ac quanto à mõ naturali abeunt humores: qui item si qualitatibus suis sanguinis qualitati haudquaquã aduersentur, & minime crudi p B corpus, atq; lenti fuerint, vtilissime detrahi posse sanguinẽ demõstrãt. Atq; interdũ ex accidẽti sanguinis missio fit, vbi videlicet è narib⁹, aut hæmorrhoidibus, aut menstruis, & hmõi alijs sanguinẽ prouocamus: id quod tñ quanta cura poterimus, vitandũ nobis erit. Præterea hmõi euacuatio fit nonnunquã, vt à parte ad partem tñ reuellant succi, ne foras è corpore ꝓpelli oportet, q̃nquidem paucus sit in homine sanguis, atque is nihilominus vitiatus. Rursus vtroq; medendi genere aliqñ vtimur, hoc est, & euacuamus, & C auertimus, qñ. s. humorẽ, qui morbũ procreat, auferimus, & ne rursus fiat, augeaturq́;, præcauemus. Omnino verò memoria firmiter tenere te velim, à viciniotibus esse vacuandum, tunc cũ medentis cõsilium ad solam euacuationẽ dirigitur: qñ vero reuellere oporteat, & ad cõtraria trahere remotioribus locis educendum: plenius aũt & accuratius de his mox disseremus. Cæterũ variæ illæ indicationes faciunt, vt multũ intersit, hanc vel illam venã incidere: quippe aliàs internam secamus, aliàs humeralem, aliàs mediã, quin D etiam aliqñ quæ sunt in dextro brachio, interdũ quæ in sinistro dissecantur. Hac verò speculatione de missione sanguinis absoluta, succedit de ea, quæ per medicamenta fit, euacuatiõe oratio. Purgatio igitur tunc maxime adhibebitur, qñ succi sola qualitate vitiati abundant. cui scopo illum quoq; tertio nobis scriptum adiungemus, hoc est, ne adsit crudorũ succorum, ac lentorum copia: q̃nquidem tunc de concoctione, & medicaminũ incidentiũ exhibitione ineundum esset consilium, atq; præmittendũ. Quamobrẽ ad- E uertẽdum diligenter, vbi sit præmittenda vel sectio venæ, vel purgatio. Rasius etenim literis prodidit, sese frequẽtissimo experimento cõprobasse (susceperat nanq; eos, qui in nosocomio ægrotabant, curandos) pleuritide laborantes interijsse, quibus detractio sanguinis ante purgationẽ adhibita fuisset: quorũ rõnẽ hanc ego quidẽ esse puto, ꝙ in penitiori corpore succorũ vitiatorum copia immersa latebat, quę ubi mota, agitataq́; fuit, & in actũ (ut sic dixerim) producta perniciẽ, mortemq́; ægrotantibus attulit. quãq; uerò cogimur sanguinẽ prius detrahere, q̃ F purgatione uti: auxiliũ etenim id est pſentissimũ quibusdã morbis: quare ad id, qđ magis urget, animũ consiliumq́; medicus debet apponere, atq; ab eo exordiri curationem. Verumtamẽ mihi in primis charus Auenzoarus in ea est hæresi, ut purgatio missionẽ sanguinis præcedere debeat: q̃nquidẽ nenę sanguĩne inanitæ supuacaneas supfluitates, & ad alendum nõ idoneas exurgunt, ab hisq; uitiosa intẽperatura afficiuntur.

G afficiuntur: quare sectio venę & dũ
alui astrictionẽ reddet, ptibus. f. ex-
haustis, exuctis quodã excrementa
arefacientibus. Porrò ĩter purgatoriũ
& emolliens medicamentũ hoc interest, q illud quidẽ succos attrahit,
hoc verò aluum tñ mollit, & ster-
cora educit. Abstinebimus item tũ
à purgatione, tum à venæ sectione,
vbi crassorum lentorũq; succorũ &
crudorũ collecta per corpus fuerit
copia, atq; is qui mittendũ sanguinem vetat, scopus patet: qui verò
purgationẽ prohibet, definiendus.
Est igitur crassitudo, atq; lentor,
H quæ nõ ita facilẽ faciunt purgationẽ: attrahet nanq;, atq; euacuabit
medicamentũ probos simul ac fa-
miliares succos: improbos autẽ pariter & alienos, vtpote contumaces,
ac rebelles, relinquet. Porrò Galen.
noster nõ febricitantibus purgatio
nẽ per ea moliebat, quæ vim & cale
faciendi, & dissiccandi obtinent. Iã
verò febre correptis, frictionibus, at
que medicaminibus attenuãtibus,
simul mediocri calore præditis vacuationem promouebat: id qđ tũ ĩ
sectione de tuenda sanitate, tum ea
quæ est de febribus, ad vnguẽ expo
I situm est. Rursus, quẽadmodũ nup
nobis dictũ est de sanguinis detractione, fit quoq; ex accidenti purga
tio, vt cum purgãtẽ medicinam ex-
hibemus profluuio alui laborantibus, q succum quidẽ morbum faciẽ
tẽ depellit, atq; euacuat, caussamq;
adimit, affectũ verò ipsum vehemẽ
tiorẽ & auctiorem reddit: qđ num
à simili, an à cõtrario contingat, po
stea vberius diligentiusq; docebimus. Nunc ad clysteres accedamus,
quibus tñ vtimur ad excrementa
alui educenda: aut ad contrarium
succos auertendos: nonnulli autem
cos infundũt ijs, q ægrè medicamẽ
tum purgatorium assumunt, atque
item ijs, quibus vel iecoris, vel vẽtriculi vitium contractum fuit: nempe à medicamento purgante pars
vtraq; solet affici. Atq; vt in totũ di
xerim, vtilissime inijciuntur affectionibus, quę ab alui astrictione oriun
tur, & intestinorũ vlceribus, inflam
mationibus, doloribus, & renum, vesicæ, atq; coxendicis affectibus. Ex
his verò alij mites, alij acres, quidã
simplicissimi, quidã ex multis præsi
dijs confecti. Porrò balnea tenues
succos discutiũt, atq; euacuant: qua L
re vbi à crassis viscidisq; humorib'
aggeneratos morbos curabis, ab his
abstinẽdũ censeo, ne in deterius decidat corpus: solet etenim humorum moles inflammari, si ante con
coctionem quis lauetur. quinetiam
interdũ partes principes vitiantur,
atq; inflammatione tentantur. Fames item in præsidiorum numero,
q facultatẽ vacuandi obtinent, collocatur: potissimumq; in ęgritudi
nibus, quæ proximũ vigorẽ, atque
indicationẽ habent. Hactenus de I-
tẽperaturæ, siue cũ humoribus, siue
citra humores factæ, euacuatiõib'. M

Quando sint faciendæ euacuationes.

Cap. 1.

PRoximũ est, vt definiamus mo
dum eorũ, quę retro dicta sunt,
sm maioris minorisq; differentiã.
Atq; vbi omnino his supersedẽdũ,
maximè euacuatione, & quę fit per
contraria, curatione. Quippe identidem vsuuenit, morbum quidem
suadere euacuationem, & contrarij
adhibitionẽ, cęterum alia subesse q
prohibeãt, quominus ipsis vtamur.
At intẽperaturę, q citra humorẽ infestat,

A sequitur, medicatio contraria adhibendo peragitur: veluti si ita contigerit, ut in duobus vel tribus gradibus ad calidam intemperaturam quis declinet, tunc salubrem caussam in hoc sanandi affectu esse oportet, quae contrarietate duobus minimisque gradibus pugnet adversus intemperiem illam, quam utique comperta habere minime possis, nisi prius dum sanitate frueretur, hominis temperaturam per cognitam tenueris, ad haec regionem, aetatem, anni tempus, victus rationem, consuetudinem, virtutem denique, & caussam. Atque saepius caussam

B virtutemque considerare praetermittimus, nisi si intemperatura humoribus afficiat. Quando autem pars quaepiam sine propria circa humores corrumpitur, tunc indicationes curationis per contrarium desumuntur a partis ipsius temperamento, usu, gratia, situ, postremo ipsius sensu: verum intemperaturarum cum humoribus curationis meta est, evacuatio. Caussas autem, quae excrementa illa pariunt, considerabimus, an ea corporis affecti temperamento efficiant, an non. Solent etenim in plerisque na-

C turis hominum talia immunda accumulari, ac colligi, in quibusdam vero aetas, anni constitutio, coeli status, alimenta, & omnis victus ratio huiusmodi superfluitatum proventum afferunt. Quinetiam consuetae purgationes retentae, cuiusmodi haemorrhoidarum, mensium, & aliorum consuetorum profluviorum, excrementa efficiunt: exercitationum item derelicta consuetudo, simul & expurgationum. Ad haec virtus quoque non mediocriter adiuvat, quippe maxima ex parte eximendo ipsa evacuationi adversatur. Cum vero virtutem

dico, intelligere te velim facultates munere aliquo fungentes in corpore, veluti expultricem, motricem, atque alias. Caeterum indicationes evacuationis, quam universalem vocitant, interdum assumuntur ab affectis partibus, praecipueque si ex numero principum fuerint, & earum quae munia obeunt perutilia, cuiusmodi est ventriculus. Nempe si quis detractione sanguinis indigeat, ac ventriculum affectum imbecillumque habeat, ab hoc sane quidem abstinebimus. Quan-

E do vero partem aliquam privatim seorsumque expurgare studemus, ea (quae nuper dicta sunt) situm, usum sensumque contemplabimur, ab hisque indicationes trahemus. Quinetiam ab ipsius corporis tota constitutione, quae interdum evacuationem postulat, interdum vero recusat, quod postremum accidit, dum plenitudo affecit non toti corpori, sed privatim uni particulae. Praeterea vero in mulieribus gestatio alias evacuari debere, alias minime oportere significat. Sed de his satis, quae suadeant vel

F dissuadeant purgationem: nunc de curatione per contraria agendum. A plerisque igitur omnibus priscis medicis proditum est literarum monumentis, hominis temperamentum tunc parum a naturali constitutione declinare, cum aut naturae, aut aetati, aut ambienti nos aeri, aut anni tempori, aut denique regioni, & aliis huiusmodi cognatus morbus: velut cum quis adolescens, temperaturam calidiorem obtinens, in regione calida, constitutione anni calida, & qui victus ratione calidiore antea usus, febre ardente corripitur, huius quidem temperaturam pauco vino tem-

G infestantis purgatione, deinde olei
rosacei rigatione. Generatim autẽ
dixerim, cerebrum frequentius a fri
gore lędi, q̃ a caliditate: quamobrẽ
diligentiori cura obseruandum, ne
a frigoris iniuria quid patiatur. Cęterũ qui sic educari ac regi non pos
sunt, conseruentur tantum suarum
temperaturarum qualitates. Quód
si ęquale fuerit ab ipso ortu temperamentorum, ęgritudines quę superue-
nient, a plenitudine exorientur. quã
obrem opitulabimur totius corporis euacuatione, hoc est, sanguinis
detractione: notę vero plenitudinis
H tibi indicabunt. Abstineant insuper
a cibis, qui multam alimoniam sug
gerunt: pręterea ijs, quib⁹ natura tẽ
perata non est, plerique omnes morbi, quibus capiuntur, improborum
succorum soboles sunt: eos itaq; cõ
tinentes esse oportet. Modũ vero, ac
mensuram euacuationum teneat is
qui sanitati conseruandę huius naturę pręficitur, vt neq; immodicę fint
neq; itẽ plus iusto exiguę. Alij nãq;
semel tantum euacuari postulãt, ve
re s. nonnulli bis, vere & autumno.
Ego quidem non possum non magis commendare illos, qui septimo
I quoq; anno purgantur, vacuantúve,
q̃ alios qui quotannis: q̃nquidẽ ra-
rò nisi certis circuitib⁹ accidũt mor
bi, aut non longe ab ipsis. Hoc igit
circa singula indiuidua consyderã-
dum accuratè: maximam nãq; spẽ
concepi hac nobis scripta ratiõe ob
seruata, non paucissimos ęgritudĩes
euasuros, quibus ex accidenti capi
consueuerunt. Cęterum si quis cõ
suetudinem mutare vel improbam
desyderat, sensim id faciendum est:
omnis etenim subita mu-
tatio periculosa.

De praecautione futurarum ęgritudinum K
atque spontaneis lassitudinibus.
Cap. 14

QVędam naturę, vt in morbos
facile labantur, paratissimę sunt
quare ęędem summa obserua
tione indigẽt: quę fiet abigẽdo cau
sam, & vitando, quę afficere potest:
pręcedunt vero notę innumerę, ęgri
tudines pręnunciantes, simul & ma
nifestissimę. Vnum vero genus prę
seruationis totum ad curationem p
tinet iam ęgrotantis hominis: quale est cum elephãtem morbum, ne
fiat, cauere volumus. quippe eadem
afferuntur adhibenturq; remedia, L
quę iam facto solent: quod simili
ratione in cęteris affectibus intelligas. Eorum vero, quę morbos futu
ros nunciant, clarissime patent lassi
tudines spontaneę, vitiosissimęque
sunt. Corpora nãq; quibus accidũt,
obnoxia esse non paucis malis mor
bis scito, quorũ pręseruatio alia est,
ab his, quę cęteris ęgritudinib⁹ pro
priè peculiariterq; debetur. Hęc en
nim sub genere modoq; curandi
ipsarum tota continetur: de qua in
pręseruatarum nullus fiet sermo. Atqui non putes me oblitum esse illi⁹
pręcautionis, quam pestilens corru M
ptio aeris postulat: nempe de ipsa i
sequentibus disseremus. Nunc verò
consilium nostrum est, lassitudines
tractare: quarum triplicem differẽ-
tiam in commentario, quem morbis dicauimus, prodidimus: vnã vlcerosam: alteram, in qua tensio sen
titur: tertiam, quę phlegmones sensum affert. Prima quidem ex bilioso succo, acri, ac stimulante oritur.
Altera, tensionis s. a multitudine hu
morum potissimum sanguinis ortum trahit: quidam flatibus acceptam

A ptam retulerunt, nomenque illi flatuosæ indiderunt. Tertium vero lassitudinis genus, inflammationis sensum præbens, ex duobus primis constat, hoc est nascitur, tum ex nimia boni succi copia, tum prædicto pungente, ac erodente, biliosoq́; humore. Hęc autem peculiare id obtinet, vt partes omneis in superficie positas, atq; musculos in tumorem attollat. Porro generatim primo, atq; vniuersim curationem harum docebimus, speciatim vero, ac priuatim in sequentibus, initio sumpto a caussa effectrice, quę est intemperies cū B humoribus coniuncta. Commune itaque remedium, vel alterabit, vel vacuabit: quorum vtrumque natura facit cum cibis medicamentisq́; aptis, idoneisq́, ad humorum vitia corrigenda: quinetiam somn⁹, quiesque interdum præsidium affert.

Euacuantur autem purgationib⁹ sudorem, vrinamq; appellantibus, flatum discutientibus, & dissipantibus: quod exercitationes præstant.

Atque in his omnibus ars naturā imitatur: quo etenim repit, medici quoq; munus est, cursum humorū dirigere, vacuationesq́; promouere. C Sunt autem hæc remedia omnibus communia lassitudinibus: proprias vero nūc singularum medicationes docebimus, quandoquidē alia est, tum vacuatio, tum alteratio vlcerosæ, alia eius quæ tensionem infert, alia vero inflammantis.

De vlcerosa, tensiua, ac inflammatoria lassitudine, tum præcautione, tum curatione. Cap. 15.

LAssitudo quæ vlceris sensum affert, caussam efficientem habet succum acriorem, erodentem, ac pungentem: hic verò vel flauæ bilis, vel D atræ, vel pituitæ salsæ est soboles. Ac qui humores isti mordaces omnino sunt, ac stimulantes: amara quidem bilis ob acredinem, atra ob aciditatem, pituita verò propter salsedinem. verum in hoc negocio considerandum, num sub cute tantū: num sub intima carne musculisve: num vero in musculis ac sanguine, qui intra venas concluditur, humores isti contineantur. Nihil etiam prohibet, quin interdum succos lentos accumulati sentiamus, alias sub carne, alias in venis: quorum postre- E mum si contigerit, vel cum sanguinis paucitate, vel multitudine fiet: venæ vero multo minime abūdant sanguine, nisi cæteri succi pauciores fuerint, iiq́; a sanguinis natura non procul abscedētes: quorum alij generatione prius spectantur, q̄ in sanguinem commutentur: alij autem cum mutationem in eundem nacti sint, quemadmodum vtraque bilis, tum flaua, tum atra; deinde ex his nonnulli facile alterantur, nonnulli difficulter. quippe cum longius absunt a sanguinis natura, tardius im- F mutantur, vertunturq́; in ipsum: qui verò non ita procul abscesserunt, celerius ocyusq́. Quare priuatim vnicuiq; curatio dicabitur. Cum itaq; sub cute impacti tantum sint, exercitationibus vehementioribus, simul ac frictionibus, lauacro item, ac victu tenuiori opitulabimur: insuper aqua mulsa pariter & oxymel exhibebuntur, & id genus cætera. Quando vero meatibus adhærent, abstineant ab exercitio: quieti ac somno indulgeant: inedia præcipiatur, quę vniuersa concoquendi hos succos vim obtinent: vesperi insuper lauabunt

G buntur aqua temperata: & post assumptum oxymel extenuātes cibos
ingerant: oxymel quippe per vrinā,
atq; sudorem expurgat succū quēli
bet à natura motum. Quòd si sym
ptoma id, morbusq; cesset: tunc sci
to caussam exploratissimam te habere. Sin autem cōtra, exiguusq; ac
tumultuosus fuerit ipsorū somnus:
non tantum in carne musculisq;, ve
rumetiam in venis deprauatos succos contineri non dubitabis. Adhęc
consyderabis, vtrum cum istis misceantur humores lenti, ac tenaces:
quandoquidem si non adsint, sed a-
H lij in meatibus venisq; concludant,
animaduertendū, num paucus, mul
tusve abundet sanguis: an ab sanguinis substantia remotiores, proxi
mioresve cernantur. Nam vbi pau-
ciorem sanguinē spectabimus, ali-
osq; succos ab eodem longius remo
tos, statim medicamēto, quod vim
purgandi talem succum habeat, e-
ducemus, missioni sanguinis parcē-
tes. Quippe flaua bile morbum cō-
mittente, aut atra, aut ipsa pituita
salsa, a naturali suo statu qualitate
tantum discedūt. Quamobrem pur
gante medicina, quæ humorē mor
bum efficiētem vacuet, vtemur. At-
I qui si quantitate succi illi vitiantur,
detractio sanguinis in auxilium ad
hibebitur, vti in methodo curandi
docuimus. Præterea si multo cū san
guine misceātur humores, nec sint
ab eius essentia longe alieni, primū
quidem venam secabimus, deinde
purgantium medicamentum affe
remus. Semper autem intelligere te
puto, succis lentis minime præsenti
bus id præceptum locum habere:
quippe si adsint 1 venis cum sangui
nis copia, nec absint a sanguinis na
tura longius, venam quoque in hoc K
affectu secabis: purgatio vero vix ad
hibeatur. Quādo autem copiosi tenaces succi in venis pauco cum san
guine mixti continentur, quiq; affe
ctum lassitudinis pepererunt, humo
res a sanguine parum remouentur:
sectioni venæ, atq; purgationi in to
tum parcemus: illa nanq; exitialem
perniciem afferret: hæc vero spē ac
scopum nostri consilij haudquaq̄
assequeretur: crassi nāq; succi contu
macitas facit, ne prompta, facilisq;,
nedum vtilis purgatio: quippe tra-
cti & agitati humores vberi9 deflue
rent, venasq; obstruerent. Victus i- L
taq; citra insignem calorem attenu
ans, dissecansq; omnino præcipien
dus: ne a caliditate immoderata in
partes omneis dissolui deferantur.
Atq; hic vtilissime assumetur oxy-
meli cum seminibus confectum, cu
ius siccitatem viola purpurea probè
emendat: ptisana item, precipuè iu-
ucnibus cum fœniculi radicibus, in
terdum verò & mulsa dabitur. At
quoniam frequentissime his omni
bus naturis flatus crassiores, ac co-
piosiores ingenerantur, Galenus iu
bet dari medicamentum dia trion
pipereon, atq; etiam dia cyminum. M
verum nostrę regionis homines nō
tolerant, periculum enim, ne febres illa accersant: quinetiam Galę
nus tantum frigidiore, tum constitutione aeris, tū temperamento cen
suit offerenda. Pręsidia aūt attenuā
tia, quæ & moderate calfaciunt, &
internas roborant parteis, nō in po
stremis opitulabuntur, qualia videlicet sunt cinnamomū, casia lignea,
ambar, cariophilli, & quæ eius gñis
sunt aromata. q̄ si Gale. ex his q̄d̄
non probaret, id astrictioni imputā
dum

dum esse quae cum caeteris admixta, eximie commodam conflabunt medicinam: partes namque principes (potissimumq; os ventriculi) imbecillimae spectantur. mastiche igitur non praetermittenda: sed rosa, quia refrigerat arefacitq;, vitanda. Stoechas insuper, tum qualitate, tum peculiari proprietate, insignites commendatur. Caeterum missio sanguinis atq; vomitio iisdem sane indicationibus vitanda sunt. Vbi vero crassi lentiq; succi in musculis fuerint, & probus in venis sanguis continetur, atque syncerus, auxilia calidiora tunc minime verebimur, quae vrinam appellant: etenim nullum a spatione delationeq; in totum corpus succorum subest periculum. Quamobrem hic praesidio ex pulegio Gale. vtitur: quod maximopere mihi arridet, aut aliquod aliud huiusmodi. Porro notas gnavae horum omnium vitiosorum humorum hic omisimus, quandoquidem in eo commentario, quem de signis conscripsimus, ad vnguem exposuimus. Sed vtobiter aliquid de his tradam, memento vrinam posse te docere, qui sint exuberantes in venarum sinibus succi: quorum tum copiam, tum paucitatem, a ratione viuendi anteacta, a temperamento, ab aetate, a tempore, aliisq; supradicto commentario explicatis, cognitam habebis. Praeterea lassitudo spontanea, quae tensionis sensum affert, cum nulla praecunte vehementi exercitatione, atq; motione contigerit, succorum exuberantem copiam testatur, quae cum reliquas corporis partes, tum praecipue musculos infestat: quae grauitas tantum ac tensio sentitur: quandoquidem solius sit sanguinis abundantia: quae rectissime vtilissimeq; vena cubiti dissecta euacuabitur: aut malleolorum venis scarificatis: inde iam corpore vacuato, ad relaxationem tensionis veniendum, idq; fiet vnctione, frictione molli, quiete, lauacro temperatae aquae, cibis abstergendi vim aliquantulum, citra tamen mordacitatem, obtinentibus: quo in numero ptisana, & apomeli sunt: nos vero de his breuiter disserimus, vtpote a Galeno tam copiose explicatis.

Sed & de postrema, quae phlegmones sensum praebet, nonnihil praecipiendum. Ea igitur vtpote a sanguine potissimum proueniente, dissectione venae curabitur: tantumque detrahendis sanguinis, quantum tum aetas, tum temporis constitutio, tum temperatura laborantis suadebunt. Atque etiam loci discrimen habebimus hoc in negotio lassitudinis: capite namque, ceruiceq; grauitatem doloremq; sentientibus, humeralem venam incides: sin autem quae sunt mediae partes, cuiusmodi thorax, ac dorsum dolore afficiantur, internam cubiti venam secabimus: quod si aequaliter vniuersum corpus grauitate doloreq; cruciatur, mediam. Signa, caussasq; in superioribus libris accuratius exposuimus.

De aeris in vniuersum praecautione. Cap. 16

AEr (vti alias declarauimus) essentia interdum sua, interdum qualitate tantum alteratur, atq; permutatur: verum cum saepius alterutrum contingat, corpora simili afficiuntur intemperie. verum non omnia, at quae in tales dispositiones praeparata sunt: alioqui qui sub eodem versantur aere, vniuersi morbis corripe-

ripe-

G riperentur: quemadmodum sub ca-
nicula ardentibus febribus caperen
tur, atque in pestilentia omnes peri
rent. Quamobrem non oscitanter
adhibenda est ambienti nos aeri di
ligentia: obstructionum videlicet
apertione, humidorum desiccatione, & excrementosorum expurga-
tione: summatim omnibus modis
putrefactioni repugnando: & hæ
sunt, quas aereæ substantiæ altera-
tiones retro iam diximus. Quando
vero qualitatibus permutatur, præsi
dia ipsis contraria afferenda: quippe aliquando admodum calidus se
H exhibet: interdum admodum frigi
dus: interdum coniunctim calidus,
ac siccus. Pro calido igitur contrarius inducendus, subterraneis domi
bus inuentis: quæ & frigidissimę, &
maxime perflatę, & ad septentriões
versę: tum aqua prorsus gelida domo assiduè aspersa, herbisq; suauibus, ac refrigerantibus, alijsq; eius ge
neris, quales sunt rosæ, humi fusis:
quod in cæteris qualitatibus, tū sim
plicibus, tum cōiugatis facere oportet. Qui etiam caliditate ad intem
periem notabilem haudquaquam
inclinante, leuissima vtemur medi-
I cina, quæ vitiosos succos tunc gene
ratos expurget. Verum enimuero to
ta aeris essentia corrupta vitiataq;,
euacuationibus corporis vniuersi, p
spiciemus, atq; etiam his, quę in totum pestilentiæ aduersantur. victu
refrigerante simul, & siccante vtemur, qualis qui ex aceto, & lentibus
parabitur: putredini si quis alius, cō
trarius: proderit pariter aromatum
suffitu costi, styracis, galbani, terebinthinæ resinæ, quę peculiariter
potest aerem purgare: prætereà the K
riacæ illa, quam magnam vocitant,
drachmę vnius pondere mistifice ō-
pitulabitur aeri pestifero: sumetur
verò omnibus ritè peractis conco-
ctionibus: qua assumpta, sex horarum interuallo cibos nequaquam
ingerat. Bolus item Armenius: terra
quoq; Lemnia eximiè conferunt.
Auenzoarus noster hircorum vrinā
olfactu prodesse scripsit. Catapotia
insuper, quę aloes portiones duas,
myrrhæ, ac croci vnam capiunt, ex
vino diluto liquefacta, ac bibita, vti
litatem summam præstabunt. Nul
lum quippe vnquam vidimus, qui L
hoc medicamento periculum pesti
lentiæ non euaserit. Porrò abstinen
dum à piscibus vniuersis, fructibus
humidioribus, habitationibus mō-
tosis, sublimibusq;: facillime enim
qui ex his paritur sanguis, putrescit.
Carnes item vitandæ, exceptis quæ
a montanarum auium genere expe
tuntur: sub quo perdices, turdi, me-
rulæq; continentur, & passeres mō-
tani. Cæterum aluum deijcientibus
commodissime vtemur: oxyphœni-
cibus scilicet, cassia, melle aceto, viola purpurea, & id genus cæteris, quæ
alias nobis copiose dicta sunt. Sed M
iam tempus appetit, vt finem
huic sectioni impona-
mus, atque ad ra-
tionem curan
di
venia-
mus.

AVERRHOI COLLECTANEORVM SECTIO III.

DE RATIONE CVRANDORVM MORBORVM.

De intemperaturarũ curatione, quæ cum humoribus, & quæ citra humores consistunt. Cap. I.

Sectio hæc 7. Colli. respõdet.

Orũ, quę præter naturã cõtingunt, duplex differẽtia cõstituitur: Vna quidẽ ęgritudinum: Altera (quę eis comitantur) symptomatũ. Atq; itẽ morborum duę sunt differẽtię: Alij namque simplices, similaresq; ptes afficiũt, vt qui ab intemperaturarũ aliqua oriuntur, quæ interdum cum humoribus, interdum verò citra humores eueniũt: Alij autem dissimilares, instrumentalesq; partes infestant. Verum enimuero operæpretium me facturũ videor, si hoc nostrum negociũ eo digesserimus ordine, vt primò quidẽ similariũ ęgritudinum medicationẽ doceamus, deinde instrumentalium, postremò symptomatum ipsorum: quę tamẽ morbo sublato abire quoque consueuerunt: quare frustra quis dixerit, à nobis seorsum traditã eorũ curationem, verũ dilucidioris doctrinæ gr̃a, id nos fecisse existimet. Initio igitur sumpto à morbis similarium, vnicũ curationis intemperaturæ citra humores scopum esse testamur: videlicet, vt ad pristinam, naturalemq; constitutionem, ac statum pars ipsa reducat̃: idq; fiet cõtraria adhibendo, quibus intemperierũ curatio perficitur. Sũt autẽ id generis alimenta, atq; medicamenta, quæ primis suis facultatibus intemperaturæ, quæ morbum creat, aduersantur. Ellorum etenim vt q̃s ęgritudine ab intẽperie orta calida siccaq; laboret, profectò ratiõe victus frigida, atq; humente, quinetiã medicaminibus vim refrigerandi, humectandiq; obtinẽtibus probè opitulabimur. Hęc est aũt illa, quã primo, & essentialiter (vt sic dicã) p cõtraria fieri medicationem diximus. Ea verò quæ similibus peragit̃, hoc est ex accidenti, summopere verenda est: vt cùm aquæ frigidę perfusio affectum ab intemperie frigida profectã sanat: meatus etenim obstipantur, densanturq; cutis, atq; calor internus sic cumulatior pariter, & validior. Quamobrẽ ea nobis minime vsurpabitur, nisi ad hanc nos traxerit necessitas: ne in eundem labamur errorẽ, in quẽ non paucissimi (vt postea docebimus) medicinę professorũ demersi sunt, eo curationis genere vtentes. Rursus ęgritudinis, quę ab intẽperie succorũ exoritur, medẽdi methodus duas indicationes habebit: primã humoris uitij euacuationem: alterã partis intemperatura affectæ, videlicet, dum vitiatus succus in ipsam decubuisset, correctio. Porrò euacuatio multis conficitur modis: interdum. n. sanguinis missione: interdum medicamentorum purgatione: interdum vomitibus; est et vbi & clysteribus, sudoribus, atq; vrinã cientibus fiat: quę quidẽ vniuersa, medicamina secundis suis facultatibus, atq; tertijs, adde et proprietatibus concinnãt: quippe similaris corporis alteratio, quã à naturalis tẽperamenti alteratione morbũ ortum habuerit, potestatibus

G statibus medicamentorum prima-
rijs efficitur. Quinetiā euacuātur,
q̃ sunt in corpore humores, inedia,
exercitatione, lauacro, atq; frictioni
bus. verū quæ sanguinis detractione fit euacuatio, rōne, experimētoq;
satis superq; cognita est. Sed potissi
mum, qd ab experientia proficiscit,
auxilium in confesso est: qđ aūt ab
ipsa rōne est, bifariā cōstituitur. Pri
mò quidē (vt identidē ostēsum est)
qm̃ medicus naturæ motū idoneū,
atq; conuenientē semp imitatur, na
tura verò multas ægritudines à san
guine exortas, profusiōe sanguinis
H sanat: atq; eadē erit via, methodus
inueniendi vsus medicinarū purgā
tiū. Secūdò, qm̃quidem creberrime
euenit, vt alimenta immoderatius
ingeramus, quò fiet, vt sanguinis co
pia immodica accumulet, aliusue
humor exuperet: quæ sanè corpus,
aut venæ sectione, aut purgatione,
aut alia qualibet euacuatione, sum
mopere indigere testantur. Nempe
ad inediā, exercitiumue solū medē-
tis consiliū dirigi minime sufficit:
dum. s. affectus, qui à plenitudine, q̃
est fm vasa, originem trahunt, curare studemus: illa nanq; lentius,
I tardiusq; euacuāt. Præterea tale qd
posset vsuuenire, qđ illi contingit, q
per insomnium putabat sanguineo
lauacro imergi, atq; lauari, qđ nos
in sectione, quā de signis conscripsi
mus, alias recensuimus. Hic igitur
consilij gratia ad Galenum quoq;
adit, illiq; affectum omnē recēsens,
tandē insomnij historiā adijcit: qui
bus persuasit sibi Galen. & probe ve
req;, sanguinem in homine auctū
immodice: ideoq; venæ sectionem
fieri præcipit. verum Galeni consilio haudquaquam parēs, Erasistra-
tios quosdā medicos adijt, qui mis- K
sione sanguinis (ut solent) neglecta,
inediam solā præcipiunt qua obser
uata fusi liquatiq; humores, calorē
immodice succenderunt, & tandem
extinctus eo. s. pacto, quo ab infuso
præter modum oleo lucernæ lumen
strangulatur. Qm̃ vero singulæ sup
dictarum euacuationum vsurpādæ
sint, & hanc, an illā multum intersit adhibere, in primis definire aggredior. Sunt itaq;, quæ suadeāt, ac
dissuadeāt euacuationem, affectio,
vires, laborantis temperamentum,
ætas, anni tēpus, atq; ipsa regio. Vnī
uersim autem ac summatim asserē- L
mus minimè euacuationes moliē-
das, nisi vbi à mō, habituq; naturali humores discesserint, siue in toto
corpore, siue in partibus quibusdā
corporis, idq; vel quātitate, vel qualitate, vel vtraq; vitiati. At quantita
tē quidem satis indicat tensionis q-
dā sensus, haud absimilis huic, qui
post labores, exercitiaq; percipitur.
Estq; plenitudo illa vocata fm vasa, hoc est, q̃ consistit fusis p vasa hu
moribus. Altera autē, quæ est vt ad
vires plenitudo, tū à quātitate, tum
à qualitate prouenit: ab eaq; facul
tates, q̃ & alēdi & mouendi munus M
obeunt, grauātur, atq; (vt paucis ab-
soluā) potestates oēs, quæ functiōes
corpori suppeditāt, quibus imbecillioribus, infirmioribusq; factis, succ-
corum quoq;, qui in corpore sunt,
temperamētum naturale, simul ac
modus vitiantur. Quamobrē vt ple
rimum, postremò dicta plenitudo
laborem vlceris sensum referentem
parit, quem sanè improbi, vitiatiq;
succi, qui ab hac plenitudine proce
dit, esse sobolem nemo nescit. Cæte
rum missionem sanguinis faciendā
esse

A esse potissimum censemus, vbi omnes ex æquo succi, qui i corpore habentur, immodice succreuerint, hoc
est, quantitatem, q̃ sm naturã illis
debetur, prætergrediuntur: q̃d fit san
guine plus iusto adaucto, qui cæteros humores potestate in se continet, cuius incrementi immoderati
nota non exigua est labor tensiõis
sensuum adferens. Verũ q̃d minus
suadet venæ sectionẽ, est vbi in qua
li ac quanto à mõ naturali abeunt
humores: qui item si qualitatibus
suis sanguinis qualitati haudquaquã aduersentur, & minime crudi p
B corpus, atq; lenti fuerint, vtilissime
detrahi posse sanguinẽ demõstrãt.
Atq; interdũ ex accidẽti sanguinis
missio fit, vbi videlicet è narib⁹, aut
hæmorrhoidibus, aut menstruis, &
hmõi alijs sanguinẽ prouocamus:
id quod tñ quanta cura poterimus,
vitandũ nobis erit. Præterea hmõi
euacuatio fit nonnunquã, vt à parte ad partem tñ reuellant succi, ne
foras è corpore ꝓpelli oportet, q̃n-
quidem paucus sit in homine sanguis, atque is nihilominus vitiatus.
Rursus vtroq; medendi genere ali-
q̃n vtimur, hoc est, & euacuamus, &
C auertimus, q̃n. s. humorẽ, qui morbũ procreat, auferimus, & ne rursus
fiat, augeaturq;, præcauemus. Omnino verò memoria firmiter tenere
te velim, à viciniorbus esse vacuan
dum, tunc cũ medentis cõsilium ad
solam euacuationẽ dirigitur: q̃n ve
ro reuellere oporteat, & ad cõtraria
trahere remotioribus locis educendum: plenius aũt & accuratius de
his mox disseremus. Cæterũ variæ
illæ indicationes faciunt, vt multũ
intersit, hanc vel illam venã incide-
ris: quippe aliàs internam secamus,

aliàs humeralem, aliàs mediã, quin D
etiam aliq̃n quæ sunt in dextro bra
chio, interdũ quæ in sinistro dissecantur. Hac verò speculatione de
missione sanguinis absoluta, succedit de ea, quæ per medicamenta fit,
euacuatiõe oratio. Purgatio igitur
tunc maxime adhibebitur, q̃n succi
sola qualitate vitiati abundant. cui
scopo illum quoq; tertio nobis scriptum adiungemus, hoc est, ne adsit
crudorũ succorum, ac lentorum co
pia: q̃nquidem tunc de concoctione, & medicaminũ incidentiũ exhibitione ineundum esset consilium,
atq; præmittendũ. Quamobrẽ ad- E
uertẽdum diligenter, vbi sit præmittenda vel sectio venæ, vel purgatio.
Rasius etenim literis prodidit, sese
frequẽtissimo experimento cõprobasse (susceperat nanq; eos, qui in
nosocomio ægrotabant, curandos)
pleuritide laborantes interijsse, quibus detractio sanguinis ante purga
tionẽ adhibita fuisset: quorũ rõnẽ
hanc ego quidẽ esse puto, q̃ in peni
tiori corpore succorũ vitiatorum co
pia immersa latebat, quę vbi mota,
agitataq; fuit, & in actũ (ut sic dice-
rim) producta perniciẽ, mortemq;
ægrotantibus attulit. q̃nq; uerò co F
gimur sanguinẽ prius detrahere, q̃
purgatione uti: auxiliũ etenim id
est p̃sentissimũ quibusdã morbis:
quare ad id, q̃d magis urget, animũ
consiliumq; medicus debet appone
re, atq; ab eo exordiri curationem.
Verumtamẽ mihi in primis charus
Auenzoarus in ea est hæresi, ut purgatio missionẽ sanguinis præcedere debeat: q̃nquidẽ uenę sanguine inanitæ supuacaneas superfluitates, & ad alendum nõ idoneas exu-
gunt, ab hisq; uitiosa intẽperantia
afficiuntur.

G afficiuntur: quare sectio venę et dū
alui astrictiorē reddet, pubus. s. ex-
haustis, exuctu quodā excrementa
arefacientibus. Porrò Iter purgatoriū
& emolliens medicamentū hoc interest, quod illud quidē succos attrahit,
hoc verò aluum tūn mollit, & ster-
cora educit. Abstinebimus item tū
à purgatione, tum à venæ sectione,
vbi crassiorum lentorūq; succorū &
crudorū collecta per corpus fuerit
copia, atq; is qui mittendū sanguinem vetat, scopus patet: qui verò
purgationē prohibet, definiendus.
Est igitur crassitudo, atq; lentor,
H quæ nō ita facilē faciunt purgationē: attrahet nanq;, atq; euacuabit
medicamentū probos simul ac fa-
miliares succos: improbos autē pariter & alienos, vtpote contumaces,
ac rebelles, relinquet. Porrò Galen.
noster nō febricitantibus purgatio
nē per ea moliebat, quæ vim & cale
faciendi, & dissecandi obtinent. Iā
verò febre correptis, frictionibus, at
que medicaminibus attenuātibus,
simul mediocri calore præditis vacuationem promouebat: id quod cū I
sectione de tuenda sanitate, tum ea
quæ est de febribus, ad vnguē expo
I situm est. Rursus, quēadmodū nup
nobis dictū est de sanguinis detractione, fit quoq; ex accidenti purga
tio, vt cum purgātē medicinam ex-
hibemus profluuio alui laborantibus, quæ succum quidē morbum facié
tē depellit, atq; euacuat, caussamq;
adimit, affectū verò ipsum vehemē
tiorē & auctiorem reddit: quod num
à simili, an à contrario contingat, po
stea vberius diligentiusq; docebimus. Nunc ad clysteres accedamus,
quibus tūn vtimur ad excrementa
alui educenda: aut ad contrarium
succos auertendos: nonnulli autem K
eos infundūt iis, qui ægrè medicamē
tum purgatorium assumunt, atque
item iis, quibus vel iecoris, vel vētri-
culi vitium contractum fuit: nempe à medicamento purgante pars
vtraq; solet affici. Atq; vt in totū di
xerim, vtilissime iniiciunt affectionibus, quę ab alui astrictione oriun
tur, & intestinorū vlceribus, inflam
mationibus, doloribus, & renum, vesicæ, atq; coxendicis affectibus. Ex
his verò alij mites, alij acres, quidā
simplicissimi, quidā ex multis præsi
diis confecti. Porrò balnea tenues
succos discutiūt, atq; euacuant: qua L
re vbi à crassis viscidisq; humorib⁹
aggeneratos morbos curabis, ab his
abstinēdū censeo, ne in deterius decidat corpus: solet etenim humorum moles inflammari, si ante con
coctionem quis lauetur. quinetiam
interdū partes principes vitiantur,
atq; inflammatione tentantur. Fames item in præsidiorum numero,
quæ facultatē vacuandi obtinent, collocatur: potissimumq; in ęgritudi
nibus, quæ proximū vigorē, atque
indicationē habent. Hactenus de I-
tēperaturæ, siue cū humoribus, siue
citra humores factæ, euacuatiōib⁹. M

Quando sint faciendæ euacuationes.

Cap. 2.

PRoximū est, vt definiamus mo
dum eorū, quę retro dicta sunt,
sm maioris minorisq; differentiā.
Atq; vbi omnino his supersedēdū,
maximè euacuatione, & quę fit per
contraria, curatione. Quippe identidem vsuuenit, morbum quidem
suadere euacuationem, & contrarij
adhibitionē, cęterum alia subesse quæ
prohibeāt, quominus ipsis vtamur.
At intēperaturę, quæ citra humorē infestat,

A fistat, medicatio contraria adhibendo peragitur: velut si ita contingerit, quod in duobus vel tribus gradibus ad quandam intemperaturam quis decidat, esse salubrem caussam in huiusmodi affectu esse oportet, quae contrarietate duobus tribusque gradibus pugnet adversus intemperiem illam, quam utique compertam habere minime possis, nisi prius diam fuerit, hominis temperamenti per cognitam universaliter regionem, aetatem, anni tempus, victus rationem, consuetudinem, virtutem denique, & caussam. Atque saepius caussam
B virtutemque considerare praetermittimus, nisi si intemperatura humoribus afficiat. Quando autem pars quaepiam intemperie citra humores corripitur, tunc indicationes curationis per contrarium desumuntur a partis ipsius temperamento, situ, figura, situ, postremo ipsius sensu: verum intemperaturarum cum humoribus curationis meta est, evacuatio. Caussas autem, quae excrementa illa pariunt, considerabimus, an sane corporis affecti temperamento efficiantur, an non. Solent etenim in plerisque na-
C turis hominum talia incommode accumulari, ac colligi, in quibusdam vero aetas, anni constitutio, coeli status, alimenta, & omnis victus ratio huiusmodi superfluitatum proventum afferunt. Quinetiam consuetae purgationes retentae, cuiusmodi haemorrhoidarum, mensium, & aliorum consuetorum profluviorum, excrementa efficiunt: exercitationum item derelicta consuetudo, simul & expurgationum. Ad haec virtus quoque non mediocriter adiuvat, quippe maxima ex parte aegritudo ipsa evacuationi adversatur. Cum vero virtutem

dico, intelligere te velim facultates D
munere aliquo fungentes in corpore, veluti expultricem, motricem, atque alias. Caeterum indicationes evacuationis, quam universalem vocant, interdum assumuntur ab affectis partibus, praecipueque si ex numero principum fuerint, & earum quae munia obeunt praestantiora, cuiusmodi est ventriculus. Nempe si quis detractione sanguinis indigeat, ac ventriculi affectum imbecillumque habeat, ab hoc totaliter sane quidem abstinebimus. Quando vero partem aliquam privatim E
seorsumque expurgare studemus, ea (quae nuper dicta sunt) situm, usum, sensumque contemplabimur, ab iisque indicationes trahemus. Quinetiam ab ipsius corporis tota constitutione, quae interdum evacuationem postulat, interdum vero recusat, quod postremum accidit, dum plenitudo adest non toti corpori, sed privatim uni particulae. Praeterea uteri in mulieribus gestatio alias evacuare debere, alias minime oportere significat. Sed de his satis, quae suadeant vel dissuadeant purgationem: nunc de F
curatione per contraria agendum.

A plerisque igitur omnibus priscis medicis proditum est literarum monumentis, hominis temperamentum tunc parum a naturali constitutione declinare, cum aut naturae, aut aetati, aut ambienti aeri, aut anni tempori, aut denique regioni, & aliis huiusmodi congruit morbus: veluti cum quis adolescens, temperaturam calidiorem obtinens, in regione calida, constitutione anni calida, & qui victus ratione calidiore antea usus, febre ardente corripitur, huius quidem temperaturam pauco vitio ten-

G tari scire te oportet. quare præsidijs
opitulabimur modice refrigerantibus.
Quod si contra acciderit, senẽ
scilicet cuius temperamentum sit frigidius
in regione frigida, & anni constitutione,
pari ardente febri affici, a naturali
habitu longissime abesse, &
non exiguam temperaturæ alterationem
factã meminisse te velim.
Curationem itaq; moliuntur cum
insigniter refrigerantibus. Horum
ego opinionem argumentis manifestissimus,
validissimisq; refellere tẽtabo,
ille etenim adolescẽs febre ardente
laborans, opem sentiet tãtum
H ab extreme, eximieq; frigidis, è quorum
numero caphura, & cucumerum
aqua: quę leni exhibita pari febre
correpto, calorem eius internũ
extinguunt, atq; ob id perniciẽ, mortemq;
accersunt. Verum quod in errorem
tales viros adduxit, vnũ est.
Quippe existimarunt eundẽ ęqualemq;
semper esse in iuuenibus, atque
senibus natiui caloris in externum
recessus modum ac mensurã:
quod sanè absurdum est, alioqui q
vehementius refrigerarent, hoc est,
tertij abscessus medicamenta, senibus
vtiliter præberentur: sic nanq;
I via ac modo curandi Itemperaturas
nos docuit. Esto igitur iuuenis biliosus,
primo numero ordine ve calorẽ
obtinens, febre corripitur, & ea quidem,
quæ calidum secundo abscessu
efficiat: is profectò vno tantũ numero
a sua temperatura, infraq; caliditate
aberit: quamobrem eũ remedijs
non medebimur iis, quæ ordine
secundo sunt frigida: nempe nimiã
accipiunt alterationem in hominis
iuuenis corpore ab igneo, acquisitioneq;
calore. Verum si nuper dictus
senex primo ordine frigid' ab ægritudine
quapiam afficiatur, quę secundi
abscessus calorem euocet, qs K
quæso, negauerit hunc magis quã
illum adolescentem a temperamento
proprio, natiuoq; discessisse? vnus
nanq; vnico tantum abest numero
alter verò duobus, vel pluri b'. Quã
obrem curationi medicorum (quod
retro iam diximus) adhærẽdum nõ
est. Quippe remedia, quæ indicãtur
a recessu illo naturalis temperamẽti,
non omnino secura sunt senibus,
mortemq;, vt plurimum afferunt,
quandoquidem principum partiũ,
atq; nobilium mediocritatem vitiant
sua vi refrigeratoria: quo fiet, L
vt auctior, validiorq; euadat ametria,
quã esse ægritudinis internusq;
caussam, in confesso est. Præterea, q
priorem opinionem inuexerunt, eiusdem
abscessus præsidia frigida,
senum atq; iuuenum debere esse cẽ
sent, hoc quidem argumento, q cor
pora calida primò, caliditatem secũ
di ordinis consequuntur: quæ item
sunt frigida numero primo, calorẽ
secundi adipiscuntur: nec est alterũ
altero calidius. Quinetiam si adole
scens frigidioribus, q naturæ suæ cõ
gruat, medicaminibus vtatur, nullũ
ab his incommodum percipiet, ac M
potius vtilitatem consequetur. virium
enim robur adeò validũ ob
tinet, vt facile ipsorum vim demu
tet, alteretq;: quare naturam hominis
haudquaq; vitiãt, sed tuent, atq;
ad rationem reuocant. Contrariũ
aũt senibus vsu uenire solet ob partium
ferè oĩum, ac præcipuè princi
pũ imbecillitatẽ frigiditatẽq;, ppea
seni, qui valde deutero febre laborauerit,
idonea erunt, quę secũdo ab
scessu refrigerãt, idq; rõnibus prædi
ctis liquido patet. ad hæc qm non

æquè

A aeque potest medicamenta vincere senum calor, atq; iuuenum, & in substantiam igneam demutare. At quis rogabit, cur senibus vsqueadeo caldae febres eueniant? Cui in promptu rñdere potes, praeposteram vict⁹ rõnem talium febrium caussam esse: nempe si proba vterentur, vix accenderetur in senum corpore ita acutae febres. Nos vtiq; in sectione, quam de morbis scripsimus, aegritudinũ caussas duas tantum esse docuim⁹: vnã quae ab intemperatura particulae peculiari desumitur: alteram quae ab exterioribus oboritur. Si igitur B temperatura laborantis, aetas, aer non ambiens, regio deniq; morbo senũ aduersantur, protinus consilium medẽtis dirigetur ad solam vict⁹ rationem. Atq; (vt in totum dixerim) vbi aer aegritudini repugnat, vtilitatem eximiam aegrotanti pariter, ac summam voluptatem medicãti adfert. Quamobrem si talis nõ fuerit, qualem diximus, artificio elaborabim⁹ ac parabimus eo ipso, quod in sectione de sanitate tuenda indicauim⁹. Caeterum qui a consuetudine expetitur scopus in medendo, an s. quid fieri debeat, an non: & si fiat, quo pa C cto, quaq; mediocritate id efficiatur nunc definietur exemplo potionis aquae frigidae in febre ardẽtissima. Nempe si qui laborat, dum san⁹ degeret, aquae frigidae potui assueuit, intrepide, ac tuto (vel inscitante oreq; ventriculi imbecillis) illam propinabimus: q si contra non assueuerit, sine periculo exhiberi non potest: verum necessitate plerunq; adacti illã bibendam praebemus, sed & parci⁹, & minus gelidam. Quid autem cõsuetudo, quae est acquisita natura, valeat, satis superq; nostis: atq; etiã

subitas omnes, ac repentinas mutationes perniciosas: paulatim namq; D ac sensim progrediendum, cum ab altero ad alterum transitus fit, id quod potissimum a prudente natura in cõstitutionum anni mutatione obseruari spectamus, lente quippe ac gradatim a contrario in contrarium pgit: alioqui si derepẽte frigus immodicum calori succederet, intolerabile id animantium generi foret. Sũt verò qui tantam vim consuetudini tribuant, vt asserant fuisse quosdã, qui a teneris veneni edendi assuescerent, nullum ab his incommodũ sentientes, sed alimentum ex his, quem- E admodum ex probi succi cibis, suscipientes. Quorum ego sententiae minime accedendum arbitror: quare in libello de theriaca & venenis, multis demõstrationum argumẽtis docui, illos grauissimè peccare. Quod autem auxilia esse mutanda celeriter nec vnico tantum vtendum, probè quidem dictum est, ne s. natura assiduo vsu corpori assimilaret medicamentum, atq; id, quod praestare debuit, impediat. Porrò nemo nescit virtutem maxime esse spectandam, vbi euacuationem cogitamus. Alterationis verò modum indicabũt, qui F hecticis febrib⁹ correpti aquae egelidae balneo lauant, vtilẽ quidem primò, sed si diutius vterent, partes ipsorũ principes vitiarent, morteq; indubitato obirent: quod Gal. noster multis in locis doctissime tradidit, exẽplisq;, atq; historijs cõfirmauit: eiusmodi est illa adolescẽtis intẽperie citra biliosã affecti, qui cũ summopere aquae frigidae potionẽ expeteret, hancq; medici denegarent, statuit mortẽ sibi pot⁹, q̃ sic excruciari, quare auidissimè, atq; immo-

G deratissimẽ frigida exhausta, statī
ab intemperatura liberatur: verum
eximia aquæ frigiditas deglutitiōis
functionem insigniter læsit, atq; tan
dem miserrimus ille medicorum i-
scitia interijt. Præterea intempera-
mentũ, quod cum humoribus consi
stit, medicatio duos scopos obtinet:
interdum etenim indicatio sumetur
ab alteratione intemperiei diuersa
ab ea, quę ab humoribus intelligit.
Exempli gratia, febres quæ ab succis putrescentibus ortum habẽt, potissimumq; a crassis, lentis, atq; cru
dis, quatenus sẽ intemperatura cõstant
H calida, ac sicca, medicaminibus in
digent refrigerantibus simul ac hu
mectantibus, quamobrẽ concoctio
ni (qui alter est scopus) maxime ob
sunt. Oportet igitur natura pruden
tem & experientem hic esse medicũ
vt inde vtilitatem, non perniciẽ con
sequantur laborantes: quippe quod
ĩ primis esse necessarium, idoneũq;
pituitosæ febris curationi existima-
mus, ab euacuatione proficiscitur vi
tiosorum succorum: quod nõ idem
accidit biliosis febribus, quandoqui
dem ipsarum symptomatis solũ oc
currere debemus. Atqui si vtrunq;
I parem vim consyderationis postulet, tunc equam vtriq; medicationẽ
adhibendam esse putato. Quando
verò à symptomate periculum non
imminet, caussę ablationi modis om
nibus studendum est, quippe eo pacto exquisita fit morbi curatio. Ad
hęc vbi ęgritudo, & symptoma huic
superueniens contraria fuerint, veluti febris ac syncope, sic eis opitu-
landum: febri quidẽ refrigerantia ap
ta sunt, animi verò deliquio calefacientia: atq; illa vacuatione indiget,
hęc autem alimento. Quinetiã sym
ptoma illud contrarium ad morbũ K
cõtrarium primò sequitur, cuiusmo
di defectus animi ab inanitione factus. Aliter verò in diaria contingit
in qua videlicet citra humorẽ causa
consistit: atq; item aliter, quãdo ab
exterioribus intemperies generatur
cuius curationẽ te ignorare non arbitror. Hactenus de totius corporis
intemperaturæ indicationibus.

Curatio, quæ singulis partibus debetur. Cap. I.

Nunc ad eas, quę priuatim singulis partibus debẽtur, nostra L
se vertat oratio. Si igitur in vna corporis particula ęgritudo consistat,
quemadmodũ si cerebrũ intemperie frigidiore afficiatur, minor quidẽ ac leuior erit morbus, quippe ha
ud ita multum symmetriã naturalis tẽperamenti prætergreditur, qua
re præsidia modice calefacientia ido
nea erunt cerebro: at partes aliæ refrigerari validius debent. Hic autẽ
easdem assumemus indicationes,
quas supra cũ de sene actione fie
ret sermo, scripsimus. Cerebrum igi
tur tutò calefacere potes, refrigerare non citra periculum: cęteras verò M
particulas, quę temperamento sunt
frigido, quales nerui, si a frigore læsionem traxerunt, vtiliter ac secure
calefacies: idq; non immodice faciẽ
dum, ne a sua tẽperie abscedant. Ea
dem de siccis atq; humectis dictũ sit
putato, quoniam partibus noxa tan
tum accidit ab elemento in ea præ-
pollente. Maximam verò solicitudi
nem habendam tibi esse censeo, cũ
partes affectæ magnum in corpore
vsum cognoueris: id genus sunt par
tes principes, quę eximiè necessarijs
functionibus præditæ sunt. Quippe
ipsa-

G ipsarum robur fouere, atq; adauge-
re penitus conaberis, ne per conse-
sum (vt fieri solet) nobilissimū cor, a
quo calor omnis natiuus, ac deniq;
vita ipsa dimanat, vitiet. Quamobrem in talium morbis, vehementer
contrarijs non erit vtendum, potissi-
mūq; vbi refrigeratione opus est.
Iocinori etenim vel immodicè cale
facto verebimur auxilia adferre ex-
quisite refrigerantia, quandoquidē
opus eius omnibus particulis est ne
cessarium. Intelligens igitur partiū
omnium tum functiones, tum vsus
(quos in alia sectione indicauim*)
H haud difficulter inuenies, quatenus
cuiusq; robur custodiri debeat pro
be insuper dictum est, societatē cō-
sensumq́, non exiguam nobis indi
cationem suppeditare, veluti cū ori
ventriculi calidiori refrigerantia im
moderate admouemus, cerebrū ipsum vitiari necesse est, quod natura
est frigidius. Neq; item iecur insigni
ter refrigerandum, propter eius cū
corde societatem. Cęterum istæ vni
uersæ indicationes, quæ calori contraria magnopere non esse adhibē-
da demonstrant, propter vnicū cor,
cuius officij dignitas maxima est,
I atq; ęgrotantibus maxime omniū
necessaria, quodq́; potestate particulas alias continet, quāuis vnū a-
ctu, & energia existat, id quod in se
ctione de functionibus sanitatis nu
per nobis scriptum est. Quinetiam
summa cura aduertes, iocinore intē
perie calida laborante, cor non esse
negligendum, vbi curationem ag-
grederis: etenim id medicamētis, id
genus facultatem habentibus, refrigerabis: quoniam identidem caloris iocinoris causa existit. Verū eni-
uero non solum nos oportet consilium dirigere ad calefaciendum, re- K
frigerandum, humectandum, atq;
siccādum cor, sed etiam ad potestates, & functiones auxiliorum secundas, tertiasq; vocitatas. Postremò à
situ indicatio assumetur: quæ etenī
per summa corporis intemperie laborant, imbecilliora præsidia postu
lant: quibus autem in profundo cor
pore intemperatura consistit, vtriq;
multo validiora exhibebimus: alioqui multo infirmiora q̄ pro vsu tuo
ad locum peruenient: soluitur nāq;
ratione longioris interualli vis me-
dicamēti, quod maxime testantur pul
monis ęgritudines. L

De missione sanguinis.

Cap. 4.

REstat, vt de indicationibus cō-
trariorum expositis, duas præ-
cipuas euacuationis differētias, purgationem, atq; sanguinis missionē
explicemus, quarum variæ sunt indi
cationes. Igitur in venæ sectione at-
tendenda sunt in primis, virtutis ro
bur, atq; imbecillitas, vehementia
morbi, siue adsit, siue futura sit, ętas,
anni tempus, regio, præsens aeris cō
stitutio, vita ante acta, consuetudo,
deniq; omnis viuēdi ratio: quę vniuersa concentu quodam ac concor- M
dia, si detrahēdum esse sanguinem
significent, audacter intrepideq; ve
nam incides, vnoquoq; diligenter
consyderato, ne pars quępiam corporis affecta id prohibeat, veluti cū
quis ventriculi os refrigeratum ob
tinet, simul ac nauseabundū & im-
becillum. Porrò ętas, in qua potissimum uena utilissimè secatur, ea est
quę florens vigens dicitur: postquā
facile tolerāt & ij, qui septimum septennium ingressi sunt, idq; secūdū
ad septuagesimum vsq; annum, ve-

G rum minor, parciorq; euacuatio fiet,
q̃ cęteris. Quibusdam autem octo-
genarijs citra periculum & commo
dè mittitur sanguis. Pueris verò an
te decimum quartum annum Gal.
omnino vetat detrahi: quanquam
Auenzoarus memoriæ dederit, se fi
liolo trimo venam dissecuisse, atq;
hunc a morte tali remedio liberas-
se. Qui verò viribus infirmioribus
degunt, in totum ab huiusmodi e-
uacuatione arcendi: quippe sanguine misso vires semper ijs extremè
concidit, nec postea reuocari, recolli
H giq; potest. Quòd si vitæ discrimen
iacturamq; futuram (vt in senibus
apoplecticis) & alijs ipsorum morbis peruideas, sanè id genus auxilij
vsurpabimus, prudẽter tamẽ & mo
deratè vacuantes. De temporib' autem anni, ver accommodatissimũ
venæ incisioni. Æstas maximè, si cõ
stitutionem suam seruauerit, inimi
cissima: exoluuntur etenĩ facillime
spiritus ac vires, ĩbecillioresq; fiunt:
quare si necessariã missionem sanguinis perspexeris, modica sit oportet, atq; parca. Hyems quoq; vetat:
cõcrescit nanq; tunc sanguis simul
I ac conglaciatur, crassescitq;. Postre
mò autumnus, siccitate caliditateq;
æstati proximus, talem euacuationẽ interdum dissuadet, tum propter
ventorum tumultus, qui in eo excitantur, tum ob inconstantiam suæ
constitutionis, interdum item autũ
no quibusdam venę sectio cõuenit,
natura ac morbi magnitudine co-
gẽte: quantitas autem ac mensura
minor erit, q̃ ea, quæ vere detrahit̃.
Prętereà vbi intendimus partẽ vnã
tantũ corporis vacuare, in qua plenitudo quoq; consistat, tunc sangui
nis quantitatẽ educendę mentẽ ad-
hibebim': nec uno impetu id facie K
mus, sed iterando, quippe cõfertim
facta euacuatio insigne periculum
quandoq; adfert.

De purgatione. Cap. 5.

NVnc de medicamentorũ purgantium potione disserendũ
est: cuius modum ac mẽsuram exactè perpendemus. Hanc igitur neq;
pueri, neq; extrema senectute confe
cti assumere debent. Tempora autẽ
anni purgationi conuenientissima,
vt prodiderunt doctissimi, antiquis
simiq; medici, ver, atq; autumnus:
quoniam ijs constitutionibus succi L
a mediocritate naturali, qualitate
tantum declinãt. Aestate item, atq;
hyeme euacuatio quę fit p medicamenta, noxia est: illa nãq; siccitatẽ,
caliditatemq; immodicam ĩuehit:
hæc succos contumaces ac rebelles
efficit. Porrò qui sanitatis tuẽdę gra
tia medicationibus tantum vtunt̃,
constitutione temporis pluuia, atq;
humidiore purgabũtur: quippe hu
iusmodi aeris conditio ac status per
opportuna sunt. Consuetudo insup
magnum in hac re (sicuti & in alijs
rebus) habebit momentum. Quinetiam aliquam corporis partẽ pur- M
gaturi eius tum posituram, ac sitũ,
ac deniq; cum alijs societatem, & cõ
spirationem exquisitè contemplabimur, quod nos supra de venæ sectione proposuimus, cuius quoque
nunc meminisse non erit alienum.
Cerebrum etenim cum quis euacua
re volet missione sanguinis, humeralem venã dissecabit, quæ cerebro
magis cõsentit, quàm interna. Auer
sionis item gratia prędictas indicationes spectamus: quippe mensibus
immodicè profusis, ad mammas cu

cur-

A curbitulam agglutinamus: atq; profluente è naribus immoderatius sanguine, siquidem è sinistra nare fiat,
lieni: sin e dextra, iocinori applica-
mus cucurbitulas. Quòd si superio
ra laborauerint, inferiorem euacua
tionem præcipiemus: quoniã id genus auxilium tum vacuat, tum auer
tit. Quamobrem eximiè confert vo
mitio affectibus partiũ infernarũ:
purgatio verò supernas tollit ægritudines. Præterea a membri figura
ac formatione scopos idicationum
habebimus: ventriculus quidem vo
mitu deiectioneq; vacuatur: iocino
B ris gibba per vrinam, si modico suc
co referta sint: nã si plurimo, phar-
maca deiectoria quoq; tolerant: ad
hunc modum, caua deiectione tantum purgantur. Quinetiam ipsa in
testina, ac denique renes & vesica p
canales vrinales, si paucus sit succ[us]:
sin autẽ multus, vtiliter deiectorijs
medicamentis expurgabunt. Quãobrem prudenter quoq; sese gerere
debet medicus, dum interiorum ab
scessus curat, nempe purgantium
pharmacorum transitu irritari so-
lẽt, atq; inflammari, nisi sint ex his,
quæ nostrates ĩbecilliora, benigaio
C raq; docuerunt: gargarissatus item
gulæ inflammatiões, atq; abscessus
adaugent. Quoniam autem nõ par
ua est functionum (sicuti alias scripsimus) dignitas, atq; nobilitas ad
ægros conseruandos, sed aliæ magis
his, aliæ minus salutares sunt: equidem ad portionem actionum digni
tatis etiam vsus atq; nobilitatis, cuiuslibet particulæ consulendum est
robori: oportet etenim minorẽ maiorem ve societatem cum corde habere. Exempli gratia: iocinoris abscessus qui ad vigorem peruenit, di-
scutiẽtibus ritè, ac meritò curari po D
stulat, quemadmodum alij omnes
abscessus: partis verò summus ĩ cor
pore vsus facit, vt adstringentibus
aliquantum odoratis vtamur. Non
prætereunda verò interio, & ea quã
particularum sensus acuitas, hebe-
tudoq; præstant, quãdo quæ acuto
ris sunt sensus vehementia medicamenta haudquaquam ferunt. Cæte
rum medicorum nonnulli putarũt
ĩtemperiem ex se, succi, qui eam peperit, euacuatione nequaquam ĩdi-
gere: quos ego quidem censeo, purgationem intellexisse, quæ intempe
raturam plerunq; adauget. Sunt præ E
terea alij existimantes in febrium
acutarum initijs deiectionem omni
no vitandam: succis videlicet contu
macibus, ac rebellibus existentibus
de hoc verò infra disserem[us] vberi[us].
Iam ad Hippocratem veniam[us], qui
scriptum reliquit, mulierem vterũ
gerentem, cui detractus sit sanguis,
abortire: & alibi, vterum gestantes
esse medicandas, si materia turget,
quarto mense, & vsq; ad septimum.
Hoc in loco non possum non magnopere angi, atq; dubitare, cur pur
gationẽ venę sectiõi ptulerit. Ego sa
nè (vt ĩgenuè qd[us] sentio, fatear) san- F
guinis missionẽ, si adsit plenitudo,
qua fęt[us] nõ egeat, haudquaq̃ refor-
midarẽ: deiectionẽ aũt q̃ medicami
nib[us] purgãtib[us] efficit, oĩno vitabo:
qñ quidẽ (vt sũmatĩ dixerĩ) à purgatio
ne null[us] cõmod[us] finis puenire põt:
fœtũ nãq; vitiat purgãs medicamẽ-
tũ, ob deleteriã, qua cõstat, essentiã:
gnetiã ad fœtũ improbos succos de
fluere, ac decũbere cogit, q hũc insi
gniter afficiũt: purgatoria insup me
dicamina vrinã ciẽt: hæc aũt menã
stes appellãt: quę itẽ mẽstrua prouo-

G cant, abortum uterum gerentib⁹ ad
ferunt. Hactenus de ijs quę generatim uniuersimq; sumuntur indicationibus rationis medendi, quę tan
quam capita, ac principia curāti ne
cessaria sunt. Restat igitur omnem
intemperiem, siue cum humore, siue citra humorem consistat, aut toti accidere corpori, cuiusmodi est fe
bris, aut uni tantum particulę. At q̄
cum humoribus fit, duplici constat
differentia, quippe aliquādo in partis cauitate, aliquando in ipsius essentia infixa, impactaq; est: idq; citra tumorem interdum: alias autē
H cum tumore, qui abscessus uocitat.
Verum initium faciemus ab intem
perie toti corpori communi: deinde
eam, q̄ unicuiq; pti aduenit, definie
mus: postremò ad abscessuū curatiōe

*Omnium diariarum febrium curatio ge-
neratim. Cap. 6.*

DE ephemeris primò sermo no
bis habendus est, quarum curatio duas indicationes obtinet: V
nam, quę docet intemperiem calidam, ac siccam refrigerando, hume
ctandoq;, auferendam, & ad temperamentum reuocandam: Alteram,
I quę caussis externis, atq; euidentib⁹
repugnandum suadet: quandoquidem diaria nihil aliud est, quàm in
temperatura citra humores a pręin
cipientibus ut plurimum orta cauf
sis. Quatenus autem sit refrigerandum, atq; humectandum, multa no
bis indicabunt: in primis ęgrotātis
temperamentum, ętas, aeris cōditio,
anni tempus, regio, atq; cōsuetudo:
postremò caussę, quę hanc febrē e-
uocant. Aduertas insuper refrigerationem, quę primò febribus adhibe
tur, à cibis & pręsidijs vim frigidam
habentibus suppeditari. Quę uerò K
secundario atq;, per accidens fit, lauacro aquę calidę temperatęq;, idq;
potissimum in hac febre, quę spirit⁹
maximè inuadit, eosq; in halitū ua
porosum uertit. Quamobrem nisi
discutiatur, immoderatam toti corpori flāmam suscitabit: quo fiet, ut
in putridam degeneret ephemera.
Balneum itaq; huiusmōi omnibus utili
ter curationis ergo pręcipiet. Aquā
item oportet tantam nancisci diffe
rentiam, quantam caussę febrim ef
ficientes obtinuerint. Accidit interdum diaria a cutis stipatione, tum
ob frigus, tum ob balneum pręter- L
missum, tum ob lauacrum aquarū
uim astrictoriam habentium, quales aluminosę, aut deniq; ppter cor
poris totius squalorem, qui a calore
aeris immodico prouenit. Atq; in
totum calidiores, siccioresq; natura
corripit ephemera.

*Curatio speciatim diariarum.
Cap. 7.*

QVi igitur densatione cutis febri
citant, post accessionis declina
tionem dulcis aquę tempe
ratęq; lauacro committētur: frictio
nes item cum oleo dulci tepido me
diocres lenesq;, utilissimę sunt. Nec M
sunt bis terq; lauandi, quoniam cō
tantum sic curabat Galenus, quib⁹
balnea consueta essent. Quinetiam
perfusio aquę frigidę a lotione iterā
ta (ut ego quidem sentio) incommo
da erit, obstruentur etenim atq; sti
pabuntur cutis meatus. Est uerò
quando reclusi immoderatius fuerint, ęgerq; immodicè calefact⁹, nō
inutilis futura. Porrò a balneo alimentum dabimus, siquidem ęgri tē
peratura calidior ac siccior fuerit,
anniq; tempus calidius, refrigerantia

simul

A simul ac humectans, cuiusmodi ptisana, quæ omnia excrementa generose promouet, ac depellit: deinde ab huius concoctione pisces saxatiles, pariter & perdicum carnes offeremus, & id genus alia. quod si aliã haberet accessionem, superiora reiterãda sunt, talisq; victus ratio.

Qui a vigiliis, tristitia, atque ira, diaria corripiuntur. Cap. 8.

QVi ob vigilias, tristitiam, iam febricitant, etsi curationẽ eandem ferè expetant, tamen quę
B ab ira proficiscitur febris, maiori refrigeratione indigebit, quàm quæ a vigilia, aut mœstitia: quarum equidem nulla frictiones desyderat, solo balneo mediocri contentæ. Ad hęc quas vigiliæ, ac tristitia accendunt, magis humectabimus, somnumq; diuturniorem præcipiem⁹, modisq; oĩbus laborantes exhilarabimus.

A solis deustione. Cap. 9.

QVæ à solis immodica deustione excitatur, refrigerationem postulat, quæ fiet, si diutius in aquæ temperatæ lauacro immo-
C retur æger, simul ac frictione modica cum oleis refrigerantibus, cuiusmodi ẽ quod ex viola purpurea paratur, cuius pfusio summè vtilis erit

Ab algore. Cap. 10.

SI quis ab algore diaria corrept⁹ sit: is pariter lotione calida vtet. Atqui aer balnei, q̃ ipsum lauacrũ, cõmodior est. Caput item rosaceo calefacto perfundendum. nam cæteris frigido rigamus. Cibi erunt temperati, aut aliquatenus calidi, vt sunt turtures: mulsa quoq; maxime idonea. Verum (vt summatim dicam)

lauacrum, diariis omnibus, præter D
eas quæ à destillatione frigida oriũtur, & quæ ex inguinum tumorib⁹, conuenientissimum. At si ab æstu destillationes veniant, lauandos iubet Galenus, ea tantum ratione, ut puta ut ad concoctionem tenuiorum succorum balneũ sufficere, quippe crassiores per vniuersum corpus diffundit. Quamobrem ante coctionẽ absolutam lauandi non sunt. Sit aũt balneum dulcis atq; tẽperatę aquę. Vini autem exhibitio communem in cunctis ephemeris rationẽ habet: vini inquam aquosi, albi, tenuis
& odoris: præcipue si ęgrotantes per E
sanitatem vino bibẽdo insueuerint, bibendum id erit: nam & cõcoctionem adiuuat, prohibetq; ciborum in ventriculo fluctuationem, flatus discutit, vrinam atq; sudores prouocat, animam exhilarat. At potissimum iis qui vigiliis, curis & tristitia macerantur, liberalius vtilissime bibitur. Qui verò ira excanduerunt, affectu mitigato tutò potabunt, alioqui futurum noxium.

A fatigatione. Cap. 11.

QVæ à fatigatione cõtracta est
febris, ratione victus refrigerã F
te tantum curabitur: alimẽtorum verò tãtum ingerent laborãtes, quantum cõficere possint, ac superare: solet etenim immodicè cibatis nausea superuenire.

Ab inedia. Cap. 12.

POrrò si ab inedia febris contigerit, edulia ꝓbi succi, omninoq; concoctioni parata dabuntur, quæ tum refrigerent, tum humectent. Quamobrem si in accessiõis initio cibentur, febrem arcebit.

Quæ

G *Quae ab obstructione.*

Cap. 13

CVratio ephemerarum pluriū
dierum, quę ab obstructiōe ꝑ-
ueniunt, primis tribus diebus sola
frictione perficitur, cum seminum
peponum farina, hordei, milij, fabę,
erui: utiliter quoq; assumes oxymel
ex aqua iridis, aut adianti. At si talibus nō cesserit, tertiumq; prętergre
diatur diem, iam tibi erit coniectan
dum, an plenitudo adsit: quę agita-
ta prędicta frictione ægro incommo
dum afferre valeat: quippe ab huiusmodi remedio maior fit meatuū
H obstructio, q̄ apertio. Quamobrem
rationem curandi mediam īter dia
rias, ac putridas cogitabis, idq; accidet, si plenitudinis notæ missionem
sanguinis, aut alui deiectionem in-
dicarint: quæ prudenter a te consy-
derabuntur experimento. Quando
quidem sola disciplina citra experimentum explorare minime posses
in singulis indiuiduis, quid, ī quali,
ac quanto sit faciendum. Neq; solis
vsibus theorematum scopis fidēdū:
quippe expientia principia quæque
particularia īdiuiduorū suppeditat,
q̄ literis ad vnguē explicari non pos
sumus. Quare quo min' medicinā
I exacte calleam', in causa erit id, q̄ ꝑ
experimento magis q̄ rōne stabilit:
vnde Hippo. doctissimè ꝓdidit, vi
tā breuē, artē verò longā esse. Nos
itaq; huic arti operā minime tā dili
gēte nauasse nō ignoram', vt sim in
ea opiniōe, in qua sunt nō pauci no
stri tpis medici, qui putāt se ad sum
mū ꝑuenisse, quorū ego vanam glo
riā nō possum nō demirari: quippe
solos Auēzoarj filios magistros me
dēdi existimo, quorū vitā lōgissimā
faciat Deus optimus maximus.

Temperamenta calida, ac sicca. K

Cap. 14.

IN corporibus temperaturæ calidioris, ac siccioris sæpenūero ab
astrictione, siccitateq; accenduntur
diariæ: quin etiam cruditatibus suc-
cedunt, in quibus alimenta in nido
rosam & fumidam qualitatem vitiantur. Febricitant etiam alij & ex
ijs, quos alui profluuium à cruditatibus male habet, quod à ciborum
corruptione & rosione fieri solet. Ex
astrictione quoq; alui huiusmodi
temperamenta in febres promptè
incidunt: astringitur verò aluus caliditate, ac siccitate, atq; facultatis ꝓ L
pulsorię imbecillitate. Est aūt eorū,
quibus fluit aluus, sanationis cura
sic habenda, ab humoris quidē deie
ctione & vacuatione: siquidem alui
profusio cessauerit, in balneum ducendi ęgrotantes, atq; victus offerē-
dus ventriculum corroborans in fe
bris remissione: deinde firmando vē
triculo, & quæ circa eum sunt parti
bus, vnguenta cerataq; admouere.
quòd si alui fluor viget, à lauacro
abstinebis, quæ est Galeni sentētia:
quanquam recentiores medici vehementia alui profluuia balneo cu
rare se prædicant, auersionem ad cō M
traria esse putātes: quam rationem
medendi vitabimus, fit enim ex accidēti, & propè dixerim per similia.
Cibandi autem sunt fluente etiam
dum aluo, nec balneo committendi. Consuletur item ventri, si modò
vacuatio amplius non duret, peni-
culo oleo absinthino, aut rosaceo
imbuto. At si mastichem tritam o-
leo rosaceo miscueris, remedium
pręstantius efficies. Præterea (vt pau
cis dicam) partibus quæ ex numero sunt principum, energia frigida
nus-

A nusquam applicabis. Si autem ventriculus deuratur, commiscend⁹ erit
præscriptis oleis summitatum vitis
succus, item cydoniorum malorum
succus, quinetiam ex balaustijs, hy-
pocisthide, & palmularũ carne medicamenta confecta adijciemus, qui
bus si ceram addideris, ceratum effi
cies. At sunt medici non paucissimi
rogantes, cur à Galeno ventri intemperie calidiore affecto mastiche cum oleo rosaceo misceatur:
Quibus hoc responsum volumus,
aliam esse indicationem ab intemperatura sola, aliam verò ab intem
B perie partis: quæ postrema id docet
tantum firmandæ particulę gratia,
idonea esse, quæ vnà cum astrictione, amara & odora sunt: in quo primi, qui experimenta sectabantur,
lapsi sunt, qui intemperaturæ nullã
habebant solicitudinem: quod Galenus eos fecisse testatur in quodã,
qui calida, siccaq; intemperie vẽtri-
culum affectum habebat. Magno
itaq; studio considerabimus, an in
temperatura adsit tam vehemens,
vt ab ea periculum immineat: quã
doq; etenim firmantibus ventrem
tantum vtemur, quandoq; verò re-
C frigerantia commiscebimus adstrictionis non expertia, quo in numero multa sunt. Cibandi insuper fluente aluo his sunt, quæ adstringũt,
& id pro vacuationis mẽsura. Quip
pe si exigua desiciat, panem tantum
biscoctum vocitatum cum saccharo præparatum, aut cydoniorũ malorum succo offeres. Sin autem aluus copiosè fluat, validiora dabis,
cuiusmodi est biscoct⁹ panis ex hor
deo cum succo cotoneorum appara
tus. Quinetiam commodissimè ma
lorum punicorum succum, pyrorũ,
vel malorum Galenus exhiberi p- D
didit. Quòd si appetentia careant,
medicamento quod ex cotoneorũ
succo, vel eorum fit carne, vtitor, cui
& mastiche admixta sit. Tradita ve
rò in libris de sanitate tuenda a Ga
leno medicamenta id genus compo
sitio. At nos quod piper, aliaq; medi
camenta calidiora continet, minimè tunc probauerim⁹, maximeq; ĩ
nostra regiõe, quę calidiori, ĩtempa
mẽto. Si aũt talis penit⁹ cohibeatur, ni-
hilq; reddat, considerandũ in qua
parte cibus consistat, & num in ven
triculo, aut intestinis. Quippe si in
ventriculo, & superius partibus, Ga E
lenus iubet, quod diatrion piperẽ
appellatur, dari, sed non medicamẽto
sum illũ, verũ qđ est simplicissimũ,
& ab eodẽ in libris de sanitate tuen
da traditũ. Est præterea ijs vtilissimũ,
quib⁹ cibi in ventriculo acescũt: nẽ
pe ab eo abstinere oportet illos, qui
vẽtriculũ calidiorẽ obtinẽt, & cibos
pp caliditatẽ auersant. Dictũ verò a
Gale. & à nobis in sectiõe ęgritudinũ repertũ, partẽ quãlibet æque in
tẽperatã reddi, atq; imbecillam à ca
lore, q̃ ab algore: verum quę à frigo
re fiunt, essentialiter erũt, quæ à calore, ex accidenti: quẽadmodũ solis F
caliditas vehemẽs ignem extinguit,
& fornacis, aut camini flammã vali
dius lucetur lumen: quod eadem ra
tione coniectare possumus de vẽtri
culi intẽperie, ac nausea, quæ à caliditate efficiuntur. At Gal. consiliũ curationis ad frigiditatem tantũ dire-
xit, quę ex accidenti ventriculo con
tingit, quam indicationem a sua re
gione sumpsisse, nõ est dubiũ. Iam
verò q̃ medicamẽta ex cotoneis mi
sceant, vtiliter sunt agallochus, masti
che, & chamæpitys, quod ita tempe-

rabit.

G rabitur, vt cotoneorũ frigiditas semper ppolleat, q si citra cotonea medicamẽ parare velis, habes materiã eorum, quæ refrigerant, & astrĩgũt, vberiorem. Omnino autem prouidebit medicus huic, quod magis vrget. Quinetiam pluris, minorisq; ratione præsidia, tum frigida, tum calida augebimus, ac minuemus, si morbus expostulet. Galenus horũ ventriculum aqua calida perfundi iubet, ut relaxatio fiat: quam vt timidè, ac prudẽter facias, suadeo, ne venter afficiatur, cui penitus talis pfusio aduersatur. Nec te moueat in

H dicatio, quę a morbo est, demõstrãs id gen⁹ remedij commodum fore: maius nanque periculum a natura particulæ non animaduersa instat: quamobrem quæ supradicta sunt, semper commixta accipiemus, aut in totum idonea adferemus. Porrò si ex ventriculo nutrimentũ descenderit, tunc perfusio illa peroptima est, atq; hic quoq; spectandum, ne ad partes irrigatas alimẽta incocta trahantur: proderit item leuis infusio per secteria, vtiq; si rosio, aut status non adsint, ex oleo, melle, & exiguo sale: sin verò simul vrgeat rosio, adipem anserinam, an gallinaceam liquabimus: sin autem flatus

I discutient, oleo incoquemus rutã, semine item quę & discutiant, & cõprimant, qualia sunt apij. cumini, marathriq;, aliaq; id genus: quãdo verò flatus ac nausea simul afficiũt, innati caloris imbecillitatem arguunt: quare nec refrigeratiõe, nec calore seorsum vtendum, sed simul tẽperabimus, commiscebimusq;. Hęc item febris quandoq; ad tertium puenit diem: verum nihil verendum, modò ea qua diximus, ratione curẽtur, & post euacuationem lauacro

K committantur. Iam verò in quibus ructus acidi fiunt, & nausea laborãt ephemera talis minimè excitatur: quippe fumidus vapor ab illis non ascendit, sed potius halitus frigidi. Præterea frigidi humidiq; natura, pariter frigidi ac sicci raro ab huiusmodi febre capiuntur: calidi verò, atq; sicci prõptissimè, atq; maximè ob inediam, & exercitationes immodicas, ac balneum prætermissum.

Febres ex inguinum tumoribus.

Cap. 15

QVæ verò ex bubonibus fiunt, sanantur tumore curato: qui

L si a fluxione oriatur, purgatione opus est: si a sanguinis copia exuberante, sectio venę conuenit. hoc etenim auxilio præcauebimus, ne in deteriores ęgritudines transit⁹ fiat. Gale. quidem lauandos docuit, quod esse faciendum in declinatiõe censeo: vinum quoq; vtantur, ac ratione victus tenui vtentur, quousque liberẽtur. Hactenus de ephemeris, quas vt prolixius a medicis tractatas, compendiose tradidi: habes n. a Galeno multis in locis, & a nostratibus definitas copiosissimè.

M *De synochis febribus.*

Cap. 16

SEquitur, vt de febribus acutis (quas synochos Græci appellãt, nos continuas) disseramus, quas ex copioso, ac calenti sanguine fieri docuimus in sectione ęgritudinũ: aliquando quidem nondum putrescẽte, interdum verò iam putrido. Tres autem sunt omnino differẽtiæ. aut enim eadem febris vehementia permanet ab initio ad finem, quod accidit, quoniam par est ei, quod accenditur, transpiratio: aut addendo

exi-

A exiguũ quiddam ſualeſcit ſemper,
nẽpe minor eſt vacuatio eo, qđ adijcitur : aut deniq; auferſ ſemp,atq;
minuitur:idq; qn quidẽ qđ vacuať
ac tráſpirat,altero copioſius eſt. Curationis itaq; meta febris huius, ꝙ à
plenitudine valorum cõtingit, erit
ſanguinem detrahere, maximè vbi
nondũ ſit putridus . Quã ſane euacuationẽ iubet Gale. vſq; ad animi
defectũ ducere,nõ vitiũ adſit : primũ nanq; celerrimè ex animi deliquio refrigerantur : poſtmodũ ne-
ceſſariò alui deiectio ſupuenit : qn
etiã interdũ biliosa vomitio. Huic
B verò opinioni ne omnino accedа-
mus,facit naturę imitatio , medico
ſemp vſurpanda. At prudens natura, nuſquã profluuio ſanguinis ad
animi defectũ morbos probè iudi-
cauit:quin potius, ſi ita contigerit,
mali , atq; exitialis iudicij nota eſt,
facultate , ſ. propulſoria immodicè
valida,& qđ bonũ quoq; erat vacuã
te. Ad hęc nõ ob aliud qrit ſanguinis miſſio , ꝗ vt qui redũdat in corpore ſanguis,minuatur,ſimul ac na
turę modus conueniens, ac menſura cuſtodiatur : qđ equidẽ citra ſan
guinis iacturã,cui ſpiritus vitalis ad
C miſcetur,nequaquã fiet. Pręterea id
præſidium ſolã refrigerationẽ corporis præſtare teſtatur Galen. quæ
vtiq; ex accidẽti facta inſigniter periculoſa eſt. Quamobrẽ externi caloris exiguũ quiddã relinquere tutius cenſẽmus, ꝗ natiuũ , vitalemq;
minorẽ facere : fieri itẽ non põt,qn
in tali corpore, quale propoſuimus,
continenti febre correpto , nõ adſit
putredinis alicuius alterius ſucci ſignificatio, ac præparatio , ꝙ maior
euadet, viribus,q cõcoquere, ac vincere debẽt imbecillioribus effectis,

calore interno videlicet imminuto, D
atq; ꝑpterea gubernare non valente,
errantiq;, qđ acciderit,reſarcire non
poſſe. At notę , ꝙ febrẽ continentẽ
citra putredinem exortã indicant ,
inconſtantes ſunt,nec ſolidę. Igitcũ
& ex vrina , & pulſibus putredinem
ſubeſſe ſpectabis, caue, ne ad animi
deliquium detrahatur ſanguis : qñ-
quidẽ vel à ſectione venæ ad ſepti-
mũ diẽ permanebit putredo, quam
euincere haudquaquã poterit virt',
tanta vacuatiõe facta imbecillima.
Gale. non eẽ concoctionẽ expectan
dã cenſet, qñ in putrido accendimr
ſanguine,ſed ſtatim à principio re- E
nã diſſecare, poſtmodũ ad aquę frigidę potionẽ inſtẽ adhibet, doceťq;
diligenter eẽ diſcendũ indicatiões,
q vel arceant, vel iubeant propinare. In primis itaq; conſyderandum,
vtũ in humoribus concoctionis notas videris : an tumor aliquis ĩ prin
cipe particula ex abſceſſuũ genere
conſiſtat : an itẽ ventriculũ habeat
is, qui ægrotat, aut frigidũ, aut im-
becillum. Qui etiã ſi frigidę aſſue-
tus æger ſit , quippe cuncta hæc vel
audacter exhibendã, vel trepidè in- F
dicabunt. Cæterũ intemperies, quæ
quãdoq; ab huius potione vſuuenit, ad-
uerſaťoĩno ei, qđ cauſam febris adi
mere debet : quippe humorũ cruditatem facit,omneq; concoctionẽ ip
ſorũ tardat : febris aũt nullo pacto
abibit, niſi ꝙ eã fouet, cõ prius adi-
matur. Nõnullis inſup ex intẽpeſti-
ua,immoderataq; gelidæ potiõe vẽ
triculus , aliæq; particulæ principes
adeò refrigeratę ſunt, vt nuſquã robur priſtinũ recolligere potuerint.
Atq; ex iis alij ſpirandi difficultate,
alij tremore,& conuulſione correpti,
ſimul ac toto neruoſo genere affecti ſunt.

G ęti sunt. Galen. varias sup hac re historias scripto tradidit: veluti illã, qua multis gulã adeo eẽ refrigeratã docuit, vt postea deglutire vix possent: & aliã eorũ, quorũ venter cõcoquẽdi munus inde infirmum habuit. Quòd si concoctos succos ex notis quibusdã deprehendas, intrepidè dabis. Habes etenim vnicũ scopum, ad quẽ consiliũ dirigas, scilicet intẽperaturę calidę curationẽ, quę nullo præsidio commodius fiet, q̃ egelidæ aquæ potione. Quippe natura adiuta, ad qd̃ inutile est, foras propellendum, validior fit, attenuato H videlicet concoctione humore.

Quæ putrescentibus humoribus febres accenduntur. Cap. 17.

Febrium, q̃ ab intemperatura cũ humoribus accendũtur, sanatio duas indicationes obtinet: alterã, q̃ intemperiẽ alterat: alterã, q̃ succos noxios euacuat. Quibus si velis, tertia quoq; accedet, q̃ causarũ putredinẽ adiuuantiũ ablatione constat. Auferenť aũt tum superuacanei expulsione, tum meatuum apertione. Porrò obstructio meatuũ vel à frigidis, vel siccantibus, vel adstringẽtibus, I vel à succis crassis, atq; lentis efficiť, interdũ verò à prędictis omnibus. singula horũ cõtrario sibi curabunť. Atqui sępenumero accidit symptomata hm̃oi indicationi, quæ à febre sumitur, repugnare, obidq; curationẽ minus probè pfici. Si aũt essentia ipsi⁹ febris, eiusq; sibi aduersentę, medentis cõsiliũ esse oportet (modo febris atq; symptomata non vigeant) eam auferre: nimirũ ea ablata, febris quoq; depelletur, vt facilè tibi pateat in his febribus, quæ à frigidis succis oriuntur: quales sunt melancholicę, atq; pituitosæ. Quòd si febris validior eã extiterit, illi statim (hac tñ non neglecta) K occurrendum censeo. Nos itaq; in primis de febribus non habentibus symptomata, q̃ ipsarum sanationi obsint, sermonẽ faciemus: postmodũ de cęteris disseremus. Diuersę nanq; sunt indicationes sanationis morborũ ab his, q̃ symptomatis obsistere demonstrant: pelluntur etenim morbi, caussas adimendo: at tollunť symptomata, vel ijs q̃ nonnunquã ipsa adaugent, cuiusmodi est curatio dolorũ maximorum per opiũ. Prætereà & quatenus medicamenta, & quatenus alimenta, eã q̃ L facultatẽ refrigerandi pariter, & humectãdi hñt, ad febriũ eorum medicationẽ intus assumunť, atq; id primis potestatibus præstare constat. Quinẽt ambientẽ aerẽ artificio interdũ frigidũ, interdũ calidum paramus. Atq; itẽ in ęgritudinibus quibusdã terrã mutare iubemus: quẽadmodũ tabe laborantẽ in Aethiopiã, Arabiamq; delegamus. Euacuationes in febribus detractione sanguinis fiunt: atq; purgatione medicamentorũ, secundis videlicet, & tertijs facultatibus, atq; ẽt arcana pro- M prietate. Aliqñ insuper vacuantur, tũ lauacro, tũ frictionibus: quippe vacuatiões hic nullatenus adiuuat exercitatio. Atq; occasionẽ diligẽter cõtemplabimur, vtpote in hac arte eximie necessariã. Quãobrem, Hippocrates scriptũ reliquit, occasionẽ pręcipitẽ esse, hoc est, agendorũ in medicina tẽpus angustissimũ, & ppè momentaneũ. Detrahemus autẽ in febre sanguinẽ, vbi notæ exuberantis sanguinis adfuerint, nec qualitate vitiati: vires deniq; perpẽdendę, quæ vt plurimũ in principijs vali-

A validiores sunt. Quãobrem statim
à principio, tũ purgationẽ, tum venæ sectionẽ medicorum non pauci faciendam arbitrantur, & tñ nõ
vltra septimum diem. Quorũ errorem noster Gale. refellens, ac discutiens vni virium robori, non dierũ
numero attentũ esse medicũ iubet:
nec solũ sexto septimoue die, sed ẽt
sequentibus, vel vigesimo mittẽdũ
sanguinẽ. Modus, ac detractiõis mẽ
sura à magnitudine morbi, à tẽperatura, ętate, anni tempore, consuetudine, & summatim ab tota victus
rõne, & id genus aliis indicatiõibus.
B At viriũ robur, atq; imbecillitas tẽ-
peramentũ probũ, atq; vitiosum cõ
sequuntur: quare vno nominato, al
terũ intellexisse oportet. Euacuationes insuper, q̃ obstructionũ apertio
ne proueniunt, incidẽtibus, attenuã
tibus, atq; succos cõcoquẽtibus indigent medicamentis, q̃ vniuersum
qd farciri põt, corrigunt, quodq; ca
stigationẽ non admittit, foras expel
lunt: q̃ quidẽ intentio in oĩbus febribus, maximè in illis, quę deuren
tes non sunt, debetur. Nec pretermit-
tas hunc scopũ in cunctis morbi tẽporibus, q̃nquidẽ succi putridi ali-
C ter in melius reuocari non pñt, quã
qd alienũ est vacuãdo, qd vero cor-
rectionẽ admittit instaurãdo: q̃ cõmunis est oĩbus consyderatio, qui
putrescentibus succis occurrere student. Ad hęc lotiũ ciantia nõ omit
temus: oportet n. assiduum eorum
vsum esse. Verũ quis fortè tutò nõ
dari credat, qñ taliũ nã calida, ac
sicca sit, vñ febris vehementia adau-
geri valeat, qualia sunt semina ani-
si, petroselini, apij, fœniculi. Quare
asperabim' facultates horũ prima-
rias refrigerãtib' modicè, & vi vrinã
ciẽte pollitis, i quo numero pponũ, D
atq; cucumerũ semina. Sunt uerò
ex his temperata quædam, uel oẽno
exiguũ calorem obtinentia, ut sunt
adiantum, & cichoriũ. igitur ubi me
dicamina calefaciẽtia cõponimus,
eorũ semp potestates hebetabimus.
Quę uero fit per meatus urinales
euacuatio, febribus commodissima
& cõmunissima uidetur: insuper q̃
à nuper dictis præsidijs, expectatur,
incisio est, atq; attenuatio. Nõ igno
res autẽ ab ijsdẽ angorẽ, atq; agita-
tionẽ summam excitari, quinetiã ui-
trem, simul ac securitatem, præcipuẽ
in diuturnarũ febriũ fine. Quãob- E
rẽ quæ principes partes confirmãt,
simul cũ ijs incoquẽda erũt, cuiusmodi est mastiche. Tria itaq; pera-
gemus, incidemus, tenuabimus, ac
roborabimus. Quod si humores febrẽ efficientes, frigidã, siccamq; tẽ-
periẽ nanciscuntur, à calidis, atq; siccis abstinebimus, uelut quartana
laborãti siqd eorũ exhibeas, statim
quoq; uel radicẽ dulcis radicis, uel
sacchari ex uiola purpurea confla-
tũ admiscebis. Ad hęc oxymellis ui
tiũ uuæ passę emẽdantur. radit nanq;
alioqui, ac mordet neruosũ oẽ genus,
& gulã, uentriculũ, atq; asperã arte- F
riã. Porrò aqua cicerũ in oĩbus propè febribus cõmoda est. Quinetiã
aqua ordei, q̃ refrigerat, humectat,
expurgat, detergit, abluit leniter, iu-
cũdissima est, & febrib' utilissima,
interdũ autem os uentriculi afficit,
pptea mastichẽ cõmiscebimus secũdum pluris, minorisq; rationem, lã
uerò medicamenta, quæ tum aluũ
deijciunt, tum calori febrili repu-
gnant, summopere laudantur; id
genus sunt oxyphœnicia, uiola pur
purea, mel acetum, & huiusmodi.

Amyroba-

G Amyrobalanis cauebimus pp astrictionẽ, qua pollent, nisi coctione p-
cedente. Horũ verò conuenientẽ or
dinẽ percensebo. In primis igitur da
tur mel aceũ, postmodũ viola purpurea, deinde oxyphœnicia: ab his
interiora cucumeris quẽ sarraceni-
cũ appellant, tũ casia fistula, postre
mo myrobalani. Omnino insuper
in curãdis febribus assumẽda sunt,
quę penitus & à tota specie (vt sic di
cã) putredini aduersant: q̃lia sunt
aromatũ genera: quorũ vsus, & quã
titas parcior esse debet, & caliditas
tẽperari cũ iis, quæ retro iã diximꝰ.
H Sunt itẽ nonnulla, q̃ citra caliditatẽ
id prestant: veluti succus malorum
punicorũ, santala rubea ac cãdida:
quę tñ, nisi quid admistũ repugnet,
obstructionẽ pariunt. Atqui refrige
rantia, humectãtiaq; p̃sidia pro caloris febrilis vehemẽtia, ac paruitate dñam variã sortiuntur. Horum
nomenclaturã ordine sic habeto:
aquã ordei primò, iulepũ rosaceum,
qđ ex aqua rosacea, atq; saccharo
tñ cõponitur: at nos vt siccitatẽ ro-
saceæ cohibeamus, aquã simplicis
aquę portionẽ illi adiicimus, vel secundũ maius & minus. Quæ verò
I potiones conficiunt (syropos vocãt)
ex herbarũ succis frigidarũ, humi-
darumq;, potiores sunt & aliis, in
quorũ numero cucurbita, pepo: cucumeres, psilliumq;, addunt sæpe
[illegible] succus singulorũ, nullo adie-
cto saccharo. Quamuis [illegible] (vt
in totũ dixerim) contrarius est sar-
raceni [illegible]. Restat, vt aliqđ
de purgatione febrium attingamus:
quippe antea vberiorẽ sermonẽ feci
mus sup hoc auxilio. Purgabimus
itaq; febre correptos tunc maximè,
cũ succos qualitate viciatos exube-
rate spectabimus: atq; id virtute va K
lida indicante, qđ nobis concoctio-
nes demõstrabunt: namq; eo ipso tẽ
pore natura succorum vacuationem
quoq; aggreditur, quas summope cõ-
mendant doctissimi quiq; medici:
in quo imitandã naturã accuratis-
simè precipiunt. Ignorare aũt mini
me te oportet, p̃cedente humorum
coctione facile oẽm ipsorũ crassitu-
dinẽ, ac lentorẽ discuti, ac propulsa-
ri: oẽm deniq; obstructionẽ tolli.
Hic exoritur inter medicinę professores nõ ita facilis solutu q̃o. Galen.
etenim, & plerq; oẽs medici aliqui
ea sunt hęresi, vt non nisi preceden L
te succorũ concoctione purgationẽ
adhibere necessum sit, preterquam in
morbis, qui extreme acuti sunt: qđ
ex dictis Hippocratis colligere possumus: quãquidẽ vbi ægritudo peracuta inuadit, tunc quoq; statim
insigniter facit, quos ad particularẽ
principũ aliquã (nisi statim vacuetur ab initio) decũbere, & illã vitia-
re periculũ est: tenuissimi etenim
sunt huiusmodi humores, nullaq; mea
crassitudo, nullusq; lentor, qui medi-
camẽti purgationẽ remorari valeat.
verũ à purgatione incõmodũ vnicũ M
accidere solet, videlicet febris incrementũ: p̃ primis namq; qualitatibus
calida id faciunt: quare admiscen-
da frigida, atque humida iis sunt.
Quòd si morbus non ita vehemẽs
sit, & acutus, concoctio expectanda
ẽ. Atq; tibi obiter dicã, ægritudines
patriæ Hippocratis acutas, apđ nos
esse peracutas: ille etenim ptisana
& aqua mulsa tũ in curatione acutorum vtebatur. Hic verò, & calidioribus regiõibus, in principiis me
dicinas purgãtes adhibebimus: qa
sæpenumero in ore ventriculi succi
viciantur,

A vitiant, ac corrūpunt. Ad hęc ī mor
bis, quos tū crudi, tū crassi, tū lenti
succi generarūt, cōcoctionē expecta
re vtilissimū: q nimirū incidētib⁹ &
attenuātib⁹ pficit: alioq piculosa fo
ret purgatio. Auic. iubet ī egritudinib⁹ à tenuiorib⁹ succis genitis, cuiusmodi ē tertiana exqsita, q septē (ī
torū) circuitib⁹ iudicat, cōcoctionē
pcedere: quā hoc pacto definitā tradidit. Cōcoctio tenuiū ē eorū īcras-
satio, crassorū vo extenuatio. Quip
pe cū facultas expultrix difficulter
crassa ppellat, tenuiora quoq; ñ sine negocio vacuabit: exoluunt. n. at
B q; dissipant. Verū enimuero facili⁹
succi tenues expurgabūt q crassi. vñ
nōnullis scriptū ē medicis, se nusq
medicamētū purgās exhibuisse, q n
flaua bilis prior vacuaret: leuissimā
n. ēē, ac tenuissimā ēē: cęteros āt hu
mores seq. Qd idē sēsus tibi īdicat,
tenuiora. ē. propt⁹ purgari crassiori
bus. At nā ę op⁹ ñ ē, alioq qd ī morbis acutis prio vacuaret, flaua ēēt bi
lis: fiunt hmōi morbi vt plurimū à
succo tenui, q quāto subtilior, tāto à
nā difficili⁹ expellit. Quāobrē vbi
egritudo pacuta erit, cōfestī purga-
tiōe vtemur: ī talib⁹. n. tardare ma-
C lū ē: qñq dē nā affecta ñ valet postmodū cōcoctionē aggredi, q securi-
tatē oīno polliceat. At Rasī quarta
narū, & pituitosaq initijs purgabat:
ī quo ps à Gal. sīīa penit⁹ discessisse, q ī cōmētario ad Glauconē asse
oīno & cōtrariū sentit: qppe ab tali
b⁹ febrib⁹ nullū īminet piculū, nullaq; mala cōcoctio expectat. Pituitosa qdē ñ vsq quaq; secura ē, ac salubris: quare purgabim⁹ vl nō exactè cōcocto succo. Prīa igit dierum
hebdomada extenuātib⁹ sīl, ac ici-
dētibus curationē moliemur, q etsi
calfaciāt, exiguū erit ipsorū īcōmo- D
dū. deīde medicinas purgātes admi
nistrabim⁹. Idē nos fecisse sū ī apoplecticis morbis, cū ī cęteris frigidis,
& extnalib⁹ qppe q extenuēt, atq; ī
cidāt, purgātib⁹ admiscem⁹. Hoc ī
negocio summopere cōmēdam⁹ po-
tionē oxymellis, ī qua īcocta sit radix iridis, dulcis radicis, & apij semē
cōcoquit nāq;, & vacuatiōi paratū
succū reddit, indeq; nā opē nō per-
niciē sentiet. postea rursus ad inci
dētia cōsiliū diriges, deīde ad purga
tionē: propius etenim succorū fiet
euacuatio, si pbè concocti fuerint. E
Prestat itaq; tali rōne curādi tracta
re hoīes, q nāq ac morbo (vt ñ pau
ci faciūt) pmittere. Quin et quartana laborātes hoc mō sanare cōue-
niet, & eos, q p sanitatē purgari īdi-
gēt, sic pparare. Gal. lassitudinē spō
taneā curās, q à febre parū abesset,
cęteros oēs humores, à qb⁹ gñaret,
pter lētos, ac crassos, purgabat: qd il
licū alijs medicis cōuenit ñ ēē pur-
gādos. Nō parū āt oō, ydērādas esse
regiōes ignorare te nolī: qñ ijs, q ī
nā degūt patria, crassorū, viscido-
rūq; purgatio cōgruit, si tū q nup di
cta sūt, pcesserit. Qd multū expimē F
to cōpēū, exploratūq; tūi habebis:
ē nāq; maximi in hac re momenti.

Cibadi ratio in febribus tenuibus. C. 17.

Cibari (vt ego qdē sentio) febrici
tātes minime oporteret, nisi post
vigorē, vt facili⁹ cōcoqueret succos
nā, q alimētū copia plerūq; grauat:
verū qm viri oīb⁹ robusti ñ sunt,
cōtēpta morbi nātā xo op3. Nāq;
si peracut⁹ sit, & eger virib⁹ valeat,
audēt⁹ id pcipiet: iudicat. n, vt plu
rimū septio die is morbus. At egro
debili nequaq id faciendū, q si mediocris sit virt⁹, egerq; ipse ferat,

G ptisana cōtēt' erit: & panis ex aqua calēti ablui vacijs duab': q victꝰ nō à cōsuetudine nr̄ę regionis, tenuissima iudicat. Antiquorū aūt victꝰ tenuior erat: sola nanq; ptisana sepē diebus ęgrotantē alebāt: cui si quid adijcere vberiꝰ vellēt, ad mulsam trāsibāt. At nostrates id non tolerāt, tū ꝓp cōsuetudnē, tū aeris ambiētis tēperaturā. Quinetiā illorū corpa minus trāspirāt: nostratia vero vberiꝰ. Illi aūt vinū liberaliter bibūt: sicut ac suillis vescunt carnibus, q valētissime nutriūt. Sūmatim quoq; cōsuetudini aliqd eē dādū cēseo. Nēpe q

H bis terue cibū i die assumere ꝯsueuerūt, ꝓdictū viuēdi modū nō tolerabūt, ꝓcipuē calidiores naturę, & qbus multa sit trāspiratio. Sicut cōtēdēs ęgritudinē à vigore lōgiꝰ abeē, atq; ęgrū viribꝰ eē ībecillioribus, à pricipio cibū offeres copiosiꝰ: cū vero i vigore cōsistit, tūc subtrahēdꝰ atq virtutis robur à ꝓbo tēperamēto īelligit. Porrò calidiores, sicciores q, naturę nō ita facile inediā ferunt: maxie i ęgritudinibꝰ sibi cognatis, & quę calidiori. Qd si diutiꝰ in inedia cōtineant, à febribꝰ debilibꝰ ad vehemētes ꝑducent: aliqn̄ etiā

I ad hecticas: fames nanq; succos & vapores gignit, & factos adurit. Cibādi verò tps in prīę accessionis remissiōe, & āā sūę initiū, i quo nā cōcoctionē succorū peragit. Ad hęc vires fouēdę, ne symptoma periculosum cōtingat cuiusmodi ē syncope, vbi tādē alēdus sit ęger. Quapropter i pricipijs quoq; accessionū nutriēdi sunt, q syncopes periculū vitare cupiūt, quēadmodū fecit Gal. i eo, cui diatritū colētes medici tātū dictum inediā ꝓscripserāt. Interdū ēt i media accessione dare cibū cogimur. Pręterea i omnibus cōsyderata priꝰ cōsuetudine, nutriēdi tps eligemꝰ, i

K quo remissior ē febris. Hora āt diei magis idonea erit vespa, ac matutina. Ad hęc vina odora, leuia, oligophora pituitosę, ac melancholicę febri accōmodatissima: ijs āt q vehemētibus atq; deurētibꝰ corripiunt, vino penitus interdicendum.

De balneo in febribus conuenientibus. Ca. 18.

Lauacrū declinātibꝰ febribꝰ oportune subibis: qm qd tenue ē succorū, expurgat. Qui vero i pricipijs balneo cōmittunt, rigoribus afficiunt, in ijsq; succi p vniuersum corpꝰ liquāt, sic ac obstructiōes maxime generant, interdūq; in pricipē

L partē abscessus decubit. Caloris iḡ atq; siccitatis ieteremēt faciet, siue sit in aqua calida, siue i aere balnei calido psistat ęger. Caueat i supa frigida lotiōe: quippe ea [illegible] sunt.

Galeni curatio febrium à succis lentis orientium. Cap. 19.

Galenꝰ noster febrē à succis viscidis ortam sola frictiōe sanare qd te cōtēplati accuratiꝰ volo, qd n. obest, quo minꝰ succi i totū corpꝰ diffundant nisi frictiōe? Quinetiā & le ipse lib. de sanitate tuēdā, lassitudinē hois, cuiꝰ corpus plethoria la-

M boret, & succis viscidis sit refertū, curās, prohibet ne exerceat, vllove motu valido agitet, neue fricet, neue lauet: frictio etenim q subcute sunt, & inter musculos, vacuat: at q i venis cōtinetur, purgatione tm̄ educunt. Q si p sanitatē qs frictionē adhibeat, ita vehemēter, q pcipit cal. abscessus sane, atq; vlcera necessario p summa cutis erūperent. Finis.

Quicquid sequitur Conciliatoris lib. opus sit [illegible] quia tamē [illegible] Auerrois cōmentariis [illegible] Colliget libris [illegible].

Index

INDEX EORVM,

Quæ in Auicennæ Canticis continentur.

† Pars prima, & est pars Theoricæ.

a * cõplexionũ medicinarũ.

* Rememoratio.

b aerũ.

c * —

d * —

e * & necessaria.

que

FINIS.

AVI-

AVICENNAE CANTICA,

AB ARMEGANDO BLASII DE MONTEPESVLANO EX ARABICO IN LATINVM TRANSLATA, ET AB ANDREA BELLVNENSI CASTIGATA.

Cum Auerrois Cordubensis Commentarijs.

Inquit Aboolit Beuroist.

A 
Postquam prius gratias egero Deo largienti vitam perpetuam animarum, & sanitatem corporum, & medicãti morbos magnos per gratiam, quam contulit omni carni ex virtutibus sanitatem conseruantibus & protegentibus á langore, dãte intelligi artem Medicinæ, & ingenium sanitatis diuinis, animosis, & intelli-
B gentibus: dedi operam ad commẽtandum librum richimatũ, qui intitulatur liber Benchine partium Medicinæ: ipse enim vniuersaliter cõcludit eas. Est n. cũ hoc melior valde pluribus alijs introductiõibus & summis in medicina compilatis, ordine valde conuenienti ad tenendũ mente vel memoria, dilatãti & delectanti animam. Fui autem attentus ad exponendum eius dicta, expositione qua eius certa intentio cõ-
prehendatur & intelligatur, verbo- C
rum confusionem & multitudinẽ postponendo. Quoniam authores sermonum richimatorum in actibus scientiarum indigent quandoque diminutione sermonis & truncatione: necnon etiam mutatione vnius loco alterius explicando suã nobilem intentionem. Et ex nunc imploro diuinum auxilium ad perficiendum intentionem horum dictorum, & examiniam speculationẽ, laudabilem eorundem: necnon vt me perducat cum omnibus fidelibus socijs, ad quod ducere debet sui bonitate, & gratia, eius seruitium, atque timor.

PARS PRIMA, ET EST PARS THEORICAE.

Tractatus Primus. De rebus necessarijs in generatione sanitatis.

Rememoratio definitionis Medicinæ, & eius partium.

a Inquit a [Benchine, uel Ziem :]

Tex. 1. *Medicina est conseruatio sanitatis, et*
H *curatio ægritudinis, quæ accidit*
b *ex b [accidentibus in corpore. In al. quæ accidit ex] causa, quæ in corpore existit.*

Inquit Beuroist.

Medicina est conseruatio sanitatis, & curatio ægritudinis:
Vide Sexto Colliget. cap. 1. Hæc est definitio Medicinæ secundum ipsum. Eius aūt perfectio ē, vt dicemus:
Medicina est ars, cuius act⁹ ē ex rōne & experimento, sanitatem conseruans, & ęgritudinē curās. Cū aūt
I dicit ex accidētibus ī corpore, intellexit φ act⁹ medicinæ ē cōseruatio sanitatis, & curatio ęgritudinis ī corpore generatę ex eo, qđ accidit ei tūc temporis. sicut exempli grā, apostema accidit in aliquo mēbro corporis ex aliquo, & illud ē īfusio sanguinis ad mēbrū apostematū: qđ qdē apostema cōtingit eo tpe, quo sanguis infundit' ad ipsum Et ī quibusdā libris est: φ accidit ex cā in corpe existēte. & hęc ē litera melior. Vult, & intēdit φ morb⁹ accidat corpori ex cā aliqua. & cā tolerabile ē, φ sit res hęc in corpe ex aliquo accñte: qm̄ K
res ęgredientes à nā existētes ī corpore, tres sunt, s. cā, morbus, & accidens: sicut in sequentibus patebit.
Nos aūt ponimus in hac definitione, φ eius actus & operatio ex rōne & experimēto existat: qm̄ nō sufficit in hac arte ratio sine experimento, neq; experimentū sine rōne: sed vtrunq; exigit' simul. Gal. ad Glauconem definiens hāc artem, dicit eā esse sciam rerū proportionatarū & continuatarū sanitati & ęgritudini & dispositioni medię, qua nō percipit' in hoīe sanitas neq; ęgritudo. i.
hęc ars docet & notificat ea q̄ ꝓpor L
tionant' & vniunt' sanitati, & ea quę ꝓportionant' ęgritudini, & ea q̄ ꝓportionant' dispōni medię inter sanitatē & ęgritudinē. Intellexit autē per res proportionatas sanitati, ipsius causas, & signa. & illud ītellexit p res ꝓportiōatas ęgritudini & neutralitati. Vide igit' qualiter patet, φ in hac definitiōe deficiat dīia, p quā diuidit' & separat' hęc ars ab ea parte sciç Nālis, q̄ considerat & speculat' sanitatē & ęgritudinē. Qm̄ ars Medicinæ proculdubio docet quid
sit sanitas, & ęgritudo, & earū causas, & signa ad conseruandū sanita M
tē, & curandum ęgritudinē. & ideo peruenitur ex eius scīa sanitatis & ęgritudinis ad ianuā, & introitū cōferentē in operatione. Intentio autē in scīa Naturali est solū scire quid est sanitas, & quid ęgritudo. ꝓ quāto docet, & sufficit dño scīę Naturalis, φ ex intētione ꝓdictorū. s. sanitatis & ęgritudinis adipiscat' finē eorū, quorum dispositio & natura est posse scire. Neutralitas, quā posuit mediā inter sanitatē & ęgritudinē, nō ē ꝟa neutralitas. Diuisit aūt eā

Gal.

A Ga. in tres modos: quorum Vnus est conualescentium ab ægritudine & similium: Secũdus aũt est in eo, qui patitur ægritudinem in aliquo mẽbro solum: Sed tertius est in illo, qui est in aliquo tempore absq; morbo & in alio æger. Cum igitur morbi definitio sit nocumẽtum naturalis operationis, patet q inter nocumentum & non nocumentum non erit medium. nocumẽtum aũt debile supponitur generi ægritudinis, sicut & operatio debilis supponitur gñi sanitatis, qua fit rectitudo operationis. Hi aũt sermones indigẽt maiori B expositione: sed intẽtio nostra in hoc sermone, vel tractatu est compẽdium & abbreuiatio.

a *Cuius prima diuisio est in theoricam, & practicam. Et theorica ex tribus rebus perficitur, & completur.*

Intendit dicere, quod medicina diuiditur primo in duas partes, quarum altera theorica, & reliqua practica seu praxis nominatur. Et intellexit ex dicto suo theorica ex tribus perficitur, quia pars ipsius scientifica, & speculatiua perficitur ex C tribus partibus, quarum immediate post facit mentionem. Hæc autem diuisio non est vera: quoniam Gal. dixit in definitione eius, q ipsa est scientia sanitatis, & ægritudinis, & rerum proportionatarum eisdem, & dispositionis, quę non est sanitas, neq; ægritudo. si igitur sic est, omnes partes eius erunt scientificæ & theoricæ. non ergo vna sola theorica, & altera practica. Est ergo sciendũ q ex operationibus rõnalib' sunt quędam, q dñr practicæ & actiuæ: quoniam sciuntur & discunt' procul dubio operãdo, sicut operatio & D ars Carpentariæ, & Sutoriæ. Et quædam dicuntur artes, quę proculdubio discuntur vt scientia, demõstrationibus s. & definitionibus, quibus perfectę & vltimate aliquid scitur & tale proculdubio est ars propriè. & talis est dispositio medicinę artis. Neq; longinquum est, seu impossibile esse aliquam ex artibus & operationibus, quæ ambobus prædictis modis addiscatur, s. scientia & operatione: si tamen ponamus talem artem & talem operationem esse vnicam. Est autem opinio, q talis sit ars Medicinæ. & hoc ideo, quoniam pars E ipsius, quæ manualiter exercetur, procul dubio videndo, & operando addiscitur secundum maiorem partem ipsius. Modus igitur huius diuisionis potest esse, ac si diceretur q scientia artis medicinę diuiditur in duas scientias seu partes scientificas, s. in sciẽtiam eius cui coniungitur dominus scientiæ naturalis, & aliam remotã ab eo: hoc est dictu q medicus speculetur in arte sua duas scientias insimul, s. scientiam, qua speculatur sanitatem, & eius cãm, & signa, & morbum, & causam eius, & signa. secunda F aũt scientia, quam in arte consyderat, est illa, per quam consyderat qualiter, & cum quibus conseruet sanitatem. Sit etiam qualiter, & cũ quibus curet ægritudinem, & hoc est speciale in arte medicinæ. Pars autem, per quam coniungitur hæc scientia scientiæ naturali, est vere & proprie scientia, talis s. quòd finis intentus in eã est solum scire, & non opus. Alia vero pars specialis in consyderatione artis medicinæ dicitur, & potest dici praxis siue actiua, eo quod affinis sit, & propinqua operationi:

G tioni : cum eius operatio & vsus
habeatur, & sciatur vt plurimum
operando, pro quanto ex conditionibus Medici est, vt postquam steterit
super scientiam Medicinę, & eam
intellexerit, q sit vsus & exercitat'
in operationibus eius. Manualis autem operatio minime, vt diximus,
dictis vel sermonibus addiscitur, excepta minima parte eius, & simile vi
detur de anatomia. nam modicum
eius potest ex sermonibus imagina
ri. Primus autē, qui expresse posuit
hanc diuisionem medicinę, fuit Ja
cuain medicus, quem Alcotazoen
H redarguit, & reprehendit. iam enim
ipse opinatus est quòd radices dicto
rum Galę. indicent falsitatem diuisionis prędictę. cui post respondet
Benzoar, qui opinatus fuit inuenisse hanc diuisionem in quibusdam
libris attributis & appropriatis Ga.
Veritas autem est in hoc, sicut nos
diximus.

3 *Ex [rebus autem] sunt septem
naturales. Et ex eis sunt sex, & om
nes sunt necessaria.*

Quoniam prędixit q pars me di-
I cinę theorica perficitur ex tribus re
bus, ideo nunc inchoat a prima ea
rum. Vnde inquit q septem sunt res
naturales: hoc est, q pars prima the
oricę partis diuiditur in contempla
tionem septem rerum naturalium.
hę autem septem res naturales sunt
potissima causa sanitatis, repertę &
existentis in corpore. Et dixit quòd
ex eis sunt sex alię, & omnes sunt ne
cessarię: hoc est q pars secunda par
tis theoricę diuiditur in contempla
tionem sex rerum nō naturalium:
quoniam non perficitur esse natura
le sine eis. Ex his vero reb' sunt quędam extrinsecę, & quędam a volun K
tate, & ex eis quędā animales: quę
omnia ex necessitate corpori contingunt.

Adhuc sunt alia tres in libris 4
*scripta, scilicet morbi, causa, & ac
cidentia.*

Tertia pars ex tribus partib' theo
ricę diuiditur in tres partes, & scientias, s. in sciētiam accidentium, morborum, & causarum. qm̄ illud, super
quo dēt esse medicus continuo attē
tus, sunt prędictę res tres. Vnde est,
ac si diceretur q theorica Medicinę
diuiditur in contemplationem sani
tatis & ęgritudinis. & contemplatio L
sanitatis diuiditur in contemplatio
nem septem rerum naturalium, &
in contemplationem sex rerum ma
gis necessariarum. & rursus contem
platio ęgritudinis diuiditur in tres
scientias, s. in sciētiam morbi, & cau
sę, & rei accidens nominatę in hac
facultate. nos autem omnem intentionem eius declarabimus in sequentibus.

Practica diuiditur in duas spe- 5
*cies: quarum una manibus exerce
tur: et alia cum medicina, necnon
eo quod ex cibis ordinatur.* M

Qm̄ diuiserat medicinā in duas
partes, s. in theoricā & practicam: &
theoricā subdiuiserat in partes sexdecim, in tresdecim, s. naturales, & 3
tres accidentales: iō subdiuidit nūc
practicā in duas partes: ex quib' vna
est manualis, sicut sutura vulnerum
depositio cataractarū, & similia: altera vero est, qua curatur morb' cū
medicinis, & cōseruat' sanitas cum
cibis. hęc aūt pars includit sciam na
turarum medicinarū, & modū sciē
di

A di medicamina ex eis, & vsus eorundē, & sciam ēt de naturis ciborū, & modū cōseruandi sanitatē cum eisdē. Esset aūt melior diuisio q̄ pdicta si diceremꝰ medicinā diuidi in *octo partes, s. in sciam, qua docet̄ q̄d sit sanitas: & in sciam, per quam cognoscunt̄ signa sanitatis: & in sciam qua natura egritudinū cognoscit̄: & in scientiam, per quā sciunt̄ earū signa: & in sciam, ex qua scitur ingenium curationis egritudinis: & in sciam, per quam scitur ingeniū conseruationis sanitatis.

1. Colliget. & in principio 1. lib. diuidit medicinam in 7. partes. 2. 1. fen.

B Rememoratio rerū naturaliū: & primo de elementis.

6 *PRocul dubio ex rebus naturalibus sunt elementa, ex quorum compositione existunt corpora.*

Voluit pro certo dicere q̄ prima ex rebus, quas naturales nominamus, est scia corporū, ex quorum cōpositiōe exist̄ūt cetera corpora mixta, dicuntur aūt corpora illa elnta. Definitio autem elnti est: quoniam est simplicius, quod in composito reperitur, i. q̄ ipsum est illud, ex quo

C aliquid componitur, & ipsum est in illo. Definitur & aliter: ipsum. n. est in quo resoluitur compositum cum corrumpitur: sed ipm̄ ī nullū aliud resolui, vel dissolui potest. Et dixit: Proculdubio, quia ex eorum compositione existunt corpora, eo q̄ opinio fuit Hipp. & Gal. q̄ corpora hominum componuntur veraciter ex quatuor elntis, s. terra, aqua, aere, & igne, per viam admixtionis: sicut oxymel componitur ex melle & aceto. Super his aūt fuerunt valde diuerse & varię philosophorum opiniones, s. in numero, & natura elementorum

F... defi... tio.

quibus corpora hominū D componuntur. Quidam. n. ex eis dixerūt ea esse quatuor, sicut dictum est: & quidam asseruerūt ea esse solum duo: & quidam vnū solū. Quidam ēt eorū dixerunt ea eē corpora indiuisibilia eiusdē naturę, opinātes q̄ hęc corpora, & oīa entia composita generantur ex eisdem.

Sermo quidem Hippocratis in 7 *libro de Elementis in his est sermo uerus, s. quòd sint quatuor: aqua, ignis, aer terra.*

Sermo Hipp. dicentis q̄ quatuor sunt elnta in numero, s. aer, ignis, a- E qua, & terra, est verus.

Probatio ueritatis prædicti ser 8 *monis est: quoniam cum corpus corrumpitur, reuertitur in eadē.*

Probatio sermonis Hipp. s. q̄ corpora mixta sunt composita ex his quatuor corporibꝰ, est cū eo, q̄ videmus corpus aīalis mortui dissolui & resolui in prędicta quatuor elnta. Quod aūt dissoluitur & resoluit̄ in aliqua, pculdubio vr̄ componi ex eisdē. neq; reperitur aliquid aliud, ī q̄d hoc dissoluatur & resoluat̄. Cū aūt aīal morit̄, eius partes siccę resol F uuntur & conuertuntur in terram, & humidę in aquam, & calidę in aerem, & ignem. Est autem hoc notū ad sensum ei, qui curiosus, & attentus est ad videndum illud. Patet autem ipsum cōponi ex his quatuor, eo q̄ est corpus terminatum habēs essentiam. Omne autem corpus tale componitur ex terra & aqua. fit. n. proculdubio corpꝰ tale, cum malaxatur terra cū aqua: & potissime si coquatur ad ignem tandiu, donec efficiatur simile testę. Si igit̄ sic est

G est, patet in ipso quatuor elementa
existere. & hoc est, quod Deus inqt,
cuius nomen semper exaltet. Crea-
ui hominem ex luto, sicut testam fi
guli. Huius autem probationes per
ficiuntur in Naturali facultate. Me
dicus autem inquantum hmői, nequit hoc vere & demonstratiue declarare: supponit autem nihilominus hoc, & accipit a domino scietiæ
Naturalis. ipse tamen declarat hoc
ĩ libro de Victoria & de certamine:
sicut facit hoc in libro de Efficatis Ga.

9 *Si non esset nisi vnum elemen-*
H *tum, nõ esset aliquod animal cum*
morbo corruptibile.

Hæc est probatio Hipp. q corpo
ra animalium non componitur ex
partibus indiuisibilibus & vnius na
turę: sicut componitur domus ex la
pidibus & lignis. Nam si corpus ani
malis componeretur ex partibus in
diuisibilibus, minime corrumperet
ex morbo: corruptibile enim corrũ
pitur proculdubio ex dominio contrarietatis ĩ eo. Sed si corpora essent
vnius & eiusdem naturæ, nulla qui
dem esset contrarietas corrumpens
I ea, nec ab extra, neq; in seipsis. Verum quia corpora sunt corruptibi-
lia ex seipsis, eo q in seipsis contrarietatem habent, quod etiam circũ
dat ea exterius, contrariatur eis. Cũ
igitur contraria sint diuersarum na
turarum, sequiturq; ipsa corpora nõ
habeant vnam naturam, neque sint
vnius naturæ. Et hęc scripta sunt in
lib. de Elementis & in lib. de Huma
na natura Hippo. hæc autem
scientia est de causis vlti
matis, vel finali-
bus sanita-
tis.

Rememoratio secundę rei natu- K
ralis, & est Com-
plexio.

P*ost hæc autem sciẽtia com-* 10
plexiõis est ex iudicijs ĩ Me
dicina conferentibus.

Postq̃ Medicus nouit elementa,
ex quibus componitur corpus per
viam mixtiõis, docet ipsum scire &
cognoscere species complexiõis. Iudi
cium autem huius scientiæ confert
in medicina. & hoc quidem est ma
nifestum: quoniam cum ipse cogno
scit complexionem exempli gratia,
esse calidam vel frigidam, tunc qui- L
dem si fuerit sanus, erit conseruatio
eius in eo, in quo est cũ oĩbus simili
bus. si vero fuerit æger, eo q sit lapsus a qualitate sibi naturali ad contrariũ, curabitur, si reducat ad quali
tatem sibi naturalem prius ĩ eo exñ
tem cum eo quod contrariatur, &
opponitur qualitati facienti ęgritudinem. Exemplum autem huius est
quoniam, si quis calidę complexiõis
patiatur ægritudinem, per quã eius
complexio infrigidatur, erit proculdubio eius curatio, si calefiat, donec
redeat ad suam complexionem na- M
turalem.

Quatuor sunt potentiæ, seu vir 11
tutes complexionis, siue diuiserit,
seu composuerit eas vir [a *con-* a ipsis
sultus.]

Quatuor sunt virtutes, quibus cõ
paratur & refert complexio hoĩs, cum
vna ex eis, vel duę noĩantur, velut in
cõposito vł cõplexionato ex eis: & sunt
calida, & frigida, humida, & sicca. Cũ
aũt dicit: siue diuiserit, siue composuerit eas vir consultus, intellexit p
cõstanti q cõplexio hoĩs referatur vni
soli

A soli ex predictis virtutibus, vel duabus vnita vel coniungi possibus. Cōplexiones vero relatę dominio vni⁹
ex predictis virtutib⁹ sunt quatuor,
s. vel complexio calida, i. super quā
caliditas dominatur: vel frigida, i.
super quam frigiditas dominatur:
vel solum humida, i. super quā humiditas dominatur: vel solum sicca
.i. super quam siccitas dominatur:
aut dominantur super complexionē
caliditas & siccitas: vel frigiditas &
siccitas: aut caliditas & hūiditas, vel
frigiditas, & hūiditas. Hę igitur sunt
octo complōnes, quæ referuntur e-
gressui vnius, vel duarum qualitatū
B a temperamento.

De complexionibus in se.

12 *SEnsus tactus sentit & percipit caliditatem, frigiditatē,
siccitatem, & humiditatem.*

Quia prædixerat quod quatuor
erant virtutes seu qualitates, ideo
nunc manifestat & declarat eas, vnde inquit, q̄ prędictæ virtutes sunt
caliditas, frigiditas, siccitas, & humi
ditas. Intellexit autem per humiditatem mollitiem, & tenuitatem, quā
C tactus sentit.

13 (b & in / c & i co / quad) *Prædictæ virtutes seu potentiæ
reperiuntur in elementis* [b][
]*tempore*[c] [*eo quo*] *augetur seu
pullulat, & in loco.*

Quoniam prędixerat q̄ virtutes
repertę in complexione, sunt quatuor, rememoratus est nunc rerum
complexionatarum, in quibus hę
virtutes reperiuntur. Ait autem: reperiuntur in elementis, i. in quatuor
corporibus, quę sunt aqua, terra, aer
ignis. Intellexit autem per virtutes, D
caliditatem, siccitatem, frigiditaté,
& humiditatem. Et intellexit per tē
pora, quatuor anni tempora, estā-
tem, autumnum, ver, & hyemem. &
hoc ideo, quoniā quodlibet ex istis
comparatur dominio duarum ex i-
stis virtutibus & qualitatibus. hę tamen qualitates referuntur aliter ele
mentis q̄ aīalibus, & aliter q̄ tempo
ri & loco. Et intellexit per locum, cli
mata terrę habitabilis. Et intellexit
per illud, quod augetur, vegetabilia,
& alia. nam complexiones eorum re
feruntur his quatuor virtutibus.

Elementum ponitur in ultimo E
14 *simplicis complexionis.*

Intellexit, seu dicere voluit, q̄ est
in formā, necessaria aliqua ex illis qua
tuor qualitatibus, q̄ referant ab eo
in vltimo. Cum aūt dicit simplicis
complōnis, voluit dicere q̄ elm̄tum
sit in vltimo simplicium qualitatū
ex qualitatibus complōnalib⁹, quę
sunt caliditas, frigiditas, siccitas, &
& humiditas. Et ob hoc dicimus, q̄
ignis sit calidus, vel q̄ aqua sit frigi
da, intelligentes pro certo. & hoc dī
de eis, eo q̄ sit in hoc in vltimo, i. q̄
nō sit aliquid calidius igne, cum ip- F
se sit calidior omni calido complo-
nali, sic etiam est in alijs qualitatibus ipsorum. & hoc quidē manifestum est. Aliud vero cōplōnati, eo
q̄ est mixtum, & cōponitur ab extremis in vltimo, i. ex quatuor qualita
tibus, q̄ sunt in elm̄tis, ideo fuit medium inter ea in prędictis qualitatibus ratione contractionis partium
eorum ad inuicem. Vnde sic est in
oībus mixtis & medijs inter prędicta, sicut in colore bruno dicto Arabice ebam, ex albo s. & nigro composito:

G posito: qui nec dicitur nec imagina
tur albus, vel niger in vltimo, sed di
q sit in ipso niger in parte, & albus
in parte. Vnde sic est negociũ qualitatum in elmtis, & mixto ex eis com
plexionato. nam sunt in elemẽtis vl
timatę, in mixto vero & complexio
nato confractę.

15 *Caliditas est in igne, et aere; frigiditas uero in terra, et aqua: et siccitas inter ignem, et terram: et teneritas inter aquam, et nubem.*

Quoniam prędixerat q elemẽta
informata prędictis virtutibus, fir
H mantur eisdem in vltimo, nõ ficat
nunc, quę ex his virtutibus referant
cuilibet ex elementis. Vnde inquit:
caliditas est in igne & aere. & intelle
xit q quę ex eis informantur calidi
tate, sunt duo, s. ignis, & aer: & quæ
ex eis informantur frigiditate, sunt
etiam duo, s. aqua, & terra. docet tamen scire aquam frigidiorem terra
sicut & ignem calidiorem aere. Nec
est hic ignis sensibilis ille, qui est ele
mentum, sicut ait Alexan. quoniam
iste ignis est causa corruptionis, nõ
existentię vel esse alicui': ignis vero, qui est elementum, est & habet
I esse, causa esse & generationis. Est
autem iste super aerem in concauo
orbis celi, nec habet calorem in a-
ctu: quoniam calor est proculdubio
res accĩs huic igni sensibili: eo q in
corpore terrestri existit, hoc totum
est in naturali sciẽtia manifestũ, &
ꝓbatũ. Cum aũt dixit siccitas est in
ter ignem & terram, voluit dicere q
duo elmta sicca sunt, s. ignis, & terra:
terra tñ siccior est igne. Et cum dicit: & teneritas est inter aquam, &
nubẽ, intellexit per teneritatẽ humi
ditatẽ, & per nubẽ aerem: ac si dice-

Nota q̃ i- gne elmta ri, & hoc i- feriori

ret duo elmta humida sunt, s. aer, & K
aqua. Oportet tñ scire aerẽ esse hũi
diorem aqua, & q aqua sit nihilomi
nus potentior in humectatione cor
porum, quibus obuiat, q̃ sit aer.

Significatur nobis esse et generatio inter species ipsorum, cum diuersificentur adinuicem, et uniãtur, siue coniungantur. 16

Intellexit q prędictę qualitates
diuiduntur in diuersas species, quia
in quibusdam variantur, & in quibus
dam vniuntur, & assimilantur l q̃d
quidem ratione harum partium &
diuersitatum, esse signant, & gñatio- L
nem. Et proculdubio diuersificant
inuicem, quę ex eis diuersificant, rõ
ne contrarietatis earum: & vniũtur
seu coniunguntur, eo q duo ex istis
vniuntur & associantur in vna & ea
dem qualitate: volo dicere sicut asso
ciationem ignis & aeris in caliditate,
& aquę & terrę in frigiditate.

De complexionibus hominum.

Diuersificata fuerunt inuicem, ne essent quid unum et idem: et fuerunt coniuncta, et unita, ne uiderentur omnino contraria. 17 M

Ratio quidem est, quare non fue
runt a principio vnum & idem; q̃a
si fuissent quid, non reperiretur aliquid diuersum ab eis. Cum autem
dixit: & fuerunt coniuncta, ne vide-
rentur omnino cõtraria, Intellexit q
oportebat, vt associarentur qualitatibus, ne contrarientur ex omnibus
partibus suis. ex hoc enim fuisset
difficilis eorum mixtio, & complo.

Ima

18 A *Imaginamur complexionem i alio ab elementis, puta in composi to [ab] eis à prædominante.*

Intellexit quod nõ imaginemur mixtum informari istis qualitatibus, eo quod in ipso ultimentur: sed dicitur & imaginatur tale a tali qualitate prædominante in ipso. Cuius exemplũ est de leone, cum dicimus quod sit calidus & siccus, non intelligentes illud de eo in ultimo: sicut facimus de igne, cum eũ sic nominamus. vnde intelligimus quod caliditas & siccitas dominentur in eo plusquam frigiditas & humiditas: volo dicere quod hę B duæ partes sunt in eo maiores, & ampliores.

19 *Ponimus æquale, et temperatum ad referendum ei, eo quod habeat quatuor partes coniunctas.*

Omne, quod imaginatur informari dominio vnius vel duarum ex istis qualitatibus, itelligitur proculdubio esse tale in comparatione ad temperamentum, & æquale, in quo scilicet reperiũtur quatuor qualitates æqualiter: volo dicere quod reperiat in eo tantum ex caliditate, quãtum ex frigiditate, & ex siccitate, quantũ ex humiditate. Sũt autem quidam C opinati quod hęc complexio sit s͠m opinio. Gal. complexio hominis temperatam complexionem habentis, i. quod quatuor qualitates complectuntur in eo ęqualit, aut prope æqualitatẽ: & maxime, vt dicit, in cute manus, & ex cute manus significatur ex cute digiti medij. Ex sermone suo nihilominus intelligitur quod sic, & dicatur in eo temperamentum & ęquale medium in specie. Exemplũ est: quoniam quamuis caliditas, & siccitas dicantur dominari super leonẽ, D tñ eius cõplexio hẽt duo extrema & mediũ inter duo extrema dr̃ ęquale & tpatum. & ex ista compsone exercet leo operationes suas meliori modo quo potest, inquantum leo. Ponuntur etiam exempla huius ęqualis, & egredientis ab æqualitate eius ĩ his, quę fiunt a artificiali. Vnde exempli gratia dr̃ oxymel ęquale, & tpatũ, cum ponuntur in eo mel & acetum in tali quantitate, & proportione, quod reperiatur ex eis operatio oxymellis perfectior & laudabilior, quę possit esse. sed dr̃ egrediens, cum prędictę qualitates reperiuntur auctę vel E diminutę. tale autem ęquale reperitur, & debet intelligi in qualibet specie: & tale etiam debet intelligi ĩ homine temperato, & ęquali. Ostẽsum est autem in naturalibus, quod ęquale, in quo partes elementorum componentur ęqualiter, sit prohibitum, & impossibile inueniri. Cum igitur erit in homine ęqualitas prędicta, poterit quidem intelligi quod dicat ęqualitas de eo per comparationem ad extrema suę speciei, & quod extrema ipsius dicantur egredi ab ęqualitate per comparationem ad ipsum. Possumus & intelligere ęquale prędictũ F ex proportione & comparatione eius ad partes elementorum, referendo quasdam ex eis quibusdã ex eisdẽ.

Cum autem intelligetur in eo huiusmodi proportio, reperietur in eo, inquantum est homo, caliditas naturalis maior & fortior frigiditate, & humiditas siccitate. Si igitur sic est, erit complexio hominis in generali calida & humida, habens duo extrema, multa & magna diuersitate distantia ab inuicem. Vnde homo, cuius caliditas reperitur

G ritur minor caliditate prędicta, dr frigidus per comparationem ad hāc complexionem hominis ęqualem . & similiter cuius humiditas reperitur minor humiditate prędicta, dicitur siccus per comparationem ad prędictam complexionem, & ille, in quo prędictę duæ æqualitates sic se habent, dicitur frigidus & siccus, & in quo caliditas & humiditas ampliores & fortiores sunt q̃ in prædicto, dicitur calidus & humidus. Ratione autem huius complexionis vituperat, & arguit Gal. dicentem complexionem temperatam calidam & humidam esse; neq; intelligit q calidū & humidum dicantur de duab⁹ cōplexionibus prædictis equiuoce. Vnde qui ex Antiquis dixit æqualem & temperatam complexionem hominis esse calidam & humidam, dixit verum, dum intellexit hoc de calido & humido temperate, non aūt de calido & humido egrediente ab æqualitate, & temperie prędicta.

10 *Fuerunt autem mista, & completa in eo secundum existimationem, ut esset pondus, & mensura.*

I Elementa fuerunt quidem mixta in hac complexione æquali secūdum existimationem æqualem : & fuit hæc complexio sicut ferrum, quo cæteræ res ponderantur . Cum autem reperitur complexio diuersa ab ista, imaginatur per informationem qualitatis, qua diuersificat̃ ab ipsa, q si fuerit calidior, dicemus eā esse calidam & si siccior, dicemus eam esse siccam. Sic igitur scitur cōplexio inęqualis per æqualem. & ob hoc nominauit eam pondus, & mensuram.

K *Si aliquod ex eis declinauerit ad aliquod extremorum, non tamē inde expoliabitur, uel circumscribetur a uirtutibus prędictis, & erūt nihilominus in eo absq; æqualitate, & temperie prædicta.*

Quæcunq; ex cōplexionibus declinauerit ab ęqualitate ad aliquod ex contrarijs extremis, non euacuabit̃ inde a quatuor uirtutibus, s. caliditate, frigiditate, siccitate, & humiditate. non tñ erunt in ea ęqualiter & temperate, sicut in complexionibus temperatis.

L *Denominatur autem a nomine prædominantis: ut igneum, terreum, aqueum, aereum. sunt.n. ex eis, quæ comparātur aeri. Oēs aūt dicuntur [a sic per modum transitus,] & minus proprie.*

[illegible]

Complexio egrediens & declinans ab ęqualitate, denominatur a noīe ignis, i. calida & sicca : & a nomine terræ, i. frigida & sicca: & a nomine aquæ, i. frigida & humida. Intellexit cum dixit: sunt ēt ex eis, quę comparant̃ aeri, quę sunt calida & humida in compłone. & pro certo

M dicit hoc, ꝑprie fm opinionem meam, q oportet v qualitates, quibus appropriantur & referuntur complexiones, sint binæ & coniunctę, sicut sunt in elementis & humorib⁹. & sic essent solum quatuor complexiones, s. calida & sicca relata igni, & cholerę: & calida & humida relata sanguini, & aeri: & frigida & humida comparata aquæ, & phlegmati & frigida & sicca comparata terræ, & melācholię. Et proculdubio possibile est inuenire calidam cōplexionem

A nem solum per se, aut frigidam, aut siccam, aut humidam verbo & diuisione: sed in effectu non est conueniens eas inuenire. Si autem quis opinetur possibile esse, ꝙ elementa cõplectantur omnino sm æqualitatẽ: sciat esse in naturalibus declaratum ꝙ esse & generatio fiat, cum qualitates actiuæ, vtpote caliditas & frigiditas dominantur super passiuas, s. super siccitatem & humiditatem: & ꝙ corruptio fiat ex contrario hui, s. cum qualitates passiuæ super actiuas dominentur.

23 B *Iam quidem perfectæ sunt nouem species complexionis: neque* b [*nunc accedam ad diuisionem nouam.*]

b. addidi [illegible] aliqd de nouo.

Inter has autem nouem intellexit cõplexionem æqualem, & octo egredientes ab æqualitate, quatuor s. compositas, super quas dominant duæ qualitates: & quatuor simplices, super quas vnica solum ex quatuor qualitatibus dominatur. hæ tamen, vt diximus, minime reperiuntur. Hoc autem proculdubio opinatus est Gal. eo ꝙ parum didicerat, & imperfectus erat in scientia Naturali.

C Oportet etiam scire ꝙ species cõplexionis sunt species sanitatis repertæ in membris similibus, quorum s. totius & partis est idem nomen: sicut caro, cuius pars etiam nominat caro, sicut ipsa tota. non tamen sic est de manu, & pede, quę membra organica nominantur.

Rememoratio de complexionibus temporum.

24 NVnc autem loquar de tempore secundum opinionem & existimationem: non enim ces- *sit in eo stylus, & modus inuestigã* D *di subtilis. Hyems autem habet vim & naturam phlegmatis: Et ver excitat sanguinem: Aestas vero choleram rubeam: Et Autumnus choleram nigram.*

Quia locutus est de speciebus cõplexionum hominis, voluit nunc loqui de speciebus complexionum temporis. Cum autem dixit ꝙ hyems habet vim phlegmatis, intellexit ꝙ complexio hyemis sit frigida & humida, sicut est phlegma: & ob hoc generatur & augmẽtatur phlegma E in ea. Et cum inquit, ꝙ ver excitat sanguinem, intellexit ꝙ sanguis generetur in eo. Cum vero dixit ꝙ æstas choleram, voluit etiam dicere, ꝙ in ea generetur cholera: eo ꝙ sit calida & sicca, sicut est & ipsa. Et cũ dixit ꝙ autumnus choleram nigrã, voluit dicere ꝙ autumnus in natura sua simiłetur choleræ nigræ, s. in frigiditate & siccitate: & ob hoc generatur, & multiplicatur in eodem. Et verum est quidem quod de vere dicit, s. ꝙ sit calidus & humidus. Est tamen contra intentionem Gale. in F de complexionibus. dicit enim ibi Lib. j. ꝙ ver sit tempus temperatum & ęquale, in quo reperiuntur quatuor qualitates cum æqualitate. Constat autem ꝙ si essent repertæ in eo quatuor qualitates cum æqualitate, in eo vitæ operationes minime essent decentius coaptatæ, quarum causa est caliditas & humiditas: quã operationes vitæ contrariæ, quarum causa est frigiditas & siccitas Si etiã fuissent sic in eo ęquate virtutes & qualitates primæ, minime fuisset in eo appropriata gene[illegible]

G augmentum alicuius humoris I ho
mine, nec I alijs ab eo: nec etiam ge
neratio & esse alicuius rei. oportet
ergo necessario, vt ipsum sit calidũ
& humidum. Est nihilominꝰ equale & temperatum: eo ꝙ sit inter hye
mem & æstatem medium. & cum
non sint nisi quatuor tempora, neque etiã nisi quatuor humores, manifesta est significatio ꝙ non sint ẽt
nisi quatuor complexiones compo
sitæ & inæquales. nam si posset inueniri complexio equalis, taliter s.
ꝙ elementa in ea æqualiter miscerẽ
H tur, minime inueniretur aliqua ope
ratio in hac complexione, primis
qualitatibus appropriata, essetq́; ne
cessarium ne haberet formam, scilicet vnam.

Rememoratio c {partium, & specierum eius quod augetur, & vegetatur.}

c complementũ medicinarũ.

25 *QVod autem augetur, & minoratur, diuiditur ĩ species mineralium, & plantarum, & animalium corpus habentium.*

I Quia locutus fuit de complexio
ne hominis & temporis, voluit &
nunc loqui de complexione medici
narum sermone vniuersali. Hoc au
tem negocium pertractauit Gale. I
tractatu tertij libri sui de comple-
xiõibus: quamuis pars inuestigatio
nis suę in hoc opere sit in complexione hominis, præter ꝙ speculetur
in complexione medicinarum. quo
niam speculatio, & inuestigatio de
complexione hominis est speculatio super sciẽtiam sanitatis eius: spe
culatio autem & consyderatio de cũ
plexione medicinarum est contem- K
platio instrumentorum & organorum, quibus sanitas efficitur. verum
quia ambo conueniũt & vniuntur
in complexione, posuit tractatum
eundem in ambobus. Auctum siue
quod augetur, de quo fit hic men-
tio, diuiditur in tres species, s. in species mineralium, plantarum, & animalium, & partium & specierum ip
sarũ: hoc est, ꝙ hæ sunt tres species
medicinarum. Et nominauit mine
rale auctum & vegetabile transitorie & minꝰ proprie. & hoc ideo, quo
niam vegetabile habet animam p-
culdubio: minerale vero non habet L
eam. & hoc quidem est in scientia
Naturali patefactum.

Quod vincit & superat corpus, est medicina. Quod vero nutrit & auget, est cibus. 26

Notum est illud, ꝙ id quod vicit
corpus, est medicina: & illud, quo ci
batur corpus, est cibus. Intellexit au
tem cũ dicit ꝙ medicina vincit cor
pus, ꝙ & ipsa immutet corpus: aut
ad caliditatem, si fuerit calida: aut
ad frigiditatem, si fuerit frigida: & si
militer ad alias qualitates ab istis.
hoc aũt fit tunc, cum corpus immu M
tat, & alterat eas ad sui substãtiã. al
terat quidem ad sui naturã quicqd
ingredit ipsum: si ẽi nõ perfecte fue
rit illud naturale, immutat eum ali
qua mutatiõe. Si vero cibus, solum
immutat ipm, pręter ꝙ immutetur
ab eo. nam cum cibus conuertitur I
partẽ alicuius membri, conuertit ad
similitudinẽ illius mẽbri. Sed cũ cõ
uertit medicina in partem, vel hũi-
ditatẽ alicuius mẽbri, conuertit ad
similitudinem eius. & rõne huiꝰ me
dicinę curant egritudines, s. rõne cõ
tra-

A trarietatis, quam habent ad malam complexionem corporis, nā cū gñatur in corpore cōplexio calida, & efficiens ægritudinē, erit quidem eius cura cum medicina gñante in corpore complexionē cōtrariā efficienti egritudinē predictā. Est aūt sciendū φ idē est numerus specierū complexionum medicinarum & specierum complexionū hoīs, i. calida & humida, calida & sicca, & aliæ ab ipsis ex nouem speciebus complexionū sm opinionem & doctrinā Gal. aut ex quatuor speciebus sm opinionem primorum.

B 27 *Complexio habetur & cognoscitur ex sapore, & a[hoc syllogismo vero & iusto.]*

a. ex rōne vera & sana.

Quia autem operatio horū triū generum medicinarū minime manifestatur in corporibus, nisi prius ex ipsis corporibus immutentur, iō dicemus φ fuit calida, frigida, humida, & sicca in potentia intelligentes φ calefaciant corpus, infrigident, desiccent, & humectent ipsum in potentia, non autem in actu. elementa vero reperiuntur proculdubio sensu tactus calefacientia, & infrigidātia, desiccantia, & humectātia, pro quā[illegible]to dicim⁹ φ sunt actu calida. Et qa C immutatio trium specierum medicinarum, s. mineralium, plantarū, & animaliū, percipitur, vt diximus, post ingressum earum in corpore: ideo proculdubio certus modus cognoscendi operationem earum est experimentum & hoc, qm̄ opinio est, φ operatio medicinę in corpore dēt esse consimilis vt plurimum complexioni suę: vt si complexio medicinę sit calida & sicca, debet esse in corpore calefactio & desiccatio: & silr de frigiditate, & alijs qualitatibus eiū. D Vnde ex quo inuenerit demonstrationes & syllogisticas rationes super complexionem medicinarum, erit quidem possibile Medici inuenire modum syllogizandi super operationes earum in corporib⁹: hoc est, φ ex quo exstiterint super complexionem medicinæ rationibus syllogisticis, scient quidem φ operatiōes eius in corpore similentur illi complexioni. Sunt autem quinq; modi, quorum fecerunt rememoratiouē ad sciendum complexionem medicinarum, s. ex celeri & cita mutatione ad ignem, & celeri congelatione E ipsius, sapore, odore, & colore. Sunt tamen adhuc multo plures modi, quos alibi retulimus, ex quib⁹ sunt xviij. quorum rememorationem fecimus, s. de signis superioribus, l iiij. Mete. Quia vero perfectius, & fortius ex his sciuntur de sapore, fuit contentus vir iste ex rememoratione saporis solius, non curans de alijs I hoc loco. Voluit φ complexio medicinarum cognoscatur per saporē & hoc quia sensus gustus percipit saporē: & sapor proculdubio significat sup complexionem medicinę, & syllo[gismo] vero & iusto, vt ipse dixit. F

Dulcis, & salsus, & amarus, siccitatem: acutus vero, calorem. 28

Hi tres sapores cōueniunt & vniuntur in significando φ dñans sup complexionē medicinæ sit siccitas: & non solū siccitas, sed & calidītas. Significat etiam caliditatem & siccitatem sapor acutus: dulcis tñ est signum minoris caliditatis & siccitatis ab eo, quod naturæ comparetur nostrę in similitudie. Et post ipsum in caliditate & siccitate est salsus. &

G hoc, quoniã in salso est substantia humida aliqua vsta. Et post salsum est in hoc amarus: ipse n. est fortioris caliditatis & siccitatis. & hoc, quõ visum est Galeno, q̃ amarus sapor causatur ex substantia terrea vsta. Nos tñ videmus plures species terrũ, quarum natura frigida est & sicca, & nihilominus habent saporem amarum. vnde fructus vegetabilium qui dulcorantur in fine, sunt vt plurimũ amari saporis in principio.

29 *Omne liquidum, non habens saporem manifestum, est equale, & H temperatæ forte complexionis.*

Concordati sunt q̃ habens saporem manifestũ, sit inæqualis cõplexionis. Postquam ergo contenti sumus eius, quod dixerunt de sapore manifesto, & habente ipsum, sequitur necessario q̃ non habẽs saporẽ sit æqualis & temperatæ cõplexionis.

30 *Omnis sapor ponticus, & acetosus frigidus est & siccus: necnon etiam omnis stypticus.*

Hoc est, quod Gal. opinatur proculdubio, q̃ sapor ponticus, & stypticus I generentur ex substantia frigida terrea & grossa, & acetosus ex substantia terrea frigida & subtili.

31 *Omne habens dominium pinguedinis, & vnctuositatis, est calidum & humidum, & pure insipidum frigidum & humidum.*

Dicimus sapor iste est vnctuosus, & per consequens calidus & humidus. & hoc ideo, quoniã vnctuosum sm Medicos est compositum ex substantia aerea: aer autẽ calidus est & humidus. Sic igitur sunt in generali * isti octo sapores, quorum ipse K præmisit rememorationem: & insipidum carens omni sapore dicatur esse nonus. Medici autem sunt huius opinionis, scilicet q̃ causę saporum sunt, subtilitas substantię, & spissitudo, & mediocritas inter ipsa. Dicimus igitur q̃ cum grossities substantię vnietur frigiditati, causabitur & generabitur sapor ponticus, & stypticus. sed cum grossities erit cum caliditate, generabitur salsus, & amarus. sed cum vnitur subtilitas frigiditati. fit inde insipidus. videtur tñ q̃ sapor referatur ad grossitiem & subtilitatem per accidens: quoniam causa generabilis vel L corruptibilis cuiuslibet sunt quatuor qualitates. videtur ẽt q̃ sapor dulcis & amarus sint tanq̃ duo extrema contraria inter duos sapores, & q̃ alij sapores ab istis sint medij inter ipsos: sicut omnes colores ab albo & nigro sunt medij inter album & nigrum. Est & sciendum q̃ significatio sumpta ex odore est debilior q̃ sit sumpta ex sapore: q̃uis odor plurimum significet super saporem. Fuit autem significatio sumpta ex odore debilior: quia pars, super quã dominatur odor in medicina, quandoq; non extenditur per eam totã, M sed existit in quadam parte eius: sapor vero dispargitur, & existit per totum saporabile. Et odor quidem aromaticus significat super caliditatem in generali, paucis exceptis, ex quibus manifesta sunt rosa, & myrta, nenufar, & violæ: quorum ipse rememorationem faciet consequenter. Et proculdubio signum sumptũ ex colore est adhuc debilius significando super complexionem medicinæ: quoniam vnus & idem color quandoq; sequitur ad caliditatem

&

A & frigiditatem: cuius exemplum est
color niger, qui ex caliditate genera
tur, & etiam quandoq; ex frigiditate. accipitur tamen signum ex colore super diversas species vnius & e-
iusdem rei. cui⁹ exemplum est, quoniam
vinum rubeum calidius est vino ci
trino, & citrinum est calidius albo.
Iam aūt dixit Gale. de modo signū
accipiendi super complexionē medicinæ à sui celeri & cita mutatiōe,
& conuersione ad ignem: q̄ omnis
medicina subtilis, & non spongiosa
conuertibilis cito ad ignem, est necessario calida, & cito digeritur. Pro
B culdubio posuit seu ex conditiōe ad
didit q̄ sit subtilis: quoniam habēs
dominium viscosę vnctuositatis, qd
Arabes larg nominant, conuertitur
ad ignem frequenter de facili, neq;
tn̄ conuertitur celeriter ad naturalē
calorem. Proculdubio adiunxit ex
conditione non spongiosa: quoniā
arundo festinanter inflammatur ex
igne, nec tn̄ conuertitur celeriter ad
calorem. & proculdubio cum sunt
duo corpora ęqualis subtilitatis, qđ
ex eis citius congelatur est frigidius
in complexione. si tamen essent di-
C uersa in subtilitate, non esset conue
niens vel necessarium. Hi ergo mo
di sunt manifesti, quibus potest cognosci cōplexio medicinæ per modum syllogisticum. Melius tamen
est & tutius inniti ī hoc negocio ex
pimento q̄ rationi: & potissime, quo
niam pluries reperitur aliquid ī me
dicinis ex forma ipsarum resultans
ex precisis qualitatibus ęqualitatū
in mixtione, volo dicere ex proportione existēte inter quasdam ex eis
per comparationem ad formam ge
neratam in illo ente, ex proportione
quarūdam qualitatum, ad quas referuntur in eodem ente. hęc autem D
operatio, cuius causa est proportio
existens inter ambas formas, nomi
natur thesaurus

Inquit translator. Constat q̄ in latino
dicitur proprietas: Gale. autem nominat eā
operationem medicinæ ex totalitate substantiæ suę procedentem. Est autem verū,
q̄ impossibile est cognoscere proprietates
per modum syllogisticum, nisi sciremus* pre
cise * quantitates elementorum in quoli *a. l. ebrietates.
bet entium, & nisi etiam sciremus opera-
tionem egredientem a qualibet proportio
ne generata in quolibet ente, secundū quā
titates elementorum in eis existentiū. hoc
autem est nobis ignotum, nec est possibile
inueniri ab homine. est enim intermina- E
tum, cum sit infinitum & fine carens. hęc
igitur est causa proprietatis: cum infinitorum nobis ignota sit in quolibet ente,
cum careat fine. intellectus aūt, siue actus
quilibet non potest limitare quod caret fi
ne. Sic igitur debet intelligi negocium in
proprietatibus. non autem sic opinantur
multi ex fatuis, & phantastice loquentes ī
naturalibus, laborantes ad sciendum specialem proprietatum causam. Verū quia
Medicinę necantes, & venenosę habēt plu
rimum ex operationibus, quas efficiunt a
proprietatibus, est quidem experimentum
in medicinis periculosum: pro tanto debet
Medicum esse contentum medicinis notis
suo tempore, super quas testificati sunt om
nes, non autem dubijs ex eis. Quoniam au
tem quędam reperiuntur ex rebus quibus F
dam calidiores in se, & nihilominus sunt
calida per comparationem ad humanum
corpus et is calidior. Cuius exemplum est
oleum nouum, & vetus siue antiquum. nā
oleum nouum est in complexione sua calidius q̄ vetus & antiquum, vetus tn̄ est po
tens amplius calefacere corpus hoīs. Oēs ci
bi cibant proculdubio, & nutriunt ex tota
liteate suę substantię; & inde est vnum &
idem, cibus alicui aīali, & medicina necās
aliud ab ipso. sicut elleborus, qui est cibus
coturnicis, & medicina necans hoiem. &
sic napellus, qui est cibus porcorum, & est
medicina necans hoiem & interficiens.

Postq̄ igitur declaratę sunt radi
ces hui⁹ capituli, redibim⁹
ad id, in quo eramus
prius.

Rememoratio complexionum aetatum.

32 *ANimal per complexionem suam diuersificatur in aetatibus: erit tamē sermo nūc in homine solum.*

Complexio in qualibet specie animalium diuersificatur, & in quali
bet ętate: est enim diuersa in vna p
relationem ad existentem in altera.
Ipse autem innuit nunc sermonem
esse super complexionem aetatum
hominis solum.

H *Calor puerorum appropinquat*
33 *calori iuuenum in complexione.*

Calor iuuenum & puerorū sunt in qualitate propinqui, i. in quantitate caloris.

34 *Iuuenes tamen declinant uersus siccitatem: puer uero est dominus humiditatis sensibilis.*

Voluit dicere q̄ differentia, quae
est inter ambos prędictos, est, quoniam iuuenum calor est siccior calore puerorum: calor vero puerorū
velatur humiditate. & ob hoc calor
iuuenum reperitur secundum tactū
I fortior, & siccior, & acutior calore
puerorum. Et proinde opinati sunt
quamplures hominum, q̄ iuuenes
sunt calidiores: non tamen est ita,
immo calor puerorum relatus ad
corpora ipsorū, aut est maior & po-
tior, aut saltem equalis calori iuuenum. nam puerorum digestiua est
fortior. virtus autem augmentatiua
non reperitur in iuuenibus, sicut in
pueris. Verum Gale. comparauit &
assimilauit calorem iuuenū & puerorum vni & eidem calori: sicut si i-
maginemur ipsum in aqua & aere
existere: nam existentem in aere re- K
perimus fortiorē. Antiqui aūt certa
uerunt & cōtēderūt sup hāc cōplo-
nē. hoc tñ ē, qđ Gal. ex oa intellexit.

Senectus autem frigida, cum 35
ponderabis eam, est sicut decrepitas ipsa: & adhuc amplius in complexione cuiuslibet ex eis siccitas manifesta: existit nihilominus & cruditas in humoribus decrepiti.

Quilibet ex ambobus prędictis,
s. senex & decrepitus, est frigidę cōplexionis: decrepitus tamen est frigi
dioris complexionis. quilibet ex prę L
dictis est siccę complexionis: verum
tamen in decrepito multiplicat hu
miditas accidentalis. quod intellexit, cum dixit: existit nihilominus
& cruditas in humoribus decrepiti.
pp qđ errauerunt quidam eorū, cō
plexionem esse humidam dicentes.

Rememoratio complexionum masculorum, & foeminarum.

IN masculis existit caliditas 36
& siccitas, in foeminis uero frigiditas & humiditas.

Posuerunt complexionem ma- M
sculorum relatam ad complexionē
foemellarum esse calidam & siccā,
& complexionem foeminarum esse
frigidam & humidam, per comparationem ad complexionē masculorum: firmantes se super hoc ex o-
perationibus & moribus prędictorum. consyderatio tamē sumpta ab
eo, quod est propriū foeminis ex mē
struis, est notior & manifestior prę
dictis. hoc enim significat multitudinem superfluitatum in sanguine
ipsarum collectarum: quarum quidem

A dem collectio, significat super frigiditatem & humiditatem cōplexionis earum. Debet autem Medic⁹ scire & cognoscere complexionē masculorum, & fœminarum: quoniam sciet tempore ægritudinis amborū qualitates elongatas cuiuslibet ex eis ab eorum complexione naturali: neq; non vt sciat qualiter conseruet in eis æqualitatem.

a {Secunda pars primo} de signis complexionum sumptis ab habitudine.

a Rememoratio

B 37 FRigiditas, & b [teneritas] dominatur in c [complexione pīguis, et laudabilis corporis]

b lenitas vel humiditas

c corpore pingui & molli.

Quoniam fecerat rememorationem specierum complexionum, accedit nunc ad faciendum rememorationem signorum super complexiones signantium. Scientia nāque complexionis diuiditur in hac arte in has duas scientias, s. in scientiam specierum complexionum, & scientiam signorum super quamlibet ex speciebus eius signātium. Ex his autem signis quædam sunt vniuersalia, & sunt illa, quæ super cōplexionem C totius corporis dicuntur significare: & quędam sunt specialia & ppria, quę s. significant super complexionem cuiuslibet ex membris eius. Ipse autem non facit hic rememorationem nisi signorum vniuersalium, exceptis illis, quæ habent cōplexiones oculi denotare. Signum autem vniuersale sumitur à tribus, s. ab habitudine corporis, colore, & capillis. Pro constanti in complexiōe pinguis & laudabilis corporis, i. aucti & magnæ pinguedinis, dominatur frigiditas & humiditas: pinguedo enim efficitur ex residuo super- D flui cibi & nutrimenti. Paruitas autem pinguedinis in animali significat super malam dispositionem ipsius. nam paruitas residui ex nutrimento contingit ex dominio caliditatis & siccitatis existentis in mēbris digerentibus: aut ex paruitate & diminutione cibi illius: aut anni illaudabilis. Multa vero pinguedo corporis significat superfluam & humiditatem membrorum in cibo & nutrimento agentium. hoc autē cōtingit ex complexione membrorū prædictorum naturali, aut acciden- E tali: aut ex multitudine ciborum. & propterea pinguis est breuis vitæ, suscipiens de facili corruptionem. Aequalis vero inter maciem & pinguedinem est bonæ & laudabilis complexionis. vnde talis habitudo corporis significat super æqualitatem membrorum ipsius in cibo agētiū, i. ipsum digerentium.

Habitudo corporis macra, & extenuata significat complexionē ipsius esse siccam. 38

Hoc est manifestum & notum, s. φ corpus naturaliter macrum, & tenue, non digerit ex cibo & nutrimē- F to in membris suis quantum ei esset necessarium ad digerēdum. hoc autem contingit ratione siccitatis super complexionem membrorum digerentiū ipsi⁹ dñantis: etenī cū digestiōis sunt caliditas & humiditas.

Omnes, quorum a uenæ sunt ex ipsorum corpore latæ, sunt calidi. 39

a Aliae leg. calidae.

Omnium, quorum venæ sunt latæ ex radice originis & creatiōis suę eorum cōplexio est calida, vnde cū dixit ex ipsorum corpore, intellexit

G ex eorum origine, & creatione. Cũ autem dixit: sunt calidæ, intellexit q̃ venæ sunt calidæ: & cũ venæ sunt calidæ, habent super complexionẽ calidam significare. Causa autem latitudinis est calidum venarum: sicut causa stricturæ earum est frigiditas: nam sicut frigiditas de sui natura aggregat, & constringit, sic caliditas de sui natura dilatat, & extẽdit

Inquit translator. In grã matico sermone arabi sunt, venæ, & [illegible], & [illegible] & id hoc [illegible] calida. [illegible] poterat referri [illegible]. [illegible] dubiũ resolutionis, Inquit [illegible]. Cũ aũt dixit,
H sunt calidæ intellexit, &c.

40 *Quicunq; autem habens contrariam dispositionem eorum, quæ habet eam propter malitiam frigiditatis.*

Quicunq; habens venas contrarias habentu latas, i. strictas, habet quidem tales ratione frigidæ cõplexionis in eo existẽtis a principio suę generatiõis: dum talis strictura nõ contingit ratiõe pinguedinis ex ye re & supflua commeltione gñatæ.

I
41 *Gradus quidem corporis æqualis, & iusti cecidit inter omnes.*

Voluit dicere q̃ corpus æquale & temperatum est medium inter pingue & macrum. quod quidem intellexit, cum dixit: Gradus quidem corporis æqualis cecidit Iter omnes. ac si diceret, q̃ gradus eius cecidit medius inter ambos gradus, vel etiam inter omnes gradus, qui Iter ambo extrema existunt.

Rememoratio signorum a colore corporis, & primo a colore carnis. K

Non sumas signa a coloribus, si contingat eorũ mutatio ratione regionis. 42

Si clima, aut regio fuerit causa Imutationis colorum ibidem habitantium, tũc quidem talis minime significabit super complexionẽ ipsorum. tunc. n. esset iudicium ab extrinseco, & non ab intrinseco: sicut cõtingit in terra Nigrorum, & Sclauorum: nam clima & terra calida L denigrat colores, & frigida dealbat eos vltima albedine. Simile enim est de capillis: q̃m in regionibus calidis efficiũtur[a] globosi & crispi: sed in frigidis efficiuntur in vltimo planitiei & lenitatis. & hoc est, quod Itellexit in sermone prædicto. a l. grossi

Caliditas immutauit adeo corpora incolarum in regione Aethiopum & Nigrorum, quod nigredo cooperit vniuersaliter corpora ipsõrum: habitantes vero in Sclauonia tãtã adepti sunt albedinem, quod efficit, & redigit eorum cutes rutilantes, & candentes. 43 M

In regione Aethiopum est caliditas adeo immutans corpora ipsorũ, q̃ corpora ipsorum cooperuit colore nigro: hoc autem contingit ratione transitus, & reuolutionis Solis super caput ipsorũ, aut de prope. Sed causa frigiditatis immutantis cutẽ incolarum in regiõe Sclauorum ad excellentem albedinem, contingit ratione elongationis & distantię Solis a capitibus ipsorum.

Si

A *Si determines ſeptem climata,*
44 *ſcies ſpecies complexionum.*

Si ſcias determinare ſeptẽ climata, & noueris complexionem cuiuſlibet ex eis, ſcies complexiones ex ſignis, quę a coloribus ſumuntur.

45 *Quartum ex eis eſt iuſtum & æquale, in quo color ſequitur poſt complexionem.*

Quartum ex climatibus eſt temperatum, & æquale. vnde in hoc climate nõ fit immutatio colorum ab æqualitate aeris ipſius, immo fit ꝓculdubio immutatio ipſorum ratione complexiõis hominis. Verumtamen ſm Gale. quintum ex climatibus eſt æquale & temperatum. Vnde inquit, ꝙ nullus ex hominib⁹ Alexandriæ eſt æqualis complexionis. & hoc quidem verum eſt: ſunt. n. in regione Arabum quamplures eremi, & ſiluæ altæ, cuius termini & limites incedunt per quaſdam reuolutiones & circunferentias decliuiũ & promontoriorum, i. aſcenſus. Vnde habitantes in Arabia ſunt gñaliter calidę complexionis, ſuper quos dominatur rubedo. & proinde appellat albũ rubeum: eſtq; poſſibile vt inde uituperet ipſum aliqualiter, ſicut cum dicitur, quare es rubeus ſicut* ipſius, qui inter dæmones variatur coloribus.

*a.l. ipſius

46 *Fuſcus croceus choleram rubeam: ſed obſcurus* a *[brunus] choleram nigram.*

a puluerulentus

Color fuſcus croceus ĩ ęquali climate ſignificat ꝙ cholera rubea dominetur ipſi cholerico: ſed color obſcurus brunus ſignificat in eodem climate dominium choleræ nigræ.

D *Corpus eſt rubeum ex dominio*
47 *ſanguinis: & album in colore, ſicut ebur ex humore phlegmatico.*

In corpore, in quo rubedo dominatur, color quidem talis ſignificat ſanguinem dominari ĩ complexione ſic colorati: ſed color albus ſimilis colori dentis elephantis ſignificat humorem phlegmaticum ĩ cõplexione ſic colorati dominari.

48 *Complexio habentis colorem mixtum ex albo & rubeo, eſt ſecũ*
E *dum exiſtimationem æqualis, & temperata.*

Color mixtus ex albo & rubeo ſignificat, complexionem ſic colorati eſſe æqualem in quantitatibus, & partibus humorum in eodem exiſtentium: i. ꝙ non dominetur in eo aliquis ex humorib⁹ ſuper alios, ſed ꝙ ſint in eo ęqualiter ſm proportionem naturalem. & hæc eſt cõplexio æqualis, quam prius definiuit.

49 *Albus capillus eſt frigidæ cõ-*
F *plexionis: ſed capillus niger eſt calidæ complexionis.*

Intellexit ꝙ albus capillus in æquali climate, & regione ſignificet ſuper frigidam complexionẽ, & niger ſuper calidam complexionem.

50 *Cuius complexio eſt diminutæ frigiditatis, habet capillos aureos flauos: & cuius complexio eſt diminutæ caliditatis, habet capillos rubeos.*

In quo frigiditas eſt minor caliditate, eſt capillus aureus, aut flau⁹. nam flauitas ſignificat complexio-

G nem diminutę frigiditatis, & rubedo capillorum significat super complexionem minoris caliditatis quā sit complexio habentis capillum nigrum. & proculdubio est hoc verū. nam rubedo est propinqua & affinis nigredini, & flauitas albedini.

51 *Color capillorum habentis complexionem equalem & temperatam, est aureus, ex flauo, & rubeo mistus, & compositus.*

Nihil volui hic exponere, quā per se notum, & manifestum est.

H Rememoratio signorum sumptorum a colore oculi.

52 *Si corpus humiditatis glacialis, & albugineę fuerit peruium, purum, & paruę quātitatis, & exterius localiter prominuerit, quarum lux seu splendor fuerit pura coruscans candens, efficietur quidem inde color oculorum glaucus: & ex causis contrariis cōtingit antimonialis, i. niger, aut subniger, sicut antimonium.*

I Humor grandineus est quędam humiditas in oculo existens, quam grādini assimilauere: in qua quidē humiditate visus existit principaliter secundum Gal. sed humor albugineus est alia humiditas, quę ante prędictam humiditatē in oculo existit. oculus enim ex tribus humoribus, & quatuor tunicis est cōposit'. Dicimus ergo, ꝙ si corpus grādineę humiditatis, & albugineę fuerit peruium, purum, & vehementer lucidum & splendidū, & cū hoc localī exterius prominuerit, ꝙ talis ocul' erit glaucus, s. albo propinquus. Et K
si contrarium huius cōtingerit, erit oculus antimonialis, in colore cuius color propinquus est nigro, s. ac si diceret, quęsset tunc humiditas albuginea excellentis quantitatis, & grādinea in profundum posita, circunscripta luce splendente valde. Quod etiam dixit, puritatem grādineę humiditatis esse, s. vnam ex causis glaucedinis, hoc quidem notū est ex dictis Medicorum, quorum sermo vertitur super hoc, s. ꝙ glaucedo contingit ratione humiditatis albugineę, aut glacialis & grandineę, aut vtriusq; simul. Contingit autem ab hu L
miditate albuginea duabus de causis, s. vel sui peruietate, vel sui munditia & puritate, aut ambob' simul. Si ex humiditate grandinea, altera trium causarum, aut duabus ex eis, aut omnibus simul: s. aut sui peruietate, aut sui puritate & * paruitate, *a. l. gulositate.
aut sui puritate & peruietate & eminentia ad exteriora. vnde cum hę quinque causę in eodem oculo vniuntur, est vltima glaucedo: cum autem contraria aggregantur, est vltima antimonialis.

Si causę glaucedinis complectuntur cum causis antimonialitatis, fit fasolam, i. varietas. M 53

Intellexit cum dicit: Si cōplectātur causę glaucedinis cum causis antimonialitatis, ꝙ ponantur causę prędictorum in tali mediocres & remisse: hoc est, ꝙ sint in eo medię inter excedentes & diminutas: & ꝙ grandinea sit mediocris in situ, s. nō profundata nimis, neq, exterius eminens: & etiam ꝙ sit mediocris lucis & splendoris. Et talis dispositio oculi signat super equalem & tpatam

tam

A tam ipsius complexionem: sicut & nigredo oculi super ipsius calidã cõplexionem: & glaucedo signat ĩ generali & vt plurimum super frigidã cõplexionem ipsius oculi. & ob hoc valde dñatur glaucedo in hoĩb' frigidarum regionum, q̃ minime reperiuntur in hominibus calidarum regionum. vnde Arabes vituperant, & abhorrent glaucedinem.

54 *Si fuerit spiritus visibilis paruus, fiet obscuritas: si vero multus, cõtiget ide splẽdor & luminositas.*

Vna quidem ex causis obscurita- B tis, est paruitas spiritus visibilis: & causa luminositatis est multitudo ipsius. hoc eñ nescio ex sermonibus Gale. Hæc igitur sunt, quæ retulit hic de complexionibus. vnde fuit diminutus, obmittendo rememorationem de complexionibus ipsorũ membrorum, & etiam de signis super complexionem ipsorum significantibus. dicere autem sermonem ĩ hoc super quolibet ex eis particulariter esset nimis longum. ꝓpter hoc sermo meus in eis est gñalis. Dico ergo, ꝙ quędam ex membris sunt consimilia in partibus suis, & quę- C dam organica instrumentalia. Et ex consimilibus quędã sunt frigidæ & siccę cõplexiõis, velut nerui, chordę, & ligamenta, cartilagines, & ossa, & panniculi: & quędam calidę & humidę, sicut venę non pulsantes: quędam calidę & siccę, sicut venę pulsantes. Et proculdubio tres sunt radices membrorum organicorum & instrumentalium, s. cor, cerebrũ, & hepar: ex quibus cerebrum est frigidæ & humidæ complexionis: hepar autem calidę & humidę: sed cor calidæ & siccę. Assumitur autem significatio sm complexionem pro- D priam cuiuslibet ex istis ab operationibus ipsorũ vt plurimum. & hoc idẽ: nam cum sunt earũ operationes fortes & intensę, significant sup calidam & siccam complexionẽ ipsorũ: cum vero fuerint remissæ & diminutę, significant super frigiditatẽ eorundem: sed cum sint in hoc medię, significant super ęqualitatem eorum.

Rememoratio a{ } de rebus naturalibus, & sunt humores. a omnia

E 55 *Corpus est generatum ex humoribus variis, & diuersis in colore, & cõplexione, s. ex phlegmate, & cholera rubea, & sanguine, & cholera nigra.*

Corpus animalis fertur esse compositum ex humoribus diuersis in complexione & colore, & sunt quatuor, s. sanguis, phlegma, cholera nigra, & cholera rubea. Et hoc quidẽ est verum sm Gal. & Hippo. Ipsi. n. opinati sunt ꝙ ignis, aqua, terra, & aer sint ei elñta longinqua & remota corpori hoĩs: & ꝙ prędicti hũores F quatuor sunt ei elñta propinqua: asserentes etiã choleram nigram assimulari & ꝓportionari terrę, & rubeã igni, & phlegma aquę, & sanguinẽ aeri. Plures tamen Medicorũ obuiant eis in hoc, dicentes ꝙ materia ꝓpinqua hominis, ex qua gñatur corpus eius, proprie est sanguis: & ꝙ alij tres humores sunt reliquię, & superfluitates ipsius sanguinis, quę s. sequestrantur & separantur ab eodem per digestionem eius. Hoc autem potest elici ex dictis Ga. si ĩtelligatur

G gatur quod ipse dixit ipse. n. dixit in de Virtutibus naturalibus, quod cholera rubea est in sanguine, sicut spuma in musto bulliente, & cholera nigra sicut tartarum. Si igitur sic est, erunt in sanguine hæ reliquiæ in potentia: elementa autem reperiuntur in potentia in composito. & ipse opinatus est ex hoc sermone quod sequatur, quod humores sint elementa corporis hic enim syllogismus non concludit, cum sit ex duabus affirmatiuis in secunda figura, sicut patet speculanti in scientia libri Priorum.

H

De Phlegmate

56 *Phlegma naturale est insipidum, & frigiditatis temperata.*

Nota quod in arabico sermone de phlegmate salso procedit illud de phlegmate dulci.

Quinq; sunt spēs phlegmatis ex quibus vna vocatur phlegma naturale: & tale caret sapore, & est temperatæ, seu remissę frigiditatis.

57 *Ex eo autem est, quod noscitur vitreo nomine: est autem grossum & frigida complexionis.*

Ex eo autē est alia spēs frigidę cōplexionis, & grossæ substātiæ: & nominatur vitreum, eo quod vitro fuso &

I liquido similetur.

58 *Ex eo autē est adhuc phlegma dulce, quod quidem non absoluitur omnino a calore.*

Hęc spēs phlegmatis hēt modicum de calore: quod tantum opinamur esse, quoniam in eo ex dulcedine reperitur. & hoc phlegma plus alijs naturali appropinquat.

59 *Rursus ex eo est, quod uocatur salsum: & hoc uidetur uersus calorem & siccitatem declinare.*

Tertia spēs ex eo est illud, quod reperitur salsum in sapore: quod ad caliditatem, & siccitatem declinat. K

Ex eo est quasi acetosum, [b] [ ] *cum corrumpitur cibus in stomacho.* 60

b & est frigidius eo

Ex eo est quarta species, & est acetosi saporis & frigidæ complexionis: quod quidem in stomacho generatur, cum cibus in eo ratione frigiditatis corrumpitur.

De Cholera. 61

L *Ex cholera* [c] [*sunt uariæ coloribus,*] *& quædam ex ea nominatur fumosa.*

c diuersa sunt varij coloris Per fumosam Arabes intelligunt adustam

Voluit dicere quod ex cholera sunt diuersæ species: ex quibus quædam dicitur fumosa. Reor autem ipsum per hāc speciem intellexisse humorem, ex quo generatur ructus fumosus in stomacho: non tamen vidi rememorationem huius speciei in libris Medicinæ.

Ex ea etiam est similis uiridi æris, & porro: istæ quidē sunt magna malitiæ. 62

M

Hæ sunt duæ species manifestæ, quarum generatio fit in stomacho. generantur autem ex forti & valida adustione: & hæ sunt perniciosæ, significantes super complexionem vrentem: & maxime illa, quę viridis dicitur.

Est etiam alia a prædictis, quæ uitellina dicitur: neque est permittiose uirtutis, & potentiæ. 63

Hæc spēs similatur vitello ouorum. Et opinantur quidam Medicorum, quod ipsius grossities contingat, procul dubio ratione caliditatis mixtę, &

A & adhærentis phlegmati. Vnde videtur sic esse minoris caliditatis q̃ sit species choleræ naturalis & rubeæ, q in cysti fellis existit & generatur. propterea dixit ipsam nõ esse perniciosæ virtutis: hoc est, q qualitas eius nõ est mala, & illaudabilis. hæc est opinio Zomaim. Et ex eis sunt quidã opinantes grossitiem eius cõtingere ex calore super eam dominante, & eius humiditatẽ desiccante & cõsumente: quod quidẽ ex sermonibus Galen. intelligitur in lib. suo de Virtutibus Naturalibus: & esset nũc mala causa fortis, & vrentis calidi-

B tatis. & Halibentazona incedit per hanc viam.

64 [d] [*Alia species ex ea*] *est cuius habitatio est in cysti fellis: & omnes quidem declinant, & vergunt ad caliditatem.*

d* Et rubea cholera

Hęc species est naturalis: nec fecit mentionẽ manifeste huius speciei inter species ipsius manifestas, & est citrina, sicut fecit mentionem cuiusdam speciei eius ignotæ, q̃ fumosam nominauit.

C

De Sanguine.

65 *ORigo, & augmentũ sanguinis est ab hepate, & trãsit inde per venas eius ad totum corpus.*

Origo & generatio sanguinis est in hepate, & transit per venas eius ad omnia corporis mẽbra, quæ eodem nutriuntur.

66 *Ex eo est sanguis, quem continet cor. sanguis autem calidæ & humidæ est qualitatis*

Secunda species sanguinis est illius, cui⁹ decoctio fit in corde, & delegat ipsum per venas pulsatiles ad D omnia corporis membra, viuificans, & habituans ipsa calore & nutrimẽto, & quælibet ex his speciebus ambabus est calidæ & humidæ complexionis. ille tamen, qui est in corde, est calidior & siccior.

De Melancholia.

67 *SItus choleræ nigræ est in splene: neq; est falsa opinio illa.*

Hoc quod dixit, est manifestũ. patet enim per anatomiam q inter hepar & splenem est colligãtia. cũ E ergo hepar digesserit sanguinem in eo existentem, mundificat ipsum à parte eius terrea & melancholica, & delegat ipsam spleni. splẽ autem trahit ipsam ad se ratione cõuenientiæ, quam secum habet, sicut & cystis fellis attrahit choleram rubeã.

68 *Turbulentia sanguinis est naturalis: qualibet autem ab illa innaturalis.*

Cholera nigra, seu melancholia naturalis est ipsa turbulẽtia, seu fęx hypostanea sanguinis: aliæ vero species choleræ nigræ à prædicta sunt F omnes innaturales.

69 *Quæ proculdubio generatur ex commistione, & adustione aliorum humorum.*

Proculdubio species innaturales melancholiæ generantur ex commistione naturalis cum aliis humoribus, aut ex adustione choleræ nigræ, aut phlegmatis, aut choleræ rubeæ, aut sanguinis. Et species quidẽ choleræ nigræ innaturalis notæ & manifestæ sunt tres, s. illa, quæ generatur ex cholera nigra naturalis adustione: & hæc quidem est aliis fortior, & magis perniciosa. Secũda vero

G ro generat̃ ex adustione cholerę rubeę. Sed tertia ex adustione phlegmatis. Nõ tñ est lõginquũ & ĩposs, quin generet̃ alia spẽs eius ex adustione sanguinis. nec etiam quin generentur quamplures species aliæ ex diuersa commixtiõe ipsarum ad inuicem. manifestæ tamen, & notæ species eius sunt prædictæ tres.

Memoratio quartæ ex rebus naturalibus, & sunt Mẽbra

70 a [PRincipia, et radices] corporis sunt quatuor, alia autem ab eis sunt velut rami.

a *principalia, seu radicalia membra

H Hæc est quarta pars, sicut ipse dicit, ĩ qua referunt̃ mẽbra hoĩs simplicia & cõposita: & sunt illa, q̃ generaliter colligunt̃ libro hui' artis, qui de anatomia mẽbrorũ intitulatur. hic tñ non retulit ex eis nisi solũ principalia & radices. Hi nanq; rhythmi sunt uelut introductiones in hac arte. Inquit ergo q̃ quatuor sunt radices membrorũ corporis, & alia ab ipsis ramificantur ab eisdẽ, i. famulantur eisdem.

71 *Vnus ex his est hepar, et ipsum quidem præest cibo, & nutri-*

I *mento in corpore.*

Vnũ ex his quatuor est hepar, & ipsum quidẽ pręest nutrimẽto i. digerit sanguinẽ, quo oĩa mẽbra corporis nutriunt̃ proculdubio. Organa deputata nutrimẽto corpis sunt, os, mery, stomach', & ĩtestina, necnõ splen, hepar, cystis fellis, & renes. Est aũt nota actio oris super cibũ et nutrimentũ corporis: sed actio mery est attractio, & deglutitio eius, qđ ab ore comedit̃ & masticat̃, & ĩpulsio eius ad stomachũ. Et ob hoc fuerũt ĩ eo posita corpora qđã, quibus conuenienter attractio, & impulsio K exercetur: & sunt illa, quæ à Medicis villi nominant̃. Actio autẽ stomachi sup cibũ est cõtritio & digestio ipsius, coadunando se super ipsum, efficitq; ĩde chylũ ad susceptionẽ actionis hepatis. Verumtñ operatio superiorũ & gracilium ĩtestinorum est gradualis & successiua receptio cibi egrediẽtis à stomacho. Fuere tñ fm Gal. multa, vt cibus moraretur ĩ quolibet ex eis, donec hepar traxerit ab eis, mediãtibus venis inter ipsum & ipsa intestina existentibus, quicquid in chylo fuerit aptũ digeri ab ipso hepate. & q̃ superest L fęx dura grossa, expellunt consequẽter intestina vsq; ad vltimũ intestinũ. & hoc, postq̃ hepar acceperit sibi necessariũ. Deinde aũt hepar p̃dictum succum ad se tractum digerit, & in sanguinẽ conuertit. Consequenter separat ab ipso sanguine ipsius turbulentiã, & fęcem hypostaticã, & eam ad splenẽ impellit. hęc autẽ turbulẽtia est cholera nigra, seu melancholia. Separat aũt ab eo partẽ eius * spumosam, quã ad cystim fellis impellit, & destinat. hoc autẽ totũ in cõcauitate hepatis fit, ex ĩ M parte, qua chylũ traxit ad se bonũ. Tũc autẽ separat ab eo partẽ aquosam & hoc fit, dum sanguis egreditur ab hepate, & transit ad alia mẽbra corporis. Aquositatẽ autem illã impellit, & delegat ad ipsos renes, q̃ nutriunt̃ ex eo, qđ reperiunt sibi cõueniens. deinde ipsi renes mittunt residuum aquositatis prædictæ ad vesicã, & colligitur ibidẽ, donec ipsa egrediatur. Fuerunt autem multa & plura intestina, ne cibus egrediatur citius ab eis, anteq̃ hepar attraxerit ab eo quantum debet. Vnde

*a.l. fumosam.

de

A de fertur q animalia paucorum intestinorum continue comedunt &
egerunt. propter quod cōgruit magis homini, vt sint eius Intestina mul
ta. Hęc est ergo collectio, & summa
actionum membrorum nutritiuis
in cibo, & nutrimento corporis.

72 *Cor autem alit corpus vita, et
nisi ipsum esset, corpus assimilaretur plantæ.*

Hæc est via & opinio Medicorū.
Nā ipsi opinantur tres esse virtutes
principales, s. naturalē, cuius situm
ponūt in hepate: & vitalem, quam
B ferunt in corde situari: & vim regiti
uā & sensitiuam, & s̄m locum moti
uā, quam ponunt esse in cerebro. &
hæc fuit intentio Hippocr. Plato. &
Gal. Quę quidē intentio est falsa &
erronea in duobus. Primū est, quoniā clarū & patefactum est, nō esse
nisi vnā virtutem agentem in nutri
mēto corporis: q quandiu existit et
perseuerat I animali, viuit animal:
& qn̄ aufertur ab eo, morit̄. In hac
autē virtute cōmunicant plantę cū
animalibus: & ob hoc planta dr̄ interdū viuens, nō t̄n dicitur animal.
virtus autē, qua aīal excedit plātas,
C est virtus sensitiua. Si igitur sic ē, cō
stat q animal dr̄ animal rōne virtu
tis sensitiuæ: & maxīe sensitiuę vni-
tæ & repertæ in oībus animalibus,
qualis est tactiua. Sed proculdubio
Medici opinan sunt virtutē vitalem
eē aliā à sensitiua & nutritiua, & q
situs eius sit ī corde. Et hoc, quoniā
motus pulsus existit spēaliter in cor
de super cætera membra corporis.
hic tamen motus est compositus ex
dilatatione & constrictione, seu attractione & expulsione: ergo & virtus ista est attractiua & expulsiua.

Scimus autem q virtus attrahēs & D
expellens sunt de numero virtutum
naturalium in nutrimēto corporis
agentium & deseruientium. In hoc
autem omnes Medici conueniunt.
Si igitur sic est, virtus * pulsatiua in *a. l. expulsiua.
corde existens, erit naturalis & nutri
tiua, non autē solum vitalis. Secundus autem error est, quoniam ipsi
posuerunt virtutē sensitiuam & naturalem in nutrimēto corporis agē-
tem in diuersis mēbris: cum tamen
proculdubio sint simul I vno & eodem membro, s. in corde, s̄m q dixe
runt in hoc Philosophi. & testimo-
nium inducunt naturalium virtu- E
tum. Non tamen hic est locus indu
cere super hoc demonstrationes. ve
runtamen dicimus illud, quod est
probabilius, & magis consonum ve
ritati: & est hoc, quoniam certum
est, q non reperitur sensus, nisi in
membro quod nutrit. aliàs si reperi
retur in membro non nutrito, esset
animal non nutritum, & absq; nutrimento: quod tamē falsum est &
Ipossibile. Si igitur sic est, ergo mēbrum, I quo situs huius virtutis nutritiuæ est, est principale. sequitur
etiam necessario q habeat pricipa-
tum super illud, in quo est situs vir- F
tutis sensitiuæ. Notum est autem
ex anatomia membrorum, q cor ē
fons caloris naturalis I corpore existentis, & quòd ab isto distribuatur,
& multiplicetur per cętera membra
corporis. Est autem notum in scien
tia Naturali, quòd calor naturalis
prædictus est subiectum & materia
animæ: ex quo necessario sequitur
quòd & anima sensitiua & nutriti-
na sit in illo membro, in quo est ca
lor prædictus.

Abinde

G 73 *Abinde est calor, qui est corpori sicut elementum, quod*[b] [ ] *transire facit*[c] [*ipsum abzar.*]

b.* s. cor c.* in alio libr. i. l arteriā aortam.

Calor existens in corde est radix caloris naturalis corporis, quē transire facit ad totum corpus p venas, quæ venæ à vena abzar dicta ramificantur: quę quidem vena immediate ab ipso pullulat, & egreditur, & pp hoc illud membrū vltimo infrigidatur in morte. Cor autem existit in corpore velut clibanus, & calor naturalis sicut incendiū in clibano, & anima est sicut clibanarius. &
H quemadmodum clibanarius stat, & moratur prope incendiū, quatenus regat ipsum, sicut decet: sic ēt decet q anima agens in calido existēte in corde, sit & existat ēt in corde, nam
f a.l. id, est generās ⁊ ibidem. Ex quo patet, q virtus regitiua corporis, & vita ipsius sit in corde. & hoc, quoniam ipsum cor est in corpore, sicut clibanus, vt diximus: & calor naturalis in corpore, sicut incendiū in clibano: & aīa, sicut clibanarius. Si plures autē & diuersę virtutes in multis & diuersis membris existerēt, esset vnum animal multa animalia.

I 74 *Et e quòd cerebrum cum neruis, &*[a] [*filo nuchæ*] *custodit, & præseruat ignem, & calorem cordis ab inflammatione.*

a.* nucha

Iuuamentū cerebri, quod ipse retulit hic est, s̄m viā & opinionē Aristo. non aūt s̄m opinionē Galen. & opinatus est Arist. q principiū sensus & motus sit in corde, & q cerebrū sit organū deseruiens ei, equando calorē eius, hoc est, q frigiditas cerebri habet æquare & tēperare calorē cordis in sīn, q virtus sensitiua possit attingere sensibilia sua. ipsa.n. K attingit, & percipit ea cū calore tēperato. Si.n. esset vehementis caliditatis, minime rē calidā attingere, seu pcipere posset. Nullum.n. ens iudicat & percipit sibi simile, sed potius sibi diuersum. Hoc autē totū est de dubijs naturalibus, de quibus Medicus parū curat. verum domini naturalū admittunt, & pertractant verba ista, & ab ipsis hēt Medicus hoc recipere. Est & nosc̄, q cerebrū est principiū sensus & motus ex actiōe ipsius, siue sit principiū primū, sicut Gal. intellexit: seu s̄m post cor, sicut intellexit Arist. Et ēt notandū, L q à cerebro & nucha oriuntur nerui sensitiui & motiui: nucha autē ē corpus quoddā egrediens à parte capitis posteriori, incedēs p ossa spinæ dorsi forata vsq; ad extremitatē ipsius dorsi. Egrediuntur aūt à iunctura quorūlibet duorū foratorū duo nerui: ex quibus vnus incedit à dextris, & alius à sinistris: excepto osse vltimo perforato, à quo solus vnus neruus egreditur. Sunt aūt prędicta ossa. xxiiij. numero. Ex illis aūt neruis venit motus ad manus & pedes. Ab anteriori autem parte cerebri egrediunt̄ septē paria neruorum, & M sunt illa, q̄ præbent sensum & motum omni ei quod interius ex illis, necnō etiā pectori, & organis anhelitus, & sermonis.

Ex eis est motus mēbrorum, sed testiculi sunt[h] [*mēbra alias*] *organa generationis.* 75

h.* ——

Ex neruis quidem est motus membrorum. Nā motus ex tribus corporibus in summa perficit, s. ex neruis, & lacertis, ad quos hi perueniūt & attingunt, & corda egrediētia à lacerto,

A certo, & colligatur cum extremitate membri moti per ipsam. Primū autem, quod moueri percipitur, est lacertus, & est corpus ex panniculis & carne & neruis compositū, & dilatatur, & constringitur. post cuius constrictionem sequitur tensio, & corrugatio cordæ egredientis ab extremitate ipsius, & coniunctæ extremitati membri moti per ipsam, & trahit membrum uersus partē, in qua lacertus tensus existit. Et si tendat lacertus existens ab alia parte membri, declinabit membrū versus partem illam. si vero spasmentur & ten- B dantur ambo lacerti mouentes mēbrum ex duobus lateribꝰ eius diuersis & contrarijs, stabit illud mēbrū erectum & extensum. Cuius exēplū est, quoniam cum spasmatur lacertus mouens brachium, qui existit a parte intrinseca ipsius, & constringitur, sic brachium trahitur versus corpꝰ. cū autē spasmatur lacertus extrinsecꝰ, elongatur brachium à corpore. sed cum spasmantur prędicti duo lacerti existētes ex duobus eius lateribꝰ cōtrarijs, remanet membrū erectū & tensum. Est autem notum, ꝙ oīs motus in corpore repertus existit in C lacerto. existit tamen in lacerto motus, quando venit ad ipsum spiritus animalis per neruum, qui ad ipsum delegatur. & ideo aufertur motus lacerti, cum inciditur neruus veniens ad ipsum. Et sunt ſm opinionē Gale. 529. lacerti in numero. Cum autem dicit, ꝙ testiculi sunt organa generationis, hoc quidem dixit ſm viam & opinionē Gale. qui opinatꝰ est principium generationis siue generatiuę virtutis in hoc membro esse. Verum ſm Aristo. cor est principium eius: & membrum prędictū est etiam organum deseruiens ei in D hoc. & inducit super hoc probationem ex boue castrato, ꝙ ipse vidit illum, postquam fuit castratus, cū coire cum quadam vacca, & eam impregnauit.

Ex generatione eorum species conseruantur, in quorum [c] *[terminatione] fieret terminatio, & abscissio* [d] *[ ].* 76

c abscissione

d earum

Finis & iuuamentū ex hoc membro in totum est generatio, quatenꝰ per eam spēs conseruentur. ipsum .n. nequit facere continuam perma- E nentiā seu existentiā in hoc homine, quia destrueretur species. Posuit ergo eam in specie, quatenus sit ex eo continua permanentia in materia sibi possibili. Intellexit autem, cū dixit: in quorum terminatione fieret terminatio, & abscissio: ꝙ nisi fuisset gñatio, iā essent species terminatæ, & abscissę: & ꝙ cum virtute generatiua conseruentur.

Caro, pinguedo, & species glandularum sunt tanquam famulantes prędictis. 77

Caro, pinguedo, & species glādularum F fuerunt positę in corpore, tāquam famulantes prędictis membris, s. principalibus, & capitalibus. hoc .n. de eis intellexit. & sunt quoddam iuuamentū carnis proprie secundum Gale. ad hoc, ꝙ esset ipsa velut scutum, & regimen membrorum pricipalium. & similiter est de pinguedine sciendum. Verum carnes glandulosę sunt ad hoc, vt sint emunctoria superfluitatum. ex eis tñ sunt quędam cooperantes ad generationem humiditatum, sicut caro glandularum in ore existentiū,

G. quæ conferunt ad gñationem saliuæ: & exñtium in mãmillis, ad gña
tionem lactis: & exñtium in testicu
lis, ad gñationem spermatis. Ari. tñ
intellexit ꝙ caro sit organũ sensus
tactus. & hoc, quĩa est membrum pri
mum in omni animali iunctum.

78 *Ossa, & panniculi, & ligamē
ta sunt velut columnæ, & fulci-
menta corporis.*

Dicit ꝙ ossa, & panniculi, & tuni
cæ velant, & existũt super membra
corporis. ligamentis autem, colligã
tur, & nectuntur quædam ex mem
H bris corporis cum quibusdam. In os
sibus autem fuit intentio, ꝙ essent
columnæ & pillaria corporis: sed in
panniculis, & ligamentis fuit intẽn
tio, vt corpus protegerent, & conser
uarent. Conseruant enim ligamenta coniunctionem membrorum: &
panniculi, & tunicæ tegunt, & conseruant membra sua: sicut facit pan
niculus, & tunica cordis, cerebri, hepatis, & aliorum ab eis panniculos
& tunicas habentium.

79 *Vngues autem fuerunt in extremitatibus propter auxilium:
I sed pili fuerunt propter superfluitates, vel ornatum.*

Iuuamentum vnguium in digi-
tis est ad iuuandum eos, ita vt cũ ca
piant aliquid, ꝙ capiant illud firmi
ter. sunt. n. sustentamentum carnis
in extremitatibus digitorum existẽ
tis: in tantum vt rem quam capiũt,
possint tenere, vt possint bene cõstri
gere, & fortiter capere. Iuuamẽtum
etiam totius manus fuit ad capien-
dũ, & faciendũ oẽ organicum cuius
cũq; officij & artis. & iõ dr̃ esse orga
num intellectui deputatum. & ideo
etiam, cuius manus est subtilis sen- K
sus, significat bonitatem intellectus
eius. Et cum dixit ꝙ pili fuerũt propter superfluitatem, vel ornatum, in
tellexit pilum esse in corpore ꝓpter
vnum ex duobus, s. ad colligendum
superfluitatem illius membri, cuius
est pilus, ne lędat ipsum, sicut pilus
ascellarum & pectoris: aut ꝓpter or
natum, sicut pilus palpebrarum &
superciliorum. & potest esse vt cum
hoc etiam intendatur protectio mẽ
bri illius, sicut per capillos capitis, i
quibus quidem superfluitates siccæ
cerebri consumuntur.

Hæc autem omnia sunt famu L
lantia, cum perficiant statum, & 80
figuram per radices.

Hęc oĩa membra fuerunt conũ
cta, vt pficeret ex eis status & figura.
& ob hoc fuerunt per consequens
famulantia radicibus membrorũ.

Rememoratio de Spiritibus, a
a {& primo de naturali,
& postea de vitali.}

S*Piritus* [b][*naturalis efficitur* 81
ex fumo seu] *vapore laudabi* b diuidit
li [c][*puro, &*] *munde.* naturale genus ex
Spiritus diuiditur in tres species. nt
ex quibus est vna species naturalis, M
& est ille, qui fit ex vapore puro mũ
do generatus, scilicet ex substantia
vaporosa. Est autem situs huius spiritus secundum Gale. in hepate, trã
situ; ab inde ad reliquum corpus:
sed secundum Aristote. ipse existit
in corde reprobat in hoc sermonẽ
Gale. experientia sensibilis: quoniã
non manifestatur in hepate, neque
etiam in venis in eo ramificatis, sicut manifestatus est in corde.

Quod

A [d] [*Quod autem ex eo iam purificato*] 62 *existit in corde, & est*[e] [*illud, per quod*] *permanet vita.*

b Et diuidit i est q iam
e ille per quem

Spiritus in corde efficitur, postquam fuerit eius substantia in hepate mundificata & depurata: quo quidē existente, permanet vita & existit: & ipso remoto, accidit mors. * in corde enim existit vita. Hunc autem spiritum vocauit Gale. vitalem. Et iam diximus quòd vita stat per virtutem nutritiuam, quam Gale. naturalem vocat. Si ergo remoto spiritu B existente in corde, aufertur vita, sequitur manifeste quod spiritus naturalis est in corde.

* a. Leo

63 [f] [*sed generatio eius, quod ex eo fertur in cerebro, & eius * miringa, fit volendo.*]

f Ex diuidisi est q i cerebru fert, & in pānicul ei* retinet'
*menange

Diuiditur etiam spiritus in spēm s. spiritus animalis in cerebro existētis, cuius quidem substantia tā diu in cerebro digeritur, donec ibidem ipse generetur. & hoc est, quod intellexit cum dixit: sed fit generatio.

Intellexit etiam, quòd fiat infra cerebrum sub meninga subtili inuol- C uente ipsum.

64 *Insunt autē huic spiritui imaginatio, ratio seu intellectus, & memoria, cum complentur, & perficiuntur ipsius species in uentriculo cerebri.*

Hic spiritus, cuius generatio inuenitur in cerebro, est ille, cuius species perficiunt tres ventriculi cerebri, digerendo & coquendo ipsum, donec fiant ex eo tres species. Sunt enim tres ventriculi cerebri: & spiritus generatus in anteriori ventriculo ex eis est subiectum imaginationis: qui autem in medio est spiritus D rationis: & ille, qui est in posteriori ventriculo, est subiectum memoriæ & reminiscentiæ.

In quolibet ex spiritibus est virtus propria alia ab illa, quæ est in alio. 65

In quolibet ex tribus spiritib⁹ supradictis est virtus propria, quę in nullo aliorum existit. Nam in spiritu naturali est anima naturalis, & in vitali vitalis, & in animali animalis scilicet motiua, sensitiua, imaginatiua, ratiocinatiua, & memoria. Sūt autem proculdubio duo spiritus in E corde, & cerebro existentes: ex quibus vnus & idem defert multa in actu, sicut vnum pomum defert, & habet multa, scilicet colorem, odorē & saporem.

Rememoratio sextę ex rebus g { non } naturalibus, & sunt virtutes.

6

Septem virtutes numerantur *in natura secundum diuersitatem earum in forma & specie.* 66

Septem sunt virtutes naturales secundum diuersitatem actionū & effectuum ipsarū in forma, & specie. F

Ex his est virtus immutatiua spermatis, præter quod depingat, seu figuret ipsum. 67

Intellexit quòd sit quædam virtus mouens, & immutans sperma, & sanguinem menstruum in matrice, donec ex eis fiat corpus vnū. præter tamen, quòd ipsum informet vel figuret, disponit nihilominus ipsum ad susceptionem formæ & figuræ conuenientis, quod qui-

 dem

G dem intellexit, cum dixit præter φ
ipsum depingat, i. præter φ ipsum
informet, & figuret.

88 *Ex his etiam est virtus, quæ ali
qua forma, & figura informat cor
pora: necnon & quantitate, &
numero.*

Secunda ex virtutibus naturalibus est plasmatiua, & ē illa, quę cor
pus informat, & quæ præbet quan-
titatē & numerũ, sicut manus, cui þ
bet propriam formam, & quantitatem cum numero digitorum.

H *Est etiam virtus attractiua, di*
89 *gestiua, retentiua, & expulsiua.*

Quia retulerat species spirit⁹ virtutis gñatiuæ, i. actiones, quę fiunt
in generatio, nunc retulit spēs virtu
tũ agentes in cibo, & nutrimēto cor
poris. Inquit ergo φhę virtutes sunt
quatuor, s. attractiua cibi: & digestiua eius, i. quę digerit attractum cibum: & quę retinet ipsum, donec di
geratur: & expulsiua, qua eius supfluitas expellatur. Quod quidē notum & manifestum est ad sensum
in stomacho, & matrice. patet. n. φ
in stomacho est virtus, qua attrahi
I tur cibus, & quæ retinet ipsum, donec sit digestus, & quę consequēter
impellit ipsum, & hoc quidem est
necessarium esse in quolibet mēbro
corporis. nam digestio non perficit
sine his quatuor virtutibus.

Est etiam ex his virtus vniens
90 *mēbris quod similatur corpori ex
nutrimento.*

*i. e adga-la Hæc * virtus est, quę vnit nutri-
mentum membris, & quę similat ip
sum eisdem. Ex debilitate autē huius virtutis, s. similatiuæ; generatur K
albaras, & morphea. tunc. n. vnitur
nutrimentum membris, præter φ
assimiletur eis. Et ideo oportet φ sit
vnitiua alia ab assimilatiua: quia in
baras bene fit nutrimēti vnitio, sed
non ipsius assimilatio. Et idem contingit in eo, quo ossa fracta coniunguntur, & solidantur, cũ nequaquã
assimiletur eis. Et in summa virtus
naturalis, s. vegetatiua diuiditur in
tres, s. gñatiuam, nutritiuam, & aug
mentatiuam, Generatiua diuiditur
in duas, s. immutatiuam, & plasma
tiuam. Et nutritiua in quatuor, qua
rum rememorationem fecim⁹ hic. L
Alij tamen a Gale. addiderunt præ
dictis quintam virtutem sequestra
tiuam: & est illa, quæ separat super
fluitatem à cibo & nutrimento.

* De uirtutibus vitalibus.

Duæ sunt species virtutis vita 91
*lis, & [h] [actionis eius, licet ex eis
sint duæ] partes, ex quibus est vna
qua fit actio pulsus per dilatationem, & constrictionem venarum
pulsatilium.*

h operatio nũ cuiuslibet sbarũ duę sc.

Duæ sunt species virtutis vitalis:
ex quibus vna est, quę facit pulsum M
per dilatationem & constrictionem
venarum pulsatilium.

Soror autē huius est illa, qua 92
*[a] [aguntur actiones cuiusq; agibi-
lis] sicut est amare [b] [aliquid,] &
habere [c] [illud] odio: & depressio
animæ, & eius exaltatio. [d] [
].*

a pariter passiones
b ——
c aliquid
d & illa q dispōit aliqd ad operandũ.

Hęc est secunda ex virtutibus vi
talibus, & est illa, quę dicitur irasci-
bilis & cōcupiscibilis, seu excitatiua
&

A & desyderatiua, q amore uel odio excitatur, & est causa, quare homo agit aliquid in omni negotio, i. qm quis fugiat, aut prosequatur. Est. n. hæc virtus causa eorum, quę agit. qm causa, quare aliquid perficiat & prosequatur, est amor: & causa, quare aliquid fugiatur, est odium & displicentia. vnde est ac si diceret, q huius virtus agens ratione amoris vel odij in rebus dilectis vel odio habitis, est causa quare agantur actiones in aliis ab homine. Huiusmodi autem virtus est alia a nutritiua & regitiua. vnde si nomen virtu-
B tis vitalis imponeret solũ huic uirtuti, esset tunc quidẽ virtus vitalis tertia a sensitiua & vegetatiua. & hæc quidẽ sunt, quę Plato innuit esse inter vitales. Plasmatiua tñ nõ est huius generis: immo subest generi virtutis agentis in nutrimento.

De virtutibus animalibus.

93 *Nouem sunt virtutes quæ ab anima numerantur, ex quibus sunt quinque sub sensitiua, s. visiua, auditiua, olfactiua, gustatiua, & tactiua vniuersalis.*

C Virtutes aíales sunt illę, quę sunt in cerebro, & sunt nouẽ: ex quibus sunt quinq; sensitiuę, quas ipse hic noíauit: ex quibus tactiua in tota carne vniuersalis existit.

94 *Est etiam virtus ad* [e] *[neruos] perueniens, ex qua seu per quam mouet quis artus, et mēbra sua.*

[e] lacertos

Sexta ex virtutibus prędictis est virtus, quę vnitur neruis, quibus homo mouetur, & mouet localiter mẽbra sua, iam sicut prędiximus modũ motus sui, & qui sunt nerui illi.

D *Ex eis etiã est virtus, qua imaginantur res* [f] *[sicut videntur.]* 95

[f] sic l speculo.

Septima ex prędictis uirtutibus est virtus, qua imprimuntur res in imaginationes, sicut cum imaginatur inter species, quę videntur. hęc autẽ est virtus imaginatiua, quę in anteriori parte cerebri existit, sicut supra diximus.

Est adhuc ex eis virtus, in qua 96
est ratio, & est a qua est memoria.

Alię sunt duę virtutes ex prędictis, ex quib' vna est rõciatiua, existens in medio cerebri: secunda est
E rememoratiua, quę in vltima & posteriori parte cerebri existit: & sicut in summa, omnes istę virtutes sunt vndecim.

De operationibus.

Omnes operationes virtutum 97
numerantur secundum ipsas virtutes, quarum sunt operationes.

Numerus operationũ virtutum est qualis ipsarummet virtutũ, quarum sunt operationes: differunt. n. & numerantur operationes in specie: eo q sunt operationes virtutum
F specie differentium.

Hæc autem operatio dicitur 98
[g] [æquiuoce de quibus dicitur] sicut de attractione, digestione, & retentione.

[g] etiam

Operatio est nomen, quod dicit & pdicat æquiuoce de eis, de quib' dr & prędicatur. nomen autẽ æquiuocum est vnum & idẽ: & ea, de quibus dicitur, sunt diuersa.

99
Et sicut de transitu [h] *secundum penetrationem cibi, & appetitu.*

[h] Auer. le. seu penetratione

G *nam attractio est operatio simplex unius virtutis solum: appetitus vero cibi existit ex duabus operationibus simul compositis, scilicet ex operatione sentiendi, & attrahendi. operatio autem sentiendi, & impellendi efficit transitum, & penetrationem cibi. hec enim opera ex predictis ambobus efficiuntur.*

Quia dixerat quod operatio est nomen, quod predicatur equivoce H de quibus predicatur, notificavit nunc que sunt ille operationes, de quibus hoc nomen equivoce predicatur; & innuit quod sunt operationes simplices, & composite operatio autem composita est alia a simplici, & nihilominus ambe dicuntur operationes. deinde posuit tria exempla operationis simplicis, dicens sicut attractione, digestione, & retentione. consequenter subiungit duas operationes compositas, dicens: Et sicut de transitu, seu penetratione cibi, & eius appetitu. Et quia posuerat predicta exempla operationum simplicium & compositarum I notificavit consequenter que ex eis sint simplices, & que composite, unde inquit, quod attractio est operatio simplex & unius solius virtutis, &c. Sic intelligendum de digestione, & retentione. Consequenter declaravit qualiter quelibet ex operationibus sequentibus, scilicet transitus cibi, & eius appetitus componatur ex duabus operationibus, nam actio appetendi cibum componitur ex actione sentiendi & attrahendi. Ponunt enim Medici os stomachi membrum appetens, & desyderij K cibi, a quo membra corporis trahunt cibum & nutrimentum, cum ab eis diminuitur, & consumitur, tunc etiam membrum inanitum sentit per se sui inanitionem, sive nutrimenti & cibi privationem, & tunc appetit & desyderat cibum. & talis appetitus dicitur proprie fames. Propter quod dicit, quod hec operatio est ex duobus composita, scilicet ex attractione cibi & nutrimenti, quam membra faciunt trahentia ipsum ad seipsa: & ex sensu quidem inde percipit os stomachi, & ablatio eius quod ab eo trahitur. L Asserit etiam transitum & penetrationem cibi esse compositam ex duabus operationibus, scilicet ex operatione sentiendi, & impellendi. Nam cum cibus, & nutrimentum impellitur per canales & meatus membrorum, tunc membrum percipiens illud, quod sic transit per ipsum, impellit illud ad aliud. Cuius exemplum est egestio transiens ab uno intestino ad aliud, donec tandem ad anum expellatur. quod quidem ex sensu fit intestinorum impellentium ipsum a primo ad secundum usque ad ultimum. similiter contin- M git in egressu ventositatis, & cum sibi fiet egredientis fluxum, aut decursum, sicut in diarrhea, lienteria, & vomitu. Quoniam perfecerat relationem rerum naturalium inexistentium, intendit nunc declarare alias corporis extrinsecas.

De

A De rebus non naturalibus b.{ } & primo de Aere.

b. necessitijs.

100 *Sol habet indicia super aerem, quæ quidem in temporibus anni manifestantur ex impressionibus: climata etiam habent super hæc indicia.*

Sol immutat aerem in caliditate frigiditate, siccitate, & humiditate: quod quidem patet ex temporibus anni, & ex positione Solis in deter-
B minatis partibus circuli, quas Arabes alhanne vocant, i. mansiones.
Eius enim actio & transmutatio nominatur proprie secundum mansionem, in qua Sol existit, quia ex propinquitate & longitudine Solis ad nos & eius media distantia efficiuntur quatuor anni tempora, s. estas, ver, hyems, & autumnus. Et est res manifesta ex se, quia ex elongatione ipsius est causa frigiditatis & humiditatis: & hæc est complexio hyemis, & ex propinquitate eius est causa caliditatis & siccitatis, quæ sunt natura æstatis, & ex eius media distantia
C est causa reliquorum duorum temporum mediorum, s. autumni, & veris. Sed diversitas in impressionibus in aere contingens ex situ Solis in diversis mansionibus est nota convenienter Arabibus, hoc autem, s. diversitas impressionum in aere ex partibus circuli ratione diversitatis existentis inter ipsam & partes multitudine & paucitate stellarum, aut magnitudine, aut parvitate earum, aut velocitate, aut tarditate motus ipsarum, s. stellarum fixarum, videntur innovari [illegible] actio Solis, cum ipse mutatur ab uno loco in alium locum, D ex prædictis. Diversitas enim transmutationis in climatibus est manifesta: cuius causa est propinquitas, & elongatio Solis. Causa vero propinquitatis & elongationis prædictæ est circulus obliquus. Unde regio eorum, super quorum capita transit Sol, est necessario calidior alijs regionibus aliorum: & magis appropinquantes regioni eorum, super quorum capita transit Sol, sunt calidiores: & magis distantes ex regionibus eorum, super quorum capita non transit Sol, sunt frigidiores.

De impressione stellarum in aere cum Sole. E

Aer etiam alteratur, & immutatur ratione alicuius astri orientis, vel accidentis. 101

In stellis etiam est actio, qua immutatur aer ad caliditatem ex earum accessu, & ad frigiditatem ex earum descensu vel occasu, quod similiter accessum vel discessum Solis fit.

Cum enim Sol appropinquat inflammatis stellis, incenditur, & inflammat aerem. 102

Aer inflammatur, cum Sol appropinquat alicui ex stellis, quæ inflammatæ dicuntur: & sunt illæ, quæ generant inflammationem aeris, cum perseverant aliquibus diebus, & vocantur comete, nisi ex calore Solis coniuncto cum calore prædictarum stellarum, inflammatur aer. F

103 *Non siquidem verum est inuitum etiam, quod cum inflammata elongantur aliquo modo a Sole, videmus aerem aliquantulum infrigidari.*

 Hoc

G Hoc est inrāt verum, q̄ cū calor inflammatus elongatur ab ipso
Sole, aut extinguitur, videmus aerē
aliquā infrigidari, & infrigidari. q̄d
autem Sol operatur cum prędictis
inflammatis, id operatur cum stellis erraticis, aut & cū fixis. vnde est
posse q̄ per inflammatas intellexit
aliquam ex stellis fixis.

104 *Si etiam stellę, quę dicuntur
infortunatę, fuerint in exaltatio-
ne sua, significabunt super corruptionem animatorum. Si vero quę
fortunatę dicuntur, fuerint ibidē,
H significabunt salutem eorundem
omnimodam.*

Hoc est ſm opinionem domino-
rum expertorū in iudicijs astrorū.
Et est, quoniam ipsi intendunt, q̄
quidam ex planetis sunt, quorum
effectus est vt plurimum detrimen
tum, & corruptio, & sunt illi, quos
ipsi vocant infortunatos: & q̄ quidam ex eis sunt, quorum effectus vt
plurimum sunt profectus & adopta
tio, & sunt illi, quos vocant fortuna
tos. Opinantur etiam q̄ quilibet ex
ipsis habet propria loca in orbe, in
I quibus ipsorum actio roborat, aut
debilitatur. Loca autem eorum, in
quibus actio fortificatur, graduatur
apud eos: & imposuerunt propria
nomina prędictis gradibus, quę sūt
exaltatio domus, triplicitas, & alia
ab his. Ferunt etiam, q̄ cum infortu
natę sunt in locis, quę dicuntur exal
tationes eorum, q̄ tunc augetur, &
roboretur eorum operatio. Et si sic
est, tunc significabunt super destru-
ctionem corporum animatorum.
Et sic cum fortunatę sunt in prędi
ctis locis, significabunt super salutē
eorundem animatorum. Hoc iā to K
tum est contra illud, quod declaratum est ī philosophia Naturali. Nā
omnes astrorum actiones sunt laudabiles: quoniam esse omnium ho
rum inferiorum est ligari cum mo
tu, & situ eorum in partibus diuersis sphęrę. Diuersitas autem quorū
dam est quibusdam ex eis, configu
ratione elongationis & propinquitatis eorum adinuicem.

*De alteratione aeris secundum regiones.

*Tanto frigidior est illa, quan-
to altius super montes extiterit: com 105
L plexio vero villę existentis in val
le iudicatur calida.*

Hoc quidem est manifestum, s.
q̄ villę in montibus existentes frigi
dę sunt: & existentes in vallib⁹ sunt
calidę. Huius autem causa est propinquitas montium ad regionem, ī
qua fit generatio nubium: necnon
etiam, quia montes omnibus quatuor ventis exponuntur. & ideo nō
fiunt habitationes in regionibus ca
lidis ratione latitudinis propinquę
Soli, nisi in montibus earum, aut p
pe eos. in regionibus vero frigidis
ratione distantię latitudinis, sunt M
montes continue niuosi, & per con
sequens inhabitabiles.

*De alteratione aeris secundum montes.

*Si vero montes fuerint a parte 106
septentrionis, & claudatur montibus, iudicatur infrigidari a se-
ptentrione.*

Si fuerint montes a parte meridiei protegentes villam à vento au-
strali, erit quidem illa villa frigida
rōne

A ratione exsufflationis venti septentrionalis factæ super eam: ventus. n. septentrionalis frigidus est & siccus

107 *Villa ædificata a parte meridiei, iudicetur calida ratione exsufflationis illius venti meridionalis super eam.*

Villa a parte meridionali aperta indicatur esse calida ratione exsufflationis vẽti meridionalis factę super eam. nam ventus meridionalis calidus est, & humidus.

108 *Sed si sit ex parte occidentis, habebit aer eius grossitiem: si uero ex parte orientis, habebit subtilitatem.*

B Cum aliquis locus est expositus, & discoopertus ventorum exsufflationibus, & insufflat super eum ventus occidentalis, efficietur quidem aer eius grossius, & frigidus & humidus. Si vero insufflat super eum ventus orientalis, erit aer eius subtilis, i. calidus & siccus. & hoc est, quoniã ventus orientalis est calid⁹ & sicc⁹, sicut occidentalis frigidus & humidus: & hoc tñ per relationem est ad

C medium climatis cuiuslibet: quod est, quoniam in pluribus locorũ, vẽtus frigidus & humid⁹ est causa pluuiarum in eis contingentium: & calidus & siccus clarificat aerem ipsorum. Hoc tamen variatur in multis locis terræ: vtpote apud nos in insula Andalusiæ: in cuius medietate, i. orientali pluit ex vento occidentali, & clarificatur eius aer ex vento occidentali: & in alia eius medietate occidentali pluit ex vento occidẽtali, & clarificatur aer ab orientali.

De alteratione aeris secundum maria. D

Maria habent contrarium iudicium in hoc, sicut sapientes retulerunt. 109

Iudicium mariũ ad terrã est contrarium iudicio montium ad eandem. qm̃ maria à parte meridiei refrigerant terras, & à parte occidẽtis calefaciunt: & hoc ideo, qm̃ maria æquant & temperant materiã ventorum. vnde si ipsa fuerint à parte meridiei alicuius terræ, æquabũt vẽtum meridionalẽ, minuentq; & remittent calorem eius. & sisr cũ erũt E a parte septentrionis, æquabunt vẽtum septentrionalem, & remittent eis frigiditatem. Cuius ratio est, qm̃ aquæ non sic patiuntur, neq; alterãtur in caliditate & frigiditate a Sole sicut aer. & ideo est, ꝙ ipsæ tempore frigido sunt calidiores aere, & tpe calido frigidiores. hoc quidem est, qđ de aquis maris intelligo.

De alteratione aeris secundum ventos.

Venti etiam generant in aere illud, quod generant in eo [a] *[mansiones.]* F 110

a impressiones caelestes.

Intellexit ꝙ venti in aere gñant diuersitatem complexionis, sicut & mãsiones. intellexit autẽ per hmõi mansiones, positionem Solis & Lunæ in mansionibus, quas Arabes amone vocant. Iam autem prædiximus qualiter fiunt ex eis immutationes aeris.

Est quidem in meridionali caliditas, & humiditas, [b] *[pro tanto generat super calefactionem, &] putrefactionem.* 111

b & pp ipsas q̃ ḡhas.

Ven

G Ventus meridionalis generat in aere caliditatem & humiditatem. & ideo gñatur ex flatu ei⁹ putrefactio: excessus n. suę caliditatis & humiditatis est causa generationis putrefactionis. & ideo qui intendit prohibere putrefactionem rerum, infrigidet & desiccet eas.

112 *Frigiditas, & siccitas insunt*
septentrionali, & ideo generatur
inde tussis.

Ventus septentrionalis necessitat in aere frigiditatem & siccitatem. & ideo lędit organa anhelitus, gñatq; ex eo tussis: quòd ex siccitate organorũ anhelitus contingit, necnõ ex conseruatione eius, quia humiditatem cerebri comprimit.

H

113 *Calor, & subtilitas insunt orię*
tali: & frigiditas, & grossities oc
cidentali.

Hoc est manifestum, q̃ ventus orientalis est calidus & siccus, & occidentalis frigidus & humidus. variatur tñ hoc ſm diuersitatẽ ex terra, & aqua eis contingentem.

I

De alteratione aeris secundum ea: quæ ei vicinantur ex terris & aquis.

114 *Omnis* c[*angulus terræ mollis,*
cuius circunferentiæ sunt discooperta montibus, & habens fontes aquæ dulces], *est quidem complexionis humidæ.*

c locus terre paludosæ, circa quẽ ſt loca aquosa

Omnis villa, cuius terra mollis est, non petrosa, resudans aquis, & eius circunferentiæ sunt discoopertæ montibus, est humidæ complexionis.

K

Generatur autem siccitas in ae
re appropinquante alicui villæ, 115
cuius terra vel locus saxosus est,
& salsus.

Villa habẽs aerem siccum est, cuius locus est saxosus, vel adustus, & salsus. verũ regio saxosa necessitat cum frigiditate siccitatem: sed salsa cum siccitate caliditatem.

De alteratione aeris secundum habitationem.

Domus valde patula, & omni 116
bus uẽtis discooperta, est in hyeme
valde frigida, æstate vero calida.

L

Domus, cuius ianuę sunt valde patulæ quatuor angulis orbis, & discoopertę quatuor ventis, efficitur ĩ hyeme valde frigida, & in ęstate valde calida: & maxime si fuerit alta. domus. n. talis non protegit à caumate, & frigore.

Ex domo autẽ depressa, & sub 117
terranea habetur indicium con-
trarium.

M

Habitatio quidem subterranea habet dispositionem contrariam cũ domo prædicta. & hoc est, q̃ tempore hyemali est calida, & æstiuo frigida. dispositio enim eius, quod est infra terram in prædictis duobus temporibus, est causa huius, hoc est, q̃ calefiat tunc in tpe hyemali, & infrigidetur tpe æstiuo: cuius ratio data est in Naturalibus.

De alteratione secundum vestimenta.

Calor inest panno facto ex seri- 118
co, & coto: & frigus d[*in rasculo,*
idest pãno plano nõ lanuginoso seu
uelleroso,] *& lineo.*

d rasculo il tessel.

A Panni ex serico, & coto sunt cali di: & panni mechanoni & sine pilis sunt frigidi, sicut lini. Sed caliditas inest pannis ex serico, & coto per relationem ad corpus hominis. Frigiditas autem pannorum rasorum contingit ratione paruitatis horrae existentis in eis. villi. n. & pannorū pili sunt causa calefactionis eo quod bene vniantur corpori, & adhaereant. cōplexio tū lini est temperata.

119 *In compositis ex pilo,* c [
c chāali
] *& lana inest cum caliditate aliquantulum siccitatis.*

B Pannus ex pilo & lana factus & compositus habet cū caliditate siccitatem. & hoc ideo, quia sunt ex superfluitate animalium.

De alteratione secundum odorifera.

120 *Iudicatur caliditas super complexionem cuiuslibet floris, & cuiuslibet aromaticis, exceptis quinque, s. myrto, salice, nenufare, rosis, & violis: quae quidem sunt frigida,* f [*& cum hoc aromatica.*]

f Ex aromatica odorifera sunt calida, praeter sandalos, & caphora.

Hoc quidem est, sm quod ipse dicit,
C quod aromaticū apud Arabes est calidae complexionis in hoc, quia est fumosum, vaporosum. ex huiusmodi autē vaporosis sunt quaedam calida & sicca aut calida & humida: exceptis istis, quorum rememorationem facit in hoc loco. Ratio autem huius est: quia odores non proueniunt ab omnibus partibus praedictorum odorabiliū, sed solum ab eorū partibus calidis, quae quidem sunt paucae in comparatione ad partes eorū frigidas. Et aromaticū quod est nomē cōe apud Arabes oī florū bonū odorē habēti.

De operatione colorum in visu.

D

Laudabilior, & utilior ex coloribus uisui, est niger, aut uiridis: albus autem, & citrinus g [*nec non omne splēdidum ladit, &*] *disgregat lucem oculorum.* 121

g qm splē deni & lū puri

Vtilior ex coloribus visui est viridis aut niger. Viridis quidem secundum veritatem confert ei, quia secūdum veritatem medius est inter album & nigrum. albus autem procul dubio mouet fortiter visum: cuius cām explicuit Gal. eo quod ipse disgregat visum. actio autē coloris nigri est huic contraria, i. congregans visum. Si igitur sic est, quodlibet horū extremorū si laedet visum, & medium inter ea conueniet ei, verum est tū quod color niger parū mouet visum & oculum, pro tanto inquantum huiusmodi minime laedit ipsum. E

Secunda ex rebus non naturalibus. s. cibus, & potus.

Scito quod uera tibi actio est augere augenda, & restaurare omne deperditum ex dissolutione corporis, & ad pristinum statum deducere. 122 F

Scito necessitatem cibi fuisse propter duo. Vnum est, quoniam impossibile est animal principio suae generationis genitum esse cum suo augmento naturali, scilicet quod iudicatur ei conuenire per naturā, inquantum est tale, aut tale animal. pro tanto fuit ei cibus necessarius, quatenus augeatur eo corpus eius, donec perueniat ad quantitatem ei debitam per naturam, & cesset

G cesset augmentum eius. Secundum
est, quoniam spiritus, & corpora animaliũ
dissoluuntur ex calore aeris continẽ
tis ea. & ideo fuit eis cibus conueniẽs,
& necessarius ad commutandũ aliquid eis loco eius, quod fuit ab eis
dissolutum. Et in summa, quia animal viuit per calorem igneum, qui
est lator animę, & ignis inquantũ
huiusmodi, semper indiget quod comburat:
alioquin enim extingueretur in a-
nimali ignis: ideo fuit continuo neces
sarius cibus corporibus animalium.
Et ideo est, quod corpora puerorũ egẽt
eo amplius caeteris, propter multitu
H dinem caloris in eis existentis: vnde
ipsa consumunt necessario amplius,
sicut inquit Hipp. & post ipsos pueros iuuenes, & post ipsos, senes. Qui
vero minus caeteris egent cibo, sunt
seniores decrepiti. & hoc, quia ignis
eorum est paruus, parua re indigẽs
ad hoc, quod ipse viuat.

123 *Est autem ex eo eligendus ille, qui in sanguinem laudabilẽ
conuertitur, & transmutatur.*

Electus ex cibis est ille, qui in lau
dabilem sanguinem magis quam in ali
quem ex alijs tribus humoribus cõ
I uertitur, & transmutatur.

124 *Leuis autem, & subtilis, est pa
nis tritici, & carnes paruorũ pullorum gallinae, & sicut bliti ex o-
leribus: hi enim conueniunt patien
tibus ęgritudinem.*

Cibus laudabilis chymi, & cum
hoc subtilis substantiae est, sicut panis factus & compositus ex lactici-
nio & simila frumenti, & carnes par
uorum pullorum gallinae, & ex ole
ribus, sicut bliti. & vt quod totum, quod
dicit de cibis istis, propter subtilitatem nutrimẽti referat ad id quod sub-
K iungitur. cũ dicit: hi n. conueniunt
patientibus, vt cũ quod referatur bliti
nõ febrientibus, nec potest toti referri.
Et sciendum quod panis ex simila triti
ci, dicta Arabice darmac, compositus, est apud Gale. citioris digestionis
caeteris, & tardioris egressionis & de
scensus. Probat autem ipsum esse ci
tae digestionis ex magna mundificatione, & separatione ipsius a fur-
fure: quod quidem omnino est in-
digestibile. & hoc quidem est causa
L tardi descensus ipsius: nam furfur pr
bet pani velocitatem egressus. & ex
hoc opinati sunt posteriores Medici quod panis ex simila frumenti cõpositus, difficilis & tardae digestionis
sit. Melior autem ex omnibus panibus est
ille, qui sic praeparatus, vt simila ipsõ
prae efficiat aequalis, & temperate fer
mentatus, & in clibano conuenienter
decoctus: & post sic coctum in cliba
no est ille, qui proijcitur in parietibus vasis calidi. Et Saraceni quidẽ
approbant panem coctũ inter duas
calculas super igne conuenienter si-
tuatas, ponuntque ipsum in eodẽ gra
M du cum pane cocto in clibano.

125 *Grossi autem ex laudabilibus sunt
simila, & sicut* [a] [*muto laudabilis*] *duorum annorum.*

a. aries ca
stratus de le
Galeni.

Ex cibis laudabilioris chymi, &
cum hoc grossae substantiae sunt, sicut panis similę, & sicut muto duorum annorũ. & hi quidẽ cibi cõgru
unt sanis, & laborantibus: sed primi ae
grotantibus, & conualescentibus.

126 *Piscis notus habitans* [b] [*in rupi
bus*] *est cibus congruus uexato ab
exercitio, & labore.*

b. [illegible]

Piscis

A Piscis petrosus habitans in rupi-
bus est ille, qui natat in aqs sup mõ
tes & rupes transeũtibus & fluenti-
bus. & intellexit p pisces, pisces squa
mosos. Ex his aũt sunt tres species,
s. marinus, fluuialis, & habitans in
ambabus aquis simul. Est aũt melior ex eis fm Gal. marinus: & post
illum, qui simul in ambabus aquis
viuit: & post istum ille, qui viuit in
aquis dulcibus. Cuius rõ est, qm̃ hu
miditas excedit & dominat piscib⁹.
verũ oẽs illi qui nutriuntur ĩ aquis
salsis sunt minoris humiditatis: cõtrarium est de illis, qui in aquis dul-
B cibus nutriuntur: sed qui viuunt in
ambabus aquis simul, sunt medij ĩ-
ter eos. Ex marinis autem sunt tres
species, s. mollis viscosus, & petrosus
montuosus, & ille qui nutritur ĩ lit
tore maris. Melior aũt ex eis est petrosus montuosus, rõne motus magni & subtilitatis aquarũ inter rupẽ
& montes existentiũ. est aũt post ip
sum mollis viscosus. deteriores autẽ
inter oẽs has pisciũ spẽs sunt habitantes in litoribus maris. & hoc, qa
nutriunt ex fæcibus & superfluitati
bus ibidẽ existentibus: & maxĩe qui
ex eis nutriuntur in litoribus ma-
C ris, existẽtibus iuxta magnas ciuita
tes. sic etiã sciendũ de habitantibus
in fluminibus. Alauda autẽ, & mu-
gil sunt ex melioribus piscibus viuẽ
tibus ĩ ambabus aquis simul apud
nos. Verum sardina est piscis mollis
viscosus.

127 *Ex eis sunt subtilis malitia, sicut sinapis, cepa, & allium. hi au
tem generant choleram rubeam.
Vnde & quandoq; sumuntur via
medicinæ.*

Ex cibis autẽ est tertia species, s. D
illaudabilis & subtilis chymi: velut
sinapis, allium, & cæpa. Hi. n. cibi
vrunt sanguinẽ, & generant choleram rubeã. vnde interdũ sumũtur
ratione medicinæ solũ. & hoc, quia
ipsi magis vincunt, & agunt in corpus, q̃ corpus deuincat eos.

Ex eis sunt etiã generantes me 128
*lancholiam, ex qua in quibusdam
corporibus morbi generantur: ve
lut hirci antiqui, boues, panis furfureus, & caseus.* E

Ex cibis etiã est quarta species, &
sunt illi, qui generãt melancholiã:
sicuti carnes hircorum antiquorũ,
& boum antiquorum. & in summa
omnes cibi, qui grossi sunt & terrestres, ex quibus sunt quidã, qui sunt
calidi & sicci, sicut caseus aridus & 68
antiquus: & quidam sunt frigidi &
sicci, sicut bos antiquus. Corpora au
tem, ĩ quibus generatur morbus ex
his cibis, sunt corpora, ĩ quibus humor melãcholicus à principio & ra
dice naturæ, & complexiõe eorum
dominatur.

Rursus quidã ex his causant, 129
& efficiunt humorem phlegma- F
*ticum, sicut pisces grossi, & ge-
nera lactis.*

Hi cibi sunt cum grossitie sua fri
gidi & humidi.

Aquæ delectabiles, et fluuia- 130
*les conseruant humiditatem ra-
dicalem, & causant egressum fæcum & superfluitatum, digeruntq;
& deducunt cibum per venas.*

Actio quidem aquarũ delectabi-
liũ in corporibus est cõseruatio humiditatis

G humiditatis radicalis in eis existentis,
& facilis egressus fecum & superflui
tatum ab eis. & faciunt etiã transire &
penetrare cibũ p venas, ob hoc quia
subtiliant, & liquidũ reddũt ipsum.
Inest etiã eis aliud iuuamentũ ab eis:
& est, quoniã digestio fit per eas. nã nisi
ipsę essent, torrefieret cibus, & vreretur.
Et inde est, q animalia adepiũt
& desyderãt aquas, cũ fit digestio ci
bi. Qđ autẽ dr hic, s. q aquæ fluuiales sunt meliores fontanis, est quidẽ
scđm opinionẽ Medicorũ* alkar. alioquin fontanæ scđm opinionẽ Hipp.
& Gale. sunt meliores. & ex eis maxime orientales, & super arenã ince
dentes. Cuius quidẽ probatio est ex
hoc, quoniã aquæ fluuiales colligũtur,
& commiscẽtur cũ pluribus aquis,
incedentes super terras diuersarum
complexionum.

* a. l. tahar quin. fontanæ in [illegible]

131 Melior est ex aquis pluuialis
mũda: quoniam nihil admiscetur
eis, quod inferat eis nocumentum.

In hoc autem conuenerunt omnes Medici: quoniã nõ admiscetur
aquis huiusmodi, sicut ipsi dixerũt,
aliqua terra nociua. Est tamen dubitatio, & controuersia inter eos de
I bonitate aliarum post prædictas in
gradu existentium: nam quidam
asserunt fontanas esse meliores, qui
dam autem fluuiales.

132 Ex eis autem sunt egredientes
à naturali dispositiõe earum, quarum propria actio est secundũ com
plexionẽ eius, quod admiscetur eis.

Quędam sunt species aquarum
egredientes naturam aquæ simplicis, & veræ, i. quæ non sunt delectabiles, sicut aqua simplex: quarum
propria actio consequitur illud, qđ
fuit eis admixtum. Si ergo sint arom K
ræ, erunt calidæ & siccæ, ratione cõ
mixtionis partis terrę vstæ cum eisdem. Si vero fuerint salsæ, commi-
scebitur eis terra salsa. Si autem sint
calidæ, erunt eis cõmixtæ terræ sul
phureę. Ferũt etiã q quędã aquę fuerũt re
pertę acetosę. Erunt etiã q in partibus granatæ sunt quædã aquæ necantes animalia, quæ bibunt ex eis. 133

Omne, quod bibitur ex ceruisiis, lacte, et vino, nutrit corpus.

Ex omnibus potibus corpus nu-
trientibus sunt tria, scilicet ceruisia,
vinum, & lac. 134

Potus conuertens corpus ad suã L
naturã, est sicut oxymel ex sui iuuamento.

Proculdubio intentio sua in hoc
loco fuit ad referendũ genera ciborũ & potuum, diuersas operationes
in corpore hominis efficientium: nõ
autem fuit intentio eius ad referen
dum eos, inquantum conferunt sanitatem, vel tollunt ægritudinem.
vnde est ac si diceret: potus sunt sicut aquæ, & alij ab ea: & aquæ sunt
aut delectabiles aut non delectabi- M
les: & ex delectabilibus operatiões
sunt tales, & tales: & earum species
sunt tales, & tales.

Tertia ex rebus non naturalibus. s. Somnus, & Vigilia.

Somnus est quies virtutũ ani 135
malium motiuarum, & sen-
sitiuarum.

Somnus est reuocatio seu regressus virtutum animalium ex apparẽ
tia corporis ad eius interius. & hoc,
quoniam earum actiones sunt mouere, & sentire quæ in vigilia notan
tur.

A tur. hoc autem contingit cum prædictæ virtutes existūt in manifesto
corporis, cum earum operatiōes sequuntur eas. Somnus vero est earū
quies. nam tunc quiescunt ab operationibus suis, & redeunt ad suam
originem, quę est cor, & augentur seu
confortantur ibidē. Causa autē somni est tam digestio cibi, quā labor.
nam cū digeritur cibus, generatur ī
corde, & in cerebro vapor frigidus
& humidus: de natura autē frigiditatis est constringere, & cōprimere,
seu in profundū impellere. vnde reuocatur tunc calor naturalis ad suā
B originem ex frigiditate occurrente
& obuiante ei: ad cuius egressum cō
tingit ēt regressus, & reuocatio sensuum. nā ipsi ferūtur sup ipsum, cū
ipse sit subiectum eorum. Labor autē est causa somni: quia ipse dispergit, & dissoluit calorem naturalem,
& per consequēs infrigidat ipsum.
Virtus enim vnita fortior est seipsa
dispersa. quo circa in sua colligitur
origine, quatenus ibidem confortetur & calefiat, vitans & fugiens laborem, donec ad suam complexionem primam redierit, aut prope eā:
& tunc excitatur animal: sicut ex-
C citatur, postquam est completa cibi digestio.

136 *Ipse enim calefacit corporis interiora, ex quo fit cibi digestio laudabilior & melior.*

Ipse.n. calefacit corpus propter regressum caloris in manifesto corporis existētis ad eius interius, ex quo vniuntur illi duo calores simul, scilicet intrinsecus, & extrinsecus. Et pro tanto subdit, quòd inde efficiatur melior cibi digestio. Nam virtus digestiua efficit tunc opus suum
cum prædictis duobus caloribus, vi-
D delicet cum calore * spirituali & pro- * al. spūali
prio eius, & cū calore virtutum sensitiuarum: quæ quidem tempore vigiliæ suas operationes exercebāt.

Si autē somnus multū prolongatur, replebitur caput humoribus. 137

Huius quidem causa est, quoniā cùm calor existit intra corpus plus debito, tunc augetur & multiplicatur fumosus vapor, & eleuatur plurimum eius ad cerebrum: & sic repletur caput vapore prædicto: quia
E cuā iam fuit cibus digestus p somnum profundum. exercet autem calor operationem suam in humiditatibus corporis. vnde componitur tunc vapor ex primo & ex ascendente ab illis humiditatibus ad caput. pro tanto repletur caput illis humiditatibus, quæ humectant ipsum secundum modum prædictū, & lædunt ipsum.

Ipse etiam humectat corpora, & relaxat, extinguitq; calorē viuificantem ipsam. 138

F Humectatio quidem, quam facit somnus, ideo est, quoniam vigilia exiccat corpora ratiōe eius, quod scilicet dissoluitur ab eis per motū sensuum. & ideo est, ꝙ cùm quiescunt sensus in somno, augetur humiditas spirituum eorum, neq; non etiam humiditas membrorum. Intelligit autem ex dicto suo, cùm dicit: extinguitque calorem, &c. quòd multus somnus extinguit calorem, quo virtutes viuunt, & existunt. & hoc, quoniam de natura quietis ē, & similiter de natura coopertionis

G pertionis extinguere calorem, sicut accidit in igne. ignis. n. extinguitur & suffocatur, cū multum & pfecte tegitur, & cooperitur. Contingunt aūt ambo predicta calori elementari, vel naturali, tpore somni, s. quies & suffocatio ex mēbris absq; respiratione sufficienti: ppqd contingit ei tunc extinctio, sicut igni extinse co. nam insufflatio venti ignē incēdit, & inflammat. vnde est hęc vna ex causis respirationis.

139 *Tēperata vigilia excitat valde sensus, et disponit virtutes ad*
H *exercendū operationes suas, & cū hoc mundificat corpus a facibus, & superfluitatibus.*

Vigilia mediocris & temperata, s. nō excedens, nec nō diminuta, est illa, qua sensus excitantur. Nā tunc ipsi exercent operationes suas solicite & attente. ipsa. n. disponit vim motiuā ad exercendum operatiōes suas fortes, & cum vtilitate. mundificat et corpus à superfluitatibus. i. expellit eas, & educit exterius. de natura. n. vigiliæ est corpus euacuare: nam motus euacuat, & consumit.

I
140 *Ex longa autem vigilia contingit expergefactio, et insomnietas generat anxietatem, & angustiā animæ. ipsa etiā dissoluit spiritus, & corpora fedat, & corrumpit splendorē & claritatem corporis & calorem eius, et profundat oculos, nocet digestioni, & mentem tollit & disturbat, & corpus infrigidat,* a [ ]

a vel debilitat.

Ex longa vigilia contingit mortibus insomnietatis, generans angustiam & laborē animæ: ipsa. n. euacuat corpus, & magnificat dissolutionē ei9. & ideo dicit q ipsa dissoluit corpora & spiritus eorū, & eorū colores & splendorē fedat & corrūpit. nam ex corruptiōe caloris naturalis immutatur color corporis, & splendor eius alteratur. ob hoc etiā causat submersionē, & profundationē oculorū, corruptionē digestionis, mentis ablationē, & corporis infrigidationem, sicut dixit in textu. K

Quarta ex rebus non naturalibus. s. Motus, & Quies. L

141 *IN exercitio ē quod est tēperatum. & hoc decet quod fiat: nam ipsum equat, & temperat corpora, et efficit egressum superfluitatū, &* b *[humiditatum.]*

b sordiū.

Ex exercitijs ē æquale, & inequale. Est aūt æquale eligēdū. Est ergo illud faciendū, & eo vtendum: quoniā ipsum æquat corpus, & expellit feces, & humiditates superfluas ab eodē. Æquat autem corpora, seu temperiem corporum efficit, eo q calorem naturalē confortat. Sed expulsio, quam facit humorum, cōtingit ex motu, & ex predicta cōfortatione caloris naturalis, quam sicut dictū est, hēt efficere ad cōfortationē, n. caloris radicalis seqt confortatio virtutis expulsiuæ, & aliarū ab ea. M

142 *Disponit etiam corpus ad hoc vt nutriatur, & disponit* a *paruum ad hoc vt augeatur.*

a Auic. in paruum.

Exercitium ęquale & temperatū disponit corpus ad hoc, vt nutriat, & ad hoc, vt superfluitates educantur, necnon & ad hoc, vt calor naturalis talis inflammetur. Tempus autem conueniẽs ad exercendum ipsum est, postquam est completa vltima digestio, s. tertia. Sunt autem tres digestiones, s. vna, quæ fit in stomacho: alia, quæ fit in hepate: tertia, quę fit in ipsis membris. Et tempus quidẽ ad exercitandum conueniens est, cũ est completa vltima digestio. Nam cum fit ante complementum huius digestionis, ipsum quidem est ex cęteris rebus* nocibilius, & hoc, quia facit tunc egredi, & transire cibum indigestum, & in summa corrũpit ipsum. Nam generatio non perficit nisi cum quiete: tertia autem digestio est membrorum ex eo nutrimentum generatio. Intelligit autem, cum dicit: & disponit paruum ad hoc vt augeatur: ꝙ exercitium iuuat virtutẽ augmẽtatiuam, tam in mẽbris paruis, ꝗ̃ ætate auctis.

*nocibilibus.

143 *Immoderatũ autem ex eo proprie dicitur labor, qui quidem spiritum euacuat, & educit, & lassat corpus, & emacerat pingues & carnosos, & inflammat calorem extraneum, & ducit etiam humiditates a corpore, & debilitat neruos ex violentia dolorum; & facit corpus senescere ante ætatem senectutis.*

Exercitium immoderatum dicit labor, quod quidem spirit* euacuat, & calorem extraneum in corde accendit, & inflammat, qui calori elementari seu radicali* cõtrarius existit: euacuat etiam præ multitudine motus sui humiditatem a corpore, & ex magna dissolutiõe debilitat neruos facitq; senescere corpus ante ætatẽ senectutis, ratione eius, quod ex mẽbris radicalibus dissoluitur.

*al. grani

Vltimata autem quies est inconueniens, neque est euacuatiua in vltimitate eius, immo quidem replet corpus humiditatibus, sicut & glandulis, & nodis: neque dispo nit corpus ad aliquem cibum. 144

Illaudabilis est immoderata quies, & omissio motus est illaudabilis, nam excessus cuiuslibet rei est inutilis. De natura autem quietis est replere corpus humiditatibus, ratione paruæ & diminutæ euacuationis factæ cum eo: & proinde etiam non disponit corpus ex ea ad susceptionem nutrimẽti, eo s. ꝙ non egrediũtur tunc superfluitates a corpore.

Quinta ex rebus non naturalibus, s. de euacuatione, & repletione.

Corpus indiget uniuersali euacuatione omnium membrorum per phlebotomiã, & pharmaciam, ex qua quidem est perfectum iuuamentum in vere. 145

Corpora autem indigent vniuersali euacuatiõe, & particulari. fit autem vlis totius corporis cum phlebotomia & pharmacia, particulariter autem in aliquo membro fit p meatum illius membri, cum sunt in eo hmõi meatus. & hoc est euacuatione speciali ipsius membri. Et quia euacuationum, quædam est vniuersalis, & quędam particularis, incœpit ab vniuersali, dicens ꝙ talis est phlebotomia & pharmacia: quę quidem facienda sunt in vere. Est autẽ sciendum ꝙ homines sunt i hoc diuersi & varij. Nam quidam sunt ha

G bent naturaliter corpus æquale & temperatum exercitantes se: & quidam habent inæquale non temperatum, se etiam exercitantes: & quidam habent corpus æquale, non se exercitantes se: & quidam habent corpus inæquale, non similiter exercitantes se. Et corpus quidem æquale & exercitatum non indiget proculdubio aliquo euacuatione facta per pharmaciam, aut phlebotomiā dum vtatur cibis conuenientib⁹, in debita quantitate, & qualitate, & tēpore assumptis. verum si corpus tēperatum non exercitaretur conue-
H nienter, indigeret proculdubio euacuatione: & maxime si non vteretur cibo laudabili, & conuenienti tēpore, quātitate, & qualitate assumpto. Intelligendum autem per laudabilem qualitatem, q sit cibus æqualis & temperatus. Corpora autem inæqualia indigent proculdubio necessario euacuatione, quāuis etiam vtantur exercitijs, & cibis temperatis. Ex his autem corporibus sunt magis conuenientia euacuationi inæqualia, non se exercitantia, assumētia cibū vsq; ad cōpletā satietatē.

146 *Vomitus fiat in æstate, sed me-*
I *lancholia educatur in autumno.*

Vsus vomitus laudabilis est specialiter in æstate. & hoc est, quoniam æstas est ex efficientibus humores natantes in stomacho, siue in ore stomachi. hi enim humores sunt calidi, quales sunt specialiter in æstate. Assignauit etiam eductionem melancholiæ in autumno, eo q nunc eius generatio augetur. Ver autem est melius cęteris temporibus ad celebrandum phlebotomiam, & sumēdum pharmaciam, & hoc, quia tūc liquefiunt, & dissoluūtur humores, K
& virtus existit fortis & valida.

Gargarismata, & dentifricia purgant, & mundificant palatū, & dentes. 147

Quoniā præceperat fieri vniuersalem purgationē & euacuationē, præcipit nunc fieri particularem, dicēs, decet vt palatum, & caput euacuetur cum gargarismis. ipsa enim sunt medicinæ attrahentes a capite, & euacuantur guttur, & gingiuę cū abstergentibus, & mundificantib⁹. & sunt plures puluetes, quibus fricā-
tur dentes, & gingiuę. L

Prouoca vrinam, alias incidet 148
in hydropem. Et prouoca menstrua, sin autem corrumpentur corpora earum.

Vtere medicinis vrinam prouocātibus, alioquin timeas hydropē. Et similiter vtere medicinis prouocantibus sanguinem mēstruum in mulieribus, alias earū corpora corrumpentur.

Educ feces in colica: nam in ea- 149
rum eductione curabitur patiens. M

Cum stringitur natura & impeditur, seu prohibebitur fecū egressio, dentur in potu medicinę eductiuæ: nam ex hoc curabitur patiens, hoc tamen est ex capitulo curationis, & practicę.

Vtere balneo ad tollendum sor- 150
des, & immunditiam. neq; sis in hoc piger, si velis educere superfluitates a corporis superficie, & cutē ab accidētibus immunditia mundam facere.

Bal-

A Balneum est necessarium ad purgandum superfluitates tertiæ digestionis. & ob hoc disponit corp⁹ ad susceptionem cibi. ob hoc etiam congruit, & necessarium est in conseruatione sanitatis. vnde priores vtebantur eo omni die, postquam fuerant prius exercitati. Est autem vna ex conditionibus eius, sicut & exercitij, ne diu fiat cum cibus sit in stomacho. Et immunditia quidem est super corpus sordities ex superfluitatibus tertiæ digestionis collecta. Ex proprietate autem balnei est humectare corpus, & reddere ipsum B spongiosum: facitq; , vt digestio compleatur, & perficiatur.

151 *Coitus etiam commendatur iuuenibus, quatenus per eum a nocumentis pernitiosis liberentur.*

Cum erunt iuuenes calidæ & humidæ complexionis, & collectio spermatis in eorum corporibus, non nocebit eis vsus temperati coitus: alioquin contingent eis morbi magni, & illaudabiles.

152 *Nequaquam autem concedatur macris, senibus, aut etiam debilibus.*

Proculdubio coitus inducit, & præ- C cipitat macros in hecticam. Sic & senes, & debiles in eundem morbum præcipitat.

153 *Incurret podagram, & dolores alios ille, qui vtitur coitu immediate post cibum sumptum.*

Prognostica ei, qui vtitur coitu cibo sumpto, quod continget ei podagra: & est dolor pedum: & species arthriticæ, quæ schiatica nominatur: neq; non etiam alij dolores multi, sicut dolores contingentes ex oppilationibus, & apostematibus, & dolores artuum, & apostema etiam, & D febres. Quod ideo contingit, quoniam coitus super cibum factus facit egredi & transire cibum indigestum, & inde causat generationem oppilationum, pro quanto necessitas in vtero, in eo, sicut dictum est, omnes morbos prædictos. Ipse etiam nocet, si fiat tempore famis: quoniam exiccat corpus. vnde conuenientius tempus ad vsum eius est medium inter illa: & est id, quod prope complementum est digestionis: ipsum enim tempus est magis congruum ad hoc, cum sit tempus egressus & expulsionis superfluitatum: nam sperma est intrinseca B superfluitas aliqualis.

154 *Multus coitus debilitat corpus facitq; ipsum hæreditare varias species nocumentorum, & dolorum.*

Nedum dicimus quod multus coit⁹ debilitat corpus, & facit ipsum consequi varios dolores & morbos: quinimmo quod diminuit & abbreuiat valde vitam, facitq; eam valde breuitet, & celeriter terminari. Aristot. enim asseruit quod animalia multi coit⁹ sunt breuioris vitæ: probans hoc, & confirmans ex passeribus, qui non viuūt E nisi per annum solum: inducens super hoc probationem, quoniam non apparet nigredo super guttur illorum, qui videntur in autumno: quæ quidem nigredo significat super senes ex eis. Huius autem ratio est: quoniam coitus dat, & infundit similitudinem suam in specie sua, simile autem egrediens ab omnibus membris generat vitam. & ideo multa ex vegetabilibus exiccantur, cum semen producunt. Est etiam quoddam animal, quod immediate moritur, postquam generauit.

G **Sexta ex rebus non naturalibus .s. de passionibus animæ.**

155 *IRa animæ excitat calorem, generatq; interdum alia nocumenta.*

Hoc est de se notum, quod ira excitat calorem corporis, & generat in corpore etiam febrem, quę dr̃ ephemera. & si corpus est preparatum, facit febrem putridam. & quandoq; impellit humores de mẽbro ad mẽbrum, & causat generationem apostematum. quod quidem intellexit cum dixit: generatq; interdum in

H corpore alia nocumenta. & intendit quod hoc est, cum est in corpore mala dispositio.

156 *Timor animæ incitat frigiditatem, qui quandoque magnificatur in patiente intantum, donec ledat in ultimo.*

Timor animæ generat in corpore frigiditatem, & ob hoc accidit tremor metuenti. & interdum magnificatur in tantum in patiẽte, donec ipse moriatur. Huius autem causa est regressus caloris naturalis ad cor ex timore causatus.

I

157 *Magnum & multum gaudiũ impinguat corpus, & ideo multũ ledit pinguem, & crassum.*

Gaudium magnum est ex rebus corpus impinguantibus. quod si magnificetur valde & contingat subito, necat, & interficit & maxime valde pinguem. Et hoc, quia in corporibus magnam pinguedinem habentibus est paruus calor, ratione paruitatis, & angustiæ venarum ipsorum. cum autem motus iste, scilicet caloris naturalis, & eius excitatio est æqualis, tunc quidem causat K pinguedinem corporis.

158 *Et lamento quidem, & tristitia fertur iudicium nocumenti super macrum, & confert indigenti dissolutione.* [ ] a scedmacratione.

Lamentum & tristitia interficit interdum macrum, & confert indigenti dissolutiõe, quia dissoluit corpus. Cui' causa est, quia tristitia causa est collectionis & coadunationis caloris naturalis in corde & ob hoc infrigidatur corpus ab ea: ex cuius infrigidatione contingit diminutio nutrimenti eius. Pro tanto si fuerit L macrum, additur inde in macie ei' in tantum, quousq; significat mortem in eo. si vero corpus fuerit pingue, permittit, & tolerat quod dissoluatur. Et in hoc quidem terminatur, & perficitur tractatus de rebus necessarijs positis in generatione sanitatis, .i. ex quibus sanitas efficitur, & conseruatur.

Tractatus secũdus, de rebus extra naturam, & primo de Morbis generatis in membris consimilibus.

M

159 *MOrbi ex superflue calore in membris consimilibus absque superfluitate generati sunt, sicut morbus febrilis & consumptiuus, sicut in hectica, & phthisi.*

Morbus in se & in generali consyderatus, est mala dispositio in corpore existens, inferens operationib' suis & mutationibus nocumentum.

Mem-

A Mẽbra autem consimilia sunt, quorum totũ & pars sunt vnius & eiusdem naturę: & cum est morbus in eis, obest operationibus & mutationibus ipsarum. sunt autem mẽbra ista, sicut caro, os, & similia. nã quælibet pars ossis est os: & quęlibet ps carnis caro. Membra autem dissimilia diuersarum partium sunt, quorũ totius & partis nequaquam est idẽ nomen: sicut manus, cuius pars nec est, nec dicitur manus. Et decet quidem ꝙ ęgritudo in partes duas pri⁹ diuidatur, s. in eam, quę existit in cõsimilibus, & illã, quę in membris cõ-
B positis generatur. Et intẽdit ꝙ morborum in membris similibus existẽtium sint duę species, quarum vna refertur qualitatib⁹ primis, sicut caliditati in membris consimilibus. & hoc intelligit, cum dixit: Morbi ex superfluo calore in membris consimilibus absq; superfluitate, &c. i. quia fiunt morbi ex calore absque materia: sicut contingit in phthisi & hectica, sicut ipse dixit. hę nanq; duæ ęgritudĩes sunt ex calore absq; materia. Cum autem generatur calor pręter naturam in aliquo ex mẽbris corporis, nequaquam habet si-
C bi nomen appropriatum: sed cum generatur in toto corpore, vocatur febris. Et si membra illa fuerĩt radicalia, vocat᷑ hectica, & consumptio. si aũt calor fuerit in humorib⁹, vocatur febris putrida. sed si in spiritibus vocat᷑ ephemera, vel febris diei.

160 *Morbus autem ex calore cum humore, est sicut febris putrida.*

Intendit ꝙ morb⁹ de caliditate diuidatur in duas spẽs: vna est absque materia, sicut hectica, quam pdixit: vel cũ materia, sicut febris putrida.

Ex eis etiam sunt morbi frigidi absque materia, sicut congelatio contingens ex niue, grandine, uel frigore. Et ex eis est frigus cũ materia, sicut paralysis cum magna quantitate phlegmatis. D 161

Morbus de frigiditate diuiditur in duas species: quarum vna est absque materia, sicut congelatio contingens ex frigiditate extrinseca niuis, & grandinis: alia autem ex humore in corpore existente, cuius, s. causa est humor frigidus in corpore existens: sicut in paralysi ex domi-
E nio phlegmatis, cum est sopita, & ĩmobilis facta medietas corporis. Sed congelatio est dormitatio, cuius causa est frigiditas.

Ex eis est humidus absque [a ma. superfluitate,] sicut habitudo corporis, quæ laxa uel mollis uidetur. Et ex eis est morbus humidus cũ materia humorali, sicut repletio uentris in hydrope. 162

Quidam sunt ex morbis humidis, pręter ꝙ in corpore humor sit, vel materia: sicut habitudo corpo-
F ris laxa. & ex eis est humidus ex humoribus in corpore existentibus: sicut repletio ventris in hydrope: nã in hydrope est hũiditas cũ materia.

Morbus siccus cum materia est, sicut cancer, uel glandula. Sed siccus, præter quòd in corporibus sit materia, est sicut spasmus ex inanitione. 163

Morbi sicci diuiduntur in duas species. Quarum vna est cum materia & superfluitate corporis: sicut apo

G apostema, quod cancer dicitur, vel
scrophula glandula. Glandulæ autẽ
sunt apostemata in subascellis, & in
inguinibus generata, vel collo, quæ
proprio nomine scrophula nomina
tur: & hæ quidem omnes ex materia sicca generantur. Alia autẽ species est morbi sicci absque materia:
sicut siccitas contingens ex immoderata euacuatione, vnde spasmus
inde contingens nõ est spasmus ex
repletione: quia spasmus est, & fit
ex repletione, & ex inanitiõe. Hi au
tem morbi, quorum præcessit rememoratio, sunt octo, s. morbus cali-
H dus, morbus frigidus, morbus humi
dus, & morbus siccus: & quilibet ex
istis est cum materia, vel absq; materia. Ex his autem alij quatuor cõponuntur, s. morbus calidus & humidus, calidus & siccus, frigid⁹ & hu
midus, frigidus & siccus. Qui etiam
in duas species diuiduntur sicut pri
mũ, & sic erunt octo: qui si primis o-
cto coniungantur, erunt sexdecim.
Erunt ergo in vniuerso morbi mẽbrorum consimilium sexdecim. At
tamen secundum exquisitam veritatem impossĕ est esse morbum ex
sola caliditate, vel frigiditate, aut hu
I miditate, vel siccitate. & hoc ideo,
quoniam causæ prædictarum ægritudinum sunt proculdubio humores: qui quidem humores non sunt
nisi quatuor, s. calidus & siccus, vel
calidus & humidus, frigidus & sicc⁹
vel frigidus & humidus. Si quis aũt
dicat q Galenus ponit morbos sim
plices absq; materia: Dicemus q ta
les morbi absq; materia habent, p-
culdubio ab extrinseco generari. res
autem extrinsecę aut sunt frigidæ
& siccę, aut frigidę & humidę, aut
calidę & humidę, aut calidę & siccæ. Vnde si esset poss̃ eẽ ęgritudiñes K
ex sola frigiditate vel sola caliditate, esset possibile quidẽ esse rẽ solum
calidã vel solũ frigidam: hoc autẽ
est falsum, & impossĕ ergo, &c.

De ægritudinib⁹ membrorum instrumentalium vel organicorum.

In membris organicis existunt
morbi, cum accidit in plasmatione 164
læsio, uel nocumentum.

Membra organica sunt sicut ma
nus, caput, & cætera ex consilibus
composita, quorũ s. totius & partis
non est idem nomen, sed diuersum. L
Sunt autem sm Medicos quatuor
genera morborum in prædictis mẽ
bris gñatorum, s. morbus in plasma
te vel forma, in quantitate, in nume
ro, & in positione. Et morbi in plasmate diuiduntur in morbos contin
gentes in figura, & eos qui ex corrũ
ptione concauitatis membrorũ generantur, & eos qui ex asperitate &
lenitate eorundem contingunt. Ipse aũt necessit a morbis in plasmate
pertingentibus. vnde inquit: In mẽbris organicis existunt, cũ accidit in
plasmatione lęsio vel nocumẽtum. M
subaudimus, sicut si alicuius ex eis
forma, vel figura corrumpatur, vel
eius concauitas, vel porus: vel si mẽbrum, quod natura debet esse asperum, lene fiat: vel econuerso, s. quod
debet esse leue, fiat asperum.

Est autem morbus in augmen 165
to, si fuerit caput nimis magnum.
Et in diminutione, si fuerit stoma-
chus nimis paruus.

Morborũ in quantitate sunt duę
spẽs, vtpote augmentum & excessus
in quantitate mẽbri, sicut caput nimis

A mis magnũ: vel diminutio in quan
titate, sicut stomachus nimis paru⁹.

166 *Si videatur forma capitis lata
uel compressa, erit error uel pecca
tum in plasmatione.*

Quoniã retulerat duo gña morborum organicorũ, vtpote cõtingẽ-
tium in plasmate, & q̃titate ipsorũ:
& cõsequenter diuiserat eos, q sunt
in q̃titate in duas spẽs, q ex augmẽto & diminutione ipsarum contingunt: incepit nũc morbos ĩ plasma
te diuidere in spẽs suas, vnde inquit
ꝙ ex morbis plasmationis est, cum
B corrũpit forma mẽbri a principio
suæ gñationis: sicut cõtingit pueris
nascẽtibus, quorũ capitũ forma ali
cui organo lato assimilatur: aut &
sicut natus habens tibias obliquas:

167 *Ex eis etiam est morbus in con
cauitate, cum accidit ei nocumentum, sicut cum planta pedis carne
repletur.*

Spẽs secũda ex morbis, q plasmationis, est morb⁹ in cõcauitate: sicut
si concauitas pedis in tantũm carne
repleat, ꝙ nulla cõcauitas ibidẽ videat: vnde hmõi patiens nequaq̃ su
C per ossa rotunda & gibbosa pedum
firmat, vel appodiat gressus suos.

168 *Aut si accidat etiam, quod in
terponatur aliquid in poris et mea
tibus: sicut contingit in oppilationi
bus ex lapidibus renũ cõtigẽtibus.*

Hęc est tertia species vel morbus
plasmationis, & est coarctatio poro
rum, & cannalium membrorum: si
cut contingit in oppilatione generata in cannalibus renum ratione
lapidum, vel calculorum in eisdem
generatorum.

Aut si membrum, quod debet D
169 *esse asperum, fiat lene, vt stomachus in quo superflua humiditas
exuberat: aut si quod debet esse lene, exasperetur, sicut canna pulmo
nis cum exiccatur.*

Ex morbis in plasmatione est ad
huc quarta species: & est, cum mem
brum, quod naturaliter debet esse
asperum, efficitur molle & lene, sicut stomachus superflua humidita
te oppressus: quia stomachus natura
liter debet esse asper, durus, & soli-
dus, sicut inquit Gale. quatenus possit E
firmiter comprehendere, & commi
nuere cibum, cum digeritur in eo:
aut cum membrum, quod ex prima creatione & plasmatione debet
esse lene, exiccatur & exasperatur, si
cut canna pulmonis, cui siccitas im
moderata accidit.

Est autem numerus a natura 170
egrediẽs ĩ sex, vel quatuor digitis.

Quia retulerat morbos in creatione contingentes, & in quantitate
& cum hoc diuisit morbos in plasmate ĩ parte ante istam, in quatuor
species: voluit nunc referre tertium F
genus predictarum ęgritudinũ. hoc
autem genus est de morbis in numero membrorum. Diuisit autem
morbum in nu mero, sicut morbũ
in quantitate in augmentum & di
minutionem, vnde intendit, quòd
in membris, quorum operatio com
pletur in numero determinato, est
numerus innaturalis, si determi-
natus augeatur, vt si quis nascatur
cum sex digitis: vel minuatur, vt
cum quis solum cum quatuor digi
tis nascatur.

G 171 *Interdum iunguntur duo digiti, & coniunguntur. Et interdū [a][in-cta naturaliter] separantur.*

a [illegible]

Intendit ꝙ morbi situs & positionis diuidantur in duas species. Quarum vna est coniunctio corū, quæ naturaliter debent esse separata: sicut contingit in eis, qui nascuntur cum quibusdam digitis coniunctis. Alia est, cum separantur membra, q̄ naturalr̄ debent esse coniuncta.

De solutione continuitatis.

H 172 *Solutio unionis existit in [b][coniunctione membrorum, aut in separatione. in coniunctione] quidē, sicut in dislocatione brachii, & incisione pedis uel manus.*

b membris cōpositis, aut i simplicib⁹. in cōpositis.

Hoc est genus ægritudinum notatum in solutione * indiuisi. Fit autem * dissolutio continuitatis tam in membris consimilibus q̄ in organicis, vnde intelligit ꝙ fit in organicis, cum dicit ꝙ * dissolutio indiuisionis consistit in coniunctione mēbrorum. Potest nihilominus fieri in

I aliquo ex membris consimilibus, sicut in fractura ossis, vel incisiōe carnis. & hoc intellexit, cum dixit ꝙ solutio * indiuisi reperitur in solutiōe membrorum, i. ꝙ sicut reperitur solum * indiuisi in aliquo membro cum alijs coniuncto, sic etiam reperitur in aliquo membro solo existēte, & alij non coniuncto. & intelligit de dicto suo, sicut dislocatio brachij, & solutio vnionis in membris organicis, & est illa, quam dixit prius in coniunctione membrorum. & etiam in hoc capi. manus, vel pedis abscisio.

* a. l. vnionis
* a. l. dislocatio
* a. l. dislocatio vnionis.
* a. l. vnionis
* a. l. vnionis

[c][ ] *Solutio in* K 173 *ossibus est fractura: in tunicis autem, & venis dicitur ruptura: sed solutio facta secundum latum uel longum in neruis, dicitur fixura, uel punctura.*

c in simplicibus quidem.

Diuersa sunt nomina solutionis continui in membris consimilibus, nam facta in osse, dicitur fractura: sed in venis, & tunicis, dicitur ruptura: & facta in neruis secundum longum aut profundum, dicitur fixura aut punctura.

Solutio facta in ligamētis, uel L 174 *chordis dicitur quassatio, & Arabice dicitur [d][rabathe.] Sed facta in carne dicitur uulnus. si tamen produceretur tempus eius, diceretur ulcus. Sed facta in musculis, uel lacertis dicitur attritio. Sed facta in sola cute dicitur excoriatio.*

d albucach

Solutio facta in ligamentis dicit̄ Arabice rabat: sed facta in chordis dr̄ albucat. Sed facta ĩ carne dr̄ vulnus. & si producitur tempus eius, dr̄ vlcus. Sed cum separatur cutis a carne, dicitur excoriatio. M

Capitulum [e]{de rebus egredientibus a natura, videlicet} [f]{ } de Causis {morborū.}

e ———
f [illegible]
g ———

Causæ diuiduntur in [h][manifestas apparentes] quæ 175 *scilicet contingunt cuti, & superficiei corporum sicut ignis & nix; percussio, aut ruptura contingens ex saltu.*

h primitiuum.

Post

A Postquam perfecit relationẽ de
speciebus morborum, cœpit nunc
referre etiam causas efficientes ipso
rum. Et quia tres sunt species causa
rum: sunt .n. quædam extra corpus,
quæ primitiuæ & manifestę nuncu
pantur: & quædam sunt intra corpus: ex quibus quædam sunt ꝓpin
quæ, quę coniunctæ dicuntur: quæ
dam distantes & remotæ, quæ dicũ
tur antecedentes: ideo cœpit nunc
diuidere causas in has tres species.
Vnde inquit: Causæ diuiduntur in
manifestas & apparẽtes, & est inten
dens, ꝙ causæ diuidantur in primi-
B tiuas, & antecedentes, & coniũctas.
Consequenter autem dicit, ꝙ sunt
causæ primitiuæ, dicens quæ contingunt cuti, & superficiei corporũ,
&c. sicut ignis qui calefacit, & nix,
quę exterius occurrens infrigidat,
& ruptura venę contingens ex saltu. saltus nanq; est causa morbi cõmunis, vtpote solutionis continuita
tis: & ignis & nix sunt causæ morbi
consimilis, qui est in membris consimilibus specialiter generatus, vtpote malæ complexionis.

176 *Ex causis etiam sunt, quæ dicũ*
C *tur coniunctæ, & ipsæ quidẽ sunt*
inter has species differentes. &
hoc quidem, quia quadiu continua
tur putrefactio, continuatur febris
putrida. Ex causis etiam sunt, quæ
antecedentes appellantur, omni re
pletio corpori congruentes.

Causæ intrinsecę diuiduntur in
causas propinquas, quę coniunctæ
dicuntur, & sunt proprię & immediatæ causæ ī ægritudine. & ob hoc
textor ipsum dixisse, ꝙ sint differentes inter has species: hoc est dictu, ꝙ
D faciunt differentiam inter has species, & ꝙ faciunt differre quasdam
ex speciebus morborum, in quibus
sunt, sicut putrefactio, quæ est causa caloris extranei: & causas distantes & remotas, quę antecedentes no
minantur: sicut est repletio, quę est
causa oppilationũ, & oppilatio causa putrefactionis, & putrefactio est
causa febris. Est autem proprium
causæ coniunctæ, vt ipsa ablata, tol
latur & auferatur morbus. non autem ita est de antecedente, immo ẽ
conuerso. & ob hoc ablata putrefa-
E ctione, aufertur & cessat febris: quæ
tamen non aufertur vel separatur,
etsi repletio auferatur.

177 *Ex causis efficientibus vniuer*
saliter est quicquid corrumpit mẽ
bri complexionem ex infusione hu
moris ad ipsum.

Quicquid causat membri corru
ptionem ex infusione humoris ad
ipsum, habet vniuersaliter rationẽ
causæ efficientis.

De causis effusionis materię.

F
178 *Hæc sunt potẽtia impellentis,*
& debilitas seu impotẽtia recipiẽ
tis, & multitudo mali humoris
fluentis, & latitudo meatuum, et
debilitas nutritiuæ: hæc enim est
sufficiens summa earum: necnon
etiam quia uidebis qualitatem in
substantia corporis existentem su-
perari, & ad suam contrariam
declinare.

Causę infusionis materię ab vno
membro ad aliud sunt fortis poten
tia expulsiuæ membri humorem
im-

G 171 *Interdum uniuntur duo digiti, & coniunguntur. et interdū [a][scis-sa naturaliter] separantur.*

a mādibulæ ins. latet

Intendit q morbi situs & positionis diuiduntur in duas species. Quarum vna est coniunctio corū, quæ naturaliter debent esse separata: sicut contingit in eis, qui nascuntur cum quibusdam digitis coniunctis. Alia est, cum separantur membra, q naturalr debent esse coniuncta.

De solutione continuitatis.

H 172 *Solutio unionis existit in [b][coniunctione membrorum, aut in separatione. in coniunctione] quidē, sicut in dislocatione brachij, & incisione pedis uel manus.*

b mēbris cōpositis, aut i sim plicib⁹. In cōpositis.

Hoc est genus egritudinum notarum in solutione * indiuisi. Fit autem * dissolutio continuitatis tam in membris consimilibus q̄ in organicis. vnde intelligit q fit in organicis, cum dicit q * dissolutio indiuisionis consistit in coniunctione mēbrorum. Potest nihilominus fieri in I aliquo ex membris consimilibus, sicut in fractura ossis, vel incisiōe carnis. & hoc intellexit, cum dixit q solutio * indiuisi reperitur in solutiōe membrorum, i. q sicut reperitur solutio * indiuisi in aliquo membro cum alijs coniuncto, sic etiam reperitur in aliquo membro solo existēte, & alij non coniuncto. & intelligit de dicto suo, sicut dislocatio brachij, & solutio vnionis in membris organicis, & est illa, quam dixit prius in coniunctione membrorum. & etiam in hoc capi. manus, vel pedis abscisio.

*a. l. vnionis
*a. l. dislocatios
*a. l. dislocatio vnionis.
*a. l. vnionis
*a. l. vnionis

[c][ ] Solutio in 173 *ossibus est fractura: in tunicis autem, & uenis dicitur ruptura: sed solutio facta secundum latum uel longum in neruis, dicitur fissura, uel punctura.*

c In simplicibus quidem.

Diuersa sunt nomina solutionis continui in membris consimilibus. nam facta in osse, dicitur fractura: sed in venis, & tunicis, dicitur ruptura: & facta in neruis secundum longum aut profundum, dicitur fixura aut punctura.

L 174 *Solutio facta in ligamētis, uel chordis dicitur quassatio, & Arabice dicitur [d][rabathe.] Sed facta in carne dicitur uulnus. si tamen produceretur tempus eius, diceretur ulcus. Sed facta in musculis, uel lacertis dicitur attritio. Sed facta in sola cute dicitur excoriatio.*

d albuc

Solutio facta in ligamentis dicit̄ Arabice rabat: sed facta in chordis dr̄ albucat. Sed facta ī carne dr̄ vulnus. & si producitur tempus eius, dr̄ vlcus. Sed cum separatur cutis a car M ne, dicitur excoriatio.

Capitulum [e]{ de rebus egredientibus a natura; videlicet} [f]{ } de Caussis {morborū.}

Caussæ diuiduntur in [h][manifestas apparentes] quæ scilicet contingunt cuti, & superficiei corporum sicut ignis & nix, percussio, aut ruptura contingens ex saltu.

Post

A Postquam perfecit relationē de speciebus morborum, cœpit nunc referre etiam causas efficientes ipsorum. Et quia tres sunt species causarum: sunt.n. quædam extra corpus, quæ primitiuæ & manifestę nuncupantur: & quædam sunt intra corpus: ex quibus quædam sunt ꝓpinquæ, quæ coniunctæ dicuntur: quædam distantes & remotæ, quæ dicũtur antecedentes: ideo cœpit nunc diuidere causas in has tres species. Vnde inquit: Causæ diuiduntur in manifestas & apparētes, & est intendens, ꝙ causæ diuidantur in primi-
B tiuas, & antecedentes, & coniūctas. Consequenter autem dicit, ꝗ sunt causæ primitiuæ, dicens quæ s. contingunt cuti, & superficiei corporũ, &c. sicut ignis qui calefacit, & nix, quę exterius occurrens infrigidat, & ruptura venę contingens ex saltu. saltus namq; est causa morbi cõmunis, vtpote solutionis continuitatis: & ignis & nix sunt causæ morbi consimilis, qui est in membris consimilibus specialiter generatus, vtpote malæ complexionis.

176 C *Ex causis etiam sunt, quæ dicũtur coniuncta, & ipsæ quidē sunt inter has species differentes. & hoc quidem, quia quadiu continuatur putrefactio, continuatur febris putrida. Ex causis etiam sunt, quæ antecedentes appellantur, omni repleto corpori congruentes.*

Causæ intrinsecę diuiduntur in causas propinquas, quę coniunctæ dicuntur, & sunt proprię & immediatæ causæ ægritudinis. & ob hoc reor ipsum dixisse, ꝙ sunt differentes inter has species: hoc est dictu, ꝙ D faciunt differentiam inter has species, & ꝙ faciunt differre quasdam ex speciebus morborum, in quibus sunt, sicut putrefactio, quæ est causa caloris extranei: & causas distantes & remotas, quę antecedentes nominantur: sicut est repletio, quę est causa oppilationũ, & oppilatio causa putrefactionis, & putrefactio est causa febris. Est autem proprium causæ coniunctæ, vt ipsa ablata, tollatur & auferatur morbus, non autem ita est de antecedente, immo ē conuerso. & ob hoc ablata putrefa-
E ctione, aufertur & cessat febris: quæ tamen non aufertur, vel separatur, & si repletio auferatur.

177 *Ex causis efficientibus vniuersaliter est quicquid corrumpit membri complexionem ex infusione humoris ad ipsum.*

Quicquid causat membri corruptionem ex infusione humoris ad ipsum, habet vniuersaliter rationē causæ efficientis.

F
De causis effusionis materię.

178 *Hæc sunt potētia impellentis, & debilitas seu impotētia recipiētis, & multitudo mali humoris fluentis, & latitudo meatuum, et debilitas nutritiuæ: hæc enim est sufficiens summa earum: necnon etiam quia uidebis qualitatem in substantia corporis existentem superari, & ad suam contrariam declinare.*

Causę infusionis materię ab vno membro ad aliud sunt fortis potentia expulsiuæ membri humorem im-

G impellentis, & debilis virtus mẽbri
recipientis. Et secũda ex eis est mul
titudo humoris in membro impel-
lẽte. Tertia autem est latitudo mea
tuum inter membrum recipiens &
impellens existentium. Sed quarta
est debilitas nutritiuæ in membro
recipiente. & hoc est, sm q videtur
mihi, quod intellexit, cum dixit: &
debilitas nutritiuæ. & potest tolera-
ri q ipse intellexit q debilitas virtutis nutritiuç est causa, q contrarij
humores superflui in membro im-
pellente generentur. Intellexit autẽ,
cum dixit: nec non etiam quia vide-
H bis qualitatem in substantia corpo
ris existentem superari, & ad suam
contrariam declinare: q videbis ali
quem ex humoribus membri qualitatem vincere & superare, & ad sui
contrariam transmutare. vnde est,
ac si diceret, q vna ex causis expulsionis alicuius humoris ab aliquo
membro, est nocumentum forte illius membri, causatum ex illo hũo
re, qui in eo existit. Et nihilominus
ex causis expulsionis ab vno membro ad aliud est, cum membrũ impellens situatur super recipiens.

I De causis ægritudinis calidæ.

179 *Quod generat in eo calorem, est
quidem causa, quare cõtingat corpori illud, quod inde eidem contingere consueuit. Vsus autem esui al
lii est calidum in potentia, sed calidum in actu est sicut calor Solis,*

[illegible] [ ]

Intendit hic, q calor extis in cor
pore inducat in eo illd, qd est cã do
loris. vñ est ac si diceret, q iducit in
eo illud, quod est aptum de natura
sua iducere, s. dolorẽ. Sũt autẽ calidi K
duæ spẽs: quarũ vna est calida in
potẽtia, sicut allium, & piper: secũda vero calida est actu, sicut aer cali
dus paulopost meridiem.

180 *Ex his sunt motus animæ, sicut
ira, & motus corporis, sicut labor,
& corruptio, & putrefactio, &
cibi paruitas, & quod poros cutis
claudit & constringit, sicut aer.*

Ex causis calefacientib⁹ sunt fortes motus aĩæ, sicut ira, & motus cor
porum fatigantes, & humorum pu
trefactio, & cibi paruitas, & oẽ id,
qd cutis poros claudit, & cõstrigit, L
sicut alumen, & aer frigidus, & simi
lia, quia qñ cutis cõstringit, calor
suffocatur, & euentari prohibetur:
& inde proculdubio gñatur febris,
quæ ephemera nominatur.

Causæ ægritudinum ex frigiditate.

*Causa vero harum ægritu- 181
dinum est quicquid in eo fri
giditatem generat. & quandoque
soluitur ex eo continuum, cuius vir
tus aut est in potentia, velut cõtin
git in hyoscyamo assumpto: aut in M
actu, sicut in niue.*

Quicquid gñat in corpore frigiditatẽ, soluit, pculdubio interdũ cõ
tinuitatem, sicut cum est violentum
& fortis efficaciæ, vnde morbum, qui
continuitatis solutio appellatur: sicut patet in solutione digitorum ex
niue contingente. Actus autem &
opatio ex frigiditate diuiditur primo in duas spẽs, sicut & opatio con
tingens ex calore. Est n. quædam in
frigidatio in potentia, sicut hyoscya
mi: & quædam actu, sicut niuis.

Fa-

A *Fames est, cum pabulum spi-*
82 *rituum terminatur, & sicut contin-*
git cum terminatur, & consumitur oleum in lampade vel cicindela. Vehemens etiam saturitas, & crapula calorem suffocat, & extinguit.

Cum autem est fames adeo fortis & valida, quod actio * naturae, qua corpus nutritur, terminatur, contingit quidem spirituum diminutio seu extinctio, & corporis infrigidatio. & sic etiam accidit splendoris luminis, B seu flammae diminutio, cum est oleum in cicindela omnino consumptum, vel etiam diminutum. Et superexcedens crapula, cuius causa est superfluus cibus, velut contingit in prosequentibus immediate appetitum, est causa infrigidationis. haec .n. calorem tegit, & suffocat naturalem: quemadmodum excedens olei quantitas tegit flammam donec ipsam omnino suffocet, & extinguat.

* al. maturae.

Motus autem fortes & diuturni
183 *sunt causae euacuationis spirituum & infrigidationis corporis. quare etiam infrigidatur calor, sicut &*
C *flamma fumo extinguitur.*

Cum tempus fortium motuum producitur, infrigidatur corpus ex eis: licet in principio corpus calefaciant: tamen cum producuntur, inde spiritus educuntur, & per consequens corpus infrigidatur. Quies etiam & ocium corporis infrigidant: quoniam ex omissione motus augetur & magnificatur fumosa superfluitas super calorem naturalem, & ex ea suffocatur: sicut extinguitur ignis cum fumo premitur, & supra ipsum dominatur. Et est quidem necessaria calori D naturali inspiratio, & motio, vel ventatio, sicut igni euentatio, vel exsufflatio.

Fortis & valida corporis densi- 184
tas concludit calorem in corpore, donec extinguatur. corpus immoderate rarum seu spongiosum de facili infrigidatur, cum sit propinquum, & dispositum ad hoc, ut in eo calor de facili dissoluatur.

Immoderata corporis densitas sic calorem in eo recludit, donec extinguatur, sicut contingit ex tectis in igne, quando sine respiraculo omnino cooperitur. nam moderata & parua E densitas calorem conseruat, & per consequens corpus calefacit: sed immoderata calorem extinguit naturalem. Et similiter infrigidatur corpus nimis rarum. nam minuitur in eo calor, & paruus efficitur: sicut contingit in clibanis, & balneis multa respiracula habentibus.

Causae aegritudinum ex humiditate. 185

Quaecunque sunt numero scripta [b] *[humiditatem generantia] ex quibus aqua calida dulcis super totum corpus infusa est humida in actu.* F

b. humiditatem actu generantia, vel actiua & humidatia.

Asserit quod humectantia sunt causae humiditatem facientes, & sunt quinque, ex quibus est humectans in actu, ut aqua calida: quod quidem intelligit verum, dum fuerit aqua delectabilis, & eius infusio super corpus multa.

Ex humectantibus autem in po- 186
tentia est usus lactis, & piscium delectabilium, & casei recentis, quies corporis, & reclusio humiditatum, & immoderata refectio vel saturitas.

G Ex humectantibus in potentia sunt sicut potus lactis, esus piscium in aqua dulci habitantium, caseus recens, quies corporis, ocium, & satietas immoderata, & restrictio humiditatum in corpore. Intellexit autẽ humiditatum retentionem fieri ex his, quę retinent humiditates in corporibus, seu prohibent egressum earum: cuiusmodi sunt, quę poros corporis coarctãt, claudunt, & oppilant.

Causæ ex siccitate.

187 *QVinque sunt siccitatem generantia, sensu intellecta*
H *vel apprehensa: ex quibus quędam actu exsiccant, sicut borax: & quędam potentia sicut esus sinapis: & tanta fames seu abstinentia, per quam humiditas corporis consumatur: & omnis motus fortis & violentus: contingit etiam corporis exiccatio ex ventris solutione.*

Hæc quinq; sunt de se intellecta ex modo loquendi eius in eisdem. Vnum est, sicut eum dicit, de exiccantibus in actu est borax, &
I frequens inundatio, & continua habitatio in terris, vel arenis. Et in potentia, sicut sinapis esus. Et fames exsiccans corpora. & hoc, quoniam ex cibo naturalis calor intenditur, vnde ablato vel subtracto cibo, agit calor in membris corporis, & in humiditatibus eorum, consumens & exsiccans ea. Et similiter ex motib' fortibus & violentis contingit siccitas corporis. Et ex inanitione superflua, sicut ex superflua phlebotomia, aut solutione ventris. Postquam expleuit rememorationẽ ęgritudinis membrorum consimilium, accedit nunc K
ad rememorationem membrorum organicorum.

Causæ ęgritudinum organicarum.

CAusa magnitudinis mem 188
brorum sunt fortitudo, & potentia formatiua, & etiam nutriens.

Duæ sunt causæ magnitudinis membrorum, s. fortitudo plasmatiuæ, & magnitudo materię, quã per nutriens intelligit.

Causa paruitatis membrorum 189
sunt contraria eis, quæ magnitudi L
nem efficiunt in eisdem.

Intellexitq; causę paruitatis mẽbrorum sint debilitas plasmatiuæ. & paruitas materiæ.

Causa corruptionis formarum 19[0]
est in numero similitudinum: quod quidem ratione malitiæ complexionis existentis in matrice contingit, aut [a] [paruitate spermatis], aut male egressu fœtus in ortu suo ex cuius tortura contingit peccatum in figura, & forma.

Causa corruptionis formarũ mẽbri cadit in numero recipiẽtium similitudinem, & figuram. & hoc cõtingit ratione malæ complexionis matricis. Nam malitia complexionis matricis disponit interdum passum, quod recipit formam, & agens taliter, ꝙ agens malam ĩprimat formam, aut ꝙ recipiens malã formam recipiat: aut diminutione & paruitate spermatis, qua receptio formæ, vel eius actio vel generatio impeditur quod quidem verum est s̃m opinione

A nem eius, qui opinatur esse in sperma te potentiã actiuã. Contingit etiam interdũ, sicut dicitur, prędicta corruptio ex re extrinseca, vt pote in naturali egressu fœtus in natiuitate, sed
C hanc corruptionẽ formæ reparant obstetrices frequenter, fasciando sicut decet, priusquã indurentur ossia. & in summa corruptio formæ ab extra accidit, vel ab intra. ab intra quidem accidit vel malitia agentis, aut malitia passi & recipientis, vel ambabus simul. eorum autem malitia erit ab eisdem, aut a matrice.

191 *Ex hu etiam est nutrix, si de-*
B *liquerit fasciando ipsum, aut eleuando, vel deprimendo ipsum.*

Nutrix est causa, quare nati mẽbra tortuosa efficiuntur, cùm errat in fasciando ipsum, seu in ligando ipsum cum fascia: & hoc quia ex teneritate & humiditate ossium ipsi⁹ augentur secũdũ figuram ex ligatura eis impressam: sicut etiã contingit, errore ab eadẽ commisso in eleuatione, aut depressione eius.

192 *Vel si forsan augeatur in eo cibus, aut ad nutriendũ mal⁹ exsistat.*

C Excedens cibi extrinseci quantitas similis est causa corruptionis formæ sicut & excessus materiæ intrinsecæ, s. contingens à principio generationis. & hoc, quoniã ex multitudine materiæ debilitatur virt⁹ plasmatiua in productiõe formæ. Et similiter vĩ contingere, cum aufertur sibi lac, & nutritur, & cibatur nutrimẽto grosso ante tempus cõueniẽs ad nutriendũ ipsum tali nutrimento. nam cum subripitur humidum subtile ei, puta lac, corrumpitur quidem magnitudo membrorũ in forma à principio in eodem impressã.

D *Aut si puer debilitate sua ca-*
dat, cum non regitur ab aliquo, et 193
ipsum tibia, aut crus inde frangatur, vel eius nasus percutiatur taliter, quod inde tensionem & depressionem patiatur. non enim potest materia rectificari, si moueatur quia impotens sit sustinere ratione fracturæ esse nondum perfectè consolidatæ.

E Hę autẽ cãę omnes sunt extrinsecæ. nam cũ permittitur puer ambulare, antequam habeat potẽtiã ambulandi, contingit quidẽ obliquitas seu tortuositas suarũ tibiarum, corrumpitur et forma in aliquo, cũ fractũ fuerit aliquod ex ossibus ipsius, si priusquam eius consolidatio perficiatur, moueatur.

Hoc etiam facit multitudo hu- 194
morum,[b] *[sicut] in leprosis, et*[c] b*—
[paruitas eorundem: sicut in he- c pauditus
cticam diuturnam, & continuas cordẽ in
febres patientibus.] plubiũ cõ

tinua, vel extenuatione con tinua.

F In leprosis quidem contingit generaliter corruptio formæ mẽbrorum suorum: & similiter cõtingit in extenuatis & consumptis. Causa autem huius siccitas est, quę cũ difficultate formam recipit.

Aut tortura oris & faciei con- 195
tingens ex mollitie, et relaxatione neruus, aut corrugatione, & neruus tensione versus collũ declinãte.

Proculdubio cũa: istæ sunt morbi. Nã tortura faciei fit relaxatione & mollitie nerui existentis in parte contraria, habente colligantiã cum parte obliquatã habẽte, & pars iusti

ma

G ma etiam non corrugatur. Fit & interdum tensione & corrugatione nerui, & tunc proculdubio pars læsa obliquatur, & corrugatur.

196 *Vestigia apostematum, & cicatrices ulcerum, et uulnerũ proculdubio firmat in superficie corrumpunt.*

Cũ quidem hmõi in apostematibus est putrefactio reliquiarũ suarum. Sed in vlceribus, & vulneribus causa est mala cõiunctio ipsorum.

H

Causæ claustionis meatuum & pororum.

197 *SApientes dederunt operam in collectione eorum, quæ sunt de genere claudentium & obturãtium poros et meatus: ex quibus sunt fortitudo retentiuæ, & debilitas expulsiuæ: interdum etiã frigus est causa huius.* [d][ ]

Pori & meatus clauduntur dominio & fortitudine retentiuæ virtutis, & debilitate expulsiuæ. frigus etiã coarctat & cõstringit poros & meatus, qđ quidẽ patet ex corrugatione, seu coadunatione neruorum ex frigore contingente.

d. id est, congregatiua vel coaduna(n)da.

I

198 *Siccitas etiã coarctat eos valde: & similiter faciunt ligaturæ:* [e][*apostema etiam angustat.*] *et* [f][*obliquat eos per cõstrictionem exterius in aliquo membro generatam:*] *stringit etiam eos medicina styptica.*

e. vel stricturę, cũ aggregans coarctando, & apostema coarctans.

f. cõstrictio exterius in aliquo mẽbro, & quæ quæ.

Siccitas aucta ĩ aliquo membro stringit & coarctat poros & meatus eius. Idem etiã facit ligatura facta super membrum. Proculdubio apostema generatum in aliquo mẽbro exterius angustat meatus & poros constringendo. Constringit etiam eos medicina styptica.

K

199 *Hoc etiam cõtingit interdum consolidatione uulnerum & ulcerum: & etiam uerruca seu porrum et carne innaturaliter augmẽtata.*

Ex causis meatus claudẽtibus est cum vlcus, vulnusue innaturaliter consolidatur: sicut contingit in cõsolidatione longitudinis vel superficiei meatuum. Verruca etiã in eis nata est ex causis clausionis eorum: nascitur enim interdũ interius, sicut exterius. Ex eis etiã caro est innaturaliter in eis nata.

L

200 *Hoc etiam humor facit, aut sanies, uel sanguis, lac coagulatum, & aqua* [g][ ]

g. i. coagulata, i. phlegma grossum.

Constat ꝗ humores infundũtur ad concauitatem meatuum, qui replent & obturant eos. & sic facit sanies in eis existens. & sic facit sanguis coagulatus, & lac caseatum.

M

201 *Hoc etiam faciunt uermes lapis, & fæx sicca dura, & aer.* [h][ ]

h. i. ventositas cõclusa in meatibus.

Hoc intelligit de vermibus generatis in intestinis, ex quibus accidit colica. per lapidem etiam intelligit lapidem in vesica, & etiam calculũ in renibus. Et per aerem intelligit vẽtositatem grossam, interdũ meatus obturantem. Inde etiam cõtingit vna ex speciebus colicæ, scilicet illa, quæ contingit ex conclusione ventositatis in intestinis. Ex his autem causis contingit vt plurimũ retentio fæcum, & vrinæ.

A Causæ apertionis meatuum.

202 *Causa aperitionis meatuũ sunt fortitudo expulsiua, et debilitas retentiuæ.*

Apertio meatuum contingit fortitudine expulsiuę, & debilitate retẽtiuæ, scilicet à causis contrarijs eis, à quibus contingit clausio ipsorum, puta debilitati expulsiuę, & fortitudini retentiuæ.

203 *Ex his etiam est omnis medicina aperitiua calida & humida necessario.*

B Ex causis meatus aperientibus est vsus medicinarum aperitiuarũ, neq; dubium, quin medicinæ calida & humida meatus aperiunt.

Causæ ægritudinis in numero.

204 *Quicquid augetur et excedit numero in nobis, augetur sicut ex multa materia: vt digitus, si fuerit materia laudabilis: aut rana, si fuerit materia illaudabilis.*

Quia retulerat causas apertionis & clausionis meatuũ, incipit nũc referre causas augentes vel diminuentes numerum mẽbrorum: vnde in-
C quit q quicquid augetur in numero mẽbrorũ, augetur proculdubio ratione multitudinis materiei: quæ si fuerit laudabilis. erit quidem corpus inde auctũ naturale, sicut sextus digitus: si vero mala, erit corpus innaturale, sicut est illud, quod rana appellatur, & augetur sub lingua.

205 *Quicquid minuitur in nobis numero, contingit à contrario, cuius rememorationem fecimus.*

Causa diminutionis numeri est contraria causæ augmenti ipsius, ve- D
lut diminutio materiæ:

Causæ asperitatis.

Causa generans asperitatẽ 206
ẽ ablatio humiditatis, quæ interdum ex humore frigido cõtingit, puluere, stypticitate ciborum, & medicinarum.

Hic proculdubio retulit, causas ægritudinũ ex asperitate generatarum, dicens q efficiens asperitatem est quod aufert humiditatem sicut
humor siccus, cũ infunditur ad can- E
nã pulmonis, ipsam exasperãs. idẽ etiã fumus facit, & puluis, & cibi styptici, & medicinæ. hæc enim omnia guttur, & cannam exasperant.

Causa leniens asperitatem est 207
sicut humor uiscosus, & omne pingue, & vnctuosum.

Omne, quod habet viscositatem vel vnctuositatem, lenit asperitatẽ: sicut humores, seu humiditates viscosæ, & oleaginosæ.

Causæ coniunctionis, & vnio- F
nis separatorum.

Proculdubio omne illud, de 208
cuius natura est vt fiat separatũ ab aliquo, cum aliquo modo ei vnitur, si cum eodem coniun-
getur. Si a [vulnus] nõ debite con- a b videlico
solidetur, quod fit res in membro inopinata, ostendetur.

Proculdubio nunc retulit causas morborũ situs & positionis. retulit autẽ duas causas huius rei, s. unã ex coniunctione eius, quod erat separatũ à mẽbris. vnde ait: Proculdubio omne

hic

G omne illud, de cuius natura est vt
sit separatũ à membro sibi vicino,
&c. Nã cũ est talis situs, acciditq́; ei
vt coniungatur membro illi, procul
dubio causa huius erit signatum vl
cus, vel vulnus in superficie cuiuslibet ex prædictis membris. accidit.n.
pter hoc, vt superficies vnius ex illis
membris vulneratis cũ superficie al
terius membri vulnerati con solidetur, & vniat: quẽadmodũ cõtingit
hoc in eodẽ vulnere per se solũ generato, in quo. s. superficies quarun
dam partiũ ei⁹ cũ superficie aliarũ
eiusdẽ solidatur & vnitur. & ob hoc se-
H quitur, q̃ videbis in cõsolidatione vul
neris alicuius mẽbri, cũ indebite cõ
solidat, & aliter quã sperares, aliud
quam sperares de patiente euenit.

109 *Ex hoc et est fortitudo immutatiuæ, & debilitas informatiuæ.*

Proculdubio mẽbra naturaliter
separata indebite vniuntur, & solidantur interdũ à principio operationis ipsorum ex fortitudine virtutis
generatiuæ: & maximeq́; qñ de natura eorũ est vt multũ vniantur, & cõ-
iungantur, & vnũ efficiantur. & interdum adijcitur huic debilitas informatiuæ. accidit autem hoc, cum
ipsa aliquam partem ex membris
separat, & sequestrat.

110 *Quamuis separatio contingens
cuilibet ex eis, de quorum natura
est vt sit in situ cõiuncta, sit de ge
nere & numero ægritudinum situs & positionis in membris orga
nicis: nihilominus est proprie de
genere solutionis indiuisi, seu conti
nuitatis: cuius quidem solutionis
causa hic referuntur.*

Omne mẽbrũ, cuius situs indica K
tur per naturam esse inter ipsum &
aliud, ita q̃ secũ coniungatur; siqui
dẽ contingat ei q̃ separetur ab illo,
quãuis talis separatio mẽbris organicis referatur: erunt nihilominus
proculdubio causæ separationis vnius
ex eis ab alio de numero causarum
solutionis continuitatis appropriatæ membris consimilibus, quæ proprie indiuisi solutio appellatur. et ip
se quidem ad causas refert proprias
consequenter.

Causæ solutionis indiuisi. L

Quædam est humor habens alt. 1 haut pu-
*situm, & qualitatem vl- trefactiuã
cerantem, [1] [& calefactiuã, aut corro-
& corrosiuam, aut hypostasis im- siuã, & di-
pulsa seu imbibita, contusionem srupsiuã,
conferens,] vel viscositas relaxãs aut quanti-
quod mouere deberet, vel saltus cõ tas exten-
rrodens, lanians & disrumpens, dẽs, aut di-
vel lapis offendens, & contundens.* srumpẽs.

Notum est q̃ hæc oĩa soluunt cõ
tinuitatẽ, s. humor corrodens, & calidus, & hypostasis membrorũ con-
tusiua, necnon humor viscosus. dislocantur. n. partes motiuæ ex laxa- M
tione, quã eis inferunt. & similiter
saltus soluit continuitatem mẽbrorum, & lapis lædit, & offendit mem
brum, & carnem contundit.

*Ex eis sunt medicinæ corrosi- 111
uæ, & vstiuæ, vt ferrũ corrodens,
& lanians. & quandoque nentus
scindit ratione tensionis. idem etiã
agit ignis, sicut & in cæteris.*

Hoc totum est per se notũ & ma
nifestum, ideo non expono.

Capitulum

A Capitulum tertium de c{rebus egredientibus a natura, & sunt accidentia} d{morborũ.}

c accidentibus

213 *Quædam ex accidẽtibus reperiuntur in operationibus, & quædam in quibusdam corpori contingentibus, et quædam in egredientibus ab eodem: puta i sputo, fæcibus, e[egressu sanguinis,] sudore, & vrina.*

Quoniam iã explicuit rememorationem de morbis & ipsorũ causis, incipit nunc referre accidentia post ipsos contingentia. nam accidentia consequuntur morbos, sicut & morbi causas, & necessario fiunt ex eisdem. Inchoauit autem in hoc a diuisione accidentium ĩ eorum' prima genera. vnde inquit q ipsorum sunt tria genera. Quorum primum est accidentium ab operationibus membrorum assumptorum: vtpote a nocumento ipsorum. & hoc quidẽ est certius ex eis. Secundum est accidentium a qualitatibus corporis assumptorum: puta a citrinitate, macie, & qualitatibus alijs, quę contingunt corpori post egritudinem ex immutatione ipsius. Tertium gen' est accidentium sumptorum ab egredientibus a corpore: sicut ab immutatione fæcum, vrinæ, & sudoris, & fluxu sanguinis, & alijs excũrib'.

214 *Egressus naturalis operationis a dispositione sua est triplex, s. ipsius debilitas, ipsius ablatio, & ipsius immutatio, seu corruptio: quod in quolibet membro est etiã manifestum.*

Egressus operationis a dispositione sua naturali fit tripliciter: aut debilitatur, aut omnino aufertur, aut sic immutatur q indebite fiat. Vnde exempli gratia, si digestiua stomacho debilitetur, egredietur cibus indigestus. si vero auferatur, qualis assumitur egredietur, sed si calore indebite alteretur, vretur quidem cibus, & fumosus efficietur. & hæc quidem genera sic in omnibus operationibus sunt reperta, hoc enim notum est in visu.

215 *Debilitas enim operationis visus est, cum aliquis debiliter videt: & ipsius ablatio, cum omnino visus prohibetur vel aufertur: & ipsius corruptio & inconueniens immutatio, cum imaginatur se videre, quæ non videt.*

Exemplum debilitatis operationis est sicut debilitas visus. Et exemplum ablationis eius est sicut visus ablatio, & dicitur proprie cæcitas. Exemplum vero malę & corruptæ operationis est, cum quis imaginatur q videt quæ non videt, i. cum videtur ei esse q non est: sicut est, cum videtur ei vnum duo esse.

216 *Exempla accidentium proportionabilia reperiuntur in accidentibus contingentibus alijs operationibus.*

Hęc tria genera accidentium reperiuntur in omnibus alijs operationibus, sicut & dictum est de operatione visus. Est autem sciendum, q ipsimet morbi sunt causę horum accidentium. Nam si corruptio, vel immutatio operationis fuerit ĩ mẽbro consimili, erit quidem causa ipsius

G fiet vna ex octo speciebus malæ cō
plexionis. Si vero fuerit in organico, erit causa ipsius vna ex spēbus
morborum organicorum.

a De accidentib[9] perceptis ex sensibus.

a {Accidentia super æqualitate
corporis.}

217 *SEnsus visus attingit, & percipit interdum aliquid ex ac
cidentibus qualitatum corporis con
tingentibus, sicut citrinitatem*
b leterici. b[ ], *& tumorem vi
su perceptibilem. Et interdum at-*
H *tingit et percipit auris aliquid ex
eisdem, sicut sonum ventris in hydrope. Et percipit etiam ex eis aliquod sensus odoratus, quemadmodum fœtorem contingentem in vl
ceribus putridis, & corruptis. Ex
eis etiam est quod suo sapore gustu
percipitur, sicut cōtingit cum acre
do vel acetositas in ore percipitur.
Tactu etiam quoddam ex eis cognoscitur: sic.n. per tactum cognoscitur cancri durities.*

I Accidentia sumpta a qualitate
corporis sunt quinque, secundum
numerum quinque sensuum. Nā
ex eis sunt quæ attinguntur, & percipiuntur sensu visus; sicut colores
a natura egredientes: puta citrinitas
ictericо contingens, & tumor in patiente apostema, & alijs apparens.
Et ex eis sunt quæ aure, vel auditu
attinguntur, soni scilicet egredien
tes a natura: sic enim auditur rugi-
tus, & gurgulatio in ventre hydropi
ci, cum ab vno latere ad aliud mouetur. Ex accidentibus etiam percipiuntur quædam odoratu, sicut in K
his, quorum odor est fœtidus: vt pote in vlceribus fœtentibus ratiōe pu
trefactionis & similiter calefactiōis
eisdem contingentis. Et ex eis sunt,
quæ suo sapore per sensum gustus
percipiuntur: sicut contingit in ore
amaritudo, vel acetositas. Ex his accidentibus sunt, quæ sensu tact[9] cognoscuntur: sicut durities contingens mēbro, in quo est cancrosum
apostema. Sunt autem quatuor humores causæ horum accidentium.

a Accidentia ab egredientibus
a corpore.

L

SVper accidentia ab egredien 218
*tibus a corpore sumpta, exci-
tantur quidem quinq; sensus.*

Quinq; sunt species accidētium
ab egredientib[9] a corpore assumpto
rum secūdum numerum ipsorum
sensuum: sic.n. est in eis, sicut in spe
ciebus accidentium sumptorum ab
his, quæ corpori contingunt. & ipse
quidem refert eas consequenter.

Sicut in vrina, si rubea sit vel 219
*nigra: & sputo si fuerit velut san-
guis, vel sicut butyrum: & in eo,
quod quidem ratione dissolutionis,* M
*vel resolutionis egreditur, sicut cō
tingit in ventositate, sternutatione, singultu. in vomitu etiam repe
ritur interdum acetositas, amaritudo, uel stypticitas. & cum urina
fuerit fœtida, significat quidem su
per vesica vlcera. & in sudore sen
titur, si frigidus fuerit uel calidus,
tenuis vel viscosus.*

Ac-

A Accidentia visu percepta in egre
dientibus a corpore per operationē
naturæ, sunt sicut rubedo vrinæ, &
ipsius nigredo in febre apparentes,
& sicut sputum sanguineum, i. rubeum ab ore egrediens, & buryro-
sum, i. album apparens in morbo
pulmonis. Accidentia autem, quæ ĩ
egredientibus a corpore percipiuntur per auditum, sunt soni contingē
tes ex impulsione naturæ, superflui
tates a corpore expellentis: sicut con
tingit in ventositate deorsum egrediente, & sternutatione, quæ contin
git cū caput superfluitates digestio-
B nis suæ super nasum impellit, & sin
gultu contingente ex impulsiōe hu
morum nocumentum stomacho ĩ-
ferentium. Sed qui percipiuntur per
saporem, sunt sicut acetositas percepta in eo, quod a stomacho egredit̄
cum vomitu: & similiter amaritudo, & stypticitas. hi enim sapores in
terdum cum vomitu sentiuntur.
Quæ autem odoratu sentiunt̄, sunt
sicut fœtor vrinæ significans super
vlcera vesicæ: significat nihilomin⁹
etiam super corruptionem, & putrefactionem in corpore existentem.
Quę autem ex istis sensu tactus per
C cipiuntur, sunt sicut sudor ipse, percipitur enim per eum aut calidus,
vel frigidus, tenuis vel viscosus. Qui
dam tamen opinati sunt, ꝙ tenuitas, & viscositas sensu visus ꝑcipiant̄.

110 *Hæc quidem accidentia sunt
patientium passiōes, & apud nos
signa & demonstrationes. Et post
quam feci rememorationem de his
quasi transitorie, & in generali,
faciam nunc rememorationem de
eisdem in speciali.*

Hæc quidem accidentia, quorū D
rememorationem fecimus, sunt in
ægris passiones, & apud Medicos signa sunt super eorum morbos demonstratiua. Et hoc ideo, quoniam
morbi sunt causa accidentium, &
causata quidem attestantur, & signi
ficant super suas causas. vnde sicut
fumus significat, & attestatur super
ignem, sic quidem accidentia signi
ficant super egritudines. pro tanto
placuit sibi referre nunc hęc acci-
tia, inquantum sunt signa demonstratiua, & significatiua. Hęc autem
est tertia ex partibus huius scientię,
ſ. de rebus extra naturam. E

Rememoratio signorum.

*Omne signum, sicut dictū 111
est, est rememoratiuum,
aut præsentis indicatiuum, uel futuri prognosticum. est tamen utile
non necessarium nobis quod referi
mus ex eo quod præteriit, sicut humiditas terminati sudoris.*

Tres autē sunt species signorū.
Nam si significet super egritudinē
præsentem, dicitur indicatiuum: &
si significat super ægritudinem præ
teritam & terminatā, dicitur reme- F
moratiuum: rememoratio. n. & me
moria sunt eius, quod pręterijt: si ve
ro significet super egritudinem futuram, appellatur prognosticum.
Deinde ĩducit exemplum rememo
ratiui, & dixit: sicut humiditas, &c. i.
sicut humiditates, quas reperit Medi
cus in corpore patientis, significantes ei ꝙ patiens iam sudauerat in ꝓ-
terito: & interdū signāt ei ꝙ ægritudo iam fuerit terminata. hoc aūt
genus non est Medico necessariū, ni
si per accidens, sicut diximus.

G
222 *Omne illud, quod significat super illud quod iam existit, neque non etiam quod significat super illud quod speramus, est quidē multum necessarium: cura enim cōueniens fit a nobis cum auxilio huius rei.*

Quod ex signis significat super ægritudines præsentes, & super futuras generari, & super accidentia ex earum generatione cōtingentia, est quidem ex his, quorum cognitio est perutilis, & multum necessaria
H in hac arte. innitimur enim his cū securitate.

223 *Ex his quidem signis sunt quædam generalia, & quædam specialia, & particularia alicui ex mēbris: de quibus quidem specialius faciam rememorationem in arte seu parte artis curatiuæ.*

Signa harum duarum specierū diuiduntur. Nam quędā horū sunt specialiter significantia super quālibet ex ęgritudinibus: & ex eis sunt quędam generalia significātia morbos in generali. & ipse quidem incœ
I pit a rememoratione gñalium, & loquitur de specialib⁹, cum loquitur de cura cuiuslibet morbi, vt ipse dicit.

Rememoratio signorum indicatiuorum.

224 *OMne signum generale sumitur a membris principalitatem & dominium habentibus: puta ab hepate, cerebro, & corde: hæc.n. secundum veritatem dicuntur principalia.*

Signa generaliā sumuntur ab accidentibus membris principalibus contingentibus. & quia mēbra sunt, quæ exercent operationes multas ĩ multis membris corporis, ideo quidem accidentia eis contingentia significant super corruptionē, & malam dispositionem plurium ex mēbris corporis, & in summa super læsionem & nocumentum venitum ex speciebus virtutum primarum generalium in corpore existentium. Sicut accidentia reperta in vrina significant super morbos & nocumēta virtutis naturalis in hepate existē
tia, & contingentia. & accidētia pulsus super morbos vitalis virtutis secundum opinionem Medicorum: & fm Philosophum super morbos virtutis nutritiuæ. L

VI cum est recte formationis, seu imaginationis, & ratiocinationis, seu cogitationis, sana memoriæ & recordationis. 225

Sanus mente dicitur cum est rectæ imaginationis, iustæ seu rectæ cogitationis, & sanæ recordationis. Voluit autem sic loqui, quoniā cū læditur aliqua ex prędictis operatio
nibus, significat super lęsionem partis cerebri illi operationi appropriatæ. M
Est autem anterior pars cerebri locus imaginationis, seu formationis: & medium cerebri est locus ratiocinationis: sed pars eius extrema est locus memoriæ & recordatiōis. Vnde significat q̄ ĩ patiēte malitiā imaginationis & formatiōis sit morbus in anteriori parte cerebri. & significatur, cum patitur mens & rō, q̄ medium cerebri patiatur. cū vero memoria patitur, significatur q̄ posterior pars cerebri sit ægrota.

Mo-

A 216 *Motus etiam & sensus lauda bilis significat super capitis sanita tem: & nocumenta eis contingen tia denotãt proculdubio quòd mor bi existant in cerebro.*

Quod hic dicitur, est per se notũ. Nam cum motus corporis, & perce ptio sensuum sani sunt & laudabi les, significant quidem super capi tis sanitatem: & cum lædũtur, signi ficant super capitis morbos.

217 *Cum cor incedit recte in pulsa tione sua, tunc eius dispositio est pa* B *cifica, & tranquilla.* [a] [

]

a Et pulsus, qñ variatur a cõsueto mõ, signat corruptionem. Et p diuersitatẽ pulsus signatur sup species diuersas ęgritudinum.

Si cordis pulsus moueatur, velut cõsuetum est & debitum, significat super cordis sanitatem. Si vero de uiet a consueto & sibi debito per na turam, significat quidem morbos: sicut cum variatur, & diuersus ĩ pul sationibus efficitur. tunc enim atte statur super diuersas species ęgritu dinum. Nos autem declarabimus C consequenter, quis & qualis sit talis pulsus diuersus.

Genera pulsus.

218 *NEquaquam fuerunt gene ra pulsus in numero dena rio posita, nisi ab ore sapientis, quo rum quidem primus ab æstimatio ne dilatationis est assumptus: ipse enim significat super dominium, & fortitudinem virtutis, & ip sius æqualitatem.*

Genera prima pulsuum sub de nario numero includuntur, secun dum ꝙ ea sapientes dixerunt & nũ ciauerunt: quorum quidem primũ D existit in existimatione dilatatiõis venarum: quarum quidem dilata tio est interdum fortis & valida, & interdum proportionalis æqualis temperata.

Magnus autem est, cuius di mensiones eminent [b] *[& descen dunt,] & significant super forti tudinem secundum suam existi mationem.* 219

b vel deuiauerunt

Quia dixerat ꝙ vnum ex generi bus pulsuum reperitur in qualitate seu dispositione dilatationis venæ, accedit nunc ad referendum species E sub hoc genere existentes, i. in quas diuiditur genus illud. Vnde inquit ꝙ vna ex eisdem est illa, quę s. est nota in pulsu magno: & est ille qui ascendens dicitur, i. eminens in om nibus suis dimensionibus, scilicet ĩ longum, latum, & profundum: vt ꝗ magis debito in longum extendit, aut in latum, aut quia magis debi to secũdum membrum, in quo est, eleuatur.

Paruus pulsus est contrarius in virtute, & etiam pulsus longus, & breuis. 220 F

Voluit dicere ꝙ pulsus, qui paruꝰ dicitur, est in hoc genere contrarius pulsui magno. & ipse quidem est in omnibus suis dimensionibus dimi nutus & depressus. & refert conse quenter alias duas species pulsus: & sunt illi, qui dicuntur longus, & bre uis. Est autem longus pulsus, cuius longitudo augetur vltra longitudi nem naturalem: & breuis quidẽ est huic contrarius, s. diminutus a sua longitudine naturali.

G *Ex eo etiam est strictus, & la-*
231 *tus: necnon etiam eminens, &*
profundus.

Hi etiam sunt quatuor alij: quorum vnus dicitur strictus, & est ille cuius latitudo minor est latitudine sua naturali: secundus autem est ille, qui dicitur latus, & est ille cuius latitudo maior est latitudine sua naturali: tertius vero est ille, qui dicitur eminēs, & est multū altus: sed quartus est huic contrarius, & est profundus: medius autem est æqualis inter omnes has species, & est naturalis.

H
232 *Genus eius relatum tēpori mo-*
tus, est uarium & diuersum, ex
quo est pulsus uelox, magnæ iactā
tiæ, & significat quidem super
uim & calorem. Ex eo etiam pul-
sus est & tardus c[*dominans con-*
gelationis: unde significat super de
bilitatem cum frigiditate.]

c hāc frigiditatē, vel cōgelationem.

Secūdum quidem genus pulsus sumptum est ab existimatione temporis motus eius, ex quo quidē est velox in motu suo, significat super
I dominium & abundantiam virtutis & caloris. & ex eo est tardus ī motu, qui quidem significat super debilitatem virtutis & frigiditatem. & naturalis quidem in hoc genere est medium inter ambos.

Genus sumptum ab existima-
233 *tione temporis quietis diuiditur in*
suas species, scilicet in frequentem
spissum & sine quiete, significan-
tem super debilitatem uirtutis, et
a[*caloris,*] *& in rarum, sibi con-*
trarium, qui super laxitatem & K
frigiditatem attestatur.

a calorem

Genus pulsus sumptum ab existimatione quietis diuiditur in frequētem, spissum, & est ille qui modicā habet quietem: qui quidem debilitatem virium significat & caloris. virtus enim ratione suæ debilitatis in dilatando venam reiterat magis debito venæ extensionem & dilatationem: & ratione excessus caloris festinat magis debito motum suū: & Ide sequetur quietis abbreuiatio & diminutio. & in valde tardum & rarum, qui s. cōtrarius est prædicto,
& significat super laxationem arte- L
riæ, & frigiditatem complexionis.

Genus sumptum a dispositione
uirtutis diuiditur in fortiter pul- 234
santem & magnum, & in sibi
contrarium debilem, cuius pulsa-
tio profunda est & exilis.

Quartum genus pulsus est sumptum a dispositione virtutis pulsatiuæ: & diuiditur in duas species, s. in fortiter pulsantem & percutientem digitos, & in debiliter percutientē.

Ex genere sumpto a corpore ue M
næ per tactum est pulsus durus, 235
qui attestatur super siccitatem: et
ex eo est, qui tactu mollis & humi
dus reperitur, significans super sui
corporis humiditatem.

Genus pulsus sumptum a dispositionē & qualitate venæ pulsatilis diuiditur in duas species. Quarum vna est, cum Medicus sentit corpus venæ pulsatilis durum: & hoc quidem significat super siccitatem cōplexionis corporis patientis. Secunda

A da vero est, cum sentit Medicus venam pulsatilem humidam & mollem: quæ significat complexionis humiditatem corporis patientis.

236 *Genus sumptum a prima qualitate corporis uenæ significat recte super complexionem: scilicet frigidus super frigidam, & calidus super calidam.*

Proculdubio genus sumptum a qualitate corporis venæ pulsatilis diuiditur in duas species: & ambę simul significant æqualiter super com- B plexionem: quarum vna est cum sentitur vena pulsatilis frigida, & significat super complexionis frigiditatem: secunda vero est cum ipsa sentitur calida, & significat super complexionem calidam. Est autē hoc genus eiusdem qualitatis cū eo quod ante ipsum: sunt.n. de numero qualitatum tangibilium.

237 *Genus sumptum ab eo, quo repletur* b *[uena,] declarat dispositionem & esse humorum eius: plenus .n. super humorum abundantiam,* C *& uacuus super ipsorum diminutionem habet attestari.*

b [illegible]

Genus sumptum ab eo, quod circundat vena pulsatilis, significat quidem super multitudinem, aut diminutionem humorum significatione manifesta. Nam si percipiatur plena, significat quidem super augmentum humorum: si vero vacua, super eorum diminutionem & paruitatem.

238 *Genus sumptum ex motionibus & quietibus pulsus, detegit quidē ad sensum tactus species eius.* D *Est autem ex eo species iusti ponderis, & conueniens pulsibus ætatum, temporum anni, & regionis. Ex eo etiam est egrediens a debito consueto.*

Hoc quidem genus sumitur ex comparatione temporis motus pulsus ad tempus quietis ipsius. Sunt autem duo motus, & duæ quietes ipsius. Vnus autem ex motibus eius est, cum arteria extenditur & dilatatur, & alius cum stringitur. Et E vna quidem ex duabus quietibus eius est inter finem dilatationis, & principium eius constrictionis: sed secunda est inter finem constrictionis & principium dilatationis. hoc autem ideo est, quoniā inter quoslibet duos motus contrarios in vno motore existentes, oportet de necessitate esse quietem mediam inter eos ambos existentem. Cum autem dixit superius quietes, intellexit has duas quietes: & cum dixit motus, intellexit hos duos motus. vnde inquit quòd in comparatione temporis quietis, pulsus ad motum eius est genus eius, sub quo sunt F species detectæ & manifestæ ad sensum: ex quibus quidem est species illa, quæ dicitur, pulsus iusti ponderis: & illa, in qua comparatio, & proportio temporis motus ad tempus quietis est naturalis. Et cum dixit, quòd est conueniens pulsibus ætatum, &cæ. intellexit, quòd talis proportio variatur, & diuersificatur penes diuersas ętates, tempora anni, & regiones. Naturalis enim in hoc est ille, qui congruit ętati eius, cuius est, & similiter tem-

G pori anni, & regioni eius. Egrediens vero a natura est ille, qui disconuenit ei, cuius est sm ista, vt s. sit in eo alia proportio motus ad quietem, q̃ prætendat in eodem ætas, tempus anni, & locus habitationis eius. Iustus autem pondere naturali est ille, qui in complexione æquali, & temperata ætate, temperato etiam tempore anni, & regione, & similibus ĩ temperie reperitur: talis nãq; pulsus dicitur iustus ad põdus & ponderatus.

239 *Ex eo etiam est pulsus contrarius ei, quem præmisi sine põdere.*

H Intellexit pulsum sine ordine illum, in quo proportio existẽs inter motum & quietem, est proportio egrediens a proportione naturali. Opinantur autem Medici ꝙ talis ꝓportio naturalis est, ꝙ sit motus tantus, quanta quies, & quantum plus, sm ꝙ mihi videtur. Nunc inquit ẽt Gal. quod duæ quietes eius sunt, & ẽt sibi perceptę, s. ingrediens & peregrediens. Rasis tamen negat perceptionem quietis ingredientis.

240 *Aliud genus eius sumitur ab æqualitate vniformitate, aut di-*
I *uersitate & inæqualitate ipsius.*

Hoc genus pulsus diuidit ĩ duas spẽs, s. in illum qui dicitur vniformis siue æqualis: & illum, qui diuersus & inæqualis dicitur, qui s. contrarius est primo.

Qui recte incedit vniformiter
241 *& ordinate, dicitur vnitus siue æqualis: qui uero claudicat & deuiat in hoc, inæqualis dicitur, & diuersus.*

Intellexit quidem per pulsum vniformem, & æqualem, illum cuius quidem percussiões conuenerũt in K pondere, & in genere dilatationis, & genere temporis mot⁹, & genere tẽporis quietis, necnon etiam in gñe fortitudinis & debilitatis. qui enim est vniformis in his omnibus, dicitur æqualis. hęc omnia autem habent esse secundum quantitatem, cum sit in eis proprie æqualitas. ideo quidem declarauit ea, & reposuit sub hoc genere sumpto a proprietate quantitatis.

In diuersitate generis sumpti a 242
numero percussionum arteriæ sunt differentiæ. L

Differens quidem percussionib⁹ est ille, in cuius diuersitate sunt differentię, hoc aũt ideo dixit, quoniã ex sic differentibus est, qui diuersificatur in multis percussionibus: & ex eis est, qui solum ĩ vna percussione variatur & diuersificatur.

Differens pluribus percussioni 243
bus diuiditur in duas species.

Differens plˀibus ꝑcussionib⁹ diuidit in duas spẽs: quarũ duarũ spẽrũ facit mentionem post.

[a] *[In inæqualitate & diuersi-* 144
tatibus ordinatum] & ordine ca- M
rentem, quem scilicet anima perci a Inordinatũ diuersum.
pere nequit.

Voluit post ostendere ꝙ inæquale & differens pluribus percussionibus diuiditur in pulsum in huius diuersitatibus ordinatũ, & in pulsum nullum ordinem seruantem in eisdem, i. contrarium primo: de quo inquit, ꝙ anima nequit ipsum comprehendere. Intelligit autem per inordinatum in huius diuersitatibus illum, cuius aliquę percussiões sunt diuersę inter multas vniformes, ita

s. ꝙ

A s. φ sit vna diuersa inter plures vniformes, aut huic cōtrarium. Et post hæc diuisit ordinatum in duas species, & dixit.

245 b & hũs ordinem. b[*Dominus huius ordinis*] *dicitur reuersiuus: & est secundum dictum nostrum ille, qui postquam nunc sic percussit, reuertitur consequenter ad percutiēdū sicut prius.*

Intelligit φ ex ordinatis in huiusmodi diuersitatibus est quidam, cuius diuersitas redit post aliquas percussiones vniformes, i. φ reuertitur B ad diuersam percussionem post determinatas percussiones similes & vniformes: & est ille, quem intellexit, cum dixit: qui postquam nunc sic percussit, reuertitur, &c. i. cū nūc percuiit manum, est ī aliqua forma diuersitatis: & consequenter per determinatas percussiones æquales reuertitur ad illam eandem formam in pulsando & percutiendo. & quidam ex eo est, cuius diuersitas minime redit sicut prius: & consequēter fecit huius mentionem.

C 246 c & qdã c[*Ex eo etiam*] *est, cuius regressus minime sunt vniformes: & talis est qui cauda soricis appellatur.*

Intellexit ex his diuersis, & inæqualibus percussionibus, φ quidam non regrediuntur seu redeunt post determinatos regressus percussionū æqualium in has inæqualitates. Ex hac autem specie est pulsus, qui cauda soricis appellatur: & est pulsus ille, qui a principio suæ pulsationis magnus apprehenditur, secunda autem eius pulsatio consequenter minor pima percipitur, nec cessat a tali diminutione pulsationum, donec quasi ad nihilum deuenerit: adeo φ interdum vltima sensui percussio occultatur, & interdum minime. Et ex D hoc quidem comparat ipsum caudæ soricis: quoniam continue post eius magnitudinē minuitur & subtiliatur, sicut & cauda soricis. & huiusmodi quidem pulsus dispositio reuertitur interdum, & interdum nequaquam, s. ad primam dispositionem, & ordinem. Et postquam retulit differentem, & inæqualē in pluribus percussionibus, refert consequēter inæqualem in vna percussione.

Est etiam ex eo, qui differens 247 *seu diuersus in vna percussione re-* E *peritur cum mensura quatuor digitorum.*

Diuersus & inæqualis in vna percussione dicit ille, cuius partes sunt dissimiles in his generibus repertus in vna percussione arteriæ reperta ī arteria: vt cum erit velocitas dissimilis vnius percussionis. & sic erit de alijs generibus. & hoc, quia erit arteria in principio sui motus multum velox, & in fine multum tarda: & ē conuerso. Et postquam ostendit qd sit differens in vna percussione, cui9 sunt plures species, ex quibus quidā F habent propria nomina, & quidam non, ideo inquit.

Ex eo etiam est proportionatus 248 *alicui rei, & quidam sunt qui nulli rei referuntur. & sermo quidem noster erit nunc super nominatas.*

Ex his quidem speciebus sunt quædam nomen habentes & quædam non, & primæ quidem proportionātur & referuntur alicui rei. & nos quidem loquemur nunc de nomen habentibus.

Ex

G *Ex his quidem est pulsus inter*
249 *cisus, & [d][dominium coniūctionis,]*
ex his etiam est altus, humilis, &
depressus.

[d] ex his ē habens cō unitatē

Ex sic diuersis vna percussiōe est ille, cuius percussio prius Interciditur & finditur, & consequenter vnitur & iungitur. ex his etiam sunt, quorū partes quędam sunt altæ, quędā humiles, & depressę.

250 *Ex his etiam est, ī cuius percussione duo sunt ictus, & ex eis, ī quo sunt plures.*

H Hic pulsus similat malleo, quo percutitur super incudem, & sola resistentia incudis per se: primo eleuatur, & consequenter per se percutit incudem iterato.

251 *Est etiam ex eis Vermicularis, & serrinus, similiter formicularis, & vndosus.*

Vermicularis quidem similatur vermi in motu suo, qui cōtingit ex debilitate virtutis nequeuntis arteriam impellere: qui quidem fortior est formiculari. Vndosus autē aquarum vndis assimilatur, & significat
I humiditatis dominium, & sudorē futurum. Serrinus vero assimilatur serræ dentibus: qui quidem hēt attestari super apostemata in tunicis interiorum membrorum generata, puta super pleuresim, & alia ab eo.

252 *Ex his etiam est ille, qui tremulus dicitur: ex quo est significatio super hecticam.*

Hic quidem pulsus, s. tremulus significat super spasmum: & similis ei significat super hecticam.

Omne quidem pulsus genus cō K
tinet duas species, & ambæ sunt 253
cōtrariæ: inter quas est vna æqualis, quæ ex ambabus contrarijs descendit, seu reponitur in gradu.

Omnis pulsus ex generibus prædictis continet sub se tres species: ex quibus duę habent rationem extremorū, s. pulsus excessiuus in illo genere, & diminutiuus: & medius īter ambos est æqualis in illo genere.

Inter species vero generalis di- 254
uersitas est multa, & non est æqualis, & media in diuersitate. L

Inter species, quas retulim[9], sunt
rietates, & alij ab eis habēt mediū 255

Ex pulsu temperati corporis cognosces pulsum cuiuslibet, donec scias ex eo cui lateri æquatur, aut inæqualis efficiatur.

Pulsus cuiuslibet cognoscitur p comparationem ad pulsum, ęqualē complexionem habentis. Et medi[9] quidem, & tpatus in illis generibus conuenit cum pulsu eius: inæqualis vero & intpatus est ei dissimilis, vnde in comparatiōe eius ad aliud scitur versus quod genus egrediatur M
ab ęqualitate, aut ad quē excessum, vel diminutionem declinet.

Omnis pulsus egrediens a di- 256
spositione conuenienti dicitur comparari ad egressum complexionis eius.

Egressus cuiuslibet pulsus a pulsu æquali est quidem sm egressum complexionis ipsius a complexione æquali: i. declinatio pulsus illius erit secundum declinationem complexionis eius.

A *Scito eſſe uarias ſpecies pulſuū*
257 *in diuerſis ætatibus, quatuor anni*
tēporibus, & diuerſis regionibus.

Sciendum q diuerſæ ſunt ſpecies pulſuum ſcm diuerſa tempora ętatū hoīs, & ſcm quatuor anni tpa, neque non ēt ſcm naturas varias regionum. & hoc quidem eſt neceſſariū, qm vnica complexio ſcm diuerſitatem ipſorum variatur.

Et etiam in diuerſis complexio
258 *nibus hominū, & habitudinibus:*
maſculis, & mulieribus.

B Eſt etiam ſciendū q diuerſę ſunt ſpecies pulſuum ſcm diuerſas complexiones hoīum, & habitudines diuerſas, i. ſcm maciem, & pinguedinē: & etiam ſcm maris, & mulieris complexionem. & hoc, qm pulſus naturalis diuerſificatur etiam & variat̃ penes iſta. vnde Medicus qui hoc ignorat, ignorat quidem pulſum æqualem in quolibet hominum.

Pulſus uelocitas cum magni-
259 *tudine eſt in calido, ſicut etiam*
& in ætate iuuentutis, & in
maſculo.

C Pulſus calidę complexiōis eſt velox & magnus. talis ēt pulſus eſt iuuenum, & maſculorum: eſt. n. calor excellens in iſtis.

Talis autem eſt in regione, &
260 *habitatione meridionali, macro,*
prægnante, & æſtate.

Locus etiam meridionalis, & regio ſignificat q præ multitudine caliditatis ſuę pulſus quidem incolarum ſuorum velox ſit & magnus. talis etiam eſt pulſus macri: & hoc ratione exceſſus caloris eius. & etiā pulſus prægnantis: ipſa enim calefit D
ex affinitate fœtus.

In frigido enim eſt pulſus par- 261
uitas, & tarditas: & conſimi-
lis quidem eſt in ſenibus, & [au- a hyeme
tumno.]

Pulſus enim frigidas complexiones habentium paruus eſt & tard9, cōtrarius ſ. pulſuum complexionū calidorum. talis etiam eſt pulſus ſenum, & autumni. & hoc ratione frigiditatis in his etiam ętatibus & tēporibus dominantis.

Conſimilis quidem eſt in mulie 262
ribus, & in pingui carnem laxam E
habenti, & talis etiam eſt in ſe-
ptentrionali.

Pulſus quidem mulierum paru9 eſt & debilis; & talis etiam eſt hoīs pinguis, cuius caro eſt laxa: & etiam habitantis in ſeptentrionali.

Cuiuſlibet ſicci quidem pulſus 263
eſt durus, & cuiuſlibet humidi eſt
quidem pulſus mollis.

Cuiuslibet hoīs habētis complexionem ſiccam eſt pulſus durus: &
cuiuslibet hominis habentis cōple- F
xionem humidā eſt pulſus mollis.

Pulſus cuiuſlibet habentis com 264
plexionem æqualem & tempera-
tam ſimulatur quidem pulſui per-
fecto ipſius ueris.

Pulſus habentis complexionē ęqualem aſſimilatur pulſui veris iā perfecto. intelligit autem q pulſus cuiuslibet ex iſtis duob9 ſit ęqualis.

Quartum clima ſequitur com- 265
plexio prædicta.

Aequalis

G Aequalis complexio sequitur cōplexionem quartū climatis secundū
ipsum. veruntamē fm opinionē Ga
le. quintū est tpatum, sicut diximͤ.

266 *Pulsus infantis frequens est &*
mollis: pulsus autem senis est tar-
dus & durus.

Pulsus quidē infantis est frequēs
propter calorem eius, & mollis ratione humidæ complexionis eius:
& è conuerso, pulsus senis rōne suæ
frigiditatis est tardus, & durͤ pp cō
plexionē ipsius naturalem, rōne C
complexionis ætatis eius.

H *Pulsus cuiuslibet corporis mul-*
267 *tum humorem ferentis est valde*
plenus.

Omne corpus plenum humoribus habet pulsum valde plenum.

268 *Omne corpus vacuum a mate-*
ria habet pulsum illaudabilem,
& vacuum.

Omne corpus a materia humorum vacuū habet proculdubio pulsum vacuum.

Signa a sputo.

269 I *PEctus, & pulmo sunt orga-*
na animæ: quæ si quidem sa-
næ fuerint, vitæ conseruabuntur.

Pectus, & pulmo sunt organa ex
pirationis & anhelitus. & hoc ideo,
quoniam cum dilatatur pectus, dilatatur & pulmo ipsius versus latus
trahens ipsum ex necessitate ablationis vacui. vnde cum pulmo fit di
latatus & ampliatus, ingreditur aer
in eum, sicut ingreditur in follem
post sui dilatationem, cum autem
constringitur pectus, constringitur
& pulmo, & per consequens egreditur aer ab eo, sicut egreditur a folle
cum constringitur & premitur arti K
ficialiter. & addit q̄ semper conseruantur vitę, quandiu pectoris & pul
monis dispositio conseruatur.

Si operationes eorum decli- 270
nant ad aliquam malitiam, cor
siquidem ignietur ex sui inflam-
matione.

Si prędicta organa declinēt a suis operationibus æqualibus & natu
ralibus, proculdubio cor sui calefactione inflammabitur calor. n. cor
dis attemperatur, & infrigidatur per
anhelitum.

Et sputum quidem habet signi L
ficare super accidentia pectori con 271
tingentia in quacunq̄ ægritudine
eidem contingente.

Cum accidit aliquis morbus pectori, sputum quidem cum tussi hēt
super dispositionem illius pectoris i
illa ęgritudine attestari: & potissime
in apostemationibus eius, i. in apostema
tibus velaminis ipsius pectoris, & similiter pulmonis.

Ablatio sputi proculdubio su- 272
per principium attestatur: signifi- M
cat. n. quod[b] *[materia in multo est*
digesta.]

b dispō di gōnis l no ñ icorpit. 'a. l. eo. l. nullo.

Pleureticus est ille, in quo simul
quatuor accidentia vniuntur, s. dolor lateris pungitiuus, febris acuta,
tussis, & sputum. & ait q̄ ablatio spu
ti in principio huius morbi indicat
morbum ipsum esse in principio. &
hoc, quoniam sputum est superfluum eius, quod dissolutū est in apostemate in pectore: propter qdͤ priuatio sputi significat hūc morbum
esse in principio, & q̄ nihil dissoluat
ex eo per viam digestionis.

Si

A 273 *Si autem fuerit paruum & tenue, habebit super digestionem debilem attestari.*

Si fuerit sputum tenue, significat super debilitatem digestionis materię apostematis, quæ est cā morbi.

274 *Si vero fuerit mediū & aequale, ī hoc quidem significatur quòd morbus iam ad medium augmentum peruenerit.*

Si sputum quidē inter tenuitatē & spissitudinem mediū fuerit, proculdubio morbus iam peruenit ad B medium tēporis augmenti. sunt. n. quatuor morbi tēpora, sicut adhuc dicam, s. tempora principij, augmēti, status, & declinationis.

275 *Si autem fuerit multū spissum, tūc proculdubio est morbus ī statu.*

Si sputū multum fuerit grossum, indicat ꝙ morbus sit in statu.

276 *Tenuitas etiā sputi significat quòd humor faciens morbum lenis sit, & subtilis.*

Tenuitas quidem eius quod spuitur, significat ꝙ humor, ex quo fit C apostema, sit tenuis.

277 *Tale etiā significat quòd morbus sit velocis & citæ* [c] *[digestionis]. Si vero fuerit grossum, significabit supra cōtrariū, & tardum.* t. extractionis vel resolutionis.

Sputi tenuitas significat super velocē dissolutionem morbi: grossum autem sputum significat super contrarium, s. super humorē grossum, & tardam dissolutionem, & dilationem morbi.

278 *Nigredo sputi* [a] *[ ] significat super violentiā vstionis.* a. splendidum.

Sputum quidem nigrum significat ꝙ super patientem dominetur D complexio cholerę nigræ vstę: & talis cholera mouet: & ideo tale spuitur sputum.

279 *Sputum vero viridis coloris significat super choleram citrinam, & porrinam.*

Sputū viride significat super dominium cohleræ † citrinæ: pro tanto ipsum est ex signis malis. f. a. l. prasinę.

280 *Sputum habens citrinitatē claram significat super choleram vitellinam.*

Omne sputū, cuius citrinitas vergit ad quādā albedinem, significat E proculdubio super quādā speciem cholerę rubeæ, quæ vitellina dicitur: & ipsa quidem est minus mala quàm viridis.

281 *Sputum album significat super humorem phlegmaticum. Et rubeum super sanguinem. Et sputū cuiusq; fœtidū est proculdubio putrefactionis significatiuum.*

Intellexit ꝙ in habente sputū fœtidum, & mali odoris, est signum, ꝙ pulmo est corruptus. tale aūt sputū accidit phtisicis prope mortem. F

282 *Omne sputum sine fœtore significat quòd in eius pulmone nulla sit putrefactio.*

Omne sputum, immune ab hoc horribili odore & fœtido, significat quidem q pulmo nō incurrent aliquā putrefactionem.

283 *Si sputi figura rotunda sit, & cum hoc patiens febrem patiatur, hoc erit quidē ex signis, quòd* [b] *[in diaphragmate eius sit apostema.]* b. In his accidentibus.

Ferunt

G Ferunt Medici φ sputum rotundũ & globatũ significet sup phthisim. ego tamen nõ ero de primis dicentibus hoc, φ significet super diaphragmatis apostema. Intellexit autem hoc apostema, quod dr̃ Arabice birsen. Quod si cum prædicto sputo erit febris valde vrens, significat super saniei generationẽ in diaphragmate. si vero cũ eo assit febris lenta & chronica, significabit quidẽ super phthisim. & hoc quidẽ intellexit in hoc dicto suo.

184 *Si patiens non cessauerit tussire, iã quidem incidit in phthisim.*

H *Sputum autem egrediẽs sine tussi et difficultate, significat super perfectam digestionem* [c] [ ]

c & ei eo albedo, prælitiea ... vt aquabus, sine putredine ... prio.

Sputum quidem significans sup perfectam digestionem, est illud, in quo quinq; sequentes conditiones voluntur, scilicet φ sit album, spissum, & coniunctum, & sine tussi laboriosã egrediatur, & sine fœtore seu odore horribili.

Rememoratio signorum sumptorum ab operatione Hepatis.

I

185 **G***Eneratio quatuor humorũ est in hepate, ex cuius augmẽto augetur humor in corpore.*

Generatio quatuor humorũ est in hepate: & cum augetur eorum generatio, in eo augentur & humores ipsi in corpore toto.

186 *Omne membrum ratiõe ipsius augetur: est nihilominus in ipso membro propria operatio.*

Intellexit φ omne membrum in corpore ratiõe hepatis augeatur: & φ nihilominus membra nutrientia sunt, id est in nutrimento ex propria operatione eis appropriata, agẽtia. Est ergo prædicta operatio in eis ratione hepatis: hoc est dictu, φ quia hepar ẽ fons virtutis naturalis, sunt per ipsum virtutis naturales in residuo corpore: vnde egrediuntur & fuguntur ab eo, sicut sunt & vitales à corde, & sensitiuæ à cerebro. Hoc tamen est fm̃ opinionẽ Hippocratis, Galeni, & Platonis.

Ex vapore aũt ipsius fit spiritus. 187

Ex vapore quidem ĩ hepate existẽte fit spiritus naturalis, quo quidem mẽbra suas exercent operationes naturales. hæc aũt minime sensu pcipiunt. sed est dictũ, ad qđ opinione solum attingit. hanc autem opinionem sum alibi perscrutatus.

L

[d] [*Ex reliquo corpore seu humore eius*] *sano fit corpus sanum. est autem humor sanus, cum hepar sanum fuerit.* 188

d. Ex humore eius sano fit corpus sanũ. ex humore n.

Sanitas corporis stat in sanitate hepatis. sanitas.n. corporis stat p sanitatẽ humorũ, cũ s. existũt fm̃ naturalẽ dispõnẽ. talis autem sanitas humorum ex sanitate hepatis est.

Et aquæ quidem deuehũt cibũ ad ipsum: miscentur q; cuilibet humori super eum dominanti. 189

M

Aquę quidẽ in potu sumptæ deuehũt, & penetrare faciũt cibũ sumptũ ad hepar, & cũ humoribus sup eum dominantibus commiscẽtur.

Aquæ etiam mittuntur ab ipso hepate ad eius colatoria: & ipsæ nihilominus cum humoribus cõmiscentur. 190

Hepar quidẽ separat aquã in potu sumptam, postquã ad ipsum peruenerit

A ueneritab humoribus: & impellit eam ad renes, & renes ad vesicā. cūmiscetur nihilominus cum humoribus, idest cum modico ex eis.

291 *Et ipsa quidem aqua fert secū colores eorum,*[e] [*nec non etiā omne illud, quod est necessariū in declaratione et significatione eius.*]

e. & qd̄ ab eis in ipsa Iprimit, manifesta tur nobis.

Hoc, qd̄ dr̄, est notum. nā aqua in potu sumpta, & per vrinā emissa, fert secum colores humorum ī corpore existentium, & id significat super dispositionem & esse † ipsius.

fa. l. corū.

292 *Et proculdubio quicquid diximus est manifestū, super cuius veritatem sensus etiam attestatur.* B *sunt enim apud nos ex vrina significationes significantes qualis sit processio patientis.*

Hoc qd̄ dixit est manifestum ex eo qd̄ precessit. qm̄ cū vrina ex humoribus sibi commixtis fuerit tincta & colorata, habet quidem super eosdē necessario attestari. Et in summa, qm̄ ipsa est sup̄fluitas digestionis vr̄is, quę fit in hepate, habet quidem significare super dispositionē totius corporis generalem.

C

De Vrina, & Primo de coloribus.

293 *Albus color vrinæ est ex signis super multitudinem cibi & potus, seu nauseatiuam satietatem significātibus, aut super dominium frigoris, vel humiditatis phlegmaticæ, aut super fluxū vrinæ, uel oppilationis hepatis.*

Color quidē albus significat sup multitudinē cibi & potus, aut super destructionē digestionis in stomacho, aut super dominiū frigoris, vel D super dominiū humoris phlegmatici, aut super fluxū vrinæ, i. egressum eius inuoluntarium, in tali. n. fluxu egreditur vrina alba & indigesta: vel super oppilationes hepatis, qm̄ oppilatio est ex prohibentibus digestionem, neque potest tunc grossum ex vrina per vias suas penetrare, sed solum subtile & aquę propinquum in colore.

Cùm autem vrina uidetur modicum citrina, significat quidem super paruitatem choleræ: sed cū est in colore ignea, significat super multitudinem choleræ. 294 E

Hoc etiam est per se notū: quoniam cùm vrina exit cum parua citrinitate, significat quidem quòd parua cholera fuerit ei commixta, & per consequens quòd nō sit multa in venis & hepate. cùm autē est multum tali citrino colore tincta, significat quidem super multā choleram rubeam.

Et color quidem clarus sub rubeo ponitur: in eo tamen est amplior cholera rubea. 295 F

Color quidem vrinæ, qui clarus dicitur, i. rubeus purpureus, qui quidem commixtione choleræ citrinæ cōtingit, existit sub rubeo igneo: in rubeo tamen est amplior cholera ū vrina & ignea.

Valde autem rubeus erit color eius à natura sanguinis. nisi tamē fuerit talis ex assumptione croci, aut applicatione alicuius tingentis, vt alcāna, aut ex colica.[a] [ ] 296

a. tortura fi bre.

G Color valde rubeus vrinæ significat quidem super mixtionem san
guinis cum ea, & dominium ipsius
in corpore: nisi tamen ille, cuius est,
comederit aliquid, quod sic eã tinxerit, vel super corpus suum applicauerit: sicut alcannam, & similia,
aut fortem dolorẽ, sicut colicę, passus fuerit.

Si autem videatur nigra, post-
quã nisi fuerit fusca, significabit
quidem super fortem algorem: si
vero talis appareat, postquam præ
297 *cessit valde rubea, significabit su-*
H *per fortem humoris vstionem.*

Si nigredo appareat ĩ vrina, postquam præcessit fusca pallida, significabit quidem super valde fortẽ algorem & frigiditatẽ complexionis
patientis. si vero appareat post vltimatam rubedinẽ, significabit super
inflammationẽ, & vstionem humo
rum patientis. Et quælibet quidẽ ex
ambabus vrinis istis significabit su
per mortẽ eius cuius est. & hoc, quĩ
vltimata frigiditas nigrum facit, sicut & vltimata caliditas.

298 *Iudica autem super morbũ ex*
colore vrinæ: nisi tamen fuerit ta
I *lis ex cibo ipsam tingẽte, puta ole-*
ribus, cassia fistula, & omni re eã
breuiter tingente, sicut almuri, et
similibus.

Vrina quidem significat p calorem suum super species humorum
in corpore existentium, & super eorum quantitatem, ex quibus quidẽ
morbi fiunt. cùm igitur morbi ex
eis generentur, decet quòd Medicus
iudicet per colorem vrinę super spe
ciem morbi, seu causæ eius: nisi tamen color eius ex re assumpta con- K
tigerit, vtpote almuri, cassia fistula,
& similibus.

Rememoratio substãtiæ vrinæ.

TEnuitas quidem substan- 299
tia in vrinis significat su-
per paruitatem digestionis.

Tenuitas quidem substantię vri
næ significat super paruitatẽ digestionis, & eius debilitatem. & hoc,
quoniã debilitas digestionis ex debilitate decoctionis contingit. de na
tura autẽ decoctionis est, quòd ha- L
beat aquam ingrossare. pro tãto tenuitas vrinæ super ipsius cruditatẽ,
& digestionis debilitatem habebit
significare.

Et procul dubio efficitur vrina 300
tenuis [b] *[per corruptionẽ cibi,]* b. postmaa feacink le-
& oppilationem hepatis, & apo- uciaal.
stema.

Hæc autem omnia, s. cibi corruptio in stomacho, oppilatio, & apostema, impediunt & etiam auferũt
decoctionem cibi. cùm autem non
decoquitur cibus, egreditur vrina al
ba, & cruda. M

Vrinæ autem grossities signifi 301
cat super digestionem, aut super
multitudinem humoris phlegma-
tici in corpore existentis.

Vrinæ grossities significat super
vim & fortitudinem digestiuæ, aut
super grossitiem materiæ. & primũ
quidem attestatur super sanitatem: sed secundum su
per morbum &
ægritudi-
nem.

A Rememoratio ^a{ faecis hypostaticae tripliciter variatur ex colore, loco, & substantia. }

a de hypostasi.

302 *CVm hypostasis uidebitur alba in colore, significabit quidem super salutem infirmorum.*

Hypostasis quidem est superfluitas digestionis humoris, quem natura digerit. vnde cum est alba, significat quod natura iam superauit humorem illum, & eius decoctionem iam perfecit. Est enim albedo signum laudabile, & super digestionem signifi- B cans. quoniam impossibile est, quin venarum sanguis prius dealbetur quam venae eo nutriantur. & ideo cum albescit hypostasis, significatur quidem quod humor efficiens morbum iam recipit decoctionem bonam & laudabilem. hoc enim contingit ei ex propinquitate naturae suae ad naturam sanguinis. & ob hoc sanies etiam alba laudatur in apostematibus, & alia ab ea vituperatur.

303 *Si autem color eius appareat citrinus, hoc erit ex acumine cholerae rubeae.*

C Cum videbimus hypostasim citrinam in colore, significabit proculdubio super acumen cholerae citrinae: neque non etiam quod ipsa dominetur plus caeteris humoribus ipsi naturae.

304 *Si vero appareat rubea uelut ^d[sanguis, significabit proculdubio super malitiam digestionis ipsius sanguinis.]*

d vel alias color valde rubeus, erit dispositio propter malitiam digestionis aegritudo sanguinis.

Hypostasis quidem rubea sicut sanguis, significat super dominium sanguinis, & malitiam digestionis, propter excedentem quantitatem eius. non enim accidit nocumentum sanguini ex sui *qualitate. D Cum quantum est sanguis, pro tanto retulerunt Medici, quod hae vrinae significant super salutem patientis, & morbi longitudinem.

* a.l. quantitate.

305 *Et si talis dispositio ipsius prolongetur, neque varietur, erit ex hepate apostemato.*

Si apparitio hypostasis rubeae prolongetur vel producatur cum febre, significabit proculdubio super apostema hepatis: hoc tamen nescio ex dictis Gal. vel Hippo. si verum confirmet experimento, habet quidem colorem veritatis, & probabilitatis. E

306 *Et si fuerit nigra post intensam rubedinem, & petens fundum, postquam prius apparuerit in alto, significat quidem quod iam peruenit patiens ad hoc, quod anima separetur ab eo, & potissime cum casu uirtutis: neque est spes de eo aliqua, neque potest ei quicquam proficere, cum sit mors propinqua ex ^e ^f[uiolentia] ustionis.*

e ei
f vehementia.

Si hypostasis incipiat nigrescere post magnam rubedinem, & cum hoc fuerit depressa in fundo vasis, postquam prius apparuit in superiori parte eius, & cum hoc assit virtutis casus, significabit quidem super mortem proximam ex violentia vstionis, sicut dicit. & talis vrina apparet proculdubio in febribus vrentibus perniciosis. F

307 *Et si appareat nigra post eius fuscedinem, praeter quod morbi materia sit acuta, & potissime si cum*

G *tali fuscedine adsit aliquod signu̅ laudabile, & radix morbi fuerit ex melancholia, significabit quide̅ super morbi consumptionem, & hoc secundum plurimum.*

Si hypostasis incipiat nigrescere
in colore post eius fuscedinem, prę
quia in morbo fuerit acutum aliquod
& fuerit principium morbi ex cholera nigra, significabit quide̅ quod
morbus sit iam consumptus:& maxime si cum hoc assit aliquod ex signis laudabilibus, quorum co̅sequu̅
H ter memoriam faciemus. & hoc est
quod dixit, ꝙ hoc est s̄m plurimum
totius vrinæ, & non contingit solu̅
secundum hypostasim eius.

308 *Si appareat nubes supernatans in superiori parte vasis, significabit super cruditatem, licet sit in ea aliquid digestionis, qua ex ventositate commiscente se ei impeditur, & inde sursum eleuatur.*

Cum nubes supernatat in vrina,
significat quidem super cruditate̅, li
cet sit in ea aliquantula digestio.
I Causa autem eius, quare sic natat ī
superiori parte vasis, est ve̅tositas in
clusa in hypostasi, quæ nequit dissolui: pro tanto prohibet desce̅sum
eius ad fundum vasis. & ob hoc dicit, ꝙ sit in ea cruditas. hoc autem si
gnum apparet in vrina a principio,
dum incipit digestio fieri. Cum autem hypostasis alba fuerit, significat super sanitatem.

309 *Et scito quod si videatur pendere in medio, quod parua ventositas est in tali hypostasi.*

Si in medio vrinæ pendeat nu- K
bes, scito quod parua ventositas ī ea
sit, & etiam ꝙ ipsa sit in medio dige
stionis suæ.

Et scito quod si praeunte citri- 310
na, fuerit alba, lenis, & coniuncta & inferius depressa, & talis continuo appareat, quod digestio morbi sit completa.

Si post hypostasim citrinam appareat lenis, alba, & coniuncta ī par
tibus, residens in fundo, & talis con
tinuo apparet, i. ꝙ non efficiatur ci
trina, postq̄ post citrinam alba fuerit visa, & post consequenter redeat L
iterato ad albedinem, scito ꝙ tunc
iam fuerit digestio perfecta, & quod
morbus iam peruenit ad statu̅ suu̅,
& ꝙ incipit declinare. Est ergo scitu̅
satis ꝙ hę tres conditiones coniungantur. s. albedo, lenitas, & ipsius depressio in fundo vasis: quę quidem
significant super perfectionem dige
stionis laudabilem. albedo enī est si-
gnu̅ laudabilis decoctionis: & similiter coniunctio partium, & ipsius le
nitas quantum significant super p-
fectam ipsius decoctionem: non e̅i
inquantum est superfluitas, sed q̄a
non remansit in ea nisi pars terrea. M
de natura enim partium terrearum
est ꝙ petant fundum. & in summa
superfluitas cocta & digesta grauis
est, & lenis est indigesta, sicut patet
in muchis, & polypis a naso descendentibus.

Rememoratio substantiæ. 311

C*um* [a] [*autem apparet hypostasis non continuata,*] *significat super debilitatem virtutis.*

[a] hypostasis incipit apparere, & si p̄seuerat, si desi nit apparere.

A Si hypostasis vno die vel duobus appareat, & consequenter cesset apparere, & iterum post appareat iterato, significabit quidem super virtutis debilitatem ex priuatione operationum ipsius. vnde apparitio hypostasis attestatur super potentiam in operationibus suis.

312 *Si vero fuerint contenta in ea similia fragmentis hordei, significabit quidem super rasuram venarum. sed si assimilentur furfuri, et* b *[sine] foetore, significabit super vlcera vesicae. si autem similentur* B *squammis metallorum, significabit super vlcionem &* c *[laminationem continentem.]*

b cum

c lesionẽ [illegible] tem.

in omnibus quidem his speciebus illaudabilis est hypostasis, in qua operatus est calor extraneus: cuius est operatio contraria operationi, quã operatur calor elementalis & naturalis. Et hypostasis quidem similis fragmentis hordei significat quidẽ quod calor extraneus in tantum venas dissoluerit, quod eas corroserit. hoc etiã significat furfurea, si fuerit sine foe-C tore, & cum febre. sed si fuerit cum foetore & sine febre, significabit vlcera vesicae. Hypostasis similis batituris, & squamis metallorum significat quidem super violentiam dissolutionis, & rasurę venarum.

313 *Si sanies appareat in vase, significabit super apertionem apostematis.*

Apostema durum, dictum Arabice dubaylet, est apostema intrinsecum, difficilis digestionis & maturationis. est enim de genere apostematum exteriorũ durorum scirrhosorum, & plurimum cum egreditur sanies in vrina, accidit hoc D ex dubaylet in membris cibi, & vrinalibus, &c.

Si vero prolongetur egressus eius cum sanguine corrupto, significabit super apostema phlegmonicũ 314

Phlegmone secundum Medicos est apostema, super quod sanguis dominatur. pro tanto patiens hoc apostema mingit sanguinem corruptum.

Cũ autem hypostasis petit fundum, & spermati similatur, est 315 *quidem ex humore grosso, & cru-* E *do. & si cum eadem sit arena mista, scito illum cuius est, esse calculosum.*

Differentia vero inter hanc hypostasim & vere albam supra dictam, potest quidem haberi ex sui figura & substantia, & hoc, quoniã ista est viscosa in substantia, alia autem supra dicta. figura autẽ primae hypostasis albae est acuta, non autẽ huiusmodi.

Rememoratio odoris.

d *PRiuatio quidem [foetoris]* 316 *contingit ex priuatiõe co-* F *ctionis & digestionis, aut ex indigestione, vel ex cibi indigestibilis.*

d Multitudo vel fortitudo.

Priuatio foetoris in vrina contingit duabus de causis: quarum vna est indigestio: alia est, quia natura rei digestibilis grossa est non recipiens digestionem.

Omne illud, quod est vltimati 317 *foetoris, est vltimatae corruptionis.*

Foetor quidem vrinae est corruptibilis magnę signũ existẽtis ĩ corpe

G eius, cuius eſt vrina. vnde omne vltimati fœtoris ſignificat ſuper corruptionem vltimatam.

318 *Si autē odor eius ſit extraneus, horribilis, ſcito illum cuius eſt, pati morbum veſicæ.*

Si fœtor vrinę fuerit horribilis, valde extraneus ſignificabit procul dubio vlcera veſicæ: de natura enī horum morborum eſt, ꝙ ſit in eis odor malus & extraneus. & inſuper malitia huius odoris diuerſificatur in generali ſm malitiam corruptionis eius. Pro tāto inquit ſm opinio-
H nem Gale. ſi odor eius fuerit corruptus & extraneus. &c. intelligit ꝙ fœtor eius non ſit in gradu aliarum rerum corruptarum.

319 *Iam quidem retuli genera vrinæ ſimplicia: ex dictis vero meis poterit quis uti in iudiciis compoſitorum ex eis.*

Quatuor ſunt genera vrinæ ſimplicia, de quorum quolibet locutus eſt in particulari, vtpote de ſignis ſumptis a colore vrinę, ſubſtantię, hypoſtaſis, & odore. vnde inquit, iā retuli ſigna ſimplicia: ex dictis vero
I meis poterit quis vti in hoc per ſe ſuper ſigna ex eis compoſita: i. ꝙ ex dictis ſuis poterit quis ſcire ſup qd habeat ſignificare, cum erūt iūcta ī vrina plura ex dictis generibus.

Rememoratio ſignorum ſumptorum a Fæcibus, & primo a quantitate.

320 *INterdum atteſtantur fæces ſuper ſtomachum, & interdum ſuper inteſtina, & ipſum hepar.*

Fęces quidem atteſtantur ſuper K
diſpoſitionem ſtomachi, inteſtinorum, & ipſius hepatis. ſunt. n. ſuperfluitates ipſorum membrorum.

Fæces quidem minuuntur ratione magnæ tranſmutationis alimenti, cum conuertitur in membris: niſi illius cuius expulſiua fuerit debilis, & attractiua fortis, ratione alicuius nocumenti contingentis. & hoc quidem ſignificat repletionem corporis patientis ex malis humoribus. 321

Parua quidem quantitas fęcum L
egredientium ſignificat ſuper magnam tranſmutationem cibi. cum. n. trāſmutatio cibi in membris augetur & magnificatur, tunc quidem fæces minuuntur: & hoc quidem ſignificat ſuper fortitudinem digeſtiuæ, & debilitatem expulſiuæ, & fortitudinem attractionis attractiuæ, ratione alicuius nocumenti eidem contingentis. vnde hoc accidens ſignificat, ꝙ corpus patientis ſit plenum ſuperfluitatibus calidis. quare
cauſa eſt, cum in eo fortificatur attractiua: & hoc, qm̄ cum ſuperfluitates calidę augentur in corpore, neceſſitant proculdubio diſſolutionē: & inde contingit exceſſus, & dominium virtutis attractiuæ. M

Si autem fuerint magnæ ī quātitate, erit quidem ſignum quod cibus non præbeat augmētum corpori, aut quod attractiua ſit in eo debilis & diminuta, & expulſiua fortis ratione alicuius morbi, vel nocumenti. 322

Si

Si vero feces fuerint maiores debito suo ordinem naturalem, significabunt quidem super alterum ex duobus, s. aut quod cibus non conuertitur in corpus, sicut dicit, & quod mēbra ipsius non suscipiant iuuamentum ex eo, ratione alicuius maliciæ, aut quod attractiua hepatis debilis sit & diminuta, & expulsiua stomachi & intestinorum fortis sit & excedens, & hoc ratione alicuius morbi contingentis membris prędictis.

323 *Si autem feces fuerint albæ, erit oppilatio [vel scirrhosis] in meatibus cystis fellis. Et ictericia quidem est ex significantibus super hoc sensibiliter. sub hoc etiam genere est vrina citrinitas: nisi cum corpus humore phlegmatico, vel mala cōplexiōe frigida inficiatur.*

Postquam ipse perfecit capitulū de signis ex quantitate fecum, incipit nunc loqui de signis sumptis ex qualitate earum. Incipit autem in hoc a colore earum, & dicit, quod si fuerint fæces albæ, significabunt super vnū ex duobus, s. quod oppilatio vel scirrhus sint geniti in meatibus cystis fellis. quod quidem confirmatur, si ictericia super patientem appareat, & vrina sit valde citrina. Cum enī meatus cystis fellis sunt oppilati vel clausi, tunc quidem nequit transire ad ipsam cystim fellis, pro tanto regurgitat tunc ad hepar & venas, & natura demum impellit eam ad cutim, & contingit inde ictericia. Cum enim peruenit cholera ad cystim fellis, corrumpitur, vt dictum est, neque mittit quidem ipsa cystis ad intestina quod ex ea consueuit delegare ad ipsa, pro tanto egreditur fæx cibi albi coloris. & quia si causetur cholera citrina in hepate, egreditur quidem cum his accidentib⁹ vrina multum in citrinitate tincta, & inde procul dubio significat super ictericiā. Secundum autem, super quod attestantur feces prædictæ, est dominiū humoris phlegmatici in corpore, vel malæ complexionis frigidæ: quod quidem contingit ex diminutione, vel priuatione choleræ rubeę. hoc autem significat super corruptionē & destructionē corporis. hoc n. contingit ex *corruptione vnius ex quatuor essētiis, vel humoribus corporis. *a l. dñio

324 *Si vero appareant rubeæ vel ignitæ, significant super excessum & dominium choleræ rubeæ.*

Cum quidem fæces intensa rubedine tingunt, significant quidem super dominium cholerę rubeę, ex cōplexione eius, cuius sunt generatę.

325 *Sed si similentur porro, aut viridi æris in colore, significabunt quidem morbum, & malitiam magnam.*

Si fæces colorentur colore simili colori porri, aut viridi æris, significabunt quidem super magnum periculum patiētis & malitiam morbi. tales n. feces significāt super excessum & dominium vnius ex duab⁹ speciebus cholerę. de quibus quidem duabus speciebus cholerę dixerunt, quod cęteris speciebus eius sunt deteriores, & quod significant super vehementem vstionem.

326 *Cum autem apparebunt nigræ in colore, hoc quidem continget ex forti & antiqua frigiditate corporis, cuius sunt & si tales appa-*

G Aequalis complexio sequitur cō plexionem quarti climatis secundū ipsum. veruntamē fm opinionē Gale. quintū est tpatum, sicut diximꝰ.

266 *Pulsus infantis frequens est &*
mollis: pulsus autem senis est tar-
dus & durus.

Pulsus quidē infantis est frequēs propter calorem eius, & mollis ratione humidæ complexionis eius: & ē conuerso, pulsus senis rōne suæ frigiditatis est tardus, & durꝰ ꝑp cō plexionē ipsius naturalem, rōne complexionis ætatis eius.

H *Pulsus cuiuslibet corporis mul-*
267 *tum humorem ferentis est valde*
plenus.

Omne corpus plenum humoribus habet pulsum valde plenum.

268 *Omne corpus uacuum a mate-*
ria habet pulsum illaudabilem,
& uacuum.

Omne corpus a materia humorum vacuū habet proculdubio pulsum vacuum.

Signa a sputo.

PEctus, & pulmo sunt orga-
269 I *na animæ: quæ si quidem sa*
na fuerint, uitæ conseruabuntur.

Pectus, & pulmo sunt organa expirationis & anhelitus. & hoc ideo, quoniam cum dilatatur pectus, dilatatur & pulmo ipsius versus latus trahens ipsum ex necessitate ablationis vacui. vnde cum pulmo sit dilatatus & ampliatus, ingreditur aer in eum, sicut ingreditur in follem post sui dilatationem. cum autem constringitur pectus, constringitur & pulmo, & per consequens egreditur aer ab eo, sicut egreditur a folle cum constringitur & premitur artificialiter. & additꝙ semper conseruantur vitę, quandiu pectoris & pulmonis dispositio conseruatur. K

Si operationes eorum decli- 270
nant ad aliquam malitiam, cor
siquidem ignietur ex sui inflam-
matione.

Si prędicta organa declinēt a suis operationibus æqualibus & naturalibus, proculdubio cor sui calefactione inflammabitur calor. n. cordis attemperatur, & infrigidatur per anhelitum.

Et sputum quidem habet signi L
ficare super accidentia pectori con 271
tingentia in quacunq; ægritudine
eidem contingente.

Cum accidit aliquis morbus pectori, sputum quidem cum tussi hēt super dispositionem illius pectoris i illa ęgritudine attestari: & potissime in apostematibus eius, i. i apostematibus velaminis ipsius pectoris, & similiter pulmonis.

Ablatio sputi proculdubio su- 272
per principium attestatur: signifi- M
cat. n. quòdᵃ [materia inᵇ multo est
digesta.]

b dispō di pōnis l oo h lcorpr. ᵃa. Lcal. mllo.

Pleureticus est ille, in quo simul quatuor accidentia vniuntur, s. dolor lateris pungitiuus, febris acuta, tussis, & sputum. & ait ꝙ ablatio sputi in principio huius morbi indicat morbum ipsum esse in principio. & hoc, quoniam sputum est superfluum eius, quod dissolutū est in apostemate in pectore: propter qđ priuatio sputi significat hūc morbum esse in principio, & ꝙ nihil dissoluatᵉ ex eo per viam digestionis.

A 273 *Si autem fuerit paruum & tenue, habebit super digestionem debilem attestari.*

Si fuerit sputum tenue, significat super debilitatem digestiōis materię apostematis, quæ est cā morbi.

274 *Si vero fuerit mediū & aequale, ī hoc quidem significatur quòd morbus iam ad medium augmentum peruenerit.*

Si sputum quidē inter tenuitatē & spissitudinem mediū fuerit, proculdubio morbus iam peruenit ad B medium tēporis augmenti. sunt. n. quatuor morbi tēpora, sicut adhuc dicam, s. tempora principij, augmēti, status, & declinationis.

275 *Si autem fuerit multū spissum, tūc proculdubio est morbus ī statu.*

Si sputū multum fuerit grossum, indicat q morbus sit in statu.

276 *Tenuitas etiā sputi significat quòd humor faciens morbum lenis sit, & subtilis*

Tenuitas quidem eius quod spuitur, significat q humor, ex quo fit C apostema, sit tenuis.

277 *Tale etiā significat quòd morbus sit velocis & citæ* c. *[digestionis]. Si vero fuerit grossum, significabit supra cōtrarium, & tardum.*

c. exiccationis vel resolutionis.

Sputi tenuitas significat super velocē dissolutionem morbi; grossum autem sputum significat super contrarium, s. super humorē grossum, & tardam dissolutionem, & cōsumptionem morbi.

278 *Nigredo sputi* a *[ ] significat super violentiā vstionis.*

a. splendentia.

Sputum quidem nigrum significat q super patientem dominetur D complexio cholerę nigræ vstę: & talis cholera mouet: & ideo tale spuitur sputum.

279 *Sputum vero viridis coloris significat super choleram citrinam, & porrinam.*

Sputū viride significat super dominium cohleræ † citrinæ: pro tanto ipsum est ex signis malis.

†. a. l. prasinę.

280 *Sputum habens citrinitatē claram significat super choleram vitellinam.*

Omne sputū, cuius citrinitas vergit ad quādā albedinem, significat E proculdubio super quādā speciem choleræ rubeæ, quæ vitellina dicitur: & ipsa quidem est minus mala quàm viridis.

281 *Sputum album significat super humorem phlegmaticum. Et rubeum super sanguinem. Et sputū cuiusq; fœtidū est proculdubio putrefactionis significatiuum.*

Intellexit q in habente sputū fœtidum, & mali odoris, est signum, q pulmo est corruptus. tale aūt sputū accidit phtisicis prope mortem. F

282 *Omne sputum sine fœtore significat quòd in eius pulmone nulla sit putrefactio.*

Omne sputum, immune ab horribili odore & fœtido, significat quidem q pulmo nō incurrent aliquā putrefactionem.

283 *Si sputi figura rotunda sit, & cum hoc patiens febrem patiatur, hoc erit quidē ex signis, quòd* b *[in diaphragmate eius sit apostema.]*

b. In biird accidens.

Ferunt

G Ferunt Medici quod sputum rotundū & globatū significet sup phthisim. ego tamen nō cro de primis dicentibus hoc, quod significet super diaphragmatis apostema. Intellexit autem hoc apostemā, quod dr̄ Arabice birsen. Quod si cum prædicto sputo erit febris valde vrens, significat super saniei generationē in diaphragmate. si vero cū eo afuit febris lenta & chronica, significabit quidē super phthisim. & hoc quidē intellexit in hoc dicto suo.

284 *Si patiens non cessauerit tussire, tā quidem incidit in phthisim.*

H *Sputum autem egrediēs sine tussi et difficultate, significat super perfectam digestionem* c[ ]

c. & si eo albedo, postiries continua et aequalis & ae putredine euenerit prio.

Sputum quidem significans sup perfectam digestionem, est illud, in quo quinq; sequentes conditiones vniuntur, scilicet quod sit album, spissum, & continuatum, & sine tussi laboriosā egrediatur, & sine fœtore seu odore horribili.

Rememoratio signorum sumptorum ab operatione Hepatis.

I
285 *GEneratio quatuor humorū est in hepate, ex cuius augmēto augetur humor in corpore.*

Generatio quatuor humorū est in hepate: & cum augetur eorum generatio, in eo augentur & humores ipsi in corpore toto.

286 *Omne membrum ratiōe ipsius augetur: est nihilominus in ipso membro propria operatio.*

Intellexit quod omne membrum in corpore ratiōe hepatis augeatur: & quod nihilominus membra nutrienda sint, id est in nutrimento ex propria operatione eis appropriata, agētia. Est ergo prædicta operatio in eis ratione hepatis: hoc est dictu, quod quia hepar ē fons virtutis naturalis, sunt per ipsum virtutis naturales in residuo corpore: vnde egrediuntur & fuguntur ab eo, sicut sunt & vitales à corde, & sensitiuæ à cerebro. Hoc tamen est fm opinionē Hippocratis, Galeni, & Platonis.

Ex vapore aūt ipsius fit spiritus. 287

Ex vapore quidem i hepate existēte fit spiritus naturalis, quo quidem mēbra suas exercent operationes naturales. hæc aūt minime sensu pcipiunt. sed est dictū, ad qd opinione solum attingit. hanc autem opinionem sum alibi perscrutatus. K

d[*Ex reliquo corpore seu humore eius*] *sano fit corpus sanum. est autem humor sanus, cum hepar sanum fuerit.* 288

d. Ex humore mundo fit corpus sanū, ex humore n.

Sanitas corporis stat in sanitate hepatis. sanitas. n. corporis stat p sanitatē humorū, cū s. existūt fm naturalē dispōnē. talis autem sanitas humorum ex sanitate hepatis est. L

Et aqua quidem deuehūt cibū ad ipsum: miscenturq; cuilibet humori super eum dominanti. 289 M

Aquę quidē in potu sumptæ deuehūt, & penetrare faciūt cibū sumptū ad hepar, & cū humoribus sup eum dominantibus commiscētur.

Aquæ etiam mittuntur ab ipso hepate ad eius colatoria: & ipsæ nihilominus cum humoribus cōmiscentur. 290

Hepar quidē separat aquā in potu sumptam, postquā ad ipsum peruenerit

A uehenitab humoribus: & impellit eam ad renes,& renes ad vesicã. cõmiscetur nihilominus cum humoribus, idest cum modico ex eis.

291 *Et ipsa quidem aqua fert secũ colores eorum,*[e] *[nec non etiã omne illud, quod est necessariũ in declaratione et significatione eius.]*

e. & qđ ab eis in ipsa imprimit, manifestatur nobis.

Hoc, qđ dr̃, est notum. nã aqua in potu sumpta, & per vrinã emissa, fert secum colores humorum ĩ corpore existentium, & id significat super dispositionem & esse † ipsius.

fa.1.corñ.

292 *Et proculdubio quicquid diximus est manifestũ, super cuius veritatem sensus etiam attestatur.* B *sunt enim apud nos ex vrina significationes significantes qualis sit processio patientis.*

Hoc qđ dixit est manifestum ex eo qđ precessit. qm̃ cũ vrina ex humoribus sibi commixtis fuerit tincta & colorata, habet quidem super eosdẽ necessario attestari. Et in summa, qm̃ ipsa est superfluitas digestionis vltis, quę fit in hepate, habet quidem significare super dispositionẽ totius corporis generalem.

De Vrina, & Primo de coloribus. C

293 *Albus color vrina est ex signis super multitudinem cibi & potus, seu nauseatiuam satietatem significãtibus, aut super dominium frigoris, vel humiditatis phlegmatica, aut super fluxũ vrina, uel oppilationis hepatis.*

Color quidẽ albus significat sup multitudinẽ cibi & potus, aut super destructionẽ digestionis in stomacho, aut super dominiũ frigoris, vel D super dominiũ humoris phlegmatici, aut super fluxũ vrinæ, i. egressum eius inuoluntarium, in tali. n. fluxu egreditur vrina alba & indigesta: vel super oppilationes hepatis, qm̃ oppilatio est ex prohibentibus digestionem, neque potest tunc grossum ex vrina per vias suas penetrare, sed solum subtile & aquę propinquum in colore.

Cùm autem vrina uidetur modicum citrina, significat quidem super paruitatem cholera: sed cũ est in colore ignea, significat super multitudinem cholera. 294 E

Hoc etiam est per se notũ: quoniam cùm vrina exit cum parua citrinitate, significat quidem quòd parua cholera fuerit ei commixta, & per consequens quòd nõ sit multa in venis & hepate. cùm autẽ est multum tali citrino colore tincta, significat quidem super multã choleram rubeam.

Et color quidem clarus sub rubeo ponitur: in eo tamen est amplior cholera rubea. 295 F

Color quidem vrinæ, qui clarus dicitur, i. rubeus purpureus, qui quidem commixtione choleræ citrinæ cõtingit, existit sub rubeo igneo: in rubeo tamen est amplior cholera citrina & ignea.

Valde autem rubeus erit color eius à natura sanguinis. nisi tamẽ fuerit talis ex assumptione croci, aut applicatione alicuius tingentis, vt alcãna, aut ex colica.[a] *[ ]* 296

a. [illegible]

Color

G Color valde rubeus vrinæ significat quidem super mixtionem sanguinis cum ea, & dominium ipsius in corpore nisi tamen ille, cuius est, comederit aliquid, quod sic eã tinxerit, vel super corpus suum applicauerit: sicut alcannam, & similia, aut fortem dolorẽ, sicut colicę, passus fuerit.

Si autem videatur nigra, postquã nisa fuerit fusca, significabit quidem super fortem algorem: si vero talis appareat, postquam præ
197 *cessit valde rubea, significabit su-*
H *per fortem humoris ustionem.*

Si nigredo appareat ĩ vrina, postquam præcessit fusca pallida, significabit quidem super valde fortẽ algorem & frigiditatẽ complexionis patientis. si vero appareat post vltimatam rubedinẽ, significabit super inflammationẽ, & vstionem humorum patientis. Et quælibet quidẽ ex ambabus vrinis istis significabit super mortẽ eius cuius est & hoc, quõ vltimata frigiditas nigrum facit, sicut & vltimata caliditas.

198 *Iudica autem super morbũ ex colore vrinæ: nisi tamen fuerit ta-*
I *lis ex cibo ipsam tingẽte, puta aleribus, cassia fistula, & omni re eã breuiter tingente, sicut almuri, et similibus.*

Vrina quidem significat p calorem suum super species humorum in corpore existentium, & super eorum quantitatem, ex quibus quidẽ morbi fiunt. cùm igitur morbi ex eis generentur, decet quòd Medicus indicet per colorem vrinę super speciem morbi, seu causæ eius: nisi tamen color eius ex re assumpta contigerit, vtpote almuri, cassia fistula, & similibus. K

Rememoratio substãtiæ vrinæ.

Tenuitas quidem substantia in vrinis significat super paruitatem digestionis. 199

Tenuitas quidem substantię vrinæ significat super paruitatẽ digestionis, & eius debilitatem. & hoc, quoniã debilitas digestionis ex debilitate decoctionis contingit. de natura autẽ decoctionis est, quòd habeat aquam ingrossare. pro tãto tenuitas vrinæ super ipsius cruditatẽ, & digestionis debilitatem habebit significare. L

Et proculdubio efficitur vrina 200
tenuis [b] *[per corruptionẽ cibi,]* b. postmag fcaulus se- tictam.
& oppilationem hepatis, & apostema.

Hæc autem omnia, s. cibi corruptio in stomacho, oppilatio, & apostema, impediunt & etiam auferũt decoctionem cibi. cùm autem non decoquitur cibus, egreditur vrina alba, & cruda. M

Vrinæ autem grossities signifi- 201
cat super digestionem, aut super multitudinem humoris phlegmatici in corpore existentis.

Vrinæ grossities significat super vim & fortitudinem digestiuæ, aut super grossitiem materiæ. & primũ quidem attestatur super sanitatem: sed secundum super morbum & ægritudinem.

A Rememoratio [a] {fæcis hypostaticæ tripliciter variatur ex colore, loco, & substantia.}

[a] de hypostasi

302 *CVm hypostasis uidebitur alba in colore, significabit quidem super salutem infirmorum.*

Hypostasis quidem est superfluitas digestionis humoris, quem natura digerit. vnde cum est alba, significat quod natura iam superauit humorem illum, & eius decoctionem iam perfecit. Est.n. albedo signum laudabile, & super digestionem significans.
B quoniam impossibile est, quin venarum sanguis prius dealbetur quam venæ eo nutriantur. & ideo cum albescit hypostasis, significatur quidem quod humor efficiens morbum iam recipit decoctionem bonam & laudabilem. hoc.n. contingit ei ex propinquitate naturę suę ad naturam sanguinis. & ob hoc sanies etiam alba laudatur in apostemantibus, & alia ab ea vituperatur.

303 *Si autem color eius appareat citrinus, hoc erit ex acumine cholera rubea.*

C Cum videbimus hypostasim citrinam in colore, significabit proculdubio super acumen cholerę citrinæ: neque non etiam quòd ipsa dominetur plus cęteris humoribus ipsi naturæ.

304 *Si uero appareat rubea uelut* [d] *[sanguis, significabit proculdubio super malitiam digestionis ipsius sanguinis.]*

[d] ro his colorē valde rubeū. tale e pp malitiā digestionis ... grando sanguinis.

Hypostasis quidem rubea sicut sanguis, significat super dominium sanguinis, & malitiam digestionis propter excedentem quantitatem eius. non enim accidit nocumentum sanguini ex sui *qualitate, sed quantum est sanguis. pro tanto retulerunt Medici, quod hæ vrinæ significant super salutem patientis, & morbi longitudinem. D

* a.l. quantitate.

305 *Et si talis dispositio ipsius prolongetur, neque varietur, erit ex hepate apostemato.*

Si apparitio hypostasis rubeæ prolongetur vel producatur cum febre, significabit proculdubio super apostema hepatis: hoc tamen nescio ex dictis Gal. vel Hippo. si verum confirmet experimento, hēt quidem colorem veritatis, & probabilitatis. E

306 *Et si fuerit nigra post intensam rubedinem, & per eius fundum, postquam prius apparuerit in alto, significat quidem quod iam peruenit patiens ad hoc, quod anima separetur ab eo, & potißime cum casu uirtutis: neque est spes de eo aliqua, neque potest ei quicquam proficere, cum sit mors propinqua ex* [e] [f] *[uiolentia] ustionis.*

[e] ei [f] vehementia.

F Si hypostasis incipiat nigrescere post magnam rubedinem, & cum hoc fuerit depressa in fundo vasis, postquam prius apparuit in superiori parte eius, & cum hoc assit virtutis casus, significabit quidem super mortem proximam ex violētia vstionis, sicut dicit. & talis vrina apparet proculdubio in febribus vrentibus perniciosis.

307 *Et si appareat nigra post eius fuscedinē, præter quod morbi materia sit acuta, & potißime si cū*

G *talis fuscedine adsit aliquod signũ laudabile, & radix morbi fuerit ex melancholia significabit quidẽ super morbi consumptionem, & hoc secundum plurimum.*

Si hypostasis incipiat nigrescere in colore post eius fuscedinem, preter quòd in morbo fuerit acutum aliquod & fuerit principium morbi ex cholera nigra, significabit quidẽ quòd morbus sit iam consumptus: & maxime si cum hoc adsit aliquod ex signis laudabilibus quorum cõsequẽ-
H ter memoriam faciemus, & hoc est quod dixit, quòd hoc est secundum plurimum totius vrinæ, & non contingit solũ secundum hypostasim eius.

308 *Si appareat nubes supernatans in superiori parte vasis, significabit super cruditatem, licet sit in ea aliquid digestionis, quæ ex ventositate commiscente se ei impeditur, & inde sursum eleuatur.*

Cum nubes supernatat in vrina, significat quidem super cruditatẽ, licet sit in ea aliquantula digestio.
I Causa autem eius, quare sic natat in superiori parte vasis, est vẽtositas inclusa in hypostasi, quæ nequit dissolui: pro tanto prohibet descẽsum eius ad fundum vasis. & ob hoc dicit, quòd sit in ea cruditas. hoc autem signum apparet in vrina a principio, dum incipit digestio fieri. Cum autem hypostasis alba fuerit, significat super sanitatem.

309 *Et scito quòd si videatur pendere in medio, quòd parua ventositas est in tali hypostasi.*

Si in medio vrinæ pendeat nu- K
bes, scito quòd parua ventositas in ea sit, & etiam quòd ipsa sit in medio digestionis suæ.

Et scito quòd si praecunte citri- 310
na, fuerit alba, lenis, & coniuncta & inferius depressa, & talis continue appareat, quòd digestio morbi sit completa.

Si post hypostasim citrinam appareat lenis, alba, & coniuncta in partibus, residens in fundo, & talis continuo apparet, i. quòd non efficiatur citrina, postquã post citrinam alba fuerit visa, & post consequenter redeat L
iterato ad albedinem, scito quòd tunc iam fuerit digestio perfecta, & quòd morbus iam peruenit ad statũ suũ, & quòd incipit declinare. Est ergo scitũ satis quòd hæ tres conditiones coniungantur. s. albedo, lenitas, & ipsius depressio in fundo vasis: quæ quidem significant super perfectionem digestionis laudabilem. albedo enim est signũ laudabilis decoctionis: & similiter coniunctio partium, & ipsius lenitas quantum significant super perfectam ipsius decoctionem: non enim inquantum est superfluitas, sed quia
non remansit in ea nisi pars terrea. M
de natura enim partium terrearum est quòd petant fundum. & in summa superfluitas cocta & digesta grauis est, & lenis est indigesta, sicut patet in muchis, & polypis a naso descendentibus.

Rememoratio substantiæ. 311

C*Vm*[a] [*autem apparet hypostasis non continuata,*] *significat super debilitatem virtutis.*

[a] hypostasis incipit apparere, & in pstremo rat.s. desinit apparere.

Si

A Si hypostasis vno die vel duobus appareat, & consequenter cesset apparere, & iterum post appareat iterato, significabit quidem super virtutis debilitatem ex priuatione operationum ipsius. vnde apparitio hypostasis attestatur super potentiam in operationibus suis.

312 *Si vero fuerint contenta in ea similia fragmentis hordei, significabit quidem super rasuram venarum, sed si assimilentur furfuri, et* b *[sine] fœtore, significabit super vlcera vesicæ. si autem similentur*
B *squammis metallorum, significabit super vstionem &* c *[laminationem continentem.]*

b cum

c lesionē vrē eadē tem.

in omnibus quidem his specieb⁹ illaudabilis est hypostasis, in qua operatus est calor extraneus: cuius est operatio contraria operationi, quā operatur calor elementalis & naturalis. Et hypostasis quidem similis fragmentis hordei significat quidē ꝙ calor extraneus in tantum venas dissoluerit, ꝙ eas corroserit. hoc etiā significat furfurea, si fuerit sine fœtore, & cum febre. sed si fuerit cum
C fœtore & sine febre, significabit vlcera vesicæ. Hypostasis similis baticuris, & squamis metallorum significat quidem super violentiam dissolutionis, & rasuræ venarum.

313 *Si sanies appareat in vase, significabit super apertionem apostematis.*

Apostema durum, dictum Arabice dubaylet, est apostema intrinsecum, difficilis digestionis & maturationis. est enim de genere apostematum exteriorū durorum scirrhoncorum. & plurimum cum e- D
greditur sanies in vrina, accidit hoc ex dubaylet in membris cibi, & vrinalibus, &c.

Si vero prolongetur egressus eius cum sanguine corrupto, significabit super apostema phlegmonicū 314

Phlegmone fm Medicos est apostema, super quod sanguis dominatur. pro tanto patiens hoc apostema, mingit sanguinem corruptum.

Cū autem hypostasis petit fundum, & spermati similatur, est 315
quidem ex humore grosso, & crudo. & si cum eadem sit arena mi- E
sta, scito illum cuius est, esse calculosum.

Differentia vero inter hanc hypostasim & vere albam supra dictam, potest quidem haberi ex suā figura & substantia. & hoc, quoniā ista est viscosa in substantia, nō autem supra dicta. figura autē primæ hypostasis albæ est acuta, non autē huiusmodi.

Rememoratio odoris.

d *Priuatio quidem [fœtoris* 316
contingit ex priuatiōe co- F
ctionis & digestionis, aut ex indigestione, rōne cibi indigestibilis.

d Multitudo vel fortitudo.

Priuatio fœtoris in vrina contingit duabus de causis: quarum vna est indigestio: alia est, quia natura rei digestibilis grossa est non recipiens digestionem.

Omne illud, quod est vltimati 317
fœtoris, est vltimatæ corruptionis.

Fœtor quidem vrinæ est corruptiōis magnę signū existētis ī corpore

 eius,

G eius, cuius est vrina. vnde omne vltimati fœtoris significat super corruptionem vltimatam.

318 *Si autē odor eius sit extraneus,*
horribilis, scito illum cuius est pa-
ti morbum vesicæ.

Si fœtor vrinę fuerit horribilis,
valde extraneus significabit procul
dubio vlcera vesicæ: de natura enī
horum morborum est, q̄ sit in eis
odor malus & extraneus. & insuper
malitia huius odoris diuersificatur
in generali fm maliciam corruptio
nis eius. Pro tāto inquit fm opinio-
H nem Gale. si odor eius fuerit corruptus & extraneus, &c. intelligit q̄ fe-
tor eius non sit in gradu aliarum te
rum corruptarum.

319 *Iam quidem retuli genera vri*
næ simplicia: ex dictis vero meis
poterit quis vti in iudicijs compo∫i
torum ex eis.

Quatuor sunt genera vrinæ sim
plicia, de quorum quolibet locutus
est in particulari, vtpote de signis
sumptis a colore vrinę, substantię,
hypostasis, & odore. vnde inquit, iā
retuli signa simplicia: ex dictis vero
I meis poterit quis vti in hoc per se
super signa ex eis composita: i. q̄ ex
dictis suis poterit quis scire sup qd
habeat significare, cum erūt iūcta ī
vrina plura ex dictis generibus.

Rememoratio signorum sum-
ptorum a Fæcibus, {&
primo a quanti-
tate.}

320 *INterdum attestantur fæces su*
per stomachum, & interdum
super intestina, & ipsum hepar.

Fęce quidem attestantur super K
dispositionem stomachi, intestinorum, & ipsius hepatis. sunt. n. superfluitates ipsorum membrorum.

Fæces quidem minuuntur ra- 321
tione magnæ transmutationis ali-
menti, cum conuertitur in mem-
bris: nisi illius cuius expulsiua fue
rit debilis, & attractiua fortis, ra
tione alicuius nocumenti contingē
tis. & hoc quidem significat re-
pletionem corporis patientis ex ma
lis humoribus.

Parua quidem quantitas fęcum L
egredientium significat super magnam transmutationem cibi. cum
.n. trāsmutatio cibi in membris au
getur & magnificatur, tunc quidem
fæces minuuntur: & hoc quidem si
gnificat super fortitudinem digesti
uæ, & debilitatem expulsiuæ, & fortitudinem attractionis attractiuæ,
ratione alicuius nocumenti eidem
contingentis. vnde hoc accidens significat, q̄ corpus patientis sit plenum superfluitatibus calidis. quare
causa est, cum in eo fortificatur at- M
tractiua: & hoc, qm̄ cum superfluitates calidę augentur in corpore, ne
cessitant procuidubio dissolutionē
& inde contingit excessus, & dominium virtutis attractiuæ.

Si autem fuerint magnæ ī quā 322
titate, erit quidem signum quòd
cibus non præbeat augmētum cor-
pori, aut quòd attractiua sit in eo
debilis & diminuta, & expulsi-
ua fortis ratione alicuius morbi,
vel nocumenti.

Si

A Si vero feces fuerint maiores debito sm ordinem naturalem, significabunt quidem super alterum ex duobus, s. aut q cibus non convertitur in corpus, sicut dicit, & q mēbra ipsius non suscipiant sustamentum eius, ratione alicuius malicię, aut q attractiua hepatis debilis sit & diminuta, & expulsiua stomachi & intestinorum fortis sit & excedens, & hoc ratione alicuius morbi contingentis membris predictis.

323 *Si autem faeces fuerint albae, erit oppilatio*[b] *[vel scirrhosis] in meatibus cystis fellis. Et ictericia quidem est ex significantibus super hoc sensibiliter. sub hoc etiam genere est vrinae citrinitas: nisi cum corpus humore phlegmatico, vel mala cōplexiōe frigida inficiatur.*

Postquam ipse perfecit capitulū de signis ex quantitate fecum, incipit nunc loqui de signis sumptis ex qualitate earum. Incipit autem in hoc a colore earum, & dicit, q si fuerint faeces albae, significabunt super vnū ex duobus, s. q oppilatio vl scirrhus sint genita in meatibus cystis fellis. quod quidem confirmatur, si ictericia super patientem appareat, & vrina sit valde citrina. Cum enī meatus cystis fellis sunt oppilati vel clausi, tunc quidem nequit transire ad ipsam cystim fellis, pro tanto regurgitat tunc ad hepar & venas, & natura demum impellit eam ad cutim, & contingit inde ictericia. Cum enim puenit cholera ad cystim fellis, corrumpitur, vt dictum est, neqi mittit quidem ipsa cystis ad intestina quod ex ea confluunt delegare ad ipsa, pro tanto egreditur faex tunc albi coloris. & quia si causetur cholera citrina in hepate, egreditur quidem cum his accidentib[9] vrina multum in citrinitate tincta, & inde procul dubio significat super ictericiā. Secundum autem, super quod amullantur feces praedictae, est dominiū humoris phlegmatici in corpore, vl malae complexionis frigidae: quod quidem contingit ex diminutione, vel priuatione cholerae rubeę. hoc autem significat super corruptionē & destructionē corporis. hoc. n. contingit ex *corruptione vnius ex quatuor elfutis, vel humoribus corporis *a. l. dñio

324 *Si vero appareant rubea vel ignea, significant super excessum & dominium cholerae rubeae.*

Cum quidem faeces intensa rubedine tingunt, significant quidem super dominium cholerę rubeę, ex cōplexione eius, cuius sunt generatę.

325 *Sed si similentur porro, aut viridi aeris in colore, significabunt quidem morbum, & malitiam magnam.*

Si faeces colorentur colore simili colori porri, aut viridi ęris, significabunt quidem super magnum periculum patiētis & malitiam morbi. tales. n. feces significāt super excessum & dominium vnius ex duab[9] speciebus cholerę. de quibus quidem duabus speciebus cholerę dixerunt, q ceteris speciebus eius sunt deteriores, & q significant super vehementem vstionem.

326 *Cum autem apparebunt nigrae in colore, hoc quidem continget ex forti & antiqua frigiditate corporis, cuius sunt: & si tales appa-*

 reant

G *reant in morbo acuto, significabunt super mortem futuram in propinquo.*

Si feces appareant nigrę, significabunt magnam frigiditatem patiētis ab antiquo generatam. & ob hoc humor niger dominatur in corpore ipsius. & ait q cum tales fęces apparent in violenta & acuta ęgritudine, q significat sup propinquā. Hippocrates autem inquit, q in principio morbi cum tales apparent, mortem & malum denunciant.

H
327 *Si autem faeces fuerint durae, significabunt super fortitudinem attractiuae, aut super calorem ventrem, vel super cibum stypticum, et constrictiuum.*

Si appareant fęces durę, hoc quidem contingit altera ex tribus causis, f. ex dominio & fortitudine attractiuę hepatis, aut ex forti calore fęces indurante & exiccante, aut ex cibo, qui habet natura sua vētrem obstringere & constipare, i. ex cibo duro, arido & sicco.

I
328 *Si vero fuerint faeces molles, et liquidae, non erit fortis attractiua in corpore, aut in corpore erit frigiditas mala, aut hoc contingit ex mala alia dispositione corporis, vel ex cibo qui soluit ventrem, & mollificat per naturam suam.*

Tribus quidem causis apparent fęces molles & liquidę, quia aut attractiua hepatis est debilis, aut quia excedens frigiditas dominatur super membra digestionis, aut quia patiens comedit cibum, qui de natura sua laxat & mollificat ventrē: & quandoque contingit hoc ratione humorum & superfluitatum ad ipsas infixarum. K

Si differatur et tardetur egres- 329
sus faecum post cibum sumptum, hoc quidem contingit ex difficultate digestionis ipsarum, aut diminutione & debilitate expulsiuae, aut forti frigiditate, aut ex vētre necessario constringentibus.

Postq̄ locutus est de quantitate faecum, & qualitate, incipit nunc loqui de tempore & hora exitus earū. Vnde inquit, si differatur egressus fae- L
cum, & tardior solito efficiatur, erit quidem causa huius: aut quia intestina cum difficultate digerunt eas, & hoc ratione alicuius morbi & nocumenti existentis in eis, vel ratiōe grossitiei cibi earum: aut quia diminuta est expulsiua ratione excedentis frigiditatis existentis in membris digestionis, pro tanto etiam producitur tempus digestionis seu egestionis ratione aliquorum vētrem constringentium de necessitate: & hae quidem sunt causę colicę. contingit etiam ex apostemate, oppilatione, ventositate, & humore grosso M
& viscoso.

Si autem citius debito egrediā- 330
tur, hoc quidem erit ratione cibi non constrictiui, sed potius per naturam suam mollificantis & a [lubricantis] aut ratione humorum & humiditatum ad eas fortiter impulsarum: vel ratione meseraicarum non sugentium, & attrahentium: aut ratione nocumentorum in intestinis contingentium, utpote

a lubrica.

apo-

A *apostematis vel ulceris, aut corruptionis digestionis, & aliarum specierum morborum eisdem contingentium.*

Egressus fecis citius debito causa est vnum horum, quae retulit, vel plura vno. Nam hoc est aut ratione cibi mollificatiui & lenificatiui, puta maluae & similium: aut ex multis humoribus ad eas infusis: aut ratione debilis & diminutae attractionis meatuum sugentium, quae Arabice meseraicae dicuntur: & sunt venae, quibus hepar attrahit succositatem

B cibi ab intestinis, ratione malae complexionis frigidae, vel oppilationis sibi existentis: aut ratione alicuius morbi contingentis in ipsis met intestinis, sicut ratione vlcerum in eis generatorum. ipsa namque laedunt ea ratione fluxus & infusionis contingentis eis ex stomacho: pro tanto nequeunt feces tempore naturali, & debito retinere, quandiu s. consueuerunt, & ob hoc impellunt eas citius debito. Contingit hoc etiam ex multa & magna humiditate in eis existente adeo cito faciente cibum ab eis lubricari, ne imprimant in eo aliam

C operationem manifestam. & hoc quidem est vna ex causis morbi noti in lubricitate intestinorum. haec autem accidentia contingunt interdum stomacho. Contingit etiam hoc ex malitia complexionis sine materia. & hoc innuit cum dicit: & aliarum specierum morborum eisdem contingentium.

iij *Si egrediatur cum sono, significabunt super magnam ventositatem.*

Hoc de se manifestum est, & notum.

D *Si vero fuerint mistae saniei, significabunt super apostemata in organis cibi existentia.* iij

Organa cibi dicuntur ventres, in quibus coquuntur & sunt, s. intestina, stomachus, & hepar.

iij *Sed si appareat sanguis cum eis, significabit quidem super vlcera,* [b excoriationem.] *& [tinesmum.]*

Proculdubio sanguis egrediens cum fecibus significat super vlcera intestinorum, & compressionem fortem, quae tinesmus dicitur, si dolor assit intestinorum, & ventris. nam si fit hoc

E absque dolore, erit hoc proculdubio ex apertione orificiorum venarum.

iij *Si autem sunt multum foetida significabunt super magnam corruptionem. Si vero velut oleum supernatat eis, significabunt super liquefactionem pinguedinis corporis, & [e erunt proculdubio odoris acetosi ex humore acetoso.]* [e si erunt odoris a... cetosi, tunc illud erit ex phlegmate acetoso.]

Foetor fecum contingens est aut ex ratione corruptionis humorum corporis, aut ex malitia digestionis, oleoginositas earum autem contingit in-

F terdum ex dissolutione & liquefactione sepi, & adipis renum: & interdum ex liquefactione pinguedinis totius corporis. & earum acetositas contingit ex melancholia.

Rememoratio signorum sumptorum a Sudore, [d] & primo a quantitate. [e]

iij *Sudor multus in morbis [humiditate factus.]* [f significat super humiditate &c.]

 est

G *]est ex accidentibus vim et
naturam ipsorum referentibus,
neque est sicut ille, ex quo fit iuuamentum.*

Sudor quidem multus est vnum
ex accidentibus factis in morbis humidis, nec est sicut sudor factus in
purgatione & mundificatione corporis, ex quo c consequitur patiens
iuuamentum: immo proculdubio
significat super vim & naturam ip
sorum, i. q sudor contingit ei omni die morbi, & si non fuit dies criti
H ci, & purgationis.

336 *Superfluus autem in vltimo cū
casu virtutis patientis, contingit
proculdubio ex labore, & debilita
te virtutis, & naturæ, vnde mors
est in propinquo.*

Sudor superfluus in vltimo cum
casu virtutis patientis, nequaquam est si
gnum laudabile euacuationis: cu-
causa est labor, & debilitas virtutis
& naturę, contingens ei ex fatigatio
ne, quā passa est ex violentia & malitia morbi. pro tanto cum apparebit talis sudor, significabit sup mor
I tificationem naturę, & virtutis.

337 *Sed paruus sudor in morbis, super oppilationem & clausionem
cutis, & grossitiem humoris, &
debilitatem expulsiuæ, & paru-
tatem digestionis, & ventris mol
litiem & fluxum significat.*

Causa quidem parui sudoris in
morbis est, aut quia pori cutis sunt
clausi: aut quia humor faciens mor
bum est difficilis digestionis, & diffi
cilis dissolutionis: aut quia virtus ex
pulsiua est debilis: aut quia virtus digestiua est debilitata: aut quia venter pa K
tientis est læsus. & interdum coniūguntur oēs hę tāę, aut plures ex eis.

Si appareat sudor valde albus 338
*in morbis, significabit super humo
rem phlegmaticum. Si vero sit citrinus, significabit super cholerā
citrinam. Et si niger, super melancholiam. Si autem sit rubeus, erit
morbus ex sanguine. Et similiter
prabet nobis signa suo sapore.*

Quia sudor est superfluitas tertię L
digestionis factę in membris: ideo
color eius significat humorē in cor
pore dominantem. & hoc, quia sup
fluitas consequitur ex necessitate co
lorem humoris dominantis in corpore eius, cuius est superfluitas. & in
tellexit ex dicto suo, cum dixit: Et si
militer prabet nobis signa suo sapo
re. q sudor etiam suo sapore super
naturam humorum dominantium
attestatur. Vnde sua dulcedine signi
ficat super dominium sanguinis, &
sua amaritudine supra choleram, &
sui salsedine super phlegma salsum
& sui acetositate sup acetosum, & M
sui insipiditate super insipidum, &
sui acerbitate, & austeritate super
melancholiam.

Sudor subtilis contingit ex sub 339
*tilitate humorum, & grossus ex
grossitie eorundem.*

Hoc quidem est notum manife
stum. n. q subtilis significet sup sub
tilitatem humorum, & grossus sup
grossitiem eorundem. necesse est. n.
vt superfluitas assimiletur ei, cuius
est superfluitas.

A 340 *Si autem fuerit vniuersalis in toto corpore, est bonus. sed si sit particularis & specialis in vno loco, est malus, & illaudabilis.*

Si sudor accidēs in aliquo ex diebus morbi fuerit per totum corpus vniuersalis, erit bonum signū & laudabile. si vero sit solum in vno loco corporis, erit malus. Nam q fiat vniuersaliter per totum corpus, hoc quidem est ex dominio naturæ super humorem facientem morbum, & dissolutione & emissione ipsius per sudorem. Quòd autem fiat solum ī B vno membro, hoc quidem contingit ex pugna & violentia expellendi nocumenti humoris in loco illo.

341 *Qui etiam contingit tempore suo vnà cum circuitibus & paroxismis febrium, aut in die critica, est quidem bonus & laudabilis; contrarij autem bonitas lõginqua est & remota.*

Sudor accidens tempore laudabili est ille, qui accidit ī die critica, aut qui contingit vnà cum circuitibus, & paroxismis febrium: hoc est sudor, per quem febris dissoluitur, & C totaliter est bonus & laudabilis: & contrarius illaudabilis, & est ille, q accidit in die non critica, nec in circuitibus febrium.

a Rememoratio signorum Prognosticorum [a] {generalium.}

342 P*Rognosticatio diuiditur ī referentem & significantem morbum futurum generari in sano, & in significātem, quod debet contingere patienti in morbo suo.*

D Signa prognostica super illud, qđ est futurum, diuiduntur in duas species: quarum vna est signorum prognosticantium morbum futurum generari in sano: & secunda est signorum prognosticantium super illud, quod est futurum patienti ex bono, vel eius contrario.

Signa autem referentia super ægritudinem futuram sumuntur ex accidentibus significantibus super repletionem, vel euacuationem cerebri, aut residui corporis. 343

E Signa significātia super morbos futuros sumuntur ex accidentibus ī corpore apparentibus super multitudinem humorum in eo, aut super ipsorum diminutionem significantibus. & hoc, q̄m morbi accidunt ex his duabus speciebus, s. ex augmento & diminutione humorum in corpore existentium.

Significat autem super repletionem quies, multitudo cibi, raritas balnei: & exercitii: ex his namque accidentibus contingit repletionis ægritudo, & his contraria prognosticant super [b] [inanitionis] ægritudines. 344 F

[b] diminutionis vel inanitionis.

Accidentia super repletionem attestantia sunt velut quies, & assumptio multi cibi, & rarus introit⁹ balnei, & diminutio exercitij. Hæc autem omnia sunt causæ efficientes morbos de repletione. vocauit tamē ea accidentia, eo q sunt Medico signa, & sunt secundum veritatē causæ continuæ repletionis penes virtutem: & eis contraria sunt causæ diminutionis humorum.

Signa

G Color valde rubeus vrinæ significat quidem super mixtionem san
guinis cum ea, & dominium ipsius
in corpore nisi tamen ille, cuius est,
comederit aliquid, quod sic eā tinxerit, vel super corpus suum applicauerit: sicut alcannam, & similia,
aut fortem dolorē, sicut colicę, passus fuerit.

*Si autem videatur nigra, post-
quā visa fuerit fusca, significabit
quidem super fortem algorem: si
vero talis appareat, postquam præ
297 cessit ualde rubea, significabit su-
H per fortem humoris ustionem.*

Si nigredo appareat ī vrina, postquam præcessit fusca pallida, significabit quidem super valde fortē algorem & frigiditatē complexionis
patientis. si vero appareat post vltimatam rubedinē, significabit super
inflammationē & vstionem humo
rum patientis. Et qualibet quidē ex
ambabus vrinis istis significabit su
per mortē eius cuius est. & hoc, quō
vltimata frigiditas nigrum facit, sicut & vltimata caliditas.

298 *Iudica autem super morbū ex
colore urinæ: nisi tamen fuerit ta
I lis ex cibo ipsam tingēte, puta oleribus, cassia fistula, & omni re eā
breuiter tingente, sicut almuri, et
similibus.*

Vrina quidem significat p calorem suum super species humorum
in corpore existentium, & super eorum quantitatem, ex quibus quidē
morbi fiunt. cūm igitur morbi ex
eis generentur, decet quòd Medicus
iudicet per colorem vrinę super spe
ciem morbi, seu causā eius: nisi tamen color eius ex re assumpta con- K
tigerit, vtpote almuri, cassia fistula,
& similibus.

Rememoratio substātiæ vrinæ.

*TEnuitas quidem substan- 299
tia in urinis significat super paruitatem digestionis.*

Tenuitas quidem substantię vri
næ significat super paruitatē digestionis, & eius debilitatem. & hoc,
quoniā debilitas digestionis ex debilitate decoctionis contingit. de na
tura autē decoctionis est, quòd ha- L
beat aquam ingrossare. pro tāto tenuitas vrinæ super ipsius cruditatē,
& digestionis debilitatem habebit
significare.

*Et proculdubio efficitur urina 300
tenuis* [b] [*per corruptionē cibi,*] b. postrema sectio l. se-
& oppilationem hepatis, & apo- uerat.
stema.

Hæc autem omnia, s. cibi corruptio in stomacho, oppilatio, & apostema, impediunt & etiam auferūt
decoctionem cibi. cùm autem non
decoquitur cibus, egreditur vrina al
ba, & cruda. M

*Vrinæ autem grossities signifi 301
cat super digestionem, aut super
multitudinem humoris phlegmatici in corpore existentis.*

Vrinæ grossities significat super
vim & fortitudinem digestiuæ, aut
super grossitiem materiæ. & primū
quidem attestatur super sanitatem: sed secundum su
per morbum &
ægritudi-
nem.

Rememoratio

A Rememoratio e{fæcis hypostaticæ tripliciter variatur ex colore, loco, & substantia.}

e de hypostasi

301 *CVm hypostasis uidebitur alba i colore, significabit quidem super salutem infirmorum.*

Hypostasis quidem est superfluitas digestionis humoris, quem natura digerit. vnde cum est alba, significat quod natura iam superauit humorem illum, & eius decoctionem iã perfecit. Est.n. albedo signum laudabile, & super digestionem signifi B catus, quoniam impossibile est, quin venarum sanguis prius dealbetur quàm venæ eo nutriantur. & ideo cum albescit hypostasis, significatur quidem quod humor efficiens morbum iam recepit decoctionem bonam & laudabilem. hoc n. contingit ei ex propinquitate naturę suę ad naturam sanguinis. & ob hoc sanies etiam alba laudatur in apostematibus, & alia ab ea vituperatur.

303 *Si autem color eius appareat citrinus, hoc erit ex acumine cholera rubea.*

C Cum videbimus hypostasim citrinam in colore, significabit proculdubio super acumen cholerę citrinæ: neque non etiam quòd ipsa dominetur plus cęteris humoribus ipsi naturæ.

304 *Si uero appareat rubea uelut d[sanguis, significabit proculdubio super malitiam digestionis ipsius sanguinis.]*

d re hũs color' val de rubeũ. vñc ē pp maliciã digestionis egritudo sanguinis.

Hypostasis quidem rubea sicut sanguis, significat super dominium sanguinis, & malitiam digestionis, propter excedentem quãtitatem eius. non enim accidit nocumentum sanguini ex sui *qualitate, sed inquantum est sanguis. pro tanto retulerũt Medici, quod hæ vrinæ significant super salutem patientis, & morbi longitudinem. D

* al. quantitate.

305 *Et si talis dispositio ipsius prolongetur, neq; varietur, erit ex hepate apostemato.*

Si apparitio hypostasis rubeæ prolongetur vel producatur cum febre, significabit proculdubio super apostema hepatis: hoc tñ nescio ex dictis Gal. vel Hippo. si verum confirmet experimento, hēt quidem colorem veritatis, & probabilitatis. E

306 *Et si fuerit nigra post intensam rubedinem, & petens fundum, post quam prius apparuerit in alto, significat quidem quòd iam peruenit patiens ad hoc, quod anima separetur ab eo, & potissime cum casu uirtutis: neq; est spes de eo aliqua, neq; potest ei quicquam proficere, cum sit mors propinqua ex e f[uiolentia] ustionis.*

e el f vehementia.

F Si hypostasis incipiat nigrescere post magnam rubedinem, & cum hoc fuerit depressa in fundo vasis, postquam prius apparuit in superiori parte eius, & cum hoc assit virtutis casus, significabit quidem super mortem proximam ex violẽtia vstionis, sicut dicit. & talis vrina apparet proculdubio in febribus vrentibus perniciosis.

307 *Et si appareat nigra post eius fuscedinẽ, praeter quòd morbi materia sit acuta, & potissime si cũ*

G *tali fuscedine adsit aliquod signũ laudabile, & radix morbi fuerit ex melancholia, significabit quidẽ super morbi consumptionem, & hoc secundum plurimum.*

Si hypostasis incipit nigrescere in colore post eius fuscedinem, pter ꝙ in morbo fuerit acutum aliquod & fuerit principium morbi ex cholera nigra, significabit quidẽ quod morbus sit iam consumptus: & maxime si cum hoc assit aliquod ex signis laudabilibus, quorum cõsequẽ-
H ter memoriam faciemus. & hoc est quod dixi, ꝙ hoc est ẽm plurimum totius vrinæ, & non contingit solũ secundum hypostasim eius.

308 *Si appareat nubes supernatans in superiori parte vasis, significabit super cruditatem, licet sit in ea aliquid digestionis, quæ ex ventositate commiscente se ei impeditur, & inde sursum eleuatur.*

Cum nubes supernatat in vrina, significat quidem super cruditatẽ, licet sit in ea aliquantula digestio.
I Causa autem eius, quare sic natat ĩ superiori parte vasis, est vẽtositas inclusa in hypostasi, quæ nequit dissolui: pro tanto prohibet descẽsum eius ad fundum vasis, & ob hoc dicit, ꝙ sit in ea cruditas. hoc autem signum apparet in vrina a principio, dum incipit digestio fieri. Cum autem hypostasis alba fuerit, significat super sanitatem.

309 *Et scito quòd si videatur pendere in medio, quòd parua ventositas est in tali hypostasi.*

Si in medio vrinæ pendeat nubes, scito quòd parua ventositas ĩ ea sit, & etiam ꝙ ipsa sit in medio digestionis suæ. K

Et scito quòd si præeunte citrina, fuerit alba, lenis, & coniuncta & inferius depressa, & talis continuo appareat, quòd digestio morbi sit completa. 310

Si post hypostasim citrinam appareat lenis, alba, & coniuncta ĩ partibus, residens in fundo, & talis continuo apparet, i. ꝙ non efficiatur citrina, postq̃ post citrinam alba fuerit visa, & post consequenter redeat iterato ad albedinem, scito ꝙ tunc L iam fuerit digestio perfecta, & quòd morbus iam peruenit ad statũ suũ, & ꝙ incipit declinare. Est ergo scitũ satis ꝙ hę tres conditiones coniunguntur, s. albedo, lenitas, & ipsius depressio in fundo vasis: quę quidem significant super perfectionem digestionis laudabilis. albedo enĩ est signũ laudabilis decoctionis: & similiter coniunctio partium, & ipsius lenitas quantum significant super pfectam ipsius decoctionem: non tñ inquantum est superfluitas, sed qa non remansit in eá nisi pars terrea. M de natura enim partium terrearum est ꝙ petant fundum. & in summa superfluitas cocta & digesta grauis est, & lenis est indigesta, sicut patet in muchis, & polypis a naso descendentibus.

Rememoratio substantiæ. 311

Cum[a] *[autem apparet hypostasis non continuata,] significat super debilitatem virtutis.*

a hypostasis incipit apparere, & h pseuerat, ĩ desinit apparere.

Si

A Si hypostasis vno die vel duobus appareat, & consequenter cesset apparere, & iterum post appareat itera to, significabit quidem super virtutis debilitatem ex priuatione operationum ipsius. vnde apparitio hypostasis attestatur super potentiam in operationibus suis.

312 *Si vero fuerint contenta in ea similia fragmentis hordei, significabit quidem super rasuram venarum. sed si assimilentur furfuri, et* b *[sine] fætore, significabit super vlcera vesicæ. si autem similentur* B *squammis metallorum, significabit super vstionem &* c *[laminationem continentem.]*

b cum

c scissionẽ vel eadẽ [illegible]

in omnibus quidem his speciebus illaudabilis est hypostasis, in qua operatus est calor extraneus: cuius est operatio contraria operationi, quã operatur calor elementalis & naturalis. Et hypostasis quidem similis fragmentis hordei significat quidẽ quod calor extraneus in tantum venas dissoluerit, quod eas corroserit. hoc etiã significat furfurea, si fuerit sine fætore, & cum febre. sed si fuerit cum C fætore & sine febre, significabit vlcera vesicæ. Hypostasis similis batituris, & squamis metallorum significat quidem super violentiam dissolutionis, & rasuræ venarum.

313 *Si sanies appareat in vase, significabit super apertionem apostematis.*

Apostema durum, dictum Arabice dubaylet, est apostema intrinsecum, difficilis digestionis & maturationis. est enim de genere apostematum exteriorũ durorum scirrhonicorum. & plurimum cum e- D greditur sanies in vrina, accidit hoc ex dubaylet in membris cibi, & vrinalibus, &c.

Si vero prolongetur egressus eius cum sanguine corrupto, significabit super apostema phlegmonicũ 314

Phlegmone sm Medicos est apostema, super quod sanguis dominatur. pro tanto patiens hoc apostema, mingit sanguinem corruptum.

Cũ autem hypostasis petit fundum, & spermati similatur, est 315 *quidem ex humore grosso, & crudo. & si cum eadem sit arena mi-* E *sta, scito illum cuius est, esse calculosum.*

Differentia vero inter hanc hypostasim & vere albam supra dictam, potest quidem haberi ex sui figura & substantia. & hoc, quoniã ista est viscosa in substantia, nõ autem supra dicta. figura autẽ primæ hypostasis albæ est acuta, non autẽ huiusmodi.

Rememoratio odoris.

d *PRiuatio quidem [fætoris* 316 F *contingit ex priuatiõe colliquationis & digestionis, aut ex indigestione, rõne cibi indigestibilis.*

d Mulctitudo vel fortitudo.

Priuatio fætoris in vrina contingit duabus de causis: quarum vna est indigestio: alia est, quia natura rei digestibilis grossa est non recipiens digestionem.

Omne illud, quod est vltimati 317 *fætoris, est vltimatæ corruptionis.*

Fætor quidem vrinæ est corruptiõis magnæ signi existẽtis I corpe

G eius, cuius est vrina. vnde omne vltimati fœtoris significat super corruptionem vltimatam.

318 *Si autē odor eius sit extraneus, horribilis, scito illum cuius est, pati morbum uesicæ.*

Si fœtor vrinę fuerit horribilis, valde extraneus significabit procul dubio vlcera vesicæ: de natura enī horum morborum est, q͂ sit in eis odor malus & extraneus. & insuper malitia huius odoris diuersificatur in generali f͂m malitiam corruptionis eius. Pro tāto inquit f͂m opinio-
H nem Gale. si odor eius fuerit corruptus & extraneus. &c. intelligit q͂ fœtor eius non sit in gradu aliarum rerum corruptarum.

319 *Iam quidem retuli genera urinæ simplicia: ex dictis uero meis poterit quis uti in iudiciis compositorum ex eis.*

Quatuor sunt genera vrinæ simplicia, de quorum quolibet locutus est in particulari, vtpote de signis sumptis a colore vrinę, substantię, hypostasis, & odore. vnde inquit, iā retuli signa simplicia: ex dictis vero
I meis poterit quis vti in hoc per se super signa ex eis composita, q͂ ex dictis suis poterit quis scire sup q͂d habeat significare, cum erūt iūcta ī vrina plura ex dictis generibus.

Rememoratio signorum sumptorum a Fæcibus, & primo a quantitate.

320 *INterdum attestantur fæces super stomachum, & interdum super intestina, & ipsum hepar.*

Fęces quidem attestantur super dispositionem stomachi, intestinorum, & ipsius hepatis. sunt. n. superfluitates ipsorum membrorum. K

Fæces quidem minuuntur ratione magnæ transmutationis alimenti, cum conuertitur in membris: nisi illius cuius expulsiua fuerit debilis, & attractiua fortis, ratione alicuius nocumenti contingētis. & hoc quidem significat repletionem corporis patiētis ex malis humoribus. 321

Parua quidem quantitas fęcum egredientium significat super magnam transmutationem cibi. cum . n. trāsmutatio cibi in membris augetur & magnificatur, tunc quidem fæces minuuntur: & hoc quidem significat super fortitudinem digestiuæ, & debilitatem expulsiuæ, & fortitudinem attractionis attractiuæ, ratione alicuius nocumenti eidem contingentis. vnde hoc accidens significat, q͂ corpus patientis sit plenum superfluitatibus calidis, quare causa est, cum in eo fortificatur at- M
tractiua: & hoc, q͂n cum superfluitates calidę augentur in corpore, necessitant proculdubio dissolutionē: & inde contingit excessus, & dominium virtutis attractiuæ.

Si autem fuerint magnæ ī quātitate, erit quidem signum quòd cibus non præbeat augmētum corpori, aut quòd attractiua sit in eo debilis & diminuta, & expulsiua fortis ratione alicuius morbi, vel nocumenti. 323

Si

A Si vero feces fuerint maiores debito secundum ordinem naturalem, significabunt quidem super alterum ex duobus, s. aut quod cibus non conuertitur in corpus, sicut decet, & quod mébra ipsius non suscipiant nutrimentum ex eo, ratione alicuius maliciæ, aut quod attractiua hepatis debilis sit & diminuta, & expulsiua stomachi & intestinorum fortis sit & excedens, & hoc ratione alicuius morbi contingentis membris prædictis.

323 *Si autem feces fuerint albæ, erit oppilatio [vel scirrhosis] in meatibus cystis fellis. et ictericia quidem est ex significantibus super* B *hoc sensibiliter. sub hoc etiam genere est vrina citrina &c. nisi cum corpus humore phlegmatico, vel mala cõplexiõe frigida infestatur.*

Postquam ipse perfecit capitulũ de signis ex quantitate fecum, incipit nunc loqui de signis sumptis ex qualitate earum. Incipit autem in hoc a colore earum, & dicit, quod si fuerint feces albæ, significabunt super vnũ ex duobus, s. quod oppilatio vel scirrhus sint genita in meatibus cystis C fellis. quod quidem confirmatur, si ictericia super patientem appareat, & vrina sit valde citrina. Cum enĩ meatus cystis fellis sunt oppilati vel clausi, tunc quidem nequit transire ad ipsam cystim fellis, pro tanto regurgitat tunc ad hepar & venas, & natura demum impellit eam ad cutim, & contingit inde ictericia. Cum enim peruenit cholera ad cystim fellis corrumpitur, vt dictum est, neque mittit quidem ipsa cystis ad intestina quod ex ea consueuit delegare ad ipsa, pro tanto egreditur fex cibi albi coloris. & quia si causetur cholera citrina in hepate, egreditur quidem cum his accidentib. vrina multum in citrinitate tincta, & inde procul dubio significat super ictericiã. D Secundum autem, super quod a manifestantur feces prædictæ, est dominiũ humoris phlegmatici in corpore, vel malæ complexionis frigidæ: quod quidem contingit ex diminutione, vel priuatione choleræ rubeæ. hoc autem significat super corruptioné & destructioné corporis. hoc n. contingit ex *corruptione vnius ex quatuor chimis, vel humoribus corporis E [*a l. dñio]

324 *Si vero appareant rubeæ vel ignitæ, significant super excessum & dominium choleræ rubeæ.*

Cum quidem feces intensa rubedine tinguntur, significant quidem super dominium choleræ rubeæ, ex cõplexione eius, cuius sunt generatæ,

325 *Sed si similentur porro, aut viridi æris in colore, significabunt quidem morbum, & malitiam magnam.*

Si feces colorentur colore simili colori porri, aut viridi æris, significa F bunt quidem super magnum periculum pacientis & malitiam morbi. tales. n. feces significãt super excessum & dominium vnius ex duab. speciebus choleræ. de quibus quidem duabus speciebus choleræ dixerunt, quod cæteris speciebus eius sunt deteriores, & quod significant super vehementem vstionem.

326 *Cum autem apparebunt nigræ in colore, hoc quidem continget ex forti & antiqua frigiditate corporis cuius sunt & si tales appa-*

G *reant in morbo acuto, significabunt super mortem futuram in propinquo.*

Si fæces apparent nigræ, significabunt magnam frigiditatem patiẽtis ab antiquo generatam. & ob hoc humor niger dominatur in corpore ipsius. & ait φ cum tales fæces apparent in violenta & acuta ęgritudine, φ significat sup propinquã. Hippocrates autem inquit, φ in principio morbi cum tales apparent, mortem & malum denunciant.

H 327 *Si autem faces fuerint dura, significabunt super fortitudinem attractiua, aut super calorem ventrem, vel super cibum stypticum, et constrictiuum.*

Si appareant fæces duræ, hoc quidem contingit altera ex tribus causis, f. ex dominio & fortitudine attractiuæ hepatis, aut ex forti calore fæces indurante & exiccante, aut ex cibo, qui habet natura sua vẽtrem cõstringere & constipare, i. ex cibo duro, arido & sicco.

I 328 *Si vero fuerint faces molles, et liquidæ, non erit fortis attractiua in corpore, aut in corpore erit frigiditas mala, aut hoc contingit ex mala alia dispositione corporis, vel ex cibo qui soluit ventrem, & mollificat per naturam suam.*

Tribus quidem causis apparent fęces molles & liquidæ. quia aut attractiua hepatis est debilis, aut quia excedens frigiditas dominatur super membra digestionis, aut quia patiens comedit cibum, qui de natura sua laxat & mollificat ventrẽ & quandoque contingit hoc ratione humorum & superfluitatum ad ipsas infixarum. K

Si differatur et tardetur egressus facum post cibum sumptum, hoc quidem contingit ex difficultate digestionis ipsarum, aut diminutione & debilitate expulsiua, aut forti frigiditate, aut ex vẽtrẽ necessario constringentibus. 329

Postq̃ locutus est de quantitate fæcum, & qualitate, incipit nunc loqui de tempore & hora exitus earũ. Unde ĩquit, si differatur egressus fæcum, & tardior solito efficiatur, erit quidem causa huius: aut quia intestina cum difficultate digerunt eas, & hoc ratione alicuius morbi & nocumenti existentis in eis, vel ratiõe grossitiei cibi earum: aut quia diminuta est expulsiua ratione excedentis frigiditatis existẽtis in membris digestionis, pro tanto etiam producitur tempus digestionis seu egestionis: aut ratione aliquorum vẽtrem constringentium de necessitate: & hæ quidem sunt causę collectę. contingit etiam ex apostemate, oppilatione, ventositate, & humore grosso & viscoso. L M

330 *Si autem citius debito egrediatur, hoc quidem erit ratione cibi non constrictiui, sed potius per naturam suam mollificantis & [a] [soluentis:] aut ratione humorum & humiditatum ad eas fortiter impulsarum: vel ratione meseraicarum non sugentium, & attrahentium: aut ratione nocumentorum in intestinis contingentium, ut pote apo-*

a. lubricantis.

apo-

A *apostematis uel ulceris, aut corruptionis digestionis, & aliarum specierum morborum eisdem contingentium.*

Egressus fecum citius debito causa est vnum horum, quae retulit, vel plura vno. Nam hoc est aut ratione cibi mollificatiui & lenificatiui, puta maluae & similium: aut ex multis humoribus ad eas influentibus: aut ratione debilis & diminutae attractionis meatuum sugentium, quae Arabice meseraicae dicuntur: & sunt venae, quibus hepar attrahit succositatem B cibi ab intestinis, ratione malae complexionis frigidae, vel oppilationis in eis existentis: aut ratione alicuius morbi contingentis in ipsismet intestinis, sicut ratione vlcerum in eis generatorum. ipsa namque laedunt ea ratione fluxus, & infusionis contingentis eis ex stomacho: pro tanto nequeunt feces tempore naturali, & debito retinere, quandiu s. consueuerunt, & ob hoc impellunt eas citius debito. Contingit hoc etiam ex multa & magna humiditate in eis existente adeo cito faciente cibum ab eis lubricari, ne imprimant in eo aliam C operationem manifestam. & hoc quidem est vna ex causis morbi non in lubricitate intestinorum. haec autem accidentia contingunt interdum stomacho. Contingit etiam hoc ex malitia complexionis sine materia. & hoc innuit cum dicit: & aliarum specierum morborum eisdem contingentium.

111 *Si egrediatur cum fetu, significabunt super magnam vetositatē.*

Hoc de se manifestum est, & notum.

Si vero fuerint mista sanies, significabunt super apostemata in organis cibi existentia. D 112

Organa cibi dicuntur ventres, in quibus coquuntur & sunt, s. intestina, stomachus, & hepat.

Sed si appareat sanguis cum eis, significabit quidem super ulcera, & [b intestinorum.] 112 b ex corrosionem.

Proculdubio sanguis egrediens cum fecibus signat super vlcera intestinorum, & compressionem fortem, quae tinesmus dicitur, si dolor assit intestinorum, & ventris. nam si sit hoc absque dolore, erit hoc proculdubio ex apertione orificiorum venarum. E

Si autem sunt multum fetida 113 *significabunt super magnam corruptionem. Si vero velut oleum supernatat eis, significabunt super liquefactionem pinguedinis corporis, & [c erunt proculdubio odoris acetosi ex humore acetoso.]* c si erunt odoris acetosi, tunc illud erit ex phlegmate acetoso.

Foetor fecum contingens est aut ex ratione corruptionis humorum corporis, aut ex malitia digestionis, oleoginositas earum autem contingit interdum ex dissolutione & liquefactione sepi, & adipis renum: & interdum ex liquefactione pinguedinis totius corporis. & earum acetositas contingit ex melancholia. F

Rememoratio signorum sumptorum a Sudore, d {& primo a quantitate.} e

d ——

e ——

*S*udor multus in morbus [e humidis factus,] [f ...] 115 f signat sup humiditatem, &

G *]est ex accidentibus vim et
naturam ipsorum referentibus,
neque est sicut ille, ex quo fit iuuamentum.*

Sudor quidem multus est vnum
ex accidētibus factis in morbis humidis, nec est sicut sudor factus in
purgatione & mundificatione corporis, ex quo s. consequitur patiens
iuuamentum: immo proculdubio
significat super vim & naturam ip
sorum, i. q̄ sudor contingit ei omni die morbi, & si non sunt dies cri
H ci, & purgationis.

336 *Superfluus autem in vltimo cū
casu virtutis patientis, contingit
proculdubio ex labore, & debilita
te virtutis, & naturæ, vnde mors
est in propinquo.*

Sudor superfluus in vltimo cum
casu virtutis patientis, nequaq̄ est si
gnum laudabile euacuationis: cui⁹
causa est labor, & debilitas virtutis
& naturę, contingens ei ex fatigatio
ne, quā passa est ex violentia & malitia morbi. pro tanto cum apparebit talis sudor, significabit sup mor
I tificationem naturę, & virtutis.

337 *Sed paruus sudor in morbis, super oppilationem & clausionem
cutis, & grossitiem humoris, &
debilitatem expulsiuæ, & paruι-
tatem digestionis, & ventris mol
litiem & fluxum significat.*

Causa quidem parui sudoris in
morbis est, aut quia pori cutis sunt
clausi: aut quia humor faciens mor
bum est difficilis digestionis, & diffi
cilis dissolutionis: aut quia virtus ex
pulsiua est debilitata: aut quia virt⁹ digestiua est debilis: aut quia vēter pa K
tientis est lęsus. & interdum coniūguntur oēs hę cāę, aut plures ex eis.

Si appareat sudor valde albus 338
*in morbis, significabit super humo
rem phlegmaticum. Si vero sit citrinus, significabit super cholerā
citrinam. Et si niger, super melancholiam. Si autem sit rubeus, erit
morbus ex sanguine. Et similiter
præbet nobis signa suo sapore.*

Quia sudor est supfluitas tertię
digestionis factę in membris: ideo L
color eius significat humorē in cor
pore dominantem. & hoc, q̄m sup
fluitas consequitur ex necessitate co
lorem humoris dominantis in corpore eius, cuius est superfluitas. & in
tellexit ex dicto suo, cum dixit: Et si
militer præbet nobis signa suo sapo
re: q̄ sudor etiam suo sapore super
naturam humorum dominantium
attestatur. Vnde sua dulcedine signi
ficat super dominium sanguinis, &
sua amaritudine supra choleram, &
sui salsedine super phlegma salsum
& sui acetositate sup acetosum, & M
sui insipiditate super insipidum, &
sui acerbitate, & austeritate super
melancholiam.

Sudor subtilis contingit ex sub 339
*tilitate humorum, & grossus ex
grossitie eorundem.*

Hoc quidem est notum manife
stum. n. q̄ subtilis significet sup sub
tilitatem humorum, & grossus sup
grossitiem eorundem. necesse est. n.
vt superfluitas assimiletur ei, cuius
est superfluitas.

Si

A 340 *Si autem fuerit vniuersalis in toto corpore, est bonus. sed si sit particularis & specialis in vno loco, est malus, & illaudabilis.*

Si sudor accidēs in aliquo ex diebus morbi fuerit per totum corpus vniuersalis, erit bonum signū & laudabile. si vero sit solum in vno loco corporis, erit malus. Nam q fiat vniuersaliter per totum corpus, hoc quidem est ex dominio naturæ super humorem facientem morbum, & dissolutione & emissione ipsius per sudorem. Quòd autem fiat solum ī vno membro, hoc quidem B contingit ex pugna & violentia expellendi nocumenti humoris in loco illo.

341 *Qui etiam contingit tempore suo vnà cum circuitibus & paroxismus febrium, aut in die critica, est quidem bonus & laudabilis, contrarij autem bonitas lōginqua est & remota.*

Sudor accidens tempore laudabili est ille, qui accidit ī die critica, aut qui contingit vnà cum circuitibus, & paroxismus febrium: hoc est sudor, per quem febris dissoluitur, & C totaliter est bonus & laudabilis: & contrarius illaudabilis, & est ille, q accidit in die non critica, nec in circuitibus febrium.

a Rememoratio signorum Prognosticorum [a] {generalium.}

342 *PRognosticatio diuiditur ī referentem & significantem morbum futurum generari in sano, & in significātem, quod debet contingere patienti in morbo suo.*

Signa prognostica super illud, qđ est futurum, diuiduntur in duas species: quarum vna est signorum prognosticantium morbum futurum generari in sano: & secunda est signorum prognosticantium super illud, quod est futurum patienti ex bono, vel eius contrario. D

Signa autem referentia super ægritudinem futuram sumuntur ex accidentibus significantibus super repletionem, vel euacuationem cerebri, aut residui corporis. 343

Signa significātia super morbos futuros sumuntur ex accidentibus ī corpore apparentibus super multitudinem humorum in eo, aut super ipsorum diminutionem significantibus. & hoc, qm̄ morbi accidunt ex his duabus speciebus, s. ex augmento & diminutione humorum in corpore existentium. E

Significat autem super repletionem quies, multitudo cibi, raritas balnei: & exercitij: ex his namque accidentibus contingit repletionis ægritudo, & his contraria prognosticant super[b] [intentionis] ægritudines. 344 F

b diminutionis vel [illegible]

Accidentia super repletionem attestantia sunt velut quies, & assumptio multi cibi, & rarus introitus balnei, & diminutio exercitij. Hæc autem omnia sunt causæ efficientes morbos de repletione. vocauit tamē ea accidentia, eo q sunt Medico signa, & sunt secundum veritatē causæ continuæ repletionis penes virtutem: & eis contraria sunt causæ diminutionis humorum.

Signa

G Signa repletionis, & primo secundum uirtutem.

345 *GEnus repletionis diuiditur in repletionem penes uirtutem animæ, quæ si fuerit respectu immutatiuæ & digestiuæ, nequaquam erit appetitus comedendi laudabilis, eritq; egestio mollis & liquida, neq; erit digestio in urina.*

In hac arte notat repletionem, &
diuiditur primo i duas species. Qua
rum vna est, cum humores graues
H sunt & multi, respectu tamen uirtu
tis corporis: uerum non sunt multi
& absolute excedentes respectu sui:
& hęc quidem repletio nota est, quę
s. dicitur repletio penes virtutem. Se
cunda etiam est nota, quę dicit re
pletio penes cōcauitates organorū.
hoc autem est cum sunt humores
multi per se & absolute. Incepit au
tem primo a specie repletiōis penes
virtutem. vnde inquit, q genus eius
diuiditur primo penes animæ virtu
tes. nam ex ea est quędam respectu
virtutis immutatiuę, super quam re
pletionem signat appetit' cibi mal'
I & illaudabilis, egestio mollis & liq
da, & priuatio digestionis vrinę.

346 *Significatur autem super repletionē respectu uirtutis motiuæ, ex grauitate & læsione motus.*

Significatur autem lędi virt' motiua sm locum: eo q lędatur & grauetur faciens ex motu locali.

347 *Si autem sit repletio respectu pulsatiuæ, erit quidem patens debilitas, & pigritia pulsationis.*

Si vero repletio fuerit penes virtu K
tem pulsatiuam, idest vitalem, erit
pulsus debilis.

Causa uero debilitatis animarum seu potentiarū est illud, quod nequeunt pati ex chymis: nam parum ex eis læditur & grauat eas, non autem ideo quia membrorum concauitates ex eis replentur. 348

Hoc accidit ex hac repletione ve
narum. & ostendit q ipsa lęsio non
accidat ex repletione cōcauitatum
venarum, sed potius ex debilitate L
virtutum, & malitia chymorum. vn
de est ac si diceret, hæc species reple
tionis ideo accidit, quoniam animę
seu potentię debiles fuerint ex chymis uel humoribus aggrauatę: vnde nequeunt eos tolerare. Nam pro
pter sui debilitatem lęduntur in de
latione & tolerantia eorum: quanq;
minime concauitates membrorum
ex eis repleantur.

Signa repletionis secundum membra.

Est autem alia repletio a prædicta penes concauitates organorum, scilicet cum non poterunt tolerare id, ex quo membrorum concauitates replebuntur. 349 M

Hæc secunda species repletionis est quidem penes cōcauitates organorum. vnde est ac si diceret q, angustentur ab illis humoribus. Et quia notum est, q concauitates prędictę cedente sanguine repleantur, ideo inquit: scilicet cum non poterunt pati ex eo, quo membrorum concauitates repleantur.

Hoc

A *Hoc autem genus contingit ex*
350 *repletione aut sanguinis puri & mundi, aut cholera, aut humoris phlegmatici. interdum autem animæ seu potentiæ fortes sunt, nec grauant eas chymi.*

Hoc quidem genus repletionis est ex sanguine, s. aut ex sanguine mundo & puro ab alijs humoribus, aut sanguine cũ dominio choleræ rubeæ, aut humoris melãcholici, aut phlegmatici. & est quidẽ possibile quod omnes animæ fortes sint, & quod non percipiant repletionem istam.

B

Signa dominij sanguinis.

351 *CVm dominatur sanguis alijs humoribus, adsunt somnus & dolor capitis in excessu, cũ tumore & rubore uenarum. Est et possibile quòd inde cogitationes mutentur, cum grauitate capitis, & debilitate, & fatigatione sensuũ. Reperitur etiam tactu* [c] *[caliditas cum grauitate humorum, & scapularum, & cum oscitatione.] Et* [d] *[sunt interdum grauia latere, et hypochondria, & manifestus fluxus sanguinis a naribus, cum alycibus: & etiam uenter est laxus, non tamen multum cum delectatione, & suauitate uitæ:] & apparebunt somnia letitiæ, & iocunda cum uarietate & multitudine colorum. Accidet etiam pruritus in loco phlebotomiæ, cum rubedine oculi insolita, et apostematibus, aut uarolis, aut pustulis corporis, & opinabitur se comedere dulcia in somnis, & uidebitur quòd gustet dulcia, & si prius ea non comederit. Vnde si hæc accidentia sint in uere, aut in principio iuuentutis nouella, significabunt quidem nobis super ægritudines ex sanguine generandas: quæ quidem de facto consequenter apparebunt.* D

c scapulæ, & oscitatio, & caliditas, & grauitas.

C

d quæque grauant supercilia, & frõs, & manifestus fluxus sanguinis narium, & alycent: & venter & ẽ lenis & fluxus & ẽ alacris vita cũ gaudijs & letitia.

Hæc enim omnia accidẽtia sunt super sanguinem significantia. & quod dicit hic, est de somnorum. Horum autem accidentium sunt tres E species. Nam quędam ex his accidentibus super dominium naturalis sanguinis significantibus apparent in vigilia, sicut color rubeus, & fatigatio seu cõcussio, & similia his seu huic speciei. Et quędam ex eis videtur in somnis: vtpote si sanguis in somno, aut si videatur ei, quod comedat tunc aliquid dulce. Et quędam ex ipsis sunt causę multitudinem, seu magnitudinem sanguinis efficiẽtes. quę si fuerint cibi, sunt velut esus dulcium: si autem fuerint accidentia animę, sunt velut gaudium & lętitia. Sed si fuerit ex temporibus F anni cõueniens in hoc, est sicut ver nale. Si vero fuerit ętas ad idem conueniens, est sicut ętas iuuentutis, & adolescentię. Tacuit de multitudine extensionem & solutionem faciente vel inferente, quia noluit dolorem ex solutione cõtingere cõtinuitatis. Et causa quidem accidentium post sanguinis generationem contingentium est calor ipsius sanguinis, aut eius humiditas. Vnde exempli gratia, calor sanguinis est causa doloris capitis, & eius hũiditas

causa

G causa somni superflui. Et prurit⁹ quidem contingens in loco phlebotomiæ significat super dominium, & multitudinem sanguinis, in eo qui usus est phlebotomia. Et causa quidē apparitionis sanguinis est esus dulcium, & sapor dulcium in somno est, quoniã anima seu potentia imaginatiua sequitur complexionē corporis, imprimitq; & assimilat quod ab extra sentit, & percipit.

Signa choleræ.

552 *Cum dominatur cholera citrina aut crocea, apparet*
H *quidem color cutis citrinus, cũ debilitate, & casu appetitus cibi: & reperit ille in quo dominatur oris amaritudinem, & mordicationē ex ipsa cholera rubea in stomacho contingentem: acciditq; ei uentris solutio, cum qua est cholera rubea, & insomnietas cum profunditate aculeorum, & siccitas oris & linguæ: & eius urina est in colore ualde citrina, acciditq; ei syncope, & viget cutis eius cũ permistione, &*
I *perturbatione: accidit ei sitis post ieiunium, & apparent ei in somno coruscationes cum subtilitate pulsus, & calore corporis. Sunt etiam ex his accidentibus multa, & frequens balneatio in aquis calidis, & sulphureis: & motus laboriosi qui fiunt in regionibus, & [a] [nullis septentrionalibus,] & frequẽs & continuus esus acutorum, & maxime si fiat tempore æstiuo.*

[a] a meridionalib⁹, & [illegible]

K Hæc omnia signa diuiduntur in tria genera, quorum quidem rememorationem præmisimus, in quæ, s. signa dominium sanguinis significantia diuiduntur: hoc est dictum, q accidentia dominium choleræ rubeæ significantia sumuntur a tempore somni, aut ex parte vigiliæ, vel a generantibus eam. Et accidentia ex dominio choleræ rubeæ contingentia sequuntur ipsius complexionem, aut colorem, aut saporem. Cõsequentia autem ipsius complexionem sunt velut casus appetitus: nã ratione frigiditatis viget appetitus,
L vnde cum calefit os stomachi, i. quo existit appetitus, cadit quidem appetitus. Sequitur etiam insomnietas, & exiccatio complexionum ipsius, q quidem calida est & sicca: sicut & est de siti. Solutio etiam quidem uentris contingit ex acumine & mordicatione ipsius. & ipsius mordicatio contingit ratione caloris, & siccitatis eius, & similiter turbatio, & iracundia. Et amaritudo quidem oris sumitur ex sapore eius. Et color significat per se super substantiam ipsi⁹, cum egreditur per vomitum, vel secessum plus solito. Quæ autem ipsas
M efficiunt sunt (vt inquit) multa balneatio in aqua calida per nimiam, & obuiatio rerum calidarum exteriorum, & esus medicinarum calidarum, & motus vehemens, vigiliarum instantia, ira, & angustia.

Signa melancholiæ.

553 *Si uero cholera nigra in corpore dominetur, erit quidem fuscus color corporis cum forti & longi meditatione, & cogitatione, & ap-*

A *appetitu cibi fortis, & reperietur in ore sapor acetosus.*

Sequitur quidem fortis medicatio post melancholiam. nam de natura melancholiæ est offuscare animam, & exterrere ex casibus in tempore contingentibus. contingit autem appetitus fortis: quoniam radix, seu principium motus appetit' cibi est ex humore, quem infundit splen ad os stomachi. vnde ex magna infusione huius hũoris ad hũc locum augetur appetitus cibi: sed reperitur in ore acetositas, quã cholera nigra est acetosa. B

354 *Est etiam cum malitia animæ* b[*intuitus fortis, & affixus,*] & *pulsus durus est, & tardus.* c[ ]

b vel qua accidit chatrub vel cutrabut.
c Ex stõi ateris cõstrictio & morphea nigra, & timor & vigilia absq; agitatiõe, & igustia

Malitia animæ cum forti intuitu, i. cum iugiter inspicit hominem cũ facie iracunda & terribili, accidit quidem patienti ex nigra cholera. & hoc, quoniam cholera nigra est sanguini contraria. vnde quia sanguis ex sui natura lætificat, de necessitate oportet q melãcholia habeat iram & tristitiam excitare. C Gale. autem sic asserit animam desolari ex humore nigro, sicut desolatur quis ex tenebris & obscuritate. Hoc autẽ dictum est sicut truffa & canticum. & hoc ideo, quoniam si hoc esset, cogeretur de necessitate ponere q sanguis esset albus, & splendidus. Duricies vero pulsus ex siccitate eius humoris contingit. Congregatio quidem seu collectio stomacho contingit ex siccitate choleræ nigræ. & inde contingit etiam insomnietas. verum priuatio iræ, & furoris contingit ex ipsius frigiditate. & talis quidem melancholia maclebozia nominata, generatur ex hoc humore. D

Et vrina quidem est alba, tenuis, & cruda: nec est in egestione decoctio. 355

Tenuitas autẽ vrinę est ex grossitie choleræ non permittente egredi ex vrina nisi tenue & subtile: verum eius albedo ex digestionis priuatione contingit. ideo etiam est egestio indigesta. nam quod digestũ est & coctum ex humoribus, calidũ est & humidum: talem enim habet formam & naturam, quod digestio operatur. E

Et cibus siccus aridus, anxietas, timor d[*cõtinuus,*] *et tristitia.* 356

d frequẽs

Hæ quidem causę choleram nigram efficientes sunt, s. cibi sicci, & accidentia animæ talia, quæ ponit expresse in textu.

Videtur etiam quòd interficiatur in somnis: apparent q; in somno eius omnia cum exterrentia. 357

Hæc autem contingunt ex timore melancholiam consequente. F

Aetas senum, autumnus, & e[*habitationes meridionales,*] & *corporis macies.* 358

e regio septentrionalis.

Aetas quidem senectutis necessitat dominium huius humoris, eo quòd sit affinis complexioni eius: & idem facit autumnus, & habitatio aperta a meridie. corpus etiam macrum est consimile generationi huius humoris.

Signa

Signa phlegmatis.

G

159 *Si dominatur humor phlegmatis in corpore, aggrauabitur caput eius, somnus eius erit longus, & [a][fatigabitur iter agendo de facili,] & erit eius appetitus debilis, cum repletione penes virtutem, & [b][turbationem seu permistionem & sopita laxitate.]*

a erit piger in actionibus, & motibus.

b pigritia, i. debilitatio, & sopita laxitas, ablata consuetudine.

Grauitas quidem capitis, & longus somnus ratione humiditatis phlegmatis contingunt, & similiter fatigatio. & ob hoc hæc accidentia

H comitantur etiam dominium & abundantia sanguinis. & diminutio quidem appetitus contingit ratione humiditatis: nam appetitus viget per frigiditatem & siccitatem. Ex egressu autem huius humoris a dispositione naturali grauantur virtutes, contingitque inde repletio penes virtutem. & similiter humiditas ipsius est causa permixtionis & fatigationis in actione itineris: supposito tamen quod non contingat ex priuatione exercitij.

160 *Ex his etiam est fluxus saliuæ,*

I *& sputi, & tumor vultus, & color patientis albus, & erit in pulsu eius [c][occultatio,] & tarditas, & in vrina turbulentia, & grossities, & cruditas.*

c grossities.

Causa fluxus sputi, & saliuæ est manifesta. verum tumor vultus ideo contingit. quoniam cum humor phlegmaticus dominatur in nutrimento membrorum, reperitur in membris quædam dispositio inchoationis hydropis: & hinc contingit tumor vultus, & pedum. Et intelligo quidem per tumorem vultus, tumorem palpebrarum, & carnis sub oculis existentis. Tarditas quidem & occultatio pulsus ex frigiditate contingit. Inde etiam contingit vrinæ turbulentia, grossities, & cruditas: & color qui dominatur in corpore, est albus, turpis, & fuscus, pallidus.

K

161 *Nec est in eo sitis, nisi fuerit phlegma salsum, aut putrefactio affuerit.*

In eo quidem, in quo phlegma dominatur, minime sitis accidit: nisi tamen illud phlegma fuerit salsum, aut putrefactum, i. efficiens febrem.

L

162 *Ex his etiam accidentibus sunt vsus omnium ciborum humidorum, & frigidorum, & ætas senectutis, & tempus hyemale, & priuatio exercitij, & balnei, & excedens quantitas cibi, & habitatio humida ratione fluminum, & apparitio marium in somnis, & querimonia ex incubo facta, & impotentia digestionis chyli.*

M Hæc quidem agunt & efficiunt humorem phlegmaticum, s. cibus frigidus & humidus, & ætas senectutis, & tempus hyemale, & obmissio exercitij & balnei, & augmentum cibi, & villa humida ex multitudine aquarum. hæc enim omnia habent conformitatem in complexione cum humore phlegmatico. Somnium autem aquarum, & marium, & querimonia ex incubo, & illi potentia digestionis chyli, i. cibi in stomacho, hæc quidem omnia sunt accidentia humorem phlegmaticum consequentia. Incubus quidem morbus est similis

A lis epilepsiæ, qui tempore somni
contingit pro tanto est signum pro
gnosticum futuræ epilepsiæ. Et epilepsia quidem est spasmus,& mor⁹
illaudabilis accñs cerebro & neruis
ex humore phlegmatico, aut vento
sitate phlegmatica.

163 *Cum autem apparebunt tempore sanitatis continuo accidentia
de necessitate super aduentũ ægritudinum significantia, esto solicitus in ablatione eorundem.*

Hoc quidem præceptum est vni
uersale in hac arte:& hoc est,q cum
B quis videbit aliquod ex accidentib⁹
morborum iam sanis accidisse, q de
bet operam dare circa curam eius.
Hæc autem species signorum signi
ficantium tempore sanitatis super
futuras ægritudines est alia ab illa
specie signorum, quæ significat super dominium quatuor humorum.
& ideo Medici fecerunt de eis tracta
tum & capitulum speciale. Ex illis
autem signis sunt ista, continu⁹ mo
tus,& iectigatio faciei, quæ torturã
futuram oris prognosticant:& vniuersalis iectigatio totius corporis, q
futurum spasmum nunciat. Ferunt
C etiam q fatigatio sine causa manifesta extrinseca,& casus appetit⁹ pro
gnosticant futuram febris generationem. Sic etiam ferunt q multitu
do furunculorum seu vlcerum pro-
gnosticat apostemata futura in cõ-
cauitatibus membrorum. Et dolor
grauatiuus in inferiore parte vẽtris
signat sup lapidẽ, aut super futurã
gnationẽ apãtũ in illis locis. Et dolores quidem dextri lateris pgnosti
cãt super oppilatiões hepatis, & sup
futurã gñationẽ apatum in eodem.
Et vstio quidẽ vrinę signat sup vl-
D cera vesicę. Et incubus quidẽ signat
sup futurã epilepsiam. Posuere etiã
multa alia ab illis, q retulerunt sub
hoc capitulo in libris suis. Postq pfe
cit sermones suos sup signa pgno-
stica signãtia tempore sanitatis ge
nerationẽ ęgritudinum i futuro, incipit nunc hic referre signa pgnosti
ca quæ morbi significantis super futuram salutem, aut mortem.

Rememoratio signorum prognosticorum tẽpore morbi contingentium.

E *X signis prognosticis est si-* E
gnificans mortem futuram. 164
*Et ex eis est, quod significat futu-
ram sanitatem seu euasionem. &*
d [*propriè ex his est scientia pro-* d hæc in
gnostica.] scia progno
sticationis
declaratur

Signa, quæ in hoc capite reperiũ
tur, diuiduntur primo in partes duas:
quarum vna est signorum super fu
turam generationem sanitatis signi
ficantium. alia autem est signorũ si
gnificantium super mortem futurã.
Et proculdubio scientia de istis signis est propriè scientia prognosticationis:& sunt illa, quæ ponuntur F
in hoc capitulo.

Ex scientia istorum videbit Me 165
*dicus, & sciet quis moriatur, retra
hetq; inde manus suas a cura eius:
sicut etiam videbit ex scientia eo
rundem quis euadere debeat, &
curari, pro tanto notificabit & pro
gnosticabit illud.*

Ex signis his consequitur Medicus scientiã perutilem & iuuatiuã.
Nam Medicus scit quidem ex eis
quis

G quis moriturus sit ęgritudine sua cũ vocabitur ad curandum eum: vnde significabit illud amicis suis, & retrahet se a cura eiusdem. sic ẽt sciet ex eisdem quis euasurus sit a morbo suo, & tunc prędicit curã & euasionem eius amicis ipsius patientis, & dat operam circa curam ipsi⁹.

366 *Principium huius scientię est scientia de temporibus morborũ, & eo quod apparet in eis de dispositione morborum. est etiam scientia de longitudine, & breuitate, fortitudine, & violentia, debili-*
H *tate, seu tranquillitate ęgritudinum, & etiam de iudicio eius quod debet generari ex crisi in temporibus morbi.*

Hęc quidem signa diuiduntur diuisione prima in tria genera ipsorum, ex quorum vno habetur scientia de temporibus morborum, & eo quod apparet in eis ex signis laudabilibus & illaudabilibus. Ex secundo habetur scientia longitudinis, & breuitatis morbi, & acuitatis & leuitatis eius. & hoc quidem intellexit per fortitudinem seu violentiam, de-
I bilitatem seu tranquillitatem morbi. Sed ex tertio habetur scientia eius, quod debet generari ex speciebus crisis laudabilis, seu illaudabilis in temporibus morbi.

De temporibus morbi.

367 *IN quolibet morbo sunt diuisa tempora, in quorum aliquo cõtingit mors & uita vel salus, & sunt principium, augmentum, status. in quolibet potest mors contingere. in quarto autem, quod decli-* K
natio appellatur, non contingit mors, nisi contingat error vndecunque.

In quolibet morbo salubri sunt quatuor tempora: & ĩ quolibet triũ primorum ex eis, s. in principio, augmento, & statu contingit mors & salus: verum in quarto non contingit mors, nisi ex aliquo errore vndecũque contingente.

Principium autem est, in quo 368
contingit nocumentum in operationibus, & debilitas in negociis assuetis. L

Tempus autem pĩcipij dictũ est illud, in quo infertur nocumentum naturalibus operationibus: tunc. n. debilitantur omnes operationes patientis. & ob hoc Medici ferunt q̃ in hoc tempore nihil digestionis apparebit in vrina.

Et hoc quidem tempus durat, 369
donec digestio appareat in [a] [hypostasi,] sputo, fęcibus, & vrina. & a excelibus L.
post ipsũ apparet & cognoscitur augmentum ex longitudine paroxysmorum febrium. & operationi- M
bus, & accidentibus.

Tempus quidem pĩcipij durat, donec appareat digestio in sputo, si sit morbus in pectore: aut in fecib⁹ si sit morbus in ventre: & in vrina, si sit morbus vniuersalis in toto corpore. Cum autem digestio inchoatur, prolongatur quidem, augetur seu [a] magnificatur paroxismus febris, & ipsius accidentia: & hoc quidem est tempus augmenti. Et Gal. quidẽ opinatur q̃ cum tempus paroxismi prolongatur, & eius initium anticipatur

a l. manifestat.

A patur & ipsius accidentia, puta calor, & sitis. & alia ab his ex accidentibus febrium, specialibus augentur
& fortificantur, significatur ꝙ morbus sit tunc absq; dublo in augmēto: sicut proculdubio cum minuitur
& remittitur paroxismus in tribus
prædictis, morbus existit in declina
tione. Sic etiam existit in statu, cum
prędicta quiescunt, nec ampli⁹ mutantur in paroxismo. veruntamen
paroxismus angetur in quibusdam
ex prædictis, & minuitur in alijs.
Sunt tamen diuisiones multiplices
quamplures distinguentes, quas q-
B dem hoc compendium minime be
ne tolleraret.

370 *Status vero est, cum post* [b] *[di-*
ctum negocium] perfecta digestio
apparebit, nec paroxysmi morbo-
rum angebuntur, & accidētia in
quantitate æquabuntur.

b prædictis dispositionem

Tempus status est post tempus
augmenti: & est, cum iam digestio
est perfecta & completa, nec augen
tur paroxismi febrium, & earum ac
cidentia coæquantur. & est ac si diceretur, ꝙ prolongatio paroxismi,
C & hora inchoationis eius sunt ex-
dem, & eius accidentia vniformia,
& æqualia.

371 *Accipit etiam morbus dimi-*
nutionem, & fit interdum crisis
perfecta. Vnde cum hoc signum vi
debitur, prognosticetur pax & sa-
lus patiētis. nam mors minime ac-
cidit in declinatione, nisi errore su
per patiente commisso, aut aere
[c] *[complexionis mala & illauda-*
bilis, necnon etiam omni extrinse D
co contrario eidem contingente.

c pestilentiali.

Tempus quidē declinationis est,
cum incipit morbus minui, s. in lon
gitudine paroxismorum, ac si diceretur, ꝙ tunc breuiores solito efficiā
tur, & ꝙ tempus inchoationis eorū
suboccupet, & ipsorum accidentia
alleuientur & mitigētur. In hoc autem tempore perficitur interdum
morbi consumptio & destructio ꝑ
crisim, & interdum consumitur in-
sensibili dissolutione absque crisi.
Vnde cum apparebunt signa, ꝓgno
sticetur super euasionem & libera- E
tionem patientis a morte. Constat
.n. ꝙ nullus moritur in declinatione, nisi ex errore contingente ex seipso, aut ab assistentibus, aut ex par
te Medici, aut ex malitia, & corruptione aeris, vel in summa ratione
extrinsecorum accidentium nociuo
rum, puta ratione timoris, vel tristi
tię, aut ratione aliorum ab his ex ac
cidentibus, & rebus animalibus, vel
corporalibus.

Scientia autem nostra, per quā 372
cognoscimus terminum principij,
confert quidem in subtiliando ci- F
bum, & diætam, sicut decet, &
in mediando subtilitatem eius in
augmento. Nam hoc expedit pa-
tienti, donec morbus ad statum per
uenerit. tunc autem decet Medicū
esse solicitum ad subtiliandum per
fecte diætam.

Scientia autem, quam habemus
de tempore principij, augmenti, &
status, confert nobis ad sciendū artem subtiliandi diętam ęgrorum.
Nam cum scimus morbum esse in

G principio & augmento, subtiliabimus quidem diætam patientis: ita tamen, ne inde virtus patientis ante statum debilitetur & cadat. appropinquante vero statu, subtiliabim* quidem diætam in vltimo. Fecerunt autem ꝙ Gal. & Hipp. abstraxerūt artem subtiliandi diætam ex cogitatione distantiæ, aut instantiæ temporis status. Vnde cum instabit status morbi, valde subtilietur diæta ĩ vltimo: cum autem valde distabit, ingrossetur: & cum erit medius ĩter propinquum & distātem, medietur inter subtilem primam & grossam.
H ꝑ tanto scientia eorum, quibus status tempus cognoscitur, est magis necessaria cęteris ĩ hac arte traditis.

Rememoratio longitudinis & breuitatis morbi.

337 *Omnis morbus perficitur ĩ mensura, quæ si fuerit breuis, dicitur acutus, & hic aut interficit in breui tēpore, aut per crisim laudabilem terminatur.*

I Omnis quidem morbus consumitur, & destruitur in aliqua mensura temporis. ex ea autem lōga est & ex ea est breuis. vnde ex morbus est quidam leuis motus, & est ille, quem ipse vocat morbum acutum. de natura autem eius propria est, ꝙ celeriter ĩterficiat, aut per crisim destruatur & consumatur. & hic morbus secundum opinionem Hippocra. attingit vt plurimum * nonum diem: ex quo est maxime acutus ille, qui terminatur per crisim ĩ die quarta.

a.l. decimumquartum.

K *Ipse etiam morbus est citæ digestionis, & breuium temporum, austerus, & periculosus.* 374

Hic etiam morbus est citæ digestionis, & habet quatuor tempora, si perficiantur: tñ ratione velocitatis sui motus & violentiæ accidētiū eius est austerus, & ꝑiculosus. vnde patiens moritur ex modico errore eidem contingente.

Cognoscitur autem ex breuitate sui principij: pro tanto regatur diæta conuenienti. 375

L Hic quidem morbus cognoscit̃ ex breuitate sui principij. hoc autē est in primis diebus ęgritudinis, cū apparent signa digestionis in sputo vel vrina. vnde si in quarta die appareat principium digestionis, vtpote nubes super vrinam, significabit ꝙ status sit in septima futura.

Non enim sunt multum aggrauanda eius virtutes, nec est auferendus & prohibendus ei cibus omnino a principio: nam forsitan caderet virtus eius: nec etiam est debilitandus ante statum ipsius. sed est M *potius prudenter in quantitate reficiendus sufficienti secundum exigentiam sui[a] [itineris.]* 376

a vlatici.

Non inquit debet refici patiens in hoc morbo cibo læsionem & grauamen virtuti eius referente, nec ēt est subito transferendus a cibo suo: hoc est ꝙ non debet ei omnino subripi cibus suus: nam caderet virtus eius, priusquam morbus ad statum perueniret, & per consequens patiēs moreretur. Vnde metiendus est cibus eius secundum distantiam status

A rum morbi, ſicut & menſurant ſumptus iter agentis. exceſſus n. & multitudo ſumptuum grauat ipſum, & diminutio ſeu defectus ipſorum nō complent intentionem ipſius. Et priores quidem iuſſerunt patienti, cum videbant morbum eius terminari in die quarta, ꝙ dimitteret omnino cibum, dum virtus fortis eſſet: alioquin ꝙ ſufficeret ei mellicratū. Si tamen eſſet ſub tali, nutriebāt ipſum ptiſana colata, & ſine fecibus. Si etiam virtus eſſet ſub hac, reficiebant eum ptiſana non colata, ſed cū totalitate ſua. Cum autem opinabantur
B morbum non terminari citra decimum quartum, nutriebant ipſum ptiſana abſq; fecibus ſuis. Si tñ virtus eſſet ſub hac, nutriebāt eū ptiſana cum fecibus ſuis. Quòd ſi ſub hac inueniretur, cogebantur ei dare panem ad comedēdum. Et cōſuetudo quidem viuendi iuuit poſt in hoc negocio: qm̄ hoīes illius temporis non ſumebant cibum multū: & hoc, qm̄ cibus eorum ſm menſuram legis ſumebatur, aut ſaltem menſuræ appropinquabat. Conſuetudo autem moderna eſt contraria huic regimini, quantum ad talem
C menſuram cibi. pro tanto decet vt cibus modernorum aliquantulum augeatur, & potiſſime in crapuloſis, & laborantibus.

177 *Si autem videas difficultatē, & maliciam ſignorum, & periculorum, & dolores fortes, & violentos cum mala diſpoſitione, & caſu virtutis, & ratione diminuta & permiſta, ita quod virtus nequeat morbi maliciam tolerare, prognoſtica mortem eius futuram ante ſtatum, quam quidem* D *ex malitia accidentium ex morbo cholerico contingentium prognoſticabis.*

Si videris in patiente ſigna maligna & auſtera, quorū relationē faciemus, & accñtia periculoſa, vtpote dolores violentos cum caſu virtutis & ſignificatione potentiæ morbi ex malis ſignis, & corruptione ratiōis, & cum hoc videas ꝙ virtus patiētis nequeat pati violentiam morbi: prognoſtica futuram mortem eius, antequā ad ſtatū peruenerit. cum tamen erit morbꝰ in vltimo fortitudinis & E violentiæ, morietur patiens in tp̄e pricipij. verum ſi fuerit ſub hoc, morietur in tp̄e augmenti. Cognoſces autem hoc in genere ex accñtibus malis & pernicioſis, cuiuſmodi ſunt accñtia morborum ex cholera rubea generatorum.

Ex morbis etiam eſt diu durās & longi temporis, qui chronicus ſeu temporalis appellatur: qui quidem minime corpus celeriter conſumit & diſſoluit, ſed aut necat ipſum cum phthiſi & hectica, egreſſu ſanguinis, aut mariæ: aut patiens etiam longo tempore curabitur, & morbus per paulatinam diſſolutionem, & digeſtionem cōſumetur. 178 F

Poſtq̄ fecit relationē de morbis breuis tp̄is & acutis, refert nūc morbos lōgi tp̄is. vn̄ īquit, ꝙ ex morbis ſunt lōgi, qui tp̄ales ſeu chronici appellātur, qui longo temporis ſpacio ſunt durātes. hi autem minime immutant cito corpora, vel diſſoluūt,

 ſicut

G ſicut acuti morbi faciunt: immo quidem aut interficiunt ipſum cũ mærore, aut egreſſu ſanguinis, aut diſſolutione virtutis paulatina, aut euadet, & curabitur quis ab eis in tpe lõgo per diſſolutionem humorũ paulatinam, præter ꝙ pateat in eo criſis manifeſta. Et hoc quidem dedit intelligi, cum dixit: & morbus per paulatinam digeſtionem, & diſſolutionem conſumitur.

379 *Cognoſcens autem ipſum ex leuitate, & facilitate accidentium eius, & frigiditate cuiuſlibet ex*
H *his morbis.*

Cognoſces quidem morbos iſtos ex facilitate accidentium ipſorum, & natura eorum: quoniã ſunt morbi frigidi.

380 *Non cibes iſtum patientem modico cibo, quoniam caderent virtutes eius.*

Docet quidem ꝙ non in morbis longis, qui non diſſoluuntur per criſim, cibetur patiens paruo cibo: qm̃ caderet virtus eius.

381 *Inter autem morbos iſtos ſunt*
I *alij medij, quorum ſcilicet tempora non ſunt abſolute breuia, nec lõga, vnde cibus eorum in ſubtilitate medietur: nec ſit multus, neque paruus.*

Inter morbos quidem breuis tẽporis, & morbos longos & chronicos, rationem extremorum habẽtes ſunt alij medij in longitudine & breuitate: & idcirco non reponuntur in tempore longo vel breui, ſed potius in æquali aut temperato. pro tanto docet, vt cibus in illis ſit inter paruum & magnum medius.

K De criſi & ſignis
b eius.

382 SCito quòd criſis eſt velox & ſubita mutatio, quæ ſuo tempore ex difficultate ſeu malitia accidentium, & pugna exiſtente inter virtutem & morbum generatur, vt celeriter ad vitam vel mortem perueniatur.

Criſis eſt mutatio ſuo tẽpore ſubito contingens patienti, ac ſi diceret ꝙ hæc mutatio generatur ex difficultate accidentium patienti contingentium, & ex pugna, quæ inter
L virtutem & morbum exiſtit: q̃ quidem mutatio ſignificat mortem celeriter in morbo futuram, ſi fuerit illaudabilis, aut vitam, ſi fuerit laudabilis. vnde tranſmutatus hoc nomen ad ſignificandum prædictam immutationem & dĩc eius per quãdam ſimilitudinem, ac ſi in ea deberet ferri iudicium ſeu ſententia ſup victoriam morbi, vel virtutis.

384 *Sex ſunt ſpecies mutationum ĩ morbis contingentium. Nam aut negotia tardantur, aut citantur in*
M *eis: vnde interdum conuertitur in temporibus breuibus corpus ad bonum & uitam.*

Sex ſunt ſpecies mutationum, q̃ in morbis generãtur. Vna ex eis mutatio eſt, in qua trãſfertur corpus in breui tempore ad laudabilem diſpoſitionem & ſanitatem, ac ſi diceretur ſubito. & hoc quidem intellexit, cum dixit: in temporibus breuibus. Vnde hæc eſt vna ex ſpeciebus criſis, & ipſa quidem eſt laudabilior cæteris: in ea enim transfertur corpus

A pit subito a dispositione illaudabili ad sanitatem cum euacuatione sensibili, puta cum fluxu sanguinis narium, aut sudore, vel alijs ab istis.

384 *Si fuerit laudabile quod praecedit eam, prognosticabis sic super ipsam, s. super crisim securam, & laudabilem.*

Si prognostica laudabilia praecedant crisim, iudica crisim futuram esse laudabilem: & cum hoc etiā significabunt in quo tēpore accidat, & speciem euacuationis, quae debet contingere in ea.

B

385 *Est autem alia mutatio velox ad praedicta, quae quidem significat mortem. in hac quidem veloci malitia est angustus processus Medici: nam haec crisis est necans, & perniciosa.*

Secunda ex speciebus crisis est velox & subita mutatio ad mortē cū euacuatione sensibili. In hac autem crisi est, sicut ipse dicit, angust⁹ processus Medici: quod quidem de processu curationis intellexit. vnde est ac si diceret q̄ non inuenitur curationis ingenium a Medico. Et hanc

C quidē crisim praecedūt signa mala.

386 *Tertia ex praedictis mutationibus est mutatio tarda, inducēs ad dispositionem sanitatis, & curans morbum: non tamen cum crisi, sed potius per dissolutionem paulatinā in ea contingentem.*

Tertia quidem species ex speciebus transmutationis est transmutatio tarda, inducens nihilominus ad sanitatem & curans: non tñ cum euacuatione & fortibus seu violentis accidentibus, sed per dissolutionem occultam, & insensibilem, & ideo D non dicitur crisis.

387 *Quarta autem species praedictarum mutationum est mutatio tarda ducens patientem ad interitum: nec fit cum euacuatione, sed potius cum hectica dissoluente corpus patientis.*

Quarta quidem species praedictarum mutationum est mutatio tarda, ducens patientem ad mortem: nec est cum euacuatione & dissolutione subita & forti, sed pot⁹ cū hectica, virtutes patientis consumente. E

388 *Quinta autem ex praedictis est, inter eas media, cum inducit mortem, & malitiam vltimatam.*

Quinta quidem species harum mutationum est media inter subito & tarde ducentem ad mortem. & hoc, quoniam in hac specie fit primo imperfecta crisis subito, & cōsequenter dissoluuntur patientis virtutes in tempore tum latitudinē habente, donec contingat mors: vnde & est composita sicut dicit ex illa, quae F subito perducit ad mortem, & ex ducente ad eam per dissolutionem in insensibile.

389 *Sexta vero perducit ad vitam in medio temporum.*

In hac quidem mutatione sexta subito contingente, est primo crisis imperfecta, & consequenter deducitur patiens paulatim ad sanitatē. & est haec quasi composita ex subito transferente patiente ad sanitatem, & ex transferente ipsum ad eā motu, & translatione illaudabili.

G 390 *Ista autem crises sibi inuicem dicuntur contraria composita.*

Hæ duæ crises, s. quinta & sexta, componuntur, vt diximus, ex quatuor præcedentibus, nam quælibet ex eis componitur ex duab' primis, bona, scilicet laudabilis ex duabus primis laudabilibus, & illaudabilis ex illaudabilibus.

391 *Crisis quidem laudabilis accidit in statu cum perfecta digestione & virtutis fortitudine: contraria vero ei, puta illaudabilis, fit in augmento.*

H Crisis laudabilis est illa, quæ accidit in morbis post perfectam digestionem cum fortitudine virium & virtutum: & contraria ei est illa, quæ accidit in augmento, nam accidit ante complementum digestionis.

Rememoratio eorum, quæ oportet scire in crisi.

392 *TRia oportet scire in crisi.*

Necesse quidem est scire de speciebus crisis, quarum relatio facta est, tria super dispositione ipsius crisis.

393 *Scientiam videlicet de prognosticatione eius, & de diebus criticis, & scientiam etiam eius quod significatur per signa nobis significantia, in quam crisis speciem terminetur, cum perficitur crisis cuiuslibet morbi.*

Vnum quidem ex his tribus est scientia, per quam scitur, quod sit crisis futura, secundum autem est scientia de natura dierum creticorum sed tertium est scientia de specie crisis, quæ debent fieri, seu de specie euacuationis, quę futura est in crisi. & hęc quidem scientia habetur ex signis significantib' ipsam esse futuram, necnon etiam ipsam ex causa ipsius morbi.

K

De signis crisim prognosticantibus.

394 *Omnis autem crisis prognosticatur ex violentia accidentium, quæ dicimus.*

Intendit quod prognosticantia crisim futuram sunt signa, quæ refert in hoc loco.

395 *Et sunt permistio sensus, & intellectus, & dolor aurium, & capitis.*

L Ex signis autem futuram crisim significantibus est permixtio rationis, & diminutio sensus, & dolor aurium, & capitis. huiusmodi autem causa est motus humorum in capite.

396 *Et fluxus lachrymæ, angustia,* a *[parua famis, seu casus appetitus,] motus laboriosus, & vigiliarum instantia, & dolor in pectore vel collo, & illaudabilis excitatio a somno cum metu, & rubedine oculorum.*

a Separata: famis &c

M Est autem illaudabilis excitatio a somno, cum excitatur quis a somno suo, velut homo exterritus.

397 *Et frendere dentibus, & limatio eorundem in somno, & eorundem percussio, & fortis fricatio nasi patientis.*

Intellexit quidem quod patiens limet & percutiat dentes suos ad inuicem præter quam consueuerit hoc tempore sanitatis.

A 398 *Et interdum insinuabit aliquis* [b][*commouendo*] *cum labijs suis. vi debiturq; interdum sugere ea.*

b conniuendo

Hoc quidem est, ac si diceret q vi detur vnum ex eis cum quodam eorum sugere. & hæc quidem omnia signa sunt laboris & angustiæ ex pugna naturæ cum morbo.

399 *Et velocitas quidem anhelitus, & desyderium trahendi aerem frigidum cum angustia, & velocitas pulsus, & frequentia, et tußis cum infusione, & sonitu, &*
B *gargarismatis.*

Intellexit hoc, cum accidit patienti tussis cum sonitu gargarismatis i gutture suo contingente ex reb⁹ infusis a capite suo ad locum illum.

400 *Et pulsatio cordis continua, & syncope, & conatur patiēs a lecto suo surgere, & recedere.*

Intellexit q patiens conatur a lecto suo surgere, velut homo permixtus turbatus, & recedere.

401 *Et dolor gutturis & meri cum angustia: qua si perseuerauerit,*
C *continget ei syncope magna, & fortis.*

Intellexit per angustiam nauseā, & nocumentum stomachi eiusdē.

c pulsatio I lateribus, & costis.

402 *Et* [c] [*pulsatio in lateribus & dorso, cum torsionibus violentis, & fortibus, & continuo dolore stomachi cum querimonia stomachi uel hepatis,*] *aut dolor ventris, aut circa pectinem, aut etiam in renibus, & vesica, aut dolor fortis circa* [d] [*virgam,*] *uel in uirga, aut in*

402 & cum stridoris & uomitiui & doloris, & stomacha dolor frequēs, & q̄ rimonia splenis & hepatis.

d circum

matrice, aut in omnibus iuncturis D *aut quibusdam, aut ex eis intus, uel exterius.*

Quicquid retulit hic est p se notum. causa nanq; horum accidētiū in patiente generatorum, cum est ventura crisis, est motus humorum per totum corpus eius. tunc. n. natura expellit humores ab omnib⁹ mēbris, & mittit eos maxime ad membra ordinata, ad hoc q sint meatus deputati ad egressum illius humoris, vtpote ad ventrem, stomachum, renes, & vesicam.

E 403 *Cum ergo videbitur augmentum horum accidentium in die critica, erit proculdubio bonū & laudabile, & potißime si prius digestio apparuerit, sin autem, erit quidem contrarium manifestum.*

Cum aliquod horum accidentiū alicui ęgrotorum contigerit, & hoc in aliquo dierum notorum ex diebus laudabilibus abscissionis sententiæ & iudicij, quorū relationem faciet consequēter, & cum hoc signa digestionis præcesserint in vrina: procul F dubio Medicus nequaquam debet ex tali violentia accidentium dubitare, sed potius debet patienti & amicis eius prognosticare, & signare q sanitas sibi debeat aduenire. Si vero hoc contigerit in die mala & illaudabili, & sine digestione, continget contrarium: ac si dicatur, q hoc est signum malitiæ, & finis, & mali.

De diebus Criticis.

Causa quidem crisis, si fit 404 *eorum relatio uera, est, quoniam Luna variat actionem in morbis.*

G Causa quidem casus crisis in die
bus laudabilibus computando eos
a principio morbi pacietis cum Luna, si verum est illud quod retulerunt super hoc. quod ideo dixit, quã
non est bonum, causam uel rõnem
alicuius reddere, priusquã bene con
405 ster de eius inuentione.

Iam quidem cum peragrat, et
abscindit celeriter circulum suũ,
est quidem causa celeris motus &
mutationis: & fortificatur quidẽ
interdum in hoc, & interdum de-
bilitatur. hoc autem notum est in
H *arte Astronomorum.*

Fuit quidem necessarium, vt ope
rationem istam appropriaret Lunę:
quoniam dies, in quibus manifesta
tur huius mutatio, sunt septennarij
aut quaternarij: & non reperitur quidem aliud ex astris, cuius dispositio
varietur, & mutetur in hoc in septé
narijs, aut quaternarijs ex situ seu
positione ad Solem, praeterquã Luna
ipsa. cum hoc. n. quod apparet, quod
ipsa maturet fructus, & segetes i pre
dictis temporibus eius, aut actio est
nota in maribus & in aquis, & vni-
I uersaliter in humiditatibus quibus
cunq. vnde conueniens fuit quod ab ipsa esset actio mutationis in digestio
ne humiditatis. Cum autem dixit
& fortificatur quidem interdum in
hoc, & interdum debilitatur: intelligit quidem hoc esse sm distantiã &
propinquitatem suã ad Solem i his
reuolutionibus, & etiam sm coniun
ctionem aliorum planetarum, cum
ea conuenientium aut disconuenie
tium, quos quidem domini astrorũ
fortunas & infortunas vocãt, seu iuuantes & nocentes.

Nequaquam est operatio sue K
actionis sensibilis in eius iuuamen 406
to uel nocumento, sicut quidem est
ad sensum uisibilis eius figura ex
eo quod in ea existit de claritate,
uel lumine Solis.

Actio quidem Lunę est sensibilis
cum apparet eius figura lunaris, ex
eo quod ad sensum existit in ea de
lumine Solis, verum ei^ actio iuuamento & nocumento appropriata
nequaquam est sensibilis. & est ac si
vellet dicere quod haec transmutatio, quę
in ea visibilis existit, attestatur sup L
illud, quod opinati sunt sapientes
astrorum: quod quidem minime
sensibile est in ea.

Eius autem quarta relucet in 407
quarto, & eius medietas i septima

Intelligit quod ipsius quarta relucet
in quaternis, & eius medietas in septenis, & est ac si diceret quod, haec est
causa quare crisis in quaternis & se
ptenis existit. hoc tamen minime re
peritur secundum hunc modum in
omnibus quaternis, & septenis, & nu
meratis in quolibet ex morbis a pri
cipio ipsius: cum aeger possit incipe
re pati quolibet die mensis lunaris. M
Vnde causa, quare crisis sic fiat ordi
nate in quaternis numeratis a primo die, quo coepit patiens aegrota-
re, est quidem ex hoc, quoniam in
quaternis morborum reperitur no-
tabilis diuersitas impressionis cum
modo ordinato. & quod ibi apparet ex hoc est ordinatum, & deter-
minatẽ sic procedit. pro tanto quidẽ
congruit, quod talis impressio sit in eis
ab aliquo ex astris. & quia Luna de
terminate efficit impressionem in
quaternis & septenis, congruit quidem

A dem ꝙ ab ipsa procedunt tales impressiones: non tñ sunt huius diuersæ ĩpressiones ab ipsa, ratione quartarũ mensis, sed potius rõne quartarum circulorum, quos efficit & describit in motu dierum: quod quidem notũ est *in reuelatione dierũ.

a.l.p modum reuelationum

408 *Et morbus quidem minime cõtingit nisi ex dispositione, qua debilitatur opus naturæ: qui si cum auxilio producatur, curabitur quidem patiens, & uita prolongabitur: sed si cum detrimento, morietur* B *quidem, & uita perdetur, & separabitur.*

Morbus non est in patiente, nisi cum Luna fuerit in malo loco a principio natiuitatis eius. & est ac si diceret ꝙ talis locus est ille, quem attingit in principio ægritudinis suę. vnde si tunc ipsa transferatur & eleuet a tali loco ad loca vtilia, & iuuatiua & cum hoc locus fuerit, in quo incipit generatio morbi ipsi* paruæ malitiæ, & curabitur quidem patiens, & viuet. verum si transferretur tunc ad loca mala, ipsa existente a principio C in loco malo, augeret & fortificaretur eius malitia. Hoc aũt dogma minime est de arte Medicinæ, sed potius ex arte Astronomiæ: quę quidem ars debilis est, & falsum est plurimum, quod in ea existit.

409 *Crises contingunt interdum in quaternis, & iterdum in septenis. Et illæ quidem bonæ sunt & laudabiles, quibus coniunguntur digestio, & prognosticatio attestãtes super ipsas.*

D Crises contingentes in quaternis & septenis in principio morbi nũeratis sunt laudabiles semper, cũ præcedunt eas dies indicatiui, i. prognosticantes crises consequenter futuras, in quibus iam apparuit. & fuit digestio. Et Hippo. quidem & Gal. numerant dies quaternarios velut mundi causa. Dicunt ergo, ꝙ dies quarta laudabilis est & critica: dies etiam septima est critica, in qua s̃m eos terminatur secunda quarta, ipsi .n. dicunt ꝙ duæ quartæ primæ vniuntur in die quarta: hoc est dictum ꝙ ipsi ponunt diem quartam, finẽ E & terminum quartæ primæ, & principium quartę secundæ. Et die vndecima terminatur quarta tertia, quã quidem quartam minime coniunctim numerant cum secũda. Quartam vero, quartam sciunt terminare diem xiiij. hęc quidem quarta cõiunctionem habet cum tertia, s. cũ die xi. Sic etiam coniũgitur quinta quarta, s. dies xvij. cũ ea, quæ ipsam pręcedit, sicut patet & s̃m Hippo. & Gale. Quarta sexta, i. dies vigesima vnitur præeunti ipsam. s̃m tamen Archigenẽ, hæc quarta est dies xxi. nec alicui alij coniungitur. Hi ergo F quaternarij sunt dies indicatiui, & critici, est autem decentius, ꝙ quaternarij ex eis dicantur & sint indicatiui septennariorum, & ꝙ septennarij sint critici. hæc quidem est series, & ordo laudabilior dierum criticorum: hoc est, ꝙ crises completæ in vltimo & s̃m plurimum laudabiliores contingunt in eisdem. Verum gradus secundus prædictorum dierum s̃m eos est dierum imparium, in quibus contingit crisis a tertio vsq; ad xix. puta quinti, septimi, noni, vndecimi, decimitertij, decimi

cimi

G cimiseptimi,& deciminoni. Et con
stat quidem q̃ sm̃ eos in diebus pa
ribus non contingit crisis,nec indicatio nisi raro. & si fuerit, erit mala
& illaudabilis:inter quas quidẽ sex
ta erit deterior,adeo q̃ sm̃ eum con
trariatur septimæ. & constat quidẽ
q̃ septima est melior inter eas. Licet autem crisis sæpius accidat ĩ sex
ta,q̃ non sic contingit in alijs paribus, est nihilominus illaudabilis &
austera, non secura de fine bono.
Quod autem ex tali actione & ĩpres
sione cõtingit post diem xx accidit
secundum eos in septimanijs,non ĩ
H quaternarijs. Et Gal. quidem nume
rauit septennarios a xx, vsq; ad xl.
cum coniunctione & separatione,
quemadmodum fecit de his, quæ
sunt in primo vicenario. Et secũdũ
eum quidem non videmus,nec appa
ret crisis sensibilis in acutis post diẽ
xl. possunt autem morbi acuti crisim suam differre vsq; ad diem .xl.
ratione stimulationis contingentis
eisdem. Sic etiam accidunt crises in
chronicis in quatuor mensibus, &
in tempore longiori. nam sicut crises accidunt in diebus mensiũ acutorum, sic etiam proportionaliter
I contingunt in mensib⁹ anni ĩ chro
nicis: & interdum accidunt crises in
annis in eisdem.

409 *In alijs quidem ab istis nequaquam circuitus & periodi reperiuntur ratione turbationis, & du
bitationis contingentis in eisdem.*

Crises quidẽ contingentes in paribus diebus,priuantur & carent de
terminato ordine,quem seruant p̃-
dictæ & hoc,q̃m sm̃ Gal. cãe earũ
possunt esse humores qui sunt materia morbi.seruant nihilominus ali-
quali modum quaternorũ ex ꝓpin K
quitate sui ad eos. Et est posse q̃ perturbationem & dubitationem, quã
dixit cõtingere in eisdem, intelligit
naturam materiæ obuiantem ordini,quem agũt & operantur astra ĩ eis
dẽ,iussu & volũtate creatoris eorũ:
cui⁹ nomẽ sit in secula bñdictum.

In non habentibus vero dige- 410
*stionem & prognosticationem, cõ
tingit quidem dubium in eorum
accidentibus: nec contingit crisis ĩ
his diebus,nisi cum contingit consequenter aliquod sinistrum.*

Inquit,q̃ crisis illaudabiles sũt, L
quas non præcessit digestio,& iudi
catio.pro tanto non dicuntur absolute critici,accidua aũt in eis contin
gentia sunt dubia: nam crisim sic
contingentem subsequitur aliquid
perniciosum,& illaudabile.

Rememoratio [a] {signorum su- a quasi
per} fluxum sanguinis. hic crises,
& prio g
411

C*Vm videris morbum san-
guineum, austerum, & vio
lentum valde, cum illaudabili &
impetuoso motu, cum signa patu-* M
*la sint in capite, & manifesta, quæ
vsque ad omnes sensus extendantur, cum rubore & pruritu nasi, e-
rit proculdubio crisis eius per fluxum sanguinis narium.*

Intentio eius in hoc loco est referre signa, quibus sumitur signum
super futuram speciem crisis futuræ
antequam fit. vnde cũ videris morbum sanguineum,&c. scitur autem
hoc ex signis relatis in præcedentibus. Cum ergo talis erit morb⁹ vio-

lentus

A sensus & sursum, & accidentia sup ipsum significantia in capite s. & quinque sensibus erunt manifesta, cum rubore, & prurit nasi, prognosticetur, & protinus sententia abscidatur quod crisis futura sit per fluxum sanguinis narium.

Si vero accidentia ipsius deorsum,
412 *& in parte inferiori appareant cum dolore continuo umbilici, & praecesserit retentio menstruorum, continget quidem crisis per fluxum menstruorum.*

B Siquidem accñtia dominiũ sanguinis significantia in parte inferioris corporis apparuerint cum dolore vmbilici & pectinis, & cũ hoc patiens fuerit mulier, cui menstrua iã cõclusa erãt & retenta, indicet crisis eius futura per fluxũ menstruorũ.

Sed si pars suprema corporis in
413 *columis fuerit, & a dolore immunis cum dolore tamen hypochõdriorum, & patiens querulosus sit de hepate, & dolor usq; ad anum extendatur, nequaquam quidẽ com-*
C *mittetur error, si prognosticetur crisis illa futura per fluxum sanguinis hæmorrhoidarum.*

Hoc etiam per se est notum. cũ enim pars suprema corporis immunis est a dolore, & cum hoc appareant in eo accñtia dominium sanguinis significantia, cum dolore in partibus inferioribus corporis exñte hypochondriorum & hepatis, qui vsq; ad anum extẽdatur, si crisis talis patientis prognosticetur futura p apertionem orificiorum venarum i ano existentium, nequaq̃ talis prognosticatio indiscreta erit. hoc n. verificatur & appatet vt plurimum, & maxime in eo qui solitus est pati apertionem venarum in ano existentiũ, seu hæmorrhoidas. D

Si autem morbus ex cholera ru 414
bea sit in statu, acciderit q; apostema capitis, & dolor capitis, & angustia augeantur, nequaquam quidem est desperandum, quoniam cõtinget crisis eius per fluxum sanguinis narium.

Si morbus sit ex cholera rubea, E
& iam ad statum suum peruenerit, & fuerit cũ hoc apostema freneticum in capite patientis cum intentione sui, siue hoc contingat rõne ipsiusmet apostematis, siue ratione febris nequaquam erit inde desperãdum, quoniam crisis continget per fluxũ sanguinis narium.

Signa crisis per fluxum ventris vomitum, & vrinam, & sudorem, & b {dolorem.}

b aẽ.

VErum si eius accidẽtia sunt 415
F *in stomacho, & cum hoc prius conquestus fuerit patiens de hepate, cum angustia, & syncope valida, erit quidem crisis eius per vomitum.*

Si quidem choleræ rubeæ accidẽtia fiat in stomacho, vtpote dolor acutus, & patiens conquestus fuerit ante de hepate suo, cũ angustia stomachi, & nausea forti, & subuersiõe, tunc quidem contingit crisis eius p vomitum. asserit autem Galenus;

G ex signis huius crisis esse tremorem labij inferioris.

416 *Si uero caput eius fuerit sine dolore: & cum angustia uentris, & eminentia umbilici, & praecedente uentris cõstipatione, prognosticanda quidem erit futura crisis per fluxum uentris.*

Hoc etiam est manifestum. nam si circunscripto dolore capitis, assit dolor uentris, cum eminentia umbilici, & praecedenti constipatione vẽtris, crisis quidem continget per fluxum uentris.

H

417 *Quòd si venter eius pacem habuerit, & digestionem laudabilẽ, praeter quòd morbus eius violentus sit & austerus, cum aliquantulo tamen labore & vigilijs, circunscripta accidentibus sudoris, morbo quidem sic molli & lento existente, cum doloribus pectoris, erit sermo meus veridicus, scilicet quòd crisis huius patientis continget per vrinam.*

Cum quidem non inueniuntur I in ventre patientis dolores, nec est morbus violentus, erit tñ nihilominus cum aliquantulo labore & vigilijs, praeter q̃ sudorem patiatur, cũ doloribus tamẽ inferioris partis vẽtris, continget proculdubio crisis p vrinam. Signanter autem dixit, q̃ non patiatur sudorem: nam tunc proprie significabit declinatio humidae superfluitatis ad renes, & ad vesicam.

418 *Verum si cum pace & quiete praedicta retineatur vrina, praeter quòd morbus sit in altiùs ascẽminis, cum apertione tamen pororum cutis, sine forti dolore, & vigilijs, & siccitate, erit quidẽ crisis eius forsitan cum sudore.* K

Cum quidem diminuetur vrina, prẹter q̃ patientis accidentia sint tẽpore status in vltimo acuitatis & violentiae, & erunt pori cutis aperti, & cum hoc est, q̃ fuerit patientis corpus molle, laxum, & spõgiosum: cõtinget quidem proculdubio crisis eius per sudorem.

Si autem contingat dolor membri vel iuncturarum in acutis, continget proculdubio crisis earũ per apostemata. 419 L

Si patiens quidem patiatur dolorem, continget crisis eius per apostemata, quae debent in eo generari. tales autem morbi, quorum s. crisis accidit per apostemata, sunt de raro contingentib⁹. & haec quidem apostemata generantur post aures, ĩ collo, & subascellis, & sub cruribus, & ĩ inguinibus, & in iuncturis, necnõ & in oĩbus locis corporis. laudabilius tñ ex his apostematibus est magis distans a membris principalibus. M

Rememoratio signorum prognosticorum a { mortalium sumptorum ex operationibus. } a

V Tere laudabili regimine ex signis super mortem, euasionem, seu quietem, & pacem significantibus. 420

Horror lucis, sine tñ speciali morbo oculis, significat pculdubio morbum magnum, & nocumentum in cere-

A cerebro. & fluxus quidem lachrymę significat super multitudinem materiæ illius morbi, & debilitatem ipsius oculi retentiuæ contingentem ratione violentię, & magnitudinis morbi. Idem etiam est de magno, & forti rubore.

De signis mortis, & primo de signis sumptis ex operationibus.

Et his quidem sunt horror luminis, & lucis, & fluxus lachrymæ cum b *[rubore motu forti, &* B
uertigine.

421 *Et paruitas oculi in uno latere, & apertio oris absq; oscitatiõe.*

Paruitas, seu diminutio oculi significat super spasmum contingentem ex morbo, qui contingit cerebro, in illo s. latere, in quo diminuit oculus, aut super diminutionem humiditatis ipsius. Apertio vero oris significat sup debilitatem virtutis retentiuæ in inferiori mandibula existentis: quod quidem signũ est malum, & illaudabile.

C *Et cum quis iacet & dormit re*
422 *supinus, manibus & pedibus suis protensis & relaxatis.*

Hęc quidem signa sunt illaudabilia: nam significant super casum virtutis ferentis, & sustinentis corpus. nam in somno naturali dormit quis super alterum laterum suorũ, quod quidem ex vigore virtutis ferẽtis corpus contingit: vnde mortu* non stat sic super latus suum. Sic relaxatio pedum, & manuum significat sup casum virtutis. in somno, n. naturali contrahuntur, potius quã relaxentur membra prædicta.

Ex his etiam est si uideatur pa D
tiens descendere c *[in lecto suo,] &* 423
manus & pedes suos detergere.

c in cervicali

Hoc quidem ideo contingit. nã prædictus descensus in lecto significat super debilitatem virtutis ferentis vel sustinentis corpus: hoc autẽ descensu mouetur patiens versus locum pedum suorũ. Et detersio quidem manuum, & pedum significat super violentiam * virtutis.

* a. l. laboris.

Necnon mala & illaudabilis 424
imaginatio, quã videatur fila a pã
nis suis euellere. E

Cum quidem patientis cerebrũ cœperit apostemari, imaginabitur aliquam eminẽtiam esse in pannis suis, quam quidem tunc conabitur euellere. & imaginatio quidem rerum malarum, & horribilium significat permixtionem rationis, & morbi violentiam.

Ex his etiam est ultimata gra 245
uitas, aut eius manifesta suspẽsio.

Manifesta quidem grauitas extremorum significat casum virtutis motiuæ: sed suspensio seu arrectio patientis ad illud quod videt, significat permixtionem intellectus, & violentiam laborum. F

Et etiam frẽdere dentibus præ 426
ter solitum, & apponere manus super caput, & puluinar.

Frendere quidem dentibus præter solitum significat super spasmũ in cerebro.

Aut etiã si imaginetur quòd uespertilionẽ nigri coloris capiat, & uelit eum interficere.

Hoc

Hoc etiam est malum, quoniam signi ficat dominium & excessum cholerę nigrę magnę adustionis.

428 *Nam hoc contingente in morbo acuto, mors quidem appropinquabit.*

Intellexit, quòd hoc contingente in morbo acuto, mors futura sit in proximo.

429 *Ex his etiam est, si tacitus efficiatur verbosus, & mitis pacificus, iurgiosus.*

Hoc quidem contingit ex violētia morbi cogente patientem dimit- H tere consuetudinem suam. Cum ergo tacitus per naturam efficitur verbifluus, aut ex consuetudine pacificus litigiosus, est quidem signū malum, & illaudabile.

430 *Aut si conqueratur de cacitate, & surditate, vel casu virtutis, ratione violentiæ morbi.*

Mors huius patientis est vicina, quoniam priuatio sensuum est media mors.

Vel etiam si videatur patienti
431 *dum dormit in statu, quòd cadat*
I *nix super caput eius.*

Hoc quidem videtur ideo contingere, quoniam apparitio huius coloris tempore status morbi, significat super mortificationē caloris naturalis, & dominium frigiditatis in eodem, ratione humoris extinguentis calorem naturalem. non tamē recordor quod Hippocrates alicubi retulerit signum illud.

432 *Et anima quidem inquieta, dimina magna frigiditatis, est res mala, & illaudabilis.*

Ex frigiditate quidem animæ si- K gnificatur cordis frigiditas. Inquietudo vero significat illaudabilē dispositionem patientis.

Ex his sunt vigiliæ nocturnæ, 433 *et somnus diurnus, aut omnimoda priuatio somni.*

Hoc quidem totum est malum, cum sit contrariū dispōni naturali.

Necnō si dispositio ægri in som 434 *no, & post somnum deterioretur, & cum dolore efficiatur.*

Cum somnus erit tempore, quo corpus cōsueuerat naturaliter quie- L scere, & nihilominus morbus augeatur, significabitur quidem malitia patientis negocij.

Si etiam Medicus ordinate et 435 *recte operetur, præter quòd appareat operationis intentum, erit malum.*

Si Medicus ordinate, & sicut decet, ministret patienti medicinas suas, præter quod inde prosperetur rectificatio patientis, erit signum malum, & illaudabile. hoc nanque significat, quod patiens non consequitur iuuamentum ex cura Medici. M

Rememoratio signorum Prognosticorum mortalium assumptorum a qualitate corporis.

Ex his autē sunt facies mor- 436 *tuorum faciebus consimiles,* a *cum planicie*[a] *[seu extensione] tēporum, ex morbo contingente, & constrictione aurium, & ipsarum frigiditate, & earum inuersatione, & oculorum profunditate.*

He

A Hæ quidem facies notę sunt Medicis facies s. mortuorum: quarum teste Hippocrate, nasus tenuis est & acutus, & oculi profundati, & tempora plana & tensa, & aures inuersæ, & sunt in colore similes mortuo. Quę quidem facies, si circunscripta vigiliarum instantia, & euacuatiõe sensibili appareant in principio morbi necessario habebūt malitiam significare. nam significāt subitū casum virtutis, & priuationem seu consumptionem humidi radicalis, & extinctionem caloris naturalis. & hoc ratione violentiæ morbi. Non tamen B significant malitiā in morbis chronicis, sicut faciunt in acutis. possunt etenim hæ facies ratione longi temporis morbi apparere. agens. n. debile efficit transmutationē magnam in tempore longo: & ē contrario agens forte efficit immutationē magnam in tempore breui. Cum ergo in tempore breui videbimus, s. i primis diebus morbi hæc accidentia, significabunt quidem morbi malitiā & virtutis debilitatem.

437 *Etiam rubor, uel nigredo oculorum, aut eorum eminētia, uel principium fuscedinis ipsorum.*

C Hæc oĩa signãt dñium & excessum humoris in cerebro.

438 *Aut etiam si quieuerint:* ᵇ[ ]*uel si fuerint infrigidati:* ᶜ[*aut palpebrarum*]*tortura.*

ᵇ & oculi sint cõtinue apti stare in loco vno

ᶜ & palpebris ipsorũ accidere

Intellexit q̃ aut oculus quiescat a motu suo naturali, aut q̃ cesset, & tollatur sensus visus, aut q̃ eorum naturalis calor extinguatur, & infrigidentur. & hoc quidem totum signãt mortificationem virtutis motiuæ. D

439 *Aut si fuerit nasus acutus cũ obliqua fronte,* ᵈ[*ex latere labij cõtracto uel marcido.*]

ᵈ & labiũ inferiᵒ contractũ vel cõuersum fuerit.

Acumen quidem nasi accidit ex priuatione sanguinis, & humiditatis corporis Nam cum accidit aliq̃d corpori, rubet primo nasus, licet sit ex membris corporis exterius eminentibus, & frigidę naturæ, distantibus valde, ad hoc quod possit ad ea sanguis attingere. & obliquitas quidem & contractio labij significant super dominium ariditatis, & consumptionem humidi, s. radicalis. E

440 *Frigiditas quidem extremorũ patientis cum vlcere, & nigredine linguæ* ᵉ[*laboriosa, & similia cruciantia, sunt quidem illaudabilia*]*in febre vrente.*

ᵉ cũ lingitudine, & dispõne angustiãs ẽ mala.

Cum quidem vniantur contraria in eodem, significabunt super ipsius corruptionem. pro tanto, cum i febre valde vrente reperietur frigiditas extremitatum, significabit sup illaudabilem malitiam. & nigredo q̃dem linguę significabit super dominium vstionis in corpore.

F

441 *Ex his etiam est* ᶠ[*uiridis rubor*]*unguium, & uiror in corpore cum uestigio nigredinis.*

ᶠ rubedo & viriditas.

Tales quidem vngues & maculę corporis similes vestigijs vlcerũ obringunt ratione mortificationis naturalis caloris in corpore, & adustionis humorum. Apparent autem prædictę maculæ similes vestigijs vlcerum, & contusionibus in illis locis determinate ex debilitate locorum prædictorum. Interdum autem signãt nigredo extremorum sup crisim

G sim, per quā euadit, & liberatur patiens, eadem ratione hoc autē contingit, cum apparet hoc accidens post morbi digestionem.

442 *Ex his etiam est ictericia, si ante septimam diem apparet cū macie hypochondriorum.*

Illaudabile quidem signum est, si ictericia ante digestionem apparuerit. Et priores experti fuerūt ipsam esse sine digestione, si ante septimā diem appareat. Posteriores vero opinati sunt, q si eueniat ante septimā diem, in regionibus tñ calidis, pōt

H nihilominus esse bonum signū, & laudabile. Addidit etiā q appareat cum macie hypochōdriorum: quoniam macies illius loci significat excessum, & dominium ustionis, & siccitatis renum.

443 *Et si frigiditas sit in manifesto, & superficie corporis, & calor fuerit, g[& sit] interius & praesertim si h[adhuc sit] & remāserit supra membra principalia.*

g ——
h ——

Hae quidem signa sunt illaudabilia, quoniam significant q intra corpus sit apostema, attrahens ad se

I calorem naturalem & sanguinem, adeo q inde infrigidetur manifeste superficies corporis. Addidit etiam: & praesertim si adhuc remanserit supra membra principalia: hoc est, si calor remanserit adhuc in manifesto corporis super illud, quod est è directo membrorum principaliū. nam hoc significat apostema esse ĩ membris illis.

444 *Et tumor quidem uultus, cum tumore extremitatum ante duo septenaria, est quidem terribilis. nā huius patientis materia uelox est, i[& cita:] unde non uidetur quòd ad terminum duorum septenariorum ualeat peruenire.* K

i ad hydropem

Tumor quidē faciei, & extremorum in acutis febribus ante xiiii. diem, signāt q patiens non perueniet ad terminū pdictae diei, aut q labet in hydropem: & hydrops quidē mortalis est in hoc loco.

Aut si quiescat, & cesset febris absque crisi, aut si eius, fortificatio palam augeatur in diebus paribus. 445 L

Intellexit q erit signum illaudabile, cum cessabit febris acuta subito sine crisi: hoc. n. significat, q consequenter redibit, & patiētem interficiet. nam talis quies significat fatigationem naturae, & impotentiam ad resistendum morbo. Est autē malum, q febris augeatur in diebus paribus: aut quia non accidet crisis in talibus febribus, nisi in diebus paribus, quod quidem malum est & illaudabile: aut quia febris notha, quę hemitritęus dicitur, augetur, & fortificatur in diebus paribus, & hęc quidem febris periculosa est. hoc autem probabilius uidetur esse de intentione ipsius. M

Signa ex exeuntibus a corpore.

E*x his quidem est faex nigra, uel uiridis, faetida, pinguis, rubea, & sicut aqua* a[ ]*butyrosa, & alba. Hae nanque malae sunt, & illaudabiles.* 446

a & spongiosa uel

Ma-

A Malitia quidem egestionis nigræ est, quoniam significat dominium melancholiæ: & maxime, si talis appareat a principio morbi. Et viridis appropinquat quidem ei. Sed fœtida significat super magnam & fortem corruptionem. Vnctuosa vero significat super dissolutionẽ adipis renum ex forti violentia renum effectam. Verum rubea attestatur sup dominium choleræ rubeæ, quæ valde vritur. Et aquosa quidem significat super priuationem virtutis immutatiuæ. & digestiuę. Spumosa autem & butyrosa significat super for-
B tem calorem, aut super fortem motum virtutis inquietatæ & vexatæ: quemadmodum contingit in spuma maris ratione multitudinis fluctuationum motuum eius. Et alba quidem significat super debilitatẽ hepatis. Hoc autem totum verendum est in acutis.

447 *Necnon etiam si appareat diuersorum colorum: hoc nanq; mortem,* [b] *[ant crisim futuram] significat.*

b nisi illud accidat a crisi.

Siquidem talis fit per viam crisis,
C significabit super fortitudinem naturæ: quę si in non acutis talis appareat, significabit quidem super multitudinem, & dominium humorum in corpore.

448 *Et si cum casu appetitus egestio sit cholerica, cum qua egrediatur frustum sanguinis cõgelatum primo, & consequenter frustum carnis.*

Quando cum casu appetitus est egestio cholerica, & cum ea egreditur sanguis & carnis frustum, signi-
D ficat quidem malum. est nanq; signum illaudabile casus appetitus cum fluxu sanguinis.

449 *Et etiam si post egressum choleræ appareat sanguis, absq; punctione, & stimulatione.*

Intellexit sm opinionem meã, q cum egreditur sanguis post excedẽtem egressum choleræ rubeæ, non præcedente punctione, & mordicatione aliqua egressum sanguinis, q hoc significat egressum sanguinis per secessum, & post talem consumptionem choleræ citrinę.
E

450 *Et si post extenuationẽ & macerationem corporis appareat, & egrediatur fex nigra.*

Si fęx patientis egrediatur nigerrima post consumptionem & emacerationem corporis sui, & etiã morbi longitudinem, hoc quidem est signum malum, & illaudabile.

451 *Et cum constipabitur venter in febre vrente, &* [c] *[vexabitur cerebrum.]*

c fuerit in cerebro sequendo vel accessus ipsi cerebrũ quiescens.

Intellexit sm opinionem meam q cum in febre vrente constipabit venter, significabitur ascensus morbi ad caput, siue cerebrum.
F

452 *Si etiam egrediatur ventositas cum sono inuerecundo præter solitum, erit malum.*

Intellexit, q si quis verecundus bombizet, & alijs audientibus præter solitum, q hoc erit malũ signũ. Nam significat aut super corruptionem rationis, aut super violentiam doloris.

453 *Et vrina quidem nigra, tenuis, & pauca significat patientis inte*

G *ritum, estq; timendum ut plurimū*
& periculosum, cum accidit per-
mistio rationis, & intellectus cum
tenuitate urinæ.

Cum vrinæ tenuitas iungitur ni
gredini, significat quidem super do
minium frigiditatis, & extinctionē
naturalis caloris. Quòd autem quis
loquatur absq; ratione cum vrinæ
tenuitate, significat ascensum choleræ rubeæ ad cerebrum, & ipsius a-
postemationem.

414 *Ex his etiam sunt uomitus, &*
H *fluxus* [d] [ ] *cum nigre*
d sanguis narium *dine, & fœtor ex putrefactione*
contingens.

Fluxus quidem sanguinis nigerrimi a naso significat super vstionē
sanguinis ex violentia febris contin
gentem: & vomitus niger super dominium choleræ vstæ seu melācho
liæ in corpore: & fœtor super fortē
putrefactionem.

415 *Frequens etiam tussis cum mo*
e phthisis *dico sputo est signum malum & il*
laudabile. [e] [ ]

Cum in phthisi minuitur sputū
I cum frequētia tussis, suffocat patiēs.

416 *Sputum etiam diuersorum co-*
f cū difficultate & tussi *lorum* [f] [*in pleuresi cum tussi labo*
riosa & difficili,] *significat mor-*
tis propinquitatem.

In apostemate lateris si exeat spu
tum diuersorum colorum cum difficultate & tussi valida, erit quidem
mors patientis proxima.

417 *Et sudor solius capitis, ad quem*
seu ad cuius euacuationem subse-
quitur quies, est malus.

Sudor proprie in fronte, & ptora K
capitis, est quidem signum mortale
nam quidem significat super fortē
pugnam. Omnis. n. sudor, quem nō
subsequitur alleuiatio patientis, est
ex signis malis, & illaudabilibus.

Rememoratio signorum laudabilium Prognosticorum.

S i facies eorum appareāt qua 458
les fuerint tempore sanitatis,
eorum quidem cura & certa eua
sio erit manifesta.

Palam quidem est & manifestū L
φ hæ facies sunt manifeste contrariæ faciebus similibus faciebus mor
tuorum. cum igitur facies illę significēt super mortē, ideo significabūt
illæ salutem, & patiētis euasionē.

Ex his etiam est vniformitas, 459
& æqualitas caloris, circunscripta
macie hypochondriorum.

Hoc autem ideo contingit, quò-
niam vniformitas caloris super totum corpus significat super laudabi
lem dispositionem corporis intrinsecam ex priuatione apostematum.
Addit tamen cum vniformitate, & M
æqualitate caloris in corpore, φ nō
fuerint hypocondria macra. & hoc
ideo, qm̄ talis est dispositio hecticor-
rum. & est ac si diceret, φ calor repe
ritur vniformis per totum corpus
eorum cum macie hypochondriorum ipsorum.

Et si post septimam diem erit 460
manifesta & perfecta ratiocina-
tio absque malitia, & vigor mo-
tus, & sensuum omnium, concomi
tante facilitate & leuitate sui cor
poris,

A *poris, & solitus decubitus, & somni aduentus in nocte ut plurimum sine somno diurno cum vigore[a] [patientis] post somnum. Omnis etiã somnus tollens dolorem, & perturbationem seu permistionem rationis, & mitigans ægritudinem, est laudabilis.*

a cibo

Hæc quidem signa omnia sunt contraria signis malis & illaudabilibus, quorum relationem præmisimus: & causæ istorum etiam sunt contrariæ causis illorum. pro tanto B non oportet, nec est necesse iterare commentum in istis. Intellexit autem, cum dixit concomitante quoq; leuitate sui corporis, quod cum patiens tolleret bene morbum suum, est signum bonum, & laudabile, sicut impotentia tollerandi ipsum est malũ signum, & illaudabile.

461 *Cerebrum quidem patitur ex quibusdam membris compatientibus secum in passione. Vnde si tunc enascerit a permistione continua, euadet quidem patiẽs laudabiliter* C *ab hoc morbo.*

Cum membra, quibus compatitur cerebrum, in passione patiuntur, sicut pectus & diaphragma, circũscripta permixtione continua rationis, significatur, quod cerebrum immune sit, & liberum ab apostemate. Alia autem permixtio interpollata fit potius ratione compassionis & colligantiæ, non autem ratione propriæ passionis ipsiusmet cerebri contingentis ex apostemate in eodem existente, idest quidem continua permixtio rationis.

D *Et si cũ apostemate capitis adsit sternutatio, ex signis erit super sanitatem significantibus.* 462

Hoc quidem est signum laudabile, cum in statu morbi cõtigit. In prĩcipio vero significat ut plurimũ naturæ vexationem.

463 *Omnis fluxus sanguinis[b] [ ] etiam ab aure in morbis capitis, est curatiuus corporis.*

b a naribus, &

Et hoc ideo contingit, quoniam ex fluxu sanguinis narium, vel auriũ dissoluitur apostema.

E *Anhelitus manifestus non frequens, aut[c] [ ] tardus est laudabilis: nec est verendus si non fuerit intercisus, separatus: aut orthopnœosus, cogens erigere patientem.* 464

c non

Cũ accidit ĩ febrib' frequẽs anhelitus, est quidẽ signum malũ: nam significat excessum caloris ĩ corde. Tardus quoq; anhelitus permixtionem significat rationis. Intercisus vero separatus significat dissolutionem virtutis, & duritiem organi anhelitus, contingentem ratione apo- F stematis in membris principalibus existentis, aut excessum siccitatis in organis anhelitus existẽtis. Verum anhelitus faciens patientem erigere significat pulmonis apostema. Cũ ergo anhelitus immunis sit ab his omnibus, signum est laudabile.

Et similiter est laudabile, cum pulsus est virtuosus fortis[d] [sine angustia,] nec est anhelitus vrẽs, nec inflammatiuus. 465

d neq. strictus

G Angustia quidem pulsus significat super debilitatem virtutis. cũ .n. non possit extendere in latum, multo minus in profundum. Et anhelitus quidem vrēs significat super inflammationem cordis.

466 *Ex his etiam fiunt bonitas appetitus, & digestiones, cum equalitate, & laudabili substantia fecum, & [colore medio] in citrinitate, circunscripta nigredine earũ ustiua, & viriditate.*

e vrinę, & colore ę-quali.

H Hęc quidem omnia sciuntur ex eo, quod pręmisim᷒ de signis malis.

467 *Aut exitus etiam humoris cũ lumbricis in die critica, hoc quidẽ est signum uitæ. hoc enim contingente aufertur morbus, cum fuerit ex illo humore.*

Hoc quidẽ est signũ laudabile: quoniam significat vim & fortitudinem virtutis expulsiuę naturalis. Cum autem dixit, ꝙ aufertur morbus, hoc contingente, &c. intellexit ꝙ egressus lombricorum in die critica sit signum bonum per se: & pręI sertim cum fuerit morb᷒ ex illo humore egrediente cum eis, ac si diceret ꝙ egreditur cum eis humor, qui est causa effectiua morbi. Nam sęcundum accidit in crisibus laudabilib᷒ ꝙ humor, qui est causa morbi, egrediatur in crisi: & accidit interdum ĩ crisibus illaudabilibus ꝙ euacuetur humor, qui nequaquam est causa morbi. & talis quidem crisis auget, & magnificat morbum nec reperit pacientes post ipsam, alleuiationem, sed potius aggrauationem: ẽ contrario .s. eius, quod accidit ex crisi contingente ab euacuatione humoris K proprii morbi.

468 *Egrediẽte cholera rubea, aufertur surditas, tollitiurq; inde nocumẽtum in morbo cerebri.*

Gale. quidem exposuit hoc inter dicta Hippo in lib. Aphorismorum vbi dicit, ꝙ si fluxus ventris ex cholera rubea accidit patienti surditatem, tolletur eius surditas. Et Gale. quidem opinatus est hoc esse verũ, cum talis surditas contingit ex apostemate in cerebro contingente. nõ .n. est causa eius cholera rubea ĩ nõ contingente ex apostemate cerebri. L & ob hoc inquit hic Benscne, ꝙ cõtingente surditate ĩ acutis, adueniẽte fluxu vẽtris de cholera rubea, tolletur surditas, & morbus capitis dissoluetur.

469 *Sanguis etiam hæmorrhoidarũ curat morbum splenis. Hoc etiam est laudabile in melancholia.*

Fluxus sanguinis hæmorrhoidarum curat a morbo splenis, & melãcholia: quoniam sanguis hæmorrhoidarum est niger, & melancholia quidem est ipsa cholera nigra.

M

470 *Et fluxus quidem aque, & humoris phlegmatici est cura morbi in hydrope.*

Intellexit quidem ꝙ cum accidit fluxus aquę citrinæ in vrina in hydrope ascitica, & humoris phlegmatici in carnosa, ꝙ sit cura duarũ prædictarum specierum hydropis.

471 *Egressus quoq; cholera citrina in ophthalmia festinat curã eius.*

Intellexit ꝙ flux᷒ cholerę rubeæ curet ophthalmiam celeriter ex eadem cholera contingentem.

Ex

472 A *Ex his quidem signis est, ut videas urinam similem in colore pomo citrino, cum hypostasi alba in fundo residente.*

Hoc etiam est notum ex eo, quod dictum fuit in capitulo de vrina. talis nanque color eius est naturalis, & talis etiam hypostasis similiter est naturalis, cum sit alba, & residés in fundo vasis.

473 *Et si etiam videas sudorem infirmi aequalem in febre continua.*

Intellexit φ si sudor sit æqualis, B ac si diceret, φ sit æqualis per totum corpus, φ hoc quidem est bonum signum in febre continua. Hæc auté febris est ex sanguine.

474 *Et tumorem exterius apparentem in synanchia. hoc enim bonũ, & laudabile est.*

Hoc quidem bonum & laudabile est, sicut dicit, tumore etiam exterius in synanchia apparente, est bonum & laudabile signum. In qua vero nihil apparet exterius cũ violẽtia accidentium, mortalis est: talis .n. est deterior ex speciebus eius: & C præsertim, si præ sui magnitudine ex ea apparente interius & exterius videatur. Extrinsece autem seu exterius sunt tres species: ex quib' laudabilior est illa, cuius ipse fecit hic mentionem.

475 *Tumor quidem testiculorum in tussi chronica, est cura corporis.*

Intellexit φ cum in tussi chronica generatur tumor testiculorũ, φ sit cura eius: hoc est cum materia faciens tussim transfertur, & destinat ad locum prædictum.

Et similiter apostema pedis in morbis pulmonis: necnon apostema generatum in iunctura cruris, & in inguinibus. 476 D

Intellexit φ per diuersionem materiæ ad aliam partem fiat curatio apostematum pulmonis. Et Itelligit sm opinionem meã per apostema pedis, podagram. Et apostema quidem in iunctura cruris est apostema, quod generatur in carne existẽte in radice cruris.

Et pustula narium, aut labiorũ in tertiana est signum salutis prognosticum. 477 E

Hoc Intellexit in tertiana simplici & vera: & est illa, quæ non transit septem periodos, seu circuitus.

Et varices quidem innatæ sunt cura alopeciæ: necnon eius, quod est in uentre, & splene. 478

Varices sunt morbi in tibijs accidentes, cum venæ in eis existentes replentur, & ingrossantur in tantũ, φ egrediuntur manifeste a sua dispositione naturali. humor quoq;, quo tunc replentur venæ illæ, melancholicus est. pro tanto ex euulsione & F translatione illius humoris ad eas contingit curatio morbi splenis, & etiam apostematum in ventre generatorum, quæ dubaylet dicuntur, i. *scropulæ. verum φ hoc sit cura alopeciæ, hoc quidem nequaq̃ est, eo φ omnis materia, ex qua fit alopecia, sit melancholica: nec etiam ex humore phlegmatico, nam alopecia potest ex omnibus humoribus generari. Hic autem canon est vn' ex aphorismis Hippocra. & opinat' est Galenus in expositione eius, φ

*a. l. glandulæ.

G posuit alopeciam pro lepra. non tñ
constat apud Gal. illo tempore: nec
est verificatum isto tempore.

479 *Et ex synegmia quidē ī lieteria ī
testinis cōtingit ex retentione cibi.*

Intellexit, q̄ si precedente lienteria, contingit eructuatio acida, q̄ sit
bonū signū, & laudabile. Hoc nāq;
signat in hoc morbo retentionem
partis cibi in stomacho. & hoc ideo:
nam in hoc morbo egreditur cibus
indigestus à stomacho, & intestinis
rōne humoris lenitiui ibidem existentis, aut rōne vlcerum existentiū
in eisdem. Vñ cum retinetur cib⁹ in
H stomacho, donec acescat, est signū
laudabile, quod quidem verum est,
velut dicit Gale. si de nouo contige
rit, quæ prius non fuerit. nam hæc
est de accidentibus potentibus contingere in principio morbi.

480 *Et febre contingente in spasmo
vel epilepsia, fit earum cura.*

Sicut accidit spasmus ex repletio
ne, contingat febris consequenter,
erit quidem hæc cura eius ab ipso
spasmo: quoniā febris dissoluit humorem spasmum facientem cū cō
trarietate complexionis eius ad cō-
I plexionē hūoris facientis spasmū.
febris. n. calida est & sicca, & humor
faciens spasmum frigidus & humi
dus. & sic est de ipsa epilepsia.

481 *Si patienti singultum contingat sternutatio, est cura eidem.*

Hic singultus est humoralis, seu
ex repletione. & hoc ideo, q̄m sternuta
tio expellit humorem illum, qui est
causa singultus a substantia stoma
chi, nutuatq; seu excitat naturam ad
expulsionem ipsius. Singultus. n. est
debilis motus naturæ in expellēdo
superfluitatem nociuam in stoma- K
cho existentem. Singultus vero, cuius
causa est siccitas, non recipit curā.

Rememoratio canonum, quib⁹ vtendum est in iudicio prognosticandi.

D*ecet quidem ut cum volue* 482
*ris iudicare patientē, quod
vtaris proportione,* [a][ ]

a vel cōparatione

Cum ergo volueris iudicare per
hęc signa, vtaris proportione iuridi
ca, neq; facias sententiam aliquam
absolute, prius q̄ scias species illorū
signorum, & differentias eorum in L
significatione.

Nam ex signis sunt, quorū vir 483
*tus vera est & certa. Et ex eis sunt
quæ per alia falsificantur.*

Dicamus ergo primo, q̄ ex signis
sunt quædam valde vera. & hęc qui
dē spēs signorū est, cū quibus non
apparent alia eis contraria in corpo
re, ex his quędam sunt, cum quibus
apparent alia eis contraria in corpo
re, quare est dubiū ī prognosticādo

Iusta autem significatio sumi- 484
tur inter membra, ex eis quæ ap- M
parent in capite.

Signa quidem iuste super mortē
significantia, & eius contrariū, sunt
signa in capite apparentia, quorum
relationem iam fecimus.

Si ergo videas aliquam signifi 485
*cationem iuste significantē in cor-
pore, & aliam sibi contrariam sic
significantem.*

Si autem videas aliquod signum
iuste testificans super euasionē vel
perditionem alicuius, & videas cū
eo aliquod signum ei contrarium
in

A in corpore, supple, noli sic prorumpere in iudicium.

486 *Contingit etiam quod apparēs super contrarium corporis non sint nisi testimonia debilia.*

Contingit autem contrarietas signorum, & testimoniorum in uno & eodem corpore, ita ꝙ quędam ex eis significent bonum, & quędā malum, cum erunt testimonia debilia super bonum vel malum signātia

487 *Omne signum non habens contrarium significat recte super cu-*
B *ram & euasionem.*

Intellexit ꝙ oē signum laudabile, cum quo non apparet contrariū, inquantum est ei contrarium, illud quidem & sibi similia significant recte super euasionem eorum.

488 *Et omne signum prognosticationis praedictis contrarium, significat mortem & perditionem.*

Intellexit quidem secundum opinionem meam, ꝙ omnia signa mala signis bonis contraria, quorū cōtrarietas talis est, ꝙ non possunt venire simul in eodem corpore, sunt
C quidē signa iuste mortem signātia.

489 *Cum autem apparebunt tibi signa contraria & debilia, sequitur quidem ad hoc dubium. Unde sta tunc, & prolonga iudicium.*

Cum ergo colligentur apud te signa contraria debilia: hoc est, ꝙ uniantur in eodem corpore, & ꝙ sint aequata in significatione sua, ita ꝙ non possit quis cogere super significationem, nec ratione multitudinis, neq; ratione fortitudinis eorū: posset enim unum ex istis signis fortius esse alijs: quod quidem esset signum apud Medicum euasionis patientis, aut eius: hoc quidem est solum dubium, non aliud ab isto. pro tanto decet Medicum tunc cōtinuare curam, quam habebit, & cōsequitur forsitan inde spem. D

Cum ergo erunt aequata in dispositionibus suis, sta. Sed indica a praedominante, cum erunt contingentia in inaequalitate sua. 490

Hoc quidem est notum, inquit enim ꝙ cum contraria erunt, sta, & noli iudicium referre. Cum vero una E ex speciebus contrarijs cogere inferre iudicium, ex cogente & dominante indica. Docet autem hoc esse quod dicit apud Medicum in praedictis signis habentibus gradus & dominium in fortitudine & debilitate, hoc est in significatione: sic sperum exempli gratia, apparebit aliquod signum, cuius significatio super sanitatem sit in gradu tertio, & apparebunt ei duo signa, quorum significatio est super perditionem in gradu primo, tunc iudicare habebit ꝑ signum, quod est in gradu tertio. cū vero erunt praedicta signa aequalia ī F gradu, tunc ferendum erit iudiciū secūdum numerum ipsorum: sicut facit iudex in alteratione testium, & se dementientium: & sicut faciunt sapientes astrorum in virtutibus astrorum contrariorum ex contrarietate locorum ipsorum.

Et in hoc explicit prima pars Canticorum Auicennae, & est pars Theoricae scientiae Medicinae.

G Hoc etiam est malum, quõ significat dominium & excessum cholerę nigrę magnę adustionis.

428 *Nam hoc contingente in morbo acuto, mors quidem appropinquabit.*

Intellexit, quòd hoc contingente in morbo acuto, mors futura sit in proximo.

429 *Ex his etiam est, si tacitus efficiatur verbosus, & mitis pacificus, iurgiosus.*

Hoc quidem contingit ex violẽtia morbi cogente patientem dimit-
H tere consuetudinem suam. Cum ergo tacitus per naturam efficitur verbifluus, aut ex consuetudine pacificus litigiosus, est quidem signũ malum, & illaudabile.

430 *Aut si conqueratur de caecitate, & surditate, vel casu virtutis, ratione violentia morbi.*

Mors huius patientis est vicina, quoniam priuatio sensuum est media mors.

Vel etiam si videatur patienti
431 *dum dormit in statu, quòd cadat*
I *nix super caput eius.*

Hoc quidem videtur idem contingere, quoniam apparitio huius coloris tempore status morbi, significat super mortificationẽ caloris naturalis, & dominium frigiditatis in eodem, ratione humoris extinguentis calorem naturalem. non tamẽ recordor ꝙ Hippocrates alicubi retulerit signum illud.

432 *Et anima quidem inquieta, domina magna frigiditatis, est res mala, & illaudabilis.*

Ex frigiditate quidem animę significatur cordis frigiditas. Inquie- K
tudo vero significat illaudabilẽ dispositionem patientis.

433 *Ex his sunt vigilia nocturna, et somnus diurnus, aut omnimoda priuatio somni.*

Hoc quidem totum est malum, cum sit contrariũ dispõni naturali.

434 *Necnõ si dispositio agri in somno, & post somnum deterioretur, & cum dolore efficiatur.*

Cum somnus erit tempore, quo corpus cõsueuerat naturaliter quie- L
scere, & nihilominus morbus augeatur, significabitur quidem malitia patientis negocij.

435 *Si etiam Medicus ordinate et recte operetur, prater quòd appareat operationis intentum, erit malum.*

Si Medicus ordinate, & sicut decet, ministret patienti medicinas suas, pręter quod inde prosperetur rectificatio patientis, erit signum malum, & illaudabile. hoc nanq; significat, ꝙ patiens non consequitur iuuamentum ex cura Medici. M

Rememoratio signorum Prognosticorum mortalium assumptorum a qualitate corporis.

436 *Ex his autẽ sunt facies mortuorum faciebus consimiles, cum planicie[a] [seu extensione] tẽporum, ex morbo contingente, & constrictione aurium, & ipsarum frigiditate, & earum inuersatione, & oculorum profunditate.*

a ——

Hæ

A Hæ quidem facies notę sunt Medicis. facies s. mortuorum: quarum teste Hippocrate, nasus tenuis est & acutus, & oculi profundati, & tempora plana & tensa, & aures inuersæ, & sunt in colore similes mortuo. Quę quidem facies, si circunscripta vigiliarum instantia, & euacuatione sensibili appareant in principio morbi necessario habebit malitiam significare. nam significat subitū casum virtutis, & priuationem seu consumptionem humidi radicalis, & extinctionem caloris naturalis. & hoc ratione violentiæ morbi. Non tamen
B significant maliciā in morbis chronicis, sicut faciunt in acutis. possunt etenim hæ facies ratione longi temporis morbi apparere. agens. n. debile efficit transmutationē magnam in tempore longo: & è contrario agens forte efficit immutationē magnam in tempore breui. Cum ergo in tempore breui videbimus, s. I primis diebus morbi hæc accidentia. significabunt quidem morbi malitiā & virtutis debilitatem.

417 *Etiam ruber, uel nigredo oculorum, aut eorum eminētia, uel prin-*
C *cipium fuscedinis ipsorum.*

Hæc oīa signāt dñium & excessum humoris in cerebro.

418 *Aut etiam si quieuerint:* [b] [ ]*uel si fuerint infrigidati:* [c] [*aut palpebrarum*] *tortura.*

b si oculi sint cōtinue aperti I vna locū lumētum
c & palpebris ipsorū accidentis

Intellexit q aut oculos quiescat a motu suo naturali, aut q cesset, & tollatur sensus visus, aut q eorum naturalis calor extinguatur, & infrigidentur & hoc quidem totum signat mortificationem virtutis motiuæ. D

419 *Aut si fuerit nasus acutus cū obliqua fronte,* [d] [*ex latere, laby cōtracto uel marcido.*]

d & labiū inferius contractū vel cōstrictum fuerit.

Acumen quidem nasi accidit ex priuatione sanguinis, & humiditatis corporis Nam cum accidit aliqd corpori, rubet primo nasus, licet sit ex membris corporis exterius eminentibus, & frigidę naturæ, distantibus valde, ad hoc quod possit ad ea sanguis attingere. & obliquitas quidem & contractio labij significant super dominium ariditatis, & consumptionem humidi, s. radicalis, E

440 *Frigiditas quidem extremorū patientis cum vlcere, & nigredine lingua* [e] [*laboriosa, & similia cruciantia, sunt quidem illaudabilia*] *in febre vrente.*

e cū longitudine, & dispōne angustiam ē mala.

Cum quidem vniantur contraria in eodem, significabunt super ipsius corruptionem. pro tanto, cum i febre valde vrente reperietur frigiditas extremitatum, significabit sup illaudabilem malitiam. & nigredo quidem linguę significabit super dominium vstionis in corpore.

F

441 *Ex his etiam est* [f] [*uiridis rubor*] *unguium, & uirer in corpore cum uestigio nigredinis.*

f rubedo & viriditas.

Tales quidem vngues & maculę corporis similes vestigiis vlcerū cōtingunt ratione mortificationis naturalis caloris in corpore, & adustionis humorum. Apparent autem prędictę maculæ similes vestigiis vlcerum, & contusionibus in illis locis determinate ex debilitate locorum prædictorum. Interdum autem signat nigredo extremorum sup crisim

G sim, per quā euadit, & liberatur patiens, euadunt tñ vngues hoc aūt cōtingit, cum apparet hoc accidēs post morbi digestionem.

442 *Ex his etiam est ictericia, si ante septimam diem apparet cū macie hypochondriorum.*

Illaudabile quidem signum est, si ictericia ante digestionem appareat. Et priores experti fuerūt ipsam esse sine digestione, si ante septimā diem appareat. Posteriores vero opinati sunt, ꝙ si eueniat ante septimā diem, in regionibus et calidis, pūt

H nihilominus esse bonum signū, & laudabile. Addidit enī ꝙ appareat cum macie hypochondriorum: quoniam macies illius loci significat excessum, & dominium vitionis, & siccitatis rerum.

443 *Et si frigiditas sit in manifesto, & superficie corporis, & calor fuerit, a[& sit] interius & præsertim si a[adhuc sit] & remāserit supra membra principalia.*

Hæc quidem signa sunt illaudabilia, quoniam significant ꝙ intra corpus sit apostema, attrahens ad se

I calorem naturalem & sanguinem, adeo ꝙ inde infrigidentur manifestæ superficies corporis. Addidit etiam: & præsertim si adhuc remanserit supra membra principalia: hoc est, si calor remanserit adhuc in manifesto corporis super illud, quod est è directo membrorum principaliū: nam hoc significat apostema esse ī membris illis.

444 *Et tumor quidem vultus, cum tumore extremitatum ante duo septenaria, est quidem terribilis: nā huius patientis materia velox est, a[& cita:] unde non uidetur quòd ad terminum duorum septenariorum ualeat peruenire.* K

a ad hydropem

Tumor quidē faciei, & extremorum in acutis febribus ante xiiii. diem, sign̄at ꝙ patiens non perueniet ad terminū pdictæ diei, aut ꝙ labet̄ in hydropem: & hydrops quidē mortalis est in hoc loco.

Aut si quiescat, & cesset febris absque crisi, aut si eius fortificatio palam augeatur in diebus paribus. 445

L

Intellexit ꝙ erit signum illaudabile, cum cessabit febris acuta subito sine crisi: hoc. n. significat, ꝙ consequenter redibit, & patientem interficiet. nam talis quies significat fatigationem naturæ, & impotentiam ad resistendum morbo. Est autē malum, ꝙ febris augeatur in diebus paribus: aut quia non accidet crisis in talibus febribus, nisi in diebus paribus, quod quidem malum est & illaudabile: aut quia febris notha, quę hemitritęus dicitur, augetur, & fortificatur in diebus paribus, & hęc quidem febris periculosa est. hoc autem probabilius videtur esse de intentione ipsius. M

Signa ex exeuntibus a corpore.

446 *Ex his quidem est fæx nigra, uel uiridis, fætida, pinguis, rubea, & sicut aqua a[ ] butyrosa, & alba. Hæ nanque malæ sunt, & illaudabiles.*

a & egestio spumosa vel

Ma-

A Malitia quidem egestiõis nigræ est, quoniam significat dominium melancholiæ: & maxime, si talis appareat a principio morbi. Et viridis appropinquat quidem ei. Sed fœtida significat super magnam & fortem corruptionem. Vnctuosa vero significat super dissolutioné adipis renum ex forti violentia renum effectam. Verum rubea attestatur sup dominium choleræ rubeæ, quæ valde vritur. Et aquosa quidem significat super priuationem virtutis immutatiuæ, & digestiuę. Spumosa autem & butyrosa significat super fortem calorem, aut super fortem B motum virtutis inquietatæ & vexatæ: quemadmodum contingit in spuma maris ratione multitudinis fluctuationum motuum eius. Et alba quidem significat super debilitaté hepatis. Hoc autem totum verendum est in acutis.

447 *Necnon etiam si appareat diuersorum colorum: hoc nanq; mortem,* [b] *[aut crisim futuram] significat.*

b nisi illa accidat a crisi.

Siquidem talis sit per viam crisis, C significabit super fortitudinem naturæ: quę si in non acutis talis appareat, significabit quidem super multitudinem, & dominium humorum in corpore.

448 *Et si cum casu appetitus egestio sit cholerica, cum qua egrediatur frustum sanguinis cõgelatum primo, & consequenter frustum carnis.*

Quando cum casu appetitus est egestio cholerica, & cum ea egreditur sanguis & carnis frustum, significat quidem malum. est nanq; D signum illaudabile casus appetitus cum fluxu sanguinis.

449 *Et etiam si post egressum choleræ appareat sanguis, absq; punctione, & stimulatione.*

Intellexit s[ecundu]m opinionem meã, q[uod] cum egreditur sanguis post excedétem egressum choleræ rubeæ, non præcedente punctione, & mordicatione aliqua egressum sanguinis, q[uod] hoc significat egressum sanguinis per secessum, & post talem consumptionem choleræ citrinę. E

450 *Et si post extenuationẽ & maceratione corporis appareat, & egrediatur fæx nigra.*

Si fęx patientis egrediatur nigerrima post consumptionem & emacerationem corporis sui, & etiá morbi longitudinem, hoc quidem est signum malum, & illaudabile.

451 *Et cum constipabitur venter in febre vrente, &* [c] *[vexabitur cerebrum.]*

c fuerit i[n] cerebro i[n]gerudo v[e]l accessio t[em]p[or]i cerebrũ i[n]quietans.

Intellexit s[ecundu]m opinionem meam q[uod] cum in febre vrente constipabit[ur] venter, significabitur ascensus morbi ad caput, siue cerebrum. F

452 *Si etiam egrediatur ventositas cum sono inuerecundo præter solitum, erit malum.*

Intellexit, q[uod] si quis verecundus bombizet, & alijs audientibus præter solitum, q[uod] hoc erit malũ signũ. Nam significat aut super corruptionem rationis, aut super violentiam doloris.

453 *Et vrina quidem nigra, tenuis, & pauca significat patientis inte*

 ritum

G *ritum, estq; timendum ut plurimũ & periculosum, cum accidit permistio rationis, & intellectus cum tenuitate urinæ.*

Cum vrinæ tenuitas iungitur nigredini, significat quidem super dominium frigiditatis, & extinctionẽ naturalis caloris. Quòd autem quis loquatur absq; ratione cum vrinæ tenuitate, significat ascensum choleræ rubeæ ad cerebrum, & ipsius apostemationem.

454 *Ex his etiam sunt vomitus, &*
H *fluxus* [d][ ] *cum nigredine, & fœtor ex putrefactione contingens.*

d sanguis narium

Fluxus quidem sanguinis nigerrimi a naso significat super vstionẽ sanguinis ex violentia febris contingentem: & vomitus niger super dominium choleræ vstæ seu melãcholiæ in corpore: & fœtor super fortẽ putrefactionem.

415 *Frequens etiam tussis cum modico sputo est signum malum & illaudabile.* [e][ ]

e I phthisi

I Cum in phthisi minuitur sputũ cum frequẽtia tussis, suffocat patiẽs.

416 *Sputum etiam diversorum colorum* [f] *[in pleuresi cum tussi laboriosa & difficili,] significat mortis propinquitatem.*

f cũ difficultate & tussi

In apostemate lateris si exeat sputum diversorum colorum cum difficultate & tussi valida, erit quidem mors patientis proxima.

457 *Et sudor solius capitis, ad quem seu ad cuius euacuationem subsequitur quies, est malus.*

Sudor proprie in fronte, & ptora capitis, est quidem signum mortale nam quidem significat super fortẽ pugnam. Omnis. n. sudor, quem nõ subsequitur alleuiatio patientis, est ex signis malis, & illaudabilibus. K

Rememoratio signorum laudabilium Prognosticorum.

SI facies eorum appareãt quales fuerint tempore sanitatis, eorum quidem cura & certa euasio erit manifesta. 458

Palam quidem est & manifestũ q̃ hæ facies sunt manifeste contrariæ faciebus similibus faciebus mortuorum. cum igitur facies illę significẽt super mortẽ, ideo significabũt istæ salutem, & patiẽtis euasionẽ. L

Ex his etiam est vniformitas, & æqualitas caloris, circunscripta macie hypochondriorum. 459

Hoc autem ideo contingit, quoniam vniformitas caloris super totum corpus significat super laudabilem dispositionem corporis intrinsecam ex priuatione apostematum. Addit tamen cum vniformitate, & æqualitate caloris in corpore, q̃ nõ fuerint hypocondria macra. & hoc ideo, q̃m talis est dispositio hecticorum. & est ac si diceret, q̃ calor reperitur vniformis per totum corpus eorum cum macie hypochondriorum ipsorum. M

Et si post septimam diem erit manifesta & perfecta ratiocinatio absque malitia, & vigor motus, & sensuum omnium, concomitante facilitate & leuitate sui corporis, 460

A *poris, & solitus decubitus, & somni aduentus in nocte vt plurimum sine somno diurno cum vigore*[a] *[patientis] post somnum. Omnis etiã somnus tollens dolorem, & perturbationem seu permistionem rationis, & mitigans ægritudinem, est laudabilis.*

a exhu[illegible]

Hæc quidem signa omnia sunt contraria signis malis & illaudabilibus, quorum relationem præmisimus: & causæ istorum etiam sunt contrariæ causis illorum. pro tanto
B non oportet, nec est necesse iterare commentum in istis. Intellexit autem, cum dixit cõcomitante quoq; leuitate sui corporis, quod cum patiens tolleràt bene morbum suum, est signum bonum, & laudabile, sicut impotentia tollerandi ipsum est malú signum, & illaudabile.

461 *Cerebrum quidem patitur ex quibusdam membris compatientibus secum in paßione. Vnde si tunc euaserit a permistione continua, euadet quidem patiẽs laudabiliter*
C *ab hoc morbo.*

Cum membra, quibus compatit cerebrum, in passione patiuntur, sicut pectus & diaphragma, circũscripta permixtione continua rationis, significatur, quod cerebrum immune sit, & liberum ab apostemate. Alia autem permixtio interpollata fit potius ratione compassionis & colligantiæ, non autem ratione propriæ passionis ipsiusmet cerebri contingentis ex apostemate in eodem existente, idest quidem continua permixtio rationis.

Et si cũ apostemate capitis adsit sternutatio, ex signis erit super sanitatem significantibus. D 462

Hoc quidem est signum laudabile, cum in statu morbi cõtigit. In principio vero significat vt plurimũ naturæ vexationem.

Omnis fluxus sanguinis[b] *[ ] etiam ab aure in morbis capitis, est curatiuus corporis.* 463

b a naribus, &

Et hoc ideo contingit, quõ ex fluxu sanguinis narium, vel auriũ dissoluitur apostema.

Anhelitus manifestus non frequens, aut[c] *[ ] tardus est laudabilis: nec est verendus si non fuerit intercisus, separatus: aut orthopnæosus, cogens erigere patientem.* E 464

c non

Cũ accidit ĩ febrib' frequẽs anhelitus, est quidẽ signum malũ: nam significat excessum caloris ĩ corde. Tardus quoq; anhelitus permixtionem significat rationis. Intercisus vero separatus significat dissolutionem virtutis, & duritiem organi anhelitus, contingentem ratione apostematis in membris principalibus existentis, aut excessum siccitatis in organis anhelitus existẽtis. Verum anhelitus faciens patientem erigere significat pulmonis apostema. Cũ ergo anhelitus immunis sit ab his omnibus, signum est laudabile. F

Et similiter est laudabile, cum pulsus est virtuosus fortis[d] *[sine angustia,] nec est anhelitus vrẽs, nec inflammatiuus.* 465

d neq. [illegible]

G Angustia quidem pulsus significat super debilitatem virtutis. cũ .n. non possit extendere in latum, multo minus in profundum. Et anhelitus quidem vrẽs significat super inflammationem cordis.

466 *Ex his etiam sunt bonitas appetitus, & digestionis, cum aqualitate, & laudabili substantia fæcum, & [colore medio] in citrinitate, circunscripta nigredine earũ ustiua, & viriditate.*

e vrinæ, & colore æquali.

H Hęc quidem omnia sciuntur ex eo, quod pręmisim᷒ de signis malis.

467 *Aut exitus etiam humoris cũ lumbricis in die critica, hoc quidẽ est signum uitæ. hoc enim contingente aufertur morbus, cum fuerit ex illo humore.*

Hoc quidẽ est signũ laudabile: quoniam significat vim & fortitudinem virtutis expulsiuę naturalis. Cum autem dixit, ꝙ aufertur morbus, hoc contingente, &c. intellexit ꝙ egressus lumbricorum in die critica sit signum bonum per se, & pręI sertim cum fuerit morb᷒ ex illo humore egrediente cum eis, ac si diceret, ꝙ egrediatur cum eis humor, qui est causa effectiua morbi. Nam secũdum accidit in crisibus laudabilib᷒ ꝙ humor, qui est causa morbi, egrediatur in crisi; & accidit interdum ĩ crisibus illaudabilibus ꝙ euacuetur humor, qui nequaquam est causa morbi, & talis quidem crisis auget, & magnificat morbum nec reperit patiens post ipsam, alleuiationem, sed potius aggrauationem: ẽ contrario s. eius, quod accidit ex crisi contingente ab euacuatione humoris K proprii morbi.

468 *Egrediẽte cholera rubea, aufertur surditas, tollitur q́ inde nocumẽtum in morbo cerebri.*

Gale. quidem exposuit hoc inter dicta Hippo in lib. Aphorismorum vbi dicit, ꝙ si fluxus ventris ex cholera rubea accidit patienti surditatem, tolletur eius surditas. Et Gale. quidem opinatus est hoc esse verũ, cum talis surditas contingit ex apostemate in cerebro contingente. nõ .n. est causa eius cholera rubea ĩ nõ contingente ex apostemate cerebri. L & ob hoc inquit hic Benſene, ꝙ cõtingente surditate ĩ acutis, aduenĩete fluxu vẽtris de cholera rubea, tolletur surditas, & morbus capitis dissoluetur.

469 *Sanguis etiam hæmorrhoidarũ curat morbum splenis. Hoc etiam est laudabile in melancholia.*

Fluxus sanguinis hæmorrhoidarum curat a morbo splenis, & melãcholia: quoniam sanguis hæmorrhoidarum est niger, & melancholia quidem est ipsa cholera nigra.

M

470 *Et fluxus quidem aquæ, & humoris phlegmatici est cura morbi in hydrope.*

Intellexit quidem ꝙ cum accidit fluxus aquę citrinæ in vrina in hydrope ascitica, & humoris phlegmatici in carnosa, ꝙ sit cura duarũ prædictarum specierum hydropis.

471 *Egressus quoq; cholera citrina in ophthalmia festinat curã eius.*

Intellexit ꝙ flux᷒ choleræ rubeæ curet ophthalmiam celeriter ex eadem cholera contingentem.

472 A *Ex his quidem signis est, ut videas urinam similem in colore pomo citrino, cum hypostasi alba in fundo residente.*

Hoc etiam est notum ex eo, quod dictum fuit in capitulo de vrina. talis nanque color eius est naturalis, & talis etiam hypostasis similiter est naturalis, cum sit alba, & residēs in fundo vasis.

473 *Et si etiam videas sudorem infirmi aequalem in febre continua.*

Intellexit quod si sudor sit aequalis, B ac si diceret, quod sit equalis per totum corpus, quod hoc quidem est bonum signum in febre continua. Hæc autē febris est ex sanguine.

474 *Et tumorem exterius apparentem in synanchia. hoc enim bonū, & laudabile est.*

Hoc quidem bonum & laudabile est, sicut dicit, tumore etiam exterius in synanchia apparente, est bonum & laudabile signum. In qua vero nihil apparet exterius cū violētia accidentium, mortalis est: talis .n. est deterior ex speciebus eius: & C præsertim, si pte sui magnitudine ex ea apparente interius & exterius videatur. Extrinsece autem seu exterius sunt tres species: ex quib' laudabilior est illa, cuius ipse fecit hic mentionem.

475 *Tumor quidem testiculorum in tussi chronica, est cura corporis.*

Intellexit quod cum in tussi chronica generatur tumor testiculorū, quod sit cura eius: hoc est cum materia faciens tussim transfertur, & destinat ad locum prædictum.

476 D *Et similiter apostema pedis in morbus pulmonis: necnon apostema generatum in iunctura cruris, & in inguinibus.*

Intellexit quod per diuersionem materiæ ad aliam partem fiat curatio apostematum pulmonis. Et īntelligit secundum opinionem meā per apostema pedis, podagram. Et apostema quidem in iunctura cruris est apostema, quod generatur in carne existēte in radice cruris.

477 E *Et pustulæ narium, aut labiorū in tertiana est signum salutis prognosticum.*

Hoc Intellexit in tertiana simplici & vera: & est illa, quæ non transit septem periodos, seu circuitus.

478 *Et varices quidem innatæ sunt cura alopeciæ: necnon eius, quod est in ventre, & splene.*

Varices sunt morbi in tibijs accidentes, cum venæ in eis existentes replentur, & ingrossantur in tantū, quod egrediātur manifeste a sua dispositione naturali. humor quoque, quo tunc replentur venæ illæ, melāncholicus est. pro tanto ex euulsione & F translatione illius humoris ad eas contingit curatio morbi splenis, & etiam apostematum in ventre generatorum, quæ dubaylet dicuntur, i. *scropulæ. (a.i. glādulæ.) verum quod hoc sit cura alopeciæ, hoc quidem nequaq̄ est, eo quod omnis materia, ex qua fit alopecia, sit melancholica: nec etiam ex humore phlegmatico, nam alopecia potest ex omnibus humoribus generari. Hic autem canon est vnus ex aphorismis Hippocra. & opinatus est Galenus in expositione eius, quod po-

G posuit alopeciam pro lepra. non tñ
constat apud Gal. illo tempore: nec
est verificatum isto tempore.

479 *Et ex vregmia quidẽ ĩ lienteria ĩ*
testinis cõtingit ex retentione cibi.
Intellexit, q̃ si precedente lienteria, contingit eructuatio acida, q̃ sit
bonũ signũ, & laudabile. Hoc nãq;
signat in hoc morbo retentionem
partis cibi in stomacho. & hoc ideo:
nam in hoc morbo egreditur cibus
indigestus à stomacho, & intestinis
rõne humoris lenitiui ibidem existentis, aut rõne vlcerum existentiũ
in eisdem. Vñ cum retinetur cib⁹ in
H stomacho, donec acescat, est signũ
laudabile. quod quidem verum est,
velut dicit Gale. si de nouo contige
rit, quæ prius non fuerit. nam hæc
est de accidentibus potentibus contingere in principio morbi.

480 *Et febre contingente in spasmo*
uel epilepsia, fit eorum cura.
Si cui accidit spasmus ex repletio
ne, contingat febris consequenter,
erit quidem hæc cura eius ab ipso
spasmo: quoniã febris dissoluit humorem spasmum facientem cũ cõ
trarietate complexionis eius ad cõ-
I plexionẽ humoris facientis spasmũ.
febris. n. calida est & sicca, & humor
faciens spasmum frigidus & humi
dus. & sic est de ipsa epilepsia.

481 *Si patienti singultum contin-*
gat sternutatio, est cura eidem.
Hic singultus est humoralis, seu
ex repletione. & hoc iõ, qm̃ sternuta
tio expellit humorem illum, qui est
causa singultus a substantia stoma
chi, iuuatq;, seu excitat naturam ad
expulsionem ipsius. Singultus. n. est
debilis motus naturæ in expellẽdo
superfluitatem nociuam in stoma- K
cho exñtem. Singultus vero, cuius
causa est siccitas, non recipit curã.

Rememoratio canonum. quib⁹ vtendum est in iudicio prognosticandi.

482 *Decet quidem ut cum uolue*
ris iudicare patientẽ, quod
vtaris proportione, [a] [ ]

a vel cõparatione

Cum ergo volueris iudicare per
hęc signa, vtaris proportione iuridi
ca. neq; facias sententiam aliquam
absolute, priusq̃ scias species illorũ
signorum, & differentias eorum in L
significatione.

483 *Nam ex signis sunt, quorũ vir*
tus vera est & certa. Et ex eis sunt
quę per alia falsificantur.
Dicamus ergo primo, q̃ ex signis
sunt quędam valde vera. & hęc qui
dẽ spẽs signorũ est, cũ quibus non
apparent alia eis contraria in corpo
re. ex his quędam sunt, cum quibus
apparent alia eis contraria in corpo
re. quare est dubiũ ĩ prognosticãdo

484 *Iusta autem significatio sumi-*
M *tur inter membra, ex eis quę ap-*
parent in capite.
Signa quidem iuste super mortẽ
significantia, & eius contrariũ, sunt
signa in capite apparentia, quorum
relationem iam fecimus.

485 *Si ergo videas aliquam signifi*
cationem iuste significantẽ in cor-
pore, & aliam sibi contrariam sic
significantem.
Si autem videas aliquod signum
iuste testificans super euasionẽ vel
perditionem alicuius, & videas cũ
eo aliquod signum ei contrarium
in

A in corpore, supple, noli tūc promum
pere in iudicium.

486 *Contingit etiam quòd apparēs
super contrarium corporis non sint
nisi testimonia debilia.*

Contingit autem contrarietas si
gnorum, & testimoniorum in vno
& eodem corpore, ita ꝙ quędam ex
eis significent bonum, & quędā ma
lum, cum erunt testimonia debilia
super bonum vel malum signātia

487 *Omne signum non habens contrarium significat recte super cu-
B ram & euasionem.*

Intellexit ꝙ oē signum laudabile, cum quo non apparet contrariū,
inquantum est ei contrarium, illud
quidem & sibi similia significant re
ctè super euasionem eorum.

488 *Et omne signum prognosticatio
nis praedictis contrarium, significat mortem & perditionem.*

Intellexit quidem secundum opi
nionem meam, ꝙ omnia signa ma
la signis bonis contraria, quorū cō
trarietas talis est, ꝙ non possunt v-
niri simul in eodem corpore, sunt
C qdē signa iuste mortem signātia.

489 *Cum autem apparebunt tibi si
gna contraria & debilia, sequitur
quidem ad hoc dubium. Vnde sta
tunc, & prolonga iudicium.*

Cum ergo colligentur apud te si
gna contraria debilia: hoc est, ꝙ vni
antur in eodem corpore, & ꝙ sint
aequata in significatione sua, ita ꝙ
non possit quis cogere super signifi
cationem, nec ratione multitudinis, neq; ratione fortitudinis certit
posset enim vnum ex istis signis for
tius esse alijs: quod quidem esset si- D
gnum apud Medicum euasionis pa
tientis, aut eius: hoc quidem est solum dubium, non aliud ab isto. pro
tanto decet Medicum tunc cōtinua
re curam, quam habebit, & cōsequi
tur forsitan inde spem.

490 *Cum ergo erunt aequata in dispositionibus suis, sta. sed iudica a
praedominante, cum erunt contingentia in inaequalitate sua.*

Hoc quidem est notum. inquit
enim ꝙ cum contraria erunt, sta, &
noli iudicium referre. Cum vero v- E
na ex speciebus contrarijs coget inferre iudicium, ex cogente & dominante iudica. Docet autem hoc esse
quod dicit apud Medicum in praedictis signis habentibus gradus & do
minium in fortitudine & debilitate
hoc est in significatione: sic scilicet cum
exempli gratia, apparebit aliquod
signum, cuius significatio super sanitatem sit in gradu tertio, & apparebunt ei duo signa, quorum significatio est super perditionem in gra
du primo, tunc iudicare habebit p
signum, quod est in gradu tertio. cū
vero erunt praedicta signa ęqualia i F
gradu, tunc ferendum erit iudiciū
secūdum numerum ipsorum: sicut
facit iudex in alteratione testium, &
se dementientium: & sicut faciunt
sapientes astrorum in virtutibus a-
strorum contrariorum ex contrarietate locorum ipsorum.

Et in hoc explicit prima pars Canti
corum Auicennae, & est pars Theoricae scientię Medicinae.

AVICENNAE CANTICORVM

PARS SECVNDA ET EST PARS PRACTICAE

Cum Auer. Commen.

*Tractatus primus. De conseruationem Sanitatis.

*Rememoratio partium Practicae.

a practica H I OStquam ordinaui in parte Theoricae medicinae quod seriatim audiuisti, et hoc secundum quod in mea mēte praeordinaueram, incipiam quidem nunc in practica ipsius. Iam autem retuli in principio huius li-
b bri illud [propter] quod est neces-
c sarium [illud, cuius relationem fe-
d refert. ceram] [ ] in hoc capitulo. Operationis autem practicae sunt duo modi: quorum unus naturali-
I ter exercetur: alter vero medicinis, & conuenienti regimine in cibis. Est autem non modicum, quod per illud regimen exercetur. Hoc autem regimen in duas partes diuiditur: quarum una conseruatiua sanitatis dicitur: & altera aegritudinis curatiua. & hoc per vitam
e E huius medicinae. meam[e] [in perfectione Medicinae continetur.]

Postquam iam perfeci intentionem meā in parte huius artis Theoricae, incipiam nūc idem in parte ipsius practica & factiua. Et iam quidem dixi in his, quae sunt praemissa, quod haec pars diuiditur in id, quod manualiter exercetur, & in illud, quod fit medicinis & cibis. Et haec secūda pars in duas species diuiditur. Quarum primam sanitatis conseruatiuam appellauit: in qua s. docetur, qualiter cū cibis, & alijs ab eis sanitas conseruetur. Et secūdam aegritudinis curatiuam: in qua scilicet ostēditur qualiter tollatur aegritudo, & quibus ingenijs reducatur sanitas cū medicinis. Ipse autem inchoabit, velut dixit, a sanitatis conseruatiua, quod tanto inquit ipse Bēchine quod pars cōseruatiua sanitatis cum cibis & medicinis est prima pars practicae. L

Et conseruatiua quidem sanitatis dicitur secundum veritatem de habente eam perfecte & absolute: necnon etiam de eo, cuius sanitas est imperfecta. Et huius quidē sunt secundum operationem duae species. Una est in eo, cuius debilitas permista est per totam suam substantiam in omnibus temporibus suis, sicut in sene conualescente, & paruulo, in quibus s. debilitas est per totum mista, & in eo in quo apparet aliquod signum praetendens metum, quod appareat in eo lapsus in aliquem morbum. M

Specularia consyderatio in principio hui' capituli diuiditur in duas partes. Quarum prima est, in qua consyderatur conseruatio sanitatis perfectae & absolutae. Secunda vero est, in qua fit speculatio de conseruatione

A uatione sanitatis imperfectæ. Et hæc quidem diuiditur in duas pres. Quarum prima est, in qua consyderatur conseruatio sanitatis imperfectæ in toto corpore, & in omni tempore: quod intellexit, cum dixit: in eo cuius debilitas permixta est per totam substantiam suam, & in omnibus temporibus suis. & talis est sanitas senum, conualescentium, & puerorum, & etiam eius qui paratus est labi in aliquam ægritudinē, qualis est ille, in cuius corpore apparet aliquod ex signis significantibus super lapsum, & casum eius in aliquā
B ægritudinem. & talis vero est ille, q non ex causa extrinseca, sed ex humore conqueritur de dolore, & labore. Secunda vero est, in qua consyderatur conseruatio sanitatis imperfectæ eius, qui fuit æger in quibusdā ex membris suis & non in alijs: aut in quodam ex quatuor anni temporibus, & non in alijs vel in aliqua ætate, & non in alijs. Et hæc quidem sunt, quorum relationem facturus est in hoc capitulo.

3 *Alia est in eo, in quo apparet morbus in aliqua ex partibus solū*
C *sui corporis, puta in cute eius, aut carne, vel ossibus eius. Et sicut etiā est in habente stomachum debilē frigidum* [f] *[ægrum naturaliter,] non etiam in habente læsionem ab vtero,* [g] *[&] matrice: sicut in habēte sextum digitum, aut* [h] *[tumorem gibbum.]*

f alit. & veteremus– tel seu tamen subit
g seu in
h alia

Hi quidem sunt de specie eorū, quorum quædā mēbra sunt ægra, & quædam sana. Ex his etiam sunt, quorum membra sunt ægra ex malitia contingente eis in matrice. Ex D his sunt, quorum membra sunt talia a re extrinseca, cum debilitate eis in membris illius naturalr exnte.

4 *Et in eo, in quo apparet in aliqua ætate, & in aliqua ex temporibus anni, & non in alijs. sicut his qui sunt in complexione est debilis in pueritia, & postquam auctus fuerit, est sanus & fortis. Et sicut per complexionem destruetur viribus in autumno, præter quòd in vere debiles efficiatur.*

E Infirmi quidem penes ætatē sunt velut ille, cuius complexio est valde humida: cui quandiu existit in pueritia, accidunt morbi ex humiditate: sed cum ad ætatem senectutis peruenerit, sanus efficitur. Verum ægritudines penes quatuor tempora anni sunt, sicut habens complexionē siccam, qui in autumno quidem ægrotat, & in hyeme sanus existit.

Regimen corporis sani perfecte & primo quantum ad aerem eius in generali.

5 F *Conseruatio quidem sanitatis est quoddam genus generale, duas comprehēdens species ex operationibus Medicinæ. Ex quibus est vna, vt cum intendetur ad conseruationem complexionis alicuius, quòd ordinetur ei cibus, & diæta similis. Sed cum intendetur translatio corporis eius a sua complexione* [a] *[ ] fiat huiusmodi, eo quòd contrarietur complexioni antedictæ. Verum regimen*

a alij

sani

G *sani simpliciter & absolute est, quod attendatur ad conseruandũ ipsius laudabilem dispositionem.*

He sunt duę species conseruatio nis sanitatis in generali: quarum vna est conseruatio sanitatis perfectę & alia est conseruatio sanitatis imp fectę & in equalis. In hac autem cõ plexione inequali exercetur op' duplicitẽ: vno modo ad conseruandũ sanitatẽ in dispositione in qua est, regendo illum cuius est, & est cõser uatio cum sibi similibus: sicut exẽ pli gratia, si intendatur ad conserua
H tionem habentis complexionem ca lidam, erit quidem conseruatio ei' cum calidis. & hoc idem intelligit, cum dicit: vt cum intenderetur ad cõ seruationem complexionis alicui', &c. Sed cum intenderetur trãslatio eius a complexione sua, & reductio ipsius ad temperiem & mediũ, hoc quidem fieret cum contrarijs: puta cum frigidis complexiõe calida exi stente, & cum calidis in complexio ne frigida. & hoc est quod dicit: Sed cum intenderetur translatio corporis eius a sua complexione, fiat huiusmodi, &c. Corpus vero temperatum
I & ęquale in complexione conserua tur cum temperatis. quod quidem intellexit, cum dixit: Verum regimẽ sani simpliciter, &c. i. cum regimine absoluto. tale autem absolutum tẽ peratum est & equale. Et quod dixit, s. cum volumus conseruare com plexionem egredientem ab ęqualitate, docet ꝙ regamus eam cum sibi similibus. Est quidem dictum Gal. seu quod sequitur ex dictis eius. & hoc tamen dictum est dubiũ, & merito, secundum opinionem meam. & hoc ideo, quia si habens complexionem calidã regatur cũ calidis, la K
beret quidem in morbos calidos, sicut patet, & est testis ipse sensus. Si igitur sic est, cõseruatio quidem habẽtis cõplexionẽ calidam in sanitate sua erit cum calidis I complexione min' tñ calidis q̃ sit ipsum.

Et moretur seu faciat residentiam suam in aliqua ex ciuitatibus quarti climatis, quę s. perfectum aerem habeant & vaporẽ, 6
[b] *[& habeat speculam versus eremum, & syluam, & inspiciat etiam] versus partem orientalem,* L
quia ipsa est subtilior.

b sanũ, & in loco eminẽti, in quo vbi loca plana, &c

Decet quidem vt habẽs complexionem ęqualem & temperatam habitet in quarto climate. Addidit nihilominus ꝙ ciuitas, quam inhabitabit, debeat esse perfecti aeris in bonitate. & hoc, quoniam regiones distantes a mari sunt calidę & siccę. natura enim maris significat ratione humiditatis ęqualitatem ciuitatis calidę vel frigidę. Intelligit autem, cum dixit, ꝙ habeat perfectum aerem, ꝙ sit immunis a corruptiõe.
Addidit etiam, ꝙ habeat speculam versus eremum, &c. & hoc supple tẽ M
pore hyemali & frigido. Quod autẽ quartum clima minime temperatũ & ęquale sit, patet ex vnione & con iunctione syluarum in eisdem. Hoc autem iam asseruit etiam Gale. & hoc, quoniam complexio ęqualis & temperata, quę est signum ęqualis & temperati climatis, non reperitur in quarto climate, nisi raro valde. Et addidit ꝙ sit orientalis: quoniam pars illa, & aer eius est subtilior, sicut dixit.

A *Tempore vero æstiuo declinet*
7 *ad montes, sitq; habitationis locus apertus a parte septentrionali.*

Hoc etiam notum est: & hoc ratione frigiditatis montium, & septentrionis.

8 *In noctibus quoq; habitet, & quiescat in superioribus locis, & sedibus. In die vero descendat ad inferiores.*

Aedificium quoq; domorũ subterrenarum in quarto climate significat ipsum fortis esse, & magnę caliditatis. pro tãto in hac terra nostra,
B i. Sarracenorum in insula Hispanię quę in hac die est in quīto climate, non sunt huiusmodi fouez, seu cauernę subterranę.

9 *Caueat etiam & uitet pannos laneos, & de bombyce, & condescendat ad subtiles lineos.*

Hoc quidem totum seruetur tẽpore æstiuo, ratione caliditatis pãni lanei & bombycini, & etiam rõne æqualitatis, & temperieĩ ipsi⁹, s. hoi.

10 *Vtatur etiam aromaticis frigidis, sicut ex oleo rosaceo.*

C Prædicto quidem tempore est vtendum aromaticis frigidis, puta myrrha, & oleis frigidis, sicut oleo rosaceo, & huiusmodi talibus.

Protegatq; oculos suos a puluere,
11 *fumo, vapore turbido & corrupto, & a radio Solis hora meridiei & feruoris, necnon ab accursu fortis caliditatis: nec etiam attente inspiciet figuras exiles, & subtiliter intricatas, nec literam minutam, & subtilem.*

Hoc ẽt est totum per se notũ, & D
manifestum: quare non expono.

Regimen comestionis vel cibi in generali.

Debeat autẽ ad minus quilibet comedere semel inter 12
diem, & noctem, & ad plus bis: medium autem inter hoc est, si comedatur ter in duobus diebus.

Magis qdẽ ꝑatus mod⁹ comedẽdi ẽ, vt qs comedat ter ĩ duob⁹ dieb⁹. & hoc, qm̃ qdã opinati sũt, ꝙ act⁹ digestiõis ꝑficiť tertia digestiõe ĩ ᵃ decẽ octo horis. ꝓ tãto cũ fiat trina come- E
stio, ĩ duob⁹ dieb⁹, ꝑficiť digõ in mẽbris isto tpe, vł ꝓpe. & hoc, qm̃ spaciũ ᵇ decẽocto horarũ erit ĩter duas comestiões: & sic digõ ꝑficieť tũc, vł ꝓpe illd. constat aũt ꝙ laudabilior mod⁹ reficiẽdi est, cũ reficieť qs iam perfecta digestione cibi ꝑsumpti.

Prolongetur etiam tempus ᶜ[*re-* 13
fectionis,] *vt fiat cibi bona digestio. Fiant etiam paruæ buccellæ, ut bene digerantur.*

Tempus quoq; masticationis est prolõgãdũ, donec cibus in ore bene cõteratur. Sunt etiã buccellæ paruæ ficẽdæ. nã hæ iuuãt ad digestionẽ.

Nam omne id quod ᵈ[*contundere nõ poteris,*] *erit apud te digestionis difficilis.* 14

Meli⁹ qdẽ est, ꝙ sit bucella paruæ q̃titatis, q̃ si præ magnitudĩe sua eẽt difficilis cõtritiõis & fractiõis à dẽtib⁹ nã oẽ tale est difficilis digestiõis

ᵉ[*Attendatur etiam ut omne* 15
præter naturam, & illaudabile curetur cum contrario eius conuenienti

ᵃ sexdecĩ
ᵇ sexdecĩ
ᶜ masticationis
ᵈ difficilis contritionis et masticationis
ᵉ Et quotiescunq; appetit⁹ desyderat cibũ malũ, diminaťcomestio ꝓ si⁹. Et si ĩtemuo fuerit larma ad illũ, recõciliet̃ cũ contrario in cõplexiõ.

G *menti secundum complexionem, & malitiam]* ipsius.
Attendatur in assumptione eius,
quod debet remouere & expellere
nocumentum omnium eorum, quæ
voluerit ex cibis malis assumptis ad
malitiam eorum, & ad contrarium
ipsius malitiæ. Vnde si fuerit cibus
grossus, rectificetur cum subtilib[9]:
& si inflatiuus, cum dissolutionibus
ventositatem: & si frigidus, cum calefacientibus.

Sunt autem quamplures cōple-
16 *xiones inæquales*[a] *[cum malitia ci-*
H *bi rectificabiles.]*

[a quib[9] cōpetit hi mali, & illaudabiles.]

Interdum reperiuntur quædam
cōplexiones illaudabiles & inæquales, quibus cibi mali & illaudabiles
congruunt. Vnde non decet q̃ tales
cibi habentibus huiusmodi cōplexiones prohibeantur, cum conueni-
ant eis ratione similitudinis inter v-
trosq; existentis.
17 *Vtatur ergo cibo homo secundū*
vsum & consuetudinem suā, nec
sunt appetitus, nec delectatio cibi
omittendi.
Consuetudo autem naturæ assi-
I milatur: & est ac si diceret q̃ consuetudo necessario sit obseruanda, quāuis etiam esset praua & illaudabilis.
Dictum autem eius: nec sunt appetitus, nec delectatio, &c. est vnum de
præceptis huius artis per se. vnde intelligit q̃ attendendum est in cibis,
vt cum hoc quod erunt boni & laudabiles in se, requiritur etiam q̃ ap-
petantur. Et ideo dixerunt q̃ duorū
ciborum ille, qui minoris est iuuamenti, magis tamen delectabilis, melior
est minus delectabili, & si sit maioris iuuamenti.

Omnis namque consuetudo subi- 18
to, & sine gradatione ablata, no- K
cet, & offendit illum, cuius est.
Præcipit hic ne consuetudo subito auferatur: & hoc, quoniam cōsuetudo iam est conuersa in dispositionem naturalem.

De ordine ciborum, & rectifica-tione eorum.

Est autem humidum, & lu- 19
bricum stypico præponēdū.
Et li q̃, sapor dulcis acetoso[b] *[vniē-*
dus.] Et siccum cum humido recti-
ficandum. Et frigidum cum cali-
do, & è contrario. Quòd si timea-
tur[c] *[defœdatio oleaginosi, vel e-*
ius quod est mala digestionis ratio-
ne pinguedinis,] addatur sal eis,
aut aliquid acutum. nam hæc iu-
uant ad subtiliandum.

[b cōtra-secundum k.]

[c abstersio pinguedinis, aut mala digestio rei vnctuosæ.]

Quòd præponatur humidum liquidum stypico, est canon & præceptum in regimine & ordine cibi. &
hoc est, quoniam ad conseruationē
sanitatis exigitur q̃ mensuretur cibus in qualitate, quantitate, tempore, & ordine: & q̃ cibus sit laudabi- M
lis, & laudabiliter ministratus cum
prædictis quatuor conditionibus.
Quod vero addidit huic, est sumptū
a contrario, ita s. q̃ vnum contrariū
cum sibi cōtrario ad temperiem reducatur. notum enim est, q̃ nociuū
& illaudabile est cum sibi contrario
rectificandum. vnde est, ac si diceretur q̃ ex hoc siccum cum humido
rectificetur, & frigidum cum calido
& è conuerso: & pingue vnctuosum cum salso &
& acuto.

Ho-

A
Hora refectionis.

20 *Post exercitium quoque est refectio facienda, & ipsum postquam exiuerit sax ab eo.*

Hoc ideo est, quoniam exercitiū post digestionem factū expellit superfluitates a corpore, & calorem depurat naturalem: vnde exercitium factum post cibum efficit ipsum acidum, ipsumq; facit venire ad mēbra indigestum.

21 *Est autem quarendus locus trāquillus & frigidus, & a vento e-*
B *uentatus ad laudabilem refectionem faciendam, necnō etiam tempus & hora frigida. Vnde decet hominem esse attentum in hoc regimine.*

Hoc quidem præceptum est, vt eligantur, s. tempus frigidum, & loca frigida tempore æstiuo, cum qs voluerit comedere. & hoc, quoniam calor extraneus calorem naturalem debilitat, sicut & Sol ignem, cum sibi exponitur: qui tn̄ accendit, & confortatur cum ad vmbram ponitur.

C
Regimen cibi in qualitate & quantitate.

22 *Tempore quidem æstiuo est cibi quantitas minuenda. estq; tunc ad subtiliter nutrientia declinandum. Vnde vitanda sunt tunc carnes grossa, & vtēdum est oleribus, & lactis speciebus.*

Hoc quidem fit ratione debilitatis caliditatis naturalis contingentis corporibus ex dominio calidi extranei super corpora tēpore æstiuo.

23 *Et piscibus recentibus, hœdo,*
D *& agno mediocris atatis, & pullis gallinaceis, & gallinis, carnibus quoq; [d] [columbarum, & coturnicum.]*

Hæ quidem carnes sunt laudabiles apud eos, de quarū bonitate concordati sunt, præterq̄ de carnibus agni. est nihilominus possibile vt agni regionum calidarum & siccarū sint magis temperati agnis regionū frigidarum & humidarum: sicut in hac mea regione contingit. cucullatę, & coturnices non sunt in hac no-
E stra insula Andalusiæ.

24 *Sunt etiam ex conferentibus tunc fercula ex coriandro, & agresta composita, & [e] [sasabeg, & ceribat.]*

Hęc quidem fercula cum coriādro, & aceto, & vua acerba composita, sunt apud eos tempore æstiuo laudabilia.

Regimen potus aquæ.

25 *Si quis ergo velit a morbis euadere, diuidat regimen su-*
F *um in tria, quorum vnum tribuatur anima, & aliud cibo, & aliud potui vel aqua.*

Cum quis voluerit ęgritudines euitare, diuidat regimen suū ī tria, quorum vnum aīę tribuat, & aliud cibo, & aliud potui. hoc, qd̄ dixit de anima, reperitur in suauibus & laudabilibus relationibus.

26 *Et paruum quidem aqua frigida satiat, & sitim sedat: ad hoc tamen nō sufficeret multū tepida.*

Hoc

d pdicū & frāculinorum.

e fichbagi & airbagi & dilīgat dulcia, sicut ē chabissa, & cibaria ē ro fasil, & almosus

G Hoc quidem praeceptum inducit ad vtendum aqua frigida: qm̄ parū ex ea sitim sedat, quod minime facit multum ex tepida. Et licet hoc sit verum in climatibus calidis, cōgruit nihilominus vsus aquæ tepidæ in regionibus frigidis: & pcipue tempore hyemali. & pro tanto Græci timent valde potum aquæ frigidæ in regione sua ratione consuetudinis ipsorum.

27 *Non est autem aqua potus frigida nimium*[f] [ ] *frequentādus, eo quòd neruis obsit.*

f. aut pot' uiuis.

H Ex hoc dicto videtur, q̄ concesserit interdum potum aquæ frigidæ minimum: quod quidem si vnq̄ fecit, fecit tempore æstiuo calido.

28 *Non est etiam afferēdus potus aquæ niuis nisi pingui, sanguineo, multæ carnis.*

Hoc quidem notum est. nam si macer extenuatus, habens modicū sanguinem, bibat aquam niuis, nō est securus quin accidat ei inde stupor, & dormitatio membrorū. Retulit.n. Gal. q̄ accidit cuidam patiē-

I ti post potum aquæ niuis, adeo magnum nocumentum in gutture suo q̄ nihil deglutire potuit, & tandem mortuus est inde.

29 *Est etiam vitandus potus aquæ in mensa, nisi*[g] *[ratione adhærentiæ, & tardi descensus bucellæ.]*

g. accidat stomacho i. passio, in qua cibus nō descē-dit ex me si.

Cauendum quidem est, ne bibat in mensa aqua, nisi ad procurandū transitum bucellæ, cum descensus eius tardatur.

30 *Non est etiam sumenda aqua cum cibo, nec in egressu a balneo.*

K Causa quidem huius est quoniā cum sumitur aqua super cibum, priusquam stomachus calefecerit ipsum, infrigidat ipsum, & incrudat. Est etiam causa, quare supernatet cibus sumptus in stomacho, & quare etiam non adhæreat, & vniatur eidem, quod conterat ipsum, sicut exigitur. actio nanque stomachi super sumptum cibum fit conterendo, & coquendo simul. vnde sicut cum infunditur simul, & in magna quantitate aqua in olla, propter quod tardatur cibi decoctio in eadem, sic quidem contingit inde ipsi in stoma-

L cho. Aqua autem sumpta super balneum nocet valde ratione contrarietatis existentis tunc in membris: contrarium.n. fortificatur tūc in occursu sui contrarij, vt inquiūt. & ob hoc non est securum quin infrigidet infrigidatione incurabili hepar bibentis immediate post egressum eorū a balneo. vnde est ac si diceret, q̄ inde contingeret eis hydrops.

31 *Nec etiam post forte exercitiū & coitum: hoc enim est malum et illaudabile.*

M Cā huius dicti est dicta in assūptiōe eius post balneum. attn̄ mai' est nocumentum potus eius in coitu: eo q̄ debilis sit calor naturalis in corpe ei', qui vsus est coitu, & calor innaturalis auctus, & fortificatus.

32 *Si tamen quis ex modica tolerandi potētia sitis vrgeatur, sumat ex ea parum tantum, s. quo declinatio & impulsio cibi ad inferius stomachi compleatur, quatenus ibidem digeratur. sumat tamen ex aquis illam, quæ sitim sedet, & faciet:*

A *tiet: aut ex vino, quod, & quantũ congruat, & sufficiat.*

Hoc quidem, cuius relationem fecit hic, de vino est verum, postq̃ descendit cibus ab ore stomachi ad eius inferius, s. ad fundum.

33 *Et si sumpta aqua ad satietatẽ aut vino sufficienti, accidat sitis, vitentur potus eorum: quoniam talis sitis est mendosa.*

Hoc quidem est preceptũ, vt expellatur sitis mendosa. nã si sumpta aqua, vel vino ad sacietatem, generetur sitis in eodem, sitis quidem illa
B erit mendosa. pro tanto docet, vt tũc tollatur omnis potus, donec cesset sitis illa.

Regimen vini.

34 *NOn est curãdum de assumptione multi vini: debetq́ sufficere modicum cum est in vsu: nec est continuandus omni die potus vini: nec est bibendum in ieiunio: nec etiam post sumptionem cibi subtilis vel acuti: estq́ omni tẽpore vitæ, nisi semel in mẽse, ebrie*
C *tas vitanda.*

Hæc quidem precepta facta I potu vini sunt apud Medicos manifesta: ex quibus est vnum, ne bibatur ex eo multum: neq; etiã omni die, sed solum vno die, & alio non: & ꝑcipue tẽpore calido, vt inquit Dioscorides. & cum hoc etiam cõgruit vt die qua bibetur aqua, sit aqua sola: & ꝙ potus vini sit vinũ lymphatum. potus aũt vini nociu⁹ est in ieiunio, eo ꝙ vinũ hẽt potẽtiã penetrẽdi neruos, & nocẽdi eisdẽ. vitat aũt sup cibũ subtilẽ, qm̃ conuertit tunc cũ eo in cholerã: & sic contingit si
D sumat cũ cibo acuto. Cannificatio aũt & ꝓhibitio ebrietatis est ꝓculdubio sine resistentia & cõtradictione. Ascensus aũt ebrietatis semel in mẽse est erroneus: qm̃ licet vinũ teste Gal. sit ex magis conuenientibus calori naturali, & sit respectu eius I gradu, in quo oleum est ad lumen & ignẽ: tñ sicut multũ & superfluũ oleum extinguit lumen, sic ẽt multũ vinũ extingit calorẽ naturalẽ. ꝑ tãto & si ipsum sit ex magis cõuenientib⁹ calori naturali, ipm nihilomin⁹ est ex nocẽtibus magis calori aĩali, & sensibili, & organis eius, s. ce
E rebro, & neruis. & ob hoc aqua mellis est vtilior vino eis, qui naturalr habent neruos debiles. Priores autẽ non concesserunt ipsum iuuenibus ratione fortis caloris ipsorum: concesserunt tamen parum ex eo senibus, & decrepitis.

35 a[*Et bibat vinum aromaticũ: adiuncta sibi acetositate mali granati, aut succo cotoneorum, & cucumeris, ille cui accidit ex potu vini dolor capitis, super calefactio et ebrietas,*] *bibatq́ ipsum cum aqua mistum.*

a Et ille cui accid. dit ebrietas, vt accidit a sia epilepsia, & calefa- ctio ex vi nis assumpto, ille bibat vinũ aromaticũ. Et post cibũ in secũda mensa, granata acetosa & cotonea, & cucumeres

Hęc. n. ꝑcepta data sunt eis, qui & vini potib⁹ incurrũt dolorẽ capitis fortẽ, & quib⁹ accidit ebrietas ex eodẽ: hęc. n. nocumẽta cõtingũt ꝓprie ex potu vini ꝓ tãto expedit magis, cui hæc accidũt, ꝙ minuat q̃ntitatẽ eius, aut dimittat prorsus ipsum. Et vinum quidẽ aromaticũ est melius ex vinis apd Medicos. vinum tñ albũ est melius ei, cui accidit ex potu vini dolor capitis, necnon ẽt super cale-

G calefactio: est enim propinquius ex eis naturæ aquæ.

36 *Et dandum est in potu ei, qui querulosus est ratione uentositatũ in corpore suo existentium, vinum purum & citrinum: nam fortius ex eis cõgruit eis amplius. expedit etiam, ut cum salsis coniũgãtur.*

Ex magis quidem conferentibus conquerenti ex ventositate in digestione sua existente est vinum purum, & ex eis citrinum, cum sit calidius ex eis. expedit etiam vt cum

M salsis iungatur: & hoc, quoniam vẽtositates contingunt, & generantur ex diminutione & paruitate calidi radicalis, & elementaris.

37 *Tempore autem æstiuo sumendum est vinum albũ & aquosum, eo quod sit subtilitati, & simplicitati propinquius. [b][Cui addantur acetosa & super comedantur styptica.]*

b & bibat ipsum mixtũ cum aqua. Et comedat citharia acetosa, & in secũda mensa post cibũ assumat styptica acetosa.

Hoc quidem est notum. Intellexit autem per subtilitatem & simplicitatem eius calorem temperatum.

Regimen Somni, & Vigiliæ.

38 1 *Non prolongetur somnus, quoniam obest animæ: nec etiam vigiliæ, quoniam inde debilitantur sensus.*

Prolongatio quidem somni, & ipsius profundatio nocet animæ, nam & si somnus sit animæ necessarius ad calefaciendum, & anima agat & operatur tempore vigiliarũ: cum tamen prolongatur somnus super eã, lẽsescit quidem vita eius, & tenebrosa efficitur: extinguiturq; inde calor K eius, sicut extinguitur ignis cineribus multum coopertus. Cum autem excedit quis, & conatur ad vigilandũ, debilitantur inde sensus eius, & calor eius infrigidatur, sicut infrigidatur calor ignis ex superfluo motu.

Prolõgatio vero somni cõgruit ei, cuius cibus est indigestus: necnon super [c][malitiam cibi non recipientis digestionem.] 39

c nauseatiuam satietatẽ.

Somnus quidem est ex conferentibus ad digerendum cibum. prodest etiam corruptibi eius in stomacho contingenti: eo quod rectificet & corrigat corruptum, L eo ex marcore seu muscidiitate ex iterata decoctione.

Nec est somnus prolongandus in ieiunio, & tempore famis. Nã repletur caput fumo, & vaporibus, à sitibus, & superfluitatibus eleuatis. 40

Somnus quidem superfluus super fame factus fumigat caput ratione fecum, & superfluitatum aliarum in corpore existentium. Nam in somno, vt dictum est, fit reuocatio caloris sensualis ad interiora, quatenus M iuuetur calor naturalis in digestiõe, & inde est, quod cum non sit ibi cibus, quod agat in humoribus corporis, & generet ex eis fumum seu vaporẽ corruptum, qui eleuatur, & ascendit ad cerebrum.

[d][Non] *est quoque immediate post cibum, uel comestionem dormiendum accumbendo, donec ad locum digestionis peruenerit cibus assumptus.* 41

d alia litera En quoq; &c.

Con-

A Cõgruit quidem, vt cum aliquis immediate dormierit post cibum, & commestionem, q̃ dormiat accũbendo, capite s. erecto, donec cibus ad inferiora corporis descenderit. & hoc, vt repletio capitis à fumis & vaporibus minuatur. nam somno immediate post commestionem facto repletur caput fumis & vaporib⁹. Et ob hoc iussit, & dixit in priori Medicina, q̃ post cõmestionem debet homo aliquantulum incedere, & deambulare. & in summa tempore digestionis congruit somnus & vigilia: quoniam somnus iuuat & meliorat
B digestionem, & vigilia minuit repletionem capitis ex vaporibus tũc cõtingẽtem. Et ob hoc ẽt iussit, vt homo dormiat post comestionem serotinam: quoniam tempus matutinæ refectionis est tempus totum vigiliarum, & tempus serotinum est tempus totum somni.

Regimen motus exercitij & quietis.

40 *NOn est exercitandum exercitio magno, & forti, nec est tantum quiescẽdum, quod omit*
C *tatur omne exercitium: immo est* [a][*hoc vitandum.*]

a quieti, & ij. ad exercitandum.

Causa quidem huius est, quoniã excedens & forte exercitium virtutẽ corporis dissoluit: & priuatio exercitij & quies omnimoda superfluitates in corpore colligit, & calorem naturalem extinguit. Exercitium autẽ æquale, & temperatum & superfluitates expellit, & calorem elimat & naturalẽ fortificat, & augmentat.

41 *Sit ergo taliter membra exercitanda, & per exercitium adiu-* D *uanda, ne colligatur quod timetur colligi in eis ex malis humoribus.*

Cum timetur collectio superfluitatum in aliquo ex membris ex debilitate ipsius, erit quidem conueniens, vt exercitetur membrum illud cum exercitio speciali, & conuenienti eidẽ, tali vt iuuetur in expulsione illarum superfluitatum, & diminutione generationis earum in eodẽ.

Eundo [b][*vel clamando*] *si volueris, donec appareat velox &* [c][*cita* 44
expiratio.]

b & ludendo
c frequens anhelitus

Terminus quidem exercitij apud eos est communiter, q̃ dominetur I E
eo quo exercitat anhelitus, & expiratio velox, & q̃ corpus icipiat sudare.

Macer autem & extenuatus 45
non debet exercitari, ne ipsius dissolutio amplius augeatur.

Hoc quidem dictum est Hippo. s. q̃ non decet q̃ calida corpora velut cholerica exercitentur.

Verum debet exercitari pin- 46
guis & multa adipis & axungia: est tamen accingendus, si habueris ventrem magnum.

Docet q̃ nimis pinguis exercitet F
vltra exercitium quartum, quatenus ex pinguedine eius moueatur & dissoluatur: qm̃ augmentum pinguedinis corporis super naturalem dispositionem corporis est verendum. docetq; vt si magnus fuerit venter eius, q̃ zona super ventrem ipsius posita cingatur.

Tempore vero æstiuo est minu- 47
endum exercitium: cum tunc dissoluatur, & subtilietur homo per sudorem.

G Exercitium in æstate debet esse
minus, q̄ in hyeme: eo q̄ tempore
æstiuo minuatur, & dissoluatur cor
pus hominis continue per sudorē.

48 *Iam quidem retuli in capitulis
theorica regimen eius, cuius corpus indiget euacuatione superflui,
aut retentione contrarij.* d[*addens
huic quod mihi placuit.*]

d & d̄ eo q̄d cōue- nit de itē- rōib⁹, et passiōib⁹ aīæ.

Iam quidem relatum est in alia
parte horum Canticorum quis ex
humoribus debeat euacuari, & quis
retineri: & quo etiā tempore debeat
H hoc fieri, & in quo corpore. Et intel
lige q̄ fecit rememorationem horū
supra, vbi tradidit doctrinam de re
bus necessarijs: hic tamen esset loc⁹
magis idoneus ad hoc. & intelligit
cum dixit, addens huic, quod mihi
placuit, q̄ facit ibi mētionem de cō
ueniente regimine accidentium ani
mæ in conseruatione sanitatis.

49 *Congruit quidem vsus omniū,
quorum præmisi relationem secun
dum qualitatem dictam in tempo
re æstiuo, supercalefacto iuueni, et
I ciuitatibus meridionalibus.*

Vsus quidem regiminis relati in
regimine conuenienti corporib⁹ æ-
qualibus temperatis tempore æstiuo, cuius qualitas ostensa est ante,
cōgruit quidem supercalefacto fm
complexionem, & si non sit in æsta
te. Sic etiam faciendum est in locis,
& ciuitatibus meridionalibus, rōne
excessus caliditatis earum.

*Et tempore quidē hyemali est
utendum contrarijs eis quæ retulimus: vt obuietur, & resistatur fri
giditati ipsius.*

Tempore quidem hyemali vten K
dum est in regimine corporum tē-
peratorum contrarijs omnibus eis,
quæ retulimus: quare cum calefa-
ctiōe resistatur frigiditati ipsi⁹ aeris.

*Vere quoq; & autumno ince- 51
dendum est inter æstatem, &
hyemem.*

Vere & autumno sunt corpora re
genda regimine medio inter caliditatem & frigiditatem, & inter regimina eorum congrua tempore hye
mali & æstiuo.

*Congruitq; regimen exsiccati- 52
uum in vere, & humectatiuum ī L
autumno. Vnde fugienda est exiccatio in eodem.*

Vere quidem congruit regimen
exiccatiuum: intendit nihilominus
q̄ min⁹ sit vtendum eo, q̄ tempore
hyemali. Est etiam vtendum regimine humectatiuo in autūno: estq;
vitanda exiccatio in eo, eo q̄ eius cō
plexio sit sicca.

*Est autem vtendum regimine 53
conuenienti tempore æstiuo, & in
fine veris, & in principio autūni.*

Corpora quidem sunt regenda ī M
fine veris, & in principio autumni re
gimine in æstate conuenienti, aut ei
ppinquo. natura namq; æstatis dominatur supra prædicta tempora,
cum vniantur sibi.

*Verum in principio veris, & in 54
fine autumni debet regimen cōfor
mari regimini hyemis. Vnde vten
dum est tunc cibis calefacientibus.*

Complexio quidem principij ve
ris similatur complexioni finis hyemis ratione coniunctionis & vnionis

vnius

A vnius ex eis, s. autumni cum principio hyemis, & alterius, s. veris cum
fine & termino ipsius. pro tanto cōgruit, vt regantur corpora in prædictis horis regimine hyemis.

55 *Regimen autem eius, cuius relatio dicta est, congruit habitantibus, & residentiam facientibus in
ciuitatibus, & castris. Verum
e[mercatores] sunt regēdi regimi
ne iter agentium.*

e iter agē-
tes

Quod relatum est de conueniē-
ti regimine cōgruit quidem eis, qui
B in ciuitatibus & castris habitant, dū
resident in eis. Verū iter agentes ha
bent proprium & speciale regimē:
cui⁹ ipse mētionē faciet cōsequēter.

Regimen iter agentium, & primo nauigantium.

56 *Est quidem vitanda nauiga
tio per mare in hyeme Et f[*

f vniuersa-
cio per tā
fluc plo-
ca deserta
ē vitanda
tēpe plu-
uioso, &

*]volens na
uigare debet assumere & collige-
C re aquam multam, & multa vasa munda, sui præparanda & offe
renda sunt cibaria humida. Venter & natura eius est cum medici
nis mollificanda. Vnde si timeatur
vomitum cholera, euacuetur per se
cessum. Quibus peractis ingrediа-
tur nauim, & imponat secum suc
cos acetosos, & cum eis stypticos.*

Quod hic dicit, s. q non est naui-
gandum per mare tēpe hyemali, ne-
quaq̄ est de arte medicinali, sed potius ex arte consiliaria. & illud quod
D subiūxit, q volens p mare nauigare
dēt colligere aquā multā. hoc. n. iō
dixit, q timēdū est, ne intrans mare
moret plus q̄ vellet. Ignoro aūt, cur
dixit q pparanda sunt cibaria hūida
volenti mare ingredi, cum nauigā-
tes sint in vltimo hūiditatis. nisi for
san hoc dixit, & intellexerit ad mi-
nuendum potum aquæ. vnde non
vī esse ex operatione Medicinę. Est ēt
post q intellexit ex hoc mollificatio
nem vētris & naturæ faciēdā. vñ ex
hoc addidit, & est mollificāda natu
ra eius cū mollificatiuis medicinis.
Quāuis aūt ipse dixerit, q si timeat
E vomitus choleræ, q euacuet p secessum,
est nihilominus cōueniēti⁹ ei,
si per vomitū purgaret. & hoc, q̄m
humor cholericus est p vomitū ex-
pellēti⁹. Qd vero iussit debētes īgre-
di mare, ponere secū succos acetosos, vomitū abscindētes & stypticos
cōfortātes, ē de canonib⁹ hui⁹ artis.

57 *Et ad vitandum defœdantia, & sordes, præparet sibi mundas vestes.*

Probabile quidē est hoc pceptū
prodesse gñaliter cuilibet iter agēti,
siue iter agat per mare, siue p terrā,
F cum nequeat ingredi balneum.

58 *Cum autem in aliquo ex iter
agentibus multiplicabuntur pediculi, quos non possit interficere: Lana a[consorta, & mersa in oleo, in
quo argentum viuum fuerit extin
ctum, appendatur vestibus eius,]
donec videantur cadere pediculi
ab eo.*

a carmi-
nata reda
cta i mo-
dū licinij
aut chor-
dę, īmersa
cū argē o
viuo extin-
cto, & col
lo appēsa
& applica
ta inter ve
stes.

Hoc ingenium est laudabile iter
agentibus pediculos habētibus: nā

G argentum viuum necat pediculos. vnde quod de hoc dictum est, de se est manifestum.

59 *Iter autem agens per[b] [siccum regatur cum regimine frigoris.]*

b terra, et sic & mutationis ipsius corp. frigore, ... iter incipiat.

Intellexit quod consequenter referret de regimine euntis per eremum & siccum, est sicut regimen, quod refertur de eo in tempore frigido, & in locis frigidis.

Regimen[c] {dictorum: & primo cum} frigore.

c Iter agē ui i. prouā & pprie f

60 H *Est ergo cauendum ne obuiet ei[d] [frigus, quoniam perdetur ratione algoris, & congelationis.]*

d nix, q̃a ex hoc eē fieri ab his a cōgelatione, & a morte.

Intellexit quod obuiat nix alicui, quod posset inde congelatio contingere, & per consequens mors.

61 *Et reficiatur vsque ad saturitatem, ne moriatur fame.*

Iter agens per siccum & terram debet refici ad saturitatem, ne contingat ei accessus mortale ex fame. & hoc, quoniam frigiditas est fortis valde in faciendo actionem fortem, & mutationem in corporibus famelicorum.

62 I *Et si fuerit infrigidatus, ingrediatur balneum, &[e] [vniatur cum habentibus] corpora pinguia, carnosa.*

e applectat

Oportet quidem vt infrigidatus ponatur in balneo: & quod habentes corpora pinguia & suauia cubent secum.

63 *Et si caligent oculi eius, visusque ipsius disgregetur ex gelu, ponatur super faciem eius peplum nigrum.*

Cum offendit gelu ex sui violentia oculos iter agentis, ponat super vultum suum orale, seu peplum nigrum, & intueatur res nigras. K

Et eius extrema protegantur a frigore, & oleo[f] [fomententur. Vnde inuoluantur pedes eius multis coopertorijs, priusquam sotulares] calcientur. 64

f continuo inuolutione, & pedes inungantur. deinde pedes eius inuoluantur cum multis coopertorijs antequam induant sotulares seu bolzachini, seu calciamenta de corio.

Extrema quidem eius a frigore sunt protegenda, & precipue pedes: quod fiet, si multiplex cooperiantur, priusquam calciet sotulares. sic etiam cooperiende sunt manus.

Vnde si cessante dolore extremorum non recuperent sensum, scito ea esse dissoluta, & mortificata L
à frigore. pro tanto tunc iugiter sunt 65
fricanda, & calefacienda cum oleo de sinape calefacto, & consequenter fascianda.[g] [ ]

g & obfasciãda

Si cessante dolore extremorum, & pedum, non sentiant, scito quod frigus iam mortificauit, & dissoluit ea ibine corruptionis eorum. pro tanto dissolutis tunc cooperimentis ipsorum, sunt continue calefacienda, & postea fricanda, vtpote cum oleo de sinape calefacto, & alijs ab eo calidioribus, si possunt reperiri. M

Et si inde pedes fuerint nigri, aut liuidi, scarificentur: & si fuerit in eis putredo, mundetur: & si aliquid dissolutum fuerit, abscidatur illud ab eis. 66

Si pedes inde denigrantur, scarificentur cum instrumento ferreo, donec sanguis corruptus emanet & egrediatur ab eis. & si fuerit in eis putrefactio, mundificetur ab eis. & si aliquid ex carne earum, aut aliud ab eo fuerit mortificatum, abscindatur ab eis.

Qui

A 67 *Qui vero inde lassitudinem incurrerit, curetur cum oleo, & servet regimen & diaetam subtilẽ: fricentur q; & extendantur ipsius membra in balneo, & requiescat consequenter aliquibus diebus.*

Inungendum est corpus iter agentis in balneo cum oleo subtili, cum accidit ei lassitudo ex violẽtia laboris: estq; fricãdum corpus eius cum eodem. Nam fricatione corporis dissoluuntur superfluitates illaudabiles ex eis nociuae, quas immoderatus labor efficit in eodem. B De natura.n. immoderati laboris est q̃d dissoluat humiditates ex membris similes in natura seu cõplexione sua sanies. & ob hoc sunt causa doloris, quem percipit vexatus & fessus. dissoluuntur autem huiusmodi humiditates ab aequali temperata fricatione facta in sic fesso & vexato. Prohibuit autem ibi consequenter laborem ad tollendam causam lassitudinem efficientem. hoc.n. est causa lassitudinis: nec est modus idoneus ad curandum nocumentum, nisi per C ablationem eius.

Regimen iter agentis h[per siccum tempore calido, & sic co]i[ ]

68 *Iter agens tempore aestiuo & calido sic est regendus, vt s. prohibeatur ei ne aggrediatur iter suum hora aestus & feruoris in meridie: estq; primo minuendus, ne supercalefiat ex labore itineris. pro tanto extrahatur sanguis ab eo in* k[*magna*] *quantitate. & sic efficietur securus ab apostemate, s. per phlebotomiam.* D

Phlebotomia quidem est vtilis & necessaria volenti iter agere: q̃m de natura motus est generare calorem, & de natura calidi est calefacere nimis sanguinem. Est etiam de natura caloris, cui obuiat iter agẽs, idem facere in eo exterius. pro tãto si sanguis eius iam fuerit calid[us], augebitur amplius eius calefactio, & tunc venae ipsius angustabuntur, sicut angustantur vires ex musto bulliente. Cum autem sic angustantur venae ipsius, q̃ non possint ipsum tolerare, cõstat q̃ infundetur sanguis iste ad aliquod ex membris, generabitq; in eo apostema. verumtamen post minutionem sanguinis in tali per phlebotomiam, calefit residuũ in venis aliquantulum, sed nequaq̃ sic angustantur venae ex eo. Et ob hoc quidem minuunt homines animalia sic sanguine in fine veris & in principio aestatis. ad hoc tamẽ ipsi sola experientia sunt edocti. sed Gal. hoc roborauit rõne. vñ minutio est in habẽte multum sanguinẽ in aestatis principio facienda. E

F 69 *Verum si cholera in eo dominetur, educatur ab eodem* a[*& sic sitis malitia alleuiabitur, aut tolletur*, *estq; ante aggressum itineris succis conuenientibus extinguẽda:* b[*alias verendum est, ne calore ipsius periculo exponatur.*]

Si dominetur in eo cholera magni acuminis & violentiae, euacuet per eductionem cholerae rubeae vice phlebotomiae, & cum succis infrigidantibus: puta succo vuae acerbae, ca

Margin notes: h ——; i in calore; k essentiali enti.; a alia ist a est timoris sitim; b q̃m timida ẽ caliditas ei[us]

G toncorũ, & malorum granatorum acetoforum calor corporis ei⁹ ante egressum itineris extinguatur.

70 *Et fiat vt comedat aliquantulum ex herbis frigidis, & simul et semel saturetur aqua, & quiescat cum poterit, nec irascatur fortiter [aliquatenus, & moretur in locis vmbrosis,] & vitet seu dimittat clamorem & sermonem, necnon etiam bellum & iurgium, nec moretur in loco nimis calido, & su-*
H *mat in potu syrupum ex succo vuae acerba cum succo portulacae, & aqua.*

e & vtatur eb⁹ facie tib⁹ übert, & his q nares, & os compe- rilit a pulucre.

Hoc quidem totum est de se manifestum. nam hoc praeceptum est ad vitandum ea quae calefaciunt, & ad vtendum eo, quod frigiditatem ministrat. Et voluit ꝙ saturetur potu aquę simul semel: sic .n. mitigat sitim amplius.

Et si sitiat in [d] [meridie,] te-
71 *neat in ore suo pilulam vnam ad quantitatem lupini factam ex tro-*
I *chisco camphorae. Et si timeat ne facies alteretur a sole, & nigrescat eius cutis, dissoluat seu liquefaciat rector eius oleum cum cera [e] [ ] simul iuncta, praesertim in mulieribus.*

d hora vehementis caloris.

e alba

Quod hic dicit, s. ꝙ teneat quis in ore suo trochiscum ex camphora, dixit quidem eo ꝙ ipsa abscindat sitim, & infrigidet complexionem. Quod etiam praecepit, s. ꝙ oleum & cera extendantur super vultum, ne immutet & alteretur a sole: est quidem pceptũ de se notum. attamen cera liquefit, & dissoluitũ a calore so- K
lis: ppterea melius est vt eius sit linimentum seu inunctio absq; cera. Et dixit: prę sertim in mulieribus: qm̃ actio & immutatio solis in facie earũ ẽ fortior rõne decoris & passibilitatis ipsarũ.

Regimen infantis, dum adhuc est in vtero.

Custodiatur taliter ĩfans in 72
vtero, ne contingat corpori eius aliquod nocumentum.

Intellexit quidẽ oportere vt mater caueat sibi, ne percutiatur vẽter eius corrumperetur n. inde aliqd ex L
membris infantis.

Et eligatur nutrix, quae ciba- 73
bit & potabit eum, vt sit boni nutrimenti apud eum.

Nutrix, quae cibabit, & potabit puerum, eligatur boni nutrimenti, & habens lac bonae complexionis: si intelligatur de nutrice lactante ipsum. Si vero intelligatur de nutrice non lactante ipsum, intellexit quidẽ ꝙ dẽt esse instructa in regimine puerorum, s. in nutriendo & balneãdo eos, & alia faciendo ex eis, quib⁹ M
indigent tales infantes siue pueri.

Talis est etiam apponenda intẽ 74
tio super stomachum praegnantis, ne cõtingat corruptio in desyderijs seu appetitibus eius.

Quoniã accidit magna submersio stomachi praegnantib⁹, & hoc in principio impraegnationis earũ, accidítq; eis innaturalis appetitus: ideo inquit ꝙ ponenda est intẽtio super earum stomachum. pro tanto ministranda sunt eis quae confortãt earũ stomachos: & quę auferunt illaudabiles appetitus earum.

75 *Rectificetur etiã sanguis eius* [f] *],& [g] [ipsius] superfluitates educantur: [h] [ne infantes superfluitatibus offendantur.] Verum si sanguis excitaretur in eis, minime tamen minuatur: sed vice praedictae euacuationis infrigidetur sanguis, seu eius feruor extinguatur.*

f ex quo [illegible] [illegible] & nutrit.
g ——
h ——

Intellexit quidem ꝙ praegnanti offeratur in potu quod sanguinem eius rectificet, & clarificet, seu quod B educat superfluitates & corruptionẽ ipsius, quatenus ex materia munda nutriatur. non tñ minuatur, q̃uis ẽt excitaret, seu in quantitate augeret: sed propinentur ei sanguinem infrigidãtia loco eius. hoc autem sic iussit fieri, timens ꝙ per phlebotomiã praegnans habeat abortire.

76 *Si etiam* [i] *[phlegma]* [k] *[in ea] excitetur, minime tamen euacuetur secessiuis: utatur nihilominus tunc conuenienter subtiliantibus.*

i humor
k ——

Si excitetur aliquis humor ĩ praeC gnante, minime tamen ei erit pharmacia offerenda: erit nihilominus vtendum in ea eo quod ipsum subtiliet & scindat, & breuiter eo quod ipsum ad laudabilem dispositionẽ reducat. timendum. n. est, ne aborsum ex pharmacia patiatur.

Regimen tempore partus.

77 *CVm autem instabit tempus partus, utendum est partum facilem efficiẽtibus. unde fricentur in balneo ex omni parte cũ oleo ilia ipsius, &* [l] *[quod coniungitur uentri eius,] ut sic nerui eius & musculi mollificentur, ne partus eius laboriosus efficiatur.* D

l pars est ea vulua o[illegible]

Vtendum est efficientibus partũ facilem appropinquante tẽpore partus: & hoc fricando in balneo ilia ipsius, & loca membris impraegnationis confinia, & propinqua, quaten' mollificatis neruis, & ligamentis & musculis eius, partus ipsius alleuiet, & facilis efficiatur.

Vnde utatur oleo in cibis eius: & sorbeat brodiũ seu ius pingue. 78

Hoc quidem ideo dixit, q᷑m pinguia leniunt, & per consequens par- E tum facilem efficiunt.

Et protegatur a clamore, saltu, 79 *timore, pugna, & percussione, & in* [m] *[agone, & uiolentia] eius offeratur ei decoctio dactylorum, & foenigraeci.*

m violentia, & difficultate.

Praegnans quidem est a percussione extrinseca protegẽda: eo ꝙ aborsum ab inde saeplus patiatur. & cum erit partus difficilis & violentus, detur ei in potu decoctio dactylorum & foenigraeci.

F
Expedit etiam ut in partu ha- 80 *beatur obstetrix discreta: quae circumscripta omni pusillanimitate trahat fortiter pedem eius, &* [n] *[imprimat] uentrem eius, caute tamen & discrete, postquam subito eam surgere fecerit.*

n exprimat

Cõgruit quidẽ vt in hoc casu obstetrix perita habeatur: q̃ trahat pedes eius violenter, & faciat vt consequenter surgat, & subito erigat: & cũ surrexerit, premat, & constringat cũ vitta & sibi similibus vẽtrẽ eius.

G 81 *Et si fluat ab ea sanguis multus, offerantur in potu trochisci ex karabe. si vero ratione alicuius impedimēti non egrediatur ab ea sanguis in conuenienti quantitate, sumat in potu trochiscos de myrrha.*

Quod hic dicit, est de se notum, s. q̄ excedente fluxu sanguinis, i hoc casu propinentur in potu trochisci ex charabe. Si vero retineatur quod debet egredi, ministrentur in potu trochisci de myrrha. sunt etiam mi
H nistrandi trochisci de myrrha ad alleuiandum partum.

82 *Et vtatur fumigijs dissolutis*
a sine gra... *ex myrrha, kytram, sauina* a[...] *sulphure, & colocynthide factis, si secundina non egrediatur.*

Hæc quidem omnia procurant descensum & egressum secundinæ: procuratur etiam egressus & descensus secundinæ cum sternutatorijs. Dr̄ autē secūdina pāniculus, quo voluitur fœtus in vtero materno.

Electio nutricis.

I
83 *Est ergo nutrix eligenda mediocris ætatis & carnosa, nō tamen laxa carnis, per complexionem suam appropinquans æqualitati, & temperiei* b *[alti & erecti] corporis, & magnarum mamillarum: habens caput mundum & sanum, & oculos, immunis ab omni nocumēto intrinseco, & quòd sit sana breuiter in membris, & iuncturis suis.*

b pinguis & sani

Hoc per se notum, s. q̄ electa nutrix debet esse mediocris ætatis, vt pote a viginti annis vsq; ad triginta. Debet esse etiam æqualis seu tēperatæ complexionis, aut propīquę ei: & debet habere corpus pingue & sanū. Per hoc aūt, qđ dixit: appropīquans æqualitati, &c. potuit intelligere cęteras conditiones, quas explicuit, seu addidit consequenter. K

Et habeat multum lac, cuius color sit albus, nec sit nimis subtile, nec nimis grossum, & sit super eius dulcis c *[sine horrore aliquo,] sitq; coniunctum in partibus, & non fluidum* d *[ ].* 84

L
c haud habēs odorē fetidū.
d cū super aliqđ tersum effunditur.

Hoc quidem est notum de gn̄e, & modo lactis, notum. n. q̄ electum lac debet esse mediocre inter subtile & grossum, albi coloris, & dulcis saporis, similium & non diuersarū partium.

Congruit autem vt dulcibus e *[pinguibus,] & piscibus recentibus* f *[cum oleo] nutriatur.* 85 M

e vnctuosis.
f & pīguibus. i. carne pingui

Et decet, quòd ordinetur cibus eius talis, qui habeat sanguinem generare, qualis est dulcis, & vnctuosus, & pinguis temperate: vnde intellexit ex dicto suo cum oleo pinguia oleaginosa. decetq; vt nutrix attenta sit in exercitio, & bonitate digestionis: hoc nanque est necessarium in hoc capitulo, & omnibus alijs.

A **Regimen proprium infantis, cum exit ab vtero.**

86 *VNgatur ergo & liniatur stypticis cum fasciabitur, donec manifeste induretur cutis eius, &[g] [calefiat] & ab humiditatibus eius mundetur: & mediocri ligatura fascietur.[h] [*

].

g balneet

h nec ei extribuēdū lac multū quod nāque fortiuā fatietate ... cucat.

Cum ligabitur & fasciabitur ipse infans, vngatur prius oleis stypticis, & calefiat aqua temperatæ caliditatis, ad mundificandum ipsum a
B sordibus, & ligatura eius stringatur temperate. Et Gale. quidem iussit quod puer natus superaspergatur sale trito. Non tamen permittatur multū sugere lac, quoniam corrumpetur inde ipsius digestio.

87 *Nec est etiam ei lōge tempore prohibendum lac, quoniam supercalefieret inde.*

Puer est lactandus mediocriter & temperate, nō autem excessiue, quoniam corrumpetur inde lac assumptum. non est etiam paruum lac dandum, quoniam supercalefieret, & consu-
C metetur inde.

88 *Suntq; tolenda & vitanda omnia ipsum ad iram excitantia, & ipsius somnū impedientia. si enim uelit quis somnum prouocare, ponatur stratus eius[i] [capax, & latus satis] in loco opaco: & imponatur papauer in cibis suis, si ex ablatione somni seu vigiliarum instantia contingeret ei aliquod nocumentum.*

i plan⁹ & mollis

Decet nutricem attentam esse de D esse & dispositione infantis, ne scilicet aliquid aliud lædat ipsum, aut stricta ligatura, aliudve ab istis. vñ faciat ipsum dormire super stratum planum & extensum in opaco. quod si rōne alicuius nociui lædatur in somnietate, papauer in cibis & ferculis eius misceatur.

Vtilius tamen esset multum, 89
magisq; necessarium, ne alicui infantium daretur aliquid ad comedendum, excepto lacte solo, donec habuerit dentes suos. E

Nam cum datur eis alius cibus, dum adhuc lactantur, quemadmodum faciunt nunc hoīes regionis nostræ in regimine suo, hoc quidē existit cā morborū in eis: adeo quod etiā contingit inde mors frequenter.

Et cum surget a somno, & exci 90
tabitur,[k] [necessitetur] ad uidendum lucem: taliter etiam quòd inspiciat astra in cœlo. videat etiam in die colores varios & diuersos, quatenus[l] [in hoc excitetur.]

k & exercitetur

l delectetur & diligat videre.

F

Hoc quidem præceptum est ad excitandum, & exercitandum visum, necnon etiam & confortandū ipsum ex ipsius exercitatione, & hoc quoniam omne membrum roboratur, & confortatur cum exercitatur, & in operatione est attentum. pro tanto cum excitabitur a somno, cōgruent ei magis loca luce & claritate informata. Idem etiam docet quòd teneatur extra domum ī via, vt cœlum, & astra eius inspiciat: & quòd videat ī die colores plurimos, & diuersos.

Et

G *m[Et loquatur semper alte qui*
91 *cunq; aut quacunq; habebit acces-*
sum ad ipsum, cum uolnerit quis
ipsum instruere & assuescere] ad
loquendum.

m & ab ipsum sine eã tõm eũ voci[bus] cõuenientib[us] vt dilectet & inclinet

Hoc etiã preceptum est ad excitandum organum auditus ipsius, &
disponendum ipsum ad loquendũ.
& hoc, quoniam de natura pueto-
rum est, q quem sermonem audiue
rint assimilant: sicut etiam facit a-
uis, cum recepit doctrinam sermonis hominis.

Et ponatur mel in ore eius, li-
H *niendo & fricando ex eo palatũ,*
gingiuas, & linguam eius, & ad
datur cum eo aliquantulum thu-
ris, & n[ ]liquiritia.

n succi

Hoc quidem totum est ad hoc
vt sit facilior ortus dentium, & ad iu
uandum eum ad loquendum.

93 *Et prouocetur ei sternutatio,*
quatenus ipsius nasi oppilatiões a-
periantur & mundentur. hoc. n.
rectificat & clarificat uocem su-
am, omnes etiam sensus eius, & cũ
I *hoc dilatat pectus, & anhelitum*
bonum facit.

Quia iussetat leniri os & palatũ
ipsius, præcipit nunc q in eo sternutatio prouocetur & ait q sternutatio prodest sensibus, & hoc, eo q
cerebrum mundificat. ex hoc ẽt cõfert voci, & anhelitum mundificat,
eo q meatus eius mundificet.

94 *Et uitet phlebotomiã, & phar*
maciam, donec ad ætatem adole-
scentia peruenerit: nec resistatur
apostemati uariola seu exitura ei K
dem contingenti o[ ]
cum attractione.

o seu nõ hat diuersio ad cõtrarium

Non quidem decet minuere, ac
pharmacare puerum, etiã si occurrat exigentia ex natura morbi, donec transiuerit in eo ætas pueritiæ:
quod contingit anno xiiij. aut xv.
Cum autẽ dixit: nec resistatur apostemati variolę seu exituræ eidem
contingenti cum attractione: ignoro proculdubio quid intellexit per
hoc, qd dixit cum attractione. Nam
si per attractionem intellexit, q non
procuretur tractus & diuersio mate L
riæ ad partem aliam, & opposità mẽ
bro apostemoso per phlebotomiã
illius partis oppositæ: hoc quidẽ iã
includebatur, & continebatur sub
prima canonificatione generali, quã
de phlebotomia fecerat. Si vero intellexit per hoc, ne superponantur
membris prædictis medicinæ attra
hentes: hoc etiam est preceptum ge
nerale tam ĩ pueris q̃ in alijs ab eis:
cum contingunt eis apostemata &
variolæ dictæ quidem Arabice alze
bud. immo forsitan hoc est vtilius
& magis conseruandum in pueris
q̃ in adultis, ratione superfluæ humi- M
ditatis complexionis ipsorum.

Regimen conualescentium.

Licet conualescentes ab ægri 95
tudine sani existant, eorum
tamen corpora non sunt fortia, sed
debilia, sicut sunt a[debiles immu
nes a morbo, quorum uirtutibus
accidit fatigatio, & sanguinis pri
uatio in eorum corporibus.]

a dom[us] antiquæ apte cadere, [quæ] [quibus] remãserũt alæ debiles, & corpa ipsorũ sanguine sũt priuata.

Quod dixit de conualescentib[us] a
morbis est per se notũ. & hoc, qm̃

A ipsorũ corpora sunt debilia, & parui sanguinis: & uirtutes quidẽ sequũtur dispositionem ipsorum corporũ quorum sunt.

96 *Si autem macies & extenuatio corporum ipsorum fuerit longi temporis, & chronica, reducantur paulatim ad consuetudinem propriam, nec fiat hoc subito & festinanter. si uero emacerati fuerint, & extenuati in tempore breui,*
B [b][ ]*reducantur celeriter ad solita: est nihilominus gradatim subtiliandus, donec euasio corporis ipsorum sit manifesta.*

b ad mul tũ c. bo.

Hoc quidem præceptum est de modo, qualiter reducantur conualescentes ad solita. vnde inquit, φ si macies corporum ipsorum fuerit longi temporis, &c. & est, ac si diceret, φ si passus est morbum chronicum, est paulatim & gradatim reducendus ad cibum solitum: estq; per longum tempus in hoc augmento gradatim incedendum, donec redierit ad consuetudinem solitam.
C Qui vero breui tẽporis spatio passus est, sit translatio eius maior, & ĩ breuiori tempore: ita φ reducatur citi⁹ ad solita, q̃ conua'escens ex chronica passione. & in summa sit temp⁹ ei⁹ in reducẽdo ipsum ad solita sanitate æquale ad motum factum tẽpore morbi. Sunt tamen necessarij gradus in reductione conualescẽtis ab ægritudine ad solitam sanitatem, siue fuerit morb⁹ chronicus, siue acutus. & hoc intellexit, cum dixit: est nihilominus gradatim, &c.

D *Detur ergo ei parum ex cibo,*
qui tamen laudabilis sit uirtutis, 97
& chymi.

Sit ergo cibus conualescẽtis ĩ ęgritudine ĩ parua q̃titate sumpt⁹: sitq; virtutis laudabilis, & boni chymi, cuiusmodi sunt vitelli ouorũ, & testes gallorũ. hĩ. n. opũ φ tm̃ põdus sanguinis gñet ex eis, quantũ ipsa sunt.

Et sit in quiete & tranquilli-
tate, eo quod eorum membra tene 98
ra sint & mollia, rectificenturq;
eorum anima bono[c][*consortio*]*&*
laudabili sede, & ministrentur eis E
aromatica, & omnes flores lauda
bilis odoris, &[d][*gaudeant & la*
tentur, & ipsos exhilarantibus re
ctificentur, [& uitent meditatio
nem, & tristitiam. & ingredian
tur tinas in balneo: nec tamen ibi
diu[e][*sedeant: & ungantur ibi*
membra eorum oleis conuenienti-
bus: non tamen cum forti fricatio-
ne. nam hæc efficiunt in eis calorẽ
innaturalem.]

c & laudabili colloquio

d administrent eis lætificantia & scãtileng e moren' nec fortiter exercitẽtur exercitio, neq; fricẽtur vehemẽter. nã ista faciũt ĩ eis accidere debilitatẽ & je

Hoc quidem totum est per se notum. comprehenditur quidem hoc totum in tribus præceptis seu canonibus vr̃ibus. Quorum primus est, ne fortiter exercitentur, sitq; intentio eorum potius ad quietem q̃ ad motum. Secundus est, vt eorum animæ seu virtutes saluentur, & cõfortentur cum omni eo, quod erit possibile per auditum, & odoratũ. Tertius est, vt eorum corpora rectificentur cum oleis lenitiuis, & per ingressum balnei in pillis, vel tinis, aqua tepida plenis.

F

deãt ĩ aq̃ tepidis, & mẽbra ipsorũ oleis cõuenientib⁹ inũgãt'

Ro-

G Regimen senum.

99 *Vires & virtutes senum re-*
trocedunt omni die, & etiā
minuuntur.

Quicquid est in senibus, existit
in diminutione & consumptione. &
ob hoc dixerunt, ꝙ senex sit homo
corruptus, hoc est ꝙ sit in via corruptionis: & iuuenis est homo, qui generatur, hoc est in via generatiōis.

100 *Vnde detur eis fortis cibus in*
parua quantitate sumptus: qui s.
non aggrauet membra ipsorum.

H Hoc quidem præceptum positū
in regimine senum similatur præce-
pto posito in cibis conualescentium
ab ægritudine: & est ꝙ sit cibus illorū ille, qui in parua quantitate sumptus nutriat multum. & hoc, quoniā
commune est vtrisq; necessitas multi nutrimenti cum debilitate virtutis. Et super hoc ingeniauerunt se
duobus ingenijs: quorum vnum est
ꝙ sit cibus eorum ille, ex quo parua
quantitas multum nutriat: & secūdum est, vt comedant parum, & hoc
pluribus vicibus. vnde melius est ꝙ
senes comedant ter inter diem & no-
I ctem: & sic etiam faciant pueri. &
est, sicut diceretur ꝙ cibum, quem
consueuerunt sumere vna vice vel
duabus, sumant tribus vicibus.

101 *Et si euacuantur, nequaquam*
cholera educatur: sed potius dimit-
tatur, cum sit in eorum corporibus
medicina.

Hoc quidem est notum, nam cū
super complexionem senum frigiditas dominetur, timendum quoq; &
opinandum est ꝙ super ipsum humor frigidus dominetur, & humor
quidem calidus huic contarietur: K
& est medicina humoris prędicti in
senibus. hoc autem verū est vt plurimum. Vidimus nihilominus quamplures ex senibus, ī quibus fuit morbus ex citrina cholera generatus.

Nec prohibeatur eis totaliter 102
phlebotomia, si iam vsi fuerint ea:
immo minuatur etiam in hoc casu
sexagenarius, si corpulentus fuerit
& carnosus, bis in anno, nec abuta-
tur hoc in duobus anni tempori-
bus. prohibeatur tamen ei omnino
phlebotomia ex cephalica, & sic L
erit eius regimen bene ordinatū.

Minime quidem est minutio sanguinis prohibenda in ætate senili
ei, qui vsus est ea in adolescentia &
iuuentute sua: immo est bis in anno minuendus etiam sexagenarius,
si vsus fuerit, & si fuerit sanguineus:
estq; minuendus vere & autumno,
non tamen minuatur de cephalica.
quod ideo iussit, quoniam senū capita sunt debilia & frigida. Est autē
quod hic dicit, magnum apud me,
s. ꝙ sexagenarius bis in anno minuatur, & potissime in autumno. & hoc M
quoniam phlebotomia non exigit
hoc tempore ad conseruationē sanitatis, nec etiam est tunc faciēda. vñ
in illo ex eis facienda est phlebotomia ad conseruationem sanitatis,
cui soliti sunt contingere morbi ex
sanguine in fine veris, & in pricipio
æstatis. Et in summa minime congruit, vt sic vtantur phlebotomia
bibentes aquam, sicut bibentes vinum: nec habitantes in climate calido, sicut habitantes in frigido, & tēperato. Regiones enim, quæ sunt in

di-

A climatibus tpatis sunt magis conuenientes ex eis ad hoc, vt habitatores earum vtantur phlebotomia. Talia autem climata sunt illa, in quibus ver est longius ex quatuor anni temporibus. ex quo patet, q̃ [a] quartum clima minime sit temperatum: eo quod autumnus in eo producat. qđ quidem est signum, q̃ eius habitatio declinet ab æqualitate, & temperamento sicut inquit Galenus.

a. l. quartum

103 *Cum etiam peruenerit ad septuagesimum annum, minuatur semel in anno, nec secundetur in eo* B *etiam in corpulentis. nec etiam est ex tunc de mediana minuendus, & si fuerit corpus eius quasi plenũ. Vnde cum processerit in ætate amplius quinq; annis, minuatur bis de basilica in duobus annis.*

Inquit, vt minuatur semel in anno ille, qui ad septuagesimum annum peruenerit, de basilica tamen, non de mediana, eo q̃ colligantiam habeat cum cerebro: ipsa. n. componitur ex cephalica, quæ est superior in brachio, & ex basilica quæ est inferior in eodem. Præcepit ergo, vt C septuagenarius minuatur semel in anno etiam vsq; quo consequatur septuagesimumquintum annum. hoc tamen totum est contra rationem, & transgressio præcepti seruandi in arte de phlebotomia. Ego nihilominus concederem ei, si morbo eidē contingentis esset necessaria: verũ in regimine conseruandi sanitatem eorũ prohibeo eis ipsam absolute.

104 *Post hãc autem ætatem est eis omnino phlebotomia prohibenda. tam absit multum senioribus, & decrepitis. Nec etiam sunt eorum* D *apostemata [a] [mitiganda:] nec est etiam attractio in apostematibus eorum fortificanda.*

a reponenda.

Hoc totum est ratiõe debilitatis corporum ipsorum. Est etiam verẽda fortis attractio in apostematib^9 ipsorum: q̃m augerentur inde: & tũ, q̃ ducerẽt membra apostemosa ad mortificationem: & pro tanto non est minuendus quis post annũ septuagesimumquintum.

105 *Sunt nihilominus mundificandi cum fricatione & sudore, dentur q; eis [b] [pingues, s. ficus per in-* E *terualla,] & mundificẽtur etiam cum cibis mollificantibus. Destructio autem eorum cum medicinis est omnino prohibenda.*

b olim, pro illo C vicos post vices.

In corporibus autem senum augentur superfluitates ratione debilis digestionis ipsorum. pro tanto est eis necessaria euacuatio eius, quod ex eis in tertia digestione existit, cũ magna fricatione, & balneo temperato. Docet etiam q̃ venter eorum mollificetur, continuando esum ciborum mollificantium, sicut dixit: F nõ tamen cum medicinis solutiuis, eo q̃ non bene ferant & transferãt eas. Galenus autem iussit, vt in hoc casu sumantur ficus pingues in ieiuno. Iussit tamẽ vt vsus earum minuatur: eo q̃ oppilationes faciãt. & hoc intellexit, cum dixit, denturq; eis pingues per interualla. Aut forsitan intellexit, q̃ dentur eis in potu pinguia, per huiusmodi ficus pingues.

G Regimen e{ eius, cuius sanitas est diminuta in aliquo ex membris, & in non aliis} aut in aliquo tempore, & non in aliis.

c. corpis ecutri.i. q̃d i vno mẽbro ẽ sanũ, & i alio nõ.

106 QVi ergo patitur in aliquo tempore determinato, curetur prius quam incurrat morbum.

Si quis aliquo tempore patiatur determinato, curetur, priusquã peruenerat ad illud tempus: & hoc tãdiu donec liberetur ab ęgritudine sua il-

H lo tempore.

107 *Et curetur cum contrario eius, de quo conqueritur illo tempore, & commuta tempus pro tẽpore.*

Curari debet qui patitur aliquo tempore cum contrario eius, quod generatur in illo tempore: quasi dicat ꝙ cum quis pcurabitur sic tempore praecedente morbum, erit quidem securus, ꝙ non generetur morbus in eo illo tempore. vnde est, ac si diceret, ꝙ non est dria inter ambas curas, nisi ꝙ faciat tpe praecedente morbum illud idem, quod etiam faceret tempore morbi. hoc quidem

I intellexit, cum dixit, & commuta tẽpus pro tempore.

108 *Si ergo aliquis patiatur in aliquo ex membris suis, attendatur & recipiatur cura eius ex his quae colligam in curis morborum, donec liberetur & mundetur ab illo morbo.*

Quia fecerat mentionem de cura eius, qui patitur in aliquo tempore, & non in alio, cœpit referre cura eius, qui patitur in vno ex membris eius, & non in aliis. Vnde inquit, ꝙ K cura hu⁹ est sumenda ex cura ipsorummet morborũ: nec est dria in hoc, sicut referemus consequẽter in curis ipsorummet morborum.

Regimen eius, in quo apparent signa futuri morbi.

ET si appareat in alicuius 109 *corpore signum significans super morbum futurum,* [d][*prohibeatur attente aduentus*] *eius, quoniam occulta est causa in corpore eius: pro tanto auferatur, priusquã* 50 *detegatur. iam autem retuli quid significat accidens apparẽs in corpore, & de qua ęgritudine timendum sit ex eo. vnde attente curandum est de eo, faciendo cessare causas eius ex his quae retulimus in capitulo suo.*

d vsc sig nie l ab- scõsione

Quia retulerat regimen eius, qui patitur in vno tempore & non in alio, & illius qui patitur in vno ex mẽbris suis, & non in alio, incœpit nũc referre regimen sani, in quo appa- M ret aliqd ex signis prognosticis sup futuram morbi generationem. Pro tanto inquit; prohibeatur attente aduentus eius, &c. ac si diceret tollatur causa eius a corpore, quę s. parata est facere ipsum. & iam quidem retuli signa, quę cum apparẽt i corpore sani, significant super morbũ futurum: propter quod non oportet ea iterare in hoc loco. Offerẽtia autem de ablatione harum causarum reponitur sub specie ablationis causarum ipsorum morborum. hoc autem speramus ponere in subsequentibus.

A tibus. & ob hoc vtendum in ablatione cuiuslibet causę, cuius apparent propria signa in corpore, his quę referemus in parte curationis horum Canticorum.

e de cura ęgritudinum.

Tractatus secundus[e] {Practicæ De reductione sanitatis in ęgris cum cibis, & medicinis.}

110
f ordinari generis.

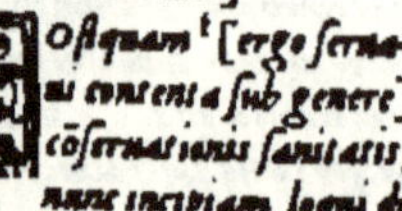

Ostquam [f] [*ergo sermo nes contenta sub genere*] *cōseruationis sanitatis, nunc incipiam loqui de*
B *cura ipsius morbi. & hoc quidem est unum ex generibus practicæ. Hoc autem fit obuiando ei cum suo contrario: ut si fuerit morbus ex caliditate, curetur cum frigiditate, & è conuerso: & si fuerit ex humiditate, curetur cum siccitate, & è conuerso.*

Postquam locuti sumus de regimine, & conseruatiōe sanitatis, nūc quidem loquimur super ĩgenio curationis morbi. Dicta autem ĩ hoc capitulo sub vno genere comprehē-
C duntur: quod est, vt obuietur cōtrario cum suo contrario. Vnde dixit, ꝙ canon in hoc capitulo est, ꝙ incedatur in hoc genere, sicut iussit Hippocrates, curando s. vnum contrarium cum suo contrario: ita ꝙ si fuerit morbus ex caliditate, curetur cū frigiditate contraria, & è conuerso: & si ex humiditate, cum siccitate, & è conuerso.

Curetur ergo cerebri repletio
a *cum euacuatione, & sic fiat de mēbris alijs: & in patiente obturatio-*
nem ex oppilatione fiat apertio, D
a [

a & diminuatio q̃d ĩ nūero additũ ē, & oppiletur q̃d ē apertum

] donec eius malitia fuerit rectificata: & lenitas corporis nociua exasperetur, & similiter asperitas leniatur.

Quia vnum contrarium est cura alterius contrarij, fuit quidem necessarium ꝙ sit cura repletionis cū euacuatione, & cura oppilationis cū apertione, & è conuerso: & cura augmenti cum diminutione: & cura asperitatis cum lenitate, & è conuerso. Et summa quidem in hoc capit. est, quoniam oportet ꝙ numer' cō- E
trariorum, quæ sunt velut radices ĩ curatione, sit secundum numerum specierum morborum, causarum, & accidentium. Iam autem sunt notę species, quę cōtinētur sub istis ex cibis, complexione, & operatione. & hæc quidem sunt velut radix in ingenio curationis.

Rememoratio specierum medicinarum.

Hic quidem faciam mentio- b
nem medicinarum humores educentium per secessum.

Quia vna species morborum ap- F
propriatorum membris similiū partium est morbus cum materia, aut sine materia: & quia cura morborū cum materia fit cū euacuatione humoris peccantis, quę fit cum medicinis eductiuis alterantibus, s. contrarijs eiusmodi. Illius vero, qui est sine materia, curatur solum cum alteratiōe malæ complexiōis ægritudinem facientis: fuit quidem necessitate coactus, vt in hac operatiōe referret medicinas hoc facientes, & etiam medicines

G cinas curantes morbos officiales, i. efficientes, quod est contrarium ei᷒. Incepit autem in hoc a medicinis eductiuis. vnde inquit: Hic quidem faciam mentionem medicinarũ humorem educentium.

4 *Vnde referam illam, super quã dominatur aliqua complexio, & habentem potentiam educendi aliquem humorem, & habentem* [illegible] *aperitiuam, aut mollificatiuam, & habentem potentiam* [illegible]*rendi,* [b] *[uel] putrefaciendi,* [c] *[*

H *]claudendi,* [d] *[& aperitiuam oppilationis, & attractiuam]* [e] *[& exiccatiuam, aut sanatiuam carnis generatiuam, aut sigillatiuam, & his similes in virtutibus secundis, & tertijs.]*

Refert ex his medicinis illã, quæ sic malæ complexioni dominatur, donec alteret ipsam: & si de natura sua non educat aliquem humorem sunt huius medicinæ notæ in primis virtutibus. Ex his etiam refert mollificantes, aperientes, vrentes, & putrefacientes, claudentes, oppilantes, exiccantes, & facientes nasci carnem. hę autem, & his similes notæ

I sunt in virtutibus secundis. Si autẽ habentes operationem in toto corpore habeant, & specialem in vno & determinato membro, dicuntur habere virtutes tertias.

b & c digerẽdi, aut indurãdi, & d vł oppilãdi quæ ẽ apertum, aut vicinũ rẽ attrahẽdi

a aut abstersiuã, ut rarificatiuã. & quæ hẽt virtutẽ gñandi carnẽ & cõsoli-

dãdi, & his similes sunt q̃ hñt virtutẽ secũdã & q̃ hñt tertiã absq; secũda

Rememoratio solutiuarum choleræ.

5 *F Ducit autem fortiter choleram rubeam scammonia, cuius dosis est a tertia unius drachme, usque ad unum kirat. habet etiam potentiam super alios humores. cuius quidem rectificatio fit*

K *cum cotoneis, ne lædat stomachũ, & hepar.*

Hęc quidem medicina est ex fortioribus & notioribus choleram rubeam educentibus. & cum hoc q̃ educit choleram rubeam, valet eius dominium super alios humores. & est ac si diceret, q̃ si poneretur aliquantulum ex hac medicina cum eductiua aliorum humorum, augeretur & confortaretur operatio, &

L virtus illius eductiui. Et dosis ei᷒ est, sicut dicit a tertio vnius darhan, vsque ad darhan semis. Eius autem rectificatio communis & nota est cũ æqua quantitate & pondere sui ex masticħe. Cotonea tamen, quorum ipse fecit hic mentionem, sunt perutilia in hoc casu. nam frangunt & remittunt malitiam, quam ipsa infert stomacho, & hepati: & etiam tollunt & remittunt calorem, & inflammationem ipsius. Laudabilius autem est, q̃ aliquantulum rectificet̃ ex omnibus lateribus suis, i. in virtutibus eius primis & tertijs. ita q̃ non

M intendatur ex ea superfluus fluxus, sicut habetur ex dicto suo. Et nenufar facit idem. nam ipsum frangit & remittit calorem & siccitatem ipsius: & sua aromaticitate resistit nocumento stomachi, & hepatis. Et masticħe etiam est laudabilis huiusmodi ratione.

Detur autem ex aloe [f] *[soldam] unum, & si fuerit necesse* [g] *[duplicetur põdus illud] cum speciebus* [h] *[conuenientibus]: & si de* 6

f aure g rectificatur

tur

A *tur multum ex eo, rectificatur cũ*
bdellio, gummi, & tragacantho.

Hæc quidem medicina laudabi
lior, est inter omnes medicinas cho
leram rubeam educentes a stomacho: & hoc, qm̃ cum hoc quod educit
& euacuat eam abinde, confortat et
ipsum sua stypticitate, & ipsum abstergit sua amaritudine, & expellit
& educit humorem infra substantiam, & tunicas eius imbibitum. Est
autem multum melius si cum speciebus conuenientibus misceatur:
& præsertim si humor cholericus
B vergat ad grossitiem aliquam. Lau
dabilior autem compositio ipsius
cum speciebus est, quam retulit Ga
le. sub auctoritate priorũ: & est hiera picra, quam ipse reseruauit & no
tificauit: in qua est magis q̃ medietas aloes ex speciebus, & minus quã
duo tertia ipsius. Sũt autem sex species notæ in hoc, s. mastiche, cinnamomum, spica nardi, & casia ligni,
carpobalsamum, & xylobalsamum.
Verum moderni ponunt de speciebus quantum de aloe: & hoc intelle
xit, cum dixit: & si fuerit necesse, du-
plicetur pondus illud cum specieb⁹.
C Est autem rectificatio ipsi⁹, sicut dicit, cum gummi arabico, & tragacã
tho, & bdellio. ipsum tamen est solu
tiuum: est tamen nihilominus ipsi⁹
correctiuum, quoniam infert frequenter mordicationem in intestinis, & tinesmum.

7 *Et ex myrobalanis citrinis of-*
feratur in potu unc. i. & tantun-
dem offeratur de uiolis. sic etiam
fiat de medullis casiæ fistulæ, &
tamarindis, & non amplius.

Myrobalani quidem citrini sunt D
debiliores aloe: sunt nihilomin⁹ de
laudabiliorib⁹ medicinis stomachi,
ratione stypticitatis ipsorum. Dosis
quidem eorum est a drach. 5. vsq;
ad drac. vnam. Et post ipsos est medulla casiæ fistulæ, cui associantur
post ipsam tamarindi. violæ autem
in hoc cæteris sunt debiliores.

Rememoratio soluentium phlegma.

D*Entur ad hoc danic. ij. ex* 8
pulpa colocynthidis mun-
da, & rectificata bdellio, & simi E
liter fiat cum cucumere amaro,
quod est ei simile in hac operatio-
ne, rectificato cum pondere sui ex
conuenienti ad hoc.

Colocynthis quidem est fortior
ex medicinis phlegma educentib⁹:
infert tamen tinesmum: & ideo rectificatur cum bdellio & tragacantho. Dosis eius danic. ij. & danic qui
dem est pondus drach. granorum.
Quidam medici ratiocinati sunt quod
non debet multum teri, & plures
sunt huius opinionis: & quidam o-
pinantur quod debeat bene teri. Ratio F
dicentium, quod non debeat multum
teri, est qm̃ tunc, vt dicũt, est minor
ardor & molestia, quam infert in in
testinis, eo quod inuoluatur & profun-
detur minus in intestinis. Sed ratio
opinantium quod debeat bene teri, est
quoniam tunc est minus nocumen
tum ipsius, vt aiunt: & hoc ratione
paruitatis partium eius. tutius autẽ
est in hoc inniti experientiæ, q̃ rõni.

Detur autem unc. 5. ex sale ni 9
tro & sale, nam expellunt phleg-

G *ma. sed dentur ex turbith*[a] [*darhā ij. cum datur in potu, ponantur in decoctione sequali ij.*]

a drach. ij & cū dat̃ in potu i decoctiōe dētur aur ij.

Turbit quidem est medicina bona & laudabilis: cuius actio & proprietas est educere phlegma a stomacho. eligatur tamen sincerum, non ex corruptione ipsius cauernosum, & perforatum. & rectificādum est cū zingibere & mastiche. Sequa sit fm Medicos est pondus. 2. darhā Medicorum antiquorum.

10 *Et dentur ad minus ex agarico*
H [b] [*darhā. 1. & quatuor ex granis.*]

b drach. ij. & sēr de ex granis xij.

Agaricum est valde laudabile: neq; indiget rectificatione, quantū ad aliquam proprietatem eius illaudabilem. educit autē humores grossos. & in summa est securior omnibus alijs medicinis. Cuius dosis est per se ab vno darhan vsq; ad duos: sed in decoctionibus ponuntur darhan tres. Et ipsum quidem curat aquas descendentes ad oculum sui proprietate in principio descensus earum, estq; melior & securior, q̃ sit turbit. Granum autem est medicina fortis potentię, inferens angu-
I stiam magnam: nec decet Medicū vti talibus medicinis, cum potest se curas inuenire.

Rememoratio educentium aquam citrinam.

11 *HAe quidem medicina educunt aquam citrinam, s. pondus. ij. danic*[c] [*laureola,*] *& pondus vnum danic euphorbij non antiqui, tantundem ex*[d] [*tithymallo*] *rectificato, sicut rectificaui ipsam aloē, et ēt pōdus*[e] [*darhā. i.*] *ex centaurea. hac igitur extrahūt* K
aquam citrinam.

c 8 mezz tem

d sebrā

e drach. ij

Verendum quidem & periculosum est offerre omnes istas, seu aliquas ex eis in hydrope, & prçsertim si fuerit de causa calida: & ex eis magis euphorbium. & centaurea quidē videtur laudabilior inter eas.

Rememoratio soluentium melancholiam.

DEtur ergo in potu ex sene, 12
polypodio, epithymo, myrobalanis indis, & etiam ex fumo terra, & buglossa secundum quā- L
titatem quam ex ea educere intēderis. vnde si aqualiter & tēperate eam velis educere, da vnc. 5. & ex lazulo[f] [*darhan quinq. ipse tamen est signanter periculosus, & uerendus.*]

f drach. 5 hoc. n. ē ꝓprid ad ipsam educēdā.

Fortior ex his medicinis est lazulus: & post ipsum epithymus: & post ipsum polypodium: & post ipsum myrobalani Indi, & Keboli. Sene autem, & fumus terrę educunt humores adustos. Ego non repono buglossam inter educentes melancholiā: M
dico nihilominus q; ipsa est ex resistentibus ei. Et vt sit ad vnum dicere, nequaquam est rectum vt dosis omnium horum per se sumptorum sit ęqualis. vnde ex polypodio est sumendum in potu a. v. darhan vsq; ad vnc. 5. sed in decoctionibus ponatur ex eo unc. i. & ponatur ex epithymo in decoctionibus a quinq; darhan vsq; ad vnc. 5. sed ex myrobalanis ponatur ab vncijs. 5. vsque ad vnciam vnam.

Re-

A **Rememoratio compositionis medicinarum.**

13 *Radix autem veridica esset, vt si posset fieri, ministraretur semper vnica & simplex medicina in omni morbo, donec eius operatio panderetur: fuit nihilominus necessaria earum cōpositio propter illud quod nūc dicā.*

Radix veridica esset, q̄ vteremur medicinis simplicibus, quarum operationes iam sunt expertę & approbatę in cura cuiuslibet morbi: nisi

B cogeretur Medicus componere eas, pp ea, quę referam consequenter.

14 *Scilicet, propter morborum cōpositionem adinuicem, & propter medicinarum adequationem, & dulcorationem mali saporis & amari ipsarum, & ad inuandum earum transitum, si fuerit difficilis & tardus, & rectificandum difficilem glutitionē ipsarū [ventris soluentium.*

& q̄d ad iuuat ad veteris solutionem.

Causę quidem, propter quas fuit

C necesse componere medicinas ī hac arte, sunt compositio morborum diuersorum & contrariorum ad inuicem. & pp hoc fuit necesse componere medicinam ex simplicibus & specialibus cuiuslibet ex morbis illis, ex quibus componitur composit⁹: sicut exempli gratia, sunt febres cōpositæ ex humoribus calidis & frigidis. Interdum etiam est necesse cōponere duas simplices medicinas: & hoc, quoniam medicina simplex, cuius exigentia erit in cura alicuius morbi, non est in eodem gradu cū malitia complexionis illius morbi, D sed erit citra eam diminuta, aut aucta vltra eam. Si ergo fuerit aucta qualitas vltra malitiam morbi, erit miscēda cum ea alia medicina, quę eam in hoc debilitet & remittet, quā uis confortet eam in alio. Quandoque etiam cōponuntur diuersę medicinę simul ex hoc, quoniam medicina specialis, & propria in cura morbi erit horribilis, & saporis illaudabilis & tunc erit miscenda cum alia, quę ipsam dulcoret. & ob hoc fuerunt compositę medicinę vt plurimum cum melle: & hoc etiam cōfert ad conseruationem ipsarum. E Cum etiam vult aliquis q̄ medicina penetret & transeat ad aliquod ex membris corporis distantibus a visceribus & stomacho, erit miscenda cum medicina speciali alia, q̄ iuuet eam ad transeūdum ad membrum illud. Erit autem interdum vice⁹ medicinę facientis sic aliam transire contraria virtuti principalis seu prīcipaliter intentę ad curationem. & ob hoc miscetur lepus marinus ī cura vlcerum vesicę: quoniam de natura huius medicinę est, q̄ transeat celeriter ad vesicam, & q̄ vlceret eā. Et medicinę habentes potētiam curandi prędictum morbū in hoc mēbro, & quibus vtimur in cura ipsius, F tarde quidem pringunt & veniunt ad hoc membrum, ī. vesicam. nam nō pueniūt ad eā nisi post digestionē earū factā in pluribus ex membris nutritiuis. & ob hoc addit cū eis q̄d festinat transitū ipsarum ad mēbrū illud. Sic ēt faciēdum est in medicinis vlcerum pulmonis. nā ī hoc casu miscenda sunt cū consolidatiuis & constrictiuis, quę vlcera mundificēt, abstergāt, & leniāt: alias non

 con-

G consequeretur pulmo vlceratus iuuamentum ex prædictis medicinis, non tamen perueniunt ad ipsum nisi post digestionem earum in corde, hepate, & stomacho. Cum etiam medicina est difficilis glutitionis, etiã alia medicina cum ea miscenda, quæ disponat & preparet eam ad faciliter gluttiendum. Sunt tamen multo plures causæ compositionis medicinarum, q̃ sint istæ, quas s. non retulit i hoc loco. Componuntur autem vt plurimum medicinæ ratione contrarietatis morborum, causarum, & accidentium adinuicem cum [a] membro. & est ac si diceret q in eodem

H membro cõgregant morb[9], causa, & accidens: quæ interdum omnia significabunt super cõtrariam dispositionem, seu naturam ipsius.

"a. l. morbo.

15

Quæ dosis debet dari ex medicinis.

CVm ergo fueris attentus in compositione solutiua,[a] [*pone debitum ordinem, et numerum earum in compositione. Accipe ergo cum proprijs dosibus, & determinato numero medicinas solutiuas, sicut volueris rectificatas, & diuide consequenter certis portionibus doses earum: & detur in potu ex ea secundum numerum componentium ipsam, & sic fiat, cum sic componentur, quod totum compositum propinetur, & sic compositæ seruentur necessitati tempore opportuno.*]

a accipe dosim vniuscuiusq. solutiui, & nũera ea ita, vt si erũt dã p(er)miscẽ cũ ipsis ii bis qd vis de his, s rectificatis, & aggrega põdera ipsorũ cum bona cõparatiõe, deinde diuidas põdera poitiones, & sic fiat in cõpõib[9] & p(er)mixtiõe[9] medicinarũ solutiuarũ

Necessitas quidem componendi diuersas medicinas solutiuas est cũ est necesse humores diuersos educere: sicut cum est necesse omnes tres K humores educere, s. melancholiam, choleram, & phlegma. vnde dicem[9] q officium in huius operatione est vt de qualibet medicina quamlibet ex prædictis humorem educente sumatur dosis completa: nisi habeat medicina propria, & sit composita proportionabiliter ex numero componentium. Si ergo perfectæ doses earum fuerit tres, sumatur tertium totius: & si duæ, dimidium. vnde cũ quis voluerit exempli gartia educere choleram, phlegma, & melancholiam, accipiat dosem cõpletã scammoniæ, pulpę colocynthidis, & lapidis lazuli rectificatorum, & decẽter repressorum: & dabit consequenter ex toto tertium. hæc. n. erit dosis cõpleta illius totius.

L

[b] [ ]

b Et medicinæ hñt virtutem primã, & hñt virtu

16

tẽ secũdã & quædam medicinæ hñt virtutẽ tertiã, a qb[9] fluũt opatiões. Virt[9] autẽ prima medicarũ ẽ sicut calefactio, & i

Huiusmodi sunt myrtus, sumach, [c] [*berberis, & sax ferri, myrobalani,*] *acacia, coralli, & emblici, lutum armenicum* [d] [*uel terra,*] *&* [e] [*rumex, seu arius.*]

M

frigidatio & desiccatio, & hũc ita uo. Et hic incipie m[9] adducere medicinas, q frigidant.

c bellirici, scoria ferri, myrobalani chebuli.

d ———

e albatagi arab[9].

Myrtus quidẽ est composita ex substantia stiptica & amara: stiptica tamen est maior q̃ amara. & hoc est, q frigiditas in ea amplius dominetur q̃ caliditas. est etiam maior eius siccitas, q̃ ipsius frigiditas. nã prędicti duo sapores attestantur super ipsius siccitatem: & ideo ipsam ponemus frigidam in principio secundi gradus, & siccam in tertio. Est autẽ medicina ventris constrictiua pri[9] cæteris stipticis. & hoc, quia nulla

uirtus

A virtus solutiua miscetur cum ea: cuius contrarium contingit in plurimis aliorum stypticorum. De sumach autem asserit Gale. ꝙ exiccet valde. vnde est possibile ꝙ eius exiccatio sit in tertio, aut etiam in principio quarti, eius autē frigiditas est forsitā in tertio. Sapores autem berberis, & mirobalanorum sunt compositi ex styptico & amaro: est tamē maior stypticus q̄ amarus. & ideo eorum frigiditas est in primo, siccitas vero in secundo. In rumice, & embliciis est stypticitas fortis. & ideo videtur ꝙ frigiditas eorum sit in secūdo, B siccitas in tertio. Acacia est frigida & sicca: cui⁹ virtus est similis virtuti sumach. Et corallus frigid⁹ est & siccus. frigiditas tamen ipsius est debilior & minor siccitate ipsius. & consimiles sunt bolus armenus, & terra sigillata.

17 *Et* [f] *[cuppa glandium, sanguis draconis, et gallia muschata,] & balaustia cum spodio mista, & auellana indica, coriādrum siccum, &* [g] *[folium] cum plantagine. hæc .n. styptica sunt in actione sua.*

f cortex interior glādiū subrufus, & sanguis draconis. & sicut ramec & galla.

C & althara thie, & q̄ ola sūt cōstrictiua

g folium fidum

Alia lra, baunadum.

Per cuppam quidem glandium intellexit coopertorium seu velamē glandium, & est cortex subtilis existens infra glandem: cuius virt⁹ prima frigida est & sicca, & secunda est constrictiua vlcerum. Gallia etiam muscata est frigida & sicca, & sui potentia stringens ventrem, & abscindens fluxum humorum, qui effunduntur a corpore. Spodium autem est maioris frigiditatis prędictis omnibus, ac si esset frigidum in tertio: & sic est de auellana indica. Est autem conueniens mixtio balaustij cum spodio in fluxu ex cholera citrina, sicut dixit. Coriandrum autē est æquale & temperatum, aut ī primo gradu frigidum. sapor .n. ei⁹ est compositus ex insipido & amaro. D Sed folium est calidum & siccum. simile est in natura sua spicę: eius tamen caliditas nō est magna. & ideo dixit, ꝙ mixtum cum plātagine est stypticum. & hoc, quoniam plantago qualibet est tota frigida & sicca in primo: cuius virtus secūda est carnis regeneratiua: & tertia, quoniam sistit fluxum sanguinis in corpore, & in matrice maxime.

E 18 *Et gallæ,* [h] *[lapathium,] ribes, berberis sūt frigida, et constrictiua.*

h & herba q̄ dr̄ acetosa. Alia lra. & granata acetosa

Hæ medicinæ sunt frigidæ & siccæ. gallę tamen sunt fortioris siccitatis ratiōe fortis stypticitatis earū. Et de proprietate quidem ribes, & berberis, & lapathij est, vt sistere faciant motum cholerę rubeę.

De simplicibus medicinis calefacientibus, [i] {præter ꝙ educant.}

i ——

19 F *Scito quòd calefacientes medicinæ, secundum quòd retulerunt & expertum est, sunt condysi, thus, piper, cardamomum, & piper longum.*

Hę omnes medicinæ sunt calidę & siccæ. Ferunt autem ꝙ condysi sit calidum & siccum in quarto. & piper etiam longum est quale piper nigrum, nisi quia est citra ipsum. Et videtur ꝙ cardamomum assimiletur ei in calore.

20 *Et chartamum, menta, schœnanthum, & cinnamomum, &*

 pas-

G [k][passe montane.i.staphisagria & capparis.

k mahaleb

Et cartamum,i. semen croci hortulani est calidum in secundo gradu. Et ferunt quod menta sit calida in tertio. Et de schoenantho inquiunt quod sit in primo gradu caliditatis, & secundo siccitatis. & quod cinnamomū sit calidum, & siccū in tertio. & sic ēt de capparib9 retulerūt. Est aūt capparis medicina, quę manifeste confert spleni. & mēta ēt manifeste cōfert ori stomachi. Et passę montanę seu staphisagria est calida & sicca.

H

21 Et [l][centonica, vrtica, & melissa,] styrax, & ambra.

l fesha & vrtica, & origanū, & visā, &

Centonica est calida, & sicca in tertio gradu, & vrtica in secundo. Et ambra quidem cōfortat cerebrū manifeste. Et styrax est in fine secūdi, & in principio tertij gradus.

22 Et lignum aloes, acorus, melilotum, cuscuta, & Zingiber.

Lignum aloes, & acorus sunt calida & sicca in tertio: & mellilotum, & cuscuta in primo: & zingiber in tertio. Confert autem lignum aloes manifeste stomacho, & acorus hepati: & cuscuta ponitur vice absinthij,

I

cum nequit absinthium inueniri. Et zingiber est de conferentibus ad confortandum digestionem in senibus, & frigidis per naturam.

23 Et gentiana, [m][basilicon,] paeonia, lacca, & rheubarbarum.

m bade-ard

Hęc quidem omnia, s. gentiana, lacca, & rheubarbarum sunt calida & sicca in tertio gradu. Et lacca quidem, & rheubarbarum sunt ex specialiter confortantibus hepar. Et gētiana quidem subtiliat fortiter, & incidit, & alterat humores illaudabiles & perniciosos. & ob hoc fuit vna ex quatuor medicinis diatesſarō. Et de proprietate quidem pęonię est, quod curet pueros ab epilepsia suspēsa ad collum eorum, sicut retulit Gale. quod vō sit rosa canina, sicut dixit, est dubium apud nos, cum non sit ita.

K

24 Et folium, laudanum, & bacca lauri, & ameos, [n][ ]

n & cy[illegible]

Baccę, & ameos calida sunt in tertio, & laudanum in secundo, & folium in primo.

25 Et anethum, & cataputia, & [o][alcanna, rubia, & myrrha]

o blatte bizātię, &

Alcanna, & myrrha, & rubia sunt calida in tertio. sed anethum est calidum in primo: cuius virtus secūda est maturatiua.

L

alchā. & rues myrrha, & mdacocha

26 Prasiū, serāpinum, [a][acorus,] & anisum.

a sagapenū.

a ———

Sagapenum, & anisum sunt calida in tertio. prassium autem est calidum in fine secundi, aut in principio tertij.

27 Et carui, cyminum [b][& semen apij campestris.]

b & ruta & semen apij syluestris

Hę oēs sunt calidę & siccę in tertio: de quarum natura, & proprietate est expellere ventositates.

M

28 Et spica, capilli veneris [c][saturcia, & darsaan.]

c basilicū darsīsaā

Spica, & capillus veneris sunt calida in primo. habet autem spica proprietatem manifestam confortādi hepar. saturcia autē & darsaan sunt in tertio gradu.

29 Et casia lignea, galanga, chelidonia, & assarum, pix, hyssopus, & alchitran, pyrethrum, & balsamum.

Hę

A Hę omnes sunt in tertio, excepto balsamo: ipsum. n. est in secūdo: cuius quidem iuuamētum est in venenis necantibus manifestum. vnde est vnum ex fundamentis in theriaca magna manifestis.

30 *Et maiorana,*[d] [ ] *& papauer rubeum, &*[e] [*cælicerta,*] *calamus aromaticus, & chamamilla.*

d & amin dem
e sucha - ba & fæni culus &

Maiorana est in tertio. & sic etiā est de floribus papaueris rubei. & cœlicetta est ī primo aut secundo: & fœniculum est in secundo. & chamęmilla quidem, & calamus aromaticus sunt ex speciebus aromaticis calidis, in quo est aliquātulum ex virtute maturatiua. & ideo caliditas ipsius, & siccitas non est magna. & ipse quidem est ex speciebus theriacę manifestis. nos autē non habemus ipsum in hac regione.

B

31 *Et nigella, assa fœtida,*[f] [*terebinthina,*] *& sulphur, ammoniacum, sinapis,*[g] [ ] *& allium, cubeba, costum.*

f grana viride
g nasih

Sulphur quidem est calidum, & siccum in quarto gradu. & sic est ēt assa fœtida, aut forsitā est in principio eius. nigella autem est in tertio gradu caliditatis. & sic est de synape. ammoniacum est in fine secūdi, aut in principio tertij, & non est in quarto. & allium est infra tertium. & similiter ē de costo, & de cubebis.

C

Doctrina, quæ siccum ab humido distinguit, & gradum medicinarum simplicium.

32 O*Mne autem frigidum, et calidum erit siccum, vel molle seu humidum. & ex stypticitate quidem siccitas cognoscetur, ex lenitate vero humiditas.*

D

Proculdubio omne frigidum vel calidum siccum est, vel humidum: Siccitas quidem ex stypticitate cognoscitur: & humiditas ex lenitate & laxitate.

33 *Est autem apud Medicos nota graduum diuersitas.*[h] [ ] *Nam immutatio & alteratio solo intellectu & ratione percepta est in primo gradu.*

h & ista diuersi tas resecat

E Apud Medicos est omnium graduum diuersitas nota, cum dicunt φ hęc medicina est in primo gradu, secundo, aut tertio: quę quidem diuersitas fuit iam apud eos determinata. Vnde quę ex medicinis imprimunt in corpore immutationē, non sensu sed intellectu, & ratione perceptibilem, calefaciendo ipsum, infrigidando, exiccando, aut humectando, sunt quidem medicinę quę dicuntur egredi ab ęqualitate, & reperire ad primum gradum inęqualitatis: quod Galenus innuit, cum dicit, φ prima diuersitas non percipitur sensu.

F

34 *Omne autem, cuius immutatio sensu percipitur sine violentia, habet manifestam significationem, quod sit in gradu secundo.*[i] [*Omne autem, cuius immutatio sensu percipitur cum Læsione, sed non destruit,*] *est in gradu tertio.*

i Et oē, qđ vehementer imutat, sⁱ corrupmo ciᵛē lōginqua, & nō ē corrūpēs illđ, cum quo guar- (?) locedat.

Oē aūt, cuius īmutatio non solo īntellectu, sed ēt sensu pcipit sui fortitudine, nō tñ mēbrū, quod immutat corrūpēdo, est ī secūdo gradu: &

 si elō-

G si elongetur multum a temperamé to, est in tertio.

35 *Omne autem, quod sui violentia, vstione, aut stupefactione, seu narcoticatione corrumpit quod im mutat, exiuit a temperie vsq; ad quartum gradum.*

Intellexit quidem ꝙ omne corrũ pens membrum, cui superponitur, ita ꝙ vrat ipsum, si fuerit calidũ: aut ipsum stupefaciat, si fuerit frigidũ, est quidem calidum, aut frigidum in quarto gradu.

H Rememoratio virtutum secundarum medicinarum simplicium, & primo medicinae {attractiuae.}

k maturatiuae

36 *Scito quòd in omni maturatiua est viscositas cum calore mediocri, & temperato, & proportionali cum calore membri, in quo maturatio intenditur: cuiusmodi sunt adipes, pix, & gummi pini, & oleum cum cera simul mista, et oleum*[l] *[cum cera bene mistum, & agitatum,] & frumentum in oleo coctum.*

l ol[eum] aquae calidae ut p[er]mixtũ eã eo q[uo]d calefacit

Sciendum, ꝙ natura medicinarũ apostemata maturantium est ꝙ habeant calorem temperatum, & vim oppilandi poros cutis: & ꝙ calor earum equalis sit & proportionalis calori membri, in quo est humor, ad cuius maturationem intenditur: & sunt sicut adipes, pix, & gummi pini arboris, & cera, cum misceñt hęc omnia cum oleo. Ex his etiam est oleum cum calida agitatum, & frumentum cum oleo coctum. Est autem intentio Galeni, ꝙ maturatio fiat ex calore naturali. vnde si calor naturalis infrigidetur aliquantulũ ratione humoris in membro existẽtis, erit quidem necesse vt sit medicina maturatiua, cum intenditur ipsius humoris maturatio, quę reducit ipsum membrum ad suum calorem naturalem. ꝙ si sic est, oportet quidem ꝙ medicina maturatiua cõplexioni caloris naturalis similetur. Et ob hoc ex maturantibus est pro certo farina in oleo cocta. fortius tamen eo est frumentum decoctum in eodem Et ob hoc etiam variatur maturatiua in pueris, & senibus, & in rusticis habitantibus in castris, & in villis, & in ciuitatibus, & in quolibet ex membris secundum diuersitatem complexionum suarum. K L

37 *Omnis medicina mollificatiua est fortioris caloris, quam sit membrum, in quo mollificatio intenditur: non tamen est tantae virtutis & potentiae,*[m] *[quòd sui dissolutione, & subtiliatione manifestetur in corpore nocumentum:] cuiusmodi sunt galbanum, bdellium, ammoniacum, styrax, & medulla tibia ceruina.*

m i calore, hm ut sobule dissoluatur grosso remanente

M

Medicinę quidem mollificatiuę sunt, cum quibus intendunt Medici dissoluere duritiem ex chronicis apostematibus in corpore generatũ: aut etiam ex illis, quę a principio ex grossis humoribus generantur. Et quia intentio in medicinis his est, vt cum eis dissoluatur quod est in aliquo membro inuiscatum, aut cõgelatum: fuit quidem necessarium, vt calor earum sit maior calore corporis

A poris illius: & sic etiam est de siccitate earum: non tamen multũ: quia si calor earum esset valde magnus, subtile quidem ex prædictis humoribus ex apostematibus dissoluerẽt & resoluerent, grossum quoq; eorũ compingerent, & schirrhosum efficerent. vnde intentio in his medicinis est, ꝙ dissoluant quod est inuiscatum & congelatum in membro præter ꝙ subtile dissoluant:, consument, & resoluant. Et hoc quidem intellexit cum dixit: mollificatiua est fortioris caloris q̃ sit membrum in quo mollificatio intenditur. Nã

B eius virtus, & potentia debet esse ꝓpinqua complexioni membri, tale s. ꝙ dissoluendo subtilias ex humore, cuius mollificatio intenditur, nõ putrificet eum. De huiusmodi medicinis inquit Gale. ꝙ earum caliditas & siccitas extendatur a pricipio secundi gradus vsq; ad finem eiusdem: & sunt, sicut dicit, galbanum, bdellium, ammoniacũ, styrax, medulla tibię ceruinæ. Quædam tamẽ ex istis sunt fortiores quibusdã ex eis, nam ammoniacũ proculdubio est fortius bdellio in calore.

38 [a] *Indurantes quidem medicinæ*

C *frigidæ sunt, sicut solatrum, lentigo vallerum, & similes his.*]

a Ex medicis q̃ dē frigide & humidæ īdurātes mēbrū sū sicut solatrũ, & lentigo aquæ.

Medicinæ quidem membrum ĩdurantes frigidę sunt, & ipsum seu partes eius vnientes & congregantes. Et quia earum operatio est contraria operationi mollificãtium, decet quidem, vt earum complexio cõplexioni mollificantium opponat, erunt ergo frigidæ & humidæ in secundo gradu.

b illa [siue calida, siue frigida sit

39 *Omnis medicina oppilatiua est* [b] [*caliditate, & siccitate expers ta manifesta,*] *non* [c] [ ] *mordicans membrum cui cõiungitur, et cum hoc terrestris est, aut viscosa.*

D

c est

De natura quidem medicinarũ oppilantium est, vt non calefaciant, nec incidant membrum, cui obuiant. q̃m hæc duo habent membrũ mordicare: & omne mordicans hẽt aperire. & quia cum hoc necesse est ꝙ inuiscentur aut adhæreant membris ipsis, i. poris & foraminib⁹ cutis, fuit quidem necessarium ꝙ huiusmodi medicinæ sint terrestres: sicut coralli, cornu ceruinum, capreolinum, & similes his: aut viscosæ, sicut gummi, & similes his.

E

40 *Est autem notum, quod omnis medicina oppilationis aperitiua, incisiua est, & subtiliatiua: cuius sapor est salsus vel amarus: cuiusmodi sunt* [d] [*cepa marina,* [*& radix lily, radix,* [e] [*prauincha, sal nitrum,*] *capparis, &* [f] [*faba lupina.*]

d i. cepe squilliticã, & amygdala amara.

e narcisci & batrax

f lupini

Medicinæ vero oppilationum generatarum in meatibus membrorũ aperitiuæ, incisiuę quidem sunt, & subtiliatiuæ: suntq; amaræ & salsæ aut acutæ, vel ex his composite. hic ergo est modus, & dispositio harum medicinarũ. Ponit aũt exẽpla multarum in hoc genere existentium.

F

41 *Et stypticum quidem potest esse aperitiuum, sed nullo modo aperiet exterius applicatum: nihilominus in potu assumptum oppilationem aperiet in membris existentem.*

Medicina quidem aperitiua, amara, & styptica minime aperit, exteri⁹

cor-

G corpori applicata, aperit tamen mēbra interiora ratione latitudinis meatuum ipsorum membrorū: immo stypticitas iuuat talem apertiuam, vt efficacius exerceat operationem suam in membro. Et Gale. quidem dedit exemplum [l] huius medicinis absinthium ipse. n. intellexit q ipsum sit in vltimo deoppilātium oppilationes hepatis: nec tamen aperit poros cutis, cum superponitur exterius corpori, ratione stypticitatis ipsius, & constrictionis seu strictura pororum cutis corporis.

42 H *Medicina quidem mundificatiua & abstersiua est minoris subtilitatis, quam sit praecedens, sicut fabae.*[g] [*fortius tamen eis est dulce*] *sicut mel, et dulces amygdalae.*

g & sicut repit [?] recidiles.

Medicinae quidem abstergentes sunt medicinae subtiles, minus tn̄ q̄ sint medicinae apertiuae. & hoc, quā medicinę ad hoc perueniunt, q mūdificent & abstergant sorditiem super cutem existentem, praeter q aperiant poros cutis. vn̄ calor harū medicinarum debilis est, & paruus: & sunt sicut fabae, mel, & amygdalae dulces: verum amygdalae amarae aperiunt.

I

43 *In omni quidem rarificatiuo,*

h [h] *& resolutiuo*] *existit calor tēperatus, sicut est oleum catapusiae, & chamemilla, & oleum*[l] [*radicum foeniculi.*]

l rafani, & foeniculum

Medicinae rarificantes, & resoluētes habent calorem tēperatum, seu in principio secundi gradus: sicut chamaemilla, & anethum.

44 *Omnis quidem medicina orificiorum venarum apertiua,*[k] [*mūdificatiua est habens calorem mistum cum grossitie.*] *cuiusmodi sunt allia, cepa, & sella.*

K

k ē sicut vlceratiua seu vulneratiua, operans cū grossitudine [?] & caliditate forti

Medicinae quae aperiunt orificiā venarum, sunt quidem medicinae grossę substantiae, valde fortes.

45 *Quicquid confert ad obturandum & constringendum meatus, debet esse stypticum & mordicatione priuatum.*

Intellexit q hę medicinę sunt cōtrarię his, quae venas aperiunt, stypticę s. & carentes mordicatione & calore: cuiusmodi sunt hypocisthis balaustia, & similes. L

46 *Omnis medicina vstiua est magni & fortis caloris, & vltimatae grossitiei.*

Medicinę quidem vrētes sunt vltimati caloris, & grossitiei.

47 *Omnis medicina putrefactiua est*[l] [*perfectae*] *caliditatis, & subtilis substantiae.*

l superfluę

Medicinę quidem putrefactiuae sunt abundantis caliditatis, & subtilis substantiae, & corrosiuae. M

48 *Medicinae autem carnis diminutiuae sunt debiliores praedictis: sed sigillatiuae vlcerum abstersiuae sunt & desiccatiuae.*

Medicinę diminuentes carnem innaturaliter auctam & generatam in vlceribus, sunt debiliores medicinis notis putrefactiuis, & carnē corrodentibus in vlceribus. verum medicinę sigillatiuae vlcerum sunt medicinę exiccatiuae.

Me-

A *Medicina quæ a tota specie at*
49 *trahit humorem seu humiditatẽ*
aliquam, est bezahar,[m] [
]*medicina laxatiua, seu*
eductiua.

m q. s. ex trahit venenũ, & sicut

Medicinæ attrahentes a tota sub
stantia sunt sicut lapis, qui appellatur bezahar: qui s. attrahit medicinas necantes exequẽtes ex veneno:
& sicut medicinæ laxatiuæ seu edu
ctiuæ: quarum quælibet educit aliquid ex humoribus vel humiditatibus earum.

B
50 *Omnis autem actio medicinæ*
attrahentis ratione qualitatis no-
tæ fit a calore ipsius naturali &
subtilitate substantiæ, cuiusmodi
sunt ammoniacum, bdellium: aut
a putrefaciente, sicut in egestioni-
bus, & stercoribus.

Medicinæ quidem attrahẽtes nõ
a tota sui substantia, sed a caliditate
sunt medicinæ calidę & subtiles. qua
rum sunt duæ species. nam ex eis
sunt quædam, quarum calor naturalis est subtiliatiuus, cuiusmodi
C sunt bdellium, & ammoniacum: &
ex eis sunt, quarum calor est putre-
factiuus, sicut fermentum, & sterco
ra, seu egestiones.

Bezahar autem cõfert cum su
perat, aut ratione qualitatis con-
uertentis, & immutantis, aut ex
sui natura propria, aut eo ẽt quod
confert educendo[n] [*per modũ qua*
litatis necantis a veneno.[*Vsus au*
tem harum [o] [ ]*nõ est cõ*
ueniens tempore sanitatis: ideoq;

n aut resistendo, & cõtrariando ppor-tiõabilr virtuti g necand o bezahar

p [*quo vtitur frequenter eis, incur* D
ris inde nocumentum.]

p medic[o] ignorãter tat

Nequaq̃ intellexit in hoc loco p
bezahar, lapidẽ ꝓprio noĩe sic noĩa-
tũ, sed oẽm medicinã theriacalẽ, &
huic similẽ lapidi. Dicim[9] ergo ꝙ hę
medicinæ liberantes, seu euadere fa
cientes a venenis ex medicinis necã
tib[9], faciũt hoc aut rõne qualitatũ
primarũ ipsarum, vt caliditatis, frigiditatis, siccitatis, & humiditatis: q̃
quidẽ qualitates ꝑdictarum medici
narum cõuertũt ad se, & trãsmutãt
operatiões medicinarũ necãtiũ: quẽadmodũ medicinę calidę cõferẽtes E
medicinis necãtib[9] frigidis, & ẽ conuerso: aut ẽt rõne qualitatũ, seu virtutũ secũdarũ. Hę igit medicinę iõ
cõferũt in ꝓposito, quia cõuertunt
qualitates medicinarũ necãtiũ per
qualitates suas. Ex hus ẽt medicinis
sunt, q̃ faciũt hoc ex tota sui sub̃ia,
hoc est ex sui ꝓprietate. vñ est ac si
diceret ꝙ hę medicinę obuiãt medi
cinis necãtib[9] ex tota sui substãtia:
hoc ergo itellexit sm opinionẽ med.
cũ dixit: aut ex sui natura ꝓpria. Ex
eis ẽt est spẽs tertia: & est illarũ medicinarũ, q̃ p secessum, vel vomitũ
medicinã necantẽ, vel venenũ extra F
ducũt: sicut dixerũt de ammoniaco
& alijs ab eo in morsu canis rabidi.
Quod aũt dixit, has educere p modũ qualitatis necãtis, fabricarũ ẽ, s;
ꝙ mihi vr, super illd, qd' dixit Gale.
L. ꝙ medicinæ facientes euadere, &
liberãtes a venenis, & medicinis necãtib[9], sunt in parte necãtes & venenosę: & est ac si diceret ꝙ sint media
inter corpa nr̃a, & venenosas medicinas. Sũt ergo hę medicinę sm hoc
de gñe medicinarum necantium. &
ex hoc sequitur ꝙ, cũ peruenerint in

G corporibus sanorum, quod faciant I eis
quod facerent medicinę necantes,
& venenosæ, conferunt tamen nihi
lominus corporibus, in quibus medicinę necantes prædictę iam sunt
operatæ. Et hoc quidem intellexit
cum dixit, ideoq; qui vtitur frequē-
ter eis, incurrit inde nocumentum.

52 a[*Hæc medicina calida est, et,*
aperitiua, & incisiua, & mollifi-
catiua.] *ex ea etiam est quæ stu-*
pefaciendo confert, sicut opium, et
cætera narcotica.

a Medicina quæ remouet dolorem calida e[st], calida aperitiua, inci[siua], H [...]ua, mollificatiua.

Medicinarum quidem dolorem
curantium, & sedantium duę sunt
species. Quarum vna est illa, quę ef
ficit in membro, & operatur contra
rium eius, quod efficit dolor in eodem, ac si diceretur quod delectat ipsum
membrum, & placet eidem: & tales
sunt curantes dolorem secundum veritatem.
facit autem hoc ex similitudine sua,
quam habet cum corpore. & huius
quidem speciei sunt assungiæ gallo
rum, gallinarum, & anatum. Secun
da autem species est illa, quę sedat
& remouet dolorem, tollendo & ab
I scindendo causam eius. & hoc quidem facit, alterando causam dolorē
efficientem & hę quidem medicinę
sunt incidentes, & subtiliantes, & a-
perientes. Tertia quidem species est
illa, quę dolorem sedat & tollit, stu-
pefaciendo, & narcotizando membrum, in quo est dolor. vnde hæc me
dicina sedat dolorem per accidens,
& quandoq; auget causam eius, &
interdum efficit, & causat mortifica
tionem membri patientis, sicut facit opium. Et ob hoc cantificauit, &
prohibuit Ga. vsum eius nisi in tem
pore magnæ & vrgētis necessitatis.

K Intellexit autem speciem primam,
cum dixit: calida est. & secundā est
subiunxit: & aperitiua, & incisiua, &
mollificatiua. vnde est ac si diceret
quod secunda abscindit causas eius.

Rememoratio virtutum tertia-rum medicinarum sim-plicium.

53 P*ost relationem quidem præ*
dictorum reperietur relatiō
tertiarum uirtutum super his quæ
contingunt, & generantur, ex qui
bus est commutatio lapidis in reni
L *bus: quæ quidem fit ex omni eo*
quod dissoluit, incidit, subtiliat, et
mollificat, dum tamen calorem nō
habeat manifestum: cuiusmodi
sunt radix asparagi, & radix a-
rundinis, & vitrum vstum, &
b[*passæ montanæ, i. staphisagria.*

b [...] leb

Post relationem dictarum operationum medicinarum, referendę
sunt hic operationes tertiarum virtutum earundem. Ex his autem vir
tutibus sunt medicinæ, quę sine calore manifesto calculum minuunt,
& earum est calor in primo gradu:
M sicut asparagus, radix arundinis, vitrum vstum, & passę montanę, idest
stafisagria.

14 *Et similes istis, habentes, s. ali-*
quam caliditatem & humidita-
tem, faciunt egredi quod est in pe-
ctore per screatum.

Ex his etiam medicinis sunt alle
uiantes screatū a pectore: & hę sunt
paruæ caliditatis & humiditatis: cu
iusmodi sunt amygdalę dulces, &
butyrum cū zucchare, & eis similes.

Quæ

A

55 *Quæ etiam sunt temperatæ caliditatis, generant lac.*

Medicinę quidem lactis gñatiuę & effectiuæ, sunt caliditatis tpatæ.

56 *Et oĩs medicina iuuãs screatũ, prouocat mẽstrua,*[c][ ]*dũ autẽ habuerit caliditatem præter quod*[d][*fortius*]*exiccet.*[e][ ]

c — *d &* *e tũc ei' opatio ẽ subtilior*

Medicinæ quidẽ, q̃ prouocãt mẽstrua, sũt d nũ medicãrũ, q̃ efficiũt facilẽ screatũ: sunt tñ calidiores eis, sed non valde. & hoc, qm̃ opationes harũ medicinarũ sunt qdẽ fortiores operationibus medicinarũ facilem

B

screatũ facientium. Et ob hoc inqt Ga. q̃ pùocãtes mẽstrua sunt d gñe puocãtiũ lac: sunt tñ fortiores eis.

57 *Et hæ quidem omnes prouocãt vrinam:*[f][*acutæ tamẽ sunt in hoc certiores, & magis conuenientes.*]

f & oẽ acutũ illis fortius.

Intellexit qdẽ q̃ hę oẽs medicinę s. cõminutiuæ lapidũ & calculi, & puocatiuæ mẽstruorũ, & iuuãtes ad screandum, prouocant vrinam: acutæ tamen sunt in hoc certiores.

*De speciebus, & modis medicinarum.

C

58 *Postquam ergo retuli vires & virtutes complexionum medicinarum, incipiam nunc referre modos medicaminum, & antidotorum. referam ergo omnes modos earum quibus vtuntur Medici tam in interius assumptis, quam ĩ exterius applicatis. Et sunt velut*[g][*decorationes,*]*pilulæ, syrupi,*[h][*lohoc, linimenta, cerata, ablutiones, fomentationes, fricationes, stuffæ vel pyria, balnea, trochisci, electuaria, suppositoria, licinia, clysteria, stillæ seu stillicidia, iniectiones, magdaleones, dentifricia, sternutatoria, acuatoria, syriga, emplastra & vnguenta, pulueres oculorum, & sinapismi, & sunt dapsupurgia, collyria, nasalia, decoctio, colatura, opiata, & fumigia per traiectorium, & sine, fricatoria, saccellationes, infusiones, tra\ea, confectiones.*]

g medicamina p decoratione capillorũ. *h suffus, & olea*

D

seu vnctiones, & fricationes, & embrocationes, & ea q̃ remouẽt tincturã nigrã frigidã in cute, & ea q̃ cingunt man', & ablutiões, & suf., & electuaria, & stillæ, & suac., & dentifricia,

E

& liniméta, & vnguẽta, & pulueres, & alcohol, & gargarismata, & dilastillatiões & pessaria & q̃ dant' ĩ potu ex decoctiõib', & eplastra & fomẽtatiões & gargarismata, & clysteria, & suffumigia.

Constat intentionem eius fuisse in hoc capi. referre modos medicaminum, quibus vtuntur Medici ĩ cura ęgrorũ, & practica, & eorũ noĩa ppria. vtimur aũt medicaminibus vt, aut interi', aut exterius. Et interium, aut ministrant a pte supiori p os: aut ab inferiori, s. p viã, ex qua egredit̃ supfluitas sicca: aut p illã, ex qua egredit̃ supfluitas liquida. Ex assumptis aũt p os q̃dã dñr electuaria, & q̃dã syrupi, & q̃dã lohoc, & q̃dã drageæ, i. cõpositæ & cõfectæ sola tritura, & q̃dã pulueres, & q̃dam trochisci, & quædã potiões, & q̃dã dñr pillulæ: quarũ vsus est ĩ quibusdã ex medicinis eductiuis interi' p os sumptis. Cuius aũt vsus congruit in egressu vrinæ, dr̃ iniectio seu stillatio p syringã. Quod aũt imponit̃ ad expellẽdũ supfluitatẽ siccã, vocat̃ iniectio p clystere, cũ illud fuerit liquidũ. Sed si nõ fuerit liquidum sed solidũ, dr̃ suppositoriũ, vl̃ tẽta. Quæ ẽt fiunt ex coto filato, & ponunt̃ in vulnerib' seu vlceribus pfundis, dñt tentæ. Et si sternutatoria ponant̃ in hoc gñe, bene quidẽ. Et sunt medicine-

G nx, q̃ imponunt̃ narib⁹ ad euacuandum ſupfluitates capitis. Hæc ergo ſunt medicaminũ noĩa, q̃ interius aſſumunt̃. Eorũ aũt, q̃ exteri⁹ applicant̃, q̃dã dñt inſtiones, & q̃dã fricationes, ablutiones, decoctiões, balnea, cerata, & emplaſtra, infuſiones, ſaccellationes, & ſpongię, & ſinapiſmus factus cum pulueribus. & q̃d ex eis ponitur in oculis: dr̃ collyriũ: magdaleones ſeu trochiſci: & ſtillatorium, ex quo mundificatur os, dr̃ abſterſiuum, & dentifriciũ. Et hæc quidem ſunt eũta & vulgaribus nota, & multo fortius ſapientibus. Ex his etiam omnibus alterũ duorum intendit̃, alteratio ſola cum cõtrario, cum erit mala cõplexio ſine materia: aut rectificatio & immutatio conueniens humoris ęgritudinẽ facientis, & expulſio ipſius a corpore.

a De cura

a { Rememoratio rectificationis corruptionis, & ſignificationis ipſius.

59 *Omnis morbus, quẽ ſumus relaturi, exiſtit vniuerſaliter in toto corpore, aut ſpecialiter in aliquo ex membris eius. Qui ſi fuerit ſine materia,* b[*erit quidem cura complexioni ſuæ contrario eius cura.*] c[ ]

b [illegible]

Omnis morbus, ſiue fuerit in corpore toto occultatus, ſiue in vno ex membris eius, aut pluribus, & fuerit ex morbis membrorum conſimiliũ & ſine materia, erit quidem eius cura cum contrario illius malę complexionis ſine materia.

60 *Diſcernitur autem morbus repleti corporis a morbo prædicto, ſumendo experientiam ab eo per inueſtigationem artificialem, ſi ſ. non adſit cum eo aliquod ex ſignis ſuper repletionem corporis ſignificantibus.* K

Malitia autem complexionis ſine materia cognoſcit̃ & diſcernitur ab illa, quę eſt cum materia, ſi ſ. nõ appareat in corpe aliquod ex ſignis ſignificantibus illud, quod retulimus in his, quæ præceſſerunt.

Si autem contingat nocumentum ex operatione in cura morbi, erit quidem medicamen ſimile, ſ. morbo in complexione, & recipiet iuuamentum ex eo, quod cõtrariatur cauſæ efficienti corruptionem, d[*& morbum.*] 61 L

Cum dubitamus de ſpecie malę cõplexionis peccantis, ignorãtes an ſit frigida vel calida, ſumemus tũc ſignatiões ſup hoc, vtendo medicinis contrarijs in cura eius. Si ergo ex operatione accidat patiẽti in principio aliquod nocumẽtũ, ſciem⁹ cõplexionẽ iſtius morbi eſſe cõformẽ cum complexione illius medicinæ ſibi miniſtratę: cõſtabitq; nobis tũc q̃ cura eius fiat cum eo, q̃d cõtrariatur illi complexioni. Sic etiam ſi in principio operationis ſic rectificet̃ operatio, q̃ patiens cõſequat̃ inde ſ manibus noſtris adiuuamẽ, ſciem⁹ quidẽ q̃ medicina illa cõtrariet̃ illi morbo: & iõ fiet cura eius cũ illa. M

Poteſt etiam ſumi ſignificatio ſuper morbum ex ſenſu tactus, & debilitate operationum. 62

Sumit̃ quidẽ ſignatio ſup naturã morbi ex ipſomet tactu: & ex ſpecie ſeu

A seu mõ debilitatis & corruptiõis o-
peratiõis sumit signatio super morbũ patientis: & interdũ signatur inde super speciem, & ipsius morbi.

63 *Et etiã ex eo quod apparet ex*
illaudabilibus[e] [ ] *secun*
dum species & modos suos: & etiã
ex eo quod uidetur de superfluita-
tibus exeuntibus.

e dispõib9

Accipit̃ et signatio super morbos
& cãs eorum, & mẽbra patientia ex
eo, qđ est illaudabile, & corruptum
sm dispõnem membri patientis. Su
mit̃ et pdicta signatio ex egestiõib9
B & alijs supfluitatib9 a corpe reũtib9.

64 *Si ergo patientis urina fuerit*
sine hypostasi, & residentijs & pul
sus inequalis, nequaquã ex reple-
tione patietur, sed morbus eius re-
ponetur potius sub genere morbi
inanientis & consumptiui.

Ex signationibus morbũ de mala
complexione sine materia sunt pul
sus egredientes ab equalitate: praeter
qin urina appareat aliqua hyposta
sis & residẽtia. cũ ergo apparebunt
hec, nequaq̃ erit morb9 de gñe mor
C borũ replectionalĩũ, sed poti9 de gñe
morborũ sine materia, cũ quã nõ ẽ
corpus plenũ, sed potius inanitum.

65 *Et si dolor sit in aliquo loco spe-*
cialiter, significabit super passionẽ
illius loci.

Sumitur quidem signatio ex dolore alicuius membri super morbũ
ipsius. ubi est. n. dolor in corpore, ibi
est morbus. Cum. n. exempli gratia
est dolor sub stomacho a parte dex
tra, significatur q hepar sit mẽbrũ
egrum. Si sit in ilijs uentris, signatur
q renes, aut gracilla intestina patiã D
tur. Sed si fuerit utrunq; in ambob9
lateribus, significatur esse passio in
uelamine, seu in panniculo descẽdẽ
te a pectore: & precipue, si fuerit dolor pungitiuus.

Sumitur etiam significatio su- 66
per ipsum ex aetate, & complexio
ne corporis, & ipsius colore, &
quatuor anni temporibus, & eorũ
constitutionibus, & ipsius propria
habitatione, & ciuitatibus eius,
& ex eo quod processit de regimi
ne proprio. ex his enim fit iuuamẽ E
tum super cognitionem, & praeco-
gnitionem morbi.

Sumitur aũt signatio super natu
rã morbi ex etate, & complexione
naturali, & ex colore corporis patiẽ
tis, necnon ex constitutionib9 anni,
& quatuor temporũ anni, & habita
tione ipsius, i. ex domo, quã inhabitat, & ciuitatibus eius, & ex ipsius re
gimine. hec. n. nõata hñt in corporibus humores speciales, & sibi simi
les gñare. Aetate. n. iuuentutis eius,
exempli gratia, complexiõe calida, F
tpe estiuo, & habentib9 officia corpo
ris calefacientia, colligit̃ quidem in
corporibus cholera rubea. sic etiam
contingit ex cibis calidis, & parua
quantitate assumptis, & labore, &
exercitio superfluo, & immoderato.
Iam autem egressi sumus ab eo qđ
intendimus in hoc loco. Per hoc au
tem, quod dixit: ex his. n. fit iuuamẽ
tum, &c. intellexit q ex relatiõe patientis de accidentibus sibi contingentibus assumitur significatio sup
naturam morbi.

G {Rememoratio morborum significantium supra morbos ex mala complexione calida.}

f De signis significantibus malā complexionē calidā, & quae causa ipsius.

SI ergo corpus patiatur de caliditate, laedetur quidē ab omni calido, & tactu calidum repe-
67 *rietur, eritq; eius vrina rubea, & pulsus velox & inquietus, cum siti, & labore seu angustia, & vigiliarum instantia, cum motu inordinato, habitudine extenuata, &*
H *colore citrino, & habitatione meridionali ciuitatis, & aetate iuuenili, [g][ ] & discursu eorū quae calorem efficiunt. Pro tanto curetur cum infrigidantibus febrē vrentem, & [h][omne quod laborē infert curatiuus:] & sit cibus eius secundum quantitatem virtutis, & quantitatem eius, quod apparebit ex appetitu ipsius.*

g scilicet:

h omnē quod inducit faciētē angustiā seu ingenitudinē.

Haec quidē oīa, q̄ hic retulit, sunt signa febriū ex cholera rubea gñatarū.
I Et sunt, sicut inquit, cum laedit vsu medicaminū calidorū, & est tactu calid⁹, vrina eius rubea, & pulsus subtilis velox, cū siti, angustia, & vigiliarū instātia. Et si cū his voiantur q̄ cholerā rubeā multiplicant, sicut aetas similis, regimē, ciuitas, & tēpus: erit quidē decretū certū apd Medicos, q̄ febris sit cholerica. Est aūt sciēdū q̄ febris cholericae sunt duae spēs: aut. n. paroxismus eius affligit cōtinue: aut vna die interpollat, & alia die affligit. Est autem continua fortior & magis violenta, cum sit materia intra vasa. & cum cholera rubea, ex qua generatur febris ista, K
scilicet continua, egredit̃ multum a natura, contingit tunc febris vrēs. eius aūt afflictio contingit vna die, & alia die non. Est quā vera, cui⁹ paroxismus pducit̃ duodecim horas, & ad plus in septē periodis terminat̃. Est aūt harū oīum cura, sicut inquit, cū frigidis & humidis, fm dñium & abūdātiā supradictorū, vt fm dñiū caloris febris huius gñis. Et radix q̄dē in curatione harū febriū est ptisana hordei mensurata fm distātiā & ppinquitatē status eius, & fm virtutē patientis. tamarindi &, & eis similes sunt ex calorē extinguentib⁹. L
Oportet ēt vt mollificet̃ natura in his febribus. Et ex fortibus infrigidātibus est succus cucumeris & cucurbitę. & ex debilius infrigidātib⁹ est iulep, factū ex aqua & zucharo. & inter hęc sunt multa media. Oportet aūt Medicū cōsiderare sup gradū dyscrasiae febrilis, ita q̄ possit ei obuiat̃ cū cōtrario dyscrasię illi⁹ grad⁹.

De signis malę complexionis frigidae.

SI vero ex mala complexione frigida patiatur, cōstat quod M
infrigidantia oberūt ei, & omnia 68
calida proderunt eidem. eius etiā frigiditas percipietur sensu tactus & color eius signanter albus reperietur, pulsusq; tardus, nec patietur sitim, nec vigiliarum instantiam. quòd si pateretur [a][ ] non tamen inde molestaretur. & si cum colore albo adsit laxitas, & mollities corporis, aetas senectutis, & locus quem inhabitat, fuerit fri-

a vigilias

A *septentrionalis, & tempus anni hyems, & usus fuerit in praeterito infrigidantibus, erit quidem significatio certa super illa. Pro tanto, si medicetur & curetur in aliquo, curetur cum calefacientibus, & breviter intendatur in cura eius secundum curam, qua curatur spasmus.*

Hęc quidem significant sup dominium humoris phlegmatici, & sunt, quoniam iste patiens ledit a frigore, & consequi B tur a calido iuvamentum. & sentit eius corp⁹ actu frigidum: quod quidem est verum, nisi huius humor collectus fuerit, & putrefactus & febrem generet. & talis quidem febris nequaquam est morb⁹ simplex, sed compositus cum apate magno viscerum & intestinorum. Alia autem signa sunt iam intellecta ex his, quae dicta sunt in capitulo, in quo facta est relatio de signis dominij humoris phlegmatici. Sunt autem febris phlegmaticę duę species: Quarum una est interpollata, & habet paroxismum suum omni die: Et alia est continua, cui⁹ mate- C ria est intra venas. & hęc quidem febris est longi temporis, cuius paroxism⁹ attingit tempus decem octo horarum. Et febris etiam melancholica est quaedam interpollata, & quaedam continua: & paroxismus quartanę est de quarto in quartum. Cura huius febris & aliarum etiam putridarum est duplex. Quarum una est, cum intendit ad curam febris formalis cum infrigidantib⁹ & humectantib⁹: forma. n. cuiuslibet febris calida est & sicca. Sed cura causę efficientis ipsam fit per apertionem oppilationum, incisionem humorum, & eorum evacuationem: quod quidem nequit fieri nisi cum medi cinis calidis. Et pro tanto curationes fe- D brium putridarum perficiuntur ex compositione harum duarum specierum medicinarum. Ingeniatur autem sic Medic⁹, quod altera ex eis diicitur in composita secundum maiorem portionem alterius ex praedictis duobus. Decet autem magis attentum esse Medicum in cura, etiam febris phlegmaticę quam in cura ipsius febris in se, & sic etiam contingit in cura quartanę. Verum in febre continua decet esse intentio contraria: ac si diceret quod maior est intentio necessaria inter naturam febris formalis, & pleriumque in principio ipsius, donec appareat, & manifestetur ipsius digestio. Et sic decet quod in febre acute E dinis, & hectica sit Medicus magis attentus quam in praedictis trib⁹. Et Gale. quidem vult dicere quod febris generata ex sanguine putrefacto sit de genere febris cholericę: & probabili⁹ tamen est quod cum putrescit sanguis, generentur inde tres febres putridę & continuę. Quoniam ex putrefacto sanguine & egressu eius ab equalitate sua, ita scilicet quod augeantur & fortificentur calor & siccitas ipsi⁹ ratione augmenti cholerę super ipsum, generatur inde febris de cholera citrina. Si vero augeantur & fortificentur eius frigiditas, & humiditas ratione augmenti phlegmatis in eo, generatur inde febris phlegmatica. F Et si ipsi⁹ frigiditas & siccitas intendantur ratione melancholię auctę in eodem, contingit quidem inde febris melancholica. Febris autem, quae secundum veritatem ex sanguine generatur est febris continua, quae synocha dicitur secundum Gal. est media inter febrem putridam & ephemeram, unde est ac si diceret quod sit febris generata in spiritibus, cuius tamen causa est quantitas, & magnitudo sanguinis. Et sermo quidem febrium exigit prolongationem minime convenientem huic compendio, & breviario huius artis.

De febre sanguinis

G De signis ex mala complexione [a][calida &] sicca.

[a humidam]

69 Hi quidem duo morbi nō priuātur altero ex duobus. Vnde si fuerit morbus siccus, videbis patientem siccum: & si fuerit humidus, videbis patientē laxū, & spongiosum[c][ ].

[c vel mollem]

Duo quidē morbi sunt spāles & ppri caliditati & frigiditati, neque priuant altero pdictorū duorū. Cū ergo cōiunget vni ex eis siccitas, accipiet quidē signatio sup eā ex macie, siccitate & ariditate corporis. sed

H si alteri ex illis vnial hūiditas, sumetur quidē signatio sup ipm ex laxitate & mollitie ipsius. Exēplū aūt caliditatis cū siccitate ē hectica, l qua calor inaturalis vnit, & cōiūgit ipsismet mēbris radicalib^9. Exēplū vero frigiditatis cū siccitate ē febris consumptiua senū, & decrepitorū. Sed exēplū caliditatis cū humiditate est hydrops, cui^9 cā ē caliditas. Verū exēplū frigiditatis cū humiditate ē hydrops, cuius cā est frigiditas. Sunt n. tres spēs hydropis, s. carnosa, q fit ex phlegmate: & vterina aquosa: & tympanites, q ex ventositate gñatur. Et

I qñq; fiunt ex duabus causis simul, s. ex caliditate, & frigiditate.

70 Humidum ergo exiccetur subtiliter, siue fuerit cum caliditate, siue cum frigiditate: & siccū cū sibi contraria rectificetur. & in omnibus sunt prius auferendæ causæ efficientes, si fiat recta curatio.

Cum apparebit humiditatis dñiū in aliquo, curetur cum siccitate subtili, siue coniungatur humiditas caliditati, siue frigiditati. Prius tñ q̄ curetur cōplexio in se, & formalr cum

K suo cōtrario, sunt eius cæ abscindēdæ. cura nāq; ipsius formalr est inutilis, nisi prius cāe ei^9 auferant. Cāe vero efficiētes maliciā illius cōplonis manifestæ sunt, vnde exēpli gra nequaq̄ pōt exiccari cōplo patiens hydropem carnosam, nisi prius educat ab eo aqua citrina, veruntamen si fuerit mala cōplo sine materia, attendat solum ad curā eius cum contrario: sicut contingit in hectica.

d[Capitulū morborū de repletione, & cōdōnes q obseruādæ sunt in euacuatiōe, & est totum de phlebotomia.]

[d De cura morbi repletionis, & cōdōnibus euacuationis]

L

71 Cvm ergo erit morbus ex repletione, nequaquam curabitur nisi per euacuationem.

Cum quidē erit morb^9 de repletione, non curabit nisi p euacuationē. Sic tñ, qñ augebit sanguis in q̄ntitate, erit cum phlebotomia euacuādus: sed cū corrumpit in qualitate, cum pharmacia, seu cū medicinis eductiuis. Ipse tñ intellexit hic p euacuationem ipsam phlebotomiā.

72 In oī euacuatiōe sunt decem obseruāda: quæ si nō[a][possint seruari, reguletur tamē quātitas, & mensuretur secundū exigētiā eorum.] Quorū primū est[b][laudabilis dispositio] accidētiū. Et secūdum, vt sint morbi de repletione. Et tertiū, ætas a iuuētute vsq; ad senectutē. Et quartū, cōsuetudo euacuādi. Et quintū, cōsistētia virtutis. Et sextū, tēpus veris, vel autūni. Et septimū, quòd locus quē inhabitat, æqualis sit in omnibus, & temperatus.

M

[a fuerit tū nō seruandæ ad ipsam euacuationē.]

[b cōditio]

A *tur. Octauum, similiter tempus praesens et tempus, quod patienti complexio sit calida & humida. Et decimum, ut corpus bona habitudinis sit, & bene carnosum.*

In ea euacuatione facienda & maxime sanguinis sunt decem conditiones obseruandae. Unde si non possunt omnes decem congregari in aliquo, & per consequens obseruari, debet quidem ut quantitas euacuationis faciendae minuatur secundum illud quod ex praedictis conditionibus minuetur. nam interdum quaedam ex his conditionibus tollent & impedient euacuationem faciendam, sicut aetas senectutis & decre-
B pitas. Prima ex his conditionibus est, ut dispositio accidentium morbi attendatur. nam interdum quaedam ex eis prohibebunt, & auferent phlebotomiam faciendam, sicut debilitas stomachi, aut syncope frequens & continua, ratione raritatis, & relaxationis totius corporis, & subtilitatis spirituum ipsius: palam n. est. Secunda, morbus de repletione. quia causa morbi de repletione necessitat euacuationem: aliae vero ab ista possent necessitate augmentum vel diminutionem euacuationis faciendae. Tertia vero est tempus, a iuuentute usque
C ad senectutem, & est aetas secunda, & tertia. Quarta est consuetudo. non n. est minuendus inassuetus, nisi urgente necessitate: tunc n. est minor quantitas sanguinis extrahenda. Quinta est dispositio virtutis. hoc n. prohibet frequenter & tollit euacuationem: cuius tamen exigentiam signat natura & dispositio morbi. propter tanto in hoc casu oportet quod minuatur quantitas euacuationis eius, quod natura morbi iudicat euacuandum. Sexta est tempus anni. nam autumnus quidem est inconueniens in faciendo phlebotomiam, & ver conueniens. Et septima, scilicet congruit ad hoc ipsa regio: & locus temperatus, & egrediens ab aequalitate, & temperie contrarius. Octaua, com- D plexio calida conuenit in phlebotomia facienda, & frigida & sicca contraria, & existens inter has est mediocris. Nona, pinguedo, & habitudo corporis debet attendi inter conditiones antedictas.

Deficit ex parte conditionum cum pote... [illegible]

De speciebus euacuationis fiendae, & modis.

Cum ratione eius quod generatum est in aliquo ex membris cor- E poris volueris ipsum trahere ab inde, trahe ipsum [per euacuationem ab ipso membro, aut per attractionem ipsius solum ad alia membra contraria siue eis aequipollentia. & secundum fiat eius attractio ad membrum habens colligantiam cum membro patiente:] & sic fiat attractio cum ventosis positis super mamillas in constrictione menstruorum matricis.

[illegible] et membro [illegible] contraria, aut aequalitate, & quae fiet attractio ex membris communicantibus.

F Intellexit quidem ut cum voluerit quis euacuare sanguinem ratione eius, quod erit generatum in aliquo ex membris corporis, quod euacuetur a membro magis propinquo eidem, cum intenditur ad euacuationem ipsius. verum cum intenditur solum diuersio & attractio sanguinis ad contrarium ipsius, ad quod infunditur, sine ipsius euacuatione fiat ipsius diuersio ad partem existentem a directo membri, cuius euacuatio intenditur, aut collateralem eidem, aut habentem communicantiam cum

 mé-

G membrũ infirmũ. Et sic faciunt Medici in superfluo fluxu sanguinis mẽstruorũ, cũ ponũt ventosas su per mãmillas mulieris, mãmę.n.colligant cũ matrice mediantib⁹ quibusdã vijs seu venis: siue ipsas exeũtib⁹ & ad vtrasq; peruenientib⁹, mãmullæ enĩ cõmunicãt cũ matrici. Sic ẽt faciunt ĩ fluxu sanguinis nariũ, ponentes vẽtosas sup hepar, cũ ẽ flux⁹ a nare dextra: & sup splenẽ, cũ est a nare sinistra. Interdũ ẽt cõtingit Medicus euacuationẽ & attractionẽ sit ad cõtrariũ partis, in qua est morb⁹: sicut exẽpli grã, facim⁹ ĩ pricipio pleure-
H sis corpe repleto existẽte, phlebotomiam a pte contraria, tecũ cũ cessabit fluxus materiæ, & rectificatio ipsi⁹, minuatur si posse fuerit pars, in qua est apostema sine mora.

74 *Iam quidẽ præmisimus signa repletiõis, et medicinas eductiuas.*

Ipse quidẽ iã posuit signa repletionẽ signãtia, & notitiã medicinarũ hũores euacuãtiũ seu educentiũ.

d —— Cura morborum [d] {ex sanguine} per phlebotomiam.

I
75 ***G**Alenus quidem aperiebat venam, & sanguinem minuebat, cum erat chymus auctus, & magnificatus.*

Gal. quidẽ minuebat sanguinem per apetionẽ venę, cũ quatuor hũores augebantur vltra & supra pportionem ipsorum naturalem.

76 *Fiat igitur minutio sanguinis in corpore, apparentibus signis, & potissime cum apostemate, seruatis conditionibus ijs: nõ autem in alijs humoribus.*

Ga. quidẽ faciebat phlebotomiã dñio sanguinis apparẽte ĩ corpe, & pcipue cũ apate. Cũ aũt dixit talẽ eẽ minuẽdũ istis cõditionibus seruatis, intellexit p hoc, cõditiões in euacuatiõe seruãdas, quarũ relationem prius fecit: aut forsitan intellexit p hæc signa dñium sanguinis in corpore signãtia. Et cũ dixit: nõ aũt in alijs hũorib⁹: intellexit minutionẽ esse solũ faciẽdã in morbis sanguineis, nõ aũt ĩ morbis aliorũ hũorũ. K

Fiat ergo phlebotomia in his, quæ intellexit in hoc tractatu, & in morbis illis etiam, in quibus ipse fecit eam. 77

In hoc canone cãrificauit, & suasit q incedat in his rebus, i. in ipsa phlebotomia post intentionẽ Galo.

Inchoetur ergo a phlebotomia in omni phlegmone, habito testimonio certo super ipso. 78

Postq̃ cõstabit testimonijs paruulis & manifestis q apa gñatũ in patiẽte sit phlegmonicũ, Inchoet in hoc casu a phlebotomia. apa aũt sanguinem vocatur phlegmonicum.

M

Fiat ergo, siue sit in [e] [capite] interius vel exterius, necnõ etiam in tali facto in iunctũris. fiat ẽt in apostemate facto sub auribus, & ophthalmia oculorũ, & ĩ apostematibus linguæ, [f] [meri, gingiuarum & synanchiæ, & in apostematibus intestinorum, & crurium, & splenis, & testiculorum, renum, et vesicæ, necnon in apostemate matricis, & vmbilici, & inguinum, & alijs speciebus rubedinis.] 79

e corpe
f & gig-
L
narũ, & apate gulæ pse cauo & apate vuulæ & amygdala
rũ, & ĩ synãchia, & ĩ cauterhus & ĩ pleuresi, & pple umonia, & in apate mãmillarũ, & lguæ
nũ, & ĩ apate hepatis, & stõi & ĩ apate intestinorũ, & ani, & splenis, et testiculorũ, et renũ et vesicę, necnõ ĩ apate matricis, et vmbilici, et ĩ maseris et ĩ spẽb⁹ erysipelatis.

Hoc

A Hoc quidē malū est de se manifestū. verū phlebotomia amplius est necessaria in apostematib⁹ interiorib⁹, q̄ exterioribus, etiā si essent magna apostemata illa. Et febris quidē concomitatur phlegmones interiores, pertinentes membris principalib⁹ existentes. propter tāto est phlebotomia in talib⁹ amplius necessaria. & hæ quidē phlegmonæ fiūt in capite, diaphragmate, & stomacho, & hepate, & iūcturis, & vt in oīb⁹ panniculis pectoris, pulmone, renib⁹, vesica, matrice, & intestinis. Apostemata vero sub aurib⁹ facta sunt de gñe apostematū, q̄ Arabice caozan dicūtur: & sic sunt illa in

B sanguinib⁹ gñata, & ascellis, in quibus quidē phlebotomia est præ alijs necessaria. & iustaria est apostema⁹ vlcerosum super totū caput & faciē, cū tumēt valde sic. & decollatio dr apostema meri. & synanchiæ sunt apostemata gutturis, & vuulæ. Et cū dixit: & alijs spēbus rubedinis: intellexit oēs alias collectiones, & apostemata sanguinea.

* a. L. v. c.

Fiat et in vlceribus capitis, &

80 *oculorum, &* [a] [*rubigine aurium scabiosa.*]

a fasa u& vlceribus aurium.

Phlebotomia nequaq̄ curat hæc vlcera sm̄ intētionē primā: & hoc, q̄m vlcera gñantur ex sanguine malæ

C & illaudabilis qualitatis. nihilominus tñ est phlebotomia faciēda, q̄n cum malitia qualitatis est sanguis excedentis quantitatis.

81 *Est et faciēda in*[b] [*volatilibus,*] *& vlceribus pulmonis, & oris, &* [c][*rasuris, & excoriationibus.*]

b ambulatiuis vlceribus.
c in variolis

Vlcera quidē volatilia ex cholera fiūt rubea. propter tantum euacuatio facta cū medicinis, melior est in eis q̄ sit phlebotomia: nisi tñ eā corū est cōposita. Phlebotomia et est in vlceribus pulmonis faciēda, dū tñ in principio existāt, s. dū patiētes adhuc nihil sanici expellūt per os, postq̄ autē eorū tps prolōgabit, minime minuatur.

D Nā minutio fit solū in eis tōne attractionis & diuersionis. vñ est cura patientis ipsa. a. est abscisio cārū euacuationis eū euacuatiōe. oīs aūt actio, q̄ est huius spēi in hac arte, Idiget qdē magna cōsyderatiōe, & speculatiōe, nec dēt fieri nisi magna vrgēte necessitate.

Et fiat in passione intestinorū: 82
cum tamen constabit de notitia ipsorum, & [d] [*cum erit in eis carnis augmentum innaturale.*]

d in vlceribus, in q̄b⁹ eis vt caro nascatur, vel

E Per hoc autē hic intellexit apostema intestinorū, apostema, s. ex quo fit colica quæ fortis appellatur. Et inquantū nō cōstabit de notitia ipsorū eo q̄ colica plurib⁹ de causis cōtingit, nec est faciēda phlebotomia propter q̄ in apostema solū. Et cū dixit: & cum erit in eis carnis augmentum: intellige sm̄ opinionē meam vlcera calida. & hoc, q̄m carnis augmentum fit in eis ex multitudine sanguinis, aut alteri⁹ humoris.

& in eis vlceribus q b⁹ nascitur caro superflua.

Est et faciēda in[e] [*variola*] *vbicunq̄ fiūt, & scabie humida, postquā fuerit notū & manifestū, sicut in*[f] [*variola*] *oris & oculorū, & sicut*[g] [*in variola in hypochondrys generata.*] 83

e [illegible]
f [illegible]
g [illegible]

F

ob[illegible]ibus.

Per variolas qdē intellexit quæda granula, cum quibus est fortis dolor & tumor mēbri: per humidam scabiē intellexit sanguineam.

Est ergo faciēda in repletiōe venarū, & egressu sanguinis ab eis, sicut in fluxu sanguinis nariū, & 84
in[h] [ ] *manante a dentibus, & gingiuis, & et in egredie*

h hæmorrhoidib⁹ narī, &c. in sanguine.

G *te aꝑ auribus,*[k] *[& ab ore matri-cis,] & in hemorrhoidibus ani, & in fluxu menstruorum, & in*[l] *[sanie rubicunda.]*

k & in hę morrhoi-dibus oris, & labiis extrinsecus & i ore q̄ me-morauimus a ꝑforatis & mana-tioe sanici

In his quidē oībus fit phlebotomia, vt fiat attractio ad ptē oppositā. vñ hæc cura ē similis cū simili, hoc aūt ē ac si diceret cura euacuationis cū euacuatioe. aliās autē cura est ꝑ accñs: qñ cura ꝑ se fit cū morbi cōtrario.

85 *Fiat ēt in dolore capitis, verti-gine, & fætore oris: necnon in do-lore dentium, & casu capillorum*

H *seu alopecia.*

Phlebotomia quidē cōgruit ī dolo re capitis, cū sit ex sanguine: & sic ēt cōuenit in vertigine, & dolore dētis, q̄ vt plurimū ē ex calore, licet interdū sit de materia frigida. Alopecia ve-ro seu casus capillorū cōtīgit ex pra uo sanguine & illaudabili. ꝑ tanto euacuatio cū medicinis laudabilior ē ī hoc casu: nisi tñ adeēt sāguīs mł titudo. Ignoro ēt, qualr phlebotōia habeat locum ī fætore oris ad iuua mētū: nisi ex alia ītētiōe hoc fuerit positū, vt si diceret cōuenire rōne ī-pletiōis humorū infra corpus exñ-

I tium, ex qua contingit fætor oris.

Et ēt in mēbri[l] *[dissolutiōe,] et*

86 *spermatis egressu, vel expulsione, & dolore artuum, & rheumate.*

l cōtusiōe

In oīb' quoq; ꝑcussiōib' & cōtu-siōib' cōgruit phlebotomia, eo q̄ ex eis gñan̄ apāta. Et ꝑ egressū spma-tis ītellexit ei' mltitudinē. dicit ergo phlebotomiā eē necessariā cū auge tur: hoc. n. ītellexit fm opōnē meā. Verū ī dolore artuū, & catarrho (seu reumate) phlebotōia cōuenit ꝑ ac-cñs. vñ ē ac si diceret q̄, cū sāguis ē

K mixt' ī his duob' ægrig q̄ debeat ēē sanū, tūc cōpetit ī eis phlebotomia.

87 *Cōpetit ēt in epilepsia, et in se-bel, vngue, & moro, necnō ēt in ca su, & ablatione appetitus.*

Sebel est quedā textura venarū innaturalium super coniunctiuam oculi facta: sed morum est quoddā apostema vlcerosum & factum ī fa cie & in his quidē fit phlebotomia per se: verum in epilepsia fit phlebo tomia per accidēs: & sic etiam fit in casu appetitus. hic tñ non faciam a-liam mentionem.

L

88 *Est etiam vena incidēda in pas sionibus ani, et*[m] *[sedis, ancharū,] sciatica, & dolore stomachi.*

m cōmis surę exi-tis inter a-nū & testi culos & ī

Phlebotomia quidem est facien da in dolore stomachi ratione apo-stematis contingente.

89 *Sic ēt in dolore hepatis pūgiti-uo, & in oppilationibus eius.*

Fiat etiam phlebotomia, si dolor sit in hepate cum apostemate, aut ēt si gñatio eius timeatur ī eodem: necnon cum sunt oppilationes ī eo.

M

De cura ægritudinum sangui-nearum, per alia a phle-botomia.

90 *Intēdatur ergo cū regimine, et cura horū morborū, sicut ī cura, et regimine synochi cū eductiōe cho-leræ rubeæ, post phlebotomiā: & vsu ciborū īfrigidātiū, &*[n] *[fuga] calefaciētiū, & quod sanguinē au get, & magnificat: & quod eis af fertur declinet ad stypticitatē, & propinentur eis acetosa*[o] *[ ]*

n alteratione

o acetosa

In

In cura quoq; morborũ ex sanguine cõtingentiũ ẽ pcedendum, sicut in cura synochi. Synochus aũt ẽ febris cõtinua nota ex sanguine generata: in cuius cura ẽ a phlebotõia inchoãdũ. & cõsequẽter ab euacuatiõe cholerę rubeę. Estq; feruor & calor sanguinis extinguendus cum cibis conuenientib' simplicibus, & medicinis, qualia sunt acetosa, sicut acetositas pomi citri, & tamarindi, & silia his. Est ẽt vitãdum, illd qd auget sanguinis q̃titatẽ, sicut oẽs carnes, quẽadmodum oẽ calefaciẽs. Et Gal. quidẽ extrahebat sanguinem ĩ

B hac febre, cũ erat sanguis ĩmunis a putrefactiõe, donec cõtingebat inde syncope. Hæc tñ cura nõ ẽ artificialis: qñ vt plurimũ putrefactio est ei cõiuncta: eo q cholẽa rubea sit vbiq; & vẽr cũ eo cõiuncta. & ob hoc etiã inqt ipse Gale. qd q minuit ex istis passionibus, &c. ac si diceret q interdum accidit sanitas istis patientib', postq̃ assellauerĩt semel, aut bis ex cholera. Et ob hoc iussit hic sapiens sm opinionem meam, q in hac febre cholera educatur.

C 91 *Sumãtur aũt signa super hanc passionẽ significantia, ex capitulo sanguinis dominiũ significãtium. Et in summa declinare ad infrigidationem, & exiccationem est actus Medici expediti & igeniosi.*

Signa sup hos morbos sign̄antia sunt sumẽda ex signis dñiũ sanguinis sign̄antib', quorum iã relationẽ fecim'. & qa ĩ sũma sanguis calid' ẽ & hũid'. & cura fit cõtarij cũ cõtra rio, fuit qdẽ necessariũ q medic' pcedat ĩ cura & regimine hui' morbi cum infrigidãtib' & exiccantibus.

De morbis { ex cholera citrina contingentibus. } a cholericis 92.

Morbi qui ex cholera rubea generãtur, sunt sicut vlcera ĩ lubricitate itestinorũ cõtĩgẽtia, & permistio rõnis, suffocatio matricis, tertiana, sebratica, & fluxus sanguinis per secessum.

Vlcera quidẽ in lenitate ĩtestinorũ cõtĩgentia sunt vlcera ĩ stõacho gn̄ata: vñ ex nocumẽto eis ex cibis illato expellũt cibũ a stõacho ĩdigestũ añ tps debitum. vñ hæc est vna ex spẽb' cãrum morbi noti, s. lubricitatis & lenitatis ĩtestinorũ. & hæc

E quidẽ vlcera sunt qñq, ex materia calida & acuta. Cõtĩgit nihilomin' lenitas intestinorũ interdũ ex mltitudine sanguinis ĩ stõacho: lubrificant. n. rũc ex mltitudine hũiditatis cibi a b eo, debilitatq; inde virt' retẽtiua, & p cõsequẽs egredit' cibus ĩdigest'. & hoc quidẽ est fortior & maior cã huius morbi. Permixtio autẽ rõnis & vaniloquiũ cõtingũt ex apatib' cerebri, & diaphragmatis: necnõ ẽt in statu febriũ acutarum. Et quia huiõi apata fiũt vt pl'imum ex cholera citrina, iõ posuit ea sub hoc gñe

F morbor̃. Verũ suffocatio & syncope matricis cõtingens mulierib', adeo vt videant' eẽ mortuæ, cõtingit ex spermatis corruptiõe, & putrefactiõe in earum matricib'. vñ tale spma necessitat sup se cholerę rubeę dñium. & ob hoc ẽt posuit morbũ istũ in hoc gñe. Esset tñ cõuenientius vt appropriaret ipm frigiditati: eo q vẽr oppilationũ ablatio frigiditati appropriatur, sicut malitia oppilationum, & earum magna intensio in fortitudine appropriatur caliditati.

G 93 *De tertiana iam fecimus mentionē in his, quæ præcesserūt, & in summa, febris est calor extraneus per totum corpus dispersus, nocens operationibus suis.*

Et hæc quidē febris ē vna ex eis, q̄ sub ea cōprehēdūtur, quædā ex eis fiūt in spūalib⁹, quædā in humorib⁹, & quædā in mēbris radicalib⁹. Quæ fiūt ī spiritib⁹ dicūt ephemeræ, q̄ nō transeunt diē tertiā. Quæ aūt fiunt ī humoribus, sunt putridæ notæ, q̄ quidem ī cholericas, phlegmaticas, melācholicas, & sanguineas diuidunt.

H Quæ vero fiunt in membris radicalib⁹ sunt hecticæ notæ. Et aūt præmisit istā rememorationē, deficit nihilominus ī his cāticis pfecta relatio febriū & apatū, tñ fuisset cōueniens q̄ posuisset sup hoc capl'm spāle. & nos forsitā ponem⁹ sup hoc, si nobis licuerit, capl'm breue ī fine horū cāticorū. Et schiatica quidē bene fit ex alio humore, quā ex cholera, vt plurimū tñ fit ex ea. Flux⁹ aūt sanguinis p secessum ē ex cholera rubea, q̄ ſ cessat. Si aūt flux⁹ pdictus sit ab hepate, sciēdū q̄ ex eo ē duplex: vn⁹, s. q̄ ex vstiōe sanguinis cōtingit: alius

I vero, qui cōtingit ex hepatis debilitate. Et dīa q̄dē īter eos ē, qm̄ in cōtingēte ex vstione ē sanguis niger: sed ī cōtīgēte ex debilitate hepatis est similis loturę carnis, hoc est ad albedinem vergens & declinans.

94 *Et tussis, & dolor capitis, & apostema,*[b] *[quod secundū latū & longum in corpore dispergitur.]*

Quędam species doloris capitis contingit ex specie choleræ rubeæ, sed nō oēs. Et tussis quidē cōtingit ex cholerę rubeę fluxib⁹, & reumatismis acutis. Sed apā dilatans se in corpore hic ide ē formica nota, nec fit vnq̄ nisi ex cholera rubea.

K

95 *Et fortis & acutus dolor auriū & multitudo scabiei palpebrarū.*

Addidit in hoc dolore conditionalr fortitudinē: qm̄ dolor fortis, & violentus, non contingit nisi ex cholera rubea. Et silr vr̄ esse de multitudine scabiei palpebrarum.

96 *Et vlcera, & apostemata in intestinis, & dolor pungitiuus et mordicatiuus in eisdem, & fissura digitorum, & pānaritium*[*] *vnguiū,*

L *& macula apparentes in corpore lētibus similes, & morbus cum citrinitate dentium, & vesicæ dolor fortis.*

Dolor quidem fortis ioncturarū dñium cholerę signat. Et fortis dolor vesicæ signat apā ipsius ex cholera citrina gñatum. Et silr citrinitas dentium, significat choleræ dominium, & eius excessum.

97 *Et*[c] *[amor ereos,] & fluxus sanguinis, &* [d]*[apostema existens in extremitate oculi,] & citrinitas*

M *cutis, &*[e] *[variola.]*

Fluxus quidem sanguineus cōtingit interdum ex acumine ipsius sanguinis, & interdum propter aliud. Amor vero ereos est morbus aīalis contingens cum complexione corporis. vnde patientes hunc morbū sunt valde cholerici. Verum nescio qualr apā exñs in extremitate oculorum approprietur cholerę.

98 *Et macula subtiles, & nigra, & oppilationes hepatis, & apostema*

b tholani nū ī corpore

* paronichium

c* dilectio seu amor vehemēs d fistula e bothor

A *ma matricis, & pleuresis, &*[f] *[ca* f ex coitu
sus,] & ablatio appetitus.

Apostemata quidē matricis fiūt vt plurimum ex cholera: i. fiūt apātā diaphragmatis. & hoc, q̄m matrix ē neruosa: talia aūt corpa neruosa, & pāniculosa nō pōt hūor penetrare, nisi subtilis fuerit & calid[9]: talis aūt est cholera. Ablatio appetitus cōtingit ex cholera rubea. nā frigiditate & siccitate viget appetitus. vñ est ac si diceretur vigere ex eo quod delegatur a splene ad os stomachi, ex humore i. frigido & sicco.

B *Et vertigo, & fissura labiorū,*
99 *& dolor vuæ*[g] *[& fortis fluxus* g aut cholerica passio
ventris.]

Quædam quidem vertigo est, q̄ fit ex cholera, q̄dā vero nō fit ex ea. Et sic est de dolore vuæ. Fortis tamē fluxus ventris dictus Arabice aboeida non fit nisi ex cholera.

100 *Et vlcus quod dilatatur, & dubelet, & tumor existens in ano.*

Vlcus, quod dilatat, fit pculdubio ex cholera: sed duba flet, i. apāta intrinseca fiunt ex grossā materia, &
C corrupta. & grossities ani fit vt plurimū ab alio q̄ ex cholera: & cū ēt fit ex ea, fit ex cholera grossa.

101 *Et pruritus, & variola, aut formica, & erysipelas, & pulmonis vlcera.*

Scabies āt sicca, cū qua ē magn[9] prurit[9] & fortis, cōtingit q̄dē ex cholera: & sic ēt ē de variola, ē nihilominus posse q cū ea sit & dñet sanguis. Verū formica fit vt plurimū ex cholera & sic cōtigit i. erysipelate. Ex vlceribus āt pulmōis fiūt q̄dā ex cholera, et q̄dā ex alio hūore infuso ad ipsum.

In cura quidē horū morborum D
est sicut ī cura febris tertianæ pro 102
cedentium. Educatur ergo cholera absq; phlebotomia, & attendatur ad infrigidationem ipsorum, sicut in morbis sanguineis. Verum morbi cholerici specialiter humectentur, nā prædicti ambo morbi[a] *[vni* a ——
vocantur, &] conueniunt in caliditate, necnon ēt in[b] *[ea] eo, quod per* b ——
eam infertur patientibus nocumentum. sumantur autem signa super hos morbos significantia ex capi- E
tulo signorum dominium choleræ significantium.

Procedat ēt ī cura horū morborū fm methodū curæ febris tertianæ, hoc ē ī eis educat cholera, pter q̄ fiat phlebotomia: & attendat q̄ ualet īfrigidet, sicut ī morbis sanguineis. Est tū speciale in illis, & nō ī aliis, q̄ humectant. nā hi morbi associant cū sanguineis in caliditate. siccitas tū ī illis ē ppria, sicut hūiditas ī sanguineis. Maior ēt debet infrigidatio in illis q̄ in sanguineis. Signa autē sup cām horū morborū sigñantia sunt ex signis dominium choleræ si- F
gnificantibus assumenda: quorum quidem relatio iam præcessit.

De morbis ex humore phlegmatico.

Omnis quidem morbus ex 103
humore phlegmatico generatus est sicut apostema tumidum, & laxum, paralysis, & relaxatio, dolor capitis[c] *[de frigida, et* c frigidus & destructio
epilepsia.]

Morbi

G Morbi quidē, quorum cā ē hūor phlegmatic⁹, sunt sicut apā humida & laxa, & paralysis, s. relaxatio alteri⁹ ex ptib⁹ corpis cum priuatione sensus & mot⁹ ipsi⁹. Per epilepsiā vero itellexit morbum caducū, seu oppilationē, ex q̄ patiēs cadit ad terrā.

104 *Et sicut scabies magna, & grossa, & [d][ipsius cōstipatio, & retentio, & tumores colli, i. glandulæ, &]squamæ capitis, & oblinio, et dolor aurium [e][de frigida, & borat, & macula] [f][alba seu morphea,] & apoplexia, tussis [g][sicca, & tortura oris.*

H Palā quidē est q̄ phlegma ē omniū hoꝝ morboꝝ cā. Apoplexia. n. est morb⁹, ī quo fit subito sensus & mot⁹ priuatio in toto corpe: q̄ quidē aut nunq̄ curatur, aut in paralysim trāsfert & terminat. Sed tortura oris est mollities & relaxatio vni⁹ ex duabus partib⁹ faciei, & spasmus seu tēsio alterius: q̄ quidem duab⁹ de causis existit, s. humiditate relaxāte, & spasmo. & cum cōtingit ex spasmo, tunc est spasmata pars ęgra: & cum

I contingit ex relaxatione, tunc pars ægra est relaxata.

105 *Et sicut elephantia pedū, casus appetitus, & pediculi, & tumor ani, & ancharum, & aqua oculorum, & ipsorum dilatatio, & fœtor ascellarum.*

Morb⁹, qui elephātia dr̄, ē tumor pedū & tibię pter naturā, qui ex humore, seu ex materia illuc īfusa gñatur. gñat aūt vt plrīmū ex hūore melācholico: gñat ēt interdū ex hūore phlegmatico. Interdum aūt gñat casus appetit⁹, sicut dixit ex humore phlegmatico, sicut ex hūore cholerico. Et p aquā quidē oculoꝝ ītelligit descensum aquæ ad ipsos oculos. & ipsorum quidem dilatatio est extensio foraminis vuæ in eisdem, ex qua visus debilitat. & hæc quidem dilatatio cum cōtingit ex relaxatiōe, efficit ex humore phlegmatico: interdum etiam contingit ex siccitate. K

106 *Et ex passionibus uentris, sicut lubricitas intestinorū, & uermes.*

Lubricitas quidem ītestinorum gñat ex humore phlegmatico ī stomacho exñte, aut in intestinis, aut L ambob⁹ sil, sicut etiā gñat ex vlceribus membrorum prædictorum.

107 h[*Vermes ēt ex hūore phlegmatico generātur:*] *Et difficultas partus, & secūdinæ retētio in eodem.*

Nequeo bene imaginari qualr hūor phlegmatic⁹ sit cā difficultatis ptus, neq; retētiōis secundinę: nisi cū p humorē phlegmaticū magnā pinguedinē itellexerit. cū. n. mulier est multū pinguis, coarctant & angustant meat⁹ mrīcis ipsius, & inde ptus difficilis efficit. Nō⁹ etiā esset multū absonum rōni, q̄ virtus expulsiua M debilitaret ex dñio humoris phlegmatici. Veruntamen humor phlegmaticus exñs in mrīce est potius cā aborsus, q̄ cā retentionis fœtus.

108 *Et dolor renū, & febris quotidiana, & frigiditas splenis, & hepatis, & egressus seu eminentia ūbilici, & passio cū egestiōe saniei.*

Per febrem quidem quotidianā intelligit febrem de humore phlegmatico generatā, & oī die affligentem. Et intelligit per frigiditatē splenis

A nis & hepatis, q͡ hec mēbra duo fuerint ex humore phlegmatico infrigidata. Dolorem quoque rerum interdum ex humore phlegmatico generatur. Et intelligit p̄ comunicantiā vmbilici suppurationem ipsius. hæc autem ruptura ob congregatione intestinorum: humor est phlegmaticus ē cā huius p apertionem & dilatationē illorū meatuū. Et p egestionem fæcis intelligit egestionem humoris phlegmatici.

109 *Et dolor artuum, & nigredo* [i] *[corporis, & viror cutis] superficiei, aut ipsius fuscedo, & morbus*
B *hydropicus, sicut veterina, carnosa, & tympanites.*

(Margin: i & viridi[tas] cutis [illegible])

Hydropis, sicut dicit, tres sunt species, s. aquosa, i. qua colligitur aqua sub velamine & paniculo in ventre existente: q̄ quidem ex sono & gurgulatiōe cognoscit, q̄ audit, cum hinc inde mouet. vt plurimum cā huius hydropis est impotentia attractiōis aquositatis a renibus: aut talis est dispō p̄dictæ aquositatis, q͡ renes refutant ipsam, eo q͡ sit innaturalis. Et carnosa, in qua quidem specie hydropis non sic perfecte transmutatur cibus, q͡ ipsis membris assimile-
C tur, sed mutatur & conuertitur i humorem phlegmaticū & aquosum: & ideo tument membra, & relaxantur. idcirco etiam hæc species hydropis est facilioris curationis cæteris. & hoc, quoniam humor phlegmaticus est seminutrimentum. Tertia vero est ventosa, quę tympanites dicitur: cuius causa est deprauatio & destructio caloris naturalis, adeo q͡ non immutet cibum ad hoc, vt sit similis membro nutrito, sed solum ad ventositatem & fumositatem. vn-

de non superest ei nisi actio caloris D
solius & absolute & hoc, quoniam iam est in hac specie hydropis forma caloris naturalis in tantum destructa, q͡ effectus calor absolutus p̄uenerit ad hoc, q͡ non agat nisi opera caloris, inquantum est calor solum. & ob hoc et species hęc hydropis non recipit curam.

Procedēdū ē ī cura huius spēi, sicut proceditur in cura cōplexionis 110
frigidæ et hūidæ. Super cuius [k] *[cōplexiōe] vtēdū ex signis positis in*
capitulo de signis dominiū humo- E
ris phlegmatici significantibus. Estq; vtēdū in euacuatione horum morborū eo, quod retulimus in cura, per quam euacuatur phlegmaticus humor. Estq; cōsequenter vtēdū in his corporibus, his quæ corpus calefaciūt & exiccant, & cibo calido & subtili: & in summa curentur calefaciētibus intus & exterius, sicut fit in paralysi cum pilulis fœtidis, [l] *[*
] & similibus edu- F
ctiuis.

(Margin: k cognitione; l & dentibus)

Quoniam cura speciei malę cōplexionis materialis pficitur ex duobus: quorum vnum est alteratio, & immutatio illius materiæ cum medicinis eam ad se cōuertentibus cū suis qualitatibus primis: & rectificationibus etiā quod reliquum est ex malitia illius cōplexiōis materiæ, cum non sufficiunt prædictæ medicinę in ipsius conuersione & transmutatione: ob hoc quidem iussit ipse, ut in cura morborum ex humore

phleg-

G phlegmaticos generatorum prædicta duo obseruentur. vnde inquit:
Procedendũ est in cura huius spẽi,
&c. Ex postq̃ pdict⁹ humor educt⁹ fue
rit cũ medicina ppria, sumatur & alterat consequẽter residuũ ipsius cũ
medicinis & cibis calefacientibus &
exiccãtib⁹. & hoc, qm̃ cõplexio hũo
ris phlegmatici frigida est & humida:
qd̃ in summa faciẽdũ est intus, &
extra. Induxit aũt ad hoc, exẽplũ in
paralysi, scilicet in medicinis habẽtib⁹ ex
sui natura humorẽ phlegmaticum
educere, cuiusmodi sunt pillulæ no
tæ Medicis, s. fœtidæ, & aliæ medici
H næ compositæ in libris ad humorẽ
phlegmaticum educendum.

De morbis ex melancholia generatis.

111 *OMnis morbus ex cholera nigra generatus in corpore, est sicut verruca, & febris quartana, hæmorrhoides, epilepsia, polypus, & spasmus.*

Omnes morbi, qui ex cholera ni
gra generantur in corpore, sunt illi, quos nunc referim⁹: s. verruca, febris quartana. hi enĩ ambo morbi
I non nisi ex cholera nigra gñantur.
Verum epilepsia fit tã ex phlegmate, q̃ ex cholera nigra. Apostema ẽt
in naso generatum, quod nomine
aĩalis plures pedes habentis noĩa-
tur, s. polypus, generatur ex cholera
nigra. Spasmus vero fit vel ex humi
ditate phlegmatica, vel ex inanitione ex siccitate, quoniam quemadmodum Gale. inquit, sicut chordæ
his duabus causis adeo tenduntur,
& spasmantur, donec rumpũtur, sic
etiam & nerui similiter rumpuntur
ex spasmo.

Et dolor ventris, & cancer, & K
morphea, & dolor capitis, & vigi 112
liarum instantia.

Dolor quidẽ vẽtris cõpressiu⁹, i.
tenesmus, gñatur ex vẽtositatib⁹ me
lãcholicis, & ẽt alijs ab eis. Tumor ẽt
exñs sub hypochondrijs est vt pluri
mum melancholicus. Cãcer vero &
morphea fiunt ex melãcholia. Dolor ẽt capitis interdum fit ex melan
cholia. Et sis̃t vigiliarum instantia
contingit ratione siccitatis ipsius.

Et apostema durum, & lepra, 113
& quod ex cibo in corporibus cor- L
rumpitur, & tussis sicca, & sple-
nis durities, & ventositas.

Intelligit q̃ cibus, qui corrũpitur
ad acetositatem fortem, sic corrum
patur ex melancholia. Certum autẽ
est & notum, q̃ apostema durum fit
ex ea: & splenis etiam similiter duri
ties, & ventositas.

Et melancholica passio in capi 114
te, & retentio vrinæ in ea.

Contingit forsitan q̃ melancholia sit causa retentionis vrinæ, ratiõe
verrucę melãcholicę exñtis in mea
tibus vrinę.

M
Et passio colica, alopecia, & 115
morsus canis rabidi.

Interdum cõtingit colica passio
ex oppilatione melancholica in in
testinis facta, sicut cõtigit ex phlegmate, & etiam ex ventositate, & apo
stemate. alopecia. n. cõtingit ex qua
tuor humoribus.

Et[a] [ficus,] & lac coagulatum 116 a. ficus
in corpore, & algor hepatis.

Reor ipsum intellexisse q̃ lac coa
guletur in corpore rõne melancho
liæ,

A lie, atque etiam infrigidetur hepar in terdum ex eadem.

217 *Et caninus appetitus, & rumulatio seu ruptura in anchis facta, & lapis factus in renibus, & vesica, & tumor ancharum dolorosus & tumor in duobus lateribus, seu hypochondrys factus: necnō etiam tumor in capite, auribus, palpebris & pedibus generatus.*

Intellexit q̄ lapis renum & vesicę interdum ex cholera nigra gñerat.
B Tumor autem cōtingit vt plurimū
a.l. nō sp ex eadem: qm̄ *semper fit ex humore grosso & ventoso.

218 *Procedatur in hac specie morborum secundum quod proceditur in cura, & regimine lepra. accipiantur signa super ipsam ex capitulo signorum dominium melancholiæ significātium. Euacuetur ergo eum epithymo vel polypodio, & cū alys quæ retuli. Si autem vtatur quis calefacientibus & humectan-*
C *tibus, prosperabuntur ipsum opera in eisdem.*

In hoc cap. inquit, sicut in præcedentibus, q̄ sumantur signa supra dñium melancholię sign̄antia ex signis iam positis inter signa dñium cholerę nigrę sign̄antia. Īcedaturq; in cura horum omnium s̄m curam lepre, euacuando primo humorem illum, & consequenter alterando & immutando quod remāsit ex eo cū medicinis ipsum ad se conuertentibus, calidis s. & humidis, eo q̄ hūor sit frigidus & siccus.

Tractatus tertius { Practicæ } D
& est manualis opatio. c { quæ b
in tres diuiditur partes. c

Ostquā iā perfeci primū regimē curatiōis, īcipiā nūc in operatiōe manualis ex quā faciā primū regimē ī venis magnis & paruis: & secūdū faciam in carne: & tertiū in osse. 2

Postq̄ iā pfecit opa practicæ cum cibis & medicinis, īcipit ex nunc loqui de ope manuali, qd in ptes tres diuidit. quoddā. s. fit in venis, & qdam in carne, aliud in osse.

Ex genere venarum sunt quædam, quas aperimus, & quædam 2. E
quas ligamus, & d[in parte scindimus, & sequestramus.]

d qualiter scidim* & ex toto secamus

Venę n̄ pulsatiles sunt, q̄ minuūt & apiunt. sed quas ligam*, & ī pte sequestram*, sūt pulsatiles: qm̄ cū minuūt & īcidūt, n̄ cōsolidāt, acciditq; morb* īde, q̄ mīt sanguinis appellat.

Est autem mediana aperienda in omni morbo capitis & pectoris, sicut in apostemate ipsius. 1

Mediana ē apiēda ī morbis capitis & pectoris, sicut in apatibus in ipsis generatis. & hoc, quoniam hęc F
vena habet colligantiam cū venis *a.l. hepatis
capitis & cum vena *cordis.

Et cephalica superior aperiēda 4
est in forti dolore capitis, & fluxu sanguinis narium.

Vena supior, q̄ cephalica applicat, & ē vena capitis, minuēda ē spālr in forti dolore capitis atq; morbo.

Et e[īferior] īmedicatiōe nocumētorū pectori et pulmōi cōtingētiū. 5
e basilica

In-

G Inferior quidẽ vena di basilica, & est vena corporis, cui^a duę sunt spẽs, quarũ vna appropinquat ascellę: & ẽ illa, quã hic intellexit, & ideirco aperit in oĩ passione pectori cõtingẽte, & toti ei qđ eidem supponitur.

a * Libayatia

6 *Et q̃ dicitur*^f *[almerina, et abi ĩ malitia[morborũ splen, et hepatis.*

f almedis ĩ mala dispositione

Hę quidem venę ambę sunt duę basilicę inferiores: quę etiã venę corporis nominantur, & existunt super basilicam ascellarem.

7 *Et in absentia basilicę debes funem brachij aperire*

H Hoc quidem fit ratione colligantię huius venę, quę funis brachij dicitur, cum ipsa basilica.

8 *Venę quoq; tẽporum sunt in cõtinuo dolore ipsorum aperiendę.*

Hoc fit ideo, quĩ euacuatio ex loco propinquiori mẽbro patienti necessitatur ex morbi antiquitate.

9 *Et existens post aures in hemicrania, & antiquo vlcere capitis.*

Hoc etiam fit ratione affinitatis & colligantię.

10 *Sed quę sunt in*^a *[ambabus oculorũ extremitatibus,] in morbis*^b *[eorum] aperiantur.*

I

a * ambobus oculorũ angulis

b * ipsorũ oculorũ.

Intellexit quoq; hoc esse faciendum in antiquis & chronicis passionibus eorum: & hoc, quia tunc intendimus locum magis propinquũ eis in euacuatione facienda.

11 *Et minuatur existens in supremo capitis in vlceribus, & apostematibus seu pustulis in superficie cutis generatis. Vena autẽ*^c *[colli sunt] in lepra aperiendę.*

c * guidegi sunt per.

K Hę duę venę aperiunt in lepra vtiliter, sicut patet experimento; & ita forsitan est inuentũ, & forte ipsę habent colligantiam cũ ipso splene. – 11

12 *Et vena frontis est aperienda in passionibus oculi, & in cõtinuo dolore capitis, et*^d *[tinea:*

d * Gasad. Et vena inter nares ex his quoq; phlebotomat, cum vides bothor ĩ pomis maxillarũ, & vena.

aperiatur et] in parte posteriori^e *[ ] existens in cõtinuo dolore capitis*^f *[ ]*^g *[Et existẽs inter nares, meatum nasi ratiõe postulat seu variolę fariei]. Et existens sub lingua in*^h *[ ] synanchias.*

e * capitis

L

f * & fodomia

g * —

h * asma, &c

In his quidẽ oĩbus intẽdimus extrahere aliqd sanguinis ex locis magis propinquis parti patienti: qđ minime faciendũ ẽ, nisi cũ morbus antiquat, & postq̃ constat q̃ nõ infundantur humores ad locũ patientẽ.

13 *Et aperiatur vena*^i *[cauillę] in morbis intestinorum sub vmbilico existentium. Et saphena*^k *[existens in tibijs in morbo crurium.]*

i * sub poplite

K * in cruribus in morbo crurum.

Saphena quidẽ ẽ vena ꝓpinqua cauillę à parte hominis intrinseca.

14 *Et minuatur sciatica ĩ sciatica: et vena pedis ĩ accidẽtibus eius.*

M

Sciatica est in morbo ipsius aperiẽda, i. in dolore sciaticę, cum antiquatur, & constat q̃ humores nõ infundantur amplius: & cum mitẽ dantur eius accidentia, i. dolor, aperiatur pedis vena.

15 *Venę quoq; pulsatiles sunt ĩ dolore capitis incidendę, et sequestrãdę. Et in dolore oculi, cum etiã timueris ex violentia morbi, ex fluxu, & descensu aquę ad oculum.*

Hoc

A Hoc quidem fit, quoniam quidā dolor capitis est, cuius materia existit Ifra venas pulsatiles: vnde quia nos non possumus eas aperire, sicut non pulsatiles, incidimus eas & sequestramus omnino, & sic ligamus eas primo cum filo de serico, ambas eius extremitates & latera, & cōsequenter incidimus, & diuidimus eam omnino. Et secundum hoc videtur quòd materia, quæ descendit & ægreditur ex ea, sit aliqua portio aquositatis posite & existentis in vena pulsanti.

B 16 *Cū etiā generabitur apostema ex apertiōe ipsius, ꝑter quod fluat sanguis ex ipsius superficie, īcidemus, et sequestrabimus eā, vel cauterizabimus ipsam: aut si quis maluerit, minuatur, aut oīno abscidatur, et sistatur fluxus sanguinis ab ea cū ligatura vel cauterio: deīde curetur cū medicinis, quibus vulnera curantur, donec sanitati fuerit restitutus.*

Diuidatur etiam, & sequestretur C vena pulsatilis in apostemate ipsius facto ex ictu ratione alicuius rei cadētis super ipsum. generatur enim inde apostema ex sanguine, & tumet membrum, I quo est vena pulsatilis aperta, cùm non exiuerit sanguis à superficie ipsius. & hoc est quod intellexit, cùm dixit: Cùm etiā generabitur apostema ex apertione ipsius. & est ac si diceret: quòd si superponeretur ei medicina consolidatiua, tumesceret amplius mēbrum, & augeretur ipsius apostema, donec corrumperetur & putrefieret. Cùm igitur generabitur tale quid in venis pulsantibus, curetur D sic, quòd scilicet incidatur tota vena in loco tumoris, aut pars, in qua est apertio fluere permittat, & cauterizetur. incidatur tamen vnum extremum ab alio, postquàm ligata fuerit ipsius extrema, aut fiat ei* abscisio cum igne.

*Pars secunda manualis. De operatiōe in carne cum scarificatione, aut ventosis.

E 17 *Ex operibus autem in carne, facienda sunt scarificatio, incisio, & cauterizatio.* [l][ ] *sunt ex scarificationibus quadā, ex quibus fluit sanguis* [m][ ] *à superficie* [n][*cum ventosis:*] *& hoc in corporibus patientibus vlcera, &* [o][*variolas.*]

l & apertio seu perforatio, & m & ex eis sūt, ex quibꝰ fugit sāguis cū ponuntur super eas ventosæ & cum eis fluit sanguis n ——— o bothor

Intellexit ꝙ in quibusdam scarificatis superponimus ventosas post eorum scarificationem: vnde fluit totus sanguis membri scarificati in F ventosis. hoc autem fit ideo, vt malus sanguis existens corruptus prope cutem corporis extrahatur. Pro tanto inquit, & hoc, supple est faciendum in corporibus patientium vlcera, & variolas: quoniam materia horum morborum cōsistit in cute corporis.

Ponimus autem ventosas sine scarificatione in eo, quo intendimus solum euulsionem, & diuersionem materia. 18

G Quandoque ponuntur sunt vẽtosę sine sca
rificatione, sicut cum intẽdim * attra
here & diuertere sanguinẽ ab vna
parte corporis ad aliã. & sic ponunt
ventosę sub mãmis, cum est superfluus fluxus menstruorum in mulieribus: & super hepar, & splenem ĩ
fluxu sanguinis natium superfluo.

19 *Et interdum coniungimus eas*
a vel stupa *vacuas: & interdum cu coto* a[
] *vrẽte ad consumẽdum*
illius loci ventositates, & ad recti
ficandum membrorum malitiam
H *cum caliditate.*
Intellexit q interdum fit apposi
tio vẽtosę sine scarificatiõe cũ igne,
nõ tñ rõne suctiõis: sed fit appositio
hui' vẽtosę ad consumendum ventositates fortes dolores in stõacho,
& in intestinis gñantes, & et ad cale
facienda mẽbra infrigidata.

*De operatione incisionis
carnis.

20 *Quod scinditur est sicut clau,*
& altazar.
Intellexit per altazar sm opinionẽ meã apata in palpebris p inuer-
I sionem palpebrarum patientia.
21 *Et omne quod superfluit & pu*
trefit in extremitatibus, sicut be-
b addit vel superflu & digiti coniũctis ad haerẽdo palpebrã oculi, q̃n sit pas. [illegible] adhęrẽtia *sbeia nasi, & digitus* b[*superfluus*
aut inseparabiliter coniunctus, &
coniunctis palpebrarum.]
Intellexit hoc faciẽdũ esse, cũ nascit infans cũ aliquorum horum ac
cñeium. Et intellexit per besbeia na
si carnem gñatam similem reptili
plurium pedum, i. polypo, aut pne-
cellino. & hoc est verum, cum nõ est
i. i. nigra *magis cancerosa.

Et vua eminens, & preputiũ K
22 *claudens canalem virgę.*
Vua quidem eminet ratione variolarum & pustularum pcedentiũ.
& preputium claudit virgã rõne vl
ceris, quod in eo natum fuit, aut q2
puer sic natus fuit.
Et caro in vlcere innaturaliter 23
aucta, & putrefacta, & vlcus ex
contusione putrefactum.
Abscisio quidem huius cum fer
ro cõgruit amplius q̃ ipsius extirpa
tio cum medicinis putrefactiuis. &
q̃ñ cũ medicinę putrefactiuę corro
dunt carnem malã & illaudabilem, L
lędunt & corrumpunt etiã aliquan
tulum ex carne sana, & sic remanet
corruptio, nec etiã curatur vlcus tali
modo perfecte & omnino.
Est etiam abscindendum quod 24
innaturaliter augetur in lingua,
& quod cadit in auribus.
Intellexit q nodus in lingua gñta
tus abscindatur, & pars aurium posterior abscindatur ad extrahendũ,
quod cecidit in eis.
Est etiam caro incidẽda super 25
vitrum in membro fixum, & pro M
fundatum, spinam, aut festucam
c[ ] *vt inde praedicta ex* c vel ligna
trahantur. Mamma etiam homi-
num abscindantur interdum, &
varices in tibijs apparentes.
Abscindunt quidẽ mãmillę ho-
minũ, cũ mãmillis mulierũ similã-
tur. Varices aũt sunt q̃dã venę val- d hemorrhoidales quae pacientes ex utilia.
de grossę ĩ tibijs apparẽtes, plenę hu
morib' grossis & melãcholicis: & ac
cidũt vt plurimũ valde laborãtib'.
Et d[*boassar, & neassar.*] 26
Bo-

A Boisllar est caro innaturaliter aucta in ore ani: sed noisllar sunt fistulę apostemosæ cum labijs & tunicis duris, quæ sine incisione & euulsione prædictarũ pelliculatũ minime curanť. Decet aũt q̃ earũ abscisio fiat vt plurimũ cũ ferro: qm̃ medicinę nõ sunt potẽtes ĩ hoc, aut augẽt & magnificãt mẽbri nocumẽtum.

27 *Et quod fuerit iam denigratũ ex pinguedine* [c] [ ] *aut putrefactum ex carne.*

c. ʳ in nobis

Per pinguedinẽ intellexit zirbũ Intestina velãtẽ. & hoc, quia ĩterdũ

B egrediť zirbus, & denigratur, si quis fuerit negligẽs in repositiõe ipsius.

28 *Et ẽt oẽ illud quo elõgatur vuula, et oẽ qđ augetur super gingiuas.*

In extremitate quidẽ vuulæ contingunt interdũ apostemata chronica, quib' ipsa relaxať, nec curať ab eis absq; incisiõe. Et ĩterdũ ẽt generantur fistulæ in gingiuis, q̃ ẽt non curantur nisi cum incisione.

29 *Abscindatur etiam caro venæ* [d] [*madan,*] *& omne quod nobis aures claudit & obturat.*

d ʳ Medeni

C Vena, quã madan dicit, ẽ morb' quidã, qui in regiõibus calidis generať. interdũ.n. nascitť in tibia quędã vena magna, cuius extremitas egrediť foras, nec cessat sic egredi à corpore & augeri. Et Medici quidẽ ĩuoluunt ipsam, & ligant cũ plũbo aut alia re graui, donec cesset eius pullulatio, & consumať, & cadat. Et Gal. quidem refert se eam nunq̃ vidisse.

30 *Et omne quod* [e] [*existit super vlsum, & velat ipsum:*] *et quod denigratur in nobis ex præputio: &* [f] [*quod claudit anum, & tussea, & satera, & tuffar, et nõ habens sexum manifestũ, & ruptura*] *vmbilici.*

D

e ʳ & additũ sup vuluã, et qđ additũ est ĩ vngue:

f ʳ in ano, & mord, & al sechas, vel al tezar, & vngula oculi, et hermaphroditus, & eminentia.

Tussea est apostema durum. Sed satera est inuersatio palpebrarum, & tuffar est vnguis. Et ruptura vmbilici cõtigit ex ĩtestinis, aut zirbo.

Et vulnus, quod cõtingit ex eo quod scinditur, vniuersaliter cura cũ sutura, et oẽ membrum vulneratum consolidando ipsum. 31

Intellexit q̃ cura vulneris magni cõtingẽtis ex abscisiõe cuiuscũq; ẽ sutura. sic ẽt curať vuln' magnũ cũ consolidatiuis, donec consolidetur. E

Ars cauterij faciẽdi in carne.

Omne corpus cauterizatur ad sistendũ hæmorrhagiã sanguinis à vena pulsatili: aut [g] [*apertione*] *vena magna fatigãte Medicum in sistendo fluxum sanguinis ab ea.* 32

g ʳ scissione.

Cauterio quidẽ vtimur ad sistẽdũ fluxũ sanguinis à venis pulsatilibus, aut ab alijs venis magnis, cũ non cessat per vsum medicinarum.

F

Fit etiam in corporibus humidis ad exiccandum ea: & in carnibus laxis ad indurandum eas: & ad calefaciendum corpora infrigidata: necnon ad tollendum humiditates egredientes à natura. 33

Vtimur ẽt eo ĩ mẽbris humidis ad exiccãdũ ea: & sic fit cauteriũ in capite rõne stillicidij à cerebro cõtingẽtis: & ad indurandũ mẽbra laxa: & pp hoc vtimur eo in rupturis. & silr vtimur eo ad calefaciendũ mẽbrũ pter naturã infrigidatũ: inde ẽt abscindimus humiditates nociuas.

G **Ars perforationis.**

34 *VTimur quãdoq; perforatione ad extrahendũ humidi
tatem nociuã, sicut saniem, quã su
extrahimus ab apostemate, et san
guinẽ alicubi corruptũ, & aquã
ab oculo vel grandinem, & aquã
à capite, & nodum.*

Extractio quidẽ aquæ ab oculo
est de genere perforationis, grãdo ẽt
debet perforari. Intelligit autem p
aquã capitis humiditates, q̃ generã
tur in tunicis capitis puerorum.

35 *Et sicut in hydrope, & hernia
H aquosa, & carnosa.*

Hydrops, in qua dixit fieri pfora
tionẽ, ẽ vterina. Herniæ ẽt sũt plures
spẽs: ex qb⁹ carnosa, & aquosa pfora
ti dñt, nõ ãt Intestinalis, aut zirbosa.

h⁹ De cura fracturæ, & dislocatio nis I osse.

h [Pars tertia manualis in ossibus, cuius principium debet
esse in consolidationibus fra-
cturarum ipsorum.]

36 *QVicquid fit per operationem in osse, est sicut in fra
ctura, aut dislocatione
I ipsius. Curabimus autem quancũ-
que fracturam cum consolidatione ipsius, & reductione ipsius fracturæ ĩ osse, donec inde ad propriũ
situm reducatur, & ablatione cu-
iuscunq; pungentis & mordicãtis
ipsum, & ligatura manu facta,
quæ neq; laborem, neq; molestiam
inferat, s non nimis forti, aut debi
li. Inchoetur aũt fasciatio à medio
ipsius, et fortificetur strictura super amplius, et ligetur, & super- K
addantur puluilli, & desuper ha-
stella coniunctim.*

Cura quidẽ fracturæ cuiuslibet I
ossibus factæ fit cũ cõsolidatiõe ipsius, q̃ sic est pcurãda. Reducantur
partes vnius duarũ extremitatũ ossis fracti I ptes alterius sm formã &
conditionẽ ipsius fracturæ, taliter q̃
inde redeat os ad figurã propriã. Et
si aliqua particula vni⁹ extremitatis
fracturæ nõ queat ingredi in extremitatẽ aliã, auferat in instrumento
radente. Tollat ẽt qđ capi poterit & L
astringi manu, ex eo q̃ frãgit & mo
lestat patientẽ. Deinde fiãt ligaturæ
cõuenientes sup locũ fracturæ: incho
ando ligaturã fasciæ à medio fractu
ræ versus duo latera prius dicta, nõ
aũt inchoãdo prius à superiori pte
mẽbri, & descẽdendo post & appro-
pinquãdo ad locũ fracturæ. notum
est.n. qđ hic modus ligandi tollit,
& phibet infusionẽ materiæ, & humorũ ad locũ fracturæ. Docet aũt q̃
ligatura non sit adeo violenta, q̃ cõ
primat & lædat os: neq; adeo debilis & laxa, q̃ infundantur humores ad
locũ prædictũ. Post ãt ligaturã sunt
superponẽdæ hastellæ ad cõseruãdã M
rectitudinẽ ambarũ extremitatum
ossis fracti. Consolidatores aũt mei
tpis ponũt statim hastellas I principio: melius tñ est differre appositio-
nẽ ipsarum, donec de generatione
apostematis in loco prædicto secu-
ret: deinde superligandæ sunt fortiter hastellæ alijs inuolutionibus.

*Subtiliabimus quoq; diætã eius 37
à principio, & in fine ingrossabi-
mus eã, quatenus bene restauretur*

A Vtiq; diæta, cuius os est fractũ, à principio subtilianda erit, eo ꝙ apostematis generatio timeatur: est tñ cõsequenter ingrossanda, quõ ossa, eo ꝙ sunt terrestria, cibis terrestrib° proculdubio nutriuntur.

38 *Est autem cauendum à principio, ne apostema calidum generetur, diuertendo, et* [a] *[attrahẽdo ad locum fractura, quod infunditur] ex sanguine toto posse,* [b] *[prohibẽdo fluxum] eius cum omni frigido competenti, & prohibendo, donec*

B *nec curatus fuerit, motum patienti. Cura enim eius sine longa quiete non perficitur.*

a° repercutiẽdo qđ effunditur. b° ita vt ꝓhibeat fluxum.

Hoc, quod dixit, f. ꝙ præseruetur os, ne fiat ĩ eo apostema cũ vsu medicinarum frigidarũ & stypticarũ à principio est vtiq; p se notũ: necnõ ẽt ꝙ patiens debet vitare motũ, donec generatum fuerit qđ locum fracturę repleat, & restauret. Quod aũt sic generatur in loco fracturę, licet sit simile ossi, non tñ est os: & est illud, qđ vocãt Medici porũ sarcoidẽ.

39 *Cura autem dislocationis est*

C *cum eo, quod trahit ipsum os dislocatum, donec ipsum ad locum proprium redire faciat.*

Cura quidẽ dislocationis ossium est, vt quodlibet ex duobus mẽbris versus duo cõtraria latera attrahat, & paulopost eorũ parũ per tractus relaxetur, donec vnũ ex eis infra alterum ingrediatur, s. iuncturã infra iuncturã. Et priores quidẽ habebãt D instrũm ad hoc determinatũ, per qđ perficiebant operationẽ intentam moderate, & sine difficultate.

40 *Postquàm autem reductũ fuerit sic, ligetur stricte, & stet sic* [c] *[quanto tempore dicemus. et vtatur stypticis medicinis,] & comedat patiens cibos acetosos, donec fuerit securus ab apostemate, nec timeatur de collectione sanguinis.* [d] *[continuetur autem cura ista ad minus per mensem vnum, & interdum amplius per decẽ dies.]*

c° determinato tpe, & applicẽtur ei stypticę medicinę. d° minus tpe quo sanat, ẽ tpus vni° mẽsis aut dierũ 40.

E *Iam ergo perfeci curam oĩum morborum: & ex nunc abscindã sermonem meum, ex quo iam perfeci librum istum.*

Postq̃ membrũ reductum fuerit ad proprias iuncturas, permittatur, sicq; ad tempus pręfinitũ ... & donec constet & securus sit de generatione apostematis, qđ fit spatio triũ dierũ vel circiter, superponantur medicinæ stypticæ: cum hoc. n. euadet à generatione apostematis. & quiescat seu in trãquillitate maneat mẽ F brum patiens ad minus per mẽsem vnum: & interdũ est necesse ꝙ moretur sic amplius per mẽsem & per decẽ dies. Et in hoc terminatur sermo noster super expositiõe horum canticorum sufficiente secundum intentionis nostræ exigentiam in eisdem.

Canticorum Auicennæ cum Commento Auerrois finis.

AVERROIS
TRACTATVS DE THERIACA
NVNC PRIMVM IN LVCEM EDITVS

Cur inuenta sit theriacæ compositio, & quis eius vsus. Cap. 1.

Hic tracta tus citatur ab ipso Auerr. 7. col. capi.

Nquit magnus Medicus Auech Auer. Postq̃ deo grãs egero, dicã, q̃ quidã de amicis meis, cuius amore teneor, me
rogauit, vt eius dictis satisfacerẽ via
experimẽti, & rõnis de ista medici-
H na, d qua medici dixerũt ĩ loco suo,
q̃ dicta ẽ Theriaca: & de eo, q̃ dixerũt de operatiõib' eius. Et dicam, q̃
cã, q̃ pri' excitauit velle antiquorũ,
vt cõponerẽt theriacã, fuit, vt sana-
rent̃ p ea accĩdẽtia mala, q̃ accidũt ã
potu venenosarũ medicinarũ, quo-
cũq; lędant̃ ab illis, & absq; potu. &
istę medicinę sunt, q̃ sumunt̃ ex ani
malibus, & plãtis: q̃ si specialiter experiẽtia pfecta notę fuerint tpe, quo
lędũt, & fuerĩt ĩmediate notę specia
liter, sic & specialiter ĩ curatiõe istarũ: accidit tñ ĩcerdũ nobis, vt nõ eẽt
nobis nota, q̃ ex oĩb' illis eẽt, q̃ cor-
p' ĩgressa fuerit: & si nobis nota eẽt,
I cõtingit tñ, vt nõ eẽt apud nos medicina particularis nota opposita il
li medicinę venenosę. ob hanc ergo
cãm visum ẽ illis, qui antiquos secu
ti sunt, vt cõponerẽt medicamẽ vnũ
ex medicinis simplicib': vt p hoc op
ponerẽt̃ ex qualibet ipsarũ cuilibet
ex venenis: & vt ex illo opponere-
tur cuilibet veneno, siue sit nobis sci
tũ pticulariter, siue nõ: & apud nos
sit medicina nobis nota particularis
opposita illi, aut nõ. Et illud qdẽ, qd
ĩcitauit velle eorum, est, qm̃ curatio
hoc mõ facilior ẽ & medico, & ĩfir-
mo. Vtilitas aũt, quã ex hoc cõseq̃t̃
medic', ẽ: qm̃ postq̃ id habuerit, nõ
op; ingrere de cã pticularis ęgritudinis: tollit̃ ergo de labore quãtitas
magna: qm̃ ꝗcqd cõsequit̃ ex recti
tudĩe curatiõis, & cuiuslibet sui ope
ris, nõ est nisi ex cognitiõe cãæ. Et
hoc quidẽ ẽ vnũ ex magnis funda- L
mẽtis ĩ medicĩa. Et q̃ ista sit ex ma
gnis vtilitatib' inuẽtis in theriaca,
cõiter est p se notũ. Sed vtilitas, q̃ ex
cõpõne theriacę puenit quo ad me
dicũ, & infirmũ, ẽ, qm̃ si medic' cognoscit pticularis ęgritudinis cãm,
nõ tñ est apud eũ parata medicina
ppria singularis illi tpe, quo auxilia
bat̃ egro: & cũ plongat̃ terminus ĩ
inueniẽdo istã, moriet̃ interim eger.
ergo hęc sunt iuuamẽta theriacę simul, de quib' nullus dubitat. Et po- Dubium
stea qrã si operatio medicinę, q̃ ẽ di
cta theriaca, ẽ efficax in qualibet ex
medicinis venenosis, si decẽ quãtita M
te medicĩę pprię illi veneno, an vir
tus ei' sit ęqualis, an fortior, an debilior ea, & hoc quidẽ ĩdiget studio
subtili, pfundo multũ. Et res, q̃ ad
hoc nos cõmouet, ẽ, qm̃ possẽ ẽ, q̃ ali
quę ex medicinis pprijs, & specialibus alicui ęgritudini, ex qb' cõposi
ta est theriaca, permutent̃ ab aliquib'
alijs ab ipsis: quare debilitata sit vir
tus medicinarũ, q̃ erat specialis illi
ægritudini, et nõ curet p hãc cãm.
Amplius id, qd ex medicinis singu-
larib' pprijs ĩgredit̃ theriacã, est ps
modica.

A modica. Et ppea dixerũt qdã medicorũ, q̃ si tu pones ĩ hoc medicamine quãtitatẽ modicã, medicinę ꝓprię
huic accñti nõ cõfert sui quãtitate,
min⁹ cõfert theriaca, si de ea admi-
nistret̃ modica quãtitas, q̃ ẽ cõposita ex cõtrarijs debilitãtibus virtutẽ
medicinę ꝓprię illi accñti: nã si ac-
cipias ex illis quãlibet p se, ñ ꝓderit
ex sui paucitate, quõ ergo proderit
theriaca, q̃ ex cõtrarijs est cõposita?
Dicimus ergo ex hoc, q̃ in qualibet
quãtitate ex minimis ptib⁹ theriacę
ĩuenies oẽs spẽs virtutũ medicinarũ
singulariũ, q̃ ipsi⁹ summã ĩgrediũt.
B Et q̃ in qualibet pte ei⁹, ĩuenies, v.g.
virtutẽ opij & euforbij, & aliarũ me
dicinarũ, ex qb⁹ ẽ ipsa cõpositio, sicut ẽ inuẽtũ ĩ qualibet pte pomi calor, sapor, & odor: sicut sunt inuẽta
quatuor elemẽta ĩ quolibet cõposito ex eis; qm̃ eẽ elemẽtorũ istorũ,
qñ sunt ĩ via mixtiõis, & ipsorũ virtutes ĩ his, q̃ sũt cõposita ex eis, vñr
eẽ debiliores virtutib⁹ ipsorũ extra
mixtionẽ, tũc, si res theriacę se h̃ñt, sicut ẽ dictũ, vr̃ q̃ oẽs medicinę, ex q-
b⁹ ipsa cõponit̃, sint ĩ qualibet parte
ei⁹, & q̃ debiliores sint ĩ ea q̃libet ip
sarũ, q̃ extra eã: & crederet̃ ex hoc, q̃
C virt⁹ theriacę eẽt debilior ĩ qualibet
ex ęgritudinib⁹ simplicibus virtute
medicinę singularis ꝓprię illi ęgri-
Solutio. tudini. Sed hoc credibile ẽ falsum:
qm̃ ẽ manifestũ, & declaratũ medicis, & theriaca curat fortes ęgritudi
nes, & de experimẽto theriacę ẽ res,
q̃ nõ verificat̃ de alijs cõpositis, nisi
parũ & raro. Quòd ãt ĩueniat̃ ĩ cõpositio virt⁹ maior virtute singulari, declarabit̃. Inuenit̃ n. q̃ generat̃
ex terra & aqua res durior, & graui-
or quolibet illorũ: & ẽ istud ꝓpter b⁹ã
& iterũ ĩuenies ĩ igne ignẽ fortioris
calefactiõis, q̃ sit ignis ĩ sphęra sua:
D sicut ĩ ferro ignito. Verũ res Theria
cę, q̃ sic ẽ, nõ ẽ scita nisi via expimẽ
ti, ñ p viã rõnis. Et posse ẽ, q̃ sit hęc ĩ
aliqua ex medicinis singularib⁹ the
riacę, ꝓpter q̃ sit ĩ oĩb⁹ earũ. i. q̃ aliqd
sit forti⁹ ei⁹ virt⁹, q̃ virt⁹ medicinarũ,
ex quib⁹ virt⁹ ẽ cõposita. Et p hoc dã
cã, siue sit ita, siue nõ, nõ ẽ dubiũ, q̃
theriaca ꝓdest cõtra venenũ: & vr̃
ẽt, q̃ sit potus s̃m mẽsurã ꝓpriã, vel
congruã spẽi veneni: & q̃ ẽt sit s̃m
mẽsurã fortitudinis, & debilitatis ei⁹:
& iste qdẽ mẽsurę nõ sũt notę p viã
rõis, s3 ñ nisi expimẽto. & iã qdẽ hoc
E scripserũt antiq ĩ libris suis. Nũc ãt
dicã ĩ hoc, qd̃ ẽ credibile, & rõni ꝓpĩ
quũ: & pria cã, ꝓp quã ĩuẽta fuit the
riaca, fuit vt curarent̃ p ipsã nocumẽta venenorũ, q̃ sunt ĩ aĩalib⁹, sicut in lacerto, & cane rabido, & venenorũ, q̃ ĩuẽta sunt ĩ plãtis: sed nõ
cõfert ei, qd̃ dicit̃ abroys. i. napello.
Sed iuuamẽtũ ei⁹, qd̃ ẽ ĩ ęgritudinĩ
b⁹ ꝓculdubio cõfert ęgritudinibus
generatis ex humorib⁹ corrũpẽtib⁹
cõplexionẽ, & formã corporis, sicut
malitię humorũ, ex quib⁹ fit lepra,
& malitię cõplexiõis, q̃ adęquat̃ ex
F paralesi: & cõfert apoplexię maiori,
& epilepsię, & vẽtositati generatę in
corpore hoĩs ex sup̃fluitatib⁹ nãm
ęgrediẽtibus, nõ oĩ tñ vẽtositati, sed
illi tm̃, q̃ ẽ, sicut illa, ex qua generat̃
dolor colic⁹, & dolor stomachi vio-
lẽt⁹: & qñ istę ęgritudines factę sũt
ex melãcholia exiñte ĩ fine malici-
ei, & flegmate, qd̃ multũ elõgatur à
flegmate naturali: sed ęgritudinib⁹,
q̃ factę sũt ex flegmate & melãcholia nõ exiñtib⁹ multũ extra rẽ natu
ralẽ, si cõfert theriaca, vl̃ nõ, ad hoc
inquirẽdũ studiũ ẽ necessariũ durã
multũ. Et hoc quidẽ dicimus ꝓpea,

¶ quia cōcordāt oēs in theriaca, quia nō cōfert ęgritudinib' generātis ex sangui̇e, & cholera. Restat ergo certificare, qd̄ dictū ē, si theriaca cōfert ęgritudinib', q̄ generant̄ ex flegmate & melācholia egrediētibus terminū naturalē exitu. s. multo, & verū curent̄ à theriaca, sicut curat ea qlibet ex medicinis siccis, vel non.

Verū theriaca cōferat corporibus sanis. et quid in hoc Auerrois sentiat. Ca. 2.

IN principio tn̄ eius, qd̄ dicturi sumus, hic ē videndū: verū theriaca cōferat corpib' sanis ad sanitatē cōseruādā, ita vt nō fiāt ī eis ægritudines
H aliq̄, vel nō cōferat, nisi tm̄ ad pseruationē corpis ab ęgritudinib' magnis: & verū gn̄aliter pseruet corp' ab ægritudinib', q̄ generant̄ ab humorib' duob' factis, siue sint fortes, siue sint debiles: siue à venenis, & si nō cōfert gn̄aliter ad hoc, fortasse si cōfert qbusdā ęgritudinib', q̄ n̄ sūt magnæ: vl' si fortasse n̄ cōfert. Et dicā φ iuuamēta theriacę in cōseruatiōe sanitatis īgredit̄ studiū difficile ad ītelligi: nos. n. īuenim' oēs medicos, & nō solū Gal. īmo oēs alios ab ipso, q dicūt φ ad hoc, qd̄ dictū ē, cōfert, & φ nobiliores ex nobilioribus
I sui tpis hoīes vtebant̄, & singulis dieb': & qdā ex eis vtebant̄ ex ea bis in die: & iste q vtebat̄ ea cōtinue, pt eā securi' bibere, q̄ ille q nō bibit eā nisi ter vl' q̄ter sine nocumēto. & hoc quidē scripsit Gal. ī li. suo, quē fecit de theriaca. Et d. Aboali, φ theriaca cōfortat à tota spē calorē naturalē, & dat ei multitudinē virtutū illarū, p quas curantur oēs ægritudines, & dat sanitatē oībus mēbris. Radix tn̄ verborū Gal. ē ī his mu'rū cōtraria, & ē, φ medicinę, q̄ cōferūt venenis, sunt medię īter medicinas, & venena, & hoc dixit ī li. suo. v. de sim. K
medicinis: si. n. nutrimētū ē, qd̄ cōseruat sanitatē pfectā, & medicina sanitatē lapsam: venena vero sunt, q̄ auferūt sanitatē, & medicinæ dominātes in theriaca sunt medicīæ īter medicinas, & venena; & oē cōpositū declinat ī virtute sua versus lat' medicinarū vincētiū ī cōpositiōe eius: vt ergo φ theriaca sit media īter medicinas, & venena, & si ē media, est fortior medicinis, & debilior venenis. ergo non cōseruabit sanitatē, q̄ cōseruāt medicīæ, nec curabit ægritudines, quas ipsæ curāt, qm̄ est fortior oībus eis. et si cōseruat sanitatē L
aliquā, erit sanitas illius, qui parat' est cadere ī ægritudines humorū similiū venenis, & si iterū curabit, nō curabit nisi illā, q̄ ex illis ē. Et manifestū est, φ spēs minimarū ęgritudinū in hoīe nō sunt, nisi paucę. Itē dicim', φ cōseruat sanitatē eorū, qui timēt, ne cadāt in ęgritudines similes illis. Et dicūt quidā, φ illi, qui cōtinuat vsum theriacę, nō op; timere, vt operet̄ in eo virt' medicinę venenosę, sicut dicit Gal. de illis regibus, qui cōposuerūt mytridatū, & cōseruat̄ eū ea cōplexio eius radice naturali. Et hoc quidē est, qd̄ nō credit̄: M
qm̄ cū medicīa venenosa sit cōtraria corpori, hoīes n̄ euadūt ab ipsa, φ nō operet̄ in ipsum, nisi postq̄ factū est sīle veneno. qm̄ id qd̄ in alio nō agit, ē tale, quale id, pculdubio, & ei simile: & res q̄ in aliā agit, ē ei cōtraria, & iā quidē declaratū ē ī libris Antiquorū, & īter eos nō est diuersitas, & si corp' hoīs, in quo, dixerunt, nō operat̄ venenū, sīle est veneno, & venenū ē cōtrariū corpori humano, tunc est manifestū, φ corpus hoīs illius p vsum theriacę factū est diuersum

A diuersum à corpore aliorum homi
nũ, & id, qđ est diuersum à corpore
humano non est hõ, & ille, cuius cõ
pl'o est diuersa à cõpl'one aliorũ ho
minũ, nõ est posse, vt remaneat hõ,
& si remanebit, nõ remanebit, nisi ĩ
tpe pauco trãsacto redeat eius com-
pl'o ad cõpl'onem illorũ, qui hñt hu
Dubium. mores venenosos. Si vero dicat aliquis, q corp' hoĩs nõ patiẽ ab opera
tiõe venenosorũ, vt ab eis offendaẽ,
nec ex hoc dicẽdũ ẽ silẽ eẽ venenis,
sed hoc est, quia cõpl'o illi' est ĩ vlti
mo cõtraria medicinarũ venenosarũ, & est fortior venenis intm q ĩ ip
B so nõ operaẽ, & vincet hõ venenum
Solutio. istud ita, q ñ vinciẽ ab ipso. Ad hoc
dicim' si sic est, vñ q corp' hominis
redeat ĩ hoc silẽ medicinis vincẽtib'
venena, & eẽt hoc corpus mediũ inter medicinas, & venena. & vñ q nõ
remaneat eius cõpl'o ĩ termino nãli
& ille qui pmutaẽ à termino naturali ea pmutatiõe, quã diximus posse
est, vt corrumpaẽ, & hæc corruptio
proculdubio ẽ ęgritudo, & si reperiatur, eius cõpl'o vt redeat fm modũ,
quẽ diximus, silẽ est ei, qđ quidã dicunt, q ĩueniunẽ quidã, q fuerũt vsi
veneno uñ, qđ cõuertebaẽ eis in nu-
C trimẽtum, & hęc ẽ res, q egrediẽ viã
naturę. Et de cõsuetudine quidẽ artis medicinę nõ est, vt res exerceaẽ ĩ
corporib' nãlibus, q egrediunẽ viã
naturalẽ. Et corpa, quib' nõ cõfert
fm plurimũ sanitatis vsus theriacę,
sed egrotare facit ista, nõ iuuanẽ ẽt
p illã ĩ curatiõe ægritudinum, & si
ęgritudines ẽt istę debiles eẽnt, & ex
humorib' silib' venenis. Et hoc ẽ,
qđ diximus nos ĩ hac re. Et ego quidẽ iã præcepi socijs meis famosis in
arte medicinæ, qui curabãt filios re
gũ, vt phiberent eis vti theriaca ĩ re
gimine sanitatis, & nõ vterenẽ ea cõ B
tinue. & quia nõ consenserunt mihi, dãnificauerunt eos multũ: quia
cõtinuare vsum theriacæ nõ ẽ mul
tũ debitũ ĩ cõseruatiõe sanitatis, cu
ius cõpl'o, est sicut cõpl'o, q repta est
vt plurimum hoĩbus: & si sic est, nec
ẽt meliori cõpl'oni, q cõsiderãt medici, q raro repiẽ, vt dicunt: sed super
eã rememoratus sum, vt sit eis state
ra põderis, qđcunq; ex corpibus ab
ęqualitate lapsus fuerit: sic ẽt nõ inuenimus cõpl'onẽ, in qua generenẽ
ægritudines silẽs venenis, nisi parũ,
& si sic est, totũ qđ dictum est, oportet q nõ vtaẽ aliquis theriaca in cõ- E
seruatiõe sanitatis, q est repta ĩ pluribus hoĩum, & maxĩe ĩ illis, qui in
eis sunt iuuenes. ista. n. sanitas, q fm
plurimũ est repta in hoĩb', dignũ ẽ
q dicaẽ naturalis, quia res nãlis est ĩ
ea fm maiorẽ victoriã. sanitas. n. q
est ĩ fine pfectiõis, nõ est inuẽta, nisi
parũ, sic & ægritudo q est ĩ fine ma
licię nõ ẽ repta nisi parũ, & hęc sunt
duæ extremitates q sibi inuicẽ con
trarianẽ & id qđ est inter eas, est me
dium, qđ est inuẽtum fm plurimũ.
& si sic: est hæc, & illa species sanita
tis, ad cuius cõseruationẽ factę sunt
medicinæ, q ab ęgritudine futura de- F
fendunt, & ad cuius ẽt ægritudinis
curationẽ factæ sunt medicinæ, quę
curãt ægritudines, q fm plurimũ re
periunẽ in ijs tpibus: qm medicinę
quibus curamus istas ægritudines,
sunt gña alia medicinarũ à medici
nis, quib' curanẽ venena. Medicinæ
vero cũ quib' curam' venena, sunt
medię ĩter medicinas & venena: &
radix ẽ vt nõ vtaẽ medic' in curatio
ne ęgritudinũ medicinis, cũ quibus
curanẽ venena. hęc. n. genera medicinarũ sunt in nõie & nã diuersa.

¶ Quibus egritudinibus confert theriaca, et quibus non. Cap. 1.

SEd, qm̄ ęgritudines, q̄ exeunt naturā aliarū ęgritudinum, sunt similes venenis: & similant̄ ēt medicinę, q̄ curāt venena sua operatiōe,
operi medicinarū, q̄ curāt istas ęgritudines. ideoq; theriaca est cōposita
ex duab⁹ spēbus medicinarū, & generatur in ea cōpōe media inter medicinas, q̄ sunt medię īter medicinas,
& venena. & pp hoc ē posse vt curet
aliquas ex ægritudinib⁹ alijs ab ijs,
q̄ similant̄ venenis. Et id, qđ mihi vr̄
ī hoc, ē, φ medicinę, q̄ curāt ęgritu-
H dines generatas ab humorib⁹, adiuuāt medicinas, q̄ curāt venena, sed
nō ē cōuerso, nisi ęgritudines similē
tur venenis: illas, n. adiuuāt. vr̄ id qđ
est min⁹ eis, parū, & meli⁹ ī eo qđ di
xim⁹, ē, vt ꝓpiuent̄ medicinę curātes ęgritudines ęgritudinibus tm̄, &
curātes venena venenis tm̄. Sed, qm̄
theriaca est cōposita ex duab⁹ spēbus, iō resultat hęc medicina aggre
gata ex ęgritudinibus & venenis, sꝫ
nō oībus ęgritudinib⁹ gn̄aliter, sed
tm̄ illis duabus spēbus, ī. ꝑdictis, vel
illis, q̄ sunt eis ꝓximę. sed, quia di-
stinguere has duas spēs ægritudinū
I est qn̄q; difficile medico, iō necesse
est vt bn̄ ꝓuideat in dādo theriacā
in cura ęgritudinū. Et ꝓpea subti-
lizāt medici in mēsuratiōe pot⁹ the
riacę in ęgritudinib⁹, plus q̄ in alijs
medicinis cōpositis. qm̄ in theriaca
sunt medicinę curātes venena. & si
vtunt̄ eis ī ęgritudinibus, necessariū
est, vt hoc fiat cū cautela magna. &
iō in ęgritudinib⁹ fit minor pot⁹ ei⁹
potu cōtra venena, & diuersificatur
potio theriacæ in venenis ꝯm fortitudinē veneni & eius debilitatē. Et
similitudo, q̄ est inter medicinas, q̄
curāt venena, & illas, q̄ curāt ęgritu K
dines quas iā diximus, ē, φ oēs operatiōes, quas efficiūt medicię ī ęgritudinibus, sunt eædē cū eis quas cō
plēt medicinę proprię venenis, i. curātes venena. qm̄ sicut qdā ex medi
cinis proprijs ęgritudinū sunt, q̄ curāt ęgritudines suis qualitatib⁹, i. ca
lido, frigido, sicco, & humido, qm̄
ęgritudīes fiūt ab illis, & ē vt qlibet
curet̄ suo cōtrario. i. calido, & frigido, & ē cōuerso: silr̄ ēt sunt ex medicinis venenosorū, q̄ opant̄ ex suis
qualitatib⁹ ꝑdictis. & sic sunt ex me
dicinis ægritudinū qdā q̄ curāt primis suis virtutib⁹ et tertijs, sicut dis- L
soluēdo, aperiēdo, leniēdo, & facie-
do totū id qđ purgat mēbrū ab humorib⁹, & attrahit eos à corpore. i. à
mēbris nutritiōis, & mot⁹ & sensus,
& mēbris virtutū extimatiuę poten
tię aīæ. silr̄ sunt ex medicinis venenosorū qdā medicinarū, q̄ id faciūt
suis virtutib⁹ secūdis, & tertijs. Amplius sicut sunt ex medicinis qdā, q̄
curāt eas ꝑ id, qđ sequit̄ in cōpositiōe
mixtiōe q̄litatū. 4. & qđ vocat Gal.
totā speciē: silr̄ ēt sunt ex medicinis
venenosorū, q̄ id faciūt à tota specie
earū, si venenū sit operās à tota specie, & hæc. n. venena sunt deteriora M
oīb⁹ alijs, sicut ęgritudines, q̄ à tota
specie earū sunt mortiferę vel pesti-
ferę, sunt deteriores oībus alijs, ī tm̄,
φ nō īuenit̄ ī eis cura nisi accideret
φ īuenirent̄ medicię, q̄ eas curarēt à
tota spē. & si totū hoc ē sicut dictū
ē: φ theriaca ī se vnit duas spēs medicinarū silr̄, vr̄ mihi φ curet venena
curatiōe ꝑfecta, & curet ēt ęgritudines similes venenis. sed ī ęgritudini
b⁹, q̄ n̄ sūt hmōi pl⁹ nocet, q̄ ꝓsit, si
cut nocēt medicię fortes ꝓpinatę ę-
gritudinib⁹ debilibus: & sicut ēt nocent

A ctt medicīę curātes ī cōseruatiōe sa
nitatis: sed medicīę cōseruātes ī curatiōe ægritudinū nō īprimūt effe-
ctū, de quo sit curādū, & istę medicinę sunt cib⁹, & medicina simul. Et
ego quidē ītellexi de antiquis medi
cis, φ ipsi nō curabāt, nisi cū cibis, q
erāt cibi & medicīa. & hoc erat, q̃a
hoīes illi⁹ tpis phibebant p leges &
decreta eoꝝ ab vsu malorū nutri-
mētorū & malis cogitatiōib⁹, & co-
gebant̄ exercitari ā magistris exerci
tio cōueniēte cōplexiōi cuiusq; illo
rū: & fm hoc vł mihi φ theriaca ñ
erat eis necessaria, nisi cōtra venena
B & si forte erat eis necessaria ad euacuationē ægritudinū ñ sumebāt de
ea, nisi modicū. q̃m Gal. & post eū,
& multi ex antiq̄s dicūt, φ plurimæ
ęgritudinū, q̃ currūt tpe nr̄o, sūt no
uellę sicut pleuresis, et aposteṁa mē
brorū principaliū, vt cordis, hepatis,
cerebri, & similiū eis. & pter istas sūt
multę ex ęgritudinib⁹ exeūtib⁹ nāṁ
aliarū exitu multo, & q̃ ītetficiūt su
bito. & si torū ē ita istę, qui vtit̄ illo
tpe theriaca vel pcepit alīs, necesse ē
vt sit sapiēs ī fine sapiētię pfectę, pci
pue cū voluerit vti ea ī curatiōe ęgri
tudinū, vł ī cōseruatiōe sanitatis pti
C cularis fm eū, q parat⁹ ē labi ī ęgritudines humorū similiū venenis. &
hoc quidē dixi, sicut ītelligere poteris φ gen⁹ idē medicīarū curat ęgritudines aliquas & pseruat corp⁹ ab
eis: sed melt⁹ ē vt dicam⁹, φ ęgritudi
nē curātes, sūt fortiores medicinis, q
ab illis pseruāt. Opꝫ ēt φ sint medico medicīę sciię & fortitudīe & debi
litate fm gradū morborū ęgritudinis, ad q̃ parati sūt labi, sicut ēt opꝫ
scire medicū medicinas, cū qb⁹ curat fm gradū timoris ęgritudinis in
fortitudine & debilitate, cū sciuerit
torū gen⁹ hoc: sed gen⁹ ęgritudinū, D
q̃ fiūt ex humorib⁹, & q̃ ex venenis
& genus medicinarū, & oppōnē cuiuslibet spēi illorū, & eē theriacę, &
ei⁹ cōpōnē ex duab⁹ spēb⁹ medicina
rū, & pp quā cām ī uēta ē: & fuit ā pri-
mordio ei⁹ cōpō, & q̃ sit ei⁹ cōpōnis
cā, posse erit ei vt sciat q̃n hō vtet̄ ea,
& q̃n ñ vtet̄. Et ego narrabo tibi vbi
ē licitū uti ea & vbi ñ. & dicā ēt illā,
φ dixerūt hoīes & q̃d exptū ē d̄ ea,
& φ verificatū ē de nā ei⁹ ī hac re, &
ei⁹ opatiōib⁹ ī corporib⁹ humanis
Et dicā, φ cōsuetudo medicorū ē diuidere ęgritudinē ī simplicē & cōpo
sitā, & iterū diuidūt simplicē ī malā E
cōplexionē, q̃ ē cū mā, & illā q̃ ē sine mā: ī cōplexiōe āt mala sine mā
nō vtunt̄ theriaca, siue illa sit calida
siue sicca, et cū fuerit ī fine violētiæ
suę, sicut ē febris ethica, siue ęgritudo sit vl̄is, siue ppria ī mēbro. ī mala cōplexiōe cū mā vtunt̄ ea, q̃n fue
rit ex flegmate et melācolica exīūti
b⁹ ī fine malitiei, & ñ vtunt̄ ea ī ęgri
tudinib⁹ sanguineis, nec colericis: ui
si q̃n colera fuerit exiēs terminū na
turalē: & ī ipsa ē multū cautela iterū necessaria, sed si cū ea sit fe. ñ vtā
tur ea parū vel multū. si vero ñ ē fe.
& fuerit cholera eruginosa vł prassi F
na, ex qb⁹ fit vomit⁹ & flux⁹ ventris
fortis. In alia āt ēt opꝫ, ut sit cautela maior, alia minor, & ē q̃m cū cho
lera sit calida ñ ē licitū uti ea ī peccato ei⁹. Sed q̃m hęc spēs cholerę ñ
recipit digestionē nec alterationem
medicinis ei cōtrarijs & theriaca in
ualescit sup eā, & eius substātiā destruit & extrahit & iō uł ut in ea cō
ferat si deī, & ordine nāę & euacua-
tiōis. & ē ī hoc ut medic⁹ aspiciat ad
duo mala & q̃d forti⁹ ē curet & forti⁹ ei⁹ ē piculū deueniēdi ad mortē
subitā.

De ęgritudinibus simplicibus.

G subitò. In fluxu ât diuturno câto ab
humorib' frigidis, & humidis vr mi
hi, q̄ cōueniat theriaca, & sit cōueniens ad curā: & iā dixerunt medici
q̄ theriaca curat flux' vētris diutur
nos, quorū cām ignorat, & vr mihi q̄
hoc dixerūt, qm̄ sicut ī theriaca sūt
ex medicinis venenorū, quorum cā
ignorat, sic etiā ex sunt ex medicinis
egritudinū, q̄ similant venenis. Ego
tn̄ fluxū vidi diuturnū, q erat ex cho
lera & melācholia adustis, & pcepe-
rūt patiēti vti theriaca, & mortu' ē.
& pp hoc laudabile ē apd me vt nō
vtat aliqs ī fluxib' theriaca, nisi ī eis
H q sūt de materijs frigidis: & mēbris
frigidis, si āt fuerit ā hūorib' adustis
eq̄ iiatē excedētib', n̄ vtāt ea, nisi exi
t' eēt p adustionē similē venenis. si
vero fuerit adustio pauca, theriaca
adustionē augebit, tn̄ ī fluxib' & vo
mitib', ī qb' timet aduētus mortis su
bitaneç, sicut in illis, ī qbus pp magnā comestionem accidit, dicunt, q̄
multū cōfert ī hoc. & cū dixerit q̄
cōfert ī fluxu diuturno, nō dixerūt,
si fluxus sit ex humorib' calidis aut
frigidis: & hoc sic dictū eē nō pt. &
vtuut theriacā ī fluxu sanguinis na
riū, & ī cōstrigēdo fluxū sanguinis
I p anū & menstruorū, qn̄ supfluunt.
qm̄ theriaca .s. noua qnq; confert
multū. nā p eā ingrossat sanguis pp
id qd ē in ea de opio, & cōfortat vir
tute cōtinētē sanguinē ī venis pp id
qd ē ī ea de medicinis stypticis. qm̄
ē onsū nobis; & manifestū, q̄ sāguis
nāliter ē ī eis: & Gal dabat eā illi, q
spuebat ex pulmone pp solutionē
cōtinuitatis accñtē ex vlceratiōe re
rū acutarū descendētiū a cerebro: &
eius qdē iuuamēta ī hac egritudine
sunt multa, & cū illa qnq, sedat &
tollit tussim illi, q hēt eā pp opium,
qd ē ī ea, & desiccat vuln' pp medi- K
cinas desiccatiuas humiditatis accñ
talis, q ē ī ea: & pūocat sōnū: & ma
xīe qn̄ ē recēs & ' alopharlo, qa sm
q̄ mihi vr, nō ē meli' sanguini exe-
unti ā pulmone, & cōfert ēt alijs mē
bris à pulmōe, qm̄ ē efficaci' ī cōge
latiōe sanguinis augēdo somnū, &
sedatiōe tussis: & itērū cōtīgit, q̄ the
riaca cōueniat morsib' aīaliū, ex q-
bus causat flux' sanguinis: sit ergo
pdest in cōsolidatiōe vulnerū pulmonis. & dictū antiquorū est q̄ the
riaca cōfert ī pricipio hecticę, & cōfert vulneri pulmonis ī pricipio, & ī
fine, & cōfert ēt oīb' egritudinibus L
neruorū, q egritudines neruorū sūt
ex mēbris frigidis, & curat apople-
xiā, & paralysim, & curat torturā fa
ciei & spasmū, & tremorē qn̄ sūt ex
mā, q nō est calida. Et qa dixerunt
quidā medicorū q̄ conuenit alicui
ex spēb' spasmi, s. ei q ē ex calore, vr
mihi q̄ si acciderit nō est, nisi p viā
accñtis, nō p se. s. qa ī neruis fiat egritudo: & dixerunt q̄ confert venenis
medicinarum corrosiuarum, super
quas tps ē plongatū. & vr mihi q̄ si
sic ē, pdest qa ipsa incidit & frangit
māām illi' veneni, qd ē in fine illius
malicici, & qnq, exsiccat vulnera, q M
accñt post tenesmō. Caue ne des eā,
qn̄ sūt ex cholera, & q̄ sint antiqua,
qm̄ qn̄ sūt antiqua vtimur ī eis medicinis fortib' ad mūdificationē vlceris ī tm̄ q̄ qnq; intromittunt tro
cisci de arsenico. & hęc vlcera cōsu
mūt carnē, qn̄ fiūt in mēbris maxime, q velociter sumūt putrefactionē, & qn̄ sunt ī mēbris calidis & hu
midis, & qn̄ sunt in locis vel mēbris
expulsiōis: sicut ī testibus vel vesica.
& dare theriacā in pricipio lepræ ē
valde vtile: & hoc ē manifestum. &

&

A & in ægritudinibus inficiẽtibus cutẽ, & fiſtib' illis. Et dixerũt, vt hõ vta
tur ĩ pĩcipio hydropiſis: & hoc ĩce
dit via rõnis, ſi cũ ea nõ ſit febris, &
nõ ſit ex cã calida: ſed dixerũt q in
hac ægritudine det cũ aceto. & hoc
qdẽ eſt accñtale, qñ acetũ lędit hepar, ſed miſcet ipsũ, qm̃ vr, q acetũ
acuat ſiccitatẽ, & diureticitatẽ: meli' tñ ẽ, vt hoc fiat ĩ hydropiſi, q ẽ cã
ſplenis: vel poſſe ẽ vt acetũ det ĩ duri
tie hepatis, q ẽ pp hydropiſim, poſt-
q̃ ꝓfecerit ſic q hydropiſim dimi-
nuat, vl' det pp aggregatiõnẽ medicinarũ, mollitiuarũ, & diſſolutiua-
B rũ, q ſunt ĩ theriaca ad diſſoluendũ
duriciẽ: & acetũ cõfert ĩ hoc multũ
admixtũ medicinis mollificatiuis.
& poſſe ẽ q hoc ſit verificatũ p experientiã, qñ rõ nõ trãſgredit hoc, nec
hoc det ĩmutari à ſolutiõe, qm̃ vtile, ſquãtũ vult rõ. nũc ẽ rõ vti eo do
nec videat id pp experiẽtiã: illę qdẽ
ſunt plures ex ægritudinib' cũ mã,
ĩ qb' ſm plurimũ cõfert theriaca, q
ẽ ex melãcholia et phlegmate, & ex
illis ex eo q ẽ cõpoſitũ ex eis, & vtũ
tur ea ĩ dolorib', quorũ eſt cã vẽto-
ſitas nãm egrediens, ſicut ventoſitas
cholerę. Caue tñ ne des theriacã in
C ęgritudine cholerica, cui' cã eſt ſan
guis. vel cholera, vl' apoſtema, & vlr
nõ det ĩ aliquo dolore, q generat ex
apãtibus, quia apãta, q ſiũt cũ dolo
re ſm plurimũ sũt de gñe apãtũ ca-
lidorũ. & da eã in dolore ſtomachi,
renũ, & veſicę, ſi cũ eo nõ ẽ apã, nec
expectet poſt ipſum. Et dixerũt qui
dã, vt det theriaca in dolore lateris:
nõ det, niſi dolor fuerit ꝓlõgat' pp
humorẽ vẽtoſum, vl' ſi nõ ẽ fe. & det
ĩ potu ĩ difficultate fixt', vel partus,
ſicut narrauerunt medici. & hoc tñ
ĩdiget cautela, qm̃ ſm plurimũ ĩter
ficit embrionẽ, & qñ morit part', fit D
difficultas pariẽdi. ſ. maior. & poſſe
eſt, q nõ cõferat in difficultate partus, niſi difficultas partus ſit ex diffi
cultate virtutis expulſiuę, vel ꝓpter
mortẽ embrionis, & quia theriaca
expellit ſanguinẽ menſtruũ, expellit embrionẽ. In ęgritudinibus aũt
cõpoſitis, q ſunt ſicut apoſtemata,
& febres duarũ ſpẽrũ, dixit Gale. q
confert, ſi fe. fuerit quartana, & poſt
apparitionẽ digeſtiõis: ſed añ digeſtionẽ facit creſcere febrẽ: & cã huius eſt, qñ humores poſt eorũ dige
ſtionẽ ad expulſionẽ mouentur ſm
E motũ naturę, qñ nã immutat in il
lo q̃ humores corruptos, & ſi det
in principio, mouent motione violenta, & corrũpunt & expandunt p
corpus, & creſcit mã febris: & cã hu
ius eſt, qm̃ digeſtio naturalis moue
tur in tpe determinato ſcito. Etiam
narrauit Gal. q iđ accidit' Audino
philoſopho, ſuper quẽ cõuenerunt
medici rõcinari, vt daret ei theriaca
in principio ſuę febris, cuius cã erat
melancholia, et creſcebat eius fe. ex
ea, & cõuenerũt, q confert febribus
diuturnis, in quorũ paroxyſmorum
pĩcipio agit ſrig', & cõfert febrib'
F q incipiũt cũ tremore forti: ſed ſm
ſermonẽ Gal. impedit digeſtionem,
qm̃ fortitudo tremoris & frigoris ñ
accidit ſm plurimũ, niſi ante digeſtionẽ. niſi intelligam', q digeſtio,
quã nominauit Gal. ſit ẽm digeſtio
ĩ fe. melãcholicę, qñ ille humor nõ
digeritur, niſi in tempore longo: &
ꝓpterea illa feb. prolongatur. febres aũ
tẽ phlegmaticę ſm plurimum ſunt
minus longæ, q̃ melancholicę, & re
cipiũt citius digeſtionẽ. & ẽt theria
ca in his ægritudinibus nõ ponit timorẽ de morte ægri, & uiolẽtia illorũ

De ægritudinibus cõpoſitis.

G rũ acceñtiũ, qm̃ medicĩę istę sunt similes venenis. In apostematib⁹ aũt,
& maxĩe calidis nõ dat maxie si cũ
eis est febris, sed ĩ apostematib⁹ duris ꝓdest, si detĩ potu. sil'r qñ sunt ĩ
pricipalib⁹ mẽbris, & eadẽ ẽ rõ ĩ me
lãcholia, q̃ generata ẽ ex humorib⁹
grossis. Et medici cõueniũt, vt detĩ
potu ĩ qualibet ęgritudĩe cũ re cõue
niẽte, sicut pceperũt ĩ dolore lateris
cũ decoctiõe assiar, et ĩ dolore renũ
cũ decoctiõe granæ, & ĩ hoc est necessariũ scire, si det' cũ decoctione
granæ, vel non. In anno vero cuius
aerẽ mtus calidus, dari ꝓhibet, qm̃
H tunc calida multa accidunt aꝑata.

Quomodo theriaca corpus iuuet, & quomodo non. Cap. 4.

ET dicã nunc modũ, fm quẽ po
nit' nũc theriaca curare istas ę-
gritudines, & gñaliter quõ curat eas
q̃libet ex medicinis aiiᵱ ĩ anno tali. Et nõ dixerũt medici cãm suffi-
ciẽtẽ: illud aũt qd̃ ĩuenit ĩ hoc dictũ
ex pñcipijs nãlib⁹, ẽ, ꝙ totũ q̃dẽ, qd̃
speram⁹ de medicinis ĩ earũ opatiõi
bus ex virtutib⁹ primis & scḋis &
tertijs, & gñaliter ĩ hoc, qd̃ dictũ est,
tota spẽs ẽ ꝑp operationẽ caloris innati exñtis ĩ corpore: & totũ hoc ẽ
I ex ꝓcepto dei, & hæc virt⁹ q̃ digerit
& expellit humores corporis est ex
calore nãli, sed attribuit' medicinis,
qm̃ medicinę mutant' ad calorẽ na
turalẽ, sicut mutant' ligna ad ignẽ, q
redditĩ bis duob⁹ fortior, sicut medicię. & hęc virt⁹ si ñ eẽt ex pricipio
nãli, & ex calore nãli, nõ cõferret illa medicĩa, sed medicĩa ẽ, q̃ dat hãc
virtutẽ calori nãli: sicut inuenimus
spẽs ei⁹, qd̃ cõbustibile ẽ ꝙ. s. mutat'
ad opera ignis. & hoc quidẽ manife
stũ est opificibus, qui opant' cũ vna
cõbustibili specie. Et ĩ hoc errauit

Auic. qui dixit ꝙ theriaca dat calori K
nãli generalitatẽ virtutũ, q̃ sunt ĩ ip
sa, & cõseruat sanitatẽ corpis, & adiuuat ẽt caloris nãlis virtutẽ ĩ curatiõe ęgritudinũ, sicut ipsum iuuat ĩ
curatiõe venenorũ ꝑp generalitatẽ
virtutũ, q̃ sunt ĩ ipsa. et nõ ẽ, vt Aui-
cẽ. vř, q̃m virtus caloris, cũ quo conseruat' sanitas corporis, iuuat' ĩ hoc
tm̃ p vsum bonorũ ciborũ ex his, q̃
comedunt'. & res q̃ p ipsum adiuuãt
ĩ curatiõe ęgritudinũ, q̃ accidũt, sũt
medicinæ, q̃ adiuuãt, ĩquãtũ est eis
virtus ꝓpria cõtra illã ęgritudinẽ, et
res q̃ ipsũ adiuuãt cõtra venena, sũt
medicinę q̃ sunt dictę cõtrarię vene L
nis. Theriaca ãt, vt diximꝰ, q̃a adiu
uat calorẽ naturalẽ, qui operat' ĩ veneno, adiuuat ẽt ĩ opatiõe ęgritudinũ, q̃ sunt similes venenis, & ꝑp hãc
eãdẽ cãm cõseruat sanitatẽ et, q̃ est
ꝓpinqua vt mutet' ad ægritudines
cõtrarias, & ĩ hoc ẽt assimilat' calori
nãli, qm̃ ĩquãtũ ipsa sensibilis est, &
ad oculũ ẽ res vna, & si eã cõsideres,
ĩuenies ĩ ea opatiões plures: & sil'r ẽ
eẽ caloris nãlis, qm̃ cũ ipsũ ĩspexeris,
ĩuenies ipsũ vnũ, sȝ cũ ei⁹ opatiões
cõsideraueris, ĩuenies ipsas plures, &
theriaca q̃dẽ ẽ ĩ fine iuuamẽti, q̃ o-
pat' ĩ reb⁹ distinctis & dterminatis † M
& spibus. Et postq̃ iã deuenimus ad
hũc locũ, ñ remanet aliq̃d de eo qd̃
loq̃ volum⁹, de quo null⁹ eorũ, quos
nominauim⁹ ꝑter nos, locut⁹ ẽ. Fir-
maui tñ hoc dictũ meũ ex dictis an
tiquorũ, & hoc solo q̃s meret' laudẽ,
& honorẽ, & nõ solũ ipsi, qui iã prę-
fuerũt, verũtiã ex hoĩb⁹, qui futuri
sũt, nec remãsit hic loq̃ nisi ĩ q̃ntita-
te, & mẽsura por⁹ ei⁹. istę tñ mẽsurę
sciunt' p rõnem, sed verificant' expi-
mento, sicut accidit ĩ operatiõe theriacę, & operatiõe aliarũ medicinarum

A rū nobiliū,& numerabiliū. qm̄ illæ
pri⁹ sunt cōpositę p rōnē: & pp hoc
oēs sunt verificatę p expimētū. & pp
hoc oīs medicina, q̄ ē cōposita p rōnē, nisi prius q̄ detᷣ alicui, vt verificetᷣ
p experiētiā, est dubia & diminuta.
& pp hoc res medicinatū, quas medici datuti sunt alicui nobili, expiā-
tur pri⁹ ĩ aliquo rustico hn̄ti cōplexionē effrenē, silvestrē, & post dētᷣ il
li eā: quia cū certificat⁹ fuerit medic⁹ p rōnē, q̄ ē bona & vtilis: & post
hoc approbata fuerit experimēto, q̄
virt⁹ eius ē cōtra rē, ad quā intendit
.i. dirigens ad finem, quem quærit,
B tunc quidē pōt vti ea, vbi voluerit.

De Quātitate theriacæ exhibēde. Ca. 5.

Illud āt, qd̄ coegit antiquos ĩqui-
rere quātitatē pot⁹ theriacę, est id
qd̄ coegit eos vt pōderarēt, & mēsu-
rarēt medicinas ĩ quātitate, & quali
tate, & dicūt, medicina ē in hoc gra
du, & datᷣ ĩ hoc pōdere, cū potatᷣ: qm̄
ipsi sciūt q̄ opȝ, ne virtus medicina
rū sit fortior ęgritudīe, sed n̄ vt ope
retᷣ ĩ corpore opationē similē medicinæ magnę & fortis virtutis. i. faciē
tis corpora egredi terminū naturalē, qm̄ si sic eēnt illa curata, curaren
tur alia: & pp hoc opȝ vt diversifice
C tur quātitas ĩ medicina fm diversi-
tatē virtutis patiētis, & cōplexionē,
& regionē, & ętatē, & pīculū patiē-
tē, si ęgritudo ē pīcularis. & quāto
medicina est fortior, tāto ei⁹ operatiōes in corpe sunt fortiores, qm̄ oīs
medicina ē cōtraria corpori, sed cōfert ipsi inquātū cōtrariatᷣ ęgritudini, q̄ ē in ipso: & pp hoc opȝ, vt virtus medicinę sit fortior ęgritudine,
sed nō multū: qm̄ superfluitas forte faciet ęgritudinē nouā illa remo
ta, & quia medicinæ nō cōferūt vīr
nō īpē ægritudinis, iō impossē est vt
cōseruēt sanitatē pfectā, cōseruant D
tn̄ sanitatē lapsam. & iō medicīa di
uersificatᷣ in hoc fm̄ ęstimationē fu
turi laps⁹, & fm spēs ęgritudinū antiquas, ad quas paratū ē labi. & sic ē
manifestū iā qd̄ diximꝰ, q̄ theriaca
cōfert sanitati, q̄ parata ē labi ĩ ęgri
tudines magnas, vel ad ęgritudines,
q̄ vadūt, & redeāt, & ista est sanitas
decrepitorū, quorū virt⁹ ē debilis. &
iō plus cōfert decrepitis, q̄ alijs hoī-
b⁹, qm̄ ab eis nō recedit debilitas, &
post decrepitos cōfert magis senib⁹.
Iuuenes aūt nō opȝ, vt vtantᷣ theria
ca, nec parū, nec multū nisi eis acci-
derēt ęgritudines, quas iā diximꝰ, & E
est qa medicina, ĩquātū medicina,
ē cōtraria corpori humano. s. sano.
Et opȝ, qui ea vtitᷣ q̄ aspiciat ĩ quāti
tate ei⁹, & maxīe cū medicina ē for
tior, & quia virtus theriacę ē cōtraria corpori humano ĩ fine cōtrarietatis, opȝ vt sit quātitas, q̄ datur de
theriaca minor alijs medicinis, &
opȝ, q̄ sit ei⁹ quātitas scita. In medi
cinis autē q̄ purgant, opȝ vt inqui-
rātᷣ p rōnē, & aspiciātᷣ quātitatē, quā
dātᷣ ĩ qualibet ęgritudīe, vt post hoc
verificetᷣ p experiētiā: & opȝ, vt sit
scita quātitas medicinę, q̄ experitᷣ: et
posse vt diversificati sint medici ĩ ali F
quib⁹ earū diversitate iusta. Nūc āt
narrabo qd̄ Gal. dixit ĩ hoc fm De-
mocritū. Inquit Democritus, da in
potu de theriaca illi, qui timet, ne ĩ
suo potu ponatᷣ venenū, & illi, cuius
cibus est venenū, & maxime qn̄ vo
muerit, totū, qd̄ de illo comedit, &
da istis ter vel quater, & n̄ facias, do
nec testimonia sint vera, q̄ venenū
sumpserit, & detᷣ illi quē memordit
aīal, post cuius morsum inuadit eū
sitis. et detᷣ morso à cane rabido, qm̄
morsus illorū est morsus malus, &
detur

G detur morso ab aīalibus marinis hñti
bus venenũ, & illi, quē pungit aliqd
ex aīalibus paruis sicut vespę, & sicut aīal qđ est dictũ rutella, & id interficit. & posse est, vt sit aranea silue
stris, vel aranea, et sit mēsura, q̃ dat
albenda totũ cũ pōdere. xv. vn. vini
lymphati & nō sufficiat cũ vna vice
ad attrahēdũ malũ morsum, ī mo si
vis timorē abijcere op; eā multotiēs
sumere, vt theriaca vincat dolores. à
quibus dubitatur corpus periclitari p-
petuo, & detur in febre, q̃ inuadit vna
die & dimittit alia: & tremori, & ma
xime cũ ęgritudo est cũ dolore, & ī
H qua dubitaueris apostema futurũ ī
aliquo mēbrorũ abundandiũ multũ, vel in mēbris principalibus, vel ī
matrice, vel qñ est inflatio intestino
rũ q̃ dicta ē cholica, ī qua cōtinuatur
dolor in renib⁹, vel vesica, & si dolor
est pp ęgritudinē q̃ dicta ē à sangui
ne, & lapis ī vesica: & detur multotiēs
illi, qui hñt apostema hepatis sui. Et
illi qui hēt fluxũ sāguinis exhibeatur
noua theriaca multotiēs, vndecūq;
sit, vel si sit ex pulmone, & hñti ī vētre suo dolorē & torsionē. qm̃ cũ da
tur ei antiqua statim cessat torsio &
dolor. Et cōueniēs est vt illi detur, qui
I nō digerit cibũ suũ intũ, q eius appe
titus diminuitur, & illi, in cuius stoma
cho accessit cibũ, & nauigātibus, de
quoꝝ cōsuetudine ē, vt bibāt aquas
malas, & detur eis pōdus duorum vel
triũ denariorũ cũ duabus coclis, vel
quatuor aq̃ calidę: & hęc mēsura ē
instrm̃ vitreũ paruũ, & bibāt eā ante cęnā & cibũ, & detur ī potu illi qui
habet dolorē ī vesica cũ vino dulci
& tēperato, & illi qui spuit sāguinē,
& illi ad cuius pectus descēdit reuma. & sic dabis in potu cũ ea aquā
decoctionis pulegij & melius est q

de ea portatur de terra⁹ Morchij vel de K
Scanonia, vel de Tibātis. qm̃ theria
ca qñ datur cũ eo, prohibet descēsum
istorũ humorũ, & sic dabis in potu
de ea cũ trib⁹ coadic ei⁹, & sunt qui
curāt cũ ea dolores auriũ fortes, qñ
miscent cũ ea modicũ vini dulcis,
q portatur de Morchio. & meli⁹ ī hac
ęgritudine ē vt sumatur modicũ lanę
& infundatur lana in ipsa, & distillet
ī buciniũ auris. & hoc ē illud qđ generaliter dixit Gal. sup Democritũ ī
illis, ī quib⁹ datur hæc medicīa, & quā
tũ datur de ea, & in quo cōmiscet. &
hoc, qđ est dictũ, incedit via pfun-
da. i. nō manifesta. antiqui tñ ñ tũ L
īquirebāt medicinas pfunde. & hoc
qm̃ loquebantur cũ hoib⁹ qui sciebāt
medicinas pfecte, & ille qui legerit
qđ dixi, & qđ sum dicturus, & itelli
get bñ vt sciat nām theriacę, & ope
ratiōes ei⁹, & quō sunt ei⁹ operationes, & cũ quo operatur poterit declara
re res istas declaratiōe vera, v. g. dictũ suũ in febribus, q̃ inuadunt vna
die & īterpolant alia, & tremore ma
xime, sed si sunt cũ dolore, nō pt in
telligi in febrib⁹ simplicibus, q̃ inua-
dũt vna die, & interpolant alia, nisi
de febrib⁹ indeficiētib⁹ diuturnis de
materia frigida, & p dictũ suũ ęgri- M
tudinib⁹, q̃ hñt cũ dolore, oportet vt
ītelligatur dolor fortis, & alia accñtia
fortia, q̃ assimilantur venenis, & ni dicto suo qđ dr̃ q apostema futurum
adhuc sit in mēbris pricipalibus, vt
in matrice, nō op; intelligi apostema calidũ. & hoc est totũ qđ Gal. di
cit sup Democritũ vbi datur & quātũ
datur ex ea. & īuenies ex dictis suis da
ri cōtra venena pōdus duorũ denariorũ, & pōdus maius, hoc ē alben-
daca, aliter albeslēcas: sed hoc intelligitur ex dictis Gale. licet nō bene sit
decla-

A declaratũ. & vidi de aliquibus antiquorũ, qui declinãt eẽ theriacę & lo
cuti sunt de ea ꝙ maior quãtitas po
tus ei⁹ est quãtitas albẽdaca, & minus, qđ de ea sumit̃ ẽ quãtũ ægyptia
ca faba. Author tñ illi⁹ libri, qui dr̃
almathi, declaratiõe sufficiẽti dicit,
vt det̃ ĩ potu quãtitas albẽdaca illi,
qui morsus ẽ á lacerto, cũ dra. iiij. aq̃
decoctiõis mirrhę vel mẽtę, & ẽ cõ-
munior & cõueniẽtior & p̃cipit dari hñti caninũ appetitũ, cũ. iiij. dra.
vini, & in hydropisi trib⁹ dieb⁹, cũ
aceto lymphato, & hñti lapidẽ ĩ renib⁹, cũ aqua apij, & hñti apostema
B durũ in hepate vel ĩ splene, cũ oxymelle squillitico, & cũ simplici trib⁹ dieb⁹ ĩ colica: & ponit ĩ gradu superiori põd⁹ albẽdaca. i. põd⁹. 4. gra
norũ hordei, & ponit ĩ gradu. 2. post
ipsum põd⁹, qđ dixit metheala, & p̃
cepit vt ei⁹ põdus det̃ illi, quẽ canis
rabid⁹ momordit, cũ põdere vnius
denarij de pĩguedine picis, det̃ & illi
q sumpsit euphorbiũ ĩ potu, & opiũ
& ijs similia ex medicinis venenosis,
& ponit gradũ tertiũ põdus danich
vsq; ad oboiũ & p̃cepit illi, quẽ mo
mordit scorpio ĩ potu dari cũ vino,
& hñti inflationẽ stomachi, & inte-
C stinorũ, & hñti tremorẽ, sicut in febrib⁹. Et p̃cepit dari quãtitatẽ uni⁹
fasceoli, aut lupini unã cũ uino & a-
qua, & ⁹ mesaat tremescit, & ẽt icte-
ritię q̃ ẽ ex genere hepatis & ẽt sple
nis, & difficultati pasi⁹ cũ dta. i. oxy
mellis squillitici, & p̃cepit ĩ potu da
ri põd⁹ uni⁹ danich cũ aqua uel suc
co malorũ illi, qui patit̃ iliacã, qñ ac
cidit ex peccato phlegmatis, uel qñ
accidit uertigo, det̃ quãtitas uni⁹ lu
pini cũ aqua satyrię, & hñti paralysim uel torturã det̃ cũ decoctiõe radicũ, & cõtra leprã cũ decoctiõe mẽ
tę & cõtra albaras det̃ cũ aqua. v. ra D
dicũ, vel cũ aqua mellis, & p̃cipit vt
det̃ ĩ potu cõtra venena magna, qñ
visa fuerit accñtia magna terribilia
& manifesta, q̃titas metheali. verũ
hęc ẽ q̃titas multa: & iõ meli⁹ est vt
det̃ in potu nõ tota ista quãtitas sil̃,
sed diuidat̃ in vicibus multis. & hoc
est, qđ dicit author hic de pot⁹ eius
quãtitate, & dr̃ ꝙ reprobat̃ ĩ quibus
dã & cũ p̃cipit dari ĩ morsu canis ra
bidi metheala, et ĩ apostemate hepa
tis & splenis, & cõtra appetitũ caninũ quãtitatẽ albẽdaca. Et Auic. ponit quãtitatẽ maiorẽ potus ei⁹ the-
E riacę fortis põd⁹ methealas siue me
theali, & dedit ĩ potu plurib⁹ ęgritu
dinib⁹ quãtitatẽ lupinorũ cũ medicinis q̃ p̲sunt ęgritudinib⁹. & dãt ĩ
potu quãtitatẽ vni⁹ fabę illi, q patit̃
defectũ vocis, & ĩ ijs discordãt plurimi alij, sicut ali⁹ alter asserit. & hæc
q̃titas quã dicũt ñ cõfert oĩb⁹ hoĩb⁹
tñ, s̃zop; vt relinquat̃ ęstimatiõi me
dici, qa theriaca diuersificabit̃ ĩ q̃ti-
tate pot⁹ ei⁹ s̃m fortitudinẽ, & debilitatẽ ĩfirmi, & debilitatẽ, & fortitudinẽ veneni, & s̃m fortitudinẽ, & de
bilitatẽ theriacę ĩ ętate sua, & s̃m cõ
F plexionẽ ĩfirmi, & regionẽ, & tpa an
ni, & s̃m aerẽ corruptũ ĩ subã & qua
litate. qm̃ isti aeri conuenit solũ, &
maxĩe cũ aggregat̃ aliqua ex sp̃eb⁹
qualitatũ venenosarũ. & s̃m locum
morsurę q̃ accidit ĩ corpe op; diuersi
ficat̃ q̃titatẽ pot⁹, qm̃ oĩa mẽbra, vl̃
loca ñ sũt ęqualia. & hęc qdẽ manifesta sũt illi, q vidit alabor. & meli⁹
qđ p̃t fieri ĩ hac re, ẽ, vt sciat̃ vĩs p̃ti-
cularis ei⁹, quo ĩdiges. & illis quib⁹ ẽ
meli⁹ vt eis det̃ theriaca, sũt decrepi
ti, quorũ virt⁹ ẽ valde debilis, & post
hos sũt senes, sed iuuenes ñ vtaut̃ ea
multũ nec parũ nisi magnis casib⁹,
&

G & nisi apud magnam necessitatem,
& ille cui præcipitur potus eius, bibat eam vino cocto, cui* tertia pars
per decoctionem diminuta est: hoc
est, propterea quod vinũ crudum prohibet eis, s. Saracenis ex toto, & hæc
necessitas introduxit eum ad hoc, et
probauit se multum ĩ hoc. Sed ego
hic abbreuiaui, qđ nõ est proficuũ.

Quantũ, et qualis theriaca bona sit. Ca. 6.

NVnc autem dico, quod theriaca quæ
est quatuor annorum, nõ habet virtutem theriacæ, quæ est in
H summo bonitatis, sed eius operatio
est operatio aliarum medicinarum
fortium: & possibile est quod conferat,
quæ est vnius anni: quoniam sup
ipsam iam transiuerunt quatuor tẽ
pora: & possibile est vt cõferat quę
est sex mensium apud magnam ne
cessitatem. & theriacæ operationes
non mutantur, nec separantur ab K
ea spacio viginti annorum, & est in
virtute sua. xl. annis, & minuit operationem suam vsque ad xl. annũ,
& non potest proficere nec comple
re operationes suas & mutatur ętas
theriacæ secundum medicinas, ex
quibus est composita, quoniam si
bona fuerit, tenet suam virtutem be
ne, & si sunt malæ minus seruant
eam. Et oportet vt mel, quod cum
ipsa perficitur sit bonum, & vas ĩ
vbi recondita fuerit, & regio, vbi facta fuerit. Nunc autem quiescat po
stulatio, & sufficiat satisfactio secundum tempus. Laus sit Deo L
qui me comprehendi posse largitus
est. Amen.

Auerrois Tractatus de Theriaca finis.

REGISTRVM.

✠ A B C D E F G H I K L M N O P Q R S T V X Y Z.

AA BB CC DD EE FF GG HH II KK LL

MM NN OO PP QQ

Omnes sunt Quaterniones.

www.ingramcontent.com/pod-product-compliance
Lightning Source LLC
Chambersburg PA
CBHW022122020426
42334CB00015B/715
* 9 7 8 3 7 4 1 1 3 9 8 4 0 *